Die C++–Programmiersprache

Bjarne Stroustrup

Die C++-Programmiersprache

4, aktualisierte und erweiterte Auflage

Deutsche Übersetzung der »Special Edition« von
Nicolai Josuttis und Achim Lörke

ADDISON-WESLEY

An imprint of Pearson Education

München • Boston • San Francisco • Harlow, England
Don Mills, Ontario • Sydney • Mexico City
Madrid • Amsterdam

Die Deutsche Bibliothek – CIP–Einheitsaufnahme

**Ein Titeldatensatz für diese Publikation ist bei
Der Deutschen Bibliothek erhältlich.**

10 9 8 7 6 5 4 3 2 1
03 02

ISBN 3-8273-2058-5

Die amerikanische Originalausgabe ist erschienen unter dem Titel:
Bjarne Stroustrup: *The C++ Programming Language, Special Edition*
© Addison-Wesley, Boston, ISBN 0-201-70073-5

© 2000 Addison–Wesley Verlag,
ein Imprint der Pearson Education Deutschland GmbH,
Martin-Kollar-Straße 10–12, 81829 München/Germany
Alle Rechte vorbehalten
Einbandgestaltung: Christine Rechl, München
Titelbild: Lyonia calyculata, Erikazee © Karl Blossfeldt Archiv
Ann und Jürgen Wilde, Zülpich/VB Bild-Kunst Bonn, 2001.
Lektorat: Susanne Spitzer, sspitzer@pearson.de
Korrektorat: Friederike Daenecke, Zülpich
Herstellung: TYPisch Müller, San Ginesio
Übersetzung und Satz: Nicolai Josuttis, Achim Lörke
Druck und Verarbeitung: Bercker Graphischer Betrieb, Kevelaer
Printed in Germany

Inhaltsverzeichnis

Teil III: Die Standardbibliothek — 455

Vorwort der Übersetzer

Dies ist die Übersetzung der dritten Auflage bzw. der »Special Edition« des Buchs »*The C++ Programming Language*« von Bjarne Stroustrup. Wir möchten einige Anmerkungen zu dieser Übersetzung machen, die sich für den Leser als nützlich erweisen.

Hinweise zur Übersetzung

Beim Übersetzen eines englischen bzw. amerikanischen Buches stellt sich vor allem das Problem der Eindeutschung von Begriffen. Viele englische Begriffe werden auch im deutschen Umfeld verwendet (insbesondere, da man zunehmend international kommuniziert). Andererseits gibt es auch etablierte deutsche Begriffe. In Abstimmung mit dem Verlag haben wir z.B. den Begriff *Template* übernommen, *Exception* dagegen mit *Ausnahme* übersetzt. Hier kann man natürlich geteilter Meinung sein (auch wir waren uns nicht immer einig). Zur Verdeutlichung werden im Buch bei der Einführung von Begriffen deshalb auch immer alternative Bezeichnungen erwähnt, für die es auch entsprechende Verweise im Index gibt.

Glücklicherweise kennen wir uns mit der Thematik dieses Buches (als Autoren und Mitglieder der internationalen Standardisierungsgremien) sehr gut aus. Insofern konnten wir beim Übersetzen darauf achten, daß das Buch vor allem fachlich korrekt übersetzt wird. Im Zweifelsfall haben wir deshalb nicht wörtlich, sondern sinnvoll übersetzt.

Dabei wurden auch von uns erkannte Fehler korrigiert. Da wir diese Bjarne Stroustrup natürlich mitgeteilt haben, wurden sie inzwischen auch im Original verbessert (siehe im Internet: `http://www.research.att.com/~bs/3rd_errata.html`). Insofern handelt es sich bei dieser Übersetzung genaugenommen um die Übersetzung des zwölften bis dreizehnten korrigierten Nachdrucks der amerikanischen Originalausgabe bzw. des zweiten bis dritten Nachdrucks der amerikanischen »Special Edition«.

Wir haben die Einteilung der Kapitel und Abschnitte aus dem Original übernommen. Damit wird es dem Leser leichter gemacht, Listings im Original anzusehen und auf dieses Buch unabhängig von der Sprache Bezug zu nehmen.

Bei der Übersetzung der Beispiele haben wir besondere Sorgfalt walten lassen. Ein speziell dafür entwickeltes Programm stellt sicher, daß wir beim Übersetzen keine syntaktischen Fehler eingebaut haben. Es wurden also lediglich Bezeichner übersetzt, und das Format der Beispiele wurde entsprechend angepaßt. Im Gegensatz zum Original haben wir den Code der Beispiele in einem nicht proportionalen Zeichensatz formatiert. Kommentare werden proportional und kursiv ausgegeben, wodurch sich die Lesbarkeit der Beispiele nach unserer Meinung erheblich verbessert.

Noch ein Hinweis zu den Übungsaufgaben: Wir bekommen häufiger Mails mit der Frage, ob es zu den Übungsaufgaben auch die Lösungen gibt. Es gibt dazu ein englisches Buch mit dem Titel

C++ Solutions, geschrieben von David Vandevoorde und erschienen bei Addison–Wesley, 1998, ISBN 0-201-30965-3. Eine deutsche Übersetzung existiert dazu derzeit nicht.

Anregungen und Kritik

Sowohl bei der Übersetzung als auch beim Original gibt es sicherlich noch etwas zu verbessern. Für Anregungen und Kritik jeglicher Art wären wir deshalb sehr dankbar. Wir werden sie gegebenenfalls an Bjarne Stroustrup weiterleiten.

Wir sind unter folgenden Adressen zu erreichen:

Achim Lörke	Nicolai Josuttis
BREDEX GmbH	Solutions in Time
Mauernstr. 33	Berggarten 9
D-38100 Braunschweig	D-38108 Braunschweig
Tel.: 0531 / 2 43 30 - 0	Tel.: 05309 / 57 47
Fax: 0531 / 2 43 30 - 99	Fax: 05309 / 57 74
Internet: http://www.bredex.de	Internet: http://www.josuttis.de

Wir sind auch über E–Mail (»electronic mail«) erreichbar:

strbuch@bredex.de

Herzlichen Dank.

Danke

Wir möchten uns bei allen bedanken, die bei der Erstellung dieser Übersetzung direkt oder indirekt geholfen haben. Dazu gehört natürlich zunächst Bjarne Stroustrup, mit dem wir in persönlichen Gesprächen und E–Mails viele klärende Informationen ausgetauscht haben. Dazu gehört auch die Unterstützung durch Achim Brede und die BREDEX GmbH. Ein weiterer Dank geht an Susanne Spitzer und Margrit Seifert von Addison Wesley Longman für die problemlose Zusammenarbeit.

Ein besonderer Dank geht schließlich an unsere Familien, denen wir aufgrund dieser Arbeit mehrere Monate viel zu wenig zur Verfügung standen. Vielen Dank, Ulli, Lucas, Anica, Frederic, Edda, Anna und Lena. Unsere Frauen, Ulli und vor allem Edda, haben uns auch bei der Erstellung der Übersetzung tatkräftig unterstützt. Dafür gibt es einen besonderen Kuß.

Braunschweig,   *Nicolai Josuttis*
März 1998, April 2000   *Achim Lörke*

Vorwort des Autors

Programming is understanding.
— Kristen Nygaard

Meiner Ansicht nach macht Softwareentwicklung in C++ viel mehr Spaß als je zuvor. Die Unterstützung, die C++ sowohl für das Design als auch für die Softwareentwicklung bietet, wurde im Laufe der Jahre dramatisch verbessert. Außerdem wurde eine große Anzahl neuer hilfreicher Techniken entwickelt, die die Benutzung von C++ vereinfachen. C++ wurde jedoch nicht nur zum Vergnügen entwickelt. In Projekten fast jeglicher Art und Größe brachten normale Softwareentwickler bedeutende Verbesserungen bezüglich Produktivität, Wartbarkeit, Flexibilität und Qualität zustande. Mittlerweile hat C++ einen Großteil meiner ursprünglichen Hoffnungen erfüllt und ist auch in Projekten erfolgreich, an die ich nie gedacht habe.

Dieses Buch beschreibt Standard–C++[1] und die grundlegenden Programmier– und Designtechniken, die C++ unterstützt. Standard–C++ ist eine weit mächtigere und elegantere Sprache als die Version, die in der ersten Auflage dieses Buches vorgestellt wurde. Neue Sprachmittel wie Namensbereiche, Ausnahmen, Templates und Laufzeit–Typinformationen ermöglichen in vielen Fällen eine direktere Problemumsetzung als zuvor, und die Standardbibliothek gibt im Vergleich zur bloßen Sprache dem Softwareentwickler die Möglichkeit, auf einer viel höheren Stufe mit seiner Problemlösung zu starten.

Ungefähr ein Drittel der Informationen in der zweiten Auflage dieses Buches kam aus der ersten Auflage. Die vorliegende dritte Auflage ist in viel größerem Ausmaß umgearbeitet und neu geschrieben. Sogar der erfahrenste C++–Programmierer wird etwas ihm Unbekanntes finden, gleichzeitig macht diese Auflage dem Anfänger den Zugang zu C++ leichter als die Vorgängerauflagen. Möglich wurde dies durch die explosionsartige Verbreitung von C++ und die damit verbundene Anhäufung von praktischer Erfahrung.

Die Definition einer umfassenden Standardbibliothek verändert die Art und Weise, wie C++–Konzepte vorgestellt werden können. Wie zuvor präsentiert dieses Buch C++ unabhängig von irgendwelchen Implementierungen. Ebenfalls wie zuvor werden in den Einführungskapiteln Sprachkonstrukte und –konzepte erst dann benutzt, nachdem sie eingeführt wurden. Es ist viel einfacher, eine gut entworfene Bibliothek zu benutzen, als ihre Implementierungsdetails zu verstehen. Deshalb kann die Standardbibliothek benutzt werden, lange bevor der Leser in der Lage ist, die inneren Abläufe zu verstehen. Die Standardbibliothek ist andererseits auch selbst eine reiche Quelle an Programmierbeispielen und Designtechniken.

---

[1]   ISO/IEC 14882, Standard for the C++ Programming Language

Dieses Buch beschreibt alle wichtigen C++–Sprachmittel sowie die Standardbibliothek. Es ist gegliedert nach Spracheigenschaften und Bibliotheksbestandteilen. Die Sprachmittel werden jedoch immer im Zusammenhang mit ihrer Benutzung erklärt. Der Schwerpunkt des Buches liegt nicht auf der Sprache C++ an sich, sondern vielmehr darauf, wie sie als Werkzeug für Softwaredesign und –entwicklung eingesetzt werden kann. Dieses Buch zeigt grundsätzliche Techniken, wie C++ wirkungsvoll benutzt werden kann, und lehrt die grundlegenden Konzepte, die notwendig sind, um die Sprache zu beherrschen. Die Beispiele stammen bis auf diejenigen, die technische Eigenschaften verdeutlichen, aus dem Bereich der Systemsoftware. Ein Begleitbuch — »The Annotated C++ Language Standard« — beschreibt die vollständige Sprachdefinition zusammen mit Anmerkungen, die das Ganze verständlicher machen.

Das Hauptziel dieses Buchs besteht darin, dem Leser zu vermitteln, wie die von C++ gebotenen Möglichkeiten grundlegende Programmiertechniken unterstützen. Der Leser soll weit über den Punkt hinauskommen, lauffähige Programme dadurch zu erstellen, daß er hauptsächlich Beispiele kopiert und Programmierstile anderer Sprachen nachahmt. Er kann eine Sprache nur dann beherrschen, wenn er die Ideen hinter ihren Sprachmitteln versteht. Zusammen mit einer Dokumentation für die Implementierung, mit der gerade gearbeitet wird, reichen die von diesem Buch gelieferten Informationen aus, um bedeutende Projekte zu realisieren. Dieses Buch soll dem Leser zu neuen Einsichten verhelfen, damit er ein besserer Softwareentwickler und –designer wird.

Danke

Zusätzlich zu den Leuten, denen ich in der ersten und zweiten Auflage gedankt habe, möchte ich mich bei Matt Austern, Hans Boehm, Don Caldwell, Lawrence Crowl, Alan Feuer, Andrew Forrest, David Gay, Tim Griffin, Peter Juhl, Brian Kernighan, Andrew Koenig, Mike Mowbray, Rob Murray, Lee Nackman, Joseph Newcomer, Alex Stepanov, David Vandevoorde, Peter Weinberger und Chris Van Wyk für ihre Kommentare zu den Entwürfen dieser dritten Auflage bedanken. Ohne ihre Hilfe und ihre Vorschläge wäre dieses Buch viel schwerer zu verstehen, enthielte mehr Fehler, wäre etwas unvollständiger und wahrscheinlich ein bißchen kürzer.

Mein Dank geht auch an die Freiwilligen der C++–Standardisierungsgremien, die eine riesige Menge an konstruktiver Arbeit leisteten, um C++ zu dem zu machen, was es heute ist. Es ist etwas unfair, einzelne hervorzuheben, aber es ist noch ungerechter, keinen zu erwähnen. Deshalb möchte ich besonders Mike Ball, Dag Brück, Sean Corfield, Ted Goldstein, Kim Knuttila, Andrew Koenig, Josée Lajoie, Dmitry Lenkov, Nathan Myers, Martin O'Riordan, Tom Plum, Jonathan Shopiro, John Spicer, Jerry Schwarz, Alex Stepanov und Mike Vilot danken, die direkt mit mir an Teilen von C++ und der Standardbibliothek gearbeitet haben.

Nach Erscheinen des ersten Ausdrucks dieser Auflage haben mir etliche Personen Korrekturen und Vorschläge für Verbesserungen zugesendet. Ich war in der Lage, viele dieser Vorschläge in dieses Buch einzuarbeiten, so daß spätere Nachdrucke signifikant davon profitierten. Übersetzer dieses Buchs in viele andere Sprachen haben ebenfalls für viele Klarstellungen gesorgt. Als Reaktion auf Anfragen von Lesern habe ich die Anhänge D und E hinzugefügt. Lassen Sie mich die Gelegenheit nutzen und einigen dieser Personen, die mir geholfen haben danken: Dave Abrahams, Matt Austern, Jan Bielawski, Janina Mincer Daszkiewicz, Andrew Koenig, Dietmar Kühl, Nicolai Josuttis, Nathan Myers, Paul E. Sevinç, Andy Tenne-Sens, Shoichi Uchida, Ping-Fai (Mike) Yang und Dennis Yelle.

Murray Hill, New Jersey   *Bjarne Stroustrup*

Vorwort zur zweiten Auflage

The road goes ever on and on.
— Bilbo Baggins

Wie in der ersten Auflage dieses Buches versprochen, wurde C++ weiterentwickelt, um den Bedürfnissen seiner Benutzer zu genügen. Diese Entwicklung wurde durch die Erfahrung der Benutzer gesteuert, die über einen vielfältigen Hintergrund verfügen und eine große Bandbreite der Anwendungsbereiche abdecken. Die Gemeinschaft der C++-Benutzer ist während der letzten sechs Jahre seit der ersten Auflage um das Hundertfache gewachsen; viele Lektionen wurden gelernt, und viele Techniken wurden entdeckt und/oder durch Erfahrung bestätigt. Einige dieser Erfahrungen werden hier wiedergegeben.

Das Hauptziel der Spracherweiterungen in den letzten sechs Jahren bestand darin, im allgemeinen C++ als Sprache für die Datenabstraktion und objektorientierte Programmierung zu verbessern und im besonderen C++ als Werkzeug zum Erstellen von qualitativ hochwertigen Bibliotheken aus benutzerdefinierten Typen auszubauen. Eine qualitativ hochwertige Bibliothek ist eine Bibliothek, die dem Benutzer ein Konzept in Form von einer oder mehreren Klassen zur Verfügung stellt, die zweckdienlich, sicher und effizient zu benutzen sind. In diesem Zusammenhang bedeutet »sicher«, daß eine Klasse eine spezielle typsichere Schnittstelle zwischen den Nutzern und der Implementierung der Bibliothek bereitstellt; »effizient« bedeutet hier, daß die Nutzung der Klasse keinen bedeutsamen Zusatzaufwand an Laufzeit oder Speicherplatz im Vergleich zu handgeschriebenem C–Code verursacht.

Dieses Buch präsentiert die Sprache C++ vollständig. Die Kapitel 1 bis 10 geben eine didaktische Einführung; Kapitel 11 bis 13 beinhalten eine Diskussion über Entwurfs– und Softwareentwicklungsfragen; zum Abschluß ist das vollständige C++-Referenzhandbuch enthalten. Natürlich sind die neu hinzugefügten Sprachmittel und die seit der Erstauflage gefaßten Resolutionen integraler Bestandteil der Darstellung. Sie umfassen eine überarbeitete Auflösung von Überladungen, Speichermanagementmöglichkeiten, Zugriffskontrollmechanismen, typsicheres Binden, konstante und statische Elementfunktionen, abstrakte Klassen, Mehrfachvererbung, Templates und Ausnahmebehandlung.

C++ ist eine allgemein verwendbare Programmiersprache. Ihr Hauptanwendungsgebiet ist die Systemprogrammierung im allerweitesten Sinne. Zusätzlich wird C++ erfolgreich in vielen Anwendungsbereichen eingesetzt, die nicht zu diesem Themengebiet gehören. C++-Implementierungen existieren für einige der kleinsten Mikrocomputer bis hin zu den größten Supercomputern und für nahezu alle Betriebssysteme. Folglich beschreibt dieses Buch die Sprache C++ an sich, ohne auf besondere Implementierungen, Entwicklungsumgebungen oder Bibliotheken einzugehen.

Dieses Buch präsentiert viele Beispiele mit Klassen, die, obgleich nützlich, doch eher als »Spielzeug« eingestuft werden sollten. Diese Art der Darstellung erlaubt es, allgemeine Grundsätze und nützliche Techniken viel klarer zu präsentieren als in einem vollständig ausgearbeiteten Programm, wo sie unter Details begraben würden. Die meisten der hier vorgestellten nützlichen Klassen, wie verkettete Listen, Felder, Zeichenketten, Matrizen, Graphikklassen, assoziative Felder usw., kann man als »kugelsichere« und/oder »vergoldete« Versionen von vielen verschiedenen kommerziellen und nichtkommerziellen Quellen bekommen. Viele dieser industriell einsetzbaren Klassen und Bibliotheken sind tatsächlich direkte oder indirekte Abkömmlinge der in diesem Buch vorgestellten »Spielzeug«–Versionen.

Diese Auflage legt mehr Wert auf den didaktischen Aspekt als die erste Auflage. Trotzdem richtet sich die Darstellung an erfahrene Programmierer ausgerichtet und soll deren Intelligenz und Erfahrung nicht beleidigen. Die Diskussion von Entwurfsfragen wurde stark erweitert, um der Forderung nach Informationen nachzukommen, die über die einfache Beschreibung der Sprachmittel und ihrer unmittelbaren Nutzung hinausgehen. Die Vorstellung technischer Details und ihre Genauigkeit wurden ebenfalls verbessert. Besonders im Referenzhandbuch stecken viele Jahre harter Arbeit in dieser Richtung. Dieses Buch wurde mit der Absicht erstellt, so viele Informationen zu liefern und auch in die Tiefe zu gehen, daß es sich für viele Programmierer lohnt, es mehrmals zu lesen. Mit anderen Worten: Dieses Buch präsentiert vollständig die Sprache C++, ihre fundamentalen Prinzipien und die Schlüsseltechniken, um die Sprache erfolgreich anzuwenden. Genießen Sie es!

Danke

Zusätzlich zu den Personen, denen ich in der ersten Auflage dieses Buches gedankt habe, möchte ich mich bei Al Aho, Steve Buroff, Jim Coplien, Ted Goldstein, Tony Hansen, Lorraine Juhl, Peter Juhl, Brian Kernighan, Andrew Koenig, Bill Leggett, Warren Montgomery, Mike Mowbray, Rob Murray, Jonathan Shopiro, Mike Vilot und Peter Weinberger für ihre kritischen Anmerkungen zu den Entwürfen dieser zweiten Auflage bedanken. Viele Leute haben die Entwicklung von C++ von 1985 bis 1991 mit beeinflußt. Ich kann nur einige erwähnen: Andrew Koenig, Brian Kernighan, Doug McIlroy und Jonathan Shopiro. Mein Dank gilt auch allen Teilnehmern an den »externen Reviews« des Entwurfs des Referenzhandbuchs und den Leuten, die das erste Jahr von X3J16 mitgetragen haben.

Murray Hill, New Jersey   *Bjarne Stroustrup*

Vorwort zur ersten Auflage

Language shapes the way we think,
and determines what we can think about.
— B. L. Whorf

C++ ist eine allgemeine Programmiersprache, die entworfen wurde, um das Programmieren für den ernsthaften Programmierer angenehmer zu machen. Bis auf kleine Details ist C++ eine Obermenge der Programmiersprache C. Zusätzlich zu den Sprachmitteln von C bietet C++ flexible und effiziente Möglichkeiten, um neue Typen zu definieren. Ein Softwareentwickler kann eine Applikation in handhabbare Stücke aufteilen, indem er neue Typen definiert, die zu den Konzepten seiner Applikation passen. Diese Technik der Softwareentwicklung wird oft »Datenabstraktion« genannt. Die Objekte einiger dieser vom Benutzer entworfenen Typen beinhalten auch Typinformationen. Diese Objekte können bequem und sicher an Programmstellen benutzt werden, an denen ihr Typ zur Übersetzungszeit nicht bekannt ist. Programme, die Objekte solchen Typs benutzen, werden oft als »objektbasiert« bezeichnet. Wenn diese Technik richtig angewandt wird, erhält man kürzere, verständlichere und leichter zu wartende Programme.

Das wichtigste Konzept in C++ ist die Klasse. Eine Klasse ist ein vom Benutzer zu definierender Typ. Klassen sorgen für die Datenkapselung, stellen die Initialisierung von Daten sicher und ermöglichen implizite Typkonvertierung für benutzerdefinierte Typen, dynamische Typisierung, benutzerkontrolliertes Speichermanagement sowie Mechanismen zum Überladen von Operatoren. C++ beinhaltet weitaus bessere Möglichkeiten zur Typprüfung und Gestaltung modularer Programme als C. C++ liefert außerdem Verbesserungen, die nicht direkt mit dem Klassenkonzept verknüpft sind, als da sind: symbolische Konstante, »inline«–Ersetzung von Funktionen, Default–Argumente für Funktionen, Überladen von Funktionsnamen, Operatoren für das Management des Freispeichers und ein Zeigertyp. C++ behält jedoch die Fähigkeit von C bei, mit den fundamentalen Objekten der Hardware (Bits, Bytes, Worte, Adressen usw.) effizient umzugehen. Damit können die benutzerdefinierten Typen äußerst effizient implementiert werden.

C++ und seine Standardbibliotheken sind unter dem Gesichtspunkt entworfen, portabel zu sein. Die aktuelle Implementierung läuft auf den meisten Systemen, die auch C unterstützen. C–Bibliotheken können von C++–Programmen benutzt werden. Viele Werkzeuge, die die Programmierung in C unterstützen, können auch für C++ benutzt werden.

Dieses Buch soll hauptsächlich dem ernsthaften Softwareentwickler helfen, die Sprache zu lernen und sie für anspruchsvolle Projekte einzusetzen. Es liefert eine vollständige Beschreibung von C++, viele vollständige Beispiele und noch mehr Programmstückchen.

Danke

C++ hätte sich nicht so weit entwickeln können ohne die ständige Verwendung durch viele Freunde und Kollegen sowie deren Vorschläge und konstruktive Kritik. Besonders erwähnen möchte ich Tom Cargill, Jim Coplien, Stu Feldman, Sandy Fraser, Steve Johnson, Brian Kernighan, Bart Locanthi, Doug McIlroy, Dennis Ritchie, Larry Rosler, Jerry Schwarz und Jon Shopiro, die wichtige Ideen zur Entwicklung der Sprache beitrugen. Dave Presotto schrieb die aktuelle Implementierung der Stream–Ein-/Ausgabe–Bibliothek.

Zusätzlich haben Hunderte von Personen zur Entwicklung von C++ und des Compilers beigetragen, indem sie mir Vorschläge für Verbesserungen und Beschreibungen von aufgetretenen Problemen zusandten und Compilerfehler meldeten. Ich kann hier nur einige von ihnen aufzählen: Gary Bishop, Andrew Hume, Tom Karzes, Victor Milenkovic, Rob Murray, Leonie Rose, Brian Schmult und Gary Walker.

Viele Leute haben auch bei der Erstellung dieses Buches mitgeholfen, besonders Jon Bentley, Laura Eaves, Brian Kernighan, Ted Kowalski, Steve Mahaney, Jon Shopiro und die Teilnehmer des C++–Kurses, der am 26. und 27. Juni 1985 bei den Bell Labs, Columbus, Ohio, gehalten wurde.

Murray Hill, New Jersey   *Bjarne Stroustrup*

Einführung

Die Einführung gibt einen Überblick über die wichtigsten Konzepte und Eigenschaften der Programmiersprache C++ und ihrer Standardbibliothek. Außerdem liefert sie einen Überblick über dieses Buch und erklärt die Vorgehensweise zur Beschreibung der Sprachmittel und deren Benutzung. Zusätzlich geben die Einführungskapitel Hintergrundinformationen zu C++, dem C++-Design und zur Programmierung in C++.

Kapitel:

1   Vorbemerkungen
2   Eine Rundreise durch C++
3   Eine Rundreise durch die Standardbibliothek

Vorbemerkungen 1

"The time has come," the Walrus said,
"to talk of many things."
— L. Carroll

1.1 Zum Aufbau dieses Buches

Dieses Buch besteht aus sechs Teilen:

Einführung: Die Kapitel 1 bis 3 geben einen Überblick über die Programmiersprache C++, die von ihr unterstützten grundlegenden Programmierstile und die C++–Standardbibliothek.

Teil I: Die Kapitel 4 bis 9 bilden eine didaktische Einführung in die C++–eigenen Typen und behandeln die grundlegenden Möglichkeiten, damit Programme zu erstellen.

Teil II: Die Kapitel 10 bis 15 sind eine didaktische Einführung in die objektorientierte und generische Programmierung mit C++.

Teil III: Die Kapitel 16 bis 22 stellen die C++–Standardbibliothek vor.

Teil IV: Die Kapitel 23 bis 25 diskutieren Entwurfs– und Softwareentwicklungsfragen.

Anhänge: Die Anhänge A bis E beschreiben sprachtechnische Details.

Kapitel 1 liefert einen Überblick über dieses Buch, einige Hinweise zu seiner Benutzung und Hintergrundinformationen zur Programmiersprache C++ und ihrem Einsatz. Man sollte es durchblättern, lesen, was interessant erscheint, und zu ihm zurückkehren, nachdem man andere Teile des Buches gelesen hat.

Die Kapitel 2 und 3 bieten einen Überblick über die wichtigsten Konzepte und Eigenschaften der Programmiersprache C++ und ihrer Standardbibliothek. Sie sollen den Leser motivieren, Zeit für die fundamentalen Konzepte und grundlegenden Spracheigenschaften aufzuwenden, indem sie ihm zeigen, was unter Ausnutzung aller C++–Sprachmittel programmiert werden kann. Diese Kapitel sollen den Leser davon überzeugen, daß C++ weitaus mehr umfaßt als nur C und seit der ersten und zweiten Auflage dieses Buches eine enorme Weiterentwicklung erfahren hat. Kapitel 2 vermittelt C++–Kenntnisse auf hohem Niveau. Die Diskussion konzentriert sich auf die Sprachmittel, die die Datenabstraktion sowie die objektorientierte und generische Programmierung unterstützen. Kapitel 3 führt in die grundlegenden Prinzipien und wichtigsten Eigenschaften der Standardbibliothek ein. Damit können sie in den folgenden Kapiteln benutzt werden. Auch die Übungsaufgaben lassen sich dadurch einfacher lösen als mit den auf einfachem Niveau direkt in C++ vorhandenen Sprachmitteln.

Die Einführungskapitel stellen beispielhaft eine Technik vor, die im ganzen Buch angewendet wird: Um eine sehr direkte und wirklichkeitsnahe Diskussion einer Technik oder Spracheigenschaft zu erreichen, wird gelegentlich ein Konzept nur kurz vorgestellt, eine detaillierte Darstellung folgt später. Dieser Ansatz erlaubt es, mit konkreten Beispielen zu arbeiten, bevor das Problem verallgemeinert behandelt wird. Auf diese Weise spiegelt das Buch die Beobachtung wider, daß man gewöhnlich am leichtesten lernt, indem man vom Konkreten zum Abstrakten fortschreitet — dies gilt auch dann, wenn das Abstrakte im Rückblick einfach und offensichtlich erscheint.

Teil I beschreibt die Teilmenge von C++, die den herkömmlichen Programmierstil von C oder Pascal unterstützt. Er behandelt die fundamentalen Typen, Ausdrücke und Kontrollstrukturen von C++–Programmen. Ein spezielles Thema ist die Modularität von Programmen. Hierbei wird besonders auf Namensbereiche, Quelldateien und die Ausnahmebehandlung eingegangen. Es wird vorausgesetzt, daß die in Teil I benutzten fundamentalen Programmierkonzepte wohlbekannt sind. Es werden z.B. C++–Sprachelemente für Rekursion und Iteration erklärt, aber nur minimal erläutert, warum, wie und wo sie sinnvoll einzusetzen sind.

Teil II beschreibt die C++–Sprachmittel zum Definieren und Benutzen neuer Typen. Es werden konkrete und abstrakte Klassen (Schnittstellen) vorgestellt (Kapitel 10, Kapitel 12) sowie Überladen von Operatoren (Kapitel 11), Polymorphismus und die Benutzung von Klassenhierarchien (Kapitel 12, Kapitel 15). Kapitel 13 befaßt sich mit Templates. Dies ist das C++–Sprachmittel, um ganze Familien von Typen und Funktionen zu definieren. Kapitel 13 demonstriert die Grundtechniken zur Benutzung von Containern, wie z.B. Listen, und zur Unterstützung der generischen Programmierung. Kapitel 14 stellt die Ausnahmebehandlung vor, diskutiert Techniken zur Fehlerbehandlung und präsentiert Strategien zur Fehlertoleranz. Es wird davon ausgegangen, daß der Leser entweder nicht mit objektorientierter und generischer Programmierung vertraut ist oder Klärungsbedarf besteht, wie die wichtigsten Abstraktionstechniken durch C++ unterstützt werden. Deshalb werden nicht nur die Sprachmittel vorgestellt, die diese Abstraktionstechniken unterstützen, sondern auch die Techniken an sich erklärt. Teil IV geht in dieser Richtung noch weiter.

Teil III stellt die Standardbibliothek vor. Er soll dem Leser zeigen, wie die Bibliothek zu benutzen ist, allgemeine Entwurfs– und Programmiertechniken demonstrieren und erläutern, wie die Bibliothek erweitert werden kann. Die Bibliothek stellt Container (z.B. `list`, `vector`, `map`; Kapitel 16, Kapitel 17), Standardalgorithmen (z.B. `sort`, `find`, `merge`; Kapitel 18, Kapitel 19), Strings (Kapitel 20), Ein–/Ausgabe (Kapitel 21) und eine Unterstützung für numerische Berechnungen (Kapitel 22) zur Verfügung.

Teil IV diskutiert Fragen, die entstehen, wenn C++ in Entwurf und Implementierung von großen Softwaresystemen eingesetzt werden soll. Kapitel 23 konzentriert sich auf Entwurf und Management, Kapitel 24 auf die Beziehung zwischen der Programmiersprache C++ und Entwurfsfragen. Kapitel 25 zeigt verschiedene Wege, wie Klassen schon im Entwurf benutzt werden können.

Anhang A beinhaltet die C++–Grammatik zusammen mit einigen Anmerkungen. Anhang B diskutiert die Beziehungen zwischen C und C++ sowie zwischen Standard–C++ (auch ISO–C++ oder ANSI–C++ genannt) und seinen Vorgängerversionen. Anhang C stellt einige sprachtechnische Beispiele vor. Anhang D beschreibt die Möglichkeiten der Standardbibliothek zur Internationalisierung. Anhang E erläutert die Garantien zur Ausnahmefestigkeit und dazugehörigen Anforderungen der Standardbibliothek.

1.1.1 Beispiele und Verweise

Dieses Buch legt seinen Schwerpunkt auf die Programmstruktur und nicht so sehr auf das Schreiben von Algorithmen. Deshalb werden schwierige und schwer zu verstehende Algorithmen vermieden. Ein einfacher Algorithmus eignet sich bei weitem besser, um einen bestimmten Gesichtspunkt der Sprachdefinition oder Programmstruktur zu verdeutlichen. Beispielsweise wird ein »Shell sort« benutzt, wo im professionell eingesetzten Programm ein »quicksort« die Aufgabe besser erfüllen würde. An vielen Stellen wird die Reimplementierung mit einem besser geeigneten Algorithmus als Übung angeboten. In professionell eingesetzten Programmen ist es üblicherweise zweckmäßiger, eine Bibliotheksfunktion aufzurufen, als den Code zu benutzen, der hier in den Beispielen zur Verdeutlichung von Sprachmitteln eingesetzt wird.

Beispiele in Büchern zeigen zwangsläufig nur ein verzerrtes Bild der Softwareentwicklung. Durch das Vereinfachen und Beschränken auf das Notwendigste, das den gewünschten Sachverhalt noch darstellt, verschwindet aus den Beispielen jene Komplexität, die erst durch die Größe entsteht. Um eine klare Vorstellung von Programmierung und einer Programmiersprache zu bekommen, bleibt einem nichts anderes übrig, als selbst Programme in realistischer Größe zu schreiben. Dieses Buch konzentriert sich auf die Sprachmittel, die grundlegenden Techniken, aus denen jedes Programm zusammengesetzt ist, und die Regeln für den Programmaufbau.

Mein Hintergrundwissen über Compiler, Basis–Bibliotheken und Simulationen beeinflußte die Auswahl der Beispiele. Sie sind vereinfachte Versionen von wirklich existierendem Code. Die Vereinfachung war notwendig, um Aspekte der Programmiersprache oder des Entwurfs klar herauszustellen. Es gibt keine »niedlichen« Beispiele ohne Gegenstück in existierendem Code. Sprachtechnische Beispiele der Art, die als Variablennamen x und y haben, als Typen A und B benutzen und Funktionen wie f() und g() einsetzen, wurden wenn möglich in den Anhang C verbannt.

In Programmbeispielen wird Proportionalschrift eingesetzt. Beispiel:

```
#include<iostream>

int main()
{
    std::cout<<"Hello, new world!\n";
}
```

Auf den ersten Blick wirkt diese Art der Darstellung äußerst ungewohnt für Programmierer, die an Nichtproportionalschrift gewöhnt sind. Proportionalschrift gilt als geeigneter für Textdarstellungen als Nichtproportionalschrift. Durch die Benutzung der Proportionalschrift können die Programmbeispiele mit weniger unlogischen Zeilenumbrüchen dargestellt werden. Außerdem haben meine Experimente ergeben, daß nach einer kurzen Eingewöhnungsphase diese Art der Darstellung meist als lesbarer empfunden wurde.[1] Die C++–Sprachmittel und die Bibliothekseigenschaften werden soweit möglich nur im Zusammenhang mit ihrer Benutzung vorgestellt. Die trockene Art eines Handbuchs wurde vermieden. Die Auswahl der präsentierten Sprachmittel und die Tiefe ihrer Beschreibung spiegeln meine Einschätzung dessen wider, was für einen effektiven C++–Einsatz benötigt wird. Das von Andrew Koenig und mir verfaßte Begleitbuch »The Annotated C++ Language Standard« beinhaltet die komplette Sprachdefinition, ergänzt um Kommentare, die den Zugang erleichtern sollen. Logischerweise sollte es ein weiteres Begleitbuch geben, »The Annotated C++ Standard Library«. Da aber sowohl meine Zeit als auch meine Fähigkeit zum Schreiben begrenzt sind, kann ich seine Erstellung nicht versprechen.

---

[1] A.d.Ü.: Wir haben diese Darstellung noch etwas optimiert: der Programmcode wird in gerader nicht–proportionaler Schrift gezeigt, die Kommentare in geneigter Proportionalschrift. Aus Platzgründen werden innerhalb der Kommentare Umlaute benutzt.

Verweise auf Teile dieses Buches haben die Form §1.3.2 (Kapitel 1, Abschnitt 3, Unterabschnitt 2), §B.3.6 (Anhang B, Abschnitt 3, Unterabschnitt 6) und §5.9–Ü8 (Kapitel 5, Abschnitt 9, Übung 8). Kursivschrift wird sehr sparsam zur Betonung (z.B. »Ein Zeichenkettenliteral ist *nicht* akzeptabel«), zur Kennzeichnung des ersten Auftretens von wichtigen Konzepten (z.B. *Polymorphismus*), für Nichtterminalsymbole der C++–Grammatik (z.B. *for–statement*) und für Kommentare in Programmbeispielen eingesetzt. Halbfette Kursivschrift wird benutzt, um auf Namen, Schlüsselworte und numerische Werte aus Programmbeispielen zu verweisen (z.B. class, Zähler und 1712).[2]

1.1.2   Übungen

Übungen findet man am Ende der Kapitel. Sie haben meist die Form »Schreiben Sie ein Programm, das ...«. Die Lösung sollte genügend Code umfassen, so daß sie sich übersetzen läßt und mehrere Testfälle durchlaufen kann. Der Schwierigkeitsgrad der Übungen variiert beträchtlich. Deshalb wurde für jede Aufgabe eine Abschätzung versucht und das Ergebnis vermerkt. Die benutzte Skala ist exponentiell. Eine mit (*1) gekennzeichnete Übung mag ungefähr zehn Minuten beanspruchen, eine mit (*2) kann ungefähr eine Stunde dauern, und eine Übung mit (*3) benötigt wahrscheinlich einen ganzen Tag. Der Zeitbedarf zum Schreiben und Testen eines Programms hängt jedoch stärker von der Erfahrung des Programmierers als von der Übung an sich ab. Eine (*1)–Aufgabe kann einen ganzen Tag in Anspruch nehmen, falls man sich zuerst noch in ein neues Computersystem einarbeiten muß. Andererseits kann eine (*5)–Übung in einer Stunde erledigt sein, falls man über passende Hilfsprogramme verfügt.

Zusätzliche Übungen für Teil I können jedem Buch über Programmierung in C entnommen werden. Weitere Aufgaben für die Teile II und III lassen sich in Büchern finden, die sich mit Datenstrukturen und Algorithmen befassen.

1.1.3   Implementierungshinweise

Die in diesem Buch benutzte Sprache ist »reines« C++ , wie sie im C++–Standard [C++,1997] definiert ist. Deshalb sollten die Beispiele auf jeder C++–Implementierung laufen. Die größeren Programme wurden auf verschiedenen C++–Implementierungen ausprobiert. Beispielprogramme, die neu in C++ aufgenommene Sprachmittel benutzen, können jedoch von einigen Implementierungen nicht übersetzt werden. Welche Implementierungen das sind, wurde nicht vermerkt, da diese Information äußerst schnell veraltet. Compilerbauer arbeiten unermüdlich daran, daß alle C++–Sprachmittel von ihren Implementierungen korrekt übersetzt werden. Anhang B gibt Hilfestellungen, wie man mit älteren C++–Compilern und mit C–Code zurechtkommen kann.

1.2   C++ lernen

Beim Lernen von C++ ist es am wichtigsten, sich auf die Konzepte zu konzentrieren und sich nicht in sprachtechnischen Details zu verlieren. Mit dem Lernen einer Programmiersprache soll man ein besserer Programmierer werden, das heißt bei Entwurf und Implementierung neuer Systeme und bei der Wartung von Altsystemen effektiver werden. Deshalb ist das Verständnis von

---

[2]   A.d.Ü.: Da der Unterschied zwischen normaler und halbfetter Kursivschrift nicht sehr groß ist, haben wir statt halbfetter Kursivschrift Teletype gewählt.

Programmier– und Designtechniken weit wichtiger als die Aneignung von Detailkenntnissen. Die erwirbt man sich im Laufe der Zeit durch Praxis.

C++ unterstützt eine Vielzahl von Programmierstilen. Alle basieren auf einer strengen statischen Typprüfung. Die meisten haben außerdem zum Ziel, einen hohen Grad an Abstraktion zu erreichen und die Ideen des Programmierers möglichst direkt zu repräsentieren. Dies ist ohne Laufzeit– und Speicherplatzeinbußen möglich. Ein Programmierer, der das Programmieren in einer anderen Sprache (wie C, Fortran, Smalltalk, Lisp, ML, Ada, Eiffel, Pascal oder Modula–2) gewöhnt ist, sollte jedoch berücksichtigen, daß er seine Zeit in das Lernen und Verinnerlichen der C++–Programmierstile und –techniken investieren muß, um alle Vorteile von C++ auszunutzen. Das gleiche gilt für Programmierer, die eine frühere und damit weniger ausdrucksstarke C++–Version gewöhnt sind.

Gedankenlos aus einer anderen Programmiersprache übernommene Techniken führen in der Regel zu unbeholfenen, schlecht laufenden und schwer zu wartenden Programmen. Das Schreiben ist ebenfalls meist frustrierend, da jede Programmzeile und jede Compiler–Fehlermeldung daran erinnert, daß man nicht in seiner gewohnten alten Sprache programmiert. Man kann den Programmierstil von Fortran, C, Smalltalk usw. in jede andere Sprache übernehmen, aber dieses Vorgehen ist in einer Sprache mit einer anderen Philosophie weder angenehm noch wirtschaftlich. Jede Sprache kann reichhaltige Ideen liefern, um C++–Programme zu schreiben. Um wirkungsvoll nutzbar zu sein, müssen die Ideen jedoch so angepaßt werden, daß sie zur generellen Struktur und dem Typsystem von C++ passen. Gegen das grundlegende Typsystem einer Sprache können nur Pyrrhus–Siege errungen werden.

C++ unterstützt einen schrittweisen Lerneinstieg. Wie man eine neue Programmiersprache lernt, hängt vom vorher vorhandenen Wissen und der eigenen Zielsetzung ab. Kein Ansatz kann allen zusagen. Meine Annahme ist, daß der Leser C++ lernt, um ein besserer Programmierer und Softwaredesigner zu werden. Das heißt, das Lernen von C++ ist nicht nur das Erlernen einer neuen Syntax, um dann damit die Probleme auf althergebrachte Weise zu lösen, sondern beinhaltet, wie man auf neue und bessere Art Softwaresysteme erstellt. Dies muß schrittweise passieren, denn das Aneignen bedeutsamer neuer Fähigkeiten benötigt Zeit und erfordert Übung. Man bedenke, wie lange man benötigt, um eine unbekannte Fremdsprache oder ein neues Musikinstrument zu beherrschen. Ein besserer Systemdesigner zu werden, ist leichter und schneller möglich, aber doch nicht so leicht und schnell, wie sich viele das wünschen. Das führt dazu, daß man C++ benutzt — oft auch schon für professionelle Systeme —, bevor man jedes Sprachmittel und jede –technik verstanden hat.

Durch Unterstützung verschiedener Programmierparadigmen (Kapitel 2) unterstützt C++ die produktive Programmierung auf unterschiedlichen Kenntnisstufen. Jeder neue Programmierstil fügt ein neues Werkzeug zu den vorhandenen hinzu, wobei jedes für sich wirksam ist und damit die Effizienz des Programmierers erhöht. C++ ist so strukturiert, daß man seine Konzepte in annähernd linearer Reihenfolge erlernen und sofort praktischen Nutzen daraus ziehen kann. Damit ergibt sich, daß der erzielte Nutzen annähernd proportional zur aufgewendeten Mühe ist.

In der fortwährenden Debatte, ob man vor C++ zuerst C lernen muß, bin ich fest davon überzeugt, daß man am besten sofort C++ lernt. C++ ist sicherer, ausdrucksstärker und verringert die Notwendigkeit, sich auf Low-level–Techniken zu konzentrieren. Die trickreichen Teile von C, die man benötigt, um den Mangel an High–level–Sprachmitteln auszugleichen, lassen sich leichter erlernen, nachdem man sich mit dem gemeinsamen Teil von C und C++ und einigen der in C++ vorhandenen High–level–Techniken beschäftigt hat. Anhang B gibt Hilfestellungen für den Weg von C++ zu C, um z.B. mit »ererbtem« C–Code zurechtzukommen.

Von C++ existieren verschiedene unabhängig voneinander entwickelte und vertriebene Implementierungen. Außerdem ist eine Vielzahl an Werkzeugen, Bibliotheken und Software–Entwicklungsumgebungen erhältlich. Informationen über die neuesten C++–Entwicklungen, Einsatzmöglichkeiten, Werkzeuge, Bibliotheken, Implementierungen usw. findet man in einer riesigen Menge von Büchern, Handbüchern, Zeitungen, Newslettern, Electronic Bulletin Boards, Mailing–Listen, Konferenzen und Kursen. Wer C++ ernsthaft einsetzen will, sollte sich unbedingt Zugang zu diesen Informationsquellen verschaffen. Jede setzt andere Schwerpunkte, so daß mindestens zwei benutzt werden sollten. Zum Beispiel sollte man sich [Barton,1994], [Booch,1994], [Henricson,1997], [Koenig,1997] und [Martin,1995] ansehen.

1.3   Der Entwurf von C++

Eines der wichtigsten Entwurfskriterien der Sprache war Unkompliziertheit. Wo man die Wahl hatte, wurde die Vereinfachung der Sprache der Vereinfachung des Compilers vorgezogen. Trotzdem wurde darauf geachtet, zu C kompatibel zu bleiben. Damit war jedoch eine Bereinigung der C–Syntax ausgeschlossen.

C++ besitzt keine in die Sprache eingebauten High–level–Datentypen oder High–level–Operatoren. C++ hat z.B. keinen Matrixtyp mit einem Inversionsoperator oder einen Stringtyp mit Verkettungsoperator. Werden solche Typen benötigt, können sie mit Hilfe von C++ definiert werden. Das Definieren von allgemein zu gebrauchenden oder auch anwendungsspezifischen Typen ist in der Tat die wichtigste und grundlegendste Aufgabe in C++. Ein gut vom Benutzer entworfener Typ unterscheidet sich von einem schon in der Sprache vordefinierten Typ nur durch seine Definition, nicht durch die Form seiner Benutzung. Die in Teil III beschriebene C++–Standardbibliothek liefert viele Beispiele neu definierter Typen und deren Anwendung. Aus der Sicht des Benutzers gibt es kaum einen Unterschied zwischen in C++ vordefinierten Typen und Typen aus der Standardbibliothek.

Auf Sprachmittel, die Laufzeit– oder Speicherplatzeinbußen schlimmstenfalls sogar bei Nichtbenutzung in Programmen verursachen, wurde in C++ verzichtet. So wurden z.B. Konstrukte vermieden, die Verwaltungsinformationen in jedem Objekt mitführen. Wenn also in einer Struktur zwei 16–Bit–Werte definiert werden, ist sichergestellt, daß die Daten in ein 32–Bit–Register passen.

C++ wurde für den Gebrauch in einer traditionellen Übersetzungs– und Laufzeitumgebung, der C–Programmierumgebung unter UNIX, entworfen. Glücklicherweise war C++ damit jedoch nicht auf UNIX beschränkt. Es benutzte einfach nur UNIX und C als Modell für die Beziehungen zwischen Sprache, Bibliotheken, Compiler, Binder, Laufzeitumgebung usw. Dieses minimale Modell verhalf C++ zu seinem Erfolg auf fast jeder Rechnerplattform. Es gibt natürlich gute Gründe, C++ in Umgebungen einzusetzen, die wesentlich bessere Unterstützung bieten. Dynamisches Laden, inkrementelles Übersetzen, Datenbanken mit Typdefinitionen und ähnliche Hilfen können, ohne die Sprache zu beeinflussen, von sehr großem Nutzen sein.

Die Typprüfung und die Datenkapselung in C++ basieren auf der Analyse der Programme während ihrer Übersetzung, um eine unabsichtliche Zerstörung von Daten zu verhindern. Sie verursachen weder Laufzeit– noch Speicherplatzeinbußen. Geheimhaltung und Zugriffsschutz kann jedoch nicht gegenüber jemandem gewährleistet werden, der vorsätzlich gegen die Regeln verstößt. Die Grundidee dabei war, daß ein Sprachmittel nicht nur elegant entworfen, sondern auch in realen Programmen anwendbar sein sollte.

Eine systematische und ausführliche Beschreibung des Entwurfs von C++ findet sich in [Stroustrup,1994].

1.3.1 Effizienz und Struktur

Die Entwicklung von C++ startete mit der Programmiersprache C als Basis. Deshalb ist C bis auf wenige Ausnahmen in C++ enthalten. Diese Basissprache wurde so entworfen, daß ihre Sprachmittel, wie Typen, Operatoren und Anweisungen, möglichst eng mit maschinennahen Objekten, wie Zahlen, Zeichen und Adressen, korrespondieren. Bis auf die Operatoren `new`, `delete`, `typeid`, `dynamic_cast`, `throw` und den `try`–Block benötigen die C++–Ausdrücke und –Anweisungen keine Laufzeitunterstützung.

C++ kann die gleichen Funktionsaufruf– und –rücksprungmechanismen benutzen wie C — oder aber auch effizientere. Falls auch das zu aufwendig ist, kann eine C++–Funktion als `inline` programmiert werden, so daß man die Schreibweise als Funktion beibehalten kann, ohne Laufzeiteinbußen in Kauf nehmen zu müssen.

Eines der Entwurfsziele von C war, die Sprache so zu gestalten, daß sie beim Schreiben von Betriebssystemprogrammen Assembler ersetzen kann. Beim Design von C++ wurde darauf geachtet, diesen Vorteil zu erhalten. C++ legt im Gegensatz zu C mehr Gewicht auf Typisierung und Struktur. C ist ausdrucksstark und gestattet viel. C++ ist noch ausdrucksstärker. Um das ausnutzen zu können, muß man sich um eine gute Typisierung seiner Objekte bemühen. Der Compiler kann dann mit Hilfe seiner Typkenntnis Ausdrücke korrekt behandeln, die sonst ausführlich ausformuliert werden müßten. Die Kenntnis der Objekttypen versetzt den Compiler in die Lage, Fehler zu finden, die sonst erst beim Testen oder sogar noch später auffallen. Mit Nachdruck soll hier noch einmal erwähnt werden, daß die Nutzung der Typisierung zum Prüfen von Funktionsargumenten, zum Vermeiden unabsichtlicher Datenzerstörung, zum Erstellen neuer Datentypen oder Operatoren usw. weder Laufzeit– noch Speicherplatzeinbußen zur Folge hat.

Die Betonung der Strukturierungsmöglichkeiten von C++ spiegelt den Zuwachs in der Programmgröße wider, seit C entworfen wurde. Man kann ein kleines Programm, z.B. 1000 Zeilen, zum Laufen bringen, auch wenn man jeden guten Programmierstil außer acht läßt. Für ein größeres Programm gilt das nicht mehr. Wenn die Struktur eines 100.000–Zeilen–Programms schlecht ist, führt fast jede Fehlerbereinigung zu mindestens einem neuen Fehler. C++ wurde so entworfen, daß größere Programme vernünftig strukturiert werden können und eine einzelne Person eine weitaus größere Menge an Programmcode überblicken kann. Zusätzlich sollte eine durchschnittliche C++–Programmzeile weitaus ausdrucksstärker sein als eine in Pascal oder C. C++ hat bis heute diese Ziele bei weitem übererfüllt.

Nicht jedes Stückchen Programm kann gut strukturiert, hardwareunabhängig, leicht zu lesen usw. sein. In C++ vorhandene Sprachmittel erlauben den sehr direkten und effizienten Umgang mit Hardware, ohne allerdings besonders sicher oder leicht verständlich zu sein. Solcher Programmcode kann aber hinter eleganten und sicheren Schnittstellen versteckt werden.

Der Einsatz von C++ in größeren Programmen führt dazu, daß auch Gruppen von Programmierern mit C++ arbeiten. Daß C++ seinen Schwerpunkt auf Modularität, streng typisierte Schnittstellen und Flexibilität legt, zahlt sich hier aus. C++ bietet eine gut ausgewogene Menge an Sprachmitteln zum Schreiben großer Programme, vergleichbar mit anderen Programmiersprachen. Je größer allerdings die Programme werden, desto weniger lassen sich die Entwicklungs– und Wartungsprobleme mit Hilfe der Programmiersprache lösen. Dann sind Werkzeuge und Management gefragt. Teil IV geht näher auf Bereiche dieser Problematik ein.

Dieses Buch handelt in erster Linie von Techniken, die vielseitig verwendbare Sprachmittel und allgemein nutzbare Typen, Bibliotheken usw. unterstützen. Diese Techniken sind sowohl bei der Entwicklung kleiner als auch großer Programme hilfreich. Da sich außerdem alle nichttrivialen Programmpakete aus halbwegs voneinander unabhängigen Teilen zusammensetzen, helfen Techniken, die zum Schreiben solcher Teile nützlich sind, allen Anwendungsprogrammierern.

Man mag vermuten, daß das Schreiben von Programmen mittels einer strengen Typstruktur zu weitaus längerem Programmcode führt. Mit C++ ist das nicht der Fall. Ein C++–Programm, das Funktionsargumenttypen deklariert, Klassen benutzt usw., ist üblicherweise ein bißchen kürzer als ein äquivalentes C–Programm, das diese Möglichkeiten nicht einsetzt. Beim Einsatz von Bibliotheken wird ein C++–Quelltext wesentlich kürzer ausfallen als das entsprechende C–Äquivalent, falls es sich denn in C überhaupt schreiben läßt.

1.3.2 Philosophische Anmerkungen

Eine Programmiersprache dient zwei verwandten Zwecken: Sie liefert einerseits dem Programmierer das Werkzeug, die auszuführenden Aktionen zu spezifizieren, und gibt ihm eine Menge von Konzepten als Hilfsmittel zum Überlegen, was getan werden kann. Der erste Zweck erfordert idealerweise eine »maschinennahe« Sprache, so daß alle wichtigen hardwarenahen Aspekte einfach und effizient gehandhabt werden sowie für den Programmierer ziemlich einleuchtend sind. C wurde hauptsächlich unter diesem Gesichtspunkt entworfen. Der zweite Zweck erfordert idealerweise eine »problemnahe« Sprache, so daß die Konzepte einer Lösung direkt und prägnant formuliert werden können. Die Sprachmittel, die zu C hinzugefügt wurden, um C++ zu entwickeln, wurden hauptsächlich unter diesem Gesichtspunkt entworfen.

Die Beziehung zwischen der Sprache, in der wir denken/programmieren, und den Problemen und Lösungen, die wir uns vorstellen können, ist sehr eng. Aus diesem Grund ist es zumindest gefährlich, Sprachmittel mit der Absicht einzuschränken, Programmierfehler auszuschließen. Wie bei natürlichen Sprachen kann man sehr große Vorteile daraus ziehen, wenn man mindestens zwei beherrscht. Eine Sprache versieht einen Programmierer mit einem Satz konzeptioneller Werkzeuge. Sind sie für eine Aufgabe ungeeignet, werden sie einfach ignoriert. Das Vorhandensein oder Fehlen bestimmter Sprachmittel kann jedoch einen guten Entwurf und das Nichtvorhandensein von Fehlern nicht sicherstellen.

Die Typisierung sollte besonders hilfreich für nicht triviale Aufgaben sein. Das C++–Klassenkonzept hat sich als mächtiges konzeptuelles Werkzeug bewährt.

1.4 Historische Anmerkungen

Ich erfand C++, schrieb seine frühen Definitionen und schrieb die erste Implementierung. Ich wählte und formulierte die Designkriterien für C++, entwarf alle wichtigen Sprachmittel und war für die Bearbeitung der Erweiterungsvorschläge im C++–Standardisierungskomitee verantwortlich.

Zweifellos hat C++ C viel zu verdanken [Kernighan,1978]. Bis auf das Schließen einiger gefährlicher Schlupflöcher in der Typbehandlung (siehe Anhang B) ist C als Untermenge in C++ enthalten. Ich behielt auch den von C vorgegebenen Schwerpunkt auf Spracheigenschaften bei, mit denen auf Low-level–Niveau die anspruchsvollsten Systemprogrammieraufgaben bewältigt werden können. C seinerseits verdankt viel seinem Vorgänger BCPL [Richards,1980]; in der Tat wurde die Kommentarschreibweise // von BCPL in C++ (wieder) eingeführt. Der andere Hauptideenlieferant für C++ war Simula67 [Dahl,1970; Dahl,1972]. Das Klassenkonzept (mit abgeleiteten

Klassen und virtuellen Funktionen) wurde daraus übernommen. Die Möglichkeit zum Überladen von Operatoren und die Freiheit, eine Deklaration überall dort zu plazieren, wo eine Anweisung stehen darf, ähneln Algol68 [Woodward,1974].

Seit der Erstausgabe dieses Buches wurde die Sprache umfassend begutachtet und verbessert. Der Schwerpunkt der Überarbeitungen lag auf der Auflösung von Überladungen, dem Binden und den Speichermanagementmöglichkeiten. Zusätzlich wurden einige kleinere Änderungen vorgenommen, um die Kompatibilität mit C zu erhöhen. Mehrere Generalisierungen und ein paar wichtige Erweiterungen wurden hinzugefügt. Sie umfaßten die Mehrfachvererbung, statische (`static`) Elementfunktionen, konstante (`const`) Elementfunktionen, `protected` Elemente, Templates, die Ausnahmebehandlung, die Laufzeit–Typinformation (RTTI) und Namensbereiche. Die Zielsetzung bei all diesen Erweiterungen und Änderungen war, die Eignung von C++ zum Schreiben und Benutzen von Bibliotheken zu verbessern. Die Entwicklung von C++ wird in [Stroustrup,1994] beschrieben.

Das Sprachmittel Template wurde hauptsächlich entwickelt, um fest typisierte Container (wie Listen, Vektoren und Maps) und deren elegante und effiziente Nutzung (generisches Programmieren) zu unterstützen. Ein Hauptziel war, den Gebrauch von Makros und Casts (explizite Typumwandlung) zu verringern. Templates wurden teilweise durch Adas generische Typen (sowohl ihre Stärken als auch ihre Schwächen) und teilweise durch Clus parametrisierte Module inspiriert. Ähnlich wurde die Ausnahmebehandlung in C++ teilweise von Ada [Ichbiah,1979], Clu [Liskov,1979] und ML [Wikström,1987] inspiriert. Andere Entwicklungen in der Zeit von 1985 bis 1995 — wie Mehrfachvererbung, rein virtuelle Funktionen und Namensbereiche — waren hauptsächlich Verallgemeinerungen, die sich aus Erfahrungen mit der Nutzung von C++ ergaben, und nicht so sehr Ideen aus anderen Programmiersprachen.

Frühe Versionen der Sprache, allgemein als »C with Classes« bekannt [Stroustrup,1994], sind seit 1980 in Gebrauch. Die Sprache wurde ursprünglich entwickelt, weil ich einige ereignisgesteuerte Simulationen schreiben wollte, wofür Simula67 bis auf Effizienzbetrachtungen ideal gewesen wäre. »C with Classes« wurde in wichtigen Projekten eingesetzt, in denen die Möglichkeiten zum Schreiben von Programmen, die minimal Zeit und Speicherplatz benötigen, gründlich getestet wurden. Es fehlten jedoch das Überladen von Operatoren, Referenzen, virtuelle Funktionen, Templates, Ausnahmen und viele weitere Details. Die erste Nutzung von C++ außerhalb einer Forschungseinrichtung begann im Juli 1983.

Der Name C++ (ausgesprochen: »C plus plus«) wurde von Rick Mascitti im Sommer 1983 geprägt. Der Name verdeutlicht den evolutionären Charakter der Sprachentwicklung aus C heraus. »++« ist der Inkrementoperator in C. Der etwas kürzere Name »C+« ist ein Syntaxfehler. Er wurde außerdem als Name für eine andere unabhängige Programmiersprache benutzt. Kenner der C–Semantik finden C++ ++C unterlegen. Die Sprache wurde nicht D genannt, weil sie eine Erweiterung von C ist und kein Versuch gemacht wurde, Probleme durch das Entfernen von Sprachmitteln zu beseitigen. Für eine ganz andere Interpretation des Namens C++ betrachte man den Anhang von [Orwell,1949].

C++ wurde hauptsächlich entworfen, damit meine Freunde und ich nicht in Assembler, C oder verschiedenen anderen modernen High–level–Sprachen programmieren mußten. Das Hauptziel war, das Schreiben guter Programme für den einzelnen Programmierer leichter und weitaus angenehmer zu gestalten. In den Anfangsjahren gab es kein C++–Entwurfspapier. Design, Dokumentation und Implementierung verliefen gleichzeitig. Es gab weder ein »C++–Projekt« noch ein »C++–Designkomitee«. Die Entwicklung von C++ wurde einerseits durch die Notwendigkeit vorangetrieben, mit den von Benutzern gefundenen Problemen fertigzuwerden, andererseits durch Ergebnisse von Diskussionen zwischen meinen Freunden, Kollegen und mir.

Später verursachte das explosionsartige Wachstum von C++ einige Änderungen. Im Laufe des Jahres 1987 wurde offensichtlich, daß die formale Standardisierung von C++ unumgänglich wurde und wir die Vorbereitungen für die Standardisierungsbemühungen treffen mußten [Stroustrup,1994]. Das Ergebnis war die bewußte Anstrengung, den Kontakt zwischen Implementierern von C++–Compilern und wichtigen Nutzern von C++ mittels Papier und Electronic Mail sowie durch persönliche Treffen auf C++–Konferenzen und andernorts herzustellen.

Die AT&T Bell Laboratories leisteten hierfür einen wichtigen Beitrag, indem sie mir erlaubten, Entwürfe von verbesserten Versionen des C++–Referenzhandbuchs an Implementierer und Nutzer zu verteilen. Da viele dieser Leute bei Unternehmen arbeiten, die als Konkurrenten von AT&T angesehen werden können, sollte die Bedeutung dieses Beitrags nicht unterschätzt werden. Ein weniger weitsichtiges Unternehmen hätte einfach durch Nichtstun riesige Sprachzersplitterungsprobleme verursachen können. Tatsächlich lasen und kommentierten rund hundert Personen aus Dutzenden von Unternehmen das mittlerweile allgemein akzeptierte Referenzhandbuch und damit das Basisdokument für die ANSI–C++–Standardisierungsbemühungen. Ihre Namen findet man in »The Annotated C++ Reference Manual« [Ellis,1989]. Schließlich wurde im Dezember 1989 auf Initiative von Hewlett Packard das X3J16–Komitee von ANSI einberufen. Im Juni 1991 wurde diese (amerikanische) ANSI–Standardisierung Teil der (internationalen) ISO–Standardisierungsbemühungen für C++. Ab 1990 wurden diese vereinigten C++– Standardisierungskomitees das wichtigste Forum zur Entwicklung von C++ und zur Verfeinerung seiner Definition. Die ganze Zeit hindurch war ich für die Komitees tätig. Als Leiter der Arbeitsgruppe für Erweiterungen war ich im besonderen direkt verantwortlich für den Umgang mit den Vorschlägen für die wichtigsten Änderungen an C++ und die Erweiterung um neue Sprachmittel. Im April 1995 war ein Initial Draft Standard[3] zur öffentlichen Begutachtung fertiggestellt. Der ISO–C++–Standard (ISO/IEC 14882) wurde 1998 ratifiziert. C++ entwickelte sich Hand in Hand mit einigen der Schlüsselklassen, die in diesem Buch vorgestellt werden. Zum Beispiel entwarf ich die `complex`–, `vector`– und `stack`–Klassen zusammen mit dem Mechanismus zum Überladen von Operatoren. `string`– und `list`–Klassen wurden von Jonathan Shopiro und mir als Teil der gleichen Bemühungen entwickelt. Jonathans `string`– und `list`–Klassen waren die ersten, die als Teil einer Bibliothek umfassend genutzt wurden. Die `string`–Klasse der C++–Standardbibliothek hat ihre Wurzeln in diesen frühen Bemühungen. Die in [Stroustrup,1987] und in §12.7–Ü11 beschriebene Task–Bibliothek war Teil des allerersten in »C with Classes« geschriebenen Programms. Ich schrieb es und die dazugehörenden Klassen, um Simulationen im Simula–Stil zu unterstützen. Die Task–Bibliothek wurde hauptsächlich von Jonathan Shopiro verbessert und neu implementiert und wird immer noch intensiv genutzt. Die `stream`–Bibliothek, wie in der Erstausgabe dieses Buches beschrieben, wurde von mir entworfen und implementiert. Jerry Schwarz überführte sie in die `iostreams`–Bibliothek (Kapitel 21) unter Benutzung von Andrew Koenigs Manipulatortechnik (§21.4.6) und anderen Ideen. Die `iostreams`–Bibliothek wurde im Rahmen der Standardisierung weiter verbessert, wobei Jerry Schwarz, Nathan Myers und Norihiro Kumagai die Hauptlast der Arbeit trugen. Die Entwicklung der Templates wurde von den `vector`–, `map`–, `list`– und `sort`–Templates beeinflußt, die von Andrew Koenig, Alex Stepanov, mir und anderen entwickelt wurden. Danach führte Alex Stepanovs Arbeit über generisches Programmieren mit Hilfe von Templates zu den Container– und Algorithmenteilen der C++–Standardbibliothek (§16.3, Kapitel 17, Kapitel 18, §19.2). Die `valarray`–Bibliothek für numerische Berechnungen (Kapitel 22) ist im wesentlichen die Arbeit von Kent Budge.

---

[3]   vorläufiger Standardentwurf

1.5   Der Einsatz von C++

C++ wird von Hunderttausenden Programmierern in allen wesentlichen Anwendungsgebieten eingesetzt. Unterstützung erhält man durch gut ein Dutzend unabhängiger Implementierungen, Hunderte von Bibliotheken und Büchern, diverse technische Zeitschriften, viele Konferenzen und unzählbare Berater. Training und Ausbildung sind auf unterschiedlichstem Niveau weit verbreitet erhältlich.

Die ersten Anwendungen tendierten stark in Richtung Systemprogrammierung. Zum Beispiel sind etliche bedeutende Betriebssysteme in C++ geschrieben [Campbell,1987; Rozier,1988; Hamilton,1993; Berg,1995; Parrington,1995]. In vielen weiteren Betriebssystemen wurden die wichtigen Teile in C++ formuliert. Ich halte die kompromißlose Low-level–Effizienz von C++ für besonders wichtig. Sie gibt uns die Möglichkeit, mit Hilfe von C++ Gerätetreiber und andere Software zu schreiben, die direkt die Hardware unter Echtzeitbedingungen ansprechen können muß. In solchen Programmteilen ist die Vorhersagbarkeit der Leistungsfähigkeit mindestens genauso wichtig wie die reine Geschwindigkeit. Oft gilt dies auch für die Kompaktheit des resultierenden Systems. C++ wurde so entworfen, daß jedes Sprachmittel in Programmen mit strengen Zeit– und Speicherbeschränkungen eingesetzt werden kann ([Stroustrup,1994], §4.5).

Die meisten Anwendungen haben Programmabschnitte, die zeitkritisch sind. Die weitaus größeren Teile ihres Programmcodes liegen jedoch nicht in solchen Abschnitten. Für die meisten Programmteile sind gute Wartbarkeit, leichte Erweiterbarkeit und einfache Testbarkeit die Schlüsselkriterien. Die Unterstützung, die C++ hierin bietet, führte zu der weiten Verbreitung in Bereichen, in denen Zuverlässigkeit gefordert ist oder sich die Anforderungen im Laufe der Zeit wesentlich ändern. Beispiele sind Anwendungen für Banken, Handel, Versicherungen, Telekommunikation und Militär. Über Jahre hinweg basiert die zentrale Steuerung des amerikanischen Telefonfernleitungsnetzes auf C++–Programmen. Jede 800–Nummer (ein Anruf, bei dem der Angerufene die Gebühren bezahlt) wird mit Hilfe eines C++–Programms verbunden [Kamath,1993]. Viele dieser Anwendungen sind riesig und sehr langlebig. Deshalb sind Stabilität, Kompatibilität und Skalierbarkeit feste Ecksteine in der Entwicklung von C++. C++–Programme, die eine Million Zeilen umfassen, sind nicht ungewöhnlich.

Wie C wurde C++ nicht besonders in Hinblick auf numerische Berechnungen entworfen. Trotzdem werden viele numerische, wissenschaftliche und technische Berechnungen in C++ ausgeführt. Ein Hauptgrund dafür ist, daß die traditionellen numerischen Berechnungen oft mit Graphik und anderen Berechnungen kombiniert werden müssen, die auf Datenstrukturen basieren, die nicht in die traditionelle Fortran–Umgebung passen [Budge,1992] [Barton,1994]. Graphik und Bedienoberflächen sind die Bereiche, in denen C++ besonders stark eingesetzt wird. Jeder, der einen Apple Macintosh oder einen PC mit Windows benutzt, benutzt indirekt C++, da die wichtigsten Teile der Bedienoberflächen dieser Systeme C++–Programme sind. Einige der am weitesten verbreiteten X–Bibliotheken für UNIX sind ebenfalls in C++ geschrieben. Folglich ist C++ das Mittel der Wahl für eine riesige Anzahl von Anwendungen, bei denen die Bedienoberfläche eine äußerst wichtige Rolle spielt.

All dies zeigt, was wohl die größte Stärke von C++ ist: seine Fähigkeit, effektiv in Anwendungen eingesetzt zu werden, die eine Vielzahl von Bereichen betreffen. Es ist sehr verbreitet, daß eine Anwendung lokale und Weitverkehrsnetze anspricht sowie numerische Berechnungen, Graphik, Bedienoberflächen und Datenbankzugriffe umfaßt. Traditionell waren diese Anwendungsbereiche streng voneinander getrennt und wurden meist von unterschiedlichen Bearbeitergruppen mit Hilfe einer Vielzahl von Programmiersprachen bearbeitet. C++ wird jedoch in allen diesen

Bereichen weit verbreitet eingesetzt. Außerdem kann C++ mit Codefragmenten und Programmen, die in anderen Sprachen geschrieben wurden, zusammenarbeiten.

C++ wird verbreitet in Lehre und Forschung eingesetzt. Dies hat manche überrascht, die — zu recht — darauf hinwiesen, daß C++ weder die kleinste noch die reinste Sprache ist, die jemals entwickelt wurde. Aber C++ ist

- klar genug, um Basiskonzepte erfolgreich zu lehren,
- praxisnah, effizient und flexibel genug für anspruchsvolle Projekte,
- verfügbar genug für Organisationen und Projektgruppen mit unterschiedlichen Entwicklungs– und Laufzeitumgebungen,
- umfassend genug, um fortgeschrittene Konzepte und Techniken zu lehren, und
- kommerziell genug, um das Gelernte in nicht akademischen Umgebungen zu nutzen.

C++ ist eine Sprache, mit der man wachsen kann.

1.6   C und C++

C wurde als Basissprache für C++ gewählt, weil C

1. vielseitig, kurz und bündig sowie verhältnismäßig low-level ist,
2. für die meisten Systemprogrammieraufgaben angemessen ist,
3. überall und auf jeder Hardware läuft und
4. in die UNIX–Programmierumgebung paßt.

C hat seine Probleme, aber eine aus dem Nichts entwickelte Sprache hätte ebenfalls welche, und bei C sind sie uns bekannt. Nur weil »C with Classes« auf C basierte, waren wir in der Lage, innerhalb von einigen Monaten dieses nützliche (aber auch unbeholfene) Werkzeug zu schreiben, das zu C Simula–ähnliche Klassen hinzufügte.

Als C++ sich immer weiter verbreitete und seine Sprachmittel, die über C hinausgingen, zusehends wichtiger wurden, tauchte immer wieder die Frage auf, ob die Kompatibilität zu C beibehalten werden sollte. Einige Probleme hätten ganz klar vermieden werden können, wenn einiges aus dem C–Erbe nicht übernommen worden wäre (siehe z.B. [Sethi,1981]). Es wurde nicht getan, weil

1. Millionen Zeilen in C geschriebener Programmcode existiert, der von C++ profitieren kann, unter der Voraussetzung, daß ein komplettes Umschreiben in C++ nicht nötig ist;
2. Millionen Zeilen in C geschriebener Bibliotheksfunktionen und Hilfsprogramme existieren, die von oder für C++ genutzt werden können, vorausgesetzt, daß C++ binderkompatibel und syntaktisch sehr ähnlich mit C ist;
3. es Hunderttausende Programmierer gibt, die C kennen und beim Umstieg auf C++ nur den Umgang mit den neuen Sprachmitteln lernen müssen; die Basis muß nicht neu gelernt werden;
4. über Jahre hinweg C++ und C auf den gleichen Systemen von den gleichen Leuten benutzt werden; deshalb sollte der Unterschied zwischen den Sprachen entweder sehr groß oder aber sehr klein sein, um Fehler und Verwechslungen möglichst zu vermeiden.

Die Definition von C++ wurde so verbessert, daß ein in beiden Sprachen legales Konstrukt auch in beiden Sprachen dieselbe Bedeutung hat (§B.2).

C hat sich ebenfalls weiterentwickelt, teilweise auch beeinflußt durch die Entwicklung von C++ [Rosler,1984]. Die Syntax zur Funktionsdeklaration im ANSI–C–Standard [C,1990] wurde aus »C with Classes« übernommen. Die Übernahme von Sprachmitteln wird in beide Richtungen angewendet. Zum Beispiel wurde der void * –Zeigertyp in ANSI–C eingeführt, jedoch in C++ zuerst implementiert. Wie in der ersten Ausgabe dieses Buches versprochen, wurde die Definition von C++ überarbeitet, um grundlose Inkompatibilitäten zu C zu entfernen; die jetzige Version von C++ ist weitaus kompatibler zu C als die ursprüngliche. C++ soll idealerweise so dicht wie möglich an ANSI–C angelehnt sein, aber nicht näher [Koenig,1989]. Eine hundertprozentige Kompatibilität war niemals das Ziel, da damit die Typsicherheit und die reibungslose Integration von benutzerdefinierten und eingebauten Typen gefährdet würden.

C–Kenntnisse sind keine Voraussetzung, um C++ zu lernen. Das Programmieren in C erfordert viele Techniken und Tricks, die sich durch C++–Sprachmittel als unnötig erweisen. Zum Beispiel wird die explizite Typumwandlung (Cast) in C++ weit weniger häufig eingesetzt als in C (§1.6.1). »Gute« C–Programme tendieren jedoch dazu, C++–Programme zu sein. Zum Beispiel ist jedes Programm im von Kernighan und Ritchie verfaßten »The C Programming Language (2nd Edition)« [Kernighan,1988] ein C++–Programm. Erfahrungen mit irgendeiner statisch typisierten Sprache (englisch: *statically typed language*) sind eine Hilfe beim Erlernen von C++.

1.6.1 Ratschläge für C–Programmierer

Je besser man C kennt, um so schwerer läßt es sich vermeiden, C++–Programme im C–Stil zu schreiben, wobei man allerdings einige der von C++ gebotenen Vorteile verliert. Deshalb ist ein Blick in den Anhang B empfehlenswert, der die Unterschiede zwischen C und C++ erläutert. Hier folgen einige Verweise auf Gebiete, in denen C++ bessere Lösungswege als C zu bieten hat:

1. Makros sind in C++ fast völlig überflüssig. Benutzen Sie const (§5.4) oder enum (§4.8), um Konstanten zu definieren, inline (§7.1.1), um den Mehraufwand von Funktionsaufrufen zu vermeiden, Templates (Kapitel 13), um Familien von Funktionen und Typen zu spezifizieren, und Namensbereiche (§8.2), um Namenskonflikte zu vermeiden.
2. Deklarieren Sie Variablen erst, wenn Sie sie benötigen, so daß Sie sie sofort initialisieren können. Eine Deklaration darf überall dort stehen, wo auch eine Anweisung stehen darf (§6.3.1), sowie in *for–Anweisung*sinitialisierern (§6.3.3) und in Bedingungen (§6.3.2.1).
3. Benutzen Sie nicht malloc(). Der new–Operator (§6.2.6) erledigt diese Aufgabe viel besser. Anstelle von realloc() sollten Sie einen vector (§3.8) einsetzen.
4. Vermeiden Sie weitestgehend void *, Zeigerarithmetik, unions und casts, außer tief innerhalb der Implementierung einer Funktion oder Klasse. In den meisten Fällen ist ein Cast ein Indiz für einen Designfehler. Falls Sie eine explizite Typanpassung vornehmen müssen, benutzen Sie einen der »neuen casts« (§6.2.7), um genauer zu beschreiben, was Sie tun wollen.
5. Verwenden Sie Felder und C–Strings so wenig wie möglich. Die in der C++–Standardbibliothek vorhandenen Klassen string (§3.5) und vector (§3.7.1) können häufig benutzt werden, um die Programmierung im Vergleich zum traditionellen C–Stil zu vereinfachen. Im allgemeinen sollten Sie nichts selbst schreiben, was schon von der Standardbibliothek zur Verfügung gestellt wird.

Um die C–Binde–Konventionen einzuhalten, muß eine C++–Funktion mit C–Bindung (§9.2.4) deklariert werden.

Am wichtigsten ist es jedoch, daß Sie sich ein Programm als eine Menge von miteinander arbeitenden Konzepten vorstellen, die durch Klassen und Objekte repräsentiert werden, und nicht mehr als ein Bündel von Datenstrukturen mit Funktionen, die die Bits dazwischen verknüpfen.

1.6.2   Ratschläge für C++–Programmierer

Viele Leute benutzen C++ seit ungefähr zehn Jahren. Weitaus mehr benutzen C++ in einer einzigen Umgebung und haben gelernt, mit den Einschränkungen zu leben, die ihnen durch die ersten
Compiler und Bibliotheken der ersten Generation auferlegt wurden. Häufig haben erfahrene Programmierer über die Jahre hinweg zwar aufgenommen, was an neuen Sprachmitteln dazugekom-
men ist, aber nicht erkannt, welche neuen Beziehungen sich damit zwischen den Sprachmitteln
auftun, die neue fundamentale Programmiertechniken ermöglichen. Mit anderen Worten: woran
Sie damals, als Sie C++ lernten, gar nicht dachten oder was Sie als unpraktisch empfanden, kann
sich heute als ein überlegener Lösungsansatz erweisen. Herausfinden können Sie das nur, indem
Sie die Grundlagen neu überprüfen.

Lesen Sie die Kapitel in der vorgegebenen Reihenfolge durch. Falls Sie den Inhalt eines Kapitels kennen, reichen dazu wenige Minuten. Wenn Sie nicht alles kennen, haben Sie etwas Un-
erwartetes gelernt. Ich selbst habe beim Schreiben dieses Buches ein schönes Stück gelernt, und
ich vermute, daß kaum ein C++–Programmierer alle der vorgestellten Sprachmittel und Techniken
kennt. Um die Sprache effektiv einsetzen zu können, benötigen Sie außerdem einen »roten Faden«,
der Ordnung in die Menge der Sprachmittel und Techniken bringt. Durch seine Organisation und
seine Beispiele bietet Ihnen dieses Buch genau diesen »roten Faden«.

1.7   Gedanken zum Programmieren in C++

Idealerweise geht man den Entwurf eines Programms in drei Stufen an. Als erstes verschaffen Sie
sich ein klares Verständnis des zu lösenden Problems (Analyse), dann bestimmen Sie die in einer
Lösung enthaltenen Schlüsselkonzepte (Design), und letztendlich formulieren Sie die Lösung in
einem Programm (Programmierung). Die Details eines Problems und die Konzepte der zugehörigen Lösung werden häufig erst dann klar verständlich, wenn man sich die Mühe gemacht hat, sie
in einem Programm zu formulieren, und dieses Programm akzeptabel zum Laufen gebracht hat.
Dies ist genau der Punkt, wo die Wahl einer Programmiersprache von Bedeutung ist.

In vielen Anwendungen gibt es Konzepte, die sich nicht einfach durch einen fundamentalen
Typ oder eine Funktion ohne damit verbundene Daten darstellen lassen. Bei einem solchen Konzept sollten Sie eine Klasse deklarieren, um es im Programm zu repräsentieren. Eine C++–Klasse
ist ein Typ. Damit wird spezifiziert, wie sich Objekte dieser Klasse verhalten: wie sie erzeugt werden, wie sie verändert werden können und wie sie zerstört werden. Eine Klasse kann auch spezifizieren, wie Objekte repräsentiert werden, jedoch sollte darauf in den frühen Entwicklungsstufen
des Designs eines Programms nicht das Schwergewicht liegen. Der Schlüssel, um gute Programme zu entwickeln, besteht darin, Klassen zu entwickeln, so daß jede sauber ein einzelnes Konzept
darstellt. Das heißt, man muß häufig Antworten auf folgende Art von Fragen finden: Wie werden
Objekte dieser Klasse geschaffen? Können Objekte dieser Klasse kopiert und/oder zerstört werden? Welche Operationen können auf Objekte dieser Klasse angewendet werden? Falls es keine
guten Antworten auf diese Fragen gibt, war das Konzept im ersten Ansatz nicht »sauber« genug.
Meist ist es dann besser, weiter über das Problem und die ausgewählte Lösung nachzudenken, als
sofort damit zu beginnen, um die Probleme »herumzukodieren«.

Die am einfachsten zu bewältigenden Konzepte sind die, die einen traditionellen mathematischen Formalismus besitzen: alle Arten von Zahlen, Mengen, geometrische Formen usw. Text-
orientierte Ein–/Ausgabe, Zeichenketten, grundlegende Container und darauf operierende fundamentale Algorithmen und einige mathematische Klassen sind Teil der C++–Standardbibliothek

(Kapitel 3, §16.1.2). Zusätzlich ist eine verwirrende Anzahl an Bibliotheken erhältlich, die allgemeine und problembezogene Konzepte unterstützen.

Ein Konzept existiert nicht im Vakuum; es gibt immer Gruppen von verwandten Konzepten. Die Organisation der Beziehungen von Klassen innerhalb eines Programms — das heißt die Festlegung der exakten Beziehungen zwischen den unterschiedlichen Konzepten einer Lösung — ist häufig weitaus schwerer als das Bestimmen der einzelnen Klassen im ersten Ansatz. Das Ergebnis sollte kein Wirrwarr sein, in dem jede Klasse (Konzept) von jeder abhängt. Gegeben seien zwei Klassen A und B. Beziehungen der Art »A ruft Funktionen von B auf«, »A erzeugt Bs« und »A hat B als Element« verursachen selten größere Probleme, während Beziehungen wie »A benutzt Daten von B« normalerweise eliminiert werden können.

Eines der wirkungsvollsten geistigen Werkzeuge, um Komplexität zu beherrschen, ist das hierarchische Ordnen, das heißt das Anordnen verwandter Konzepte in einer Baumstruktur mit dem am allgemeinsten gehaltenen Konzept als Wurzel. In C++ werden solche Strukturen durch abgeleitete Klassen repräsentiert. Ein Programm kann häufig als eine Menge von Bäumen oder als gerichteter azyklischer Graph von Klassen organisiert werden. Das heißt, der Programmierer spezifiziert eine Anzahl von Basisklassen mit jeweils einer Anzahl davon abgeleiteter Klassen. Virtuelle Funktionen (§2.5.5, §12.2.6) können häufig benutzt werden, um Operationen für die allgemeinste Version eines Konzepts (Basisklasse) zu definieren. Wenn nötig, kann die Interpretation dieser Operationen für einzelne spezielle Fälle (abgeleitete Klassen) verfeinert werden.

Manchmal erweist sich auch ein gerichteter azyklischer Graph als unzureichend, um die Konzepte eines Programms zu organisieren; einige Konzepte scheinen grundsätzlich wechselseitig voneinander abhängig zu sein. In solchen Fällen sollte man versuchen, die zyklischen Abhängigkeiten örtlich zu beschränken, damit sie nicht die gesamte Programmstruktur beeinträchtigen. Wenn Sie solche gegenseitigen Abhängigkeiten nicht eliminieren oder lokalisieren können, sind Sie in einer sehr mißlichen Lage, aus der Ihnen keine Programmiersprache heraushelfen kann. Wenn Sie sich nicht einige einfachere Beziehungen zwischen den Basiskonzepten ausdenken, wird das Programm wahrscheinlich unkontrollierbar.

Eines der besten Werkzeuge, um Abhängigkeitsgraphen zu entwirren, ist die saubere Trennung von Schnittstelle und Implementierung. Abstrakte Klassen (§2.5.4, §12.3) sind dafür in C++ das Hauptwerkzeug.

Eine andere Form von Gemeinsamkeit kann mit Hilfe von Templates ausgedrückt werden (§2.7, Kapitel 13). Ein Klassen–Template spezifiziert eine Familie von Klassen. Zum Beispiel spezifiziert ein List–Template eine »Liste von Ts«, wobei T ein beliebiger Typ sein kann. Somit ist ein Template ein Mechanismus, um zu spezifizieren, wie ein Typ generiert werden kann, wobei ein anderer Typ als Argument berücksichtigt wird. Die allgemeinsten Templates sind Containerklassen wie Listen, Felder und assoziative Felder sowie fundamentale Algorithmen, die solche Container benutzen. Gewöhnlich ist es ein Fehler, die Parametrisierung einer Klasse und der mit ihr verbundenen Funktionen mit einem Typ durch Vererbung auszudrücken. Dies wird am besten durch Templates bewerkstelligt.

Man sollte jedoch nicht vergessen, daß ein Großteil der Programmierung einfach und sauber mit Hilfe primitiver Typen, Datenstrukturen, einfacher Funktionen und einiger weniger Bibliotheksklassen erledigt werden kann. Der umfangreiche Apparat, der zum Definieren neuer Typen benötigt wird, sollte nur genutzt werden, wenn dafür wirklich Bedarf besteht.

Die Frage »Wie schreibt man ein gutes C++–Programm?« hat sehr viel Ähnlichkeit mit der Frage »Wie schreibt man gute englische Prosa?«. Darauf gibt es zwei Antworten: »Wisse, was Du sagen willst« und »Übe. Halte Dich an gute Vorbilder.« Beide Antworten gelten für C++ ebenso wie für Englisch — und sind ebenso schwer zu befolgen.

1.8   Ratschläge

Hier folgt ein Satz von »Regeln«, die Sie beim Lernen von C++ berücksichtigen sollten. Mit zunehmendem Lernfortschritt können Sie sie weiterentwickeln und an Ihre Anwendungsprobleme und Ihren Programmierstil anpassen. Sie sind absichtlich sehr einfach gehalten, so daß es ihnen am Detail mangelt. Außerdem sollte man sie nicht zu wörtlich nehmen. Das Schreiben eines guten Programms erfordert Intelligenz, Geschmack und Geduld. Es ist unmöglich, beim ersten Mal gleich alles richtig zu machen. Haben Sie deshalb Mut zum Experimentieren!

1. Beim Programmieren entwickelt man eine konkrete Darstellung der Lösungsideen zu einem vorgegebenen Problem. Die Struktur des Programms sollte diese Ideen so direkt wie möglich wiedergeben:

    (a) Wenn Sie »es« für eine eigenständige Idee halten, machen Sie daraus eine Klasse.

    (b) Wenn Sie »es« für eine eigenständige Entität halten, machen Sie daraus ein Objekt einer Klasse.

    (c) Haben zwei Klassen eine gemeinsame Schnittstelle, dann machen Sie diese Schnittstelle zu einer abstrakten Klasse.

    (d) Haben die Implementierungen zweier Klassen signifikante Gemeinsamkeiten, dann machen Sie aus den Gemeinsamkeiten eine Basisklasse.

    (e) Ist eine Klasse ein Container von Objekten, dann machen Sie daraus ein Template.

    (f) Implementiert eine Funktion einen Algorithmus für einen Container, machen Sie daraus eine Template–Funktion, die diesen Algorithmus für eine Familie von Containern implementiert.

    (g) Ist eine Menge von Klassen, Templates usw. miteinander logisch verwandt, dann plazieren Sie sie in einem gemeinsamen Namensbereich.

2. Wenn Sie eine Klasse definieren, die weder eine mathematische Entität wie eine Matrix oder eine komplexe Zahl noch einen Low-level–Typ wie eine verkettete Liste implementiert, beachten Sie bitte:

    (a) Benutzen Sie keine globalen Daten (sondern Elemente).

    (b) Benutzen Sie keine globalen Funktionen.

    (c) Benutzen Sie keine `public`–Datenelemente.

    (d) Benutzen Sie keine `friends`, außer um die Punkte a und c zu vermeiden.

    (e) Benutzen Sie in einer Klasse kein »Typfeld«, sondern virtuelle Funktionen.

    (f) Benutzen Sie keine `inline`–Funktionen außer als signifikante Optimierung.

Spezifischere und detailliertere Faustregeln gibt es im Abschnitt »Ratschläge« in jedem Kapitel. Beachten Sie auch, daß diese Ratschläge nur grobe Faustregeln und keine unumstößlichen Gesetze sind. Ein Rat sollte nur angewendet werden, wo es »vernünftig« erscheint. Es gibt keinen Ersatz für Intelligenz, Erfahrung, gesunden Menschenverstand und guten Geschmack.

Ich halte Regeln der Form »Tun Sie niemals ...« für nicht hilfreich. Die meisten Ratschläge sind deshalb Vorschläge, was getan werden sollte. Bei den »negativen Vorschlägen« wurde darauf geachtet, sie nicht als absolute Verbote zu formulieren. Ich kenne kein wichtiges Sprachmittel in C++, das nicht irgendwo sinnvoll verwendet werden kann. Der Abschnitt »Ratschläge« in den folgenden Kapiteln beinhaltet keine Erklärungen. Statt dessen ist jeder Rat mit einem Verweis zu einem passenden Abschnitt im Buch versehen. Wo ein negativer Rat gegeben wird, zeigt der Abschnitt normalerweise eine vorgeschlagene Alternative.

1.8.1 Literaturhinweise

Es gibt nur wenige direkte Literaturhinweise im Text, aber hier folgt eine kurze Liste von Büchern und Veröffentlichungen, die direkt oder indirekt erwähnt werden.

[Barton,1994]   John J. Barton and Lee R. Nackman: *Scientific and Engineering C++*. Addison-Wesley. Reading, Mass. 1994. ISBN 1-201-53393-6.

[Berg,1995]   William Berg, Marshall Cline, and Mike Girou: *Lessons Learned from the OS/400 OO Project*. CACM. Vol. 38 No. 10. October 1995.

[Booch,1994]   Grady Booch: *Object-Oriented Analysis and Design*. Benjamin/Cummings. Menlo Park, Calif. 1994. ISBN 0-8053-5340-2. Deutsche Übersetzung 1994, ISBN 3-89319-673-0

[Budge,1992]   Kent Budge, J. S. Perry, and A. C. Robinson: *High-Performance Scientific Computation using C++*. Proc. USENIX C++ Conference. Portland, Oregon. August 1992.

[C,1990]   X3 Secretariat: *Standard — The C Language*. X3J11/90-013. ISO Standard ISO/IEC 9899. Computer and Business Equipment Manufacturers Association. Washington, DC, USA.

[C++,1997]   X3 Secretariat: *Draft Standard — The C++ Language*. X3J16/97-14882. Information Technology Council (NSITC). Washington, DC, USA.

[Campbell,1987]   Roy Campbell, et al.: *The Design of a Multiprocessor Operating System*. Proc. USENIX C++ Conference. Santa Fe, New Mexico. November 1987.

[Coplien,1995]   James O. Coplien and Douglas C. Schmidt (editors): *Pattern Languages of Program Design*. Addison-Wesley. Reading, Mass. 1995. ISBN 1-201-60734-4.

[Dahl,1970]   O-J. Dahl, B. Myrhaug, and K. Nygaard: *SIMULA Common Base Language*. Norwegian Computing Center S-22. Oslo, Norway. 1970.

[Dahl,1972]   O-J. Dahl and C. A. R. Hoare: *Hierarchical Program Construction* in *Structured Programming*. Academic Press, New York. 1972.

[Ellis,1989]   Margaret A. Ellis and Bjarne Stroustrup: *The Annotated C++ Reference Manual*. Addison-Wesley. Reading, Mass. 1990. ISBN 0-201-51459-1.

[Gamma,1995]   Eric Gamma, et al.: *Design Patterns*. Addison-Wesley. Reading, Mass. 1995. ISBN 0-201-63361-2. Deutsche Übersetzung 1996, ISBN 3-89319-950-0

[Goldberg,1983]   A. Goldberg and D. Robson: *SMALLTALK-80 — The Language and Its Implementation*. Addison-Wesley. Reading, Mass. 1983.

[Griswold,1970]   R. E. Griswold, et al.: *The Snobol4 Programming Language*. Prentice-Hall. Englewood Cliffs, New Jersey. 1970.

[Hamilton,1993]   G. Hamilton and P. Kougiouris: *The Spring Nucleus: A Microkernel for Objects*. Proc. 1993 Summer USENIX Conference. USENIX.

[Griswold,1983]   R. E. Griswold and M. T. Griswold: *The ICON Programming Language*. Prentice-Hall. Englewood Cliffs, New Jersey. 1983.

[Henricson,1997]   Mats Henricson and Erik Nyquist: *Industrial Strength C++: Rules and Recommendations*. Prentice-Hall. Englewood Cliffs, New Jersey. 1997. ISBN 0-13-120965-5.

[Ichbiah,1979]   Jean D. Ichbiah, et al.: *Rationale for the Design of the ADA Programming Language*. SIGPLAN Notices. Vol. 14 No. 6. June 1979.

[Kamath,1993]   Yogeesh H. Kamath, Ruth E. Smilan, and Jean G. Smith: *Reaping Benefits with Object-Oriented Technology*. AT&T Technical Journal. Vol. 72 No. 5. September/October 1993.

[Kernighan,1978]   Brian W. Kernighan and Dennis M. Ritchie: *The C Programming Language*. Prentice-Hall. Englewood Cliffs, New Jersey. 1978.

[Kernighan,1988]   Brian W. Kernighan and Dennis M. Ritchie: *The C Programming Language (Second Edition)*. Prentice-Hall. Englewood Cliffs, New Jersey. 1988. ISBN 0-13-110362-8.

[Koenig,1989]   Andrew Koenig and Bjarne Stroustrup: *C++: As close to C as possible — but no closer*. The C++ Report. Vol. 1 No. 7. July 1989.

[Koenig,1997]   Andrew Koenig and Barbara Moo: *Ruminations on C++*. Addison Wesley Longman. Reading, Mass. 1997. ISBN 1-201-42339-1.

[Knuth,1968]   Donald Knuth: *The Art of Computer Programming*. Addison-Wesley. Reading, Mass.

[Liskov,1979]   Barbara Liskov et al.: *Clu Reference Manual*. MIT/LCS/TR-225. MIT Cambridge. Mass. 1979.

[Martin,1995]   Robert C. Martin: *Designing Object-Oriented C++ Applications Using the Booch Method*. Prentice-Hall. Englewood Cliffs, New Jersey. 1995. ISBN 0-13-203837-4.

[Orwell,1949]   George Orwell: *1984*. Secker and Warburg. London. 1949.

[Parrington,1995]   Graham Parrington et al.: *The Design and Implementation of Arjuna*. Computer Systems. Vol. 8 No. 3. Summer 1995.

[Richards,1980]   Martin Richards and Colin Whitby-Strevens: *BCPL — The Language and Its Compiler*. Cambridge University Press, Cambridge. England. 1980. ISBN 0-521-21965-5.

[Rosler,1984]   L. Rosler: *The Evolution of C — Past and Future*. AT&T Bell Laboratories Technical Journal. Vol. 63 No. 8. Part 2. October 1984.

[Rozier,1988]   M. Rozier, et al.: *CHORUS Distributed Operating Systems*. Computing Systems. Vol. 1 No. 4. Fall 1988.

[Sethi,1981]   Ravi Sethi: *Uniform Syntax for Type Expressions and Declarations*. Software Practice & Experience. Vol. 11. 1981.

[Stepanov,1994]   Alexander Stepanov and Meng Lee *The Standard–Template–Library*. HP Labs Technical Report HPL–94–34 (R. 1). August 1994.

[Stroustrup,1986]   Bjarne Stroustrup: *The C++ Programming Language*. Addison-Wesley. Reading, Mass. 1986. ISBN 0-201-12078-X.

[Stroustrup,1987]   Bjarne Stroustrup and Jonathan Shopiro: *A Set of C Classes for Co-Routine Style Programming*. Proc. USENIX C++ conference. Santa Fe, New Mexico. November 1987.

[Stroustrup,1991]   Bjarne Stroustrup: *The C++ Programming Language (Second Edition)*. Addison-Wesley. Reading, Mass. 1991. ISBN 0-201-53992-6.

[Stroustrup,1994]   Bjarne Stroustrup: *The Design and Evolution of C++*. Addison-Wesley. Reading, Mass. 1994. ISBN 0-201-54330-3.

[Tarjan,1983]   Robert E. Tarjan: *Data Structures and Network Algorithms*. Society for Industrial and Applied Mathematics. Philadelphia, Penn. 1983. ISBN 0-898-71187-8.

[Unicode,1996]   The Unicode Consortium: *The Unicode Standard, Version 2.0*. Addison-Wesley Developers Press. Reading, Mass. 1996. ISBN 0-201-48345-9.

[UNIX,1985]   *UNIX Time-Sharing System: Programmer's Manual. Research Version, Tenth Edition*. AT&T Bell Laboratories, Murray Hill, New Jersey. February 1985.

[Wilson,1996]   Gregory V. Wilson and Paul Lu (editors): *Parallel Programming Using C++*. The MIT Press. Cambridge. Mass. 1996. ISBN 0-262-73118-5.

[Wikström,1987]   Åke Wikström: *Functional Programming Using ML*. Prentice-Hall. Englewood Cliffs, New Jersey. 1987.

[Woodward,1974]   P. M. Woodward and S. G. Bond: *Algol 68-R Users Guide*. Her Majesty's Stationery Office. London. England. 1974.

Eine Rundreise durch C++ 2

*The first thing we do, let's
kill all the language lawyers.*
— Henry VI, part II

2.1 Was ist C++?

C++ ist eine universelle Programmiersprache, die vorzugsweise zur Systemprogrammierung dient.
Sie

- ist ein besseres C,
- unterstützt Datenabstraktion,
- unterstützt objektorientiertes Programmieren und
- unterstützt generisches Programmieren.

Dieses Kapitel erläutert, was damit gemeint ist, ohne in die Details der Sprache einzusteigen. Es
gibt einen allgemeinen Überblick über C++ und seine fundamentalen Programmiertechniken. Es
liefert noch *keine* detaillierten Informationen, mit denen die Programmierung begonnen werden
kann.

Falls einige Teile dieses Kapitels nicht klar werden, kann man sie erst einmal ignorieren. Alles
wird in späteren Kapiteln im Detail erläutert. Wer Teile des Kapitels ausläßt, sollte sich selbst aber
den Gefallen tun, später zu ihnen zurückzukehren. Noch so detaillierte Kenntnisse der Sprachmittel, selbst wenn es alle sind, ersetzen nämlich weder einen Gesamtüberblick noch die fundamentalen Techniken, um diese Sprachmittel einzusetzen.

2.2 Programmierparadigmen

Objektorientiertes Programmieren ist eine Programmiertechnik – ein Paradigma zum Schreiben
»guter« Programme für eine bestimmte Art von Problemen. Falls der Begriff »objektorientierte
Programmiersprache« irgendeinen Sinn macht, bedeutet das, daß die Programmiersprache Mechanismen zur Verfügung stellt, mit denen ein objektorientierter Programmierstil gut unterstützt
wird.

Man beachte dabei einen feinen Unterschied: Eine Sprache *unterstützt* einen Programmierstil,
falls sie Mittel bereitstellt, mit denen dieser Stil bequem (angemessen einfach, sicher und effizient) angewendet werden kann. Eine Sprache unterstützt eine Technik nicht, falls solche Programme nur mit außergewöhnlichem Aufwand oder Wissen geschrieben werden können; in dem Fall

ermöglicht sie nur die Technik. So kann man z.B. in Fortran77 auch strukturiert und in C auch objektorientiert programmieren. Dies ist aber unnötig schwierig, da diese Sprachen diese Techniken nicht direkt unterstützen.

Die Unterstützung muß nicht nur durch offensichtliche Spracheigenschaften erfolgen. Dazu gehört auch die mehr subtile Form, Abweichungen vom Paradigma durch Prüfungen zur Übersetzungs– und zur Laufzeit zu erkennen. Typprüfung ist das offensichtlichste Beispiel dafür. Aber auch das Erkennen von Mehrdeutigkeiten und Laufzeitprüfungen dienen zur sprachlichen Unterstützung eines Paradigmas. Neben der Sprache existieren weitere Möglichkeiten, Paradigmen zu unterstützen, z.B. Bibliotheken und Programmierumgebungen.

Eine Sprache ist nicht unbedingt besser als eine andere, weil sie Sprachmittel anbietet, die die andere nicht hat. Es gibt viele Beispiele für das Gegenteil. Entscheidend ist nicht, welche Möglichkeiten eine Sprache anbietet, sondern ob diese Sprachmittel ausreichen, um den gewünschten Programmierstil im gewünschten Anwendungsgebiet zu unterstützen:

1. Alle Sprachmittel müssen klar und elegant in die Sprache integriert sein.
2. Es muß möglich sein, durch Kombination von Sprachmitteln Lösungen zustande zu bringen, die ansonsten nur durch zusätzliche separate Möglichkeiten möglich wären.
3. Es sollte so wenig »Pseudo–« und »Spezialsprachmittel« wie möglich geben.
4. Das Vorhandensein eines Sprachmittels sollte nicht dazu führen, daß Programme, die dieses Mittel nicht brauchen, signifikante Nachteile erleiden.
5. Ein Programmierer sollte nur die Eigenschaften einer Sprache kennen müssen, die er zum Schreiben seines Programms braucht.

Das erste Prinzip ist ein Appell an Ästhetik und Logik. Die nächsten beiden sind ein Ausdruck des Strebens nach Minimalismus. Die letzten beiden können mit »Was ich nicht weiß, macht mich nicht heiß« zusammengefaßt werden.

C++ wurde entworfen, um Datenabstraktion, objektorientiertes Programmieren und generisches Programmieren zusätzlich zu den traditionellen C–Programmiertechniken mit diesen Einschränkungen zu unterstützen. Es war *nicht* die Absicht, allen Benutzern einen bestimmten Programmierstil aufzuzwingen.

Die folgenden Abschnitte behandeln einige Programmierstile und die sie unterstützenden Schlüsselmechanismen der Sprache. Die Vorstellung dieser Serie von Techniken beginnt mit der prozeduralen Programmierung und führt schließlich bis zum Einsatz von Klassenhierarchien in objektorientierten Programmen und zu generischer Programmierung mit Hilfe von Templates. Jedes Paradigma baut auf seinen Vorgängern auf, jedes fügt etwas Neues in die Werkzeugkiste des C++–Programmierers ein, und jedes stellt einen erprobten Designansatz dar.

Die Vorstellung der Sprachmittel ist nicht erschöpfend. Der Schwerpunkt liegt mehr auf Designansätzen und verschiedenen Arten der Programmorganisation als auf Sprachdetails. In diesem Stadium ist es weitaus wichtiger, eine Idee davon zu bekommen, was man mit C++ machen kann, als genau zu verstehen, wie man es erreichen kann.

2.3 Prozedurale Programmierung

Das ursprüngliche Programmierparadigma lautet:

> Entscheiden Sie, welche Prozeduren Sie benötigen.
> Verwenden Sie den besten Algorithmus, den Sie finden können.

Der Schwerpunkt liegt auf dem Algorithmus, also der Ausführung der benötigten Berechnung. Sprachen unterstützen dieses Paradigma durch Sprachmittel, die Argumente an Funktionen übergeben und Werte aus Funktionen zurückgeben. Die sich mit diesem Paradigma befassende Literatur ist angefüllt mit Diskussionen über verschiedene Arten der Argumentübergabe, die Unterscheidungsmöglichkeiten verschiedener Argumentarten, unterschiedlichste Funktionsarten (z.B. Prozeduren, Routinen und Makros) usw.

Ein typisches Beispiel »guten Stils« ist eine Quadratwurzelfunktion. Für ein vorgegebenes Argument »doppelt genaue Gleitpunktzahl« liefert sie ein Ergebnis zurück. Dafür führt sie eine wohldefinierte mathematische Berechnung durch:

```cpp
double sqrt(double arg)
{
    // Code zum Berechnen der Quadratwurzel
}

void f()
{
    double root2 = sqrt(2);
    // ...
}
```

Geschweifte Klammern { } werden in C++ zum Gruppieren benutzt. Hier markieren sie Anfang und Ende der Funktionsrümpfe. Zwei Schrägstriche // führen einen Kommentar ein, der bis zum Zeilenende geht. Das Schlüsselwort void sagt aus, daß eine Funktion keinen Rückgabewert liefert.

Aus Sicht der Programmorganisation werden Funktionen dazu verwendet, Ordnung in das Labyrinth von Algorithmen zu bringen. Die Algorithmen selbst werden mit Hilfe von Funktionsaufrufen und anderen Sprachmitteln geschrieben. Der folgende Abschnitt gibt einen ganz groben Überblick über die Basissprachmittel in C++ zur Berechnung von Ausdrücken.

2.3.1 Variablen und Arithmetik

Jeder Name und jeder Ausdruck hat einen Typ, der bestimmt, welche Operationen ausgeführt werden dürfen. Zum Beispiel spezifiziert

```cpp
int inch;
```

daß inch den Typ int hat; das bedeutet, inch ist eine int–Variable.

Eine *Deklaration* ist eine Anweisung, die einen Namen in ein Programm einführt. Sie spezifiziert einen Typ für diesen Namen. Ein *Typ* bestimmt die genaue Verwendung eines Namens oder eines Ausdrucks.

C++ bietet eine ganze Anzahl an fundamentalen Typen, die direkt mit Hardwareeigenschaften korrespondieren. Beispiel:

```
bool      // Boolescher Wert, mögliche Werte sind true und false
char      // Zeichen, z.B. 'a', 'z', und '9'
int       // ganze Zahl, z.B. 1, 42 und 1216
double    // doppelt genaue Gleitpunktzahl, z.B. 3.14 und 299793.0
```

Eine `char`–Variable hat die Größe, auf einem vorgegebenen Rechner ein Zeichen (üblicherweise ein Byte) aufzunehmen. Eine `int`-Variable hat die durch den Rechner vorgegebene Größe für Ganzzahlen–Arithmetik (üblicherweise ein Wort).

Die arithmetischen Operatoren können auf beliebige Kombinationen dieser Typen angewendet werden:

```
+         // Plus, einstellig und zweistellig
-         // Minus, einstellig und zweistellig
*         // Multiplikation
/         // Division
%         // Modulo, liefert den Rest nach Division
```

Das gleiche gilt für die Vergleichsoperatoren:

```
==        // gleich
!=        // nicht gleich
<         // kleiner als
>         // größer als
<=        // kleiner gleich
>=        // größer gleich
```

In Zuweisungen und in arithmetischen Berechnungen führt C++ alle sinnvollen Konvertierungen zwischen diesen Basistypen aus, so daß sie nach Belieben gemischt werden können:

```
void eine_funktion()        // Funktion, die keinen Wert zurückgibt
{
    double d = 2.2;         // initialisiere Gleitkommazahl
    int i = 7;              // initialisiere Integer
    d = d+i;                // Zuweisung der Summe an d
    i = d*i;                // Zuweisung des Produkts an i
}
```

Wie in C ist = der Zuweisungsoperator und == der Vergleichsoperator auf Gleichheit.

2.3.2 Abfragen und Schleifen

C++ verfügt über eine konventionelle Menge an Ausdrücken zur Formulierung von Fallunterscheidungen und Schleifen. Hier folgt als Beispiel eine einfache Funktion, die den Benutzer fragt und seine Antwort als Booleschen Wert zurückgibt:

```
bool accept()
{
    cout << "Moechten Sie weitermachen (j oder n)?\n";   // stelle Frage

    char antwort = 0;
    cin >> antwort;                          // lese Antwort
```

```
        if (antwort == 'j') return true;
        return false;
}
```

Der <<–Operator (»sende nach«) wird als Ausgabeoperator benutzt; cout ist der Standardausgabe–Stream. Der >>–Operator (»empfange von«) wird als Eingabeoperator verwendet; cin ist der Standardeingabe–Stream. Der Typ des Operanden auf der rechten Seite des >>–Operators bestimmt, welche Eingabe akzeptiert wird. Im Operanden wird das Ergebnis der Eingabeoperation abgelegt. Das Zeichen \n am Ende des Ausgabe–Strings bewirkt einen Zeilenumbruch.

Das Beispiel kann leicht verbessert werden, indem auch ein »n« als Antwort in Betracht gezogen wird:

```
bool accept2()
{
    cout << "Moechten Sie weitermachen (j oder n)?\n"; // stelle Frage

    char antwort = 0;
    cin >> antwort;                          // lese Antwort

    switch (antwort) {
    case 'j':
        return true;
    case 'n':
        return false;
    default:
        cout << "Ich halte das fuer ein Nein.\n";
        return false;
    }
}
```

Eine *switch*–Anweisung testet einen Wert gegen eine Menge von Konstanten. Die Fallkonstanten müssen verschieden sein. Wenn der getestete Wert mit keiner Fallkonstanten übereinstimmt, wird der default–Zweig ausgewählt. Der default–Zweig kann auch weggelassen werden.

Es gibt nur wenige Programme, die keine Schleifen enthalten. In unserem Beispiel könnten wir dem Benutzer die Möglichkeit zu einigen Antwortversuchen geben:

```
bool accept3()
{
    int versuche = 1;
    while (versuche < 4) {
        cout << "Moechten Sie weitermachen (j oder n)?\n"; // stelle Frage
        char antwort = 0;
        cin >> antwort;                      // lese Antwort

        switch (antwort) {
        case 'j':
            return true;
        case 'n':
            return false;
```

```
        default:
            cout << "Ich verstehe Sie leider nicht.\n";
            versuche = versuche + 1;
        }
    }
    cout << "Ich halte das fuer ein Nein.\n";
    return false;
}
```

Die while–Anweisung wird so lange ausgeführt, bis ihre Bedingung *false* wird.

2.3.3 Zeiger und Felder

Ein Feld kann wie folgt deklariert werden:

   char v[10]; *// Feld aus 10 char*

Auf ähnliche Weise kann ein Zeiger deklariert werden:

   char* p;   *// Zeiger auf char*

In Deklarationen bedeutet [] »Feld aus« und * »Zeiger auf«. Alle Felder haben *0* als untere Grenze, somit hat v zehn Elemente, nämlich v[0] ... v[9]. Eine Zeigervariable kann die Adresse eines Objekts vom passenden Typ speichern:

   p = &v[3]; *// p zeigt auf das vierte Element von v*

Das einstellige & ist der Adreßoperator.

Das Kopieren von zehn Elementen von einem Feld in ein anderes kann wie folgt formuliert werden:

```
void weitere_funktion()
{
    int v1[10];
    int v2[10];
    //...
    for (int i=0; i<10; ++i) v1[i]=v2[i];
}
```

Die *for*–Anweisung in diesem Beispiel sagt: »Setze i auf null. Solange i kleiner ist als zehn, kopiere das i–te Element und inkrementiere i«. Auf eine ganzzahlige Variable angewendet, erhöht der Inkrementoperator ++ ihren Wert um eins.

2.4 Modulares Programmieren

Im Laufe der Jahre verlagerte sich der Schwerpunkt beim Entwurf von Programmen: Anstelle des Designs von Prozeduren rückte die Organisation der Daten in den Mittelpunkt. Unter anderem spiegelt sich darin ein Anwachsen der Programmgröße wider. Ein Satz verwandter Prozeduren zusammen mit den von ihnen manipulierten Daten wird häufig als *Modul* bezeichnet. Das dazugehörige Programmierparadigma lautet:

> Entscheiden Sie, welche Module Sie haben wollen.
> Unterteilen Sie das Programm so, daß die Daten in Modulen gekapselt sind.

Dieses Paradigma ist als Datenkapselung bekannt. Wo keine Gruppierung der Prozeduren mit ihren zugehörigen Daten erfolgt, reicht der prozedurale Programmierstil aus. Die Techniken zum Entwurf »guter Prozeduren« werden nun auf jede Prozedur innerhalb eines Moduls angewendet. Das bekannteste Beispiel eines Moduls ist die Definition eines Stacks. Die wesentlichen zu lösenden Probleme sind:

1. Bereitstellung einer Schnittstelle zur Benutzung des Stacks (z.B. Funktionen wie push() und pop())
2. Sicherstellen, daß auf die Repräsentation des Stacks (z.B. ein Feld aus Elementen) nur über die definierte Schnittstelle zugegriffen werden kann.
3. Sicherstellen, daß der Stack vor der ersten Benutzung initialisiert wird.

C++ bietet einen Mechanismus, um miteinander in Beziehung stehende Daten, Funktionen usw. in einen gemeinsamen Namensbereich zu setzen. Zum Beispiel könnte die Schnittstelle eines Stack–Moduls wie folgt deklariert und benutzt werden:

```
namespace Stack {        // Schnittstelle
    void push(char);
    char pop();
}


void f()
{
    Stack::push('c');
    if (Stack::pop() != 'c') error("unmoeglich");
}
```

Der Bereichsoperator :: bewirkt, daß die Funktionen push() und pop() aus dem Namensbereich von Stack genommen werden. Andere Verwendungen dieser Namen verursachen so weder Störungen noch Verwirrung.

Die Definition kann in einem getrennt zu übersetzenden Teil des Programms vorgenommen werden:

```
namespace Stack {        // Implementierung
    const int max_size = 200;
    char v[max_size];
    int top = 0;

    void push(char c) { /* Test auf Überlauf und c pushen */ }
    char pop() { /* Test auf Unterlauf und pop */ }
}
```

Bei diesem Stack–Modul ist hervorzuheben, daß der Benutzercode durch den Code der Schnittstellenfunktionen Stack::push() und Stack::pop() strikt von der Datenrepräsentation des Stacks getrennt ist. Der Benutzer braucht nicht zu wissen, daß der Stack als Feld implementiert ist, und die Implementierung kann ohne Auswirkung auf den Benutzercode geändert werden.

Daten sind jedoch nicht das einzige, was man vor dem Benutzer »verstecken« möchte, deshalb hat man das Paradigma von der Datenkapselung auf die Informationskapselung ausgedehnt. Das heißt, die Namen von Funktionen, Typen usw. können ebenso nur lokal in einem Modul bekannt sein. Deshalb kann in C++ jede Deklaration in einem Namensbereich erfolgen (§8.2).

Das oben vorgestellte `Stack`–Modul ist eine Möglichkeit, einen Stack zu repräsentieren. Die folgenden Abschnitte zeigen eine Vielzahl anderer Möglichkeiten, um die unterschiedlichen Programmierstile zu demonstrieren.

2.4.1 Getrennte Übersetzung

C++ unterstützt die in C vorgegebene Art der getrennten Übersetzung. Damit läßt sich ein Programm in eine Anzahl halbwegs unabhängiger Teile zerlegen.

Üblicherweise werden die Deklarationen, die die Schnittstelle eines Moduls festlegen, in einer Datei untergebracht, deren Name Auskunft über ihren Inhalt gibt. So würde

```
namespace Stack {            // Schnittstelle
    void push(char);
    char pop();
}
```

in einer Datei namens `stack.h` plaziert, die auch als Headerdatei bezeichnet wird. Die Benutzer machen mittels `include` ihren Inhalt für den eigenen Code verfügbar:

```
#include "stack.h"           // Schnittstelle einfügen

void f()
{
    Stack::push('c');
    if (Stack::pop() != 'c') error("unmoeglich");
}
```

Um dem Compiler bei der Sicherstellung der Konsistenz zu helfen, wird die Headerdatei ebenfalls mittels `include` in die Datei eingefügt, die die Implementierung des `Stack`–Moduls enthält:

```
#include "stack.h"           // Schnittstelle einfügen

namespace Stack {            // Repräsentation
    const int max_size = 200;
    char v[max_size];
    int top = 0;
}

void Stack::push(char c) { /* Test auf Überlauf und c pushen */ }

char Stack::pop() { /* Test auf Unterlauf und pop */ }
```

Der Code des Benutzers steht in einer dritten Datei, z.B. `user.c`. Der Code in `user.c` und `stack.c` benutzt jeweils dieselbe Schnittstelleninformation aus `stack.h`, steht aber in zwei ansonsten unabhängigen Dateien, die getrennt übersetzt werden können. Graphisch kann man diesen Sachverhalt so darstellen:[1]

---

[1] A.d.Ü.: Wir empfehlen, statt den Endungen `.c` und `.h` die Endungen `.cpp` und `.hpp` zu verwenden, da diese C++–Dateien eindeutig gegenüber C–Dateien abgrenzen.

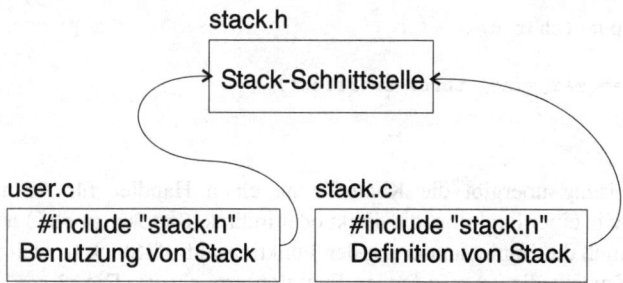

Die getrennte Übersetzung ist ein wichtiger Punkt für alle realen Programme. Sie ist nicht nur in Programmen von Belang, die Funktionalitäten, wie z.B. Stack, in Module kapseln. Streng gesehen ist die getrennte Übersetzung nicht nur eine Sache der Sprache, sondern auch, wie man am besten die Vorteile einer speziellen Sprachimplementierung nutzen kann. Auf alle Fälle ist die getrennte Übersetzung von großer praktischer Bedeutung. Der beste Ansatz ist, die Modularität so weit wie irgend möglich zu treiben, diese Modularität dann mit Hilfe von Sprachmitteln logisch umzusetzen und sie dann physikalisch durch Dateien auszunutzen, die effektiv getrennt übersetzt werden können (Kapitel 8, Kapitel 9).

2.4.2 Ausnahmebehandlung

Wenn ein Programm als Menge von Modulen entworfen ist, muß die Fehlerbehandlung dies natürlich mit berücksichtigen. Welches Modul ist für die Behandlung welcher Fehler verantwortlich? Häufig weiß ein Modul, das einen Fehler entdeckt, gar nicht, welche Maßnahmen zu ergreifen sind. Die Fehlerbehebung hängt von dem Modul ab, das die Operation veranlaßt hat, und nicht von dem, das den Fehler bei der Ausführung der Operation entdeckt hat. Mit dem Anwachsen der Programmgrößen und besonders bei intensivem Einsatz von Bibliotheken werden Standardwege zum Behandeln von Fehlern (oder allgemeiner: »Ausnahmezuständen«) immer bedeutender.

Lassen Sie uns noch einmal das Stack–Beispiel betrachten. Was *sollte* getan werden, wenn wir versuchen, mit push() ein Zeichen zuviel in den Stack zu bringen? Der Schreiber des Stack–Moduls kann nicht wissen, welche Aktion der Benutzer in einem solchen Fall haben möchte, und der Benutzer kann seinerseits dieses Problem nicht feststellen. (Wenn er es könnte, würde der Überlauf erst gar nicht passieren.) Die Lösung besteht darin, daß der Stack–Implementierer den Fehler entdeckt und ihn dann dem (unbekannten) Benutzer mitteilt. Der Benutzer kann dann entsprechende Maßnahmen ergreifen. Beispiel:

```
namespace Stack {        // Schnittstelle
    void push(char);
    char pop();

    class Overflow { }; // Typ, der eine Überlauf-Ausnahme repräsentiert
}
```

Wenn ein Überlauf entdeckt wird, kann Stack::push() den Code für die Ausnahmebehandlung aufrufen, das heißt »eine Overflow–Ausnahme werfen«:

```
void Stack::push(char c)
{
    if (top == max_size) throw Overflow();
    // c pushen
}
```

Die throw–Anweisung übergibt die Kontrolle an einen Handler für Ausnahmen des Typs Stack::Overflow in einer Funktion, die direkt oder indirekt Stack::push() aufgerufen hat. Um das zu erreichen, muß die Implementierung den Funktionsaufruf–Stack so weit wie nötig rückab-wickeln, bis der Kontext dieser aufrufenden Funktion erreicht ist. Die throw–Anweisung wirkt also wie ein mehrstufiges return. Beispiel:

```
void f()
{
    // ...
    try {    // Ausnahmen von hier werden im Handler unten behandelt
        while (true) Stack::push('c');
    }
    catch (Stack::Overflow) {
        // Huch: Stack-Überlauf; passende Aktion durchführen
    }
    // ...
}
```

Die while–Schleife scheint eine Endlosschleife zu sein. Die dahinter stehende catch–Anweisung, die die Fehlerbehandlung für einen Stack::Overflow beinhaltet, wird jedoch betreten, wenn ein Aufruf von Stack::push() ein throw zur Folge hat.

Der Einsatz des Ausnahmebehandlungsmechanismus kann die Behandlung von Fehlern sehr viel gleichförmiger und lesbarer gestalten. Weitergehende Erläuterungen und Details zu diesem Thema finden Sie in §8.3 und Kapitel 14.

2.5   Datenabstraktion

Modularität ist ein fundamentaler Aspekt für alle erfolgreichen großen Programme. Sie bleibt ein Schwerpunkt in allen Designdiskussionen in diesem Buch. Module in der bis jetzt beschriebenen Form sind jedoch nicht geeignet, um große komplexe Systeme zu beschreiben. Im folgenden zeige ich Ihnen zuerst, wie Module benutzt werden können, um eine Art von benutzerdefinierten Typen zu erstellen. Anschließend erkläre ich Ihnen, wie einige der in diesem Ansatz enthaltenen Probleme durch direkte Definition von benutzerdefinierten Typen vermieden werden können.

2.5.1   Module, die Typen definieren

Die Programmierung mit Modulen führt zu einer Zentralisierung der Daten eines Typs unter der Kontrolle eines Typverwaltungsmoduls. Falls wir zum Beispiel mehrere Stacks benötigen — nicht nur den einen, den das oben beschriebene Stack–Modul bereitstellt —, könnten wir einen Stack–Manager mit folgender Schnittstelle definieren:

```
namespace Stack {
    struct Rep;              // Definition des Stack-Layouts ist anderswo
    typedef Rep& stack;

    stack create();          // erzeuge einen neuen Stack
    void destroy(stack s);   // lösche s

    void push(stack s, char c);   // push c auf s
    char pop(stack s);            // pop s
}
```

Die Deklaration

```
struct Rep;
```

sagt aus, daß Rep der Name eines Typs ist, der jedoch erst später definiert wird (§5.7). Die Deklaration

```
typedef Rep& stack;
```

vergibt den Namen stack an eine »Referenz auf Rep« (Details in §5.5). Die dahinterstehende Idee ist, einen Stack durch Stack::stack zu identifizieren und seine weiteren Details vor dem Benutzer zu verbergen.

Ein Stack::stack verhält sich in vielen Punkten wie eine Variable eines eingebauten Typs:

```
struct Bad_pop { };

void f()
{
    Stack::stack s1 = Stack::create();   // Erzeuge einen neuen Stack
    Stack::stack s2 = Stack::create();   // Erzeuge noch einen neuen Stack

    Stack::push(s1,'c');
    Stack::push(s2,'k');

    if (Stack::pop(s1) != 'c') throw Bad_pop();
    if (Stack::pop(s2) != 'k') throw Bad_pop();

    Stack::destroy(s1);
    Stack::destroy(s2);
}
```

Stack kann nun auf unterschiedlichste Weise implementiert werden. Wichtig ist jedoch, daß der Benutzer darüber nichts wissen muß. Solange die Schnittstelle unverändert gehalten wird, ist der Benutzer nicht betroffen, wenn die Implementierung des Stacks geändert wird.

Eine Implementierung könnte z.B. einige Stack–Repräsentationen im voraus reservieren. Stack::create() könnte dann einfach eine Referenz auf eine gerade nicht benutzte Repräsentation liefern. Stack::destroy() könnte dann eine Repräsentation als »unbenutzt« markieren, so daß Stack::create() sie wieder verwenden kann:

```
namespace Stack {           // Repräsentation
    const int max_size = 200;

    struct Rep {
        char v[max_size];
        int top;
    };

    const int max = 16;     // Maximale Anzahl an Stacks

    Rep stacks[max];        // Vorallokierte Stack-Repräsentationen
    bool used[max];         // used[i] ist true, falls stacks[i] benutzt wird

    typedef Rep& stack;
}

void Stack::push(stack s, char c) { /* Teste s auf Überlauf und pushe c */ }

char Stack::pop(stack s) { /* Teste s auf Unterlauf und pop */ }

Stack::stack Stack::create()
{
    // Nimm eine nicht benutzte Rep, markiere sie als benutzt, initialisiere
    // sie und liefere eine Referenz auf sie zurück.
}
void Stack::destroy(stack s) { /* Markiere s als nicht benutzt */ }
```

Hier wurde also ein Satz von Schnittstellenfunktionen um den Repräsentationstyp herumgeschrieben. Wie der resultierende »Stack–Typ« sich verhält, hängt teilweise davon ab, wie die Schnittstellenfunktionen definiert wurden, teilweise davon, wie wir die Repräsentation des Typs den Benutzern von Stack bekanntgegeben haben, und teilweise vom Entwurf des Repräsentationstyps selbst.

Dies ist vom Ideal oft weit entfernt. Ein schwerwiegendes Problem ist, daß die Präsentation solcher »Schwindel«–Typen gegenüber dem Benutzer abhängig von ihren Implementierungsdetails breit variieren kann — wobei doch Kenntnisse über den Repräsentationstyp vom Benutzer ferngehalten werden sollten. Hätten wir z.B. eine kompliziertere Datenstruktur zur Identifizierung eines Stacks gewählt, hätten sich die Regeln für Zuweisung und Initialisierung von Stack::stacks sehr stark geändert. Dies mag ja in manchen Fällen gewünscht sein. Wie auch immer, das Beispiel zeigt, daß wir das Problem, geeignete Stacks zur Verfügung zu stellen, vom Modul Stack auf den Stack::stack–Repräsentationstyp verschoben haben.

Weitaus schwerwiegender ist die Tatsache, daß sich benutzerdefinierte Typen, die durch ein Modul implementiert sind, das Zugriff auf einen entsprechenden Implementierungstyp gewährt, nicht wie eingebaute Typen verhalten und somit weitaus weniger und anders als eingebaute Typen unterstützt werden. Zum Beispiel wird der Bereich, in dem Stack::Rep benutzt werden kann, durch Stack::create() und Stack::destroy() bestimmt und nicht durch die normalen Sprachregeln.

2.5.2 Benutzerdefinierte Typen

C++ nimmt dieses Problem in Angriff, indem es dem Benutzer erlaubt, selbst Typen zu definieren, die sich (fast) genauso verhalten wie eingebaute Typen. Solch ein Typ wird häufig als *abstrakter Datentyp* bezeichnet. Ich bevorzuge allerdings die Bezeichnung *benutzerdefinierter Typ*. Eine angemessenere Definition des Begriffs »abstrakter Datentyp« würde eine mathematisch »abstrakte« Spezifikation erfordern. Was wir hier als Typen bezeichnen, wären danach, falls eine solche Spezifikation vorgegeben wäre, konkrete Ausprägungen solch abstrakter Entitäten. Das Programmierparadigma lautet:

> Entscheiden Sie, welche Typen Sie benötigen.
> Erstellen Sie für jeden Typ einen vollen Satz an Operationen.

Wenn von einem Typ nicht mehr als ein Objekt benötigt wird, reicht der »Data–hiding«–Programmierstil mittels Modulen völlig aus.

Arithmetische Typen, wie rationale oder komplexe Zahlen, sind allgemein bekannte Beispiele für benutzerdefinierte Typen. Beispiel:

```
class complex {
    double re, im;
public:
    complex(double r, double i) { re=r; im=i; }  // Erzeuge complex aus zwei Skalaren
    complex(double r) { re=r; im=0; }            // Erzeuge complex aus einem Skalar
    complex() { re = im = 0; }                   // Default-complex: (0,0)

    friend complex operator+(complex, complex);
    friend complex operator-(complex, complex);  // zweistellig
    friend complex operator-(complex);           // einstellig
    friend complex operator*(complex, complex);
    friend complex operator/(complex, complex);

    friend bool operator==(complex, complex);    // gleich
    friend bool operator!=(complex, complex);    // ungleich
    // ...
};
```

Die Deklaration der Klasse (das heißt des benutzerdefinierten Typs) complex spezifiziert die Repräsentation einer komplexen Zahl und die dazugehörige Menge von Operationen. Die Repräsentation ist *private*, das heißt auf re und im können nur Funktionen zugreifen, die in der Deklaration der Klasse complex spezifiziert sind. Solche Funktionen können wie folgt definiert sein:

```
complex operator+(complex a1, complex a2)
{
    return complex(a1.re+a2.re,a1.im+a2.im);
}
```

Eine Elementfunktion, die den gleichen Namen wie die Klasse trägt, wird *Konstruktor* genannt. Ein Konstruktor definiert, wie ein Objekt einer Klasse initialisiert wird. Die Klasse complex stellt drei Konstruktoren zur Verfügung. Der erste erzeugt einen complex aus einem double, der zweite benötigt für die Erzeugung zwei double, und der dritte erledigt seine Aufgabe mit einem Default–Wert.

Die Klasse `complex` kann man z.B. so nutzen:

```
void f(complex z)
{
    complex a = 2.3;
    complex b = 1/a;
    complex c = a+b*complex(1,2.3);
    // ...
    if (c != b) c = -(b/a)+2*b;
}
```

Der Compiler konvertiert Operatorausdrücke mit `complex`–Zahlen in die passenden Funk-tionsaufrufe. Beispielsweise hat `c!=b` die Bedeutung `operator!=(c,b)`, und `1/a` bedeutet `operator/(complex(1,a)`.

Die meisten Module, wenn auch nicht alle, können mit Hilfe von benutzerdefinierten Typen besser formuliert werden.

2.5.3   Konkrete Typen

Man kann benutzerdefinierte Typen entwerfen, um eine große Bandbreite an Anforderungen abzu-decken. Betrachten wir z.B. einen benutzerdefinierten `Stack`–Typ, der analog zum `complex`–Typ aufgebaut ist. Um das Beispiel etwas realitätsnäher zu machen, wird dieser `Stack`–Typ so definiert, daß sein Konstruktor die Anzahl der maximal zu speichernden Elemente als Argument bekommt:

```
class Stack {
    char* v;
    int top;
    int max_size;

public:
    class Underflow { };      // Als Ausnahme benutzt
    class Overflow { };       // Als Ausnahme benutzt
    class Bad_size { };       // Als Ausnahme benutzt

    Stack(int s);             // Konstruktor
    ~Stack();                 // Destruktor

    void push(char c);
    char pop();
};
```

Der Konstruktor `Stack(int)` wird jedesmal dann aufgerufen, wenn ein Objekt dieser Klasse er-zeugt wird. Damit ist die Initialisierung sichergestellt. Falls irgendwelche Aufräumaktionen nötig sind, wenn ein Objekt der Klasse seinen Gültigkeitsbereich verläßt, kann das Gegenstück zu einen Konstruktor — der sogenannte *Destruktor* — deklariert werden:

```
Stack::Stack(int s)          // Konstruktor
{
    top = 0;
    if (s<0 || 10000<s) throw Bad_size();   // "||" bedeutet "oder"
    max_size = s;
    v = new char[s];         // Elemente aus dem Freispeicher belegen
```

```
    }

    Stack::~Stack()        // Destruktor
    {
        delete[] v;        // Freigeben der Elemente für eventuelle Wiederverwendung (§6.2.6)
    }
```

Der Konstruktor initialisiert eine neue Stack–Variable. Dafür reserviert er Speicherplatz im Freispeicher mit Hilfe des Operators new. Der Destruktor räumt auf, indem er diesen Speicher wieder freigibt. Dies alles wird erledigt, ohne daß sich der Benutzer von Stack darum kümmern muß. Der Benutzer kann ganz einfach Stack–Variablen erzeugen und benutzen, als wären es Variablen von eingebauten Typen. Beispiel:

```
    Stack s_var1(10);                      // Globaler Stack mit zehn Elementen

    void f(Stack& s_ref, int i)            // Referenz auf Stack
    {
        Stack s_var2(i);                   // Lokaler Stack mit i Elementen
        Stack* s_ptr = new Stack(20);      // Zeiger auf Stack im Freispeicher

        s_var1.push('a');
        s_var2.push('b');
        s_ref.push('c');
        s_ptr->push('d');
        // ...
    }
```

Dieser Stack–Typ befolgt die gleichen Regeln bezüglich Namensgebung, Gültigkeitsbereich, Speicherplatzanforderung, Lebensdauer, Kopieren usw. wie ein eingebauter Typ wie int oder char.

Natürlich müssen auch die Elementfunktionen push() und pop() irgendwo definiert werden:

```
    void Stack::push(char c)
    {
        if (top == max_size) throw Overflow();
        v[top] = c;
        top = top + 1;
    }

    char Stack::pop()
    {
        if (top == 0) throw Underflow();
        top = top - 1;
        return v[top];
    }
```

Typen wie complex oder Stack nennt man *konkrete* Typen im Gegensatz zu den *abstrakten* Typen, bei denen die Schnittstelle den Benutzer weitaus besser von den Implementierungsdetails fernhält.

2.5.4 Abstrakte Typen

Eine Eigenschaft ist allerdings beim Übergang von `Stack`, implementiert als »Schwindel«–Typ in einem Modul (§2.5.1), zu einem konkreten Typ (§2.5.3) verlorengegangen. Die Repräsentation ist nicht mehr entkoppelt von der Benutzerschnittstelle; sie ist sogar ein Teil dessen, was in ein Programm, das `Stack` benutzt, mit Hilfe von `include` eingefügt wird. Die Repräsentation ist `private`, und somit kann nur durch Elementfunktionen auf sie zugegriffen werden, aber sie ist vorhanden. Wenn sie auf irgendeine bedeutende Weise geändert wird, muß der Benutzer sein Programm neu übersetzen. Das ist der Preis, der gezahlt werden muß, wenn man mit Typen arbeiten will, die sich genau wie eingebaute Typen verhalten. Insbesondere können wir nicht echte lokale Variablen eines Typs haben, ohne die Größe ihrer Repräsentation zu kennen.

Bei Typen, die sich nicht häufig ändern, und dort, wo lokale Variablen die benötigte Klarheit und Effizienz bringen, ist dies zu akzeptieren und häufig sogar ideal. Wenn wir jedoch den Benutzern eines Stacks Auswirkungen durch Änderungen vollständig ersparen wollen, dann ist die letzte `Stack`–Version unzulänglich. Dann muß die Schnittstelle von der Repräsentation entkoppelt werden, und echte lokale Variablen sind nicht mehr möglich. Als erstes definieren wir die Schnittstelle:

```
class Stack {
public:
    class Underflow { };        // Als Ausnahme benutzt
    class Overflow { };         // Als Ausnahme benutzt

    virtual void push(char c) = 0;
    virtual char pop() = 0;
};
```

Das Wort `virtual` bedeutet in Simula und C++: »kann später in einer abgeleiteten Klasse überschrieben werden«. Eine Klasse, die von `Stack` abgeleitet ist, stellt dann die Implementierung für die `Stack`–Schnittstelle dar. Die eigenartige »= 0«–Syntax sagt aus, daß die so gekennzeichnete Funktion von irgendeiner von `Stack` abgeleiteten Klasse definiert werden muß. Auf diese Weise kann `Stack` für jede Klasse als Schnittstelle dienen, die seine Funktionen `push()` und `pop()` implementiert.

Dieser `Stack` könnte wie folgt genutzt werden:

```
void f(Stack& s_ref)
{
    s_ref.push('c');
    if (s_ref.pop() != 'c') throw Bad_pop();
}
```

Bitte beachten Sie, wie `f()` die `Stack`–Schnittstelle ohne Kenntnis irgendeines Implementierungsdetails nutzt. Eine Klasse, die die Schnittstelle zu einer Gruppe anderer Klassen darstellt, wird häufig als *polymorpher Typ* bezeichnet. Es ist nicht weiter überraschend, daß die Implementierung nun all das aus der konkreten `Stack`–Klasse beinhalten kann, was wir aus der Schnittstelle `Stack` herausgehalten haben:

```
class Array_stack : public Stack {  // Array_stack implementiert Stack
    char* p;
    int max_size;
    int top;
```

```
public:
    Array_stack(int s);
    ~Array_stack();

    void push(char c);
    char pop();
};
```

Das »: public« kann man als »ist abgeleitet von«, »implementiert« und »ist ein Untertyp von« interpretieren.

Wenn eine Funktion wie f() einen Stack ohne Kenntnis irgendwelcher Implementierungsdetails nutzen will, muß eine andere Funktion ein Objekt erzeugen, mit dem f() dann arbeiten kann. Beispiel:

```
void g()
{
    Array_stack as(200);
    f(as);
}
```

Obwohl f() nichts über Array_stacks weiß und nur die Stack–Schnittstelle kennt, arbeitet es genauso korrekt mit einer völlig anderen Stack–Implementierung. Beispiel:

```
class List_stack : public Stack {   // List_stack implementiert Stack
    list<char> lc;                   // (Standardbibliotheks-)list von char (§3.7.3)
public:
    List_stack() { }
    void push(char c) { lc.push_front(c); }
    char pop();
};

char List_stack::pop()
{
    char x = lc.front();    // Hole erstes Element
    lc.pop_front();         // Entferne erstes Element
    return x;
}
```

In diesem Fall ist die Repräsentation eine Liste von Zeichen (char). Die Funktion lc.push_front(c) fügt c als erstes Element in die Liste lc ein, der Aufruf von lc.pop_front() entfernt das erste Element aus der Liste, und lc.front() liefert den Inhalt des ersten Elements von lc.

Eine Funktion kann nun einen List_stack erzeugen und ihn ebenfalls von f() benutzen lassen:

```
void h()
{
    List_stack ls;
    f(ls);
}
```

2.5.5   Virtuelle Funktionen

Wie wird der Aufruf von `s_ref.pop()` in `f()` aufgelöst, so daß die richtige Funktionsdefinition benutzt wird? Wenn `f()` von `h()` aus aufgerufen wird, muß `List_stack::pop()` aufgerufen
werden. Erfolgt der Aufruf von `f()` aus `g()`, muß `Array_stack::pop()` aufgerufen werden. Um
dieses Auflösen leisten zu können, muß ein `Stack`–Objekt Informationen beinhalten, die genau
bezeichnen, welche Funktion zur Laufzeit aufgerufen wird. Eine allgemein verwendete Implementierungstechnik eines Compilers ist es, den Namen einer virtuellen (`virtual`) Funktion in einen
Index in eine Tabelle von Funktionszeigern umzusetzen. Diese Tabelle wird gewöhnlich als »virtuelle Funktionstabelle« (englisch: *virtual function table*) bezeichnet, kurz auch *vtbl*. Jede Klasse mit
virtuellen Funktionen hat ihre eigene *vtbl*, über die ihre virtuellen Funktionen identifiziert werden.
Graphisch kann man das folgendermaßen darstellen:

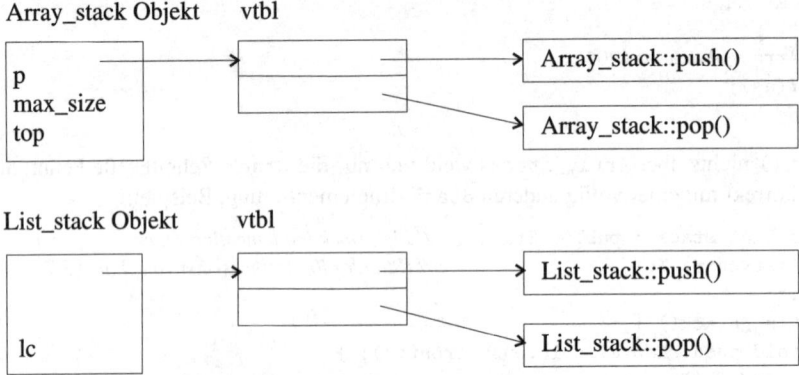

Die Funktionen in der *vtbl* erlauben es, das Objekt korrekt zu benutzen, auch wenn seine Größe und
das Layout seiner Daten dem Aufrufer nicht bekannt sind. Alles, was der Aufrufer wissen muß,
ist die Adresse der *vtbl* in einem `Stack` und der Index, der für die einzelnen Funktionen benutzt
wird. Dieser virtuelle Aufrufmechanismus kann im wesentlichen so effizient wie ein »normaler
Funktionsaufruf–«Mechanismus gestaltet werden. Der Mehraufwand an Speicherplatz beschränkt
sich auf einen Zeiger in jedem Objekt einer Klasse mit virtuellen Funktionen sowie auf eine *vtbl*
für jede solche Klasse.

2.6   Objektorientiertes Programmieren

Die Datenabstraktion ist für gutes Design wesentlich und bleibt das ganze Buch hindurch ein De-
signschwerpunkt. Benutzerdefinierte Typen für sich sind jedoch nicht flexibel genug, um unseren
Anforderungen zu genügen. Dieser Abschnitt zeigt zuerst ein Problem mit einfachen benutzerdefinierten Typen und dann, wie man dieses Problem mit Hilfe von Klassenhierarchien bewältigen
kann.

2.6.1 Probleme mit konkreten Typen

Ein konkreter Typ, genauso wie ein »Schwindel«–Typ, der durch ein Modul definiert ist, definiert eine Art Black Box. Ist sie einmal definiert, findet keine wirkliche gegenseitige Beeinflussung mit dem Rest des Programms mehr statt. Es gibt keine Möglichkeit, sie an neue Nutzungen anzupassen, ohne ihre Definition zu ändern. Diese Situation kann ideal sein, sie kann aber auch zu schwerwiegender Inflexibilität führen. Wir betrachten als Beispiel die Definition eines Typs namens Form, der in einem Graphiksystem genutzt werden soll. Außerdem nehmen wir an, daß das System zur Zeit nur Kreise, Dreiecke und Quadrate unterstützen muß. Zusätzlich haben wir zur Verfügung:

```
class Position{ /* ... */ };
class Farbe{ /* ... */ };
```

/* und */ kennzeichnen den Anfang und das Ende von Kommentaren. Hiermit können Kommentare gekennzeichnet werden, die über mehrere Zeilen gehen oder aber vor dem Ende einer Zeile enden.

Wir können Form nun wie folgt definieren:

```
enum Art { kreis, dreieck, quadrat };   // Aufzählung (§4.8)

class Form {
    Art a;                // Typfeld
    Position mitte;
    Farbe col;
    // ...
public:
    void zeichne();
    void drehe(int);
    // ...
};
```

Das »Typfeld« a ist notwendig, damit Operationen wie zeichne() und drehe() bestimmen können, welche Form sie gerade behandeln sollen (in einer Pascal–ähnlichen Sprache würde man hier einen »variant record« mit dem »tag« a benutzen). Die Funktion zeichne() könnte wie folgt definiert sein:

```
void Form::zeichne()
{
    switch (a) {
    case kreis:
        // Zeichne einen Kreis
        break;

    case dreieck:
        // Zeichne ein Dreieck
        break;

    case quadrat:
        // Zeichne ein Quadrat
        break;
    }
}
```

Dies ist ein ziemliches Durcheinander. Funktionen wie `zeichne()` müssen alle Arten von Formen
kennen. Außerdem wächst der Code jeder derartigen Funktion, sobald eine neue Form zum System
hinzugenommen wird. Wenn wir eine neue Form definieren, muß jede Operation, die auf eine Form
wirkt, untersucht und gegebenenfalls angepaßt werden. Wir können nur dann eine neue Form zum
System hinzufügen, wenn wir Zugriff auf den Quellcode aller Operationen haben. Das Hinzufügen
einer neuen Form bedingt also das »Anfassen« aller wichtigen Operationen, die mit Formen arbeiten. Dies Vorgehen erfordert große Fähigkeiten und birgt die Gefahr, daß Fehler in den Code
eingebaut werden, der die anderen (älteren) Formen bearbeitet. Die Wahl der Repräsentation für
bestimmte Formen kann durch die Forderung extrem schwierig werden, daß ihre Repräsentationen
— oder zumindest einige — in den üblicherweise größenmäßig fest vorgegebenen Rahmen passen
müssen, der durch die Definition des allgemeinen Typs `Form` festgelegt ist.

2.6.2   Klassenhierarchien

Das Problem besteht darin, daß nicht zwischen allgemeinen Eigenschaften einer Form (wie z.B.
eine Form besitzt eine Farbe, sie kann gezeichnet werden usw.) und den Eigenschaften einer speziellen Art von Form (wie z.B. ein Kreis ist eine Form mit einem Radius, kann von einer Kreis–
zeichne–Funktion gezeichnet werden usw.) unterschieden wird. Objektorientiertes Programmieren
zeichnet sich dadurch aus, daß man diese Unterscheidung ausdrücken und daraus Vorteile ziehen
kann. Sprachen mit Konstruktionen, die diese Unterscheidung ausdrücken und nutzen können, unterstützen das objektorientierte Programmieren, alle anderen Sprachen nicht.

Der Vererbungsmechanismus (den C++ aus Simula übernommen hat) ist hier die Lösung. Zuerst spezifizieren wir eine Klasse, die die allgemeinen Eigenschaften aller Formen definiert:

```
class Form {
    Position mitte;
    Farbe col;
    // ...
public:
    Position where() { return mitte; }
    void schiebe(Position to) { mitte = to; /* ... */ zeichne(); }

    virtual void zeichne() = 0;
    virtual void drehe(int winkel) = 0;
    // ...
};
```

Wie in dem abstrakten Typ `Stack` in §2.5.4 sind die Funktionen, deren Schnittstellen zwar definiert
werden können, deren Implementierung aber noch nicht möglich ist, virtuell (`virtual`). In diesem
Fall betrifft es die Funktionen `zeichne()` und `drehe()`, die nur für spezielle Formen definiert
werden können. Deshalb sind sie als `virtual` deklariert.

Mit dieser Definition als Vorgabe können wir allgemeine Funktionen schreiben, die Vektoren
auf Zeiger von Formen manipulieren:

```
void drehe_alle(vector<Form*>& v, int winkel)
// Drehe v's Elemente um winkel Grad
{
    for (int i = 0; i<v.size(); ++i) v[i]->drehe(winkel);
}
```

Um eine besondere Form zu definieren, müssen wir festlegen, daß sie eine Form ist, und ihre besonderen Eigenschaften (einschließlich der virtuellen Funktionen) spezifizieren:

```
class Kreis : public Form {
    int radius;
public:
    void zeichne() { /* ... */ }
    void drehe(int) {}    // ja, die Null-Funktion
};
```

Im C++–Umfeld sagt man, daß Kreis von der Klasse Form abgeleitet ist. Die Klasse Form ist eine Basisklasse von der Klasse Kreis. Eine alternative Terminologie nennt Kreis Subklasse und Form Superklasse. Von der abgeleiteten Klasse sagt man, daß sie die Elemente ihrer Basisklasse erbt. Deshalb bezeichnet man die Benutzung von Basisklassen und abgeleiteten Klassen allgemein als *Vererbung*.

Das Programmierparadigma lautet:

> Entscheiden Sie, welche Klassen Sie brauchen.
> Erstellen Sie für jede Klasse einen vollständigen Satz an Operationen.
> Verdeutlichen Sie Gemeinsamkeiten durch den Einsatz von Vererbung.

Wenn es solche Gemeinsamkeiten nicht gibt, reicht die Datenabstraktion völlig aus. Die Menge an Gemeinsamkeiten zwischen Typen, die durch Vererbung und virtuelle Funktionen ausgenutzt werden kann, ist der Lackmus–Test, ob objektorientierte Programmierung auf ein Problem angewendet werden kann. Einige Gebiete, wie z.B. interaktive Graphik, sind ganz klar ein riesiges Betätigungsfeld für objektorientierte Programmierung. Andere Gebiete, wie z.B. klassische arithmetische Typen und Berechnungen, erfordern kaum mehr als Datenabstraktion, und die Sprachmittel zur Unterstützung objektorientierter Programmierung scheinen hier überflüssig zu sein.

Das Finden der Gemeinsamkeiten zwischen Typen in einem System ist kein trivialer Vorgang. Die Menge der ausnutzbaren Gemeinsamkeiten hängt davon ab, auf welche Art das System entworfen wurde. Wenn ein System entworfen wird — sogar dann schon, wenn die Anforderungen eines Systems niedergeschrieben werden — muß aktiv nach Gemeinsamkeiten gesucht werden. Klassen können auch als Bausteine für andere Typen entworfen werden, und existierende Klassen können darauf untersucht werden, ob sie Ähnlichkeiten aufweisen, die in einer gemeinsamen Basisklasse zusammengefaßt werden können.

Erklärungsansätze für objektorientiertes Programmieren, ohne auf spezifische Konstrukte von Programmiersprachen einzugehen, finden sich in [Kerr,1987] und [Booch,1994] (siehe §23.6).

Klassenhierarchien und abstrakte Klassen (§2.5.4) ergänzen sich und schließen sich nicht gegenseitig aus (§12.5). Im allgemeinen tendieren die hier aufgeführten Paradigmen dazu, sich zu ergänzen und sich gegenseitig zu unterstützen. Beispielsweise enthalten Klassen und Module Funktionen, während Module Klassen und Funktionen beinhalten. Ein erfahrener Designer benutzt nach Bedarf eine Vielzahl von Paradigmen.

2.7   Generische Programmierung

Jemand, der einen Stack benötigt, braucht nicht unbedingt einen Stack für Zeichen. Ein Stack ist ein allgemeines Konzept, das unabhängig von dem Begriff Zeichen existiert. Folgerichtig sollte ein Stack deshalb auch unabhängig davon repräsentiert werden.

Allgemeiner ausgedrückt gilt: Kann ein Algorithmus unabhängig von Repräsentationsdetails ausgedrückt werden und ist dies ohne logische Verrenkungen mit vernünftigem Aufwand erreichbar, so sollte man es tun.

Das Programmierparadigma lautet:

> Entscheiden Sie, welche Algorithmen Sie benötigen.
> Parametrisieren Sie sie so, daß sie für eine Vielzahl von geeigneten
> Typen und Datenstrukturen arbeiten.

2.7.1   Container

Wir können den Typ »Stack für Zeichen« zu einem »Stack für irgendwas« verallgemeinern, indem wir daraus ein *Template* machen und den speziellen Typ char durch einen Template–Parameter ersetzen. Beispiel:

```
template<class T> class Stack {
    T* v;
    int max_size;
    int top;
public:
    class Underflow { };
    class Overflow { };

    Stack(int s);      // Konstruktor
    ~Stack();          // Destruktor
    void push(T);
    T pop();
};
```

Das Präfix template<class T> macht aus T einen Parameter für die nachfolgende Deklaration.

Die Elementfunktionen können ähnlich definiert werden:

```
template<class T> void Stack<T>::push(T c)
{
    if (top == max_size) throw Overflow();
    v[top] = c;
    top = top + 1;
}
template<class T> T Stack<T>::pop()
{
    if (top == 0) throw Underflow();
    top = top - 1;
    return v[top];
}
```

Mit diesen Definitionen können wir Stacks nun wie folgt benutzen:

```
Stack<char> sc(200);          // Stack von 200 char
Stack<complex> scplx(30);     // Stack von 30 complex
Stack< list<int> > sli(45);  // Stack von 45 list von int

void f()
{
    sc.push('c');
    if (sc.pop() != 'c') throw Bad_pop();

    scplx.push(complex(1,2));
    if (scplx.pop() != complex(1,2)) throw Bad_pop();
}
```

Auf die gleiche Weise können wir Listen, Vektoren, Maps (assoziative Felder) usw. als Templates definieren. Eine Klasse, die eine Ansammlung von Elementen eines Typs verwaltet, wird allgemein *Containerklasse* oder noch einfacher *Container* genannt.

Templates sind ein Mechanismus, der vom Compiler gehandhabt wird. Ihre Nutzung verursacht im Vergleich zu »handgeschriebenem Code« keinen Mehraufwand während der Laufzeit.

2.7.2 Generische Algorithmen

Die C++–Standardbibliothek bietet eine Vielzahl von Containern, und Benutzer können ihre eigenen schreiben (Kapitel 3, Kapitel 17, 18). Daher ist es naheliegend, das generische Programmierparadigma auch auf Algorithmen anzuwenden, die durch Container parametrisiert werden. Beispielsweise soll das Sortieren, Kopieren und Suchen auf Vektoren, Listen und Feldern möglich sein, ohne für jeden Container eine eigene sort()–, copy()– oder search()–Funktion schreiben zu müssen. Genausowenig ist die Konvertierung auf eine spezielle Datenstruktur zu akzeptieren, die dann von einer einzigen Sortierfunktion benutzt wird. Wir müssen also einen ganz allgemeinen Weg finden, um unsere Container zu definieren, so daß wir sie manipulieren können, ohne ihre Art genau zu kennen.

Ein Ansatz, der auch für Container und nichtnumerische Algorithmen in der C++–Standardbibliothek gewählt wurde (§3.8, Kapitel 18), besteht darin, das Konzept der *Sequenz* auszunutzen und Sequenzen mittels *Iteratoren* zu manipulieren.

Hier folgt eine graphische Darstellung des Sequenzkonzepts:

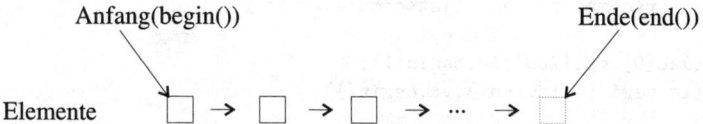

Eine Sequenz hat einen Anfang und ein Ende. Ein Iterator verweist auf ein Element und stellt eine Operation zur Verfügung, die den Operator auf das nächste Element der Sequenz verweisen läßt. Das Ende der Sequenz ist ein Iterator, der hinter das letzte Element der Sequenz zeigt. Die physische Repräsentation des Endes kann ein Wächter–Element sein, muß es aber nicht sein. Der wesentliche Aspekt ist, daß das Sequenzkonzept eine große Vielzahl von Repräsentationen einschließlich Listen und Felder abdeckt.

Man benötigt einige Standardbezeichnungen für Operationen wie »auf ein Element mittels
Iterator zugreifen« oder »Iterator auf das nächste Element verweisen lassen«. Die naheliegendste
Wahl (wenn man erst einmal die Idee hatte) besteht darin, für den Zugriff auf ein Element den
Dereferenzierungsoperator * und für den Verweis auf das nächste Element den Inkrementoperator
++ zu nehmen.

Damit sind wir in der Lage, folgenden Code zu schreiben:

```
template<class In, class Out> void copy(In from, In too_far, Out to)
{
    while (from != too_far) {
        *to = *from;      // Kopiere das Element, auf das gezeigt wird
        ++to;             // Nächstes Ziel
        ++from;           // Nächste Quelle
    }
}
```

Hiermit läßt sich jeder Container kopieren, für den Iteratoren mit der richtigen Syntax und Semantik definiert werden können.

Die in C++ eingebauten Low-level–Feld– und Zeigertypen besitzen genau die richtigen Operationen dafür, so daß man schreiben kann:

```
char vc1[200];    // Feld von 200 char
char vc2[500];    // Feld von 500 char

void f()
{
    copy(&vc1[0],&vc1[200],&vc2[0]);
}
```

Hiermit wird vc1 vom ersten bis zum letzten Element in vc2, beginnend ab dessen ersten Element,
kopiert.

Alle Container der Standardbibliothek (§16.3, Kapitel 17) unterstützen die Idee der Iteratoren
und Sequenzen.

Anstatt eines einzelnen Arguments wurden zwei Template–Parameter, In und Out, benutzt,
um die Typen für Quelle und Ziel festzulegen. Damit können wir von einer Art Container in eine
andere kopieren. Beispiel:

```
complex ac[200];

void g(vector<complex>& vc, list<complex>& lc)
{
    copy(&ac[0],&ac[200],lc.begin());
    copy(lc.begin(),lc.end(),vc.begin());
}
```

Hiermit wird das Feld auf eine Liste (list) kopiert und dann die Liste auf einen Vektor (vector).
Für einen Standardcontainer ist begin() ein Iterator, der auf sein erstes Element zeigt.

2.8 Nachtrag

Keine Programmiersprache ist perfekt. Glücklicherweise muß eine Programmiersprache nicht perfekt sein, um trotzdem ein gutes Werkzeug zum Erstellen großer Programmsysteme zu sein. Eine allgemein zu verwendende Programmiersprache kann auch gar nicht für alle Aufgaben perfekt sein, für die sie eingesetzt wird. Was für die eine Aufgabe hervorragend geeignet ist, mag für eine andere schwere Mängel zur Folge haben, weil Perfektion auf einem Gebiet Spezialisierung bedeutet. Deshalb wurde C++ so entworfen, daß es als ein gutes Werkzeug für den Bau einer großen Bandbreite von Systemen dient und erlaubt, eine große Vielzahl von Ideen direkt auszudrücken.

Nicht alles kann mit den eingebauten Sprachmitteln direkt ausgedrückt werden. Das ist auch nicht gewünscht. Die Sprachmittel existieren, um eine Vielzahl von Programmierstilen und Programmiertechniken zu unterstützen. Deshalb liegt der Schwerpunkt beim Lernen einer Programmiersprache darauf, die grundlegenden und natürlichen Programmierstile dieser Sprache zu beherrschen — und nicht auf dem Verständnis aller Sprachmittel bis ins letzte Detail.

Beim praktischen Programmieren bringt es nur wenig Vorteile, wenn man das obskurste Sprachmittel kennt oder die größte Anzahl an verschiedenen Sprachmitteln verwendet. Ein einzelnes Sprachmittel für sich allein ist von geringer Bedeutung. Nur im Zusammenspiel mit Techniken und anderen Sprachmitteln erhält es seine Bedeutung und bringt Nutzen. Beim Lesen der folgenden Kapitel sollten Sie sich deshalb immer wieder ins Gedächtnis zurückrufen, daß das wahre Ziel beim Untersuchen der C++–Details darin besteht zu lernen, diese Sprachmittel so einzusetzen, daß sie im Zusammenspiel einen guten Programmierstil in »runden« Programmentwürfen unterstützen.

2.9 Ratschläge

1. Nur keine Panik! Mit der Zeit wird alles klarer; §2.1.
2. Sie müssen nicht jedes Detail von C++ kennen, um gute Programme zu schreiben; §1.7.
3. Legen Sie Ihren Schwerpunkt auf Programmiertechniken und nicht auf Sprachmittel; §2.1.

Eine Rundreise durch die Standardbibliothek

3

Why waste time learning
when ignorance is instantaneous?
— Hobbes

3.1   Einleitung

Kein wichtiges Programm wird nur mit Hilfe der reinen Programmiersprache geschrieben. Zuerst wird ein Satz unterstützender Bibliotheken entwickelt. Diese bilden dann die Basis für die weitere Arbeit.

Als Fortsetzung von Kapitel 2 macht dieses Kapitel einen schnellen Rundgang durch die wesentlichen Bibliothekseigenschaften, um zu vermitteln, was mit C++ und seiner Standardbibliothek realisiert werden kann. Nützliche Bibliothekstypen wie `string`, `vector`, `list` und `map` sowie ihre übliche Nutzung werden vorgestellt. Auf diese Weise kann ich auch bessere Beispiele bringen und in den folgenden Kapiteln bessere Übungsaufgaben stellen. Wie in Kapitel 2 sollten Sie sich jedoch nicht entmutigen lassen, wenn Sie die Details nur unvollständig verstehen. Dieses Kapitel soll Ihnen einen ersten Eindruck von dem, was noch kommt, bieten und ein Verständnis vermitteln, wie die nützlichsten Bibliothekseigenschaften einfach anzuwenden sind. Eine weitaus detailliertere Einführung in die Standardbibliothek wird in §16.1.2 gegeben.

Die Standardbibliothekseigenschaften, die in diesem Buch beschrieben werden, sind Bestandteil jeder vollständigen C++–Implementierung. Zusätzlich zu der C++–Standardbibliothek bieten die meisten Implementierungen »graphische Benutzerschnittstellen«, meist als *GUI* oder Fenstersystem (englisch: *window system*) bezeichnet, die die Interaktion zwischen Benutzer und Programm übernehmen. Auf ähnliche Weise halten viele Anwendungsentwicklungsumgebungen »Basisbibliotheken« bereit, die firmeneigene oder Industrie–»Standard«–Entwicklungs– und/oder Laufzeitumgebungen unterstützen. Ich beschreibe jedoch nicht solche Systeme oder Bibliotheken. Meine Absicht ist es, eine vollständige Beschreibung von C++, wie es durch den Standard definiert ist, zu geben und die Beispiele portabel zu halten, außer in speziell vermerkten Ausnahmefällen. Natürlich soll der Programmierer die auf den meisten Systemen verfügbaren, ausgedehnteren Möglichkeiten erforschen, aber das wird mittels Übungsaufgaben erreicht.

3.2   Hallo, Welt!

Das kleinste C++–Programm ist:

```
int main() { }
```

Es definiert eine Funktion mit dem Namen main(), die keine Argumente hat und nichts tut.

Jedes C++–Programm muß eine Funktion mit dem Namen main() enthalten. Das Programm startet, indem es diese Funktion ausführt. Der int–Wert, den main() gegebenenfalls zurückliefert, ist der Rückgabewert des Programms an das »System«. Wird kein Wert zurückgegeben, erhält das System einen Wert, der die erfolgreiche Beendigung des Programms anzeigt. Liefert main() einen Rückgabewert ungleich Null, signalisiert das einen Fehler.

Üblicherweise produziert ein Programm eine Ausgabe. Hier folgt ein Programm, das Hallo, Welt! ausgibt:

```
#include <iostream>

int main()
{
    std::cout << "Hallo, Welt!\n";
}
```

Die Zeile #include <iostream> veranlaßt den Compiler, die Deklarationen der Standard–Stream–Ein-/Ausgabe aus iostream einzufügen. Ohne diese Deklarationen macht die Anweisung

```
std::cout << "Hallo, Welt!\n";
```

keinen Sinn. Der Operator << (»sende nach«) gibt sein zweites Argument auf sein erstes aus. In diesem Fall wird das Zeichenkettenliteral »Hallo, Welt!\n« auf den Standardausgabe–Stream std::cout ausgegeben. Ein Zeichenkettenliteral ist eine Folge von Zeichen, die in Anführungszeichen eingeschlossen ist. In einem Zeichenkettenliteral bezeichnet ein \ (englisch: *backslash*), gefolgt von einem anderen Zeichen, ein Spezialzeichen. In diesem Fall ist \n das Zeilentrennzeichen, so daß Hallo, Welt!, gefolgt von einer neuen Zeile, ausgegeben wird.

3.3   Der Namensbereich der Standardbibliothek

Die Standardbibliothek ist im Namensbereich (§2.4, §8.2) std definiert. Deshalb wurde in der Anweisung oben std::cout geschrieben und nicht nur cout. Damit wurde explizit das Standard–cout angesprochen und nicht ein beliebiges anderes. Jede Eigenschaft der Standardbibliothek ist durch eine Standardheaderdatei ähnlich wie <iostream> verwendbar. Beispiel:

```
#include<string>
#include<list>
```

Damit kann man auf die Standardtypen string und list zugreifen. Um sie zu benutzen, wird das Präfix std:: vorangestellt:

```
std::string s = "Vier Beine gut; zwei Beine schleeeecht!";
std::list<std::string> slogans;
```

Der Einfachheit halber benutze ich selten explizit das Präfix std:: in Beispielen. Auch werde ich meistens auf das explizite include der notwendigen Headerdateien verzichten. Zum Übersetzen und Laufenlassen der hier aufgeführten Programmfragmente müssen die passenden Headerdateien mittels include eingefügt werden (wie in §3.7.5, §3.8.6 und Kapitel 16 aufgelistet). Zusätzlich muß entweder das Präfix std:: benutzt werden oder aber jeder Name aus std global zugreifbar gemacht werden (§8.2.3). Beispiel:

```
#include<string>          // Macht den Standard-string verfügbar
using namespace std;      // Macht std-Namen ohne Präfix std:: verfügbar

string s = "Ignorance is bliss!";   // OK: string ist std::string
```

Im allgemeinen ist es ein schlechter Programmierstil, alle Namen eines Namensbereichs global zugreifbar zu machen. Trotzdem habe ich immer wiederkehrende #include–Anweisungen und das Präfix std:: weggelassen, um kurze Programmfragmente zu erhalten, die die Sprachmittel und Bibliothekseigenschaften verdeutlichen. In diesem Buch wird fast ausschließlich die Standardbibliothek verwendet, so daß ein aus der Standardbibliothek stammender Name entweder die Nutzung eines Hilfsmittels aus der Standardbibliothek darstellt oder aber Teil einer Erklärung ist, wie dieses Hilfsmittel in der Standardbibliothek definiert sein könnte.

3.4 Ausgabe

Die iostream–Bibliothek definiert die Ausgabe für jeden eingebauten Typ. Außerdem ist es einfach, die Ausgabe für benutzerdefinierte Typen zu definieren. Als Default werden Werte, die auf cout ausgegeben werden, in eine Folge von Zeichen umgewandelt. Beispielsweise gibt

```
void f()
{
    cout << 10;
}
```

das Zeichen 1, gefolgt von dem Zeichen 0, auf dem Standardausgabe–Stream aus. Das gleiche macht:

```
void g()
{
    int i = 10;
    cout << i;
}
```

Die Ausgabe von verschiedenen Typen kann natürlich auch kombiniert werden:

```
void h(int i)
{
    cout << "Der Wert von i ist ";
    cout << i;
    cout << '\n';
}
```

Wenn i den Wert 10 hat, sieht die Ausgabe so aus:

```
Der Wert von i ist 10
```

Eine Zeichenkonstante ist ein Zeichen, das in einfache Anführungszeichen ' eingeschlossen ist. Beachten Sie, daß eine Zeichenkonstante als Zeichen und nicht als numerischer Wert ausgegeben wird. Beispielsweise gibt

```
void k()
{
    cout << 'a';
    cout << 'b';
    cout << 'c';
}
```

abc aus.

Auf Dauer wird es lästig, den Namen des Ausgabe–Streams ständig zu wiederholen, wenn mehrere miteinander in Beziehung stehende Werte ausgegeben werden sollen. Glücklicherweise kann das Ergebnis eines Ausgabeausdrucks als Ziel für weitere Ausgaben wieder benutzt werden. Beispiel:

```
void h2(int i)
{
    cout << "Der Wert von i ist " << i << '\n';
}
```

Diese Funktion ist äquivalent zu h(). In Kapitel 21 werden Streams detaillierter erklärt.

3.5 Strings

Die Standardbibliothek stellt einen string–Typ zur Verfügung, um die schon vorher benutzten Zeichenliterale zu vervollständigen. Der string–Typ liefert uns einen Satz von nützlichen String-operationen wie z.B. die Konkatenation. Beispiel:

```
string s1 = "Hallo";
string s2 = "Welt";

void m1()
{
    string s3 = s1 + ", " + s2 + "!\n";

    cout << s3;
}
```

Hier wird s3 mit der Zeichenfolge

```
Hallo, Welt!
```

gefolgt von einer neuen Zeile, initialisiert. Die Addition von Strings bedeutet Konkatenieren. Man kann Strings, Zeichenliterale und Zeichen zu einem String hinzufügen.

In vielen Anwendungen besteht die Konkatenation im allgemeinen darin, an einen bestehenden String noch etwas anzufügen. Dies wird direkt durch den Operator += unterstützt. Beispiel:

```
void m2(string& s1, string& s2)
{
    s1 = s1 + '\n';    // Newline anhängen
    s2 += '\n';        // Newline anhängen
}
```

Beide Anweisungen, um am Ende eines Strings etwas anzufügen, sind semantisch äquivalent. Ich bevorzuge jedoch die zweite Form, weil sie prägnanter und meist effizienter implementiert ist.

Natürlich kann man Strings auch miteinander und mit Zeichenliteralen vergleichen. Beispiel:

```
string zauberspruch;

void respond(const string& antwort)
{
    if (antwort == zauberspruch) {
        // Magie
    }
    else if (antwort == "ja") {
        // ...
    }
    // ...
}
```

Die Klasse `string` der Standardbibliothek wird in Kapitel 20 beschrieben. Neben anderen nützlichen Hilfsmitteln bietet sie die Möglichkeit, Teilstrings zu manipulieren. Beispiel:

```
string name = "Niels Stroustrup";

void m3()
{
    string s = name.substr(6,10);    // s = "Stroustrup"
    name.replace(0,5,"Nicholas");    // name wird "Nicholas Stroustrup"
}
```

Die Operation `substr()` liefert einen String, der die Kopie des Teilstrings darstellt, der durch die beiden Argumente bestimmt wird. Das erste Argument ist ein Index in den String (also eine Position), das zweite Argument gibt die Länge des gewünschten Teilstrings an. Da der Index mit 0 beginnt, erhält s den Wert Stroustrup.

Die Operation `replace()` ersetzt einen Teilstring durch einen Wert. In diesem Fall ist der Teilstring beginnend mit 0 und der Länge 5 Niels; er wird durch Nicholas ersetzt. Somit ergibt sich für name als endgültiger Wert Nicholas Stroustrup. Zu beachten ist, daß der Ersetzungsstring nicht notwendigerweise die gleiche Länge aufweisen muß wie der zu ersetzende Teilstring.

3.5.1 C–Strings

Ein C–String ist ein mit Null abgeschlossenes Feld von Zeichen (§5.2.2). Wie gezeigt können wir leicht einen C–String in einen `string` eingeben. Um Funktionen aufrufen zu können, die C-Strings als Argumente benötigen, müssen wir den Wert eines `strings` in Form eines C–Strings erhalten können. Diese Aufgabe erledigt die Funktion `c_str()` (§20.3.7). Beispielsweise können wir name mittels der C–Ausgabefunktion `printf()` (§21.8) ausgeben:

```
void f()
{
    printf("name: %s\n",name.c_str());
}
```

3.6 Eingabe

Zur Eingabe bietet die Standardbibliothek `istream` an. Wie `ostream` arbeitet `istream` mit einer Zeichenkettenrepräsentation der eingebauten Typen und kann leicht auf die Eingabe von benutzerdefinierten Typen erweitert werden.

Der Operator `>>` (»empfange von«) wird als Eingabeoperator benutzt; `cin` ist der Standardeingabe–Stream. Der Operand auf der rechten Seite des Operators `>>` bestimmt das Ziel der Eingabeoperation. Sein Typ legt fest, was als Eingabe akzeptiert wird. Beispiel:

```
void f()
{
    int i;
    cin >> i;    // Lies einen int nach i

    double d;
    cin >> d;    // Lies eine doppelt genaue Gleitpunktzahl nach d
}
```

Die Funktion liest eine ganze Zahl, wie z.B. 1234, von der Standardeingabe in die `int`–Variable `i` und eine Gleitkommazahl, wie z.B. 12.34e5, in die doppelt genaue Gleitkommavariable `d` ein.

Es folgt ein Beispiel, das die Konvertierung von Inch in Zentimeter und umgekehrt durchführt. Als Eingabe werden eine Zahl und ein Zeichen, das die Einheit angibt (c für Zentimeter, i für Inch), erwartet. Das Programm liefert als Ausgabe den korrespondierenden Wert in der anderen Einheit:

```
int main()
{
    const float faktor = 2.54;   // 1 inch ist gleich 2,54 cm
    float x, in, cm;
    char ch = 0;

    cout << "Bitte Laenge eingeben: ";

    cin >> x;         // Lies eine Gleitkommazahl
    cin >> ch;        // Lies ein Suffix

    switch (ch) {
    case 'i':         // inch
        in = x;
        cm = x*faktor;
        break;
    case 'c':         // cm
        in = x/faktor;
        cm = x;
        break;
```

```
    default:
        in = cm = 0;
        break;
    }

    cout << in << " in = " << cm << " cm\n";
}
```

Die switch-Anweisung vergleicht einen Wert mit einer Menge von Konstanten. Mit den break-Anweisungen wird die switch-Anweisung verlassen. Die Konstanten für die einzelnen Fälle müssen voneinander verschieden sein. Stimmt der zu testende Wert mit keiner der angegebenen Konstanten überein, wird der Defaultzweig gewählt. Der Defaultzweig muß aber nicht angegeben werden.

Häufig soll eine Folge von Zeichen eingelesen werden. Ein geeigneter Weg ist das Einlesen in eine string-Variable. Beispiel:

```
int main()
{
    string str;

    cout << "Bitte geben Sie Ihren Namen ein\n";
    cin >> str;
    cout << "Hallo, " << str << "!\n";
}
```

Wenn man nun

```
Eric
```

eingibt, wird

```
Hallo, Eric!
```

ausgegeben. Standardmäßig beendet ein Whitespace, wie z.B. ein Leerzeichen, die Eingabe. Wenn man also

```
Eric Bloodaxe
```

eingibt, ist die Antwort weiterhin

```
Hallo, Eric!
```

Man kann eine ganze Zeile mittels der Funktion getline() einlesen. Beispiel:

```
int main()
{
    string str;

    cout << "Bitte geben Sie Ihren Namen ein\n";
    getline(cin,str);
    cout << "Hallo, " << str << "!\n";
}
```

Dieses Programm liefert mit der Eingabe

```
Eric Bloodaxe
```

die erwartete Ausgabe

```
Hallo, Eric Bloodaxe!
```

Die Standard–Strings haben die nette Eigenschaft, sich der Größe der Eingabe anzupassen. Wenn man also ein paar Megabytes an Semikolons eingibt, liefert das Programm mehrere Seiten an Semikolons als Ausgabe — falls nicht vorher irgendeine kritische Ressource des Rechners oder des Betriebssystems knapp wird.

3.7 Container

Viele Programme beinhalten das Erzeugen von Mengen für verschiedenste Arten von Objekten sowie deren Manipulation. Das Einlesen von Zeichen in einen String und die anschließende Ausgabe ist ein sehr einfaches Beispiel. Eine Klasse mit der Hauptaufgabe, Objekte zu verwalten, wird *Container* genannt. Das Erstellen geeigneter Container für eine spezielle Aufgabe und deren Unterstützung durch nützliche fundamentale Operationen sind wichtige Schritte beim Entwickeln eines jeden Programms.

Um die nützlichsten Container der Standardbibliothek vorzustellen, wird hier ein einfaches Programm zur Verwaltung von Namen und Telefonnummern betrachtet. Für diese Art von Programmen ist es typisch, daß Leute mit unterschiedlichem Hintergrund auch ganz verschiedene »einfache und offensichtliche« Lösungsansätze wählen.

3.7.1 Vektoren

Die meisten C–Programmierer halten den eingebauten Typ Feld mit Paaren, die aus Name und Nummer bestehen, für den geeigneten Entwicklungsstartpunkt:

```
struct Eintrag {
    string name;
    int nummer;
};
Eintrag telbuch[1000];

void eintragAusgeben(int i)  // Einfache Benutzung
{
    cout << telbuch[i].name << ' ' << telbuch[i].nummer << '\n';
}
```

Leider hat so ein Feld eine feste Größe. Wählen wir sie groß, verschwenden wir Platz; wählen wir sie klein, kann das Feld überlaufen. Also müssen wir Code zur Low-level–Speicherverwaltung schreiben. Die Standardbibliothek stellt das Template vector (§16.3) zur Verfügung, das sich darum kümmert:

```
vector<Eintrag> telbuch(1000);

void eintragAusgeben(int i)  // Einfache Benutzung, genau wie für Feld
{
    cout << telbuch[i].name << ' ' << telbuch[i].nummer << '\n';
}
```

```
void eintraege_zufuegen(int n)  // Um n vergrößern
{
    telbuch.resize(telbuch.size()+n);
}
```

Die vector-Elementfunktion size() liefert die Anzahl der Elemente.

Beachten Sie bitte den Einsatz von Klammern in der Definition von telbuch. Wir erzeugen ein einzelnes Objekt des Typs vector<Eintrag> und übergeben seine Anfangsgröße als Initialisierer. Das unterscheidet sich sehr stark von der Deklaration eines (eingebauten) Feldes:

```
vector<Eintrag> buch(1000);      // vector von 1000 Elementen
vector<Eintrag> buecher[1000];   // 1000 leere vector
```

Sollte Ihnen der Fehler unterlaufen, daß Sie bei der Deklaration eines Vectors statt runder Klammern () eckige [] benutzen, wird der Compiler fast immer den Fehler bemerken und beim Versuch, den vector zu benutzen, eine Fehlermeldung ausgeben.

Ein vector ist ein einzelnes Objekt, das auch zugewiesen werden kann. Beispiel:

```
void f(vector<Eintrag>& v)
{
    vector<Eintrag> v2 = telbuch;
    v = v2;
    // ...
}
```

Die Zuweisung eines vectors bewirkt das Kopieren seiner Elemente. Nach der Initialisierung und Zuweisung in f() enthalten v und v2 jeweils eine eigene Kopie aller Elemente Eintrag aus telbuch. Wenn ein vector viele Elemente enthält, können solche harmlos aussehenden Zuweisungen und Initialisierungen unerschwinglich teuer werden. Wo das Kopieren unerwünscht ist, sollten Referenzen und Zeiger benutzt werden.

3.7.2 Prüfung des Indexbereichs

Der Standardbibliothektyp vector nimmt per Default keine Überprüfung des Indexbereichs vor(§16.3.3). Beispiel:

```
void f()
{
    int i = telbuch[1001].nummer;  // 1001 ist außerhalb des Bereichs
    // ...
}
```

Diese Initialisierung plaziert wahrscheinlich eher eine Zufallszahl in die Variable i, als daß ein Fehler ausgegeben wird. Dies ist unerwünscht; deshalb werde ich in den folgenden Kapiteln eine modifizierte Form von vector benutzen, die den Indexbereich überprüft und Vec heißt. Ein Vec arbeitet wie ein vector, nur daß er eine Ausnahme des Typs out_of_range »wirft«, wenn der Index außerhalb des gültigen Wertebereichs liegt.

Techniken, wie man Typen wie Vec implementiert und Ausnahmen effektiv nutzt, werden in §11.12, §8.3 und Kapitel 14 dargestellt. Die folgende Definition reicht für die Beispiele in diesem Buch jedoch völlig aus:

```
template<class T> class Vec : public vector<T> {
public:
    Vec() : vector<T>() { }
    Vec(int s) : vector<T>(s) { }

    T& operator[](int i) { return at(i); }          // Bereichsüberprüft
    const T& operator[](int i) const { return at(i); } // Bereichsüberprüft
};
```

Die Operation at() ist eine Indexoperation von vector, die eine Ausnahme des Typs out_of_range wirft, falls ihr Argument außerhalb des Indexbereichs des zugehörigen vectors liegt (§16.3.3).

Bei unserem Problem, Namen und Telefonnummern zu verwalten, können wir jetzt einen Vec benutzen, um sicherzustellen, daß Zugriffe außerhalb des Indexbereichs bemerkt und behandelt werden können. Beispiel:

```
Vec<Eintrag> telbuch(1000);

void eintragAusgeben(int i) // Einfache Benutzung, genau wie für vector
{
    cout << telbuch[i].name << ' ' << telbuch[i].nummer << '\n';
}
```

Ein Zugriff außerhalb des Indexbereichs wirft eine Ausnahme, die vom Benutzer behandelt werden kann. Beispiel:

```
void f()
{
    try {
        for (int i = 0; i<10000; i++) eintragAusgeben(i);
    }
    catch (out_of_range) {
        cout << "Bereichsfehler\n";
    }
}
```

Die Ausnahme wird geworfen und anschließend gefangen, wenn versucht wird, telbuch[i] mit i==1000 auszuführen. Wenn der Benutzer diese Art der Ausnahme nicht fängt, wird das Programm wohldefiniert beendet und nicht undefiniert fortgesetzt oder abgebrochen. Ein Weg, Überraschungen durch Ausnahmen zu verringern, besteht darin, den Rumpf der Funktion main() als try–Block zu schreiben:

```
int main()
try {
    // Ihr Code
}
catch (out_of_range) {
    cerr << "Bereichsfehler\n";
}
catch (...) {
    cerr << "Unbekannte Ausnahme geworfen\n";
}
```

Damit haben wir Default–Ausnahme–Handler, die Fehlermeldungen auf den Standardfehlerausgabe–Stream `cerr` (§21.2.1) ausgeben, falls wir es versäumen, einige Ausnahmen zu fangen.

3.7.3 Listen

Eine häufige Anforderung könnte das Einfügen und Löschen von Telefonbucheinträgen sein. Zur Repräsentation eines einfachen Telefonbuchs ist eine Liste dann geeigneter als ein Vektor. Beispiel:

```
list<Eintrag> telbuch;
```

Beim Einsatz einer Liste tendieren wir nicht dazu, mittels Index auf die Elemente zuzugreifen, wie das ja für Vektoren üblich ist. Statt dessen durchsuchen wir eher die Liste nach einem Element mit einem bestimmten Wert. Dafür nutzen wir die Tatsache aus, daß eine Liste `list` eine Sequenz, wie in §3.8 beschrieben, ist:

```
void eintragAusgeben(const string& s)
{
    typedef list<Eintrag>::const_iterator LI;

    for (LI i = telbuch.begin(); i != telbuch.end(); ++i) {
        const Eintrag& e = *i;   // Referenz als Abkürzung
        if (s == e.name) {
            cout << e.name << ' ' << e.nummer << '\n';
            return;
        }
    }
}
```

Die Suche nach s beginnt am Anfang der Liste und läuft, bis entweder s gefunden oder das Ende der Liste erreicht wurde. Jeder Container der Standardbibliothek stellt die Funktionen `begin()` und `end()` zur Verfügung. Sie liefern als Rückgabewert einen Iterator auf das erste Element bzw. auf das hinter dem letzten Element »folgende« Element (§16.3.2). Bei einem vorgegebenen Iterator i ist ++i das nächste Element, und *i verweist auf das zugehörige Element.

Ein Benutzer muß den genauen Typ eines Iterators für einen Standardcontainer nicht kennen. Der Typ des Iterators ist Bestandteil der Containerdefinition und kann über seinen Namen angesprochen werden. Wenn kein Element des Containers verändert werden soll, benutzen wir den Typ `const_iterator`. Ansonsten ist der einfache `iterator`–Typ zu benutzen (§16.3.1).

Das Hinzufügen von Elementen zu einer `list` ist ganz einfach:

```
void f(const Eintrag& e, list<Eintrag>::iterator i, list<Eintrag>::iterator p)
{
    telbuch.push_front(e);   // Hinzufügen am Anfang
    telbuch.push_back(e);    // Hinzufügen am Ende
    telbuch.insert(i,e);     // Vor dem Element, das i referenziert, hinzufügen
    telbuch.erase(p);        // Element, auf das p verweist, löschen
}
```

3.7.4 Map

Ein Programmstück zu schreiben, das einen Namen in einer Liste von Paaren der Form Name Nummer sucht, ist eine lästige Tätigkeit. Außerdem ist eine lineare Suche außer bei sehr kurzen Listen sehr ineffizient. Andere Datenstrukturen unterstützen das Einfügen, Löschen und Suchen auf der Basis von Werten direkt. Hierfür stellt die Standardbibliothek den Typ map (§17.4.1) zur Verfügung. Eine map ist ein Container, der aus Wertepaaren besteht. Beispiel:

```
map<string,int> telbuch;
```

In anderem Zusammenhang wird eine map auch als assoziatives Feld oder Wörterbuch (englisch: *dictionary*) bezeichnet.

Wenn eine map mit einem Wert vom Typ ihres ersten Typs (auch Schlüssel genannt) indiziert wird, liefert sie den zugehörigen Wert ihres zweiten Typs (Wert oder *mapped type* genannt) zurück. Beispiel:

```
void eintragAusgeben(const string& s)
{
    if (int i = telbuch[s]) cout << s << ' ' << i << '\n';
}
```

Wenn kein Schlüssel mit dem Wert von s existiert, wird von telbuch ein Default–Wert zurückgeliefert. Der Default–Wert für einen ganzzahligen Typ in einer map ist 0. Im oben gezeigten Beispiel gehe ich davon aus, daß 0 keine gültige Telefonnummer ist.

3.7.5 Standardcontainer

Jeder der Typen map, list und vector kann benutzt werden, um ein Telefonbuch zu repräsentieren. Jeder Typ weist dabei seine Vor– und Nachteile auf. Es ist z.B. billig und einfach, einen vector zu indizieren. Andererseits wird es teuer, ein Element zwischen zwei andere einzufügen. Eine list hat genau entgegengesetzte Eigenschaften. Eine map ähnelt einer list mit Paaren aus Schlüssel und Wert; sie ist jedoch daraufhin optimiert, Werte anhand von Schlüsselangaben zu finden.

Die Standardbibliothek stellt einige der allgemeinsten und nützlichsten Containertypen zur Verfügung, womit dem Programmierer die Gelegenheit gegeben wird, den für seine Anwendung am besten geeigneten auszuwählen:

Übersicht der Standardcontainer	
vector<T>	ein variabel großer Vektor (§16.3)
list<T>	eine doppelt verkettete Liste (§17.2.2)
queue<T>	eine Queue (§17.3.2)
stack<T>	ein Stack (§17.3.1)
deque<T>	eine Deque («double ended queue«) (§17.2.3)
priority_queue<T>	eine nach Wert sortierte Queue (§17.3.3)
set<T>	eine Menge (§17.4.3)
multiset<T>	eine Menge, in der ein Wert mehrfach enthalten sein kann (§17.4.4)
map<key,wert>	ein assoziatives Feld (§17.4.1)
multimap<key,wert>	eine Map, in der ein Schlüssel mehrfach enthalten sein kann (§17.4.2)

Die Standardcontainer werden in §16.2, §16.3 und Kapitel 17 vorgestellt. Die Container sind im Namensbereich `std` definiert und werden in den Headerdateien `<vector>`, `<list>`, `<map>` usw. angeboten (§16.2).

Die Standardcontainer und ihre Grundoperationen wurden so entworfen, daß sie unter Notationsgesichtspunkten ähnlich sind. Auch die Bedeutung der Operationen sind für die verschiedenen Container äquivalent. Im allgemeinen können die Grundoperationen auf jede Art von Container angewendet werden. Beispielsweise kann `push_back()` (ziemlich effizient) benutzt werden, um Elemente sowohl an das Ende eines `vectors` als auch an eine `list` anzufügen. Ebenso besitzt jeder Container eine Elementfunktion `size()`, die die Anzahl seiner Elemente liefert. Diese Übereinstimmung von Notation und Semantik ermöglicht es dem Programmierer, neue Containertypen zu erstellen, die auf ähnliche Weise wie die Standardcontainer benutzt werden können. Der den Indexbereich prüfende Vektor `Vec` (§3.7.2) ist dafür ein Beispiel. Kapitel 17 zeigt, wie eine `hash_map` in diesen Rahmen eingefügt werden kann. Die Übereinstimmung der Containerschnittstellen ermöglicht es außerdem, Algorithmen unabhängig von einzelnen Containertypen zu spezifizieren.

3.8 Algorithmen

Eine Datenstruktur wie eine Liste oder ein Vektor ist für sich allein nicht sehr sinnvoll. Um sie zu nutzen, benötigt man Operationen für den grundlegenden Zugriff wie das Hinzufügen oder Entfernen von Elementen. Aber Objekte werden in Containern nicht nur gespeichert. Sie werden sortiert, ausgedruckt, es werden Teilmengen erstellt, Elemente entfernt, bestimmte Objekte gesucht usw. Deshalb stellt die Standardbibliothek nicht nur allgemein verwendbare Container zur Verfügung, sondern auch allgemein gebräuchliche Algorithmen darauf. Beispielsweise sortiert die folgende Funktion einen `vector` und trägt eine Kopie eines jeden `vector`–Elements in eine `list` ein, wobei jedoch mehrfach vorkommende Elemente nur einmal kopiert werden:

```
void f(vector<Eintrag>& ve, list<Eintrag>& le)
{
    sort(ve.begin(),ve.end());
    unique_copy(ve.begin(),ve.end(),le.begin());
}
```

Die Standardalgorithmen werden in Kapitel 18 beschrieben. Sie werden mittels des Sequenzkonzepts (§2.7.2) formuliert. Eine Sequenz wird durch ein Paar Iteratoren repräsentiert, die das erste Element bzw. das hinter dem letzten Element »folgende« Element spezifizieren. Im vorhergehenden Beispiel sortiert `sort()` die Sequenz von `ve.begin()` bis `ve.end()` — somit werden alle Elemente des `vectors` sortiert. Als Schreibziel muß nur das erste Element angegeben werden, das überschrieben werden soll. Wird mehr als ein Element geschrieben, werden einfach die dem ersten Element folgenden auch überschrieben.

Wenn wir die neuen Elemente an das Ende eines Containers anfügen wollen, könnten wir schreiben:

```
void f(vector<Eintrag>& ve, list<Eintrag>& le)
{
    sort(ve.begin(),ve.end());
    unique_copy(ve.begin(),ve.end(),back_inserter(le)); // An le anhängen
}
```

Die Funktion `back_inserter()` fügt Elemente am Ende eines Containers an. Um sie unterbringen zu können, wird der Container gegebenenfalls erweitert (§19.2.4). C–Programmierer werden zu würdigen wissen, daß die Standardcontainer zusammen mit `back_insertern` den sonst notwendigen Einsatz von fehlerträchtigem expliziten C–Speicherverwaltungscode mittels `realloc()` unnötig machen (§16.3.5). Wird kein `back_inserter()` zum Anfügen benutzt, kann das zu Fehlern führen. Beispiel:

```
void f(vector<Eintrag>& ve, list<Eintrag>& le)
{
    copy(ve.begin(),ve.end(),le);            // Fehler: le kein Iterator
    copy(ve.begin(),ve.end(),le.end());      // Schlecht: schreibt hinter das Ende
    copy(ve.begin(),ve.end(),le.begin());    // Überschreibt Elemente
}
```

3.8.1 Der Einsatz von Iteratoren

Bei der ersten Betrachtung von Containern fallen einige Iteratoren, die auf nützliche Elemente zeigen, besonders auf; `begin()` und `end()` sind die besten Beispiele dafür. Aber auch viele Algorithmen liefern Iteratoren als Rückgabewerte. Beispielsweise sucht der Standardalgorithmus `find()` nach einem vorgegebenen Wert in einer Sequenz und liefert einen Iterator auf das gefundene Element zurück. Mittels `find()` können wir eine Funktion schreiben, die zählt, wie häufig ein bestimmtes Zeichen in einem `string` vorkommt:

```
int count(const string& s, char c)
{
    int n = 0;
    string::const_iterator i = find(s.begin(),s.end(),c);
    while (i != s.end()) {
        ++n;
        i = find(i+1,s.end(),c);
    }
    return n;
}
```

Der `find()`–Algorithmus liefert einen Iterator, der auf das erste Vorkommen eines Wertes in einer Sequenz oder aber auf das dem letzten Element folgende Element der Sequenz zeigt. Im folgenden wird verdeutlicht, was bei einem einfachen Aufruf von `count()` passiert:

```
void f()
{
    string m = "Mary had a little lamb";
    int a_count = count(m,'a');
}
```

Der erste Aufruf von `find()` findet das `'a'` in Mary. Demzufolge zeigt der Iterator auf dieses Zeichen und nicht auf `s.end()`, und die Schleife wird betreten. In der Schleife beginnen wir die Suche mit `i+1`; wir beginnen also eine Position hinter der Fundstelle von `'a'`. Mit den weiteren Schleifendurchläufen finden wir die anderen drei `'a'`s. Danach erreicht `find()` das Ende und liefert `s.end()`, so daß die Bedingung `i!=s.end()` nicht mehr erfüllt ist und die Schleife verlassen wird.

Der Aufruf von count() kann graphisch folgendermaßen dargestellt werden:

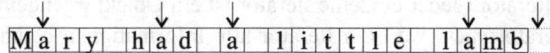

Die Pfeile kennzeichnen den Anfangswert, die Zwischenwerte und den Endwert des Iterators i.

Natürlich arbeitet der find–Algorithmus äquivalent auf jedem Standardcontainer. Folgerichtig könnte die Funktion count() auf die gleiche Weise verallgemeinert werden:

```
template<class C, class T> int count(const C& v, T wert)
{
    typename C::const_iterator i = find(v.begin(),v.end(),wert);
    // »typename«, siehe §C.13.5
    int n = 0;


    while (i != v.end()) {
        ++n;
        ++i;      // Springe hinter das gerade gefundene Element
        i = find(i,v.end(),wert);
    }
    return n;
}
```

Dies arbeitet wie gewünscht, so daß wir formulieren können:

```
void f(list<complex>& lc, vector<string>& vs, string s)
{
    int i1 = count(lc,complex(1,3));
    int i2 = count(vs,"Chrysippus");
    int i3 = count(s,'x');
}
```

Wir müssen natürlich kein count–Template definieren. Das Bestimmen, wie häufig ein Element vorkommt, ist so allgemein von Nutzen, daß die Standardbibliothek diesen Algorithmus bereitstellt. Um völlig allgemein formuliert zu sein, nimmt das count aus der Standardbibliothek eine Sequenz und nicht einen Container als Argument, so daß wir unser Beispiel umformulieren zu:

```
void f(list<complex>& lc, vector<string>& vs, string s)
{
    int i1 = count(lc.begin(),lc.end(),complex(1,3));
    int i2 = count(vs.begin(),vs.end(),"Diogenes");
    int i3 = count(s.begin(),s.end(),'x');
}
```

Durch den Einsatz einer Sequenz können wir nun count() sowohl für eingebaute Felder als auch zum Zählen in Teilstücken eines Containers benutzen.

```
void g(char cs[], int sz)
{
    int i1 = count(&cs[0],&cs[sz],'z');    // 'z's im Feld
    int i2 = count(&cs[0],&cs[sz/2],'z');  // 'z's in der ersten Hälfte des Felds
}
```

3.8.2 Iteratortypen

Was ist denn nun ein Iterator? Jeder einzelne Iterator ist ein Objekt irgendeines Typs. Es gibt sehr viele verschiedene Iteratortypen, weil ein Iterator alle Informationen beinhalten muß, die nötig sind, damit er seine Aufgabe für seinen besonderen Containertyp erledigen kann. Diese Iteratortypen können so verschieden sein wie die Container und deren spezialisierte Anforderungen. Beispielsweise wird der Iterator eines vectors mit großer Wahrscheinlichkeit ein ganz normaler Zeiger sein, weil ein Zeiger ein naheliegendes Mittel ist, um auf ein Element eines vectors zu verweisen:

iterator: Zeiger

vector: P i e t H e i n

Alternativ kann ein vector–Iterator als ein Zeiger auf den vector mit einem zusätzlichen Index implementiert werden:

iterator: (Start == Zeiger, Position == 3)

vector: P i e t H e i n

Der Einsatz eines solchen Iterators würde die Überprüfung des Indexbereichs ermöglichen (§19.3).
    Ein list–Iterator muß schon etwas komplizierter aufgebaut sein als ein einfacher Zeiger auf ein Listenelement, weil ein Element der Liste im allgemeinen nicht weiß, wo das nächste Element der Liste zu finden ist. Deshalb könnte ein list–Iterator ein Zeiger in die Verkettung der Elemente sein:

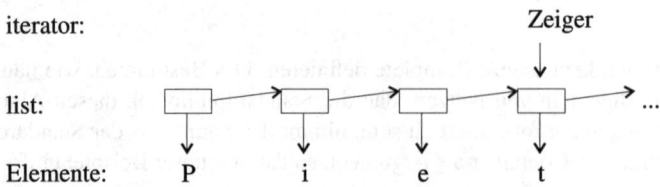

iterator: Zeiger

list:

Elemente: P   i   e   t

Allen Iteratoren gemeinsam ist ihre Semantik und die Benennung ihrer Operationen. Wird z.B. ++ auf einen Iterator angewendet, dann wird ein Iterator geliefert, der auf das nächste Element verweist. Analog liefert * das Element, auf das der Iterator gerade verweist. In der Tat ist jedes Objekt, das ein paar einfache Regeln wie diese einhält, ein Iterator (§19.2.1). Außerdem muß ein Benutzer nur ganz selten den Typ eines speziellen Iterators kennen; jeder Container »kennt« seine eigenen Iteratortypen und macht sie mit den üblichen Namen iterator und const_iterator verfügbar. list<Eintrag>::iterator ist z.B. der allgemeine Iteratortyp für list<Eintrag>. Nur in ganz seltenen Fällen muß ich mich darum kümmern, wie dieser Typ im Detail definiert ist.

3.8.3 Iteratoren und Ein–/Ausgabe

Iteratoren sind ein allgemeines und nützliches Konzept, um mit Sequenzen von Elementen in Containern zu arbeiten. Wir finden Sequenzen von Elementen jedoch nicht nur in Containern. Ein Eingabe–Stream erzeugt z.B. eine Sequenz von Werten, und wir schreiben eine Sequenz von Werten auf einen Ausgabe–Stream. Folgerichtig kann die Notation mit Iteratoren auf Eingabe und Ausgabe nützlich übertragen werden.

Um einen `ostream_iterator` zu erzeugen, müssen wir spezifizieren, welchen Stream wir benutzen, und den Typ der Objekte festlegen, die ausgegeben werden sollen. Beispielsweise können wir einen Iterator definieren, der auf den Standardausgabe–Stream `cout` verweist:

```
ostream_iterator<string> oo(cout);
```

Eine Zuweisung an `*oo` bewirkt die Ausgabe des zugewiesenen Wertes auf `cout`. Beispiel:

```
int main()
{
    *oo = "Hallo, ";     // Bedeutet cout << "Hallo, "
    ++oo;
    *oo = "Welt!\n";     // Bedeutet cout << "Welt!\n"
}
```

Dies ist einfach ein anderer Weg, um die vorschriftsmäßige Mitteilung auf die Standardausgabe auszugeben. Die Anweisung `++oo` soll das Schreiben in ein Feld mittels Zeiger nachahmen. Dieser Weg ist nicht meine erste Wahl zur Lösung dieser leichten Aufgabe, aber der Nutzen, die Ausgabe wie einen nur beschreibbaren Container zu behandeln, wird bald offensichtlich — falls er das nicht schon ist.

Analog dazu erlaubt uns ein `istream_iterator`, die Eingabe wie einen nur lesbaren Container zu behandeln. Auch hierbei müssen wir den zu benutzenden Stream und den Typ der einzulesenden Werte spezifizieren:

```
istream_iterator<string> ii(cin);
```

Weil Eingabe–Iteratoren unweigerlich als Paare auftauchen, die eine Sequenz repräsentieren, müssen wir auch einen `istream_iterator` bereitstellen, der das Ende der Eingabe anzeigt. Das ist der Default–`istream_iterator`:

```
istream_iterator<string> eos;
```

Wir können nun auf folgende Weise `Hallo`, `Welt!` einlesen und wieder ausgeben:

```
int main()
{
    string s1 = *ii;
    ++ii;
    string s2 = *ii;

    cout << s1 << ' ' << s2 << '\n';
}
```

Tatsächlich war es nicht beabsichtigt, `istream_iteratoren` und `ostream_iteratoren` direkt zu benutzen. Statt dessen werden sie üblicherweise als Argumente an Algorithmen übergeben. Beispielsweise kann man ein einfaches Programm schreiben, das eine Datei einliest, die gelesenen Worte sortiert, Duplikate eliminiert und das Ergebnis in eine andere Datei schreibt:

```
int main()
{
    string from, to;
    cin >> from >> to;        // Hole Namen von Quell- und Zieldatei

    ifstream is(from.c_str());      // Eingabe-Stream (c_str(); §3.5)
    istream_iterator<string> ii(is);// Eingabe-Iterator für Stream
    istream_iterator<string> eos;   // Eingabe-Wächter


    vector<string> b(ii,eos);    // b ist ein aus der Eingabe initialisierter vector
    sort(b.begin(),b.end());     // Sortiere den Puffer


    ofstream os(to.c_str());      // Ausgabe-Stream
    ostream_iterator<string> oo(os,"\n"); // Ausgabe-Iterator für Stream


    unique_copy(b.begin(),b.end(),oo);    // Kopiere Puffer zur Ausgabe,
                                          // entferne doppelte Werte


    return !is.eof() || !os;   // Liefere Fehlerstatus (§3.2, §21.3.4)
}
```

Ein ifstream ist ein istream, der mit einer Datei verknüpft werden kann; analog ist ein ofstream ein ostream, der mit einer Datei verknüpft werden kann. Das zweite Argument des ostream_iterators dient zur Abgrenzung der Ausgabewerte.

3.8.4   Traversierung und Prädikate

Iteratoren ermöglichen das Schreiben von Schleifen, um Sequenzen zu durchlaufen. Da das Schreiben von Schleifen lästig werden kann, bietet die Standardbibliothek Verfahren an, mit denen eine Funktion für jedes Element einer Sequenz aufgerufen wird.

Betrachten wir z.B. ein Programm, das Worte einliest und die Häufigkeit ihres Vorkommens zählt. Die offensichtliche Repräsentation der Strings und ihrer Häufigkeiten ist eine map:

```
map<string,int> histogram;
```

Die offensichtliche Operation, um für jeden String sein Vorkommen zu zählen, lautet:

```
void merken(const string& s)
{
    histogram[s]++; // Speichere Häufigkeit von »s«
}
```

Nach dem Einlesen der Eingabe sollen die gesammelten Daten ausgegeben werden. Die map besteht aus einer Sequenz von Paaren der Form string und int. Folgerichtig sollten wir

```
void ausgeben(const pair<const string,int>& r)
{
    cout << r.first << ' ' << r.second << '\n';
}
```

für jedes Element der map aufrufen (das erste Element von einem pair wird first genannt, das zweite Element second). Damit lautet das Hauptprogramm:

```
int main()
{
    istream_iterator<string> ii(cin);
    istream_iterator<string> eos;

    for_each(ii,eos,merken);
    for_each(histogram.begin(),histogram.end(),ausgeben);
}
```

Eine Sortierung der map ist nicht notwendig, um eine sortierte Ausgabe zu erhalten. Eine map hält ihre Elemente sortiert, so daß eine Iteration eine map in (aufsteigender) Reihenfolge durchläuft.

Viele Programmieraufgaben beinhalten die Suche nach irgend etwas in einem Container, anstatt einfach irgend etwas für jedes Element zu tun. Beispielsweise stellt der find()–Algorithmus einen zweckdienlichen Weg dar, einen speziellen Wert zu finden. Eine allgemeinere Variante dieser Idee sucht nach einem Element, das eine spezielle Anforderung erfüllt. Beispielsweise wird in einer map das erste Element gesucht, dessen Wert größer als 42 ist. Eine map ist eine Sequenz, die aus Paaren der Form Schlüssel und Wert besteht. Deshalb durchsuchen wir diese Liste nach einem pair<string,int>, bei dem der int größer als 42 ist:

```
bool gt_42(const pair<const string,int>& r)
{
    return r.second>42;
}


void f(map<string,int>& m)
{
    typedef map<string,int>::const_iterator MI;
    MI i = find_if(m.begin(),m.end(),gt_42);
    // ...
}
```

Alternativ können wir z.B. die Anzahl der Worte bestimmen, deren Häufigkeit größer als 42 ist:

```
void g(const map<string,int>& m)
{
    int c42 = count_if(m.begin(),m.end(),gt_42);
    // ...
}
```

Eine Funktion wie gt_42, die benutzt wird, um den Algorithmus zu steuern, wird *Prädikat* genannt. Ein Prädikat wird für jedes Element aufgerufen und liefert einen Booleschen Wert, den der Algorithmus nutzt, um die von ihm gewünschte Aktion auszuführen. Beispielsweise sucht find_if() so lange, bis sein Prädikat true liefert, um anzuzeigen, daß ein interessierendes Element gefunden wurde. Analog zählt count_if(), wie häufig sein Prädikat true geliefert hat.

Die Standardbibliothek stellt einige nützliche Prädikate und einige Templates als Unterstützung bereit, um weitere Prädikate zu erstellen (§18.4.2).

3.8.5 Algorithmen, die Elementfunktionen benutzen

Viele Algorithmen wenden eine Funktion auf jedes Element einer Sequenz an. Beispielsweise ruft

```
for_each(ii,eos,merken);
```

aus §3.8.4 die Funktion `merken()` für jeden aus der Eingabe gelesenen String auf.

Häufig haben wir es mit Containern zu tun, die aus Zeigern bestehen, und möchten keine globale Funktion aufrufen, die die Zeiger verarbeitet, sondern eine Elementfunktion der Objekte, auf die die Zeiger zeigen. Beispielsweise soll die Elementfunktion `Form::zeichne()` für jedes Element von `list<Form*>` aufgerufen werden. Um diese Aufgabe zu erfüllen, schreiben wir einfach eine Nichtelementfunktion, die die gewünschte Elementfunktion aufruft. Beispiel:

```
void zeichne(Form* p)
{
    p->zeichne();
}


void f(list<Form*>& sh)
{
    for_each(sh.begin(),sh.end(),zeichne);
}
```

Als Verallgemeinerung dieser Technik können wir dieses Beispiel auch so formulieren:

```
void g(list<Form*>& sh)
{
    for_each(sh.begin(),sh.end(),mem_fun(&Form::zeichne));
}
```

Das Template `mem_fun()` aus der Standardbibliothek (§18.4.4.2) hat als Argument den Zeiger auf eine Elementfunktion (§15.5) und produziert etwas, das mit einem Zeiger auf die Klasse des Elements aufgerufen werden kann. Das Ergebnis von `mem_fun(&Form::zeichne)` übernimmt ein `Form*` als Argument und liefert, was auch immer `Form::zeichne()` liefert.

Der `mem_fun()`–Mechanismus ist sehr wichtig, da damit die Standardalgorithmen für Container benutzt werden können, die polymorphe Objekte verwalten.

3.8.6 Die Algorithmen der Standardbibliothek

Was ist eigentlich ein Algorithmus? Eine allgemeine Definition des Begriffs Algorithmus lautet: »Ein Algorithmus ist eine endliche Menge von Regeln, die eine Sequenz von Operationen zum Lösen einer speziellen Menge von Problemen festlegt und fünf wichtige Eigenschaften besitzt: Endlichkeit, Wohldefiniertheit, Eingabe, Ausgabe, Effizienz« [Knuth,1968,§1.1]. Im Kontext der C++–Standardbibliothek versteht man unter einem Algorithmus eine Menge von Templates, die auf Sequenzen von Elementen arbeiten.

Die Standardbibliothek stellt Dutzende von Algorithmen zur Verfügung. Die Algorithmen sind im Namensbereich `std` definiert und werden in der Headerdatei `<algorithm>` angeboten. In der folgenden Tabelle habe ich einige aufgeführt, die ich für besonders nützlich halte:

Ausgewählte Standardalgorithmen	
for_each()	führt Funktion für jedes Element aus (§18.5.1)
find()	findet erstes Auftreten des Arguments (§18.5.2)
find_if()	findet erste Übereinstimmung des Prädikats (§18.5.2)
count()	ermittelt die Häufigkeit des Elements (§18.5.3)
count_if()	zählt Übereinstimmungen des Prädikats (§18.5.3)
replace()	ersetzt Element durch neuen Wert (§18.6.4)
replace_if()	ersetzt Element, das mit Prädikat übereinstimmt, durch neuen Wert (§18.6.4)
copy()	kopiert Elemente (§18.6.1)
unique_copy()	kopiert Elemente, die keine Duplikate sind (§18.6.1)
sort()	sortiert Elemente (§18.7.1)
equal_range()	sucht alle Elemente mit äquivalentem Wert (§18.7.2)
merge()	mischt sortierte Sequenzen (§18.7.3)

Diese Algorithmen und noch viele weitere (siehe Kapitel 18) können auf Elemente von Containern, strings und eingebaute Felder angewendet werden.

3.9   Mathematische Berechnungen

Wie C wurde C++ nicht mit Schwerpunkt auf numerischen Berechnungen entworfen. Trotzdem wird ein Großteil an numerischer Berechnung mittels C++ erledigt, was sich in der Standardbibliothek widerspiegelt.

3.9.1   Komplexe Zahlen

Die Standardbibliothek unterstützt eine ganze Familie von komplexen Typen nach den Grundsätzen der Klasse complex, die in §2.5.2 beschrieben ist. Um komplexe Zahlen zu unterstützen, deren Skalare einfach genaue Gleitkommazahlen floats, doppelt genaue doubles usw. sind, ist complex in der Standardbibliothek ein Template:

```
template<class scalar> class complex {
public:
    complex(scalar re, scalar im);
    // ...
};
```

Die üblichen arithmetischen Operationen und die allgemeinen mathematischen Funktionen stehen für komplexe Zahlen zur Verfügung. Beispiel:

```
// Standard-Hoch-Funktion für <complex>:
template<class C> complex<C> pow(const complex<C>&, int);

void f(complex<float> fl, complex<double> db)
{
    complex<long double> ld = fl+sqrt(db);
    db += fl*3;
    fl = pow(1/fl,2);
    // ...
}
```

Weitere Details stehen in §22.5.

3.9.2   Vektorarithmetik

Der in §3.7.1 dargestellte vector wurde unter dem Gesichtspunkt entworfen, ein allgemeiner Mechanismus zum Verwalten von Werten zu sein, flexibel zu sein und in die Architektur von Containern, Iteratoren und Algorithmen zu passen. Er unterstützt jedoch keine mathematischen Vektoroperationen. Man könnte solche Operationen leicht zu vector hinzufügen, aber seine allgemeine und flexible Verwendbarkeit schließt Optimierungen aus, die für ernsthafte numerische Berechnungen unabdingbar sind. Deshalb stellt die Standardbibliothek einen Vektor mit Namen valarray bereit, der weniger allgemein, dafür aber zugänglicher ist für die notwendigen Optimierungen in numerischen Berechnungen:

```
template<class T> class valarray {
    // ...
    T& operator[](size_t);
    // ...
};
```

Der Typ size_t ist ein vorzeichenloser ganzzahliger Typ, der in der Implementierung für die Feldindizes benutzt wird.

Die üblichen arithmetischen Operationen und die allgemeinen mathematischen Funktionen stehen für valarrays zur Verfügung. Beispiel:

```
// Standard--Absolutwert--Funktion für <valarray>:
template<class T> valarray<T> abs(const valarray<T>&);

void f(valarray<double>& a1, valarray<double>& a2)
{
    valarray<double> a = a1*3.14+a2/a1;
    a2 += a1*3.14;
    a = abs(a);
    double d = a2[7];
    // ...
}
```

Weitere Details stehen in §22.4.

3.10 Funktionalität der Standardbibliothek

Die von der Standardbibliothek bereitgestellten Funktionalitäten kann man wie folgt klassifizieren:

1. Grundlegende Laufzeitunterstützung der Sprache (z.B. Speicheranforderung und Laufzeit–Typinformation); siehe §16.1.3
2. C–Standardbibliothek (mit wenigen Modifikationen, um Verletzungen des Typsystems zu minimieren); siehe §16.1.2
3. Strings und Ein-/Ausgabe–Streams (mit Unterstützung für internationale Zeichensätze und Lokalisierung); siehe Kapitel 20 und 21
4. Ein Gerüst von Containern (wie `vector`, `list` und `map`) und Algorithmen, die Container benutzen (wie allgemeine Traversierung, Sortierungen und Mischung); siehe Kapitel 16, 17, 18 und 19
5. Unterstützung für numerische Berechnungen (komplexe Zahlen und Vektoren mit arithmetischen Operationen, BLAS–ähnliche und generalisierte Slices sowie Semantik, um leicht Optimierungen vornehmen zu können); siehe Kapitel 22

Das Hauptkriterium für die Aufnahme einer Klasse in die Standardbibliothek war, daß sie irgendwie von fast jedem C++–Programmierer, sowohl von Anfängern als auch Experten, genutzt wird, daß sie in einer allgemeinen Form bereitgestellt werden kann, die keinen bemerkenswerten Mehraufwand gegenüber einer einfacheren Version verursacht, und daß einfache Benutzungsmöglichkeiten leicht zu lernen sein sollten. Die C++–Standardbibliothek stellt somit die gebräuchlichsten fundamentalen Datenstrukturen zusammen mit ihren fundamentalen Algorithmen bereit.

Jeder Algorithmus arbeitet mit jedem Container, ohne Konvertierungen zu benutzen. Dieses Gerüst, üblicherweise STL genannt [Stepanov,1994], ist in gewisser Hinsicht erweiterbar, so daß Benutzer selbst Container und Algorithmen zusätzlich zu denen aus dem Standard erstellen können, die direkt mit den Standardcontainern und –algorithmen zusammenarbeiten können.

3.11 Ratschläge

1. Erfinden Sie das Rad nicht neu; benutzen Sie Bibliotheken.
2. Glauben Sie nicht an Magie. Versuchen Sie zu verstehen, was Ihre Bibliothek macht, wie sie es tut und zu welchen »Kosten« sie es tut.
3. Wenn Sie die Wahl haben, bevorzugen Sie die Standardbibliothek vor anderen Bibliotheken.
4. Glauben Sie jedoch nicht, daß die Standardbibliothek die ideale Lösung für alle Probleme bietet.
5. Denken Sie daran, die benötigten Headerdateien mit `#include` ihrem Programm bekannt zu machen; §3.3.
6. Denken Sie daran, daß die Funktionalitäten der Standardbibliothek im Namensbereich `std` definiert sind.
7. Benutzen Sie `string` anstelle von `char*`; §3.5, §3.6.
8. Wenn Sie sich nicht sicher sind, benutzen Sie Vektoren mit Überprüfung des Indexbereichs (wie z.B. `Vec`); §3.7.2.
9. Bevorzugen Sie `vector<T>`, `list<T>` und `map<key, value>` vor `T[]`; §3.7.1, §3.7.3, §3.7.4.
10. Benutzen Sie `push_back()` oder `back_inserter()` zum Einfügen von Elementen in Containern; §3.7.3, §3.8.
11. Benutzen Sie `push_back()` und einen `vector` anstelle von `realloc()` und einem Feld; §3.8.
12. Fangen Sie allgemeine Ausnahmen in `main()`; §3.7.2.

Teil I

Basistechniken

Dieser Teil beschreibt die fundamentalen Typen von C++ und die grundlegenden Möglichkeiten, damit Programme zu erstellen. Die C–Untermenge von C++ wird zusammen mit den zusätzlichen Möglichkeiten, in C++ traditionell zu programmieren, vorgestellt. Zusätzlich werden die grundlegenden Mittel erklärt, mit denen man ein C++–Programm aus logischen und physischen Teilen zusammensetzen kann.

Kapitel:

Typen und Deklarationen

4

Accept nothing short of perfection!
— anon

Perfection is achieved
only on the point of collapse.
— C. N. Parkinson

4.1 Typen

Betrachten wir

```
x = y+f(2);
```

Damit dies in einen C++–Programm Sinn ergibt, müssen die Namen x, y und f passend deklariert sein. Das heißt, der Programmierer muß spezifizieren, daß es Entitäten mit den Namen x, y und f gibt und daß sie Typen sind, für die jeweils = (Zuweisung), + (Addition) und () (Funktionsaufruf) sinnvoll sind.

Jeder Name (Bezeichner; englisch: *identifier*) in einem C++–Programm hat einen dazugehörenden Typ. Dieser Typ bestimmt, welche Operationen auf den Namen (das heißt die Entität, auf die sich der Name bezieht) angewendet werden können und wie solche Operationen interpretiert werden. Beispielsweise würden die Deklarationen

```
float x;        // x ist eine Gleitkommavariable
int y = 7;      // y ist eine int-Variable mit 7 als Initialwert
float f(int);   // f ist eine Funktion, die ein Argument vom Typ int erhält
                // und eine Gleitkommazahl zurückliefert
```

das obige Beispiel sinnvoll machen. Da y als int deklariert wurde, kann man ihm Werte zuweisen, es in arithmetischen Ausdrücken benutzen usw. Andererseits ist f als eine Funktion deklariert, die einen int als Argument erhält. Daher kann sie mit einem passenden Argument aufgerufen werden.

Dieses Kapitel erläutert fundamentale Typen (§4.1.1) und Deklarationen (§4.9). Die Beispiele zeigen nur Sprachmittel; sie sollen nichts Sinnvolles tun. Ausführlichere und realistischere Beispiele heben wir uns für spätere Kapitel auf, wenn mehr C++ beschrieben wurde. Dieses Kapitel führt nur die grundlegendsten Elemente ein, aus denen C++–Programme konstruiert werden. Man muß diese Elemente und ihre Terminologie und einfache Syntax kennen, um ein reales C++–Projekt durchzuführen und von anderen Programmierern geschriebenen Code lesen zu können. Es ist allerdings nicht nötig, jedes Detail, das in diesem Kapitel erwähnt wird, vollständig zu verstehen, um die folgenden Kapitel nachvollziehen zu können. Entsprechend können Sie diese Kapitel auch nur überfliegen, sich die wesentlichen Konzepte anschauen und später hierher zurückkehren, wenn Sie mehr Einzelheiten verstehen wollen.

4.1.1   Fundamentale Typen

C++ hat einen Satz an fundamentalen Typen, die mit den verbreitetsten grundlegenden Speichereinheiten eines Rechners und den verbreitetsten Weisen, in ihnen Daten zu speichern, korrespondieren:

§4.2 ein Boolescher Typ (`bool`)
§4.3 Zeichentypen (wie etwa `char`)
§4.4 ganzzahlige Typen (wie etwa `int`)
§4.5 Gleitkommatypen (wie etwa `double`)

Zusätzlich kann ein Anwender
§4.8 Aufzählungstypen zur Repräsentation von bestimmten Mengen von Werten (`enum`) definieren.

Weiter gibt es:
§4.7 einen Typ `void`, der die Abwesenheit von Informationen kundtut.

Aus diesen Typen können wir andere Typen konstruieren:
§5.1 Zeigertypen (wie etwa `int*`)
§5.2 Feldtypen (wie etwa `char[]`)
§5.5 Referenztypen (wie etwa `double&`)
§5.7 Datenstrukturen und Klassen (Kapitel 10)

Die Booleschen Werte, Zeichen und ganze Zahlen werden gemeinsam *integrale Typen* (englisch: *integral types*) genannt. Die integralen und Gleitkommatypen werden zusammen *arithmetische Typen* genannt. Aufzählungen und Klassen (Kapitel 10) werden *benutzerdefinierte Typen* genannt, da sie durch den Benutzer definiert werden müssen und nicht wie die fundamentalen Typen ohne vorherige Deklaration verfügbar sind. Im Gegensatz dazu werden die anderen Typen *eingebaute Typen* (englisch: *built-in types*) genannt.

Die integralen und Gleitkommatypen werden in einer Vielzahl von Größen bereitgestellt, um dem Programmierer die Wahl zwischen Speicherbedarf, Genauigkeit und dem Wertebereich für Berechnungen (§4.6) zu geben. Es gilt die Annahme, daß ein Rechner Bytes zur Speicherung von Zeichen (`char`) bietet, Worte zur Speicherung und Berechnung von ganzen Zahlen, irgendeine Entität, passend für Gleitkommaberechnungen, und Adressen, um sich auf diese Entitäten zu beziehen. Die fundamentalen Typen von C++ zusammen mit Zeigern und Feldern präsentieren diese rechnerbezogenen Begriffe dem Programmierer in einer hinreichend implementierungsunabhängigen Weise.

In den meisten Anwendungen kann man einfach `bool` für logische Werte, `char` für Zeichen, `int` für ganzzahlige Werte und `double` für Gleitkommawerte benutzen. Die verbleibenden fundamentalen Typen sind Variationen zur Optimierung und für besondere Anforderungen. Sie werden am besten ignoriert, bis solche Anforderungen auftauchen. Sie müssen allerdings bekannt sein, um alten C– und C++–Code lesen zu können.

4.2   Boolesche Werte

Ein Boolescher Wert `bool` kann einen der beiden Werte `true` oder `false` haben. Ein Boolescher Wert wird zur Darstellung des Ergebnisses einer logischen Operation benutzt. Beispiel:

```
void f(int a, int b)
{
    bool b1 = a==b; // = ist Zuweisung, == ist Gleichheit
    // ...
}
```

Falls a und b den gleichen Wert haben, wird `b1` `true`; andernfalls wird `b1` `false`.

Eine häufige Anwendung von `bool` ist als Rückgabetyp einer Funktion, die eine Bedingung prüft (ein Prädikat). Beispiel:

```
bool is_open(File*);

bool greater(int a, int b) { return a>b; }
```

Per Definition hat `true` den Wert 1, wenn es in eine ganze Zahl konvertiert wird, und `false` den Wert 0. Umgekehrt können ganze Zahlen implizit in `bool`–Werte konvertiert werden: Ganze Zahlen ungleich Null werden zu `true`, Null wird zu `false`. Beispiel:

```
bool b = 7;     // bool(7) ist true, daher wird b true
int i = true;   // int(true) ist 1, daher wird i 1
```

In arithmetischen und logischen Ausdrücken wird `bool` zu `int` konvertiert; ganzzahlige Arithmetik und logische Operationen werden auf den konvertierten Werten durchgeführt. Falls das Ergebnis nach `bool` zurückkonvertiert wird, wird eine 0 nach `false` konvertiert und ein davon unterschiedlicher Wert nach `true`.

```
void g()
{
    bool a = true;
    bool b = true;

    bool x = a+b;   // a+b ist 2, daher wird x true
    bool y = a|b;   // a|b ist 1, daher wird y true
}
```

Ein Zeiger kann implizit nach `bool` konvertiert werden (§C.6.2.5). Ein Nullzeiger konvertiert zu `false`, jeder andere zu `true`.

4.3   Zeichentypen

Eine Variable vom Typ `char` kann ein Zeichen aus dem Zeichensatz der Implementierung speichern. Beispiel:

```
char ch = 'a';
```

Fast immer hat ein `char` acht Bit und kann damit einen von 256 verschiedenen Werten speichern. Üblicherweise ist der Zeichensatz eine Variante von ISO-646, beispielsweise ASCII, und bietet damit die Zeichen auf Ihrer Tastatur. Viele Probleme entstehen dadurch, daß dieser Zeichensatz nur teilweise standardisiert ist (§C.3).

Erhebliche Variationen treten bei Zeichensätzen auf, die verschiedene natürliche Sprachen unterstützen, und auch zwischen verschiedenen Zeichensätzen, die dieselbe natürliche Sprache unterschiedlich unterstützen. Hier sind wir allerdings nur daran interessiert, wie solche Unterschiede die Regeln von C++ beeinflussen. Das größere und interessantere Problem, wie man in einer mehrsprachigen Umgebung mit verschiedenen Zeichensätzen programmiert, sprengt den Rahmen dieses Buches, obwohl darauf an verschiedenen Stellen hingewiesen wird (§20.2, §21.7, §C.3.3).

Man kann es als sicher annehmen, daß der Zeichensatz der Implementierung die Dezimalziffern, die 26 Buchstaben des englischen Alphabets und einige grundlegende Trennzeichen enthält. Es ist nicht sicher anzunehmen, daß es nicht mehr als 127 Zeichen in einem 8–Bit–Zeichensatz gibt (einige enthalten 255 Zeichen), daß die Buchstaben aufeinanderfolgen (EBCDIC hat eine Lücke zwischen 'i' und 'j') oder daß jedes Zeichen, das zum Schreiben von C++ benutzt wird, verfügbar ist (einige nationale Zeichensätze enthalten kein { } [ ] | \; §C.3.1). Wann immer möglich, sollte man es vermeiden, Annahmen über die Repräsentation eines Objekts zu machen. Diese generelle Regel trifft sogar auf Zeichen zu.

Jede Zeichenkonstante hat einen ganzzahligen Wert. Beispielsweise ist der Wert von 'b' im ASCII–Zeichensatz 98. Es folgt ein kleines Programm, das den ganzzahligen Wert jedes eingegebenen Zeichens ausgibt:

```
#include <iostream>

int main()
{
    char c;
    std::cin>>c;
    std::cout << "the value of '" << c << "' is " << int(c) << '\n';
}
```

Der Ausdruck `int(c)` ergibt den ganzzahligen Wert für das Zeichen c. Die Möglichkeit, einen char in einen int zu konvertieren, wirft die Frage auf, ob ein char vorzeichenbehaftet (englisch: *signed*) oder vorzeichenlos (englisch: *unsigned*) ist. Die 256 Werte eines 8–Bit–Bytes können als Wert von 0 bis 255 oder als −128 bis 127 interpretiert werden. Leider ist diese Entscheidung für einen char implementierungsabhängig (§C.1, §C.3.4). C++ enthält zwei Typen, für die die Antwort eindeutig ist: signed char, der mindestens die Werte −128 bis 127 speichern kann, und unsigned char, der mindestens Werte von 0 bis 255 speichern kann. Glücklicherweise ist der Unterschied nur für Werte außerhalb des Bereichs 0 bis 127 relevant, und die häufigsten Zeichen liegen innerhalb dieses Bereichs.[1]

Werden Werte außerhalb dieses Bereichs in einem einfachen char gespeichert, kann dies zu subtilen Portabilitätsproblemen führen. Sehen Sie in §C.3.4 nach, falls Sie mehr als einen char–Typ benutzen müssen oder ganzzahlige Werte in chars speichern wollen.

Ein Typ wchar_t ist vorhanden, der Zeichen eines größeren Zeichensatzes wie etwa Unicode speichern kann. Dies ist ein eigener Typ. Die Größe eines wchar_t ist implementierungsabhängig und groß genug, um den größten Zeichensatz aus dem Locale der Implementierung zu speichern (siehe §21.7, §C.3.3). Der merkwürdige Name ist ein Überbleibsel von C. In C ist wchar_t ein

---

[1]   A.d.Ü.: Dies gilt leider nicht für den im westlichen Europa üblichen ISO8859-1–Zeichensatz. Auch ein gebürtiger Däne kann offensichtlich der amerikanischen Ansicht zu Zeichensätzen verfallen.

typedef (§4.9.7) anstatt eines eingebauten Typs. Das Suffix _t wurde zur Kennzeichnung von Standard–typedefs angehängt.

Man beachte, daß Zeichentypen integrale Typen sind (§4.1.1) und damit arithmetische und logische Operationen (§6.2) auf ihnen ausgeführt werden können.

4.3.1 Zeichenliterale

Ein Zeichenliteral, häufig Zeichenkonstante genannt, ist ein in einzelne Anführungszeichen gesetztes Zeichen, beispielsweise 'a' und '0'. Der Typ eines Zeichenliterals ist char. Solche Zeichenliterale sind tatsächlich symbolische Konstanten für den ganzzahligen Wert des Zeichens im Zeichensatz des Rechners, auf dem das C++–Programm laufen wird. Wenn das Programm beispielsweise auf einem Rechner mit ASCII–Zeichensatz läuft, ist der Wert von '0' gleich 48. Die Benutzung von Zeichenliteralen anstelle von einer Dezimalschreibweise macht Programme portabler. Ein paar Zeichen haben zusätzlich Standardnamen, die den Rückstrich \ als Fluchtsymbol benutzen. Beispielsweise ist \n ein Newline und \t ein horizontaler Tabulator. Weitere Details über Fluchtsymbole finden Sie in §C.3.2.

WideChar–Literale haben die Form L'ab', wobei die Anzahl der Zeichen zwischen den Anführungszeichen und ihre Bedeutung implementierungsabhängig passend zu wchar_t ist. Ein WideChar–Literal hat den Typ wchar_t.

4.4 Ganzzahlige Typen

Wie char gibt es ganzzahlige Typen in drei Formen: »einfacher« int, signed int und unsigned int. Zusätzlich gibt es int in drei Größen: short int, »einfacher« int und long int. Ein long int kann einfach als long bezeichnet werden. Entsprechend ist short ein Synonym für short int, unsigned für unsigned int und signed für signed int.

Die vorzeichenlosen Typen sind ideal für die Anwendung als Bitfeld. Ein unsigned anstatt eines int zu benutzen, um ein Bit mehr zur Darstellung positiver Zahlen zu erhalten, ist fast immer eine schlechte Idee. Versuche, sicherzustellen, daß Werte positiv sind, indem man die Variablen als unsigned deklariert, werden üblicherweise durch die impliziten Konvertierungsregeln (§C.6.1, §C.6.2.1) zunichte gemacht.

Anders als einfache char sind einfache int immer vorzeichenbehaftet. Die signed int–Typen sind einfach explizite Synonyme für ihre einfachen int–Gegenstücke.

4.4.1 Ganzzahlige Literale

Ganzzahlige Literale gibt es in vier Erscheinungen: dezimal, oktal, hexadezimal und als Zeichenliteral. Dezimale Literale sind die am häufigsten benutzten und sehen so aus, wie man erwartet:

    7   1234   976   12345678901234567890

Der Compiler sollte vor Literalen warnen, die zu lang sind, um gespeichert zu werden.

Ein Literal, das mit einer 0, gefolgt von einem x (0x), beginnt, ist eine Hexadezimalzahl (zur Basis 16). Ein Literal, das mit einer 0, gefolgt von einer Ziffer, beginnt, ist eine Oktalzahl (zur Basis 8). Beispiel:

```
dezimal:         0      2      63     83
oktal:           00     02     077    0123
hexadezimal:     0x0    0x2    0x3f   0x53
```

Die Buchstaben a, b, c, d, e und f oder ihre großgeschriebenen Äquivalente werden benutzt, um jeweils 10, 11, 12, 13, 14 und 15 darzustellen. Die oktale und hexadezimale Schreibweise ist am sinnvollsten für die Darstellung von Bitmustern. Die Benutzung dieser Schreibweise für echte Zahlen kann zu Überraschungen führen. Beispielsweise ist auf einem Rechner, auf dem ints als 16–Bit–Zahlen im Zweierkomplement dargestellt werden, 0xffff die negative Zahl -1. Würden mehr Bits zur Darstellung eines int benutzt werden, wäre es 65535.

Das Suffix U kann benutzt werden, um explizit unsigned–Literale zu schreiben. Entsprechend kann das Suffix L benutzt werden, um long–Literale zu schreiben. Beispielsweise ist 3 ein int, 3U ein unsigned int und 3L ein long int. Falls kein Suffix angegeben wird, gibt der Compiler dem Literal einen passenden Typ, basierend auf dem Wert und der Größe des int der Implementierung (§C.4).

Es ist eine gute Idee, die Nutzung von nicht offensichtlichen Konstanten auf einige wenige gut kommentierte Konstanten– (§5.4) und Aufzählungsinitialisierungen (§4.8) zu beschränken.

4.5   Gleitkommatypen

Die Gleitkommatypen repräsentieren Gleitkommazahlen. Wie ganze Zahlen gibt es Gleitkommatypen in drei Größen: float (einfache Genauigkeit; englisch: *single–precision*), double (doppelte Genauigkeit; englisch: *double–precision*) und long double (erweiterte Genauigkeit; englisch: *extended–precision*).

Die genaue Bedeutung von einfacher, doppelter und erweiterter Genauigkeit ist implementierungsabhängig. Die Auswahl der richtigen Genauigkeit für ein Problem, bei dem die Auswahl relevant ist, erfordert ein weitgehendes Verständnis von Gleitkommaberechnungen. Falls Sie dieses Wissen nicht haben, holen Sie sich Hilfe, nehmen Sie sich die Zeit zum Lernen, oder benutzen Sie double und hoffen auf das Beste.

4.5.1   Gleitkommaliterale

Standardmäßig ist ein Gleitkommaliteral vom Typ double. Wieder sollte der Compiler vor Literalen warnen, die zu lang zum Speichern sind. Dies sind einige Gleitkommaliterale:

```
1.23    .23    0.23    1.    1.0    1.2e10    1.23e-15
```

Man beachte, daß kein Leerzeichen in einem Gleitkommaliteral stehen darf. Beispielsweise ist 65.43 e-21 kein Gleitkommaliteral, sondern vier separate lexikalische Tokens (die einen Syntaxfehler verursachen):

```
65.43    e    -    21
```

Wenn man ein Gleitkommaliteral vom Typ float benötigt, kann man es mit dem Suffix f oder F definieren:

```
3.14159265f    2.0f    2.997925F    2.9e-3f
```

Wenn man ein Gleitkommaliteral vom Typ long double benötigt, kann man es mit dem Suffix l oder L definieren:

```
3.14159265L     2.0L     2.997925L     2.9e-3L
```

4.6 Größen

Einige Aspekte der fundamentalen Datentypen von C++, wie etwa die Größe eines int, sind implementierungsabhängig. Ich weise auf diese Abhängigkeiten hin und schlage häufig vor, sie zu vermeiden oder ihren Einfluß zu verringern. Warum sollten Sie das tun? Leute, die auf einer Vielzahl von Systemen oder mit einer Vielzahl von Compilern arbeiten, achten sehr darauf, da sie ansonsten gezwungen wären, Zeit mit dem Finden und Beheben obskurer Fehler zu verschwenden. Leute, die behaupten, sie müßten nicht auf Portabilität achten, tun dies, weil sie nur ein einziges System benutzen und der Meinung sind, sie könnten sich die Ansicht »die Sprache ist das, was mein Compiler implementiert« erlauben. Dies ist eine beschränkte und kurzsichtige Ansicht. Wenn Ihr Programm ein Erfolg wird, wird es sehr wahrscheinlich portiert werden. Dann muß jemand die Probleme finden und beheben, die durch implementierungsabhängige Eigenschaften entstanden sind. Zusätzlich müssen Programme oft mit einem anderen Compiler für dasselbe System übersetzt werden, und selbst zukünftige Versionen Ihres Lieblingscompilers könnten Dinge anders als der jetzige tun. Es ist sehr viel einfacher, den Einfluß von Implementierungsabhängigkeiten zu erkennen und einzugrenzen, wenn das Programm erstellt wird, als das Durcheinander nachher zu entwirren.

Es ist relativ einfach, den Einfluß implementierungsabhängiger Sprachmittel zu begrenzen. Den Einfluß von systemabhängigen Bibliotheksfunktionen zu begrenzen ist sehr viel schwerer. Ein Ansatz besteht darin, die Mittel der Standardbibliothek wo immer möglich zu benutzen.

Der Grund, warum es mehr als einen ganzzahligen Typ, mehr als einen vorzeichenlosen Typ und mehr als einen Gleitkommatyp gibt, liegt darin, es dem Programmierer zu ermöglichen, Vorteile aus Hardwareeigenschaften zu ziehen. Auf vielen Rechnern gibt es signifikante Unterschiede bezüglich Speicherbedarf, Speicherzugriffszeit und Berechnungsgeschwindigkeit zwischen den verschiedenen Varianten der fundamentalen Typen. Wenn Sie einen Rechner kennen, ist es gewöhnlich einfach, beispielsweise den passenden ganzzahligen Typ für eine bestimmte Variable festzulegen. Das Schreiben von wirklich portablem Low-level–Code ist schwieriger.

Die Größen von C++–Objekten werden in Vielfachen der Größe eines char angegeben, daher ist per Definition die Größe von char gleich 1. Die Größe eines Objekts oder Typs kann mit dem sizeof–Operator (§6.2) ermittelt werden. Dies wird über die Größen von fundamentalen Typen garantiert:

$$1 \equiv sizeof(char) \leq sizeof(short) \leq sizeof(int) \leq sizeof(long)$$
$$1 \leq sizeof(bool) \leq sizeof(long)$$
$$sizeof(char) \leq sizeof(wchar\_t) \leq sizeof(long)$$
$$sizeof(float) \leq sizeof(double) \leq sizeof(long\ double)$$
$$sizeof(N) \equiv sizeof(signed\ N) \equiv sizeof(unsigned\ N)$$

Dabei kann N char, short int, int und long int sein. Weiter wird garantiert, daß ein char mindestens 8 Bit, ein short mindestens 16 Bit und ein long mindestens 32 Bit hat. Ein char kann ein Zeichen aus dem Zeichensatz des Rechners speichern.

Hier folgt eine graphische Darstellung eines plausiblen Satzes an fundamentalen Typen und eine Beispielzeichenkette:

char:	'a'
bool:	1
short:	756
int:	100000000
int*:	&c1
double:	1234567e34
char[14]:	Hello, world!\0

Mit demselben Maßstab (5 mm pro Byte) würde sich ein Megabyte Speicher etwa 5 km nach rechts erstrecken.

Der char–Typ der Implementierung soll so gewählt sein, daß er der geeignetste Typ zur Speicherung und Manipulation von Zeichen auf einem bestimmten Rechner ist; er ist üblicherweise ein 8–Bit–Byte. Ähnlich soll der int–Typ der geeignetste sein, um ganze Zahlen auf einem bestimmten Rechner zu speichern und zu manipulieren; er ist üblicherweise ein 4–Byte–(32–Bit–)Wort. Jede weitere Annahme wäre unklug. Es gibt beispielsweise Rechner mit 32 Bit langen chars.

Bei Bedarf können implementierungsabhängige Aspekte einer Implementierung in <limits> (§22.2) gefunden werden. Beispiel:

```
#include <limits>
#include <iostream>

int main()
{
    std::cout << "groesster float == " << std::numeric_limits<float>::max()
             << ", char ist signed == "
             << std::numeric_limits<char>::is_signed << '\n';
}
```

Die fundamentalen Typen können bei Zuweisung und in Ausdrücken beliebig gemischt werden. Werte werden nach Möglichkeit so konvertiert, daß kein Informationsverlust auftritt (§C.6).

Wenn ein Wert v genau in einer Variablen vom Typ T abgebildet werden kann, ist eine Konvertierung von v nach T werterhaltend und damit kein Problem. Fälle, bei denen die Konvertierung nicht werterhaltend ist, vermeidet man am besten (§C.6.2.6).

Sie müssen die implizite Konvertierung einigermaßen detailliert verstanden haben, um ein wesentliches Projekt durchzuführen und besonders, um realen Code anderer Leute lesen zu können. Für die folgenden Kapitel ist dieses Wissen nicht nötig.

4.7 void

Der Typ void ist syntaktisch ein fundamentaler Typ. Er kann allerdings nur als Teil eines komplizierteren Typs benutzt werden; es gibt keine Objekte vom Typ void. Er wird benutzt, um anzuzeigen, daß eine Funktion keinen Wert zurückliefert, oder als Basistyp für Zeiger auf Objekte unbekannten Typs. Beispiel:

```
void x;      // Fehler: es gibt keine void-Objekte
void& r;     // Fehler: es gibt keine Referenzen auf void
void f();    // Funktion f liefert kein Ergebnis (§7.3)
void* pv;    // Zeiger auf ein Objekt unbekannten Typs (§5.6)
```

Bei der Deklaration einer Funktion muß der Typ des zurückgelieferten Werts angegeben werden. Logischerweise würde man erwarten, daß man durch das Weglassen des Rückgabetyps angibt, daß eine Funktion keinen Wert zurückgibt. Dies würde allerdings die Grammatik (Anhang A) weniger regulär machen und mit der Nutzung von C kollidieren. Entsprechend wird void als »Pseudo–Rückgabetyp« benutzt, um festzulegen, daß eine Funktion keinen Wert zurückliefert.

4.8 Aufzählungstypen

Eine *Aufzählung* (englisch: *enumeration*) ist ein Typ, der eine Menge durch den Anwender spezifizierter Werte speichern kann. Nach der Definition wird eine Aufzählung fast genau wie ein int benutzt. Beispielsweise definiert

```
enum { ASM, AUTO, BREAK };
```

drei ganzzahlige Konstanten, *Enumerator*en genannt, und weist ihnen Werte zu. Standardmäßig bekommen Enumeratoren Werte von 0 an aufsteigend zugewiesen, daher ist ASM==0, AUTO==1 und BREAK==2. Eine Aufzählung kann benannt sein. Beispiel:

```
enum keyword { ASM, AUTO, BREAK };
```

Jede Aufzählung ist ein unterschiedlicher Typ. Der Typ eines Enumerators ist seine Aufzählung. Beispielsweise ist AUTO vom Typ keyword.

Eine Variable als keyword statt als einfachen int zu deklarieren kann sowohl dem Anwender als auch dem Compiler einen Hinweis auf die beabsichtigte Verwendung geben. Beispiel:

```
void f(keyword key)
{
    switch (key) {
    case ASM:
        // Tue etwas
        break;
    case BREAK:
        // Tue etwas
        break;
    }
}
```

Ein Compiler kann eine Warnung ausgeben, da nur zwei der drei Werte eines keyword behandelt werden.

Ein Enumerator kann durch einen konstanten Ausdruck (§C.5) eines integralen Typs (§4.1.1) initialisiert werden. Der Bereich einer Aufzählung umfaßt alle seine Enumeratoren, aufgerundet auf die nächstgrößere Zweierpotenz minus eins. Der Bereich geht herunter bis null, falls der kleinste Enumerator nicht negativ ist, und bis zur nächstkleineren negativen Zweierpotenz sonst. Dadurch wird das kleinste Bitfeld, das die Werte der Enumeratoren speichern kann, definiert. Beispiel:

```
enum e1 { dunkel, hell };              // Bereich 0:1
enum e2 { a = 3, b = 9 };              // Bereich 0:15
enum e3 { min = -10, max = 1000000 };  // Bereich -1048576:1048575
```

Ein Wert mit integralem Typ kann explizit in einen Aufzählungstyp konvertiert werden. Das Ergebnis einer solchen Konvertierung ist undefiniert, wenn der Wert nicht innerhalb des Bereichs der Aufzählung liegt. Beispiel:

```
enum flag { x=1, y=2, z=4, e=8 };   // Bereich 0:15
flag f1 = 5;           // Typfehler: 5 ist nicht vom Typ flag
flag f2 = flag(5);     // OK: flag(5) ist vom Typ flag und im Bereich von flag
flag f3 = flag(z|e);   // OK: flag(12) ist vom Typ flag und im Bereich von flag
flag f4 = flag(99);    // undefiniert: 99 ist nicht im Bereich von flag
```

Die letzte Zuweisung zeigt, warum es keine implizite Konvertierung von einer ganzen Zahl zu einer Aufzählung gibt: Die meisten ganzen Zahlen haben keine Repräsentation in einer bestimmten Aufzählung.

Der Begriff des Wertebereichs für eine Aufzählung unterscheidet sich von dem in der Pascal–Sprachfamilie. Allerdings haben Bitmanipulationen mit Werten, die außerhalb des wohldefinierten Bereichs der Enumeratoren liegen, eine lange Tradition in C und C++. Die Größe (sizeof) einer Aufzählung ist die Größe eines integralen Typs, der ihren Bereich speichern kann, und nicht größer als sizeof(int), es sei denn, ein Enumerator kann nicht als int oder unsigned int repräsentiert werden. Beispielsweise könnte sizeof(e1) 1 oder 4, aber nicht 8 auf einem Rechner sein, auf dem sizeof(int)==4 gilt.

Standardmäßig werden Aufzählungen für arithmetische Operationen zu ganzen Zahlen konvertiert (§6.2). Eine Aufzählung ist ein benutzerdefinierter Typ, daher kann ein Benutzer seine eigenen Operationen wie etwa ++ und << für eine Aufzählung definieren (§11.2.3).

4.9 Deklarationen

Bevor ein Name (Bezeichner) in einem C++–Programm benutzt werden kann, muß er deklariert werden. Das heißt, sein Typ muß spezifiziert werden, um den Compiler darüber zu informieren, auf welche Art von Entität sich der Name bezieht. Es folgen einige Beispiele, um die Vielfalt von Deklarationen zu zeigen:

```
char ch;
string s;
int count = 1;
const double pi = 3.1415926535897932385;
extern int fehler_nummer;

const char* name = "Njal";
const char* jahreszeit[] = { "fruehling", "sommer", "herbst", "winter" };
```

```
struct Datum { int t, m, j; };
int tag(Datum* p) { return p->d; }
double sqrt(double);
template<class T> T abs(T a) { return a<0 ? -a : a; }


typedef complex<short> Punkt;
struct User;
enum Bier { Carlsberg, Tuborg, Thor };
namespace NS { int a; }
```

Wie man an diesen Beispielen sieht, kann eine Deklaration mehr tun, als einfach einen Typ mit einem Namen zu assoziieren. Die meisten dieser *Deklarationen* sind auch *Definitionen*; das heißt, sie definieren auch eine Entität für den Namen, auf den sie sich beziehen. Für ch ist diese Entität die passende Menge an Speicherplatz für eine Variable — dieser Speicher wird belegt. Für tag ist es die spezifizierte Funktion. Für die Konstante pi ist es der Wert 3.1415926535897932385. Für Datum ist diese Entität ein neuer Typ. Für Punkt ist es der Typ complex<short>, so daß Punkt ein Synonym für complex<short> wird. Von den obigen Deklarationen sind nur

```
double sqrt(double);
extern int fehler_nummer;
struct User;
```

keine Definitionen; das heißt, die Entität, auf die sie sich beziehen, muß irgendwo anders definiert sein. Der Code (Rumpf) der Funktion sqrt muß durch eine andere Deklaration spezifiziert werden, der Speicher für die int–Variable fehler_nummer muß von einer anderen Deklaration belegt werden, und eine andere Deklaration des Typs User muß definieren, wie der Typ aussieht. Beispiel:

```
double sqrt(double d) { /* ... */ }
int fehler_nummer = 1;

struct User { /* ... */ };
```

Es muß immer genau eine Definition für einen Namen in einem C++–Programm geben (die Auswirkung von #include ist in §9.2.3 beschrieben). Es kann allerdings viele Deklarationen geben. Alle Deklarationen einer Entität müssen beim Typ ihrer Entität übereinstimmen. Daher hat dieses Fragment zwei Fehler:

```
int count;
int count;   // Fehler: Redefinition

extern int fehler_nummer;
extern short fehler_nummer;   // Fehler: Typfehler
```

und dieses hat keine (sehen Sie sich extern in §9.2 an):

```
extern int fehler_nummer;
extern int fehler_nummer;
```

Einige Definitionen spezifizieren einen »Wert« für die Entitäten, die sie definieren. Beispiel:

```
struct Datum { int d, m, y; };
typedef complex<short> Punkt;
int tag(Datum* p) { return p->d; }
const double pi = 3.1415926535897932385;
```

Für Typen, Templates, Funktionen und Konstanten ist dieser »Wert« permanent. Für nichtkonstante Datentypen kann der Initialwert später geändert werden. Beispiel:

```
void f()
{
    int count = 1;
    const char* name = "Bjarne";
    // ...
    count = 2;
    name = "Marian";
}
```

Von den Definitionen spezifizieren nur

```
char ch;
string s;
```

keinen Wert (siehe §4.9.5 und §10.4.2 für eine Erklärung, wie und wann eine Variable einen Default–Wert zugewiesen bekommt). Jede Deklaration, die einen Wert spezifiziert, ist eine Definition.

4.9.1 Die Struktur einer Deklaration

Eine Deklaration besteht aus vier Teilen: einem optionalen »Spezifizierer«, einem Basistyp, einem Deklarator und einem optionalen Initialisierer. Mit Ausnahme von Funktionen und Namensbereichsdefinitionen wird ein Deklarator mit einem Semikolon beendet. Beispiel:

```
char* kings[] = { "Antigonus", "Seleucus", "Ptolemy" };
```

Hier ist der Basistyp char, der Deklarator *king[] und der Initialisierer ={...}.

Ein Spezifizierer ist ein Schlüsselwort wie etwa virtual (§2.5.5, §12.2.6) und extern (§9.2), das ein Nicht–Typ–Attribut für das Deklarierte spezifiziert.

Ein Deklarator ist aus einem Namen und optionale Deklaratoroperatoren zusammengesetzt. Die häufigsten Deklaratoroperatoren sind (§A.7.1):

```
*           Zeiger                 Praefix
*const      konstanter Zeiger      Praefix
&           Referenz               Praefix
[]          Feld                   Postfix
()          Funktion               Postfix
```

Ihre Anwendung wäre einfach, wenn sie alle Präfix– oder Postfixoperatoren wären. Allerdings wurden *, [] und () so entworfen, daß sie ihre Benutzung in Ausdrücken (§6.2) widerspiegeln. Daher ist * ein Präfix und [] und () sind Postfixoperatoren. Die Postfix–Deklaratoroperatoren binden stärker als die Präfixoperatoren. Daher ist *kings[] ein Vektor von Zeigern auf etwas, und wir müssen Klammern benutzen, um Typen wie »Zeiger auf Funktion« auszudrücken; siehe die Beispiele in §5.1. Vollständige Details stehen in der Grammatik in Anhang A.

Man beachte, daß der Typ nicht bei der Deklaration fortgelassen werden kann. Beispiel:

```
const c = 7;     // Fehler: kein Typ
gt(int a, int b) { return (a>b) ? a : b; }  // Fehler: kein Rückgabetyp
```

```
unsigned ui;    // OK: »unsigned« ist der Typ  »unsigned int«
long li;        // OK: »long« ist der Typ  »long int«
```

Hier unterscheidet sich Standard–C++ von früheren Versionen von C und C++, die die ersten beiden Fälle erlaubt haben, indem sie int als Typ angenommen haben, wenn keiner angegeben war (§B.2). Diese »implizit int«–Regel war die Quelle von subtilen Fehlern und Verwirrung.

4.9.2 Deklarieren mehrerer Namen

Es ist möglich, mehrere Namen in einer einzelnen Deklaration zu deklarieren. Die Deklaration enthält einfach eine Liste von durch Kommas getrennten Deklaratoren. Beispielsweise können wir zwei int so deklarieren:

```
int x, y;       // int x; int y;
```

Man beachte, daß Operatoren sich nur auf individuelle Namen beziehen — und nicht auf nachfolgende Namen in derselben Deklaration. Beispiel:

```
int* p, y;      // int* p;  int y; NICHT int* y;
int x, *q;      // int x;   int* q;
int v[10], *pv; // int v[10];  int* pv;
```

Solche Konstrukte machen ein Programm weniger lesbar und sollten vermieden werden.

4.9.3 Namen

Ein Name (Bezeichner) besteht aus einer Folge von Buchstaben und Ziffern. Das erste Zeichen muß ein Buchstabe sein. Der Unterstrich _ wird als Buchstabe betrachtet. C++ beschränkt die Anzahl der Zeichen in einem Namen nicht. Allerdings sind einige Teile einer Implementierung nicht unter der Kontrolle des Compiler–Schreibers (speziell der Binder), und diese Teile führen leider manchmal Beschränkungen ein. Einige Laufzeitumgebungen machen es nötig, die Menge der als Bezeichner akzeptierten Zeichen zu erweitern oder einzuschränken. Erweiterungen (z.B. das Erlauben des $–Zeichens in einem Namen) ergeben unportable Programme. Ein C++–Schlüsselwort (Anhang A) wie new oder int kann nicht als Name einer benutzerdefinierten Entität benutzt werden. Beispiele für Namen sind:

```
hello       this_is_a_most_unusually_long_name
DEFINED     fo0      bAr        u_name      HorseSense
var0        var1     CLASS      _class      ___
```

Beispiel von Zeichenfolgen, die nicht als Bezeichner benutzt werden können, sind:

```
012         a fool    $sys        class       3var
pay.due     foo~bar   .name       if
```

Mit einem Unterstrich beginnende Namen sind für spezielle Mittel der Implementierung und der Laufzeitumgebung reserviert, daher sollten solche Namen nicht in Anwendungsprogrammen benutzt werden.

Beim Lesen eines Programms sucht der Compiler immer nach der längsten Kette von Zeichen, die einen Namen bilden könnte. Daher ist var10 ein einzelner Name und nicht der Name var, gefolgt von der Zahl 10. Genauso ist elseif ein einzelner Name und nicht das Schlüsselwort else, gefolgt vom Schlüsselwort if.

Groß–/Kleinschreibung wird unterschieden, daher sind `Count` und `count` unterschiedliche Namen. Es ist allerdings unklug, Namen auszuwählen, die sich nur in der Groß–/Kleinschreibung unterscheiden. Generell ist es am besten, Namen zu vermeiden, die sich nur auf subtile Weise unterscheiden. Beispielsweise können der Großbuchstabe O und die Null (0) schwer zu unterscheiden sein, genau wie der Kleinbuchstabe l und die Eins (1). Entsprechend sind `l0`, `10`, `l1` und `11` eine schlechte Wahl für Namen von Bezeichnern.

Namen aus einem großen Gültigkeitsbereich sollten relativ lange und sprechende Namen haben, wie etwa `vector`, `Window_with_border` und `Department_number`. Der Code wird jedoch klarer, wenn Namen, die nur in einem kleinen Gültigkeitsbereich benutzt werden, kurze konventionelle Namen wie `x`, `i` und `p` haben. Klassen (Kapitel 10) und Namensbereiche (§8.2) können benutzt werden, um Gültigkeitsbereiche klein zu halten. Es ist oft hilfreich, häufig benutzte Namen relativ kurz zu halten und wirklich lange Namen für selten benutzte Entitäten zu reservieren. Wählen Sie Namen, die die Bedeutung einer Entität und nicht ihre Implementierung widerspiegeln. Beispielsweise ist `Telefonbuch` besser als `NummernListe`, selbst wenn die Telefonnummern tatsächlich in einer Liste (`list`, §3.7) gespeichert sind. Die Auswahl guter Namen ist eine Kunst.

Versuchen Sie, ein konsistentes Namensschema durchzuhalten. Beginnen Sie beispielsweise benutzerdefinierte Typen mit einem Großbuchstaben, und schreiben Sie Nicht–Typen klein (z.B. `Form` und `current_token`). Benutzen Sie für Makros ebenfalls Großbuchstaben (wenn Sie tatsächlich Makros benutzen müssen; z.B. HACK), und benutzen Sie den Unterstrich, um Worte in einem Bezeichner zu trennen. Konsistenz ist allerdings schwer zu erreichen, da Programme üblicherweise aus Fragmenten aus verschiedenen Quellen zusammengesetzt sind und mehrere unterschiedliche einsichtige Schemata in Gebrauch sind. Seien Sie konsistent bei der Benutzung von Abkürzungen und Akronymen.

4.9.4   Gültigkeitsbereich

Eine Deklaration führt einen Namen in einen Gültigkeitsbereich ein; das heißt, der Name kann nur in einem bestimmten Teil des Programmtextes benutzt werden. Für einen in einer Funktion deklarierten Namen (oft als *lokaler Name* bezeichnet) erstreckt sich der Gültigkeitsbereich vom Punkt der Deklaration bis zum Ende des Blocks, in dem die Deklaration auftrat. Ein *Block* ist ein von einem Paar geschweifter Klammern {} begrenzter Codebereich.

Ein Name wird als *global* bezeichnet, wenn er außerhalb einer Funktion, einer Klasse (Kapitel 10) oder eines Namensbereichs (§8.2) definiert wird. Der Gültigkeitsbereich eines globalen Namens erstreckt sich vom Punkt seiner Deklaration bis zum Ende der Datei, in der er deklariert wurde. Die Deklaration eines Namens in einem Block kann eine Deklaration in einem umschließenden Block oder einen globalen Namen verdecken. Das heißt, ein Name kann in einem Block so redefiniert werden, daß er sich auf eine andere Entität bezieht. Nach dem Verlassen des Blocks erhält der Name seine vorherige Bedeutung zurück. Beispiel:

```
int x;           // globales x

void f()
{
    int x;       // lokales x verdeckt globales x
    x = 1;       // Zuweisung an lokales x
    {
        int x;   // verdeckt erstes lokales x
        x = 2;   // Zuweisung an zweites lokales x
```

```
        }
        x = 3;        // Zuweisung an erstes lokales x
}


int* p = &x;        // Nimmt die Adresse des globalen x
```

Das Verdecken von Namen ist beim Schreiben großer Programme unvermeidlich. Allerdings kann ein menschlicher Leser leicht das Verdecken eines Namens übersehen. Da solche Fehler relativ selten sind, können sie sehr schwer zu finden sein. Entsprechend sollte man das Verdecken von Namen so gering wie möglich halten. Namen wie i oder x als globale Variable oder als lokale Variable in großen Funktionen zu benutzen bedeutet, Unheil heraufzubeschwören.

Ein verdeckter globaler Name kann durch den Bereichsauflösungsoperator :: sichtbar gemacht werden. Beispiel:

```
int x;

void f2()
{
        int x = 1;   // Verdecke globales x
        ::x = 2;     // Zuweisung an globales x
        x = 2;       // Zuweisung an lokales x
        // ...
}
```

Es gibt keine Möglichkeit, einen verdeckten lokalen Namen zu benutzen.

Der Gültigkeitsbereich eines Namens beginnt am Punkt seiner Deklaration; das heißt nach dem vollständigen Deklarator und vor dem Initialisierer. Dies bedingt, daß ein Name sogar zur Angabe seines eigenen Initialwerts benutzt werden kann. Beispiel:

```
int x;

void f3()
{
        int x = x;   // Übel: initialisiere X mit seinem eigenen (uninitialisierten) Wert
}
```

Dies ist nicht ungültig, nur albern. Ein guter Compiler wird eine Warnung ausgeben, wenn eine Variable benutzt wird, bevor sie einen Wert zugewiesen bekommen hat (siehe auch §5.9–Ü9).

Es ist möglich, mit einem einzigen Namen ohne Benutzung des ::–Operators zwei verschiedene Objekte in einem Block anzusprechen. Beispiel:

```
int x = 11;

void f4()                 // Übel:
{
        int y = x;        // Benutze globales x: y = 11
        int x = 22;
        y = x;            // Benutze lokales x: y = 22
}
```

Namen von Funktionsargumenten werden als im äußersten Block einer Funktion deklariert betrachtet. Daher ist

```
void f5(int x)
{
    int x;   // Fehler
}
```

ein Fehler, da x zweimal im selben Gültigkeitsbereich definiert wird. Da dies vom Compiler als
Fehler erkannt wird, kann man somit einen nicht seltenen subtilen Fehler vermeiden.

4.9.5 Initialisierung

Wenn ein Initialisierer für ein Objekt spezifiziert wurde, dann bestimmt dieser Initialisierer den
Initialwert dieses Objekts. Wenn kein Initialisierer angegeben wird, dann wird ein globales Objekt
(§4.9.4), ein in einem Namensbereich (§8.2) stehendes Objekt oder ein lokales statisches Objekt
(§7.1.2, §10.2.4) (gemeinsam *statische Objekte* genannt) mit einer 0 des passenden Typs initialisiert. Beispiel:

```
int a;      // Bedeutet »int a = 0;«
double d;   // Bedeutet »double d = 0.0;«
```

Lokale Variable (manchmal *automatische Objekte* genannt) und im Freispeicher erzeugte Objekte
(manchmal *dynamische Objekte* oder *Heap–Objekte* genannt) werden nicht standardmäßig initialisiert. Beispiel:

```
void f()
{
    int x;   // x hat keinen wohldefinierten Wert
    // ...
}
```

Elemente von Feldern und Strukturen werden mit dem Default abhängig davon initialisiert, ob
sie statisch sind oder nicht. Benutzerdefinierte Typen können eine Default–Initialisierung definiert
haben (§10.4.2).

Kompliziertere Objekte brauchen mehr als einen Wert als Initialisierung. Dies wird durch eine
von { und } begrenzte Initialisierungsliste für die C–typische Initialisierung von Feldern (§5.2.1)
und Strukturen (§5.7) behandelt. Für benutzerdefinierte Typen mit Konstruktoren werden funkti-
onstypische Argumentlisten benutzt (§2.5.2, §10.2.3).

Man beachte, daß ein leeres Paar Klammern () in einer Deklaration immer »Funktion« bedeutet (§7.1). Beispiel:

```
int a[] = { 1, 2 };   // Feld-Initialisierer
Punkt z(1,2);         // Funktionstypische Initialisierung (durch Konstruktor)
int f();              // Funktionsdeklaration
```

4.9.6 Objekte und Lvalues

Wir können »Variablen« anlegen und benutzen, die keinen Namen haben, und es ist möglich, einem merkwürdig aussehenden Ausdruck etwas zuzuweisen (z.B. *p[a+10]=7). Folglich gibt es
einen Bedarf an einem Namen für »etwas im Speicher«. Dies ist der einfachste und fundamentalste Begriff eines Objekts. Das heißt, ein *Objekt* ist ein zusammenhängender Bereich Speicher, und
ein lvalue ist ein Ausdruck, der ein Objekt referenziert. Das Wort lvalue wurde ursprünglich

geprägt, um etwas zu bezeichnen, das »auf der linken Seite einer Zuweisung« stehen kann. Allerdings kann nicht jeder lvalue auf der linken Seite einer Zuweisung stehen; ein lvalue kann sich auf eine Konstante (§5.5) beziehen. Ein lvalue, der nicht als konstant deklariert wurde, wird oft *modifizierbarer lvalue* genannt. Diese einfache Ansicht eines Objekts sollte nicht mit dem Begriff eines Klassenobjekts und der Objekte vom polymorphen Typ verwechselt werden (§15.4.3).

Solange es nicht durch den Programmierer anders festgelegt wurde (§7.1.2, §10.4.8), wird ein in einer Funktion deklariertes Objekt erzeugt, wenn seine Definition erreicht wird, und zerstört, wenn sein Name den Gültigkeitsbereich verläßt (§10.4.4). Solche Objekte werden automatische Objekte genannt. Objekte, die in einem globalen Gültigkeitsbereich oder im Gültigkeitsbereich eines Namensbereichs oder statisch in Funktionen oder Klassen deklariert wurden, werden (nur) einmal erzeugt und initialisiert und »leben« bis zum Programmende (§10.4.9). Solche Objekte werden statische Objekte genannt. Die Lebensdauer von Feldelementen und nichtstatischen Elementen von Strukturen und Klassen wird durch das Objekt, von dem sie ein Teil sind, bestimmt.

Durch die new– und delete–Operatoren kann man Objekte erzeugen, deren Lebensdauer direkt kontrolliert wird (§6.2.6).

4.9.7 typedef

Eine Deklaration mit dem Präfix typedef deklariert einen neuen Namen für den Typ statt einer neuen Variablen des Typs. Beispiel:

```
typedef char* Pchar;
Pchar p1, p2;         // p1 und p2 sind jeweils char*
char* p3 = p1;
```

Ein so definierter Name, gewöhnlich als »*typedef*« bezeichnet, kann eine bequeme Abkürzung für einen ansonsten unhandlichen Namen sein. Beispielsweise ist unsigned char für eine wirklich häufige Benutzung zu lang, daher würden wir ein Synonym uchar definieren:

```
typedef unsigned char uchar;
```

Eine weitere Anwendung eines typedef ist die Begrenzung der direkten Bezugnahme auf einen Typ auf eine Stelle. Beispiel:

```
typedef int int32;
typedef short int16;
```

Wenn wir nun int32 überall da benutzen, wo wir einen potentiell großen int benötigen, können wir unser Programm auf einen Rechner portieren, auf dem sizeof(int) gleich 2 ist, indem wir das einzige Auftauchen von int in unserem Code anpassen:

```
typedef long int32;
```

Sei es nun gut oder schlecht, typedefs sind Synonyme für andere Typen und keine unterschiedlichen Typen. Entsprechend kann man typedefs mit den Typen, für die sie Synonyme sind, beliebig mischen. Wenn jemand unterschiedliche Typen mit identischer Semantik oder identischer Repräsentation haben möchte, sollte er sich Aufzählungen (§4.8) oder Klassen (Kapitel 10) anschauen.

4.10   Ratschläge

1. Halten Sie Gültigkeitsbereiche klein; §4.9.4.
2. Benutzen Sie nicht denselben Namen in einem Gültigkeitsbereich und in seinem umgebenden Gültigkeitsbereich; §4.9.4.
3. Deklarieren Sie (nur) einen Namen pro Deklaration; §4.9.2.
4. Halten Sie häufige oder lokale Namen kurz und unübliche oder nichtlokale länger; §4.9.3.
5. Vermeiden Sie ähnlich aussehende Namen; §4.9.3.
6. Halten Sie ein konsistentes Namensschema ein; §4.9.3.
7. Wählen Sie Namen sorgfältig, um die Bedeutung und nicht die Implementierung widerzuspiegeln; §4.9.3.
8. Benutzen Sie typedef zur Definition eines sinnvollen Namens für einen eingebauten Typ in Fällen, in denen sich der eingebaute Typ, der zur Repräsentation eines Wertes benutzt wurde, ändern könnte; §4.9.7.
9. Benutzen Sie typedef zur Definition von Synonymen für Typen; benutzen Sie Aufzählungen und Klassen zur Definition neuer Typen; §4.9.7.
10. Denken Sie daran, daß jede Deklaration einen Typ spezifizieren muß (es gibt kein »implizit int«); §4.9.1.
11. Vermeiden Sie unnötige Annahmen über den numerischen Wert eines Zeichens; §4.3.1, §C.6.2.1.
12. Vermeiden Sie unnötige Annahmen über die Größe von ganzen Zahlen; §4.6.
13. Vermeiden Sie unnötige Annahmen über den Wertebereich von Gleitkommatypen; §4.6.
14. Bevorzugen Sie einen einfachen int vor einem short int oder einem long int; §4.6.
15. Bevorzugen Sie einen double vor einem float oder einem long double; §4.5.
16. Bevorzugen Sie einen einfachen char vor einem signed char oder einem unsigned char; §C.3.4.
17. Vermeiden Sie unnötige Annahmen über die Größe von Objekten; §4.6.
18. Vermeiden Sie unsigned–Arithmetik; §4.4.
19. Betrachten Sie Konvertierungen von signed nach unsigned und umgekehrt mit Mißtrauen; §C.6.2.6.
20. Betrachten Sie Konvertierungen von Gleitkommazahlen in ganze Zahlen mit Mißtrauen; §C.6.2.6.
21. Betrachten Sie Konvertierungen in kleinere Typen, wie etwa von int nach char, mit Mißtrauen; §C.6.2.6.

4.11   Übungen

Ü1 (∗2) Bringen Sie das »Hello, world!«–Programm (§3.2) zum Laufen. Wenn das Programm nicht wie geschrieben übersetzbar ist, schauen Sie in §B.3.1 nach.

Ü2 (∗1) Tun Sie folgendes für jede Deklaration in §4.9: Wenn die Deklaration keine Definition ist, schreiben Sie eine Definition für sie. Wenn die Deklaration eine Definition ist, schreiben Sie eine Deklaration für sie, die keine Definition ist.

Ü3 (∗1,5) Schreiben Sie ein Programm, das die Größen der fundamentalen Typen, ein paar Zeigertypen und ein paar Aufzählungen Ihrer Wahl ausgibt. Benutzen Sie den sizeof–Operator.

Ü4 (∗1,5) Schreiben Sie ein Programm, das die Buchstaben 'a'..'z' und die Ziffern '0'..'9' und ihre ganzzahligen Werte ausgibt. Tun Sie dasselbe für alle druckbaren Zeichen. Tun Sie nochmals dasselbe, benutzen Sie aber diesmal die hexadezimale Schreibweise.

Ü5 (∗2) Was sind auf Ihrem System die größten und kleinsten Werte der folgenden Typen: char, short, int, long, float, double, long double und unsigned?

Ü6 (∗1) Wie lang ist der längste lokale Name, den Sie in einem C++–Programm benutzen können, auf Ihrem System? Wie lang ist der längste externe Name, den Sie in einem C++–Programm benutzen können, auf Ihrem System? Gibt es irgendwelche Einschränkungen bei den Zeichen, die Sie in einem Namen benutzen dürfen?

Ü7 (∗2) Zeichnen Sie einen Graphen der ganzzahligen und der fundamentalen Typen, wobei ein Typ auf einen anderen zeigt, wenn alle Werte des ersten durch Werte des zweiten in jeder standardkonformen Implementierung repräsentiert werden können. Zeichnen Sie diesen Graphen für die Typen in Ihrer bevorzugten Implementierung.

Zeiger, Felder und Strukturen   5

The sublime and the ridiculous
are often so nearly related that
it is difficult to class them separately.
— Tom Paine

5.1 Zeiger

Für einen Typ T ist T* der Typ »Zeiger auf T«. Das heißt, eine Variable vom Typ T* kann die Adresse eines Objekts von Typ T speichern. Beispiel:

```
char c = 'a';
char* p = &c;        // p enthält die Adresse von c
```

oder graphisch:

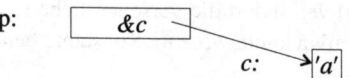

Leider benötigen Zeiger auf Felder und Zeiger auf Funktionen eine kompliziertere Schreibweise:

```
int* pi;             // Zeiger auf int
char** ppc;          // Zeiger auf Zeiger auf char
int* ap[15];         // Feld von 15 Zeigern auf int
int (*fp)(char*);    // Zeiger auf Funktion mit einem char*-Argument; liefert einen int
int* f(char*);       // Funktion mit einem char*-Argument; liefert einen Zeiger auf int
```

Siehe §4.9.1 für eine Erklärung der Deklarationssyntax und Anhang A für die komplette Grammatik.

Die fundamentale Operation auf einem Zeiger ist das *Dereferenzieren*, das heißt»sich auf ein Objekt beziehen, auf das ein Zeiger zeigt«. Diese Operation wird auch als *Indirektion* bezeichnet. Der Dereferenzierungsoperator ist das einstellige * (als Präfix). Beispiel:

```
char c = 'a';
char* p = &c;        // p enthält die Adresse von c
char c2 = *p;        // c2 == 'a'
```

Die Variable, auf die p zeigt, ist c, und der in c gespeicherte Wert ist 'a', daher ist der an c2 zugewiesene Wert von *p gleich 'a'.

Es ist möglich, einige arithmetische Operationen auf Zeiger auf Feldelemente durchzuführen (§5.3). Zeiger auf Funktionen können extrem nützlich sein; sie werden in §7.7 vorgestellt.

Die Implementierung von Zeigern soll direkt auf den Adressierungsmechanismus des Rechners, auf dem das Programm läuft, abgebildet werden. Die meisten Rechner können ein Byte adressieren. Wenn sie es nicht können, haben sie meistens Hardware, die ein Byte aus Worten extrahieren kann. Andererseits können wenige Rechner direkt ein einzelnes Bit adressieren. Entsprechend ist das kleinste Objekt, das unabhängig angelegt werden kann und auf das ein eingebauter Zeiger verweisen kann, ein char. Man beachte, daß ein bool mindestens soviel Speicher belegt wie ein char (§4.6). Um kleinere Werte kompakter zu speichern, kann man logische Operationen (§6.2.4) oder Bitfelder in Strukturen (§C.8.1) benutzen.

5.1.1 Null

Null (0) ist ein int. Durch die Standardkonvertierungen (§C.6.2.3) kann 0 als Konstante für jeden integralen (§4.1.1), Gleitkomma–, Zeiger– und Elementzeigertyp benutzt werden. Der Typ von Null wird aus dem Kontext ermittelt. Null wird üblicherweise (aber nicht notwendigerweise) durch ein Bitmuster von Nullen der passenden Größe repräsentiert.

Es wird kein Objekt mit der Adresse 0 angelegt. Entsprechend wird 0 als Zeigerliteral benutzt, um anzuzeigen, daß ein Zeiger nicht auf ein Objekt verweist.

In C war es populär, ein Makro NULL zu definieren, um den Nullzeiger zu repräsentieren. Durch die engere Typprüfung von C++ führt die Benutzung der einfachen 0 anstelle des NULL–Makros zu weniger Problemen. Wenn Sie meinen, NULL definieren zu müssen, dann benutzen Sie:

```
const int NULL = 0;
```

Der const–Qualifizierer (§5.4) verhindert die versehentliche Redefinition von NULL und stellt sicher, daß NULL dort benutzt werden kann, wo eine Konstante benötigt wird.

5.2 Felder

Für einen Typ T ist T[groesse] der Typ »Feld mit groesse Elementen vom Typ T«. Die Elemente werden von 0 bis groesse-1 indiziert. Beispiel:

```
float v[3];      // Ein Feld von drei Floats: v[0], v[1], v[2]
char* a[32];     // Ein Feld von 32 Zeigern auf char: a[0]//...a[31]
```

Die Anzahl der Elemente des Feldes, die Feldgrenzen, müssen ein konstanter Ausdruck sein (§C.5). Falls Sie variable Grenzen benötigen, benutzen Sie einen vector (§3.7.1, §16.3). Beispiel:

```
void f(int i)
{
    int v1[i];          // Fehler: Feldgröße ist kein konstanter Ausdruck
    vector<int> v2(i);  // OK
}
```

Mehrdimensionale Felder werden als Felder von Feldern repräsentiert. Beispiel:

```
int d2[10][20];    // d2 ist ein Feld von 10 Feldern von 20 int
```

Die Kommaschreibweise, die in einigen anderen Sprachen für Feldgrenzen benutzt wird, führt zu Fehlern bei der Übersetzung, da das Komma (,) ein Sequenzoperator (§6.2) ist und nicht in konstanten Ausdrücken erlaubt ist (§C.5). Versuchen Sie beispielsweise dies:

```
int schlecht[5,2];   // Fehler: Komma in konstantem Ausdruck nicht erlaubt
```

Mehrdimensionale Felder werden in §C.7 beschrieben. Sie werden (außer bei Low-level–Code) am besten vermieden.

5.2.1 Feldinitialisierer

Ein Feld kann durch eine Liste von Werten initialisiert werden. Beispiel:

```
int v1[] = { 1, 2, 3, 4 };
char v2[] = { 'a', 'b', 'c', 0 };
```

Wenn ein Feld ohne Angabe einer Größe, jedoch mit einer Initialisierungsliste, deklariert wird, wird die Größe durch Zählen der Elemente in der Initialisierungsliste ermittelt. Entsprechend sind v1 und v2 vom Typ int[4] bzw. char[4]. Wenn eine Größe explizit angegeben wurde, ist es ein Fehler, mehr Elemente in einer Initialisierungsliste anzugeben. Beispiel:

```
char v3[2] = { 'a', 'b', 0 };   // Fehler: zu viele Initialisierer
char v4[3] = { 'a', 'b', 0 };   // OK
```

Wenn die Initialisierungsliste zu wenig Elemente enthält, wird für die verbleibenden Feldelemente 0 angenommen. Beispielsweise ist

```
int v5[8] = { 1, 2, 3, 4 };
```

äquivalent zu:

```
int v5[] = { 1, 2, 3, 4 , 0, 0, 0, 0 };
```

Man beachte, daß es keine der Initialisierung entsprechende Feldzuweisung gibt:

```
void f()
{
    v4 = { 'c', 'd', 0 }; // Fehler: es gibt keine Feldzuweisung
}
```

Wenn Sie solche Zuweisungen brauchen, benutzen Sie einen vector (§16.3) oder ein Valarray (§22.4).

Ein Feld von Zeichen kann bequem durch ein Zeichenkettenliteral initialisiert werden (§5.2.2).

5.2.2 Zeichenkettenliterale

Ein *Zeichenkettenliteral* ist eine in Anführungszeichen eingeschlossene Folge von Zeichen:

```
"Dies ist eine Zeichenkette"
```

Ein Zeichenkettenliteral enthält ein Zeichen mehr, als es den Anschein hat; es wird durch das Null–Zeichen '\0' mit dem Wert 0 terminiert. Beispiel:

```
sizeof("Bohr")==5
```

Der Typ eines Zeichenkettenliterals ist »Feld der passenden Anzahl von konstanten (const) Zeichen«, daher ist "Bohr" vom Typ const char[5].

Ein Zeichenkettenliteral kann einem char* zugewiesen werden. Dies ist erlaubt, weil in vorherigen Versionen von C und C++ der Typ eines Zeichenkettenliterals char* war. Die Zuweisung eines Zeichenkettenliterals an einen char* zu erlauben stellt sicher, daß Millionen Zeilen C und C++ gültig bleiben. Es ist allerdings ein Fehler zu versuchen, ein solches Zeichenkettenliteral über einen Zeiger zu verändern:

```
void f()
{
    char* p = "Plato";
    p[4] = 'e';          // Fehler: Zuweisung an const, Resultat undefiniert
}
```

Diese Art von Fehler kann im allgemeinen nicht vor der Laufzeit gefunden werden, und Implementierungen unterscheiden sich in der Verwirklichung dieser Regel. Konstante Zeichenkettenliterale sind nicht nur naheliegend, sie ermöglichen außerdem einer Implementierung, erhebliche Optimierungen bei der Speicherung und dem Zugriff auf Zeichenkettenliterale durchzuführen.

Wenn man eine Zeichenkette benötigt, die garantiert änderbar ist, muß man die Zeichen in ein Feld kopieren:

```
void f()
{
    char p[] = "Zeno";   // p ist ein Feld von 5 char
    p[0] = 'R';          // OK
}
```

Ein Zeichenkettenliteral wird statisch angelegt, daher ist es sicher, es aus einer Funktion zurückzuliefern. Beispiel:

```
const char* fehlermeldung(int i)
{
    // ...
    return "Bereichsfehler";
}
```

Der Speicher, der Bereichsfehler enthält, wird nach dem Aufruf von fehlermeldung() nicht verschwinden.

Ob zwei identische Zeichenkettenliterale als eines angelegt werden, ist implementierungsabhängig (§C.1). Beispiel:

```
const char* p = "Heraclitus";
const char* q = "Heraclitus";

void g()
{
    if (p == q) cout << "one!\n";   // Das Resultat ist implementierungsabhängig
}
```

Man beachte, daß == die Adressen (Zeigerwerte) von Zeigern vergleicht und nicht die Werte, auf die sie zeigen.

Die leere Zeichenkette wird als unmittelbare Folge von zwei Anführungszeichen "" geschrieben (und hat den Typ const char[1]).

Die Rückstrichkonvention zur Darstellung nichtdruckender Zeichen (§C.3.2) kann auch innerhalb einer Zeichenkette benutzt werden. Dies macht es möglich, das Anführungszeichen (") und
das Fluchtsymbol \ in einer Zeichenkette darzustellen. Das bei weitem am häufigsten so dargestellte Zeichen ist das Newline (' \n '). Beispiel:

```
cout<<"Piepse am Ende der Nachricht.\a\n";
```

Das Fluchtsymbol ' \a ' ist das ASCII–Zeichen BEL, das einen Ton erzeugt.

Man kann kein »richtiges« Newline in einer Zeichenkette haben:

```
"Dies ist keine Zeichenkette,
sondern ein Syntaxfehler"
```

Lange Zeichenketten können mit Whitespaces (§21.3.2) unterbrochen werden, um den Programmtext lesbarer zu machen. Beispiel:

```
char alpha[] = "abcdefghijklmnopqrstuvwxyz"
               "ABCDEFGHIJKLMNOPQRSTUVWXYZ";
```

Der Compiler konkateniert benachbarte Zeichenketten, daher hätte alpha auch durch die einzelne
Zeichenkette

```
"abcdefghijklmnopqrstuvwxyzABCDEFGHIJKLMNOPQRSTUVWXYZ";
```

initialisiert werden können.

Man kann das Null–Zeichen in einer Zeichenkette haben, aber die meisten Programme werden
keine weiteren Zeichen dahinter erwarten. Beispielsweise würde die Zeichenkette "Jens\0Munk"
von Funktionen wie strcpy() und strlen() aus der Standardbibliothek wie "Jens" behandelt
werden; siehe §20.4.1.

Eine Zeichenkette mit dem Präfix L, wie etwa L"angst", ist eine Zeichenkette von WideChars
(§4.3, §C.3.3). Ihr Typ ist const wchar_t[].

5.3 Zeiger in Felder

In C++ sind Zeiger und Felder eng verwandt. Der Name eines Feldes kann als Zeiger auf sein
erstes Element benutzt werden. Beispiel:

```
int v[] = { 1, 2, 3, 4 };
int* p1 = v;        // Zeiger auf erstes Element (implizite Konvertierung)
int* p2 = &v[0];    // Zeiger auf erstes Element
int* p3 = &v[4];    // Zeiger direkt hinter das letzte Element
```

oder graphisch:

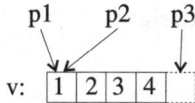

Es funktioniert garantiert, einen Zeiger auf ein Element direkt hinter dem Ende des Feldes zu bilden. Dies ist für viele Algorithmen (§2.7.2, §18.3) wichtig. Da ein solcher Zeiger tatsächlich nicht

auf ein Element des Feldes zeigt, darf er nicht zum Lesen oder Schreiben benutzt werden. Versucht man, die Adresse des Elements vor dem ersten zu bilden, ist das Resultat undefiniert. Dies sollte vermieden werden. Bei einigen Rechnerarchitekturen werden Felder auf Adressierungsgrenzen gelegt, daher ist »eins vor dem ersten Element« einfach sinnlos.

Die implizite Konvertierung eines Feldnamens in einen Zeiger auf das erste Element des Feldes wird extensiv in Funktionsaufrufen bei C–typischem Code benutzt. Beispiel:

```
extern "C" int strlen(const char*);  // aus <string.h>


void f()
{
    char v[] = "Annemarie";
    char* p = v;         // Implizite Konvertierung von char [ ] nach char*
    strlen(p);
    strlen(v);           // Implizite Konvertierung von char [ ] nach char*
    v = p;               // Fehler: Zuweisung an Feld nicht möglich
}
```

Bei beiden Aufrufen wurde an die Standardbibliotheksfunktion `strlen()` derselbe Wert übergeben. Der Haken liegt darin, daß es unmöglich ist, diese implizite Konvertierung zu umgehen. Anders gesagt, es ist unmöglich, eine Funktion so zu deklarieren, daß das Feld v beim Funktionsaufruf kopiert würde. Glücklicherweise gibt es keine implizite oder explizite Konvertierung eines Zeigers in ein Feld.

Die implizite Konvertierung des Feldarguments in einen Zeiger bedeutet, daß die Größe des Feldes in der aufgerufenen Funktion verloren ist. Andererseits muß die aufgerufene Funktion irgendwie die Größe ermitteln, um eine sinnvolle Operation durchführen zu können. Wie andere Funktionen der C–Standardbibliothek, die Zeiger auf `char` übergeben bekommen, basiert `strlen()` darauf, daß eine Null als String–Ende–Zeichen dient. `strlen()` liefert die Anzahl an Zeichen bis zur, aber ohne die abschließende 0. Dies ist alles ziemlich low-level. Die Klassen `vector` (§16.3) und `string` (Kapitel 20) haben dieses Problem nicht.

5.3.1   Navigieren in Feldern

Ein effizienter und eleganter Zugriff auf Felder (und ähnliche Datenstrukturen) ist der Schlüssel zu vielen Algorithmen (siehe §3.8, Kapitel 18). Der Zugriff kann über einen Zeiger auf ein Feld plus einem Index oder über einen Zeiger auf ein Element erfolgen. Beispielsweise ist das Durchlaufen einer Zeichenkette mit einem Index

```
void fi(char v[])
{
    for (int i = 0; v[i]!=0; i++) benutze(v[i]);
}
```

äquivalent zum Durchlaufen mit einem Zeiger:

```
void fp(char v[])
{
    for (char* p = v; *p!=0; p++) benutze(*p);
}
```

Der Präfixoperator * dereferenziert einen Zeiger, so daß *p das Zeichen ist, auf das p zeigt, und ++ inkrementiert den Zeiger, so daß er auf das nächste Element des Feldes zeigt.

Es gibt keinen prinzipiellen Grund, warum eine Version schneller als die andere sein sollte. Mit modernen Compilern sollte identischer Code für beide Beispiele generiert werden (§5.9–Ü8). Programmierer können ihre Vorgehensweise daher aus logischen oder ästhetischen Gründen wählen.

Wenn man die arithmetischen Operatoren +, -, ++ und -- auf einen Zeiger anwendet, hängt das Ergebnis vom Typ des Objekts ab, auf das der Zeiger zeigt. Wenn eine arithmetische Operation auf einen Zeiger p vom Typ T* angewendet wird, gilt die Annahme, daß p auf ein Element eines Felds von Objekten vom Typ T zeigt; p+1 zeigt auf das nächste Element des Feldes und p-1 auf das vorherige. Dies bedeutet, daß der Zahlenwert von p+1 um sizeof(T) größer sein wird als der Zahlenwert von p. Beispielsweise ergibt

```
#include <iostream>

int main ()
{
    int vi[10];
    short vs[10];

    std::cout << &vi[0] << ' ' << &vi[1] << '\n';
    std::cout << &vs[0] << ' ' << &vs[1] << '\n';
}
```

als Ergebnis

```
0x7fffaef0 0x7fffaef4
0x7fffaedc 0x7fffaede
```

mit der standardmäßigen hexadezimalen Schreibweise für Zeigerwerte. Dies zeigt, daß bei meiner Implementierung sizeof(short) gleich 2 und sizeof(int) gleich 4 ist.

Die Subtraktion von Zeigern ist nur dann definiert, wenn beide Zeiger auf Elemente desselben Feldes zeigen (obwohl es keine schnelle Möglichkeit für die Sprache gibt, dies festzustellen). Beim Abziehen eines Zeigers von einem anderen ist das Ergebnis die Anzahl der Feldelemente zwischen den beiden Zeigern (eine ganze Zahl). Man kann eine ganze Zahl zu einem Zeiger addieren oder von ihm subtrahieren; in beiden Fällen ist das Ergebnis ein Zeiger. Wenn dieser Wert nicht auf ein Element desselben Feldes wie der ursprüngliche Zeiger oder auf ein Element direkt hinter dem Feld zeigt, ist das Ergebnis einer Benutzung undefiniert. Beispiel:

```
void f()
{
    int v1[10];
    int v2[10];

    int i1 = &v1[5]-&v1[3];    // i1 = 2
    int i2 = &v1[5]-&v2[3];    // Resultat undefiniert

    int* p1 = v2+2;            // p1 = &v2[2]
    int* p2 = v2-2;            // *p2 undefiniert
}
```

Komplizierte Zeigerarithmetik ist normalerweise unnötig und wird am besten vermieden. Die Addition von Zeigern hat keinen Sinn und ist nicht erlaubt.

Felder sind nicht selbstbeschreibend, da die Anzahl an Elementen eines Feldes nicht garantiert mit dem Feld gespeichert wird. Dies bedeutet, daß wir zum Durchlaufen eines Feldes, das kein Endekennzeichen wie z.B. bei Zeichenketten hat, die Anzahl der Elemente irgendwie übermitteln müssen. Beispiel:

```
void fp(char v[], unsigned int size)
{
    for (int i=0; i<size; i++) benutze(v[i]);

    const int N = 7;
    char v2[N];
    for (int i=0; i<N; i++) benutze(v2[i]);

}
```

Man beachte, daß die meisten C++–Implementierungen keine Überprüfung der Feldgrenzen bieten. Das Feldkonzept ist grundsätzlich low-level. Ein fortschrittlicheres Konzept von Feldern kann durch die Benutzung von Klassen angeboten werden, siehe §3.7.1.

5.4   Konstanten

C++ bietet das Konzept einer benutzerdefinierten Konstanten, const, um auszudrücken, daß ein Wert sich nicht direkt ändert. Dies ist in verschiedenen Kontexten sinnvoll. Beispielsweise ändert sich bei vielen Objekten der Wert nach der Initialisierung nicht mehr, symbolische Konstanten führen zu besser wartbarem Code als direkt im Code eingesetzte Literale, häufig wird über Zeiger gelesen, aber nie geschrieben, und die meisten Funktionsparameter werden gelesen, aber nicht verändert.

Das Schlüsselwort const kann zur Deklaration eines Objekts hinzugefügt werden, um das Objekt als konstant zu deklarieren. Da an eine Konstante keine Zuweisung erfolgen kann, muß sie initialisiert werden. Beispiel:

```
const int model = 90;              // model ist eine Konstante
const int v[] = { 1, 2, 3, 4 };    // v[i] ist eine Konstante
const int x;                       // Fehler: keine Initialisierung
```

Etwas als const zu deklarieren, stellt sicher, daß sich der Wert im Gültigkeitsbereich nicht ändert:

```
void f()
{
    model = 200;    // Fehler
    v[2]++;         // Fehler
}
```

Man beachte, daß const einen Typ verändert; das heißt, es beschränkt die Möglichkeiten, wie ein Objekt benutzt werden kann, anstatt anzugeben, wie die Konstante angelegt werden soll. Beispiel:

```
void g(const X* p)
{
    // *p kann hier nicht verändert werden
}
```

```
void h()
{
    X wert;    // wert kann verändert werden
    g(&wert);
    // ...
}
```

Abhängig davon, wie intelligent er ist, kann ein Compiler verschiedene Vorteile daraus ziehen, daß ein Objekt konstant ist. Beispielsweise ist der Initialisierer einer Konstanten häufig (aber nicht immer) ein konstanter Ausdruck (§C.5); in dem Fall kann er schon bei der Übersetzung ausgewertet werden. Wenn der Compiler jede weitere Benutzung der Konstanten kennt, braucht er für sie keinen Speicher anzulegen. Beispiel:

```
const int c1 = 1;
const int c2 = 2;
const int c3 = my_f(3);   // Wert von c3 bei der Übersetzung nicht bekannt
extern const int c4;      // Wert von c4 bei der Übersetzung nicht bekannt
const int* p = &c2;       // Speicher für c2 muß angelegt werden
```

Mit diesen Deklarationen kennt der Compiler die Werte von $c1$ und $c2$, so daß sie in konstanten Ausdrücken benutzt werden können. Da die Werte von $c3$ und $c4$ zur Übersetzungszeit nicht bekannt sind (wenn man nur die Informationen aus dieser Übersetzungseinheit benutzt, siehe §9.1), muß Speicher für $c3$ und $c4$ angelegt werden. Da die Adresse von $c2$ zugewiesen (und vermutlich irgendwo benutzt) wird, muß auch für $c2$ Speicher angelegt werden. Der einfache und übliche Fall ist der, bei dem der Wert der Konstanten zur Übersetzungszeit bekannt ist und kein Speicher angelegt werden braucht; $c1$ ist hierfür ein Beispiel. Das Schlüsselwort extern zeigt an, daß $c4$ anderswo definiert wird (§9.2).

Es ist normalerweise notwendig, Speicher für Felder von Konstanten anzulegen, da der Compiler für den allgemeinen Fall nicht herausfinden kann, welche Elemente des Feldes in Ausdrücken benutzt werden. Auf vielen Rechnern kann selbst in diesem Fall eine Verbesserung der Effizienz dadurch erreicht werden, daß Felder von Konstanten in Nur–Lese–Speicher abgelegt werden.

Verbreitete Anwendungen für Konstanten sind Feldgrenzen und Case–Labels. Beispiel:

```
const int a = 42;
const int b = 99;
const int max = 128;

int v[max];

void f(int i)
{
    switch (i) {
    case a:
        // ...
    case b:
        // ...
    }
}
```

Aufzählungstypen (§4.8) sind in diesen Fällen häufig eine Alternative zu const.

Die Möglichkeiten, const zusammen mit Elementfunktionen zu benutzen, werden in §10.2.6 und §10.2.7 vorgestellt.

Symbolische Konstanten sollten systematisch benutzt werden, um »magische Zahlen« im Code zu vermeiden. Wenn eine numerische Konstante, wie etwa eine Feldgrenze, durch den Code wiederholt wird, dann wird es schwer, diesen Code zu überarbeiten, da jedes Auftreten dieser Konstanten geändert werden muß, um eine korrekte Anpassung durchzuführen. Eine symbolische Konstante beschränkt diese Information auf eine Stelle. Normalerweise repräsentiert eine numerische Konstante eine Annahme über das Programm. Beispielsweise könnte 4 die Anzahl der Bytes in einem int darstellen, 128 die Anzahl der Zeichen zum Puffern einer Eingabe und 6.24 den Wechselkurs zwischen dänischen Kronen und US–Dollars. Als numerische Konstanten im Code sind solche Werte für jemanden, der das Programm wartet, schwer zu finden und zu verstehen. Oft bleiben solche numerischen Werte unbemerkt und werden zu Fehlern, wenn ein Programm portiert wird oder wenn irgendeine Änderung die Annahme, auf der sie beruhen, ungültig macht. Annahmen als gut dokumentierte symbolische Konstanten darzustellen, minimiert solche Wartungsprobleme.

5.4.1 Zeiger und Konstanten

Wenn man einen Zeiger benutzt, sind zwei Objekte beteiligt: der Zeiger selbst und das Objekt, auf das er zeigt. Einer Deklaration eines Zeigers ein const voranzustellen, macht aus dem Objekt, aber nicht aus dem Zeiger, eine Konstante. Um den Zeiger selbst (anstatt des Objekts, auf das er zeigt) als konstant zu deklarieren, benutzt man den Deklaratoroperator *const anstelle des einfachen *. Beispiel:

```
void f1(char* p)
{
    char s[] = "Gorm";

    const char* pc = s;          // Zeiger auf Konstante
    pc[3] = 'g';                 // Fehler: pc zeigt auf Konstante
    pc = p;                      // OK

    char *const cp = s;          // Konstanter Zeiger
    cp[3] = 'a';                 // OK
    cp = p;                      // Fehler: cp ist konstant

    const char *const cpc = s;   // Konstanter Zeiger auf Konstante
    cpc[3] = 'a';                // Fehler: cpc zeigt auf Konstante
    cpc = p;                     // Fehler: cpc ist konstant
}
```

Der Deklaratoroperator, der einen Zeiger konstant macht, ist *const. Es gibt keinen const*–Deklaratoroperator, daher wird ein const vor einem * als Teil des Basistyps betrachtet. Beispiel:

```
char *const cp;          // Konstanter Zeiger auf char
char const* pc;          // Zeiger auf konstanten char
const char* pc2;         // Zeiger auf konstanten char
```

Manche Leute finden es hilfreich, solche Deklarationen von rechts nach links zu lesen. Etwa »cp ist ein const–Zeiger auf ein char« oder »pc2 ist ein Zeiger auf eine char–Konstante«.[1]

Ein Objekt, das konstant ist, wenn auf es über einen Zeiger zugegriffen wird, kann variabel sein, wenn auf andere Weise auf es zugegriffen wird. Dies ist besonders nützlich bei Funktionsargumenten. Dadurch, daß ein Zeigerargument als const deklariert wird, darf die Funktion das Objekt, auf das verwiesen wird, nicht ändern. Beispiel:

```
char* strcpy(char* p, const char* q); // *q kann nicht geändert werden
```

Man kann die Adresse einer Variablen einem Zeiger auf eine Konstante zuweisen, da dadurch kein Schaden entstehen kann. Andererseits kann die Adresse einer Konstanten nicht einem beliebigen Zeiger zugewiesen werden, da dies es erlauben würde, den Wert des Objekts zu ändern. Beispiel:

```
void f4()
{
    int a = 1;
    const int c = 2;
    const int* p1 = &c;   // OK
    const int* p2 = &a;   // OK
    int* p3 = &c;         // Fehler: Initialisierung von int* mit const int*
    *p3 = 7;              // Versuch, den Wert von c zu ändern
}
```

Es ist möglich, die Einschränkungen eines Zeigers auf eine Konstante durch explizite Typumwandlung (§10.2.7.1, §15.4.2.1) zu entfernen.

5.5 Referenzen

Eine *Referenz* ist ein alternativer Name für ein Objekt. Die Hauptanwendung von Referenzen ist die Angabe von Argumenten und Rückgabewerten für Funktionen im allgemeinen und für überladene Operatoren (Kapitel 11) im besonderen. Die Schreibweise X& bedeutet *Referenz auf X*. Beispiel:

```
void f()
{
    int i = 1;
    int& r = i;   // r und i beziehen sich nun auf denselben int
    int x = r;    // x = 1
    r = 2;        // i = 2
}
```

Um sicherzustellen, daß eine Referenz ein Name für etwas ist (das heißt, an ein Objekt gebunden ist), muß die Referenz initialisiert werden. Beispiel:

```
int i = 1;
int& r1 = i;      // OK: r1 initialisiert
int& r2;          // Fehler: Initialisierer fehlt
extern int& r3;   // OK: r3 wird anderswo initialisiert
```

---

[1] A.d.Ü.: Im Englischen ist diese Lesart einsichtiger, z.B. »pc2 is a pointer to a char const«.

Die Initialisierung einer Referenz ist etwas völlig anderes als eine Zuweisung an sie. Obwohl es so erscheint, arbeitet kein Operator mit einer Referenz. Beispiel:

```
void g()
{
    int ii = 0;
    int& rr = ii;
    rr++;                   // ii wird auf 1 inkrementiert
    int* pp = &rr;          // pp zeigt auf ii
}
```

Dies ist erlaubt, aber rr++ inkrementiert nicht die Referenz rr; statt dessen wird ++ auf ein int angewendet, das ii ist. Entsprechend kann der Wert einer Referenz nach der Initialisierung nicht mehr geändert werden; sie verweist immer auf das Objekt, mit dem sie initialisiert wurde. Um einen Zeiger auf das Objekt zu erhalten, auf das rr verweist, kann man &rr schreiben.

Die naheliegende Implementierung einer Referenz ist die als (konstanter) Zeiger, der bei jeder Benutzung dereferenziert wird. Es richtet keinen großen Schaden an, sich Referenzen so vorzustellen, solange man daran denkt, daß eine Referenz kein Objekt ist, das manipuliert werden kann wie ein Zeiger:

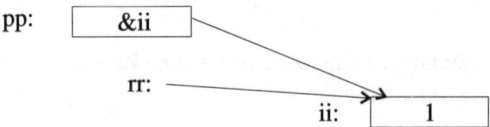

In einigen Fällen kann ein Compiler eine Referenz wegoptimieren, so daß es zur Laufzeit kein Objekt gibt, das die Referenz repräsentiert.

Die Initialisierung einer Referenz ist trivial, wenn der Initialisierer ein Lvalue (ein Objekt, dessen Adresse man ermitteln kann, siehe §4.9.6) ist. Der Initialisierer für ein »einfaches« T& muß ein Lvalue vom Typ T sein.

Der Initialisierer für ein const T& braucht kein Lvalue oder auch nur vom Typ T sein. In solchen Fällen

1. wird zuerst bei Bedarf eine implizite Typkonvertierung auf T angewendet (siehe §C.6);
2. dann das Ergebnis in eine temporäre Variable vom Typ T abgelegt; und
3. schließlich wird diese temporäre Variable als Wert des Initialisierers benutzt.

Betrachten wir:

```
double& dr = 1;         // Fehler: Lvalue benötigt
const double& cdr = 1;  // OK
```

Die Interpretation der letzten Initialisierung könnte sein:

```
double temp = double(1);  // Erzeuge eine temporäre Variable mit dem richtigen Wert
const double& cdr = temp; // Benutze sie als Initialisierer für cdr
```

Eine temporäre Variable, die zur Speicherung des Initialisierers einer Referenz angelegt wurde, bleibt bis zum Ende des Gültigkeitsbereichs der Referenz bestehen.

Referenzen auf Variablen und Referenzen auf Konstanten werden unterschieden, da die Einführung einer temporären Variablen im Falle einer Variablen sehr fehleranfällig ist; eine Zuweisung an die Variable würde zu einer Zuweisung an die — bald verschwindende — temporäre

Variable werden. Dieses Problem gibt es nicht bei Referenzen auf Konstanten, und Referenzen auf Konstanten sind oft wichtig als Funktionsargumente (§11.6).

Eine Referenz kann benutzt werden, um ein Funktionsargument zu spezifizieren, so daß die Funktion den Wert eines übergebenen Objekts ändern kann. Beispiel:

```
void increment(int& aa) { aa++; }
void f()
{
    int x = 1;
    increment(x);      // x = 2
}
```

Die Semantik der Argumentübergabe ist definiert als die der Initialisierung, daher wird beim Aufruf das Argument `aa` von `increment()` ein weiterer Name für x. Um ein Programm lesbar zu halten, vermeidet man es am besten, daß Funktionen ihre Argumente verändern. Statt dessen kann man einen Wert explizit von der Funktion zurückliefern lassen oder ein Zeigerargument benutzen:

```
int next(int p) { return p+1; }
```

```
void incr(int* p) { (*p)++; }
```

```
void g()
{
    int x = 1;
    increment(x);      // x = 2
    x = next(x);       // x = 3
    incr(&x);          // x = 4
}
```

Die Schreibweise `increment(x)` gibt dem Leser keinen Hinweis, daß der Wert von x verändert wird. Anders ist dies bei `x=next(x)` und `incr(&x)`. Entsprechend sollten »einfache« Referenzargumente nur benutzt werden, wenn der Name der Funktion einen unübersehbaren Hinweis darauf gibt, daß das Referenzargument verändert wird.

Referenzen können auch benutzt werden, um Funktionen zu definieren, die sowohl auf der linken als auch auf der rechten Seite einer Zuweisung benutzt werden können. Die interessantesten Anwendungen dafür findet man im Design nicht trivialer benutzerdefinierter Typen. Als Beispiel wollen wir ein einfaches assoziatives Feld definieren. Zuerst definieren wir eine Struktur Paar:

```
struct Paar {
    string name;
    double wert;
};
```

Die grundlegende Idee ist, daß der `string` einen assoziierten Gleitkommawert hat. Es ist einfach, eine Funktion `werte()` zu definieren, die eine Datenstruktur mit einem Paar für jeden unterschiedlichen `string`, der ihr übergeben wurde, verwaltet. Um die Darstellung abzukürzen, wurde eine sehr einfache (und ineffiziente) Implementierung benutzt:

```
vector<Paar> paare;
```

```
double& werte(const string& s)
// Verwaltet eine Menge von Paar:
// suche nach s, liefere den Wert, falls gefunden;
```

```
// andernfalls erzeuge ein neues Paar, und liefere den Standardwert 0
{
    for (int i = 0; i < paare.size(); i++)
        if (s == paare[i].name) return paare[i].wert;

    Paar p = { s, 0 };
    paare.push_back(p);        // Hänge Paar am Ende an (§3.7.3)

    return paare[paare.size()-1].wert;
}
```

Die Funktion kann als ein Feld von Gleitkommawerten, die mit einer Zeichenkette indiziert werden, aufgefaßt werden. Die Funktion `werte()` findet für ihr Argument das zugehörige Gleitkommaobjekt (*nicht* den Wert des zugehörigen Gleitkommaobjekts); sie liefert dann eine Referenz darauf zurück. Beispiel:

```
int main()  // Zählt, wie oft jedes Wort in der Eingabe vorkommt
{
    string buf;

    while (cin>>buf) werte(buf)++;

    for (vector<Paar>::const_iterator p = paare.begin(); p!=paare.end(); ++p)
        cout << p->name << ": " << p->wert << '\n';
}
```

Für jeden Durchlauf der `while`–Schleife wird ein Wort von der Standardeingabe `cin` in den `string buf` geschrieben (§3.6) und dann der damit assoziierte Zähler hochgezählt. Abschließend wird die resultierende Tabelle der unterschiedlichen Worte in der Eingabe jeweils mit der Anzahl des Auftretens ausgegeben. Beispielsweise ergibt die Eingabe

```
aa bb bb aa aa bb aa aa
```

folgende Ausgabe:

```
aa: 5
bb: 3
```

Es ist einfach, dies zu einem richtigen assoziativen Feld zu verfeinern, indem man eine Template–Klasse benutzt, die den Operator `[ ]` überlädt (§11.8). Es ist noch einfacher, die Klasse map (§17.4.1) der Standardbibliothek zu benutzen.

5.6   Zeiger auf void

Ein Zeiger auf jeden Typ von Objekt kann einer Variablen vom Typ `void*` zugewiesen werden, ein `void*` kann einem anderen `void*` zugewiesen werden, `void*`s können auf Gleichheit und Ungleichheit verglichen werden, und ein `void*` kann explizit in einen Zeiger auf einen anderen Typ konvertiert werden. Andere Operationen wären nicht sicher, da der Compiler nicht wissen kann, auf was für eine Art von Objekt tatsächlich gezeigt wird. Entsprechend führen andere Operationen zu Fehlern während der Übersetzung. Um einen `void*` zu benutzen, muß er explizit in einen Zeiger auf einen bestimmten Typ konvertiert werden. Beispiel:

```
void f(int* pi)
{
    void* pv = pi;      // OK: implizite Konvertierung von int* auf void*
    *pv;                // Fehler: void* nicht dereferenzierbar
    pv++;               // Fehler: void* kann nicht inkrementiert werden
                        //         (die Größe des Objekts, auf das pv zeigt, ist unbekannt)

    int* pi2 = static_cast<int*>(pv);   // Explizite Konvertierung zurück zu int*

    double* pd1 = pv;                      // Fehler
    double* pd2 = pi;                      // Fehler
    double* pd3 = static_cast<double*>(pv); // Unsicher
}
```

Generell ist es nicht sicher, einen Zeiger zu benutzen, der in einen Typ (per Cast) konvertiert wurde, der sich von dem Typ unterscheidet, auf den er zeigt. Beispielsweise kann ein Rechner annehmen, daß ein double immer auf einer 8–Byte–Grenze im Speicher liegt. Dann können seltsame Dinge passieren, wenn pi auf einen int zeigt, der nicht so angelegt wurde. Diese Form der expliziten Typkonvertierung ist grundsätzlich unsicher und häßlich. Entsprechend wurde die benötigte Schreibweise static_cast als häßlich entworfen.

Die Hauptanwendungen für void* sind die Übergabe von Zeigern an Funktionen, die keine Annahmen über den Typ des Objekts machen dürfen, und die Rückgabe untypisierter Objekte aus Funktionen. Um ein solches Objekt zu benutzen, muß man eine explizite Typumwandlung durchführen.

Funktionen, die void*–Zeiger benutzen, existieren üblicherweise auf dem niedrigsten Niveau des Systems, wo reale Hardware–Ressourcen manipuliert werden. Beispiel:

```
void* my_alloc(size_t n);  // Hole n Bytes Speicher von meinem speziellen Heap
```

Das Auftreten von void* auf höheren Ebenen des Systems sollte mit Mißtrauen betrachtet werden, da dies ein guter Hinweise auf Designfehler ist. Der Einsatz von void* zur Optimierung kann hinter einer typsicheren Schnittstelle verborgen werden (§13.5, §24.4.2).

Zeiger auf Funktionen (§7.7) und Elementzeiger (§15.5) können keinem void* zugewiesen werden.

5.7   Strukturen

Ein Feld ist die Zusammenfassung von Elementen desselben Typs. Eine Struktur (struct) ist die Zusammenfassung von (fast) beliebigen Typen. Beispiel:

```
struct address {
    char* name;        // "Jim Dandy"
    long int number;   // 61
    char* street;      // "South St"
    char* town;        // "New Providence"
    char state[2];     // 'N' 'J'
    long zip;          // 7974
};
```

Dies definiert einen neuen Typ address, der aus den Informationen besteht, die man benötigt, um jemandem Post zu schicken.[2] Man beachte das Semikolon am Ende. Dies ist eine der wenigen Stellen in C++, an der ein Semikolon nach einer geschweiften Klammer notwendig ist, daher wird es häufig vergessen.

Variablen vom Typ address können genau wie andere Variablen deklariert werden, und auf die einzelnen *Elemente* kann durch den Punktoperator (.) zugegriffen werden. Beispiel:

```
void f()
{
    address jd;
    jd.name = "Jim Dandy";
    jd.number = 61;
}
```

Die Schreibweise zur Initialisierung von Feldern kann auch für Variablen vom Strukturtyp benutzt werden. Beispiel:

```
address jd = {
    "Jim Dandy",
    61, "South St",
    "New Providence", {'N','J'}, 7974
};
```

Die Benutzung eines Konstruktors (§10.2.3) ist allerdings gewöhnlich besser. Man beachte, daß jd.state nicht durch die Zeichenkette "NJ" initialisiert werden konnte. Zeichenketten werden durch das Zeichen '\0 beendet. Daher hat "NJ" drei Elemente — eins mehr, als in jd.state passen.

Auf Strukturobjekte wird häufig über Zeiger mittels des ->-Operators (Strukturzeiger dereferenzieren) zugegriffen. Beispiel:

```
void print_addr(address* p)
{
    cout << p->name << '\n'
         << p->number << ' ' << p->street << '\n'
         << p->town << '\n'
         << p->state[0] << p->state[1] << ' ' << p->zip << '\n';
}
```

Falls p ein Zeiger ist, dann ist p->m äquivalent zu (*p).m.

Objekte vom Strukturtyp können zugewiesen, als Funktionsargumente übergeben und als Ergebnis einer Funktion zurückgeliefert werden. Beispiel:

```
address current;

address set_current(address next)
{
    address prev = current;
    current = next;
    return prev;
}
```

---

[2] A.d.Ü.: Dies gilt natürlich nur in den USA. Das Beispiel wurde wegen seiner Einfachheit nicht übersetzt.

Andere plausible Operationen, wie etwa Vergleiche (== und !=) sind nicht definiert. Allerdings kann der Benutzer solche Operatoren definieren (Kapitel 11).

Die Größe eines Objekts vom Strukturtyp ist nicht notwendigerweise die Summe der Größen seiner Elemente. Dies liegt daran, daß viele Rechner Objekte spezieller Typen auf architekturabhängigen Grenzen anlegen müssen oder sie dann effizienter handhaben können. Beispielsweise werden int häufig auf Wortgrenzen angelegt. Auf solchen Rechnern müssen Objekte richtig *ausgerichtet* (englisch: *aligned*) sein. Dies führt zu Löchern in Strukturen. Beispielsweise ist auf vielen Rechnern sizeof(address) gleich 24 und nicht 22, wie man erwarten könnte. Man kann den verschwendeten Platz dadurch minimieren, daß man einfach die Elemente nach ihrer Größe anordnet (die größten zuerst). Allerdings ist es meistens am besten, die Elemente nach Lesbarkeit anzuordnen und sie nur dann nach Größe zu sortieren, wenn ein nachgewiesener Bedarf an Optimierung besteht.

Der Name eines Typs kann unmittelbar nach seinem Auftreten benutzt werden und nicht erst, nachdem die Deklaration komplett ist. Beispiel:

```
struct Link {
    Link* previous;
    Link* successor;
};
```

Es ist nicht möglich, neue Objekte eines Strukturtyps zu deklarieren, bevor die komplette Deklaration erfaßt wurde. Beispiel:

```
struct NichtGut {
    NichtGut element;  // Fehler: rekursive Definition
};
```

Dies ist ein Fehler, da der Compiler die Größe von NichtGut nicht herausfinden kann. Um es zwei (oder mehr) Strukturtypen zu erlauben, sich jeweils auf den anderen zu beziehen, kann man einen Namen als Namen eines Strukturtyps deklarieren. Beispiel:

```
struct List;    // Wird später definiert

struct Link {
    Link* pre;
    Link* suc;
    List* member_of;
};

struct List {
    Link* head;
};
```

Ohne die erste Deklaration von List wäre die Benutzung von List in der Deklaration von Link ein Syntaxfehler gewesen.

Der Name eines Strukturtyps kann benutzt werden, bevor der Typ definiert ist, solange diese Benutzung nicht den Namen eines Elements oder die Größe der Struktur benötigt. Beispiel:

```
class S;    // »S« ist der Name eines Typs

extern S a;
S f();
```

```
void g(S);
S* h(S*);
```

Allerdings können viele solcher Deklarationen nicht benutzt werden, bevor der Typ S definiert wird:

```
void k(S* p)
{
    S a;        // Fehler: S undefiniert; Größe wird zum Anlegen gebraucht

    f();        // Fehler: S undefiniert; Größe wird zur Rückgabe gebraucht
    g(a);       // Fehler: S undefiniert; Größe wird zur Übergabe gebraucht
    p->m = 7;   // Fehler: S undefiniert; Elementname unbekannt

    S* q = h(p); // OK: Zeiger können angelegt und übergeben werden
    q->m = 7;   // Fehler: S undefiniert; Elementname unbekannt
}
```

Eine Struktur ist eine einfache Form einer Klasse (Kapitel 10).

Aus Gründen, die in die Urzeit von C zurückreichen, ist es möglich, eine Struktur und eine Nichtstruktur mit demselben Namen im selben Gültigkeitsbereich zu deklarieren. Beispiel:

```
struct stat { /* ... */ };
int stat(char* name, struct stat* buf);
```

In diesem Fall ist der einfache Name (stat) der Name der Nichtstruktur, und die Struktur muß mit dem Präfix struct angesprochen werden. Ähnlich können die Schlüsselworte class, union (§C.8.2) und enum (§4.8) zur Verhinderung von Mehrdeutigkeiten als Präfix benutzt werden. Es ist allerdings besser, Namen nicht so zu überladen, daß dies notwendig wird.

5.7.1 Typäquivalenz

Zwei Strukturen sind auch dann unterschiedliche Typen, wenn sie dieselben Elemente haben. Beispielsweise sind

```
struct S1 { int a; };
struct S2 { int a; };
```

zwei unterschiedliche Typen, daher gilt:

```
S1 x;
S2 y = x;   // Fehler: Typfehler
```

Strukturen sind auch zu fundamentalen Typen unterschiedlich, daher gilt:

```
S1 x;
int i = x;  // Fehler: Typfehler
```

Jede Struktur muß eine eindeutige Definition in einem Programm haben (§9.2.3).

5.8 Ratschläge

1. Vermeiden Sie nichttriviale Zeigerarithmetik; §5.3.
2. Achten Sie darauf, nicht über die Grenzen eines Feldes zu schreiben; §5.3.1.
3. Benutzen Sie 0 anstatt NULL; §5.1.1.
4. Benutzen Sie vector und valarray anstatt der eingebauten (C–)Felder; §5.3.1.
5. Benutzen Sie string anstatt C–Strings; §5.3.
6. Minimieren Sie die Benutzung von einfachen Referenzargumenten; §5.5.
7. Vermeiden Sie void*, außer in Low-level–Code; §5.6.
8. Vermeiden Sie nichttriviale Literale (»magische Zahlen«) im Code. Definieren und benutzen Sie statt dessen symbolische Konstanten; §4.8, §5.4.

5.9 Übungen

Ü1 (∗1) Schreiben Sie Deklarationen für einen Zeiger auf ein char, ein Feld von 10 int, einen Zeiger auf ein Feld von Zeichenketten, einen Zeiger auf einen Zeiger auf ein char, einen konstanten int, einen Zeiger auf einen konstanten int und einen konstanten Zeiger auf ein int. Initialisieren Sie jeden.

Ü2 (∗1,5) Was sind auf Ihrem System die Beschränkungen für die Zeigertypen char*, int* und void? Kann beispielsweise ein int* einen ungeraden Wert haben? Tip: Ausrichtung.

Ü3 (∗1) Benutzen Sie typedef zum Definieren der Typen unsigned char, const unsigned char, Zeiger auf int, Zeiger auf Zeiger auf char, Zeiger auf Felder von char, Feld von 7 Zeigern auf int, Zeiger auf ein Feld von 7 Zeigern auf int und Feld von 8 Feldern von 7 Zeigern auf int.

Ü4 (∗1) Schreiben Sie eine Funktion, die die Werte zweier ints austauscht. Benutze int* als Argumenttyp. Schreiben Sie eine weitere Funktion, die int& als Argumenttyp benutzt.

Ü5 (∗1,5) Was ist die Größe des Feldes str im folgenden Beispiel:

```
char str[] = "a short string";
```

Was ist die Länge der Zeichenkette "a short string"?

Ü6 (∗1) Definieren Sie die Funktionen f(char), g(char&) und h(const char&). Rufen Sie sie mit den Argumenten 'a', 49, 3300, c, uc und sc auf, wobei c ein char, uc ein unsigned char und sc ein signed char ist. Welche Aufrufe sind erlaubt? Welche Aufrufe bringen den Compiler dazu, eine temporäre Variable einzusetzen?

Ü7 (∗1,5) Definieren Sie eine Tabelle mit den Monatsnamen des Jahres und der Anzahl der Tage in jedem Monat. Geben Sie diese Tabelle aus. Tun Sie dies zweimal; einmal mit einem Feld von char für die Namen und einem Feld für die Anzahl der Tage und einmal mit einem Feld von Strukturen, wobei jede Struktur den Namen des Monats und die Anzahl seiner Tage enthält.

Ü8 (∗2) Lassen Sie einige Tests laufen, um herauszufinden, ob der Compiler wirklich äquivalenten Code für die Iteration mit Zeigern und Indizes generiert (§5.3.1). Falls verschiedene Grade der Optimierung eingestellt werden können, untersuchen Sie, ob und wie sie die Qualität des generierten Codes beeinflussen.

Ü9 (∗1,5) Finden Sie ein Beispiel, bei dem es sinnvoll ist, einen Namen in seinem eigenen Initialisierer zu benutzen.

Ü10 (∗1) Definieren Sie ein Feld von Zeichenketten, wobei die Zeichenketten die Monatsnamen enthalten. Geben Sie diese Zeichenketten aus. Übergeben Sie das Feld an eine Funktion, die die Zeichenketten ausgibt.

Ü11 (∗2) Lesen Sie eine Folge von Wörtern aus der Eingabe. Benutzen Sie Quit als das Wort, das die Eingabe beendet. Geben Sie die Wörter in der Reihenfolge aus, in der sie eingegeben wurden. Geben Sie kein Wort mehrmals aus. Modifizieren Sie das Programm so, daß es die Wörter vor der Ausgabe sortiert.

Ü12 (∗2) Schreiben Sie eine Funktion, die die Anzahl von Buchstabenpaaren in einem string zählt, und eine andere, die dasselbe mit einem C–String tut.

Ü13 (∗1,5) Definieren Sie eine Struktur Datum, um Datumsangaben zu verfolgen. Schreiben Sie Funktionen, die Datumsangaben von der Eingabe lesen, auf die Ausgabe schreiben und ein Datum initialisieren können.

Ausdrücke und Anweisungen $\qquad$ 6

6.1 Ein Taschenrechner

Anweisungen und Ausdrücke werden durch die Entwicklung eines Taschenrechnerprogramms eingeführt, das die vier Grundrechenarten als Infixoperationen für Gleitkommazahlen bietet. Der Anwender kann zusätzlich Variablen definieren. Beispielsweise führt die Eingabe

```
r = 2.5
area = pi * r * r
```

(wobei pi vordefiniert ist) zu der Ausgabe

```
2.5
19.635
```

wobei 2.5 das Ergebnis der ersten Eingabezeile und 19.635 das Ergebnis der zweiten ist.

Der Taschenrechner besteht aus vier Hauptteilen: einem Parser, einer Eingabefunktion, einer Symboltabelle und einem Rahmenprogramm. Tatsächlich ist das Programm ein kleiner Compiler, bei dem der Parser die syntaktische Analyse durchführt, die Eingabefunktion Eingabe und lexikalische Analyse behandelt, die Symboltabelle permanente Informationen enthält und das Rahmenprogramm die Initialisierung, Ausgabe und Fehlerbehandlung realisiert. Man könnte viele Erweiterungen zu diesem Taschenrechner zufügen, um ihn nützlicher zu machen (§6.6–Ü20), aber der Code ist so schon lang genug, und die meisten Erweiterungen würden nur Code hinzufügen, ohne eine tiefere Einsicht in die Funktion von C++ zu bringen.

6.1.1   Der Parser

Die Grammatik für die vom Taschenrechner akzeptierte Sprache sieht so aus:

```
program:
    END                          // END ist Eingabeende
    expr_list END

expr_list:
    expression PRINT             // PRINT ist Semikolon
    expression PRINT expr_list

expression:
    expression + term
    expression - term
    term

term:
    term / primary
    term * primary
    primary

primary:
    NUMBER
    NAME
    NAME = expression
    - primary
    ( expression )
```

Anders ausgedrückt ist ein Programm eine Folge von durch Semikolons getrennten Ausdrücken. Die grundlegenden Teile eines Ausdrucks sind Zahlen, Namen und die Operatoren *, /, +, - (letzteres sowohl ein- als auch zweistellig) und =. Namen brauchen vor ihrer Benutzung nicht deklariert zu werden.

Die Methode der benutzten Syntaxanalyse wird *rekursiver Abstieg* genannt; es ist eine verbreitete und geradlinige Top–down–Technik. In einer Sprache wie C++, in der Funktionsaufrufe relativ wenig kosten, ist sie auch effizient. Für jede Produktion in der Grammatik gibt es eine Funktion, die andere Funktionen aufruft. Terminalsymbole (z.B. END, NUMBER, + und -) werden durch die lexikalische Analyse get_token()erkannt; Nichtterminalsymbole werden durch die Syntaxanalysefunktionen expr(), term() und prim() erkannt. Sobald beide Operanden eines (Teil)ausdrucks bekannt sind, wird der Ausdruck ausgewertet; in einem echten Compiler würde an dieser Stelle Code generiert werden.

Der Parser benutzt die Funktion get_token(), um seine Eingabe zu bekommen. Der Wert des letzten Aufrufs von get_token() steht in der globalen Variablen curr_tok. Der Typ von curr_tok ist die Aufzählung Token_value:

```
enum Token_value {
    NAME,        NUMBER,      END,
    PLUS='+',    MINUS='-',   MUL='*',     DIV='/',
    PRINT=';',   ASSIGN='=',  LP='(',      RP=')'
};
```

```
Token_value curr_tok = PRINT;
```

Jeden Token durch den ganzzahligen Wert seines Zeichens darzustellen ist bequem und effizient und kann Leuten mit einem Debugger helfen. Dies funktioniert, solange kein Zeichen der Eingabe einen als Enumerator benutzten Wert hat — und ich kenne keinen aktuellen Zeichensatz, bei dem ein druckendes Zeichen eine einziffrige Zahl als Wert hat. Ich habe PRINT als Initialwert für curr_tok gewählt, da dies der Wert ist, den curr_tok hat, nachdem der Taschenrechner einen Ausdruck ausgewertet und das Ergebnis angezeigt hat. Ich »starte das System« also in einem normalen Zustand, um die Möglichkeit von Fehlern zu verringern und um keinen speziellen Startcode zu schreiben.

Jede Parserfunktion hat einen Parameter vom Typ bool (§4.2), mit dem bestimmt wird, ob die Funktion get_token() aufrufen muß, um den nächsten Token zu erhalten. Jede Parserfunktion untersucht »ihren« Ausdruck und liefert dessen Wert zurück. Die Funktion expr() behandelt Addition und Subtraktion. Sie besteht aus einer einzelnen Schleife, die nach Termen zum Addieren oder Subtrahieren sucht:

```
double expr(bool get)           // Addiere und subtrahiere
{
    double left = term(get);

    for (;;)                    // »forever«, siehe unten
        switch (curr_tok) {
        case PLUS:
            left += term(true);
            break;
        case MINUS:
            left -= term(true);
            break;
        default:
            return left;
        }
}
```

Diese Funktion tut selbst nicht viel. In einer für High-Level–Funktionen in großen Programmen typischen Manier ruft sie andere Funktionen auf, um die Arbeit zu tun.

Die switch–Anweisung vergleicht den Wert ihrer Bedingung, die in Klammern hinter dem Schlüsselwort switch steht, mit einer Menge von Konstanten. Die break–Anweisungen werden zum Verlassen der switch–Anweisung benutzt. Die Konstanten hinter den case–Labeln müssen disjunkt sein. Falls der Wert keines der case–Label trifft, wird das default–Label ausgewählt. Der Programmierer braucht jedoch kein default anzugeben.

Man beachte, daß ein Ausdruck 2-3+4 als (2-3)+4 ausgewertet wird, wie in der Grammatik beschrieben.

Die kuriose Schreibweise for(;;) ist der übliche Weg, eine Endlosschleife zu schreiben; man kann es als »forever« aussprechen. Es ist eine degenerierte Form einer for–Anweisung (§6.3.3);

`while(true)` ist eine Alternative. Die `switch`–Anweisung wird wiederholt, bis etwas anderes als + und – gefunden wird, dann wird die `return`–Anweisung im `default` ausgeführt.

Die Operatoren `+=` und `-=` werden für die Addition und Subtraktion benutzt; `left=left+term()` und `left=left-term()` hätten ohne Veränderung der Bedeutung des Programms benutzt werden können. Allerdings sind `left+=term()` und `left-=term()` nicht nur kürzer, sondern drücken die beabsichtigte Operation auch direkt aus. Jeder Zuweisungsoperator ist ein separates lexikalisches Token, daher ist a + = 1; durch das Leerzeichen zwischen + und = ein Syntaxfehler.

Zuweisungsoperatoren gibt es für die zweistelligen Operatoren

```
    +   -   *   /   %   &   |   ^   <<  >>
```

so daß es die folgenden Zuweisungsoperatoren gibt:

```
    =  +=  -=  *=  /=  %=  &=  |=  ^=  <<=  >>=
```

Das `%` ist der Modulo(Rest)–Operator. `&`, `|` und `^` sind die bitweisen logischen Operatoren Und, Oder und Exklusiv–Oder. `<<` und `>>` sind Operatoren zum Links– bzw. Rechtsschieben. In §6.2 werden die Operatoren und ihre Bedeutung noch einmal zusammengefaßt. Für einen zweistelligen Operator @ bedeutet bei eingebauten Typen der Ausdruck x@=y dasselbe wie x=x@y, außer daß x nur einmal ausgewertet wird.

Die Kapitel 8 und 9 beschreiben, wie man ein Programm als Menge von Modulen organisiert. Mit einer Ausnahme können die Deklarationen für dieses Taschenrechnerbeispiel so angeordnet werden, daß alles genau einmal deklariert wird, und zwar vor seiner Benutzung. Die Ausnahme ist die Funktion `expr()`, die `term()` aufruft, die `prim()` aufruft, die wiederum `expr()` aufruft. Diese Schleife muß irgendwo unterbrochen werden. Eine Deklaration

```
double expr(bool);
```

vor der Definition von `prim()` macht genau das.

Die Funktion `term()` behandelt Multiplikation und Division auf die gleiche Art und Weise wie `expr()` Addition und Subtraktion behandelt:

```
double term(bool get)       // Multipliziere und dividiere
{
    double left = prim(get);

    for (;;)
        switch (curr_tok) {
        case MUL:
            left *= prim(true);
            break;
        case DIV:
            if (double d = prim(true)) {
                left /= d;
                break;
            }
            return error("Division durch 0");
        default:
            return left;
        }
}
```

Das Ergebnis der Division durch null ist undefiniert und normalerweise katastrophal. Es wird daher vor der Division auf 0 geprüft und error() aufgerufen, falls eine 0 als Divisor gefunden wird. Die Funktion error() ist in §6.1.4 beschrieben.

Die Variable d wird im Programm an genau der Stelle eingeführt, an der sie benötigt wird, und sofort initialisiert. Der Gültigkeitsbereich einer Variablen, die in einer Bedingung eingeführt wurde, ist die Anweisung, die von dieser Bedingung kontrolliert wird, und der resultierende Wert ist der Wert der Bedingung (§6.3.2.1). Entsprechend werden die Division und die Zuweisung left/=d nur dann und genau dann ausgeführt, wenn d ungleich null ist.

Die Funktion prim() behandelt ein primary ganz ähnlich wie expr() und term(). Da wir uns tiefer in der Aufrufhierarchie befinden, fällt allerdings etwas wirkliche Arbeit an, und es ist keine Schleife nötig:

```
double number_value;
string string_value;

double prim(bool get)        // Behandelt primaries
{
    if (get) get_token();

    switch (curr_tok) {
    case NUMBER:             // Gleitkommakonstante
    {   double v = number_value;
        get_token();
        return v;
    }
    case NAME:
    {   double& v = table[string_value];
        if (get_token() == ASSIGN) v = expr(true);
        return v;
    }
    case MINUS:              // Einstelliges Minus
        return -prim(true);
    case LP:
    {   double e = expr(true);
        if (curr_tok != RP) return error(") erwartet");
        get_token();         // Verschlucke ')'
        return e;
    }
    default:
        return error("primary erwartet");
    }
}
```

Wenn eine NUMBER (das heißt ein ganzzahliges oder ein Gleitkommaliteral) erkannt wird, wird sein Wert zurückgegeben. Die Eingabefunktion get_token() schreibt den Wert in die globale Variable number_value. Die Benutzung einer globalen Variablen in einem Programm weist häufig darauf hin, daß die Struktur nicht ganz sauber ist — daß irgendeine Optimierung stattgefunden hat. Dies ist auch hier so. Idealerweise besteht ein lexikalisches Token aus zwei Teilen: einem Wert, der die Art des Tokens festlegt (in diesem Programm ein Token_value) und (bei Bedarf) dem Wert des Tokens. Hier gibt es nur eine einzige einfache Variable curr_tok, daher wird die globale Variable number_value gebraucht, um den Wert der letzten gelesenen NUMBER zu speichern. Das

Vermeiden dieser globalen Variablen bleibt als Übung (§6.6–Ü21). Das Abspeichern des Wertes von `number_value` in die lokale Variable v vor dem Aufruf von `get_token()` ist nicht unbedingt nötig. Für jede gültige Eingabe benötigt der Taschenrechner immer eine Zahl in der Berechnung, bevor er eine neue aus der Eingabe liest. Allerdings hilft die Speicherung des Wertes und dessen korrekte Ausgabe nach einem Fehler dem Anwender.

Auf die gleiche Weise, wie der Wert der letzten `NUMBER` in `number_value` gespeichert wird, wird die Zeichenkette des letzten `NAME` in `string_value` gehalten. Bevor er etwas mit einem Namen tun kann, muß der Taschenrechner erst vorausschauen, ob etwas an ihn zugewiesen wird oder ob er einfach ausgelesen wird. In beiden Fällen wird die Symboltabelle konsultiert. Die Symboltabelle ist eine Map (§3.7.4, §17.4.1):

```
map<string,double> table;
```

Das heißt: Wenn `table` durch einen `string` indiziert wird, ist der resultierende Wert ein mit dem `string` korrespondierender `double`–Wert. Wenn beispielsweise ein Anwender

```
radius = 6378.388;
```

eingibt, wird der Taschenrechner folgendes ausführen:

```
double& v = table["radius"];
// ... expr() berechnet den Ausdruck, der zugewiesen werden soll ...
v = 6378.388;
```

Die Referenz v wird verwendet, um sich den mit `radius` assoziierten `double` zu merken, während `expr()` den Wert 6378.388 aus der Eingabe berechnet.

6.1.2 Die Eingabefunktion

Das Einlesen von Eingaben ist oft der unordentlichste Teil eines Programms. Dies liegt daran, daß das Programm mit einer Person kommunizieren muß. Es muß mit den Launen, Gewohnheiten und scheinbar zufälligen Fehlern eines Menschen umgehen. Der Versuch, den Anwender zu zwingen, sich auf eine für die Maschine angenehmere Weise zu verhalten, wird häufig (zu Recht) als anmaßend betrachtet. Die Aufgabe einer Low-level–Eingabefunktion ist es, Zeichen einzulesen und daraus höherwertige Token zu bestimmen. Diese Token sind dann die Eingabeeinheiten für High–level–Routinen. Hier wird die Low-level–Eingabe durch `get_token()` erledigt. Man muß nicht dauernd Low-level–Eingabefunktionen schreiben. Viele Systeme bieten dafür Standardfunktionen.

Ich habe `get_token()` in zwei Phasen geschrieben. Zuerst schaffe ich eine trügerisch einfache Version, die den Anwender belastet. Dann ändere ich sie in eine etwas weniger elegante, aber viel einfacher zu benutzende Version.

Das Ziel dabei ist es, ein Zeichen zu lesen, dieses Zeichen zu verwenden, um zu entscheiden, welche Art von Token erzeugt werden soll, und dann ein `Token_value` zurückzuliefern, das dieses Token repräsentiert.

Die ersten Anweisungen lesen das erste Zeichen, das kein Whitespace ist, in ch und prüfen, ob die Leseoperation erfolgreich war:

```
Token_value get_token()
{
    char ch = 0;
    cin>>ch;
```

```
    switch (ch) {
    case 0:
        return curr_tok=END;        // Zuweisung und Rückgabe
```

Standardmäßig überspringt der Operator >> Whitespaces (das heißt Leerzeichen, Tabulatoren, Newline usw.) und läßt den Wert von ch unverändert, falls die Eingabeoperation fehlschlägt. Entsprechend bedeutet ch==0 das Ende der Eingabe.

Die Zuweisung ist ein Operator, und das Ergebnis der Zuweisung ist der Wert der Variablen, an die zugewiesen wurde. Dies erlaubt es mir, den Wert END an curr_tok zuzuweisen und ihn in derselben Anweisung mit return zurückzugeben. Hier eine Anweisung statt zwei zu haben, ist für die Wartung hilfreich. Falls die Zuweisung und die Rückgabe im Code getrennt wären, könnte ein Programmierer das eine ändern und das andere vergessen.

Schauen wir uns einige der Fälle getrennt an, bevor wir uns der gesamten Funktion zuwenden. Der Ausdrucksbegrenzer ' ; ', die Klammern und die Operatoren werden einfach durch Rückgabe ihre Werte behandelt:

```
    case ';':
    case '*':
    case '/':
    case '+':
    case '-':
    case '(':
    case ')':
    case '=':
        return curr_tok=Token_value(ch);
```

Zahlen werden so behandelt:

```
    case '0': case '1': case '2': case '3': case '4':
    case '5': case '6': case '7': case '8': case '9':
    case '.':
        cin.putback(ch);
        cin >> number_value;
        return curr_tok=NUMBER;
```

case–Label nebeneinander statt untereinander zu schreiben ist normalerweise keine gute Idee, da diese Anordnung schwerer zu lesen ist. Andererseits ist eine Zeile für jede Ziffer mühselig. Da der Operator >> schon zum Lesen von Gleitkommakonstanten in ein double definiert ist, ist der Code trivial. Zuerst wird das erste Zeichen (eine Ziffer oder ein Punkt) zurück in cin getan. Dann kann die Konstante nach number_value gelesen werden.

Ein Name wird ähnlich behandelt:

```
    default:                  // NAME, NAME= oder Fehler
        if (isalpha(ch)) {
            cin.putback(ch);
            cin>>string_value;
            return curr_tok=NAME;
        }
        error("Falsches Token");
        return curr_tok=PRINT;
```

Die Standardbibliotheksfunktion isalpha() (§20.4.2) wird benutzt, um nicht jedes Zeichen als separates case–Label schreiben zu müssen. Der Operator >> bewirkt bei einem string (hier string_value), daß alle Zeichen bis zum nächsten Whitespace eingelesen werden. Daher muß ein Anwender jeden Namen, den er als Operand benutzt, mit einem Leerzeichen beenden. Dies ist nicht befriedigend, daher werden wir in §6.1.3 zu diesem Problem zurückkehren.

Nun folgt die vollständige Eingabefunktion:

```
Token_value get_token()
{
    char ch = 0;
    cin>>ch;

    switch (ch) {
    case 0:
        return curr_tok=END;
    case ';':
    case '*':
    case '/':
    case '+':
    case '-':
    case '(':
    case ')':
    case '=':
        return curr_tok=Token_value(ch);
    case '0': case '1': case '2': case '3': case '4':
    case '5': case '6': case '7': case '8': case '9':
    case '.':
        cin.putback(ch);
        cin >> number_value;
        return curr_tok=NUMBER;
    default:                           // NAME, NAME= oder Fehler
        if (isalpha(ch)) {
            cin.putback(ch);
            cin>>string_value;
            return curr_tok=NAME;
        }
        error("Falsches Token");
        return curr_tok=PRINT;
    }
}
```

Die Konvertierung eines Operators in seinen Tokenwert ist trivial, da der Token_value eines Operators als ganzzahliger Wert des Operators definiert wurde (§4.8).

6.1.3   Low-level–Eingabe

Die Benutzung des Taschenrechners, wie er bis jetzt definiert ist, weist ein paar Unbequemlichkeiten auf. Es ist mühselig, daran zu denken, ein Semikolon hinter eine Anweisung zu schreiben, damit sie ausgegeben wird; und einen Namen immer mit einem Whitespace beenden zu müssen ist wirklich lästig. Beispielsweise ist x=7 ein Bezeichner und nicht der Bezeichner x, gefolgt vom Operator = und der Zahl 7. Beide Probleme werden dadurch gelöst, daß die typorientierten Standardeingabeoperationen in `get_token()` durch Code ersetzt werden, der zeichenweise einliest.

Als erstes wird dafür gesorgt, daß zur Kennzeichung des Endes eines Ausdrucks nicht nur das Semikolon sondern auch das Newline benutzt werden kann:

```
Token_value get_token()
{
    char ch;

    do {     // Überspringe Whitespace außer '\n'
        if(!cin.get(ch)) return curr_tok = END;
    } while (ch!='\n' && isspace(ch));
    switch (ch) {
    case ';':
    case '\n':
        return curr_tok=PRINT;
```

Eine do–Anweisung wird benutzt; sie ist äquivalent zu einer `while`–Anweisung, außer daß die kontrollierte Anweisung mindestens einmal ausgeführt wird. Der Aufruf `cin.get(ch)` liest ein einzelnes Zeichen von der Standardeingabe nach ch. Standardmäßig überspringt `get()` keine Whitespaces, wie es der Operator >> tun würde. Die Prüfung `if(!cin.get(ch))` schlägt fehl, falls kein Zeichen von cin gelesen werden kann. In diesem Fall wird END geliefert, um die Sitzung zu beenden. Der Operator ! (Nicht) wird benutzt, da `get()` im Erfolgsfall `true` liefert.

Die Standardbibliotheksfunktion `isspace()` (§20.4.2) bietet den Standardtest für Whitespaces. `isspace(c)` liefert einen Wert ungleich null, falls c ein Whitespace ist und andernfalls null. Die Prüfung ist durch ein Nachschauen in einer Tabelle implementiert, daher ist `isspace()` viel schneller als das Testen auf einzelne Whitespace–Zeichen. Ähnliche Funktionen prüfen, ob ein Zeichen eine Ziffer (`isdigit()`), ein Buchstabe (`isalpha()`) oder eine Ziffer oder ein Buchstabe (`isalnum()`) ist.

Nach dem Überspringen der Whitespaces wird das nächste Zeichen benutzt, um die Art des folgenden lexikalischen Tokens zu bestimmen.

Das Problem, das dadurch erzeugt wurde, daß >> in einen `string` alles bis zum nächsten Whitespace einliest, wird gelöst, indem Zeichen für Zeichen gelesen wird, bis ein Zeichen gefunden wird, das kein Buchstabe und keine Ziffer ist:

```
    default:              // NAME, NAME= oder Fehler
        if (isalpha(ch)) {
            string_value = ch;
            while (cin.get(ch) && isalnum(ch)) string_value.push_back(ch);
            cin.putback(ch);
            return curr_tok=NAME;
        }
        error("Falsches Token");
        return curr_tok=PRINT;
```

Glücklicherweise konnten diese beiden Verbesserungen implementiert werden, indem eine einzelne begrenzte Codesektion geändert wurde. Programme so zu konstruieren, daß Verbesserungen durch lokale Modifikationen implementiert werden können, ist ein wichtiges Designziel.

6.1.4   Fehlerbehandlung

Da das Programm so einfach ist, ist die Fehlerbehandlung nicht von großer Bedeutung. Die Fehlerfunktion zählt einfach die Fehler, gibt eine Fehlermeldung aus und kehrt zurück:

```
int no_of_errors;

double error(const string& s)
{
    no_of_errors++;
    cerr << "Fehler: " << s << '\n';
    return 1;
}
```

Der Stream cerr ist ein ungepufferter Ausgabe–Stream, der normalerweise für Fehlermeldungen benutzt wird (§21.2.1).

Es wird ein Wert zurückgegeben, da Fehler üblicherweise in der Mitte der Berechnung eines Ausdrucks auftreten, so daß entweder die Berechnung komplett abgebrochen werden muß oder ein Wert geliefert wird, der wahrscheinlich keine Folgefehler erzeugt. Das zweite ist für diesen einfachen Taschenrechner angemessen. Hätte get_token() sich noch die Zeilennummern gemerkt, hätte error() dem Anwender mitteilen können, wo ungefähr der Fehler aufgetreten ist. Dies wäre sinnvoll, wenn der Taschenrechner nicht interaktiv benutzt wird (§6.6–Ü19).

Oft muß ein Programm beendet werden, nachdem ein Fehler aufgetreten ist, da kein vernünftiger Weg erkennbar ist, wie es fortgesetzt werden könnte. Dies wird durch den Aufruf von exit() erreicht, das zuerst Dinge wie Ausgabe–Streams aufräumt und dann das Programm mit seinem Argument als Rückgabewert beendet (§9.4.1.1).

Elegantere Fehlerbehandlungsmechanismen können durch Ausnahmen implementiert werden (siehe §8.3, Kapitel 14), aber unsere Lösung ist ausreichend für einen 150 Zeilen langen Taschenrechner.

6.1.5   Das Rahmenprogramm

Alle übrigen Teile des Programms sind nun vorhanden, es wird nur noch ein Rahmenprogramm zum Starten benötigt. In diesem einfachen Beispiel kann main() das erledigen:

```
int main()
{

    table["pi"] = 3.1415926535897932385;     // Vordefinierte Namen einfügen
    table["e"] = 2.7182818284590452354;

    while (cin) {
        get_token();
        if (curr_tok == END) break;
        if (curr_tok == PRINT) continue;
        cout << expr(false) << '\n';
    }

    return no_of_errors;
}
```

Per Konvention sollte `main()` null zurückliefern, wenn das Programm normal endet, und andernfalls einen Wert ungleich null (§3.2). Die Rückgabe der Anzahl von Fehlern erledigt dies gut. Die
einzige notwendige Initialisierung ist hier das Einfügen von vordefinierten Namen in die Symboltabelle.

Die Hauptaufgabe der zentralen Schleife ist das Einlesen von Ausdrücken und die Ausgabe der
Antworten. Dies wird durch folgende Zeile erreicht:

```
        cout << expr(false) << '\n';
```

Das Argument `false` teilt `expr()` mit, daß es `get_token()` nicht aufzurufen braucht, um ein
aktuelles Token für die Bearbeitung zu erhalten.

Die Prüfung von `cin` bei jedem Schleifendurchlauf stellt sicher, daß sich das Programm beendet, falls etwas mit dem Eingabe–Stream schiefgeht, und durch den Test auf END wird die Schleife
korrekt beendet, wenn `get_token()` das Dateiende erreicht. Eine `break`–Anweisung verläßt die
nächste umgebende `switch`–Anweisung oder Schleife (das heißt eine `for`–Anweisung, `while`–
Anweisung oder `do`–Anweisung). Die Prüfung auf END entlastet `expr()` davon, leere Ausdrücke
behandeln zu müssen. Eine `continue`–Anweisung ist äquivalent zum Springen an das Ende der
Schleife, daher ist in diesem Fall

```
while (cin) {
    // ...
    if (curr_tok == PRINT) continue;
    cout << expr(false) << '\n';
}
```

äquivalent zu:

```
while (cin) {
    // ...
    if (curr_tok != PRINT)
        cout << expr(false) << '\n';
}
```

6.1.6 Header

Der Taschenrechner benutzt Hilfsmittel der Standardbibliothek. Daher müssen die passenden Header mittels `#include` eingefügt werden, um das Programm zu vervollständigen:

```
#include<iostream>    // Ein-/Ausgabe
#include<string>      // Strings
#include<map>         // Map
#include<cctype>      // isalpha() usw.
```

Alle diese Header bieten Hilfsmittel im Namensbereich std an. Man kann die darin enthaltenen
Namen nur benutzen, indem man sie entweder explizit durch die Angabe von `std::` qualifiziert
oder sie durch

```
using namespace std;
```

in den globalen Namensbereich bringt.

Um die Vorstellung der Ausdrücke nicht mit Konzepten der Modularität zu vermischen, habe
ich den zweiten Weg gewählt. Die Kapitel 8 und 9 stellen Möglichkeiten vor, das Taschenrechner-

programm mit Namensbereichen in Module aufzuteilen und in Quelldateien zu organisieren. Auf vielen Systemen haben Standardheader Äquivalente mit einem .h–Suffix, die die Klassen, Funktionen usw. deklarieren und sie in den globalen Namensbereich setzen (§9.2.1, §9.2.4, §B.3.1).

6.1.7 Kommandozeilenargumente

Nachdem das Programm geschrieben und getestet war, fand ich es lästig, erst das Programm zu starten, dann die Ausdrücke zu tippen und es schließlich zu beenden. Meine häufigste Nutzung war das Ausrechnen eines einzelnen Ausdrucks. Wenn dieser Ausdruck als ein Kommandozeilenargument übergeben werden könnte, würde ich einige Tipparbeit sparen.

Ein Programm wird durch den Aufruf von main() gestartet (§3.2, §9.4). Dabei erhält main() zwei Argumente: die Anzahl der Kommandozeilenargumente, üblicherweise argc genannt, und ein Feld mit den Kommandozeilenargumenten, üblicherweise argv[] genannt. Die Kommandozeilenargumente sind Zeichenketten, also ist der Typ von argv ein char*[argc+1]. Der Name des Programms (wie er auf der Kommandozeile auftritt) wird als argv[0] übergeben, daher ist argc immer mindestens 1. Die Liste der Argumente wird durch eine Null beendet; das heißt argv[argc]==0. Für das Kommando

```
dc 150/1.1934
```

haben die Argumente folgende Werte:

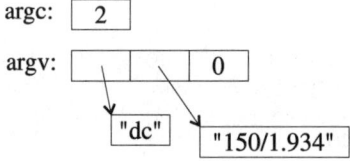

Da die Konventionen für den Aufruf von main() die gleichen wie in C sind, werden C–Felder und C–Strings benutzt.

Es ist nicht schwierig, an ein Kommandozeilenargument heranzukommen. Das Problem ist, es ohne viel Umprogrammierung zu benutzen. Das Ziel ist es, von der Kommandozeile genau so zu lesen wie aus einem Eingabe–Stream. Ein Stream, der aus einer Zeichenkette liest, wird wenig überraschend istringstream genannt. Leider gibt es keinen eleganten Weg, cin auf einen istringstream umzuhängen. Daher muß ein anderer Weg gefunden werden, die Eingabefunktion des Taschenrechners aus einem istringstream lesen zu lassen. Weiter muß eine Möglichkeit gefunden werden, daß die Eingabefunktion abhängig von den Kommandozeilenargumenten einen istringstream oder cin benutzt.

Eine einfache Lösung besteht darin, einen globalen Zeiger einzuführen, der auf den zu benutzenden Eingabe–Stream zeigt, und diesen Zeiger in jeder Eingabefunktion zu benutzen:

```
istream* input;        // Zeiger auf Eingabe-Stream

int main(int argc, char* argv[])
{
    switch (argc) {
    case 1:                    // Lies von der Standardeingabe
        input = &cin;
        break;
```

```
    case 2:                              // Lies vom Argument
        input = new istringstream(argv[1]);
        break;
    default:
        error("Zu viele Argumente");
        return 1;
    }

    table["pi"] = 3.1415926535897932385;    // Vordefinierte Namen einfügen
    table["e"] = 2.7182818284590452354;

    while (*input) {
        get_token();
        if (curr_tok == END) break;
        if (curr_tok == PRINT) continue;
        cout << expr(false) << '\n';
    }

    if (input != &cin) delete input;
    return no_of_errors;
}
```

Ein istringstream ist eine Form von istream, die aus ihrem Zeichenkettenargument liest (§21.5.3). Wenn das Ende der Zeichenkette erreicht ist, schlägt ein istringstream genauso fehl wie jeder andere Stream, der das Ende der Eingabe erreicht (§3.6, §21.3.3). Um einen istringstream zu benutzen, muß man <sstream> per #include einfügen.

Es wäre einfach, main() so zu erweitern, daß es mehrere Kommandozeilenargumente verarbeiten könnte, aber dies erscheint unnötig, besonders weil mehrere Ausdrücke als ein Argument übergeben werden können:

```
    dc "rate=1.1934;150/rate;19.75/rate;217/rate"
```

Ich habe hier Anführungszeichen benutzt, weil das Semikolon auf meinem UNIX–System Kommandos voneinander trennt. Andere Systeme haben andere Konventionen, um beim Programmstart Argumente zu übergeben.

Es war unelegant, alle Eingabefunktionen so zu modifizieren, daß sie input statt cin benutzen, um die Flexibilität zu erreichen, verschiedene Eingabequellen zu benutzen. Diese Änderung wäre vermeidbar gewesen, wenn ich die Voraussicht gehabt hätte, etwas wie input von Anfang an zu berücksichtigen. Die Erkenntnis, daß die Eingabequelle besser ein Parameter der Taschenrechnermodule sein sollte, spiegelt eine allgemeinere und nützlichere Sichtweise wieder. Das heißt, das grundsätzliche Problem mit diesem Taschenrechner ist, daß das, was ich als »den Taschenrechner« bezeichne, nur eine Ansammlung von Funktionen und Daten ist. Es gibt kein Modul (§2.4) oder Objekt (§2.5.2), das explizit den Taschenrechner repräsentiert. Hätte ich begonnen, ein Taschenrechnermodul oder einen Taschenrechnertyp zu entwerfen, hätte ich natürlich deren Parameter berücksichtigt (§8.5–Ü3,§10.6–Ü16).

6.1.8   Anmerkung zum Stil

Für Programmierer, die nicht mit assoziativen Feldern vertraut sind, erscheint die Benutzung der Map aus der Standardbibliothek fast wie Mogeln. Es ist keins. Die Standardbibliothek und andere Bibliotheken sind dafür gedacht, benutzt zu werden. Oft wird bei einer Bibliothek mehr Sorgfalt auf das Design und die Implementierung verwendet, als ein Programmierer für ein handgeschriebenes Stück Code, das nur in einem Programm eingesetzt wird, erübrigen kann.

Wenn man sich den Code des Taschenrechners anschaut, speziell den der ersten Version, sieht man, daß nicht viel traditioneller C–typischer Low-level–Code vorhanden ist. Viele der traditionell trickreichen Details wurden durch die Benutzung von Standardbibliotheksklassen wie `ostream`, `string` und `map` ersetzt (§3.4, §3.5, §3.7.4, Kapitel 17).

Beachten Sie, wie wenig Arithmetik, Schleifen und sogar Zuweisungen verwendet wurden. So sollte Code aussehen, der nicht direkt Hardware manipuliert oder Low-level–Abstraktionen implementiert.

6.2   Zusammenfassung der Operatoren

Dieser Abschnitt enthält eine Zusammenfassung von Ausdrücken und einige Beispiele. Auf jeden Operator folgen ein oder mehrere gebräuchliche Namen für ihn und ein Beispiel für seine Benutzung. In diesen Tabellen ist `Klassenname` der Name einer Klasse, ein `Element` ein Elementname, ein `Objekt` ein Ausdruck, der ein Klassenobjekt ergibt, ein `Zeiger` ein Ausdruck, der einen Zeiger ergibt, ein `Ausdruck` ein Ausdruck und ein `Lvalue` ein Ausdruck, der ein nichtkonstantes Objekt bezeichnet. Ein `Typ` kann nur dann ein ganz allgemeiner Typname (mit `*`, `()` usw.) sein, wenn er in Klammern steht; andernfalls gibt es Einschränkungen (§A.5).

Die Syntax von Ausdrücken ist unabhängig von den Operandentypen. Die hier vorgestellten Bedeutungen treffen für eingebaute Typen (§4.1.1) zu. Zusätzlich kann man Bedeutungen für Operatoren definieren, die auf benutzerdefinierte Typen angewendet werden (§2.5.2, Kapitel 11).

Zusammenfassung der Operatoren	
Bereichsauflösung	*klassenname* :: *element*
Bereichsauflösung	*namensbereichsname* :: *element*
global	:: *name*
global	:: *qualifizierter-name*
Elementselektion	*objekt* . *element*
Elementselektion	*zeiger* -> *element*
Indizierung	*zeiger* [*ausdruck*]
Funktionsaufruf	*ausdruck* (*ausdrucksliste*)
Werterzeugung	*typ* (*ausdrucksliste*)
Postinkrement	*lvalue* ++
Postdekrement	*lvalue* --
Typidentifikation	typeid (*typ*)
Laufzeit–Typinformation	typeid (*ausdruck*)
zur Laufzeit geprüfte Konvertierung	dynamic_cast<Typ>(*ausdruck*)
zur Übersetzungszeit geprüfte Konvertierung	static_cast<Typ>(*ausdruck*)
ungeprüfte Konvertierung	reinterpret_cast<Typ>(*ausdruck*)
const–Konvertierung	const_cast<Typ>(*ausdruck*)
Objektgröße	sizeof *objekt*
Typgröße	sizeof (*typ*)
Präinkrement	++ *lvalue*
Prädekrement	-- *lvalue*
Komplement	˜*ausdruck*
Nicht	!*ausdruck*
einstelliges Minus	-*ausdruck*
einstelliges Plus	+*ausdruck*
Adresse	&*lvalue*
Dereferenzierung	**ausdruck*
Erzeugung (Belegung)	new *typ*
Erzeugung (Belegung und Initialisierung)	new *typ* (*ausdrucksliste*)
Erzeugung (Plazierung)	new (*ausdrucksliste*) *typ*
Erzeugung (Plazierung und Initialisierung)	new (*ausdrucksliste*) *typ* (*ausdrucksliste*)
Zerstörung (Freigabe)	delete *zeiger*
Feldzerstörung	delete [] *zeiger*
Cast (Typkonvertierung)	(*typ*) *ausdruck*
Elementselektion	*objekt* .* *zeiger-auf-element*
Elementselektion	*zeiger* ->* *zeiger-auf-element*
Multiplikation	*ausdruck* * *ausdruck*
Division	*ausdruck* / *ausdruck*
Modulo(Rest)	*ausdruck* % *ausdruck*

Zusammenfassung der Operatoren (Fortsetzung)	
Addition	*ausdruck* + *ausdruck*
Subtraktion	*ausdruck* - *ausdruck*
Linksschieben	*ausdruck* << *ausdruck*
Rechtsschieben	*ausdruck* >> *ausdruck*
Kleiner als	*ausdruck* < *ausdruck*
Kleiner gleich	*ausdruck* <= *ausdruck*
Größer als	*ausdruck* > *ausdruck*
Größer gleich	*ausdruck* >= *ausdruck*
Gleich	*ausdruck* == *ausdruck*
Ungleich	*ausdruck* != *ausdruck*
Bitweises Und	*ausdruck* & *ausdruck*
Bitweises Exklusiv–Oder	*ausdruck* ^ *ausdruck*
Bitweises Oder	*ausdruck* | *ausdruck*
Logisches Und	*ausdruck* && *ausdruck*
Logisches Oder	*ausdruck* || *ausdruck*
Bedingte Zuweisung	*ausdruck* ? *ausdruck* : *ausdruck*
Einfache Zuweisung	*lvalue* = *ausdruck*
Multiplikation und Zuweisung	*lvalue* *= *ausdruck*
Division und Zuweisung	*lvalue* /= *ausdruck*
Modulo und Zuweisung	*lvalue* %= *ausdruck*
Addition und Zuweisung	*lvalue* += *ausdruck*
Subtraktion und Zuweisung	*lvalue* -= *ausdruck*
Linksschieben und Zuweisung	*lvalue* <<= *ausdruck*
Rechtsschieben und Zuweisung	*lvalue* >>= *ausdruck*
Und und Zuweisung	*lvalue* &= *ausdruck*
Oder und Zuweisung	*lvalue* |= *ausdruck*
Exklusiv–Oder und Zuweisung	*lvalue* ~= *ausdruck*
Ausnahme werfen	`throw` *ausdruck*
Komma (Sequenzoperator)	*ausdruck* , *ausdruck*

Jeder Kasten enthält Operatoren gleicher Priorität. Die Operatoren in den oberen Kästen haben eine höhere Priorität als die in den unteren. Beispielsweise hat a+b*c die Bedeutung a+(b*c) und nicht (a+b)*c, da * eine höhere Priorität hat als +.

Einstellige Operatoren und Zuweisungsoperatoren sind rechtsbindend, alle anderen linksbindend. Beispielsweise hat a=b=c die Bedeutung a=(b=c), a+b+c bedeutet (a+b)+c, und *p++ bedeutet *(p++), *nicht* (*p)++.

Ein paar Regeln der Grammatik lassen sich nicht durch Priorität und Bindung beschreiben. Beispielsweise hat a=b<c?d=e:f=g die Bedeutung a=((b<c)?(d=e):(f=g)), aber man muß in der Grammatik (§A.5) nachschlagen, um das herauszufinden.

6.2.1 Ergebnisse

Die Ergebnistypen von arithmetischen Operatoren werden nach einer Menge von Regeln bestimmt, die als »die üblichen arithmetischen Konvertierungen« (§C.6.3) bekannt sind. Das generelle Ziel ist es, ein Resultat des »größten« Operandentyps zu erzeugen. Wenn beispielsweise ein zweistelliger Operator einen Gleitkommawert als Operand hat, wird die Berechnung in Gleitkomma–Arithmetik durchgeführt und das Ergebnis ist ein Gleitkommawert. Wenn es einen long–Wert als Operand hat, wird long–Arithmetik zur Berechnung benutzt, und das Ergebnis ist ein long–Wert. Operanden, die kleiner als ein int sind (wie etwa bool und char), werden in einen int konvertiert, bevor der Operator angewendet wird.

Die Vergleichsoperatoren ==, <= usw. ergeben Boolesche Werte. Die Bedeutung und Ergebnistypen von benutzerdefinierten Operatoren werden durch ihre Deklaration festgelegt (§11.2).

Wenn es logisch möglich ist, ist das Ergebnis eines Operators, der einen Lvalue als Operanden erhält, ein Lvalue, das diesen Operanden bezeichnet. Beispiel:

```
void f(int x, int y)
{
    int j = x = y;          // Der Wert von x=y ist der Wert von x nach der Zuweisung
    int* p = &++x;          // p zeigt auf x
    int* q = &(x++);        // Fehler: x++ ist kein Lvalue (es ist nicht der in x gespeicherte Wert)
    int* pp = &(x>y?x:y);   // Adresse des int mit dem größeren Wert
}
```

Wenn sowohl der zweite als auch der dritte Operand von ?: Lvalues vom selben Typ sind, dann ist das Ergebnis ein Lvalue von diesem Typ. Die Erhaltung von Lvalues auf diese Weise erlaubt eine große Flexibilität in der Anwendung von Operatoren. Dies ist besonders dann nützlich, wenn man Code schreibt, der sowohl für eingebaute als auch für benutzerdefinierte Typen gleich arbeiten soll (z.B. bei Templates oder Programmgeneratoren für C++).

Das Ergebnis von sizeof ist ein vorzeichenloser ganzzahliger Typ namens size_t, der in <cstddef> definiert ist. Das Ergebnis der Subtraktion von Zeigern ist ein vorzeichenbehafteter ganzzahliger Typ namens ptrdiff_t, der in <cstddef> definiert ist.

Implementierungen brauchen nicht auf Überläufe bei arithmetischen Berechnungen testen und tun dies auch selten. Beispiel:

```
void f()
{
    int i = 1;
    while (0 < i) i++;
    cout << "i wurde negativ!" << i << '\n';
}
```

Dies versucht, i über den größten int–Wert zu erhöhen. Was dann passiert, ist undefiniert, aber üblicherweise wechselt der Wert zu einer negativen Zahl (auf meinem Rechner -2147483648). Ähnlich ist der Effekt einer Division durch null undefiniert, aber er führt normalerweise zu einem abrupten Abbruch des Programms. Insbesondere werfen Unterlauf, Überlauf und Division durch null keine Ausnahmen (§14.10).

6.2.2   Reihenfolge der Auswertung

Die Reihenfolge der Auswertung von Teilausdrücken innerhalb eines Ausdrucks ist undefiniert. Insbesondere kann man nicht erwarten, daß ein Ausdruck von links nach rechts abgearbeitet wird. Beispiel:

```
int x = f(2)+g(3);   // Undefiniert, ob erst f() oder erst g() aufgerufen wird
```

Es kann besserer Code generiert werden, wenn es keine Einschränkungen bei der Reihenfolge der Auswertung von Ausdrücken gibt. Allerdings kann die Abwesenheit von Einschränkungen der Auswertungsreihenfolge zu undefinierten Ergebnissen führen. Beispielsweise kann

```
int i = 1;
v[i] = i++;   // Undefiniertes Ergebnis
```

als v[1]=1 oder v[2]=1 bewertet werden oder könnte sich noch merkwürdiger verhalten. Compiler können vor solchen Mehrdeutigkeiten warnen. Leider tun es die meisten nicht.

Die Operatoren Komma (,), logisches Und (&&) und logisches Oder (||) garantieren, daß ihr linker Operand vor ihrem rechten ausgewertet wird. Beispielsweise weist b=(a=2,a+1) den Wert 3 an b zu. Beispiele für die Anwendung von || und && findet man in §6.2.3. Für eingebaute Typen wird der zweite Operand von && nur ausgewertet, wenn der erste true ergibt, und der zweite Operand von || wird nur ausgewertet, wenn der erste false ergibt; dies wird manchmal Kurzschlußauswertung (englisch: *short–circuit evaluation*) genannt. Man beachte, daß der Sequenzoperator , (Komma) sich logisch vom Komma unterscheidet, das zum Trennen von Argumenten bei Funktionsaufrufen dient. Beispiel:

```
f1(v[i],i++);        // Zwei Argumente
f2( (v[i],i++) );    // Ein Argument
```

Der Aufruf von f1 hat zwei Argumente, v[i] und i++, und die Reihenfolge der Auswertung der Argumentausdrücke ist undefiniert. Abhängigkeiten in der Reihenfolge von Argumentausdrücken ist sehr schlechter Programmierstil und führen zu undefiniertem Verhalten. Der Aufruf von f2 hat ein Argument, den Komma–Ausdruck v[i],i++, der äquivalent zu i++ ist.

Klammern können zum Erzwingen von Gruppierungen dienen. Beispielsweise ist a*b/c gleichbedeutend mit (a*b)/c, daher müssen Klammern benutzt werden, um a*(b/c) zu erzwingen. a*(b/c) darf nur dann als (a*b)/c ausgewertet werden, wenn der Anwender den Unterschied nicht feststellen kann. Allerdings sind für viele Gleitkommaberechnungen a*(b/c) und (a*b)/c sehr unterschiedlich, daher wird ein Compiler solche Ausdrücke genau so auswerten, wie sie geschrieben sind.

6.2.3   Operatorprioritäten

Die Prioritätsebenen und die Bindungsregeln sind so gewählt, daß sie die häufigste Benutzung widerspiegeln. Beispielsweise bedeutet

```
if (i<=0 || max<i) //...
```

»falls i kleiner oder gleich 0 ist oder falls max kleiner als i ist«. Das heißt, es ist äquivalent zu

```
if ( (i<=0) || (max<i) ) //...
```

und nicht zum erlaubten, aber unsinnigen

```
if (i <= (0||max) < i) //...
```

Allerdings sollten Klammern immer dann gebraucht werden, wenn sich der Programmierer nicht sicher über diese Regeln ist. Die Benutzung von Klammern wird häufiger, wenn die Teilausdrücke komplizierter werden, aber komplizierte Teilausdrücke sind eine Fehlerquelle. Daher sollte man, wenn man glaubt, Klammern zu brauchen, lieber den Ausdruck durch eine zusätzliche Variable aufbrechen.

Es gibt Fälle, in denen die Operatorpriorität nicht das »offensichtliche« Ergebnis liefert. Beispiel:

```
if (i&mask == 0)      // Ausdruck == als Operand für &
```

Dies wendet nicht eine Maske auf i an und prüft, ob das Ergebnis null ist. Da == eine höhere Priorität als & hat, wird der Ausdruck als i&(mask==0) interpretiert. Glücklicherweise ist es sehr leicht für einen Compiler, bei den meisten solcher Fehler zu warnen. In diesem Fall sind Klammern wichtig:

```
if ((i&mask) == 0) // ...
```

Man sollte sich merken, daß das folgende nicht das tut, was ein Mathematiker erwarten würde:

```
if (0 <= x <= 99) // ...
```

Dies ist erlaubt, wird aber als (0<=x)<=99 interpretiert, wobei das Ergebnis des ersten Vergleichs true oder false ist. Dieser Boolesche Wert wird dann implizit nach 1 oder 0 konvertiert, was dann mit 99 verglichen wird und true ergibt. Um zu prüfen, ob x im Bereich 0..99 liegt, könnte man schreiben:

```
if (0<=x && x<=99) // ...
```

Ein verbreiteter Anfängerfehler ist es, ein = (Zuweisung) statt == (Vergleich) in einer Bedingung zu benutzen:

```
if (a = 7)   // Zuweisung einer Konstanten in einer Bedingung
```

Dies ist nur natürlich, da = in vielen Sprachen »gleich« bedeutet. Wieder ist es einfach für einen Compiler, hier zu warnen — und viele tun dies.

6.2.4 Bitweise logische Operatoren

Die bitweisen logischen Operatoren &, |, ^, ~, >> und << werden auf Objekte mit integralem Typ und auf Enumeratoren angewendet — das heißt bool, char, short, int long und ihre unsigned–Gegenstücke sowie Enumeratoren. Die üblichen arithmetischen Umwandlungen (§C.6.3) werden durchgeführt, um den Ergebnistyp zu bestimmen.

Die typische Anwendung der bitweisen logischen Operatoren ist die Implementierung einer kleinen Menge (eines Bit–Vektors). In diesem Fall repräsentiert jedes Bit einer vorzeichenlosen ganzen Zahl ein Element der Menge, und die Anzahl Bits begrenzt die Anzahl der Elemente. Der zweistellige Operator & wird als Durchschnitt interpretiert, | als Vereinigung, ^ als symmetrische Differenz und ~ als Komplement. Eine Aufzählung kann benutzt werden, um die Elemente einer solchen Menge mit Namen zu versehen. Hier folgt ein kleines Beispiel, das aus der Implementierung von ostream ausgeliehen ist:

```
enum ios_base::iostate {
    goodbit=0, eofbit=1, failbit=2, badbit=4
};
```

Die Implementierung eines Streams kann ihren Zustand so setzen und prüfen:

```
state = goodbit;
// ...
if (state&(badbit|failbit))  // Stream nicht in Ordnung
```

Die zusätzlichen Klammern sind nötig, weil & eine höhere Priorität hat als |.

Eine Funktion, die das Ende der Eingabe erreicht, kann dies so festhalten:

```
state |= eofbit;
```

Der |=-Operator wird benutzt, um etwas zu state hinzuzufügen. Eine einfache Zuweisung state=eofbit hätte die anderen Bits gelöscht.

Diese Stream–Flags sind von außerhalb der Stream–Implementierung sichtbar. Beispielsweise könnte man sehen, wie die Zustände zweier Streams sich unterscheiden:

```
int diff = cin.rdstate()^cout.rdstate();  // rdstate() liefert den Zustand
```

Die Berechnung der Unterschiede zwischen den Zuständen von Streams ist nicht sehr üblich. Für andere ähnliche Typen ist die Berechnung von Differenzen wesentlich. Betrachten Sie beispielsweise den Vergleich eines Bit–Vektors, der die Menge an behandelten Interrupts darstellt, mit einem, der die Menge an ausstehenden Interrupts enthält.

Man beachte, daß diese Bit–Fummelei aus der Implementierung von Ein-/Ausgabe–Streams entnommen wurde und nicht aus der Schnittstelle zum Benutzer. Bequeme Bitmanipulationen können sehr wichtig sein, aber um ein zuverlässiges, wartbares, portierbares usw. System zu erhalten, sollte man sie nur auf den untersten Schichten des Systems benutzen. Für eine allgemeinere Darstellung von Mengen gibt es die Standardbibliothek–Klassen set (§17.4.3), bitset (§17.5.3) und vector<bool> (§16.3.11).

Bitfelder (§C.8.1) sind eine bequeme Vereinfachung gegenüber dem Verschieben und Maskieren, um Bits aus einem Wort zu extrahieren. Dies kann natürlich auch mit den bitweisen logischen Operatoren getan werden. Beispielsweise könnte man die mittleren 16 Bit eines 32-Bit-long so extrahieren:

```
unsigned short middle(long a) { return (a>>8)&0xffff; }
```

Verwechseln Sie nicht die bitweisen logischen Operatoren mit den logischen Operatoren &&, || und !. Die letzteren liefern entweder true oder false, und sie sind hauptsächlich sinnvoll, um die Bedingungen in einer if–, while– oder for–Anweisung zu schreiben (§6.3.2, §6.3.3). Beispielsweise ist !0 (Nicht Null) der Wert true, während ~0 (Komplement von Null) das Bitmuster »alles eins« ist, das bei einer Darstellung im Zweierkomplement den Wert –1 hat.

6.2.5 Inkrement und Dekrement

Der ++-Operator wird benutzt, um eine Inkrementierung direkt auszudrücken, anstatt sie indirekt durch eine Kombination von Addition und Zuweisung darzustellen. Per Definition bedeutet ++Lvalue dasselbe wie Lvalue+=1, was wiederum Lvalue=Lvalue+1 bedeutet, immer unter der Annahme, daß Lvalue keine Seiteneffekte hat. Der Ausdruck, der das zu inkrementierende Objekt bezeichnet, wird (nur) einmal ausgewertet. Das Dekrementieren wird entsprechend durch den ---Operator ausgedrückt. Die Operatoren ++ und -- können sowohl als Präfix– als auch als Postfixoperatoren benutzt werden. Der Wert von ++x ist der neue (das heißt inkrementierte) Wert von x. Beispielsweise ist y=++x äquivalent zu y=(x+=1). Der Wert von x++ ist jedoch der alte Wert von

x. Beispielsweise ist y=x++ äquivalent zu y=(t=x,x+=1,t), wobei t eine Variable vom selben Typ wie x ist.

Wie die Addition und Subtraktion von Zeigern arbeiten ++ und -- bei Zeigern in Einheiten von Elementen des Feldes, in das der Zeiger zeigt; p++ läßt p auf das nächste Element zeigen (§5.3.1).

Die Inkrementoperatoren sind besonders nützlich, um Variablen innerhalb von Schleifen zu inkrementieren und zu dekrementieren. Beispielsweise kann man einen C–String folgendermaßen kopieren:

```
void cpy(char* p, const char* q)
{
    while (*p++ = *q++) ;
}
```

Genau wie C wird C++ sowohl geliebt als auch gehaßt, weil es eine solch knappe, ausdrucksorientierte Codierung ermöglicht. Da

```
while (*p++ = *q++) ;
```

mehr als nur etwas obskur für Nicht–C–Programmierer ist und da solch ein Programmierstil in C und C++ nicht selten ist, ist es sinnvoll, etwas näher hinzuschauen.

Betrachten wir einen traditionelleren Weg, ein Feld von Zeichen zu kopieren:

```
int length = strlen(q);
for (int i = 0; i<=length; i++) p[i] = q[i];
```

Dies ist Verschwendung. Die Länge der durch 0 begrenzten Zeichenketten wird ermittelt, indem alle Zeichen während der Suche nach der 0 gelesen werden. So wird die Zeichenkette zweimal gelesen: einmal, um ihre Länge zu ermitteln, und einmal, um sie zu kopieren. Daher probieren wir statt dessen dies:

```
int i;
for (i = 0; q[i]!=0 ; i++) p[i] = q[i];
p[i] = 0;    // Abschließende 0
```

Die zum Indizieren benutzte Variable i kann eliminiert werden, da p und q Zeiger sind:

```
while (*q != 0) {
    *p = *q;
    p++;          // Zeigt auf das nächste Zeichen
    q++;          // Zeigt auf das nächste Zeichen
}
*p = 0;           // Abschließende 0
```

Da die Postinkrementoperationen es erlauben, erst den Wert zu benutzen und sie dann zu inkrementieren, kann die Schleife folgendermaßen geschrieben werden:

```
while (*q != 0) {
    *p++ = *q++;
}
*p = 0;    // Abschließende 0
```

Der Wert von *p++ = *q++ ist *q. Das Beispiel kann also so geschrieben werden:

```
while ((*p++ = *q++) != 0) { }
```

In diesem Fall wird nicht bemerkt, daß *q bereits Null war, bevor es nach *p kopiert wurde und p inkrementiert wurde. Folglich kann die abschließende Zuweisung der Null entfallen. Schließlich kann das Beispiel noch weiter reduziert werden, da der leere Block nicht gebraucht wird und »!=0« redundant ist, da das Ergebnis einer Zeiger– oder ganzzahligen Bedingung sowieso immer mit 0 verglichen wird. So landen wir bei der Version, die wir finden wollten:

```
while (*p++ = *q++) ;
```

Ist diese Version weniger lesbar als die vorherigen Versionen? Nicht für einen erfahrenen C– oder C++–Programmierer. Ist diese Version effizienter bezüglich Laufzeit oder Speicherbedarf? Mit Ausnahme der ersten Version, die strlen() aufgerufen hat, nicht wirklich. Welche Version die effizienteste ist, wird je nach Rechnerarchitektur und Compiler variieren.

Der effizienteste Weg, einen C–String auf einem bestimmten Rechner zu kopieren, sollte die standardmäßige Kopierfunktion für C–Strings sein:

```
char* strcpy(char*, const char*);    // aus <string.h>
```

Für allgemeines Kopieren kann der Standard–copy–Algorithmus (§2.7.2, §18.6.1) benutzt werden. Benutzen Sie, wann immer möglich, Hilfsmittel der Standardbibliothek, anstatt mit Zeigern und Bytes herumzubasteln. Standardbibliotheksfunktionen können inline generiert werden (§7.1.1) oder sogar mit speziellen Maschinenbefehlen implementiert sein. Daher sollte man sorgfältig nachmessen, bevor man glaubt, daß ein Stück handgeschriebenen Codes eine Bibliotheksfunktion aussticht.

6.2.6 Freispeicher

Ein benanntes Objekt hat eine Lebensdauer, die durch ihren Gültigkeitsbereich bestimmt wird (§4.9.4). Es ist allerdings oft sinnvoll, ein Objekt zu erzeugen, das unabhängig von dem Gültigkeitsbereich existiert, in dem es erzeugt wurde. Insbesondere ist es üblich, Objekte zu erzeugen, die nach der Rückkehr aus der Funktion, in der sie erzeugt wurden, weiter benutzt werden können. Der Operator new erzeugt solche Objekte, und der Operator delete kann benutzt werden, um sie zu zerstören. Objekte, die durch new angelegt wurden, werden als »im Freispeicher« befindlich bezeichnet (und auch als »Heap–Objekte« oder als »im dynamischen Speicher angelegt«).

Betrachten wir, wie man einen Compiler in dem für den Taschenrechner (§6.1) benutzten Stil schreiben könnte. Die Syntaxanalysefunktionen könnten einen Baum der Ausdrücke für den Codegenerator erstellen:

```
struct Enode {
    Token_value oper;
    Enode* left;
    Enode* right;
    // ...
};

Enode* expr(bool get)
{
    Enode* left = term(get);
    for (;;)
        switch(curr_tok) {
        case PLUS:
        case MINUS:
```

```
    {   Enode* n = new Enode;     // Erzeuge einen Enode im Freispeicher
        n->oper = curr_tok;
        n->left = left;
        n->right = term(true);
        left = n;
        break;
    }
    default:
        return left;              // Gib Knoten zurück
    }
}
```

Ein Codegenerator würde die resultierenden Knoten auswerten und sie dann löschen:

```
void generate(Enode* n)
{
    switch (n->oper) {
    case PLUS:
        // ...
        delete n;    // Lösche den Enode aus dem Freispeicher
    }
}
```

Ein mit new erzeugtes Objekt existiert so lange, bis es explizit mit delete zerstört wird. Danach kann der von ihm belegte Speicher für ein weiteres new wiederbenutzt werden. Eine C++–Implementierung garantiert nicht das Vorhandensein einer automatischen Speicherbereinigung (englisch: *garbage collection*), die nach nicht mehr referenzierten Objekten sucht und sie für weitere new verfügbar macht. Folglich gehe ich davon aus, daß mit new erzeugte Objekte von Hand mit free freigegeben werden. Falls eine Speicherbereinigung vorhanden ist, können die deletes in den meisten Fällen entfallen (§C.9.1).

Der delete–Operator darf nur auf von new gelieferte Zeiger oder Null angewendet werden. Eine Anwendung auf Null hat keine Auswirkungen.

Wie spezialisiertere Versionen des Operators new definiert werden, sehen Sie in §15.6.

6.2.6.1 Felder

Felder von Objekten können auch mit new angelegt werden. Beispiel:

```
char* save_string(const char* p)
{
    char* s = new char[strlen(p)+1];
    strcpy(s,p);          // Kopiere von p nach s
    return s;
}

int main(int argc, char* argv[])
{
    if (argc < 2) exit(1);
    char* p = save_string(argv[1]);
    // ...
    delete[] p;
}
```

Der »einfache« Operator delete wird benutzt, um einzelne Objekte zu löschen; delete[] wird zum Löschen von Feldern benutzt.

Um von new belegten Speicher freizugeben, müssen new und new[] die Größe des angelegten Objekts ermitteln können. Dies bedingt, daß ein mit der Standardimplementierung von new angelegtes Objekt etwas mehr Speicher als ein statisches Objekt belegt. Üblicherweise wird ein Wort benutzt, um die Größe des Objekts abzulegen.

Man beachte, daß ein vector (§3.7.1, §16.3) ein richtiges Objekt ist und daher durch einfaches new und delete angelegt und freigegeben werden kann. Beispiel:

```
void f(int n)
{
    vector<int>* p = new vector<int>(n);    // Einzelnes Objekt
    int* q = new int[n];                     // Feld
    // ...
    delete p;
    delete[] q;
}
```

6.2.6.2   Speicherknappheit

Die Freispeicheroperatoren new, delete, new[] und delete[] werden durch Funktionen implementiert:

```
void* operator new(size_t);        // Platz für einzelne Objekte
void operator delete(void*);
void* operator new[](size_t);      // Platz für Felder
void operator delete[](void*);
```

Wenn der Operator new Platz für ein Objekt belegen muß, ruft er operator new() auf, um eine angemessene Anzahl Bytes zu belegen. Entsprechend ruft der Operator new[] die Funktion operator new[]() auf.

Die Standardimplementierungen von operator new() und operator new[]() initialisieren den gelieferten Speicher nicht.

Was passiert, wenn new keinen Speicher zum Belegen finden kann? Standardmäßig wirft der Allokator eine bad_alloc-Ausnahme(Eine Alternative dazu steht in §19.4.5). Beispiel:

```
void f()
{
    try {
        for(;;) new char[10000];
    }
    catch(bad_alloc) {
        cerr << "Speicher erschoepft!\n";
    }
}
```

Egal wieviel Speicher zur Verfügung steht, dies wird irgendwann den bad_alloc-Handler aufrufen.

Man kann angeben, was new bei Speicherknappheit tun soll. Falls new fehlschlägt, ruft es zuerst eine Funktion auf, die unter Umständen durch einen Aufruf der in <new> deklarierten Funktion set_new_handler() spezifiziert wurde. Beispiel:

```
void out_of_store()
{
    cerr << "Operator new fehlgeschlagen: kein Speicher mehr\n";
    throw bad_alloc();
}
int main()
{
    set_new_handler(out_of_store);   // Setze out_of_store als new_handler
    for (;;) new char[10000];
    cout << "fertig\n";
}
```

Dieser Aufruf wird niemals fertig ausgeben. Statt dessen erfolgt die Ausgabe:

```
Operator new fehlgeschlagen: kein Speicher mehr
```

In §14.4.5 wird eine plausible Implementierung eines operator new() beschrieben, die prüft, ob es einen new_handler zum Aufrufen gibt, und die andernfalls ein bad_alloc wirft. Ein new_handler könnte etwas Schlaueres tun, als nur das Programm zu beenden. Falls man weiß, wie new und delete arbeiten — weil man beispielsweise seine eigenen Versionen von operator new() und operator delete() hat —, könnte der Handler versuchen, noch Speicher für das new zu finden. Anders gesagt, könnte ein Benutzer eine Speicherbereinigung anbieten, die die Benutzung von delete optional macht. Dies ist allerdings definitiv keine Aufgabe für einen Anfänger. Für fast jeden, der eine automatische Speicherbereinigung benötigt, ist es die richtige Lösung, sich eine schon fertige und getestete Implementierung zu beschaffen (§C.9.1).

Durch die Bereitstellung eines new_handler kümmert man sich um die Prüfung auf Speicherknappheit für jede gewöhnliche Benutzung von new im Programm. Daneben existieren zwei alternative Methoden zur Kontrolle der Speicherbelegung. Man kann entweder Nichtstandardbelegungs– und Freigabefunktionen für die normale Benutzung von new anbieten (§15.6) oder sich auf zusätzliche vom Benutzer beigebrachte Informationen zur Belegung stützen (§10.4.11).

6.2.7   Explizite Typkonvertierung

Manchmal muß man mit »rohem Speicher« umgehen; das heißt mit Speicher, der Objekte enthält oder enthalten wird, deren Typ dem Compiler unbekannt ist. Beispielsweise könnte eine Speicheranforderung einen void* liefern, der auf neu bereitgestellten Speicher zeigt, oder man möchte, daß eine bestimmte Zahl als Adresse eines Ein-/Ausgabegeräts behandelt wird:

```
void* malloc(size_t);

void f()
{
    int* p = static_cast<int*>(malloc(100));
    // Speicher wird als ints benutzt
```

```
IO_device* d1 = reinterpret_cast<IO_device*>(0Xff00);
// Gerät an Adresse 0Xff00

// ...
}
```

Ein Compiler kennt den Typ des Objekts, auf das ein void* zeigt, nicht. Auch kann er nicht wissen, ob die Zahl 0Xff00 eine gültige Adresse darstellt. Entsprechend liegt die Richtigkeit der Konvertierung vollständig in der Hand des Programmierers. Explizite Typkonvertierung, oft Cast genannt, ist manchmal notwendig. Allerdings wird sie traditionell zu oft benutzt und ist eine Hauptquelle für Fehler.

Der static_cast-Operator konvertiert zwischen verwandten Typen, wie etwa zwischen zwei verschiedenen Zeigertypen einer Klassenhierarchie, zwischen einer Aufzählung und einem integralen Typ oder einem Gleitkommatyp und einem integralen Typ. Der reinterpret_cast handhabt die Konvertierung zwischen nicht verwandten Typen, z.B. zwischen einem int und einem Zeiger oder einem Zeiger und einem nicht verwandten Zeigertyp. Diese Unterscheidung ermöglicht dem Compiler eine minimale Typprüfung beim static_cast und macht es für den Programmierer einfacher, die gefährlicheren Konvertierungen mittels reinterpret_cast zu finden. Einige static_casts sind portabel, aber dies gilt nur für wenige reinterpret_casts. Es wird so gut wie keine Garantie zu reinterpret_cast gegeben, aber allgemein wird ein Wert eines neuen Typs erzeugt, der dasselbe Bitmuster wie das Argument hat. Falls das Ziel mindestens so viele Bits wie der Ursprungswert hat, kann man das Ergebnis per reinterpret_cast zurückwandeln und benutzen. Das Ergebnis eines reinterpret_cast ist nur dann garantiert benutzbar, wenn der Ergebnistyp exakt derselbe ist wie der Typ, der zur Definition des Ausgangswerts benutzt wurde. Man beachte, daß reinterpret_cast die Art von Konvertierung ist, die man bei Funktionszeigern (§7.7) benutzen muß.

Wenn man versucht ist, eine explizite Typkonvertierung einzusetzen, sollte man sich die Zeit nehmen, darüber nachzudenken, ob sie *wirklich* notwendig ist. In C++ ist eine explizite Typkonvertierung in den meisten Fällen, in denen man sie in C brauchen würde, unnötig (§1.6) und genauso in vielen Fällen, in denen frühere Versionen von C++ sie gebraucht haben (§1.6.2, §B.2.3). In vielen Programmen kann eine explizite Typkonvertierung komplett vermieden werden; in anderen kann sie auf ein paar Routinen eingegrenzt werden. In diesem Buch wird die explizite Typkonvertierung in realistischen Situationen nur in §6.2.7, §7.7, §13.5, §15.4 und §25.4.1 eingesetzt.

Es gibt eine Form der zur Laufzeit überprüften Konvertierung, dynamic_cast (§15.4.1), und einen Cast zum Entfernen des const-Qualifizierers, const_cast (§15.4.2.1).

C++ hat von C die Schreibweise (T)a geerbt, die jede Konvertierung ausführt, die als Kombination aus static_cast, reinterpret_cast und const_cast ausgedrückt werden kann, um einen Wert des Typs T aus dem Ausdruck a zu erzeugen (§B.2.3). Dieser C–Cast ist sehr viel gefährlicher als die benannten Konvertierungsoperatoren, da die Schreibweise viel unauffälliger ist und die vom Programmierer beabsichtigte Konvertierung nicht explizit ausgeschrieben ist. Das heißt, (T)a könnte eine portable Konvertierung zwischen verwandten Typen sein, eine nicht portable Konvertierung zwischen nicht verwandten Typen oder das Entfernen von const von einem Zeigertyp. Ohne die genauen Typen von T und a zu kennen, kann man dies nicht entscheiden.

6.2.8 Konstruktoren

Die Konstruktion eines Wertes von Typ T aus einem Wert a kann durch die funktionale Schreibweise T(a) ausgedrückt werden. Beispiel:

```
void f(double d)
{
    int i = int(d);          // Schneide d ab
    complex z = complex(d);  // Erzeuge ein complex aus d
    // ...
}
```

Das Konstrukt T(a) wird manchmal auch als *Funktions–Cast* (englisch: *function–style cast*) bezeichnet. Für einen eingebauten Typ ist T(a) äquivalent zu static_cast<T>(a). Leider bedeutet dies, daß die Anwendung von T(a) nicht immer sicher ist. Bei arithmetischen Typen können Werte abgeschnitten werden, und sogar die explizite Konvertierung eines long–Typs in einen kürzeren (etwa long nach char) kann zu undefiniertem Verhalten führen. Ich versuche, diese Schreibweise nur zu benutzen, wenn die Konstruktion eines Wertes wohldefiniert ist; das heißt, um die arithmetische Konvertierung einzugrenzen (§C.6), zur Konvertierung von ganzen Zahlen in Aufzählungen (§4.8) und zur Konstruktion von Objekten eines benutzerdefinierten Typs (§2.5.2, §10.2.3).

Zeigerkonvertierungen können nicht direkt durch die T(a)–Schreibweise dargestellt werden. Beispielsweise ist char*(2) ein Syntaxfehler. Leider kann der Schutz, den die Konstruktorschreibweise gegen solch gefährliche Konvertierungen bietet, durch die Benutzung von typedef (§4.9.7) für Zeigertypen außer Kraft gesetzt werden.

Die Konstruktorschreibweise T() wird benutzt, um den Default–Wert des Typs T darzustellen. Beispiel:

```
void f(double d)
{
    int j = int();           // Default-int-Wert
    complex z = complex();   // Default-complex-Wert
    // ...
}
```

Der Wert eines expliziten Aufrufs des Konstruktors für einen eingebauten Typ ist eine in diesen Typ konvertierte 0 (§4.9.5). Daher ist int() eine andere Schreibweise für 0. Bei einem benutzerdefinierten Typ T wird T() durch den Default–Konstruktor (§10.4.2) bestimmt, falls es einen gibt.

Die Benutzung der Konstruktorschreibweise für eingebaute Typen ist besonders wichtig beim Schreiben von Templates. Dabei weiß der Programmierer nicht, ob ein Template–Parameter sich auf einen eingebauten oder benutzerdefinierten Typ bezieht (§16.3.4, §17.4.1.2).

6.3   Zusammenfassung der Anweisungen

Es folgen eine Zusammenfassung und einige Beispiele von C++–Anweisungen:

Anweisungssyntax

---

anweisung:
    deklaration
    { *anweisungsliste*$_{opt}$ }
    try { *anweisungsliste*$_{opt}$ } *handler-liste*
    ausdruck$_{opt}$;

    if (*bedingung*) *anweisung*
    if (*bedingung*) *anweisung* else *anweisung*
    switch (*bedingung*) *anweisung*

    while (*bedingung*) *anweisung*
    do *anweisung* while (*bedingung*) ;
    for (*for-init-anweisung bedingung*$_{opt}$; *ausdruck*$_{opt}$) *anweisung*

    case *konstanter-ausdruck* : *anweisung*
    default : *anweisung*
    break ;
    continue ;

    return *ausdruck*$_{opt}$

    goto *bezeichner* ;
    bezeichner : *anweisung*

anweisungsliste:
    anweisung anweisungsliste$_{opt}$

bedingung:
    ausdruck
    typangabe deklarator = ausdruck

handler-liste:
    catch (*ausnahme-deklaration*) { *anweisungsliste*$_{opt}$ }
    handler-liste handler-liste$_{opt}$

Man beachte, daß eine Deklaration eine Anweisung ist und daß es keine Zuweisungsanweisung und keine Funktionsaufrufanweisung gibt; Zuweisung und Funktionsaufruf sind Ausdrücke. Die Anweisungen zur Handhabung von Ausnahmen, try–Blöcke, sind in §8.3.1 beschrieben.

6.3.1   Deklarationen als Anweisungen

Eine Deklaration ist eine Anweisung. Falls eine Variable nicht als `static` deklariert wurde, wird ihr Initialisierer jedesmal ausgeführt, wenn der Kontrollfluß die Deklaration durchläuft (siehe auch §10.4.8). Der Grund, Deklarationen überall da zu erlauben, wo auch eine Anweisung erlaubt ist (und an ein paar anderen Stellen; §6.3.2.1; §6.3.3.1), liegt darin, es dem Programmierer zu ermöglichen, Fehler durch uninitialisierte Variablen zu vermeiden und höhere Lokalität im Code zu erzielen. Es gibt selten einen Grund, eine Variable einzuführen, bevor man ihr einen Wert zuweisen kann. Beispiel:

```
void f(vector<string>& v, int i, const char* p)
{
    if (p==0) return;
    if (i<0 || v.size()<=i) error("Falscher Index");
    string s = v[i];
    if (s == p) {
        // ...
    }
    // ...
}
```

Die Möglichkeit, Deklarationen hinter ausführbaren Code zu schreiben, ist für viele Konstanten und für einen Programmierstil wichtig, bei dem einem Objekt nur einmal ein Wert zugewiesen wird, der nach dieser Initialisierung nicht mehr geändert wird. Bei benutzerdefinierten Typen kann die Verzögerung der Definition einer Variablen, bis ein passender Initialisierer verfügbar ist, zu einem besseren Laufzeitverhalten führen. Beispielsweise kann

```
string s; /* ... */ s = "Das Bessere ist des Guten Feind.";
```

leicht sehr viel langsamer sein als

```
string s = "Voltaire";
```

Der häufigste Grund, eine Variable ohne Initialisierer zu deklarieren, ist der, daß sie eine Anweisung zur Initialisierung benötigt. Beispiele hierfür sind Eingabevariablen und Felder.

6.3.2   Auswahlanweisungen

Ein Wert kann entweder durch eine `if`–Anweisung oder eine `switch`–Anweisung überprüft werden:

```
if ( bedingung ) anweisung
if ( bedingung ) anweisung else anweisung
switch ( bedingung ) anweisung
```

Die Vergleichsoperatoren

```
== != < <= > >=
```

liefern den `bool` `true`, falls der Vergleich zutrifft, und `false` anderenfalls.

In einer `if`–Anweisung wird die erste (oder einzige) Anweisung ausgeführt, wenn die Bedingung ungleich Null ist, und andernfalls die zweite Anweisung (falls vorhanden). Dies bedeutet, daß

jeder ganzzahlige oder Zeigerausdruck als Bedingung benutzt werden kann. Wenn beispielsweise
x ein int ist, dann bedeutet

```
if (x) // ...
```

dasselbe wie:

```
if (x != 0) // ...
```

Bei einem Zeiger p ist

```
if (p) // ...
```

ein direkter Ausdruck der Frage »zeigt p auf ein gültiges Objekt?«, während

```
if (p != 0) // ...
```

diese Frage indirekt stellt, indem der Zeiger mit einem Wert verglichen wird, von dem bekannt ist,
daß er nicht auf ein Objekt zeigt. Man beachte, daß die Darstellung des Zeigers 0 nicht auf allen
Rechnern aus lauter Nullen besteht (§5.1.1). Jeder Compiler, den ich überprüft habe, generiert
denselben Code für beide Formen der Abfrage.

Die logischen Operatoren

```
&&   ||   !
```

werden meistens in Bedingungen benutzt. Die Operatoren && und || werten ihren zweiten Ope-
randen nicht aus, wenn es nicht notwendig ist. Beispiel:

```
if (p && 1<p->count) // ...
```

prüft zuerst, ob p ungleich 0 ist. Es prüft 1<p->count nur, falls dies zutrifft.

Einige if–Anweisungen können leicht durch bedingte Ausdrücke ersetzt werden. Beispielsweise wird

```
if (a <= b)
    max = b;
else
    max = a;
```

besser durch

```
max = (a<=b) ? b : a;
```

ausgedrückt. Die Klammern um die Bedingung sind nicht nötig, aber ich finde den Code leichter
lesbar, wenn sie vorhanden sind.

Eine switch–Anweisung kann alternativ als Reihe von if–Anweisungen geschrieben werden.
Beispielsweise könnte

```
switch (wert) {
case 1:
    f();
    break;
case 2:
    g();
    break;
```

```
default:
    h();
    break;
}
```

alternativ so geschrieben werden:

```
if (wert == 1)
    f();
else if (wert == 2)
    g();
else
    h();
```

Die Bedeutung ist identisch, aber die erste (`switch`) Version wird bevorzugt, da die Natur der Operation (Prüfen eines Wertes gegen eine Menge von Konstanten) direkt ausgedrückt wird. Dies macht die `switch`–Anweisung für nichttriviale Fälle leichter lesbar. Es kann außerdem zur Generierung von besserem Code führen.

Man muß aufpassen, daß ein Fall (`case`) einer `switch`–Anweisung irgendwie als beendet gekennzeichnet werden muß, es sei denn, man möchte, daß der Code des direkt folgenden Falls auch ausgeführt wird. Beispiel:

```
switch (wert) {            // Vorsicht
case 1:
    cout << "Fall 1\n";
case 2:
    cout << "Fall 2\n";
default:
    cout << "default: Fall nicht gefunden\n";
}
```

Mit `wert==1` aufgerufen, gibt dies

```
Fall 1
Fall 2
default: Fall nicht gefunden
```

zur großen Überraschung des Nichteingeweihten aus. Es ist eine gute Idee, die (seltenen) Fälle zu dokumentieren, in denen man in das nächste `case` »fallen« möchte, so daß ein undokumentiertes »Durchfallen« als Fehler angenommen werden kann. Ein `break` ist der häufigste Weg, um ein `case` zu verlassen, aber ein `return` ist oft nützlich (§6.1.1).

6.3.2.1 Deklarationen in Bedingungen

Um den versehentlichen Mißbrauch einer Variablen zu vermeiden, ist es normalerweise eine gute Idee, die Variable mit dem kleinstmöglichen Gültigkeitsbereich einzuführen. Besonders ist es im Regelfall am besten, die Einführung einer Variablen so lange zu verschieben, bis man ihr einen Initialwert zuweisen kann. Auf diese Weise vermeidet man das Problem, eine nicht initialisierte Variable zu benutzen.

Eine der elegantesten Anwendungen dieser beiden Prinzipien ist die Deklaration einer Variablen in einer Bedingung. Beispiel:

```
if (double d = prim(true)) {
    left /= d;
    break;
}
```

Hier wird d deklariert und initialisiert, und der Wert von d wird nach der Initialisierung als Wert der Bedingung geprüft. Der Gültigkeitsbereich von d geht von ihrer Deklarationsstelle bis zum Ende der Anweisung, die durch die Bedingung kontrolliert wird. Wäre beispielsweise ein else–Zweig zur if–Anweisung vorhanden gewesen, wäre der Gültigkeitsbereich in beiden Zweigen gewesen.

Die naheliegende und traditionelle Alternative ist es, d vor der Bedingung zu deklarieren. Dies erweitert aber den Gültigkeitsbereich für die Benutzung von d auf Bereiche, in denen d noch nicht initialisiert oder nicht mehr sinnvoll belegt ist:

```
double d;
// ...

d2 = d; // Huch!
// ...

if (d = prim(true)) {
    left /= d;
    break;
}
// ...

d = 2.0; // Zwei unzusammenhängende Benutzungen von d
```

Zusätzlich zu den logischen Vorteilen, Variablen in Bedingungen zu deklarieren, führt dies außerdem zu sehr kompaktem Quellcode.

Eine Deklaration in einer Bedingung muß eine einzelne Variable oder Konstante deklarieren und initialisieren.

6.3.3   Schleifenanweisungen

Eine Schleife kann durch eine for–, while– oder do–Anweisung beschrieben werden:

while (*bedingung*) *anweisung*
do *anweisung* while (*bedingung*)
for (*for-init-anweisung* *bedingung*$_{opt}$; *ausdruck*$_{opt}$) *anweisung*

Jede dieser Anweisungen führt eine Anweisung (genannt *kontrollierte* Anweisung oder *Schleifenrumpf*) wiederholt aus, bis die Bedingung false wird oder der Programmierer auf andere Weise die Schleife verläßt.

Die for–Anweisung ist dazu gedacht, ziemlich regelmäßige Schleifen darzustellen. Die Schleifenvariable, die Endebedingung und der Ausdruck, der die Schleifenvariable weiterschaltet, können »vorneweg« in einer Zeile geschrieben werden. Dies erhöht die Lesbarkeit erheblich und senkt damit die Fehlerhäufigkeit. Falls keine Initialisierung notwendig ist, kann die Initialisierungsanweisung leergelassen werden. Falls die Bedingung weggelassen wird, läuft die Schleife endlos, es sei denn, der Benutzer verläßt sie explizit durch break, return, goto, throw oder einen weniger offensichtlichen Weg wie den Aufruf von exit() (§9.4.1.1). Falls der Ausdruck weggelassen wird, muß man eine Form der Schleifenvariablen im Schleifenrumpf weiterschalten. Falls die Schleife nicht von der einfachen »Führe eine Schleifenvariable ein, prüfe die Bedingung, schalte die Schleifenvariable weiter«–Art ist, sollte man besser eine `while`–Anweisung benutzen. Eine `for`–Anweisung ist außerdem nützlich, um eine Schleife ohne explizite Abbruchbedingung zu formulieren:

```
for(;;) {    // »fuerimmer«
    //...
}
```

Eine `while`–Anweisung führt einfach ihre kontrollierte Anweisung so lange aus, bis ihre Bedingung `false` wird. Ich tendiere dazu, `while`–Anweisungen `for`–Anweisungen vorzuziehen, falls es keine offensichtliche Schleifenvariable gibt oder falls das Weiterschalten der Schleifenvariablen am besten mitten im Schleifenrumpf angeordnet ist. Eine Eingabeschleife ist ein Beispiel einer Schleife ohne offensichtliche Schleifenvariable:

```
while(cin>>ch) //...
```

Nach meiner Erfahrung ist die `do`–Anweisung eine Quelle von Fehlern und Verwirrung. Der Grund ist, daß der Rumpf immer einmal ausgeführt wird, bevor die Bedingung ausgewertet wird. Allerdings muß für das korrekte Arbeiten des Rumpfes etwas Ähnliches wie die Abbruchbedingung auch beim ersten Durchlauf gelten. Häufiger, als ich vermutet hätte, habe ich solche Bedingungen nicht zutreffend gefunden: sowohl wenn das Programm neu geschrieben und dann getestet wurde als auch nach einer Änderung des Codes. Ich bevorzuge außerdem die Bedingung »vorneweg, wo ich sie sehen kann«. Entsprechend tendiere ich dazu, `do`–Anweisungen zu vermeiden.

6.3.3.1 Deklarationen in for–Anweisungen

Eine Variable kann im Initialisierungsteil einer `for`–Anweisung deklariert werden. Wenn dieser Initialisierer eine Deklaration ist, bleibt die eingeführte Variable (oder die Variablen) bis zum Ende der `for`–Anweisung gültig. Beispiel:

```
void f(int v[], int max)
{
    for (int i = 0; i<max; i++) v[i] = i*i;
}
```

Falls der Endwert eines Index nach dem Verlassen der `for`–Schleife noch benötigt wird, muß die Indexvariable außerhalb der `for`–Schleife deklariert werden (siehe z.B. §6.3.4).

6.3.4 Goto

C++ besitzt das berüchtigte `goto`:

```
goto bezeichner ;
bezeichner : anweisung
```

Ein `goto` hat wenige Anwendungen in allgemeiner High–level–Programmierung, aber es kann sehr hilfreich sein, wenn C++–Code von einem Programm generiert und nicht von einer Person geschrieben wird; beispielsweise können `goto`s in einem Parser benutzt werden, der aus einer Grammatik von einem Parsergenerator erzeugt wurde. Das `goto` kann auch in den seltenen Fällen wichtig sein, in denen optimale Effizienz absolut notwendig ist, z.B. in der inneren Schleife einer Echtzeitanwendung.

Eine der wenigen sinnvollen Anwendungen von goto in normalem Code ist der Ausstieg aus einer verschachtelten Schleife oder switch-Anweisung (ein break verläßt nur die nächste umschließende Schleife oder switch-Anweisung). Beispiel:

```
void f()
{
    int i;
    int j;

    for (i = 0; i<n; i++)
        for (j = 0; j<m; j++) if (nm[i][j] == a) goto gefunden;
    // nicht gefunden
    // ...
gefunden:
    // nm[i][j] == a
}
```

Es gibt noch die continue-Anweisung, die zum Ende einer Schleife springt, wie in §6.1.5 erklärt.

6.4 Kommentare und Einrückungen

Die vernünftige Benutzung von Kommentaren und konsistente Einrückungen können die Aufgabe, ein Programm zu lesen und zu verstehen, sehr viel angenehmer machen. Mehrere verschiedene konsistente Einrückungsstile sind in Gebrauch. Ich kenne keinen prinzipiellen Grund, einen davon vorzuziehen (obwohl ich wie die meisten Programmierer meine Vorlieben habe und dieses Buch sie widerspiegelt). Dasselbe gilt für Kommentierungsstile.

Kommentare können auf eine Art mißbraucht werden, die die Lesbarkeit des Programms erheblich beeinflußt. Der Compiler versteht den Inhalt eines Kommentars nicht, daher hat er keine Möglichkeit sicherzustellen, daß ein Kommentar

1. sinnvoll ist,
2. das Programm beschreibt und
3. auf dem neuesten Stand ist.

Die meisten Programme enthalten Kommentare, die unverständlich, mehrdeutig oder einfach nur falsch sind. Schlechte Kommentare sind schlimmer als keine Kommentare.

Wenn etwas *in der Sprache selbst* beschrieben werden kann, sollte man das tun, und es nicht nur in einem Kommentar erwähnen. Diese Bemerkung zielt auf Kommentare wie diese:

// Variable »v« muß initialisiert werden

// Variable »v« darf nur von Funktion »f()« benutzt werden

// Rufe Funktion »init()« vor jeder anderen Funktion dieser Datei auf

// Rufe Funktion »cleanup()« am Ende des Programms auf

// Benutze die Funktion »seltsam()« nicht

// Die Funktion »f()« erhält zwei Argumente

Solche Kommentare können häufig durch die richtige Benutzung von C++ überflüssig gemacht werden. Beispielsweise könnte man die Binderegeln (§9.2) und die Sichtbarkeits-, Initialisierungs-

und Aufräumregeln für Klassen (siehe §10.4.1) benutzen, um die obigen Kommentare überflüssig zu machen.

Sobald etwas klar in der Sprache festgelegt wurde, sollte es nicht ein zweites Mal in einem Kommentar erwähnt werden. Beispiel:

```
a = b+c;      // a wird b+c
zaehler++;    // Inkrementiere zaehler
```

Solche Kommentare sind schlimmer als nur redundant. Sie erhöhen die Menge an Text, die ein Leser anschauen muß, sie verdecken häufig die Struktur des Programms, und sie können falsch sein. Man beachte allerdings, daß solche Kommentare extensiv für Lehrzwecke in Lehrbüchern über Programmiersprachen, wie diesem eingesetzt werden. Dies ist eine der vielen Arten, in denen sich Lehrbücher von realen Programmen unterscheiden.

Meine Vorliebe ist:

1. Ein Kommentar in jeder Quelldatei, der angibt, was die Deklarationen darin gemeinsam haben, Verweise auf Handbücher, allgemeine Hinweise zur Wartung usw.
2. Ein Kommentar für jede Klasse, jedes Template und jeden Namensbereich
3. Ein Kommentar für jede nichttriviale Funktion, der den Zweck, den benutzten Algorithmus (falls der nicht offensichtlich ist) und vielleicht etwas über die Annahmen zur Umgebung enthält
4. Ein Kommentar für jede globale oder in einem Namensbereich liegende Variable oder Konstante
5. Ein paar Kommentare, wo der Code nicht offensichtlich und/oder nicht portabel ist
6. Sehr wenig sonst

Beispiel:

```
//  tbl.c: Implementation of the symbol table.

/*
    Gaussian elimination with partial pivoting.
    See Ralston: "A first course ..." pg 411.
*/

//  swap() assumes the stack layout of an SGI R6000.

/*********************************

    Copyright (c) 1997 AT&T, Inc.
    All rights reserved

*********************************/
```

Ein gut gewählter und gut geschriebener Satz von Kommentaren ist ein wesentlicher Teil eines guten Programms. Das Schreiben von guten Kommentaren kann so schwierig wie das Schreiben des Programms selbst sein. Es ist eine Kunst, die man pflegen sollte.

Falls man nur //–Kommentare in einer Funktion benutzt, kann man jeden Teil der Funktion mit /* */–Kommentaren auskommentieren und umgekehrt.

6.5   Ratschläge

1. Bevorzugen Sie die Standardbibliothek gegenüber anderen Bibliotheken und »handgeschrie-benem« Code; §6.1.8.
2. Vermeiden Sie komplizierte Ausdrücke; §6.2.3.
3. Falls Zweifel an der Operatorpriorität bestehen, setzen Sie Klammern; §6.2.3.
4. Vermeiden Sie die explizite Typkonvertierung (Cast); §6.2.7.
5. Falls eine explizite Typkonvertierung notwendig ist, sollten Sie die spezifischeren Cast–Operatoren anstatt eines C–Casts benutzen; §6.2.7.
6. Benutzen Sie die T(a)–Schreibweise nur für wohldefinierte Konstruktionen; §6.2.8.
7. Vermeiden Sie Ausdrücke mit einer undefinierten Auswertungsreihenfolge; §6.2.2.
8. Vermeiden Sie goto; §6.3.4.
9. Vermeiden Sie do–Anweisungen; §6.3.3.
10. Deklarieren Sie keine Variable, bis ein Wert zu ihrer Initialisierung vorliegt; §6.3.1, §6.3.2.1, §6.3.3.1.
11. Halten Sie Kommentare kurz und präzise; §6.4.
12. Halten Sie einen konsistenten Einrückungsstil ein; §6.4.
13. Definieren Sie vorzugsweise eine Elementfunktion operator new() (§15.6), anstatt den glo-balen operator new() zu ersetzen; §6.2.6.2.
14. Erwarten Sie beim Lesen der Eingabe immer fehlerhafte Eingaben; §6.1.3.

6.6   Übungen

Ü1 (∗1) Schreiben Sie die folgende for–Anweisung als äquivalente while–Anweisung:

```
for (i=0; i<max_laenge; i++) if (eingabe_zeile[i] == '?') anz_frage++;
```

Schreiben Sie die Anweisung so um, daß ein Zeiger als Kontrollvariable benutzt wird, so daß die Prüfung die Form ∗p=='?' hat.

Ü2 (∗1) Fügen Sie alle sinnerhaltenden Klammern in die folgenden Ausdrücke ein:

```
a = b + c * d << 2 & 8
a & 077 != 3
a == b || a == c && c < 5
c = x != 0
0 <= i < 7
f(1,2)+3
a = - 1 + + b -- - 5
a = b == c ++
a = b = c = 0
a[4][2] *= * b ? c : * d * 2
a-b,c=d
```

Ü3 (∗2) Lesen Sie eine Folge von (unter Umständen durch Whitespace getrennten) (Name,Wert)–Paaren ein, bei der der Name ein einzelnes durch Whitespace abgetrenntes Wort und der Wert eine ganze Zahl oder ein Gleitkommawert ist. Berechnen Sie die Summe und den Mittelwert für jeden Namen und für alle Namen, und geben Sie sie jeweils aus. Tip: §6.1.8.

Ü4 (∗1) Schreiben Sie eine Tabelle der Werte für die bitweisen logischen Operationen (§6.2.4) für alle möglichen Kombinationen von 0– und 1–Operanden.

Ü5 (∗1,5) Finden Sie fünf verschiedene C++–Konstrukte, bei denen die Bedeutung undefiniert ist (§C.2).

(∗1,5) Finden Sie fünf verschiedene C++–Konstrukte, bei denen die Bedeutung implementierungsabhängig ist(§C.2).

Ü6 (∗1) Finden Sie zehn unterschiedliche Beispiele für nicht portablen C++–Code.

Ü7 (∗2) Schreiben Sie fünf Ausdrücke, bei denen die Auswertungsreihenfolge undefiniert ist. Führen Sie sie aus, um festzustellen, was eine — oder besser mehrere — Implementierungen damit machen.

Ü8 (∗1,5) Was passiert, wenn man auf Ihrem System durch null dividiert? Was passiert bei Überlauf und Unterlauf?

Ü9 (∗1) Fügen Sie alle sinnerhaltenden Klammern in die folgenden Ausdrücke ein:

```
*p++
*--p
++a--
(int*)p->m
*p.m
*a[i]
```

Ü10 (∗2) Schreiben Sie folgende Funktionen: strlen(), das die Länge eines C–Strings liefert; strcpy(), das einen C–String in einen anderen kopiert; strcmp(), das zwei C–Strings vergleicht. Überlegen Sie, was es für Argumente und Rückgabetypen geben sollte. Dann vergleichen Sie diese Lösungen mit der Version der Standardbibliothek, wie sie in <cstring> (<string.h>) deklariert und in §20.4.1 spezifiziert sind.

Ü11 (∗1) Wie reagiert Ihr Compiler auf diese Fehler:

```
void f(int a, int b)
{
    if (a = 3) //...
    if (a&077 == 0) //...
    a := b+1;
}
```

Ersinnen Sie mehr einfache Fehler, und schauen Sie nach der Reaktion des Compilers.

Ü12 (∗2) Erweitern Sie das Programm aus §6.6–Ü3 so, daß es auch den Medianwert berechnet.

Ü13 (∗2) Schreiben Sie eine Funktion cat(), die zwei C–Strings als Argumente bekommt und einen C–String zurückgibt, der die Konkatenation der Argumente ist. Benutzen Sie new, um Speicher für das Ergebnis zu bekommen.

Ü14 (∗2) Schreiben Sie eine Funktion rev(), die eine Zeichenkette als Argument erhält und die Zeichen darin umdreht. Das heißt, nach dem Aufruf von rev(p) ist das letzte Zeichen von p das erste usw.

Ü15 (∗1,5) Was tut das folgende Beispiel:

```
void sende(int* nach, int* von, int anzahl)
// Duff's device. Hilfreiche Kommentare absichtlich gelöscht
{
    int n = (anzahl+7)/8;
    switch (anzahl%8) {
    case 0: do {    *nach++ = *von++;
    case 7:         *nach++ = *von++;
    case 6:         *nach++ = *von++;
    case 5:         *nach++ = *von++;
    case 4:         *nach++ = *von++;
    case 3:         *nach++ = *von++;
    case 2:         *nach++ = *von++;
    case 1:         *nach++ = *von++;
        } while (--n>0);
    }
}
```

Warum würde jemand so etwas schreiben?

Ü16 (∗2) Schreiben Sie eine Funktion atoi(const char∗), die eine Zeichenkette aus Ziffern nimmt und den korrespondierenden int liefert. Beispielsweise ist atoi("123") gleich 123. Modifizieren Sie atoi() so, daß es zusätzlich zu normalen Zahlen mit der Notation für oktale und hexadezimale Zahlen wie in C++ klarkommt. Modifizieren Sie atoi() so, daß es die C++-Schreibweise für Zeichenkonstanten versteht.

Ü17 (∗2) Schreiben Sie eine Funktion itoa(int i, char b[]), die eine Zeichenkettenrepräsentation von i in b erzeugt und b zurückgibt.

Ü18 (∗2) Geben Sie das Taschenrechnerbeispiel ein, und bringen Sie es zum Laufen. Sparen Sie keine Zeit durch Benutzung eines bereits eingegebenen Textes. Man lernt mehr beim Finden und Beheben von »kleinen albernen Fehlern«.

Ü19 (∗2) Modifizieren Sie den Taschenrechner so, daß er Zeilennummern bei Fehlermeldungen ausgibt.

Ü20 (∗3) Ermöglichen Sie es dem Anwender, Funktionen innerhalb des Taschenrechners zu definieren. Tip: Definieren Sie eine Funktion als Folge von Operationen, genau wie der Anwender sie eingegeben hätte. Eine solche Folge kann entweder als Zeichenkette oder als Liste von Token gespeichert werden. Wenn die Funktion aufgerufen wird, lesen Sie diese Liste und führen sie aus. Falls die vom Anwender definierte Funktion Argumente haben soll, muß eine Schreibweise dafür definiert werden.

Ü21 (∗1,5) Überarbeiten Sie den Taschenrechner so, daß eine symbol-Struktur anstelle der statischen Variablen number_value und string_value benutzt wird.

Ü22 (∗2,5) Schreiben Sie ein Programm, das Kommentare aus C++-Programmen entfernt. Das heißt, lesen Sie von cin, entfernen Sie sowohl //- als auch /* */-Kommentare, und schreiben Sie das Ergebnis auf cout. Achten Sie nicht darauf, das Layout der Ausgabe schön aussehen zu lassen (das wäre eine andere und viel schwierigere Übung). Achten Sie nicht auf inkorrekte Programme. Achten Sie auf //, /* und */ in Kommentaren, Zeichenketten und Zeichenkonstanten.

Ü23 (∗2) Schauen Sie einige Programme an, um einen Überblick über die Vielfalt der tatsächlich benutzten Einrückungs-, Namens- und Kommentarstile zu erhalten.

Funktionen 7

7.1 Funktionsdeklarationen

Der übliche Weg, etwas in einem C++–Programm zu erledigen, ist der Aufruf einer Funktion. Mit der Definition einer Funktion gibt man an, wie eine Operation durchgeführt wird. Eine Funktion kann nicht aufgerufen werden, solange sie nicht vorher deklariert wurde.

Eine Funktionsdeklaration bestimmt den Namen der Funktion, den Typ des zurückgelieferten Wertes (falls es einen gibt) und die Anzahl und Typen der Argumente, die bei einem Aufruf der Funktion übergeben werden müssen. Beispiel:

```
Elem* next_elem();
char* strcpy(char* to, const char* from);
void exit(int);
```

Die Semantik der Argumentübergabe ist identisch zu der Semantik der Initialisierung. Argumenttypen werden überprüft, und bei Bedarf wird eine implizite Typkonvertierung der Argumente durchgeführt. Beispiel:

```
double sqrt(double);

double sr2 = sqrt(2);       // ruft sqrt() mit dem Argument double(2) auf
double sq3 = sqrt("drei");  // Fehler: sqrt() benötigt ein double-Argument
```

Die Nützlichkeit dieser Prüfung und der Typkonvertierung sollte nicht unterschätzt werden.

Eine Funktionsdeklaration kann Argumentnamen enthalten. Dies kann für den Leser eines Programms hilfreich sein. Der Compiler ignoriert solche Namen einfach. Wie in §4.7 erwähnt, bedeutet ein Rückgabetyp void, daß die Funktion keinen Wert zurückliefert.

7.1.1 Funktionsdefinitionen

Jede Funktion, die in einem Programm aufgerufen wird, muß irgendwo (einmal) definiert worden sein. Eine Funktionsdefinition ist eine Funktionsdeklaration, bei der der Rumpf der Funktion angegeben wird. Beispiel:

```
extern void swap(int*, int*);     // Eine Deklaration

void swap(int* p, int* q)         // Eine Definition
{
    int t = *p;
    *p = *q;
    *q = t;
}
```

Der Typ der Definition und alle Deklarationen dieser Funktion müssen denselben Typ angeben. Die Argumentnamen sind allerdings nicht Teil des Typs und müssen daher nicht identisch sein.

Es ist nicht unüblich, Funktionsdefinitionen mit unbenutzten Argumenten zu haben:

```
void search(table* t, const char* key, const char*)
{
    // Keine Benutzung des dritten Arguments
}
```

Wie hier zu sehen ist, kann die Tatsache, daß ein Argument nicht benutzt wird, dadurch gezeigt werden, daß es keinen Namen erhält. Üblicherweise entstehen unbenannte Argumente durch die Vereinfachung des Codes oder durch die Vorausplanung für Erweiterungen. In beiden Fällen stellt das Stehenlassen der Argumente (wenn auch unbenutzt) sicher, daß Aufrufer nicht von der Änderung betroffen sind.

Eine Funktion kann als `inline` definiert werden. Beispiel:

```
inline int fac(int n) { return (n<2) ? 1 : n*fac(n-1); }
```

Die Angabe von `inline` ist ein Hinweis an den Compiler, daß er versuchen soll, den Code für den Aufruf von `fac()` inline zu generieren, anstatt den Code für die Funktion einmal anzulegen und ihn dann über den üblichen Funktionsaufrufmechanismus aufzurufen. Ein intelligenter Compiler kann die Konstante 720 für einen Aufruf `fac(6)` generieren. Die Möglichkeit von sich gegenseitig rekursiv aufrufenden Inline–Funktionen, von Inline–Funktionen, die abhängig von ihrer Eingabe rekursiv arbeiten, usw. macht es unmöglich zu garantieren, daß jeder Aufruf einer Inline–Funktion tatsächlich inline generiert wird. Die Intelligenz eines Compilers kann nicht vorgeschrieben werden, daher könnte ein Compiler 720 generieren, ein anderer 6*fac(5) und noch ein anderer könnte einen normalen (nicht `inline`) Aufruf von `fac(6)` erzeugen.

Um eine Inline–Generierung auch ohne überdurchschnittlich intelligente Übersetzungs– und Bindeprogamme zu ermöglichen, muß die Definition — und nicht nur die Deklaration — einer Inline–Funktion im Gültigkeitsbereich sein (§9.2). Eine `inline`-Angabe beeinflußt die Semantik einer Funktion nicht. Speziell hat eine Inline–Funktion immer noch eine eindeutige Adresse. Dies gilt auch für eventuell in der Funktion enthaltene statische Variablen.

7.1.2   Statische Variable

Eine lokale Variable wird initialisiert, wenn der Kontrollfluß ihre Definition erreicht. Standardmäßig passiert dies bei jedem Aufruf der Funktion, und jeder Aufruf der Funktion hat seine eigene Kopie der Variablen. Wenn eine lokale Variable als `static` deklariert wird, dann wird ein einziges statisch angelegtes Objekt zur Repräsentation dieser Variablen in allen Aufrufen der

Funktion benutzt. Es wird nur beim ersten Durchlauf des Kontrollflusses durch seine Definition initialisiert. Beispiel:

```
void f(int a)
{
    while (a--) {
        static int n = 0;     // Einmal initialisiert
        int x = 0;            // Bei jedem Aufruf von f initialisiert
        cout << "n == " << n++ << ", x == " << x++ << '\n';
    }
}

int main()
{
    f(3);
}
```

Ausgabe:

```
n == 0, x == 0
n == 1, x == 0
n == 2, x == 0
```

Eine statische Variable erzeugt für eine Funktion ein »Gedächtnis«, ohne eine globale Variable ins Spiel zu bringen, die von anderen Funktionen benutzt und verfälscht werden könnte (siehe auch §10.2.4).

7.2 Argumentübergabe

Wird eine Funktion aufgerufen, dann wird Speicher für die formalen Argumente bereitgestellt, und jedes formale Argument wird durch das korrespondierende aktuelle Argument initialisiert. Die Semantik der Argumentübergabe ist identisch zur Semantik der Initialisierung. Es wird der Typ des aktuellen Arguments gegen den Typ des korrespondierenden formalen Arguments geprüft, und alle Standard– und benutzerdefinierten Typkonvertierungen werden ausgeführt. Es gibt besondere Regeln für die Übergabe von Feldern (§7.2.1), eine Möglichkeit, ungeprüfte Argumente zu übergeben (§7.6), und eine Möglichkeit, Default–Argumente anzugeben (§7.5). Betrachten wir:

```
void f(int wert, int& ref)
{
    wert++;
    ref++;
}
```

Beim Aufruf von f() inkrementiert wert++ eine lokale Kopie des ersten aktuellen Arguments, und ref++ inkrementiert das zweite aktuelle Argument. Beispielsweise wird in

```
void g()
{
    int i = 1;
    int j = 1;
    f(i,j);
}
```

j inkrementiert, i jedoch nicht. Das erste Argument i wird *als Wert* (englisch: *by value*) übergeben, das zweite Argument j *als Referenz* (englisch: *by reference*). Wie in §5.5 erwähnt, können Funktionen, die Referenzargumente modifizieren, Programme schwer lesbar machen und sollten daher möglichst vermieden werden (siehe jedoch §21.2.1). Es kann allerdings merklich effizienter sein, ein großes Objekt per Referenz und nicht per Wert zu übergeben. In diesem Fall sollte das Argument als const deklariert sein, um klarzustellen, daß die Referenz nur aus Effizienzgründen benutzt wird und nicht, um es der aufgerufenen Funktion zu ermöglichen, den Wert des Objekts zu ändern:

```
void f(const Gross& arg)
{
    // Der Wert von »arg« kann nicht ohne explizite Typkonvertierung geändert werden
}
```

Sollte die Deklaration eines Referenzarguments kein const enthalten, kann man davon ausgehen, daß die Funktion die Variable ändern wird:

```
void g(Gross& arg);   // Nimm an, daß g() arg verändert
```

Entsprechend sagt die Deklaration eines const–Zeigerarguments aus, daß der Wert des Objekts, auf das das Argument zeigt, nicht von der Funktion geändert wird. Beispiel:

```
int strlen(const char*);                     // Anzahl Zeichen in C-String
char* strcpy(char* to, const char* from);    // Kopiere einen C-String
int strcmp(const char*, const char*);        // Vergleiche C-Strings
```

Die Wichtigkeit der Anwendung von const Argumenten wächst mit der Größe des Programms.

Man beachte, daß sich die Semantik der Argumentübergabe von der Zuweisungssemantik unterscheidet. Dies ist für const–Argumente, Referenzargumente und Argumente von einigen benutzerdefinierten Typen (§10.4.4.1) wichtig.

Ein Literal, eine Konstante und ein Argument, das eine Konvertierung benötigt, können als const&–Argument, jedoch nicht als nicht–const&–Argument übergeben werden. Die Konvertierung für ein const T& zu erlauben, ermöglicht es, einem solchen Argument genau dieselbe Menge an Werten wie einem Argument vom Typ T zu übergeben, indem nötigenfalls der Wert in einer temporären Variablen übergeben wird. Beispiel:

```
float fsqrt(const float&);   // sqrt im Fortran-Stil mit Referenzargument

void g(double d)
{
    float r = fsqrt(2.0f);   // Referenz auf temporäre Variable mit 2.0f
    r = fsqrt(r);            // Referenz auf r
    r = fsqrt(d);            // Referenz auf temporäre Variable mit float(d)
}
```

Die Konvertierung für nicht–const Referenzargumente (§5.5) zu verbieten, verhindert die Möglichkeit von dummen Fehlern durch die Einführung temporärer Variablen. Beispiel:

```
void update(float& i);

void g(double d, float r)
{
    update(2.0f);   // Fehler: const Argument
```

```
        update(r);      // Referenz auf r
        update(d);      // Fehler: Typkonvertierung notwendig
}
```

Wären diese Aufrufe erlaubt gewesen, hätte `update()` ohne Hinweis temporäre Variablen geändert, die unmittelbar danach gelöscht worden wären. Normalerweise wäre das eine unangenehme Überraschung für den Programmierer.

7.2.1 Feldargumente

Wenn ein Feld als Funktionsargument benutzt wird, wird ein Zeiger auf das erste Element übergeben. Beispiel:

```
int strlen(const char*);

void f()
{
    char v[] = "ein Feld";
    int i = strlen(v);
    int j = strlen("Nicholas");
}
```

Das heißt, ein Argument vom Typ `T[]` wird bei der Übergabe als Argument in ein `T*` konvertiert. Dies bedeutet, daß die Zuweisung an ein Element eines Feldarguments den Wert eines Elementes des Argumentfeldes ändert. Anders gesagt bedeutet dies, daß Felder sich von anderen Typen dadurch unterscheiden, daß ein Feld nicht per Wert übergeben wird (und auch nicht per Wert übergeben werden kann).

Die Größe eines Feldes ist der aufgerufenen Funktion nicht bekannt. Dies kann lästig sein, aber es gibt verschiedene Wege, dieses Problem zu umgehen. C–Strings werden mit einem Null–Zeichen beendet, daher kann ihre Größe leicht ermittelt werden. Bei anderen Feldern kann ein zweites Argument mit der Größe übergeben werden. Beispiel:

```
void compute1(int* vec_ptr, int vec_size);  // Eine Möglichkeit

struct Vec {
    int* ptr;
    int size;
};

void compute2(const Vec& v);          // Eine andere Möglichkeit
```

Alternativ kann ein Typ wie `vector` (§3.7.1, §16.3) benutzt werden.

Mehrdimensionale Felder sind trickreicher (siehe §C.7), aber oft können statt dessen Felder von Zeigern benutzt werden, und diese brauchen keine Sonderbehandlung. Beispiel:

```
char* tag[] = {
    "mon", "die", "mit", "don", "fre", "sam", "son"
};
```

Wieder sind `vector` und ähnliche Typen Alternativen zu den eingebauten Low-level–Feldern und –zeigern.

7.3   Wertrückgabe

Aus einer nicht als void deklarierten Funktion muß ein Wert zurückgeliefert werden (allerdings ist main() etwas besonderes, siehe §3.2)[1]. Aus einer als void deklarierten Funktion kann kein Wert zurückgeliefert werden. Beispiel:

```
int f1() { }     // Fehler: Es wird kein Wert zurückgeliefert
void f2() { }    // OK

int f3() { return 1; }    // OK
void f4() { return 1; }   // Fehler: return in void-Funktion

int f5() { return; }      // Fehler: kein Rückgabewert
void f6() { return; }     // OK
```

Ein Rückgabewert wird durch eine return–Anweisung spezifiziert. Beispiel:

```
int fac(int n) { return (n>1) ? n*fac(n-1) : 1; }
```

Es kann mehrere return–Anweisungen in einer Funktion geben:

```
int fac2(int n)
{
    if (n > 1) return n*fac2(n-1);
    return 1;
}
```

Wie die Semantik der Argumentübergabe ist die Semantik der Wertrückgabe aus einer Funktion identisch zur Semantik der Initialisierung. Eine return–Anweisung wird so betrachtet, als ob sie eine unbenannte Variable des Rückgabetyps initialisiert. Der Typ des return–Ausdrucks wird mit dem Rückgabetyp verglichen, und alle Standard– und benutzerdefinierten Typkonvertierungen werden gegebenenfalls ausgeführt. Beispiel:

```
double f()
{
    // ...
    return 1;   // Implizit nach double(1) konvertiert
}
```

Bei jedem Aufruf einer Funktion wird eine neue Kopie ihrer Argumente und lokalen (automatic) Variablen angelegt. Der Speicher wird nach dem Ende der Funktion anderweitig benutzt, daher sollte nie ein Zeiger auf eine lokale Variable zurückgeliefert werden. Der Inhalt der Stelle, auf die gezeigt wird, wird sich unvorhersagbar ändern:

```
int* fp()
{
    int lokal = 1;
    // ...
    return &lokal;   // Schlecht
}
```

---

[1]   A.d.Ü.: Dieses Kapitel wurde gegenüber dem ersten und zweiten Druck der englischen Ausgabe wegen einer aktuellen Änderung im Standardvorschlag erweitert.

Dieser Fehler ist seltener als der äquivalente Fehler mit Referenzen:

```
int& fr()
{
    int lokal = 1;
    // ...
    return lokal;    // Schlecht
}
```

Glücklicherweise kann ein Compiler leicht vor dem Zurückgeben von Referenzen auf lokale Variablen warnen.

Eine als void deklarierte Funktion kann keinen Wert zurückgeben. Der Aufruf einer als void deklarierten Funktion liefert allerdings auch keinen Wert, daher kann eine void–Funktion den Aufruf einer void–Funktion als Ausdruck in einer return–Anweisung benutzen. Beispiel:

```
void g(int* p);
```

```
void h(int* p) { /* ... */ return g(p); }    // OK: Rückgabe von »kein Wert«
```

Diese Form des return ist wichtig, wenn man Template–Funktionen schreibt, bei denen der Rückgabetyp ein Template–Parameter ist (siehe §18.4.4.2).

7.4 Überladene Funktionsnamen

Meistens ist es eine gute Idee, verschiedenen Funktionen verschiedene Namen zu geben. Wenn aber einige Funktionen konzeptionell dieselbe Aufgabe für Objekte verschiedenen Typs ausführen, kann es günstiger sein, ihnen denselben Namen zu geben. Die Benutzung desselben Namens für Operationen auf verschiedene Typen wird *Überladen* (englisch: *overloading*) genannt. Diese Technik wird schon für die grundlegenden Operationen in C++ benutzt. Das heißt, es gibt z.B. nur einen Namen für die Addition, +, trotzdem kann er benutzt werden, um Werte zu ganzzahligen, Gleitkomma– und Zeigertypen zu addieren. Diese Idee kann man leicht auf durch den Programmierer definierte Funktionen erweitern. Beispiel:

```
void ausgeben(int);         // Gib einen int aus
void ausgeben(const char*); // Gib einen C-String aus
```

Soweit es den Compiler betrifft, haben Funktionen mit dem gleichen Namen nur diesen Namen gemeinsam. Wahrscheinlich sind sich die Funktionen auf irgendeine Weise ähnlich, aber die Sprache beschränkt oder hilft dem Programmierer hier nicht. Daher sind überladene Funktionsnamen eher eine bequemere Schreibweise. Diese Bequemlichkeit wird signifikant für Funktionen mit verbreiteten Namen wie sqrt, ausgeben und open. Wenn ein Name semantisch signifikant ist, wird diese Bequemlichkeit notwendig. Dies geschieht beispielsweise mit Operatoren wie +, * und <<, bei Konstruktoren (§11.7) und bei generischer Programmierung (§2.7.2, Kapitel 18). Wenn eine Funktion f aufgerufen wird, muß der Compiler herausfinden, welche der Funktionen mit dem Namen f benutzt werden soll. Dies wird durch den Vergleich der Typen der aktuellen Parameter mit den Typen der formalen Parameter jeder Funktion mit dem Namen f getan. Dabei soll die Funktion aufgerufen werden, die die beste Übereinstimmung bei den Argumenten hat und ein Compiler–Fehler ausgegeben werden, wenn es keine beste Übereinstimmung gibt. Beispiel:

```
void ausgeben(double);
void ausgeben(long);

void f()
{
    ausgeben(1L);    // ausgeben(long)
    ausgeben(1.0);   // ausgeben(double)
    ausgeben(1);     // Fehler, mehrdeutig: ausgeben(long(1)) oder ausgeben(double(1))?
}
```

Das Finden der richtigen Version aus einer Menge von überladenen Funktionen wird durch Suchen nach einer besten Übereinstimmung zwischen den Typen des Argumentausdrucks und den Parametern (formalen Argumenten) der Funktion durchgeführt. Um sich unserer Vorstellung von einer sinnvollen Auswahl anzunähern, wird eine Serie von Kriterien nacheinander ausprobiert:

1. Genaue Übereinstimmung; das heißt eine Übereinstimmung ohne oder nur mit trivialen Konvertierungen (z.B. Feldname nach Zeiger, Funktionsname nach Funktionszeiger und T nach const T)
2. Übereinstimmung mit Promotionen; das heißt integrale Promotionen (bool nach int, char nach int, short nach int und ihre unsigned Gegenstücke; §C.6.1), float nach double und double nach long double.
3. Übereinstimmung mit Standardkonvertierungen (z.B. int nach double, double to int, Abgeleitet* nach Basis * (§12.2), T* nach void* (§5.6), int nach unsigned int; §C.6)
4. Übereinstimmung mit benutzerdefinierten Konvertierungen (§11.4).
5. Übereinstimmung mit ... in einer Funktionsdeklaration (§7.6).

Wenn mehrere Übereinstimmungen auf der höchsten Stufe, auf der eine Übereinstimmung gefunden wurde, entdeckt werden, wird der Aufruf als mehrdeutig abgelehnt. Die Auflösungsregeln sind hauptsächlich deshalb so ausführlich, um die ausführlichen C– und C++–Regeln für eingebaute numerische Typen zu berücksichtigen (§C.6). Beispiel:

```
void ausgeben(int);
void ausgeben(const char*);
void ausgeben(double);
void ausgeben(long);
void ausgeben(char);

void h(char c, int i, short s, float f)
{
    ausgeben(c);      // Genaue Übereinstimmung: benutze ausgeben(char)
    ausgeben(i);      // Genaue Übereinstimmung: benutze ausgeben(int)
    ausgeben(s);      // Integrale Promotion: benutze ausgeben(int)
    ausgeben(f);      // Promotion float nach double: ausgeben(double)

    ausgeben('a');    // Genaue Übereinstimmung: benutze ausgeben(char)
    ausgeben(49);     // Genaue Übereinstimmung: benutze ausgeben(int)
    ausgeben(0);      // Genaue Übereinstimmung: benutze ausgeben(int)
    ausgeben("a");    // Genaue Übereinstimmung: benutze ausgeben(const char*)
}
```

Der Aufruf ausgeben(0) benutzt ausgeben(int), da 0 ein int ist. Der Aufruf ausgeben('a') benutzt ausgeben(char), da 'a' ein char ist (§4.3.1). Es wird deshalb zwischen Konvertierung und Promotion unterschieden, weil sichere Promotionen, wie etwa char nach int, den unsicheren Konvertierungen, wie etwa int nach char, vorgezogen werden sollen.

Die Auflösung der Überladung ist unabhängig von der Deklarationsreihenfolge der betrachteten Funktionen.

Das Überladen basiert auf einem relativ komplizierten Satz an Regeln, und ab und zu wird ein Programmierer überrascht sein, welche Funktion aufgerufen wird. Warum gibt man sich dann damit ab? Betrachten wir die Alternative zum Überladen. Häufig braucht man ähnliche Operationen für Objekte verschiedenen Typs. Ohne Überladen muß man mehrere Funktionen mit unterschiedlichen Namen definieren:

```
void intAusgeben(int);
void charAusgeben(char);
void stringAusgeben(const char*);  // C-String

void g(int i, char c, const char* p, double d)
{
    intAusgeben(i);        // OK
    charAusgeben(c);       // OK
    stringAusgeben(p);     // OK

    intAusgeben(c);        // OK? Benutzt intAusgeben(int(c))
    charAusgeben(i);       // OK? Benutzt charAusgeben(char(i))
    stringAusgeben(i);     // Fehler
    intAusgeben(d);        // OK? Benutzt intAusgeben(int(d))
}
```

Verglichen mit dem überladenen ausgeben() muß man sich hier mehrere Namen merken und darauf achten, sie korrekt zu benutzen. Dies ist mühselig, macht eine generische Programmierung unmöglich (§2.7.2) und ermutigt allgemein Programmierer, sich mit Problemen auf relativ niedrigem Niveau zu beschäftigen. Ohne das Überladen würden alle Standardkonvertierungen auf alle Argumente dieser Funktionen zutreffen. Dies kann auch zu Fehlern führen. Im vorigen Beispiel bedeutet dies, daß nur einer der vier Aufrufe mit »falschen« Argumenten durch den Compiler erkannt werden kann. Daher erhöht das Überladen die Chance, daß ein nicht passendes Argument vom Compiler abgelehnt wird.

7.4.1 Überladen und Rückgabetyp

Rückgabetypen werden bei der Auflösung von Überladungen nicht berücksichtigt. Der Grund dafür ist, daß die Auflösung für einen einzelnen Operator (§11.2.1, §11.2.4) oder Funktionsaufruf kontextunabhängig sein soll. Betrachten wir:

```
float sqrt(float);
double sqrt(double);

void f(double da, float fla)
{
    float fl = sqrt(da);   // Benutze sqrt(double)
    double d = sqrt(da);   // Benutze sqrt(double)
    fl = sqrt(fla);        // Benutze sqrt(float)
    d = sqrt(fla);         // Benutze sqrt(float)
}
```

Falls der Rückgabetyp mit berücksichtigt würde, wäre es nicht mehr möglich, einen Aufruf von `sqrt()` isoliert zu betrachten und die aufzurufende Funktion zu ermitteln.

7.4.2 Überladen und Gültigkeitsbereiche

Funktionen, die in unterschiedlichen Gültigkeitsbereichen, die keine Namensbereiche sind, deklariert wurden, sind nicht überladen. Beispiel:

```
void f(int);

void g()
{
    void f(double);
    f(1);          // Benutze f(double)
}
```

Natürlich wäre `f(int)` die beste Übereinstimmung für `f(1)` gewesen, aber nur `f(double)` war im Gültigkeitsbereich. In solchen Fällen können lokale Deklarationen hinzugefügt oder weggenommen werden, um das gewünschte Verhalten zu erreichen. Wie immer kann ein absichtliches Verbergen eine nützliche Technik sein, aber ein unabsichtliches Verbergen ist eine Quelle für Überraschungen. Wenn ein Überladen über die Gültigkeitsbereiche von Klassen (§15.2.2) oder Namensbereichen (§8.2.9.2) gebraucht wird, können using–Deklarationen oder using–Direktiven benutzt werden (§8.2.2). Weitere Informationen finden sie auch in §8.2.6.

7.4.3 Manuelle Auflösung von Mehrdeutigkeiten

Das Deklarieren von zu wenigen (oder zu vielen) überladenen Versionen einer Funktion kann zu Mehrdeutigkeiten führen. Beispiel:

```
void f1(char);
void f1(long);

void f2(char*);
void f2(int*);

void k(int i)
{
    f1(i);  // Mehrdeutig: f1(char) oder f1(long)
    f2(0);  // Mehrdeutig: f2(char*) oder f2(int*)
}
```

Wenn möglich sollte man in solchen Fällen die Menge an überladenen Versionen einer Funktion insgesamt betrachten und prüfen, ob sie bezüglich der Semantik der Funktion sinnvoll ist. Oft kann das Problem durch das Hinzufügen einer Version, die Mehrdeutigkeiten auflöst, behoben werden. Beispielsweise würde das Hinzufügen von

```
inline void f1(int n) { f1(long(n)); }
```

alle Mehrdeutigkeiten ähnlich dem `f1(i)`–Problem zugunsten des größeren Typs `long int` auflösen.

Man kann auch eine explizite Typkonvertierung zur Auflösung eines speziellen Aufrufs einsetzen. Beispiel:

```
f2(static_cast<int*>(0));
```

Dies ist allerdings meistens ein unschöner Notbehelf. Schon bald wird ein ähnlicher Aufruf auftreten, der behandelt werden muß.

Einige C++–Anfänger werden durch die Mehrdeutigkeitsfehlermeldungen des Compilers irritiert. Erfahrenere C++–Programmierer heißen solche Meldungen willkommen und werten sie als nützliche Hinweise auf Designfehler.

7.4.4 Auflösung für mehrere Argumente

Mit den Regeln für die Auflösung von Überladungen kann man sicherstellen, daß der einfachste Algorithmus (Funktion) benutzt wird, wenn die Effizienz oder die Genauigkeit der Berechnung für die beteiligten Typen signifikant unterschiedlich ist. Beispiel:

```
int pow(int, int);
double pow(double, double);

complex pow(double, complex);
complex pow(complex, int);
complex pow(complex, double);
complex pow(complex, complex);

void k(complex z)
{
    int i = pow(2,2);          // Benutze pow(int,int)
    double d = pow(2.0,2.0);   // Benutze pow(double,double)
    complex z2 = pow(2,z);     // Benutze pow(double,complex)
    complex z3 = pow(z,2);     // Benutze pow(complex,int)
    complex z4 = pow(z,z);     // Benutze pow(complex,complex)
}
```

Während der Auswahl zwischen überladenen Funktionen mit zwei oder mehr Argumenten wird eine beste Übereinstimmung für jedes Argument nach den Regeln in §7.4 gesucht. Eine Funktion, die eine beste Übereinstimmung für ein Argument und eine bessere oder gleiche Übereinstimmung für alle anderen Argumente ist, wird aufgerufen. Falls keine solche Funktion existiert, wird der Aufruf als mehrdeutig abgelehnt. Beispiel:

```
void g()
{
    double d = pow(2.0,2);  // Fehler: pow(int(2.0),2) oder pow(2.0,double(2))?
}
```

Der Aufruf ist mehrdeutig, weil 2.0 die beste Übereinstimmung für das erste Argument von pow(double,double) ist und 2 die beste Übereinstimmung für das zweite Argument von pow(int,int) ist.

7.5   Default–Argumente

Eine allgemeine Funktion benötigt oft mehr Argumente, als für die einfachen Fälle nötig sind. Besonders Funktionen, die Objekte konstruieren (§10.2.3), bieten oft verschiedene Optionen, um die Flexibilität zu erhöhen. Betrachten wir eine Funktion zur Ausgabe eines int. Dem Benutzer die Option zu geben, eine Basis für die Ausgabe anzugeben, erscheint sinnvoll, aber in den meisten Programmen werden ints als Dezimalwerte ausgegeben werden. Beispielsweise würde

```
void ausgeben(int value, int basis =10);    // Standardbasis ist 10

void f()
{
    ausgeben(31);
    ausgeben(31,10);
    ausgeben(31,16);
    ausgeben(31,2);
}
```

folgende Ausgabe erzeugen:

```
31 31 1f 11111
```

Der Effekt eines Default–Arguments kann alternativ durch Überladen erreicht werden:

```
void ausgeben(int value, int base);
inline void ausgeben(int value) { ausgeben(value,10); }
```

Allerdings ist durch das Überladen für den Leser weniger offensichtlich, daß eine einzige Ausgabefunktion mit einer Abkürzung beabsichtigt ist.

Ein Default–Argument wird bei der Funktionsdeklaration typgeprüft und zum Aufrufzeitpunkt ausgewertet. Default–Argumente können nur für hinten stehende Argumente benutzt werden. Beispiel:

```
int f(int, int =0, char* =0);    // OK
int g(int =0, int =0, char*);    // Fehler
int h(int =0, int, char* =0);    // Fehler
```

Man beachte, daß das Leerzeichen zwischen * und = wichtig ist (*= ist ein Zuweisungsoperator; §6.2):

```
int schlimm(char*=0);    // Syntaxfehler
```

Ein Default–Argument kann in einer folgenden Deklaration im gleichen Gültigkeitsbereich weder wiederholt noch geändert werden. Beispiel:

```
void f(int x = 7);
void f(int = 7);         // Fehler: Default kann nicht wiederholt werden
void f(int = 8);         // Fehler: unterschiedliche Default-Argumente

void g()
{
    void f(int x = 9);   // OK: Diese Deklaration verbirgt die äußere
    // ...
}
```

Einen Namen in einem verschachtelten Gültigkeitsbereich so zu deklarieren, daß er die Deklaration desselben Namens in einem äußeren Gültigkeitsbereich verbirgt, ist fehleranfällig.

7.6   Unspezifizierte Anzahl an Argumenten

Bei einigen Funktionen ist es nicht möglich, die Anzahl und den Typ aller Argumente anzugeben, die bei einem Aufruf erwartet werden. Eine solche Funktion wird deklariert, indem man die Liste der Argumentdeklarationen mit drei Punkten (...) beendet. Dies bedeutet »und eventuell weitere Argumente«. Beispiel:

```
int printf(const char* ...);
```

Dies gibt an, daß ein Aufruf der C–Standardbibliotheksfunktion printf() (§21.8) mindestens ein Argument, ein char*, haben muß und noch mehr haben kann (aber nicht muß). Beispiel:

```
printf("Hello, world!\n");
printf("Mein Name ist %s %s\n", vorname, nachname);
printf("%d + %d = %d\n",2,3,5);
```

Eine solche Funktion muß Informationen bei der Interpretation ihrer Argumentliste auswerten, die für den Compiler nicht verfügbar sind. Im Falle von printf() ist das erste Argument ein Format–String mit speziellen Zeichenfolgen, dies es printf() erlauben, die anderen Argumente korrekt zu behandeln; %s bedeutet »erwarte ein char*–Argument« und %d bedeutet »erwarte ein int–Argument«. Dies kann der Compiler im allgemeinen nicht wissen, daher kann er nicht sicherstellen, daß die erwarteten Argumente tatsächlich vorhanden sind oder daß diese Argumente vom richtigen Typ sind. Beispielsweise läßt sich

```
#include <stdio.h>

int main()
{
    printf("Mein Name ist %s %s\n",2);
}
```

übersetzen und wird (bestenfalls) eine merkwürdig aussehende Ausgabe erzeugen. (Probieren Sie es!)

Wenn ein Argument nicht deklariert wurde, hat der Compiler natürlich auch nicht die nötige Information, um die Standardtypprüfung und –typkonvertierung durchzuführen. In diesem Fall wird ein char oder ein short als int und ein float als double übergeben. Dies ist nicht unbedingt das, was der Programmierer erwartet.

Ein gut entworfenes Programm benötigt höchstens ein paar Funktionen, bei denen die Argumenttypen nicht vollständig spezifiziert sind. Überladene Funktionen und Funktionen mit Default–Argumenten können meistens benutzt werden, um eine Typprüfung dort durchzuführen, wo man anderenfalls eventuell Argumente unspezifiziert lassen würde. Nur wenn sowohl die Anzahl als auch die Typen der Argumente variieren, ist ein ... notwendig. Die verbreitetste Anwendung von ... ist die Spezifikation einer Schnittstelle zu C–Bibliotheksfunktionen, die definiert wurden, bevor C++ Alternativen bot:

```
int fprintf(FILE*, const char* ...);     // aus <cstdio>
int execl(const char* ...);              // aus einem UNIX-Header
```

Ein Standardsatz Makros zum Zugriff auf die unspezifizierten Argumente einer solchen Funktion kann in <cstdarg> gefunden werden. Man kann z.B. eine Fehlerfunktion schreiben, die als erstes Argument ein int erhält, das die Heftigkeit des Fehlers angibt, gefolgt von einer beliebigen Anzahl von separaten String–Argumenten, die zur Fehlermeldung zusammengesetzt werden. Die Liste der String–Argumente soll durch einen Nullzeiger auf ein char beendet werden:

```
extern void fehler(int ...);
extern char* itoa(int, char[]); // siehe §6.6–Ü17

const char* Null_cp = 0;

int main(int argc, char* argv[])
{
    switch (argc) {
    case 1:
        fehler(0,argv[0],Null_cp);
        break;
    case 2:
        fehler(0,argv[0],argv[1],Null_cp);
        break;
    default:
        char puffer[8];
        fehler(1,argv[0], "mit",itoa(argc-1,puffer),"Argumenten", Null_cp);
    }
    // ...
}
```

Die Funktion itoa() liefert eine Zeichenkette, die ihr int–Argument repräsentiert.

Man beachte, daß die Benutzung der Zahl 0 als Endekennzeichen nicht portabel gewesen wäre; bei einigen Implementierungen haben die Zahl 0 und der Nullzeiger nicht dieselbe Repräsentation. Dies zeigt die Feinheiten und zusätzliche Arbeit, die auf einen Programmierer zukommen, sobald die Typprüfung durch ... unterdrückt wurde.

Die Fehlerfunktion könnte folgendermaßen definiert werden:

```
void fehler(int heftigkeit ...)    // heftigkeit, gefolgt von einer Null-terminierten
{                                  // Liste von char*s
    va_list ap;
    va_start(ap,heftigkeit);               // Argumentstart

    for (;;) {
        char* p = va_arg(ap,char*);
        if (p == 0) break;
        cerr << p << ' ';
    }

    va_end(ap);                            // Argumentende

    cerr << '\n';
    if (heftigkeit) exit(heftigkeit);
}
```

Zuerst wird eine va_list definiert und durch einen Aufruf von va_start() initialisiert. Das Makro va_start erhält den Namen der va_list und den Namen des letzten formalen Arguments als Argumente. Das Makro va_arg() wird benutzt, um die unbenannten Argumente nacheinander aufzunehmen. Bei jedem Aufruf muß der Programmierer einen Typ angeben; va_arg() nimmt an, daß ein aktuelles Argument von diesem Typ übergeben wurde, aber es hat normalerweise keine Möglichkeit, dies sicherzustellen. Vor der Rückkehr aus einer Funktion, in der va_start() benutzt wurde, muß va_end() aufgerufen werden. Der Grund dafür ist der, daß va_start() unter Umständen den Stack so verändert hat, daß ein Rücksprung nicht erfolgreich durchgeführt werden kann; va_end() macht eine solche Modifikation rückgängig.

7.7 Funktionszeiger

Es gibt nur zwei Dinge, die man mit einer Funktion tun kann: Man kann sie aufrufen, und man kann ihre Adresse ermitteln. Der Zeiger, der durch die Ermittlung der Adresse erhalten wurde, kann benutzt werden, um diese Funktion aufzurufen. Beispiel:

```
void fehler(string s) { /* ... */ }
void (*efct)(string);      // Funktionszeiger

void f()
{
    efct = &fehler;        // efct zeigt auf fehler
    efct("Fehler");        // Ruft fehler über efct auf
}
```

Der Compiler erkennt, daß efct ein Zeiger ist, und ruft die Funktion auf, auf die der Zeiger zeigt. Das heißt, das Dereferenzieren eines Funktionszeigers durch * ist optional. Ähnlich ist das & zum Ermitteln der Adresse einer Funktion optional:

```
void (*f1)(string) = &fehler;    // OK
void (*f2)(string) = fehler;     // auch OK; gleiche Bedeutung wie &fehler

void g()
{
    f1("Vasa");          // OK
    (*f1)("Mary Rose");  // auch OK
}
```

Bei Funktionszeigern werden die Argumenttypen genau wie bei Funktionen deklariert. Bei Zuweisungen an Funktionszeiger muß der komplette Funktionstyp exakt übereinstimmen. Beispiel:

```
void (*pf)(string);    // Zeiger auf void(string)
void f1(string);       // void(string)
int f2(string);        // int(string)
void f3(int*);         // void(int*)

void f()
{
    pf = &f1;          // OK
    pf = &f2;          // Fehler: falscher Rückgabetyp
```

```
    pf = &f3;              // Fehler: falscher Argumenttyp

    pf("Hera");            // OK
    pf(1);                 // Fehler: falscher Argumenttyp

    int i = pf("Zeus");    // Fehler: void an int zugewiesen
}
```

Die Regeln für die Argumentübergabe sind für direkte Funktionsaufrufe und für Aufrufe über einen Zeiger identisch.

Es ist oft bequemer, einen Namen für einen Funktionszeiger zu definieren, um nicht jedesmal die nicht offensichtliche Syntax benutzen zu müssen. Hier ist ein Beispiel aus einer UNIX–Headerdatei:

```
typedef void (*SIG_TYP)(int);        // aus <signal.h>
typedef void (*SIG_ARG_TYP)(int);
SIG_TYP signal(int, SIG_ARG_TYP);
```

Ein Feld von Funktionszeigern ist oft nützlich. Beispielsweise ist das Menüsystem für meinen mausbasierenden Editor mit einem Feld von Funktionszeigern realisiert, die Operationen repräsentieren. Das System kann hier nicht detailliert beschrieben werden, aber der grundsätzliche Gedanke ist dieser:

```
typedef void (*PF)();

PF edit_ops[] = {          // Editieroperationen
    &cut, &paste, &copy, &search
};

PF file_ops[] = {          // Dateiverwaltung
    &open, &append, &close, &write
};
```

Man kann dann die Zeiger definieren und initialisieren, die die Aktionen kontrollieren, die aus einem mit Maus–Buttons assoziierten Menü ausgewählt werden:

```
PF* button2 = edit_ops;
PF* button3 = file_ops;
```

In einer vollständigen Implementierung sind noch mehr Informationen nötig, um jeden Menüpunkt zu definieren. Beispielsweise muß eine Zeichenkette mit dem Anzeigetext irgendwo abgelegt werden. Bei der Benutzung des Systems ändert sich dauernd die Bedeutung der Maus–Buttons mit dem Kontext. Solche Änderungen werden (teilweise) durch Ändern des Wertes der Button–Zeiger durchgeführt. Wenn ein Benutzer einen Menüpunkt auswählt, etwa Punkt 3 aus dem Menü für Button 2, wird die zugeordnete Operation ausgeführt:

```
button2[2]();      // Rufe die 3. Funktion von Button 2 auf
```

Wenn Sie lernen möchten, die Mächtigkeit der Ausdruckskraft von Funktionszeigern einzuschätzen, sollten Sie versuchen, solchen Code ohne Funktionszeiger zu schreiben — und ohne ihre freundlicheren Verwandten, die virtuellen Funktionen (§12.2.6). Ein Menü kann zu Laufzeit modifiziert werden, indem neue Funktionen in die Operatortabelle eingefügt werden. Es ist genauso einfach, neue Menüs zur Laufzeit zu erzeugen.

Funktionszeiger können benutzt werden, um eine einfache Form von polymorphen Routinen zu realisieren, das heißt von Routinen, die für Objekte verschiedener Typen benutzt werden können:

```
typedef int (*CFT)(const void*, const void*);

void ssort(void* base, size_t n, size_t sz, CFT cmp)
// Sortiere die »n« Elemente des Vektors »base« in aufsteigender
// Reihenfolge mit Hilfe der Vergleichsfunktion, auf die »cmp«
// verweist. Die Elemente haben die Größe »sz«.
//
// Shell sort (Knuth, Vol3, pg84)
{
  for (int gap=n/2; 0<gap; gap/=2)
    for (int i=gap; i<n; i++)
      for (int j=i-gap; 0<=j; j-=gap) {
        char* b = static_cast<char*>(base);  // Notwendiger Cast
        char* pj = b+j*sz;                    // &base[j]
        char* pjg = b+(j+gap)*sz;             // &base[j+gap]
        if (cmp(pjg,pj)<0) {                  // vertausche base[j] und base[j+gap]:
          for (int k=0; k<sz; k++) {
            char temp = pj[k];
            pj[k] = pjg[k];
            pjg[k] = temp;
          }
        }
      }
}
```

Die ssort()–Routine weiß nichts über den Typ der Objekte, die sie sortiert, sie kennt nur die Anzahl der Elemente (die Feldgröße), die Größe jedes Elements und den Funktionsaufruf, um den Vergleich durchzuführen. Der Typ von ssort() wurde so gewählt, daß er derselbe Typ wie der der C–Standardbibliotheksfunktion qsort() ist. Echte Programme benutzen qsort(), den Algorithmus sort aus der C++–Standardbibliothek (§18.7.1) oder eine spezialisierte Sortierroutine. Dieser Programmierstil ist in C verbreitet. Es ist aber nicht der eleganteste Weg, solche Algorithmen in C++ auszudrücken (siehe §13.3, §13.5.2).

Eine solche Sortierfunktion könnte benutzt werden, um eine Tabelle wie diese zu sortieren:

```
struct User {
    char* name;
    char* id;
    int dept;
};

User heads[] = {
    "Ritchie D.M.",     "dmr",   11271,
    "Sethi R.",         "ravi",  11272,
    "Szymanski T.G.",   "tgs",   11273,
    "Schryer N.L.",     "nls",   11274,
    "Schryer N.L.",     "nls",   11275,
    "Kernighan B.W.",   "bwk",   11276
};
```

```
void idAusgeben(User* v, int n)
{
    for (int i=0; i<n; i++)
        cout << v[i].name << '\t' << v[i].id << '\t' << v[i].dept << '\n';
}
```

Um diese Tabelle sortieren zu können, müssen zuerst passende Vergleichsfunktionen definiert werden. Eine Vergleichsfunktion muß einen negativen Wert zurückgeben, wenn ihr erstes Argument kleiner als das zweite ist, Null, wenn die Argumente gleich sind, und einen positiven Wert andernfalls:

```
int cmp1(const void* p, const void* q)    // Vergleicht die Namen
{
    return strcmp(static_cast<const User*>(p)->name,
                  static_cast<const User*>(q)->name);
}

int cmp2(const void* p, const void* q)    // Vergleicht Abteilungsnummern
{
    return static_cast<const User*>(p)->dept -
           static_cast<const User*>(q)->dept;
}
```

Dieses Programm sortiert die Daten und gibt sie aus:

```
int main()
{
    cout << "Leiter in alphabetischer Reihenfolge:\n";
    ssort(heads,6,sizeof(User),cmp1);
    idAusgeben(heads,6);
    cout << '\n';

    cout << "Leiter in der Reihenfolge der Abteilungsnummern:\n";
    ssort(heads,6,sizeof(User),cmp2);
    idAusgeben(heads,6);
}
```

Man kann die Adresse einer überladenen Funktion ermitteln, indem man sie einem Funktionszeiger zuweist oder ihn damit initialisiert. In diesem Fall wird der Typ des Ziels benutzt, um aus der Menge der überladenen Funktionen auszuwählen. Beispiel:

```
void f(int);
int f(char);

void (*pf1)(int) = &f;    // void f(int)
int (*pf2)(char) = &f;    // int f(char)
void (*pf3)(char) = &f;   // Fehler: kein void f(char)
```

Eine Funktion muß über einen Funktionszeiger mit genau den richtigen Argumenten und Rückgabetypen aufgerufen werden. Es gibt keine implizite Konvertierung der Argument– oder Rückgabetypen, wenn Funktionszeiger initialisiert werden oder an sie zugewiesen wird. Dies bedeutet, daß

```
int cmp3(const meinTyp*,const meinTyp*);
```

kein passendes Argument für `ssort()` ist. Dies liegt daran, daß ein Akzeptieren von `cmp3` als Argument von `ssort()` die Garantie verletzen würde, daß `cmp3` mit Argumenten vom Typ `meinTyp*` aufgerufen wird (siehe auch §9.2.5).

7.8 Makros

Makros sind in C sehr wichtig. Sie sind aber in C++ weniger nützlich. Die wichtigste Regel bei Makros ist: Benutze keine, es sei denn, es ist unabdingbar. Fast jedes Makro demonstriert eine Schwäche in der Programmiersprache, im Programm oder beim Programmierer. Da sie den Programmtext ändern, bevor der Compiler ihn richtig liest, sind Makros außerdem ein großes Problem für viele Programmierwerkzeuge. Wenn man also Makros benutzt, muß man schlechtere Dienste von Werkzeugen wie Debuggern, Crossreferenz–Werkzeugen und Profilern erwarten. Falls man gezwungen ist, Makros zu benutzen, muß man das Referenzhandbuch seiner Implementierung des C++–Präprozessors sorgfältig lesen und versuchen, nicht zu schlau vorzugehen (siehe auch §A.11).

Ein einfaches Makro wird so definiert:

```
#define NAME Rest der Zeile
```

Wenn `NAME` als ein Token gefunden wird, wird es durch `Rest der Zeile` ersetzt. Beispielsweise wird

```
benannt = NAME
```

in

```
benannt = Rest der Zeile
```

expandiert.

Ein Makro kann auch so definiert werden, daß es Argumente erhalten kann. Beispiel:

```
#define MAC(x,y) argument1: x argument2: y
```

Wenn `MAC` benutzt wird, müssen zwei Argumente vorhanden sein. Sie ersetzen `x` und `y`, wenn `MAC()` expandiert wird. Beispielsweise wird aus

```
expandiert = MAC(foo bar, yuk yuk)
```

dann

```
expandiert = argument1: foo bar argument2: yuk yuk
```

Makronamen können nicht überladen werden, und rekursive Aufrufe stellen den Makroprozessor vor ein Problem, das er nicht lösen kann:

```
#define PRINT(a,b) cout<<(a)<<(b)
#define PRINT(a,b,c) cout<<(a)<<(b)<<(c)   // Problem?: Redefinition, kein Überladen

#define FAC(n) (n>1)?n*FAC(n-1):1          // Problem: rekursives Makro
```

Makros manipulieren Zeichenketten und wissen wenig über die C++–Syntax und nichts über C++–Typen oder Gültigkeitsregeln. Nur die expandierte Form des Makros wird vom Compiler gesehen, daher wird ein Fehler im Makro dann gemeldet, wenn das Makro expandiert wird, nicht bei der Definition. Dies führt zu sehr undurchsichtigen Fehlermeldungen.

Dies sind ein paar plausible Makros:

```
#define CASE break;case
#define FOREVER for(;;)
```

Dies sind ein paar völlig überflüssige Makros:

```
#define PI 3.141593
#define BEGIN {
#define END }
```

Dies sind ein paar gefährliche Makros:

```
#define SQUARE(a) a*a
#define INCR_xx (xx)++
```

Wenn Sie sehen möchten, warum sie gefährlich sind, versuchen Sie, das folgende zu expandieren:

```
int xx = 0;              // Globaler Zähler

void f()
{
    int xx = 0;          // Lokale Variable
    int y = SQUARE(xx+2);  // y=xx+2*xx+2; das heißt y=xx+(2*xx)+2
    INCR_xx;             // Inkrementiert lokales xx
}
```

Wenn man ein Makro benutzen muß, sollte man den Bereichsauflösungsoperator :: benutzen, wenn man sich auf globale Variablen bezieht (§4.9.4), und das Auftreten eines Makroargumentnamens, wenn möglich, in Klammern setzen. Beispiel:

```
#define MIN(a,b) (((a)<(b))?(a):(b))
```

Wenn man Makros schreiben muß, die so kompliziert sind, daß sie einen Kommentar erfordern, sollte man /* */–Kommentare benutzen, da manchmal C–Präprozessoren, die nichts über //– Kommentare wissen, als Teil eines C++–Werkzeugs eingesetzt werden. Beispiel:

```
#define M2(a) irgend_etwas(a)     /* Tiefgründiger Kommentar */
```

Mit Makros kann man sich seine eigene private Sprache definieren. Selbst wenn man diese »erweiterte Sprache« einfachem C++ vorzieht, wird sie den meisten C++–Programmierern unverständlich sein. Außerdem ist der C–Präprozessor ein sehr einfacher Makroprozessor. Wenn man etwas nicht triviales versucht, wird man es wahrscheinlich unmöglich oder unnötig schwer finden. Die const–, inline–, Template– und Namensbereichsmechanismen sind als Alternativen für viele traditionelle Anwendungen von Präprozessorkonstrukten gedacht. Beispiel:

```
const int antwort = 42;
template<class T> inline T min(T a, T b) { return (a<b)?a:b; }
```

Wenn man ein Makro schreibt, ist es nicht ungewöhnlich, einen neuen Namen für etwas zu benötigen. Eine Zeichenkette kann durch die Konkatenation von zwei Zeichenketten mittels des ##– Makrooperators erzeugt werden. Beispielsweise erzeugt

```
#define NAME2(a,b) a##b

int NAME2(hack,cah)();
```

für den Compiler:

```
int hackcah();
```

Die Direktive

```
#undef X
```

stellt sicher, daß kein Makro X definiert ist — egal, ob vor der Direktive eines definiert war oder nicht. Das verschafft einen gewissen Schutz vor ungewünschten Makros. Es ist allerdings nicht immer einfach zu wissen, was die Auswirkungen von X auf ein Codestück sein sollten.

7.8.1 Bedingte Übersetzung

Der folgenden Anwendung von Makros kann man kaum entgehen. Die Direktive #ifdef bezeichner führt abhängig von bezeichner dazu, daß alle Zeilen bis zum korrespondierenden #endif ignoriert werden. Beispielsweise wird durch

```
int f(int a
#ifdef arg_two
,int b
#endif
);
```

für den Compiler

```
int f(int a
);
```

erzeugt, falls kein Makro arg_two vorher per #define definiert wurde. Dieses Beispiel verwirrt Werkzeuge, die vom Programmierer ein vernünftiges Verhalten erwarten.

Die meisten Anwendungen von #ifdef sind weniger bizarr, und wenn es zurückhaltend eingesetzt wird, richtet #ifdef wenig Schaden an (siehe auch §9.3.3).

Die Namen von Makros zur Kontrolle von #ifdef sollten sorgfältig ausgewählt werden, damit sie nicht mit normalen Bezeichnern kollidieren. Beispiel:

```
struct Call_info {
    Node* arg_one;
    Node* arg_two;
    // ...
};
```

Dieser harmlos aussehende Quelltext wird einige Verwirrung hervorrufen, sobald jemand folgendes schreibt:

```
#define arg_two x
```

Leider enthalten verbreitete und unvermeidliche Headerdateien viele gefährliche und unnötige Makros.

7.9   Ratschläge

1. Seien Sie mißtrauisch bei nicht konstanten Referenzargumenten. Wenn eine Funktion ihre Argumente modifizieren soll, sollten Zeiger und Wertrückgabe benutzt werden; §5.5.
2. Benutzen Sie konstante Referenzargumente, wenn Sie das Kopieren von Argumenten minimieren möchten; §5.5.
3. Benutzen Sie const extensiv und konsistent; §7.2.
4. Meiden Sie Makros; §7.8.
5. Meiden Sie die unspezifizierte Anzahl von Argumenten; §7.6.
6. Liefern Sie keine Zeiger oder Referenzen auf lokale Variablen zurück; §7.3.
7. Benutzen Sie die Überladung, wenn Funktionen konzeptionell dieselbe Aufgabe für verschiedene Typen durchführen; §7.4.
8. Stellen Sie beim Überladen von Funktionen mit integralen Argumenten genügend Funktionen bereit, um allgemeine Mehrdeutigkeiten aufzulösen; §7.4.3.
9. Wenn Sie die Nutzung eines Funktionszeigers in Erwägung ziehen, überlegen Sie, ob eine virtuelle Funktion (§2.5.5) oder ein Template (§2.7.2) eine bessere Alternative sein könnte; §7.7.
10. Wenn Sie Makros benutzen müssen, geben Sie ihnen häßliche Namen mit vielen Großbuchstaben; §7.8.

7.10   Übungen

Ü1 (∗1) Schreiben Sie Deklarationen für das folgende: eine Funktion, die Argumente vom Typ Zeiger auf char und Referenz auf int hat und keinen Wert zurückgibt; ein Zeiger auf eine solche Funktion; eine Funktion, die einen solchen Zeiger als Argument erhält; eine Funktion, die einen solchen Zeiger zurückgibt. Schreiben Sie eine Definition einer Funktion, die einen solchen Zeiger als Argument erhält und ihr Argument als Rückgabewert liefert. Tip: Benutzen Sie typedef.

Ü2 (∗1) Was bedeutet das folgende? Wozu könnte es gut sein?

```
typedef int (&rifii) (int, int);
```

Ü3 (∗1,5) Schreiben Sie ein »Hallo, Welt!«–Programm, das einen Namen als Kommandozeilenargument erhält und dann »Hallo, name!« ausgibt. Modifizieren Sie das Programm so, daß es jede Anzahl an Namen als Argument annimmt und zu jedem Hallo sagt.

Ü4 (∗1,5) Schreiben Sie ein Programm, das eine beliebige Anzahl von Dateien, deren Namen als Kommandozeilenargumente übergeben wurden, einliest und nacheinander auf cout ausgibt. Da dieses Programm seine Argumente konkateniert, um die Ausgabe zu erzeugen, können Sie es cat (englisch: *concatenate*) nennen.

Ü5 (∗2) Konvertieren Sie ein kleines C–Programm nach C++. Ändern Sie die Headerdateien so, daß alle aufgerufenen Funktionen mit ihren jeweiligen Argumenten deklariert sind. Wenn möglich, ersetzen Sie #define durch enum, const oder inline. Entfernen Sie extern–Definitionen aus .c–Dateien, und konvertieren Sie (falls nötig) alle Funktionsdefinitionen in die C++–Syntax. Ersetzen Sie Aufrufe von malloc() und free() durch new und delete. Entfernen Sie unnötige Casts.

Ü6 (∗2) Implementieren Sie `ssort()` (§7.7) mit einem effizienteren Sortieralgorithmus. Tip: `qsort()`.

Ü7 (∗2,5) Betrachten Sie

```
struct Tnode {
    string wort;
    int anzahl;
    Tnode* links;
    Tnode* rechts;
};
```

Schreiben Sie eine Funktion, um neue Wörter in einen Baum von Tnodes einzutragen. Schreiben Sie eine Funktion, die einen Baum von Tnodes ausgibt. Schreiben Sie eine Funktion, die einen Baum von Tnodes mit alphabetisch sortierten Wörtern ausgibt. Ändern Sie Tnode so ab, daß (nur) ein Zeiger auf ein beliebig langes Wort, das als Feld von char im Freispeicher mit new angelegt wird, verwendet wird. Passen Sie Ihre Funktionen an die neue Definition von Tnode an.

Ü8 (∗2,5) Schreiben Sie eine Funktion, die ein zweidimensionales Feld invertiert. Tip: §C.7.

Ü9 (∗2) Schreiben Sie ein Verschlüsselungsprogramm, das von `cin` liest und verschlüsselte Zeichen auf `cout` schreibt. Sie können folgendes einfaches Verschlüsselungsschema benutzen: die verschlüsselte Form eines char c ist c^schluessel[i], wobei `schluessel` eine auf der Kommandozeile übergebene Zeichenkette ist. Das Programm benutzt die Zeichen in `schluessel` zyklisch, bis das Ende der Eingabe erreicht ist. Nochmaliges Verschlüsseln des verschlüsselten Textes mit demselben Schlüssel erzeugt den Originaltext. Wenn kein Schlüssel (oder eine leere Zeichenkette) übergeben wurde, findet keine Verschlüsselung statt.

Ü10 (∗3,5) Schreiben Sie ein Programm, das hilft, Nachrichten zu entschlüsseln, die mit der in §7.10–Ü9 beschriebenen Methode verschlüsselt wurden, ohne den Schlüssel zu kennen. Tip: Siehe David Kahn: *The Codebreakers*, Macmillan, 1967, New York, Seite 207-213.

Ü11 (∗3) Schreiben Sie eine `fehler`-Funktion, die einen Format–String im Stil von `printf` erhält, der %s, %c und %d als Anweisung enthält, und die beliebig viele Argumente verarbeiten kann. Benutzen Sie nicht `printf()`. Schauen Sie in §21.8 nach, wenn Ihnen die Bedeutung von %s, %c und %d nicht klar ist. Benutzen Sie `<cstdarg>`.

Ü12 (∗1) Wie würden Sie Namen für Funktionszeigertypen, die per `typedef` definiert würden, auswählen?

Ü13 (∗2) Schauen Sie sich einige Programme an, um einen Eindruck von der Vielfalt der Namenskonventionen zu erhalten. Wie werden Großbuchstaben benutzt? Wie wird der Unterstrich benutzt? Wann werden kurze Namen wie x und i benutzt?

Ü14 (∗1) Was ist bei diesen Makrodefinitionen falsch?

```
#define PI = 3.141593;
#define MAX(a,b) a>b?a:b
#define fac(a) (a)*fac((a)-1)
```

Ü15 (∗3) Schreiben Sie einen Makroprozessor, der einfache Makros definieren und expandieren kann (wie der C–Präprozessor). Lesen Sie von `cin`, und schreiben Sie auf `cout`. Behandeln Sie zu Anfang keine Makros mit Argumenten. Tip: Der Taschenrechner (§6.1) enthält eine Symboltabelle und eine lexikalische Analyse, die Sie anpassen können.

Ü16 (∗2) Implementieren Sie `print()` aus §7.5.

Ü17 (∗2) Fügen Sie Funktionen wie sqrt(), log() und sin() zum Taschenrechner aus §6.1 hinzu. Tip: Definieren Sie die Namen vorab, und rufen Sie die Funktionen über ein Feld von Funktionszeigern auf. Vergessen Sie nicht, die Argumente eines Funktionsaufrufs zu überprüfen.

Ü18 (∗1) Schreiben Sie eine Fakultätsfunktion, die keine Rekursion benutzt. Siehe auch §11.14–Ü6.

Ü19 (∗2) Schreiben Sie Funktionen, die einen Tag, einen Monat oder ein Jahr zu einem Datum hinzuaddieren, wie es in §5.9–Ü13 definiert wurde. Schreiben Sie eine Funktion, die den Wochentag für ein gegebenes Datum liefert. Schreiben Sie eine Funktion, die das Datum des auf ein gegebenes Datum folgenden Montags ermittelt.

Namensbereiche und Ausnahmen   **8**

The year is 787!
A.D.?
— *Monty Python*

No rule is so general,
which admits not some exception.
— *Robert Burton*

8.1 Modularisierung und Schnittstellen

Jedes realistische Programm besteht aus einer Anzahl separater Teile. Beispielsweise bezieht selbst das simple »Hallo, Welt!«–Programm zwei Teile mit ein: Der Anwendungscode wünscht die Ausgabe von `Hallo, Welt!`, und das Ein-/Ausgabe–System übernimmt die Ausgabe.

Betrachten wir das Taschenrechnerbeispiel aus §6.1. Es kann als aus fünf Teilen zusammengesetzt betrachtet werden, und zwar aus

1. dem Parser, der eine Syntaxanalyse durchführt
2. der lexikalischen Analyse, die Token aus Zeichen bildet
3. der Symboltabelle, die (Zeichenkette,Wert)–Paare enthält
4. dem Rahmenprogramm, `main()`
5. der Fehlerbehandlung

Dies kann graphisch so dargestellt werden:

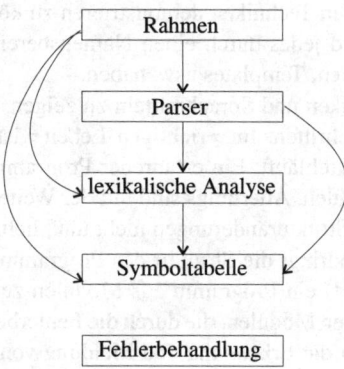

Ein Pfeil bedeutet »benutzt«. Um das Bild einfach zu halten, habe ich die Tatsache, daß jeder Teil die Fehlerbehandlung nutzt, nicht mit dargestellt. Tatsächlich war der Taschenrechner als dreiteilig gedacht, und das Rahmenprogramm und die Fehlerbehandlung wurden nur der Vollständigkeit halber hinzugefügt.

Wenn ein Modul ein anderes benutzt, muß es nicht alles über das benutzte Modul wissen. Idealerweise sind die meisten Details eines Moduls seinem Anwender unbekannt. Entsprechend wird zwischen einem Modul und seiner Schnittstelle unterschieden. Beispielsweise ist der Parser direkt (nur) von der Schnittstelle der lexikalischen Analyse abhängig und nicht von der kompletten lexikalischen Analyse. Die lexikalische Analyse implementiert einfach die in ihrer Schnittstelle angebotenen Dienste. Dies kann graphisch so dargestellt werden:

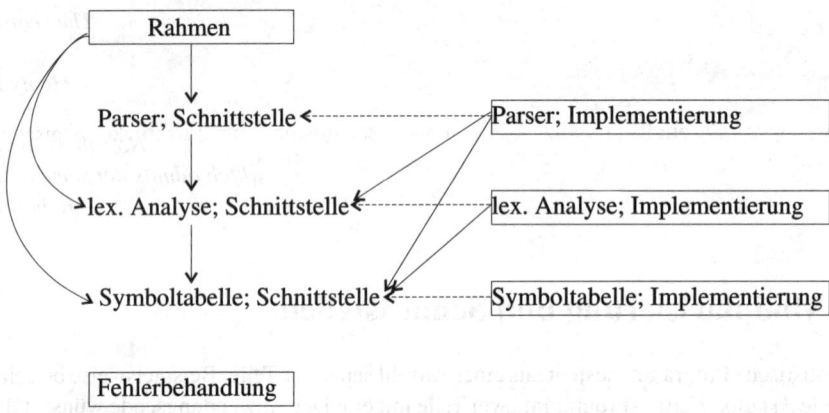

Gestrichelte Linien bedeuten »implementiert«. Ich betrachte dies als die wahre Struktur des Programms, und unsere Aufgabe als Programmierer ist es, dies exakt in Code abzubilden. Wenn dies geschieht, wird der Code einfach, effizient, verständlich, wartbar usw., da er direkt unser fundamentales Design widerspiegelt.

Die folgenden Abschnitte zeigen, wie die logische Struktur des Taschenrechnerprogramms herausgearbeitet werden kann, und §9.3 zeigt, wie der Quelltext des Programms physisch organisiert werden kann, um daraus Vorteile zu ziehen. Der Taschenrechner ist ein kleines Programm, daher würde ich mich »im richtigen Leben« nicht in dem Maße mit Namensbereichen und getrennter Übersetzung (§2.4.1, §9.1) auseinandersetzen, wie ich es hier tue. Dies geschieht einfach, um die für größere Programme sinnvollen Techniken demonstrieren zu können, ohne im Code zu versinken. In realen Programmen wird jedes durch einen Namensbereich repräsentierte »Modul« oft Hunderte von Funktionen, Klassen, Templates usw. haben.

Um eine Vielfalt von Techniken und Sprachmitteln zu zeigen, entwickle ich die Modularisierung des Taschenrechners in Schritten. Im »richtigen Leben« ist es unwahrscheinlich, daß ein Programm alle diese Schritte durchläuft. Ein erfahrener Programmierer wird von Anfang an ein »ziemlich richtiges« Design wählen. Allerdings sind mit der Weiterentwicklung eines Programms über Jahre hinweg dramatische Strukturänderungen nicht unüblich.

Die Fehlerbehandlung durchdringt die Struktur des Programms. Wenn man ein Programm in Module aufteilt oder (umgekehrt) ein Programm aus Modulen zusammensetzt, muß man darauf achten, die Abhängigkeit zwischen Modulen, die durch die Fehlerbehandlung entsteht, zu minimieren. C++ bietet Ausnahmen, um die Erkennung und Meldung von Fehlern von ihrer Behandlung zu entkoppeln. Daher folgt auf die Vorstellung, wie man Module als Namensbereiche darstellen kann (§8.2), eine Demonstration, wie man Ausnahmen zur weiteren Verbesserung der Modularität einsetzen kann (§8.3).

Es gibt viel mehr Vorstellungen von Modularität als die in diesem und den nächsten Abschnitten vorgestellten. Beispielsweise könnte man eine konkurrierende Ausführung und Kommunikationsprozesse benutzen, um wichtige Aspekte der Modularität zu repräsentieren. Auch sind getrennte Adreßräume und die Übertragung von Informationen zwischen Adreßräumen wichtige Punkte, die hier nicht erwähnt werden. Ich betrachte diese Begriffe der Modularität als im wesentlichen unabhängig und orthogonal. Interessanterweise ist das Separieren eines Systems in Module einfach. Das schwere Problem besteht darin, eine sichere, bequeme und effiziente Kommunikation über Modulgrenzen hinweg zu ermöglichen.

8.2 Namensbereiche

Ein Namensbereich (englisch: *namespace*) ist ein Mechanismus zum Ausdrücken logischer Gruppierungen. Das heißt, wenn einige Deklarationen nach bestimmten Kriterien logisch zusammengehören, können sie einem gemeinsamen Namensbereich zugeordnet werden, um diese Tatsache auszudrücken. Beispielsweise könnten die Deklarationen des Parsers aus dem Taschenrechner (§6.1.1) in einem Namensbereich Parser abgelegt werden:

```
namespace Parser {
    double expr(bool);
    double prim(bool get) { /* ... */ }
    double term(bool get) { /* ... */ }
    double expr(bool get) { /* ... */ }
}
```

Die Funktion expr() muß erst deklariert und dann später definiert werden, um die in §6.1.1 beschriebene Abhängigkeitsschleife zu durchbrechen.

Der Eingabeteil des Taschenrechners könnte ebenfalls in einen eigenen Namensbereich plaziert werden:

```
namespace Lexer {
    enum Token_value {
        NAME,         NUMBER,         END,
        PLUS='+',     MINUS='-',      MUL='*',    DIV='/',
        PRINT=';',    ASSIGN='=',     LP='(',     RP=')'
    };

    Token_value curr_tok;
    double number_value;
    string string_value;

    Token_value get_token() { /* ... */ }
}
```

Diese Benutzung von Namensbereichen macht es hinreichend klar, was die lexikalische Analyse und der Parser einem Anwender bieten. Hätte ich allerdings den Quellcode der Funktionen mit angegeben, wäre diese Struktur überdeckt worden. Falls Funktionsrümpfe in der Deklaration eines realistisch großen Namensbereichs enthalten sind, muß man sich normalerweise durch Seiten oder

Bildschirme voller Informationen kämpfen, um die angebotenen Dienste, das heißt die Schnittstelle, zu finden.

Eine Alternative zur Benutzung einer getrennt spezifizierten Schnittstelle ist es, ein Werkzeug anzubieten, das die Schnittstelle aus einem Modul mit Implementierungsdetails extrahiert. Ich betrachte dies nicht als gute Lösung. Die Spezifikation einer Schnittstelle ist eine grundlegende Designaktivität (siehe §23.4.3.4), ein Modul kann dagegen verschiedenen Anwendern verschiedene Schnittstellen anbieten, und häufig wird eine Schnittstelle entworfen, bevor die Implementierungsdetails konkretisiert werden.

Es folgt eine Version des `Parsers`, bei dem die Schnittstelle von der Implementierung getrennt ist:

```
namespace Parser {
    double prim(bool);
    double term(bool);
    double expr(bool);
}

double Parser::prim(bool get) { /* ... */ }
double Parser::term(bool get) { /* ... */ }
double Parser::expr(bool get) { /* ... */ }
```

Man beachte, daß als ein Ergebnis der Trennung der Implementierung von der Schnittstelle nun jede Funktion genau eine Deklaration und eine Definition hat. Anwender sehen nur die Schnittstelle mit den Deklarationen. Die Implementierung — in diesem Fall die Funktionsrümpfe — stehen »irgendwo«, wo der Anwender nicht hinschauen braucht.

Wie gezeigt, kann ein Mitglied innerhalb einer Namensbereichsdefinition deklariert und später mit der `Namensbereichs-Name::Mitglieds-Name`–Schreibweise definiert werden.

Mitglieder eines Namensbereichs müssen mit folgender Schreibweise eingeführt werden:

```
namespace namespace-name {
    // Deklarationen und Definitionen
}
```

Man kann kein neues Mitglied eines Namensbereichs außerhalb der Namensbereichsdefinition mit der Qualifizierer–Syntax definieren. Beispiel:

```
void Parser::logical(bool); // Fehler: kein logical() in Parser
```

Das Konzept soll es einfach machen, alle Namen in einer Namensbereichsdeklaration zu finden und ebenso Fehler wie Tipp– und Typfehler zu erkennen. Beispiel:

```
double Parser::trem(bool); // Fehler: kein trem() in Parser
double Parser::prim(int);  // Fehler: Parser::prim() hat ein Boolesches Argument
```

Ein Namensbereich ist ein Gültigkeitsbereich. Daher ist der »Namensbereich« ein sehr grundlegendes und relativ einfaches Konzept. Je größer ein Programm ist, desto sinnvoller sind Namensbereiche, um eine logische Trennung seiner Teile auszudrücken. Normale lokale Gültigkeitsbereiche, globale Gültigkeitsbereiche und Klassen sind Namensbereiche (§C.10.3).

Idealerweise gehört jede Entität eines Programms zu einer erkennbaren logischen Einheit (»Modul«). Daher sollte jede Deklaration in einem nicht trivialen Programm idealerweise in einem Namensbereich stehen, der nach seiner logischen Rolle im Programm benannt ist. Eine Ausnahme ist `main()`, das global sein muß, um es der Laufzeitumgebung als etwas Besonderes erkennbar zu machen (§8.3.3).

8.2.1 Qualifizierte Namen

Ein Namensbereich ist ein Gültigkeitsbereich. Die üblichen Regeln für einen Gültigkeitsbereich treffen auch auf Namensbereiche zu. Daher kann ein Name, der vorher im Namensbereich oder einem umschließenden Gültigkeitsbereich deklariert wurde, ohne weitere Umstände benutzt werden. Ein Name aus einem anderen Namensbereich kann benutzt werden, wenn er durch den Namen seines Namensbereichs qualifiziert wurde. Beispiel:

```
double Parser::term(bool get)          // Beachte Parser:: Qualifizierer
{
    double left = prim(get);           // Kein Qualifizierer nötig

    for (;;)
        switch (Lexer::curr_tok) {     // Beachte Lexer:: Qualifizierer
        case Lexer::MUL:               // Beachte Lexer:: Qualifizierer
            left *= prim(true);        // Kein Qualifizierer nötig
        //...
        }
    //...
}
```

Der `Parser`-Qualifizierer ist nötig, um festzuhalten, daß dieses `term()` das in `Parser` deklarierte ist und nicht eine andere globale Funktion. Da `term()` ein Mitglied von `Parser` ist, braucht es keinen Qualifizierer für `prim()` anzugeben. Wäre allerdings der `Lexer`-Qualifizierer nicht vorhanden gewesen, wäre `curr_token` als undeklariert betrachtet worden, da die Mitglieder des Namensbereichs `Lexer` innerhalb des Namensbereichs `Parser` nicht sichtbar sind.

8.2.2 Using–Deklarationen

Wenn ein Name häufig außerhalb seines Namensbereichs benutzt wird, kann es lästig sein, ihn immer wieder mit seinem Namensbereichsnamen zu qualifizieren. Betrachten wir:

```
double Parser::prim(bool get)          // Behandelt primaries
{
    if (get) Lexer::get_token();

    switch (Lexer::curr_tok) {
    case Lexer::NUMBER:                // Gleitkommakonstante
        Lexer::get_token();
        return Lexer::number_value;
    case Lexer::NAME:
    {   double& v = table[Lexer::string_value];
        if (Lexer::get_token() == Lexer::ASSIGN) v = expr(true);
        return v;
    }
    case Lexer::MINUS:                 // Einstelliges Minus
        return -prim(true);
```

```
    case Lexer::LP:
    {   double e = expr(true);
        if (Lexer::curr_tok != Lexer::RP) return Error::error(") erwartet");
        Lexer::get_token();          // Verschlucke ')'
        return e;
    }
    case Lexer::END:
        return 1;
    default:
        return Error::error("primary erwartet");
    }
}
```

Die wiederholte Qualifizierung mit Lexer ist langatmig und lenkt ab. Diese Redundanz kann eliminiert werden, indem mit einer using–Deklaration an einer Stelle festgelegt wird, daß das get_token in diesem Gültigkeitsbereich das get_token aus Lexer ist. Beispiel:

```
double Parser::prim(bool get)        // Behandelt primaries
{
    using Lexer::get_token; // Benutze Lexers get_token
    using Lexer::curr_tok;  // Benutze Lexers curr_tok
    using Error::error;     // Benutze Errors error

    if (get) get_token();

    switch (curr_tok) {
    case Lexer::NUMBER:                  // Gleitkommakonstante
        get_token();
        return Lexer::number_value;
    case Lexer::NAME:
    {   double& v = table[Lexer::string_value];
        if (get_token() == Lexer::ASSIGN) v = expr(true);
        return v;
    }
    case Lexer::MINUS:           // Einstelliges Minus
        return -prim(true);
    case Lexer::LP:
    {   double e = expr(true);
        if (curr_tok != Lexer::RP) return error(") erwartet");
        get_token();                 // Verschlucke ')'
        return e;
    }
    case Lexer::END:
        return 1;
    default:
        return error("primary erwartet");
    }
}
```

Eine using–Deklaration erzeugt ein lokales Synonym.

Es ist meistens eine gute Idee, lokale Synonyme so lokal wie möglich zu halten, um Verwirrung zu vermeiden. Allerdings benutzen alle Parserfunktionen ähnliche Mengen an Namen aus anderen

Modulen. Man kann daher die using–Deklaration in die Namensbereichsdefinition von Parser schreiben:

```
namespace Parser {
    double prim(bool);
    double term(bool);
    double expr(bool);

    using Lexer::get_token;  // Benutze Lexers get_token
    using Lexer::curr_tok;   // Benutze Lexers curr_tok
    using Error::error;      // Benutze Errors error
}
```

Dies ermöglicht es, die Funktion von Parser fast auf die Originalversionen zu vereinfachen (§6.1.1):

```
double Parser::term(bool get)          // Multipliziere und dividiere
{
    double left = prim(get);

    for (;;)
        switch (curr_tok) {
        case Lexer::MUL:
            left *= prim(true);
            break;
        case Lexer::DIV:
            if (double d = prim(true)) {
                left /= d;
                break;
            }
            return error("Division durch 0");
        default:
            return left;
        }
}
```

Ich hätte auch die Namen der Token in den Namensbereich von Parser einführen können. Ich habe sie allerdings als ausdrücklich qualifiziert zurückgelassen, um an die Abhängigkeit des Parsers von Lexer zu erinnern.

8.2.3 Using–Direktiven

haauptindexusing, Direktive

Was wäre, wenn es unser Ziel wäre, die Parser–Funktionen so weit zu vereinfachen, daß sie *exakt* die Originalversionen wären? Dies wäre ein nachvollziehbares Ziel für ein großes Programm, das zur Benutzung von Namensbereichen konvertiert worden wäre, nachdem die vorherige Version eine weniger explizite Modularität enthalten hätte.

Eine using–Direktive macht Namen aus einem Namensbereich fast genauso verfügbar, als wären sie außerhalb ihres Namensbereichs deklariert worden (§8.2.8). Beispiel:

```
namespace Parser {
    double prim(bool);
    double term(bool);
    double expr(bool);

    using namespace Lexer;    // Mache alle Namen aus Lexer verfügbar
    using namespace Error;    // Mache alle Namen aus Error verfügbar
}
```

Dies ermöglicht es, die Parser–Funktionen genau wie im Original zu schreiben (§6.1.1):

```
double Parser::term(bool get)        // Multipliziere und dividiere
{
    double left = prim(get);

    for (;;)
        switch (curr_tok) {              // Lexers curr_tok
        case MUL:                        // Lexers MUL
            left *= prim(true);
            break;
        case DIV:                        // Lexers DIV
            if (double d = prim(true)) {
                left /= d;
                break;
            }
            return error("Division durch 0");    // Errors error
        default:
            return left;
        }
}
```

Globale using–Direktiven sind ein Werkzeug für den Übergang (§8.2.9) und werden ansonsten besser vermieden. In einem Namensbereich ist eine using–Direktive ein Werkzeug zur Zusammenstellung von Namensbereichen (§8.2.8). (Nur) in einer Funktion kann eine using–Direktive sicher als Erleichterung der Schreibweise benutzt werden (§8.3.3.1).

8.2.4   Verschiedene Schnittstellen

Es sollte klar sein, daß die Namensbereichsdefinition, die für Parser entwickelt wurde, nicht die Anwenderschnittstelle von Parser ist. Statt dessen ist sie ein Satz an Deklarationen, die gebraucht werden, um die einzelnen Funktionen des Parsers bequem schreiben zu können. Die Anwenderschnittstelle von Parser sollte sehr viel einfacher sein:

```
namespace Parser {
    double expr(bool);
}
```

Glücklicherweise können beide Namensbereichsdefinitionen für Parser koexistieren, so daß beide jeweils passend benutzt werden können. Der Namensbereich Parser bietet also zwei Dinge:

1. die gemeinsame Umgebung für die Funktionen, die den Parser implementieren
2. die externe Schnittstelle, die der Parser seinen Anwendern anbietet

Daher sollte das Rahmenprogramm `main()` nur folgendes sehen:

```
namespace Parser {           // Anwenderschnittstelle
    double expr(bool);
}
```

Die Funktionen, die den Parser implementieren, sollten die Schnittstelle sehen, die man als diejenige betrachtet, die das gemeinsame Umfeld dieser Funktionen am besten ausdrückt. Das ist:

```
namespace Parser {           // Schnittstelle für Implementierung
    double prim(bool);
    double term(bool);
    double expr(bool);

    using Lexer::get_token;  // Benutze Lexers get_token
    using Lexer::curr_tok;   // Benutze Lexers curr_tok
    using Error::error;      // Benutze Errors error
}
```

Graphisch wird die Schnittstelle so dargestellt:

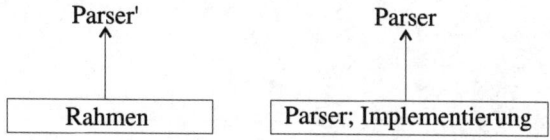

Die Pfeile stellen »basiert auf der Schnittstelle von«–Relationen dar.

Parser' ist die schmale Schnittstelle zum Anwender. Der Name Parser' ist kein C++–Bezeichner. Er wurde extra gewählt, um klarzustellen, daß diese Schnittstelle keinen separaten Namen im Programm hat. Das Fehlen des separaten Namens muß nicht zu Verwirrung führen, da Programmierer selbstverständlich unterschiedliche und offensichtliche Namen für unterschiedliche Schnittstellen erfinden, und weil das physische Layout des Programms (siehe §9.3.2) zu separaten (Datei)namen führt.

Die Schnittstelle für Implementierer ist größer als die Anwenderschnittstelle. Wäre dies eine Schnittstelle für ein realistisch großes Modul in einem realen System, würde sie sich häufiger ändern als die Anwenderschnittstelle. Es ist wichtig, daß die Anwender eines Moduls (in diesem Fall `main()` als Anwender von `Parser`) von solchen Änderungen isoliert werden.

Man braucht keine zwei separaten Namensbereiche zu benutzen, um die beiden verschiedenen Schnittstellen darzustellen, aber man könnte dies tun. Der Entwurf von Schnittstellen ist eine der grundlegendsten Designaktivitäten und eine, in der erhebliche Vorteile gewonnen oder verloren werden können. Entsprechend ist es angebracht, darüber nachzudenken, was wirklich erreicht werden soll, und verschiedene Alternativen zu diskutieren.

Bitte bedenken Sie, daß die hier gezeigte Lösung die einfachste von uns betrachtete ist. Sie ist häufig die beste. Ihre wesentlichen Schwächen sind, daß die Schnittstellen keine separaten Namen haben und daß der Compiler nicht unbedingt genügend Informationen hat, um die Konsistenz der beiden Definitionen des Namensbereichs zu überprüfen. Obwohl der Compiler nicht immer die Möglichkeit hat, die Konsistenz zu prüfen, schafft er es meistens. Und die meisten Fehler, die dem Compiler entgehen, werden vom Binder entdeckt.

Die hier gezeigte Lösung ist die, die ich bei der Vorstellung der physischen Modularität (§9.3) benutze, und diejenige, die ich in Abwesenheit von weiteren logischen Einschränkungen empfehle (siehe auch §8.2.7).

8.2.4.1 Alternative Schnittstellendesigns

Der Zweck von Schnittstellen ist die Minimierung von Abhängigkeiten zwischen verschiedenen Teilen eines Programms. Schmale Schnittstellen führen zu leichter verständlichen Systemen, haben bessere Datenkapselungseigenschaften, sind leichter änderbar und lassen sich schneller übersetzen.

Wenn man Abhängigkeiten betrachtet, ist es wichtig, daran zu denken, daß Compiler und Programmierer dazu tendieren, einem etwas arglosen Ansatz zu folgen: »Wenn eine Definition an einem Punkt X gültig ist, dann hängt alles am Punkt X Geschriebene von allem ab, was in der Definition festgelegt wurde«. Üblicherweise sind die Dinge nicht wirklich so schlimm, da die meisten Definitionen für den größten Teil des Codes irrelevant sind. Mit den vorgegebenen Definitionen betrachten wir:

```
namespace Parser {          // Schnittstelle für Implementierer
    // ...
    double expr(bool);
    // ...
}

int main()
{
    // ...
    Parser::expr(false);
    // ...
}
```

Die Funktion main() ist nur von Parser::expr() abhängig, aber es braucht Zeit, Gehirnschmalz, Berechnung usw., um dies herauszufinden. Entsprechend gehen Leute und Compiler bei realistisch großen Programmen auf Nummer Sicher und nehmen an, daß jede mögliche Abhängigkeit auch tatsächlich eine ist. Dies ist normalerweise ein absolut vernünftiger Ansatz.

Folglich ist es das Ziel, das Programm so darzustellen, daß die Menge der potentiellen Abhängigkeiten auf die Menge der tatsächlichen Abhängigkeiten reduziert wird.

Zuerst versuchen wir das Naheliegende: das Definieren einer Anwenderschnittstelle zum Parser in Begriffen der Implementiererschnittstelle, die es schon gibt:

```
namespace Parser {          // Implementiererschnittstelle
    // ...
    double expr(bool);
    // ...
}

namespace Parser_interface {    // Anwenderschnittstelle
    using Parser::expr;
}
```

Sicher sind Anwender von Parser_Interface nun nur noch (indirekt) von Parser::expr() abhängig. Allerdings zeigt uns ein grober Blick auf den Abhängigkeitsgraphen folgendes:

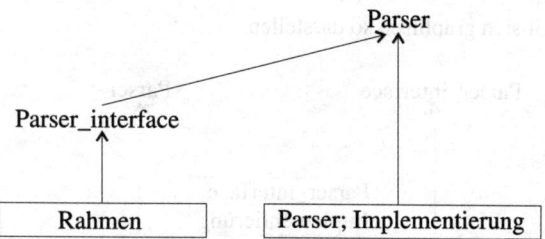

Nun wirkt der Rahmen anfällig für jede Änderung in der Schnittstelle von `Parser`, von der er isoliert sein sollte. Selbst diese Form der Abhängigkeit ist nicht erwünscht. Daher wird die Abhängigkeit des `Parser_interfaces` von `Parser` explizit auf die relevanten Teile der Implementiererschnittstelle des Parsers (das, was vorher `Parser'` genannt wurde) begrenzt, indem nur diese Teile
sichtbar sind, wenn `Parser_interface` definiert wird:

```
namespace Parser {              // Anwenderschnittstelle
    double expr(bool);
}
```

```
namespace Parser_interface {    // Separat benannte Anwenderschnittstelle
    using Parser::expr;
}
```

Graphisch sieht das so aus:

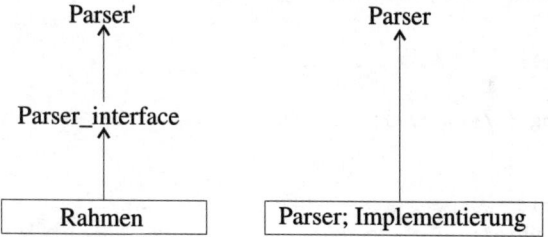

Um die Konsistenz zwischen `Parser` und `Parser'` sicherzustellen, verlassen wir uns wieder auf
das Übersetzungssystem als Ganzes und nicht nur auf den Compiler, der eine einzelne Übersetzungseinheit bearbeitet. Diese Lösung unterscheidet sich von der in §8.2.4 nur durch den zusätzlichen Namensbereich `Parser_interface`. Bei Bedarf könnte man `Parser_interface` eine konkrete Repräsentation geben, indem man eine eigene `expr()`–Funktion einführt:

```
namespace Parser_interface {
    double expr(bool);
}
```

Nun muß `Parser` nicht sichtbar sein, um `Parser_interface` zu definieren. Der Namensbereich
muß nur sichtbar sein, wenn `Parser_interface::expr()` definiert wird:

```
double Parser_interface::expr(bool get)
{
    return Parser::expr(get);
}
```

Die letzte Variante läßt sich graphisch so darstellen:

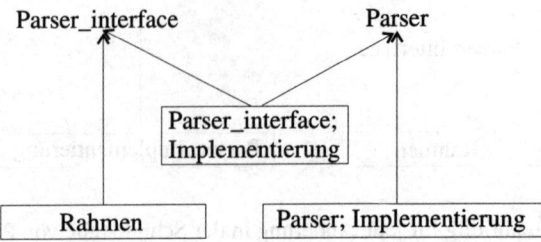

Nun sind alle Abhängigkeiten minimal. Alles ist konkret und richtig benannt. Allerdings ist diese Lösung für die meisten Probleme, vor denen ich stehe, völlig überzogen.

8.2.5   Vermeiden von Namenskollisionen

Namensbereiche sollen logische Strukturen abbilden. Die einfachste dieser Strukturen ist die Unterscheidung zwischen Code, der von verschiedenen Personen geschrieben wurde. Diese einfache Unterscheidung kann von großer praktischer Bedeutung sein.

Wenn man nur einen einzigen globalen Gültigkeitsbereich benutzt, ist es unnötig schwierig, ein Programm aus mehreren Teilen zusammenzusetzen. Das Problem ist, daß die eigentlich separaten Teile jeweils gleiche Namen definieren. Wenn sie in ein Programm integriert werden, kollidieren diese Namen. Betrachten wir folgende Programmzeilen:

```
// meines.h:
    char f(char);
    int f(int);
    class String { /* ... */ };
```

```
// seines.h
    char f(char);
    double f(double);
    class String { /* ... */ };
```

Mit diesen Definitionen kann ein Dritter nur schwer meines.h und seines.h benutzen. Die naheliegende Lösung ist das Einpacken von beiden Sätzen von Deklarationen in einen eigenen Namensbereich:

```
namespace Meines {
    char f(char);
    int f(int);
    class String { /* ... */ };
}
namespace Seines {
    char f(char);
    double f(double);
    class String { /* ... */ };
}
```

Nun kann man Deklarationen aus `Meines` und `Seines` durch explizite Qualifizierung (§8.2.1), using–Deklarationen (§8.2.2) oder using–Direktiven (§8.2.3) benutzen.

8.2.5.1 Unbenannte Namensbereiche

Es ist oft nützlich, eine Menge an Deklarationen in einen Namensbereich einzuschließen, um sich gegen die Möglichkeit von Namenskollisionen zu schützen. Das Ziel besteht also darin, die Lokalität des Codes zu erhalten, und nicht darin, eine Schnittstelle für den Anwender zu schaffen. Beispiel:

```
#include "header.h"
namespace Meiner {
    int a;
    void f() { /* ... */ }
    int g() { /* ... */ }
}
```

Da der Name `Meiner` nicht außerhalb des lokalen Kontextes bekannt sein soll, wird es lästig, einen redundanten globalen Namen zu erfinden, der versehentlich mit einem anderen Namen kollidieren kann. In diesem Fall bleibt der Namensbereich einfach ohne Namen:

```
#include "header.h"
namespace {
    int a;
    void f() { /* ... */ }
    int g() { /* ... */ }
}
```

Natürlich muß es einen Weg geben, auf die Mitglieder des unbenannten Namensbereichs von außen zuzugreifen. Daher hat ein unbenannter Namensbereich eine implizite using–Direktive. Die vorherige Deklaration ist äquivalent zu:

```
namespace $$$ {
    int a;
    void f() { /* ... */ }
    int g() { /* ... */ }
}
using namespace $$$;
```

Dabei ist `$$$` ein in jedem Gültigkeitsbereich, in dem der Namensbereich definiert wird, unterschiedlicher Name. Insbesondere sind unbenannte Namensbereiche in verschiedenen Übersetzungseinheiten unterschiedlich. Wie beabsichtigt gibt es keine Möglichkeit, ein Mitglied eines unbenannten Namensbereichs aus einer anderen Übersetzungseinheit heraus anzusprechen.

8.2.6 Namenssuche

Eine Funktion, die ein Argument vom Typ T erhält, wird meistens im selben Namensbereich wie T definiert sein. Falls daher eine Funktion im Kontext ihrer Benutzung nicht gefunden wird, wird in den Namensbereichen ihrer Argumente nachgeschaut. Beispiel:

```
namespace Zeit {
    class Datum { /* ... */ };

    bool operator==(const Datum&, const std::string&);
    std::string format(const Datum&); // Erzeuge string-Darstellung
    //...
}

void f(Zeit::Datum d, int i)
{
    std::string s = format(d);      // Zeit::format()
    std::string t = format(i);      // Fehler: kein format() gültig
}
```

Diese Suchregel erspart dem Programmierer eine Menge Schreiberei, verglichen mit der Benutzung von expliziter Qualifizierung, ohne den Namensbereich zu füllen, wie es eine using–Direktive (§8.2.3) tun würde. Sie ist besonders nützlich bei Operanden von Operatoren (§11.2.4) und Template–Argumenten (§C.13.8.4), wo eine explizite Qualifizierung sehr umständlich sein kann.

Man beachte, daß sich der Namensbereich selbst im Gültigkeitsbereich befinden muß und daß die Funktion deklariert sein muß, bevor sie gefunden und benutzt werden kann.

Natürlich kann eine Funktion Argumente aus mehreren Namensbereichen benutzen. Beispiel:

```
void f(Zeit::Datum d, std::string s)
{
    if (d == s) {
        //...
    }
    else if (d == "4. August 1914") {
        //...
    }
}
```

In einem solchen Fall wird die Funktion im Gültigkeitsbereich des Aufrufs gesucht (wie immer) und in den Namensbereichen jedes Arguments (einschließlich der Klassen und Basisklassen jedes Arguments). Dann wird die übliche Auflösung von Überladungen (§7.4) für alle gefundenen Funktionen durchgeführt. So wird beim Aufruf von d==s nach dem Operator == im Gültigkeitsbereich um f() gesucht, im Namensbereich std (wo == für string definiert ist) und im Namensbereich Zeit. Es gibt ein std::operator==(), aber es hat kein Datum–Argument, daher wird Zeit::operator==() benutzt, das ein Datum–Argument hat.

Wenn ein Klassenelement eine Funktion aufruft, werden andere Elemente derselben Klasse und ihrer Basisklassen den Funktionen vorgezogen, die eventuell über die Argumenttypen gefunden werden (§11.2.4).

8.2.7 Aliasnamen für Namensbereiche

Wenn Anwender ihren Namensbereichen kurze Namen geben, dann werden die Namen unterschiedlicher Namensbereiche kollidieren:

```
namespace A {    // Kurzer Name, wird (eventuell) kollidieren
    // ...
}


A::String s1 = "Grieg";
A::String s2 = "Nielsen";
```

Andererseits können lange Namen von Namensbereichen in realem Code unpraktisch sein:

```
namespace American_Telephone_and_Telegraph {    // Zu lang
    // ...
}


American_Telephone_and_Telegraph::String s3 = "Grieg";
American_Telephone_and_Telegraph::String s4 = "Nielsen";
```

Dieses Dilemma kann dadurch gelöst werden, daß man einen kurzen Aliasnamen für einen längeren Namen einführt:

```
// Namensbereichsalias, um die Namen abzukürzen

namespace ATT = American_Telephone_and_Telegraph;

ATT::String s3 = "Grieg";
ATT::String s4 = "Nielsen";
```

Aliasnamen für Namensbereiche erlauben es einem Anwender auch, sich auf »die Bibliothek« zu beziehen und mit einer einzigen Deklaration festzulegen, welche Bibliothek dies tatsächlich ist. Beispiel:

```
namespace Lib = Foundation_library_v2r11;

// ...

Lib::set s;
Lib::String s5 = "Sibelius";
```

Dies kann die Aufgabe, eine Version einer Bibliothek durch eine andere zu ersetzen, erheblich vereinfachen. Durch die Benutzung von `Lib` anstelle von `Foundation_library_v2r11` kann man zur Version »v3r02« wechseln, indem die Initialisierung des Aliasnamens `Lib` geändert und neu übersetzt wird. Die Neuübersetzung kann Inkompatibilitäten im Quellcode erkennen. Andererseits kann die übertriebene Benutzung von Aliasnamen (jeder Art) zu Verwirrung führen.

8.2.8   Zusammensetzen von Namensbereichen

Oft möchte man eine Schnittstelle aus vorhandenen Schnittstellen zusammensetzen. Beispiel:

```
namespace Sein_string {
    class String { /* ... */ };
    String operator+(const String&, const String&);
    String operator+(const String&, const char*);
    void fill(char);
    // ...
}


namespace Ihr_vektor {
    template<class T> class Vektor { /* ... */ };
    // ...
}


namespace Meine_bib {
    using namespace Sein_string;
    using namespace Ihr_vektor;
    void meine_fct(String&);
}
```

Damit kann man nun ein Programm in Begriffen aus `Meine_bib` schreiben:

```
void f()
{
    Meine_bib::String s = "Byron";   // Findet Meine_bib::Sein_string::String
    // ...
}

using namespace Meine_bib;

void g(Vektor<String>& vs)
{
    // ...
    meine_fct(vs[5]);
    // ...
}
```

Falls ein explizit qualifizierter Name (wie `Meine_bib::String`) nicht im erwähnten Namensbereich deklariert wurde, sucht der Compiler in Namensbereichen, die in `using`–Direktiven angegeben wurden (wie `Sein_string`).

Nur wenn man etwas definieren möchte, muß man den richtigen Namensbereich der Entität kennen:

```
void Meine_bib::fill(char c)        // Fehler: kein fill() in Meine_bib deklariert
{
    // ...
}
```

```
void Sein_string::fill(char c)      // OK: fill() in Sein_string deklariert
{
    // ...
}

void Meine_bib::meine_fct(String& v)  // OK: String ist Meine_bib::String und
                                      //    bedeutet Sein_string::String
{
    // ...
}
```

Idealerweise sollte ein Namensbereich

1. einen logisch zusammenhängenden Satz von Eigenschaften ausdrücken,
2. Anwendern keinen Zugriff auf nicht dazugehörende Eigenschaften geben und
3. die Anwender nicht durch die Schreibweise signifikant belasten.

Die Kompositionstechnik, die hier und in den folgenden Abschnitten gezeigt wird, bietet — zusammen mit dem #include–Mechanismus (§9.2.1) — hierfür eine starke Unterstützung.

8.2.8.1 Auswahl

Manchmal möchte man nur auf ein paar Namen aus einem Namensbereich zugreifen. Man könnte dies tun, indem man eine Namensbereichsdeklaration schreibt, die nur die gewünschten Namen enthält. Beispielsweise könnte man eine Version von Sein_string deklarieren, die nur String selbst und den Konkatenationsoperator anbietet:

```
namespace Sein_string {          // Teile aus Sein_string
    class String { /* ... */ };
    String operator+(const String&, const String&);
    String operator+(const String&, const char*);
}
```

Wenn man allerdings nicht der Designer oder Entwickler von Sein_string ist, kann dies leicht zu Schwierigkeiten führen. Eine Änderung an der »echten« Definition von Sein_string findet sich nicht in dieser Deklaration wieder. Mit using–Deklarationen können die Eigenschaften aus einem Namensbereich genauer ausgewählt werden:

```
namespace Mein_string {
    using Sein_string::String;
    using Sein_string::operator+;   // Benutze jedes + aus Sein_string
}
```

Eine using–Deklaration bringt jede Deklaration mit einem gegebenen Namen in den Gültigkeitsbereich. Insbesondere bringt eine einzelne using–Deklaration jede Variante einer überladenen Funktion in den Gültigkeitsbereich.

Auf diese Weise wird eine Änderung an Sein_string durch den Entwickler (z.B. das Hinzufügen einer Elementfunktion oder eine überladene Version des Konkatenationsoperators) automatisch für alle Anwender von Mein_string verfügbar. Entsprechend werden für Eigenschaften, die aus Sein_string entfernt wurden oder deren Schnittstelle geändert wurde, die jeweils betroffenen Benutzungen von Mein_string durch den Compiler erkannt (siehe auch §15.2.2).

8.2.8.2   Komposition und Auswahl

Die Kombination von Komposition (durch using–Direktiven) und Auswahl (durch using–Deklarationen) ergibt die Flexibilität, die für die meisten Fälle aus der realen Welt benötigt wird. Mit diesen Mechanismen kann man Zugriff auf eine Vielzahl von Hilfsmitteln so bieten, daß man Namenskollisionen und Mehrdeutigkeiten, die durch die Komposition entstanden sind, auflöst. Beispiel:

```
namespace Seine_bib {
    class String { /* ... */ };
    template<class T> class Vektor { /* ... */ };
    // ...
}


namespace Ihre_bib {
    template<class T> class Vektor { /* ... */ };
    class String { /* ... */ };
    // ...
}


namespace Meine_bib {
    using namespace Seine_bib;      // Alles aus Seine_bib
    using namespace Ihre_bib;       // Alles aus Ihre_bib

    using Seine_bib::String;    // Löse potentielle Kollision zugunsten Seine_bib
    using Ihre_bib::Vektor;     // Löse potentielle Kollision zugunsten Ihre_bib

    template<class T> class Liste { /* ... */ };        // Weiteres
    // ...
}
```

Wenn man in einen Namensbereich schaut, dann haben dort explizit deklarierte Namen (inklusive der mittels using–Deklarationen deklarierten Namen) Vorrang vor Namen, die in einem anderen Gültigkeitsbereich durch eine using–Direktive zugreifbar gemacht wurden (siehe auch §C.10.1). Daher sieht ein Anwender von Meine_bib die Namenskollisionen von String und Vektor zugunsten von Seine_bib::String und Ihre_bib::Vektor aufgelöst. Weiterhin wird Meine_lib::Liste standardmäßig benutzt werden, egal ob Seine_bib oder Ihre_bib ein Template Liste anbieten.

Normalerweise bevorzuge ich es, einen Namen unverändert zu lassen, wenn ich ihn in einen neuen Namensbereich einfüge. Auf diese Weise muß ich mir keine zwei Namen für dieselbe Entität merken. Allerdings wird manchmal ein neuer Name gebraucht oder ist einfach nur schöner. Beispiel:

```
namespace Lib2 {
    using namespace Seine_bib;      // Alles aus Seine_bib
    using namespace Ihre_bib;       // Alles aus Ihre_bib

    using Seine_bib::String;    // Löse potentielle Kollision zugunsten Seine_bib
    using Ihre_bib::Vektor;     // Löse potentielle Kollision zugunsten Ihre_bib

    typedef Ihre_bib::String Ihr_string;        // Umbenennen
```

```
template<class T> class Sein_vec          // Umbenennen
    : public Seine_bib::Vektor<T> { /* ... */ };

template<class T> class Liste { /* ... */ };     // Weiteres
// ...
}
```

Es gibt keinen speziellen Sprachmechanismus für Umbenennungen. Statt dessen wird der allgemeine Mechanismus zum Definieren neuer Entitäten benutzt.

8.2.9   Namensbereiche und alter Code

Millionen Zeilen von C– und C++–Code basieren auf globalen Namen und bestehenden Bibliotheken. Wie kann man Namensbereiche benutzen, um Probleme mit diesem Code zu verringern? Ein Redesign des existierenden Codes ist nicht immer durchführbar. Glücklicherweise ist es möglich, C–Bibliotheken so zu benutzen, als wären sie in einem Namensbereich definiert worden. Dies kann allerdings nicht mit in C++ geschriebenen Bibliotheken getan werden (§9.2.4). Andererseits sind die Namensbereiche so entworfen worden, daß sie mit minimalem Aufwand in ältere C++–Programme eingeführt werden können.

8.2.9.1   Namensbereiche und C

Betrachten wir das vorschriftsmäßige erste C–Programm:

```
#include <stdio.h>

int main()
{
    printf("Hello, world!\n");
}
```

Dieses Programm zu zerstören wäre keine gute Idee. Standardbibliotheken als Spezialfälle zu behandeln ist ebenfalls keine gute Idee. Entsprechend sind die Sprachregeln für Namensbereiche so entworfen worden, daß es relativ einfach ist, ein Programm, das ohne Namensbereiche geschrieben wurde, in ein expliziter strukturiertes Programm mit Namensbereichen umzuwandeln. Das Taschenrechnerprogramm (§6.1) ist ein Beispiel dafür.

Die using–Direktive ist der Schlüssel hierzu. Beispielsweise sind die Deklarationen der Standard–C–Ein-/Ausgabe–Möglichkeiten aus der C–Headerdatei stdio.h wie folgt in einen Namensbereich gepackt worden:

```
// stdio.h:
namespace std {
    // ...
    int printf(const char* ... );
    // ...
}
using namespace std;
```

Dadurch wird Rückwärtskompatibilität erreicht. Zusätzlich gibt es noch eine neue Headerdatei cstdio für Leute, die die Namen nicht implizit verfügbar haben wollen:

```
// cstdio:
    namespace std {
        // ...
        int printf(const char* ... );
        // ...
    }
```

Programmierer, die C++–Standardbibliotheken implementieren und sich Gedanken über die Replikation der Deklarationen machen, werden natürlich stdio.h durch ein #include von cstdio definieren:

```
// stdio.h:
    #include<cstdio>
    using namespace std;
```

Ich betrachte nicht lokale using–Direktiven hauptsächlich als Migrationshilfe. Der meiste Code, der sich auf Namen aus anderen Namensbereichen bezieht, kann mit einer expliziten Qualifizierung und using–Deklarationen viel klarer ausgedrückt werden.

Das Zusammenspiel von Namensbereichen und Binden ist in §9.2.4 beschrieben.

8.2.9.2 Namensbereiche und Überladen

Das Überladen (§7.4) arbeitet über Namensbereiche hinweg. Dadurch wird es erst möglich, existierende Bibliotheken mit minimalen Änderungen am Quelltext zur Nutzung von Namensbereichen zu migrieren. Beispiel:[1]

```
// altes A.h:
    void f(int);
    // ...
// altes B.h:
    void f(char);
    // ...
// altes user.c:
    #include "A.h"
    #include "B.h"

    void g()
    {
        f('a');   // Ruft f() aus B.h auf
    }
```

Dieses Programm kann zu einer Version mit Namensbereichen überarbeitet werden, ohne den eigentlichen Code zu ändern:

```
// neues A.h:
    namespace A {
        void f(int);
        // ...
    }
```

---

[1] A.d.Ü.: Wir empfehlen, statt den Endungen .c und .h die Endungen .cpp und .hpp zu verwenden, da diese C++–Dateien eindeutig gegenüber C–Dateien abgrenzen.

```
// neues B.h:
    namespace B {
        void f(char);
        // ...
    }
// neues user.c:
    #include "A.h"
    #include "B.h"

    using namespace A;
    using namespace B;

    void g()
    {
        f('a');    // Ruft f() aus B.h auf
    }
```

Wäre es darauf angekommen, `user.c` vollständig unverändert zu lassen, hätte man die using–Direktiven in die Headerdateien schreiben können.

8.2.9.3 Namensbereiche sind offen

Ein Namensbereich ist offen; das heißt, man kann ihm Namen aus mehreren Namensbereichsdeklarationen hinzufügen. Beispiel:

```
namespace A {
    int f();   // Nun hat A ein Mitglied f()
}
```

```
namespace A {
    int g();   // Nun hat A zwei Mitglieder, f() und g()
}
```

Auf diese Weise kann man große Programmfragmente genauso innerhalb eines einzigen Namensbereichs anordnen, wie ältere Bibliotheken oder Anwendungen dies in einem einzigen globalen Namensbereich tun. Um dies zu tun, muß man die Namensbereichsdefinitionen über verschiedene Header– und Quelldateien verteilen. Wie im Taschenrechnerbeispiel gezeigt (§8.2.4), gestattet es die Offenheit von Namensbereichen, verschiedenen Anwendern verschiedene Schnittstellen durch Darstellung von verschiedenen Teilen des Namensbereichs zu präsentieren. Diese Offenheit ist auch eine Hilfe bei der Migration. Beispielsweise kann

```
// mein header:
    void f();   // meine Funktion
    // ...
    #include<stdio.h>
    int g();    // meine Funktion
    // ...
```

ohne Umsortierung der Deklarationen so umgeschrieben werden:

```
// mein header:
    namespace Meiner {
        void f();  // meine Funktion
        // ...
    }


    #include<stdio.h>

    namespace Meiner {
        int g();  // meine Funktion
        // ...
    }
```

Beim Schreiben von neuem Code bevorzuge ich viele kleinere Namensbereiche (siehe §8.2.8), anstatt wirklich wesentliche Codeteile in einen einzigen Namensbereich zu packen. Dies ist allerdings oft unpraktisch, wenn man wesentliche Softwareteile zur Benutzung von Namensbereichen konvertiert.

Wenn man ein vorher deklariertes Mitglied eines Namensbereichs definiert, ist es sicherer, die `Meiner::`–Syntax zu benutzen, als `Meiner` wieder zu öffnen. Beispiel:

```
void Meiner::ff()  // Fehler: ff() nicht in Meiner definiert
{
    // ...
}
```

Ein Compiler findet diesen Fehler. Da allerdings neue Funktionen in einem Namensbereich definiert werden können, kann ein Compiler den äquivalenten Fehler in einem wieder geöffneten Namensbereich nicht finden:

```
namespace Meiner {  // Wiederöffnen von Meiner zur Definition von Funktionen

    void ff()       // Huch! Kein ff() in Meiner deklariert;
                    // ff() wird durch die Definition zu Meiner hinzugefügt
    {
        // ...
    }
    // ...
}
```

Ein Compiler kann nicht wissen, daß man kein neues `ff()` haben wollte.

8.3 Ausnahmen

Wenn ein Programm aus separaten Modulen zusammengesetzt wird, und besonders dann, wenn diese Module aus getrennt entwickelten Bibliotheken stammen, muß die Fehlerbehandlung in zwei verschiedene Teile getrennt werden:

1. Die Meldung von Fehlerbedingungen, die nicht lokal behoben werden können
2. Die Behandlung von anderswo gefundenen Fehlern

Der Autor einer Bibliothek kann Laufzeitfehler erkennen, aber er weiß im allgemeinen nicht, wie er sie behandeln soll. Der Anwender einer Bibliothek weiß wahrscheinlich, wie er die Fehler behandeln kann, hat aber keine Möglichkeit, sie zu entdecken — sonst würden sie sofort im Anwendungscode behandelt werden und nicht erst in der Bibliothek gefunden werden.

Im Taschenrechnerbeispiel wurde das Problem umgangen, indem die Anwendung als Ganzes entworfen wurde. Dadurch konnte die Fehlerbehandlung in den gesamten Rahmen eingepaßt werden. Als allerdings die logischen Teile des Taschenrechners auf verschiedene Namensbereiche aufgeteilt wurden, wurde klar, daß jeder Namensbereich vom Namensbereich Error abhängig war und daß die Fehlerbehandlung in Error darauf basierte, daß jedes Modul passend auf einen Fehler reagierte. Nehmen wir an, wir hätten nicht die Wahl, den Taschenrechner als Ganzes zu entwerfen, und daß wir keine enge Kopplung zwischen Error und den anderen Modulen wollten. Nehmen wir statt dessen an, daß der Parser und die anderen Programmteile so geschrieben wurden, daß sie kein Wissen darüber haben, wie das Rahmenprogramm Fehler behandeln möchte.

Obwohl Error sehr einfach war, verkörperte es doch eine Fehlerbehandlungsstrategie:

```
namespace Error {
    int no_of_errors;

    double error(const char* s)
    {
        std::cerr << "Fehler: " << s << '\n';
        no_of_errors++;
        return 1;
    }
}
```

Die error()-Funktion gibt eine Fehlermeldung aus, liefert einen Default–Wert, der es dem Aufrufer erlaubt, mit der Berechnung fortzufahren, und verwaltet einen einfachen Fehlerstatus. Es ist wichtig, daß jeder Teil des Programms weiß, daß es error() gibt, wie es aufzurufen ist und was als Ergebnis zu erwarten ist. Dies wäre für ein aus separat entwickelten Bibliotheken zusammengesetztes Programm zu viel verlangt.

Ausnahmen (englisch: *exceptions*) sind die Mittel von C++, um die Fehlermeldung von der Fehlerbehandlung zu trennen. In diesem Abschnitt werden Ausnahmen kurz im Kontext ihrer Benutzung im Taschenrechnerbeispiel beschrieben. Kapitel 14 stellt die Ausnahmen und ihre Benutzung ausführlicher vor.

8.3.1 throw und catch

Das Konzept einer *Ausnahme* ist vorhanden, um bei der Fehlermeldung zu helfen. Beispiel:

```
struct Range_error {
    int i;
    Range_error(int ii) { i = ii; } // Konstruktor, (§2.5.3, §10.2.3)
};

char to_char(int i)
{
    if (i<numeric_limits<char>::min() || numeric_limits<char>::max()<i) // §22.2
        throw Range_error(i);
    return i;
}
```

Die `to_char()`-Funktion liefert entweder den `char` mit dem numerischen Wert von `i` zurück oder wirft (englisch: *throw*) einen `Range_error`. Das grundsätzliche Konzept sieht vor, daß eine Funktion, die ein Problem findet, das sie nicht handhaben kann, eine Ausnahme wirft, in der Hoffnung, daß ihr (direkter oder indirekter) Aufrufer das Problem behandeln kann. Eine Funktion, die ein Problem behandeln möchte, kann anzeigen, daß sie Ausnahmen vom Typ, der zur Meldung dieses Problems benutzt wird, *fangen* (englisch: *catch*) will. Um beispielsweise `to_char()` aufzurufen und die eventuell geworfene Ausnahme zu fangen, könnte man schreiben:

```
void g(int i)
{
    try {
        char c = to_char(i);
        //...
    }
    catch (Range_error) {
        cerr << "Huch\n";
    }
}
```

Das Konstrukt

```
catch ( /* ... */ ) {
    //...
}
```

wird *Ausnahme–Handler* genannt. Es kann nur unmittelbar nach einem Block mit dem Schlüsselwort `try` als Präfix oder unmittelbar hinter einem anderen Ausnahme–Handler benutzt werden; `catch` ist ebenfalls ein Schlüsselwort. Die Klammern enthalten eine Deklaration, die ähnlich wie eine Deklaration eines Funktionsarguments benutzt wird. Das heißt, es spezifiziert den Typ des Objekts, das durch diesen Handler gefangen werden kann, und benennt optional das gefangene Objekt. Wenn man beispielsweise den Wert des gefangenen `Range_errors` wissen wollte, würde man einen Namen für das Argument von `catch` angeben, genau wie bei Namen für Funktionsargumente. Beispiel:

```
void h(int i)
{
    try {
        char c = to_char(i);
        //...
    }
    catch (Range_error x) {
        cerr << "Huch: to_char(" << x.i << ")\n";
    }
}
```

Falls irgendein Code innerhalb eines `try`–Blocks — oder aus einem darin aufgerufenen Block — eine Ausnahme wirft, werden die Handler des `try`–Blocks untersucht. Falls die geworfene Ausnahme dem für einen Handler spezifizierten Typ entspricht, wird dieser Handler ausgeführt. Falls nicht, werden die Ausnahme–Handler ignoriert, und der `try`–Block funktioniert genau wie ein normaler Block. Falls eine Ausnahme geworfen wird und kein `try`–Block sie fängt, wird das Programm beendet (§14.7).

Grundsätzlich sind C++–Ausnahmen eine Methode, um die Kontrolle zu einem ausgewählten Stück Code in einer aufrufenden Funktion zu transferieren. Bei Bedarf können Informationen über den Fehler an den Aufrufer mitgegeben werden. C–Programmierer können sich die Ausnahmebehandlung als wohldefinierten Mechanismus zum Ersatz von setjmp/longjmp (§16.1.2) vorstellen. Das wichtige Zusammenspiel von Ausnahmebehandlung und Klassen wird in Kapitel 14 beschrieben.

8.3.2 Unterscheidung von Ausnahmen

Üblicherweise hat ein Programm mehrere verschiedene mögliche Laufzeitfehler. Solche Fehler können in Ausnahmen mit verschiedenen Namen abgebildet werden. Ich bevorzuge es, Typen zu definieren, die keine andere Aufgabe als die Ausnahmebehandlung haben. Dies minimiert die Verwirrung über ihren Zweck. Insbesondere benutze ich nie einen eingebauten Typ wie int als Ausnahme. In einem großen Programm hätte ich sonst keinen effektiven Weg, um eine unzusammenhängende Benutzung von int–Ausnahmen zu finden. Daher könnte ich nie sicher sein, daß solche anderen Benutzungen mit meinen eigenen kollidieren würden.

Der Taschenrechner (§6.1) muß zwei Arten von Laufzeitfehlern behandeln: Syntaxfehler und Versuche, durch null zu dividieren. Es muß kein Wert von der Stelle, die eine Division durch null entdeckt, an einen Handler übergeben werden, daher kann die Division durch null durch einen einfachen leeren Typ repräsentiert werden:

```
struct Zero_divide { };
```

Andererseits will ein Handler fast immer eine Information über die Art des aufgetretenen Syntaxfehlers erhalten. Daher wird eine Zeichenkette mitgegeben:

```
struct Syntax_error {
    const char* p;
    Syntax_error(const char* q) { p = q; }
};
```

Zur Vereinfachung der Schreibweise habe ich einen Konstruktor (§2.5.2, §10.2.3) zur Struktur hinzugefügt.

Ein Anwender des Parsers kann zwischen den beiden Ausnahmen unterscheiden, indem er Handler für beide an den try–Block anfügt. Bei Bedarf wird der passende Handler benutzt. Wenn man »durch das Ende« eines Handlers »fällt«, wird die Bearbeitung am Ende der Handler–Liste fortgesetzt:

```
    try {
        // ...
        expr(false);
        // Man kommt nur dann hierher, wenn expr() keine Ausnahme hatte
        // ...
    }
    catch (Syntax_error) {
        // Behandle Syntaxfehler
    }
    catch (Zero_divide) {
        // Behandle Division durch null
    }
    // Man kommt hierher, wenn expr() keine Ausnahme ausgelöst hat oder ein
```

> *// Syntax_error bzw. ein Zero_divide gefangen wurde (und deren Handler*
> *// kein return durchgeführt haben, eine Ausnahme geworfen haben oder*
> *// auf andere Weise den Kontrollfluß verändert haben).*

Eine Liste von Handlern sieht ein wenig wie eine `switch`–Anweisung aus, man benötigt aber keine `break`–Anweisung. Die Syntax einer Liste von Handlern unterscheidet sich von der einer Liste von `cases` teilweise aus diesem Grund und teilweise, um klarzustellen, daß jeder Handler ein Gültigkeitsbereich ist (§4.9.4).

Eine Funktion braucht nicht alle möglichen Ausnahmen zu fangen. Beispielsweise versuchte der obige `try`–Block nicht, Ausnahmen, die unter Umständen durch Eingabeoperationen des Parsers generiert werden, zu fangen. Diese Ausnahmen »laufen« auf der Suche nach einem Aufrufer mit einem passenden Handler »durch«.

Aus der Sicht der Sprache wird eine Ausnahme direkt beim Eintritt in ihren Handler als behandelt betrachtet. Daher muß jede Ausnahme, die in einem Handler geworfen wird, vom Aufrufer des `try`–Blocks behandelt werden. Beispielsweise erzeugt das folgende keine Endlosschleife:

```
class Input_overflow { /* ... */ };

void f()
{
    try {
        // ...
    }
    catch (Input_overflow) {
        // ...
        throw Input_overflow();
    }
}
```

Ausnahme–Handler können verschachtelt sein. Beispiel:

```
class XXII { /* ... */ };

void f()
{
    // ...
    try {
        // ...
    }
    catch (XXII) {
        try {
            // Etwas Kompliziertes
        }
        catch (XXII) {
            // Der komplizierte Handler ist fehlgeschlagen
        }
    }
    // ...
}
```

Allerdings sind solche Verschachtelungen in von Menschen geschriebenem Code selten und eher ein Zeichen für schlechten Programmierstil.

8.3.3   Ausnahmen im Taschenrechner

Mit den grundlegenden Ausnahmebehandlungsmechanismen kann man das Taschenrechnerbeispiel aus §6.1 so überarbeiten, daß die Behandlung von zur Laufzeit gefundenen Fehlern von der eigentlichen Logik des Taschenrechners getrennt wird. Dies führt zu einer Organisation des Programms, die realistischer mit dem übereinstimmt, was man in Programmen findet, die aus separaten, lose gekoppelten Teilen erstellt wurden.

Zuerst kann error() eliminiert werden. Statt dessen kennen die Parserfunktionen nur die Typen, die zur Signalisierung von Fehlern benutzt werden:

```
namespace Error {
    struct Zero_divide { };

    struct Syntax_error {
        const char* p;
        Syntax_error(const char* q) { p = q; }
    };
}
```

Der Parser kann drei Syntaxfehler erkennen:

```
Lexer::Token_value Lexer::get_token()
{
    using namespace std;        // Für cin, isalpha() usw.

        // ...
        default:                    // NAME, NAME = oder Fehler
            if (isalpha(ch)) {
                string_value = ch;
                while (input->get(ch) && isalnum(ch))
                    string_value.push_back(ch);
                input->putback(ch);
                return curr_tok=NAME;
            }
            throw Error::Syntax_error("Falsches Token");
    }
}


double Parser::prim(bool get)        // Behandle Primaries
{
    // ...
    case Lexer::LP:
    {   double e = expr(true);
        if (curr_tok != Lexer::RP) throw Error::Syntax_error("')' erwartet");
        get_token();            // Verschlucke ')'
        return e;
    }
    case Lexer::END:
        return 1;
    default:
        throw Error::Syntax_error("Primary erwartet");
    }
}
```

Wenn ein Syntaxfehler erkannt wird, wird `throw` benutzt, um die Kontrolle zu einem Handler zu transferieren, der in einem (direkten oder indirekten) Aufrufer definiert ist. Der `throw`–Operator reicht außerdem einen Wert an den Handler durch. Beispielsweise reicht

```
throw Syntax_error("Primary erwartet");
```

ein `Syntax_error`–Objekt mit einem Zeiger auf die Zeichenkette `Primary erwartet` an den Handler durch.

Um einen Division–durch–null–Fehler zu melden, braucht man keine Daten durchzureichen:

```
double Parser::term(bool get)          // Multipliziere und dividiere
{
    // ...
    case Lexer::DIV:
        if (double d = prim(true)) {
            left /= d;
            break;
        }
        throw Error::Zero_divide();

    // ...
}
```

Das Rahmenprogramm kann nun so definiert werden, daß es `Zero_divide`– und `Syntax_error`–Ausnahmen behandeln kann. Beispiel:

```
int main(int argc, char* argv[])
{
    // ...

    while (*input) {
        try {
            Lexer::get_token();
            if (Lexer::curr_tok == Lexer::END) break;
            if (Lexer::curr_tok == Lexer::PRINT) continue;
            cout << Parser::expr(false) << '\n';
        }
        catch(Error::Zero_divide) {
            cerr << "Versuch, durch null zu dividieren\n";
            if (Lexer::curr_tok != Lexer::PRINT)
                skip();
        }
        catch(Error::Syntax_error e) {
            cerr << "Syntaxfehler:" << e.p << "\n";
            if (Lexer::curr_tok != Lexer::PRINT)
                skip();
        }
    }
    if (input != &cin) delete input;
    return no_of_errors;
}
```

Die Funktion `skip()` versucht, den Parser nach einem Fehler in einen wohldefinierten Zustand zu bringen, indem sie Token überspringt, bis sie ein Zeilenende oder ein Semikolon findet. `skip()`, input und `no_of_errors` sind naheliegende Kandidaten für einen Namensbereich `Driver`:

```
namespace Driver {
    int no_of_errors;
    std::istream* input;
    void skip();
}

void Driver::skip()
{
    no_of_errors++;

    while (*input) {
        char ch;
        input->get(ch);
        switch (ch) {
        case '\n':
        case ';':
            return;
        }
    }
}
```

Der Code für `skip()` wurde bewußt auf einem niedrigeren Abstraktionsniveau als der Parsercode geschrieben, um zu vermeiden, daß während der Behandlung von Ausnahmen des Parsers neue Ausnahmen des Parsers auftreten.

Ich habe an der Idee festgehalten, die Anzahl der Fehler zu zählen und diese Zahl als Rückgabewert des Programms zu melden. Es ist häufig sinnvoll zu wissen, ob in einem Programm ein Fehler aufgetreten ist, selbst wenn das Programm ihn beheben konnte.

Ich habe `main()` nicht in den Namensbereich `Driver` getan. Das globale `main()` ist die initiale Funktion eines Programms (§3.2); ein `main()` in einem anderen Namensbereich hat keine besondere Bedeutung.

8.3.3.1 Alternative Fehlerbehandlungsstrategien

Der ursprüngliche Fehlerbehandlungscode war kürzer und eleganter als die Version mit Ausnahmen. Allerdings wurde diese Eleganz durch die enge Kopplung aller Programmteile erreicht. Dieser Ansatz läßt sich nicht leicht auf Programme skalieren, die aus separat entwickelten Bibliotheken zusammengesetzt werden.

Man könnte überlegen, `skip()` durch die Einführung einer Statusvariablen in `main()` zu eliminieren. Beispiel:

```
int main(int argc, char* argv[])        // Beispiel für schlechten Stil
{
    // ...

    bool in_error = false;

    while (*Driver::input) {
```

```
        try {
            Lexer::get_token();
            if (Lexer::curr_tok == Lexer::END) break;
            if (Lexer::curr_tok == Lexer::PRINT) {
                in_error = false;
                continue;
            }
            if (in_error == false) cout << Parser::expr(false) << '\n';
        }
        catch(Error::Zero_divide) {
            cerr << "Versuch, durch null zu dividieren\n";
            in_error = true;
        }
        catch(Error::Syntax_error e) {
            cerr << "Syntaxfehler:" << e.p << "\n";
            in_error = true;
        }
    }
    if (Driver::input != &std::cin)
        delete Driver::input;
    return Driver::no_of_errors;
}
```

Ich halte dies aus verschiedenen Gründen für eine schlechte Idee:

1. Statusvariablen sind eine verbreitete Quelle der Verwirrung und von Fehlern, besonders, wenn ihnen erlaubt wird, zu wuchern und größere Teile eines Programms zu beeinflussen. Speziell erachte ich die Version von main(), die in_error benutzt, für schlechter lesbar als die Version mit skip().

2. Es ist generell eine gute Strategie, Fehlerbehandlung und »normalen« Code getrennt zu halten.

3. Es ist gewagt, die Fehlerbehandlung auf demselben Abstraktionsniveau durchzuführen wie den Code, der den Fehler ausgelöst hat. Der Fehlerbehandlungscode könnte den gleichen Fehler wiederholen, der die Fehlerbehandlung ursprünglich ausgelöst hatte. Ich überlasse es Ihnen als Übungsaufgabe herauszufinden, wie dies für die Version von main() mit in_error passieren kann (§8.5–Ü7).

4. Es ist mehr Arbeit, den »normalen« Code um eine Fehlerbehandlung zu erweitern, als separate Fehlerbehandlungsroutinen hinzuzufügen.

Die Ausnahmebehandlung ist dafür gedacht, mit nicht lokalen Problemen umzugehen. Wenn ein Fehler lokal behandelt werden kann, sollte dies fast immer passieren. Beispielsweise gibt es keinen Grund, eine Ausnahme zur Behandlung des Zu–Viele–Argumente–Fehlers zu benutzen:

```
int main(int argc, char* argv[])
{
    using namespace std;
    using namespace Driver;

    switch (argc) {
    case 1:                          // Lies von der Standardeingabe
        input = &cin;
        break;
    case 2:                          // Lies Argument-String
```

```
                    input = new istringstream(argv[1]);
                    break;
             default:
                    cerr << "Zu viele Argumente\n";
                    return 1;
             }
```

// Wie vorher
```
      }
```

Ausnahmen werden ausführlich in Kapitel 14 dargestellt.

8.4 Ratschläge

1. Benutzen Sie Namensbereiche, um logische Strukturen auszudrücken; §8.2.
2. Setzen Sie jeden nicht lokalen Namen außer main() in einen Namensbereich; §8.2.
3. Entwerfen Sie einen Namensbereich so, daß sie ihn bequem nutzen können, ohne versehentlich Zugriff auf nicht zusammenhängende Namensbereiche zu erlangen; §8.2.4.
4. Vermeiden Sie sehr kurze Namen für Namensbereiche; §8.2.7.
5. Verwenden Sie, falls notwendig, Aliasnamen für Namensbereiche, um lange Namen von Namensbereichen abzukürzen; §8.2.7.
6. Vermeiden Sie es, Anwendern Ihrer Namensbereiche viel Schreibarbeit aufzubürden; §8.2.2, §8.2.3.
7. Benutzen Sie die Namensbereich::mitglied–Schreibweise, wenn Sie Mitglieder von Namensbereichen definieren; §8.2.8.
8. Benutzen Sie using namespace nur während der Migration oder in einem lokalen Gültigkeitsbereich; §8.2.9.
9. Benutzen Sie Ausnahmen, um die Behandlung von »Fehlern« vom Code, der die normale Verarbeitung durchführt, zu entkoppeln; §8.3.3.
10. Benutzen Sie benutzerdefinierte Typen anstelle von eingebauten Typen als Ausnahmen, §8.3.2.
11. Benutzen Sie keine Ausnahmen, wenn lokale Kontrollstrukturen ausreichend sind; §8.3.3.1.

8.5 Übungen

Ü1 (*2,5) Schreiben Sie ein Modul für eine doppelt verkettete Liste von strings im Stil des Stack–Moduls aus §2.4. Testen Sie es, indem Sie eine Liste mit den Namen von Programmiersprachen erzeugen. Stellen Sie eine sort()–Funktion für die Liste zur Verfügung, und schreiben Sie eine Funktion, die die Reihenfolge der Zeichenketten in der Liste umkehrt.

Ü2 (*2) Nehmen Sie einige nicht zu große Programme, die mindestens eine Bibliothek ohne Namensbereiche benutzen, und modifizieren Sie sie so, daß Namensbereiche für diese Bibliothek benutzt werden. Tip: §8.2.9.

Ü3 (*2) Konvertieren Sie das Taschenrechnerprogramm mittels Namensbereichen in ein Modul im Stil von §2.4. Benutzen Sie keine globalen using–Direktiven. Führen Sie Buch über die Fehler, die Sie gemacht haben. Machen Sie Vorschläge, wie Sie solche Fehler in Zukunft vermeiden können.

Ü4 (∗1) Schreiben Sie ein Programm, das eine Ausnahme in einer Funktion wirft und sie in einer anderen auffängt.

Ü5 (∗2) Schreiben Sie ein Programm, das aus Funktionen besteht, die einander bis zu einer Aufruftiefe von 10 aufrufen. Geben Sie jeder Funktion ein Argument, das bestimmt, auf welcher Ebene eine Ausnahme geworfen werden soll. Lassen Sie main() diese Ausnahmen fangen und ausgeben, welche Ausnahme gefangen wurde. Vergessen Sie nicht den Fall, in dem eine Ausnahme in der Funktion gefangen wird, die sie geworfen hat.

Ü6 (∗2) Ändern Sie das Programm aus §8.5–Ü5 so ab, daß Sie die Unterschiede in den Kosten messen können, wenn eine Ausnahme unterschiedlich tief in einem Klassenstack geworfen wird. Fügen Sie ein string–Objekt zu jeder Funktion hinzu, und messen Sie nochmals.

Ü7 (∗1) Finden Sie den Fehler in der ersten Version von main() in §8.3.3.1.

Ü8 (∗2) Schreiben Sie eine Funktion, die einen Wert basierend auf ihrem Argument entweder per return liefert oder diesen Wert als Ausnahme wirft. Messen Sie die Unterschiede in der Laufzeit zwischen den beiden Versionen.

Ü9 (∗2) Ändern Sie die Version des Taschenrechners aus §8.5–Ü3 so ab, daß sie Ausnahmen benutzt. Führen Sie Buch über die Fehler, die Sie gemacht haben. Machen Sie Vorschläge, wie Sie solche Fehler in Zukunft vermeiden können.

Ü10 (∗2,5) Schreiben Sie plus()–, minus–, mult– und div–Funktionen, die auf mögliche Über– und Unterläufe testen und bei solchen Fehlern eine Ausnahme werfen.

Ü11 (∗2) Ändern Sie den Taschenrechner so ab, daß er die Funktionen aus §8.5–Ü10 benutzt.

Quelldateien und Programme

9

9.1 Getrennte Übersetzung

Eine Datei ist die traditionelle Speichereinheit (in einem Dateisystem) und die traditionelle Übersetzungseinheit. Es gibt Systeme, die C++–Programme nicht als Mengen von Dateien speichern, übersetzen und dem Programmierer präsentieren. Die Diskussion in diesem Kapitel wird sich allerdings auf Systeme konzentrieren, die die traditionelle Benutzung von Dateien verwenden.

Ein vollständiges Programm in einer Datei zu haben ist normalerweise unmöglich. Speziell der Code für die Standardbibliothek und das Betriebssystem ist üblicherweise nicht als Teil eines Anwendungsprogramms im Quellcode verfügbar. Für realistisch große Anwendungen ist selbst das Halten des reinen Anwendercodes in einer einzigen Datei sowohl unpraktisch als auch unbequem. Die Art und Weise, in der ein Programm in Dateien organisiert ist, kann die logische Struktur unterstreichen, einem menschlichen Leser beim Verstehen des Programms helfen und einen Compiler bei der Durchsetzung der logischen Struktur unterstützen. Wenn die Übersetzungseinheit eine Datei ist, muß die gesamte Datei neu übersetzt werden, sobald eine Änderung (egal wie klein) an ihr oder an etwas, von dem sie abhängt, durchgeführt wurde. Selbst bei einem moderat großen Programm kann die Zeit, die für Neuübersetzungen nötig ist, signifikant reduziert werden, indem man das Programm in Dateien passender Größe aufteilt.

Ein Anwender präsentiert dem Compiler eine *Quelldatei*. Die Datei wird dann vom Präprozessor bearbeitet; das heißt, es wird die Makroverarbeitung ausgeführt, und #include–Anweisungen fügen Header ein (§2.4.1, §9.2.1). Das Ergebnis des Präprozessors wird *Übersetzungseinheit* genannt. Diese Einheit wird vom Compiler tatsächlich verarbeitet und stellt das dar, was durch die C++–Sprachregeln beschrieben wird. In diesem Buch unterscheide ich zwischen Quelldatei und Übersetzungseinheit nur dann, wenn es nötig ist, zwischen dem zu unterscheiden, was der Programmierer sieht, und dem, was der Compiler betrachtet.

Um eine getrennte Übersetzung zu ermöglichen, muß der Programmierer Deklarationen zur Verfügung stellen, die die Typinformationen bieten, die notwendig sind, um eine Übersetzungseinheit isoliert vom Rest des Programms zu analysieren. Die Deklarationen in einem Programm, das aus vielen getrennt übersetzten Teilen besteht, müssen genauso konsistent sein wie in einem Programm, das nur aus einer einzigen Quelldatei besteht. Ein System hat Werkzeuge, die dabei helfen, dies sicherzustellen. Speziell der Binder kann viele Inkonsistenzen erkennen. Der *Binder* (englisch: *linker*) ist das Programm, das die getrennt übersetzten Teile zusammenbindet. Ein Binder wird manchmal (verwirrenderweise) auch *Lader* (englisch: *loader*) genannt. Das Binden kann vollständig vor dem Programmstart erfolgen. Alternativ kann neuer Code später zum Programm hinzugefügt werden (»dynamisches Binden«).

Die Organisation eines Programms in Quelldateien wird häufig als *physische Struktur* eines Programms bezeichnet. Die physische Trennung eines Programms in getrennte Dateien sollte von der logischen Struktur des Programms geleitet werden. Die gleichen Abhängigkeitsüberlegungen, die die Komposition von Programmen aus Namensbereichen geleitet haben, leiten die Aufteilung in Quelldateien. Allerdings müssen die logische und die physische Struktur eines Programms nicht identisch sein. Es kann beispielsweise nützlich sein, mehrere Quelldateien zu benutzen, um die Funktionen eines einzigen Namensbereichs zu speichern, eine Sammlung von Namensbereichen in einer Datei zu halten oder die Definition eines Namensbereichs über mehrere Dateien zu verstreuen (§8.2.4).

In diesem Kapitel werden wir zuerst ein paar technische Aspekte bezüglich des Bindens betrachten und dann zwei Wege diskutieren, wie man den Taschenrechner (§6.1, §8.2) auf Dateien verteilen kann.

9.2 Binden

Die Namen von Funktionen, Klassen, Templates, Variablen, Namensbereichen, Aufzählungen und Enumeratoren müssen konsistent über alle Übersetzungseinheiten benutzt werden, es sei denn, sie werden ausdrücklich als lokal spezifiziert.

Es ist die Aufgabe des Programmierers, dafür zu sorgen, daß jeder Namensbereich, jede Klasse, jede Funktion usw. in jeder Übersetzungseinheit, in der sie auftaucht, korrekt deklariert wird und daß alle Deklarationen, die sich auf dieselbe Entität beziehen, konsistent sind. Betrachten wir beispielsweise zwei Dateien:[1]

```
// datei1.c:
    int x = 1;
    int f() { /* Tue etwas */ }
```

```
// datei2.c:
    extern int x;
    int f();
    void g() { x = f(); }
```

Das von g() benutzte x und f() in datei2.c sind jene, die in datei1.c definiert wurden. Das Schlüsselwort extern bedeutet, daß die Deklaration von x in datei2.c (nur) eine Deklaration und keine Definition ist (§4.9). Wäre x initialisiert worden, wäre das extern einfach ignoriert worden, da eine Deklaration mit einem Initialisierer immer eine Definition ist. Ein Objekt muß genau einmal in einem Programm definiert werden. Es kann mehrmals deklariert werden, aber die Typen müssen exakt übereinstimmen. Beispiel:

```
// datei1.c:
    int x = 1;
    int b = 1;
    extern int c;
```

---

[1] A.d.Ü.: Wir empfehlen, statt den Endungen .c und .h die Endungen .cpp und .hpp zu verwenden, da diese C++–Dateien eindeutig gegenüber C–Dateien abgrenzen.

```
// datei2.c:
    int x;              // Bedeutet int x = 0;
    extern double b;
    extern int c;
```

Hier gibt es drei Fehler: x wurde zweimal definiert, b wurde zweimal mit unterschiedlichem Typ deklariert, und c wurde zweimal deklariert, jedoch nirgends definiert. Diese Art von Fehlern (Binderfehler) können nicht von einem Compiler erkannt werden, der nur jeweils eine Datei betrachtet. Die meisten sind allerdings durch den Binder erkennbar. Man beachte, daß eine Variable, die ohne Initialisierer in einem globalen oder in einem Gültigkeitsbereich definiert wurde, der in einem Namensbereich enthalten ist, standardmäßig initialisiert wird. Dies gilt *nicht* für lokale Variablen (§4.9.5, §10.4.2) oder im Freispeicher angelegte Objekte (§6.2.6). Beispielsweise enthält das folgende Programmfragment zwei Fehler:

```
// datei1.c:
    int x;
    int f() { return x; }
```

```
// datei2.c:
    int x;
    int g() { return f(); }
```

Der Aufruf von f() in datei2.c ist ein Fehler, da f() nicht in datei.c deklariert wurde. Weiter kann das Programm nicht gebunden werden, da x zweimal definiert wurde. Man beachte, daß der Aufruf von f() in C kein Fehler ist (§B.2.2).

Von einem Namen, der in einer anderen Übersetzungseinheit als der, in der er definiert wurde, benutzt werden kann, sagt man, er habe eine *externe Bindung* (englisch: *external linkage*). Alle Namen in den vorherigen Beispielen haben eine externe Bindung. Ein Name, der nur in der Übersetzungseinheit referenziert werden kann, in der er definiert wurde, hat eine *interne Bindung* (englisch: *internal linkage*).

Eine inline–Funktion (§7.1.1, §10.2.9) muß — durch identische Definitionen (§9.2.3) — in jeder Übersetzungseinheit definiert sein, in der sie benutzt wird. Entsprechend zeugt das folgende Beispiel nicht nur von schlechtem Geschmack; es ist auch nicht erlaubt:

```
// datei1.c:
    inline int f(int i) { return i; }
```

```
// datei2.c:
    inline int f(int i) { return i+1; }
```

Leider ist dieser Fehler für eine Implementierung schwer zu finden, und die folgende — eigentlich völlig logische — Kombination von externer Bindung und Inline–Generierung ist nicht erlaubt, um das Leben für Compiler–Programmierer einfacher zu machen:

```
// datei1.c:
    extern inline int g(int i);
    int h(int i) { return g(i); }    // Fehler: g() in dieser Übersetzungseinheit undefiniert
```

```
// datei2.c:
    extern inline int g(int i) { return i+1; }
```

Standardmäßig haben const (§5.4) und typedef (§4.9.7) eine interne Bindung. Dementsprechend ist dieses Beispiel erlaubt (jedoch potentiell verwirrend):

```
// datei1.c:
    typedef int T;
    const int x = 7;
// datei2.c:
    typedef void T;
    const int x = 8;
```

Globale Variablen, die lokal zu einer einzigen Übersetzungseinheit sind, stellen eine verbreitete Quelle der Verwirrung dar und werden am besten vermieden. Um Konsistenz sicherzustellen, sollte man globale Konstanten (const) und Inline–Funktionen normalerweise nur in Headerdateien (§9.2.1) schreiben.

Eine Konstante kann durch explizite Deklaration eine externe Bindung erhalten:

```
// datei1.c:
    extern const int a = 77;
```

```
// datei2.c:
    extern const int a;

    void g()
    {
        cout << a << '\n';
    }
```

g() wird hier 77 ausgeben.

Ein unbenannter Namensbereich (§8.2.5.1) kann benutzt werden, um Namen lokal zu einer Übersetzungseinheit zu machen. Der Effekt eines unbenannten Namensbereichs ist dem der internen Bindung sehr ähnlich. Beispiel:

```
// datei 1.c:
    namespace {
        class X { /* ... */ };
        void f();
        int i;
        // ...
    }
```

```
// datei2.c:
    class X { /* ... */ };
    void f();
    int i;
    // ...
```

Die Funktion f() in datei1.c ist nicht dieselbe Funktion wie f() in datei2.c. Einen Namen lokal in einer Übersetzungseinheit zu haben und denselben Namen anderswo für eine Entität mit externer Bindung zu benutzen heißt Schwierigkeiten herauszufordern.

In C– und älteren C++–Programmen wird das Schlüsselwort static (verwirrenderweise) dazu benutzt, »benutze interne Bindung« auszudrücken (§B.2.3). Benutzen Sie static nur innerhalb von Funktionen (§7.1.2) und Klassen (§10.2.4).

9.2.1 Headerdateien

Die Typen in allen Deklarationen desselben Objekts, derselben Funktion, Klasse usw. müssen konsistent sein. Entsprechend muß der Quellcode, der dem Compiler übergeben und der später zusammengebunden wird, konsistent sein. Eine nicht perfekte, aber einfache Methode, die Konsistenz von Deklarationen in verschiedenen Übersetzungseinheiten zu erreichen, besteht darin, per #include die *Headerdateien* (englisch: *header files*) mit den Schnittstelleninformationen in die Quelldateien einzufügen, die ausführbaren Code und/oder Datendefinitionen enthalten.

Der #include–Mechanismus ist ein Hilfsmittel zur Textersetzung, das Fragmente von Quellprogrammen in eine einzige Einheit (Datei) sammelt, die dann übersetzt wird. Die Direktive

```
#include "zum_Einfuegen"
```

ersetzt die Zeile, in der das #include steht, durch den Inhalt der Datei zum_Einfuegen. Der Inhalt sollte C++–Quelltext sein, da der Compiler ihn lesen wird.

Um Header von Standardbibliotheken einzufügen, benutzt man die spitzen Klammern < und > anstelle der Anführungszeichen um den Namen herum. Beispiel:

```
#include <iostream>      // aus Standard-Include-Verzeichnis
#include "myheader.h"    // aus aktuellem Verzeichnis
```

Leider sind Leerzeichen bei einer #include–Direktive innerhalb der <> bzw. signifikant:

```
#include <  iostream  > // Findet <iostream> nicht
```

Es mag übertrieben erscheinen, eine Datei jedesmal neu zu übersetzen, wenn sie irgendwo per #include eingefügt wird. Allerdings enthalten die eingefügten Dateien normalerweise nur Deklarationen und keinen Code, der eine ausgedehnte Analyse durch den Compiler benötigen würde. Weiterhin besitzen die meisten modernen C++–Compiler irgendeine Form von Vorübersetzung für Headerdateien, um die Arbeit des wiederholten Übersetzens desselben Headers zu minimieren.

Als eine Faustregel könnte in einem Header folgendes stehen:

Benannte Namensbereiche	`namespace N { /* ... */ }`
Typdefinitionen	`struct Position { int x, y; };`
Template–Deklarationen	`template<class T> class Z;`
Template–Definitionen	`template<class T> class V { /* ... */ };`
Funktionsdeklarationen	`extern int strlen(const char*);`
Inline–Funktionsdefinitionen	`inline char get(char* p) { return *p++; }`
Datendeklarationen	`extern int a;`
Konstantendefinitionen	`const float pi = 3.141593;`
Aufzählungen	`enum Ampel { rot, gelb, grün };`
Namensdeklarationen	`class Matrix;`
Include–Anweisungen	`#include <algorithm>`
Makrodefinitionen	`#define VERSION 12`
Direktiven f. bedingte Übersetzung	`#ifdef __cplusplus`
Kommentare	`/* Pruefe auf Dateiende */`

Diese Faustregel ist keine Anforderung der Sprache. Es ist einfach ein sinnvoller Weg, den #include–Mechanismus zur Ausdrücken der physischen Struktur eines Programms zu nutzen. Im Gegensatz dazu sollte eine Headerdatei folgendes niemals enthalten:

Normale Funktionsdefinitionen	`char get(char* p) { return *p++; }`
Datendefinitionen	`int a;`
Aggregatdefinitionen	`short tbl[]= { 1, 2, 3 };`
Unbenannte Namensbereiche	`namespace { /* ... */ }`
Exportierte Template–Definitionen	`export template<class T>f(T t) { /* ... */ }`

Headerdateien werden per Konvention mit dem Suffix .h benannt, und Dateien, die Funktionen oder Daten enthalten, bekommen das Suffix .c. Sie werden daher häufig als ».h Dateien« und ».c Dateien« bezeichnet. Andere Konventionen wie .C, .cxx, .cpp und .cc sind ebenfalls zu finden. Das Handbuch Ihres Compilers enthält genauere Informationen dazu.

Der Grund für die Empfehlung, zwar die Definition einfacher Konstanten, nicht jedoch die Definition von Aggregaten in Headerdateien zu stellen, liegt darin, daß es für eine Implementierung schwer ist, die Replikation von in mehreren Übersetzungseinheiten vorkommenden Aggregaten zu vermeiden. Außerdem sind die einfachen Fälle sehr viel häufiger und daher sehr viel wichtiger für eine gute Codegenerierung.

Es ist klug, bei der Benutzung von #include nicht zu geschickt sein zu wollen. Meine Empfehlung lautet, nur komplette Deklarationen und Definitionen per #include einzufügen, und dies nur im globalen Gültigkeitsbereich, in Blöcken, die eine Bindung spezifizieren und in Namensbereichsdefinitionen bei der Konvertierung von altem Code (§9.2.2) zu tun. Wie immer, sollte man Makro–Zaubertricks vermeiden. Eine meiner unliebsamsten Tätigkeiten ist das Suchen eines Fehlers, der von einem Namen verursacht wird, welcher durch ein Makro, das indirekt aus einer Headerdatei eingefügt wird, von der ich noch nie gehört habe, in etwas komplett anderes substituiert wird.

9.2.2   Standardbibliotheksheader

Die Mittel der Standardbibliothek werden durch einen Satz von Standardheadern repräsentiert (§16.1.2). Für Standardbibliotheksheader wird kein Suffix benötigt; sie sind als Header bekannt, da sie über die #include<...>–Syntax anstelle der #include"..."–Syntax eingefügt werden. Die Abwesenheit des .h sagt nichts darüber aus, wie der Header gespeichert ist. Ein Header wie <map> kann als Textdatei namens map.h in einem Standardverzeichnis gespeichert sein. Andererseits brauchen Standardheader nicht auf konventionelle Art gespeichert zu sein. Es ist einer Implementierung erlaubt, aus ihrem Wissen über die Definition der Standardbibliothek Vorteile zu ziehen, um die Implementierung der Standardbibliothek und die Behandlung von Standardheadern zu optimieren. Beispielsweise kann eine Implementierung die Standard–Mathematik–Bibliothek (§22.3) kennen und #include<cmath> als einen Schalter behandeln, der die Standardmathematikfunktionen ohne das Einlesen einer Datei verfügbar macht.

Für jeden C–Standardbibliotheksheader <X.h> gibt es einen korrespondierenden Standard–C++–Header <cX>. Beispielsweise bietet <cstdio> dasselbe an wie <stdio.h>. Üblicherweise sieht stdio.h etwa so aus:

```
#ifdef __cplusplus // Nur für C++-Compiler
```

```
namespace std {    // Die Standardbibliothek wird im Namensbereich std definiert (§8.2.9)

    extern "C" {    // stdio-Funktionen haben C-Bindung (§9.2.4)
    #endif

        //...
        int printf(const char* ...);
        //...

    #ifdef __cplusplus
    }
    }
    using namespace std;   // stdio im globalen Namensbereich verfügbar machen
    #endif
```

Das heißt, daß die tatsächlichen Deklarationen (sehr wahrscheinlich) gemeinsam genutzt werden und daß die Bindungs– und Namensbereichsthematik geregelt werden muß, um aus C und C++ denselben Header benutzen zu können.

9.2.3 Die Eine–Definition–Regel

Eine bestimmte Klasse, eine Aufzählung, ein Template usw. muß genau einmal in einem Programm definiert sein.

Von einem praktischen Standpunkt aus betrachtet, bedeutet dies, daß es genau eine Definition von z.B. einer Klasse in irgendeiner Datei geben muß. Leider kann die entsprechende Sprachregel nicht so einfach sein. Beispielsweise kann die Definition einer Klasse durch eine Makro-Expansion (pfui!) erzeugt werden, und eine Definition einer Klasse kann textuell in zwei Quelldateien per #include eingefügt werden (§9.2.1). Schlimmer noch, eine »Datei« ist kein Konzept, das Teil der C– oder C++–Sprachdefinition ist; es gibt Implementierungen, die Programme nicht in Quelldateien speichern.

Entsprechend ist die Regel im Standard, die aussagt, daß es eine einzige Definition einer Klasse, eines Templates usw. geben muß, etwas komplizierter und subtiler formuliert. Diese Regel wird allgemein als »Eine–Definition–Regel« (englisch: *one–definition rule*), kurz ODR, bezeichnet. Das heißt, zwei Definitionen einer Klasse, eines Template oder einer Inline–Funktion werden dann und nur dann als Exemplar derselben einzigen Definition akzeptiert, wenn sie

1. in verschiedenen Übersetzungseinheiten auftauchen und
2. Token für Token identisch sind und
3. die Bedeutung dieser Token in beiden Übersetzungseinheiten identisch ist.

Beispiel:

```
// datei1.c:
    struct S { int a; char b; };
    void f(S*);

// datei2.c:
    struct S { int a; char b; };
    void f(S* p) { /* ... */ }
```

Die ODR besagt, daß dieses Beispiel korrekt ist und daß S sich in beiden Quelldateien auf dieselbe Klasse bezieht. Es ist allerdings unklug, eine Definition so zweimal zu schreiben. Jemand, der

datei2.c wartet, wird natürlich annehmen, daß die Definition von S in datei2.c die einzige
Definition von S ist, und sie deshalb bei Bedarf nach Belieben ändern. Dies könnte einen Fehler
erzeugen, der nur schwer zu finden ist.

Die Intention der ODR ist es, das Einfügen einer Klassendefinition in verschiedene Übersetzungseinheiten aus einer gemeinsamen Quelldatei zu erlauben. Beispiel:

```
// datei s.h:
    struct S { int a; char b; };
    void f(S*);
```

```
// datei1.c:
    #include "s.h"
    // Benutze f() hier
```

```
// datei2.c:
    #include "s.h"
    void f(S* p) { /* ... */ }
```

oder graphisch:

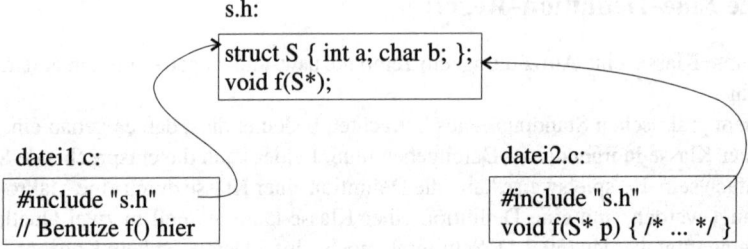

Es folgen Beispiele der drei Möglichkeiten, die ODR zu verletzen:

```
// datei1.c:
    struct S1 { int a; char b; };

    struct S1 { int a; char b; };    // Fehler: doppelte Definition
```

Dies ist ein Fehler, weil eine Struktur nicht mehrmals in derselben Übersetzungseinheit definiert
werden darf.

```
// datei1.c:
    struct S2 { int a; char b; };
```

```
// datei2.c:
    struct S2 { int a; char bb; };    // Fehler
```

Dies ist ein Fehler, weil S2 zur Benennung von Klassen benutzt wurde, die sich in einem Elementnamen unterscheiden.

```
// datei1.c:
    typedef int X;
    struct S3 { X a; char b; };
```

```
// datei2.c:
    typedef char X;
    struct S3 { X a; char b; }; // Fehler
```

Hier sind die Definitionen von S3 zwar Token für Token identisch, aber das Beispiel ist trotzdem fehlerhaft, da die Bedeutung des Namens X in den beiden Dateien heimlich geändert wurde.

Das Überprüfen von inkonsistenten Klassendefinitionen in getrennten Übersetzungseinheiten ist jenseits der Möglichkeiten der meisten C++-Implementierungen. Entsprechend können Deklarationen, die die ODR verletzen, die Quelle subtiler Fehler sein. Leider schützt die Technik, gemeinsam genutzte Definitionen in Header zu schreiben und per #include zu benutzen, nicht vor der letzten Form einer ODR-Verletzung. Lokale typedefs und Makros können die Bedeutung von per #include eingefügten Deklarationen ändern:

```
// datei s.h:
    struct S { Position a; char b; };
```

```
// datei1.c:
    #define Position int
    #include "s.h"
    // ...
```

```
// datei2.c:
    class Position { /* ... */ };
    #include "s.h"
    // ...
```

Die beste Verteidigung gegen diese Art von Hacks[2] ist es, die Header soweit wie möglich in sich selbst schlüssig zu machen. Wäre beispielsweise die Klasse Position mit in s.h deklariert worden, wäre der Fehler entdeckt worden.

Eine Template-Definition kann in mehrere Übersetzungseinheiten per #include eingefügt werden, solange die ODR befolgt wird. Zusätzlich kann ein exportiertes Template mit nur einer Deklaration benutzt werden:

```
// datei1.c:
    export template<class T> T twice(T t) { return t+t; }
```

```
// datei2.c:
    template<class T> T twice(T t);        // Deklaration
    int g(int i) { return twice(i); }
```

Das Schlüsselwort export bedeutet »zugreifbar aus einer anderen Übersetzungseinheit« (§13.7).

9.2.4 Binden mit Nicht-C++-Code

Üblicherweise enthält ein C++-Programm Teile, die in anderen Sprachen geschrieben wurden. Ähnlich ist es üblich, daß C++-Codefragmente als Teile von hauptsächlich in anderen Sprachen geschriebenen Programmen verwendet werden. Die Zusammenarbeit zwischen in verschiedenen Sprachen geschriebenen Programmfragmenten kann schwierig sein, sie kann sogar zwischen mit

---

[2] A.d.Ü.: Kennt jemand eine gute, knappe Übersetzung von *Hack*?

verschiedenen Compilern übersetzten Fragmenten derselben Sprache schwierig sein. Beispielsweise könnten sich verschiedene Sprachen oder verschiedene Implementierungen derselben Sprachen in ihrer Benutzung von Maschinenregistern unterscheiden oder in ihrem Stack–Layout bei der Argumentübergabe, im Layout von eingebauten Typen wie Zeichenketten und ganzen Zahlen, dem Format der Namen, die der Compiler an den Binder gibt, oder der Menge an Typprüfung, die der Binder durchführen können muß. Als Hilfe kann man eine Bindekonvention spezifizieren, die bei einer extern–Deklaration benutzt werden soll. Beispielsweise deklariert die folgende Zeile Code die C– und C++–Standardbibliotheksfunktion strcpy() und spezifiziert, daß sie nach den C–Bindekonventionen gebunden werden soll:

```
extern "C" char* strcpy(char*, const char*);
```

Der Effekt dieser Deklaration unterscheidet sich vom Effekt einer »einfachen« Deklaration

```
extern char* strcpy(char*, const char*);
```

nur durch die Bindekonvention, die zum Aufruf von strcpy() benutzt wird.

Die extern "C"–Direktive ist besonders nützlich aufgrund der engen Verwandtschaft von C und C++. Man beachte, daß das C in extern "C" eine Bindekonvention und keine Sprache benennt. Häufig wird extern "C" benutzt, um Fortran– oder Assemblerprogramme zu binden, die zu den Konventionen einer C–Implementierung konform sind.

Eine extern "C"–Direktive spezifiziert (nur) die Bindekonvention und beeinflußt nicht die Semantik des Funktionsaufrufs. Speziell gehorcht eine mit extern "C" deklarierte Funktion immer noch der C++–Typprüfung und den C++–Konvertierungsregeln und nicht den weniger strengen C–Regeln. Beispiel:

```
extern "C" int f();

int g()
{
    return f(1);     // Fehler: kein Argument erwartet
}
```

Das Hinzufügen von extern "C" zu einer großen Zahl von Deklarationen kann lästig sein. Daher gibt es einen Mechanismus, der eine Bindekonvention für eine Gruppe von Deklarationen spezifiziert. Beispiel:

```
extern "C" {
    char* strcpy(char*, const char*);
    int strcmp(const char*, const char*);
    int strlen(const char*);
    // ...
}
```

Dieses Konstrukt, gemeinhin ein Bindungsblock (englisch: *linkage block*) genannt, kann benutzt werden, um einen vollständigen C–Header zu umschließen, damit er für C++ vernünftig nutzbar wird. Beispiel:

```
extern "C" {
#include <string.h>
}
```

Diese Technik wird weitläufig benutzt, um aus C–Headern C++–Header zu erzeugen. Alternativ kann man auch die bedingte Übersetzung (§7.8.1) benutzen, um gemeinsame C– und C++–Header zu erzeugen:

```
#ifdef __cplusplus
extern "C" {
#endif

    char* strcpy(char*, const char*);
    int strcmp(const char*, const char*);
    int strlen(const char*);
    // ...

#ifdef __cplusplus
}
#endif
```

Das vordefinierte Makro `__cplusplus` wird benutzt, um sicherzustellen, daß die C++–Konstrukte entfernt werden, wenn die Datei als C–Header benutzt wird.

Jede Deklaration kann in einem Bindungsblock erscheinen:

```
extern "C" {          // Jede Deklaration, z.B.
    int g1;           // Definition
    extern int g2;    // Deklaration, keine Definition
}
```

Insbesondere werden der Gültigkeitsbereich und die Speicherklasse von Variablen nicht berührt, daher ist g1 immer noch eine globale Variable — und ist immer noch definiert und nicht nur deklariert. Um eine Variable zu deklarieren, ohne sie zu definieren, muß man das Schlüsselwort `extern` direkt bei der Deklaration anwenden. Beispiel:

```
extern "C" int g3;    // Deklaration, keine Definition
```

Dies wirkt auf den ersten Blick seltsam. Es ist allerdings die einfache Konsequenz daraus, die Bedeutung nicht zu ändern, wenn "C" zu einer `extern`–Deklaration hinzugefügt wird, und die Bedeutung einer Datei unverändert zu lassen, wenn sie in einen Bindungsblock eingeschlossen wird.

Ein Name mit C–Bindung kann in einem Namensbereich deklariert werden. Der Namensbereich wird die Weise beeinflussen, in der auf den Namen in einem C++–Programm zugegriffen wird, nicht aber die Weise, wie der Binder ihn sieht. Das `printf()` aus `std` ist ein typisches Beispiel:

```
#include<cstdio>

void f()
{
    std::printf("Hello, ");    // OK
    printf("world!\n");        // Fehler: kein globales printf()
}
```

Selbst wenn man es `std::printf` nennt, ist es immer noch dasselbe alte C–`printf()` (§21.8).

Man beachte, daß dadurch ermöglicht wird, Bibliotheken mit C–Bindung in einen Namensbereich unserer Wahl einzuführen, anstatt den globalen Namensbereich zu belasten. Leider ist diese

Flexibilität nicht für Header verfügbar, die Funktionen mit C++–Bindung in den globalen Namensraum definieren. Dies liegt daran, daß das Binden von C++–Entitäten die Namensbereiche berücksichtigen muß, so daß die generierten Objektdateien die Nutzung oder Nichtnutzung von Namensbereichen widerspiegeln.

9.2.5 Bindung und Funktionszeiger

Beim Mischen von C– und C++–Codefragmenten in einem Programm möchte man manchmal Zeiger auf Funktionen, die in einer Sprache definiert wurden, an Funktionen in der anderen Sprache übergeben. Falls die beiden Implementierungen der zwei Sprachen dieselben Bindekonventionen und Funktionsaufrufmechanismen haben, ist die Übergabe von Funktionszeigern trivial. Allerdings kann diese Gemeinsamkeit nicht generell angenommen werden, daher muß man darauf achten, daß eine Funktion so aufgerufen wird, wie sie es erwartet.

Wenn eine Bindung für eine Deklaration spezifiziert wurde, gilt die spezifizierte Bindung für alle Funktionstypen, Funktionsnamen und Variablennamen, die durch diese Deklaration(en) eingeführt wurden. Dies macht alle Arten von merkwürdigen — und manchmal unabdingbaren — Kombinationen von Bindungen möglich. Beispiel:

```
typedef int (*FT)(const void*, const void*);        // FT hat C++-Bindung

extern "C" {
    typedef int (*CFT)(const void*, const void*);    // CFT hat C-Bindung
    void qsort(void* p, size_t n, size_t sz, CFT cmp); // cmp hat C-Bindung
}

void isort(void* p, size_t n, size_t sz, FT cmp);   // cmp hat C++-Bindung
void xsort(void* p, size_t n, size_t sz, CFT cmp);  // cmp hat C-Bindung
extern "C" void ysort(void* p, size_t n, size_t sz, FT cmp);
                                                     // cmp hat C++-Bindung

int compare(const void*, const void*);              // compare() hat C++-Bindung
extern "C" int ccmp(const void*, const void*);      // ccmp() hat C-Bindung

void f(char* v, int sz)
{
    qsort(v,sz,1,&compare); // Fehler
    qsort(v,sz,1,&ccmp);    // OK

    isort(v,sz,1,&compare); // OK
    isort(v,sz,1,&ccmp);    // Fehler
}
```

Eine Implementierung, in der C und C++ dieselben Aufrufkonventionen benutzen, könnte die mit Fehler markierten Fälle als Spracherweiterung akzeptieren.

9.3   Benutzen von Headerdateien

Um die Benutzung von Headern zu illustrieren, zeige ich ein paar Alternativen zur Darstellung der physischen Struktur des Taschenrechnerprogramms (§6.1, §8.2).

9.3.1   Einzelne Headerdatei

Die simpelste Lösung des Problems, ein Programm auf verschiedene Dateien aufzuteilen, besteht darin, die Definitionen in eine angemessene Menge von `.c`–Dateien zu schreiben und die für die Kommunikation zwischen ihnen benötigten Typen in eine einzelne `.h`–Datei einzufügen, die von jeder `.c`–Datei per `#include` eingefügt wird. Für das Taschenrechnerprogramm würde man fünf `.c`–Dateien benutzen — `lexer.c`, `parser.c`, `table.c`, `error.c` und `main.c` —, um die Funktions– und Datendefinitionen zu speichern, plus einer Headerdatei `dc.h`, die die Deklaration für jeden in mehr als einer `.c`–Datei benutzten Namen enthält.

Der Header `dc.h` würde so aussehen:

```
// dc.h:

namespace Error {
    struct Zero_divide { };

    struct Syntax_error {
        const char* p;
        Syntax_error(const char* q) { p = q; }
    };
}


#include <string>

namespace Lexer {

    enum Token_value {
        NAME,       NUMBER,     END,
        PLUS='+',   MINUS='-',  MUL='*',    DIV='/',
        PRINT=';',  ASSIGN='=', LP='(',     RP=')'
    };

    extern Token_value curr_tok;
    extern double number_value;
    extern std::string string_value;

    Token_value get_token();
}

namespace Parser {
    double prim(bool get);  // Behandle Primaries
    double term(bool get);  // Multipliziere und dividiere
    double expr(bool get);  // Addiere und subtrahiere

    using Lexer::get_token;
    using Lexer::curr_tok;
}

#include <map>

extern std::map<std::string,double> table;
```

```
namespace Driver {
    extern int no_of_errors;
    extern std::istream* input;
    void skip();
}
```

Das Schlüsselwort `extern` wird in jeder Deklaration einer Variablen benutzt, um sicherzustellen, daß keine Mehrfachdefinitionen entstehen, wenn `dc.h` per `#include` in verschiedene `.c`–Dateien eingefügt wird. Die korrespondierenden Definitionen stehen in den entsprechenden `.c`–Dateien.

Ohne den tatsächlichen Code würde `lexer.c` etwa so aussehen:

// lexer.c:

```
#include "dc.h"
#include <iostream>
#include <cctype>

Lexer::Token_value Lexer::curr_tok;
double Lexer::number_value;
std::string Lexer::string_value;

Lexer::Token_value Lexer::get_token() { /* ... */ }
```

Wenn man Header auf diese Weise nutzt, ist sichergestellt, daß jede Deklaration in einem Header per `#include` an irgendeinem Punkt in die Datei eingefügt wird, die ihre Definition enthält. Wird beispielsweise `lexer.c` übersetzt, erhält der Compiler folgendes:

```
namespace Lexer {    // aus dc.h
    // ...
    Token_value get_token();
}

// ...

Lexer::Token_value Lexer::get_token() { /* ... */ }
```

Dies stellt sicher, daß der Compiler jede Inkonsistenz zwischen den für einen Namen spezifizierten Typen feststellt. Wäre beispielsweise `get_token()` so deklariert worden, daß es einen `Token_value` liefert, aber so definiert worden, daß es einen `int` liefert, würde die Übersetzung von `lexer.c` mit einem Typfehler fehlschlagen. Falls eine Definition fehlt, erkennt der Binder das Problem. Falls eine Deklaration fehlt, wird sich eine `.c`–Datei nicht übersetzen lassen.

Die Datei `parser.c` würde so aussehen:

// parser.c:

```
#include "dc.h"

double Parser::prim(bool get) { /* ... */ }
double Parser::term(bool get) { /* ... */ }
double Parser::expr(bool get) { /* ... */ }
```

Die Datei `table.c` würde so aussehen:

```
// table.c:

#include "dc.h"

std::map<std::string,double> table;
```

Die Symboltabelle ist einfach eine Variable vom Typ map aus der Standardbibliothek. Dies definiert table als global. In einem realistisch großen Programm summiert sich diese Art der geringen Belastung des globalen Namensbereichs auf und führt unter Umständen zu Problemen. Ich habe diese Schlampigkeit hier einfach deshalb stehen gelassen, um eine Möglichkeit zu erhalten, davor zu warnen.

Schließlich würde main.c so aussehen:

```
// main.c:

#include "dc.h"
#include <sstream>

int Driver::no_of_errors = 0;
std::istream* Driver::input = 0;

void Driver::skip() { /* ... */ }

int main(int argc, char* argv[]) { /* ... */ }
```

Um als *das* main() eines Programms erkannt zu werden, muß main() eine globale Funktion sein, daher wird hier kein Namensbereich benutzt.

Die physische Struktur des Programms kann so dargestellt werden:

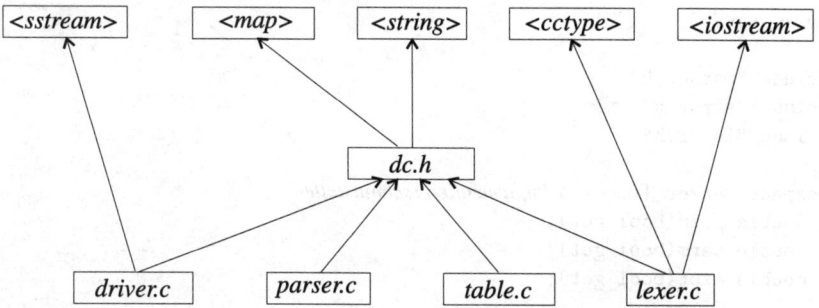

Man beachte, daß die oben stehenden Header alles Header der Standardbibliotheksmittel sind. Für viele Arten der Programmanalyse können diese Bibliotheken ignoriert werden, da sie gut bekannt und stabil sind. Für kleine Programme kann die Struktur vereinfacht werden, indem alle #include–Direktiven in den gemeinsamen Header verschoben werden.

Dieser »Ein–Header«–Stil der physischen Aufteilung ist am sinnvollsten bei einem kleinen Programm, dessen Teile nicht für eine getrennte Benutzung gedacht sind. Man beachte, daß bei der Benutzung von Namensbereichen die logische Struktur des Programms immer noch in dc.h repräsentiert wird. Falls keine Namensbereiche benutzt werden, wird die Struktur undurchsichtig, obwohl Kommentare hier helfen können.

Für größere Programme ist der »Ein–Header«–Ansatz in einer konventionellen dateibasierten Entwicklungsumgebung nicht durchführbar. Eine Änderung am gemeinsamen Header erzwingt eine Neuübersetzung des gesamten Programms, und eine Weiterentwicklung dieses einzelnen Headers durch mehrere Programmierer ist fehleranfällig. Solange nicht viel Nachdruck auf einen Programmierstil gelegt wird, der stark auf Namensbereichen und Klassen basiert, verschlechtert sich die logische Struktur mit der Programmgröße.

9.3.2 Mehrere Headerdateien

Eine alternative physische Organisation läßt jedes logische Modul seinen eigenen Header haben, der die Möglichkeiten des Moduls definiert. Jede .c–Datei hat dann eine korrespondierende .h–Datei, die angibt, was sie anbietet (ihre Schnittstelle). Jede .c–Datei fügt ihre eigene .h–Datei per #include ein und nutzt normalerweise noch andere .h–Dateien, die angeben, was sie aus anderen Modulen benötigt, um ihre in der Schnittstelle angebotenen Dienste implementieren zu können. Diese physische Organisation korrespondiert mit der logischen Organisation eines Moduls. Die Schnittstelle für Anwender steht in einer .h–Datei, die Schnittstelle für Implementierer steht in einer Datei mit dem Suffix _impl.h, und die Definitionen von Funktionen, Variablen usw. des Moduls stehen in .c–Dateien. Auf diese Weise würde der Parser durch drei Dateien repräsentiert werden. Die Anwenderschnittstelle des Parsers wird durch parser.h angeboten:

```
// parser.h:

namespace Parser {        // Anwenderschnittstelle
    double expr(bool get);
}
```

Die gemeinsame Umgebung für die Funktionen, die den Parser implementieren, wird durch parser_impl.h repräsentiert:

```
// parser_impl.h:

#include "parser.h"
#include "error.h"
#include "lexer.h"


namespace Parser {        // Implementiererschnittstelle
    double prim(bool get);
    double term(bool get);
    double expr(bool get);

    using Lexer::get_token;
    using Lexer::curr_tok;
}
```

Der Header für den Anwender, parser.h, wird per #include eingefügt, um dem Compiler die Chance zu geben, die Konsistenz zu prüfen (§9.3.1).

Die Funktionen, die den Parser implementieren, werden in parser.c zusammen mit den #include–Direktiven für die von den Parser–Funktionen benötigten Header gespeichert:

```
// parser.c:

#include "parser_impl.h"
#include "table.h"


double Parser::prim(bool get) { /* ... */ }
double Parser::term(bool get) { /* ... */ }
double Parser::expr(bool get) { /* ... */ }
```

Graphisch dargestellt sehen der Parser und seine Benutzung durch den Rahmen so aus:

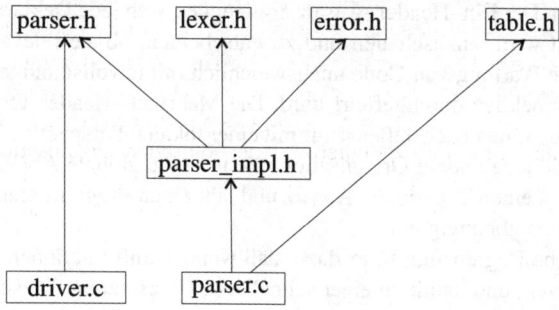

Wie beabsichtigt ist dies eine recht nahe Übereinstimmung mit der in §8.3.3 beschriebenen logischen Struktur. Um diese Struktur zu vereinfachen, hätte man `table.h` in `parser_impl.h` statt in `parser.c` einfügen können. Allerdings ist `table.h` ein Beispiel für etwas, das nicht notwendig ist, um den gemeinsamen Kontext der Parserfunktionen darzustellen; es wird nur von deren Implementierung benötigt. Tatsächlich wird es nur von einer Funktion, `prim()`, benutzt. Wenn man wirklich dringend Abhängigkeiten minimieren wollte, könnte man `prim()` in ihre eigene `.c`–Datei tun und `table.h` nur dort per #include einfügen:

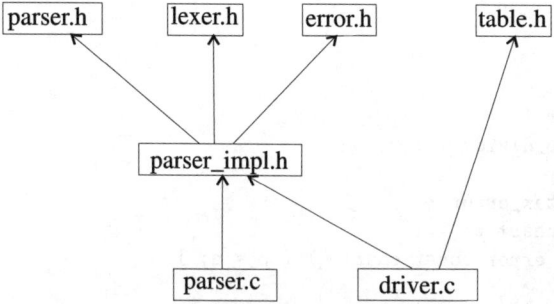

Solche Ausführlichkeit ist außer für große Module nicht angebracht. Für realistisch große Module ist es üblich, zusätzliche Dateien per #include einzufügen, wenn es für einzelne Funktionen nötig ist. Weiter ist es nicht unüblich, mehr als eine `_impl.h`–Datei zu haben, da unterschiedliche Untermengen der Funktionen eines Moduls unterschiedliche gemeinsame Kontexte benötigen.

Man beachte, daß die `_impl.h`–Notation kein Standard oder nur eine verbreitete Konvention ist; es ist einfach die Art, wie ich gerne die Dinge benenne.

Warum soll man sich mit diesem komplizierteren Schema von mehreren Headerdateien abmühen? Es erfordert offensichtlich sehr viel weniger Überlegung, jede Deklaration einfach in einen einzelnen Header zu werfen, wie es für dc.h getan wurde.

Die Mehrfach–Header–Organisation läßt sich auf Module skalieren, die mehrere Größenordnungen größer sind als unser Spielzeugparser, und auf Programme, die ebenfalls mehrere Größenordnungen größer sind als unser Taschenrechner. Der wesentliche Grund, diese Art von Organisation zu benutzen, liegt darin, daß sie eine bessere örtliche Begrenzung von Zuständigkeiten bietet. Beim Analysieren und Modifizieren eines großen Programms ist es wesentlich für einen Programmierer, sich auf relativ kleine Codestücke zu konzentrieren. Die Mehrfach–Header–Organisation macht es leicht, exakt herauszufinden, wovon der Parsercode abhängig ist, und den Rest des Programms zu ignorieren. Der Ein–Header–Ansatz erzwingt es, sich jede Deklaration, die von irgendeinem Modul benutzt wird, anzuschauen und zu entscheiden, ob sie relevant ist. Es ist einfach eine Tatsache, daß die Wartung von Code unausweichlich mit unvollständigen Informationen und aus einer lokalen Perspektive durchgeführt wird. Die Mehrfach–Header–Organisation erlaubt es dabei, erfolgreich »von innen nach außen« nur mit einer lokalen Perspektive zu arbeiten. Der Ein–Header–Ansatz — wie jede andere Organisation, die um eine globale Ablage von Informationen zentriert ist — benötigt einen Top–down–Ansatz und läßt einen Programmierer für immer darüber im unklaren, was wovon abhängig ist.

Die bessere örtliche Begrenzung führt dazu, daß weniger Informationen benötigt werden, um ein Modul zu übersetzen, und damit zu einer schnelleren Übersetzung. Dieser Effekt kann dramatisch sein. Ich habe Übersetzungszeiten auf ein Zehntel fallen sehen als Ergebnis einer einfachen Abhängigkeitsanalyse, die zu einer besseren Benutzung der Header geführt hat.

9.3.2.1 Andere Taschenrechnermodule

Die verbleibenden Taschenrechnermodule können ähnlich dem Parser organisiert werden. Allerdings sind diese Module so klein, daß sie keine eigene _impl.h–Datei benötigen. Solche Dateien sind nur dann nötig, wenn ein logisches Modul aus vielen Funktionen besteht, die einen gemeinsamen Kontext benötigen.

Die Fehlerbehandlung wurde auf einen Satz von Ausnahmen reduziert, so daß kein error.c benötigt wird:

```
// error.h:

namespace Error {
    struct Zero_divide { };

    struct Syntax_error {
        const char* p;
        Syntax_error(const char* q) { p = q; }
    };
}
```

Die lexikalische Analyse bietet eine ziemlich große und unordentliche Schnittstelle:

```
// lexer.h:

#include <string>

namespace Lexer {
    enum Token_value {
        NAME,        NUMBER,      END,
        PLUS='+',    MINUS='-',   MUL='*',    DIV='/',
        PRINT=';',   ASSIGN='=',  LP='(',     RP=')'
    };

    extern Token_value curr_tok;
    extern double number_value;
    extern std::string string_value;

    Token_value get_token();
}
```

Zusätzlich zu `lexer.h` ist die Implementierung der lexikalischen Analyse abhängig von `error.h`, `<iostream>` und den in `<cctype>` deklarierten Funktionen, die die Art eines Zeichens bestimmen:

```
// lexer.c:

#include "lexer.h"
#include "error.h"
#include <iostream>
#include <cctype>

Lexer::Token_value Lexer::curr_tok;
double Lexer::number_value;
std::string Lexer::string_value;

Lexer::Token_value Lexer::get_token() { /* ... */ }
```

Man hätte das `#include` für `error.h` als die `_impl.h`–Datei der lexikalischen Analyse herauslösen können. Ich betrachte dies allerdings für solch ein kleines Programm als übertrieben.

Wie üblich wurde die Schnittstelle des Moduls — in diesem Fall `lexer.h` — per `#include` in die Implementierung des Moduls eingefügt, um dem Compiler die Möglichkeit einer Konsistenzprüfung zu geben.

Die Symboltabelle ist im wesentlichen abgeschlossen, obwohl der Standardbibliotheksheader `<map>` jede Menge interessante Dinge mit hereinziehen könnte, um eine effiziente Map–Template–Klasse zu implementieren:

```
// table.h:

#include <map>
#include <string>

extern std::map<std::string,double> table;
```

Da wir annehmen, daß jeder Header in mehreren .c–Dateien benutzt werden könnte, müssen wir die Deklaration von `table` von der Definition trennen, obwohl der Unterschied zwischen `table.c` und `table.h` nur das einzelne Schlüsselwort `extern` ist:

```
// table.c:

#include "table.h"

std::map<std::string,double> table;
```

Der Rahmen ist quasi von allem abhängig:

```
// main.c:

#include "parser.h"
#include "lexer.h"
#include "error.h"
#include "table.h"

namespace Driver {
    int no_of_errors;
    std::istream* input;
    void skip();
}

#include <sstream>

int main(int argc, char* argv[]) { /* ... */ }
```

Da der `Driver`–Namensbereich nur von `main()` benutzt wird, habe ich ihn in `main.c` plaziert. Alternativ hätte ich ihn als `driver.h` herauslösen und per `#include` einfügen können.

Für ein größeres System ist es normalerweise lohnend, die Dinge so zu organisieren, daß der Rahmen wenig direkte Abhängigkeiten hat. Oft ist es auch lohnend, die in `main()` getane Arbeit zu minimieren, indem man aus `main()` eine in eine getrennte Quelldatei ausgelagerte Funktion aufruft. Dies ist besonders wichtig bei Code, der dazu gedacht ist, als Bibliothek benutzt zu werden. Dann kann man sich nicht auf den Code in `main()` verlassen und muß darauf vorbereitet sein, aus einer Vielzahl von Funktionen aufgerufen zu werden (§9.6–Ü8).

9.3.2.2 Benutzung von Headern

Die Anzahl an Headern, die man für ein Programm benötigt, ist von vielen Faktoren abhängig. Viele dieser Faktoren haben mehr damit zu tun, wie Dateien auf einem System gehandhabt werden, als mit C++. Wenn beispielsweise der Editor nicht die Möglichkeit hat, mehrere Dateien gleichzeitig zu bearbeiten, wird die Benutzung von vielen Headern weniger attraktiv. Falls das Öffnen und Lesen von 20 Dateien mit 50 Zeilen merklich mehr Zeit kostet als bei einer einzigen Datei mit 1000 Zeilen, sollte man zweimal nachdenken, bevor man den Mehrfach–Header–Stil für ein kleines Projekt anwendet.

Ein Wort der Warnung: Ein Dutzend Header plus die Standardheader für die Laufzeitumgebung des Programms (die manchmal nach Hunderten gezählt werden können) sind normalerweise handhabbar. Wenn man allerdings die Deklarationen eines großen Programms in die logisch minimal großen Header aufteilt (jede Strukturdeklaration in eine eigene Datei usw.), kann man leicht ein nicht mehr handhabbares Durcheinander von Hunderten von Dateien selbst für ein kleines Projekt erhalten. Ich finde dies übertrieben.

Für große Projekte sind mehrere Header unvermeidlich. In solchen Projekten sind Hunderte von Dateien (die Standardheader nicht mitgezählt) die Norm. Das richtige Durcheinander geht los, wenn man Tausende von Dateien erreicht. In dieser Größenordnung treffen die hier beschriebenen Techniken immer noch zu, aber ihre Handhabung wird zu einer Aufgabe herkulischen Ausmaßes. Denken Sie daran, daß für realistisch große Programme der Ein–Header–Stil keine Option darstellt. Solche Programme haben mehrere Header. Die Wahl zwischen den beiden Stilen der Organisation stellt sich (wiederholt) für die Teile, die das Programm bilden.

Der Ein–Header–Stil und der Mehrfach–Header–Stil sind nicht wirklich Alternativen. Sie sind sich ergänzende Techniken, die erwogen werden müssen, sobald ein signifikantes Modul entworfen wird, und die bei der Weiterentwicklung des Systems erneut bedacht werden müssen. Es ist wesentlich, daran zu denken, daß eine Schnittstelle nicht jedermann gleich gut bedient. Es ist normalerweise lohnend, zwischen der Implementiererschnittstelle und der Anwenderschnittstelle zu unterscheiden. Zusätzlich werden viele größere Systeme so strukturiert, daß man eine einfache Schnittstelle für die Mehrzahl der Anwender und eine ausführlichere für Experten hat. Die Anwenderschnittstelle des Experten (»vollständige Schnittstelle«) tendiert dazu, sehr viel mehr Eigenschaften zu enthalten, als der durchschnittliche Anwender jemals kennenlernen möchte. Tatsächlich kann die Schnittstelle des Durchschnittsanwenders oft dadurch identifiziert werden, daß man Eigenschaften eliminiert, die das Einfügen von Headern erfordern, welche Hilfsmittel definieren, die einem Durchschnittsanwender unbekannt sind. Der Begriff Durchschnittsanwender ist nicht geringschätzig gemeint. In Bereichen, in denen ich kein Experte sein *muß*, bevorzuge ich es sehr, ein Durchschnittsanwender zu sein. Auf diese Weise minimiere ich Ärger.

9.3.3 Include–Wächter

Das Konzept des Mehrfach–Header–Ansatzes ist es, jedes logische Modul als konsistente, abgeschlossene Einheit zu repräsentieren. Aus der Sicht des gesamten Programms sind viele der Deklarationen redundant, die benötigt werden, um jedes logische Modul vollständig zu machen. Bei größeren Programmen kann diese Redundanz zu Fehlern führen, wenn ein Header, der Klassendefinitionen oder Inline–Funktionen enthält, mehrfach in derselben Übersetzungseinheit per `#include` eingefügt wird (§9.2.3).

Es gibt zwei Möglichkeiten. Man kann
1. das Programm reorganisieren, um die Redundanz zu entfernen, oder
2. einen Weg finden, das wiederholte Einfügen von Headern zu erlauben.

Der erste Ansatz — der zur endgültigen Version des Taschenrechners führte — ist für realistisch große Programme langatmig und unpraktisch. Man braucht außerdem die Redundanz, um die individuellen Teile des Programms isoliert verstehen zu können.

Die Vorteile einer Analyse von redundanten `#include`s und der folgenden Vereinfachung des Programms können sowohl aus einer logischen Sicht als auch durch Verringerung der Übersetzungszeiten signifikant sein. Allerdings gelingt dies selten vollständig, daher benötigt man eine Methode, die redundante `#include`s erlaubt. Sie muß vorzugsweise systematisch angewendet werden, da man nicht wissen kann, eine wie detaillierte Analyse der Anwender lohnend findet.

Die traditionelle Lösung ist das Einfügen von Include–Wächtern in Header. Beispiel:

```
// error.h:

#ifndef CALC_ERROR_H
#define CALC_ERROR_H

namespace Error {
    // ...
}

#endif  // CALC_ERROR_H
```

Der Inhalt der Datei zwischen dem #ifndef und dem #endif wird vom Compiler ignoriert, wenn CALC_ERROR_H definiert ist. Daher wird beim erstenmal, wenn error.h während einer Übersetzung betrachtet wird, der Inhalt gelesen, und CALC_ERROR_H bekommt einen Wert. Sollte dem Compiler während dieser Übersetzung error.h nochmals zum Lesen gegeben werden, wird der Inhalt ignoriert. Dies ist ein Makro–Hack, aber er arbeitet und durchzieht die C– und C++–Welt. Die Standardheader haben alle Include–Wächter.

Headerdateien werden in im wesentlichen beliebigen Kontexten per #include eingefügt, und es gibt keinen Schutz durch Namensbereiche gegen Kollisionen von Makronamen. Entsprechend wähle ich recht lange und häßliche Namen für meine Include–Wächter.

Sobald sich Programmierer an Header und Include–Wächter gewöhnt haben, tendieren sie dazu, *viele* Header direkt oder indirekt einzufügen. Selbst mit C++–Implementierungen, die die Verarbeitung von Headern optimieren, kann dies unerwünscht viel werden. Es kann zu unnötig langen Übersetzungszeiten führen, und es kann *viele* Deklarationen und Makros in den Gültigkeitsbereich bringen. Das letztere kann die Bedeutung des Programms auf unvorhersehbare und nachteilige Weise beeinflussen. Header sollten nur per #include eingefügt werden, wenn es notwendig ist.

9.4 Programme

Ein Programm ist eine Sammlung von getrennt übersetzten Einheiten, die durch den Binder kombiniert wurden. Jede Funktion, jedes Objekt, jeder Typ usw. in dieser Sammlung muß eine einzige Definition haben (§4.9, §9.2.3). Das Programm muß genau eine Funktion namens main() enthalten (§3.2). Die eigentliche Berechnung des Programms beginnt mit dem Aufruf von main() und endet mit der Rückkehr aus main(). Der von main() zurückgelieferte int wird dem System, das main() aufgerufen hatte, als Ergebnis des Programms zurückgegeben.

Diese einfache Darstellung wird komplizierter für Programme, die globale Variablen (§10.4.9) enthalten oder die eine ungefangene Ausnahme werfen (§14.7).

9.4.1 Initialisierung von nicht lokalen Variablen

Im Prinzip wird jede Variable, die außerhalb einer Funktion definiert ist (das heißt globale Variablen, Variablen in Namensbereichen und statische Klassenelemente), vor dem Aufruf von main() initialisiert. Solche nicht lokalen Variablen werden innerhalb einer Übersetzungseinheit in der Reihenfolge ihrer Deklaration initialisiert (§10.4.9). Falls eine solche Variable keinen expliziten Initialisierer hat, wird sie standardmäßig auf den Default ihres Typs initialisiert (§10.4.2). Der Default–Initialisierer für eingebaute Typen und Aufzählungen ist 0. Beispiel:

```
double x = 2;        // Nicht lokale Variablen
double y;
double sqx = sqrt(x+y);
```

Hier wurden x und y vor `sqx` initialisiert, daher wird `sqrt(2)` aufgerufen.

Es gibt keine garantierte Reihenfolge der Initialisierung von globalen Variablen in verschiedenen Übersetzungseinheiten. Entsprechend ist es unklug, Abhängigkeiten von der Initialisierungsreihenfolge von globalen Variablen in verschiedenen Übersetzungseinheiten zu erzeugen. Zusätzlich ist es nicht möglich, eine vom Initialisierer einer globalen Variablen geworfene Ausnahme zu fangen (§14.7). Es ist generell am besten, die Benutzung von globalen Variablen zu minimieren und speziell die Benutzung von globalen Variablen mit einer komplizierten Initialisierung zu begrenzen.

Es gibt verschiedene Techniken, um eine Initialisierungsreihenfolge von globalen Variablen in verschiedenen Übersetzungseinheiten zu erzwingen. Allerdings gibt es keine, die sowohl portabel als auch effizient ist. Insbesondere koexistieren dynamische Bibliotheken schlecht mit globalen Variablen, die komplizierte Abhängigkeiten haben.

Oft ist eine Funktion, die eine Referenz liefert, eine gute Alternative zu einer globalen Variablen. Beispiel:

```
int& use_count()
{
    static int uc = 0;
    return uc;
}
```

Ein Aufruf von `use_count()` verhält sich wie eine globale Variable, außer daß sie erst beim ersten Aufruf initialisiert wird (§5.5). Beispiel:

```
void f()
{
    cout << ++use_count();   // Lesen und inkrementieren
    // ...
}
```

Die Initialisierung von nicht lokalen statischen Variablen wird von dem Mechanismus kontrolliert, den eine Implementierung zum Starten eines C++–Programms benutzt. Dieser Mechanismus funktioniert nur dann garantiert richtig, falls `main()` ausgeführt wird. Entsprechend sollte man nicht lokale Variablen, die eine Laufzeitinitialisierung benötigen, in C++–Code meiden, der für die Ausführung als Fragment eines Nicht–C++–Programms gedacht ist.

Man beachte, daß Variablen, die durch konstante Ausdrücke (§C.5) initialisiert werden, nicht vom Wert eines Objekts aus einer anderen Übersetzungseinheit abhängen können und daher keine Laufzeitinitialisierung benötigen. Solche Variablen kann man daher in allen Fällen sicher benutzen.

9.4.1.1 Programmende

Ein Programm kann auf verschiedene Arten beendet werden:
1. durch Rückkehr aus `main()`
2. durch Aufruf von `exit()`
3. durch Aufruf von `abort()`
4. durch Werfen einer ungefangenen Ausnahme

Zusätzlich gibt es eine Vielzahl von üblen und implementierungsabhängigen Wegen, um ein Programm zum Absturz zu bringen.

Wenn ein Programm durch die Standardbibliotheksfunktion exit() beendet wird, werden die Destruktoren für konstruierte statische Objekte aufgerufen (§10.4.9, §10.2.4). Wenn das Programm allerdings durch die Standardbibliotheksfunktion abort() beendet wird, geschieht dies nicht. Dies bedeutet also, daß exit() ein Programm nicht unmittelbar beendet. Der Aufruf von exit() in einem Destruktor kann daher zu einer nicht abbrechenden Rekursion führen. Der Typ von exit() ist:

```
void exit(int);
```

Wie der Rückgabewert von main() (§3.2) wird das Argument von exit() als Wert des Programms an »das System« geliefert. Null bedeutet erfolgreiche Ausführung.

Der Aufruf von exit() bedeutet, daß die Destruktoren von lokalen Variablen der aufrufenden Funktion und ihre Aufrufer nicht gerufen werden. Das Werfen einer Ausnahme und ihr Auffangen stellen sicher, daß lokale Objekte korrekt zerstört werden (§14.4.7). Außerdem beendet der Aufruf von exit() das Programm, ohne dem Aufrufer der Funktion die Chance zu geben, das Problem selbst zu behandeln. Es ist daher häufig am besten, einen Kontext durch Werfen einer Ausnahme zu verlassen und es einem Handler zu überlassen, was als nächstes passieren soll.

Die C–(und C++–)Standardbibliotheksfunktion atexit() bietet die Möglichkeit, Code beim Programmende ausführen zu lassen. Beispiel:

```
void meinAufraeumen();

void irgendwo()
{
    if (atexit(&meinAufraeumen)==0) {
        // meinAufraeumen wird bei normalem Ende aufgerufen
    }
    else {
        // Huch! Zu viele atexit-Funktionen
    }
}
```

Dies ähnelt stark dem automatischen Aufruf von Destruktoren für globale Variablen (§10.4.9, §10.2.4). Man beachte, daß ein Argument von atexit() kein Argument haben oder ein Ergebnis liefern kann. Auch gibt es ein implementierungsabhängiges Limit für die Anzahl von atexit–Funktionen; atexit() zeigt das Erreichen dieses Limits durch die Rückgabe eines Wertes ungleich 0 an. Diese Einschränkungen machen die atexit()–Funktion weniger nützlich, als sie auf den ersten Blick erscheint.

Der Destruktor eines fertig konstruierten und statisch (global, in einer Funktion oder einer Klasse) angelegten Objekts, das vor einem Aufruf von atexit(f) erzeugt wurde, wird nach der Ausführung von f aufgerufen. Der Destruktor eines Objekts, das nach dem Aufruf von atexit(f) erzeugt wurde, wird vor der Ausführung von f aufgerufen.

Die Funktionen exit(), abort() und atexit() sind in <cstdlib> deklariert.

9.5 Ratschläge

1. Benutzen Sie Headerdateien, um Schnittstellen zu repräsentieren und die logische Struktur zu betonen; §9.1, §9.3.2.
2. Fügen Sie per `#include` einen Header in die Quelldatei in, die seine Funktionen implementiert; §9.3.1.
3. Definieren Sie keine globalen Entitäten mit demselben Namen und ähnlicher, aber unterschiedlicher Bedeutung in unterschiedlichen Übersetzungseinheiten; §9.2.
4. Vermeiden Sie die Definition von Nicht–Inline–Funktionen in Headern; §9.2.1.
5. Benutzen Sie `#include` nur im globalen Gültigkeitsbereich oder in Namensbereichen; §9.2.1.
6. Fügen Sie nur vollständige Deklarationen per `#include` ein; §9.2.1.
7. Benutzen Sie Include–Wächter; §9.3.3.
8. Fügen Sie C–Header per `#include` in Namensbereiche ein, um globale Namen zu vermeiden; §9.3.2.
9. Machen Sie Header in sich selbst schlüssig; §9.2.3.
10. Unterscheiden Sie zwischen der Anwenderschnittstelle und der Implementiererschnittstelle; §9.3.2.
11. Unterscheiden Sie zwischen Schnittstellen für den Durchschnittsanwender und den Experten; §9.3.2.
12. Vermeiden Sie nicht lokale Objekte, die eine Laufzeitinitialisierung benötigen, in Code, der als Teil eines Nicht–C++–Programms gedacht ist; §9.4.1.

9.6 Übungen

Ü1 (*2) Finden Sie heraus, wo die Standardbibliotheksheader auf Ihrem System gehalten werden. Geben Sie ihre Namen an. Werden irgendwelche Nichtstandardheader mit ihnen zusammen gehalten? Können irgendwelche Nichtstandardheader mit der <>–Schreibweise eingefügt werden?

Ü2 (*2) Wo werden die Header für nicht standardmäßige »Basis«–Bibliotheken gehalten?

Ü3 (*2,5) Schreiben Sie ein Programm, das eine Quelldatei liest und die Namen der per `#include` eingefügten Dateien ausgibt. Rücken Sie Dateinamen ein, um verschachtelte Headerdateien anzuzeigen. Probieren Sie dieses Programm mit einigen echten Quelldateien aus (um einen Eindruck von den eingefügten Informationen zu erhalten).

Ü4 (*3) Modifizieren Sie das Programm aus der vorherigen Übung, um die Anzahl der Kommentarzeilen, der Nichtkommentarzeilen und der nicht im Kommentar stehenden, durch Whitespace getrennten Wörter für jede per `#include` eingefügte Datei anzuzeigen.

Ü5 (*2,5) Ein externer Include–Wächter ist ein Konstrukt, das außerhalb der von ihm bewachten Datei wirkt, und nur einmal je Übersetzung per `#include` einfügt. Definieren Sie solch ein Konstrukt. Entwickeln Sie eine Methode, es zu testen, und diskutieren Sie die Vorteile und Nachteile, verglichen mit den Include–Wächtern aus §9.3.3. Gibt es für externe Include–Wächter einen signifikanten Laufzeitvorteil auf Ihrem System?

Ü6 (*3) Wie wird dynamisches Binden auf Ihrem System durchgeführt? Welche Einschränkungen gibt es für dynamisch gebundenen Code? Welche Anforderungen werden an Code gestellt, der dynamisch gebunden werden soll?

Ü7 (*3) Öffnen und lesen Sie 100 Dateien mit jeweils 1500 Zeichen. Öffnen und lesen Sie eine Datei mit 150.000 Zeichen (Tip: siehe Beispiel in §21.5.1). Gibt es einen Performance–Unterschied? Wie hoch ist die maximale Anzahl der gleichzeitig offenen Dateien auf Ihrem System? Betrachten Sie diese Fragen im Zusammenhang mit der Benutzung von #include–Dateien.

Ü8 (*2) Modifizieren Sie den Taschenrechner so, daß er von main() oder anderen Funktionen als einfacher Funktionsaufruf arbeiten kann.

Ü9 (*2) Zeichnen Sie das »Modulabhängigkeitsdiagramm« (§9.3.2) für die Version des Taschenrechners, die error() anstelle von Ausnahmen benutzt (§8.2.2).

Teil II

Abstraktionsmechanismen

Dieser Teil beschreibt die Möglichkeiten, die C++ zum Definieren und Benutzen neuer Datentypen bietet. Es werden Techniken, die allgemein objektorientiertes Programmieren und generisches Programmieren genannt werden, vorgestellt.

Kapitel:

Klassen

10

*Those types are not "abstract";
they are as real as* int *and* float.
— *Doug McIlroy*

10.1 Einleitung

Das Ziel des C++–Klassenkonzepts ist es, dem Programmierer die Möglichkeit zu geben, neue
Datentypen zu schaffen und sie so leicht wie fundamentale Typen zu benutzen. Zusätzlich stellen abgeleitete Klassen (Kapitel 12) und Templates (Kapitel 13) Mechanismen zur Organisation
zusammengehöriger Klassen bereit, die es dem Programmierer erlauben, ihre Zusammenhänge
auszunutzen.

Ein Datentyp ist eine konkrete Repräsentation eines Konzepts. Zum Beispiel stellt der fundamentale Typ float mit seinen Operationen $+$, $-$, $*$ usw. eine konkrete Näherung des mathematischen Konzepts einer reellen Zahl dar. Eine Klasse ist ein benutzerdefinierter Datentyp. Man
entwirft einen neuen Typ, um eine Definition für ein Konzept zu erstellen, das kein direktes Gegenstück in den fundamentalen Typen hat. Man könnte einen Typ Leitung in einem Programm aus
dem Telekommunikationsbereich benutzen, einen Typ Explosion in einem Videospiel oder etwa
list<Absatz> in einer Textverarbeitung. Ein Programm, das Datentypen benutzt, die sich eng
an das Konzept der Anwendung anlehnen, ist leichter zu verstehen und anzupassen. Ein geschickt
ausgewählter Satz von benutzerdefinierten Typen macht ein Programm prägnanter. Zusätzlich werden etliche Code–Analysen erleichtert. Insbesondere kann der Compiler die fehlerhafte Benutzung
von Objekten erkennen, die sonst erst bei einem gründlichen Programmtest erkannt würden.

Die grundlegende Idee hinter der Definition eines neuen Datentyps ist die Trennung der untergeordneten Implementierungsdetails (d.h. das Layout der Daten des Objekts) von den Eigenschaften, die für die korrekte Benutzung wichtig sind (d.h. die vollständige Liste der Funktionen, die
auf die Daten zugreifen können). Solch eine Trennung wird am besten durch die Beschränkung
aller Zugriffe auf Datenstrukturen und interne Verwaltungsfunktionen über eine klare Schnittstelle
erreicht.

Dieses Kapitel konzentriert sich auf relativ einfache »konkrete« benutzerdefinierte Datentypen, die sich funktional nicht sehr von fundamentalen Typen unterscheiden. Idealerweise sollten
sich solche Typen nicht in der Art ihrer Benutzung von fundamentalen Typen unterscheiden, sondern nur in der Art ihrer Erzeugung.

10.2   Klassen

Eine *Klasse* ist ein benutzerdefinierter Datentyp. Dieser Abschnitt führt die grundlegenden Möglichkeiten zur Definition einer Klasse, zur Erzeugung eines Objekts einer Klasse und zur Manipulation solcher Objekte ein.

10.2.1   Elementfunktionen

Man könnte das Konzept »Datum« durch Benutzung einer Struktur (`struct`) zur Repräsentation von `Datum` und durch einen Satz von Funktionen zur Verarbeitung von Variablen vom Typ `Datum` realisieren:

```
struct Datum {            // Repräsentation
        int t, m, j;
};

void initDatum(Datum& d, int, int, int);    // Initialisieren von d
void addiereJahr(Datum& d, int n);          // Addiere n Jahre zu d
void addiereMonat(Datum& d, int n);         // Addiere n Monate zu d
void addiereTag(Datum& d, int n);           // Addiere n Tage zu d
```

Es gibt keine explizite Verbindung zwischen dem Datentyp und seinen Funktionen. Solch eine Verbindung kann durch die Deklaration der Funktionen als Element der Struktur erreicht werden:

```
struct Datum {
        int t, m, j;

        void init(int tt, int mm, int jj);    // initialisieren
        void addiereJahr(int n);              // addiere n Jahre
        void addiereMonat(int n);             // addiere n Monate
        void addiereTag(int n);               // addiere n Tage
};
```

Funktionen, die innerhalb einer Klassendefinition (eine `struct` ist ein Sonderfall einer Klasse, siehe §10.2.8) deklariert werden, werden Elementfunktionen genannt. Sie können nur für eine Variable des entsprechenden Typs mit der Standardsyntax für Struktur–Feld–Zugriffe aufgerufen werden. Beispiel:

```
Datum meinGeburtstag;

void f()
{
        Datum heute;

        heute.init(16, 10, 1996);
        meinGeburtstag.init(30, 12, 1950);

        Datum morgen = heute;
        morgen.addiereTag(1);
        // ...
}
```

Weil verschiedene Strukturen Elementfunktionen mit den gleichen Namen haben dürfen, muß der Strukturname bei der Definition der Elementfunktion mit angegeben werden:

```
void Datum::init(int tt, int mm, int jj)
{
        t = tt;
        m = mm;
        j = jj;
}
```

Innerhalb von Elementfunktionen können Feldnamen ohne explizite Nennung des Objekts benutzt werden. In diesem Fall bezieht sich der Feldname auf ein Element des Objekts, für das die Funktion aufgerufen wurde. Wenn zum Beispiel Datum::init() für heute aufgerufen wird, so bewirkt m=mm eine Zuweisung an heute.m. Wird andererseits Datum::init() für meinGeburtstag aufgerufen, so führt m=mm eine Zuweisung an meinGeburtstag.m durch. Eine Elementfunktion einer Klasse »weiß« immer, für welches Objekt sie aufgerufen wurde.

Das Konstrukt

```
class X { /* ... */ };
```

wird eine *Klassendefinition* genannt, weil es einen neuen Datentyp definiert. Aus historischen Gründen wird eine Klassendefinition häufig als *Klassendeklaration* bezeichnet. Auch kann eine Klassendefinition — wie alle Deklarationen, die keine Definitionen sind — in mehreren Quelldateien durch #include ohne Verletzung der Eine–Definition–Regel mehrfach wiederholt werden (§9.2.3).

10.2.2 Zugriffskontrolle

Die Deklaration von Datum im vorherigen Abschnitt liefert einen Satz von Funktionen zur Verarbeitung von Datum. Es wird jedoch nicht gesagt, daß diese Funktionen die einzigen sind, die direkt auf der Repräsentation von Datum basieren können. Außerdem sind sie nicht die einzigen, die direkten Zugriff auf Felder von Datum haben können. Diese Einschränkung kann durch die Benutzung von class anstelle von struct erreicht werden:

```
class Datum {
        int t, m, j;
public:
        void init(int tt, int mm, int jj);      // initialisieren

        void addiereJahr(int n);                 // addiere n Jahre
        void addiereMonat(int n);                // addiere n Monate
        void addiereTag(int n);                  // addiere n Tage
};
```

Das public trennt die Klasse in zwei Teile. Die Namen im ersten Teil, der private ist, können nur von Elementfunktionen benutzt werden. Der zweite — public — Teil bildet die öffentliche Schnittstelle für Objekte der Klasse. Eine Struktur (struct) ist einfach eine Klasse, bei der alle Elemente standardmäßig öffentlich sind (§10.2.8); Elementfunktionen können exakt wie vorher definiert und benutzt werden. Beispiel:

```
inline void Datum::addiereJahr(int n)
{
    j += n;
}
```

Im Unterschied dazu wird Nichtelementfunktionen der Zugriff auf private Daten verwehrt. Beispiel:

```
void zeitsprung(Datum& d)
{
    d.j -= 200;     // Fehler: Datum::j ist privat
}
```

Es gibt mehrere Vorteile, die man durch die Einschränkung des Datenzugriffs auf eine explizit deklarierte Liste von Funktionen erzielt. Zum Beispiel muß jeder Fehler, der dazu führt, daß Datum einen ungültigen Wert (etwa den 36. Dezember 1985) annimmt, durch die Anweisungen einer Elementfunktion verursacht werden. Daraus folgt, daß der erste Schritt der Fehlerbeseitigung — das Finden der betreffenden Stelle — schon erfolgt ist, bevor das Programm überhaupt gestartet wurde. Dies ist ein Sonderfall der generellen Tatsache, daß jede Änderung des Verhaltens von Datum nur über eine Änderung der Mitglieder von Datum realisiert werden kann und muß. Wenn etwa die Repräsentation einer Klasse geändert wird, so müssen nur die Elementfunktionen angepaßt werden, um davon zu profitieren. Anwendungsprogramme sind nur von der öffentlichen Schnittstelle der Klasse abhängig und müssen nicht angepaßt werden (eventuell aber neu übersetzt). Ein weiterer Vorteil besteht darin, daß ein potentieller Anwender sich nur die Definition der Elementfunktionen anschauen muß, um die Funktion der Klasse zu verstehen.

Der Schutz der privaten Daten basiert auf Beschränkungen in der Nutzung der Feldnamen der Klasse. Er kann daher durch Adreßmanipulationen oder eine explizite Typumwandlung umgangen werden. Das ist aber Mogeln. C++ schützt gegen Versehen und nicht gegen vorsätzliches Austricksen. Gegen eine böswillige Nutzung kann eine allgemein verwendbare Programmiersprache nur durch den Einsatz spezieller Hardware geschützt werden, und selbst dies ist bei realistischen Systemen schwierig.

Die init–Funktion wurde aus zwei Gründen eingeführt:

• Weil es generell sinnvoll ist, eine Funktion zu haben, mit der die Werte eines Objekts gesetzt werden können.

• Dadurch, daß die Daten privat gemacht wurden, wurde die Funktion notwendig.

10.2.3 Konstruktoren

Die Nutzung einer Funktion wie init() ist unelegant und fehleranfällig. Da nirgendwo festgeschrieben ist, daß ein Objekt initialisiert werden muß, kann es vom Programmierer vergessen werden — oder er initialisiert zweimal (häufig mit ähnlich katastrophalem Ergebnis). Ein besserer Ansatz erlaubt es dem Programmierer, eine Funktion zu deklarieren, die den ausdrücklichen Zweck hat, Objekte zu initialisieren. Da solch eine Funktion Objekte eines bestimmten Typs konstruiert, wird sie *Konstruktor* genannt. Ein Konstruktor ist dadurch gekennzeichnet, daß er denselben Namen hat wie die zugehörige Klasse. Beispiel:

```
class Datum {
        // ...
        Datum(int, int, int);     // Konstruktor
};
```

Falls eine Klasse einen Konstruktor hat, werden alle Objekte der Klasse initialisiert. Benötigt der Konstruktor Parameter, so müssen diese angegeben werden:

```
Datum heute = Datum(23, 6, 1983);
Datum heiligabend(24, 12, 1990);       // Abgekürzte Schreibweise
Datum meinGeburtstag;                  // Fehler, keine Initialisierung
Datum version10(10,12);                // Fehler, 3. Parameter fehlt
```

Häufig ist es sinnvoll, ein Objekt auf verschiedene Arten initialisieren zu können. Dies kann durch die Angabe von mehreren Konstruktoren erfolgen. Beispiel:

```
class Datum {
        int t, m, j;
public:
        // ...
        Datum(int, int, int);     // Tag, Monat, Jahr
        Datum(int, int);          // Tag, Monat, aktuelles Jahr
        Datum(int);               // Tag, aktueller Monat, aktuelles Jahr
        Datum();                  // Standardinitialisierung: heutiges Datum
        Datum(const char*);       // Datum aus String-Repräsentation
};
```

Konstruktoren folgen denselben Regeln für das Überladen wie normale Funktionen (siehe §7.4). Solange die Konstruktoren hinsichtlich ihrer Argumente hinreichend unterschiedlich sind, kann der Compiler den richtigen herausfinden:

```
Datum heute(4);
Datum okt3("3. Oktober 1989");
Datum guy("5. November");
Datum jetzt;                           // Standardinitialisierung
```

Die große Zahl an Konstruktoren im Datum–Beispiel ist typisch. Wenn ein Programmierer eine Klasse entwirft, ist er immer versucht, noch eine Eigenschaft hinzuzufügen, weil sie eventuell jemand brauchen könnte. Es bedarf großer Überlegung, sorgfältig die wirklich sinnvollen Eigenschaften auszusuchen und nur diese zu realisieren. Diese Extraüberlegung führt jedoch normalerweise zu kleineren und leichter verständlichen Programmen. Man kann die Anzahl der ähnlichen Funktionen durch den Einsatz von Default–Argumenten reduzieren. Im Beispiel Datum kann jedem Parameter ein Standardwert zugewiesen werden, der als »Nimm den heutigen Tag« interpretiert wird:

```
class Datum {
        int t, m, j;
public:
        Datum(int tt=0, int mm=0, int jj=0);
        // ...
};
```

```
Datum::Datum(int tt, int mm, int jj)
{
        t = tt ? tt : heute.t;
        m = mm ? mm : heute.m;
        j = jj ? jj : heute.j;

        // testen, ob das Datum gültig ist
        // ...
}
```

Wenn ein Parameterwert als Markierung für »Nimm den heutigen Tag« benutzt wird, so muß dieser Wert außerhalb des gültigen Wertebereichs für das Argument liegen. Für Tag und Monat ist dies der Fall. Für das Jahr ist dies nicht so eindeutig. Glücklicherweise gibt es kein Jahr 0 im europäischen Kalender; 1 nach Christus (jj=1) kommt direkt im Anschluß an 1 vor Christus (jj=-1).

10.2.4 Statische Klassenelemente

Der Vorteil, einen Standardwert für ein Datum zu haben, bescherte uns ein schwerwiegendes verstecktes Problem. Die Datum–Klasse wurde von der globalen Variablen heute abhängig. Die Datum–Klasse kann nur in einem Umfeld benutzt werden, in dem heute vorhanden ist und von jedem Stück Programm korrekt gesetzt und benutzt wird. Solche Einschränkungen machen eine Klasse außerhalb der Umgebung, für die sie geschrieben wurde, wertlos. Anwender erleben eine Menge unerfreulicher Überraschungen, wenn sie eine solche kontextabhängige Klasse benutzen, und die Wartung des Programms wird häßlich. Vielleicht ist »eine winzige globale Variable« nicht zu schwer handhabbar, aber dieser Programmierstil führt zu Code, der für niemanden außer für den Ersteller brauchbar ist. Dies sollte vermieden werden.

Glücklicherweise kann dieser Vorteil auch ohne die Nachteile einer beliebig zugreifbaren globalen Variablen erzielt werden. Eine Variable, die Teil einer Klasse, jedoch nicht Teil eines Objekts dieser Klasse ist, wird *statisches (static) Element* genannt. Es gibt in einem Programm genau eine Version eines statischen Elements anstelle einer Version pro Objekt wie bei normalen, nicht statischen Elementen. Entsprechend wird eine Funktion, die zwar Zugriff auf Elemente einer Klasse benötigt, jedoch nicht für ein bestimmtes Objekt aufgerufen werden muß, *statische Elementfunktion* genannt.

Es folgt ein Redesign, das die Semantik des Default–Konstruktors für Datum beibehält, ohne mit dem Problem einer globalen Variablen belastet zu sein:

```
class Datum {
    int t, m, j;
    static Datum standardDatum;
public:
    Datum(int tt=0, int mm=0, int jj=0);
    // ...
    static void setzeStandard(int, int, int);
};
```

Nun kann der Datum–Konstruktor wie folgt definiert werden:

```
Datum::Datum(int tt, int mm, int jj)
{
    t = tt ? tt : standardDatum.t;
    m = mm ? mm : standardDatum.m;
    j = jj ? jj : standardDatum.j;

    // Prüfen, ob das Datum gültig ist
}
```

Das Standarddatum kann nach Belieben gesetzt werden. Ein statisches Element kann wie jedes andere Element benutzt werden. Zusätzlich kann auf ein statisches Element ohne die Angabe eines Objekts zugegriffen werden. Statt dessen wird der Name durch den Namen der Klasse qualifiziert. Beispiel:

```
void f()
{
    Datum::setzeStandard(4, 5, 1945);
}
```

Statische Elemente — sowohl Funktionen als auch Daten — müssen definiert werden. Beispiel:

```
Datum Datum::standardDatum(16, 12, 1770);

void Datum::setzeStandard(int t, int m, int j)
{
    Datum::standardDatum = Datum(t, m, j);
}
```

Nun ist der Standardwert Beethovens Geburtstag — bis jemand etwas anderes wünscht.

`Datum()` dient in diesem Beispiel auch als Schreibweise für den Wert von `Datum::standardDatum`. Beispiel:

```
Datum kopieDesStandardDatums = Datum();
```

Deshalb wird auch keine separate Funktion zum Auslesen des Standarddatums benötigt.

10.2.5 Kopieren von Klassenobjekten

Standardmäßig können Objekte kopiert werden. Insbesondere kann ein Objekt mit einer Kopie eines Objekts derselben Klasse initialisiert werden. Dies gilt auch, wenn für die Klasse Konstruktoren deklariert wurden. Beispiel:

```
Datum t = heute;   // Initialisierung durch eine Kopie
```

Standardmäßig ist das Kopieren eines Objekts das Kopieren jedes Elements. Falls dies nicht das gewünschte Verhalten einer Klasse X ist, kann das passende Verhalten durch die Definition eines Copy–Konstruktors `X::X(const X&)` erreicht werden. Dies wird eingehend in §10.4.4.1 besprochen.

Entsprechend können Objekte durch Zuweisung kopiert werden. Zum Beispiel:

```
void f(Datum& d)
{
    d = heute;
}
```

Hier ist wiederum elementweises Kopieren die normale Semantik. Falls dies nicht das korrekte Verhalten für eine Klasse X ist, kann es durch Definition eines passenden Zuweisungsoperators erreicht werden (§10.4.4.1).

10.2.6 Konstante Elementfunktionen

Die Klasse Datum enthält bisher nur Funktionen, um Datum einen Wert zuzuweisen bzw. diesen zu ändern. Leider gibt es keine Möglichkeit, den Wert eines Datums zu ermitteln. Dieses Problem ist leicht lösbar, indem man Funktionen zum Lesen von Tag, Monat und Jahr hinzufügt:

```
class Datum {
    int t, m, j;
public:
    int tag() const { return t; }
    int monat() const { return m; }
    int jahr() const;    // siehe unten
    // ...
};
```

Beachten Sie das *const* hinter der (leeren) Argumentliste in den Funktionsdeklarationen. Es bedeutet, daß diese Funktionen den Zustand von Datum nicht ändern.

Natürlich kann der Compiler versehentliche Verstöße gegen diese Zusicherung erkennen. Beispiel:

```
inline int Datum::jahr() const
{
    return j++;    // Fehler: Versuch, ein Element in einer konstanten Funktion zu ändern
}
```

Falls eine konstante Elementfunktion außerhalb ihrer Klasse definiert wird, so ist das Suffix const notwendig:

```
inline int Datum::jahr() const    // Korrekt
{
    return j;
}

inline int Datum::jahr()          // Fehler: const fehlt
{
    return j;
}
```

Mit anderen Worten, const ist Teil des Typs von Datum::tag() und Datum::jahr().

Eine konstante Elementfunktion kann sowohl für konstante als auch für nicht konstante Objekte aufgerufen werden. Nicht konstante Elementfunktionen können nur für nicht konstante Objekte aufgerufen werden. Beispiel:

```
void f(Datum& d, const Datum& cd)
{
    int i = d.jahr();       // In Ordnung
    d.addiereJahr(1);       // In Ordnung

    int j = cd.jahr();      // In Ordnung
    cd.addiereJahr(1);      // Fehler: der Wert des konstanten cd darf nicht verändert werden
}
```

10.2.7 Selbstreferenz

Die Funktionen zum Ändern eines Datums addiereJahr(), addiereMonat() und addiereTag() wurden so definiert, daß sie keinen Wert zurückliefern. Es ist für eine solche Menge zusammengehörender Zugriffsfunktionen häufig sinnvoll, sie eine Referenz auf das veränderte Objekt liefern zu lassen, um diese Operationen aneinanderhängen zu können. Zum Beispiel würde man gern

```
void f(Datum& d)
{
    // ...
    d.addiereTag(1).addiereMonat(1).addiereJahr(1);
    // ...
}
```

schreiben, um jeweils einen Tag, einen Monat und ein Jahr zu d zu addieren. Um dies zu erreichen, muß jede der Funktionen eine Referenz auf ein Datum liefern:

```
class Datum {
    // ...
    Datum& addiereJahr(int n);    // addiere n Jahre
    Datum& addiereMonat(int n);   // addiere n Monate
    Datum& addiereTag(int n);     // addiere n Tage
};
```

Jede (nicht statische) Elementfunktion weiß, für welches Objekt sie aufgerufen wurde, und kann sich explizit auf dieses beziehen. Zum Beispiel:

```
Datum& Datum::addiereJahr(int n)
{
    if ( t==29 && m==2 && !schaltjahr(j+n) ) { // Achtung: 29. Februar
        t = 1;
        m = 3;
    }
    j += n;
    return *this;
}
```

Der Ausdruck *this bezieht sich auf das Objekt, für das die Elementfunktion aufgerufen wurde. *this ist äquivalent zu Simulas THIS und Smalltalks self.

In einer nicht statischen Elementfunktion steht das Schlüsselwort this für einen Zeiger auf das Objekt, für das die Funktion aufgerufen wurde. Bei einer nicht konstanten Elementfunktion einer Klasse X hat this den Typ X *. Jedoch ist this keine gewöhnliche Variable. Es ist nicht möglich, die Adresse von this zu ermitteln oder etwas an this zuzuweisen. Bei einer konstanten Elementfunktion hat this den Typ const X *, um zusätzlich Änderungen am Objekt selbst zu unterbinden (siehe auch §5.4.1).

Meistens erfolgt die Nutzung von this implizit. Im besonderen beruht jede Nutzung eines nicht statischen Elements einer Klasse auf der impliziten Verwendung von this, um auf das Element des entsprechenden Objekts zuzugreifen. Beispielsweise hätte man addiereJahr() gleichwertig, wenn auch umständlicher, so definieren können:

```
Datum& Datum::addiereJahr(int n)
{
    if ( this->t==29 && this->m==2 && !schaltjahr(this->j+n) ) {
        this->t = 1;
        this->m = 3;
    }
    this->j += n;
    return *this;
}
```

this wird häufig bei der Arbeit mit verketteten Listen explizit benutzt (z.B. §24.3.7.4).

10.2.7.1 Physikalische und logische Konstantheit

Ab und zu ist eine Elementfunktion logisch konstant, obwohl sie trotzdem den Wert eines Elements ändern muß. Für den Anwender ist diese Änderung jedoch unsichtbar. Trotzdem wird ein für ihn unsichtbarer Teil des Objekts verändert. Dies wird oft als *logische Konstantheit* bezeichnet. Beispielsweise könnte die Klasse Datum eine Funktion haben, die einen string als Repräsentation des Datums (z.B. für eine Ausgabe) zurückgibt. Das Erzeugen dieser Repräsentation könnte eine vergleichsweise kostspielige Operation sein. Deshalb würde es sinnvoll sein, eine Kopie des einmal erzeugten string zu behalten, um sie bei einer neuen Anforderung sofort zurückzuliefern. Erst bei einer Änderung des Datums würde die Kopie verworfen werden. Das Caching von Werten ist eher bei komplexeren Datenstrukturen üblich, aber man könnte es für Datum so durchführen:

```
class Datum {
    bool cacheGueltig;
    string cache;
    void ermittleCacheWert();
    // ...
public:
    // ...
    string stringRep() const;    // string-Repräsentation
};
```

Aus der Sicht eines Anwenders verändert stringRep() den Zustand eines Datums nicht. Deshalb sollte stringRep() eine konstante Elementfunktion sein. Andererseits muß der Cache gefüllt werden, bevor er benutzt werden kann. Dies könnte durch rohe Gewalt erreicht werden:

```
string Datum::stringRep() const
{
    if ( cacheGueltig == false ) {
        Datum* th = const_cast<Datum*>(this); // const weg-casten
        th->ermittleCacheWert();
```

```
        th->cacheGueltig = true;
    }
    return cache;
}
```

Hier wird der const_cast–Operator (§15.4.2.1) benutzt, um einen Zeiger vom Typ Datum* auf this zu erhalten. Dies kann man wirklich nicht als elegant bezeichnen, und es ist nicht garantiert, daß es funktioniert, wenn man es auf ein Objekt anwendet, das ursprünglich als konstant deklariert war. Beispiel:

```
Datum d1;
const Datum d2;
string s1 = d1.stringRep();
string s2 = d2.stringRep(); // undefiniertes Verhalten
```

Im Falle von d1 wird durch stringRep() nur wieder auf den Originaltyp von d1 gewandelt. Deshalb wird dieser Aufruf funktionieren. Im Unterschied dazu wurde d2 als konstant definiert, und die benutzte Implementierung von C++ könnte einen Zugriffsschutz über das Speichermanagement erzeugen, der es ausschließt, den Wert von d2 zu ändern. Entsprechend ist es nicht garantiert, daß d2.stringRep() ein vorhersagbares Resultat mit allen Implementierungen von C++ liefert.

10.2.7.2 Mutable

Die explizite Typumwandlung »const weg–casten« und das daraus folgende implementierungsabhängige Verhalten kann vermieden werden, indem die Elemente des Cache–Managements als *mutable* deklariert werden:

```
class Datum {
    mutable bool cacheGueltig;
    mutable string cache;
    void ermittleCacheWert() const;     // Den (mutable) Cache füllen
    // ...
public:
    // ...
    string stringRep() const;   // string-Repräsentation
};
```

Die Angabe von mutable besagt, daß ein Element so gespeichert werden muß, daß es immer modifiziert werden kann — selbst wenn es zu einem konstanten Objekt gehört. Mit anderen Worten: mutable heißt »kann niemals konstant sein«. Dadurch vereinfacht sich die Definition von stringRep():

```
string Datum::stringRep() const
{
    if ( !cacheGueltig ) {
        ermittleCacheWert();
        cacheGueltig = true;
    }
    return cache;
}
```

Eine sinnvolle Nutzung von stringRep() wird damit möglich:

```
Datum d3;
const Datum d4;
string s3 = d3.stringRep();
string s4 = d4.stringRep();   // OK!
```

Das Deklarieren von Elementen als mutable ist dann am sinnvollsten, wenn (nur) ein Teil der Repräsentation veränderbar sein soll. Falls sich große Teile der Elemente ändern und das Objekt trotzdem logisch konstant bleibt, ist es oft geschickter, die sich ändernden Daten in ein separates Objekt zu packen und dieses indirekt zu benutzen. Falls man diese Technik einsetzt, sieht das »string–mit–Cache«–Beispiel so aus:

```
struct cache {
    bool gueltig;
    string rep;
};

class Datum {
    cache* c;                          // Initialisierung im Konstruktor (§10.4.6)
    void ermittleCacheWert() const;
    // ...
public:
    // ...
    string stringRep() const;   // string-Repräsentation
};

string Datum::stringRep() const
{
    if ( !c->gueltig ) {
        ermittleCacheWert();
        c->gueltig = true;
    }
    return c->rep;
}
```

Programmiertechniken, die einen Cache unterstützen, lassen sich zu verschiedenen Formen der »lazy evaluation« verallgemeinern.

10.2.8 Strukturen und Klassen

Per Definition ist eine Struktur (struct) eine Klasse, bei der alle Elemente öffentlich sind. Das heißt:

```
struct s { /* ... */ };
```

ist nur eine Abkürzung für:

```
class s { public: /* ... */ };
```

Das Zugriffsschlüsselwort private: kann benutzt werden, um die folgenden Elemente als privat zu kennzeichnen, genau wie durch public: alle folgenden Elemente öffentlich werden. Mit Ausnahme der verschiedenen Namen sind die folgenden Deklarationen äquivalent:

```
class Datum1 {
    int t, m, j;
public:
    Datum1(int tt, int mm, int jj);

    void addiereJahr(int n);        // addiere n Jahre
};

struct Datum2 {
private:
    int t, m, j;
public:
    Datum2(int tt, int mm, int jj);

    void addiereJahr(int n);        // addiere n Jahre
};
```

Welchen Stil man benutzt, hängt vom Umfeld und von persönlichen Vorlieben ab. Ich persönlich bevorzuge struct für Klassen, bei denen alle Elemente öffentlich sind. Ich halte solche Klassen für »nicht richtige Datentypen, sondern nur für Datenstrukturen«. Konstruktoren und Zugriffsfunktionen können auch für solche Strukturen sinnvoll sein, aber nur als Vereinfachung und nicht als Garanten für die Eigenschaften eines Typs (siehe Invarianten, §24.3.7.1).

Es ist nicht notwendig, die Datenelemente einer Klasse zuerst zu deklarieren. Im Gegenteil, es ist oft sinnvoll, die Daten ans Ende der Klasse zu schreiben, um die Funktionen, die die öffentliche Schnittstelle bilden, hervorzuheben. Beispiel:

```
class Datum3 {
public:
    Datum3(int tt, int mm, int jj);
    void addiereJahr(int n);        // addiere n Jahre
private:
    int t, m, j;
};
```

In richtigem Code, in dem sowohl die öffentliche Schnittstelle als auch die Implementierungsdetails sehr viel umfangreicher als in Lehrbeispielen sind, bevorzuge ich die Schreibweise von Datum3.

Zugriffsschlüsselwörter können mehrfach innerhalb einer einzelnen Klassendefinition benutzt werden. Beispiel:

```
class Datum4 {
public:
    Datum4(int tt, int mm, int jj);
private:
    int t, m, j;
public:
    void addiereJahr(int n);        // addiere n Jahre
};
```

Wenn Sie mehr als eine public–Sektion (wie in Datum4) haben, tendiert Ihr Code dazu, unübersichtlich zu sein. Entsprechendes gilt für mehr als eine private–Sektion. Mehrere Zugriffsschlüsselwörter pro Klasse zuzulassen erleichtert aber z.B. das automatische Generieren von Code.

10.2.9   Funktionsdefinition innerhalb der Klasse

Eine Elementfunktion, die innerhalb der Klassendefinition definiert wird — anstatt sie einfach zu deklarieren —, wird als *Inline*–Elementfunktion betrachtet. Das bedeutet, daß Funktionsdefinitionen innerhalb der Klasse für kleine und häufig benutzte Funktionen vorgesehen sind. Wie die Klassendefinition, von der sie ein Teil ist, kann eine solche Funktionsdefinition mittels #include in mehrere Übersetzungseinheiten repliziert werden. Genau wie bei der Klasse selbst muß ihre Semantik überall, wo sie benutzt wird, identisch sein (§9.2.3).

Die Methode, die Definition von Datenelementen an das Ende einer Klassendefinition zu schreiben, führt zu einem kleinen Problem bei Inline–Funktionen, die sich auf diese Daten beziehen. Etwa:

```
class Datum {    // u.U. verwirrend
public:
    int tag() const { return t; }    // liefert Datum::t
    // ...
private:
    int t, m, j;
};
```

Dies ist absolut korrekter C++–Code. Eine Inline–Elementfunktion kann auf jedes Element der Klasse zugreifen, so als wäre die Klasse vollständig definiert, bevor die Funktionen vom Compiler übersetzt werden. Es kann jedoch menschliche Leser verwirren.

Als Konsequenz schreibe ich entweder die Daten an den Anfang der Klassendefinition, oder ich definiere die Inline–Elementfunktionen nach der Klasse. Beispiel:

```
class Datum {
public:
    int tag() const;
    // ...
private:
    int t, m, j;
};

inline int Datum::tag() const
{
    return t;
}
```

10.3   Effiziente benutzerdefinierte Typen

Die vorhergehenden Abschnitte zeigten die Details des Designs einer Datum–Klasse, um grundlegende Sprachmittel zur Definition von Klassen vorzustellen. Nun verschiebe ich den Schwerpunkt auf die Vorstellung eines einfachen und effizienten Designs einer Datum–Klasse und zeige, wie die Sprachmittel ein solches Design unterstützen.

Einfache, häufig benutzte Abstraktionen sind in vielen Anwendungen üblich. Beispiele sind lateinische Buchstaben, chinesische Zeichen, ganze Zahlen, reelle und komplexe Zahlen, Punkte, Zeiger, Koordinaten, Transformationen, (Zeiger,Offset)–Paare, Datum, Zeiten, Bereiche,

Verbindungen, Assoziationen, Knoten, (Wert, Einheit)–Paare, Plattenadressen, Quellcodeablagen, BCD–Zeichen, Währungen, Linien, Rechtecke, Festpunkt–Zahlen, rationale Zahlen, Zeichenketten, Vektoren und Felder. Jede Anwendung benutzt etliche dieser Abstraktionen. Häufig werden einige dieser einfachen konkreten Typen intensiv genutzt. Eine typische Anwendung benutzt einige direkt und viele mehr indirekt durch Bibliotheken.

C++ und andere Programmiersprachen unterstützen ein paar dieser Abstraktionen direkt. Allerdings werden die meisten nicht unterstützt (und können nicht unterstützt werden), weil es einfach zu viele sind. Weiterhin kann der Designer einer allgemein einsetzbaren Programmiersprache nicht die Anforderungen jeder Anwendung detailliert voraussehen. Als Konsequenz müssen Mechanismen bereitgestellt werden, die es dem Anwender ermöglichen, einfache konkrete Typen zu definieren. Diese Typen werden *konkrete Typen* oder *konkrete Klassen* genannt, um sie von abstrakten Klassen (§12.3) und von Klassen in Klassenhierarchien (§12.2.4, §12.4) zu unterscheiden.

Es war das ausdrückliche Ziel von C++, die Definition und effiziente Nutzung solcher benutzerdefinierten Datentypen sehr gut zu unterstützen. Sie sind die Grundlagen jedes eleganten Programmierens. Wie meistens ist das Einfache und Lebensnahe statistisch viel wichtiger als das Komplizierte und Fortschrittliche.

Lassen Sie uns in diesem Sinne eine bessere Datum–Klasse schaffen:

```
class Datum {
public:                   // öffentliche Schnittstelle
    enum Monat { jan=1, feb, mrz, apr, mai, jun,
                 jul, aug, sep, okt, nov, dez};

    class FalschesDatum {}; // Ausnahme-Klasse

    Datum(int tt=0, Monat mm=Monat(0), int jj=0); // 0 bedeutet: Standard nehmen

// Funktionen zum Auslesen des Datums:
    int tag() const;
    Monat monat() const;
    int jahr() const;
    string stringRep() const;    // string-Repräsentation
    void charRep(char s[]) const; // string-Repräsentation, C-Stil

    static void setzeStandard(int, Monat, int);

// Funktionen zum Ändern des Datums
    Datum& addiereJahr(int n);   // addiere n Jahre
    Datum& addiereMonat(int n);  // addiere n Monate
    Datum& addiereTag(int n);    // addiere n Tage
private:
    int t, m, j;
    static Datum standardDatum;
};
```

Die Menge an Operationen ist recht typisch für einen benutzerdefinierten Typ:

1. Ein Konstruktor, der bestimmt, wie Objekte/Variablen des Typs initialisiert werden.
2. Eine Menge an Funktionen, die es dem Anwender ermöglichen, sich ein Datum anzuschauen. Diese Funktionen sind konstant, um klarzustellen, daß sie den Zustand des Objekts, für das sie aufgerufen werden, nicht ändern.

3. Ein Satz Funktionen, mit dem der Anwender ein `Datum` modifizieren kann, ohne etwas über die Einzelheiten der Repräsentation der Daten wissen zu müssen bzw. ohne sich mit der Komplexität der Semantik herumschlagen zu müssen.

4. Ein Satz implizit definierter Funktionen, mit denen ein `Datum` beliebig kopiert werden kann.

5. Eine Klasse `FalschesDatum`, mit der Fehler als Ausnahmen gemeldet werden können.

Ich habe einen Typ `Monat` definiert, um das Problem zu umgehen, sich merken zu müssen, ob z.B. der 7. Juni als `Datum(6,7)` (amerikanischer Stil) oder als `Datum(7,6)` (europäischer Stil) geschrieben wird. Ich habe zusätzlich einen Mechanismus hinzugefügt, der Default–Argumente behandelt.

Ich habe daran gedacht, die zwei zusätzlichen Typen `Tag` und `Jahr` einzuführen, um potentiellen Problemen wie `Datum(1995, jul, 27)` und `Datum(27, jul, 1995)` aus dem Weg zu gehen. Diese Typen wären jedoch nicht so nützlich wie der `Monat`-Typ. Praktisch alle Fehler dieser Art würden sowieso zur Programmlaufzeit erkannt werden; der 26. Juli 26 ist ein eher untypisches Datum bei normaler Arbeit. Wie man mit historischen Daten vor etwa 1800 umgeht, ist eine kitzlige Sache, die man besser Historikern überläßt. Weiterhin kann der Tag eines Monats nicht sinnvoll getrennt von Monat und Jahr geprüft werden. In §11.7.1 ist ein Weg für eine brauchbare Definition für einen Jahr–Typ zu finden.

Das Standard–Datum muß als ein gültiges `Datum` definiert werden. Beispiel:

```
Datum Datum::standardDatum(22, jan, 1901);
```

Ich habe die Cache–Technik aus §10.2.7.1 weggelassen, weil sie überflüssig für einen so einfachen Typ ist. Falls sie doch gebraucht wird, kann sie als Implementierungsdetail nachgezogen werden, ohne die Schnittstelle zum Anwender zu beeinflussen.

Es folgt ein kleines — und konstruiertes — Beispiel für die Nutzung von `Datum`:

```
void f(Datum& d)
{
    Datum lvbTag = Datum(16, Datum::dez, d.jahr());

    if ( d.tag()==29 && d.monat()==Datum::feb) {
        //...
    }

    if ( mitternacht() ) d.addiereTag(1);

    cout << "der Tag nach:" << d+1 << '\n';
}
```

Das Beispiel basiert darauf, daß der Operator `<<` und der Additionsoperator `+` für `Datum` deklariert wurden. Ich hole das in §10.3.3 nach.

Man beachte die `Datum::feb`-Notation. Die Funktion `f()` ist kein Element von `Datum`, deshalb muß man angeben, daß man sich auf das `feb` von `Datum` bezieht und nicht auf irgendein anderes.

Warum ist es sinnvoll, für so etwas Einfaches wie ein Datum einen eigenen Typ zu definieren? Immerhin hätte man auch eine Struktur benutzen können

```
struct Datum {
    int tag, monat, jahr;
};
```

und es dem Programmierer überlassen können, was er damit tun will. Wenn das so erfolgt wäre, müßte jeder Anwender entweder die Elemente von Datum direkt manipulieren oder separate Funktionen für diesen Zweck schreiben. Als Folge wäre das Konzept eines Datums über das gesamte Programm verteilt. Dies würde es schwer verständlich, schwer dokumentierbar und schwer änderbar machen. Ein Konzept nur als Struktur verfügbar zu machen führt unausweichlich zu zusätzlicher Arbeit für jeden Anwender dieser Struktur.

Auch wenn der Datum–Typ einfach erscheint, bedarf es doch einiger Überlegung, um alles richtig zu machen. Beispielsweise muß das Inkrementieren eines Datums Probleme wie Schaltjahre, unterschiedliche Monatslänge usw. berücksichtigen (siehe §10.6–Ü1). Außerdem ist die Repräsentation eines Datums als Tag, Monat und Jahr für viele Anwendungen ungeeignet. Falls die Repräsentation geändert werden sollte, müßte nur ein ausgewählter Satz von Funktionen angepaßt werden. Würde beispielsweise ein Datum als die Anzahl der Tage vor oder nach dem 1. Januar 1970 repräsentiert werden, müßten nur die Elementfunktionen von Datum angepaßt werden(§10.6–Ü2).

10.3.1 Elementfunktionen

Natürlich muß eine Implementierung für jede Elementfunktion geschrieben werden. Hier ist beispielsweise die Definition des Konstruktors von Datum:

```
Datum::Datum(int tt, Monat mm, int jj)
{
    if ( jj==0 ) jj = standardDatum.jahr();
    if ( mm==0 ) mm = standardDatum.monat();
    if ( tt==0 ) tt = standardDatum.tag();

    int max;

    switch (mm) {
    case feb:
        max = 28 + schaltjahr(jj);
        break;
    case apr:
    case jun:
    case sep:
    case nov:
        max = 30;
        break;
    case jan:
    case mrz:
    case mai:
    case jul:
    case aug:
    case okt:
    case dez:
        max = 31;
        break;
    default:
        throw FalschesDatum();    // jemand hat gemogelt
    }
```

```
    if (tt<1 || max<tt) throw FalschesDatum();

    j = jj;
    m = mm;
    t = tt;
}
```

Der Konstruktor überprüft, ob die übergebenen Parameter ein gültiges Datum ergeben. Für einen falschen Aufruf, etwa `Datum(30, Datum::feb, 1994)`, wirft er eine Ausnahme (§8.3, Kapitel 14). Diese zeigt an, daß ein Problem aufgetreten ist, das nicht ignoriert werden kann. Falls die Parameter in Ordnung sind, wird die normale Initialisierung durchgeführt. Die Initialisierung ist eine relativ komplizierte Operation, weil sie eine Konsistenzprüfung enthält. Dies ist eher üblich. Andererseits kann ein `Datum`, nachdem es erzeugt wurde, ohne weitere Prüfungen benutzt und kopiert werden. Anders ausgedrückt bestimmt der Konstruktor die Invariante der Klasse (in diesem Fall, daß ein gültiges Datum vorliegt). Andere Elementfunktionen können sich auf diese Invariante verlassen, müssen sie aber auch beachten. Diese Entwurfstechnik kann Programme immens vereinfachen (siehe §24.3.7.1).

Ich benutze den Wert `Monat(0)` — der keinen gültigen Monat darstellt —, um den Fall »nimm den Standardmonat« abzubilden. Ich hätte dazu auch einen speziellen Wert in der Aufzählung `Monat` einführen können. Aber ich habe mich entschieden, einen offensichtlich ungültigen Wert für »nimm den Standardmonat« einzuführen, anstatt den Eindruck zu erwecken, es gäbe 13 Monate in einem Jahr. Man beachte, daß der Wert 0 benutzt werden darf, da er in einem Wertebereich liegt, der für die Aufzählung `Monat` zulässig ist (§4.8).

Ich habe daran gedacht, die Konsistenzprüfung in eine separate Funktion `istDatum()` auszugliedern. Der daraus resultierende Anwendungscode erschien mir aber komplizierter und weniger robust als Code, der auf der Behandlung einer Ausnahme basiert. Unter der Annahme, daß `>>` für `Datum` definiert ist, wäre folgendes eine gute Fehlerbehandlung:

```
void fuelle(vector<Datum>& aa)
{
    while (cin) {
        Datum d;
        try {
            cin >> d;
        }

        catch (Datum::FalschesDatum) {
            // eigene Fehlerbehandlung
            continue;
        }
        aa.push_back(d);    // siehe §3.7.3
    }
}
```

Wie häufig für solch einfache konkrete Datentypen pendelt die Definition der Elementfunktionen zwischen trivial und nicht sehr kompliziert. Beispiel:

```
inline int Datum::tag() const
{
    return t;
}


Datum& Datum::addiereMonat(int n)
{
    if (n==0) return *this;

    if (n>0) {
        int deltaJahr = n/12;
        int mm = m + n%12;
        if (12<mm) {
            deltaJahr++;
            mm -= 12;
        }

        // Behandlung von Fällen, in denen Monat(mm) keine t Tage hat

        j += deltaJahr;
        m = Monat(mm);
        return *this;
    }

    // Bearbeitung von negativem n

    return *this;
}
```

10.3.2 Hilfsfunktionen

Üblicherweise gibt es für eine Klasse eine Anzahl zugehöriger Funktionen, die nicht innerhalb der Klasse definiert zu werden brauchen, da sie keinen direkten Zugriff auf die interne Repräsentation benötigen. Beispiel:

```
int diff(Datum a, Datum b); // Anzahl Tage im Intervall [a,b) oder [b,a)
bool schaltjahr(int j);
Datum naechsterWochentag(Datum d);
Datum naechsterSamstag(Datum d);
```

Würde man solche Funktionen innerhalb der Klasse mitdefinieren, würde dies die Schnittstelle der Klasse verkomplizieren. Zusätzlich würde sich die Anzahl an Funktionen erhöhen, die untersucht werden müßten, falls man die interne Repräsentation der Klasse ändern will.

Wie werden solche Funktionen nun mit der Klasse Datum in Zusammenhang gebracht? Traditionell würde man ihre Deklarationen einfach mit in dieselbe Datei schreiben wie die Deklaration der Klasse selbst. Ein Anwender, der Datum benutzen will, würde die Funktionen erhalten, indem er die Datei aufruft (per #include), in der auch die Klassenschnittstelle steht (§9.2.1). Beispiel:

```
#include "Datum.h"
```

Zusätzlich — oder als eine Alternative — kann man den Zusammenhang durch die Benutzung eines Namensbereichs (§8.2) für die Klasse und ihre Hilfsfunktionen herstellen:

```
namespace Zeit {       // Zeitverwaltung
    class Datum { /* ... */ };

    int diff(Datum a, Datum b);
    bool schaltjahr(int j);
    Datum naechsterWochentag(Datum d);
    Datum naechsterSamstag(Datum d);
    // ...
}
```

Der Zeit-Namensbereich würde normalerweise auch noch verwandte Klassen wie Uhrzeit, Stoppuhr und deren Hilfsfunktionen enthalten. Ein eigener Namensbereich für eine einzelne Klasse ist normalerweise übertrieben und führt zu Unbequemlichkeiten bei der Nutzung.

10.3.3   Überladene Operatoren

Häufig ist es sinnvoll, Funktionen hinzuzufügen, die eine konventionelle Schreibweise erlauben. So definiert etwa die Funktion operator== den Gleichheitsoperator == für Datum:

```
inline bool operator==(Datum a, Datum b)    // Test auf Gleichheit
{
    return a.tag()==b.tag() && a.monat()==b.monat() && a.jahr()==b.jahr();
}
```

Andere offensichtliche Kandidaten sind:

```
bool operator!=(Datum, Datum);          // Ungleichheit
bool operator<(Datum, Datum);           // kleiner als
bool operator>(Datum, Datum);           // größer als
// ...
Datum& operator++(Datum& d);            // Datum um einen Tag weiter
Datum& operator--(Datum& d);            // Datum um einen Tag zurück

Datum& operator+=(Datum& d, int n);     // Datum um n Tage weiter
Datum& operator-=(Datum& d, int n);     // Datum um n Tage zurück

Datum operator+(Datum d, int n);        // Datum um n Tage weiter
Datum operator-(Datum d, int n);        // Datum um n Tage zurück

ostream& operator<<(ostream&, Datum d); // d ausgeben
istream& operator>>(istream&, Datum& d); // nach d lesen
```

Für Datum kann man diese Operatoren als reine Bequemlichkeit sehen. Für andere Typen dagegen — z.B. komplexe Zahlen (§11.3), Vektoren (§3.7.1) und Funktionsobjekte (§18.4) — hat sich die Nutzung der konventionellen Operatoren so fest eingeprägt, daß ihre Definition praktisch notwendig ist. Das Überladen von Operatoren wird in Kapitel 11 beschrieben.

10.3.4 Das Wesentliche konkreter Klassen

Einfache benutzerdefinierte Typen, wie etwa Datum, werden von mir *konkrete Typen* genannt, um sie von abstrakten Klassen (§2.5.4) und Klassenhierarchien (§12.3) abzugrenzen. Zusätzlich soll dadurch noch ihre Ähnlichkeit mit fundamentalen Datentypen wie int und char unterstrichen werden. Man nennt solche Typen auch *Wertetypen* (value types) und ihre Nutzung *werteorientierte Programmierung* (value oriented programming). Ihre Nutzung und die Philosophie hinter ihrem Design sind ziemlich unterschiedlich zu dem, was einem häufig als objektorientierte Programmierung angepriesen wird (§2.6.2).

Die Intention eines konkreten Typs ist es, eine einzelne und vergleichsweise kleine Aufgabe gut und effizient zu bewältigen. Es ist normalerweise kein Designziel, dem Anwender Möglichkeiten zu geben, das Verhalten des konkreten Typs zu verändern. Im besonderen werden konkrete Typen keine Polymorphie (§2.5.5,§12.2.6) unterstützen.

Falls man einen Aspekt eines konkreten Typs nicht brauchen kann, erzeugt man einen neuen mit dem gewünschten Verhalten. Wenn man einen konkreten Typ wiederverwenden möchte, so benutzt man ihn in der Implementierung des neuen Typs genau so, wie man etwa einen int verwenden würde. Beispiel:

```
class DatumUndUhrzeit {
private:
    Datum d;
    Uhrzeit z;
public:
    DatumUndUhrzeit(Datum d, Uhrzeit z);
    DatumUndUhrzeit(int t, Datum::Monat m, int j, Uhrzeit z);
    // ...
};
```

Der Mechanismus zum Ableiten von Klassen (Kapitel 12) kann benutzt werden, um einen neuen Typ zu definieren, indem man die Differenzen zum bestehenden angibt. Die Definition von Vec aus vector (§3.7.2) ist ein Beispiel hierfür.

Benutzt man einen einigermaßen guten Compiler, so bringt die Nutzung einer konkreten Klasse wie Datum keinen versteckten Mehraufwand bezüglich Laufzeit oder Speicherbedarf. Die Größe eines konkreten Typs ist zur Übersetzungszeit bekannt. Deshalb können die Objekte auf dem Laufzeit–Stack angelegt werden und brauchen keine Freispeicher–Operationen. Das Layout jedes Objekts ist bei der Übersetzung bekannt. Damit ist das Inlining von Operationen eine triviale Aufgabe. Ähnlich erreicht man eine Kompatibilität des Layouts mit anderen Sprachen wie C und Fortran ohne Zusatzaufwand.

Eine gute Auswahl solcher Typen bildet die Grundlage für Anwendungen. Ein Mangel an passenden »einfachen effizienten Typen« in einer Anwendung kann zu extremen Laufzeit– und Speicherplatzproblemen führen, wenn statt dessen übermäßig generelle und aufwendige Klassen benutzt werden. Unter Umständen kann dieser Mangel auch dazu führen, daß Programme unübersichtlich werden und eine Menge Zeit verschwendet wird, weil jeder Programmierer Code zum Bearbeiten von »einfachen und häufig benutzten« Datenstrukturen schreiben muß.

10.4   Objekte

Objekte können auf verschiedene Weisen erzeugt werden. Einige sind lokale Variablen, einige globale Variablen, einige Elemente einer Klasse usw. Dieser Abschnitt beschreibt diese Alternativen, die Regeln, die sie beherrschen, die Konstruktoren zum Initialisieren von Objekten und die Destruktoren zum Aufräumen von Objekten, bevor diese unbrauchbar werden.

10.4.1   Destruktoren

Ein Konstruktor initialisiert ein Objekt. Anders ausgedrückt, schafft er das Umfeld, in dem Elementfunktionen arbeiten. Manchmal bedingt das Erzeugen dieses Umfelds das Anfordern einer Ressource — etwa einer Datei, eines Lock oder von Speicher —, die nach der Benutzung zurückgegeben werden muß (§14.4.7). Deshalb brauchen einige Klassen eine Funktion, die garantiert aufgerufen wird, wenn das Objekt zerstört wird, ähnlich einem Konstruktor, der garantiert aufgerufen wird, wenn das Objekt erzeugt wird. Solche Funktionen werden (natürlich) *Destruktor* genannt. Üblicherweise führen sie Aufräumarbeiten aus und geben Ressourcen frei. Destruktoren werden implizit aufgerufen, sobald eine automatische Variable ihren Gültigkeitsbereich verläßt, ein Objekt im Freispeicher gelöscht wird usw. Nur unter sehr ungewöhnlichen Umständen muß ein Anwender einen Destruktor explizit aufrufen (§10.4.11).

Die häufigste Anwendung eines Destruktors ist die Freigabe von Speicher, der in einem Konstruktor angefordert wurde. Man betrachte eine einfache Tabelle mit Elementen vom Typ Name. Der Konstruktor von Tabelle muß den Speicher zum Ablegen der Elemente anlegen. Sobald die Tabelle gelöscht wird, muß dieser Speicher zur weiteren Verwendung im Programm zurückgegeben werden. Man erreicht dies durch die Bereitstellung einer speziellen Funktion, die den Konstruktor komplementiert:

```
class Name {
    const char* s;
    // ...
};

class Tabelle {
    Name* p;
    size_t gr;
public:
    Tabelle(size_t s = 15) { p = new Name[gr = s]; }  // Konstruktor

    ~Tabelle() { delete[] p; }                         // Destruktor

    Name* suchen(const char*);
    bool einfuegen(Name*);
};
```

Die Destruktor–Schreibweise ~Tabelle() benutzt das Komplement–Zeichen ~, um an das Verhältnis zum Konstruktor Tabelle() zu erinnern.

Ein passendes Konstruktor/Destruktor–Paar ist der übliche Mechanismus in C++, um ein variabel großes Objekt abzubilden. Container der Standardbibliothek, wie etwa map, benutzen eine Variante dieser Technik, um Speicher für ihre Elemente bereitzustellen. Deshalb zeigen die folgenden Abschnitte Techniken, die jedesmal benutzt werden, wenn man einen Standardcontainer

(einschließlich eines Standard–`string`) benutzt. Typen ohne Destruktor bilden jedoch keine Ausnahme. Sie werden so betrachtet, als hätten sie einen Destruktor, der jedoch nichts tut.

10.4.2 Default–Konstruktor

Ganz ähnlich kann man auch bei den meisten Typen annehmen, sie hätten einen *Default–
Konstruktor*. Ein Default–Konstruktor ist ein Konstruktor, der ohne Angabe eines Parameters aufgerufen werden kann. Durch die Angabe des Default–Parameters 15 ist
`Tabelle::Tabelle(size_t)` ein Default–Konstruktor. Falls der Anwender einen Default–
Konstruktor deklariert hat, wird dieser benutzt. Andernfalls versucht der Compiler, einen solchen
bei Bedarf zu generieren, wenn der Anwender keine anderen Konstruktoren deklariert hat. Ein
compiler–generierter Default–Konstruktor ruft implizit die Default–Konstruktoren für alle Elemente auf, die Klassen sind, sowie den Default–Konstruktor der Basisklasse (§12.2.2). Beispiel:

```
struct Tabellen {
    int i;
    int vi[10];
    Tabelle t1;
    Tabelle vt[10];
};


Tabellen tt;
```

Hier wird `tt` durch einen generierten Default–Konstruktor initialisiert, der `Tabelle(15)` für
`tt.t1` und jedes Element von `tt.vt` aufruft. Andererseits werden `tt.i` und die Elemente von
`tt.vi` nicht initialisiert, weil sie keine Klassentypen sind. Die Gründe für diese Ungleichbehand-
lung von Klassen und fundamentalen Typen sind die Kompatibilität mit C und die Angst vor Lauf-
zeitverlusten.

Da konstante Elemente und Referenzen initialisiert werden müssen (§5.5, §5.4), kann eine
Klasse, die diese enthält, nicht durch einen Default–Konstruktor aufgebaut werden, es sei denn,
der Programmierer hat einen Konstruktor zur Verfügung gestellt (§10.4.6.1). Zum Beispiel:

```
struct X {
    const int a;
    const int& r;
};
```

X x;   // *Fehler: kein Default-Konstruktor für X vorhanden*

Default–Konstruktoren können explizit aufgerufen werden (§10.4.10). Fundamentale Typen haben
ebenfalls Default–Konstruktoren (§6.2.8).

10.4.3 Konstruktion und Destruktion

Es gibt verschiedene Möglichkeiten, wie ein Objckt erzeugt werden kann und wie es dann zerstört
wird. Ein Objekt kann wie folgt erzeugt werden:
- §10.4.4 — Ein benanntes automatisches Objekt, das jedesmal erzeugt wird, wenn seine Deklarationsstelle während des Programmlaufs erreicht wird, und das zerstört wird, wenn der Block,
  in dem es sich befindet, verlassen wird.

- §10.4.5 — Ein Objekt im Freispeicher, das mittels new erzeugt und mittels delete zerstört wird.

- §10.4.6 — Ein nicht statisches Elementobjekt, das als Element eines anderen Objekts existiert. Es wird erzeugt und zerstört, wenn das es enthaltende Objekt erzeugt bzw. zerstört wird.

- §10.4.7 — Ein Feldelement, das erzeugt und zerstört wird, wenn das Feld, von dem es ein Element ist, erzeugt bzw. zerstört wird.

- §10.4.8 — Ein lokales statisches Objekt, das einmal angelegt wird, wenn seine Deklarationsstelle erstmals im Programmlauf erreicht wird, und das bei der Beendigung des Programms zerstört wird.

- §10.4.9 — Ein globales, in einem Namensbereich befindliches oder als statisches Klassenelement benutztes Objekt, das einmal »beim Start des Programms« erzeugt und einmal am Ende des Programms zerstört wird.

- §10.4.10 — Ein temporäres Objekt, das als Teil der Auswertung eines Ausdrucks erzeugt wird und am Ende des vollständigen Ausdrucks zerstört wird.

- §10.4.11 — Ein Objekt, das in einen Speicherbereich plaziert wird, der vom Anwender zur Verfügung gestellt wird (unterstützt durch Parameter bei der Speicherverwaltung).

- §10.4.12 — Ein Teil einer union, das keinen Konstruktor oder Destruktor haben darf.

Die Liste ist ungefähr nach Wichtigkeit geordnet. Die folgenden Abschnitte erklären die verschiedenen Arten, ein Objekt zu erzeugen, und deren Anwendung.

10.4.4   Lokale Variablen

Der Konstruktor einer lokalen Variablen wird jedesmal aufgerufen, wenn der Kontrollfluß durch ihre Deklarationsstelle führt. Der Destruktor einer lokalen Variablen wird jedesmal dann aufgerufen, wenn der Block, in dem sich die Variable befindet, verlassen wird. Destruktoren von lokalen Variablen werden in der umgekehrten Reihenfolge ihrer Konstruktion aufgerufen. Beispiel:

```
void f(int i)
{
    Tabelle aa;
    Tabelle bb;
    if (i>0) {
        Tabelle cc;
        // ...
    }
    Tabelle dd;
    // ...
}
```

Hier werden aa, bb und dd jedesmal (in dieser Reihenfolge) konstruiert, wenn f() aufgerufen wird. dd, bb und aa werden jedesmal (in dieser Reihenfolge) zerstört, wenn man aus f() zurückkehrt. Falls bei einem Aufruf i>0 ist, wird cc nach bb konstruiert und zerstört, bevor dd konstruiert wird.

10.4.4.1   Kopieren von Objekten

Wenn t1 und t2 Objekte einer Klasse Tabelle sind, so bedeutet standardmäßig t2=t1 ein elementweises Kopieren von t1 nach t2 (§10.2.5). Wenn die Zuweisung so interpretiert wird, kann dies einen überraschenden (und normalerweise unerwünschten) Effekt haben, wenn man Objekte einer Klasse, die Zeiger enthält, zuweist. Das elementweise Kopieren ist im Regelfall die falsche Semantik, wenn man Objekte kopiert, die Ressourcen enthalten, die durch ein Konstruktor–/Destruktor–Paar verwaltet werden. Beispiel:

```
void h()
{
    Tabelle t1;
    Tabelle t2 = t1;      // Initialisierung durch Kopie: Problem
    Tabelle t3;

    t3 = t2;              // Zuweisung durch Kopie: Problem
}
```

Hier wird der Default–Konstruktor von Tabelle zweimal aufgerufen: je einmal für t1 und t3. Er wird nicht für t2 aufgerufen, da diese Variable durch Zuweisung per Kopie initialisiert wurde. Andererseits wird der Destruktor von Tabelle dreimal aufgerufen: jeweils für t1, t2 und t3! Die Standardinterpretation der Zuweisung ist ein elementweises Kopieren, deshalb haben t1, t2 und t3 am Ende von h() jeweils einen Zeiger auf den Speicherbereich mit dem Feld von Namen, der im Freispeicher angelegt wurde, als t1 konstruiert wurde. Es bleibt kein Zeiger auf den beim Erzeugen von t3 angelegten Speicher übrig, weil dieser bei der Zuweisung t3=t2 überschrieben wurde. Sollte es keine automatische Speicherbereinigung geben (§10.4.5), ist dieser Speicher für das Programm verloren. Andererseits erscheint das Feld, das für t1 angelegt wurde, nun in t1, t2 und t3, und wird dreimal gelöscht. Das Ergebnis davon ist undefiniert und vermutlich katastrophal.

Solche Merkwürdigkeiten können vermieden werden, wenn man definiert, wie eine Tabelle kopiert werden soll:

```
class Tabelle {
    // ...
    Tabelle(const Tabelle&);          // Copy-Konstruktor
    Tabelle& operator=(const Tabelle&); // Zuweisungsoperator
};
```

Der Programmierer kann jede passende Semantik für diese Kopieroperationen definieren, aber traditionell wird bei dieser Art von Containern jedes enthaltene Element kopiert (oder zumindest stellt es sich für den Anwender des Containers so dar, siehe §11.12). Beispiel:

```
Tabelle::Tabelle(const Tabelle& t)        // Copy-Konstruktor
{
    p = new Name[gr=t.gr];
    for (int i=0; i<gr; i++ ) p[i] = t.p[i];
}


Tabelle& Tabelle::operator=(const Tabelle& t) // Zuweisungsoperator
{
    if ( this!=&t ) {    // Vorsicht bei Selbstzuweisung: t=t
        delete [] p;
        p = new Name[gr=t.gr];
        for (int i=0; i<gr; i++ ) p[i] = t.p[i];
    }
    return *this;
}
```

Wie in fast allen Fällen unterscheiden sich der Copy–Konstruktor und der Zuweisungsoperator erheblich voneinander. Der grundlegende Unterschied ist der, daß der Copy–Konstruktor uninitialisierten Speicher initialisiert, während der Zuweisungsoperator korrekt mit einem vollständig konstruierten Objekt umgehen können muß.

Zuweisungen können in einigen Fällen optimiert werden, aber die generelle Strategie für einen Zuweisungsoperator ist einfach: Schützen vor Selbstzuweisung, Löschen der alten Elemente, Initialisieren und Kopieren der neuen Elemente. Normalerweise muß jedes nicht statische Element kopiert werden (§10.4.6.3).

10.4.5 Freispeicher

Bei einem Objekt, das im Freispeicher erzeugt wird, wird der Konstruktor durch den new–Operator aufgerufen. Es existiert, bis der delete–Operator für einen Zeiger auf das Objekt aufgerufen wird. Etwa:

```
int main()
{
    Tabelle* p = new Tabelle;
    Tabelle* q = new Tabelle;

    delete p;
    delete p;   // verursacht vermutlich einen Laufzeitfehler
}
```

Der Konstruktor Tabelle::Tabelle() wird zweimal aufgerufen. Gleiches gilt für den Destruktor Tabelle::~Tabelle(). Leider passen die news und deletes in diesem Beispiel nicht zueinander. Deshalb wird das Objekt, auf das p zeigt, zweimal gelöscht, und das Objekt, auf das q zeigt, überhaupt nicht. Ein Objekt nicht zu löschen ist aus Sicht der Programmiersprache kein Fehler; es ist nur Speicherverschwendung. Allerdings ist solch ein Speicherleck in einem Programm, das eine lange Zeit durchlaufen soll, ein schwerwiegender und schwierig zu findender Fehler. Es gibt allerdings Werkzeuge, die solche Lecks aufspüren. Das zweifache Löschen von p ist ein schwerwiegender Fehler; das Verhalten ist undefiniert und sehr wahrscheinlich katastrophal.

Einige C++–Implementierungen benutzen den Speicher von nicht mehr erreichbaren Objekten neu (automatische Speicherbereinigung (englisch: *garbage collection*)). Dieses Verhalten ist jedoch nicht standardisiert. Selbst wenn es eine Speicherbereinigung gibt, wird bei delete der Destruktor aufgerufen, falls er definiert ist. Deshalb ist es auch hier ein schwerer Fehler, delete mehrfach für dasselbe Objekt aufzurufen. In vielen Fällen ist es jedoch nur ein kleiner Aufwand, dies zu vermeiden. Speziell kann in einem Umfeld, für das eine Speicherbereinigung existiert, auf Destruktoren verzichtet werden, die nur Speicherverwaltung durchführen. Diese Vereinfachung bezahlt man mit dem Verlust der Portabilität und für einige Programme mit einer verschlechterten Laufzeit und einem Verlust der Vorhersagbarkeit des Laufzeitverhaltens (§C.9.1).

Nachdem delete auf ein Objekt angewendet wurde, ist es ein Fehler, in irgendeiner Weise auf dieses Objekt zuzugreifen. Leider kann eine Implementierung solche Fehler nicht zuverlässig erkennen.

Der Anwender kann angeben, wie die Speicheranforderung und –freigabe von new und delete durchgeführt wird (siehe §6.2.6.2 und §15.6). Man kann auch angegeben, wie Speicheranforderung, Initialisierung (Konstruktion) und Ausnahmen zusammenspielen (siehe §14.4.5 und §19.4.5). Felder im Freispeicher werden in §10.4.7 vorgestellt.

10.4.6 Klassenobjekte als Elemente

Betrachten wir eine Klasse, die zum Speichern von Informationen über eine kleine Organisation verwendet werden könnte:

```
class Verein {
    string name;
    Tabelle mitglieder;
    Tabelle funktionaere;
    Datum gruendung;
    // ...
    Verein(const string& n, Datum g);
};
```

Der Konstruktor von `Verein` bekommt den Namen des Vereins und das Gründungsdatum als Parameter. Argumente für die Konstruktoren von Elementen werden in einer Initialisierungsliste bei der Definition des Konstruktors der umfassenden Klasse angegeben. Beispiel:

```
Verein::Verein(const string& n, Datum g)
    : name(n), mitglieder(), funktionaere(), gruendung(g)
{
    // ...
}
```

Die Elementinitialisierung steht nach einem Doppelpunkt, und die einzelnen Elementinitialisierungen sind durch Kommas getrennt.

Die Konstruktoren der Elemente werden aufgerufen, bevor der Rumpf des Konstruktors der enthaltenden Klasse ausgeführt wird. Die Konstruktoren werden in der Reihenfolge aufgerufen, in der die Elemente in der Klasse deklariert worden sind, nicht in der Reihenfolge, in der sie in der Initialisierungsliste stehen. Um Verwirrung zu vermeiden, ist es das geschickteste, die Elementinitialisierungen in der Reihenfolge der Deklaration anzugeben. Die Destruktoren der Elemente werden in der umgekehrten Reihenfolge der Konstruktoren aufgerufen.

Falls der Konstruktor eines Elements keine Parameter benötigt, so muß das Element auch nicht in der Initialisierungsliste aufgeführt werden. Deshalb ist

```
Verein::Verein(const string& n, Datum g)
    : name(n), gruendung(g)
{
    // ...
}
```

äquivalent zur vorherigen Version. In beiden Fällen wird `Verein::funktionaere` durch `Tabelle:Tabelle` mit dem Default–Argument von 15 konstruiert.

Wenn ein Klassenobjekt, das Klassenobjekte enthält, zerstört wird, wird der Rumpf des Destruktors (falls vorhanden) zuerst ausgeführt, bevor die Destruktoren der Elemente in umgekehrter Reihenfolge der Deklaration aufgerufen werden. Ein Konstruktor baut die Ausführungsumgebung für die Elementfunktionen einer Klasse von unten her auf (Elemente zuerst). Der Destruktor baut sie von oben her ab (Elemente zuletzt).

10.4.6.1 Notwendige Elementinitialisierung

Elementinitialisierungen sind unabdingbar für Typen, bei denen sich die Initialisierung von der Zuweisung unterscheidet — das heißt für Elemente, die Objekte einer Klasse ohne Default–Konstruktor sind, für konstante Elemente und für Referenzen. Beispiel:

```
class X {
    const int i;
    Verein v;
    Verein& pv;
    // ...
    X(int ii, const string& n, Datum d, Verein& v) : i(ii), v(n,d), pv(v) {}
};
```

Es gibt keinen anderen Weg, solche Elemente zu initialisieren, und es ist ein Fehler, sie uninitialisiert zu lassen. Für die meisten Typen hat der Programmierer allerdings die Wahl, ob er eine Initialisierung oder eine Zuweisung benutzen möchte. In diesem Fall bevorzuge ich die Elementinitialisierungsschreibweise, um damit klarzustellen, daß hier eine Initialisierung stattfindet. Häufig ist die Initialisierungsschreibweise auch effizienter. Beispiel:

```
class Person {
    string name;
    string adresse;
    // ...
    Person(const Person&);
    Person(const string& n, const string& a);
};

Person::Person(const string& n, const string& a)
    : name(n)
{
    adresse = a;
}
```

Hier wird name mit einer Kopie von n initialisiert. Im anderen Fall wird adresse erst als ein leerer string initialisiert und dann eine Kopie von a zugewiesen.

10.4.6.2 Elementkonstanten

Es ist auch möglich, ein statisches ganzzahliges konstantes Element zu initialisieren, indem man einen konstanten Ausdruck zu seiner Deklaration hinzufügt. Beispiel:

```
class Merkwuerdiges {
    static const int c1 = 7;      // OK, aber Definition beachten
    static int c2 = 11;           // Fehler, nicht konstant
    const int c3 = 13;            // Fehler, nicht statisch
    static const int c4 = f(17);  // Fehler, Initialisierer nicht konstant
    static const float c5 = 7.0;  // Fehler, nicht ganzzahlig
    // ...
};
```

Falls man ein initialisiertes Element auf eine Weise benutzt, die es notwendig macht, daß das Element als Objekt im Speicher abgelegt wird, dann (und nur genau dann) muß das Element (eindeutig) an anderer Stelle definiert werden. Die Initialisierung darf nicht wiederholt werden:

```
const int Merkwuerdiges::c1;        // notwendig, aber Initialisierung nicht wiederholen
const int* p = &Merkwuerdiges::c1;  // OK: Merkwuerdiges::c1 wurde oben definiert
```

Alternativ kann man einen Enumerator (§4.8, §14.4.6, §15.3) als symbolische Konstante innerhalb einer Klassendeklaration benutzen. Beispiel:

```
class X {
    enum { c1 = 7, c2 = 11, c3 = 13, c4 = 17 };
};
```

Auf diese Weise wird keine zusätzliche Definition eines Elements benötigt, und man ist nicht versucht, Variablen, reelle Zahlen usw. zu benutzen.

10.4.6.3 Kopieren von Elementen

Ein Default–Copy–Konstruktor oder ein Default–Zuweisungsoperator (§10.4.4.1) kopieren alle Elemente einer Klasse. Falls dieses Kopieren nicht machbar ist, dann ist es ein Fehler, ein Objekt dieser Klasse kopieren zu wollen. Beispiel:

```
class EindeutigesHandle {
private:    // Kopieroperationen sind privat, um Kopieren zu unterbinden
    EindeutigesHandle(const EindeutigesHandle&);
    EindeutigesHandle& operator=(const EindeutigesHandle&);
public:
    //...
};

struct Y {
    //...

    EindeutigesHandle a;    // benötigt explizite Initialisierung
};

Y y1;
Y y2 = y1;    // Fehler: Y::a kann nicht kopiert werden
```

Zusätzlich kann keine Default–Zuweisung generiert werden, falls ein nicht statisches Element eine Referenz ist, ein konstantes Element oder ein benutzerdefinierter Typ, der keine Zuweisung enthält.

Man beachte, daß der Default–Copy–Konstruktor eine Referenz sowohl im Original als auch in der Kopie auf dasselbe Objekt verweisen läßt. Dies kann zum Problem werden, falls das referenzierte Objekt gelöscht werden soll.

Beim Schreiben eines Copy–Konstruktors muß darauf geachtet werden, daß jedes Element, wenn notwendig, auch kopiert wird. Standardmäßig werden Elemente standard–initialisiert, doch dies ist häufig nicht das, was man für einen Copy–Konstruktor beabsichtigt. Beispiel:

```
Person::Person(const Person& a) : name(a.name) {}    // Vorsicht!
```

Hier habe ich vergessen, die Adresse zu kopieren. Deshalb wird adresse auf den leeren string initialisiert. Sobald man ein Element zu einer Klasse hinzufügt, muß man den benutzerdefinierten Zuweisungsoperator bzw. Copy–Konstruktor überprüfen, damit unter Umständen dieses Element korrekt mitkopiert wird.

10.4.7 Felder

Falls ein Objekt einer Klasse ohne die explizite Angabe eines Konstruktors erzeugt werden kann, dann können auch Felder mit dieser Klasse angelegt werden. Beispiel:

```
Tabelle tbl[10];
```

Dies erzeugt ein Feld von zehn Tabellen, bei dem jede Tabelle durch den Aufruf von Tabelle::Tabelle() mit dem Default–Argument 15 initialisiert wird.

Außer durch Nutzung von Initialisierungslisten (§5.2.1, §18.6.7) gibt es bei einer Felddeklaration keine Möglichkeit, explizit Argumente für einen Konstruktor anzugeben. Falls man unbedingt Feldelemente mit verschiedenen Werten initialisieren muß, kann man einen Default–Konstruktor schreiben, der direkt oder indirekt nicht lokale Daten liest oder schreibt. Beispiel:

```
class Ibuffer {
    string buf;
public:
    Ibuffer() { cin>>buf; }
    //...
};

void f()
{
    Ibuffer worte[100];   // Jedes Wort wird aus cin initialisiert
    //...
}
```

Am geschicktesten ist es natürlich, solche Subtilitäten zu vermeiden.

Der Destruktor für jedes erzeugte Element eines Feldes wird aufgerufen, wenn das Feld zerstört wird. Dies geschieht implizit bei Feldern, die nicht per new erzeugt wurden. Genau wie in C wird bei C++ nicht zwischen einem Zeiger auf ein eigenständiges Objekt und einem Zeiger auf das erste Element eines Feldes unterschieden (§5.3). Deshalb muß der Programmierer angeben, ob ein Feld oder ein eigenständiges Objekt zerstört werden soll. Beispiel:

```
void f(int gr)
{
    Tabelle* t1 = new Tabelle;
    Tabelle* t2 = new Tabelle[gr];
    Tabelle* t3 = new Tabelle;
    Tabelle* t4 = new Tabelle[gr];

    delete t1;       // In Ordnung
    delete [] t2;    // In Ordnung
    delete [] t3;    // Falsch
    delete t4;       // Falsch
}
```

Wie Felder und eigenständige Objekte angelegt werden, ist implementierungsabhängig. Deshalb werden verschiedene Implementierungen unterschiedlich auf die inkorrekte Verwendung von delete und delete[] reagieren. In einfachen und uninteressanten Fällen wie dem obigen kann der Compiler das Problem erkennen, aber in der Regel wird zur Laufzeit etwas Unschönes passieren.

Der spezielle `delete[]`–Operator für Felder ist logisch nicht notwendig. Man kann die Frei-speicherverwaltung so anlegen, daß für jeden Speicherbereich bekannt ist, ob er für ein einzel-nes Objekt oder für ein Feld angefordert wurde. Der Anwender wäre von einer Belastung befreit worden, aber dies würde für einige Implementierungen von C++ zu einem signifikanten Mehrver-brauch an Speicher und Laufzeit führen.

Falls man die Benutzung von C–typischen Feldern für zu umständlich hält, kann man immer eine Klasse wie `vector` (§3.7.1, §16.3) benutzen. Beispiel:

```
void g()
{
    vector<Tabelle>* p1 = new vector<Tabelle>(10);
    Tabelle* p2 = new Tabelle;

    delete p1;
    delete p2;
}
```

10.4.8   Lokale statische Variablen

Der Konstruktor für ein lokales statisches Objekt (§7.1.2) wird beim ersten Durchlauf des Pro-grammflusses durch die Definitionsstelle des Objekts aufgerufen. Betrachten wir

```
void f(int i)
{
    static Tabelle tbl;
    //...
    if ( i ) {
        static Tabelle tbl2;
        //...
    }
}

int main()
{
    f(0);
    f(1);
    f(2);
    //...
}
```

Hier wird der Konstruktor für `tbl` einmal beim ersten Aufruf von `f()` aufgerufen. Da `tbl` statisch ist, wird es weder beim Beenden von `f()` zerstört noch bei weiteren Aufrufen von `f()` erneut initialisiert. Da der Block, in dem sich die Deklaration von `tbl2` befindet, beim Aufruf von `f(0)` nicht durchlaufen wird, wird `tbl2` erst beim Aufruf von `f(1)` konstruiert. Es wird nicht noch einmal initialisiert, wenn der Block erneut erreicht wird.

Die Destruktoren für lokale statische Objekte werden in der umgekehrten Reihenfolge ihrer Konstruktion aufgerufen, wenn das Programm endet (§9.4.1.1). Der genaue Zeitpunkt ist nicht spezifiziert.

10.4.9 Globale Variablen

Eine Variable, die außerhalb einer Funktion definiert wird (das heißt globale Variablen, Variablen in einem Namensbereich und statische Klassenelemente), wird vor dem Aufruf von `main()` initialisiert. Der Destruktor solcher Variablen wird nach dem Beenden von `main()` aufgerufen. Das dynamische Binden verkompliziert dieses Bild etwas, da die Initialisierung erst beim tatsächlichen Einbinden des Codes in das laufende Programm erfolgt.

Konstruktoren für nicht lokale Objekte innerhalb einer Übersetzungseinheit werden in der Reihenfolge aufgerufen, in der ihre Definitionen in der Quelle stehen. Beispiel:

```
class X {
    // ...
    static Tabelle elemTbl;
};


Tabelle tbl;


Tabelle X::elemTbl;


namespace Z {
    Tabelle tbl2;
}
```

Die Reihenfolge der Konstruktion ist `tbl`, dann `X::elemTbl` und dann `Z::tbl2`. Man beachte, daß eine Deklaration (im Unterschied zu einer Definition), wie etwa die Deklaration von `elemTbl` in `X`, keinen Einfluß auf die Reihenfolge der Konstruktion hat. Die Destruktoren werden in der umgekehrten Reihenfolge der Konstruktoren aufgerufen, also erst `Z::tbl2`, dann `X::elemTbl` und dann `tbl`.

Es gibt keine implementierungsunabhängige Garantie über die Reihenfolge der Konstruktion von nicht lokalen Objekten innerhalb verschiedener Übersetzungseinheiten. Beispiel:

```
// datei1.c:
    Tabelle tbl1;
```

```
// Datei2.c:
    Tabelle tbl2;
```

Ob erst `tbl1` oder erst `tbl2` konstruiert wird, ist implementierungsabhängig. Die Reihenfolge muß noch nicht einmal innerhalb einer Implementierung immer identisch sein. Das dynamische Binden oder sogar eine kleine Änderung im Ablauf der Übersetzung können die Reihenfolge ändern. Die Reihenfolge der Zerstörung ist genauso implementierungsabhängig.

Beim Design einer Bibliothek ist es manchmal notwendig (oder auch nur bequem), einen Typ mit Konstruktor und Destruktor zu entwerfen, der nur für die Initialisierung und Bereinigung des Umfelds zuständig ist. Ein solcher Typ würde nur einmal benutzt werden, um ein statisches Objekt anzulegen, damit Konstruktor und Destruktor aufgerufen werden. Beispiel:

```
class ZlibInit {
    ZlibInit();     // Zlib zum Einsatz vorbereiten
    ~ZlibInit();    // Aufräumen nach der Nutzung
};
```

```
class Zlib {
    static ZlibInit x;
    // ...
};
```

Leider ist es bei einem Programm, das sich aus mehreren Übersetzungseinheiten zusammensetzt, nicht garantiert, daß ein solches Objekt vor seiner ersten Benutzung initialisiert und nach seiner letzten Benutzung zerstört wird. Eine einzelne Implementierung mag solch ein Verhalten garantieren, aber die meisten werden es nicht tun. Ein Programmierer kann eine korrekte Initialisierung sicherstellen, indem er eine Strategie implementiert, die auch häufig für lokale statische Objekte benutzt wird: den Anfangsschalter. Beispiel:

```
class Zlib {
    static bool initialisiert;
    static void initialisiere() { /* initialisieren */ initialisiert = true; }
public:
    // kein Konstruktor

    void f()
    {
        if ( initialisiert == false ) initialisiere();
        // ...
    }
    // ...
};
```

Falls es viele Funktionen gibt, die diesen Anfangsschalter testen müssen, wird dies aufwendig, bleibt aber häufig handhabbar. Diese Technik basiert auf der Tatsache, daß statische Objekte ohne Konstruktor zu 0 initialisiert werden. Der wirklich schwierige Fall tritt ein, wenn der erste Aufruf zeitkritisch ist und der Mehraufwand zum Testen und eventuell Initialisieren Probleme bringt. In diesem Fall benötigt man noch ein paar Tricks (§21.5.2).

Ein alternativer Ansatz für einfache Objekte ist der, sie über eine Funktion anzubieten (§9.4.1):

```
int& obj()     // initialisiert bei erster Benutzung
{
    static int x = 0;
    return x;
}
```

Anfangsschalter können nicht in jeder vorstellbaren Situation benutzt werden. Zum Beispiel ist es möglich, Objekte zu erzeugen, die sich bei der Initialisierung aufeinander beziehen. Solche Beispiele meidet man besser. Falls sie trotzdem notwendig sind, muß man sie sehr sorgfältig stufenweise konstruieren. Außerdem gibt es kein ähnlich einfaches Ende–Schalter–Konstrukt. Statt dessen kann man Ansätze aus §9.4.1.1 und §21.5.2 benutzen.

10.4.10 Temporäre Objekte

Temporäre Objekte sind meistens das Ergebnis arithmetischer Ausdrücke. Zum Beispiel muß bei der Auswertung des Ausdrucks x*y+z das Zwischenergebnis x*y irgendwo stehen. Steht keine

Performanz zur Diskussion (§11.6), muß sich der Programmierer selten um temporäre Objekte kümmern. Trotzdem kommt es vor (§11.6, §22.4.7).

Solange es nicht an eine Referenz gebunden oder zur Initialisierung eines benannten Objekts benutzt wird, wird ein temporäres Objekt am Ende des vollständigen Ausdrucks, in dem es erzeugt wurde, zerstört. Ein *vollständiger Ausdruck* ist ein Ausdruck, der nicht Teil eines anderen Ausdrucks ist.

Die Standard–string–Klasse hat eine Elementfunktion c_str(), die ein C–typisches null–terminiertes Feld von Zeichen (char) liefert (§3.5.1, §20.4.1). Weiter ist der Operator + als Konkatenation definiert. Beides sind nützliche Eigenschaften von string. Trotzdem können sie gemeinsam obskure Probleme ergeben. Beispiel:

```
void f(string& s1, string& s2, string& s3)
{
    const char* cs = (s1+s2).c_str();
    cout << cs;
    if ( strlen(cs=(s2+s3).c_str())<8 && cs[0]=='a') {
        // cs wird benutzt
    }
}
```

Wahrscheinlich war Ihre erste Reaktion »So etwas schreibt man auch nicht!«, und ich stimme Ihnen zu. Trotzdem wird solcher Code geschrieben, und deshalb sollte man wissen, wie er interpretiert wird.

Ein temporäres Objekt der Klasse string wird zum Speichern von s1+s2 erzeugt. Als nächstes wird ein C–typischer Zeiger aus dem Objekt extrahiert. Dann (am Ende des Ausdrucks) wird das temporäre Objekt zerstört. Und wo war der C–String gespeichert? Wahrscheinlich als Teil des temporären Objekts für s1+s2, und für diesen Speicher ist nicht gewährleistet, daß er nach dem Löschen des temporären Objekts noch existiert. Entsprechend wird cs auf freigegebenen Speicher zeigen. Die Ausgabeoperation cout<<cs könnte wie gewünscht funktionieren, aber das wäre reines Glück. Ein Compiler kann etliche Varianten dieses Problems entdecken und eine Warnung ausgeben.

Das Beispiel mit der if–Anweisung ist etwas subtiler. Die Bedingung wird wie erwartet funktionieren, da der vollständige Ausdruck, der den temporären Wert s2+s3 enthält, die Bedingung selbst ist. Dieses temporäre Objekt wird jedoch zerstört, bevor die folgende Anweisung betreten wird. Deshalb braucht ein Zugriff auf cs im Rumpf der if–Anweisung nicht zu funktionieren.

In diesem wie in vielen anderen Fällen entsteht das Problem mit temporären Variablen dadurch, daß ein hoch abstrahierter Datentyp wie ein einfacher Typ benutzt wird. Ein sauberer Programmierstil hätte nicht nur ein leichter verständliches Programmfragment ergeben, sondern auch das Problem mit temporären Variablen komplett vermieden. Beispiel:

```
void f(string& s1, string& s2, string& s3)
{
    cout << s1 + s2;
    string s = s2 + s3;
    if ( s.length()<8 && s[0]=='a') {
        // Benutzung von s
    }
}
```

Eine temporäre Variable kann zum Initialisieren einer konstanten Referenz oder eines benannten Objekts benutzt werden. Beispiel:

```
void g(const string&, const string&);

void h(string& s1, string& s2)
{
    const string& s = s1 + s2;
    string ss = s1 + s2;
    g(s, ss);       // Benutzung von s und ss
}
```

Dies ist in Ordnung. Die temporäre Variable wird zerstört, wenn »ihre« Referenz oder »ihr« benanntes Objekt den Gültigkeitsbereich verläßt. Man muß allerdings bedenken, daß das Zurückgeben einer lokalen Variablen als Referenz ein Fehler ist (§7.3) und daß ein temporäres Objekt nicht einer nicht konstanten Referenz zugewiesen werden kann.

Ein temporäres Objekt kann außerdem durch den expliziten Aufruf eines Konstruktors erzeugt werden. Beispiel:

```
void f(Form& f, int x, int y)
{
    // ...
    f.schiebe(Position(x,y));   // erzeugt Position als Parameter
    // ...
}
```

Explizit erzeugte temporäre Variablen werden auf genau die gleiche Weise wie implizit erzeugte zerstört.

10.4.11 Plazierung von Objekten

Der Operator new erzeugt Objekte standardmäßig im Freispeicher. Was wäre, wenn das Objekt woanders erzeugt werden soll? Betrachten wir eine einfache Klasse:

```
class X {
public:
    X(int);
    // ...
};
```

Man kann Objekte überall plazieren, indem man eine Anforderungsfunktion mit Zusatzargumenten schreibt und dann diese Zusatzargumente beim Aufruf von new angibt:

```
void* operator new(size_t, void* p) { return p; } // Operator für explizites Plazieren

void *buf = reinterpret_cast<void*>(0xF00F);   // signifikante Adresse
X* p2 = new(buf)X;  // Konstruiert ein X in buf
                    // ruft operator new(sizeof(X),buf) auf
```

Durch diese Benutzung ist die new(buf)X–Schreibweise zur Übergabe von Zusatzargumenten an operator new() als *Plazierungssyntax* (englisch: *placement syntax*) bekannt. Jeder operator new() erhält als ersten Parameter eine Größe size_t. Die Größe des angeforderten Objekts wird implizit übergeben (§15.6). Der operator new(), der vom new–Operator benutzt wird, wird anhand der üblichen Regeln für das Ermitteln der passenden Funktion (§7.4) ausgewählt; bei jedem operator new() ist das erste Argument ein size_t.

Der Plazierungsoperator `operator new()` ist der einfachste seiner Art. Er ist in der Standard-headerdatei `<new>` definiert.

Der `reinterpret_cast` ist der ungeschliffenste und wahrscheinlich gefährlichste der Typum-wandlungsoperatoren (§6.2.7). In den meisten Fällen liefert er einen Wert mit demselben Bitmuster wie sein Argument und dem gewünschten Typ. Daher kann er für die grundsätzlich implementie-rungsabhängige, gefährliche und ab und zu unabdingbar notwendige Konvertierung von ganzen Zahlen in Zeiger und umgekehrt benutzt werden.

Das Plazierungs–new kann auch zum Anfordern von Speicher aus einem bestimmten Bereich genutzt werden:

```
class Bereich {
public:
    virtual void* alloc(size_t) =0;
    virtual void free(void*) =0;
    // ...
};

void* operator new(size_t gr, Bereich* a)
{
    return a->alloc(gr);
}
```

Nun können unterschiedliche Typen aus verschiedenen `Bereichen` nach Bedarf angefordert wer-den. Beispiel:

```
extern Bereich* Persistent;
extern Bereich* Shared;

void g(int i)
{
    X *p = new(Persistent) X(i);    // X im persistenten Speicher
    X* q = new(Shared) X(i);        // X im shared memory
    // ...
}
```

Das Plazieren eines Objekts in einen Bereich, der nicht (direkt) von der Freispeicherverwaltung kontrolliert wird, bedingt, daß man besondere Sorgfalt beim Zerstören des Objekts walten lassen muß. Der grundlegende Mechanismus ist der explizite Aufruf des Destruktors:

```
void zerstoere(X* p, Bereich* a)
{
    p->~X();       // Destruktor aufrufen
    a->free(p);    // Speicher freigeben
}
```

Sowohl der explizite Aufruf von Destruktoren als auch die Nutzung von speziellen *globalen* Al-lokatoren sollte möglichst vermieden werden. Ab und zu sind sie unabdingbar. Es wäre z.B. sehr schwierig, eine generelle Containerklasse wie etwa `vector` (§3.7.1, §16.3.8) aus der Standard-bibliothek ohne die Benutzung expliziter Destruktoraufrufe effizient zu realisieren. Trotzdem soll-te ein Anfänger dreimal nachdenken, bevor er einen Destruktor explizit aufruft, und er sollte sich vorher mit einem erfahrenen Kollegen beraten.

In §14.4.4 sind die Auswirkungen von Plazierungssyntax und Ausnahmebehandlung beschrieben.

Es gibt keine spezielle Syntax zur Plazierung bei Feldern. Sie wird auch nicht benötigt, da mit der Plazierungssyntax beliebige Typen angelegt werden können. Es kann allerdings ein spezieller new()-Operator für Felder definiert werden (§19.4.5).

10.4.12 Varianten

Eine benannte Variante union ist als eine Struktur struct definiert, bei der jedes Element dieselbe Adresse hat (§C.8.2). Eine union kann Elementfunktionen haben, jedoch keine statischen Elemente.

Generell kann ein Compiler nicht wissen, welches Element einer union benutzt wird; das heißt, der Typ des Objekts, das in der union gespeichert wurde, ist nicht bekannt. Als Konsequenz darf eine union keine Elemente mit Konstruktoren oder Destruktoren enthalten. Es wäre unmöglich, das Objekt vor Veränderungen zu schützen oder den Aufruf des richtigen Destruktors zu gewährleisten, wenn das Objekt seinen Gültigkeitsbereich verläßt.

unions werden am besten nur in maschinennahen Programmen benutzt oder als Teil der Implementierung einer Klasse, die verfolgt, was in der union gespeichert ist (§10.6–Ü20).

10.5 Ratschläge

1. Repräsentieren Sie Konzepte als Klassen; §10.1.
2. Benutzen Sie öffentliche Daten (structs) nur dann, wenn es sich wirklich nur um Daten handelt und Invarianten nicht sinnvoll für die Datenelemente sind; §10.2.8.
3. Ein konkreter Typ ist die einfachste Art von Klasse. Benutzen Sie, wo möglich, einen konkreten Typ anstatt einer komplizierteren Klasse oder anstatt einfacher Datenstrukturen; §10.3.
4. Schreiben Sie eine Funktion nur dann als Elementfunktion, wenn sie direkten Zugriff auf die Repräsentation einer Klasse benötigt; §10.3.2.
5. Benutzen Sie einen Namensbereich, um den Zusammenhang zwischen einer Klasse und ihren Hilfsfunktionen klarzustellen; §10.3.2.
6. Machen Sie eine Elementfunktion, die den Zustand ihres Objekts nicht ändert, konstant; §10.2.6.
7. Machen Sie eine Funktion, die Zugriff auf die Repräsentation einer Klasse benötigt, ohne für ein bestimmtes Objekt aufgerufen werden zu müssen, statisch; §10.2.4.
8. Benutzen Sie einen Konstruktor, um eine Invariante für eine Klasse zu etablieren; §10.3.1.
9. Falls ein Konstruktor eine Ressource anfordert, dann benötigt die Klasse einen Destruktor, um sie wieder freizugeben; §10.4.1.
10. Falls eine Klasse einen Zeiger als Element hat, so benötigt sie Kopieroperationen (Copy–Konstruktor und Zuweisungsoperator); §10.4.4.1.
11. Falls eine Klasse eine Referenz als Element hat, so benötigt sie vermutlich Kopieroperationen (Copy–Konstruktor und Zuweisungsoperator); §10.4.4.1.
12. Falls eine Klasse eine Kopieroperation oder einen Destruktor benötigt, dann benötigt sie wahrscheinlich auch einen Konstruktor, einen Destruktor, einen Zuweisungsoperator und einen Copy–Konstruktor; §10.4.4.1.
13. Testen Sie im Zuweisungsoperator auf Zuweisung an sich selbst; §10.4.4.1.

14. Achten Sie beim Schreiben eines Copy–Konstruktors darauf, daß jedes notwendige Element mitkopiert wird (Vorsicht bei Default–Copy–Konstruktoren); §10.4.4.1.

15. Prüfen Sie beim Hinzufügen eines neuen Elements zu einer Klasse, ob es benutzerdefinierte Konstruktoren gibt, die angepaßt werden müssen; §10.4.6.3.

16. Benutzen Sie Aufzählungstypen (enum), wenn Sie eine ganzzahlige Konstante innerhalb einer Klassendeklaration definieren müssen; §10.4.6.1.

17. Vermeiden Sie Abhängigkeiten in der Initialisierungsreihenfolge, wenn Sie globale oder Objekte aus Namensbereichen benutzen; §10.4.9.

18. Benutzen Sie Anfangsschalter, um Abhängigkeiten in der Initialisierungsreihenfolge zu minimieren; §10.4.9.

19. Denken Sie daran, daß temporäre Objekte am Ende des vollständigen Ausdrucks, in dem sie erzeugt wurden, wieder zerstört werden; §10.4.10.

10.6 Übungen

Ü1 (∗1) Finden Sie den Fehler in `Datum::addiereJahr()` in §10.2.2. Finden Sie zwei weitere Fehler in der Version in §10.2.7.

Ü2 (∗2,5) Vervollständigen und testen Sie `Datum`. Reimplementieren Sie `Datum` mit einer »Tage seit dem 1.1.1970«–Repräsentation.

Ü3 (∗2) Finden Sie eine `Datum`–Klasse, die kommerziell genutzt wird. Bewerten Sie die Möglichkeiten dieser Klasse. Falls möglich, diskutieren Sie die Klasse mit einem aktiven Anwender.

Ü4 (∗1) Wie kann man auf `setzeStandard()` aus der Klasse `Datum` vom Namensbereich `Zeit` aus zugreifen (§10.3.2)? Geben Sie mindestens drei unterschiedliche Möglichkeiten an.

Ü5 (∗2) Definieren Sie eine Klasse `Histogram`, die die Häufigkeit von Zahlen in einem bestimmten Intervall, das dem Konstruktor von `Histogram` übergeben wird, ermittelt. Stellen Sie Funktionen zum Ausgeben des `Histograms` bereit. Behandeln Sie Werte außerhalb des Intervalls.

Ü6 (∗2) Definieren Sie einige Klassen, die Zufallszahlen mit einer bestimmten Verteilung (z.B. gleichmäßig oder exponentiell) erzeugen. Jede Klasse soll die Parameter für die Verteilung über den Konstruktor erhalten. Eine Funktion `ziehe()` soll den nächsten Wert liefern.

Ü7 (∗2,5) Vervollständigen Sie die Klasse `Tabelle`, so daß sie (Name,Wert)–Paare speichern kann. Dann modifizieren Sie das Taschenrechnerprogramm aus §6.1 so, daß es die Klasse `Tabelle` anstelle von `map` benutzt. Vergleichen Sie die beiden Versionen, zeigen Sie die Unterschiede auf.

Ü8 (∗2) Schreiben Sie `Tnode` aus §7.10–Ü7 neu als Klasse mit Konstruktoren, Destruktor usw. Definieren Sie einen Baum aus `Tnodes` als Klasse mit Konstruktoren, Destruktor usw.

Ü9 (∗3) Definieren, implementieren und testen Sie eine Klasse `IntMenge`, die eine Menge von `int` abbildet. Stellen Sie Funktionen für Vereinigung, Durchschnitt und Differenz zu Verfügung.

Ü10 (∗1,5) Modifizieren Sie die Klasse `IntMenge` so, daß sie eine Menge von Knoten verwaltet. `Knoten` ist eine Struktur, die Sie selbst definieren.

Ü11 (∗3) Definieren Sie eine Klasse, die einfache arithmetische Ausdrücke mit ganzzahligen Konstanten und den Operatoren +, −, ∗ und / analysieren, auswerten und ausgeben kann. Die öffentliche Schnittstelle sollte so aussehen:

```
class Ausdruck {
    // ...
public:
    Ausdruck(char*);
    int berechnen();
    void ausgeben();
};
```

Das Argument des Konstruktors Ausdruck::Ausdruck() ist der zu untersuchende Ausdruck. Die Funktion Ausdruck::berechnen() liefert den Wert des Ausdrucks zurück. Ausdruck::ausgeben() gibt eine Darstellung des Ausdrucks auf cout aus. Ein Testprogramm sähe vielleicht so aus:

```
Ausdruck x("123/4+123*4-3");
cout << "x = " << x.eval() << "\n";
x.ausgeben();
```

Entwickeln Sie zwei Versionen von Ausdruck: einmal mit einer verketteten Liste von Knoten, einmal mit einer Zeichenkette als Repräsentation. Experimentieren Sie mit verschiedenen Ausgabeformaten: vollständig geklammert, Postfix–Notation, Assembler–Befehle usw.

Ü12 (*2) Entwickeln Sie eine Klasse CharQueue so, daß die öffentliche Schnittstelle nicht von der Repräsentation abhängt. Implementieren Sie CharQueue
- mit einer verketteten Liste
- mit einem Vektor

Machen Sie sich keine Gedanken über konkurrierende Zugriffe.

Ü13 (*3) Entwerfen Sie eine Klasse für eine Symboltabelle und eine Klasse für einen Eintrag in diese Tabelle für eine Sprache Ihrer Wahl. Schauen Sie sich einen Compiler für diese Sprache an, um zu sehen, wie die Symboltabelle wirklich aussieht.

Ü14 (*2) Erweitern Sie die Ausdruck–Klasse aus §10.6–Ü11 so, daß sie Variablen und den Zuweisungsoperator = behandeln kann. Benutzen Sie die Symboltabelle aus §10.6–Ü13.

Ü15 (*1) Nehmen Sie das Programm

```
#include <iostream>

int main()
{
    std::cout << "Hello, world!\n";
}
```

und modifizieren Sie es so, daß es folgende Ausgabe erzeugt:

```
Initialisierung
Hello, world!
Aufraeumen
```

Verändern Sie dabei main() nicht!

Ü16 (*2) Entwerfen Sie eine Klasse Taschenrechner, bei der die Rechnerfunktionen aus §6.1 den Löwenanteil der Implementierung bereitstellen. Erzeugen Sie verschiedene Taschenrechner, und versorgen Sie sie mit Eingaben von cin, von der Kommandozeile und von Zeichenketten des Programms aus. Ermöglichen Sie die Ausgabe auf verschiedene Ziele äquivalent zur Eingabe aus verschiedenen Quellen.

Ü17 (∗2) Definieren Sie zwei Klassen mit jeweils einem statischen Element so, daß die Konstruktion jedes statischen Elements eine Referenz auf das andere enthält. Können solche Konstrukte auch in echtem Code stehen? Wenn ja, wo? Wie kann man diese Klassen modifizieren, um die Abhängigkeit von der Initialisierungsreihenfolge in den Konstruktoren zu entfernen?

Ü18 (∗2,5) Vergleichen Sie die Klasse Datum (§10.3) mit Ihren Lösungen für §5.9–Ü13 und §7.10–Ü19. Betrachten Sie erkannte Fehler und vermutliche Unterschiede in der Wartbarkeit der verschiedenen Lösungen.

Ü19 (∗3) Schreiben Sie eine Funktion, die mit den Parametern istream und vector<string> eine map<string, vector<int>> erzeugt, in der der jeweilige string und die Nummern der Zeilen, in denen er auftaucht, stehen. Lassen Sie das Programm mit einer Textdatei mit mindestens 1000 Zeilen und mit mindestens 10 strings laufen.

Ü20 (∗2) Nehmen Sie die Klasse Eintrag aus §C.8.2, und ändern Sie sie so, daß jedes Element der union passend zu seinem Typ benutzt wird.

Überladen von Operatoren 11

When I use a word it means just what
I choose it to mean — neither more nor less.
— *Humpty Dumpty*

11.1 Einleitung

Jede technische Disziplin und auch die meisten nicht–technischen haben eine einheitliche Notation entwickelt, durch die man die Darstellung und Diskussion der wesentlichen Konzepte erleichtert. Zum Beispiel ist durch lange Gewöhnung

```
x+y*z
```

sehr viel klarer als:

```
multipliziere y mit z, und addiere das Ergebnis zu x
```

Man kann die Wichtigkeit einer prägnanten Schreibweise für verbreitete Operationen kaum über-bewerten.

Wie die meisten Sprachen unterstützt C++ eine Menge an Operatoren für die fundamentalen Typen. Da aber die meisten Konzepte, für die Operatoren bequem nutzbar sind, keine fundamen-talen C++–Typen sind, müssen sie durch benutzerdefinierte Typen dargestellt werden. Falls man etwa Arithmetik mit komplexen Zahlen, Matrizenberechnung, logische Signale oder Zeichenket-ten in C++ benötigt, so benutzt man eine Klasse dafür. Durch das Definieren von Operatoren für diese Klassen kann ein Programmierer unter Umständen eine üblichere und bequemere Schreib-weise zur Manipulation solcher Objekte erreichen als mit einer rein funktionalen Notation. Zum Beispiel definiert

```
class complex {   // ein sehr vereinfachtes complex
    double re, im;
public:
    complex(double r, double i) : re(r), im(i) {}
    complex operator+(complex);
    complex operator*(complex);
};
```

eine einfache Implementierung des Konzepts der komplexen Zahlen. Ein complex wird durch ein Paar Gleitkommazahlen repräsentiert, die durch die Operatoren + und * verarbeitet werden können. Der Programmierer definiert complex::operator+() und complex::operator*(), um eine Bedeutung für + und ∗ festzulegen. Wenn etwa b und c vom Typ complex sind, dann hat b+c die Bedeutung b.operator+(c). Man kann nun die übliche Interpretation von Ausdrücken mit komplexen Zahlen nachahmen:

```
void f()
{
    complex a = complex(1, 3.1);
    complex b = complex(1.2, 2);
    complex c = b;

    a = b + c;
    b = b + c*a;
    c = a*b + complex(1, 2);
}
```

Die üblichen Prioritätsregeln gelten auch hier, deshalb bedeutet die zweite Anweisung b=b + (c*a) und nicht b=(b + c)*a.

Viele der offensichtlichen Anwendungen für das Überladen von Operatoren sind konkrete Typen (§10.3). Die Nützlichkeit von benutzerdefinierten Operatoren beschränkt sich jedoch nicht auf konkrete Typen. Das Design von generellen abstrakten Schnittstellen führt z.B. häufig zu Operatoren wie ->, [ ] und ( ).

11.2   Operatorfunktionen

Für die folgenden Operatoren (§6.2) können neue Funktionen definiert werden:

+	–	*	/	%	^	&
|	~	!	=	<	>	+=
-=	*=	/=	%=	^=	&=	|=
<<	>>	>>=	<<=	==	!=	<=
>=	&&	||	++	--	->*	,
->	[]	()	new	new[]	delete	delete[]

Die folgenden Operatoren sind nicht durch den Benutzer definierbar:
:: Bereichsauflösung, §4.9.4, §10.2.4
. Elementauswahl, §5.7
.* Elementauswahl durch einen Elementzeiger, §15.5
Sie erhalten einen Namen statt eines Wertes als zweiten Operanden und haben den hauptsächlichen Zweck, Elemente zu referenzieren. Dürfte man sie überladen, würde dies zu ein paar Problemen führen [Stroustrup,94]. Der dreistellige Operator für die bedingte Zuweisung ? kann ebenfalls nicht überladen werden.

Man kann keine neuen Operatoren dazudefinieren, aber man kann statt dessen Funktionsaufrufe benutzen, wenn der Satz an Operatoren nicht ausreichend ist. So kann man z.B. hoch statt ** benutzen. Diese Einschränkung mag drakonisch erscheinen, aber flexiblere Regeln führten sehr leicht zu Mehrdeutigkeiten. Beim ersten Hinsehen scheint es naheliegend und leicht, einen Operator ** für das Potenzieren zu definieren. Aber sollte dieser linksbindend (wie in Fortran) oder rechtsbindend (wie in Algol) sein? Sollte der Ausdruck a**p als a*(*p) oder als (a)**(p) interpretiert werden?

Der Name einer Operatorfunktion ist das Schlüsselwort `operator`, gefolgt von dem Operator selbst, etwa `operator<<`. Ein Operator wird deklariert wie jede andere Funktion, und er kann auch so aufgerufen werden. Die Benutzung eines Operators ist nur eine abgekürzte Schreibweise für den expliziten Aufruf der Operatorfunktion. Beispiel:

```
void f(complex a, complex b)
{
    complex c = a + b;           // Kurzschreibweise
    complex d = a.operator+(b);  // expliziter Aufruf
}
```

Mit der vorherigen Definition von `complex` sind die beiden Anweisungen äquivalent.

11.2.1 Ein– und zweistellige Operatoren

Ein zweistelliger Operator kann durch eine nicht statische Elementfunktion mit einem Parameter oder durch eine Nichtelementfunktion mit zwei Parametern definiert werden. Für jeden zweistelligen Operator @ kann aa@bb als `aa.operator@(bb)` oder als `operator@(aa,bb)` interpretiert werden. Falls beide Funktionen definiert sind, wird durch die entsprechenden Regeln (§7.4) geklärt, ob und welche der Funktionen aufgerufen wird. Beispiel:

```
class X {
public:
    void operator+(int);
    X(int);
};

void operator+(X, X);
void operator+(X, double);

void f(X a)
{
    a+1;     // a.operator+(1)
    1+a;     // ::operator+(X(1),a)
    a+1.0;   // ::operator+(a,1.0)
}
```

Ein einstelliger Operator, egal ob Präfix– oder Postfixoperator, kann durch eine nicht statische Elementfunktion ohne Parameter oder durch eine Nichtelementfunktion mit einem Parameter definiert werden. Für jeden einstelligen Präfixoperator @ kann @aa als `aa.operator@()` oder als `operator@(aa)` interpretiert werden. Falls beide Funktionen definiert sind, wird durch die entsprechenden Regeln (§7.4) geklärt, ob und welche der Funktionen aufgerufen wird. Für jeden einstelligen Postfixoperator @ kann aa@ als `aa.operator@(int)` oder als `operator@(aa,int)` interpretiert werden. Dies wird in §11.11 näher erklärt. Falls beide Funktionen definiert sind, wird durch die entsprechenden Regeln (§7.4) geklärt, ob und welche der Funktionen aufgerufen wird. Ein Operator kann nur entsprechend der für ihn in der Grammatik (§A.5) definierten Syntax deklariert werden. So kann z.B. kein einstelliges % und kein dreistelliges + definiert werden. Betrachten wir:

```
class X {
    // Elementfunktionen (mit implizitem »this«-Zeiger)

    X* operator&();      // einstelliger Präfixoperator & (Adresse)
    X operator&(X);      // zweistelliges & (Und)
    X operator++(int);   // Postfix-Inkrement (siehe §11.11)
    X operator&(X,X);    // Fehler: dreistellig
    X operator/();       // Fehler: einstelliges /
};


// Nichtelementfunktionen

X operator-(X);          // einstelliges Präfix-Minus
X operator-(X,X);        // zweistelliges Minus
X operator--(X&, int);   // Postfix-Dekrement
X operator-();           // Fehler: kein Operand
X operator-(X,X,X);      // Fehler: dreistellig
X operator%(X);          // Fehler: einstelliges %
```

Der Operator [ ] ist in §11.8, der Operator ( ) in §11.9, der Operator -> in §11.10, die Operatoren ++ und -- in §11.11 und die Speicheranforderungs– und Freigabeoperatoren sind in §6.2.6.2, §10.4.11 und §15.6 erklärt.

11.2.2   Vordefinierte Bedeutungen für Operatoren

Es werden nur ein paar Annahmen über die Bedeutung eines benutzerdefinierten Operators gemacht. So müssen operator=, operator[ ], operator() und operator-> nicht statische Elementfunktionen sein, damit ihr erster Operand garantiert ein lvalue ist (§4.9.6).

Die Bedeutungen einiger fundamentaler Operatoren sind so definiert, daß sie äquivalent zu Kombinationen anderer Operatoren mit den gleichen Argumenten sind. Ist z.B. a ein int, so bedeutet ++a das gleiche wie a+=1 und dies wiederum a=a+1. Solche Beziehungen gelten nicht bei benutzerdefinierten Operatoren; es sei denn, sie sind von Anwender so definiert worden. So wird ein Compiler keine Definition Z::operator+=() aus den Definitionen Z::operator+() und Z::operator=() erzeugen.

Durch einen historischen Unglücksfall haben die Operatoren = (Zuweisung), & (Adresse) und , (Abfolge) eine vordefinierte Bedeutung für Klassenobjekte. Diese Bedeutung kann für den normalen Anwender unbenutzbar gemacht werden, indem diese Operatoren als privat definiert werden:

```
class X {
private:
    void operator=(const X&);
    void operator&();
    void operator,(const X&);
    // ...
};

    void f(X a, X b)
    {
        a=b;   // Fehler: operator= ist privat
        &a;    // Fehler: operator& ist privat
```

```
        a,b;    // Fehler: operator, ist privat
    }
```

Alternativ kann man ihnen eine neue Bedeutung durch eine passende Definition geben.

11.2.3 Operatoren und benutzerdefinierte Datentypen

Eine Operatorfunktion muß entweder eine Elementfunktion sein, oder es muß mindestens ein Argument ein benutzerdefinierter Typ sein (mit Ausnahme der Funktionen zum Überdefinieren von new und delete). Diese Regel stellt sicher, daß ein Anwender nicht die Bedeutung eines Ausdrucks ändern kann, wenn nicht ein Objekt eines benutzerdefinierten Typs im Ausdruck enthalten ist. Speziell ist es nicht möglich, einen Operator zu definieren, der nur mit Zeigern arbeitet. Dies stellt sicher, daß C++ erweiterbar, aber nicht änderbar ist (mit der Ausnahme der Operatoren =, & und , für Klassenobjekte).

Eine Operatorfunktion, die als ersten Operanden einen fundamentalen Typ bekommen soll, kann keine Elementfunktion sein. Betrachten wir z.B. die Addition einer komplexen Zahl zu einem int; aa+2 kann bei einer entsprechend deklarierten Elementfunktion als aa.operator+(2) interpretiert werden, aber für 2+aa gilt dies nicht, weil es keine Klasse int gibt, für die 2.operator+(aa) definiert sein könnte. Selbst wenn es die Klasse int gäbe, wären trotzdem zwei Elementfunktionen nötig, um 2+aa und aa+2 zu bedienen. Da der Compiler die Bedeutung des benutzerdefinierten + nicht kennt, kann er nicht annehmen, daß + kommutativ ist, und 2+aa als aa+2 interpretieren. Dieses Problem läßt sich sehr einfach mit Nichtelementfunktionen handhaben (§11.3.2, §11.5).

Da Aufzählungen benutzerdefinierte Typen sind, kann man Operatoren für sie definieren. Beispiel:

```
enum Tag { son, mon, die, mit, don, fre, sam };

Tag& operator++(Tag& t)
{
    return t = (sam==t) ? son : Tag(t+1);
}
```

Jeder Ausdruck wird auf Mehrdeutigkeiten untersucht. Wo ein benutzerdefinierter Operator eine mögliche Interpretation zuläßt, wird der Ausdruck entsprechend den Regeln in §7.4 untersucht.

11.2.4 Operatoren in Namensbereichen

Ein Operator ist entweder Element einer Klasse oder in einem Namensbereich (unter Umständen dem globalen) definiert. Betrachten wir diese vereinfachte Version von string–Ein-/Ausgabe aus der Standardbibliothek:

```
namespace std {    // vereinfachtes std

    class ostream {
        // ...
        ostream& operator<<(const char*);
    };

    extern ostream cout;
```

```
class string {
    // ...
};

ostream& operator<<(ostream&, const string&);
}

int main()
{
    char* p = "Hello";
    std::string s = "world";
    std::cout<<p<<", "<<s<<"!\n";
}
```

Natürlich gibt dies Hello, world! aus. Aber warum? Beachten Sie, daß ich nicht alles aus std durch

```
using namespace std;
```

verfügbar gemacht habe.

Statt dessen habe ich das std::-Präfix für string und cout benutzt. Mit anderen Worten, ich habe mich von meiner besten Seite gezeigt und nicht den globalen Namensbereich überfrachtet oder andere unnötige Abhängigkeiten eingebracht.

Der Ausgabeoperator für C–Strings (char*) ist ein Element von std::ostream, deshalb ist per Definition

```
std::cout<<p
```

dasselbe wie:

```
std::cout.operator<<(p)
```

Allerdings hat std::ostream keine Elementfunktion zur Ausgabe eines std::string, deshalb bedeutet

```
std::cout<<s
```

dasselbe wie:

```
operator<<(std::cout,s)
```

In Namensbereichen definierte Operatoren können basierend auf ihren Operandentypen gefunden werden, genau so, wie Funktionen basierend auf ihren Argumenttypen gefunden werden (§8.2.6). So ist cout im Namensbereich std, deshalb wird std berücksichtigt, wenn nach einer passenden Definition für << gesucht wird. Auf diese Weise findet und benutzt der Compiler:

```
std::operator<<(std::ostream&, const std::string&)
```

Betrachten wir einen zweistelligen Operator @. Falls x vom Typ X und y vom Typ Y ist, wird der Ausdruck x@y wie folgt aufgelöst:

- Falls X eine Klasse ist, finde heraus, ob die Klasse X oder eine Basisklasse von X operator@ definiert; und
- suche nach Deklarationen von @ im Kontext, der x@y umgibt; und
- falls X im Namensbereich N definiert ist, suche nach Deklarationen von @ in N; und
- falls Y im Namensbereich M definiert ist, suche nach Deklarationen von @ in M.

Es können mehrere Deklarationen von `operator@` gefunden werden, und die Regeln zur Auflösung von FunktionsÜberladungen (§7.4) kommen zur Anwendung, um die beste Übereinstimmung zu finden, falls es denn eine gibt.

In jedem Fall können mehrere Deklarationen für `operator@` gefunden werden, und die Regeln für das Ermitteln von überladenen Funktionen (§7.4) werden angewandt, um die beste Übereinstimmung (falls es überhaupt eine gibt) zu finden. Dieser Suchmechanismus wird nur aktiviert, wenn einer der Operanden des Operators ein benutzerdefinierter Typ ist. Deshalb werden benutzerdefinierte Typanpassungen (§11.3.2, §11.4) mitbetrachtet. Man beachte, daß ein `typedef` nur ein Synonym und kein benutzerdefinierter Typ ist (§4.9.7).

11.3   Ein Typ für komplexe Zahlen

Die Implementierung der komplexen Zahlen in der Einführung ist zu beschränkt, um zufriedenstellend zu sein. Wenn man in ein Mathematikbuch geschaut hat, würde man erwarten, daß folgendes funktioniert:

```
void f()
{
    complex a = complex(1,2);
    complex b = 3;
    complex c = a + 2.3;
    complex d = 2 + b;
    complex e = -b - c;
    b = c*2*c;
}
```

Zusätzlich würde man erwarten, daß es ein paar zusätzliche Operatoren wie == zum Vergleichen und << zum Ausgeben gäbe sowie einen passenden Satz an mathematischen Funktionen wie `sin()` und `sqrt()`.

Die Klasse `complex` ist ein konkreter Typ, deshalb folgt ihr Design den Richtlinien aus §10.3. Zusätzlich basiert die Nutzung komplexer Arithmetik so stark auf Operatoren, daß die Definition von `complex` die meisten grundlegenden Regeln für das Überladen von Operatoren ins Spiel bringt.

11.3.1   Element– und Nichtelementoperatoren

Ich ziehe es vor, die Anzahl der Funktionen, die direkt die Repräsentation eines Objekts manipulieren, zu minimieren. Dies kann dadurch erreicht werden, daß nur Operatoren, die prinzipiell ihr erstes Argument modifizieren (z.B. +=), innerhalb der Klasse definiert werden. Operatoren, die nur auf der Basis der Werte ihrer Argumente einen neuen Wert erzeugen (z.B. +), werden außerhalb der Klasse definiert und benutzen die wesentlichen Operatoren in ihrer Implementierung:

```
class complex {
    double re, im;
public:
    complex& operator+=(complex a);   // Benötigt den Zugriff auf die Repräsentation
    // ...
};
```

```
complex operator+(complex a, complex b)
{
    complex r = a;
    return r += b;   // Zugriff über +=
}
```

Mit diesen Deklarationen kann man folgendes schreiben:

```
void f(complex x, complex y, complex z)
{
    complex r1 = x + y + z; // r1=operator+(operator+(x,y),z)
    complex r2 = x;         // r2=x
    r2 += y;                // r2.operator+=(y)
    r2 += z;                // r2.operator+=(z)
}
```

Mit Ausnahme möglicher Effizienzunterschiede sind die Berechnungen von r1 und r2 äquivalent.

Zusammengesetzte Zuweisungsoperatoren wie += und *= tendieren dazu, einfacher zu definieren zu sein als ihre »einfachen« Gegenstücke + und *. Dies überrascht die meisten Leute zuerst, aber es ergibt sich aus der Tatsache, daß bei einer +–Operation drei Objekte beteiligt sind (die zwei Operanden und das Ergebnis), während bei += nur zwei Objekte teilnehmen. Im letzten Fall wird die Laufzeiteffizienz durch die Eliminierung der temporären Variablen erhöht. Beispiel:

```
inline complex& complex::operator+=(complex a)
{
    re += a.re;
    im += a.im;
    return *this;
}
```

Es wird keine temporäre Variable benötigt, um das Ergebnis der Addition zu speichern, und die Funktion kann vom Compiler perfekt als `inline` realisiert werden.

Ein guter Optimierer wird fast optimalen Code für den einfachen +–Operator erzeugen. Wir haben aber nicht immer einen guten Optimierer, und nicht alle Typen sind so einfach wie `complex`. Deshalb werden in §11.5 Verfahren vorgestellt, wie man Operatoren mit direktem Zugang zur Repräsentation der Klasse definiert.

11.3.2 Gemischte Arithmetik

Um

```
complex d = 2+b;
```

behandeln zu können, muß der Operator + so definiert werden, daß er verschiedene Typen als Operanden verarbeiten kann. In Fortran–Terminologie brauchen wir gemischte Arithmetik (englisch: *mixed–mode arithmetic*). Wir können dies einfach durch Hinzufügen der entsprechenden Versionen des Operators erreichen:

```
class complex {
    double re, im;
public:
    complex& operator+=(complex a) {
        re += a.re;
        im += a.im;
        return *this;
    }

    complex& operator+=(double a) {
        re += a;
        return *this;
    }
    // ...
};

complex operator+(complex a, complex b)
{
    complex r = a;
    return r += b;   // ruft complex::operator+=(complex) auf
}

complex operator+(complex a, double b)
{
    complex r = a;
    return r += b;   // ruft complex::operator+=(double) auf
}

complex operator+(double a, complex b)
{
    complex r = b;
    return r += a;   // ruft complex::operator+=(double) auf
}
```

Das Addieren eines `double` zu einer komplexen Zahl ist einfacher, als ein `complex` zu addieren. Dies spiegelt sich in den Definitionen wider. Die Operationen mit dem `double`–Operanden ändern nichts am imaginären Teil der komplexen Zahl und sind deshalb effizienter.

Mit diesen Deklarationen kann man folgendes schreiben:

```
void f(complex x, complex y)
{
    complex r1 = x + y; // operator+(complex,complex)
    complex r2 = x + 2; // operator+(complex,double)
    complex r3 = 2 + x; // operator+(double,complex)
}
```

11.3.3 Initialisierung

Um die Zuweisung und Initialisierung eines `complex` mit einem Skalar zu behandeln, benötigt man eine Konvertierung eines Skalars (`int` oder `float`/`double`) in einen `complex`. Beispiel:

```
complex b = 3;  // soll heißen: b.re=3, b.im=0
```

Ein Konstruktor mit einem einzelnen Argument spezifiziert eine Konvertierung von seinem Argumenttyp auf den Typ des Konstruktors. Beispiel:

```
class complex {
    double re, im;
public:
    complex(double r) : re(r), im(0) { }
    // ...
};
```

Dieser Konstruktor spezifiziert die übliche Einbettung der reellen Achse in die komplexe Ebene.

Ein Konstruktor ist eine Anweisung zum Erzeugen eines Wertes eines bestimmten Typs. Der Konstruktor wird benutzt, wenn ein Wert eines Typs erwartet wird und wenn solch ein Wert durch einen Konstruktor aus dem Wert, der übergeben wurde, durch Initialisierung oder Zuweisung erzeugt werden kann. Deshalb braucht ein Konstruktor, der nur ein einziges Argument benötigt, nicht explizit aufgerufen werden.

```
complex b = 3;
```

bedeutet:

```
complex b = complex(3);
```

Eine benutzerdefinierte Konvertierung wird nur dann implizit aufgerufen, wenn sie eindeutig ist (§7.4). In §11.7.1 ist ein Weg beschrieben, wie man Konstruktoren spezifiziert, die nur explizit aufgerufen werden können.

Natürlich brauchen wir immer noch den Konstruktor für zwei double, und ein Default–Konstruktor, der ein complex mit (0,0) initialisiert, ist auch nützlich:

```
class complex {
    double re, im;
public:
    complex() : re(0), im(0) {}
    complex(double r) : re(r), im(0) {}
    complex(double r, double i) : re(r), im(i) {}
    // ...
};
```

Durch Default–Argumente können wir abgekürzt schreiben:

```
class complex {
    double re, im;
public:
    complex(double r=0, double i=0) : re(r), im(i) {}
    // ...
};
```

Wenn ein Konstruktor explizit für einen Typ deklariert wurde, dann kann keine Initialisierungsliste (§5.7, §4.9.5) benutzt werden. Beispiel:

```
complex z1 = { 3 };      // Fehler: complex hat einen Konstruktor
complex z2 = { 3, 4 };   // Fehler: complex hat einen Konstruktor
```

11.3.4 Kopieren

Zusätzlich zu den explizit deklarierten Konstruktoren wird für `complex` ein Default–Copy–Konstruktor definiert (§10.2.5). Ein Default–Copy–Konstruktor kopiert einfach alle Elemente. Genauer gesagt, hätte man auch schreiben können:

```
class complex {
    double re, im;
public:
    complex(const complex& c) : re(c.re), im(c.im) {}
    // ...
};
```

Für Typen, bei denen der Default–Copy–Konstruktor die richtige Semantik hat, bevorzuge ich es, mich auf den Default zu verlassen. Er ist kürzer als alles, was ich schreiben könnte, und alle Leute sollten ihn verstehen. Weiter kennen Compiler den Default und mögliche Optimierungen dafür. Zusätzlich ist das Aufschreiben des elementweisen Kopierens bei Klassen mit vielen Datenelementen anstrengend und fehleranfällig (§10.4.6.3).

Ich habe ein Referenzargument für den Copy–Konstruktor benutzt, weil ich es mußte. Der Copy–Konstruktor definiert, was Kopieren bedeutet — einschließlich des Kopierens eines Arguments. Deshalb ist

```
complex::complex(complex c) : re(c.re), im(c.im) {} // Fehler
```

falsch, da jeder Aufruf zu einer unendlichen Rekursion führen würde.

Für andere Funktionen, die einen `complex` als Argument haben, benutze ich Wertargumente statt Referenzargumenten. Dies ist eine Entscheidung des Designers. Aus der Sicht des Anwenders gibt es fast keine Unterschiede zwischen einer Funktion, die `complex` als Argument hat, und einer, die `const complex&` hat. Dies wird in §11.6 genauer diskutiert.

Prinzipiell werden Copy–Konstruktoren in einfachen Initialisierungen wie

```
complex x = 2;            // erzeuge complex(2), initialisiere x damit
complex y = complex(2,0); // erzeuge complex(2,0), initialisiere y damit
```

benutzt.

Allerdings könnten die Aufrufe einfach wegoptimiert werden. Man hätte genauso schreiben können:

```
complex x(2);            // initialisiere x mit 2
complex y(2,0);          // initialisiere y mit (2,0)
```

Für arithmetische Typen wie `complex` gefällt mir die Version mit = besser. Man kann die Menge an Werten, die von der Initialisierung per = im Unterschied zu der per () akzeptiert wird, dadurch einschränken, daß man den Copy–Konstruktor privat macht (§11.2.2) oder den Konstruktor als `explizit` (§11.7.1) deklariert.

Ähnlich wie bei der Initialisierung ist die Zuweisung zweier Objekte derselben Klasse standardmäßig als elementweise Zuweisung definiert (§10.2.5). Man könnte explizit `complex::operator=` zu diesem Zweck definieren. Es gibt allerdings bei einem simplen Typ wie `complex` keinen Grund dazu. Der Default ist genau richtig.

Der Copy–Konstruktor — egal, ob vom Benutzer definiert oder vom Compiler generiert — wird nicht nur zur Initialisierung von Variablen, sondern auch zur Argumentübergabe, zur Wertrückgabe und bei der Ausnahmebehandlung (§11.7) benutzt. Die Semantik dieser Operationen ist als Initialisierung definiert (§7.1, §7.3, §14.2.1).

11.3.5 Konstruktoren und Konvertierungen

Wir haben drei Versionen von jedem der vier arithmetischen Standard–Operatoren definiert:

```
complex operator+(complex,complex);
complex operator+(complex,double);
complex operator+(double,complex);
// ...
```

Dies wird schnell aufwendig und damit fehleranfällig. Was würde passieren, wenn wir drei mögliche Typen für jedes Argument bei jeder Funktion hätten? Wir würden drei Versionen jeder Funktion mit einem Argument brauchen, neun Versionen für jede Funktion mit zwei Argumenten, 27 für jede mit drei Argumenten usw. Häufig sind diese Varianten sehr ähnlich. Tatsächlich bestehen praktisch alle Varianten aus einer einfachen Konvertierung der Argumente in einen passenden Typ, gefolgt von einem identischen Algorithmus.

Die Alternative zum Bereitstellen von verschiedenen Versionen einer Funktion für jede Kombination von Argumenten besteht darin, sich auf die Konvertierung zu verlassen. Beispielsweise enthält die Klasse complex einen Konstruktor, der einen double in einen complex konvertiert. Als Konsequenz könnten wir einfach nur eine Version des Gleichheitsoperators für complex definieren:

```
bool operator==(complex,complex);

void f(complex x, complex y)
{
    x==y;       // bedeutet operator==(x,y)
    x==3;       // bedeutet operator==(x,complex(3))
    3==y;       // bedeutet operator==(complex(3),y)
}
```

Es gibt Gründe, separat definierte Funktionen vorzuziehen. Beispielsweise kann für einige Fälle die Konvertierung einen Mehraufwand erzeugen. In anderen Fällen kann eventuell ein einfacherer Algorithmus für bestimmte Argumenttypen benutzt werden. Falls solche Probleme nicht relevant sind, kann man durch die Nutzung von Konvertierungen und das Bereitstellen nur der allgemeinsten Variante einer Funktion — und eventuell einiger kritischer Varianten — die kombinatorische Explosion, die durch gemischte Arithmetik entsteht, begrenzen.

Wenn mehrere Varianten einer Funktion oder eines Operators existieren, dann muß der Compiler »die richtige« anhand ihrer Argumenttypen und der verfügbaren Standard– oder benutzerdefinierten Konvertierungen herausfinden. Falls keine »beste Übereinstimmung« existiert, ist der Ausdruck nicht eindeutig und damit ein Fehler (§7.4).

Ein Objekt, das durch den impliziten oder expliziten Aufruf eines Konstruktors in einem Ausdruck erzeugt wurde, ist automatic und wird bei der ersten Gelegenheit wieder zerstört (§10.4.10).

Es werden keine impliziten benutzerdefinierten Konvertierungen auf die linke Seite eines . oder -> angewandt. Dies ist sogar bei implizitem . der Fall. Beispiel:

```
void g(complex z)
{
    3+z;                   // OK: complex(3)+z
    3.operator+=(z);       // Fehler: 3 ist kein Klassenobjekt
    3+=z;                  // Fehler: 3 ist kein Klassenobjekt
}
```

Man kann damit bekräftigen, daß ein Operator einen lvalue als linken Operanden benötigt, indem man den Operator als Elementfunktion schreibt.

11.3.6 Literale

Man kann keine Literale (wie 1.2 und 12e3 für den Typ double) einer Klasse definieren. Man kann aber häufig Literale der fundamentalen Typen benutzen, wenn Elementfunktionen der Klasse benutzt werden, um sie zu interpretieren. Konstruktoren mit einem Argument bieten dazu einen generellen Mechanismus. Wenn Konstruktoren einfach und inline sind, kann man mit einiger Berechtigung ihren Aufruf mit einem Literal als Argument auch als Literal betrachten. Ich betrachte z.B. complex(3) als ein Literal des Typs complex, obwohl dies technisch nicht zutrifft.

11.3.7 Zusätzliche Elementfunktionen

Bisher haben wir die Klasse complex nur mit Konstruktoren und arithmetischen Operatoren versorgt. Das ist nicht ganz genug für den ernsthaften Gebrauch. Speziell besteht häufig die Notwendigkeit, die Werte des reellen und des imaginären Teils zu ermitteln:

```
class complex {
    double re, im;
public:
    double real() const { return re; }
    double imag() const { return im; }
    // ...
};
```

Im Unterschied zu den anderen Elementfunktionen von complex ändern real() und imag() den Wert eines complex nicht. Daher können sie als const deklariert werden.

Mit real und imag können wir viele nützliche Funktionen definieren, ohne ihnen den direkten Zugriff auf die Repräsentation von complex zu gestatten. Beispiel:

```
inline bool operator==(complex a, complex b)
{
    return a.real()==b.real() && a.imag()==b.imag();
}
```

Man beachte, daß man nur Lesezugriff auf den reellen und den imaginären Teil benötigt; Schreibzugriff wird viel seltener benötigt. Falls wir nur eine teilweise Änderung brauchen, so funktioniert:

```
void f(complex& z, double d)
{
    z = complex(z.real(), d);   // weist d an z.im zu
}
```

Ein guter Optimierer generiert hierfür eine einzige Zuweisung.

11.3.8   Hilfsfunktionen

Wenn wir alle Teile zusammenfügen, sieht die Klasse complex so aus:

```
class complex {
    double re, im;
public:
    complex(double r=0, double i=0) : re(r), im(i) {}

    double real() const {return re;}
    double imag() const {return im;}

    complex& operator+=(complex);
    complex& operator+=(double);
    // plus Operatoren für -= *= /=
};
```

Zusätzlich müssen wir eine Reihe von Hilfsfunktionen bieten:

```
complex operator+(complex,complex);
complex operator+(complex,double);
complex operator+(double,complex);
// plus Operatoren für - * /

complex operator-(complex); // einstelliges Minus
complex operator+(complex); // einstelliges Plus

bool operator==(complex,complex);
bool operator!=(complex,complex);

istream& operator>>(istream&, complex&); // Eingabe
ostream& operator<<(ostream&, complex); // Ausgabe
```

Man beachte, daß die Elementfunktionen real() und imag() unabdingbar für die Definition der Vergleiche sind. Die Definition der meisten der folgenden Hilfsfunktionen basiert ähnlich auf real() und imag().

Wir könnten Funktionen anbieten, die es dem Benutzer erlauben, in Polarkoordinaten zu denken:

```
complex polar(double rho, double theta);
complex conj(complex);

double abs(complex);
double arg(complex);
double norm(complex);

double real(complex);    // zur Vereinfachung der Schreibweise
double imag(complex);    // zur Vereinfachung der Schreibweise
```

Schließlich müssen wir eine passende Menge an üblichen mathematischen Funktionen anbieten:

```
complex acos(complex);
complex asin(complex);
complex atan(complex);
// ...
```

Aus der Sicht eines Anwenders ist der hier präsentierte Typ fast identisch zu `complex<double>` aus der Headerdatei `<complex>` der Standardbibliothek (§22.5).

11.4 Konvertierungsoperatoren

Einen Konstruktor zum Spezifizieren einer Typumwandlung zu benutzen ist zwar bequem, aber es kann unerwünschte Auswirkungen haben. Man kann mit einem Konstruktor folgendes nicht angeben:

1. eine implizite Konvertierung von einem benutzerdefinierten Typ zu einem fundamentalen Typ (da benutzerdefinierte Typen keine Klassen sind)
2. eine Konvertierung von einer neuen Klasse zu einer schon vorher definierten Klasse (zumindest nicht ohne die vorhandene Klasse zu ändern)

Dieses Problem kann durch die Definition eines *Konvertierungsoperators* für den Quelltyp gelöst werden. Eine Elementfunktion `X::operatorT()`, wobei T ein Typ ist, definiert eine Konvertierung von X nach T. Man könnte beispielsweise einen positiven ganzzahligen 6–Bit–Typ Tiny definieren, der beliebig mit normalen `int` in arithmetischen Ausdrücken benutzt werden könnte:

```
class Tiny {
    char v;
    void assign(int i) { if(i&~077) throw Bad_range(); v=i; }
public:
    class Bad_range{};

    Tiny(int i) { assign(i); }
    Tiny& operator=(int i) { assign(i); return *this; }

    operator int() const { return v; } // Konvertierung nach int
};
```

Der Wertebereich wird jedesmal geprüft, wenn ein Tiny initialisiert oder zugewiesen wird. Eine Prüfung des Wertebereichs ist nicht notwendig, wenn ein Tiny kopiert wird, deshalb sind der Default–Copy–Konstruktor und der Default–Zuweisungsoperator genau richtig.

Um die üblichen `int`-Operationen für Tiny–Variablen zu erlauben, haben wir die implizite Konvertierung von Tiny nach `int` durch `Tiny::operator int()` definiert. Man beachte, daß der Typ, zu dem konvertiert wird, Teil des Namens des Operators ist. Er darf nicht als Rückgabetyp der Konvertierungsfunktion angegeben werden:

```
Tiny::operator int() const { return v; }      // Richtig
int Tiny::operator int() const { return v; } // Falsch
```

Auch in diesem Aspekt gleicht ein Konvertierungsoperator einem Konstruktor.

Jedesmal, wenn ein Tiny an einer Stelle steht, an der ein `int` benötigt wird, wird der passende `int` benutzt. Beispiel:

```
int main()
{
    Tiny c1 = 2;
    Tiny c2 = 62;
    Tiny c3 = c2 - c1;   // c3=60
    Tiny c4 = c3;        // Kein Test des Wertebereichs (nicht nötig)
    int i = c1 + c2;     // i=64

    c1 = c1 + c2;        // Wertebereich verletzt, c1 wäre 64
    i = c3 - 64;         // i=-4
    c2 = c3 - 64;        // Wertebereich verletzt, c2 wäre -4
    c3 = c4;             // Keine Prüfung (nicht nötig)
}
```

Konvertierungsfunktionen sind dann besonders sinnvoll, wenn man mit Datenstrukturen arbeitet, bei denen das Auslesen (durch einen Konvertierungsoperator implementiert) einfach ist, während Zuweisung und Initialisierung erheblich schwieriger sind.

Die `istream`– und `ostream`–Typen basieren auf Konvertierungsfunktionen, um z.B. folgende Anweisungen schreiben zu können:

```
while (cin>>x) cout<<;
```

Die Eingabeoperation `cin>>x` liefert einen `istream&`. Dessen Wert wird implizit in einen Wert gewandelt, der den Zustand von `cin` wiedergibt. Dieser Wert kann dann im `while` (§21.3.3) ausgewertet werden. Es ist allerdings normalerweise keine gute Idee, eine implizite Konvertierung von einem Typ zu einem anderen so zu definieren, daß bei der Konvertierung Informationen verlorengehen.

Generell ist es klug, Konvertierungsoperatoren sparsam einzuführen. Wenn man sie übermäßig einbringt, führt dies zu Mehrdeutigkeiten. Solche Mehrdeutigkeiten werden vom Compiler erkannt, sie können aber sehr aufwendig zu lösen sein. Wahrscheinlich ist es am geschicktesten, Konvertierungen zuerst über entsprechend benannte Funktionen (z.B. `X::makeInt()`) durchzuführen. Wenn solch eine Funktion häufig genug gebraucht wird, um eine explizite Konvertierung unelegant erscheinen zu lassen, kann sie durch einen Konvertierungsoperator `X::operator int()` ersetzt werden.

Falls sowohl benutzerdefinierte Konvertierungen als auch benutzerdefinierte Operatoren definiert wurden, können Mehrdeutigkeiten zwischen den benutzerdefinierten Operatoren und den fundamentalen Operatoren auftreten. Beispiel:

```
int operator+(Tiny, Tiny);

void f(Tiny t, int i)
{
    t+i;   // Fehler, mehrdeutig: operator+(t,Tiny(i)) oder int(t)+i
}
```

Deshalb ist es häufig am besten, entweder benutzerdefinierte Konvertierungen oder benutzerdefinierte Operatoren zu benutzen, jedoch nicht beides.

11.4.1 Mehrdeutigkeiten

Die Zuweisung eines Wertes vom Typ V an ein Objekt der Klasse X ist erlaubt, wenn es einen Zuweisungsoperator X::operator=(Z) gibt und

- V gleich Z ist
- oder wenn es eine eindeutige Konvertierung von V nach Z gibt.

Initialisierungen werden äquivalent behandelt.

In einigen Fällen kann ein Wert eines erwünschten Typs durch die wiederholte Anwendung von Konstruktoren oder Konvertierungsoperatoren konstruiert werden. Dies muß durch explizite Konvertierung geschehen; benutzerdefinierte implizite Konvertierungen sind nur für eine Stufe erlaubt. In anderen Fällen kann der Wert eines erwünschten Typs auf verschiedene Weisen konstruiert werden; dies ist nicht erlaubt. Beispiel:

```
class X { /* ... */ X(int); X(char*); };
class Y { /* ... */ Y(int); };
class Z { /* ... */ Z(X); };

X f(X);
Y f(Y);

Z g(Z);

void k1()
{
    f(1);           // Fehler: mehrdeutig f(X(1)) oder f(Y(1))
    f(X(1));        // OK
    f(Y(1));        // OK

    g("Mack");      // Fehler: zwei benutzerdefinierte Konvertierungen nötig,
                    // g(Z(X("Mack"))) nicht probiert
    g(X("Doc"));    // OK: g(Z(X("Doc")))
    g(Z("Susy"));   // OK: g(Z(X("Susy")))
}
```

Benutzerdefinierte Konvertierungen werden nur berücksichtigt, wenn sie nötig sind, um einen Aufruf durchzuführen. Beispiel:

```
class XX { /* ... */ XX(int); };

void h(double);
void h(XX);

void k2()
{
    h(1);   // h(double(1)) oder h(XX(1))? h(double(1))!
}
```

Der Aufruf h(1) bedeutet h(double(1)), da hier nur eine Standardkonvertierung statt einer benutzerdefinierten Konvertierung benötigt wird (§7.4).

Die Regeln für die Konvertierung sind weder die am einfachsten zu implementierenden noch die am einfachsten zu dokumentierenden noch die allgemeinsten, die man sich hätte überlegen können. Sie sind aber erheblich sicherer, und die entstehenden Auflösungen sind weniger überraschend. Es ist erheblich einfacher, eine Mehrdeutigkeit von Hand aufzulösen, als einen durch eine unerwartete Konvertierung entstandenen Fehler zu finden.

Das Bestehen auf strikter Bottom–up–Analyse impliziert, daß der Rückgabetyp nicht bei der Auflösung von Überladungen benutzt wird. Beispiel:

```
class Quad {
public:
    Quad(double);
    // ...
};

Quad operator+(Quad, Quad);

void f(double a1, double a2)
{
    Quad r1 = a1 + a2;        // Addition mit doppelter Genauigkeit
    Quad r2 = Quad(a1) + a2;  // erzwingen von quad-Arithmetik
}
```

Der Grund für diese Designentscheidung ist einerseits, daß eine strikte Bottom–up–Analyse leichter verständlich ist, und andererseits, daß es nicht zur Aufgabe eines Compilers gehört zu entscheiden, mit welcher Genauigkeit der Programmierer eine Addition ausgeführt haben möchte.

Sobald die Typen für beide Seiten einer Initialisierung oder Zuweisung ermittelt sind, werden beide Typen zur Auflösung der Initialisierung oder Zuweisung benutzt. Beispiel:

```
class Real {
public:
    operator double();
    operator int();
    // ...
};

void g(Real a)
{
    double d = a;   // d=a.double();
    int i = a;      // i=a.int();

    d = a;          // d=a.double();
    i = a;          // i=a.int();
}
```

Hier ist die Typanalyse immer noch Bottom–up, wobei nur ein einzelner Operator und seine Argumenttypen zu jedem Zeitpunkt berücksichtigt werden.

11.5 Friends

Eine gewöhnliche Deklaration einer Elementfunktion spezifiziert drei logisch unterschiedliche Dinge:
1. Die Funktion kann auf private Teile der Klassendeklaration zugreifen.
2. Die Funktion ist im Sichtbarkeitsbereich der Klasse.
3. Die Funktion muß über ein Objekt aufgerufen werden (das heißt, sie hat einen `this`–Zeiger).

Deklariert man eine Elementfunktion als `static` (§10.2.4), erhält sie nur die ersten beiden Eigenschaften. Deklariert man eine Funktion als `friend`, so hat sie nur die erste Eigenschaft.

Wir könnten beispielsweise einen Operator definieren, der eine `Matrix` mit einem `Vektor` multipliziert. Natürlich verbergen sowohl `Matrix` als auch `Vektor` ihre Repräsentation und liefern einen kompletten Satz an Operationen, um Objekte des jeweils eigenen Typs zu manipulieren. Unsere Multiplikationsroutine kann aber nicht Element beider Klassen sein. Außerdem wollen wir keine Low-level–Zugriffsfunktionen zum Lesen und Schreiben der vollständigen Repräsentation von `Matrix` und `Vektor` für jeden Anwender bereitstellen. Um dies zu vermeiden, deklarieren wir `operator*` als `friend` von beiden:

```
class Matrix;

class Vektor {
    float v[4];
    //...
    friend Vektor operator*(const Matrix&, const Vektor&);
};

class Matrix {
    Vektor v[4];
    //...
    friend Vektor operator*(const Matrix&, const Vektor&);
};

Vektor operator*(const Matrix& m, const Vektor& v)
{
    Vektor r;
    for ( int i=0; i<4; i++ ) {   // r[i]=m[i]*v
        r.v[i] = 0;
        for ( int j=0; j<4; j++ ) r.v[i] += m.v[i].v[j]*v.v[j];
    }
    return r;
}
```

Eine `friend`–Deklaration kann sowohl im privaten als auch im öffentlichen Teil einer Klassendeklaration stehen; wo spielt keine Rolle. Wie eine Elementfunktion wird eine `friend`–Funktion explizit in der Deklaration der Klasse, deren `friend` sie ist, deklariert. Sie ist daher genauso Teil der Schnittstelle wie eine Elementfunktion.

Eine Elementfunktion einer Klasse kann `friend` einer anderen Klasse sein. Beispiel:

```
class Liste_iterator {
    // ...
    int* next();
};

class Liste {
    friend int* Liste_iterator::next();
    // ...
};
```

Es ist nicht ungewöhnlich, wenn alle Funktionen einer Klasse friend einer anderen sind. Dafür gibt es eine Kurzschreibweise:

```
class Liste {
    friend class Liste_iterator;
    // ...
};
```

Diese friend–Deklaration macht alle Elementfunktionen von Liste_iterator zu friends von Liste.

Es ist einleuchtend, daß friend–Klassen nur benutzt werden sollten, um eng gekoppelte Konzepte zu beschreiben. Oft hat man die Wahl, eine Klasse als Element zu deklarieren (verschachtelte Klasse) oder als friend (§24.4).

11.5.1 Friends finden

Wie eine Elementdeklaration führt eine friend–Deklaration keinen neuen Namen in den umschließenden Gültigkeitsbereich ein. Beispiel:

```
class Matrix {
    friend class Xform;
    friend Matrix invert(const Matrix&);
    // ...
};

Xform x;                            // Fehler: Xform nicht im Gültigkeitsbereich
Matrix (*p)(const Matrix&) = &invert; // Fehler: invert() nicht im Gültigkeitsbereich
```

Bei großen Programmen und Klassen ist es schön, daß eine Klasse nicht »heimlich« Namen in den umschließenden Gültigkeitsbereich einbringt. Für Template–Klassen, die in vielen verschiedenen Kontexten instanziiert werden können (siehe Kapitel 13), ist dies sehr wichtig.

Eine friend–Klasse muß zuvor im umgebenden Gültigkeitsbereich deklariert sein oder im unmittelbaren Nicht–Klassen–Gültigkeitsbereich der Klasse, die sie als friend deklariert. Gültigkeitsbereiche außerhalb des innersten umschließenden Namesbereichs werden nicht brücksichtigt. Beispiel:

```
class AE { /* ... */ };      // kein Freund von Y

namespace N {
    class X { /* ... */ };     // Freund von Y
```

```
class Y {
    friend class X;
    friend class Z;
    friend class AE;
};
class Z { /* ... */ };      // Freund von Y
}
```

Eine friend–Funktion kann genau wie eine friend–Klasse explizit deklariert werden, oder sie kann über ihre Argumenttypen (§8.2.6) gefunden werden, so als wäre sie im Nicht–Klassen–Gültigkeitsbereich, der unmittelbar ihre Klasse umgibt, deklariert worden. Beispiel:

```
void f(Matrix& m)
{
    invert(m);      // Matrix's friend invert()
}
```

Daraus folgt, daß eine friend–Funktion entweder explizit in einem umgebenden Gültigkeitsbereich deklariert werden sollte oder einen Parameter ihrer Klasse haben sollte. Andernfalls kann die friend–Funktion nicht aufgerufen werden. Beispiel:

```
// Hier kein f()

class X {
    friend void f();            // sinnlos
    friend void h(const X&);    // kann über das Argument gefunden werden
};

void g(const X& x)
{
    f();    // f() nicht im Gültigkeitsbereich
    h(x);   // X's friend h()
}
```

11.5.2 Friends und Elemente

Wann sollte man eine friend–Funktion benutzen, und wann ist eine Elementfunktion die bessere Wahl, um eine Operation zu spezifizieren? Im wesentlichen versuchen wir, die Anzahl der Funktionen, die auf die Repräsentation einer Klasse zugreifen, zu minimieren. Gleichzeitig versuchen wir, den Satz an Zugriffsfunktionen so passend wie möglich zu gestalten. Deshalb ist die Frage »Sollte es eine Elementfunktion, eine statische Elementfunktion oder eine friend–Funktion sein?« falsch, sie sollte vielmehr »Benötigt sie wirklich Zugriff?« heißen. Üblicherweise ist der Satz an Funktionen, der Zugriff auf die Repräsentation benötigt, kleiner als wir bereit sind, auf Anhieb zu glauben.

Einige Operationen müssen Elementfunktionen sein — z.B. Konstruktoren, Destruktoren und virtuelle Funktionen (§12.2.6) —, aber normalerweise hat man die Wahl. Da die Namen von Elementen lokal zu ihrer Klasse sind, sollte eine Funktion eine Elementfunktion sein, solange es keinen guten Grund dagegen gibt.

Betrachten wir eine Klasse X, in der eine Operation auf verschiedene Weisen angeboten wird:

```
class X {
    // ...
    X(int);

    int m1();
    int m2() const;

    friend int f1(X&);
    friend int f2(const X&);
    friend int f3(X);
};
```

Elementfunktionen können nur für Objekte ihrer Klasse aufgerufen werden. Es werden keine benutzerdefinierten Konvertierungen angewandt. Beispiel:

```
void g()
{
    99.m1();   // Fehler: X(99).m1() wird nicht probiert!
    99.m2();   // Fehler: X(99).m2() wird nicht probiert!
}
```

Die Konvertierung X(int) wird nicht angewandt, um ein X aus der 99 zu machen.

Die globale Funktion f1() hat eine ähnliche Eigenschaft, da implizite Konvertierungen für nicht konstante Referenzargumente nicht benutzt werden (§5.5, §11.3.5). Allerdings können Konvertierungen für die Argumente von f2() und f3() angewandt werden:

```
void h()
{
    f1(99);   // Fehler: f1(X(99)) wird nicht probiert!
    f2(99);   // OK: f2(X(99))
    f3(99);   // OK: f3(X(99))
}
```

Eine Operation, die den Zustand eines Objekts ändert, sollte daher entweder eine Elementfunktion oder eine globale Funktion mit einem nicht konstanten Referenzargument (oder einem nicht konstanten Zeigerargument) sein. Operatoren, die bei fundamentalen Typen einen lvalue benötigen (wie =, *=, ++, etc.), werden bei benutzerdefinierten Typen am einfachsten als Elementfunktionen definiert.

Ist im Gegensatz dazu die implizite Typumwandlung für alle Operanden einer Operation gewünscht, so muß die implementierende Funktion eine Nichtelementfunktion mit einem konstanten Referenzargument oder einem Nichtreferenzargument sein. Dies wird häufig bei Funktionen der Fall sein, die Operatoren realisieren, die bei den fundamentalen Typen keinen lvalue benötigen (+, -, ||, etc.). Diese Operatoren benötigen häufig Zugriff auf die Repräsentation der Klasse ihrer Operanden. Entsprechend sind zweistellige Operatoren die häufigsten Kandidaten für friend–Funktionen.

Falls keine Typumwandlungen definiert wurden, scheint es keinen überzeugenden Grund zu geben, eine Elementfunktion oder eine friend–Funktion mit einem Referenzargument zu bevorzugen. Manchmal mag der Programmierer eine Vorliebe für die eine oder andere Aufrufsyntax haben. Beispielsweise scheinen die meisten Leute die Schreibweise inv(m) zum Invertieren einer Matrix m der Alternative m.inv() vorzuziehen. Natürlich sollte inv() eine Elementfunktion sein, wenn sie tatsächlich m selbst invertiert, anstatt eine neue Matrix mit der Inversen von m zu liefern.

Wenn es keine anderen Gründe gibt, sollte man eine Elementfunktion wählen. Man kann nicht vorhersehen, ob nicht eines Tages jemand einen Konvertierungsoperator definieren wird. Es ist nicht immer möglich vorherzusagen, ob eine zukünftige Änderung Änderungen am Zustand des betroffenen Objekts nötig macht. Die Aufrufsyntax einer Elementfunktion macht dem Nutzer klar, daß das Objekt modifiziert werden könnte; bei einem Referenzargument ist dies wesentlich weniger offensichtlich. Außerdem können die Ausdrücke innerhalb des Rumpfes einer Elementfunktion sichtlich kürzer als die äquivalenten Ausdrücke in einer globalen Funktion sein, da eine Nichtelementfunktion ein explizites Argument benutzen muß, während eine Elementfunktion this implizit benutzen kann. Da Namen von Elementen lokal zu ihrer Klasse sind, tendieren sie dazu, kürzer als die von Nichtelementfunktionen zu sein.

11.6   Große Objekte

Wir haben die Operatoren von complex so definiert, daß sie Argumente vom Typ complex haben. Dies bewirkt, daß für jede Nutzung eines complex–Operators jeder Operand kopiert wird. Der Aufwand, zwei doubles zu kopieren, kann merkbar sein, ist aber häufig geringer als der eines Zeigerpaares. Leider haben nicht alle Klassen eine so angenehm kleine Repräsentation. Um ein exzessives Kopieren zu vermeiden, kann man Funktionen mit Referenzargumenten deklarieren. Beispiel:

```
class Matrix {
    double m[4][4];
public:
    Matrix();
    friend Matrix operator+(const Matrix&, const Matrix&);
    friend Matrix operator*(const Matrix&, const Matrix&);
};
```

Referenzen erlauben die Nutzung von Ausdrücken mit den normalen arithmetischen Operatoren für große Objekte, ohne daß exzessiv kopiert werden muß. Zeiger können hierfür nicht benutzt werden, da es nicht möglich ist, die Bedeutung eines Operators für einen Zeiger umzudefinieren. Die Addition könnte so definiert werden:

```
Matrix operator+(const Matrix& arg1, const Matrix& arg2)
{
    Matrix summe;
    for ( int i=0; i<4; i++ )
        for ( int j=0; j<4; j++ )
            summe.m[i][j] = arg1.m[i][j] + arg2.m[i][j];
    return summe;
}
```

Der Operator operator+() greift auf die Operanden von + über Referenzen zu, liefert aber einen Wert zurück. Eine Referenz zurückzugeben, erschiene effizienter:

```
class Matrix {
    //...
    friend Matrix& operator+(const Matrix&, const Matrix&);
    friend Matrix& operator*(const Matrix&, const Matrix&);
};
```

Dies ist erlaubt, aber es verursacht ein Speicherverwaltungsproblem. Da eine Referenz auf das Ergebnis aus der Funktion als Referenz auf den Rückgabewert geliefert wird, kann der Rückgabewert nicht automatic sein (§7.3). Da ein Operator häufig mehrfach innerhalb eines Ausdrucks benutzt wird, kann das Resultat auch keine statische lokale Variable sein. Das Resultat würde üblicherweise im Freispeicher angelegt werden. Das Kopieren des Rückgabewerts ist oftmals billiger (bezüglich Laufzeit, Programmgröße und Speicherbedarf) als das Anlegen und (eventuell) Freigeben eines Objekts im Freispeicher. Es ist zusätzlich sehr viel einfacher zu programmieren.

Es gibt Techniken, mit denen man das Kopieren des Resultats vermeiden kann. Die einfachste ist die Nutzung eines Puffers von statischen Objekten. Beispiel:

```
const int maxMatrixTemp = 7;

Matrix& getMatrixTemp()
{
    static int nbuf = 0;
    static Matrix buf[maxMatrixTemp];

    if ( nbuf==maxMatrixTemp ) nbuf = 0;
    return buf[nbuf++];
}

Matrix& operator+(const Matrix& arg1, const Matrix& arg2)
{
    Matrix& res = getMatrixTemp();
    //...
    return res;
}
```

Nun wird nur dann eine Matrix kopiert, wenn das Ergebnis eines Ausdrucks zugewiesen wird. Aber der Himmel helfe Ihnen, wenn Sie einen Ausdruck schreiben, der mehr als maxMatrixTemp temporäre Variablen benötigt!

Eine weniger fehleranfällige Technik ist es, den Matrix–Typ als Handle (§25.7) auf eine Repräsentation, die dann wirklich die Daten enthält, zu definieren. Auf diese Weise kann das Handle die Repräsentationsobjekte so verwalten, daß das Anlegen und Kopieren minimiert werden (siehe §11.12 und §11.14–Ü18). Diese Strategie basiert allerdings darauf, daß Operatoren Objekte statt Referenzen oder Zeiger zurückgeben. Eine andere Technik ist es, dreistellige Operationen zu definieren und sie automatisch für Ausdrücke wie a=b+c und a+b*i aufrufen zu lassen (§21.4.6.3, §22.4.7).

11.7   Wesentliche Operatoren

Generell handhabt der Copy–Konstruktor X(const X&) für einen Typ X die Initialisierung durch ein Objekt vom selben Typ X. Es kann gar nicht genug betont werden, daß *Zuweisung und Ini-*

tialisierung unterschiedliche Operationen sind (§10.4.4.1). Dies ist besonders wichtig, wenn ein Destruktor deklariert wird. Falls eine Klasse X einen Destruktor hat, der eine nicht triviale Aufgabe wie die Freigabe von Speicher durchführt, benötigt die Klasse wahrscheinlich den kompletten Satz von Funktionen, die Konstruktion, Zerstörung und Kopieren regeln:

```
class X {
    // ...
    X(Sometype);              // Konstruktor: erzeugt ein Objekt
    X(const X&);              // Copy-Konstruktor
    X& operator=(const X&);   // Zuweisungsoperator: aufräumen und kopieren
    ~X();                     // Destruktor: aufräumen
};
```

Es gibt drei weitere Fälle, in denen ein Objekt kopiert wird: als Funktionsargument, als Rückgabewert einer Funktion und als Ausnahme. Wenn ein Argument übergeben wird, dann wird eine bis dahin uninitialisierte Variable — der formale Parameter — initialisiert. Die Semantik ist jeweils identisch zu der bei anderen Initialisierungen. Das gleiche gilt für Rückgabewerte von Funktionen und für Ausnahmen, obwohl es hier weniger offensichtlich ist. In diesen Fällen wird der Copy–Konstruktor angewendet. Beispiel:

```
string g(string arg)
{
    return arg;
}

int main()
{
    string s = "Newton";
    s = g(s);
}
```

Sicher sollte s nach dem Aufruf von g() den Wert "Newton" haben. Eine Kopie des Wertes von s in das Argument arg zu bekommen ist nicht schwierig; ein Aufruf des Copy–Konstruktors von string erledigt das. Um eine Kopie dieses Wertes aus g() zurückzugeben, benötigt man einen weiteren Aufruf von string(const string&); dieses Mal wird eine temporäre Variable initialisiert und dann an s zugewiesen. Oft kann eine, jedoch niemals beide, dieser Kopieroperationen wegoptimiert werden. Solche temporären Variablen werden natürlich korrekt durch string::~string() zerstört (§10.4.10).

Für eine Klasse X, in der der Zuweisungsoperator X::operator=(const X&) und der Copy–Konstruktor X::(const X&) nicht explizit vom Programmierer deklariert werden, werden die fehlenden Operationen vom Compiler generiert (§10.2.5).

11.7.1 Explizite Konstruktoren

Standardmäßig definiert ein Konstruktor mit einem Argument auch eine implizite Konvertierung. Für einige Typen ist das ideal. Zum Beispiel kann ein complex mit einem int initialisiert werden:

```
complex z = 2;    // initialisiere z mit complex(2)
```

Für andere Fälle ist die implizite Konvertierung unerwünscht und fehleranfällig. Wenn zum Beispiel ein `string` mit einem `int` als Größenangabe initialisiert werden kann, könnte jemand folgendes schreiben:

```
string s = 'a';   // s wird ein string mit int('a') Elementen
```

Es ist ziemlich unwahrscheinlich, daß dies von der Person, die s definiert hat, beabsichtigt war.

Die implizite Konvertierung kann unterdrückt werden, indem der Konstruktor als `explicit` deklariert wird. Das heißt, daß ein expliziter Konstruktor nur explizit aufgerufen werden kann. Speziell dort, wo ein Copy–Konstruktors prinzipiell benötigt wird (§11.3.4), wird ein als `explicit` deklarierter Konstruktor nicht implizit aufgerufen. Beispiel:

```
class String {
    // ...
    explicit String(int n);  // n Bytes vorbelegen
    String(const char* p);   // Initialisierung über den C-String p
};

String s1 = 'a';        // Fehler: keine implizite char->String-Konvertierung
String s2(10);          // OK: String mit Platz für zehn Zeichen
String s3 = String(10); // OK: String mit Platz für zehn Zeichen
String s4 = "Brian";    // OK: s4=String("Brian")
String s5("Fawlty");

void f(String);

String g()
{
    f(10);              // Fehler: keine implizite int->String-Konvertierung
    f(String(10));
    f("Arthur");        // OK: f(String("Arthur"))
    f(s1);

    String* p1 = new String("Eric");
    String* p2 = new String(10);

    return 10;          // Fehler: keine implizite int->String-Konvertierung
}
```

Der Unterschied zwischen

```
String s1 = 'a';        // Fehler: keine implizite char->String-Konvertierung
```

und

```
String s2(10);          // OK: String mit Platz für zehn Zeichen
```

mag subtil erscheinen, aber dies ist nur bei erfundenen Beispielen und nicht in richtigem Code der Fall.

In der Datum–Klasse haben wir einen einfachen `int` zur Darstellung eines Jahres benutzt (§10.3). Wäre `Datum` kritisch für unser Design gewesen, hätten wir eventuell einen Typ `Jahr` eingeführt, um eine bessere Typprüfung durch den Compiler zu ermöglichen. Beispiel:

```
class Jahr {
    int j;
public:
    explicit Jahr(int i) : j(i) {}      // Erzeugen von Jahr aus int
    operator int() const { return j; }  // Konvertierung von Jahr nach int
};
class Datum {
public:
    Datum(int d, Monat m, Jahr j);
    // ...
};
```

```
Datum d3(1978, feb, 21);        // Fehler: 21 ist kein Jahr
Datum d4(21, feb, Jahr(1978)); // OK
```

Die Klasse Jahr ist ein einfacher »Wrapper«[1] um einen int. Durch den operator int() wird ein Jahr bei Bedarf implizit in einen int konvertiert. Dadurch, daß der Konstruktor explicit deklariert wurde, stellen wir sicher, daß die Wandlung von int nach Jahr nur auf Nachfrage passiert und daß »versehentliche« Zuweisungen zur Übersetzungszeit gefunden werden. Da die Elementfunktionen von Jahr leicht als inline implementiert werden können, gibt es keinen zusätzlichen Zeit– oder Platzbedarf.

Eine ähnliche Technik kann benutzt werden, um Bereichstypen zu definieren (§25.6.1).

11.8   Indexzugriffe

Eine operator[]–Funktion kann benutzt werden, um der Indizierung eine Semantik für Klassenobjekte zu geben. Das zweite Argument (der Index) einer operator[]–Funktion kann einen beliebigen Typ haben. Dies erlaubt es, Vektoren, assoziative Felder usw. zu definieren.

Als ein Beispiel wollen wir das Beispiel aus §5.5 neu schreiben. Dort wird ein assoziatives Feld benutzt, um ein kleines Programm zu schreiben, das zählt, wie oft Wörter in einer Datei vorkommen. Dazu wurde eine Funktion benutzt. Hier wird ein assoziatives Feld definiert:

```
class Assoc {
    struct Paar {
        string name;
        double wert;
        Paar(string n="", double v=0) :name(n), wert(v) {}
    };
    vector<Paar> vec;

    Assoc(const Assoc&);              // privat, um das Kopieren zu verhindern
    Assoc& operator=(const Assoc&); // privat, um das Kopieren zu verhindern
public:
    Assoc() {}
    const double& operator[](const string&);
```

---

[1]   A.d.Ü.: Wir hoffen, daß »Wrapper« ein ausreichend bekannter Ausdruck ist, um ihn nicht übersetzen zu müssen. Ein Wrapper umhüllt einen anderen Typ (oder ein Konzept) und bietet nur eine andere Schnittstelle ohne neue Funktionalität an.

```
      double& operator[](string&);
      void allesAusgeben() const;
};
```

Ein Assoc enthält einen Vektor von Paaren. Die Implementierung benutzt dieselbe einfache und ineffiziente Suchmethode wie in §5.5:

```
double& Assoc::operator[](string& s)
    // suche nach s; liefere den Wert, falls gefunden;
    // andernfalls erzeuge ein neues Paar und liefere 0 zurück
{
    for (vector<Paar>::const_iterator p=vec.begin(); p!=vec.end(); ++p)
        if (s==p->name) return p->wert;

    vec.push_back(Paar(s,0));    // Initialwert 0

    return vec.back().wert;      // liefere letztes Element (§16.3.3)
}
```

Da die Repräsentation von Assoc verborgen ist, brauchen wir einen Weg, sie auszugeben:

```
void Assoc::allesAusgeben() const
{
    for (vector<Paar>::const_iterator p=vec.begin(); p!=vec.end(); ++p)
        cout << p->name << ": " << p->wert << '\n';
}
```

Schließlich können wir das triviale Hauptprogramm schreiben:

```
int main()    // zählt das Auftreten jedes Wortes in der Eingabe
{
    string buf;
    Assoc vec;
    while (cin>>buf) vec[buf]++;
    vec.allesAusgeben();
}
```

Eine Weiterentwicklung des Konzepts des assoziativen Feldes finden Sie in §17.4.1.
Ein operator[]() muß eine Elementfunktion sein.

11.9   Funktionsaufruf

Ein Funktionsaufruf, das heißt die Schreibweise Ausdruck(Ausdrucks-Liste), kann als zweistelliger Operator mit Ausdruck als linkem und Ausdrucks-Liste als rechtem Operanden interpretiert werden. Der Aufrufoperator () kann wie jeder andere Operator überladen werden. Eine Argumentliste für einen operator()() wird entsprechend den üblichen Regeln für die Argumentübergabe ausgewertet und geprüft. Das Überladen des Funktionsaufrufs scheint im wesentlichen zum Definieren von Typen mit nur einer Operation oder für Typen mit einer beherrschenden Operation sinnvoll zu sein.

Der naheliegendste und wahrscheinlich auch der wichtigste Zweck eines ()-Operators ist es, die übliche Syntax für Funktionsaufrufe für Objekte bereitzustellen, die sich irgendwie wie eine

Funktion verhalten. Ein Objekt, das sich wie eine Funktion verhält, wird häufig *funktionsähnliches Objekt* (englisch: *function–like object*) oder kurz Funktionsobjekt (§18.4) genannt. Solche Funktionsobjekte sind wichtig, da sie es uns erlauben, Code zu schreiben, der nicht triviale Operationen als Parameter erhält. Beispielsweise stellt die Standardbibliothek viele Algorithmen zu Verfügung, die eine Funktion für jedes Element eines Containers aufrufen. Beispiel:

```
void negiere(complex& c) { c = -c; }

void f(vector<complex>& aa, list<complex>& ll)
{
    for_each(aa.begin(), aa.end(), negiere); // negiere alle vector-Elemente
    for_each(ll.begin(), ll.end(), negiere); // negiere alle list-Elemente
}
```

Dies negiert jedes Element des `vector` und der `list`.

Was wäre, wenn wir `complex(2,3)` zu jedem Element addieren wollten? Dies kann ganz einfach so gemacht werden:

```
void add23(complex& c)
{
    c += complex(2,3);
}

void g(vector<complex>& aa, list<complex>& ll)
{
    for_each(aa.begin(), aa.end(), add23);
    for_each(ll.begin(), ll.end(), add23);
}
```

Wie würden wir eine Funktion schreiben, die einen beliebigen `complex`–Wert wiederholt addiert? Wir brauchen etwas, dem wir einen beliebigen Wert übergeben können und das diesen Wert jedesmal nutzen kann, wenn es aufgerufen wird. Das ist nicht einfach mit Funktionen. Üblicherweise endet es damit, daß man den Wert »übergibt«, indem man ihn im umgebenden Kontext der Funktion stehen läßt. Das ist unordentlich. Wir können aber eine Klasse schreiben, die wie gewünscht arbeitet:

```
class Add {
    complex wert;
public:
    Add(complex c) { wert=c; }                  // Wert speichern
    Add(double r, double i) { wert=complex(r,i); }

    void operator()(complex& c) const { c += wert; } // addiere Wert zum Argument
};
```

Ein Objekt der Klasse `Add` wird mit einer komplexen Zahl initialisiert. Wenn es mit `()` aufgerufen wird, addiert es diese Zahl zu seinem Argument. Beispiel:

```
void h(vector<complex>& aa, list<complex>& ll, complex z)
{
    for_each(aa.begin(), aa.end(), Add(2,3));
    for_each(ll.begin(), ll.end(), Add(z));
}
```

Dies addiert complex(2,3) zu jedem Element des vector und z zu jedem Element der list.
Man beachte, daß Add(z) ein Objekt konstruiert, das wiederholt vom for_each benutzt wird. Es
ist nicht einfach eine Funktion, die einmal oder sogar mehrfach aufgerufen wird. Die Funktion, die
wiederholt aufgerufen wird, ist operator()() von Add(z).

Dies funktioniert deshalb, weil for_each ein Template ist, das () auf sein drittes Argument
anwendet, ohne sich darum zu kümmern, was sein drittes Argument tatsächlich ist:

```
template<class Iter, class Fct> Fct for_each(Iter b, Iter e, Fct f)
{
    while ( b != e ) f(*b++);
    return f;
}
```

Auf den ersten Blick mag diese Technik esoterisch anmuten, aber sie ist einfach, effizient und
extrem nützlich (siehe §3.8.5, §18.4).

Andere verbreitete Anwendungen von operator()() sind der Teil–string–Operator oder ein
Indexoperator für mehrdimensionale Felder (§22.4.5).

Ein operator()() muß eine Elementfunktion sein.

11.10   Dereferenzieren

Der Dereferenzierungsoperator -> kann als einstelliger Postfixoperator definiert werden. Das heißt,
für eine Klasse

```
class Ptr {
    //...
    X* operator->();
};
```

können Objekte der Klasse benutzt werden, um auf Elemente von X auf ähnliche Weise wie über
Zeiger zuzugreifen. Beispiel:

```
void f(Ptr p)
{
    p->m = 7;    // (p.operator->())->m = 7
}
```

Die Transformation des Objekts p in den Zeiger p.operator->() ist nicht vom Element m
abhängig. In diesem Sinne ist operator->() ein einstelliger Postfixoperator. Es wird aber keine neue Syntax eingeführt, deshalb ist hinter dem -> immer noch ein Elementname erforderlich.
Beispiel:

```
void g(Ptr p)
{
    X* q1 = p->;              // Syntaxfehler
    X* q2 = p.operator->(); // OK
}
```

Das Überladen von -> ist hauptsächlich für die Nutzung von »smart pointers« sinnvoll. Dies sind
Objekte, die sich wie Zeiger verhalten und die zusätzlich etwas tun, wenn über sie auf ein Objekt zugegriffen wird. Man könnte beispielsweise eine Klasse Rec_ptr definieren, mit der man

Objekte der Klasse Rec ansprechen kann, die auf einer Festplatte stehen. Der Konstruktor von Rec_ptr erhält einen Namen übergeben, mit dem das Objekt auf der Platte gefunden werden kann, Rec_ptr::operator->() bringt das Objekt in den Hauptspeicher, wenn es über seinen Rec_ptr angesprochen wird, und der Destruktor von Rec_ptr schreibt gegebenenfalls nötige Änderungen des Objekts auf die Platte zurück:

```
class Rec_ptr {
    const char* kennung;
    Rec* speicherAdresse;
    //...
public:
    Rec_ptr(const char* p) : kennung(p), speicherAdresse(0) {}
    ~Rec_ptr() { schreibeAufPlatte(speicherAdresse, kennung); }
    Rec* operator->();
};

Rec* Rec_ptr::operator->()
{
    if (speicherAdresse==0) speicherAdresse=leseVonPlatte(kennung);
    return speicherAdresse;
}
```

Rec_ptr könnte wie folgt benutzt werden:

```
struct Rec {   // Das Rec, auf das ein Rec_ptr zeigt
    string name;
    //...
};

void update(const char* s)
{
    Rec_ptr p(s);            // hole Rec_ptr für s

    p->name = "Roscoe";   // ändere s; falls nötig, hole es vorher von Platte
    //...
}
```

Natürlich wäre ein richtiger Rec_ptr ein Template mit Rec als Parameter. Außerdem würde ein realistisches Programm Code zur Fehlerbehandlung enthalten und auf eine weniger primitive Weise auf die Platte zugreifen.

Bei gewöhnlichen Zeigern ist die Benutzung von -> teilweise synonym zur Benutzung des einstelligen * und []. Für

```
Y* p;
```

gilt:

```
p->m == (*p).m == p[0].m
```

Wie üblich, gilt dies nicht für benutzerdefinierte Operatoren. Diese Äquivalenz kann bei Bedarf erreicht werden:

```
class Ptr_to_Y {
    Y* p;
public:
    Y* operator->() { return p; }
    Y& operator*() { return *p; }
    Y& operator[](int i) { return p[i]; }
};
```

Falls Sie mehr als einen dieser Operatoren anbieten, ist es wahrscheinlich klug, auch die Äquivalente bereitzustellen, ähnlich wie es klug ist, sicherzustellen, daß ++x und x+=1 die gleiche Wirkung wie x=x+1 für eine einfache Variable x einer Klasse haben, die ++, +=, = und + anbietet.

Das Überladen von -> ist für eine Gruppe interessanter Programme wichtig und nicht nur eine unwichtige Kuriosität. Der Grund dafür ist, daß die *Indirektion* ein Schlüsselkonzept ist und daß das Überladen von -> einen sauberen, direkten und effizienten Weg zur Repräsentation einer Indirektion in einem Programm bietet. Iteratoren (Kapitel 19) liefern hierfür ein wichtiges Beispiel. Man kann den Operator -> auch als Möglichkeit sehen, C++ mit einer eingeschränkten, aber nützlichen Form der *Delegation* (§24.2.4) auszustatten.

Der Operator -> muß eine Elementfunktion sein. Falls er benutzt wird, muß sein Rückgabetyp ein Zeiger sein oder ein Objekt einer Klasse, auf die man -> anwenden kann. Falls er für eine Template–Klasse deklariert wurde, bleibt operator->() häufig unbenutzt. Deshalb ist es sinnvoll, die Prüfung des Rückgabetyps bis zur tatsächlichen Nutzung zu verschieben.

11.11   Inkrementieren und Dekrementieren

Sobald Leute »smart pointer« erfunden haben, entscheiden sie sich häufig, den Inkrementoperator ++ und den Dekrementoperator -- zu realisieren, um die Anwendung dieser Operatoren für fundamentale Typen nachzuempfinden. Dies ist besonders einsichtig und auch notwendig, wenn man das Ziel hat, normale Zeiger durch »smart pointer« mit identischer Semantik, aber zusätzlicher Fehlerprüfung zur Laufzeit zu ersetzen. Schauen wir uns beispielsweise ein fehlerhaftes traditionelles Programm an:

```
void f1(T a)    // traditionell
{
    T v[200];
    T* p = &v[0];
    p--;
    *p = a;    // p ist unbemerkt aus dem Wertebereich
    ++p;
    *p = a;    // OK
}
```

Wir möchten vielleicht den Zeiger p durch ein Objekt Ptr_to_T ersetzen, das nur dann dereferenziert werden kann, wenn es tatsächlich auf ein Objekt zeigt. Wir würden uns auch wünschen, daß sichergestellt wäre, daß p inkrementiert und dekrementiert werden kann, solange es auf ein Objekt innerhalb des Feldes zeigt, und daß das Inkrementieren und Dekrementieren auch innerhalb des Feldes bleibt. Das heißt, wir hätten gern folgendes:

```
class Ptr_to_T {
    // ...
};
void f2(T a)    // überprüft
{
    T v[200];
    Ptr_to_T p(&v[0], v, 200);
    p--;
    *p = a;     // Laufzeitfehler: p aus dem Wertebereich
    ++p;
    *p = a;     // OK
}
```

Die Inkrement– und Dekrementoperatoren sind insofern einzigartig unter den C++–Operatoren, da sie sowohl als Präfix– als auch als Postfixoperatoren benutzt werden können. Entsprechend müssen Präfix– und Postfixinkrement– und –Dekrementoperatoren für Ptr_to_T definiert werden. Beispiel:

```
class Ptr_to_T {
    T* p;
    T* feld;
    int groesse;
public:
    Ptr_to_T(T* p, T* v, int s); // Binden an Feld v der Größe g, Startwert p
    Ptr_to_T(T* p);              // Binden an einzelnes Objekt, Startwert p

    Ptr_to_T& operator++();      // Präfix
    Ptr_to_T operator++(int);    // Postfix

    Ptr_to_T& operator--();      // Präfix
    Ptr_to_T operator--(int);    // Postfix

    T& operator*();              // Präfix
};
```

Das int–Argument wird benutzt, um anzuzeigen, daß die Funktion für die Postfixanwendung von ++ aufgerufen werden soll. Der int wird nicht benutzt; das Argument ist einfach ein Dummy, der zur Unterscheidung zwischen Präfix und Postfix dient. Man kann sich merken, daß die Präfixversion von operator++ die Version ohne Dummy–Argument ist, genau wie alle anderen einstelligen arithmetischen und logischen Operatoren. Das Dummy–Argument wird nur für die »komischen« Postfix–++ und Postfix––– benötigt.

Wenn man Ptr_to_T benutzt, ist das Beispiel äquivalent zu:

```
void f3(T a)            // überprüft
{
    T v[200];
    Ptr_to_T p(&v[0], v, 200);
    p.operator--(0);
    p.operator*() = a; // Laufzeitfehler: p aus dem Wertebereich
    p.operator++();
    p.operator*() = a; // OK
}
```

Die Klasse `Ptr_to_T` zu vervollständigen, überlasse ich Ihnen als Übung (§11.14–Ü19). Ihre Weiterentwicklung zu einem Template mit Ausnahmen zur Fehlermeldung ist eine weitere Übung (§14.12–Ü2). Ein Beispiel für Iterationen mit den Operatoren ++ und -- finden Sie in §19.3. Ein Zeiger–Template, das sich bezüglich Vererbung korrekt verhält, wird in §13.6.3 vorgestellt.

11.12   Eine String–Klasse

Hier folgt eine realistischere Version der Klasse `String`. Ich habe sie als die kleinste Klasse entworfen, die meinen Anforderungen genügt. `String` bietet eine Wertsemantik, Operationen zum Lesen und Schreiben von `char`, geprüften und ungeprüften Zugriff, Stream–Ein-/Ausgabe, Literale und Vergleichs– und Konkatenationsoperatoren. Es bildet `Strings` als C–typische null–terminierte Felder von `char` ab und benutzt Referenzzähler, um das Kopieren zu minimieren. Eine bessere oder leistungsfähigere `String`–Klasse zu schreiben ist eine gute Übung (§11.14–Ü7-12). Wenn wir das getan haben, können wir unsere Übungen wegwerfen und die `string`–Klasse aus der Standardbibliothek (Kapitel 20) benutzen.

Meine fast echte `String`–Klasse beschäftigt drei andere Klassen: `Srep`, um die tatsächliche Repräsentation zwischen verschiedenen `Strings` mit dem gleichen Wert zu teilen; `Range`, eine Ausnahme, die bei Bereichsfehlern ausgelöst wird, und `Cref` als Hilfe für die Implementierung eines Indexoperators, der zwischen Lesen und Schreiben unterscheidet:

```
class String {
      struct Srep;        // Repräsentation
      Srep* rep;
public:
      class Cref;         // Referenz auf char

      class Range { };  // für Ausnahmen

      // ...
};
```

Wie andere Elemente kann eine *Elementklasse* (englisch: *member class*; oft auch *geschachtelte Klasse*, englisch: *nested class*, genannt) in der Klasse selbst deklariert und erst später definiert werden:

```
struct String::Srep {
      char* s;            // Zeiger auf die Elemente
      int sz;             // Anzahl Zeichen
      int n;              // Referenzzähler

      Srep(int nsz, const char* p)
      {
          n = 1;
          sz = nsz;
          s = new char[sz+1];    // Platz für Endezeichen
          strcpy(s,p);
      }

      ~Srep() { delete[] s; }
```

```
        Srep* get_own_copy()        // Kopiere, falls nötig
        {
            if (n==1) return this;
            n--;
            return new Srep(sz,s);
        }

        void assign(int nsz, const char* p)
        {
            if (sz != nsz) {
                delete[] s;
                sz = nsz;
                s = new char[sz+1];
            }
            strcpy(s,p);
        }

    private:                          // Kopieren verhindern
        Srep(const Srep&);
        Srep& operator=(const Srep&);
    };
```

Die Klasse `String` bietet den üblichen Satz an Konstruktoren, Destruktoren und Zuweisungsoperationen:

```
    class String {
        // ...

        String();                   // x = ""
        String(const char*);        // x = "abc"
        String(const String&);      // x = anderer_string
        String& operator=(const char *);
        String& operator=(const String&);
        ~String();

        // ...
    };
```

Diese `String`–Klasse hat eine Wertsemantik. Das heißt, nach einer Zuweisung `s1=s2` sind die beiden `String`s `s1` und `s2` völlig unabhängig, und folgende Änderungen an einem `String` haben keine Auswirkungen auf den anderen. Alternativ könnte man `String` auch einer Zeigersemantik geben. Dann würden Änderungen an `s2` nach der Anweisung `s1=s2` auch den Wert von `s1` betreffen. Für Datentypen mit konventionellen arithmetischen Operationen wie `complex`, `vector`, `matrix` und `string` bevorzuge ich die Wertsemantik. Um sich aber die Wertsemantik leisten zu können, ist ein `String` als Handle auf seine Repräsentation realisiert, und die Repräsentation wird nur kopiert, wenn es nötig ist.

```
    String::String()        // Der leere String ist der Standardwert
    {
        rep = new Srep(0,"");
    }
```

```
String::String(const String& x)  // Copy-Konstruktor
{
    x.rep->n++;
    rep = x.rep;       // Repräsentation gemeinsam nutzen
}


String::~String()
{
    if (--rep->n == 0) delete rep;
}


String& String::operator=(const String& x)   // Zuweisungsoperator
{
    x.rep->n++;                    // schützt gegen »st = st«-Zuweisung
    if (--rep->n == 0) delete rep;
    rep = x.rep;                   // Repräsentation gemeinsam nutzen
    return *this;
}
```

Pseudokopieroperationen mit `const char*`–Argumenten werden zur Nutzung von String–Literalen bereitgestellt:

```
String::String(const char* s)
{
    rep = new Srep(strlen(s),s);
}


String& String::operator=(const char* s)
{
    if (rep->n == 1)            // recycle Srep
        rep->assign(strlen(s),s);
    else {                      // benutze neues Srep
        rep->n--;
        rep = new Srep(strlen(s),s);
    }
    return *this;
}
```

Das Design der Zugriffsoperatoren für einen `String` ist ein schwieriges Thema, da der ideale Zugriff über die gewohnte Schreibweise (das heißt per `[ ]`) maximal effizient und bereichsüberwacht stattfindet. Leider kann man nicht alle diese Eigenschaften gleichzeitig haben. Meine Wahl ist auf eine effiziente nicht überwachte Operation mit einer etwas unbequemen Schreibweise und etwas weniger effiziente überwachte Operatoren mit der üblichen Schreibweise gefallen:

```
class String {
    // ...

    void check(int i) const { if (i<0 || rep->sz<=i) throw Range(); }

    char read(int i) const { return rep->s[i]; }
    void write(int i, char c) { rep=rep->get_own_copy(); rep->s[i]=c; }
```

```
        Cref operator[](int i) { check(i); return Cref(*this,i); }
        char operator[](int i) const { check(i); return rep->s[i]; }

        int size() const { return rep->sz; }

        // ...
    };
```

Die Absicht dabei ist, über [ ] einen überwachten Zugriff für die normale Nutzung zu haben, es aber dem Anwender zu erlauben, den Bereich für mehrere Zugriffe nur einmal zu überprüfen. Beispiel:

```
    int hash(const String& s)
    {
        int h = s.read(0);
        const int max = s.size();
        for (int i = 1; i<max; i++)
            h ^= s.read(i)>>1;   // nicht überwachter Zugriff auf s
        return h;
    }
```

Einen Operator wie [ ] zu definieren, der sowohl zum Lesen als auch zum Schreiben dient, ist dann schwierig, wenn man nicht einfach eine Referenz liefern kann und es dem Anwender überläßt, was er damit tun möchte. Hier ist dies keine sinnvolle Alternative, da ich String so definiert habe, daß die Repräsentation zwischen mehreren Strings, die zugewiesen wurden, als Wertargument übergeben wurden usw., gemeinsam genutzt wird, bis jemand sie tatsächlich verändert. Dann, und nur dann, wird die Repräsentation kopiert. Diese Technik wird üblicherweise »copy–on–write« genannt. Das tatsächliche Kopieren geschieht in String::Srep::get_own_copy().

Um diese Zugriffsfunktionen inline nutzen zu können, müssen ihre Definitionen so stehen, daß die Definition von Srep in ihrem Sichtbarkeitsbereich ist. Dies bedeutet, daß entweder Srep innerhalb von String definiert wird oder daß die Zugriffsfunktionen inline außerhalb von String und hinter String::Srep definiert werden (§11.14–Ü2).

Um zwischen Lesen und Schreiben zu unterscheiden, liefert String::operator[]() ein Cref zurück, wenn er für ein nicht konstantes Objekt aufgerufen wurde. Ein Cref benimmt sich wie ein char&, außer daß es String::Srep::get_own_copy() aufruft, wenn man schreibend zugreift:

```
    class String::Cref {            // Referenz auf s[i]
    friend class String;
        String& s;
        int i;
        Cref(String& ss, int ii) : s(ss), i(ii) { }
    public:
        operator char() const { return s.read(i); }    // liefere Wert
        void operator=(char c) { s.write(i,c); }        // ändere Wert
    };
```

Beispiel:

```
    void f(String s, const String& r)
    {
        char c1 = s[1];   // c1 = s.operator [ ](1).operator char()
```

```
    s[1] = 'c';        // s.operator [ ](1).operator=('c')

    char c2 = r[1];    // c2 = r.operator [ ](1)
    r[1] = 'd';        // Fehler: Zuweisung an char, r.operator [ ](1) = 'd'
}
```

Man beachte, daß für ein nicht konstantes Objekt s.operator[](1) gleich Cref(s,1) ist.

Um die Klasse String zu vervollständigen, füge ich einen Satz nützlicher Funktionen hinzu:

```
class String {
    // ...

    String& operator+=(const String&);
    String& operator+=(const char*);

    friend ostream& operator<<(ostream&, const String&);
    friend istream& operator>>(istream&, String&);

    friend bool operator==(const String& x, const char* s)
        { return strcmp(x.rep->s, s) == 0; }

    friend bool operator==(const String& x, const String& y)
        { return strcmp(x.rep->s, y.rep->s) == 0; }

    friend bool operator!=(const String& x, const char* s)
        { return strcmp(x.rep->s, s) != 0; }

    friend bool operator!=(const String& x, const String& y)
        { return strcmp(x.rep->s, y.rep->s) != 0; }
};

String operator+(const String&, const String&);
String operator+(const String&, const char*);
```

Um Platz zu sparen, habe ich die Ein-/Ausgabe– und Konkatenationsoperatoren als Übungen für den Leser übrig gelassen.

Das Hauptprogramm testet die String–Operatoren ein wenig:

```
String f(String a, String b)
{
    a[2] = 'x';
    char c = b[3];
    cout << "in f: " << a << ' ' << b << ' ' << c << '\n';
    return b;
}


int main()
{
    String x, y;
    cout << "Bitte zwei Strings eingeben\n";
    cin >> x >> y;
    cout << "Eingabe: " << x << ' ' << y << '\n';
```

```
String z = x;
y = f(x,y);
if (x != z) cout << "x beschaedigt!\n";
x[0] = '!';
if (x == z) cout << "Aendern fehlgeschlagen!\n";
cout << "Ende: " << x << ' ' << y << ' ' << z << '\n';
}
```

Dieser String-Klasse fehlen viele Eigenschaften, die Sie als wichtig oder sogar notwendig erachten mögen. Beispielsweise bietet sie keine Möglichkeit, eine C--String-Repräsentation ihres Wertes zu erzeugen (§11.14–Ü10, Kapitel 20).

11.13 Ratschläge

1. Definieren Sie Operatoren hauptsächlich so, daß sie die normale Nutzung nachbilden; §11.1.
2. Benutzen Sie für große Operanden konstante Referenzargumente; §11.6.
3. Überlegen Sie, ob Sie für große Rückgabetypen die Rückgabe optimieren können; §11.6.
4. Benutzen Sie die Default–Copy–Operationen, falls sie für die Klasse angemessen sind; §11.3.4.
5. Definieren oder verbieten Sie das Kopieren, wenn das Standardverhalten nicht angemessen ist; §11.2.2.
6. Bevorzugen Sie Elementfunktionen vor Nichtelementfunktionen für Operationen, die Zugriff auf die Repräsentation einer Klasse benötigen; §11.5.2.
7. Bevorzugen Sie Nichtelementfunktionen vor Elementfunktionen für Operationen, die keinen Zugriff auf die Repräsentation einer Klasse brauchen; §11.5.2.
8. Benutzen Sie Namensbereiche, um Hilfsfunktionen mit »ihrer« Klasse zu verbinden; §11.2.4.
9. Benutzen Sie Nichtelementfunktionen für symmetrische Operatoren; §11.3.2.
10. Benutzen Sie ( ) zum Indizieren mehrdimensionaler Felder; §11.9.
11. Machen Sie Konstruktoren, die nur ein einziges »Größenargument« haben, explizit; §11.7.1.
12. Für nicht spezialisierte Anwendungen sollten Sie die Standard–string-Klasse (Kapitel 20) anstelle der Ergebnisse Ihrer Übungen benutzen; §11.12.
13. Seien Sie vorsichtig bei der Einführung impliziter Konvertierungen; §11.4.
14. Benutzen Sie Elementfunktionen, um Operatoren zu beschreiben, die einen lvalue als linken Operanden brauchen; §11.3.5.

11.14 Übungen

Ü1 (*2) Welche Konvertierungen werden im folgenden Programm in jedem Ausdruck benutzt?

```
struct X {
    int i;
    X(int);
    X operator+(int);
};

struct Y {
    int i;
```

```
        Y(X);
        Y operator+(X);
        operator int();
    };


    extern X operator*(X, Y);
    extern int f(X);


    X x = 1;
    Y y = x;
    int i = 2;


    int main()
    {
        i + 10;        y + 10;        y + 10 * y;
        x + y + i;     x * x + i;     f(7);
        f(y);          y + y;         106 + y;
    }
```

Ändern Sie das Programm, damit es lauffähig ist und den Wert von jedem gültigen Ausdruck ausgibt.

Ü2 (*2) Vervollständigen und testen Sie die Klasse String aus §11.12.

Ü3 (*2) Definieren Sie eine Klasse INT, die sich genau wie ein int benimmt. Tip: Definieren Sie INT::operator int().

Ü4 (*1) Definieren Sie eine Klasse RINT, die sich genau wie ein int benimmt, außer daß sie nur die Operationen + (ein- und zweistellig), - (ein- und zweistellig), *, / und % erlaubt. Tip: Definieren Sie keinen RINT::operator int().

Ü5 (*3) Definieren Sie eine Klasse LINT, die sich genau wie RINT benimmt, außer daß sie mindestens 64 Bit Genauigkeit hat.

Ü6 (*4) Definieren Sie eine Klasse, die Arithmetik mit beliebiger Genauigkeit implementiert. Testen Sie sie, indem Sie die Fakultät von 1000 berechnen. Tip: Sie werden den Speicher ähnlich wie bei der Klasse String verwalten müssen.

Ü7 (*2) Definieren Sie einen externen Iterator für String:

```
    class String_iter {
        // Bezug auf String und String-Elemente
    public:
        String_iter(String& s);   // Iterator für s
        char& next();             // Verweis auf das nächste Element

        // weitere Operationen Ihrer Wahl
    };
```

Vergleichen Sie dies bezüglich Nützlichkeit, Programmierstil und Effizienz mit einem internen Iterator (das heißt, einer Darstellung des aktuellen Elements eines String und Operationen für dieses Element).

Ü8 (*1,5) Schaffen Sie einen Teilstringoperator für eine string–Klasse durch Überladen von (). Welche weiteren Operationen würden Sie gern auf einem string durchführen?

Ü9 (*3) Entwerfen Sie die Klasse String so, daß der Teilstringoperator auf der linken Seite einer Zuweisung benutzt werden kann. Schreiben Sie erst eine Version, bei der ein String einem

Teilstring gleicher Länge zugewiesen werden kann. Schreiben Sie dann eine Version, bei der die Länge unterschiedlich sein darf.

Ü10 (*2) Definieren Sie eine Operation für String, die eine C--String–Repräsentation ihres Wertes erzeugt. Diskutieren Sie die Vor– und Nachteile, eine solche Operation als Konvertierungsoperator zu realisieren. Diskutieren Sie Alternativen für das Anlegen des Speichers für die C--String–Repräsentation.

Ü11 (*2,5) Definieren und implementieren Sie eine einfache Möglichkeit, reguläre Ausdrücke in einem String zu erkennen.

Ü12 (*1,5) Passen Sie die Erkennung regulärer Ausdrücke aus §11.14–Ü11 so an, daß sie mit der string–Klasse aus der Standardbibliothek arbeitet. Beachten Sie, daß Sie die Definition von string nicht ändern können.

Ü13 (*2) Schreiben Sie ein Programm, das durch die Nutzung von überladenen Operatoren und Makros völlig unlesbar ist. Eine Idee: Definieren Sie + mit der Bedeutung von – und umgekehrt für INT. Benutzen Sie dann ein Makro, um int auf INT umzudefinieren. Redefinieren Sie häufig benutzte Funktionen mit Referenzargumenten. Ein paar irreführende Kommentare können zusätzlich große Verwirrung stiften.

Ü14 (*3) Tauschen Sie das Ergebnis von §11.14–Ü13 mit einem Freund aus. Finden Sie heraus, was das Programm Ihres Freundes tut, ohne es laufen zu lassen. Wenn Sie diese Übung hinter sich haben, wissen Sie, was Sie vermeiden müssen.

Ü15 (*2) Definieren Sie einen Typ Vec4 als Vektor von vier floats. Definieren Sie operator [ ] für Vec4. Definieren Sie die Operatoren +, -, *, /, =, +=, -=, *= und /= für Kombinationen aus Vec4 und float.

Ü16 (*3) Definieren Sie eine Klasse Mat4 als einen Vektor von vier Vec4s. Definieren Sie operator [ ] so, daß er einen Vec4 liefert. Definieren Sie die üblichen Matrixoperationen für diesen Typ. Definieren Sie eine Funktion zur Gaußschen Eliminierung für Mat4.

Ü17 (*2) Definieren Sie eine Klasse Vector ähnlich Vec4, bei der die Größe als Argument des Konstruktors Vector::Vector(int) übergeben wird.

Ü18 (*3) Definieren Sie eine Klasse Matrix ähnlich Mat4, bei der die Dimensionen als Argument des Konstruktors Matrix::Matrix(int, int) übergeben werden.

Ü19 (*2) Vervollständigen und testen Sie die Klasse Ptr_to_T aus §11.11. Um vollständig zu sein, müssen mindestens die Operatoren *, ->, =, ++ und -- definiert sein. Verursachen Sie keine Laufzeitfehler, außer es wird tatsächlich ein verkehrter Zeiger dereferenziert (der Ihnen als Argument übergeben wurde).

Ü20 (*1) Mit den beiden Strukturen

```
struct S { int x, y; };
struct T { char* p; char* q; };
```

schreiben Sie eine Klasse C, die es erlaubt, x und p aus einem S und T so zu nutzen, als wären x und p Elemente von C.

Ü21 (*1,5) Definieren Sie eine Klasse Index, die den Index einer Exponentiations–Funktion double mypow(double, Index) speichert. Finden Sie einen Weg, daß 2**I die Funktion mypow(2,I) aufruft.

Ü22 (*2) Definieren Sie eine Klasse Imaginaer, die imaginäre Zahlen repräsentieren soll. Definieren Sie darauf basierend Complex. Implementieren Sie die fundamentalen arithmetischen Operatoren.

Abgeleitete Klassen **12**

Do not multiply objects without necessity.
— *W. Occam*

12.1 Einleitung

Von Simula hat sich C++ das Konzept der Klasse als benutzerdefinierten Typ und das Konzept der Klassenhierarchie geborgt. Zusätzlich hat es aus dem Systemdesign die Idee übernommen, daß Klassen zur Modellierung von Konzepten aus der Welt des Programmierers und der Anwendung benutzt werden sollten. C++ bietet Spracheigenschaften, die diese Designvorstellung direkt unterstützen. Umgekehrt kann man sagen, daß die Nutzung der Spracheigenschaften zur Unterstützung von Designkonzepten die effektive Nutzung von C++ ausmacht. Wenn man Spracheigenschaften nur als nettere Schreibweise für traditionelle Programmiermethodiken benutzt, verpaßt man die wesentlichen Stärken von C++.

Ein Konzept existiert nicht isoliert. Es koexistiert mit verwandten Konzepten und erlangt viel seiner Stärke aus der Beziehung zu diesen Konzepten. Versuchen Sie beispielsweise zu erklären, was ein Auto ist. Bald müssen Sie Begriffe wie Räder, Motor, Fahrer, Fußgänger, Lastwagen, Krankenwagen, Straßen, Öl, Strafzettel, Motels usw. einführen. Da wir Klassen zur Repräsentation von Konzepten benutzen, stellt sich die Frage, wie die Beziehungen zwischen Konzepten dargestellt werden sollen. Wir können allerdings keine beliebigen Beziehungen direkt in einer Programmiersprache abbilden. Selbst wenn wir es könnten, würden wir es nicht wollen. Unsere Klassen sollten schmaler als unsere allgemeinen Konzepte definiert sein — und präziser. Der Begriff der abgeleiteten Klasse und die zugehörigen Sprachmittel sind vorhanden, um hierarchische Beziehungen, das heißt Gemeinsamkeiten zwischen Klassen, auszudrücken. Beispielsweise sind die Konzepte Kreis und Dreieck dadurch verwandt, daß beides Formen sind; das heißt, sie haben das Konzept Form gemeinsam. Deshalb müssen wir die Klassen Kreis und Dreieck ausdrücklich so definieren, daß sie die Klasse Form gemein haben. Würde man einen Kreis und ein Dreieck in einem Programm benutzen, ohne den Begriff der Form einzusetzen, würde man etwas Wichtiges verlieren. Dieses Kapitel erkundet die Auswirkungen dieser einfachen Idee, die die Basis für das ist, was man üblicherweise objektorientiertes Programmieren nennt.

Die Präsentation der Sprachmittel und Techniken schreitet vom Einfachen und Konkreten zum Fortgeschrittenen und Abstrakten fort. Für viele Programmierer wird dies eine Bewegung vom Vertrauten zum weniger Bekannten sein. Dies ist keine einfache Reise von den »schlechten alten Techniken« zum »einzig richtigen Weg«. Wenn ich die Schwachpunkte einer Technik herausstelle, um eine andere vorzuschlagen, so geschieht dies immer im Kontext eines bestimmten Problems; für andere Probleme oder in einem anderen Kontext mag die erste Technik die bessere Wahl sein.

Sinnvolle Software ist mit jeder der hier vorgestellten Techniken erstellt worden. Mein Ziel ist es, Ihnen zu helfen, die verschiedenen Techniken so weit zu verstehen, daß Sie für reale Probleme eine kluge und ausgewogene Wahl zwischen ihnen treffen können.

In diesem Kapitel führe ich die grundlegenden Sprachmittel für die objektorientierte Programmierung ein. Als nächstes wird die Nutzung dieser Mittel zur Entwicklung eines gut strukturierten Programms anhand eines größeren Beispiels gezeigt. Weitere Hilfsmittel zur objektorientierten Programmierung, wie Mehrfachvererbung und `run-time type identification`, werden in Kapitel 15 vorgestellt.

12.2   Abgeleitete Klassen

Betrachten wir ein Programm, das mit den Angestellten einer Firma arbeitet. Solch ein Programm könnte eine Datenstruktur wie die folgende haben:

```
struct Angestellter {
    string vorname, nachname;
    char initial;
    Datum einstellungsDatum;
    short abteilung;
    // ...
};
```

Als nächstes würden wir versuchen, einen Manager zu definieren:

```
struct Manager {
    Angestellter ang;              // Datensatz »Angestellter« des Managers
    list<Angestellter*> gruppe;    // zugeordnete Leute
    short stufe;
    // ...
};
```

Ein Manager ist auch ein Angestellter; die Angestellter–Daten sind im Element ang des Manager–Objekts gespeichert. Dies mag für einen menschlichen Leser — speziell einem sorgfältigen — offensichtlich sein. Aber es existiert nichts, was dem Compiler oder anderen Werkzeugen mitteilt, daß ein Manager auch ein Angestellter ist. Ein Manager* ist kein Angestellter*, deshalb kann man nicht einfach den einen da einsetzen, wo der andere gebraucht würde. Besonders kann man keinen Manager auf eine Liste von Angestellten[1] setzen, ohne dafür speziellen Code zu schreiben. Wir könnten entweder eine explizite Typumwandlung auf den Manager* anwenden, oder wir könnten die Adresse von ang auf die Liste von Angestellten setzen. Beide Lösungen sind jedoch unelegant und können ziemlich undurchsichtig sein. Der richtige Ansatz ist, explizit klarzustellen, daß ein Manager ein Angestellter mit ein paar zusätzlichen Informationen ist:

```
struct Manager : public Angestellter {
    list<Angestellter*> gruppe;
    short stufe;
    // ...
};
```

---

[1]   A.d.Ü.: Wenn Sie ab hier auch Angestellten sehen, muß es eigentlich Angestellter heißen. Dies erschien uns aber schwerer lesbar.

Der Manager ist von Angestellter *abgeleitet*, und umgekehrt ist Angestellter die *Basisklasse* von Manager. Die Klasse Manager hat alle Elemente der Klasse Angestellter (vorname, nachname usw.) zusätzlich zu seinen eigenen Elementen (gruppe, stufe usw.).

Eine Ableitung wird häufig graphisch durch einen Pfeil von der abgeleiteten Klasse zu ihrer Basisklasse dargestellt. Dies soll herausstellen, daß sich die abgeleitete Klasse auf ihre Basisklasse bezieht (und nicht umgekehrt):

Angestellter

Manager

Von einer abgeleiteten Klasse wird häufig gesagt, sie erbe Eigenschaften von ihrer Basisklasse, deshalb wird diese Beziehung *Vererbung* genannt. Eine Basisklasse wird manchmal auch Superklasse und die abgeleitete Klasse Subklasse genannt. Diese Terminologie ist aber verwirrend für Leute, die erkennen, daß die Daten im Objekt einer abgeleiteten Klasse eine Obermenge der Daten eines Objekts seiner Basisklasse sind. Eine abgeleitete Klasse ist größer als ihre Basisklasse in dem Sinne, daß sie mehr Daten enthält und mehr Funktionalität bereitstellt.

Eine verbreitete und effiziente Implementierung des Begriffs der abgeleiteten Klasse bildet ein Objekt der abgeleiteten Klasse als ein Objekt der Basisklasse ab, bei dem die Informationen, die zur abgeleiteten Klasse gehören, an das Ende angefügt sind. Beispiel:

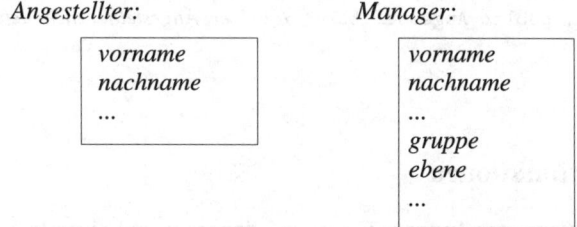

Wenn man auf diese Weise Manager von Angestellter ableitet, dann ist Manager ein Untertyp von Angestellter, so daß Manager überall benutzt werden kann, wo ein Angestellter akzeptiert würde. Beispielsweise können wir nun eine Liste von Angestellten, von denen einige Manager sind, erzeugen:

```
void f(Manager m1, Angestellter a1)
{
    list<Angestellter*> alist;

    alist.push_front(&m1);
    alist.push_front(&a1);
    // ...
}
```

Ein Manager ist (auch) ein Angestellter, deshalb kann ein Manager* als Angestellter* benutzt werden. Allerdings ist ein Angestellter nicht notwendigerweise ein Manager, deshalb kann ein Angestellter* nicht anstatt eines Manager* benutzt werden. Generell gilt: wenn eine

Klasse Abgeleitet eine öffentliche Basisklasse (§15.3) Basis hat, dann kann ein Abgeleitet*
einer Variablen vom Typ Basis* ohne Nutzung einer expliziten Typumwandlung zugewiesen werden. Die umgekehrte Konvertierung von Basis* nach Abgeleitet* muß explizit erfolgen. Beispiel:

```
void g(Manager mm, Angestellter aa)
{
    Angestellter* pe = &mm;  // OK: jeder Manager ist ein Angestellter
    Manager* pm = &aa;       // Fehler: nicht jeder Angestellte ist ein Manager

    pm->stufe = 2;           // Katastrophe: aa hat keine »stufe«

    pm = static_cast<Manager*>(pe); // Brutale Gewalt: funktioniert, weil
                                    // pe auf den Manager mm zeigt
    pm->stufe = 2;     // OK: pm zeigt auf den Manager mm, der eine »stufe« hat
}
```

Mit anderen Worten heißt dies, daß ein Objekt einer abgeleiteten Klasse wie ein Objekt seiner
Basisklasse behandelt werden kann, wenn es über Zeiger oder Referenzen manipuliert wird. Das
umgekehrte gilt nicht. static_cast und dynamic_cast werden in §15.4.2 vorgestellt.

Eine Klasse als Basisklasse zu benutzen ist äquivalent dazu, ein (unbenanntes) Objekt dieser
Klasse zu deklarieren. Deshalb muß eine Klasse definiert sein, bevor sie als Basisklasse benutzt
werden kann (§5.7):

```
class Angestellter; // Nur Deklaration, keine Definition

class Manager : public Angestellter { // Fehler: Angestellter nicht definiert
    // ...
};
```

12.2.1   Elementfunktionen

Einfache Datenstrukturen wie Angestellter und Manager sind eigentlich nicht so interessant
und häufig nicht besonders nützlich. Wir müssen Informationen als richtigen Typ mit einem Satz
an passenden Funktionen zur Abbildung des Konzepts angeben, und wir müssen dies tun, ohne
uns an die Details einer bestimmten Repräsentation zu binden. Beispiel:

```
class Angestellter {
    string vorname, nachname;
    char initial;
    // ...
public:
    void ausgeben() const;
    string vollerName() const
        { return vorname + ' ' + initial + ' ' + nachname; }
    // ...
};
```

```
class Manager : public Angestellter {
```

```
    // ...
public:
    void ausgeben() const;
    // ...
};
```

Ein Element einer abgeleiteten Klasse kann die öffentlichen — und die als `protected` (§15.3) geschützten — Elemente seiner Basisklasse so benutzen, als wären sie in der abgeleiteten Klasse selbst deklariert worden. Beispiel:

```
void Manager::ausgeben() const
{
    cout << "Der Name ist " << vollerName() << '\n';
    // ...
}
```

Eine abgeleitete Klasse kann allerdings keine privaten Elemente der Basisklasse benutzen:

```
void Manager::ausgeben() const
{
    cout << "Der Name ist " << nachname << '\n';   // Fehler!
    // ...
}
```

Die zweite Version von `Manager:ausgeben()` läßt sich nicht übersetzen. Ein Element einer abgeleiteten Klasse hat keine besonderen Zugriffsrechte auf die privaten Elemente seiner Basisklasse, deshalb kann auf `nachname` in `Manager::ausgeben()` nicht zugegriffen werden.

Dies ist für manche überraschend, aber man stelle sich die Alternative vor: Die Elementfunktionen einer abgeleiteten Klasse könnten auf private Elemente ihrer Basisklasse zugreifen. Das Konzept der privaten Elemente würde völlig sinnlos werden, wenn ein Programmierer einfach durch Ableiten einer neuen Klasse Zugriff auf die privaten Daten einer Klasse erhielte. Außerdem könnte man nicht mehr alle Benutzungen eines privaten Namens dadurch finden, daß man nur auf Elementfunktionen und `friend`–Funktionen einer Klasse schaut. Dies ist bestenfalls ermüdend und oft nicht durchführbar. Wo es sinnvoll ist, kann `protected` anstelle von `private` benutzt werden. Ein `protected` Element ist wie ein öffentliches Element für die Elemente einer abgeleiteten Klasse, jedoch wie ein privates für andere Funktionen (siehe §15.3).

Üblicherweise ist es die sauberste Lösung, wenn die abgeleitete Klasse nur auf die öffentlichen Elemente ihrer Basisklasse zugreift. Beispiel:

```
void Manager::ausgeben() const
{
    Angestellter::ausgeben();   // Informationen von Angestellter ausgeben

    cout << stufe;              // managerspezifische Informationen ausgeben
    // ...
}
```

Man beachte, daß `::` benutzt werden mußte, da `ausgeben()` in `Manager` überdefiniert wurde. Eine solche Wiederverwendung von Namen ist typisch. Der Unerfahrene könnte folgendes schreiben:

```
void Manager::ausgeben() const
{
    ausgeben();      // Peng!

    // Managerspezifische Informationen ausgeben
}
```

Er würde allerdings sein Programm in einer unerwarteten Folge von rekursiven Aufrufen wiederfinden.

12.2.2   Konstruktoren und Destruktoren

Einige abgeleitete Klassen benötigen Konstruktoren. Falls die Basisklasse einen Konstruktor hat, dann muß dieser aufgerufen werden; und falls dieser Konstruktor Argumente benötigt, so müssen diese bereitgestellt werden. Beispiel:

```
class Angestellter {
    string vorname, nachname;
    short abteilung;
    //...
public:
    Angestellter(const string& n, int d);
    //...
};

class Manager : public Angestellter {
    list<Angestellter*> gruppe;      // zugeordnete Leute
    short stufe;
    //...
public:
    Manager(const string& n, int d, int stf);
    //...
};
```

Argumente für den Konstruktor der Basisklasse werden in der Definition des Konstruktors der abgeleiteten Klassen angegeben. In dieser Hinsicht stellt sich eine Basisklasse genau wie ein Element der abgeleiteten Klasse dar (§10.4.6). Beispiel:

```
Angestellter::Angestellter(const string& n, int a)
    : nachname(n), abteilung(a)    // initialisiere Elemente
{
    //...
}

Manager::Manager(const string& n, int a, int stf)
    : Angestellter(n,a),       // initialisiere Basis
      stufe(stf)               // initialisiere Elemente
{
    //...
}
```

Der Konstruktor einer abgeleiteten Klasse kann nur Initialisierungen für seine eigenen Elemente und seine unmittelbaren Basisklassen angeben; er kann nicht direkt Elemente einer Basisklasse initialisieren. Beispiel:

```
Manager::Manager(const string& n, int a, int stf)
    : nachname(n),    // Fehler: nachname nicht in Manager deklariert
      abteilung(a),   // Fehler: abteilung nicht in Manager deklariert
      stufe(stf)
{
    // ...
}
```

Diese Definition enthält drei Fehler: sie versäumt es, den Konstruktor von `Angestellter` aufzurufen, und sie versucht zweimal, Elemente von `Angestellter` direkt zu initialisieren.

Klassenobjekte werden von unten nach oben konstruiert: zuerst die Basisklasse, dann die Elemente und schließlich die abgeleitete Klasse selbst. Sie werden in der umgekehrten Reihenfolge zerstört: zuerst die abgeleitete Klasse, dann die Elemente und dann die Basisklasse. Elemente und Basisklassen werden in der Reihenfolge ihrer Deklaration in der Klasse konstruiert und in der umgekehrten Reihenfolge zerstört (siehe auch §10.4.6 und §15.2.4.1).

12.2.3 Kopieren

Das Kopieren von Klassenobjekten wird durch den Copy–Konstruktor und Zuweisungen definiert (§10.4.4.1). Man betrachte:

```
class Angestellter {
    // ...
    Angestellter& operator=(const Angestellter&);
    Angestellter(const Angestellter&);
};

void f(const Manager& m)
{
    Angestellter e = m; // Erzeugt e aus dem Angestellter-Teil von m
    e = m;              // Weist den Angestellter-Teil von m an e zu
}
```

Da die Kopierfunktionen von `Angestellter` nichts über `Manager` wissen, wird nur der `Angestellten–Teil` von `Manager` kopiert. Dies wird allgemein als *Slicing* bezeichnet und kann eine Quelle von Überraschungen und Fehlern sein. Ein Grund, Zeiger und Referenzen auf Objekte in einer Hierarchie zu übergeben, besteht in der Absicht, dieses *Slicing* zu vermeiden. Andere Gründe sind die Möglichkeit der Polymorphie (§2.5.4, §12.2.6) und die Effizienz. Beachten Sie bitte, daß der Compiler einen Zuweisungsoperator generiert (§11.7), wenn Sie selber keinen definiert haben. Dies bedeutet auch, daß Zuweisungsoperatoren nicht vererbt werden.

12.2.4 Klassenhierarchien

Eine abgeleitete Klasse kann selbst wieder eine Basisklasse sein. Beispiel:

```
class Angestellter { /* ... */ };
class Manager : public Angestellter { /* ... */ };
```

```
class Vorstand : public Manager { /* ... */ };
```

Ein solcher Satz von verwandten Klassen wird traditionell *Klassenhierarchie* genannt. Eine solche Hierarchie ist meistens ein Baum, aber sie kann auch ein allgemeinerer Graph sein. Beispiel:

```
class Teilzeit { /* ... */ };
class Sekretaer : public Angestellter { /* ... */ };
class Tsek : public Teilzeit, public Sekretaer { /* ... */ };
class Berater : public Teilzeit, public Manager { /* ... */ };
```

Graphisch dargestellt sieht die Klassenhierarchie so aus:

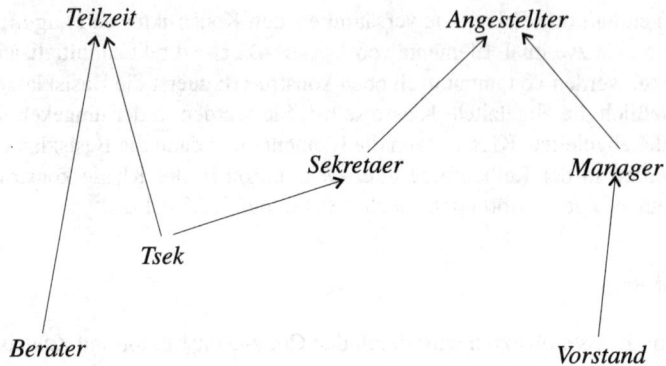

Das heißt, daß C++, wie in §15.2 im Detail erklärt wird, einen gerichteten azyklischen Klassen–Graphen abbilden kann.

12.2.5 Typkennung

Um abgeleitete Klassen nicht nur als bequeme Kurzschreibweise in Deklarationen zu benutzen, müssen wir das folgende Problem lösen: Wenn wir einen Zeiger vom Typ Basis* haben, zu welchem abgeleiteten Typ gehört dann das Objekt, auf das verwiesen wird? Es gibt vier grundsätzliche Lösungen dieses Problems:

1. Stellen Sie sicher, daß immer nur auf Objekte eines bestimmten Typs gezeigt wird (§2.7, Kapitel 13).
2. Setzen Sie eine Typkennung in der Basisklasse ein, die dann von den Funktionen ausgewertet wird.
3. Benutzen Sie dynamic_cast (§15.4.2, §15.4.5).
4. Benutzen Sie virtuelle Funktionen (§2.5.5, §12.2.6).

Zeiger auf Basisklassen werden häufig beim Design von Containerklassen wie Mengen, Vektoren und Listen benutzt. In diesem Fall führt Lösung 1 zu einer homogenen Liste, das heißt zu einer Liste von Objekten desselben Typs. Die Lösungen 2, 3 und 4 können zur Erstellung heterogener Listen benutzt werden, das sind Listen von Objekten (oder Zeigern auf Objekte) mit unterschiedlichen Typen. Lösung 3 ist eine von der Sprache unterstützte Variante von Lösung 2. Lösung 4 ist eine spezielle typsichere Variante von Lösung 2. Kombinationen der Lösungen 1 und 4 sind besonders interessant und mächtig; in fast jeder Situation führen sie zu saubererem Code als die Lösungen 2 und 3.

Schauen wir uns zuerst die Lösung mit der einfachen Typkennung an, damit wir sehen, warum man sie meistens besser meidet. Das Manager/Angestellter–Beispiel könnte so umdefiniert werden:

```
struct Angestellter {
    enum AngTyp { M, A };
    AngTyp typ;

    Angestellter() : typ(A) { }

    string vorname, nachname;
    char initial;
    Datum einstellungsDatum;
    short abteilung;
    // ...
};


struct Manager : public Angestellter {
    Manager() { typ = M; }

    list<Angestellter*> gruppe;   // zugeordnete Leute
    short stufe;
    // ...
};
```

Damit können wir nun eine Funktion schreiben, die Informationen über jeden Angestellten ausgibt:

```
void angestellterAusgeben(const Angestellter* a)
{
    switch (a->typ) {
    case Angestellter::A:
        cout << a->nachname << '\t' << a->abteilung << '\n';
        // ...
        break;
    case Angestellter::M:
        {   cout << a->nachname << '\t' << a->abteilung << '\n';
            // ...
            const Manager* p = static_cast<const Manager*>(a);
            cout << " Stufe " << p->stufe << '\n';
            // ...
            break;
        }
    }
}
```

Diese Funktion benutzen wir, um eine Liste von Angestellten auszugeben:

```
void listeAusgeben(const list<Angestellter*>& alist)
{
    for (list<Angestellter*>::const_iterator p = alist.begin();
            p!=alist.end(); ++p)
                angestellterAusgeben(*p);
}
```

Dies funktioniert gut, besonders in einem kleinen Programm, das von einer Person gewartet wird. Es hat allerdings eine grundlegende Schwäche: Es basiert darauf, daß der Programmierer Daten auf eine Weise manipuliert, die nicht vom Compiler geprüft werden kann. Dieses Problem verschlimmert sich noch dadurch, daß Funktionen wie angestellterAusgeben() so organisiert werden, daß sie Vorteile aus den Gemeinsamkeiten der Klassen ziehen. Beispiel:

```
void angestellterAusgeben(const Angestellter* a)
{
    cout << a->nachname << '\t' << a->abteilung << '\n';
    // ...
    if (a->typ == Angestellter::M) {
        const Manager* p = static_cast<const Manager*>(a);
        cout << " Stufe " << p->stufe << '\n';
        // ...
    }
}
```

Es kann schwierig sein, alle diese Abfragen der Typkennung zu finden, die tief in einer großen Funktion vergraben sind, die viele abgeleitete Klassen behandelt. Selbst wenn sie gefunden werden, kann es schwierig sein, ihren Sinn zu verstehen. Außerdem bedeutet die Einführung jeder neuen Art von Angestellter eine Änderung in den Schlüsselfunktionen des Programms — denen, die die Typkennung abprüfen. Der Programmierer muß jede denkbare Funktion untersuchen, ob sie die Typkennung nach der Änderung berücksichtigen muß. Dazu muß er kritischen Quellcode anfassen und anschließend den betroffenen Code testen, was einigen Aufwand verursacht. Wenn Sie feststellen, daß eine explizite Typumwandlung benutzt wird, ist das ein guter Hinweis darauf, daß eine Verbesserung möglich ist.

Anders gesagt: die Nutzung von Typkennungen ist eine fehleranfällige Technik, die zu Wartungsproblemen führt. Das Problem verschlimmert sich mit steigender Programmgröße, da die Nutzung einer Typkennung die Prinzipien von Modularität und Datenkapselung verletzt. Jede Funktion, die eine Typkennung ausnutzt, muß über die Repräsentation und andere Details der Implementierung jeder Klasse Bescheid wissen, die von der Klasse, die die Typkennung eingeführt hat, abgeleitet wurde.

Es scheint außerdem, daß die Existenz von gemeinsamen Daten, auf die aus jeder abgeleiteten Klasse zugegriffen werden kann (wie etwa eine Typkennung), Programmierer dazu verführt, noch mehr solcher Daten hinzuzufügen. Die gemeinsame Basis wird dann der Aufbewahrungsort für alle möglichen »nützlichen Informationen«. Daraus folgt, daß die Implementierung der Basisklasse und der abgeleiteten Klassen auf eine Weise verwoben wird, die absolut nicht wünschenswert ist. Um ein sauberes Design und gute Wartbarkeit zu haben, wollen wir unterschiedliche Aspekte getrennt lassen und gegenseitige Abhängigkeiten vermeiden.

12.2.6   Virtuelle Funktionen

Virtuelle Funktionen beheben das Problem der Typkennung dadurch, daß sie es dem Programmierer erlauben, Funktionen in der Basisklasse zu deklarieren, die in jeder abgeleiteten Klasse redefiniert werden können. Der Compiler und Binder garantieren die korrekte Zuordnung zwischen Objekten und den auf sie angewandten Funktionen. Beispiel:

```
class Angestellter {
    string vorname, nachname;
    short abteilung;
```

```
    // ...

public:
    Angestellter(const string& name, int abt);
    virtual void ausgeben() const;
    // ...
};
```

Das Schlüsselwort *virtual* zeigt an, daß ausgeben() als Schnittstelle zur ausgeben()–Funktion, die in dieser Klasse definiert wurde, und zu ausgeben()–Funktionen in von ihr abgeleiteten Klassen dienen kann. Wo solche ausgeben()–Funktionen in abgeleiteten Klassen definiert wurden, stellt der Compiler sicher, daß das richtige ausgeben() für einen beliebigen Angestellten in jedem Fall aufgerufen wird.

Um es einer Deklaration einer virtuellen Funktion zu ermöglichen, als Schnittstelle zu Funktionen, die in abgeleiteten Klassen definiert werden, zu dienen, dürfen sich die Argumenttypen für die in der abgeleiteten Klasse spezifizierte Funktion nicht von denen der Basisklasse unterscheiden. Für den Rückgabetyp sind nur ganz kleine Änderungen möglich (§15.6.2). Eine virtuelle Elementfunktion wird manchmal auch *Methode* genannt.

Eine virtuelle Funktion *muß* in der Klasse, die sie als erste deklariert, auch definiert werden (es sei denn, es ist eine rein virtuelle Funktion, siehe §12.3). Beispiel:

```
void Angestellter::ausgeben() const
{
    cout << nachname << '\t' << abteilung << '\n';
    // ...
}
```

Eine virtuelle Funktion kann auch benutzt werden, wenn keine Klasse von ihrer Klasse abgeleitet wurde, und eine abgeleitete Klasse, die keine eigene Version einer virtuellen Funktion benötigt, braucht auch keine anzubieten. Wenn man eine Klasse ableitet, schreibt man einfach eine passende Funktion, wenn sie gebraucht wird. Beispiel:

```
class Manager : public Angestellter {
    list<Angestellter*> gruppe;
    short stufe;
    // ...
public:
    Manager(const string& name, int abt, int stf);
    void ausgeben() const;
    // ...
};

void Manager::ausgeben() const
{
    Angestellter::ausgeben();
    cout << "\t Stufe " << stufe << '\n';
    // ...
}
```

Eine Funktion einer abgeleiteten Klasse mit demselben Namen und demselben Satz an Argumenttypen wie eine virtuelle Funktion in einer Basisklasse *überschreibt* die Version der virtuellen Funktion aus der Basisklasse. Außer wenn wir explizit angeben, welche Version einer virtuellen

Funktion aufgerufen wird (wie etwa mit `Angestellter::ausgeben()`), wird die überschreibende Funktion als die am besten passende für das Objekt, für das sie aufgerufen wurde, gewählt.

Die globale Funktion `angestellterAusgeben()` (§12.2.5) ist nun unnötig, da die Elementfunktionen `ausgeben()` ihren Platz übernommen haben. Eine Liste von `Angestellten` kann so ausgegeben werden:

```
void listeAusgeben(const list<Angestellter*>& s)
{
    for (list<Angestellter*>::const_iterator p = s.begin(); p!=s.end(); ++p)
    // siehe §2.7.2
        (*p)->ausgeben();
}
```

Auch diese Form ist möglich:

```
void listeAusgeben(const list<Angestellter*>& s)
{
    for_each(s.begin(),s.end(),mem_fun(&Angestellter::ausgeben));
    // siehe §3.8.5
}
```

Jeder `Angestellter` wird passend zu seinem Typ ausgegeben. Beispiel:

```
int main()
{
    Angestellter a("Brown",1234);
    Manager m("Smith",1234,2);
    list<Angestellter*> ang;
    ang.push_front(&a);     // siehe §2.5.4
    ang.push_front(&m);
    listeAusgeben(ang);
}
```

Ergebnis:

```
Smith   1234
    Stufe 2
Brown   1234
```

Man beachte, daß dies selbst dann funktioniert, wenn `listeAusgeben()` geschrieben und übersetzt wurde, bevor überhaupt nur an die abgeleitete Klasse `Manager` gedacht wurde! Dies ist ein wesentlicher Aspekt von Klassen. Wenn dies richtig angewandt wird, wird es ein Grundpfeiler des objektorientierten Designs und bietet Stabilität für ein sich entwickelndes Programm.

Daß man »das richtige« Verhalten für eine Funktion von `Angestellter` unabhängig davon erhält, welche Art von `Angestellter` man eigentlich benutzt, wird *Polymorphismus* genannt. Ein Typ mit virtuellen Funktionen wird *polymorpher Typ* genannt. Um ein polymorphes Verhalten in C++ zu erzielen, müssen die aufgerufenen Elementfunktionen virtuell sein, und die Objekte müssen über Zeiger oder Referenzen manipuliert werden. Wenn man ein Objekt direkt bearbeitet (statt über einen Zeiger oder eine Referenz), ist sein genauer Typ dem Compiler bekannt, und es wird kein Polymorphismus zur Laufzeit benötigt.

Es ist klar, daß der Compiler, um Polymorphismus zu implementieren, irgendwelche Typinformationen in jedem Objekt der Klasse `Angestellter` speichern muß, die er dann nutzt, um die richtige Version der virtuellen Funktion `ausgeben()` aufzurufen. In einer typischen Implementierung wird dabei gerade genug Speicher belegt, um einen Zeiger abzulegen (§2.5.5). Dieser Platz wird nur in Objekten einer Klasse mit virtuellen Funktionen benötigt — nicht in jedem Objekt, und noch nicht einmal in jedem Objekt einer abgeleiteten Klasse. Sie müssen diesen Mehraufwand nur für Klassen erbringen, in denen Sie virtuelle Funktionen deklariert haben. Hätten Sie sich für die alternative Lösung mit der Typkennung entschieden, wäre eine vergleichbare Menge an Speicher für die Typkennung benötigt worden.

Wenn man eine Funktion mit dem Bereichsauflösungsoperator `::` aufruft (wie in `Manager::ausgeben()`), stellt dies sicher, daß der Mechanismus zum Aufruf von virtuellen Funktionen nicht benutzt wird. Anderenfalls würde `Manager::ausgeben()` mit einer unendlichen Rekursion enden. Die Benutzung eines qualifizierten Namens hat noch einen anderen erwünschten Effekt: Falls eine virtuelle Funktion `inline` ist (was nicht ungewöhnlich ist), kann die `inline`–Ersetzung beim Aufruf über `::` durchgeführt werden. Dies bietet dem Programmierer eine effiziente Möglichkeit, einige wichtige Spezialfälle zu behandeln, bei denen eine virtuelle Funktion eine andere für dasselbe Objekt aufruft. Die `Manager::ausgeben()`–Funktion ist ein Beispiel hierfür. Da der Typ des Objekts im Aufruf von `Manager::ausgeben()` ermittelt wird, muß er für den Aufruf von `Angestellter::ausgeben()` nicht dynamisch ermittelt werden.

Man sollte sich in Erinnerung rufen, daß die traditionelle und naheliegende Implementierung des Aufrufs einer virtuellen Funktion ein indirekter Funktionsaufruf ist (§2.5.5). Deshalb sollten Effizienzüberlegungen niemanden davon abhalten, eine virtuelle Funktion überall dort einzusetzen, wo auch ein normaler Funktionsaufruf aus Effizienzsicht akzeptabel wäre.

12.3 Abstrakte Klassen

Viele Klassen ähneln `Angestellter` in der Hinsicht, daß sie sowohl selbständig als auch als Basisklasse nützlich sind. Für solche Klassen ist die im vorherigen Abschnitt vorgestellte Technik ausreichend. Es folgen aber nicht alle Klassen diesem Muster. Einige Klassen, wie etwa die Klasse `Form`, repräsentieren ein abstraktes Konzept, für das keine Objekte existieren können. Eine `Form` ist nur sinnvoll als Basis für davon abgeleitete Klassen. Dies kann man daran erkennen, daß es nicht möglich ist, einsichtige Definitionen für ihre virtuellen Funktionen zu geben:

```
class Form {
public:
    virtual void drehe(int) { fehler("Shape::drehe"); } // unelegant
    virtual void zeichne() { fehler("Shape::zeichne"); }
    // ...
};
```

Eine `Form` dieser unspezifizierten Art anzulegen ist zwar albern, aber erlaubt:

```
Form f;   // Albern: »formlose Form«
```

Es ist albern, weil jede Operation auf f einen Fehler liefert.

Eine bessere Alternative ist es, die virtuellen Funktionen der Klasse `Form` als *rein virtuelle Funktionen* zu deklarieren. Eine virtuelle Funktion wird durch die Initialisierung =0 »rein gemacht«.

```
class Form {
public:
    virtual void drehe(int) =0;        // rein virtuelle Funktion
```

```
        virtual void zeichne() =0;          // rein virtuelle Funktion
        virtual bool istGeschlossen() =0; // rein virtuelle Funktion
        // ...
    };
```

Eine Klasse mit einer oder mehreren rein virtuellen Funktionen ist eine *abstrakte Klasse*, und es können keine Objekte dieser abstrakten Klasse erzeugt werden:

```
    Form f;   // Fehler: Variable der abstrakten Klasse Form
```

Eine abstrakte Klasse kann nur als Schnittstelle und als Basisklasse für andere Klassen dienen. Beispiel:

```
    class Position { /* ... */ };

    class Kreis : public Form {
    public:
        void drehe(int) { }                    // überschreibt Form::drehe
        void zeichne();                        // überschreibt Form::zeichne
        bool istGeschlossen() { return true; } // überschreibt Form::istGeschlossen

        Kreis(Position p, int r);
    private:
        Position mitte;
        int radius;
    };
```

Eine rein virtuelle Funktion, die in der abgeleiteten Klasse nicht definiert wurde, bleibt rein virtuell. Deshalb ist die abgeleitete Klasse dann auch eine abstrakte Klasse. Dies erlaubt es, Implementierungen in Schritten durchzuführen:

```
    class Polygon : public Form {    // abstrakte Klasse
    public:
        bool istGeschlossen() { return true; } // überschreibt Form::istGeschlossen
        // ... zeichne und drehe nicht überschrieben
    };


    Polygon b;   // Fehler: Deklaration eines Objekts der abstrakten Klasse Polygon

    class IrregulaeresPolygon : public Polygon {
        list<Position> lp;
    public:
        void zeichne();          // überschreibt Form::zeichne
        void drehe(int);         // überschreibt Form::drehe
        // ...
    };


    IrregulaeresPolygon poly(einigePunkte); // OK, passenden Konstruktor vorausgesetzt
```

Eine wichtige Anwendung von abstrakten Klassen ist es, eine Schnittstelle anzubieten, ohne irgendwelche Implementierungsdetails bekanntzugeben. Beispielsweise könnte ein Betriebssystem die Details seiner Gerätetreiber hinter einer abstrakten Klasse verbergen:

```
class Character_device {
public:
    virtual int open(int opt) = 0;
    virtual int close(int opt) = 0;
    virtual int read(char* p, int n) = 0;
    virtual int write(const char* p, int n) = 0;
    virtual int ioctl(int ...) = 0;
    virtual ~Character_device() { }        // virtueller Destruktor
};
```

Wir können Gerätetreiber als von `Character_device` abgeleitete Klassen spezifizieren und etliche Treiber über diese Schnittstelle manipulieren. Wie wichtig ein virtueller Destruktor ist, wird in §12.4.2 erklärt.

Mit der Einführung von abstrakten Klassen haben wir die grundlegenden Möglichkeiten, ein komplettes Programm modular zu erstellen, indem wir Klassen als Bausteine benutzen.

12.4 Design von Klassenhierarchien

Betrachten wir ein einfaches Designproblem: Schaffe einen Weg für ein Programm, um einen ganzzahligen Wert von einer Bedienoberfläche zu erhalten. Dafür gibt es eine erschreckende Anzahl von Möglichkeiten. Um unser Programm von dieser Vielzahl abzugrenzen und um zusätzlich eine Chance zu haben, die möglichen Designentscheidungen zu erkunden, starten wir mit der Definition des Modells dieser einfachen Eingabeoperation. Wir lassen die Details der Implementierung mit einem echten User–Interface–System für später übrig.

Das Konzept ist, eine Klasse `Ival_box`[2] zu benutzen, die weiß, welchen Bereich an Eingabewerten sie akzeptiert. Ein Programm kann eine `Ival_box` nach ihrem Wert fragen und von ihr verlangen, daß sie den Benutzer gegebenenfalls zur Eingabe auffordert. Zusätzlich kann ein Programm eine `Ival_box` fragen, ob der Benutzer seit der letzten Abfrage des Programms den Wert geändert hat.

Da es viele Wege gibt, diese grundlegende Idee zu implementieren, müssen wir annehmen, daß es viele verschiedene Arten von `Ival_box`en gibt, etwa Schieber, einfache Eingabefelder, in die der Benutzer eine Zahl eingibt, Regler oder Sprachsteuerung.

Der generelle Ansatz ist, ein »virtuelles User–Interface–System« für die Anwendung zu bauen. Dieses System bietet einige der Dienste, die existierende User–Interface–Systeme haben. Es kann auf einer breiten Auswahl von Systemen implementiert werden, um die Portierbarkeit des Codes zu gewährleisten. Natürlich gibt es auch andere Mittel, um eine Anwendung vom User–Interface–System zu trennen. Ich habe diesen Ansatz ausgewählt, weil er allgemeiner Natur ist, weil er es mir erlaubt, eine breite Palette an Techniken und Designabwägungen zu demonstrieren, weil diese Techniken die sind, die auch in »richtigen« User–Interface–Systemen benutzt werden, und — was am wichtigsten ist — weil diese Techniken auf Probleme weit jenseits des kleinen Bereichs eines User–Interface–Systems angewandt werden können.

---

[2] A.d.Ü.: Da sich das folgende Beispiel an existierende Systeme anlehnt, wurde auf eine Übersetzung der Namen von Klassen, Elementen und Funktionen weitestgehend verzichtet.

12.4.1   Eine traditionelle Klassenhierarchie

Unsere erste Lösung ist eine traditionelle Klassenhierarchie, wie sie häufig in Simula, Smalltalk und älteren C++–Programmen gefunden wird.

Die Klasse Ival_box definiert die Basisschnittstelle für alle Ival_boxen und spezifiziert eine Standardimplementierung, die von spezifischeren Ival_boxen mit deren eigenen Versionen überschrieben werden kann. Zusätzlich deklarieren wir die Daten, die für die Implementierung der grundlegenden Funktionen nötig sind:

```
class Ival_box {
protected:
    int val;
    int low, high;
    bool changed;
public:
    Ival_box(int ll, int hh) { changed = false; val = low = ll; high = hh; }

    virtual int get_value() { changed = false; return val; }
    virtual void set_value(int i) { changed = true; val = i; }
            // für den Benutzer
    virtual void reset_value(int i) { changed = false; val = i; }
            // für die Anwendung
    virtual void prompt() { }
    virtual bool was_changed() const { return changed; }
};
```

Die Standardimplementierung der Funktionen ist recht schlampig und steht hier nur, um die gewünschte Semantik zu illustrieren. Eine realistische Klasse würde beispielsweise eine Wertebereichsprüfung bieten.

Ein Programmierer könnte diese »ival–Klassen« etwa so benutzen:

```
void interact(Ival_box* pb)
{
    pb->prompt();        // Benutzer informieren
    // ...
    int i = pb->get_value();
    if (pb->was_changed()) {
        // neuer Wert, auswerten
    }
    else {
        // Der alte Wert war OK, mache etwas anderes
    }
    // ...
}

void eineFunktion()
{
    Ival_box* p1 = new Ival_slider(0,5); // Ival_slider, abgeleitet von Ival_box
    interact(p1);
```

```
        Ival_box* p2 = new Ival_dial(1,12);
        interact(p2);
}
```

Anwendungscode ist meistens mit (Zeigern auf) einfache(n) `Ival_boxen` ähnlich wie in `interact()` geschrieben. Auf diese Weise muß die Anwendung nichts über die unter Umständen große Anzahl von Varianten des `Ival_box`–Konzepts wissen. Das Wissen über solche spezialisierten Klassen ist auf die relativ wenigen Funktionen beschränkt, die diese Objekte erzeugen. Dies isoliert den Anwender von Änderungen in der Implementierung dieser abgeleiteten Klassen. Der meiste Code braucht sich nicht darum zu kümmern, daß es verschiedene Arten von `Ival_boxen` gibt.

Um die Diskussion zu vereinfachen, gehe ich nicht auf das Problem ein, wie ein Programm auf Eingaben wartet. Vielleicht wartet das Programm tatsächlich auf den Benutzer in `get_value()`, vielleicht verknüpft es die `Ival_box` mit einem Ereignis und bereitet die Reaktion auf einen Callback vor, oder vielleicht startet es einen Thread für die `Ival_box` und fragt später den Zustand des Threads ab. Solche Entscheidungen sind kritisch für das Design eines User–Interface–Systems. Sie hier auch nur annähernd genau und ausführlich zu beschreiben würde nur von der Präsentation der Programmiertechniken und Sprachmittel ablenken. Die hier beschriebenen Designtechniken und die Sprachmittel, die sie unterstützen, sind nicht nur auf User–Interface–Systeme anwendbar. Sie umfassen einen weit größeren Bereich an Problemen.

Die verschiedenen Arten von `Ival_boxen` sind als von `Ival_box` abgeleitete Klassen definiert. Beispiel:

```
class Ival_slider : public Ival_box {
    // Graphik, um das Aussehen des Sliders zu bestimmen, usw.
public:
    Ival_slider(int, int);

    int get_value();
    void prompt();
};
```

Die Datenelemente von `Ival_box` wurden als `protected` deklariert, um den Zugriff aus abgeleiteten Klassen heraus zu erlauben. Daher kann `Ival_slider::get_value()` einen Wert in `Ival_box::val` ablegen. Auf ein `protected` Element kann von den Elementen der eigenen Klasse und von den Elementen der abgeleiteten Klassen zugegriffen werden, nicht jedoch von generellen Benutzern (siehe §15.3).

Zusätzlich zu `Ival_slider` würden wir andere Varianten des `Ival_box`–Konzepts definieren. Dies könnte `Ival_dial` einschließen, bei dem der Benutzer durch Drehen eines Knopfes einen Wert einstellt, oder `Flashing_ival_slider`, der bei der Eingabeaufforderung `prompt()` blinkt, oder `Popup_eval_slider`, der bei `prompt()` an einer gut sichtbaren Stelle erscheint und es damit für den Benutzer schwermacht, ihn zu ignorieren.

Woher würden wir die graphischen Funktionen bekommen? Die meisten User–Interface–Systeme bieten eine Klasse an, die die grundlegenden Eigenschaften eines Elements auf dem Bildschirm anbietet. Würden wir also das System von »Big Bucks, Inc.« benutzen, müßten wir jede unserer `Ival_slider`–, `Ival_dial`– usw.–Klassen zu einer Art von `BBwindow` machen. Dies würde am einfachsten erreicht werden, indem wir unsere `Ival_box` so umschreiben würden, daß sie von `BBwindow` abgeleitet wäre. Auf diese Weise würden alle unsere Klassen die Eigenschaften von `BBwindow` erben. Dann könnte jede `Ival_box` auf den Bildschirm gebracht werden, würde den Regeln des Graphikstils genügen, könnte vergrößert, verkleinert und verschoben werden usw., entsprechend den Vorgaben des BBwindow–Systems. Unsere Klassenhierarchie sähe so aus:

```
class Ival_box : public BBwindow { /* ... */ }; // neu geschrieben mit BBwindow
class Ival_slider : public Ival_box { /* ... */ };
class Ival_dial : public Ival_box { /* ... */ };
class Flashing_ival_slider : public Ival_slider { /* ... */ };
class Popup_ival_slider : public Ival_slider { /* ... */ };
```

Graphisch sieht das so aus:

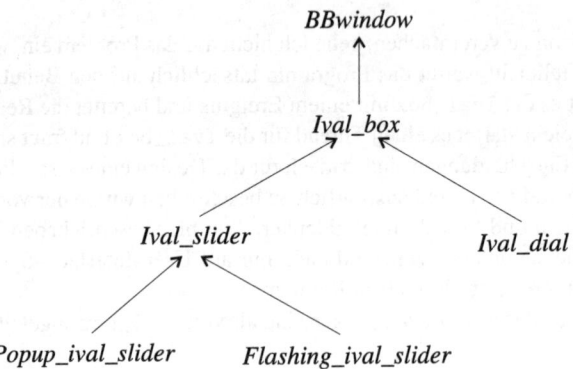

12.4.1.1 Kritische Betrachtung

Das Design ist unter verschiedenen Gesichtspunkten gut anwendbar, und für viele Probleme ist diese Art der Hierarchie eine gute Lösung. Es gibt allerdings ein paar ungeschickte Detailprobleme, die es angebracht erscheinen lassen, sich auch alternative Designs anzuschauen.

Wir haben BBwindow als Basisklasse für Ival_box nachgerüstet. Das ist nicht ganz in Ordnung. Die Nutzung von BBwindow ist nicht Teil unserer grundlegenden Vorstellung einer Ival_box; das ist ein Implementierungsdetail. Das Ableiten von Ival_box von BBwindow hat ein Implementierungsdetail zu einer erstrangigen Designentscheidung befördert. Das kann richtig sein. Es kann beispielsweise eine strategische Entscheidung unseres Unternehmens sein, nur im Umfeld von Systemen von »Big Buck, Inc.« zu arbeiten. Was wäre aber, wenn wir auch Implementierungen unserer Ival_box für Systeme von »Imperial Bananas«, »Liberated Software« und »Compiler Whizzes« haben wollten? Wir müßten vier verschiedene Versionen unseres Programms warten:

```
class Ival_box : public BBwindow { /* ... */ }; // BB-Version
class Ival_box : public CWwindow { /* ... */ }; // CW-Version
class Ival_box : public IBwindow { /* ... */ }; // IB-Version
class Ival_box : public LSwindow { /* ... */ }; // LS-Version
```

Wenn man viele Versionen hat, kann die Versionskontrolle zum Alptraum werden.

Ein weiteres Problem ist, daß jede abgeleitete Klasse die grundlegenden Daten teilt, die in Ival_box deklariert wurden. Diese Daten sind natürlich ein Implementierungsdetail, das sich in unsere Ival_box–Schnittstelle geschlichen hat. Von einem praktischen Standpunkt aus sind es auch häufig die falschen Daten. Beispielsweise muß ein Ival_slider seinen Wert nicht besonders speichern. Er kann leicht aus der Position des Schiebers berechnet werden, sobald jemand get_value() aufruft. Generell bekommt man Probleme, wenn man zwei zusammengehörende, aber unterschiedliche Datensätze hat. Früher oder später wird sie jemand inkonsistent machen. Auch zeigt die Erfahrung, daß unerfahrene Programmierer dazu neigen, sich auf unnötige Weise mit protected Daten zu beschäftigen und damit ein Wartungsproblem zu schaffen. Daten sollten besser privat sein, damit die Schreiber von abgeleiteten Klassen damit nicht herumspielen können. Noch besser wären die Daten in den abgeleiteten Klassen aufgehoben, wo sie genau passend zur Anforderung definiert werden können und nicht den unabhängigen abgeleiteten Klassen das Leben schwermachen. In fast allen Fällen sollte eine protected Schnittstelle nur Funktionen, Typen und Konstanten enthalten.

Das Ableiten von BBwindow hat den Vorteil, die Hilfsmittel von BBwindow dem Anwender einer Ival_box verfügbar zu machen. Leider bedeutet dies auch, daß Änderungen an der Klasse BBwindow unter Umständen dazu führen, daß der Anwender seinen Code neu übersetzen oder sogar anpassen muß, damit sein Code diese Änderungen übersteht. So wie die meisten C++–Implementierungen arbeiten, müssen bei einer Änderung der Größe der Basisklasse alle abgeleiteten Klassen neu übersetzt werden.

Schließlich könnte es sein, daß unser Programm in einer heterogenen Umgebung mit Fenstern verschiedener User–Interface–Systeme laufen muß. Dies könnte passieren, weil zwei Systeme denselben Bildschirm benutzen oder weil unser Programm mit Anwendern auf verschiedenen Systemen kommunizieren muß. Dadurch, daß wir unser User–Interface–System festverdrahtet als alleinige Basis für unsere einzige Ival_box haben, sind wir einfach nicht flexibel genug, um mit solchen Problemen fertig zu werden.

12.4.2 Abstrakte Klassen

Fangen wir von vorn an, und schaffen wir eine neue Klassenhierarchie, die die Probleme löst, die in der Kritik der traditionellen Hierarchie angesprochen wurden:

1. Das User–Interface–System sollte ein Implementierungsdetail sein, das vor allen Anwendern, die sich nicht dafür interessieren, verborgen ist.
2. Die Ival_box–Klasse sollte keine Daten enthalten.
3. Es sollte keine Neuübersetzung des Codes, der eine Ival_box benutzt, notwendig sein, wenn sich am User–Interface–System etwas ändert.
4. Ival_boxen für verschiedene User–Interface–Systeme sollten in einem Programm koexistieren können.

Es gibt mehrere Ansätze, dies zu erreichen. Ich präsentiere hier einen, der sich gut auf C++ abbilden läßt.

Zuerst spezifiziere ich die Klasse Ival_box als reine Schnittstelle:

```
class Ival_box {
public:
    virtual int get_value() = 0;
    virtual void set_value(int i) = 0;
    virtual void reset_value(int i) = 0;
    virtual void prompt() = 0;
    virtual bool was_changed() const = 0;
    virtual ~Ival_box() { }
};
```

Dies ist viel sauberer als die Originaldeklaration von `Ival_box`. Die Daten sind verschwunden und genauso die simplizistischen Implementierungen der Elementfunktionen. Verschwunden ist auch der Konstruktor, da es für ihn keine Daten zum Initialisieren gibt. Statt dessen habe ich einen virtuellen Destruktor hinzugefügt, der dafür sorgt, daß die in den abgeleiteten Klassen definierten Daten ordentlich aufgeräumt werden.

Die Definition von `Ival_slider` könnte so aussehen:

```
class Ival_slider : public Ival_box, protected BBwindow {
public:
    Ival_slider(int,int);
    ~Ival_slider();

    int get_value();
    void set_value(int i);
    // ...
protected:
    // Funktionen, die die virtuellen Funktionen von BBwindows überschreiben,
    // z.B. BBwindow::draw(), BBwindow::mouse1hit()
private:
    // Daten, die für den Schieber benötigt werden
};
```

Die abgeleitete Klasse `Ival_slider` erbt von einer abstrakten Klasse `Ival_box`, die es erfordert, daß die rein virtuellen Funktionen der Basisklasse implementiert werden. Sie erbt zusätzlich von BBwindow die Möglichkeiten, dies zu tun. Da `Ival_box` die Schnittstelle für die abgeleitete Klasse liefert, wird hier `public` abgeleitet. Da BBwindow nur eine Implementierungshilfe ist, wird hier `protected` abgeleitet (§15.3.2). Dies bedeutet, daß ein Programmierer, der `Ival_slider` benutzt, nicht direkt auf die Funktionalität von BBwindow zugreifen kann. Die Schnittstelle, die von `Ival_slider` angeboten wird, ist die von `Ival_box` ererbte plus dem, was `Ival_slider` explizit deklariert. Ich habe die `protected` Ableitung statt der restriktiveren (und normalerweise sichereren) privaten Ableitung benutzt, damit BBwindow für von `Ival_slider` abgeleitete Klassen verfügbar bleibt.

Das direkte Ableiten von mehr als einer Klasse wird gewöhnlich *Mehrfachvererbung* (englisch: *multiple inheritance*) genannt (§15.2). Man beachte, daß `Ival_slider` Funktionen sowohl aus `Ival_box` als auch aus BBwindow überschreiben muß. Daher muß sie direkt oder indirekt von beiden abgeleitet sein. Wie in §12.4.1.1 gezeigt, ist es möglich, daß `Ival_slider` indirekt von BBwindow abgeleitet wird, indem man BBwindow als Basisklasse für `Ival_box` einsetzt, aber dies hat unerwünschte Seiteneffekte. Ähnlich ist es keine Lösung, die »Implementierungsklasse« BBwindow als Element von `Ival_box` zu benutzen, da eine Klasse keine virtuellen Funktionen ihrer Elemente überschreiben kann (§24.3.4). Der Ansatz, das Fenster durch ein Element BBwindow* in `Ival_box` zu repräsentieren, führt zu einem komplett unterschiedlichen Design mit einer anderen Menge von Vor– und Nachteilen (§12.7–Ü14, §25.7).

Interessanterweise erlaubt es diese Deklaration von `Ival_slider`, daß der Anwendungscode genau wie zuvor geschrieben werden kann. Wir haben nur die Implementierungsdetails auf eine logischere Art strukturiert.

Viele Klassen müssen etwas für ein Objekt aufräumen, bevor es freigegeben wird. Da die abstrakte Klasse `Ival_box` nicht wissen kann, ob eine abgeleitete Klasse einen solchen Aufräumvorgang benötigt, muß sie davon ausgehen. Wir stellen korrektes Aufräumen sicher, indem wir einen virtuellen Destruktor `Ival_box::~Ival_box()` in der Basisklasse definieren und ihn in den abgeleiteten Klassen passend überschreiben. Beispiel:

```
void f(Ival_box* p)
{
    //...
    delete p;
}
```

Der `delete`–Operator zerstört explizit das Objekt, auf das p zeigt. Wir können nicht genau wissen, zu welcher Klasse das Objekt gehört, auf das p zeigt, aber Dank des virtuellen Destruktors von `Ival_box` wird vernünftig durch den (optional) für diese Klasse definierten Destruktor aufgeräumt.

Die `Ival_box`–Hierarchie kann nun wie folgt definiert werden:

```
class Ival_box { /* ... */ };
class Ival_slider : public Ival_box, protected BBwindow { /* ... */ };
class Ival_dial : public Ival_box, protected BBwindow { /* ... */ };
class Flashing_ival_slider : public Ival_slider { /* ... */ };
class Popup_ival_slider : public Ival_slider { /* ... */ };
```

Die graphische Darstellung (mit ein paar offensichtlichen Abkürzungen) sieht wie folgt aus:

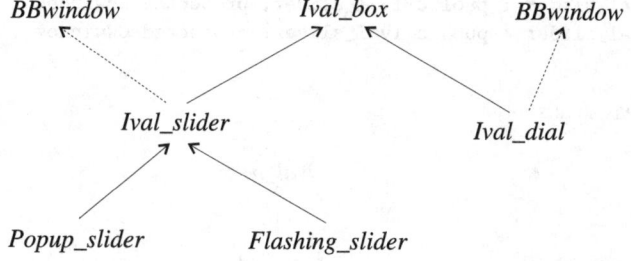

Ich habe gestrichelte Linien benutzt, um die `protected` Vererbung darzustellen. Soweit es den allgemeinen Anwender betrifft, ist die `protected` Vererbung einfach ein Implementierungsdetail.

12.4.3 Alternative Implementierungen

Dieses Design ist sauberer und leichter wartbar als das traditionelle — und nicht weniger effizient. Es löst allerdings noch immer nicht das Problem der Versionskontrolle:

```
class Ival_box { /* ... */ };    // gemeinsam
class Ival_slider : public Ival_box, protected BBwindow { /* ... */ };
         // für BB
class Ival_slider : public Ival_box, protected CWwindow { /* ... */ };
         // für CW
//...
```

Zusätzlich gibt es keinen Weg, einen `Ival_slider` für BBwindow mit einem `Ival_slider` für CWwindow koexistieren zu lassen, selbst wenn das für die beiden User–Interface–Systeme möglich wäre.

Die naheliegende Lösung ist es, verschiedene `Ival_slider`–Klassen mit unterschiedlichen Namen zu definieren:

```
class Ival_box { /* ... */ };
class BB_ival_slider : public Ival_box, protected BBwindow { /* ... */ };
class CW_ival_slider : public Ival_box, protected CWwindow { /* ... */ };
// ...
```

Graphisch dargestellt sieht das so aus:

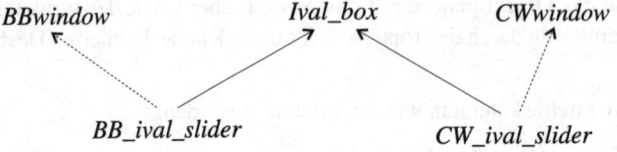

Um unsere anwendungsorientierte `Ival_box` noch weiter von Implementierungsdetails zu isolieren, können wir eine abstrakte Klasse `Ival_slider` von `Ival_box` ableiten und dann davon systemspezifische `Ival_slider` ableiten:

```
class Ival_box { /* ... */ };
class Ival_slider : public Ival_box { /* ... */ };
class BB_ival_slider : public Ival_slider, protected BBwindow { /* ... */ };
class CW_ival_slider : public Ival_slider, protected CWwindow { /* ... */ };
// ...
```

Graphisch sieht das so aus:

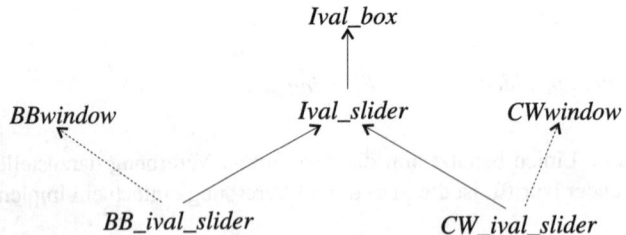

Gewöhnlich ist es besser, spezifischere Klassen in der Implementierungshierarchie einzusetzen. Wenn beispielsweise das »Big Bucks, Inc.«–System eine Slider–Klasse hätte, könnten wir unser `Ival_slider` direkt von `BBslider` ableiten:

```
class BB_ival_slider : public Ival_slider, protected BBslider { /* ... */ };
class CW_ival_slider : public Ival_slider, protected CWslider { /* ... */ };
```

Graphisch sieht das so aus:

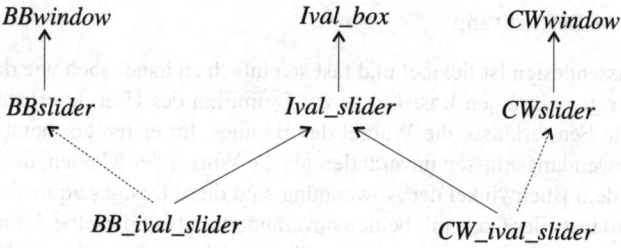

Diese Verbesserung wird signifikant, wenn — wie nicht unüblich — unsere Abstraktion von der des für die Implementierung benutzten Systems nicht zu unterschiedlich ist. In diesem Fall wird die Programmierung auf das Abbilden zwischen ähnlichen Konzepten reduziert. Ableitungen von generellen Basisklassen wie BBwindow kommen dann nur selten vor.

Die vollständige Hierarchie besteht dann aus unserer ursprünglichen anwendungsorientierten konzeptionellen Hierarchie aus Schnittstellen, die durch abgeleitete Klassen dargestellt werden:

```
class Ival_box { /* ... */ };
class Ival_slider : public Ival_box { /* ... */ };
class Ival_dial : public Ival_box { /* ... */ };
class Flashing_ival_slider : public Ival_slider { /* ... */ };
class Popup_ival_slider : public Ival_slider { /* ... */ };
```

Auf sie folgt die Implementierung dieser Hierarchie für verschiedene graphische User–Interface–Systeme, ausgedrückt durch abgeleitete Klassen:

```
class BB_ival_slider : public Ival_slider, protected BBslider { /* ... */ };
class BB_flashing_ival_slider : public Flashing_ival_slider,
      protected BBwindow_with_bells_and_whistles { /* ... */ };
class BB_popup_ival_slider : public Popup_ival_slider, protected BBslider { /*
... */ };
class CW_ival_slider : public Ival_slider, protected CWslider { /* ... */ };
// ...
```

Mit ein paar naheliegenden Abkürzungen kann diese Hierarchie graphisch so dargestellt werden:

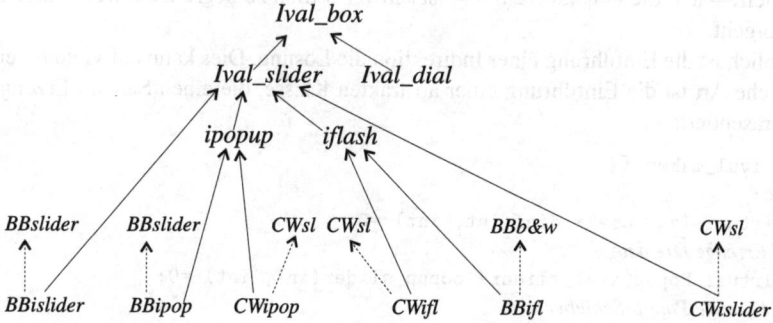

Die ursprüngliche Ival_box–Klassenhierarchie erscheint ungeändert und wird von den Implementierungsklassen umgeben.

12.4.3.1   Kritische Betrachtung

Das abstrakte Klassendesign ist flexibel und fast so einfach zu handhaben wie das äquivalente Design, das auf einer gemeinsamen Basisklasse zur Definition des User–Interface–Systems basiert. In letzterem ist die Fensterklasse die Wurzel des Baumes. Im ersten erscheint die ursprüngliche Hierarchie der Anwendungsklassen unverändert als die Wurzel der Klassen, die ihre Implementierung stellen. Aus dem Blickwinkel der Anwendung sind diese Designs äquivalent auch unter dem Gesichtspunkt, daß fast aller Code mit beiden unverändert und auf dieselbe Art und Weise arbeitet. In beiden Fällen kann man die `Ival_box`–Familie von Klassen betrachten, ohne in den meisten Fällen die fensterbezogenen Implementierungsdetails berücksichtigen zu müssen. Beispielsweise müßten wir `interact()` aus §12.4.1 nicht umschreiben, wenn wir zwischen den Klassenhierarchien wechseln würden.

In allen Fällen müßte die Implementierung jeder `Ival_box`–Klasse geändert werden, wenn sich die öffentliche Schnittstelle des User–Interface–Systems ändern würde. Im abstrakten Klassendesign ist jedoch fast aller Anwendungscode gegen Änderungen in der Implementierungshierarchie geschützt und würde keiner Neuübersetzung nach einer solchen Änderung bedürfen. Dies ist dann besonders wichtig, wenn der Lieferant der Implementierungshierarchie eine neue »fast kompatible« Version herausgibt. Zusätzlich sind die Benutzer der abstrakten Klassenhierarchie in geringerer Gefahr, auf eine proprietäre Implementierung festgenagelt zu sein, als die Anwender einer klassischen Hierarchie. Benutzer der `Ival_box`–Hierarchie von abstrakten Anwendungsklassen können nicht versehentlich die Funktionalität der Implementierung benutzen, da nur ausdrücklich die in der `Ival_box`–Hierarchie spezifizierte Funktionalität zugänglich ist; nichts wird implizit von einer implementierungsabhängigen Basisklasse geerbt.

12.4.4   Objekterzeugung örtlich begrenzen

Der größte Teil einer Anwendung kann mit der `Ival_box`–Schnittstelle erstellt werden. Sollten sich außerdem die abgeleiteten Schnittstellen so entwickeln, daß sie eine größere Funktionalität als `Ival_box` haben, dann kann der größte Teil einer Anwendung mit `Ival_box`–, `Ival_slider`– usw. –Schnittstellen realisiert werden. Das Erzeugen von Objekten muß allerdings mittels implementierungsabhängiger Namen wie `CW_ival_dial` und `BB_flashing_ival_slider` geschehen. Wir wollen die Anzahl der Stellen, an denen solche spezifischen Namen benutzt werden, möglichst gering halten — und die Objekterzeugung ist schwer örtlich zu begrenzen, wenn man nicht systematisch vorgeht.

Wie üblich ist die Einführung einer Indirektion die Lösung. Dies kann auf viele Arten erfolgen. Eine einfache Art ist die Einführung einer abstrakten Klasse, die einen Satz an Erzeugungsfunktionen repräsentiert:

```
class Ival_maker {
public:
    virtual Ival_dial* dial(int, int) =0;
    // Erzeuge Drehknopf
    virtual Popup_ival_slider* popup_slider(int, int) =0;
    // Erzeuge Popup-Schieber
    // ...
};
```

Für jede Schnittstelle aus der `Ival_box`–Familie von Klassen, die ein Benutzer kennen sollte, bietet die Klasse `Ival_maker` eine Funktion, die ein entsprechendes Objekt erzeugt. Solch eine Klasse wird manchmal als *Fabrik* (englisch: *factory*) bezeichnet, und ihre Funktionen werden manchmal (etwas mißverständlich) *virtuelle Konstruktoren* (englisch: *virtual constructors*) (§15.6.2) genannt.

Wir repräsentieren nun jedes User–Interface–System mit einer Klasse, die von `Ival_maker` abgeleitet wird:

```
class BB_maker : public Ival_maker {          // erzeuge BB-Versionen
public:
    Ival_dial* dial(int, int);
    Popup_ival_slider* popup_slider(int, int);
    // ...
};

class LS_maker : public Ival_maker {          // Erzeuge LS-Versionen
public:
    Ival_dial* dial(int, int);
    Popup_ival_slider* popup_slider(int, int);
    // ...
};
```

Jede Funktion erzeugt ein Objekt für die gewünschte Schnittstelle und Implementierung. Beispiel:

```
Ival_dial* BB_maker::dial(int a, int b)
{
    return new BB_ival_dial(a,b);
}

Ival_dial* LS_maker::dial(int a, int b)
{
    return new LS_ival_dial(a,b);
}
```

Mit einem Zeiger auf einen `Ival_maker` kann ein Benutzer nun Objekte erzeugen, ohne genau wissen zu müssen, welches User–Interface–System benutzt wird. Beispiel:

```
void user(Ival_maker* pim)
{
    Ival_box* pb = pim->dial(0,99); // erzeugt passenden Drehknopf
    // ...
}


BB_maker BB_impl;          // für BB-Benutzer
LS_maker LS_impl;          // für LS-Benutzer

void driver()
{
    user(&BB_impl); // Benutze BB
    user(&LS_impl); // Benutze LS
}
```

12.5   Klassenhierarchien und abstrakte Klassen

Eine abstrakte Klasse ist eine Schnittstelle. Eine Klassenhierarchie ist eine Möglichkeit, Klassen inkrementell zu entwickeln. Natürlich bietet jede Klasse eine Schnittstelle für den Benutzer, und einige abstrakte Klassen haben eine signifikante Funktionalität, auf die man aufbauen kann. Trotzdem sind »Schnittstelle« und »Baustein« die eigentlichen Rollen von abstrakten Klassen und Klassenhierarchien.

Eine klassische Hierarchie ist eine solche, in der die individuellen Klassen sowohl eine nützliche Funktionalität für den Benutzer anbieten als auch als Bausteine für die Implementierung von fortgeschritteneren oder spezialisierten Klassen dienen. Solche Hierarchien sind ideal für die Programmierung durch schrittweise Verfeinerung. Sie bieten die maximale Unterstützung für die Implementierung von neuen Klassen, solange diese eng an die existierende Hierarchie angelehnt sind.

Klassische Hierarchien tendieren dazu, Implementierungsangelegenheiten sehr eng mit der Schnittstelle zum Benutzer zu koppeln. Abstrakte Klassen können hier helfen. Hierarchien von abstrakten Klassen bieten einen sauberen und mächtigen Weg, um Konzepte ohne Behinderung durch Implementierungsangelegenheiten oder wesentlichen Mehrverbrauch an Laufzeit auszudrücken. Schließlich ist der Aufruf einer virtuellen Funktion billig, und es besteht kein Unterschied dabei, welche Art von Abstraktionsgrenze er überqueren muß. Der Aufruf einer Elementfunktion einer abstrakten Klasse verursacht keine höheren Kosten als der Aufruf jeder anderen virtuellen Funktion.

Die logische Folgerung dieses Gedankengangs ist ein System, das sich dem Benutzer als Hierarchie von abstrakten Klassen darstellt und das durch eine klassische Hierarchie implementiert wird.

12.6   Ratschläge

1. Vermeiden Sie Typkennungen; §12.2.5.
2. Benutzen Sie Zeiger und Referenzen, um das *Slicing* zu vermeiden; §12.2.3.
3. Benutzen Sie abstrakte Klassen, um das Design auf das Anbieten klarer Schnittstellen zu fokussieren; §12.3.
4. Benutzen Sie abstrakte Klassen, um Schnittstellen klein zu halten; §12.4.2.
5. Benutzen Sie abstrakte Klassen, um Implementierungsdetails aus der Schnittstelle herauszuhalten; §12.4.2.
6. Benutzen Sie virtuelle Funktionen, um das Hinzufügen neuer Implementierungen ohne Beeinflussung des Benutzercodes zu erlauben; §12.4.1.
7. Benutzen Sie abstrakte Klassen, um die Recompilierung von Anwendungscode zu minimieren; §12.4.2.
8. Benutzen Sie abstrakte Klassen, um alternativen Implementierungen die Koexistenz zu ermöglichen; §12.4.3.
9. Eine Klasse mit mindestens einer virtuellen Funktion sollte einen virtuellen Destruktor haben; §12.4.2.
10. Eine abstrakte Klasse benötigt üblicherweise keinen Konstruktor; §12.4.2.
11. Halten Sie die Repräsentationen von verschiedenen Konzepten auseinander; §12.4.1.1.

12.7 Übungen

Ü1 (*1) Definieren Sie

```
class Basis {
public:
    virtual void ichBin() { cout << "Basis\n"; }
};
```

Leiten Sie zwei Klassen von Basis ab, und definieren Sie für jede ichBin() so, daß der Name der Klasse ausgegeben wird. Erzeugen Sie Objekte dieser Klassen, und rufen Sie ichBin() für sie auf. Weisen Sie Zeiger auf Objekte der abgeleiteten Klassen an Basis*–Zeiger zu, und rufen Sie ichBin() über diese Zeiger auf.

Ü2 (*3,5) Implementieren Sie ein einfaches Graphiksystem mit den graphischen Möglichkeiten, die auf Ihrem System verfügbar sind. (Falls Sie kein gutes Graphiksystem haben oder sich mit keinem auskennen, können Sie auch eine »Riesen-Zeichen«–Implementierung benutzen, bei der ein Punkt eine Zeichenposition ist und Sie ein passendes Zeichen wie etwa * an diese Stelle schreiben.) Fenster(b,h) erzeugt einen b mal h großen Bereich auf dem Bildschirm. Punkte auf dem Bildschirm werden mit (x,y)–Koordinaten (kartesisch) adressiert. Ein Fenster f hat eine aktuelle Position f.aktuell(). Zu Anfang hat aktuell den Wert Position(0,0). Die aktuelle Position kann mit f.aktuell(p) gesetzt werden, wobei p eine Position ist. Eine Position wird über eine Koordinate spezifiziert: Position(x,y). Eine Linie wird über zwei Positionen bestimmt: Linie(f.aktuell(), p2); die Klasse Form ist die gemeinsame Schnittstelle für Punkt, Linie, Rechteck, Kreis usw. Eine Position ist keine Form. Ein Punkt(p) kann benutzt werden, um eine Position p auf dem Bildschirm darzustellen. Eine Form ist unsichtbar, bis zeichne() aufgerufen wurde; zum Beispiel f.zeichne(Kreis(f.aktuell(),10)). Jede Form hat neun Kontaktpunkte: o (ost), w (west), n (nord), s (süd), no, nw, so, sw und z (zentriert). Linie(x.z(), y.nw()) erzeugt eine Linie vom Mittelpunkt von x zur linken oberen Ecke von y. Nach dem zeichne()n einer Form ist die aktuelle Position das so() der Form. Ein Rechteck wird durch seine linke untere und rechte obere Ecke bestimmt: Rechteck(f.aktuell(), Position(10,10)). Als einfachen Test zeichnen Sie ein einfaches Kinderbild eines Hauses: ein Dach, zwei Fenster und eine Tür.

Ü3 (*2) Wichtige Aspekte einer Form erscheinen als Liniensegmente auf dem Bildschirm. Implementieren Sie Operationen, die das Aussehen dieser Segmente ändern: f.dicke(n) setzt die Liniendicke auf 0, 1, 2 oder 3, wobei 2 der Standard ist und 0 unsichtbar bedeutet. Zusätzlich kann ein Liniensegment noch durchgezogen, gestrichelt oder punktiert sein. Dies wird durch Form:linienart() gesetzt.

Ü4 (*2,5) Schreiben Sie eine Funktion Linie::pfeilspitze(), die Pfeilspitzen an das Ende einer Linie anfügt. Eine Linie hat zwei Enden, und die Pfeilspitze kann, bezogen auf die Linie, in zwei Richtungen zeigen. Deshalb müssen das oder die Argumente von pfeilspitze() mindestens vier Alternativen erlauben.

Ü5 (*3,5) Stellen Sie sicher, daß Punkte und Liniensegmente, die außerhalb des Fensters liegen, nicht auf dem Bildschirm angezeigt werden. Dies wird häufig »Clipping« genannt. Benutzen Sie für diese Übung nicht das Clipping ihres für die Implementierung benutzten Graphiksystems.

Ü6 (*2,5) Fügen Sie einen Text–Typ zum Graphiksystem hinzu. Ein Text ist eine rechteckige Form, die Zeichen anzeigt. Standardmäßig ist jedes Zeichen eine Einheit entlang jeder Koordinatenachse groß.

Ü7 (∗2) Definieren Sie eine Funktion, die eine Linie zwischen zwei Formen zeichnet, indem sie
die beiden am nächsten beieinanderliegenden Kontaktpunkte findet und sie verbindet.

Ü8 (∗3) Führen Sie den Farbbegriff in das Graphiksystem ein. Drei Dinge können farbig sein: der
Hintergrund, das Innere einer geschlossenen Form und die Liniensegmente einer Form.

Ü9 (∗2) Betrachten Sie:

```
class Char_vec {
    int groesse;
    char element[1];
public:
    static Char_vec* neuer_char_vec(int s);
    char& operator[](int i) { return element[i]; }
    // ...
};
```

Definieren Sie neuer_char_vec() so, daß er kontinuierlichen Speicher für ein Char_vec-
Objekt anlegt, damit die Elemente mit element wie gezeigt indiziert werden können. Unter
welchen Umständen führt dieser Trick zu ernsthaften Problemen?

Ü10 (∗2,5) Für die Klassen Kreis, Quadrat und Dreieck, jeweils abgeleitet von Form, soll eine
Funktion ueberlappt() definiert werden, die für zwei Form*-Argumente passende Funktionen aufruft, um festzustellen, ob sich die beiden überlappen. Es ist dazu notwendig, passende
(virtuelle) Funktionen zu den Klassen zuzufügen. Halten Sie sich nicht damit auf, den Code zu
schreiben, der auf Überlappung prüft; achten Sie nur darauf, daß sie die richtigen Funktionen
aufrufen. Dies wird allgemein als *double dispatch* oder eine *multi–method* bezeichnet.

Ü11 (∗5) Entwerfen und implementieren Sie eine Bibliothek zum Schreiben von ereignisgetrie-
benen Simulationen. Tip: <task.h>. Dies ist jedoch ein altes Programm, und Sie können das
besser. Es sollte eine Klasse task geben. Ein Objekt der Klasse task sollte in der Lage sein,
seinen Zustand zu speichern und wiederherzustellen (definieren Sie dazu task::save() und
task::restore()), um als Koroutine arbeiten zu können. Bestimmte Tasks können als Objekte von von task abgeleiteten Klassen definiert werden. Das Programm, das von einer Task
ausgeführt werden soll, könnte als virtuelle Funktion definiert werden. Es sollte möglich sein,
Argumente an eine neue Task als Argumente an ihren Konstruktor zu übergeben. Es sollte
einen Scheduler geben, der das Konzept der virtuellen Zeit implementiert. Schreiben Sie eine Funktion task::delay(long), die virtuelle Zeit »verbraucht«. Ob der Scheduler Teil der
Klasse task oder eine separate Funktion wird, ist eine der wesentlichen Designentscheidungen. Die Tasks müssen kommunizieren. Entwerfen Sie eine Klasse queue dafür. Entwickeln
Sie eine Möglichkeit, daß eine Task auf Eingaben von mehreren queues warten kann. Behandeln Sie Laufzeitfehler systematisch gleich. Wie würden Sie Programme debuggen, die mit
dieser Bibliothek erstellt worden wären?

Ü12 (∗2) Definieren Sie Schnittstellen für Krieger–, Monster– und Objekt–Klassen (das ist ein
Ding, das man aufheben, wegwerfen, benutzen usw. kann) für ein Rollenspiel.

Ü13 (∗1,5) Warum gibt es sowohl eine Position– als auch eine Punkt–Klasse in §12.7–Ü2?
Unter welchen Umständen wäre es günstig, die Form–Klassen mit konkreten Versionen von
Schlüsselklassen wie Linie zu erweitern?

Ü14 (∗3) Skizzieren Sie eine andere Implementierungsstrategie für das Ival_box–Beispiel aus
§12.4, die auf der Idee basiert, daß jede Klasse, die die Anwendung sieht, eine Schnittstelle ist,
die einen einzigen Zeiger auf die Implementierung enthält. So wird jede »Schnittstellenklasse« ein Handle auf eine »Implementierungsklasse«, und es gibt eine Schnittstellenhierarchie

und eine Implementierungshierarchie. Schreiben Sie Codestückchen, die detailliert genug sind, um mögliche Probleme mit der Typanpassung aufzuzeigen. Betrachten Sie die Einfachheit der Nutzung, die Einfachheit der Programmierung, die Einfachheit der Wiederbenutzung von Implementierung und Schnittstellen beim Zufügen eines neuen Konzepts zur Hierarchie, die Einfachheit, mit der Änderungen an Implementierung und Schnittstellen durchgeführt werden können, und die Notwendigkeit, nach einer Änderung der Implementierung neu zu übersetzen.

Templates

13

Your quote here.
— *B. Stroustrup*

13.1 Einleitung

Unabhängige Konzepte sollten unabhängig repräsentiert und nur wenn nötig kombiniert werden. Wenn dieses Prinzip verletzt wird, fügen Sie entweder nicht zusammenhängende Konzepte zusammen oder Sie erzeugen unnötige Abhängigkeiten. Auf jeden Fall erhalten Sie einen weniger flexiblen Satz an Komponenten, aus dem Sie Ihr System aufbauen können. Templates bieten einen einfachen Weg, eine weite Spanne an generellen Konzepten zu repräsentieren, und einfache Möglichkeiten, sie zu kombinieren. Die entstehenden Klassen und Funktionen können mit handgeschriebenem und mehr spezialisiertem Code bezüglich Laufzeit und Speicherbedarf konkurrieren.

Templates bieten eine direkte Unterstützung für generisches Programmieren (§2.7), das heißt Programmierung mit Typen als Parametern. Der C++–Template–Mechanismus erlaubt es, einen Typ als Parameter für eine Klasse oder eine Funktion anzugeben. Ein Template ist nur von den Eigenschaften seiner Parametertypen, die es tatsächlich benutzt, abhängig. Verschiedene Typen, die ein Template als Parameter erhält, müssen nicht ausdrücklich zusammenhängen. Insbesondere brauchen die Typen nicht aus einer gemeinsamen Vererbungshierarchie zu stammen.

Templates werden hier mit dem primären Fokus auf Techniken für das Design, die Implementierung und die Benutzung der Standardbibliothek eingeführt. Die Standardbibliothek benötigt ein größeres Maß an Generalität, Flexibilität und Effizienz als die meiste andere Software. Entsprechend sind Techniken, die in Design und Implementierung der Standardbibliothek eingesetzt werden können, effektiv und effizient im Design von Lösungen für eine große Anzahl von Problemen. Diese Techniken erlauben es einem Implementierer, fortschrittliche Implementierungen hinter einer einfachen Schnittstelle zu verbergen und komplexe Sachverhalte nur dann dem Anwender zu zeigen, wenn der einen besonderen Grund hat. Beispielsweise kann `sort(v)` eine Schnittstelle zu einer Vielzahl von Sortieralgorithmen für Elemente mit verschiedenen Typen in verschiedenen Containern sein. Die Sortierfunktion, die für ein spezielles v am geeignetsten ist, wird automatisch ausgewählt.

Jede wesentliche Abstraktion in der Standardbibliothek wird als Template abgebildet (z.B. `string`, `ostream`, `complex`, `list` und `map`). Das gleiche gilt für die wichtigsten Funktionen (z.B. `string`–Vergleiche, der Ausgabeoperator `<<`, `complex`–Addition, Holen des nächsten Elements einer `list` und sort). Dies macht die Kapitel über die Standardbibliothek (Teil 3) zu einer ergiebigen Quelle von Beispielen für Templates und darauf basierenden Programmiertechniken.

Entsprechend konzentriert sich dieses Kapitel auf kleinere Beispiele, die technische Aspekte von Templates und fundamentale Techniken zu ihrem Einsatz illustrieren:

§13.2: Die grundlegenden Mechanismen zur Definition und Benutzung von Templates

§13.3: Funktions–Templates, überladene Funktionen und Typermittlung

§13.4: Template–Parameter zur Spezifikation von Verfahren für generische Algorithmen

§13.5: Mehrfache Definition für alternative Implementierungen eines Templates

§13.6: Ableitung und Templates (Laufzeit– und Übersetzungszeit–Polymorphismus)

§13.7: Organisation des Quellcodes

Templates wurden in §2.7.1 und §3.8 eingeführt. Detaillierte Regeln für die Auflösung von Template–Namen, Template–Syntax, usw. finden Sie in §C.13.

13.2   Ein einfaches String–Template

Betrachten wir eine Zeichenkette. Ein `String` ist eine Klasse, die Zeichen enthält und Operationen (wie Indizierung, Konkatenation und Vergleiche) bereitstellt, die wir gewöhnlich mit dem Begriff »String« assoziieren. Wir möchten dieses Verhalten für viele verschiedene Arten von Zeichen haben. Beispielsweise sind Strings mit `signed char`, mit `unsigned char`, mit chinesischen Zeichen, mit griechischen Zeichen usw. in verschiedenen Umgebungen sinnvoll. Daher möchten wir den Begriff »String« mit nur minimaler Abhängigkeit von einer speziellen Art von Zeichen repräsentieren. Die Definition eines Strings basiert auf der Tatsache, daß ein Zeichen kopiert werden kann, und auf wenig anderem. Daher können wir einen generelleren Typ String erhalten, indem wir den String von char aus §11.12 nehmen und den Typ der Zeichen als Parameter angeben:

```
template<class C> class String {
    struct Srep;
    Srep *rep;
public:
    String();
    String(const C*);
    String(const String&);

    C read(int i) const;
    //...
};
```

Das Präfix `template<class C>` gibt an, daß ein Template deklariert wird und daß ein Argument C als Typ in der Deklaration benutzt werden wird. Nach der Einführung wird C genau wie jeder andere Typname benutzt. Der Gültigkeitsbereich von C geht bis zum Ende der Deklaration, die mit dem Präfix `template<class C>` begonnen hat. Man beachte, daß `template<class C>` bedeutet, daß C ein *Typ*name ist; es braucht nicht der Name einer *Klasse* sein.

Der Name eines Klassen–Templates, gefolgt von einem Typ, eingeschlossen von spitzen Klammern <>, ist der Name einer Klasse (wie vom Template definiert) und kann genau wie andere Klassennamen benutzt werden. Beispiel:

```
String<char> cs;
String<unsigned char> us;
String<wchar_t> ws;
```

```
class Jchar {
    // Japanische Zeichen
};

String<Jchar> js;
```

Abgesehen von der speziellen Syntax für ihren Namen arbeitet die Klasse `String<char>` genauso, als wäre sie mit der Definition der Klasse `String` aus §11.12 angelegt worden. Das Umwandeln von `String` in ein Template erlaubt es uns, die Funktionalität, die wir beim `String` aus char hatten, auf `Strings` aus allen möglichen Zeichen auszudehnen. Wenn wir beispielsweise die map aus der Standardbibliothek und das `String`–Template benutzen, wird aus dem Wortzählbeispiel aus §11.8 folgendes:

```
int main()    // Zählt das Auftreten jedes Wortes in der Eingabe
{
    String<char> buf;
    map<String<char>,int> m;
    while (cin>>buf) m[buf]++;
    // Ergebnis ausgeben
}
```

Die Version für unseren Typ der japanischen Zeichen `Jchar` wäre:

```
int main()    // Zählt das Auftreten jedes Wortes in der Eingabe
{
    String<Jchar> buf;
    map<String<Jchar>,int> m;
    while (cin>>buf) m[buf]++;
    // Ergebnis ausgeben
}
```

Die Standardbibliothek enthält die Template–Klasse `basic_string`, die der als Template geschriebenen Klasse `String` (§11.12, §20.3) ähnelt. In der Standardbibliothek ist `string` als Synonym für `basic_string<char>` definiert:

```
typedef basic_string<char> string;
```

Somit können wir das Wortzählprogramm wie folgt schreiben:

```
int main()    // Zählt das Auftreten jedes Wortes in der Eingabe
{
    string buf;
    map<string,int> m;
    while (cin>>buf) m[buf]++;
    // Ergebnis ausgeben
}
```

Generell sind `typedef`s hilfreich, um die langen Namen von aus Templates generierten Klassen abzukürzen. Außerdem möchten wir häufig nicht wissen, wie ein Typ im Detail definiert ist, und ein `typedef` erlaubt es uns, die Tatsache zu verstecken, daß ein Typ aus einem Template generiert wird.

13.2.1   Definieren eines Templates

Eine Klasse, die aus einem Klassen–Template generiert wurde, ist eine vollkommen normale Klasse. Die Nutzung eines Templates bewirkt keinen Laufzeitmechanismus neben dem, der für eine äquivalente »handgeschriebene« Klasse notwendig wäre. Auch bewirkt sie nicht notwendigerweise eine Verringerung des generierten Codes.

Es ist normalerweise eine gute Idee, eine Klasse wie `String` auszutesten, bevor man sie in ein Template wie `String<C>` umwandelt. Dadurch behandeln wir viele Designprobleme und die meisten Codefehler im Kontext eines konkreten Falles. Diese Art des Debugging ist allen Programmierern vertraut, und die meisten Leute können besser mit einem konkreten Beispiel als mit einem abstrakten Konzept umgehen. Später können wir uns mit Problemen, die aus der Generalisierung entstehen könnten, beschäftigen, ohne uns von den konventionellen Fehlern ablenken zu lassen. Entsprechend ist es zum Verständnis eines Templates oft einfacher, sich sein Verhalten mit einem bestimmten Typ vorzustellen, bevor man versucht, das Template in seiner ganzen Generalität zu verstehen.

Elemente einer Template–Klasse werden genauso deklariert und definiert wie die einer Nicht–Template–Klasse. Ein Template–Element muß nicht innerhalb der Template–Klasse selbst definiert sein. In dem Fall muß seine Definition anderswo stattfinden, genau wie bei Elementen von Nicht–Template–Klassen (§C.13.7). Elemente einer Template–Klasse sind selbst Templates, die mit den Parametern ihrer Template–Klasse parametrisiert werden. Wenn ein solches Element außerhalb seiner Klasse definiert wird, muß es explizit als Template deklariert werden. Beispiel:

```
template<class C> struct String<C>::Srep {
    C* s;          // Zeiger auf die Elemente
    int sz;        // Anzahl der Elemente
    int n;         // Referenzzähler
    // ...
};

template<class C> C String<C>::read(int i) const { return rep->s[i]; }

template<class C> String<C>::String()
{
    rep = new Srep(0,C());
}
```

Template–Parameter wie `C` sind Parameter und keine Namen von Typen, die außerhalb des Templates definiert wurden. Dies beeinflußt allerdings nicht die Art und Weise, wie wir sie im Template–Code benutzen. Im Bereich von `String<C>` ist die qualifizierte Angabe von `<C>` für den Template–Namen selbst redundant, so ist etwa `String<C>::String` der Name des Konstruktors. Falls Sie es vorziehen, können Sie auch explizit schreiben:

```
template<class C> String<C>::String<C>()
{
    rep = new Srep(0,C());
}
```

Genau wie es in einem Programm nur eine Funktion geben kann, die eine Elementfunktion definiert, kann es in einem Programm nur ein Funktions–Template geben, das die Elementfunktion des Klassen–Templates definiert. Ein Überladen ist jedoch nur für Funktionen möglich (§13.3.2), während die Spezialisierung (§13.5) es uns erlaubt, alternative Implementierungen für ein Template anzubieten.

Es ist nicht möglich, den Namen eines Klassen–Templates zu überladen. Falls ein Klassen–Template in einem Gültigkeitsbereich deklariert wurde, dann kann nichts anderes dort mit demselben Namen deklariert werden (siehe auch §13.5). Beispiel:

```
template<class T> class String { /* ... */ };
```

```
class String { /* ... */ }; // Fehler: doppelte Definition
```

Ein Typ, der als Template–Argument benutzt wird, muß die Schnittstelle, die das Template von ihm erwartet, erbringen. Beispielsweise muß ein Typ, der als Argument für String benutzt wird, die üblichen Kopieroperationen anbieten (§10.4.4.1, §20.2.1). Man beachte, daß es nicht erforderlich ist, daß verschiedene Argumente für dasselbe Template über Vererbung verbunden sind.

13.2.2 Template–Instanziierung

Der Prozeß des Generierens einer Klassendeklaration aus einer Template–Klasse und einem Template–Argument wird häufig *Template–Instanziierung* (§C.13.7) (englisch: *template instantiation*) genannt. Entsprechend wird eine Funktion aus einer Template–Funktion und einem Template–Argument generiert. Eine Version eines Templates für ein bestimmtes Template–Argument wird *Spezialisierung* genannt.

Generell ist es die Aufgabe der C++-Implementierung — *nicht die des Programmierers* — dafür zu sorgen, daß die verschiedenen Versionen einer Template–Funktion für jeden benutzten Satz von Template–Argumenten generiert werden (§C.13.7). Beispiel:

```
String<char> cs;

void f()
{
    String<Jchar> js;

    cs = "Es ist Aufgabe der Implementierung, herauszufinden, welcher
Code generiert werden muß.";
}
```

In diesem Fall generiert die Implementierung Deklarationen für String<char> und String<Jchar>, für ihre korrespondierenden Srep–Typen, für ihre Destruktoren und Default–Konstruktoren und für die Zuweisung String<char>::operator=(char*). Andere Elementfunktionen werden nicht benutzt und sollten nicht generiert werden. Die generierten Klassen sind völlig normale Klassen, die alle üblichen Regeln für Klassen befolgen. Entsprechend sind alle generierten Funktionen normale Funktionen, die die üblichen Regeln für Funktionen befolgen.

Offensichtlich bieten Templates eine mächtige Möglichkeit, aus relativ kurzen Definitionen Code zu generieren. Entsprechend ist etwas Vorsicht angebracht, damit man nicht den Hauptspeicher mit fast identischen Funktionsdefinitionen überflutet (§13.5).

13.2.3 Template–Parameter

Ein Template kann Typparameter, Parameter mit einfachen Typen wie `int` und Template–Parameter (§C.13.3) erhalten. Natürlich kann ein Template mehrere Parameter haben. Beispiel:

```
template<class T, T standardWert> class Cont { /* ... */ };
```

Wie im Beispiel zu sehen ist, kann ein Template–Parameter bei der Definition nachfolgender Template–Parameter benutzt werden.

`int`–Argumente sind nützlich, um Größen oder Grenzen zu übergeben. Beispiel:

```
template<class T, int i> class Buffer {
    T v[i];
    int gr;
public:
    Buffer() : gr(i) {}
    // ...
};


Buffer<char,127> cbuf;
Buffer<Record,8> rbuf;
```

Einfache und eingeschränkte Container wie `Buffer` können wichtig sein, wenn die Laufzeiteffizienz und Kompaktheit von übergeordneter Wichtigkeit sind (und deshalb die Anwendung der generelleren `string`– und `vector`–Klassen ausschließen). Das Übergeben der Größe als Template–Argument erlaubt es dem Implementierer von `Buffer`, die Benutzung von Freispeicher zu vermeiden. Ein anderes Beispiel ist der `Bereich`–Typ in §25.6.1.

Ein Template–Argument kann ein konstanter Ausdruck (§C.5), die Adresse eines Objekts oder einer Funktion mit externer Bindung (§9.2) oder ein nicht überladener Zeiger auf ein Element sein. Ein Zeiger, der als Template–Argument benutzt wird, muß entweder von der Art `&of` sein, wobei `of` der Name eines Objekts oder einer Funktion ist, oder von der Art `f`, wobei `f` der Name einer Funktion ist. Ein Zeiger auf ein Element muß der Art `&X::of` genügen, wobei `of` der Name eines Elements ist. Speziell ein `string`–Literal ist kein akzeptables Template–Argument.

Ein `int`–Template–Argument muß eine Konstante sein:

```
void f(int i)
{
    Buffer<int,i> bx;       // Fehler, konstanter Ausdruck wird erwartet
}
```

Ein Template–Parameter, der kein Typ ist, gilt innerhalb des Templates als eine Konstante, daher ist es ein Fehler zu versuchen, den Wert eines Parameters zu ändern.

13.2.4 Typäquivalenz

Mit einem Template können wir Typen durch Angabe von Template–Argumenten generieren: Beispiel:

```
String<char> s1;
String<unsigned char> s2;
String<int> s3;
```

```
typedef unsigned char Uchar;
String<Uchar> s4;
String<char> s5;

Buffer<String<char>,10> b1;
Buffer<char,10> b2;
Buffer<char,20-10> b3;
```

Bei Benutzung derselben Template–Argumente für ein Template beziehen wir uns immer auf denselben generierten Typ. Was heißt aber »derselbe« in diesem Zusammenhang? Wie immer führen typedefs keine neuen Typen ein, deshalb ist `String<Uchar>` derselbe Typ wie `String<unsigned char>`. Umgekehrt sind `String<char>` und `String<unsigned char>` unterschiedliche Typen, da auch `char` und `unsigned char` unterschiedliche Typen sind (§4.3).

Der Compiler kann konstante Ausdrücke auswerten (§C.5), daher wird `Buffer<char,20-10>` als derselbe Typ wie `Buffer<char,10>` erkannt.

13.2.5 Typprüfung

Ein Template wird definiert und dann später zusammen mit einem Satz von Template–Argumenten benutzt. Wenn das Template definiert wird, wird die Definition auf Syntaxfehler und mögliche andere Fehler, die sich isoliert von einem Satz an Template–Argumenten bestimmen lassen, geprüft. Beispiel:

```
template<class T> class List {
    struct Link {
        Link* pre;
        Link* suc;
        T val;
        Link(Link* p, Link* s,const T& v) :pre(p), suc(s), val(v) { }
    }                               // Syntaxfehler: Semikolon fehlt
    Link* head;
public:
    List() : head(7) { }            // Fehler: Zeiger mit int initialisiert
    List(const T& t)
        : head(new Link(0,o,t)) { } // Fehler: undefinierter Bezeichner »o«
    //...
    void allesAusgeben() const {
        for (Link* p = head; p; p=p->suc)
            cout << p->val << '\n';
    }
};
```

Ein Compiler kann einfache semantische Fehler an der Definitionsstelle oder später an der Benutzungsstelle finden. Anwender bevorzugen generell ein frühes Erkennen, aber nicht alle »einfachen« Fehler sind leicht zu entdecken. Hier habe ich drei »Fehler« gemacht. Unabhängig vom tatsächlichen Template–Parameter kann ein Zeiger `Link*` nicht vom `int` 7 initialisiert werden. Entsprechend kann der Bezeichner o (ein Tippfehler, 0 war gemeint) nicht Argument für den Konstruktor von `List<T>::Link` sein, da dieser Name nicht im aktuellen Gültigkeitsbereich vorhanden ist.

Ein Name, der bei der Definition eines Templates benutzt wird, muß entweder im Gültigkeitsbereich sein oder auf eine hinreichend einsichtige Weise von einem Template–Parameter abhängen (§C.13.8.1). Der häufigste und naheliegendste Weg, von einem Template–Parameter T abzuhängen, ist die Benutzung eines Elements von T oder die Übergabe eines Arguments vom Typ T. In List<T>::allesAusgeben() ist cout<<p->val ein etwas subtileres Beispiel.

Fehler, die durch die Template–Parameter entstehen, können nicht vor der Benutzung des Templates erkannt werden. Beispiel:

```
class Rec { /* ... */ };

void f(const List<int>& li, const List<Rec>& lr)
{
    li.allesAusgeben();
    lr.allesAusgeben();
}
```

li.allesAusgeben() ist in Ordnung, aber lr.allesAusgeben() führt zu einem Typfehler, da kein Ausgabeoperator << für Rec definiert ist. Die erste Möglichkeit, Fehler im Zusammenhang mit Template–Parametern zu finden, ist die erste Benutzung des Templates mit einem bestimmten Template–Argument. Dieser Punkt wird normalerweise *erster Punkt der Instanziierung* (englisch: *first point of instantiation*) oder einfach *Punkt der Instanziierung* (siehe §C.13.7) genannt. Die Implementierung darf diese Prüfungen bis zum Binden des Programms hinausschieben. Wenn wir nur eine Deklaration von allesAusgeben() anstelle der Definition in der Übersetzungseinheit gehabt hätten, hätte die Implementierung unter Umständen die Typprüfung verzögern müssen (siehe §13.7). Unabhängig davon, wann die Prüfungen ausgeführt werden, wird immer nach denselben Regeln geprüft. Wieder bevorzugen die Anwender frühzeitige Überprüfungen. Es ist möglich, Einschränkungen für Template–Argumente durch Elementfunktionen einzubringen (siehe §13.9–Ü16).

13.3   Funktions–Templates

Für die meisten Leute ist die erste und einleuchtendste Nutzung von Templates die Definition und Benutzung von Containerklassen wie basic_string (§20.3), vector (§16.3), list (§17.2.2) und map (§17.4.1). Kurz darauf taucht der Bedarf an Template–Funktionen auf. Das Sortieren eines Feldes ist ein einfaches Beispiel:

```
template<class T> void sort(vector<T>&);        // Deklaration

void f(vector<int>& vi, vector<string>& vs)
{
    sort(vi);   // sort(vector<int>&);
    sort(vs);   // sort(vector<string>&);
}
```

Wenn eine Template–Funktion aufgerufen wird, bestimmen die Typen der Funktionsargumente, welche Version des Templates benutzt wird; das heißt, die Template–Argumente werden aus den Funktionsargumenten ermittelt (§13.3.1).

Natürlich muß die Template–Funktion irgendwo definiert werden (§C.13.7):

```
template<class T> void sort(vector<T>& v)    // Definition
    // Shell sort (Knuth, Band 3, Seite 84)
{
    const size_t n = v.size();
    for (int gap=n/2; 0<gap; gap/=2)
        for (int i=gap; i<n; i++)
            for (int j=i-gap; 0<=j; j-=gap)
                if (v[j+gap]<v[j]) {    // vertausche v[j] mit v[j+gap]
                    T temp = v[j];
                    v[j] = v[j+gap];
                    v[j+gap] = temp;
                }
}
```

Bitte vergleichen Sie diese Definition von sort() mit der in §7.7. Diese Version mit einem Template ist klarer und kürzer, da sie auf mehr Informationen über den Typ der zu sortierenden Elemente aufbauen kann. Wahrscheinlich ist sie auch schneller, da sie nicht auf Funktionszeiger für den Vergleich zurückgreifen muß. Daraus folgt, daß keine indirekten Funktionsaufrufe notwendig sind und daß ein einfaches < inline generiert werden kann.

Eine weitere Vereinfachung ist die Nutzung des Templates swap() aus der Standardbibliothek (§18.6.8), um die Arbeit auf ihre natürlich Weise zu tun:

```
if (v[j+gap]<v[j]) swap(v[j],v[j+gap]);
```

Dadurch wird kein Mehraufwand eingeführt.

In diesem Beispiel wird der Operator < für den Vergleich benutzt. Allerdings hat nicht jeder Typ einen <–Operator. Dies beschränkt die Anwendbarkeit dieser Version von sort(), aber diese Einschränkung kann man leicht umgehen (siehe §13.4).

13.3.1 Argumente von Funktions–Templates

Funktions–Templates sind unabdingbar, um generische Algorithmen für eine weite Klasse von Containertypen zu schreiben (§2.7.2, §3.8, Kapitel 18). Die Fähigkeit, die Template–Argumente bei einem Aufruf aus den Funktionsargumenten zu ermitteln, ist entscheidend.

Ein Compiler kann Typ– und Nichttypargumente aus einem Aufruf ermitteln, wenn die Argumentliste der Funktion eindeutig die Template–Argumente identifiziert (§C.13.4). Beispiel:

```
template<class T, int i> T& lookup(Buffer<T,i>& b, const char* p);

class Record {
    const char[12];
    // ...
};

Record& f(Buffer<Record,128>& buf, const char* p)
{
    return lookup(buf,p); // benutzt das lookup(), bei dem T Record und i 128 ist
}
```

Hier wird ermittelt, daß T ein Record und i gleich 128 ist.

Man beachte, daß Parameter von Template–Klassen nicht ermittelt werden. Der Grund dafür ist, daß die Flexibilität, die man durch mehrere Konstruktoren einer Klasse gewinnt, die Ermittlung in vielen Fällen unmöglich und in noch mehr Fällen fragwürdig macht. Die Spezialisierung bietet einen Mechanismus, der es erlaubt, implizit zwischen verschiedenen Implementierungen einer Klasse zu wählen (§13.5). Falls wir ein Objekt eines ermittelten Typs erzeugen müssen, können wir dies häufig durch den Aufruf einer Funktion, die die Erzeugung übernimmt, erledigen; siehe `make_pair()` in §17.4.1.2.

Falls ein Template–Argument nicht aus den Argumenten der Template–Funktion ermittelt werden kann (§C.13.4), müssen wir es explizit spezifizieren. Dies wird genau wie bei der expliziten Angabe von Template–Argumenten bei Template–Klassen getan. Beispiel:

```
template<class T> class vector { /* ... */ };
template<class T> T* create(); // erzeuge ein T, und liefere einen Zeiger darauf zurück

void f()
{
    vector<int> v;              // Klasse, Template-Argument »int«
    int* p = create<int>();     // Funktion, Template-Argument »int«
}
```

Eine häufige Anwendung einer expliziten Spezifikation ist es, einen Rückgabetyp für eine Template–Funktion anzugeben:

```
template<class T, class U> T implicit_cast(U u) { return u; }

void g(int i)
{
    implicit_cast(i);              // Fehler: kann T nicht ermitteln
    implicit_cast<double>(i);      // T ist double; U ist int
    implicit_cast<char,double>(i); // T ist char; U ist double
    implicit_cast<char*,int>(i);   // T ist char*; U ist int;
                                   // Fehler: kann nicht int nach char* wandeln
}
```

Wie bei Default–Funktionsargumenten (§7.5) dürfen nur hinten stehende Argumente aus der Liste von expliziten Template–Argumenten weggelassen werden.

Die explizite Spezifikation von Template–Argumenten erlaubt die Definition von Familien von Konvertierungs– und Objekterzeugungsfunktionen (§13.3.2, §C.13.1, §C.13.5). Eine explizite Version der impliziten Konvertierungen (§C.6) wie `implicit_cast()` ist oft nützlich. Die Syntax für `dynamic_cast`, `static_cast` usw. (§6.2.7, §15.4.1) entspricht der Syntax der explizit qualifizierten Template–Funktion. Allerdings ermöglichen die eingebauten Konvertierungsoperatoren Operationen, die nicht durch andere Sprachmittel ausgedrückt werden können.

13.3.2   Überladen von Funktions–Templates

Man kann mehrere Funktions–Templates mit demselben Namen und sogar eine Kombination aus Funktions–Templates und normalen Funktionen mit demselben Namen deklarieren. Wenn eine überladene Funktion aufgerufen wird, muß die Überladung aufgelöst werden, um die richtige Funktion oder die richtige Template–Funktion für den Aufruf zu finden. Beispiel:

```
template<class T> T sqrt(T);
template<class T> complex<T> sqrt(complex<T>);
double sqrt(double);

void f(complex<double> z)
{
    sqrt(2);      // sqrt<int>(int)
    sqrt(2.0);    // sqrt(double)
    sqrt(z);      // sqrt<double>(complex<double>)
}
```

Genau wie eine Template–Funktion die Generalisierung des Funktionsbegriffs ist, sind die Regeln für die Auflösung in Anwesenheit von Funktions–Templates eine Generalisierung der Regeln für die Auflösung von Überladungen bei Funktionen. Zuerst finden wir für jedes Template die Spezialisierung, die am besten zu den Funktionsargumenten paßt. Danach wenden wir die üblichen Regeln zur Auflösung von Funktionsüberladungen auf diese Spezialisierungen und alle normalen Funktionen an:

1. Finde die Menge der Spezialisierungen von Funktions–Templates (§13.2.2), die an der Auflösung der Überladung beteiligt ist. Tue dies, indem du jedes Funktions–Template betrachtest und entscheidest, welche Template–Argumente (wenn überhaupt) benutzt würden, falls keine anderen Funktions–Templates oder Funktionen mit demselben Namen im Gültigkeitsbereich wären. Für den Aufruf `sqrt(z)` macht dies `sqrt<double>(complex<double>)` und `sqrt<complex<double>>(complex<double>)` zu Kandidaten.

2. Falls zwei Template–Funktionen aufgerufen werden könnten und eine spezialisierter als die andere ist (§13.5.1), betrachte nur die spezialisiertere Template–Funktion in den folgenden Schritten. Für den Aufruf `sqrt(z)` bedeutet das, daß `sqrt<double>(complex<double>)` vor `sqrt<complex>(complex)` bevorzugt wird: Jeder Aufruf, der mit `sqrt(complex)` übereinstimmt, stimmt auch mit `sqrt(T)` überein.

3. Löse die Überladungen für diese Menge an Funktionen plus die weiteren normalen Funktionen nach den Regeln für gewöhnliche Funktionen (§7.4) auf. Falls ein Argument einer Template–Funktion über eine Template–Argumentermittlung (§13.3.1) bestimmt wurde, kann auf dieses Argument keine Promotion, Standardkonvertierung oder benutzerdefinierte Konvertierung mehr angewendet werden. Für `sqrt(2)` ist `sqrt<int>(int)` eine exakte Übereinstimmung, daher wird es gegenüber `sqrt(double)` bevorzugt.

4. Falls eine Funktion und eine Spezialisierung gleich gute Übereinstimmungen sind, wird die Funktion bevorzugt. Entsprechend wird für `sqrt(2.0)` die Funktion `sqrt(double)` gegenüber `sqrt<double>(double)` bevorzugt.

5. Falls keine Übereinstimmung gefunden wurde, ist der Funktionsaufruf ein Fehler. Wenn man mit mehr als einer gleich guten Übereinstimmung endet, ist der Aufruf mehrdeutig und auch ein Fehler.

Beispiel:

```
template<class T> T max(T,T);

const int s = 7;

void k()
{
    max(1,2);     // max<int>(1,2)
```

```
    max('a','b');        // max<char>('a','b')
    max(2.7,4.9);        // max<double>(2.7,4.9)
    max(s,7);            // max<int>(int(s),7) (einfache Konvertierung)

    max('a',1);          // Fehler: mehrdeutig (keine Standardkonvertierung)
    max(2.7,4);          // Fehler: mehrdeutig (keine Standardkonvertierung)
}
```

Wir könnten die beiden Mehrdeutigkeiten auflösen, und zwar entweder durch explizite Qualifizierung:

```
void f()
{
    max<int>('a',1);       // max<int>(int('a'),1)
    max<double>(2.7,4);    // max<double>(2.7,double(4))
}
```

oder durch Hinzufügen einer passenden Deklaration:

```
inline int max(int i, int j) { return max<int>(i,j); }
inline double max(int i, double d) { return max< double>(i,d); }
inline double max(double d, int i) { return max< double>(d,i); }
inline double max(double d1, double d2) { return max<double>(d1,d2); }

void g()
{
    max('a',1);  // max(int('a'),1)
    max(2.7,4);  // max(2.7,double(4))
}
```

Für normale Funktionen gelten die normalen Regeln für das Überladen (§7.4), und die Angabe von `inline` bewirkt, daß kein zusätzlicher Aufwand entsteht.

Die Definition von `max()` ist trivial, deshalb hätten wir sie auch direkt hinschreiben können. Es ist jedoch eine einfache und generelle Möglichkeit, solche Auflösungsfunktionen durch die Spezialisierung eines Templates zu definieren.

Die Regeln zur Auflösung von Überladungen stellen sicher, daß Template–Funktionen korrekt mit Vererbung zusammenarbeiten:

```
template<class T> class B { /* ... */ };
template<class T> class D : public B<T> { /* ... */ };

template<class T> void f(B<T>*);

void g(B<int>* pb, D<int>* pd)
{
    f(pb);  // f<int>(pb)
    f(pd);  // f<int>(static_cast<B<int>*>(pd)); Standardkonvertierung D<int>* nach B<int>*
}
```

In diesem Beispiel akzeptiert die Template–Funktion `f()` ein `B<T>*` für jeden Typ T. Wir haben ein Argument vom Typ `D<int>*`, daher kann der Compiler einfach ermitteln, daß durch die Wahl von T als `int` der Aufruf eindeutig zu einem Aufruf von `f(B<int>*)` aufgelöst werden kann.

Ein Funktionsargument, das nicht in die Ermittlung eines Template–Parameters involviert ist, wird genau wie das Argument einer Nicht–Template–Funktion behandelt. Speziell funktionieren die nützlichen Konvertierungsregeln. Man betrachte:

```
template<class T, class C> T get_nth(C& p, int n);  // hole das n-te Element
```

Diese Funktion liefert vermutlich den Wert des n–ten Elements eines Containers vom Typ C zurück. Da C aus dem aktuellen Argument eines Aufrufs von get_nth() ermittelt werden muß, können beim ersten Argument keine Konvertierungen angewendet werden. Das zweite Argument ist jedoch völlig normal, daher wird die gesamte Spanne an möglichen Konvertierungen berücksichtigt. Beispiel:

```
class Index {
public:
    operator int();
    // ...
};


void f(vector<int>& v, short s, Index i)
{
    int i1 = get_nth<int>(v,2);  // genaue Übereinstimmung
    int i2 = get_nth<int>(v,s);  // Standardkonvertierung: short nach int
    int i3 = get_nth<int>(v,i);  // benutzerdefinierte Konvertierung: Index nach int
}
```

13.4 Template–Argumente zur Angabe von Verfahren

Betrachten Sie, wie man strings sortiert. Drei Konzepte sind beteiligt: der string, der Element-typ und das Kriterium, das vom Sortieralgorithmus zum Vergleichen der string–Elemente benutzt wird.

Wir können das Sortierkriterium nicht im Container implementieren, da der Container (im allgemeinen) seine Anforderungen nicht den Elementtypen aufzwingen kann. Wir können das Sortierkriterium nicht im Elementtyp implementieren, da es viele verschiedene Weisen gibt, wie man Elemente sortieren kann.

Entsprechend wird das Sortierkriterium weder in den Container noch in die Elementtypen eingebaut. Statt dessen muß das Kriterium angegeben werden, wenn eine bestimmte Operation durchgeführt werden muß. Hätte ich beispielsweise strings vom Typ char, die die Namen von Schweden repräsentieren, welches Ordnungskriterium würde ich gern für den Vergleich benut-zen? Allgemein werden für schwedische Namen zwei verschiedene Sortierreihenfolgen benutzt. Natürlich sollte weder ein genereller string–Typ noch ein genereller Sortieralgorithmus über die Konventionen zum Sortieren schwedischer Namen Bescheid wissen müssen. Deshalb bedingt je-de generelle Lösung, daß der Sortieralgorithmus mit generellen Begriffen ausgedrückt wird, die nicht nur für einen bestimmten Typ, sondern für eine bestimmte Anwendung eines bestimmten Typs definiert werden können. Lassen Sie uns beispielsweise die C–Standardfunktion strcmp() für Strings eines beliebigen Typs T (§13.2) generalisieren:

```
template<class T, class C>
int compare(const String<T>& str1, const String<T>& str2)
{
```

```
        for(int i=0; i<str1.length() && i< str2.length(); i++)
            if (!C::eq(str1[i],str2[i])) return C::lt(str1[i],str2[i]) ? -1 : 1;
        return str1.length()-str2.length();
    }
```

Falls jemand möchte, daß compare() die Groß–/Kleinschreibung ignoriert, ein Locale berücksichtigt usw., kann er dies erreichen, indem er ein passendes C::eq() und C::lt() definiert.
Dies erlaubt es, jeden (Vergleichs–, Sortier– usw.)–Algorithmus zu formulieren, der sich in den
Begriffen der Operationen, die von den »C–Operationen« geliefert werden, und des Containers
beschreiben lassen. Beispiel:

```
    template<class T> class Cmp {   // normaler Standardvergleich
    public:
        static int eq(T a, T b) { return a==b; }
        static int lt(T a, T b) { return a<b; }
    };
```

```
    class Literate { // Vergleiche schwedische Namen nach der literarischen Konvention
    public:
        static int eq(char a, char b) { return a==b; }
        static int lt(char,char); // Nachschlagen in Tabelle
                                  // von Zeichenwerten (§13.9–Ü14)
    };
```

Wir können nun die Vergleichsregeln durch explizite Angabe eines Template–Arguments
auswählen:

```
    void f(String<char> schwede1, String<char> schwede2)
    {
        compare< char,Cmp<char> >(schwede1,schwede2);
        compare< char,Literate >(schwede1,schwede2);
    }
```

Die Übergabe der Vergleichsoperationen als Template–Parameter hat zwei erhebliche Vorteile gegenüber den Alternativen wie etwa dem Übergeben von Zeigern auf Funktionen. Mehrere
Operationen können als einzelnes Argument ohne Laufzeitkosten übergeben werden. Zusätzlich
können die Vergleichsoperatoren eq() und lt() leicht inline generiert werden, wohingegen
das inline–Generieren eines Aufrufs über einen Funktionszeiger erhebliche Aufmerksamkeit des
Compilers erfordert.

Natürlich können Vergleichsoperationen für benutzerdefinierte Typen genausogut wie für fundamentale Typen erstellt werden. Dies ist wesentlich, um die Anwendung genereller Algorithmen
auf Typen mit nicht trivialen Vergleichskriterien zu erlauben (siehe §18.4).

Jede Klasse, die aus einer Template–Klasse generiert wurde, erhält eine Kopie jedes statischen
Elements des Klassen–Templates (siehe §C.13.1).

13.4.1   Default–Template–Parameter

Das Vergleichskriterium für jeden Aufruf explizit anzugeben ist mühselig. Glücklicherweise ist es
einfach, einen Standard auszuwählen und so nur noch die unüblichen Vergleichskriterien explizit
angeben zu müssen. Dies kann durch Überladen implementiert werden:

```
template<class T, class C>
int compare(const String<T>& str1, const String<T>& str2);
// Vergleiche über C

template<class T>
int compare(const String<T>& str1, const String<T>& str2);
// Vergleiche über Cmp<T>
```

Alternativ können wir die normale Konvention als Default–Template–Argument angeben:

```
template<class T, class C = Cmp<T> >
int compare(const String<T>& str1, const String<T>& str2)
{
    for(int i=0; i<str1.length() && i< str2.length(); i++)
        if (!C::eq(str1[i],str2[i])) return C::lt(str1[i],str2[i]) ? -1 : 1;
    return str1.length()-str2.length();
}
```

Damit können wir schreiben:

```
void f(String<char> schwede1, String<char> schwede2)
{
    compare(schwede1,schwede2);                    // benutzt Cmp<char>
    compare<char,Literate>(schwede1,schwede2);     // benutzt Literate
}
```

Ein etwas weniger esoterisches Beispiel (für Nichtschweden) ist der Vergleich mit oder ohne Berücksichtigung der Groß–/Kleinschreibung:

```
class No_case { /* ... */ };

void f(String<char> s1, String<char> s2)
{
    compare(s1,s2);                    // berücksichtigt die Groß-/Kleinschreibung
    compare<char,No_case>(s1,s2);      // ignoriert die Groß-/Kleinschreibung
}
```

Die Technik, eine Verfahrensanweisung durch ein Template–Argument mitzugeben und dann dieses Argument über ein Default–Template–Argument als das häufigste Verfahren zu übergeben, wird umfassend in der Standardbibliothek eingesetzt (z.B. §18.4). Kurioserweise wird es nicht für den Vergleich von basic_strings (§13.2, Kapitel 20) benutzt. Template–Parameter, die zum Angeben von Verfahren benutzt werden, werden häufig »Traits« genannt. Beispielsweise basieren in der Standardbibliothek die Klasse string auf char_traits (§20.2.1), die Standardalgorithmen auf Iterator–Traits (§19.2.2) und die Container auf allocators (§19.4).

Die semantische Prüfung eines Default–Arguments für einen Template–Parameter erfolgt, falls das Default–Argument tatsächlich benutzt wird, und dann (nur) an der Nutzungsstelle. Genauer gesagt bedeutet das: Solange wir das Default–Template–Argument Cmp<T> nicht benutzen, können wir strings vom Typ X mittels compare() vergleichen, für die Cmp<X> sich nicht übersetzen ließe (weil etwa < nicht für X definiert ist). Dieser Punkt ist kritisch beim Design der Standardcontainer, die darauf basieren, daß ein Template–Argument einen Default–Wert spezifiziert (§16.3.4).

13.5   Spezialisierung

Standardmäßig gibt ein Template eine einzige Definition für jedes Template–Argument (oder jede Kombination von Template–Argumenten), die sich ein Anwender vorstellen kann. Dies ist nicht immer sinnvoll für jemanden, der ein Template schreibt. Ich könnte festlegen wollen: »Falls das Template–Argument ein Zeiger ist, benutze diese Implementierung; falls nicht, benutze jene Implementierung« oder »Liefere einen Fehler, falls das Template–Argument kein Zeiger auf eine von My_base abgeleitete Klasse ist«. Viele solcher Designangelegenheiten können durch alternative Definitionen des Templates gelöst werden, indem der Compiler zwischen ihnen anhand der Template–Argumente an der Nutzungsstelle auswählt. Solche alternativen Definitionen eines Templates werden *benutzerdefinierte Spezialisierungen* oder kurz *Benutzerspezialisierungen* genannt.

Betrachten wir die wahrscheinliche Benutzung eines Vektor–Templates:

```
template<class T> class Vektor {     // genereller Vektortyp
    T* v;
    int sz;
public:
    Vektor();
    explicit Vektor(int);

    T& elem(int i) { return v[i]; }
    T& operator[](int i);

    void swap(Vektor&);
    // ...
};


Vektor<int> vi;
Vektor<Form*> vps;
Vektor<string> vs;
Vektor<char*> vpc;
Vektor<Node*> vpn;
```

Die meisten Vektoren werden Vektoren von Zeigertypen sein. Dafür gibt es verschiedene Gründe, aber der Hauptgrund ist, daß man Zeiger benutzen muß, um zur Laufzeit Polymorphismus zu erhalten (§2.5.4, §12.2.6). Das bedeutet, daß jeder, der objektorientiertes Programmieren betreibt und typsichere Container (wie die der Standardbibliothek) benutzt, mit einer Menge von Containern für Zeiger endet.

Das Standardverhalten der meisten C++–Implementierungen ist es, den Code für Template–Funktionen zu replizieren. Dies ist zwar gut für das Laufzeitverhalten, aber sobald man nicht aufpaßt, führt es zu aufgeblähtem Code wie bei dem Vektor–Beispiel.

Glücklicherweise gibt es eine naheliegende Lösung. Container für Zeiger können sich eine einzige Implementierung teilen. Dies kann durch eine Spezialisierung ausgedrückt werden. Zuerst definieren wir eine Version (eine Spezialisierung) von Vektor für Zeiger auf void:

```
template<> class Vektor<void*> {
    void** p;
    // ...
    void*& operator[](int i);
};
```

Diese Spezialisierung kann dann als gemeinsame Implementierung für alle Vektoren für Zeiger benutzt werden.

Das Präfix template<> besagt, daß dies eine Spezialisierung ist, die ohne Template–Parameter spezifiziert werden kann. Die Template–Argumente, für die diese Spezialisierung benutzt werden soll, sind in <>–Klammern hinter dem Namen angegeben. Das heißt, das <void*> besagt, daß diese Implementierung für alle Vektoren benutzt werden soll, für die T ein void* ist.

Der Vektor<void*> ist eine komplette Spezialisierung. Das heißt, es gibt keinen Template–Parameter zu spezifizieren oder zu ermitteln, wenn wir die Spezialisierung benutzen; Vektor<void*> wird für Vektoren benutzt, die wie folgt deklariert sind:

```
Vektor<void*> vpv;
```

Um eine Spezialisierung zu definieren, die für jeden Vektor von Zeigern und nur für Vektoren von Zeigern benutzt wird, brauchen wir eine *partielle Spezialisierung*:

```
template<class T> class Vektor<T*> : private Vektor<void*> {
public:
    typedef Vektor<void*> Base;

    Vektor() : Base() {}
    explicit Vektor(int i) : Base(i) {}

    T*& elem(int i) { return static_cast<T*&>(Base::elem(i)); }
    T*& operator[](int i) { return static_cast<T*&>(Base::operator[](i)); }

    // ...
};
```

Das Spezialisierungsmuster <T*> hinter dem Namen besagt, daß diese Spezialisierung für jeden Zeigertyp benutzt werden soll; das heißt, diese Definition soll für jeden Vektor benutzt werden, der ein Template–Argument hat, das als T* ausgedrückt werden kann. Beispiel:

```
Vektor<Form*> vps;  // <T*> ist <Form*>, damit ist T eine Form
Vektor<int**> vppi; // <T*> ist <int**>, damit ist T ein int*
```

Man beachte, daß bei der Benutzung einer partiellen Spezialisierung ein Template–Parameter aus dem Spezialisierungsmuster ermittelt wird; der Template–Parameter ist nicht einfach das aktuelle Template–Argument. So ist T für Vektor<Form*> vom Typ Form und nicht vom Typ Form*.

Mit dieser partiellen Spezialisierung von Vektor haben wir eine gemeinsam genutzte Implementierung für alle Vektoren von Zeigern. Die Klasse Vektor<T*> ist einfach eine Schnittstelle zu void*, die ausschließlich über Ableitung und inline–Generierung implementiert ist.

Es ist wichtig, daß diese Verfeinerung der Implementierung von Vektor erreicht wurde, ohne die Schnittstelle zum Anwender zu berühren. Die Spezialisierung ist eine Methode, um alternative Implementierungen für verschiedene Nutzungen einer gemeinsamen Schnittstelle zu spezifizieren. Natürlich hätten wir dem generellen Vektor und dem Vektor für Zeiger unterschiedliche Namen geben können. Als ich dies jedoch ausprobiert habe, haben viele Leute, die es hätten besser wissen müssen, vergessen, die Zeigerklasse zu nutzen, und haben ihre Programme sehr viel größer als erwartet vorgefunden. In diesem Fall ist es viel besser, die kritischen Implementierungsdetails hinter einer gemeinsamen Schnittstelle zu verstecken.

Diese Technik hat sich als erfolgreich erwiesen, um in der Praxis das Aufblähen des Codes im Zaume zu halten. Programmierer, die keine entsprechende Technik (sei es in C++ oder einer anderen Sprache mit ähnlichen Möglichkeiten zur Typparametrisierung) benutzt haben, mußten herausfinden, daß replizierter Code sie Megabytes an Speicherplatz selbst bei mäßig großen Programmen kostet. Indem sie die Zeit zum Übersetzen dieser zusätzlichen Versionen der Vektor–Operationen eliminiert, kann diese Technik auch Übersetzungs– und Bindezeiten erheblich verringern. Die Nutzung einer einzigen Spezialisierung zur Implementierung aller Listen von Zeigern ist ein Beispiel der generellen Technik, die Aufblähung des Codes durch Maximierung des gemeinsam genutzten Codes so gering wie möglich zu halten.

Das generelle Template muß vor allen Spezialisierungen deklariert werden. Beispiel:

```
template<class T> class List<T*> { /* ... */ };
```

```
template<class T> class List { /* ... */ };  // Fehler: generelles Template
                                             // hinter der Spezialisierung
```

Die kritische Information, die vom generellen Template geliefert wird, ist der Satz Template–Parameter, die der Benutzer angeben muß, der das Template oder eine seiner Spezialisierungen benutzen will. Entsprechend ist die Deklaration des generellen Falls ausreichend, um die Deklaration oder Definition einer Spezialisierung zu erlauben:

```
template<class T> class List;
```

```
template<class T> class List<T*> { /* ... */ };
```

Falls es benutzt wird, muß das generelle Template anderswo definiert sein (§13.7).

Falls ein Benutzer ein Template irgendwo spezialisiert, dann muß die Spezialisierung sichtbar sein für jede Benutzung des Templates mit dem Typ, für den es spezialisiert wurde. Beispiel:

```
template<class T> class List { /* ... */ };
```

```
List<int*> li;
```

```
template<class T> class List<T*> { /* ... */ };  // Fehler
```

Hier wurde List für int* spezialisiert, nachdem List<int*> benutzt wurde.

Alle Spezialisierungen für ein Template müssen in demselben Namensbereich wie das Template selbst deklariert werden. Eine explizit deklarierte Spezialisierung (im Unterschied zu einer aus einem generelleren Template generierten) muß, falls sie benutzt wird, explizit irgendwo definiert sein (§13.7). Anders gesagt, für eine explizite Spezialisierung eines Templates wird keine Definition generiert.

13.5.1 Reihenfolge der Spezialisierungen

Eine Spezialisierung ist *spezialisierter* als eine andere, wenn jede Argumentliste, die mit ihrem Spezialisierungsmuster übereinstimmt, auch mit der anderen übereinstimmt, aber nicht umgekehrt. Beispiel:

```
template<class T> class Vektor;         // generell
template<class T> class Vektor<T*>;     // spezialisiert für jeden Zeiger
template<> class Vektor<void*>;         // spezialisiert für void*
```

Jeder Typ kann als Template–Argument für den generellsten Vektor benutzt werden, aber nur Zeiger können für Vektor<T*> und nur void* können für Vektor<void*> benutzt werden.

Die am meisten spezialisierte Version wird den anderen bei der Deklaration von Objekten, Zeigern usw. (§13.5) und bei der Auflösung von Überladungen (§13.3.2) vorgezogen.

Ein Spezialisierungsmuster kann mit Ausdrücken von Typen, die mit den Konstrukten erstellt wurden, die für die Ermittlung der Template–Parameter erlaubt sind (§13.3.1), spezifiziert werden.

13.5.2 Spezialisierung von Template–Funktionen

Natürlich ist die Spezialisierung auch für Template–Funktionen sinnvoll. Betrachten wir das Shell–Sort aus §7.7 und §13.3. Es vergleicht Elemente per < und vertauscht die durch Angabe detaillierten Codes. Eine bessere Definition wäre:

```
template<class T> bool less(T a, T b) { return a<b; }

template<class T> void sort(Vektor<T>& v)
{
    const size_t n = v.size();

    for (int gap=n/2; 0<gap; gap/=2)
        for (int i=gap; i<n; i++)
            for (int j=i-gap; 0<=j; j-=gap)
                if (less(v[j+gap],v[j])) swap(v[j],v[j+gap]);
}
```

Dies verbessert nicht den Algorithmus selbst, aber es erlaubt Verbesserungen bei seiner Implementierung. So, wie es geschrieben ist, kann sort() keinen Vektor<char*> korrekt sortieren, da < die beiden char* vergleichen würde. Das heißt, es würde die Adressen des ersten Zeichens in jedem String vergleichen. Statt dessen sollte es die Zeichen vergleichen, auf die der Zeiger zeigt. Eine einfache Spezialisierung von less() für const char* trägt dafür Sorge:

```
template<> bool less<const char*>(const char* a, const char* b)
{
    return strcmp(a,b)<0;
}
```

Wie bei Klassen (§13.5) besagt das Präfix template<>, daß dies eine Spezialisierung ist, die ohne Template–Parameter spezifiziert werden kann. Das <const char*> hinter dem Template–Namen bedeutet, daß diese Spezialisierung benutzt werden soll, wenn das Template–Argument const char* ist. Da das Template–Argument aus der Argumentliste der Funktion ermittelt werden kann, brauchen wir es nicht explizit zu spezifizieren. Deshalb können wir die Definition der Spezialisierung vereinfachen:

```
template<> bool less<>(const char* a, const char* b)
{
    return strcmp(a,b)<0;
}
```

Durch das Präfix template<> ist das zweite <> redundant, deshalb würden wir normalerweise schreiben:

```
template<> bool less(const char* a, const char* b)
{
    return strcmp(a,b)<0;
}
```

Ich bevorzuge diese kürzere Form der Deklaration.

Betrachten wir die naheliegende Definition von swap():

```
template<class T> void swap(T& x, T& y)
{
    T t = x;      // Kopiere x in eine temporäre Variable
    x = y;        // Kopiere y nach x
    y = t;        // Kopiere die temporäre Variable nach y
}
```

Dies ist ausgesprochen ineffizient, wenn es für Vektoren von Vektoren aufgerufen wird; es vertauscht die Vektoren, indem es die Elemente austauscht. Dieses Problem kann durch eine passende Spezialisierung gelöst werden. Ein Vektor–Objekt selbst enthält nur genug Daten, um einen indirekten Zugriff auf seine Elemente zu ermöglichen (wie string; §11.12, §13.2). Daher kann ein Vertauschen durch das Vertauschen dieser Repräsentationen passieren. Um die Repräsentation manipulieren zu können, habe ich zu Vektor eine Elementfunktion swap() hinzugefügt (§13.5):

```
template<class T> void Vektor<T>::swap(Vektor & a)  // Vertausche Repräsentationen
{
    swap(v,a.v);
    swap(sz,a.sz);
}
```

Die Elementfunktion swap() kann nun benutzt werden, um eine Spezialisierung des generellen swap() zu definieren:

```
template<class T> void swap(Vektor<T>& a, Vektor<T>& b)
{
    a.swap(b);
}
```

Die Spezialisierungen von less() und swap() werden in der Standardbibliothek (§16.3.9, §20.3.16) benutzt. Zusätzlich sind sie Beispiele für eine weiträumig einsetzbare Technik. Spezialisierungen sind sinnvoll, wenn es eine effizientere Alternative zu einem generellen Algorithmus für eine Menge von Template–Argumenten gibt (wie bei swap()). Zusätzlich ist eine Spezialisierung praktisch, wenn eine Abweichung eines Argumenttyps beim generellen Algorithmus zu unerwünschten Ergebnissen führt (wie bei less()). Diese »abweichenden Typen« sind häufig fundamentale Zeiger– und Feldtypen.

13.6   Ableitungen und Templates

Templates und Ableitungen sind Mechanismen zum Erzeugen von neuen Typen aus existierenden, und allgemein zum Schreiben von nützlichem Code, der verschiedene Aspekte von Gemeinsamkeit ausnutzt. Wie in §3.7.1, §3.8.5 und §13.5 gezeigt wurde, sind Kombinationen der beiden Mechanismen die Grundlage für viele nützliche Techniken.

Das Ableiten einer Template–Klasse von einer Nicht–Template–Klasse ist eine Möglichkeit, eine gemeinsame Implementierung für eine Menge von Templates bereitzustellen. Der Vektor aus §13.5 ist dafür ein gutes Beispiel:

```
template<class T> class Vektor<T*> : private Vektor<void*> { /* ... */ };
```

Eine andere Sichtweise auf solche Beispiele ist die, daß ein Template benutzt wird, um eine elegante und typsichere Schnittstelle zu einer ansonsten unsicheren und unbequemen Funktionalität zu schaffen.

Natürlich ist es oft sinnvoll, eine Template–Klasse von einer anderen abzuleiten. Falls die Daten oder Operationen in einer solchen Basisklasse von einem Template–Parameter einer abgeleiteten Klasse abhängen, dann muß die Basisklasse selbst parametrisiert werden; Vec aus §3.7.2 ist hierfür ein Beispiel:

```
template<class T> class vector { /* ... */ };
template<class T> class Vec : public vector<T> { /* ... */ };
```

Die Regeln zur Auflösung von Überladungen von Templates sorgen dafür, daß Funktionen »korrekt« für solche abgeleiteten Typen arbeiten (§13.3.2).

Daß man denselben Template–Parameter für die Basisklasse und die abgeleitete Klasse hat, ist der häufigste Fall, aber nicht erforderlich. Interessante, aber weniger häufig benutzte Techniken basieren auf der Übergabe des abgeleiteten Typs selbst an die Basisklasse. Beispiel:

```
template <class C> class Basic_ops {    // Basisoperationen für Container
public:
    bool operator==(const C&) const;    // vergleicht alle Elemente
    bool operator!=(const C&) const;
    // ...
    const C& derived() const {          // ermöglicht Zugriff auf die Containeroperationen
        return static_cast< const C&>(*this);
    }
};


template<class T> class Math_container :
    public Basic_ops< Math_container<T> > {
public:
    size_t size() const;
    T& operator[](size_t);
    const T& operator[](size_t) const;
    // ...
};
```

Dies erlaubt es, die Definition der Basisoperationen für Container von der Definition der Container selbst zu trennen und damit nur einmal zu definieren. Allerdings muß die Definition von Operationen wie == und != in Begriffen sowohl des Containers als auch seiner Elemente erfolgen, daher muß die Basisklasse an das Container–Template übergeben werden.

Wenn wir annehmen, daß ein Math_container einem traditionellen Vektor ähnlich ist, wäre die Definition eines Elements von Basic_ops etwas wie:

```
template <class C> bool Basic_ops<C>::operator==(const C& a) const
{
        if (derived().size() != a.size()) return false;
        for (int i = 0; i< derived().size(); ++i)
                if (derived()[i] != a[i]) return false;
        return true;
}
```

Eine alternative Technik, Container und ihre Operationen separat zu halten, wäre es, sie aus Template–Argumenten zu kombinieren, anstatt sie abzuleiten:

```
template<class T, class C> class Mcontainer {
    C elements;

public:
    // ...
    T& operator[](size_t i) { return elements[i]; }

    // Vergleiche Elemente:
    friend bool operator==<>(const Mcontainer&, const Mcontainer&);
    friend bool operator!=<>(const Mcontainer&, const Mcontainer&);
    // ...
};

template<class T> class My_array { /* ... */ };

Mcontainer< double,My_array<double> > mc;
```

Eine aus einem Klassen–Template generierte Klasse ist eine völlig normale Klasse. Entsprechend kann sie auch `friend`–Funktionen haben. In diesem Fall habe ich `friend` benutzt, um den konventionellen symmetrischen Argumentstil für `==` und `!=` zu erhalten (§11.3.2). Man könnte in diesem Fall auch die Übergabe eines Templates anstatt des Containers als C–Argument erwägen (§13.2.3).

13.6.1 Parametrisierung und Vererbung

Ein Template parametrisiert die Definition eines Typs oder einer Funktion mit einem anderen Typ. Der Code, der das Template implementiert, ist für alle Parametertypen identisch, so wie es der meiste Code, der das Template benutzt, auch ist. Eine abstrakte Klasse definiert eine Schnittstelle. Viel Code für unterschiedliche Implementierungen einer abstrakten Klasse kann in einer Klassenhierarchie gemeinsam genutzt werden, und der meiste Code, der die abstrakte Klasse nutzt, hängt nicht von ihrer Implementierung ab. In Hinblick auf das Design sind sich diese beiden Ansätze so ähnlich, daß sie einen gemeinsamen Namen verdienen. Da es beide erlauben, einen Algorithmus einmal zu formulieren und dann auf eine Vielzahl von Typen anzuwenden, werden sie manchmal *polymorph* genannt. Um sie zu unterscheiden, wird das, was virtuelle Funktionen bieten, als *Laufzeit–Polymorphismus* (englisch: *run–time polymorphism*) und das, was Templates bieten, als *Übersetzungs–Polymorphismus* (englisch: *compile–time polymorphism*) oder *Parameter–Polymorphismus* (englisch: *parametric polymorphism*) bezeichnet.

Wann benutzen wir ein Template, und wann eine abstrakte Klasse? In beiden Fällen manipulieren wir Objekte, die eine gemeinsame Menge an Operationen haben. Falls keine hierarchische Beziehung zwischen den Objekten nötig ist, werden sie am besten als Template–Argumente genutzt. Falls der tatsächliche Typ der Objekte zur Übersetzungszeit nicht bekannt ist, werden sie am besten durch Klassen, die von einer gemeinsamen abstrakten Klasse abgeleitet wurden, repräsentiert. Falls die Laufzeiteffizienz am wichtigsten ist, das heißt, falls die `inline`–Generierung von Operationen wesentlich ist, sollte ein Template benutzt werden. Dieser Aspekt wird detaillierter in §24.4.1 beleuchtet.

13.6.2 Element–Templates

Eine Klasse oder ein Klassen–Template kann Elemente haben, die selbst wieder Templates sind. Beispiel:

```
template<class Scalar> class complex {
    Scalar re, im;
public:
    template<class T>
        complex(const complex<T>& c) : re(c.real()), im(c.imag()) { }
    // ...
};


complex<float> cf(0,0);
complex<double> cd = cf;      // OK: benutze »float nach double«-Konvertierung

class Quad {
    // keine Konvertierung nach int
};


complex<Quad> cq;
complex<int> ci = cq;         // Fehler: keine »Quad nach int«-Konvertierung
```

Mit anderen Worten: Man kann einen complex<T1> nur dann aus einem complex<T2> konstruieren, wenn man einen T1 mit einem T2 initialisieren kann. Dies scheint plausibel.

Leider akzeptiert C++ ein paar unplausible Konvertierungen zwischen fundamentalen Typen, wie etwa von double nach int. Probleme mit dem Abschneiden von Werten können zur Laufzeit mit einer überprüften Konvertierung in der Art des implicit_cast aus §13.3.1 und der geprüften Konvertierung aus §C.6.2.6 erkannt werden:

```
template<class Scalar> class complex {
    Scalar re, im;
public:
    complex() : re(0), im(0) { }
    complex(const complex<Scalar>& c) : re(c.real()), im(c.imag()) { }

    template<class T2> complex(const complex<T2>& c)
        : re(checked_cast<Scalar>(c.real())),
          im(checked_cast<Scalar>(c.imag())) { }
    // ...
};
```

Zur Vervollständigung habe ich noch einen Default-Konstruktor und einen Copy–Konstruktor zugefügt. Kuriorserweise wird ein Template–Konstruktor nicht benutzt, um einen Copy–Konstruktor zu generieren. Daher wäre ohne die explizite Deklaration des Copy–Konstruktors ein Default–Copy–Konstruktor generiert worden. In diesem Fall wäre der identisch zu dem gewesen, den ich explizit spezifiziert habe.

Ein Element–Template kann nicht virtuell sein. Beispiel:

```
class Form {
    // ...
    template<class T> virtual bool intersect(const T&) const =0;
    // Fehler: virtuelles Template
};
```

Dies darf nicht erlaubt sein. Falls es erlaubt wäre, könnte die traditionelle Technik mit der »virtual function table« zur Implementierung von virtuellen Funktionen (§2.5.5) nicht benutzt werden. Der Binder müßte jedesmal, wenn jemand `intersect()` mit einem neuen Argumenttyp aufruft, einen neuen Eintrag in die Tabelle der virtuellen Funktionen für die Klasse Form einfügen.

13.6.3 Vererbungsbeziehungen

Ein Klassen–Template wird sinnvollerweise als eine Spezifikation, wie bestimmte Typen erzeugt werden sollen, verstanden. Anders gesagt, die Implementierung des Templates ist ein Mechanismus, der bei Bedarf Typen generiert, die auf der Angabe des Benutzers basieren. Dementsprechend wird ein Klassen–Template manchmal ein *Typgenerator* (englisch: *type generator*) genannt.

Soweit es die Sprachregeln von C++ betrifft, gibt es keine Beziehung zwischen zwei Klassen, die aus demselben Template generiert wurden. Beispiel:

```
class Form { /* ... */ };
class Kreis : public Form { /* ... */ };
```

Mit diesen Deklarationen versuchen Programmierer manchmal, ein set<Kreis*> wie ein set<Form*> zu behandeln. Dies ist ein schwerwiegender logischer Fehler, der auf einem falschen Argument beruht: »Ein Kreis ist eine Form, eine Menge von Kreisen ist auch eine Menge von Formen; daher sollte es möglich sein, einen set von Kreisen anstelle eines set von Formen zu benutzen«. Der »daher«–Teil dieser Argumentation ist nicht schlüssig. Der Grund dafür ist, daß ein set von Kreisen garantiert, daß alle seine Elemente Kreise sind; ein set von Formen gibt diese Garantie nicht. Beispiel:

```
class Dreieck : public Form { /* ... */ };

void f(set<Form*>& s)
{
    // ...
    s.insert(new Dreieck());
    // ...
}

void g(set<Kreis*>& s)
{
    f(s); // Fehler, falscher Typ: s ist ein set<Kreis*>, nicht ein set<Form*>
}
```

Dies ließe sich nicht übersetzen, da es keine eingebaute Konvertierung von set<Kreis*>& nach set<Form*>& gibt. Die sollte es auch nicht geben. Die Garantie, daß alle Elemente der Menge set<Kreis*> auch Kreise sind, erlaubt es uns, sicher und effizient Kreis–spezifische Operationen, wie etwa die Abfrage des Radius, auf die Elemente der Menge anzuwenden. Würden wir es erlauben, daß ein set<Kreis*> wie ein set<Form*> behandelt würde, könnten wir diese Garantie nicht länger geben. Beispielsweise fügt f() ein Dreieck in sein set<Form*>–Argument ein.

Wenn set<Form*> auch ein set<Kreis*> hätte sein können, wäre die grundlegende Garantie, daß ein set<Kreis*> nur Kreise enthält, verletzt worden.

13.6.3.1 Template–Konvertierungen

Das Beispiel im vorigen Abschnitt zeigte, daß es keine *Standard*beziehung zwischen aus demselben Template generierten Klassen geben kann. Trotzdem würden wir für einige Templates gern eine solche Beziehung ausdrücken. Wenn wir beispielsweise ein Zeiger–Template definieren, würden wir gern die Vererbungsbeziehungen zwischen den Objekten, auf die gezeigt wird, wiedergeben. Element–Templates (§13.6.2) erlauben es uns, viele solcher Beziehungen bei Bedarf zu spezifizieren. Man betrachte:

```
template<class T> class Ptr {   // Zeiger auf T
    T* p;
public:
    Ptr(T*);
    Ptr(const Ptr&);            // Copy-Konstruktor
    template<class T2> operator Ptr<T2> (); // Konvertiere Ptr<T> nach Ptr<T2>
    // ...
};
```

Wir würden die Konvertierungsoperatoren gern so definieren, daß sie die Vererbungsbeziehung, an die wir für eingebaute Zeiger gewöhnt sind, auch für diese benutzerdefinierten Ptr anbieten. Beispiel:

```
void f(Ptr<Kreis> pk)
{
    Ptr<Form> pf = pk;    // sollte funktionieren
    Ptr<Kreis> pk2 = pf;  // sollte einen Fehler geben
}
```

Wir wollen die erste Initialisierung dann und nur dann zulassen, wenn Form eine direkte oder indirekte öffentliche Basisklasse von Kreis ist. Generell müssen wir den Konvertierungsoperator so definieren, daß eine Konvertierung von Ptr<T> nach Ptr<T2> dann und genau dann akzeptiert wird, wenn ein T* einem T2* zugewiesen werden kann. Dies kann so erledigt werden:

```
template<class T>
    template<class T2>
        Ptr<T>::operator Ptr<T2> () { return Ptr<T2>(p); }
```

Die return–Anweisung wird sich dann und nur dann übersetzen lassen, wenn p (das ein T* ist) ein Argument für den Ptr<T2>(T2*)–Konstruktor sein kann. Deshalb funktioniert die Konvertierung von Ptr<T> nach Ptr<T2>, wenn T* implizit in ein T2* konvertiert werden kann. Beispiel:

```
void f(Ptr<Kreis> pk)
{
    Ptr<Form> pf = pk;   // OK: kann Kreis* nach Form* konvertieren
    Ptr<Kreis> pk2 = pf; // Fehler: kann Form* nicht nach Kreis* konvertieren
}
```

Achten Sie darauf, nur logisch schlüssige Konvertierungen zu definieren.

Man beachte, daß die Template–Parameterlisten eines Templates und seiner Template–Elemente nicht kombiniert werden können. Beispiel:

```
template<class T, class T2>  // Fehler
    Ptr<T>::operator Ptr<T2> () { return Ptr<T2>(p); }
```

13.7   Organisation des Quellcodes

Es gibt zwei naheliegende Wege, template–benutzenden Code zu organisieren:
1. Füge Template–Definitionen vor ihrer Benutzung in die Übersetzungseinheit ein.
2. Füge (nur) Template–Deklarationen vor ihrer Benutzung in die Übersetzungseinheit ein, und übersetze ihre Definitionen getrennt.

Zusätzlich werden Template–Funktionen manchmal innerhalb einer einzigen Übersetzungseinheit erst deklariert, dann benutzt und schließlich definiert.

Um die Unterschiede zwischen den beiden wesentlichen Ansätzen zu erkennen, betrachten wir ein einfaches Template:

```
#include<iostream>

template<class T> void out(const T& t) { std::cerr << t; }
```

Wir würden die Datei `out.c` nennen und sie mit `#include` überall dort einfügen, wo `out()` benötigt würde. Beispiel:[1]

```
// user1.c:
    #include "out.c"
    // benutze out()
```

```
// user2.c:
    #include "out.c"
    // benutze out()
```

Das heißt, die Definition von `out()` und alle Deklarationen, auf denen es basiert, werden mit `#include` in verschiedene Übersetzungseinheiten eingefügt. Es ist Sache des Compilers, den Code (nur) bei Bedarf zu generieren und das Lesen von redundanten Definitionen zu optimieren. Diese Strategie behandelt Template–Funktionen auf die gleiche Weise wie `inline`–Funktionen.

Ein offensichtliches Problem ist es, daß alles, worauf die Definition von `out()` basiert, zu jeder Datei, die `out()` benutzt, hinzugefügt wird. Damit steigt die Menge an Informationen, die der Compiler verarbeiten muß. Als weiteres Problem könnten sich Anwender versehentlich auf die Informationen verlassen, die nur für `out()` eingebracht wurden. Diese Gefahr kann man durch Namensbereiche, Vermeidung von Makros und generell durch die Verringerung der eingebrachten Informationen mindern.

Die Strategie der getrennten Übersetzung ist die logische Schlußfolgerung aus diesem Gedankengang: Wenn die Template–Definition nicht im Benutzercode enthalten ist, kann keine ihrer Abhängigkeiten den Code beeinflussen. Daher teilen wir das ursprüngliche `out.c` in zwei Dateien auf:

---

[1]   A.d.Ü.: Wir empfehlen, statt den Endungen `.c` und `.h` die Endungen `.cpp` und `.hpp` zu verwenden, da diese C++–Dateien eindeutig gegenüber C–Dateien abgrenzen.

```
// out.h:
    template<class T> void out(const T& t);

// out.c:
    #include<iostream>
    #include "out.h"

    export template<class T> void out(const T& t) { std::cerr << t; }
```

Die Datei out.c enthält nun alle Informationen, die zur Definition von out() benötigt werden, und out.h enthält nur das, was zum Aufruf gebraucht wird. Ein Benutzer fügt per #include die Deklaration (die Schnittstelle) ein:

```
// user1.c:
    #include "out.h"
    // Benutze out()
```

```
// user2.c:
    #include "out.h"
    // Benutze out()
```

Diese Strategie behandelt Template–Funktionen auf die gleiche Weise wie Nicht–inline–Funktionen. Die Definition (in out.c) wird getrennt übersetzt, und es ist Aufgabe der Implementierung, die Definition von out() bei Bedarf zu finden. Diese Strategie belastet die Implementierung ebenfalls. Anstatt redundante Kopien von Template–Definitionen auszufiltern, muß sie bei Bedarf die eindeutige Definition finden.

Man beachte, daß eine Template–Definition, um aus anderen Übersetzungseinheiten benutzbar zu sein, explizit mit export (§9.2.3) deklariert sein muß. Dies kann man tun, indem man export zur Definition oder zur vorhergehenden Deklaration schreibt. Anderenfalls muß die Definition im Gültigkeitsbereich sein, wenn das Template benutzt wird.

Welche Strategie oder welche Kombination von Strategien am besten ist, hängt vom benutzten Compiler und Binder ab, von der Art der Anwendung und von äußeren Einflüssen auf den Entwicklungsprozeß. Generell sind inline–Funktionen und andere kleine Funktionen, die hauptsächlich andere Template–Funktionen aufrufen, Kandidaten für das Einfügen in jede Übersetzungseinheit, in der sie benutzt werden. Bei einer Implementierung mit durchschnittlicher Unterstützung von Template–Instanziierung durch den Binder kann dies die Übersetzungsgeschwindigkeit erhöhen und zu besseren Fehlermeldungen führen.

Das Einfügen einer Definition macht sie anfällig für Änderungen ihrer Funktion durch Makros und Deklarationen aus dem Kontext, in den sie eingefügt wurde. Entsprechend werden größere Template–Funktionen und Template–Funktionen mit einem nicht trivialen Kontext besser getrennt übersetzt. Wenn die Definition eines Templates eine große Zahl an Deklarationen benötigt, können diese Deklarationen unerwünschte Nebeneffekte in dem Kontext haben, in den sie eingefügt werden, weil das Template benutzt wird.

Ich betrachte den Ansatz der getrennt übersetzten Template–Definition und des Einfügens nur der Deklarationen im Anwendungscode als ideal. Allerdings muß die Anwendung von Idealen durch praktische Erwägungen gemäßigt werden, und die getrennte Übersetzung von Templates ist bei einigen Implementierungen kostspielig.

Welche Strategie man auch benutzt, nicht–inline statische Elementfunktionen (§C.13.1) müssen eine eindeutige Definition in irgendeiner Übersetzungseinheit haben. Dies bedeutet, daß man solche Elemente besser nicht in Templates benutzt, die in viele Übersetzungseinheiten eingefügt werden sollen.

Ideal ist es, wenn Code unabhängig davon arbeitet, ob er in einer Einheit übersetzt wird oder dazu in mehrere Einheiten aufgeteilt wird. Dieses Ideal sollte angestrebt werden, indem man die Abhängigkeiten einer Template–Definition auf ihre Umgebung beschränkt, anstatt zu versuchen, soviel wie möglich des Definitionskontextes mit in den Instanziierungsprozeß zu bringen.

13.8   Ratschläge

1. Benutzen Sie Templates, um Algorithmen zu beschreiben, die für verschiedene Argumenttypen benutzt werden sollen; §13.3.
2. Benutzen Sie Templates für Container; §13.2.
3. Schaffen Sie Spezialisierungen für Container für Zeiger, um die Codegröße zu minimieren; §13.5.
4. Deklarieren Sie immer die generelle Form eines Templates vor den Spezialisierungen; §13.5.
5. Deklarieren Sie eine Spezialisierung vor ihrer Anwendung; §13.5.
6. Minimieren Sie die Abhängigkeit einer Template–Definition von ihrem Instanziierungskontext; §13.2.5, §C.13.8.
7. Definieren Sie jede Spezialisierung, die Sie deklariert haben; §13.5.
8. Berücksichtigen Sie, ob ein Template eine Spezialisierung für C–Strings und –Felder benötigt; §13.5.2.
9. Parametriesieren Sie mit einem Verfahren; §13.4.
10. Benutzen Sie Spezialisierung und Überladung, um eine einheitliche Schnittstelle zur Implementierung desselben Konzepts für verschiedene Typen anzubieten; §13.5.
11. Bieten Sie eine einfache Schnittstelle für die einfachen Fälle, und benutzen Sie das Überladen und Default–Argumente, um weniger allgemeine Fälle abzudecken; §13.5,§13.4.
12. Testen Sie konkrete Implementierungen, bevor Sie diese zu einem Template generalisieren; §13.2.1.
13. Vergessen Sie nicht, Template–Definitionen mit `export` zu markieren, wenn diese in anderen Übersetzungseinheiten benutzbar sein sollen; §13.7.
14. Übersetzen Sie große Templates und Templates mit nicht trivialen Kontextabhängigkeiten getrennt; §13.7.
15. Benutzen Sie Templates, um Konvertierungen zu formulieren, aber definieren Sie diese Konvertierungen sehr sorgfältig; §13.6.3.1.
16. Beschränken Sie, wo notwendig, Template–Argumente durch eine Elementfunktion `constraint()`; §13.9–Ü16.
17. Benutzen Sie eine explizite Instanziierung, um die Übersetzungs– und Bindezeiten zu minimieren; §C.13.10.
18. Bevorzugen Sie ein Template gegenüber einer abgeleiteten Klasse, wenn die Laufzeiteffizienz am wichtigsten ist; §13.6.1.
19. Bevorzugen Sie eine abgeleitete Klasse gegenüber einem Template, wenn das Hinzufügen neuer Varianten ohne Neuübersetzung wichtig ist; §13.6.1.
20. Bevorzugen Sie ein Template gegenüber einer abgeleiteten Klasse, wenn keine gemeinsame Basis definiert werden kann; §13.6.1.

21. Bevorzugen Sie ein Template gegenüber einer abgeleiteten Klasse, wenn fundamentale Typen und Strukturen mit Kompatibilitätsanforderungen wichtig sind; §13.6.1.

13.9 Übungen

Ü1 (*2) Beheben Sie die Fehler in der Definition von `List` in §13.2.5, und schreiben Sie C++–Code, der äquivalent zu dem ist, was der Compiler für die Definition von `List` und der Funktion `f()` generieren muß. Machen Sie einen kleinen Testlauf mit Ihrem handgenerierten Code und mit dem Code, den der Compiler aus der Template–Version erstellt hat. Falls es auf Ihrem System mit Ihren Möglichkeiten machbar ist, vergleichen Sie die Versionen.

Ü2 (*3) Schreiben Sie ein Template für eine einfach verkettete Liste, die Elemente von Typen akzeptiert, die von einer Klasse `Link` abgeleitet wurden, die alle Informationen für die Verkettung enthält. Dies nennt man eine *aufdringliche Liste* (englisch: *intrusive list*)[2]. Mit dieser Liste schreiben Sie eine einfach verkettete Liste, die Elemente jeden Typs akzeptiert (eine unaufdringliche Liste). Vergleichen Sie die Leistungsfähigkeit der beiden Listenklassen, und diskutieren Sie das Für und Wider.

Ü3 (*2,5) Schreiben Sie aufdringliche und unaufdringliche doppelt verkettete Listen. Welche Operationen sollten zusätzlich zu denen, die Sie für die einfach verketteten Listen notwendig fanden, geschrieben werden?

Ü4 (*2) Vervollständigen Sie das `String`–Template aus §13.2, basierend auf der `String`–Klasse aus §11.12.

Ü5 (*2) Definieren Sie ein `sort()`, das sein Vergleichskriterium als Template–Argument bekommt. Definieren Sie eine Klasse `Record` mit den zwei Datenelementen `anzahl` und `preis`. Sortieren Sie einen `vector<Record>` nach beiden Datenelementen.

Ü6 (*2) Implementieren Sie ein `qsort()`–Template.

Ü7 (*2) Schreiben Sie ein Programm, das `schluessel`, `wert`–Paare einliest und für jeden `schluessel` die Summe seiner `werte` ausgibt. Spezifizieren Sie, was für einen Typ Voraussetzung ist, um ein `schluessel` bzw. ein `wert` zu sein.

Ü8 (*2,5) Implementieren Sie eine einfache `Map`–Klasse, basierend auf der `Assoc`–Klasse aus §11.8. Achten Sie darauf, daß `Map` sowohl für C–Strings als auch für `strings` als Schlüssel korrekt arbeitet. Achten Sie darauf, daß `Map` für Typen mit und ohne Default–Konstruktor korrekt funktioniert. Bieten Sie eine Möglichkeit, über die Elemente einer `Map` zu iterieren.

Ü9 (*3) Vergleichen Sie die Performance des Wortzählprogramms aus §11.8 mit einem Programm, das keine Klasse für ein assoziatives Feld benutzt. Benutzen Sie die gleichen Ein–/Ausgabe–Verfahren.

Ü10 (*3) Reimplementieren Sie die `Map` aus §13.9–Ü9 mit einer geschickteren Datenstruktur (z.B. mit einem Red-black–Baum oder einem Splay–Baum).

Ü11 (*2,5) Benutzen Sie `Map`, um eine topologische Sortierfunktion zu implementieren. Topologisches Sortieren ist in [Knuth,1968], Vol. 1 (second edition), Seite 262 beschrieben.

Ü12 (*1,5) Ändern Sie das Programm aus §13.9–Ü7 so ab, daß es auch für Begriffe mit Leerzeichen (z.B. »thumb tack«[3]) richtig arbeitet.

---

[2] A.d.Ü.: siehe auch §16.2.1.

[3] A.d.Ü.: Das ist eine Reißzwecke. Begriffe mit Leerzeichen sind im Deutschen (außer bei Eigennamen) nicht üblich.

Ü13 (∗2) Schreiben Sie `leseZeile()`–Templates für verschiedene Zeilenarten, z.B. (Artikel, Anzahl, Preis)–Zeilen.

Ü14 (∗2) Benutzen Sie die für `Literate` in §13.4 angerissene Technik, um `strings` in umgekehrter lexikographischer Ordnung zu sortieren. Achten Sie darauf, daß die Technik sowohl für C++–Implementierungen funktioniert, bei denen `char` `signed` ist, als auch mit solchen, bei denen `char` `unsigned` ist. Benutzen Sie eine Variante dieser Technik, um eine Sortierung zu liefern, die nicht auf Groß-/Kleinschreibung achtet.

Ü15 (∗1,5) Überlegen Sie sich ein Beispiel, das mindestens drei Unterschiede zwischen einem Funktions–Template und einem Makro zeigt (die Unterschiede in der Syntax der Definitionen zählen nicht).

Ü16 (∗2) Entwickeln Sie ein Schema, das sicherstellt, daß der Compiler generelle Beschränkungen der Template–Argumente für jedes Template prüft, für das ein Objekt konstruiert wird. Es ist nicht ausreichend, nur Beschränkungen der Form »das Argument T muß eine von `meineBasis` abgeleitete Klasse sein« zu prüfen.

Ausnahmebehandlung 14

*Don't interrupt me
while I'm interrupting.*
— Winston S. Churchill

14.1 Fehlerbehandlung

Wie in §8.3 gezeigt wurde, kann der Autor einer Bibliothek Laufzeitfehler erkennen, hat aber im allgemeinen keine Vorstellung, wie er sie behandeln soll. Der Anwender einer Bibliothek weiß wahrscheinlich, wie er mit solchen Fehlern umgehen kann, hat aber keine Möglichkeit, sie zu entdecken — denn dann wären sie schon im Anwendungscode behandelt und nicht der Bibliothek zum Aufspüren übergeben worden. Der Begriff der *Ausnahme* (englisch: *exception*) ist vorhanden, um mit solchen Problemen umzugehen. Die grundlegende Idee ist die, daß eine Funktion, die einen nicht durch sie selbst behandelbaren Fehler findet, eine Ausnahme wirft (englisch: *throw*), in der Hoffnung, daß ihr (direkter oder indirekter) Aufrufer das Problem behandeln kann. Eine Funktion, die diese Art von Problem behandeln möchte, kann anzeigen, daß sie bereit ist, die Ausnahme zu *fangen* (englisch: *catch*) (§2.4.2, §8.3).

Diese Methode der Fehlerbehandlung weist im Vergleich mit eher traditionellen Methoden Vorteile auf. Betrachten wir die Alternativen. Bei der Entdeckung eines Fehlers, der nicht lokal behandelt werden kann, kann das Programm

1. sich beenden
2. einen Wert, der »Fehler« darstellt, zurückliefern,
3. einen gültigen Wert zurückliefern und das Programm in einem ungültigen Zustand hinterlassen oder
4. eine Funktion aufrufen, die für den Fehlerfall bereitgestellt wurde.

Der Fall 1, »Beende das Programm«, ist das, was standardmäßig passiert, wenn eine Ausnahme nicht gefangen wird. Die meisten Fehler können und müssen wir besser behandeln. Insbesondere kann eine Bibliothek, die über die Aufgabe und generelle Strategie des Programms, in das sie eingebaut ist, nichts weiß, nicht einfach exit() oder abort() aufrufen. Eine Bibliothek, die das Programm bedingungslos abbricht, kann nicht in einem Programm benutzt werden, das nicht abstürzen darf. Eine Art, Ausnahmen zu betrachten, ist die Möglichkeit, die Kontrolle an den Aufrufer zu übergeben, wenn keine sinnvolle lokale Aktion durchgeführt werden kann.

Der Fall 2, »liefere Fehlerwert«, ist nicht immer möglich, da es häufig keinen akzeptablen »Fehlerwert« gibt. Falls beispielsweise eine Funktion einen int liefert, dann kann *jeder* int ein plausibler Wert sein. Selbst dort, wo dieser Ansatz durchführbar ist, ist er häufig unbequem, da bei jedem Aufruf auf den Fehlerwert getestet werden muß. Dies kann die Größe eines Programms leicht verdoppeln (§14.8). Dementsprechend wird dieser Ansatz selten systematisch genug verfolgt, um alle Fehler zu finden.

Der Fall 3, »liefere einen gültigen Wert ... «, hat das Problem, daß die aufrufende Funktion unter Umständen nicht bemerkt, daß das Programm in einen ungültigen Zustand gebracht wurde. Beispielsweise setzen viele Funktionen der C–Standardbibliothek die globale Variable errno, um einen Fehler zu melden (§20.4.1, §22.3). Allerdings testen Programme üblicherweise errno nicht konsequent genug, um Folgefehler durch Werte aus fehlgeschlagenen Aufrufen zu vermeiden. Weiterhin funktioniert die Nutzung von globalen Variablen zur Fehlermeldung schlecht bei Nebenläufigkeit.

Die Ausnahmebehandlung ist nicht dafür gedacht, Probleme zu lösen, für die Fall 4, »rufe eine Fehlerbehandlungsroutine auf«, relevant ist. Allerdings hat bei Nichtverfügbarkeit von Ausnahmen die Fehlerbehandlungsroutine genau die drei ersten Fälle als Alternativen für ihre Fehlerbehandlung. Eine weitergehende Besprechung von Fehlerbehandlungsfunktionen und Ausnahmen finden Sie in §14.4.5.

Der Ausnahmebehandlungsmechanismus bietet eine Alternative zu den traditionellen Techniken, wo diese unzureichend, unelegant oder fehlerträchtig sind. Er bietet die Möglichkeit, Fehlerbehandlungscode explizit von »normalem« Code zu trennen. Dadurch wird ein Programm lesbarer und zugänglicher für Werkzeuge. Der Ausnahmebehandlungsmechanismus bietet eine einheitlichere Fehlerbehandlung und macht damit die Zusammenarbeit zwischen separat erstellten Programmfragmenten einfacher.

Ein für C– und Pascal–Programmierer ungewohnter Aspekt des Ausnahmebehandlungsschemas ist der, daß die Standardreaktion auf einen Fehler (speziell in einer Bibliothek) ein Programmabbruch ist. Die traditionelle Reaktion war es, sich durchzuwühlen und das beste zu hoffen. Daher macht die Ausnahmebehandlung ein Programm in dem Sinne »zerbrechlicher«, daß mehr Sorgfalt und Aufwand erbracht werden muß, um ein Programm akzeptabel laufen zu lassen. Dies ist jedoch falschen Ergebnissen später im Entwicklungsprozeß vorzuziehen – oder wenn der Entwicklungsprozeß als abgeschlossen betrachtet wird und das Programm an den unschuldigen Anwender übergeben wird. Wenn ein Programmabbruch nicht annehmbar ist, können wir alle Ausnahmen (§14.3.2) oder alle Ausnahmen einer bestimmten Art (§14.6.2) fangen. Daher beendet eine Ausnahme ein Programm nur dann, wenn der Programmierer dies erlaubt. Dies sollte man dem bedingungslosen Abbruch vorziehen, der auftritt, wenn die traditionelle unvollständige Fehlerbehandlung zu einem katastrophalen Fehler geführt hat.

Manchmal haben Programmierer versucht, die unattraktiven Aspekte des »sich Durchwühlens« durch die Ausgabe von Fehlermeldungen, Anzeigen von Dialogboxen, die den Anwender um Hilfe bitten, usw. zu lindern. Diese Ansätze sind hauptsächlich in Testsituationen wichtig, wenn der Anwender ein mit der Programmstruktur vertrauter Programmierer ist. In der Hand eines Nichtentwicklers ist eine Bibliothek, die den (unter Umständen abwesenden) Anwender/Operator um Hilfe bittet, inakzeptabel. Auch gibt es in vielen Fällen kein Ziel für Fehlermeldungen (z.B. wenn das Programm in einer Umgebung läuft, in der cerr nicht mit etwas verbunden ist, das der Anwender bemerkt); sie würden allerdings für einen Endanwender sowieso unverständlich sein. Zumindest könnte die Meldung in der falschen Sprache ausgegeben werden (z.B. Finnisch an einen englischen Anwender). Schlimmer noch, die Fehlermeldung würde sich üblicherweise auf ein Konzept der Bibliothek beziehen, das dem Anwender völlig unbekannt ist (z.B. »bad argument to atan2« durch falsche Eingaben an ein Graphiksystem). Eine gute Bibliothek »schwatzt« nicht auf diese Art und Weise. Ausnahmen bieten eine Möglichkeit für Code, der ein Problem gefunden hat, das er nicht lokal beheben kann, das Problem an einen anderen Teil des Systems weiterzugeben, der es unter Umständen beheben kann. Nur der Teil eines Systems, der eine Vorstellung davon hat, in welcher Umgebung das Programm läuft, hat eine Chance, eine sinnvolle Fehlermeldung zu erzeugen.

Der Ausnahmebehandlungsmechanismus kann als das Laufzeit–Analogon zur Typprüfung und Eindeutigkeitskontrolle zur Übersetzungszeit betrachtet werden. Er macht den Designprozeß wichtiger, und er kann die Arbeit erhöhen, die notwendig ist, um eine erste und fehlerhafte Version des Programms zum Laufen zu bringen. Allerdings ist das Ergebnis Code, der eine wesentlich bessere Chance hat, wie erwartet zu laufen, als akzeptierbarer Teil eines größeren Programms zu laufen und verständlich für andere Programmierer und offen für die Bearbeitung durch Werkzeuge zu sein. Dementsprechend bietet die Ausnahmebehandlung bestimmte Sprachmittel, die »guten Stil« genauso unterstützen wie andere C++–Eigenschaften »guten Stil« ermöglichen, der nur informell und unvollständig in Sprachen wie C oder Pascal möglich ist.

Sie sollten sich darüber im klaren sein, daß die Fehlerbehandlung eine schwierige Aufgabe bleibt und daß der Ausnahmebehandlungsmechanismus — obwohl er formaler als die Techniken ist, die er ersetzt — immer noch relativ unstrukturiert ist im Vergleich mit Sprachmitteln, die nur lokale Abläufe betreffen. Der C++–Ausnahmebehandlungsmechanismus ermöglicht es dem Programmierer, Fehler unter Berücksichtigung der Struktur eines Programms an der natürlichsten Stelle zu behandeln. Ausnahmen machen die Komplexität der Fehlerbehandlung sichtbar. Sie sind aber nicht die Ursache der Komplexität. Machen Sie nicht den Boten für die schlechten Nachrichten verantwortlich.

Dies ist eine gute Gelegenheit, noch einmal §8.3 anzuschauen, wo die grundlegende Syntax, Semantik und Benutzungsaspekte der Ausnahmebehandlung dargestellt werden.

14.1.1 Alternative Sichtweisen für Ausnahmen

»Ausnahme« ist eins der Wörter, die für verschiedene Leute unterschiedliche Bedeutungen haben. Der C++–Ausnahmebehandlungsmechanismus wurde entworfen, um die Behandlung von Fehler– und anderen Ausnahmebedingungen (daher der Name) zu ermöglichen. Insbesondere wurde er geplant, um die Fehlerbehandlung in Programmen, die aus unabhängig entwickelten Komponenten bestehen, zu unterstützen.

Der Mechanismus ist so entworfen worden, daß er nur synchrone Ausnahmen wie Feldüberlauf und Ein-/Ausgabe–Fehler handhabt. Asynchrone Ereignisse wie Tastatur–Interrupts oder bestimmte arithmetische Fehler sind nicht unbedingt Ausnahmen und werden nicht direkt durch diesen Mechanismus behandelt. Asynchrone Ereignisse benötigen Mechanismen zu ihrer klaren und effizienten Behandlung, die sich grundlegend von denen für Ausnahmen unterscheiden. Viele Systeme bieten Mechanismen wie Signale zur Handhabung von Asynchronität an, da diese aber tendenziell systemabhängig sind, werden sie hier nicht beschrieben.

Der Ausnahmebehandlungsmechanismus ist eine nicht lokale, auf der Stack–Abwicklung (§14.4) (englisch: *stack unwinding*) basierende Kontrollstruktur, die man als alternativen return–Mechanismus sehen kann. Es gibt daher legitime Anwendungen von Ausnahmen, die nichts mit Fehlern zu tun haben (§14.5). Allerdings sind das primäre Ziel des Ausnahmebehandlungsmechanismus und der Fokus dieses Kapitels die Fehlerbehandlung und die Unterstützung von Fehlertoleranz.

Das Standard–C++ kennt den Begriff des Thread oder Prozesses nicht. Entsprechend werden Ausnahmebedingungen, die sich auf Nebenläufigkeit beziehen, hier nicht erwähnt. Die Möglichkeiten der Nebenläufigkeit Ihres Systems sind in dessen Dokumentation beschrieben. Hier werde ich nur sagen, daß der C++–Ausnahmebehandlungsmechanismus so entworfen wurde, daß er effektiv in einem nebenläufigen Programm benutzt werden kann, wenn der Programmierer (oder das System) die grundlegenden Regeln der Nebenläufigkeit einhält, wie etwa das Sperren einer gemeinsam genutzten Datenstruktur während der Benutzung.

Die C++–Ausnahmebehandlungsmechanismen stehen bereit, um Fehler und Ausnahmeereignisse zu melden und zu behandeln. Der Programmierer muß jedoch entscheiden, was er unter einer Ausnahme in einem bestimmten Programm versteht. Das ist nicht immer einfach (§14.5). Kann ein Ereignis, das bei fast jedem Programmlauf auftritt, als Ausnahme betrachtet werden? Kann ein Ereignis, das eingeplant ist und das behandelt wird, als Fehler angesehen werden? Die Antwort auf beide Fragen ist ja. »Ausnahme« bedeutet nicht »passiert fast nie« oder »katastrophal«. Man denkt besser bei einer Ausnahme »ein Teil des Systems konnte das nicht leisten, womit ich es beauftragt hatte«. Normalerweise kann man dann etwas anderes probieren. Das Auslösen von Ausnahmen sollte im Vergleich zu Funktionsaufrufen selten sein, ansonsten würde die Struktur des Systems verwischt. Wir sollten aber bei den meisten großen Programmen erwarten, daß während eines normalen und erfolgreichen Programmlaufs zumindest ein paar Ausnahmen ausgelöst und gefangen werden.

14.2   Gruppieren von Ausnahmen

Eine Ausnahme ist ein Objekt einer Klasse, die ein Ausnahmeereignis repräsentiert. Code, der einen Fehler feststellt (häufig in einer Bibliothek) wirft ein Objekt (§8.3). Ein Stück Code drückt den Wunsch, eine Ausnahme zu behandeln, durch eine `catch`–Anweisung aus. Als Effekt des Werfens wird der Stack zurückgespult, bis ein passendes `catch` gefunden wird (in einer Funktion, die direkt oder indirekt die Funktion aufgerufen hat, die die Ausnahme geworfen hat).

Häufig zerfallen Ausnahmen in natürliche Familien. Daraus folgt, daß Vererbung zur Strukturierung von Ausnahmen und bei der Ausnahmebehandlung nützlich sein kann. Beispielsweise könnten die Ausnahmen einer mathematischen Bibliothek so organisiert sein:

```
class Matherr { };
class Overflow: public Matherr { };
class Underflow: public Matherr { };
class Zerodivide: public Matherr { };
// ...
```

Damit können wir jeden `Matherr` behandeln, ohne uns darum zu kümmern, welche Art es genau ist. Beispiel:

```
void f()
{
    try {
        // ...
    }
    catch (Overflow) {
        // behandle Overflow und alles davon Abgeleitete
    }
    catch (Matherr) {
        // behandle jeden Matherr, der kein Overflow ist
    }
}
```

Hier wird ein `Overflow` gesondert behandelt. Alle anderen `Matherr`–Ausnahmen werden im allgemeinen Fall behandelt.

Ausnahmen in Hierarchien zu organisieren kann für die Robustheit des Codes wichtig sein. Überlegen Sie beispielsweise, wie Sie alle Ausnahmen einer Bibliothek mathematischer Funktionen ohne einen solchen Gruppierungsmechanismus behandeln müßten. Sie müßten das durch mühseliges Auflisten aller Ausnahmen tun:

```
void g()
{
    try {
        // ...
    }
    catch (Overflow) { /* ... */ }
    catch (Underflow) { /* ... */ }
    catch (Zerodivide) { /* ... */ }
}
```

Dies ist nicht nur anstrengend; ein Programmierer kann leicht eine Ausnahme auf der Liste vergessen. Überlegen Sie, was notwendig wäre, wenn wir die Mathematik–Ausnahmen nicht gruppiert hätten. Wenn wir eine neue Ausnahme zu der Bibliothek hinzufügen wollten, müßte jedes Stück Code modifiziert werden, das versucht hat, alle Mathematik–Ausnahmen zu behandeln. Generell ist eine solche universelle Änderung nach der ersten Freigabe der Bibliothek nicht mehr durchführbar. Oft ist es nicht möglich, jedes relevante Stück Code zu finden. Selbst wenn es so wäre, könnten wir nicht davon ausgehen, daß jedes Stück Quellcode verfügbar ist oder daß wir es ändern wollten, wenn es verfügbar wäre. Dieses Problem von Neuübersetzung und Wartung würde dazu führen, daß keine neuen Ausnahmen zu einer Bibliothek nach ihrer ersten Freigabe hinzugefügt werden dürften; *das* wäre inakzeptabel für fast alle Bibliotheken. Diese Gedankengänge führen dazu, daß Ausnahmen pro Bibliothek oder pro Subsystem als Klassenhierarchie definiert werden (§14.6.2).

Man beachte, daß weder die fundamentalen mathematischen Operationen noch die (gemeinsam mit C genutzte) Basis–Mathematik–Bibliothek arithmetische Fehler als Ausnahmen melden. Ein Grund dafür ist, daß die Erkennung einiger arithmetischer Fehler, wie etwa der Division durch Null, auf vielen Rechnern mit Pipeline–Architektur asynchron ist. Die `Matherr`–Hierarchie dient hier nur als Beispiel. Die Ausnahmen der Standardbibliothek sind in §14.10 beschrieben.

14.2.1 Abgeleitete Ausnahmen

Die Benutzung von Klassenhierarchien zur Ausnahmebehandlung führt natürlich zu Handlern, die nur an einer Untermenge der Informationen, die von der Ausnahme mitgebracht werden, interessiert sind. Anders gesagt, wird eine Ausnahme üblicherweise von einem Handler für ihre Basisklasse anstatt einem Handler für ihre exakte Klasse gefangen. Die Semantik für das Fangen und Benennen einer Ausnahme ist identisch mit einer Funktion, die ein Argument erwartet. Das heißt, das formale Argument wird mit dem Argumentwert initialisiert (§7.2). Dies bedeutet, daß die geworfene Ausnahme durch Slicing zu der gefangenen Ausnahme wird (§12.2.3). Beispiel:

```
class Matherr {
    // ...
    virtual void debug_print() const { cerr << "Math error"; }
};
```

```
class Int_overflow: public Matherr {
    const char* op;
    int a1, a2;
public:
    Int_overflow(const char* p, int a, int b) { op = p; a1 = a; a2 = b; }
    virtual void debug_print() const
    { cerr << op << '(' << a1 << ',' << a2 << ')'; }
    // ...
};

void f()
{
    try {
        g();
    }
    catch (Matherr m) {
        // ...
    }
}
```

Wenn der Handler für Matherr durchlaufen wird, ist m ein Matherr–Objekt — selbst wenn der Aufruf von g() ein Int_overflow geworfen hat. Dies bedeutet, daß die zusätzliche Information aus einem Int_overflow nicht verfügbar ist.

Wie immer kann man Zeiger oder Referenzen benutzen, um Informationen nicht permanent zu verlieren. Wir könnten beispielsweise schreiben:

```
int add(int x, int y)
{
    if ((x>0 && y>0 && x>INT_MAX-y) || (x<0 && y<0 && x<INT_MIN-y))
        throw Int_overflow("+",x,y);
    return x+y; // x+y ergibt keinen Überlauf
}

void f()
{
    try {
        int i1 = add(1,2);
        int i2 = add(INT_MAX,-2);
        int i3 = add(INT_MAX,2);        // Auf geht's
    }
    catch (Matherr& m) {
        // ...
        m.debug_print();
    }
}
```

Der letzte Aufruf von add() löst eine Ausnahme aus, die Int_overflow::debug_print() zur Folge hat. Wäre die Ausnahme als Wert anstatt als Referenz gefangen worden, wäre Matherr::debug_print() aufgerufen worden.

14.2.2 Zusammengesetzte Ausnahmen

Nicht jede Gruppierung von Ausnahmen besitzt eine Baumstruktur. Oft gehört eine Ausnahme zu zwei Gruppen:

```
class Netfile_err : public Network_err, public File_system_err { /* ... */ };
```

Solch eine `Netfile_err`–Ausnahme kann durch Funktionen, die sich mit Netzwerkausnahmen auseinandersetzen, gefangen werden:

```
void f()
{
    try {
        // irgend etwas
    }
    catch(Network_err& e) {
        // ...
    }
}
```

und genauso von Funktionen für Dateisystemausnahmen:

```
void g()
{
    try {
        // irgend etwas anderes
    }
    catch(File_system_err& e) {
        // ...
    }
}
```

Diese nicht hierarchische Organisation der Fehlerbehandlung ist wichtig, wenn Dienste wie Netzwerkfunktionen transparent für den Anwender sind. In diesem Fall könnte der Schreiber von g() noch nicht einmal wissen, daß ein Netzwerk beteiligt ist (siehe auch §14.6).

14.3 Ausnahmen fangen

Betrachten wir:

```
void f()
{
    try {
        throw E();
    }
    catch(H) {
        // Wann kommen wir hierher?
    }
}
```

Der Handler wird aufgerufen, wenn

1. H vom selben Typ wie E ist

2. H eine eindeutige öffentliche Basisklasse von E ist

3. H und E Zeigertypen sind und 1 und 2 für die Typen gilt, auf die sie zeigen

4. H eine Referenz ist und 1 und 2 für den Typ gelten, auf den H verweist

Zusätzlich können wir zu dem Typ, den wir zum Fangen der Ausnahmen benutzen, ein const hinzufügen, genau wie wir es bei einem Funktionsparameter tun könnten. Dies ändert nicht die Menge an Ausnahmen, die wir fangen können; es hindert uns nur daran, die Ausnahme zu modifizieren. Prinzipiell wird eine Ausnahme kopiert, wenn sie geworfen wird, daher bekommt der Handler eine Kopie der Originalausnahme. Tatsächlich kann eine Ausnahme mehrmals kopiert worden sein, bevor sie gefangen wurde. Entsprechend können wir keine Ausnahme werfen, die nicht kopiert werden kann. Die Implementierung kann eine Vielzahl an Strategien zum Speichern und Übertragen von Ausnahmen anwenden. Es ist allerdings garantiert, daß genügend Speicher verbleibt, damit new die Standard-»out-of-memory«-Ausnahme bad_alloc werfen kann (§14.4.5).

14.3.1   Weiterwerfen

Es kommt häufig vor, daß der Handler, nachdem er eine Ausnahme gefangen hat, entscheidet, daß er den Fehler nicht komplett behandeln kann. In diesem Fall tut der Handler das, was er lokal erreichen kann, und wirft die Ausnahme erneut. Damit kann ein Fehler an der passendsten Stelle behandelt werden. Dies ist auch dann der Fall, wenn die Information, die zur besten Behandlung des Fehlers gebraucht wird, nicht an einer einzelnen Stelle verfügbar ist, so daß die Behebung am besten über mehrere Handler verteilt wird. Beispiel:

```
void h()
{
    try {
        // Code, der evtl. Matherr wirft
    }
    catch (Matherr) {
        if (kannIchKomplettBehandeln) {
            // Behandle den Matherr

            return;
        }
        else {
            // Tu, was Du kannst

            throw;   // Wirf die Ausnahme weiter
        }
    }
}
```

Ein Weiterwerfen wird durch ein throw ohne Operanden angegeben. Wenn ein Weiterwerfen versucht wird, ohne daß es eine Ausnahme dafür gibt, wird terminate() (§14.7) aufgerufen. Ein Compiler kann einige, aber nicht alle dieser Fälle erkennen und vor ihnen warnen.

Die Ausnahme, die weitergeworfen wird, ist die Originalausnahme und nicht nur der Teil, der als Matherr verfügbar war. Anders gesagt: Wäre ein Int_overflow geworfen worden, könnte ein Aufrufer von h() immer noch den Int_overflow, den h() als Matherr gefangen und weitergeworfen hat, fangen.

14.3.2 Jede Ausnahme fangen

Eine degenerierte Version dieser Fange–und–Weiterwerfen–Technik kann wichtig sein. Wie bei Funktionen bedeuten die Punkte ... »jedes Argument« (§7.6), daher bedeutet `catch(...)` »fange jede Ausnahme«. Beispiel:

```
void m()
{
    try {
        // irgend etwas
    }
    catch (...) {            // behandle jede Ausnahme
        // Aufräumen
        throw;
    }
}
```

Das heißt: Falls irgendeine Ausnahme als Resultat der Ausführung des Hauptteils von `mm()` auftritt, wird die Aufräumaktion im Handler ausgeführt. Sobald das lokale Aufräumen passiert ist, wird die auslösende Ausnahme weitergeworfen, um weitere Fehlerbehandlung auszulösen. In §14.6.3.2 finden Sie eine Technik, mit der man Informationen über eine mit einem ...–Handler gefangene Ausnahme erhalten kann.

Ein wichtiger Aspekt der Fehlerbehandlung im allgemeinen und der Ausnahmebehandlung im besonderen ist es, Invarianten des Programms sicherzustellen (§24.3.7.1). Wenn beispielsweise von `m()` erwartet wird, daß es bestimmte Zeiger so zurückläßt, wie es sie vorgefunden hat, können wir Code im Handler schreiben, der ihnen akzeptable Werte gibt. Daher kann ein »Fange jede Ausnahme«–Handler benutzt werden, um allgemein Invarianten sicherzustellen. Allerdings ist für viele wichtige Fälle ein solcher Handler nicht die eleganteste Lösung dieses Problems (§14.4).

14.3.2.1 Reihenfolge von Handlern

Da eine abgeleitete Ausnahme von Handlern mehrerer Ausnahmetypen gefangen werden kann, ist die Reihenfolge wichtig, in der die Handler in der `try`–Anweisung stehen. Die Handler werden in dieser Reihenfolge ausgeführt. Beispiel:

```
void f()
{
    try {
        // ...
    }
    catch (std::ios_base::failure) {
        // behandle alle Stream-Ein-/Ausgabe-Fehler (§14.10)
    }
    catch (std::exception& e) {
        // behandle alle Standardbibliothekausnahmen (§14.10)
    }
    catch (...) {
        // behandle alle anderen Ausnahmen (§14.3.2)
    }
}
```

Da der Compiler die Klassenhierarchie kennt, kann er viele logische Fehler finden. Beispiel:

```
void g()
{
    try {
        // ...
    }
    catch (...) {
        // behandle alle Ausnahmen (§14.3.2)
    }
    catch (std::exception& e) {
        // behandle alle Standardbibliothekausnahmen (§14.10)
    }
    catch (std::bad_cast) {
        // behandle dynamic_cast-Fehler (§15.4.2)
    }
}
```

In diesem Fall wird die exception niemals berücksichtigt. Selbst wenn wir den »Fange–alles«–
Handler entfernen würden, würde bad_cast nicht berücksichtigt werden, da sie von exception
abgeleitet ist.

14.4   Ressourcenmanagement

Wenn eine Funktion eine Ressource belegt — das heißt eine Datei öffnet, Platz vom Freispeicher
anfordert, einen Zugriffskontroll–Lock setzt — ist es für das Weiterlaufen des Systems oft unabdingbar, daß diese Ressource korrekt freigegeben wird. Oft wird diese »korrekte Freigabe« dadurch erreicht, daß die Funktion, die eine Ressource belegt hat, diese vor der Rückkehr zum Aufrufer wieder freigibt. Beispiel:

```
void benutzeDatei(const char* fn)
{
    FILE* f = fopen(fn,"w");

    // benutze f

    fclose(f);
}
```

Dies sieht so lange plausibel aus, bis Ihnen auffällt, daß, wenn zwischen dem Aufruf von fopen()
und fclose() etwas schiefgeht, eine Ausnahme dafür sorgen könnte, daß benutzeDatei() verlassen wird, ohne daß fclose() aufgerufen wurde. Genau dasselbe Problem kann auch in Sprachen auftreten, die keine Ausnahmebehandlung unterstützen. Beispielsweise kann die Funktion
longjmp() aus der C–Standardbibliothek dasselbe Problem verursachen. Sogar ein normales
return könnte benutzeDatei() verlassen, ohne f zu schließen.

Ein erster Versuch, benutzeDatei() fehlertolerant zu machen, sieht so aus:

```
void benutzeDatei(const char* fn)
{
    FILE* f = fopen(fn,"r");
    try {
        // benutze f
    }
    catch (...) {
        fclose(f);
        throw;
    }
    fclose(f);
}
```

Der Code, der die Datei benutzt, ist in einem `try`–Block eingeschlossen, der jede Ausnahme fängt, die Datei schließt und die Ausnahme weiterwirft.

Das Problem dieser Lösung besteht darin, daß sie umfangreich, aufwendig und potentiell teuer ist. Des weiteren ist jede umfangreiche und aufwendige Lösung fehleranfällig, da der Programmierer gelangweilt wird. Glücklicherweise gibt es eine elegantere Lösung. Die allgemeine Form des Problems sieht so aus:

```
void belege()
{
    // belege Ressource 1
    // ...
    // belege Ressource n

    // benutze Ressourcen

    // gib Ressource n frei
    // ...
    // gib Ressource 1 frei
}
```

Es ist normalerweise wichtig, daß Ressourcen in der umgekehrten Reihenfolge ihrer Belegung freigegeben werden. Dies ähnelt stark dem Verhalten lokaler Objekte, die durch Konstruktoren erzeugt und von Destruktoren zerstört werden. Daher können wir solche Ressourcenbelegungs– und –freigabeprobleme durch eine passende Anwendung von Objekten von Klassen mit Konstruktoren und Destruktoren behandeln. Wir können beispielsweise eine Klasse `File_ptr` definieren, die sich wie ein `FILE*` verhält:

```
class File_ptr {
    FILE* p;
public:
    File_ptr(const char* n, const char* a) { p = fopen(n,a); }
    File_ptr(FILE* pp) { p = pp; }
    ~File_ptr() { if (p) fclose(p); }

    operator FILE*() { return p; }
};
```

Wir können einen `File_ptr` entweder aus einem `FILE*` oder den für `fopen()` benötigten Argumenten konstruieren. In beiden Fällen wird ein `File_ptr` am Ende seines Gültigkeitsbereichs zerstört, und sein Destruktor schließt die Datei. Unser Programm schrumpft nun auf dieses Minimum:

```
void benutzeDatei(const char* fn)
{
    File_ptr f(fn,"r");
    // benutze f
}
```

Der Destruktor wird unabhängig davon aufgerufen, ob die Funktion normal oder durch das Werfen einer Ausnahme verlassen wird. Das heißt, der Ausnahmebehandlungsmechanismus erlaubt es uns, den Fehlerbehandlungscode aus dem Hauptalgorithmus zu entfernen. Der resultierende Code ist einfacher und weniger fehleranfällig als sein traditionelles Gegenstück.

Der Prozeß, rückwärts »den Stack hinauf« nach einem Handler für die Ausnahme zu suchen, wird allgemein Stack–Abwicklung (englisch: *stack unwind*) genannt. Während der Stack zurückgespult wird, werden die Destruktoren für erzeugte lokale Objekte aufgerufen.

14.4.1 Nutzung von Konstruktoren und Destruktoren

Diese Technik zur Verwaltung von Ressourcen durch lokale Objekte wird üblicherweise »Ressourcenbelegung ist Initialisierung« (englisch: »*resource acquisition is initialization*«) genannt. Dies ist eine generelle Technik, die auf den Eigenschaften von Konstruktoren und Destruktoren und ihrem Zusammenspiel mit der Ausnahmebehandlung basiert.

Ein Objekt wird nicht als erzeugt betrachtet, bis sein Konstruktor vollständig gelaufen ist. Dann und nur dann wird die Stack–Abwicklung den Destruktor für das Objekt aufrufen. Ein Objekt, das sich aus Unterobjekten zusammensetzt, ist bis zu dem Grade erzeugt, wie seine Unterobjekte erzeugt wurden. Ein Feld ist bis zu dem Grade erzeugt, wie seine Elemente erzeugt wurden (und nur vollständig erzeugte Elemente werden während der Stack–Abwicklung zerstört).

Ein Konstruktor versucht sicherzustellen, daß sein Objekt vollständig und korrekt erzeugt wurde. Wenn dies nicht erreicht werden kann, wird ein gut geschriebener Konstruktor den Zustand des Systems soweit wie möglich in den Zustand zurücksetzen, wie es vor der Erzeugung war. Idealerweise erreichen normal geschriebene Konstruktoren eine dieser Alternativen und lassen ihre Objekte nicht in einem »halbkonstruierten« Zustand. Dies kann durch die Anwendung der »Ressourcenbelegung ist Initialisierung«–Technik auf die Elemente erreicht werden.

Betrachten wir eine Klasse X, für die ein Konstruktor zwei Ressourcen belegen muß: eine Datei x und ein Lock y. Diese Belegung kann fehlschlagen und eine Ausnahme werfen. Der Konstruktor von X darf nie nur die Datei öffnen, ohne den Lock zu erhalten. Weiterhin soll dies erreicht werden, ohne den Programmierer mit hoher Komplexität zu belasten. Wir benutzen Objekte zweier Klassen, File_ptr und Lock_ptr, um die belegten Ressourcen zu repräsentieren. Die Belegung einer Ressource wird durch die Initialisierung des lokalen Objekts dargestellt, das sie repräsentiert:

```
class X {
    File_ptr aa;
    Lock_ptr bb;
```

```
public:
    X(const char* x, const char* y)
        : aa(x,"rw"),    // belege »x«
          bb(y)          // belege »y«
    {}
    // ...
};
```

Nun kann, wie im Fall der lokalen Objekte, die Implementierung sich um die gesamte Buchführung kümmern. Der Anwender braucht sich um überhaupt nichts zu kümmern. Wenn beispielsweise eine Ausnahme auftritt, nachdem aa, aber bevor bb konstruiert wurde, dann wird der Destruktor für aa, nicht aber der für bb aufgerufen.

Wenn man dieses einfache Modell für die Belegung von Ressourcen befolgt, braucht der Autor eines Konstruktors keinen Code für die Ausnahmebehandlung zu schreiben.

Die am häufigsten adhoc belegte Ressource ist der Hauptspeicher. Beispiel:

```
class Y {
    int* p;
    void init();
public:
    Y(int s) { p = new int[s]; init(); }
    ~Y() { delete[] p; }
    // ...
};
```

Diese Praxis ist verbreitet und kann zu »Speicherlecks« führen. Wenn von init() eine Ausnahme geworfen wird, dann wird der belegte Speicher nicht freigegeben; der Destruktor wird nicht aufgerufen, da das Objekt nicht vollständig konstruiert wurde. Eine sichere Variante ist:

```
class Z {
    vector<int> p;
    void init();
public:
    Z(int s) : p(s) { init(); }
    // ...
};
```

Der von p benutzte Speicher wird nun von vector verwaltet. Wenn init() eine Ausnahme wirft, wird der belegte Speicher freigegeben, wenn der Destruktor für p (implizit) aufgerufen wird.

14.4.2 Auto_ptr

Die Standardbibliothek bietet die Template–Klasse auto_ptr an, die die Technik »Ressourcenbelegung ist Initialisierung« unterstützt. Grundsätzlich wird ein auto_ptr durch einen Zeiger initialisiert und kann wie ein Zeiger dereferenziert werden. Außerdem wird das Objekt, auf das gezeigt wird, am Ende des Gültigkeitsbereichs des auto_ptr implizit gelöscht. Beispiel:

```
void f(Position p1, Position p2, auto_ptr<Kreis> pc, Form* pb)
{                                        // nicht vergessen, pb beim Verlassen zu zerstören
    auto_ptr<Form> p(new Rechteck(p1,p2));    // p zeigt auf das Rechteck
    auto_ptr<Form> pbox(pb);

    p->drehe(45);      // auto_ptr<Form> genauso wie Shape* verwenden
    // ...
    if (inSchwierigkeiten) throw Schwierigkeiten();
    // ...
}
```

Hier werden das Rechteck, die Form, auf die pb zeigt, und der Kreis, auf den pc zeigt, gelöscht. Dabei ist es unerheblich, ob eine Ausnahme ausgelöst wurde oder nicht.

Um diese *Besitzsemantik* (auch zerstörendes Kopieren (englisch: *destructive copy semantics*) genannt) zu erreichen, hat ein auto_ptr eine Kopiersemantik, die sich komplett von der Semantik eines normalen Zeigers unterscheidet: Wenn ein auto_ptr in einen anderen auto_ptr kopiert wird, dann zeigt die Quelle hinterher auf nichts. Da das Kopieren einen auto_ptr modifiziert, kann ein konstanter auto_ptr nicht kopiert werden.

Das Template von auto_ptr ist in <memory> deklariert. Es kann durch folgende Implementierung beschrieben werden:

```
template<class X> class std::auto_ptr {
    template <class Y> struct auto_ptr_ref { /* ... */ };    // Hilfsklasse
    X* ptr;
public:
    typedef X element_type;

    explicit auto_ptr(X* p =0) throw() { ptr=p; } // »throw()« bedeutet:
                                                  // wirft keine Ausnahmen; siehe §14.6
    ~auto_ptr() throw() { delete ptr; }

    // Beachte: Copy-Konstruktoren und Zuweisungen haben nichtkonstante Argumente:
    auto_ptr(auto_ptr& a) throw();                          // kopieren, dann a.ptr=0
    template<class Y> auto_ptr(auto_ptr<Y>& a) throw();     // kopieren, dann a.ptr=0
    auto_ptr& operator=(auto_ptr& a) throw();              // kopieren, dann a.ptr=0
    template<class Y> auto_ptr& operator=(auto_ptr<Y>& a) throw();   // dito

    X& operator*() const throw() { return *ptr; }
    X* operator->() const throw() { return ptr; }
    X* get() const throw() { return ptr; }                  // Zeiger extrahieren
    X* release() throw() { X* t = ptr; ptr=0; return t; }   // Besitz aufgeben
    void reset(X* p =0) throw() { if (p!=ptr) { delete ptr; ptr=p; } }

    auto_ptr(auto_ptr_ref<X>) throw();                      // Kopie von auto_ptr_ref
    template<class Y> operator auto_ptr_ref<Y>() throw(); // Kopie nach auto_ptr_ref
    template<class Y> operator auto_ptr<Y>() throw();       // zerstörendes Kopieren
};
```

Der Zweck von auto_ptr_ref ist die Implementierung der Semantik des zerstörenden Kopierens bei gleichzeitiger Verhinderung des Kopierens eines konstanten auto_ptr. Der Template–Konstruktor und die Template–Zuweisung stellen sicher, daß ein auto_ptr<D> implizit in einen auto_ptr<B> konvertiert werden kann, falls ein D* in ein B* konvertiert werden kann. Beispiel:

```
void g(Kreis* pc)
{
    auto_ptr<Kreis> p2(pc);    // p2 ist für das Löschen verantwortlich
    auto_ptr<Kreis> p3(p2);    // p3 ist nun für das Löschen verantwortlich (und p2 nicht mehr)
    p2->m = 7;                 // Programmierfehler: p2.get()==0
    Form* ps = p3.get();       // Extrahieren des Zeigers aus auto_ptr
    auto_ptr<Form> aps(p3);    // Übertragen des Besitzes und Typkonvertierung
    auto_ptr<Kreis> p4(pc);    // Programmierfehler: p4 ist nun auch Besitzer
}
```

Der Effekt von zwei `auto_ptr`, die dasselbe Objekt besitzen, ist undefiniert. Wahrscheinlich würde das Objekt zweimal gelöscht werden (mit üblen Konsequenzen).

Man beachte, daß die Semantik des zerstörenden Kopierens bei `auto_ptr` bedeutet, daß ein `auto_ptr` nicht die Anforderungen eines Elements eines Standardcontainers oder eines Standardalgorithmus wie etwa `sort()` erfüllt. Beispiel:

```
vector<auto_ptr<Form> >& v;    // gefährlich: Nutzung von auto_ptr in Container
// ...
sort(v.begin(),v.end());       // Tun Sie dies nicht: sort() wird v wahrscheinlich verwüsten
```

Sicher sind `auto_ptr` keine generellen »smart pointer«. Sie bieten allerdings ohne spürbaren Mehraufwand das, wofür sie entworfen wurden: Ausnahme–Sicherheit für automatische Zeiger.

14.4.3 Warnung

Nicht alle Programme müssen gegen alle Formen von Fehlern widerstandsfähig sein, und nicht alle Ressourcen sind kritisch genug, um den aufwendigen Schutz durch »Ressourcenbelegung ist Initialisierung«, `auto_ptr` und `catch(...)` zu rechtfertigen. Beispielsweise ist es für viele Programme, die einfach eine Eingabe lesen und verarbeiten, die sinnvollste Reaktion auf einen schwerwiegenden Laufzeitfehler, nach einer sinnvollen Meldung abzubrechen. Das heißt, man läßt das System alle belegten Ressourcen wieder freigeben, und der Anwender startet das Programm mit einer korrigierten Eingabe neu. Die hier vorgestellte Strategie ist für Anwendungen gedacht, für die eine so simple Reaktion auf einen Laufzeitfehler inakzeptabel ist. Besonders der Designer einer Bibliothek kann gewöhnlich keine Annahme über die Anforderungen bezüglich Fehlertoleranz eines Programms machen, das die Bibliothek benutzt. Er ist daher gezwungen, alle unbedingten Laufzeitfehler zu vermeiden, und muß alle Ressourcen wieder freigeben, bevor eine Bibliotheksfunktion zum aufrufenden Programm zurückkehrt. Die »Ressourcenbelegung ist Initialisierung«–Strategie zusammen mit Ausnahmen, um Fehler zu signalisieren, ist für viele solcher Bibliotheken geeignet.

14.4.4 Ausnahmen und new

Man betrachte:

```
void f(Bereich& a, X* buffer)
{
    X* p1 = new X;
    X* p2 = new X[10];
    X* p3 = new(buffer[10]) X;      // X kommt in buffer (keine Freigabe nötig)
    X* p4 = new(buffer[11]) X[10];
```

```
        X* p5 = new(a) X;           // Belegung aus Bereich a (Freigabe von a)
        X* p6 = new(a) X[10];
}
```

Was passiert, wenn der Konstruktor von X eine Ausnahme wirft? Ist der von `operator new()` belegte Speicher wieder freigegeben worden? Im Normalfall ist die Antwort ja, daher führt die Initialisierung von p1 und p2 nicht zu Speicherlecks.

Wenn die Plazierungssyntax (§10.4.11) benutzt wird, kann die Antwort nicht so einfach sein. Einige Anwendungen dieser Syntax belegen Speicher, der dann wieder freigegeben werden muß; andere allerdings tun dies nicht. Auch benutzt man die Plazierungssyntax, um eine Nicht–Standard–Speicherverwaltung zu erreichen, daher ist üblicherweise auch eine Nicht–Standard–Freigabe notwendig. Entsprechend basiert die nötige Aktion auf dem benutzten Allokator. Wenn ein Allokator `Z::operator new()` benutzt wird, dann wird `Z::delete()` aufgerufen, falls es existiert; anderenfalls wird keine Freigabe durchgeführt. Felder werden äquivalent behandelt (§15.6.1). Diese Strategie behandelt sowohl den Plazierungsoperator new aus der Standardbibliothek korrekt, als auch jeden anderen Fall, in dem der Programmierer ein passendes Paar an Anforderungs– und Freigabefunktionen geschrieben hat.

14.4.5 Ressourcenknappheit

Immer wieder tritt das Problem auf, was zu tun ist, wenn das Belegen einer Ressource fehlgeschlagen ist. Beispielsweise haben wir fröhlich Dateien geöffnet (mit `fopen()`) und Speicher vom Freispeicher angefordert (mit dem Operator new), ohne uns Gedanken zu machen, was passiert, wenn die Datei nicht da ist oder wenn wir keinen Platz mehr im Freispeicher haben. Wenn sie mit solchen Problemen konfrontiert werden, haben Programmierer zwei Arten von Lösungen:

Wiederaufnahme: Wende dich an den Aufrufer, um das Problem zu beheben, und mache weiter.

Abbruch: Breche die Berechnung ab, und kehre zum Aufrufer zurück.

Im ersten Fall muß der Aufrufer darauf vorbereitet sein, bei einem Problem mit der Ressourcenbelegung in einem unbekannten Stück Code auszuhelfen. Im zweiten Fall muß der Aufrufer darauf vorbereitet sein, mit dem Fehlschlag einer Ressourcenbelegung klarzukommen. Das zweite ist im allgemeinen viel einfacher und erlaubt es einem System, eine bessere Trennung der Abstraktionslevel zu bewahren. Man beachte, daß nicht das Programm beendet wird, wenn man die Abbruch–Strategie verfolgt; nur eine einzelne Berechnung bricht ab. »Abbruch« ist ein gebräuchlicher Ausdruck für eine Strategie, die von einer »fehlgeschlagenen« Berechnung zu einer Fehlerbehandlung des Aufrufers zurückkehrt (der unter Umständen die fehlgeschlagene Berechnung erneut probiert), anstatt zu versuchen, eine schlimme Situation zu beheben und vom Punkt der Fehlerentdeckung aus fortzusetzen.

In C++ wird das Wiederaufnahme–Modell durch den Mechanismus des Funktionsaufrufs und das Abbruch–Modell durch den Ausnahmebehandlungsmechanismus unterstützt. Beide Modelle können durch eine einfache Implementierung und Benutzung des `operator new()` der Standardbibliothek gezeigt werden:

```
void* operator new(size_t size)
{
    for (;;) {
        if (void* p = malloc(size)) return p;      // Versuche, Speicher zu finden
        if (_new_handler == 0) throw bad_alloc();  // Kein Handler, gib auf
        _new_handler();                            // Bitte um Hilfe
    }
}
```

Hier benutze ich die Funktion `malloc()` der C–Standardbibliothek, um tatsächlich nach Speicher zu suchen; andere Implementierungen von `operator new()` mögen andere Wege wählen. Falls der Speicher gefunden wurde, kann `operator new()` einen Zeiger darauf zurückliefern. Anderenfalls ruft `operator new()` die Funktion `_new_handler` auf. Falls `_new_handler` noch Speicher für `malloc()` finden kann, ist alles in Ordnung. Falls nicht, kann der Handler nicht nach `operator new()` zurückkehren, ohne eine Endlosschleife zu erzeugen. Der `_new_handler` könnte dann eine Ausnahme werfen und es einem der Aufrufer überlassen, das Durcheinander zu behandeln:

```
void my_new_handler()
{
    int no_of_bytes_found = find_some_memory();
    if (no_of_bytes_found < min_allocation) throw bad_alloc(); // Gib auf
}
```

Irgendwo sollte dann ein `try`–Block mit einem passenden Handler sein:

```
try {
    // ...
}
catch (bad_alloc) {
    // Irgendwie auf Speicherknappheit reagieren
}
```

Der `_new_handler` in dieser Implementierung des `operator new()` ist ein Zeiger auf eine Funktion, der durch die Standardfunktion `set_new_handler()` gesetzt wird. Wenn ich möchte, daß `my_new_handler()` als `_new_handler` benutzt wird, schreibe ich:

```
set_new_handler(&my_new_handler);
```

Wenn ich auch noch den `bad_alloc` fangen wollte, würde ich schreiben:

```
void f()
{
    void(*alterNewHandler)() = set_new_handler(&my_new_handler);

    try {
        // ...
    }
    catch (bad_alloc) {
        // ...
    }
    catch (...) {
        set_new_handler(alterNewHandler); // Alten Handler aktivieren
        throw;                            // Weiterwerfen
    }

    set_new_handler(alterNewHandler);     // Alten Handler aktivieren
}
```

Noch besser wäre es, den `catch (...)`–Handler völlig zu vermeiden, indem man die »Ressourcenbelegung ist Initialisierung«–Technik aus §14.4 mit dem `my_new_handler()` benutzt (§14.12–Ü1).

Mit dem `my_new_handler()` wird keine zusätzliche Information von Stelle, an der der Fehler auftrat, in die Hilfsfunktion übergeben. Es ist einfach, mehr Informationen mitzugeben. Je mehr Informationen allerdings zwischen dem Code, der einen Laufzeitfehler entdeckt hat, und einer Funktion, die helfen soll, den Fehler zu korrigieren, übergeben werden, um so mehr werden diese beiden Codeteile voneinander abhängig. Dies bedeutet, daß man bei Änderungen an einem der Codestücke auch das andere Codestück verstehen und unter Umständen ändern muß. Um verschiedene Teile von Software getrennt zu halten, sollte man solche Abhängigkeiten möglichst gering halten. Der Ausnahmebehandlungsmechanismus unterstützt diese Trennung besser als Funktionsaufrufe an vom Aufrufer bereitgestellte Hilfsfunktionen.

Generell ist es klug, die Ressourcenbelegung in Schichten (Abstraktionslevel) zu organisieren und es zu vermeiden, daß eine Schicht von der Hilfe der aufrufenden Schicht abhängig ist. Erfahrungen mit großen Systemen zeigen, daß erfolgreiche Systeme sich in diese Richtung entwickeln.

Das Werfen einer Ausnahme erfordert ein Objekt zum Werfen. Eine C++–Implementierung muß genug Speicher in Reserve haben, um ein `bad_alloc` bei Speicherknappheit zu werfen. Es ist allerdings möglich, daß das Werfen von anderen Ausnahmen zu einer Speicherknappheit führt.

14.4.6 Ausnahmen in Konstruktoren

Ausnahmen bieten eine Lösung für das Problem, Fehler aus einem Konstruktor zu melden. Da ein Konstruktor keinen separaten Wert an den Aufrufer liefert, den dieser testen könnte, sind die traditionellen (das heißt nicht auf Ausnahmebehandlung beruhenden) Alternativen:

1. Liefere ein Objekt in einem ungültigen Zustand, und verlasse dich darauf, daß der Anwender den Zustand überprüft.
2. Setze eine nicht lokale Variable (z.B. `errno`), um zu zeigen, daß die Erzeugung fehlgeschlagen ist, und verlasse dich darauf, daß der Anwender diese Variable überprüft.
3. Führe keine Initialisierung im Konstruktor durch, und verlasse dich darauf, daß der Anwender eine Initialisierungsfunktion vor der ersten Benutzung aufruft.
4. Kennzeichne das Objekt als »uninitialisiert«, und lasse die erste Elementfunktion, die für das Objekt aufgerufen wird, die tatsächliche Initialisierung durchführen. Diese Funktion kann dann einen Fehler melden, wenn die Initialisierung fehlgeschlagen ist.

Die Ausnahmebehandlung erlaubt es, die Information, daß eine Konstruktion fehlgeschlagen ist, aus dem Konstruktor heraus zu melden. Beispielsweise kann eine einfache `Vector`–Klasse sich selbst vor exzessiven Speicheranforderungen so schützen:

```
class Vector {
public:
    class Size { };

    enum { max = 32000 };

    Vector(int sz)
    {
        if (sz<0 || max<sz) throw Size();
        // ...
    }
    // ...
};
```

Code, der `Vectoren` erzeugt, kann nun `Vector::Size`–Fehler fangen und versuchen, etwas Sinnvolles mit ihnen anzustellen:

```
Vector* f(int i)
{
    try {
        Vector* p = new Vector(i);
        // ...
        return p;
    }
    catch(Vector::Size) {
        // Behandle Size-Fehler
    }
}
```

Wie immer kann der Handler selbst das Standardsortiment der grundlegenden Techniken zur Fehlermeldung und –behandlung nutzen. Jedesmal, wenn eine Ausnahme an einen Aufrufer weitergegeben wird, wechselt der Blickwinkel auf den Fehler. Wenn entsprechende Informationen mit der Ausnahme weitergereicht werden, kann die Menge an Informationen, die zur Behandlung des Problems verfügbar ist, wachsen. Mit anderen Worten: Das grundsätzliche Ziel der Fehlerbehandlungstechnik ist es, Informationen über einen Fehler von der Auftrittsstelle an einen Punkt weiterzugeben, an dem genügend Informationen vorhanden sind, um das Problem zu beheben und dieses zuverlässig und bequem zu ermöglichen.

Die »Ressourcenbelegung ist Initialisierung«–Technik ist die sicherste und eleganteste Methode, um Konstruktoren zu schreiben, die mehr als eine Ressource belegen (§14.4). Zusammengefaßt reduziert diese Technik das Problem der Handhabung von mehreren Ressourcen auf die wiederholte Anwendung der (einfachen) Technik zur Handhabung einer Ressource.

14.4.6.1 Ausnahmen und Elementinitialisierung

Was passiert, wenn der Initialisierer eines Elements (direkt oder indirekt) eine Ausnahme wirft? Standardmäßig wird die Ausnahme dorthin weitergeleitet, wo der Konstruktor für die Klasse des Elements aufgerufen wurde. Allerdings kann der Konstruktor selbst solche Ausnahmen fangen, indem er den gesamten Funktionsrumpf — inklusive der Initialisierungsliste — mit einem `try`–Block umgibt. Beispiel:

```
class X {
    Vector v;
    // ...
public:
    X(int);
    // ...
};

X::X(int s)
try
    :v(s)    // Initialisiere v mit s
{
    // ...
}
```

```
catch (Vector::Size) { // Ausnahmen für v werden hier gefangen
    // ...
}
```

Copy–Konstruktoren sind etwas Besonderes, da sie implizit aufgerufen werden und häufig Ressourcen belegen und freigeben. Speziell die Standardbibliothek erwartet richtiges Verhalten — ohne das Werfen von Ausnahmen — der Copy–Konstruktoren. Aus diesem Grunde sollte man darauf achten, daß ein Copy–Konstruktor nur unter wirklich katastrophalen Umständen eine Ausnahme wirft. Die vollständige Behandlung einer Ausnahme aus einem Copy–Konstruktor ist wahrscheinlich nicht aus jedem Kontext heraus möglich. Um auch nur potentiell sicher zu sein, muß der Copy–Konstruktor zwei Objekte zurücklassen, die beide die Invarianten ihrer Klasse erfüllen (§24.3.7.1).

Natürlich müssen Zuweisungsoperatoren mit der gleichen Sorgfalt wie Copy–Konstruktoren behandelt werden.

14.4.7   Ausnahmen in Destruktoren

Aus dem Blickwinkel der Ausnahmebehandlung kann ein Destruktor auf eine von zwei Weisen aufgerufen werden:

Normaler Aufruf: Als Ergebnis eines normalen Verlassens des Gültigkeitsbereichs (§10.4.3), eines `delete` (§10.4.5) usw.

Aufruf während der Ausnahmebehandlung: Während der Stack–Abwicklung (§14.4) verläßt der Ausnahmebehandlungsmechanismus einen Gültigkeitsbereich, der ein Objekt mit einem Destruktor enthält.

Im zweiten Fall darf keine Ausnahme aus dem Destruktor herauskommen. Falls es doch passiert, wird es als Fehler des Ausnahmebehandlungsmechanismus bewertet, und `std::terminate()` (§14.7) wird aufgerufen. Letztendlich gibt es keinen generellen Weg für den Ausnahmebehandlungsmechanismus oder den Destruktor, um herauszufinden, ob es akzeptabel ist, eine Ausnahme zu ignorieren, um andere behandeln zu können.

Falls ein Destruktor Funktionen aufruft, die Ausnahmen werfen könnten, kann er sich selbst schützen. Beispiel:

```
X::~X()
try {
    f(); // Könnte eine Ausnahme werfen
}
catch (...) {
    // Mach etwas
}
```

Die Funktion `uncaught_exception()` aus der Standardbibliothek liefert `true`, falls eine Ausnahme geworfen und bisher noch nicht gefangen wurde. Dies ermöglicht es einem Programmierer, verschiedene Aktionen abhängig davon durchzuführen, ob ein Objekt normal zerstört wird oder als Teil der Stack–Abwicklung.

14.5 Ausnahmen, die keine Fehler sind

Wenn eine Ausnahme erwartet und gefangen wird, so daß sie keinen negativen Effekt auf das Verhalten des Programms hat, wie kann sie dann ein Fehler sein? Nur, weil der Programmierer sie als Fehler betrachtet und den Ausnahmebehandlungsmechanismus als Werkzeug zur Fehlerbehandlung einsetzt. Alternativ kann man den Ausnahmebehandlungsmechanismus einfach als eine andere Kontrollstruktur betrachten. Beispiel:

```
void f(Queue<X>& q)
try {
    for (;;) {
        X m = q.get();    // Wirft »Empty«, wenn die Queue leer ist
        // ...
    }
}
catch (Queue<X>::Empty) {
    return;
}
```

Dies hat tatsächlich einen gewissen Charme, daher ist es ein Fall, in dem nicht völlig klar ist, was als Fehler betrachtet werden sollte und was nicht.

Die Ausnahmebehandlung ist ein weniger strukturierter Mechanismus als lokale Kontrollstrukturen wie `if` und `for` und häufig weniger effizient, wenn die Ausnahme wirklich geworfen wird. Deshalb sollten Ausnahmen nur dort benutzt werden, wo die traditionelleren Kontrollstrukturen unelegant oder nicht benutzbar sind. Man beachte, daß die Standardbibliothek eine queue mit beliebigen Elementen ohne die Benutzung von Ausnahmen anbietet (§17.3.2).

Die Benutzung von Ausnahmen als alternative `return`–Anweisung kann eine elegante Technik zum Abbrechen von Suchfunktionen sein – speziell bei stark rekursiven Funktionen wie dem Durchsuchen von Bäumen. Beispiel:

```
void fnd(Tree* p, const string& s)
{
    if (s == p->str) throw p;       // s gefunden
    if (p->left) fnd(p->left,s);
    if (p->right) fnd(p->right,s);
}

Tree* find(Tree* p, const string& s)
{
    try {
        fnd(p,s);
    }
    catch (Tree* q) {    // q->str==s
        return q;
    }
    return 0;
}
```

Diese Nutzung von Ausnahmen kann jedoch sehr leicht übertrieben werden und zu unverständlichem Code führen. Solange es einsichtig ist, sollte man bei der Sichtweise »Ausnahmebehandlung ist Fehlerbehandlung« bleiben. Wenn dies getan wird, ist der Code klar in zwei Kategorien geteilt:

normaler Code und Fehlerbehandlungscode. Dies macht Programme leichter verständlich. Leider ist die reale Welt nicht so schön aufgeteilt. Die Organisation eines Programms wird (und bis zu einem gewissen Grad sollte sie) das widerspiegeln.

Die Fehlerbehandlung ist grundsätzlich schwierig. Alles, was einem hilft, ein klares Modell davon zu behalten, was ein Fehler ist und wie er behandelt wird, sollte in Ehren gehalten werden.

14.6   Ausnahmespezifikation

Das Werfen oder Fangen einer Ausnahme beeinflußt die Art und Weise, wie eine Funktion sich zu anderen verhält. Es kann daher lohnend sein, die Menge an Ausnahmen, die geworfen werden können, als Teil der Funktionsdeklaration zu spezifizieren. Beispiel:

```
void f(int a) throw (x2, x3);
```

Dies spezifiziert, daß f() nur die Ausnahmen x2, x3 und davon abgeleitete Ausnahmen werfen darf. Wenn eine Funktion angibt, welche Ausnahmen sie werfen könnte, bietet sie dem Aufrufer damit tatsächlich eine Garantie. Falls diese Funktion während der Ausführung etwas tut, das versucht, diese Garantie aufzuheben, wird der Versuch in einen Aufruf von std::unexpected() umgewandelt. Das Standardverhalten von std::unexpected() ist std::teminate(), das normalerweise abort() aufruft; siehe §9.4.1.1 für Details.

Genaugenommen ist

```
void f() throw (x2, x3)
{
    // Code
}
```

äquivalent zu:

```
void f()
try
{
    // Code
}
catch (x2) { throw; }    // Weiterwerfen
catch (x3) { throw; }    // Weiterwerfen
catch (...) {
    std::unexpected();    // unexpected() kehrt nicht zurück
}
```

Der wichtigste Vorteil ist der, daß eine Funktions*deklaration* zu einer für den Anwender sichtbaren Schnittstelle gehört. Funktions*definitionen* sind andererseits nicht unbedingt verfügbar. Selbst wenn der Zugriff auf die Quellen aller unserer Bibliotheken verfügbar ist, ziehen wir es doch vor, nicht zu oft hineinschauen zu müssen. Zusätzlich ist eine Funktion mit einer *Ausnahmespezifikation* kürzer und klarer als die entsprechende handgeschriebene Version.

Bei einer Funktion, die ohne eine Ausnahmespezifikation deklariert wird, wird angenommen, daß sie jede Ausnahme werfen kann. Beispiel:

```
int f();       // Kann jede Ausnahme werfen
```

Eine Funktion, die keine Ausnahme wirft, kann mit einer leeren Liste deklariert werden:

```
int g() throw ();    // Es wird keine Ausnahme geworfen
```

Man könnte auf die Idee kommen, daß es Standard sein sollte, daß eine Funktion ohne Liste keine Ausnahmen wirft. Dies würde allerdings Ausnahmespezifikationen für quasi jede Funktion erfordern, wäre eine erhebliche Ursache für Neuübersetzungen und würde die Zusammenarbeit mit in anderen Sprachen geschriebener Software unmöglich machen. Dies würde Programmierer ermutigen, den Ausnahmebehandlungsmechanismus zu unterlaufen und »Mogel«–Code zur Unterdrückung von Ausnahmen zu schreiben. Dies würde eine falsche Vorstellung von Sicherheit bei Leuten hervorrufen, die das Unterlaufen des Mechanismus nicht bemerkt haben.

14.6.1   Testen von Ausnahmespezifikationen

Es ist nicht möglich, jeden Verstoß gegen eine Schnittstellenspezifikation zur Übersetzungszeit zu erkennen. Es wird aber viel bei der Übersetzung geprüft. Die richtige Sichtweise für eine Ausnahmespezifikation ist es, anzunehmen, daß die Funktion jede Ausnahme werfen wird, die sie laut Ausnahmespezifikation auslösen könnte. Die Regeln für das Überprüfen von Ausnahmespezifikationen bei der Übersetzung verbieten leicht erkennbare abwegige Spezifikationen.

Falls irgendeine Deklaration einer Funktion eine Ausnahmespezifikation hat, dann muß jede Deklaration der Funktion (inklusive der Definition) eine Ausnahmespezifikation mit genau derselben Menge an Ausnahmetypen haben. Beispiel:

```
int f() throw (std::bad_alloc);

int f()    // Fehler: Ausnahmespezifikation fehlt
{
    // ...
}
```

Ausnahmespezifikationen müssen nicht exakt über Grenzen von Übersetzungseinheiten hinweg geprüft werden. Natürlich darf eine Implementierung prüfen. Allerdings ist es für viele große und lange im Einsatz befindliche Systeme wichtig, daß die Implementierung keine Prüfungen macht — oder wenn doch, daß sie sorgfältig Fehler nur dann bemängelt, wenn sie nicht zur Laufzeit erkannt werden können.

Der Grund dafür liegt darin sicherzustellen, daß das Hinzufügen einer Ausnahme irgendwo im Code nicht dazu führt, daß eine komplette Überarbeitung aller betroffenen Ausnahmespezifikationen mit einer Neuübersetzung von allem potentiell betroffenen Code notwendig wird. Ein System kann dann in einem teilweise überarbeiteten Zustand funktionieren, der darauf basiert, daß unerwartete Ausnahmen dynamisch (zur Laufzeit) erkannt werden. Dies ist unabdingbar für die Wartung von großen Systemen, bei denen wesentliche Überarbeitungen teuer sind und bei denen nicht aller Quellcode verfügbar ist.

Eine virtuelle Funktion kann nur von einer Funktion überschrieben werden, deren Ausnahmespezifikation mindestens so restriktiv wie ihre eigene (explizite oder implizite) Ausnahmespezifikation ist. Beispiel:

```
class B {
public:
    virtual void f();              // Kann alles werfen
    virtual void g() throw(X,Y);
    virtual void h() throw(X);
};

class D : public B {
public:
    void f() throw(X);      // OK
    void g() throw(X);      // OK: D::g() ist restriktiver als B::g()
    void h() throw(X,Y);    // Fehler: D::h() ist weniger restriktiv als B::h()
};
```

Diese Regel entspricht eigentlich nur dem gesunden Menschenverstand. Wenn eine abgeleitete Klasse eine Ausnahme wirft, die in der Originalfunktion nicht angekündigt war, kann man vom Aufrufer nicht erwarten, daß er sie fängt. Andererseits folgt eine überschreibende Funktion, die weniger Ausnahmen wirft, klar den Regeln, die von der Ausnahmespezifikation der überschriebenen Funktion vorgegeben wurden.

Entsprechend kann man einen Zeiger auf eine Funktion mit einer restriktiveren Ausnahmespezifikation an einen Zeiger auf eine Funktion mit einer weniger restriktiven Ausnahmespezifikation zuweisen, aber nicht umgekehrt. Beispiel:

```
void f() throw(X);
void (*pf1)() throw(X,Y) = &f;   // OK
void (*pf2)() throw() = &f;      // Fehler: f() ist weniger restriktiv als pf2
```

Insbesondere kann man keinen Zeiger auf eine Funktion, die keine Ausnahmespezifikation besitzt, an einen Zeiger auf eine Funktion mit einer Ausnahmespezifikation zuweisen:

```
void g();                        // Kann alles werfen

void (*pf3)() throw(X) = &g;    // Fehler: g() ist weniger restriktiv als pf3
```

Eine Ausnahmespezifikation ist nicht Teil des Typs einer Funktion, und ein typedef darf keine enthalten. Beispiel:

```
typedef void (*PF)() throw(X);  // Fehler
```

14.6.2 Unerwartete Ausnahmen

Eine Ausnahmespezifikation kann zu Aufrufen von unexpected() führen. Solche Aufrufe sind üblicherweise außer beim Testen unerwünscht. Sie können durch sorgfältige Organisation der Ausnahmen und Spezifikation der Schnittstellen vermieden werden. Alternativ können Aufrufe von unexpected() abgefangen und unschädlich gemacht werden. Ein wohldefiniertes Subsystem Y wird oft alle seine Ausnahmen von einer Klasse Yerr abgeleitet haben. Haben wir beispielsweise

```
class Some_Yerr : public Yerr { /* ... */ };
```

so wird eine Funktion

```
void f() throw (Xerr, Yerr, exception);
```

alle `Yerr` an ihre Aufrufer weiterleiten. Speziell würde `f()` einen `Some_Yerr` dadurch behandeln, daß es ihn an den Aufrufer weiterleitet. Daher wird kein `Yerr` in `f()` ein `unexpected()` auslösen.

Alle Ausnahmen, die von der Standardbibliothek geworfen werden, sind von der Klasse `exception` abgeleitet (§14.10).

14.6.3 Ausnahmen abbilden

Ab und zu ist die Vorgehensweise, ein Programm beim Auftreten einer unerwarteten Ausnahme abzubrechen, zu drakonisch. In solchen Fällen muß das Verhalten von `unexpected()` zu etwas akzeptablem geändert werden.

Der einfachste Weg, dies zu erreichen, ist das Hinzufügen der Standardbibliothekausnahme `std::bad_exception` zu einer Ausnahmespezifikation. In diesem Fall wird `unexpected` einfach `bad_exception` werfen anstatt eine Funktion aufzurufen, die eine Behandlung versucht. Beispiel:

```
class X { };
class Y { };

void f() throw(X,std::bad_exception)
{
    //...
    throw Y();    // Wirft falsche Ausnahme
}
```

Die Ausnahmespezifikation fängt die unakzeptable Ausnahme `Y` und wirft statt dessen eine Ausnahme vom Typ `bad_exception`.

Es ist nichts besonders Schlimmes an einer `bad_exception`; sie bietet einfach einen Mechanismus, der weniger drastisch als `terminate()` ist. Sie ist aber doch recht grob. Speziell geht jede Information darüber verloren, welche Ausnahme das Problem ausgelöst hat.

14.6.3.1 Benutzerdefiniertes Abbilden von Ausnahmen

Betrachten wir eine Funktion `g()`, die für eine nicht vernetzte Umgebung geschrieben wurde. Nehmen wir weiter an, daß `g()` mit einer solchen Ausnahmespezifikation deklariert wurde, daß `g()` nur Ausnahmen ihres »Subsystems Y« wirft:

```
void g() throw(Yerr);
```

Nun nehmen wir an, wir müßten `g()` in einer Netzwerkumgebung aufrufen.

Natürlich weiß `g()` nichts über Netzwerkausnahmen und wird `unexpected()` aufrufen, wenn eine auftritt. Um `g()` in einer Netzwerkumgebung einzusetzen, müssen wir entweder Code bereitstellen, der Netzwerkausnahmen behandelt, oder `g()` umschreiben. Wenn wir annehmen, daß ein Umschreiben unmöglich oder unerwünscht ist, können wir das Problem durch Ändern der Bedeutung von `unexpected()` lösen.

Speicherknappheit wird durch einen `_new_handler` behandelt, der per `set_new_handler()` eingesetzt wird. Ähnlich kann die Reaktion auf eine unerwartete Ausnahme durch einen von `set_unexpected()` eingesetzten `_unexpected_handler` erfolgen:

```
typedef void(*unexpected_handler)();
unexpected_handler set_unexpected(unexpected_handler);
```

Um unerwartete Ausnahmen vernünftig zu behandeln, definieren wir zuerst eine Klasse, die es uns erlaubt, die »Ressourcenbelegung ist Initialisierung«–Technik für unexpected()–Funktionen zu benutzen:

```
class STC { // Speichern-und-Wiederherstellen-Klasse
    unexpected_handler old;
public:
    STC(unexpected_handler f) { old = set_unexpected(f); }
    ~STC() { set_unexpected(old); }
};
```

Dann definieren wir eine Funktion mit der Funktionalität, die wir für unexpected() in diesem Fall haben möchten:

```
class Yunexpected : public Yerr { };

void throwY() throw(Yunexpected) { throw Yunexpected(); }
```

Als unexpected–Funktion benutzt, bildet throwY() jede unerwartete Ausnahme auf Yunexpected ab.

Schließlich liefern wir eine Version von g(), um in der Netzwerkumgebung zu arbeiten:

```
void networked_g() throw(Yerr)
{
    STC xx(&throwY);      // unexpected() wirft nun Yunexpected
    g();
}
```

Da Yunexpected von Yerr abgeleitet ist, wird die Ausnahmespezifikation nicht verletzt. Hätte throwY() eine Ausnahme geworfen, die die Ausnahmespezifikation verletzt hätte, wäre terminate() aufgerufen worden.

Durch das Speichern und Wiederherstellen des _unexpected_handlers machen wir es möglich, daß mehrere Subsysteme die Behandlung von unerwarteten Ausnahmen durchführen können, ohne sich gegenseitig zu stören. Grundsätzlich ist diese Technik des Abbildens einer unerwarteten Ausnahme in eine erwartete eine flexiblere Variante dessen, was das System durch bad_exception bietet.

14.6.3.2   Den Typ einer Ausnahme ermitteln

Das Abbilden einer unerwarteten Ausnahme auf Yunexpected würde es einem Nutzer von networked_g() erlauben zu erfahren, daß eine unerwartete Ausnahme auf Yunexpected abgebildet wurde. Allerdings würde der Nutzer nicht wissen, welche Ausnahme abgebildet wurde. Diese Information ging in throwY() verloren. Ein einfaches Verfahren erlaubt es uns, diese Information aufzuzeichnen und weiterzugeben:

```
class Yunexpected : public Yerr {
public:
    Network_exception* pe;
    Yunexpected(Network_exception* p) :pe(p?p->klonen():0) { }
    ~Yunexpected() { delete pe; }
```

```
};

    void throwY() throw(Yunexpected)
    {
        try {
            throw; // Weiterwerfen, um direkt gefangen zu werden
        }
        catch(Network_exception& p) {
            throw Yunexpected(&p);  // Werfen der abgebildeten Ausnahme
        }
        catch(...) {
            throw Yunexpected(0);
        }
    }
```

Das Weiterwerfen und Fangen einer Ausnahme liefert uns ein Handle auf jede Ausnahme, deren Typ wir benennen können. Die `throwY()`–Funktion wird von `unexpected()` aufgerufen, das konzeptgemäß von einem `catch(...)`–Handler aufgerufen wurde. Deshalb gibt es definitiv eine Ausnahme zum Weiterwerfen. Es ist einer `unexpected()`–Funktion nicht möglich, die Ausnahme zu ignorieren und mit `return` zurückzukehren. Falls sie es versucht, wird `unexpected()` selbst eine `bad_exception` werfen (§14.6.3).

14.7 Ungefangene Ausnahmen

Wenn eine Ausnahme geworfen, aber nicht gefangen wurde, wird die Funktion `std::terminate()` aufgerufen. Die `terminate()`–Funktion wird auch aufgerufen, wenn der Ausnahmebehandlungsmechanismus den Stack ungültig vorfindet oder wenn ein Destruktor, der während der durch eine Ausnahme ausgelösten Stack–Abwicklung aufgerufen wurde, selbst eine Ausnahme wirft.

Eine unerwartete Ausnahme wird durch den `_unexpected_handler` behandelt, der per `set_unexpected()` gesetzt wurde. Ähnlich wird die Reaktion auf eine ungefangene Ausnahme durch einen mit `set_terminate()` gesetzten `_uncaught_handler` bestimmt:

```
    typedef void(*terminate_handler)();
    terminate_handler set_terminate(terminate_handler);
```

Der Rückgabewert ist die vorherige Funktion, die `set_terminate()` übergeben wurde.

Der Grund, daß es `terminate()` gibt, liegt darin, daß man ab und zu die Ausnahmebehandlung zugunsten weniger ausgefeilter Fehlerbehandlungstechniken vernachlässigen muß. Beispielsweise könnte `terminate()` benutzt werden, um einen Prozeß abzubrechen oder ein System zu reinitialisieren. `terminate()` ist dazu vorgesehen, als eine drastische Maßnahme beim Versagen der durch die Ausnahmebehandlung realisierten Fehlerbehandlungsstrategie eingesetzt zu werden, das heißt, wenn es an der Zeit ist, auf eine andere Stufe der Fehlertoleranz zu wechseln.

Standardmäßig ruft `terminate()` `abort()` auf (§9.4.1.1). Dieses Verhalten ist die richtige Wahl für die meisten Anwender — speziell während des Testens.

Von einem `_uncaught_handler` wird erwartet, daß er nicht zum Aufrufer zurückkehrt. Falls er es versucht, wird `terminate()` dann `abort()` aufrufen.

Man beachte, daß abort() ein unnormales Ende des Programms verursacht. Die Funktion exit() kann benutzt werden, um ein Programm mit einem Rückgabewert zu verlassen, der dem umgebenden System mitteilt, ob das Beenden normal war oder nicht (§9.4.1.1).

Es ist implementierungsabhängig, ob Destruktoren aufgerufen werden, wenn ein Programm durch eine ungefangene Ausnahme abgebrochen wurde. Bei einigen Systemen ist es unabdingbar, daß keine Destruktoren aufgerufen werden, damit das Programm vom Debugger aus fortgesetzt werden kann. Bei anderen Systemen ist es durch die Architektur nahezu unmöglich, die Destruktoren während der Suche nach einem Handler *nicht* aufzurufen.

Falls Sie sicherstellen wollen, daß Aufräumarbeiten auch bei einer unerwarteten Ausnahme durchgeführt werden, können Sie einen Handler für alle Ausnahmen (§14.3.2) zusätzlich zu den von Ihnen wirklich erwarteten in main() einsetzen. Beispiel:

```
int main()
try {
    // ...
}
catch (std::range_error)
{
    cerr << "range error: Nicht schon wieder!\n";
}
catch (std::bad_alloc)
{
    cerr << "new hat den Speicher verbraucht\n";
}
catch (...) {
    // ...
}
```

Dies fängt alle Ausnahmen mit Ausnahme der bei der Konstruktion und Destruktion von globalen Variablen geworfenen. Es gibt keine Möglichkeit, eine während der Initialisierung von globalen Variablen geworfene Ausnahme zu fangen. Der einzige Weg, die Kontrolle beim Werfen einer Ausnahme aus der Initialisierung eines nichtlokalen statischen Objekts zu erlangen, ist über set_unexpected() (§14.6.2). Dies ist ein weiterer Grund, globale Variablen soweit wie möglich zu vermeiden.

Wenn eine Ausnahme gefangen wurde, ist der genaue Punkt, an dem sie geworfen wurde, im allgemeinen unbekannt. Dies stellt einen Informationsverlust gegenüber dem dar, was ein Debugger über den Zustand des Systems aussagen könnte. Daher könnte es in einigen C++–Entwicklungsumgebungen für einige Programme und für einige Leute vorteilhafter sein, Ausnahmen, die vom Programm nicht behandelt werden sollen, *nicht* zu fangen.

14.8   Ausnahmen und Effizienz

Prinzipiell kann die Ausnahmebehandlung so implementiert werden, daß kein Mehraufwand zur Laufzeit auftritt, wenn keine Ausnahme geworfen wird. Zusätzlich kann das Werfen so realisiert werden, daß es nicht viel aufwendiger als ein normaler Funktionsaufruf ist. Dies zu tun, ohne erheblichen Mehrbedarf an Speicher zu verursachen, und gleichzeitig die Kompatibilität mit der C–Aufrufschnittstelle, mit Debugger–Konventionen usw. zu wahren, ist möglich, aber schwer. Allerdings muß man in Erinnerung behalten, daß die Alternativen zur Ausnahmebehandlung auch nicht umsonst sind. Es ist nicht unüblich, daß sich in traditionellen Systemen die Hälfte des Codes mit Fehlerbehandlung beschäftigt.

Betrachten wir eine einfache Funktion f(), die so wirkt, als hätte sie nichts mit Ausnahmebehandlung zu tun:

```
void g(int);

void f()
{
    string s;
    // ...
    g(1);
    g(2);
}
```

g() könnte jedoch eine Ausnahme werfen, daher muß f Code enthalten, der s im Falle einer Ausnahme korrekt zerstört. Würde g() keine Ausnahme werfen sollen, müßte sie ihre Fehler auf andere Weise melden. Entsprechend wäre der vergleichbare Code, der normale Anweisungen anstelle von Ausnahmen zur Fehlerbehandlung benutzt, nicht das einfache Beispiel oben, sondern etwas, das so aussähe:

```
bool g(int);

bool f()
{
    string s;
    // ...
    if (g(1))
        if (g(2))
            return true;
        else
            return false;
    else
        return false;
}
```

Meistens werden Fehler nicht so systematisch behandelt, und dies ist auch nicht immer problematisch. Wenn allerdings eine sorgfältige und systematische Fehlerbehandlung notwendig ist, überläßt man eine solche Verwaltung am besten dem Rechner, das heißt dem Ausnahmebehandlungsmechanismus.

Ausnahmespezifikationen (§14.6) können beim Verbessern von generiertem Code sehr hilfreich sein. Hätten wir festgelegt, daß g() keine Ausnahme wirft:

```
void g(int) throw();
```

hätte die Codegenerierung für f() besser sein können. Traditionelle C-Funktion können keine Ausnahmen werfen, daher können in den meisten Programmen alle C-Funktionen mit einer leeren Ausnahmespezifikation throw() deklariert werden. Speziell weiß eine Implementierung, daß nur wenige Funktionen der C-Standardbibliothek (wie atexit() und sort()) Ausnahmen werfen können, und kann aus diesem Faktum Vorteile bei der Codegenerierung ziehen.

Bevor Sie einer »C-Funktion« eine leere Ausnahmespezifikation geben, überlegen Sie einen Moment, ob sie nicht doch eine Ausnahme werfen könnte. Sie könnte z.B. angepaßt worden sein, um den C++–Operator `new` zu benutzen, der ein `bad_alloc` werfen kann, oder sie könnte eine C++–Bibliothek aufrufen, die eine Ausnahme werfen könnte.

14.9 Alternativen bei der Fehlerbehandlung

Der Zweck des Ausnahmebehandlungsmechanismus ist es, daß ein Teil eines Programms einem anderen Teil mitteilen kann, daß ein »Ausnahmezustand« erkannt wurde. Wir gehen dabei davon aus, daß die beiden Programmteile unabhängig voneinander entwickelt wurden, und daß der Teil des Programms, der den Fehler behandelt, etwas Sinnvolles mit dem Fehler anfangen kann.

Um Handler effektiv in einem Programm einsetzen zu können, brauchen wir eine umfassende Strategie. Das heißt, die verschiedenen Teile des Programms müssen sich darüber einig sein, wie Ausnahmen benutzt werden und wo Fehler behandelt werden. Die Ausnahmebehandlungsmechanismen sind grundsätzlich nicht lokal, daher ist das Befolgen einer umfassenden Strategie unabdingbar. Dies bedeutet, daß die Fehlerbehandlungsstrategie am besten in der frühesten Phase des Designs bestimmt wird. Es bedeutet weiter, daß die Strategie einfach (verglichen mit der Komplexität des gesamten Programms) und eindeutig ist. Etwas Kompliziertes würde nicht konsistent in einem grundsätzlich verzwickten Gebiet wie der Fehlerbehandlung eingesetzt werden.

Als erstes muß die Vorstellung aufgegeben werden, daß ein einzelner Mechanismus oder eine einzelne Technik alle Fehler behandeln kann; dies würde zu Komplexität führen. Erfolgreiche fehlertolerante Systeme sind mehrschichtig. Jede Schicht bearbeitet so viele Fehler, wie sie kann, ohne zu sehr verzerrt zu werden, und meldet den Rest an die höheren Schichten. Das Konzept `terminate()` ist dafür gedacht, diese Sichtweise zu unterstützen, indem eine Ausweichmöglichkeit besteht, wenn der Ausnahmebehandlungsmechanismus selbst fehlerhaft wurde oder unvollständig angewendet wurde und damit zu ungefangenen Ausnahmen führte. Entsprechend ist das Konzept `unexpected()` als Ausweichmöglichkeit gedacht, wenn eine Strategie mit Ausnahmespezifikationen als Abschottung fehlschlägt.

Nicht jede Funktion sollte abgeschottet sein. Bei den meisten Systemen ist es nicht machbar, jede Funktion so zu schreiben, daß sie ausreichend genau abprüft, ob sie entweder vollständig abgelaufen oder auf eine wohldefinierte Weise fehlgeschlagen ist. Der Grund, warum dies nicht funktioniert, variiert von Programm zu Programm und von Programmierer zu Programmierer. Für große Programme gilt jedoch:

1. Die Menge an Arbeit, um diese Art von »Zuverlässigkeit« zu erreichen, ist zu groß, um konsistent getan zu werden.
2. Der Mehraufwand bezüglich Laufzeit und Speicherbedarf ist zu groß, um das System akzeptabel laufen zu lassen (es zeigt sich eine Tendenz, Tests auf denselben Fehler, etwa ein ungültiges Argument, wieder und wieder durchzuführen).
3. In anderen Sprachen geschriebene Funktionen halten sich nicht an die Regeln.
4. Diese absolut lokale Betrachtung von »Zuverlässigkeit« führt zu Komplexitäten, die die allgemeine Systemzuverlässigkeit belasten.

Die Aufteilung des Programms in unabhängige Subsysteme, die entweder komplett durchlaufen werden oder wohldefiniert abbrechen, ist jedoch wichtig, machbar und ökonomisch. Daher sollte eine wichtige Bibliothek, ein wichtiges Subsystem oder eine Schlüsselfunktion auf diese Weise entworfen werden. Ausnahmespezifikationen sind als Schnittstellen zu solchen Bibliotheken und Subsystemen gedacht.

Normalerweise haben wir nicht den Luxus, den Code eines Systems von Grund auf neu zu entwerfen. Um eine generelle Fehlerbehandlungsstrategie für alle Teile des Systems einzusetzen, müssen daher Programmfragmente mit einer anderen Strategie als der unseren berücksichtigt werden. Um dies zu tun, müssen wir eine Vielzahl von Problemen berücksichtigen, die damit zusammenhängen, wie Programmfragmente Ressourcen verwalten und in welchem Zustand sie das System nach einem Fehler zurücklassen. Das Ziel ist, das Programmfragment so erscheinen zu lassen, als würde es der generellen Fehlerbehandlungsstrategie folgen, selbst wenn es intern nach einer anderen Strategie arbeitet.

Manchmal ist es notwendig, von einer Art der Fehlermeldung auf eine andere zu wechseln. Beispielsweise könnten wir nach dem Aufruf einer C–Standardbibliotheksfunktion `errno` prüfen und gegebenenfalls eine Ausnahme werfen, oder umgekehrt eine Ausnahme fangen und `errno` setzen, bevor wir aus einer C++–Bibliothek zu einem C–Programm zurückkehren:

```
void callC() throw(C_blewit)
{
    errno = 0;
    c_function();
    if (errno) {
        // Aufräumen, wenn nötig und möglich
        throw C_blewit(errno);
    }
}

extern "C" void call_from_C() throw()
{
    try {
        c_plus_plus_function();
    }
    catch (...) {
        // Aufräumen, wenn nötig und möglich
        errno = E_CPLPLFCTBLEWIT;
    }
}
```

In solchen Fällen ist es wichtig, systematisch genug vorzugehen, damit sichergestellt ist, daß die Umwandlung der Fehlermeldungsstrategie vollständig passiert.

Die Fehlerbehandlung sollte — soweit wie möglich — hierarchisch erfolgen. Wenn eine Funktion einen Laufzeitfehler erkennt, sollte sie nicht ihren Aufrufer um Hilfe bei der Behebung oder Ressourcenbelegung bitten. Solche Anforderungen erzeugen Zyklen in den Systemabhängigkeiten. Dies wiederum macht das Programm schwer verständlich und führt zur Möglichkeit von Endlosschleifen im Fehlerbehandlungs– und –behebungscode.

Vereinfachende Techniken wie »Ressourcenbelegung ist Initialisierung« und vereinfachende Annahmen wie »Ausnahmen repräsentieren Fehler« sollten benutzt werden, um den Fehlerbehandlungscode zu vereinheitlichen. Vorschläge zur Benutzung von Invarianten und Zusicherungen (englisch: *assertions*), um das Auslösen von Ausnahmen zu vereinheitlichen, finden Sie in §24.3.7.1.

14.10   Standardausnahmen

Es folgt eine Tabelle der Standardausnahmen und der Funktionen, Operatoren und allgemeinen Hilfsmittel, die sie werfen:

Standardausnahmen (von der Sprache geworfen)			
Name	Geworfen von	Referenzkapitel	Header
bad_alloc	new	§6.2.6.2, §19.4.5	<new>
bad_cast	dynamic_cast	§15.4.1.1	<typeinfo>
bad_typeid	typeid	§15.4.4	<typeinfo>
bad_exception	Ausnahmespezifikation	§14.6.3	<exception>

Standardausnahmen (von der Standardbibliothek geworfen)			
Name	Geworfen von	Referenzkapitel	Header
out_of_range	at()	§3.7.2, §16.3.3	<stdexception>
out_of_range	at()	§20.3.3	<stdexception>
	bitset<>::operator[]()	§17.5.3	
invalid_argument	Bitset–Konstruktor	§17.5.3.1	<stdexception>
overflow_error	bitset<>::to_ulong()	§17.5.3.3	<stdexception>
ios_base::failure	ios_base::clear()	§21.3.6	<ios>

Die Bibliotheksausnahmen sind Teil einer Klassenhierarchie, die als Wurzel die Standardbibliotheks–Ausnahmeklasse exception aus <exception> hat:

```
class exception {
public:
    exception() throw();
    exception(const exception&) throw();
    exception& operator=(const exception&) throw();
    virtual ~exception() throw();

    virtual const char* what() const throw();
private:
    // ...
};
```

Die Hierarchie sieht wie folgt aus:

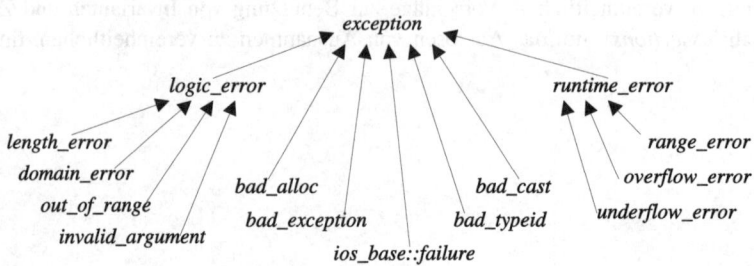

Dies scheint sehr aufwendig, um die acht Standardausnahmen zu organisieren. Diese Hierarchie versucht, einen Rahmen für Ausnahmen außerhalb der durch die Standardbibliothek vorgegebenen Ausnahmen zu definieren. Logische Fehler (`logic_error`) sind Fehler, die prinzipiell schon vor dem Programmstart oder durch das Überprüfen von Argumenten von Funktionen und Konstruktoren gefunden werden könnten. Laufzeitfehler (`runtime_error`) sind alle anderen. Einige Leute betrachten dies als einen nützlichen Rahmen für alle Fehler und Ausnahmen; ich gehöre nicht dazu.

Die Standardbibliotheks–Ausnahmeklassen fügen keine Funktionen zu dem von `exception` bereitgestellten Satz hinzu; sie definieren nur die benötigten virtuellen Funktionen entsprechend. Daher kann man schreiben:

```
void f()
try {
    // Nutzung der Standardbibliothek
}
catch (exception& e) {
    cout << "Standardbibliotheksausnahme " <<
        e.what() << '\n'; // Tja, könnte stimmen
    // ...
}
catch (...) {
    cout << "Eine andere Ausnahme\n";
    // ...
}
```

Die Standardausnahmen sind von `exception` abgeleitet. Allerdings trifft dies nicht auf jede Ausnahme zu, daher wäre es ein Fehler zu versuchen, jede Ausnahme durch `catch(exception)` zu fangen. Ähnlich wäre es falsch anzunehmen, daß jede von `exception` abgeleitete Ausnahme eine Standardbibliotheksausnahme wäre: Programmierer können ihre eigenen Ausnahmen in die `exception`–Hierarchie einbringen.

Man beachte, daß die Operationen von `exception` selbst keine Ausnahmen werfen. Speziell bedeutet dies, daß das Werfen einer Standardbibliotheksausnahme keine `bad_alloc`–Ausnahme hervorruft. Der Ausnahmebehandlungsmechanismus belegt etwas Speicher, um Ausnahmen anzulegen (vermutlich auf dem Stack). Natürlich ist es möglich, Code zu schreiben, der schließlich und endlich allen Speicher im System belegt hat und damit einen Fehler auslöst.

Hier folgt eine Funktion, die — falls aufgerufen — testet, ob zuerst der Funktionsaufrufmechanismus oder der Ausnahmebehandlungsmechanismus keinen Speicher mehr bekommt:

```
void pervertiert()
{
    try {
        throw exception(); // Rekursiv Ausnahme werfen
    }
    catch (exception& e) {
        pervertiert();          // Rekursiver Funktionsaufruf
        cout << e.what();
    }
}
```

Der Zweck der Ausgabeanweisung besteht einfach darin, die Wiederbenutzung des Speichers der Ausnahme e durch den Compiler zu verhindern.

14.11 Ratschläge

1. Benutzen Sie Ausnahmen zur Fehlerbehandlung; §14.1, §14.5, §14.9.
2. Benutzen Sie keine Ausnahmen, wenn lokalere Kontrollstrukturen ausreichen; §14.1.
3. Benutzen Sie die »Ressourcenbelegung ist Initialisierung«–Technik zur Verwaltung von Ressourcen; §14.4.
4. Nicht jedes Programm muß ausnahmesicher sein; §14.4.3.
5. Benutzen Sie »Ressourcenbelegung ist Initialisierung« und Ausnahme–Handler, um Invarianten zu gewährleisten; §14.3.2.
6. Minimieren Sie die Nutzung von `try`–Blöcken. Benutzen Sie »Ressourcenbelegung ist Initialisierung« anstelle von Handler–Code; §14.4.
7. Nicht jede Funktion muß jeden möglichen Fehler behandeln; §14.9.
8. Werfen Sie eine Ausnahme, um einen Fehler in einem Konstruktor zu melden; §14.4.6.
9. Vermeiden Sie es, Ausnahmen aus einem Copy–Konstruktor zu werfen; §14.4.6.1.
10. Vermeiden Sie es, Ausnahmen aus einem Destruktor zu werfen; §14.4.7.
11. Lassen Sie `main()` alle Ausnahmen fangen und ausgeben; §14.7.
12. Halten Sie normalen Code und Fehlerbehandlungscode getrennt; §14.4.5, §14.5.
13. Stellen Sie sicher, daß jede Ressource, die in einem Konstruktor belegt wurde, wieder freigegeben wird, wenn Sie aus diesem Konstruktor eine Ausnahme werfen; §14.4.
14. Halten Sie die Ressourcenverwaltung hierarchisch; §14.4.
15. Benutzen Sie Ausnahmespezifikationen für wichtige Schnittstellen; §14.9.
16. Vermeiden Sie Speicherlecks durch per `new` angeforderten Speicher, der bei einer Ausnahme nicht freigegeben wird; §14.4.1, §14.4.2, §14.4.4.
17. Gehen Sie davon aus, daß jede Ausnahme, die von einer Funktion geworfen werden kann, auch geworfen wird; §14.6.
18. Gehen Sie nicht davon aus, daß jede Ausnahme von der Klasse `exception` abgeleitet ist; §14.10.
19. Eine Bibliothek sollte nicht ohne Zustimmung ein Programm beenden. Statt dessen sollte sie eine Ausnahme werfen und den Aufrufer entscheiden lassen; §14.1.
20. Eine Bibliothek sollte keine Diagnoseausgaben für den Benutzer erzeugen. Statt dessen sollte sie eine Ausnahme werfen und den Aufrufer entscheiden lassen; §14.1.
21. Entwickeln Sie frühzeitig im Design eine Fehlerbehandlungsstrategie; §14.9.

14.12 Übungen

Ü1 (∗2) Verallgemeinern Sie die STC–Klasse (§14.6.3.1) zu einer Template–Klasse, die die »Ressourcenbelegung ist Initialisierung«–Technik zum Speichern und Wiederherstellen von Funktionen verschiedenen Typs benutzen kann.

Ü2 (∗3) Vervollständigen Sie die `Ptr_to_T`–Klasse aus §11.11 als Template, das Ausnahmen zum Signalisieren von Laufzeitfehlern benutzt.

Ü3 (∗3) Schreiben Sie eine Funktion, die einen binären Baum von Knoten nach einem `char*`–Feld durchsucht. Falls ein Knoten, der `Hallo` enthält, gefunden wurde, liefert `find("Hallo")` einen Zeiger auf diesen Knoten. Benutzen Sie eine Ausnahme, um »nicht gefunden« anzuzeigen.

Ü4 (∗3) Definieren Sie eine Klasse `Int`, die sich genau wie der fundamentale Typ `int` benimmt, außer daß sie Ausnahmen wirft anstatt einen Über– oder Unterlauf durchzuführen.

Ü5 (∗2,5) Nehmen Sie die Basisoperationen zum Öffnen, Schließen, Lesen und Schreiben aus der C–Schnittstelle Ihres Betriebssystems, und schaffen Sie äquivalente C++–Funktionen, die die C–Funktionen aufrufen, aber im Fehlerfall Ausnahmen werfen.

Ü6 (∗2,5) Schreiben Sie ein vollständiges `Vector`–Template mit `Range`– und `Size`–Ausnahmen.

Ü7 (∗1) Schreiben Sie eine Schleife, die die Summe eines `Vectors` aus §14.12–Ü6 berechnet, ohne die Größe des `Vectors` auszuwerten. Warum ist das eine schlechte Idee?

Ü8 (∗2,5) Überlegen Sie, eine Klasse `Exception` als Basisklasse für alle Ausnahmeklassen zu benutzen. Wie sollte sie aussehen? Wie sollte sie benutzt werden? Was könnte sie für Vorteile bringen? Welche Nachteile könnten aus der Anforderung, eine solche Klasse zu benutzen, entstehen?

Ü9 (∗1) Ändern Sie

```
int main() { /* ... */ }
```

so ab, daß es alle Ausnahmen fängt, sie in Fehlermeldungen umsetzt und `abort()` aufruft. Tip: `call_from_C()` in §14.9 behandelt nicht wirklich alle Fälle.

Ü10 (∗2) Schreiben Sie eine Klasse oder ein Template zur Implementierung von Callbacks.

Ü11 (∗2,5) Schreiben Sie eine `Lock`–Klasse für ein System, das Nebenläufigkeit unterstützt.

Klassenhierarchien 15

Abstraction is selective ignorance.
— Andrew Koenig

15.1 Einleitung und Überblick

In diesem Kapitel wird erläutert, wie abgeleitete Klassen und virtuelle Funktionen mit anderen Sprachmitteln wie Zugriffskontrolle, Namensermittlung, Freispeicherverwaltung, Konstruktoren, Zeigern und Typkonvertierung zusammenspielen. Es hat fünf Hauptteile:

§15.2 Mehrfachvererbung
§15.3 Zugriffskontrolle
§15.4 Laufzeit–Typinformation
§15.5 Zeiger auf Elemente
§15.6 Freispeicher

Generell wird eine Klasse aus einem Raster von Basisklassen konstruiert. Da die meisten dieser Raster in der Vergangenheit Bäume gewesen sind, wird ein *Klassenraster* häufig *Klassenhierarchie* genannt. Wir versuchen, Klassen so zu entwerfen, daß der Anwender sich nicht übermäßig viele Gedanken darüber machen muß, auf welche Weise eine Klasse aus anderen zusammengesetzt ist. Speziell stellt der Mechanismus zum Aufrufen virtueller Funktionen sicher, daß bei einem Aufruf einer Funktion f() für ein Objekt immer die gleiche Funktion aufgerufen wird, unabhängig davon, welche Klasse in der Hierarchie die Deklaration von f() für den Aufruf bereitgestellt hat. In diesem Kapitel konzentrieren wir uns auf Möglichkeiten, Klassenraster zusammenzusetzen, auf den Zugriff auf Teile der Klassen und auf Möglichkeiten, sich durch Klassenraster zur Übersetzungs– und zur Laufzeit zu bewegen.

15.2 Mehrfachvererbung

Wie in §2.5.4 und §12.3 gezeigt wurde, kann eine Klasse mehr als eine direkte Basisklasse haben. Das heißt, es wird mehr als eine Klasse nach dem : in der Klassendeklaration angegeben. Betrachten wir eine Simulation, in der konkurrierende Aktivitäten durch eine Klasse Task und die Datenaufnahme und –anzeige durch eine Klasse Displayed erledigt werden. Wir können dann eine Klasse von simulierten Entitäten definieren, die Klasse Satellite:

```
class Satellite : public Task, public Displayed {
    // ...
};
```

Die Benutzung von mehr als einer unmittelbaren Basisklasse wird gewöhnlich als *Mehrfachverer-bung* (englisch: *multiple inheritance*) bezeichnet. Nur eine direkte Basisklasse zu haben wird im Gegensatz dazu *Einfachvererbung* (englisch: *single inheritance*) genannt.

Zusätzlich zu den eventuell speziell für Satellite definierten Operationen kann die Vereinigung der Operationen von Task und Displayed angewendet werden. Beispiel:

```
void f(Satellite& s)
{
    s.draw();        // Displayed::draw()
    s.delay(10);     // Task::delay()
    s.transmit();    // Satellite::transmit()
}
```

Ähnlich kann ein Satellite an Funktionen übergeben werden, die ein Task oder Displayed erwarten. Beispiel:

```
void highlight(Displayed*);
void suspend(Task*);


void g(Satellite* p)
{
    highlight(p); // Übergib einen Zeiger auf den Displayed-Teil von Satellite
    suspend(p);   // Übergib einen Zeiger auf den Task-Teil von Satellite
}
```

Dies zu implementieren benötigt sicher ein paar einfache Compilertechniken, um sicherzustellen, daß Funktionen, die ein Task erwarten, einen anderen Teil von Satellite sehen als Funktionen, die ein Displayed erwarten. Virtuelle Funktionen wirken wie gewöhnlich. Beispiel:

```
class Task {
    // ...
    virtual void pending() = 0;
};

class Displayed {
    // ...
    virtual void draw() = 0;
};

class Satellite : public Task, public Displayed {
    // ...
    void pending(); // Überschreibe Task::pending()
    void draw();    // Überschreibe Displayed::draw()
};
```

Dies stellt sicher, daß Satellite::draw() und Satellite::pending() für einen Satellite aufgerufen werden, der dabei als Displayed bzw. Task behandelt wird.

Wenn man (nur) Einfachvererbung nutzen würde, wäre die Auswahl des Programmierers für die Implementierung der Klassen Displayed, Task und Satellite begrenzt. Ein Satellite könnte eine Task oder ein Displayed sein, aber nicht beides (es sei denn, Task wäre von Displayed abgeleitet oder umgekehrt). Beide Alternativen bedingen einen Verlust an Flexibilität.

Warum würde jemand eine Klasse Satellite haben wollen? Entgegen der Vermutung einiger Leute ist das Satellite–Beispiel real. Es gab wirklich — und gibt es vielleicht noch — ein Programm, das entsprechend den hier zur Demonstration der Mehrfachvererbung gezeigten Beispielen konstruiert war. Es wurde benutzt, um das Design von Kommunikationssystemen mit Satelliten, Bodenstationen usw. zu studieren. Mit einer solchen Simulation können wir Fragen nach dem Datenfluß beantworten, die richtige Reaktion auf eine durch ein Unwetter blockierte Bodenstation ermitteln, das Für und Wider von Satellitenverbindungen und Erdleitungen vergleichen usw. Außerdem müssen wir den Zustand von Objekten wie Satellite und ihrer Unterkomponenten zwecks Analyse, Debugging und Fehlerbehebung abspeichern.

15.2.1 Auflösung von Mehrdeutigkeiten

Zwei Basisklassen können Elementfunktionen mit demselben Namen haben. Beispiel:

```
class Task {
    // ...
    virtual debug_info* get_debug();
};

class Displayed {
    // ...
    virtual debug_info* get_debug();
};
```

Wenn ein Satellite benutzt wird, müssen diese Funktionen eindeutig gemacht werden:

```
void f(Satellite* sp)
{
    debug_info* dip = sp->get_debug();        // Fehler: mehrdeutig
    dip = sp->Task::get_debug();              // OK
    dip = sp->Displayed::get_debug();         // OK
}
```

Allerdings ist ein explizites Eindeutigmachen unordentlich, daher ist es meist am besten, solche Probleme durch die Definition einer neuen Funktion in der abgeleiteten Klasse zu lösen:

```
class Satellite : public Task, public Displayed {
    // ...
    debug_info* get_debug() // Überschreibt Task::get_debug() und Displayed::get_debug()
    {
        debug_info* dip1 = Task::get_debug();
        debug_info* dip2 = Displayed::get_debug();
        return dip1->merge(dip2);
    }
};
```

Dies lokalisiert die Information über die Basisklassen von Satellite. Da die Funktion Satellite::get_debug() die get_debug()–Funktionen von seinen beiden Basisklassen überschreibt, wird Satellite::get_debug() aufgerufen, wenn get_debug() für ein Satellite–Objekt aufgerufen wird.

Ein qualifizierter Name wie `Telstar::draw` kann sich auf ein `draw` beziehen, das entweder in `Telstar` oder einer seiner Basisklassen deklariert wurde. Beispiel:

```
class Telstar : public Satellite {
    // ...
    void draw()
    {
        draw();                         // Huch: rekursiver Aufruf
        Satellite::draw();              // findet Displayed::draw
        Displayed::draw();
        Satellite::Displayed::draw();   // Redundante doppelte Qualifizierung
    }
};
```

Mit anderen Worten: Falls ein `Satellite::draw` sich nicht zu einem in `Satellite` deklarierten `draw` auflösen läßt, schaut der Compiler rekursiv in die Basisklassen; das heißt, er sucht nach `Task::draw` und `Displayed::draw`. Wenn genau eine Übereinstimmung gefunden wird, dann wird dieser Name benutzt. Andernfalls wurde `Satellite::draw` nicht gefunden oder ist mehrdeutig.

15.2.2 Vererbung und using–Deklarationen

Die Auflösung von Überladungen wird nicht über verschiedene Sichtbarkeitsbereiche von Klassen durchgeführt (§7.4). Insbesondere werden Mehrdeutigkeiten zwischen Funktionen aus verschiedenen Basisklassen nicht über ihre Argumenttypen aufgelöst.

Wenn man im wesentlichen zusammenhanglose Klassen, wie `Task` und `Displayed` im `Satellite`–Beispiel, kombiniert, bedeutet Ähnlichkeit im Namen üblicherweise keine gemeinsame Funktionalität. Wenn solche Namenskollisionen erfolgen, überrascht das den Programmierer meistens. Beispiel:

```
class Task {
    // ...
    void debug(double p);    // Nur ausgeben, wenn Priorität kleiner p
};

class Displayed {
    // ...
    void debug(int v);   // Je höher v, um so mehr Debug-Info
};

class Satellite : public Task, public Displayed {
    // ...
};

void g(Satellite* p)
{
    p->debug(1);               // Fehler: mehrdeutig. Displayed::debug(int) oder Task::debug(double)
    p->Task::debug(1);         // OK
    p->Displayed::debug(1);    // OK
}
```

Was aber, wenn die Nutzung desselben Namens in unterschiedlichen Basisklassen das Ergebnis einer bewußten Designentscheidung war und der Anwender eine Auswahl wünscht, die auf den Argumenttypen basiert? In diesem Fall kann eine using–Deklaration (§8.2.2) die Funktionen in einen gemeinsamen Sichtbarkeitsbereich bringen. Beispiel:

```
class A {
public:
    int f(int);
    char f(char);
    // ...
};

class B {
public:
    double f(double);
    // ...
};

class AB: public A, public B {
public:
    using A::f;
    using B::f;
    char f(char);        // Verdeckt A::f(char)
    AB f(AB);
};

void g(AB& ab)
{
    ab.f(1);             // A::f(int)
    ab.f('a');           // AB::f(char)
    ab.f(2.0);           // B::f(double)
    ab.f(ab);            // AB::f(AB)
}
```

using–Deklarationen erlauben es einem Programmierer, einen Satz überladener Funktionen aus Basisklassen und abgeleiteten Klassen zusammenzustellen. Funktionen, die in einer abgeleiteten Klasse deklariert wurden, verdecken Funktionen, die andernfalls von der Basisklasse verfügbar wären. Virtuelle Funktionen aus Basisklassen können wie immer überschrieben werden (§15.2.3.1).

Eine using–Deklaration (§8.2.2) in einer Klassendefinition muß sich auf ein Element einer Basisklasse beziehen. Eine using–Deklaration darf nicht für ein Element einer Klasse von außerhalb dieser Klasse, einer aus ihr abgeleiteten Klasse und deren Elementfunktionen benutzt werden. Eine using–Direktive (§8.2.3) kann nicht in einer Klassendefinition erscheinen und darf nicht für eine Klasse benutzt werden.

Eine using–Deklaration kann nicht benutzt werden, um Zugriff auf zusätzliche Informationen zu erlangen. Es ist einfach ein Mechanismus, der verfügbare Informationen bequemer nutzbar macht (§15.3.2.2).

15.2.3 Replizierte Basisklassen

Mit der Fähigkeit, mehr als eine Basisklasse anzugeben, ergibt sich die Möglichkeit, eine Klasse
mehrfach als Basisklasse zu benutzen. Wären beispielsweise Task und Displayed beide von einer
Klasse Link abgeleitet gewesen, würde ein Satellite zwei Links haben:

```
struct Link {
    Link* next;
};


class Task : public Link {
    // Link wird benutzt, um eine Liste aller Tasks
    // zu verwalten (die Scheduler-Liste)
    // ...
};
class Displayed : public Link {
    // Link wird benutzt, um eine Liste aller angezeigten Objekte
    // zu verwalten (die Display-Liste)
    // ...
};
```

Dies stellt kein Problem dar. Zwei separate Link–Objekte werden zur Repräsentation der Links
benutzt, und die zwei Listen beeinflussen einander nicht. Natürlich kann man nicht auf Elemente
der Link–Klasse zugreifen, ohne eine Mehrdeutigkeit zu riskieren (§15.2.3.1). Ein Satellite–
Objekt könnte wie folgt gezeichnet werden:

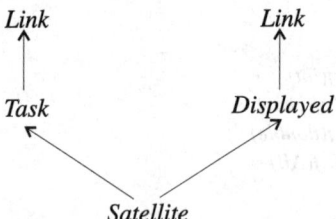

Fälle, in denen die gemeinsame Basisklasse nicht durch zwei separate Objekte repräsentiert werden
soll, können durch die Benutzung einer virtuellen Basisklasse behandelt werden (§15.2.4).

Gewöhnlich ist eine Basisklasse, die auf die gleiche Weise wie Link hier repliziert wurde, ein
Implementierungsdetail, das nicht von außerhalb seiner unmittelbar abgeleiteten Klassen benutzt
werden sollte. Falls solch eine Basisklasse doch einmal von einer Stelle aus referenziert werden
muß, von der aus mehrere Kopien sichtbar sind, muß diese Referenz explizit qualifiziert werden,
um die Mehrdeutigkeit aufzulösen. Beispiel:

```
void durcheinanderMitLinks(Satellite* p)
{
    p->next = 0;              // Fehler: mehrdeutig (welcher Link?)
    p->Link::next = 0;        // Fehler: mehrdeutig (welcher Link?)
    p->Task::next = 0;        // OK
    p->Displayed::next = 0;   // OK
    // ...
}
```

Dies ist exakt der Mechanismus, der auch beim Auflösen mehrdeutiger Referenzen auf Elemente benutzt wird (§15.2.1).

15.2.3.1 Überschreiben

Eine virtuelle Funktion in einer replizierten Basisklasse kann durch eine (einzige) Funktion in der abgeleiteten Klasse überschrieben werden. Man könnte beispielsweise die Fähigkeit eines Objekts, sich selbst von einer Datei zu lesen und sich wieder zurückzuschreiben, so repräsentieren:

```
class Storable {
public:
    virtual const char* get_file() = 0;
    virtual void read() = 0;
    virtual void write() = 0;
    virtual ~Storable() { }
};
```

Natürlich können mehrere Programmierer hierauf aufbauen, um damit Klassen zu entwickeln, die unabhängig oder in Kombinationen zum Erstellen höherwertiger Klassen benutzt werden. Ein Weg, eine Simulation zu stoppen und wieder zu starten, ist es, ihre Komponenten zu speichern und später wieder zu laden. Diese Idee könnte wie folgt implementiert werden:

```
class Transmitter : public Storable {
public:
    void write();
    // ...
};

class Receiver : public Storable {
public:
    void write();
    // ...
};

class Radio : public Transmitter, public Receiver {
public:
    const char* get_file();
    void read();
    void write();
    // ...
};
```

Üblicherweise ruft eine überschreibende Funktion die Version ihrer Basisklasse auf und macht dann die für die abgeleitete Klasse notwendige Arbeit:

```
void Radio::write()
{
    Transmitter::write();
    Receiver::write();
    // Schreibe radiospezifische Informationen
}
```

Das Casten von einer replizierten Basisklasse auf eine abgeleitete Klasse wird in §15.4.2 besprochen. Eine Technik zum Überschreiben jeder der `write()`–Funktionen mit separaten Funktionen aus abgeleiteten Klassen wird in §25.6 vorgestellt.

15.2.4   Virtuelle Basisklassen

Das `Radio`–Beispiel aus dem vorherigen Abschnitt funktioniert, weil die Klasse `Storable` sicher, bequem und effizient repliziert werden kann. Dies ist oft bei der Art von Klassen nicht der Fall, die einen guten Grundstein für andere Klassen darstellen. Beispielsweise könnten wir `Storable` so definieren, daß es den Namen der Datei zum Speichern des Objekts enthält:

```
class Storable {
public:
    Storable(const char* s);
    virtual void read() = 0;
    virtual void write() = 0;
    virtual ~Storable();
private:
    const char* store;

    Storable(const Storable&);
    Storable& operator=(const Storable&);
};
```

Mit dieser anscheinend kleinen Änderung an `Storable` müssen wir das Design von Radio ändern. Alle Teile eines Objekts müssen sich eine einzige Kopie von `Storable` teilen; andernfalls wird es unnötig schwierig, das Speichern mehrerer Kopien des Objekts zu vermeiden. Ein Mechanismus zum Spezifizieren einer solchen gemeinsamen Nutzung ist eine virtuelle Basisklasse. Jede *virtuelle* Basis einer abgeleiteten Klasse wird durch dasselbe (gemeinsam genutzte) Objekt repräsentiert. Beispiel:

```
class Transmitter : public virtual Storable {
public:
    void write();
    // ...
};

class Receiver : public virtual Storable {
public:
    void write();
    // ...
};

class Radio : public Transmitter, public Receiver {
public:
    void write();
    // ...
};
```

Graphisch sieht das so aus:

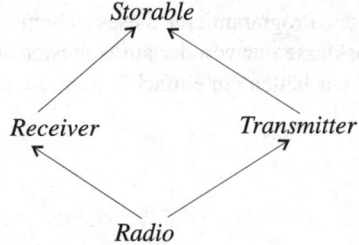

Vergleichen Sie dieses Diagramm mit der Zeichnung für das Satellite–Objekt in §15.2.3, um den Unterschied zwischen normaler und virtueller Vererbung zu sehen. In einem Vererbungsgraphen wird jede Basisklasse eines vorgegebenen Namens, die als virtuell spezifiziert ist, als einziges Objekt dieser Klasse repräsentiert werden. Andererseits wird jede Basisklasse, die nicht als virtuell gekennzeichnet ist, ihr eigenes Subobjekt haben, das sie repräsentiert.

15.2.4.1 Programmieren von virtuellen Basisklassen

Wenn der Programmierer die Funktionen für eine Klasse mit einer virtuellen Basisklasse definiert, kann er im allgemeinen nicht wissen, ob die Basisklasse mit anderen abgeleiteten Klassen gemeinsam genutzt werden soll. Dies kann ein Problem sein, wenn man einen Dienst implementiert, der es erfordert, daß eine Funktion der Basisklasse genau einmal aufgerufen wird. Beispielsweise stellt die Sprache sicher, daß ein Konstruktor einer virtuellen Basisklasse genau einmal aufgerufen wird. Der Konstruktor einer virtuellen Basisklasse wird (implizit oder explizit) vom Konstruktor des kompletten Objekts (dem Konstruktor der am weitesten abgeleiteten Klasse) aufgerufen. Beispiel:

```
class A {   // Kein Konstruktor
    // ...
};

class B {
public:
    B();    // Default-Konstruktor
    // ...
};

class C {
public:
    C(int); // Kein Default-Konstruktor
};

class D : virtual public A, virtual public B, virtual public C
{
    D() { /* ... */ }              // Fehler: kein Default-Konstruktor für C
    D(int i) : C(i) { /* ... */ }; // OK
    // ...
};
```

Der Konstruktor für eine virtuelle Basisklasse wird vor den Konstruktoren ihrer abgeleiteten Klassen aufgerufen.

Wo es benötigt wird, kann der Programmierer dieses Schema dadurch simulieren, daß er eine Funktion der virtuellen Basisklasse nur von der am weitesten abgeleiteten Klasse aus aufruft. Nehmen wir beispielsweise an, wir hätten ein einfaches `Window`, das wüßte, wie es seinen Inhalt zeichnen muß:

```
class Window {
    // Grundlegendes
    virtual void draw();
};
```

Zusätzlich gibt es verschiedene Wege, um Dekorationen an ein Fenster zu bringen und Funktionalität hinzuzufügen:

```
class Window_with_border : public virtual Window {
    // Rahmen usw.
    void own_draw();      // Rahmen anzeigen
    void draw();
};
```

```
class Window_with_menu : public virtual Window {
    // Menü usw.
    void own_draw();      // Menü anzeigen
    void draw();
};
```

Die `own_draw()`–Funktionen müssen nicht virtuell sein, da sie nur aus einer virtuellen `draw()`–Funktion heraus aufgerufen werden sollen, die »weiß«, für welche Art Objekt sie aufgerufen wurde.

Aus diesen Teilen können wir eine plausible `Clock`–Klasse zusammenstellen:

```
class Clock : public Window_with_border, public Window_with_menu {
    // Uhr usw.
    void own_draw();      // Zeige Zifferblatt und Zeiger
    void draw();
};
```

Graphisch sieht das so aus:

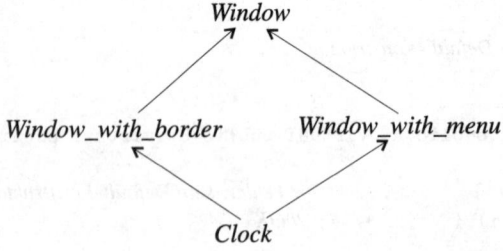

Die `draw()`–Funktionen können nun unter Benutzung der `own_draw()`–Funktionen geschrieben werden, so daß der Aufrufer von jedem `draw` die Funktion `Window::draw()` genau einmal ausführt. Dies geschieht unabhängig davon, für welche Art `Window` die Funktion `draw()` aufgerufen wird:

```
void Window_with_border::draw()
{
    Window::draw();
    own_draw(); // Rahmen anzeigen
}

void Window_with_menu::draw()
{
    Window::draw();
    own_draw(); // Menü anzeigen
}

void Clock::draw()
{
    Window::draw();
    Window_with_border::own_draw();
    Window_with_menu::own_draw();
    own_draw(); // Zeige Zifferblatt und Zeiger
}
```

Das Casten von einer virtuellen Basisklasse zu einer abgeleiteten Klasse wird in §15.4.2 besprochen.

15.2.5 Benutzung von Mehrfachvererbung

Die einfachste und naheliegendste Benutzung der Mehrfachvererbung ist das »Zusammenkleben« von zwei ansonsten unzusammenhängenden Klassen als Teil der Implementierung einer dritten Klasse. Die Satellite-Klasse, die in §15.2 aus den Task– und Displayed–Klassen zusammengesetzt wurde, ist ein Beispiel dafür. Diese Benutzung der Mehrfachvererbung ist nicht schwierig, sie ist effektiv und wichtig, aber nicht sehr interessant. Eigentlich bewahrt sie den Programmierer nur davor, eine Menge an Funktionen zu schreiben, die dann nur andere aufrufen. Diese Technik beeinflußt das allgemeine Design eines Programms nicht wesentlich und kann ab und zu den Wunsch, Implementierungsdetails zu verbergen, unmöglich machen. Allerdings muß eine Technik nicht unbedingt intelligent sein, um Nutzen zu bringen.

Die Benutzung der Mehrfachvererbung zur Implementierung von abstrakten Klassen ist grundlegender, da so das Design des Programms beeinflußt wird. Die Klasse BB_ival_slider (§12.4.3) ist ein Beispiel:

```
class BB_ival_slider
    : public Ival_slider      // Schnittstelle
    , protected BBslider      // Implementierung
{
    // Implementierung von Funktionen, die von »Ival_slider« und »BBslider«
    // gebraucht werden mit den Mitteln von »BBslider«.
};
```

In diesem Beispiel spielen die beiden Basisklassen logisch unterschiedliche Rollen. Eine Basisklasse ist eine öffentliche abstrakte Klasse, die die Schnittstelle beschreibt, und die andere ist eine protected konkrete Klasse, die »Implementierungsdetails« bietet. Diese Rollen spiegeln sich sowohl in der Art der Klassen als auch in ihrer Zugriffskontrolle wider. Die Benutzung von Mehrfachvererbung ist hier fast unabdingbar, da die abgeleitete Klasse virtuelle Funktionen sowohl von der Schnittstelle als auch von der Implementierung überschreiben muß.

Die Mehrfachvererbung erlaubt es Geschwisterklassen, Informationen gemeinsam zu nutzen, ohne die Abhängigkeit von einer eindeutigen gemeinsamen Basisklasse mitzubringen. Dies ist der Fall, wenn die sogenannte *rautenförmige Vererbung* auftritt (beispielsweise Radio (§15.2.4) und Clock (§15.2.4.1)). Eine virtuelle Basisklasse wird anstatt einer normalen Basisklasse benötigt, wenn die Basisklasse nicht repliziert werden kann.

Ich meine, daß ein rautenförmiges Vererbungsraster am einfachsten zu handhaben ist, wenn entweder die virtuelle Basisklasse oder die direkt von ihr abgeleiteten Klassen abstrakt sind. Betrachten wir beispielsweise noch einmal die Ival_box–Klasse aus §12.4. Zum Schluß habe ich alle Ival_box–Klassen abstrakt gemacht, um ihre Rolle als reine Schnittstellen widerzuspiegeln. Dies erlaubte es mir, alle Implementierungsdetails in bestimmte Implementierungsklassen zu tun. Dabei erfolgte die gesamte gemeinsame Nutzung von Implementierungsdetails in der klassischen Hierarchie des Fenstersystems, das für die Implementierung benutzt wurde.

Es wäre sinnvoll, wenn die Klasse, die einen Popup_ival_slider implementiert, den größten Teil der Implementierung der Klasse, die einen einfachen Ival_slider realisiert, mitbenutzen würde. Schließlich würden diese Implementierungen alles außer der Behandlung der Eingabeaufforderung gemeinsam haben. Allerdings würde es dann nur natürlich sein, die Replizierung von Ival_slider–Objekten in den resultierenden Implementierungsobjekten vermeiden zu wollen. Daher könnten wir Ival_slider zu einer virtuellen Basisklasse machen:

```
class BB_ival_slider : public virtual Ival_slider, protected BBslider { /* ...
*/ };
class Popup_ival_slider : public virtual Ival_slider { /* ... */ };
class BB_popup_ival_slider
      : public virtual Popup_ival_slider, protected BB_ival_slider { /* ... */ };
```

Graphisch sieht das so aus:

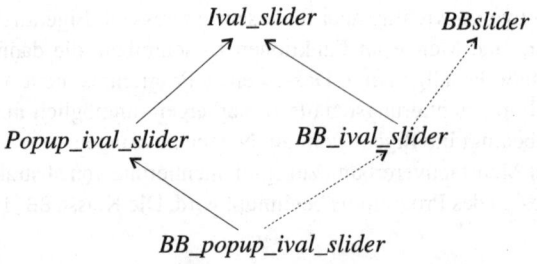

Man kann sich leicht weitere von Popup_ival_slider abgeleitete Schnittstellen und weitere Implementierungsklassen, die von diesen Klassen und BB_popup_ival_slider abgeleitet wurden, vorstellen.

Wenn wir diese Idee zu ihrem logischen Abschluß bringen, werden alle Ableitungen von den abstrakten Klassen, die die Schnittstellen unserer Anwendung bilden, virtuell. Dies scheint tatsächlich der logischste, generellste und flexibelste Ansatz zu sein. Der Grund dafür, warum ich das nicht getan habe, ist teils historisch bedingt und teils der, daß die einleuchtendste und verbreitetste Technik zur Implementierung virtueller Basisklassen einen Mehraufwand an Laufzeit und Speicherbedarf mit sich bringt, der ihre extensive Anwendung innerhalb einer Klasse unattraktiv macht. Sollte dieser Mehraufwand ein Problem bei einem ansonsten attraktiven Design werden, beachte man, daß ein Objekt, das einen `Ival_slider` repräsentiert, normalerweise nur einen Zeiger auf die Tabelle der virtuellen Funktionen enthält. Wie in §15.2.4 erläutert, kann eine abstrakte Klasse, die keine variablen Daten enthält, ohne schlimme Nebeneffekte repliziert werden. Daher können wir die virtuellen Basisklassen zugunsten von normalen eliminieren:

```
class BB_ival_slider : public Ival_slider, protected BBslider { /* ... */ };
class Popup_ival_slider : public Ival_slider { /* ... */ };
class BB_popup_ival_slider
    : public Popup_ival_slider, protected BB_ival_slider { /* ... */ };
```

Graphisch sieht das so aus:

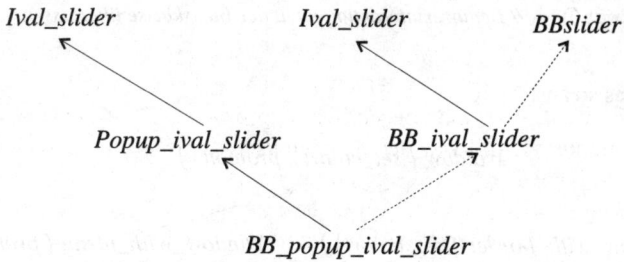

Dies ist sicher eine interessante Optimierung gegenüber der zugegebenermaßen klareren Alternative, die vorher gezeigt wurde.

15.2.5.1 Überschreiben von Funktionen virtueller Basisklassen

Eine abgeleitete Klasse kann eine virtuelle Funktion ihrer direkten oder indirekten virtuellen Basisklasse überschreiben. Speziell könnten zwei verschiedene Klassen verschiedene virtuelle Funktionen der virtuellen Basisklasse überschreiben. Auf diese Weise können verschiedene abgeleitete Klassen zur Implementierung der durch die virtuelle Basisklasse vorgegebenen Schnittstelle beitragen. Beispielsweise könnte die `Window`-Klasse die Funktionen `set_color()` und `prompt()` haben. In diesem Fall könnte `Window_with_border` die Funktion `set_color()` als Teil der Kontrolle des Farbschemas überschreiben, und `Window_with_menu` könnte `prompt()` als Teil der Kontrolle der Interaktion mit dem Benutzer überschreiben:

```
class Window {
    // ...
    virtual void set_color(Color) = 0;    // Setze die Hintergrundfarbe
    virtual void prompt() = 0;
};

class Window_with_border : public virtual Window {
    // ...
    void set_color(Color);    // Kontrolliere die Hintergrundfarbe
};

class Window_with_menu : public virtual Window {
    // ...
    void prompt();    // Kontrolliere Benutzerinteraktion
};
```

```
class My_window : public Window_with_menu, public Window_with_border {
    // ...
};
```

Was ist, wenn unterschiedliche abgeleitete Klassen dieselbe Funktion überschreiben? Dies ist dann und nur dann erlaubt, wenn eine überschreibende Klasse von jeder anderen Klasse, die diese Funktion überschreibt, abgeleitet wird. Das heißt, eine Funktion muß alle anderen überschreiben. Beispielsweise könnte My_window die Funktion prompt() überschreiben, um Window_with_menu zu verbessern:

```
class My_window : public Window_with_menu, public Window_with_border {
    // ...
    void prompt();   // Benutzerinteraktion nicht der Basisklasse überlassen
};
```

Graphisch sieht das so aus:

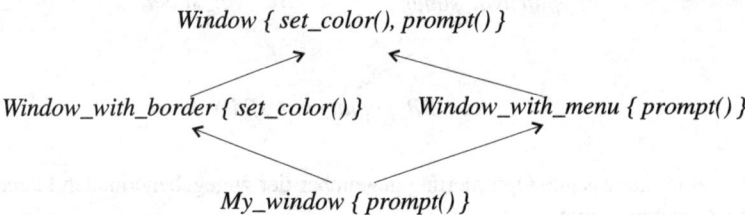

Wenn zwei Klassen eine Funktion der Basisklasse überschreiben, aber die eine nicht die andere überschreibt, ist die Klassenhierarchie fehlerhaft. Es kann keine Tabelle der virtuellen Funktionen konstruiert werden, da der Aufruf dieser Funktion für das vollständige Objekt mehrdeutig wäre. Hätte beispielsweise Radio in §15.2.4 nicht write() deklariert, hätten die Deklarationen von write() in Receiver und Transmitter einen Fehler bei der Deklaration von Radio erzeugt. Wie bei Radio werden solche Konflikte aufgelöst, indem man eine überschreibende Funktion zu der am weitesten abgeleiteten Klasse hinzufügt.

Eine Klasse, die einiges — aber nicht alles — der Implementierung für eine virtuelle Basisklasse liefert, wird häufig »mixin«[1] genannt.

15.3 Zugriffskontrolle

Ein Element einer Klasse kann private, protected oder public sein:
- Wenn es private ist, kann sein Name nur von Elementfunktionen und friends der Klasse benutzt werden, in der es deklariert wurde.
- Wenn es protected ist, kann sein Name nur von Elementfunktionen und friends der Klasse benutzt werden, in der es deklariert wurde, und von Elementfunktionen und friends von Klassen, die von dieser Klasse abgeleitet wurden (§11.5).
- Wenn es public ist, kann sein Name von jeder Funktion benutzt werden.

---

[1] A.d.Ü.: Für »mixin« ist uns kein gängiger deutscher Begriff bekannt.

Dies gibt die Sichtweise wieder, daß es drei Arten von Funktionen gibt, die auf eine Klasse zugreifen: Funktionen, die die Klasse implementieren (Elementfunktionen und friends), Funktionen, die die abgeleiteten Klassen implementieren (die Elementfunktionen und friends der abgeleiteten Klassen) und andere Funktionen. Dies kann graphisch so dargestellt werden:

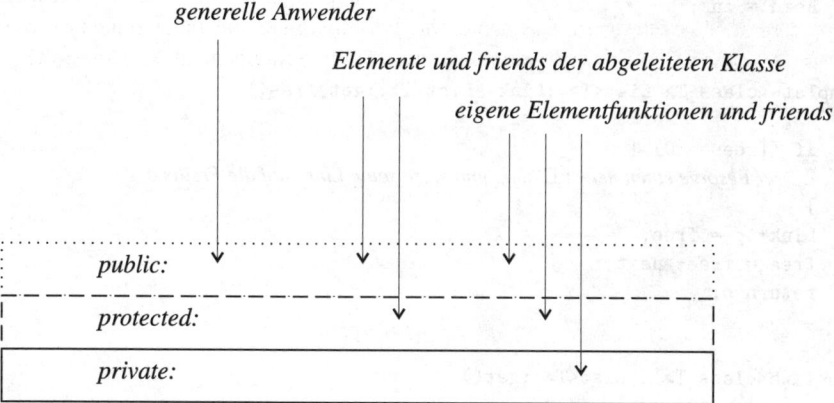

Die Zugriffskontrolle wird auf alle Namen gleich angewendet. Worauf sich ein Name bezieht, beeinflußt die Zugriffskontrolle nicht. Dies bedeutet, daß wir private Elementfunktionen, Typen, Konstanten usw. genauso wie private Datenelemente haben können. Beispielsweise benötigt die Klasse einer unaufdringlichen Liste (§16.2.1) häufig Datenstrukturen, um ihre Elemente zu verwalten. Solche Informationen werden am besten privat gehalten:

```
template<class T> class List {
private:

    struct Link { T wert; Link* next; };

    struct Chunk {
        enum { chunk_size = 15 };
        Link v[chunk_size];
        Chunk* next;
    };

    Chunk* allocated;
    Link* free;
    Link* get_free();
    Link* head;

public:
    class Underflow { };
    void insert(T);
    T get();
    // ...
};
```

```
template<class T> void List<T>::insert(T wert)
{
    Link* lnk = get_free();
    lnk->wert = wert;
    lnk->next = head;
    head = lnk;
}

template<class T> List<T>::Link* List<T>::get_free()
{
    if (free == 0) {
        // Besorge einen neuen Chunk, und setze seine Links auf die Freiliste
    }
    Link* p = free;
    free = free->next;
    return p;
}

template<class T> T List<T>::get()
{
    if (head == 0) throw Underflow();

    Link* p= head;
    head = p->next;
    p->next = free;
    free = p;
    return p->wert;
}
```

Der Sichtbarkeitsbereich von List<T> wird durch die Angabe von List<T>:: bei der Definition einer Elementfunktion erreicht. Da der Rückgabetyp von get_free() vor dem Namen List<T>::get_free() erwähnt wird, muß der volle Name List<T>::Link anstelle der Abkürzung Link<T> benutzt werden.

Nichtelementfunktionen (mit Ausnahme von friends) haben keinen solchen Zugriff:

```
void moechtegernEinmischer(List<T>* p)
{
    List<T>::Link* q = 0;        // Fehler: List<T>::Link ist privat
    // ...
    q = p->free;                 // Fehler: List<T>::free ist privat
    // ...
    if (List<T>::Chunk::chunk_size > 31) {   // Fehler: List<T>::Chunk::chunk_size privat
        // ...
    }
}
```

In einer Klasse sind die Elemente standardmäßig privat, in einer Struktur dagegen öffentlich (§10.2.8).

15.3.1 protected Elemente

Als ein Beispiel für den Einsatz von protected Elementen betrachten wir das Window-Beispiel aus §15.2.4.1. Die own_draw()-Funktionen waren in dem von ihnen angebotenen Dienst (absichtlich) unvollständig. Sie waren als Bausteine (nur) für die Benutzung in abgeleiteten Klassen gedacht und sind für die generelle Nutzung nicht sicher und bequem genug. Die draw()-Operationen waren andererseits für eine allgemeine Anwendung entworfen worden. Dieser Unterschied kann durch die Aufteilung der Schnittstelle der Window-Klassen in einen protected und einen öffentlichen Teil ausgedrückt werden:

```
class Window_with_border {
public:
    virtual void draw();
    // ...
protected:
    void own_draw();
    // Mehr zur Werkzeugerstellung
private:
    // Repräsentation usw.
};
```

Eine abgeleitete Klasse kann auf die protected Elemente einer Basisklasse nur für Objekte ihres eigenen Typs zugreifen:

```
class Buffer {
protected:
    char a[128];
    // ...
};

class Linked_buffer : public Buffer { /* ... */ };

class Cyclic_buffer : public Buffer {
    // ...
    void f(Linked_buffer* p) {
        a[0] = 0;      // OK: Zugriff auf die eigenen protected Elemente
        p->a[0] = 0;   // Fehler: Zugriff auf protected Elemente eines anderen Typs
    }
};
```

Dies verhindert subtile Fehler, die sonst auftreten würden, wenn eine abgeleitete Klasse Daten einer anderen abgeleiteten Klasse verfälschen würde.

15.3.1.1 Benutzung von protected Elementen

Das einfache Privat/Öffentlich-Modell der Datenkapselung funktioniert für das Konzept der konkreten Typen (§10.3) gut. Wenn allerdings abgeleitete Klassen benutzt werden, gibt es zwei Arten von Anwendern einer Klasse: abgeleitete Klassen und »die Allgemeinheit«. Die Elementfunktionen und friends, die die Operationen der Klasse implementieren, arbeiten mit den Klassenobjekten auf Anweisung des Anwenders. Das Privat/Öffentlich-Modell erlaubt es dem Programmierer, klar zwischen dem Implementierer und der Allgemeinheit zu unterscheiden, aber es liefert keine Möglichkeit, spezielle Anforderungen von abgeleiteten Klassen zu befriedigen.

Als `protected` deklarierte Elemente sind gegenüber Mißbrauch sehr viel anfälliger als private Elemente. Insbesondere ist das Deklarieren von Datenelementen als `protected` normalerweise ein Designfehler. Wenn man erhebliche Mengen an Daten in einer gemeinsamen Klasse zur Benutzung durch alle abgeleiteten Klassen plaziert, gibt man diese Daten der Verfälschung preis. Schlimmer noch, man kann `protected` Daten, genau wie öffentliche Daten, nicht einfach umstrukturieren, da es keinen vernünftigen Weg gibt, jede Nutzung zu finden. So werden `protected` Daten zu einem Problem für die Softwarewartung.

Glücklicherweise muß man keine `protected` Daten benutzen; `private` ist der Standard für Klassen und für gewöhnlich die bessere Wahl. Nach meiner Erfahrung hat es immer Alternativen dazu gegeben, erhebliche Mengen an Daten in einer gemeinsamen Klasse zu plazieren, um sie dann aus abgeleiteten Klassen direkt zu nutzen.

Man beachte, daß keiner dieser Einwände gegen `protected` Elementfunktionen gilt; `protected` ist ein guter Weg, um Funktionen für die Nutzung in abgeleiteten Klassen zu spezifizieren. Der `Ival_slider` aus §12.4.2 ist ein Beispiel dafür. Wäre die Implementierungsklasse in diesem Beispiel `private` gewesen, wäre eine weitere Ableitung unmöglich gewesen.

Technische Beispiele zur Illustration des Elementzugriffs kann man in §C.11.1 finden.

15.3.2 Zugriff auf Basisklassen

Wie ein Element kann auch eine Basisklasse als `private`, `protected` oder `public` deklariert werden: Beispiel:

```
class X : public B { /* ... */ };
class Y : protected B { /* ... */ };
class Z : private B { /* ... */ };
```

Die öffentliche Ableitung macht aus der abgeleiteten Klasse einen Subtyp ihrer Basisklasse; dies ist die gebräuchlichste Form der Ableitung. Die `protected` und die private Ableitung werden zur Repräsentation von Implementierungsdetails benutzt. `protected` Basisklassen sind nützlich in Klassenhierarchien, in denen weitere Ableitungen die Norm sind; der `Ival_slider` aus §12.4.2 ist dafür ein gutes Beispiel. Private Basisklassen sind am nützlichsten, wenn man eine Klasse definiert, indem man ihre Schnittstelle zu ihrer Basisklasse beschränkt, um stärkere Garantien festlegen zu können. Beispielsweise ergänzt das Vektor–von–Zeigern–Template die Basisklasse `Vektor<void*>` um eine Typprüfung (§13.5). Wenn man analog sicherstellen will, daß jeder Zugriff auf `Vec` (§3.7.2) überprüft wird, würden man die Basisklasse von `Vec` als privat deklarieren (um Umwandlungen eines `Vec` in die ungeprüfte Basisklasse `vector` zu verhindern):

```
template<class T> class Vec : private vector<T> {   // bereichsüberprüfter Vektor
    // ...
};
```

Die Zugriffsspezifikation für eine Basisklasse kann weggelassen werden. In diesem Fall wird für eine Klasse `private` und für eine Struktur `public` angenommen. Beispiel:

```
class XX : B { /* ... */ };  // B ist eine private Basisklasse
struct YY : B { /* ... */ };  // B ist eine öffentliche Basisklasse
```

Zur besseren Lesbarkeit sollte man immer eine explizite Zugriffsspezifikation schreiben.

Die Zugriffsspezifikation für eine Basisklasse kontrolliert den Zugriff auf Elemente der Basisklasse und die Konvertierung von Zeigern und Referenzen von abgeleiteten Klassentypen zum Typ der Basisklasse. Betrachten wir eine Klasse A, die von einer Basisklasse B abgeleitet wurde:

- Wenn B eine private Basisklasse ist, dann können ihre öffentlichen und protected Elemente nur von Elementfunktionen und friends von A benutzt werden. Nur friends und Elementfunktionen von A können einen A* in einen B* konvertieren.

- Wenn B eine protected Basisklasse ist, dann können ihre öffentlichen und protected Elemente nur von Elementfunktionen und friends von A sowie der von A abgeleiteten Klassen benutzt werden. Nur friends und Elementfunktionen von A sowie der von A abgeleiteten Klassen können einen A* in einen B* konvertieren.

- Wenn B eine öffentliche Basisklasse ist, dann können ihre öffentlichen Elemente von allen Funktionen benutzt werden. Zusätzlich können ihre protected Elemente von Elementfunktionen und friends von A sowie von Elementfunktionen und friends der von A abgeleiteten Klassen benutzt werden. Jede Funktion kann einen A* in einen B* konvertieren.

Dies gibt in etwa die Regeln für den Zugriff auf Elemente wieder (§15.3). Wir wählen den Zugriff für Basisklassen genauso wie für Elemente. Beispielsweise habe ich BBwindow zu einer protected Basisklasse von Ival_slider gemacht (§12.4.2), weil BBwindow Teil der Implementierung von Ival_slider war und nicht Teil der Schnittstelle. Allerdings konnte ich BBwindow nicht komplett verstecken, indem ich es private machte, da ich weitere Klassen von Ival_slider ableiten wollte, und diese abgeleiteten Klassen würden den Zugriff auf die Implementierung brauchen.

Technische Beispiele zur Illustration des Zugriffs auf Basisklassen kann man in §C.11.2 finden.

15.3.2.1 Mehrfachvererbung und Zugriffskontrolle

Falls sich ein Name oder eine Basisklasse über mehrere Wege in einem Mehrfachvererbungsraster erreichen läßt, dann kann auf ihn bzw. sie zugegriffen werden, wenn auf ihn bzw. sie auf einem der Wege zugegriffen werden kann. Beispiel:

```
struct B {
    int m;
    static int sm;
    // ...
};

class D1 : public virtual B { /* ... */ } ;
class D2 : public virtual B { /* ... */ } ;
class DD : public D1, private D2 { /* ... */ };

DD* pd = new DD;
B* pb = pd;                 // OK: Zugriff möglich durch D1
int i1 = pd->m;            // OK: Zugriff möglich durch D1
```

Wenn eine einzelne Einheit über mehrere Wege erreichbar ist, kann man sich immer noch ohne Mehrdeutigkeiten auf sie beziehen. Beispiel:

```
class X1 : public B { /* ... */ } ;
class X2 : public B { /* ... */ } ;
class XX : public X1, public X2 { /* ... */ };

XX* pxx = new XX;
```

```
    int i1 = pxx->m;    // Fehler, mehrdeutig: XX::X1::B::m oder XX::X2::B::m
    int i2 = pxx->sm;   // OK: es gibt nur ein B::sm in XX
```

15.3.2.2 using–Deklarationen und Zugriffskontrolle

Eine using–Deklaration kann nicht benutzt werden, um zusätzliche Informationen zu erhalten. Sie ist einfach ein Mechanismus, der verfügbare Informationen bequemer nutzbar macht. Andererseits kann ein Zugriff, wenn er verfügbar ist, anderen Anwendern zugeteilt werden. Beispiel:

```
    class B {
    private:
        int a;
    protected:
        int b;

    public:
        int c;
    };

    class D : public B {
    public:
        using B::a;  // Fehler: B::a ist private
        using B::b;  // Mache B::b durch D öffentlich verfügbar
    };
```

Wenn eine using–Deklaration mit einer privaten oder protected Ableitung kombiniert wird, kann sie benutzt werden, um Schnittstellen zu einigen, jedoch nicht alle Funktionalitäten zu bieten, die eine Klasse normalerweise hat. Beispiel:

```
    class BB : private B {   // Erlaube Zugriff auf B::b und B::c, jedoch nicht auf B::a
    public:
        using B::b;
        using B::c;
    };
```

Siehe auch §15.2.2.

15.4   Laufzeit–Typinformation

Eine plausible Anwendung der in §12.4 definierten Ival_boxen wäre es, sie einem System zu übergeben, das einen Bildschirm kontrolliert, und dieses System Objekte an die Anwendung zurückgeben zu lassen, wenn eine Aktivität passiert ist. Auf diese Art arbeiten viele Bediensysteme. Allerdings wird ein Bediensystem nichts über unsere Ival_boxen wissen. Die Schnittstelle des Systems wird mit Begriffen seiner eigenen Klassen und Objekte beschrieben sein anstatt mit denen unserer Anwendungsklassen. Dies ist notwendig und in Ordnung. Es hat allerdings den unangenehmen Effekt, daß wir Informationen über den Typ des Objekts verlieren, das an das System übergeben und später zurückgegeben wird.

Um den »verlorenen« Typ des Objekts zurückzuerhalten, muß man das Objekt irgendwie dazu bringen, seinen Typ zu enthüllen. Jede Operation auf einem Objekt erfordert es, einen Zeiger oder eine Referenz eines passenden Typs für das Objekt zu haben. Entsprechend ist die naheliegendste und nützlichste Operation zur Inspektion des Typs eines Objekts zur Laufzeit eine Typkonvertierung, die einen gültigen Zeiger liefert, wenn das Objekt vom erwarteten Typ ist, andernfalls einen Nullzeiger. Der dynamic_cast–Operator tut genau das. Nehmen wir beispielsweise an, »das System« ruft my_event_handler() mit einem Zeiger auf ein BBwindow auf, wenn eine Aktivität passiert ist. Ich könnte dann meinen Anwendungscode durch die Funktion do_something() von Ival_box aufrufen:

```
void my_event_handler(BBwindow* pw)
{
    if (Ival_box* pb = dynamic_cast<Ival_box*>(pw)) // Zeigt pw auf eine Ival_box?
        pb->do_something();
    else {
        // Huch, unerwartetes Ereignis
    }
}
```

Ein Weg, um zu erklären, was hier passiert, ist der, daß der dynamic_cast aus der implementierungsorientierten Sprache des Bediensystems in die Sprache der Anwendung übersetzt. Es ist wichtig zu erkennen, was *nicht* in diesem Beispiel erwähnt wird: der tatsächliche Typ des Objekts. Das Objekt wird eine bestimmte Art von Ival_box sein, etwa ein Ival_slider, implementiert durch eine bestimmte Art von BBwindow, etwa ein BBslider. Es ist weder notwendig noch wünschenswert, den tatsächlichen Typ des Objekts in dieser Interaktion zwischen »dem System« und der Anwendung explizit auszudrücken. Es existiert eine Schnittstelle, die das Wesentliche der Interaktion repräsentiert. Eine gut entworfene Schnittstelle verbirgt unwesentliche Details.

Graphisch kann die Aktion

```
pb = dynamic_cast<Ival_box*>(pw)
```

so dargestellt werden:

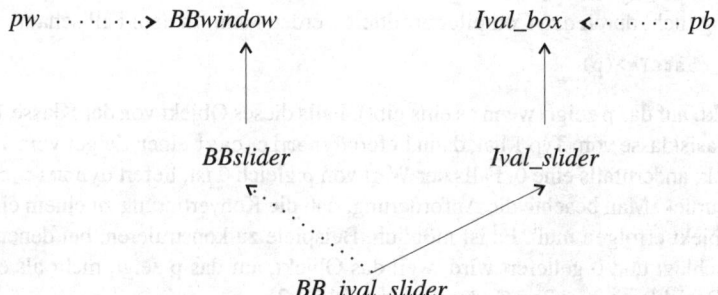

Die Pfeile von pw und pb repräsentieren die Zeiger in das übergebene Objekt, und der Rest der Pfeile stellt die Vererbungsbeziehungen zwischen den verschiedenen Teilen des übergebenen Objekts dar.

Die Benutzung von Typinformationen zur Laufzeit wird gemeinhin als »Laufzeit–Typinformation« (englisch: *run-time type information*) bezeichnet und häufig mit RTTI abgekürzt.

Das Casten von einer Basisklasse zu einer abgeleiteten Klasse wird oft als *Downcast* bezeichnet, da per Konvention beim Zeichnen die Vererbungsbäume von der Wurzel abwärts wachsen. Entsprechend wird der Cast von einer abgeleiteten Klasse zu seiner Basisklasse als *Upcast* bezeichnet. Ein Cast, der von einer Basisklasse zu einer Geschwisterklasse geht, wie der Cast von BBwindow nach Ival_box, wird *Crosscast* genannt.

15.4.1 dynamic_cast

Der dynamic_cast–Operator hat zwei Operanden, einen mit spitzen Klammern <> geklammerten Typ und einen Zeiger oder eine Referenz, die mit runden Klammern () geklammert werden.

Betrachten wir zuerst den Zeiger:

```
dynamic_cast<T*>(p)
```

Wenn p vom Typ T* oder einer Basisklasse von T ist, auf die zugegriffen werden kann, dann ist das Resultat genauso, als hätten wir einfach p an einen T* zugewiesen. Beispiel:

```
class BB_ival_slider : public Ival_slider, protected BBslider {
    // ...
};

void f(BB_ival_slider* p)
{
    Ival_slider* pi1 = p; // OK
    Ival_slider* pi2 = dynamic_cast<Ival_slider*>(p);   // OK

    BBslider* pbb1 = p;  // Fehler: BBslider ist eine protected Basisklasse
    BBslider* pbb2 = dynamic_cast<BBslider*>(p);        // OK: pbb2 wird 0
}
```

Das ist ein uninteressanter Fall. Es ist trotzdem vertrauenerweckend zu wissen, daß ein dynamic_cast keine versehentliche Verletzung der Schutzes von privaten und protected Basisklassen zuläßt.

Der Zweck des dynamic_cast ist die Behandlung von Fällen, in denen die Korrektheit der Konvertierung nicht durch den Compiler ermittelt werden kann. In dem Fall schaut

```
dynamic_cast<T*>(p)
```

auf das Objekt, auf das p zeigt (wenn es eins gibt). Falls dieses Objekt von der Klasse T ist oder eine eindeutige Basisklasse vom Typ T hat, dann liefert dynamic_cast einen Zeiger vom Typ T* auf das Objekt zurück; andernfalls eine 0. Falls der Wert von p gleich 0 ist, liefert dynamic_cast<T*>(p) den Wert 0 zurück. Man beachte die Anforderung, daß die Konvertierung zu einem eindeutig identifizierten Objekt erfolgen muß. Es ist möglich, Beispiele zu konstruieren, bei denen die Konvertierung fehlschlägt und 0 geliefert wird, weil das Objekt, auf das p zeigt, mehr als ein Subobjekt hat, das die Basisklasse vom Typ T repräsentiert (§15.4.2).

Ein dynamic_cast benötigt einen Zeiger oder eine Referenz auf einen polymorphen Typ, um einen Downcast oder einen Crosscast durchzuführen. Beispiel:

```
class My_slider: public Ival_slider { // Polymorphe Basisklasse,
                                       // Ival_slider hat virtuelle Funktionen
    // ...
};

class My_date : public Datum {  // Basisklasse nicht polymorph,
                                // Datum hat keine virtuellen Funktionen
```

```
    // ...
};

void g(Ival_box* pb, Datum* pd)
{
    My_slider* pd1 = dynamic_cast<My_slider*>(pb);  // OK
    My_date* pd2 = dynamic_cast<My_date*>(pd);  // Fehler: Datum nicht polymorph
}
```

Die Anforderung, daß der Typ des Zeigers polymorph sein muß, vereinfacht die Implementierung des dynamic_cast, da es nun einfach ist, einen Platz zu finden, um die notwendige Information über den Typ des Objekts abzulegen. Eine typische Implementierung wird ein »Typinformationsobjekt« an ein Objekt anfügen, indem es einen Zeiger auf die Typinformation in die Tabelle der virtuellen Funktionen für dieses Objekt schreibt (§2.5.5). Beispiel:

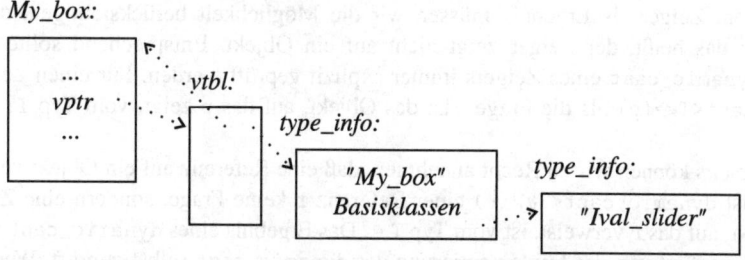

Die gestrichelten Pfeile repräsentieren einen Offset, der es erlaubt, den Anfang des vollständigen Objekts zu finden, wenn nur ein Zeiger auf ein polymorphes Subobjekt vorhanden ist. Es ist klar, daß der dynamic_cast effizient implementiert werden kann. Alles, was daran beteiligt ist, sind ein paar Vergleiche von type_info–Objekten, die Basisklassen repräsentieren; keine aufwendige Suche oder String–Vergleiche sind nötig.

Die Beschränkung des dynamic_cast auf polymorphe Typen ist auch aus einer logischen Sichtweise sinnvoll. Wenn ein Objekt keine virtuellen Funktionen hat, kann es nicht sicher bearbeitet werden, ohne den genauen Typ zu kennen. Entsprechend sollte vermieden werden, ein solches Objekt in einen Kontext zu bringen, in dem sein Typ nicht bekannt ist. Falls sein Typ bekannt ist, brauchen wir keinen dynamic_cast.

Der Zieltyp des dynamic_cast braucht nicht polymorph sein. Dies erlaubt es uns, einen konkreten Typ in einen polymorphen Typ einzupacken, etwa für eine Übertragung durch ein Objekt–Ein-/Ausgabe–System (siehe §25.4.1), und dann den konkreten Typ »auszupacken«. Beispiel:

```
class Io_obj {            // Basisklassen für ein Objekt-Ein-/Ausgabe-System
    virtual Io_obj* klonen() = 0;
};

class Io_date : public Datum, public Io_obj { };

void f(Io_obj* pio)
{
    Datum* pd = dynamic_cast<Datum*>(pio);
    // ...
}
```

Ein dynamic_cast auf void* kann benutzt werden, um die Adresse zu bestimmen, an der ein Objekt eines polymorphen Typs beginnt. Beispiel:

```
void g(Ival_box* pb, Datum* pd)
{
    void* pd1 = dynamic_cast<void*>(pb);    // OK
    void* pd2 = dynamic_cast<void*>(pd);    // Fehler: Datum nicht polymorph
}
```

Dies ist nur sinnvoll bei der Interaktion mit Low-level–Funktionen.

15.4.1.1   dynamic_cast von Referenzen

Um ein polymorphes Verhalten zu erreichen, muß ein Objekt über einen Zeiger oder eine Referenz manipuliert werden. Wenn ein dynamic_cast für einen Zeigertyp benutzt wird, bedeutet 0 einen Fehler. Das ist bei Referenzen weder möglich noch erwünscht.

Bei einem Zeiger als Ergebnis müssen wir die Möglichkeit berücksichtigen, daß das Resultat 0 ist; das heißt, der Zeiger zeigt nicht auf ein Objekt. Entsprechend sollte das Ergebnis eines dynamic_cast eines Zeigers immer explizit geprüft werden. Für einen Zeiger p kann dynamic_cast<T*>(p) als die Frage »Ist das Objekt, auf das p zeigt, vom Typ T?« betrachtet werden.

Andererseits können wir zu Recht annehmen, daß eine Referenz auf ein Objekt verweist. Entsprechend ist dynamic_cast<T&>(r) einer Referenz r keine Frage, sondern eine Zusicherung: »Das Objekt, auf das r verweist, ist vom Typ T.«. Das Ergebnis eines dynamic_cast für eine Referenz wird implizit von der Implementierung des dynamic_cast selbst geprüft. Wenn der Operand eines dynamic_cast für eine Referenz nicht vom erwarteten Typ ist, wird eine bad_cast–Ausnahme geworfen. Beispiel:

```
void f(Ival_box* p, Ival_box& r)
{
    if (Ival_slider* is = dynamic_cast<Ival_slider*>(p)) { // Zeigt p auf Ival_slider?
        // Benutze is
    }
    else {
        // *p ist kein Slider
    }
    Ival_slider& is = dynamic_cast<Ival_slider&>(r); // r verweist auf Ival_slider!
    // Benutze is
}
```

Der Unterschied in den Resultaten eines fehlgeschlagenen dynamic_cast eines Zeigers und eines fehlgeschlagenen dynamic_cast einer Referenz spiegeln einen fundamentalen Unterschied zwischen Referenzen und Zeigern wider. Wenn sich ein Anwender vor einem falschen Cast mit Referenzen schützen will, muß er einen passenden Handler schreiben. Beispiel:

```
void g()
{
    try {
        f(new BB_ival_slider,*new BB_ival_slider); // Argumente als Ival_box
        f(new BBdial,*new BBdial);                  // Argumente als Ival_box
    }
    catch (bad_cast) {  // siehe Kap. 14.10
```

```
    // ...
  }
}
```

Der erste Aufruf von f() wird normal zurückkehren, während der zweite eine bad_cast–Ausnahme wirft, die von g() gefangen wird.

Eine explizite Überprüfung gegen 0 kann — und wird — versehentlich ausgelassen werden. Falls Sie das stört, können Sie eine Konvertierungsfunktion schreiben, die eine Ausnahme wirft, anstatt im Fehlerfall 0 zurückzuliefern (§15.8–Ü1).

15.4.2 Navigieren in Klassenhierarchien

Wenn nur die Einfachvererbung benutzt wird, bilden eine Klasse und ihre Basisklassen einen Baum, dessen Wurzel eine einzelne Basisklasse ist. Dies ist einfach, aber oft einschränkend. Wenn die Mehrfachvererbung benutzt wird, gibt es keine einzelne Wurzel. Dies allein verkompliziert den Sachverhalt nicht besonders. Wenn allerdings eine Klasse mehr als einmal in einer Hierarchie auftaucht, müssen wir etwas vorsichtiger sein, wenn wir uns auf das Objekt oder die Objekte beziehen, die diese Klasse repräsentiert.

Natürlich versuchen wir, unsere Hierarchien so einfach zu halten, wie es unsere Anwendung erlaubt (und nicht einfacher). Sobald wir jedoch eine nichttriviale Klassenhierarchie erzeugt haben, müssen wir bald darauf durch sie hindurchnavigieren, um eine passende Klasse als Schnittstelle zu finden. Diese Anforderung gibt es in zwei Varianten. Manchmal möchten wir explizit ein Objekt einer Basisklasse oder ein Element einer Basisklasse benennen; §15.2.3 und §15.2.4.1 sind hierfür Beispiele. Manchmal möchten wir jedoch einen Zeiger auf das Objekt haben, das eine Basis– oder abgeleitete Klasse eines Objekts repräsentiert, indem wir von einem Zeiger auf ein vollständiges oder ein Subobjekt ausgehen; §15.4 und §15.4.1 sind Beispiele hierfür.

Hier betrachten wir, wie man in einer Klassenhierarchie mit Typkonvertierung (Casts) navigiert, um einen Zeiger des gewünschten Typs zu erhalten. Um die verfügbaren Mechanismen und die Regeln, die sie leiten, zu illustrieren, betrachten wir ein Raster, das sowohl eine replizierte als auch eine virtuelle Basisklasse enthält:

```
class Component : public virtual Storable { /* ... */ };
class Receiver : public Component { /* ... */ };
class Transmitter : public Component { /* ... */ };
class Radio : public Receiver, public Transmitter { /* ... */ };
```

Graphisch sieht das so aus:

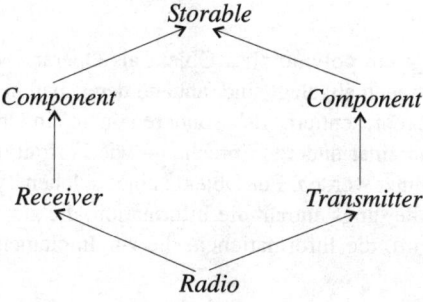

Hier hat ein Radio–Objekt zwei Subobjekte der Klasse Component. Entsprechend wäre ein dynamic_cast von Storable nach Component innerhalb eines Radio mehrdeutig und würde 0 liefern. Es gibt einfach keinen Weg herauszufinden, welches Component der Programmierer haben möchte:

```
void h1(Radio& r)
{
    Storable* ps = &r;
    // ...
    Component* pc = dynamic_cast<Component*>(ps);  // pc = 0
}
```

Diese Mehrdeutigkeit kann im allgemeinen nicht zur Übersetzungszeit erkannt werden:

```
void h2(Storable* ps)    // ps könnte auf Component zeigen (oder auch nicht)
{
    Component* pc = dynamic_cast<Component*>(ps);
    // ...
}
```

Diese Art der Erkennung von Mehrdeutigkeiten zu Laufzeit wird nur bei virtuellen Basisklassen benötigt. Für normale Basisklassen gibt es immer ein eindeutiges Subobjekt (oder gar keines) bei einem bestimmten Cast, wenn ein Downcast durchgeführt wird (das heißt zu einer abgeleiteten Klasse hin; §15.4). Die äquivalente Mehrdeutigkeit entsteht bei einem Upcast (das heißt zu einer Basisklasse hin; §15.4) und wird bei der Übersetzung entdeckt.

15.4.2.1 Statische und dynamische Casts

Ein dynamic_cast kann von einer polymorphen virtuellen Basisklasse zu einer abgeleiteten Klasse oder einer Geschwisterklasse casten (§15.4.1). Ein static_cast betrachtet das Objekt nicht, von dem er castet, daher kann er dies nicht:

```
void g(Radio& r)
{
    Receiver* prec = &r;                       // Receiver ist eine normale Basisklasse von Radio
    Radio* pr = static_cast<Radio*>(prec);     // OK, ungeprüft
    pr = dynamic_cast<Radio*>(prec);           // OK, zur Laufzeit geprüft

    Storable* ps = &r;                         // Storable ist eine virtuelle Basisklasse von Radio
    pr = static_cast<Radio*>(ps);  // Fehler: cast von virtueller Basisklasse
    pr = dynamic_cast<Radio*>(ps); // OK, zur Laufzeit geprüft
}
```

Der dynamic_cast benötigt ein polymorphes Objekt als Operand, da in einem nicht polymorphen Objekt keine Informationen abgelegt sind, anhand derer man herausfinden kann, für welche Objekte es eine Basisklasse repräsentiert. Insbesondere könnte ein Objekt eines Typs mit Restriktionen beim Layout, die von einer anderen Sprache — wie Fortran oder C — bestimmt werden, als virtuelle Basisklasse benutzt werden. Für Objekte eines solchen Typs wären nur statische Typinformationen verfügbar. Allerdings enthält die Information, die zur Bereitstellung der Laufzeit–Typinformation benötigt wird, die Informationen, die zur Implementierung des dynamic_cast gebraucht werden.

Warum möchte jemand `static_cast` zur Navigation in einer Klassenhierarchie benutzen? Es gibt geringe Laufzeitkosten bei der Nutzung des `dynamic_cast`. Wichtiger ist allerdings, daß es Millionen Zeilen Code gibt, die geschrieben wurden, bevor es den `dynamic_cast` gab. Dieser Code basiert auf alternativen Möglichkeiten, die Richtigkeit eines Casts sicherzustellen, daher wird die Prüfung durch `dynamic_cast` als redundant betrachtet. Allerdings ist solcher Code üblicherweise mit einem C–Cast (§6.2.7) geschrieben worden; daher bleiben oft obskure Fehler übrig. Benutzen Sie, wenn möglich, den sichereren `dynamic_cast`.

Der Compiler kann keine Annahme über den Speicher machen, auf den ein `void*` zeigt. Dies bedingt, daß ein `dynamic_cast` — der in ein Objekt schauen muß, um seinen Typ zu ermitteln — einen `void*` nicht casten kann. Dafür wird ein `static_cast` benötigt. Beispiel:

```
Radio* f(void* p)
{
    Storable* ps = static_cast<Storable*>(p);   // Vertraue dem Programmierer
    return dynamic_cast<Radio*>(ps);
}
```

Sowohl ein `dynamic_cast` als auch ein `static_cast` berücksichtigen ein const und die Zugriffskontrolle. Beispiel:

```
class Users : private set<Person> { /* ... */ };

void f(Users* pu, const Receiver* pcr)
{
    static_cast<set<Person>*>(pu);    // Fehler: Zugriffsverletzung
    dynamic_cast<set<Person>*>(pu);   // Fehler: Zugriffsverletzung

    static_cast<Receiver*>(pcr);      // Fehler: man kann const nicht weg-casten
    dynamic_cast<Receiver*>(pcr);     // Fehler: man kann const nicht weg-casten

    Receiver* pr = const_cast<Receiver*>(pcr);   // OK
    // ...
}
```

Es ist nicht möglich, nach einer privaten Basisklasse zu casten, und um ein »const wegzucasten« benötigt man einen `const_cast` (§6.2.7). Selbst dann ist die Benutzung des Resultats nur dann sicher, wenn das Objekt ursprünglich nicht als const deklariert war (§10.2.7.1).

15.4.3 Konstruktion und Destruktion von Klassenobjekten

Ein Klassenobjekt ist mehr als nur einfach ein Speicherbereich (§4.9.6). Ein Klassenobjekt wird aus »rohem Speicher« durch seinen Konstruktor erzeugt, und es verwandelt sich in »rohen Speicher« zurück, wenn sein Destruktor aufgerufen wird. Die Konstruktion erfolgt von unten nach oben, die Destruktion von oben nach unten, und ein Klassenobjekt ist bis zu dem Grade ein Objekt, wie es erzeugt oder zerstört wurde. Dies spiegelt sich in den Regeln für RTTI, die Ausnahmebehandlung (§14.4.7) und virtuelle Funktionen wider.

Es ist extrem unklug, sich auf Details der Reihenfolge von Konstruktion und Destruktion zu verlassen, aber man kann die Reihenfolge beobachten, indem man virtuelle Funktionen, `dynamic_cast` oder `typeid` (§15.4.4) zu einem Zeitpunkt aufruft, zu dem das Objekt nicht vollständig ist. Wenn beispielsweise der Konstruktor von `Component` in der Hierarchie aus

§15.4.2 eine virtuelle Funktion aufruft, wird dies eine Funktion aufrufen, die für Storable oder Component definiert wurde, jedoch keine aus Receiver, Transmitter oder Radio. Zu diesem Zeitpunkt der Konstruktion ist das Objekt noch kein Radio; es ist nur ein teilweise konstruiertes Objekt. Am besten vermeidet man es, virtuelle Funktionen während der Konstruktion und Destruktion aufzurufen.

15.4.4   typeid und erweiterte Typinformationen

Der dynamic_cast–Operator erfüllt die meisten Anforderungen nach Informationen über den Typ eines Objekts zur Laufzeit. Hauptsächlich stellt er sicher, daß mit ihm geschriebener Code korrekt mit Klassen arbeitet, die von den explizit vom Programmierer genannten abgeleitet sind. So erhält dynamic_cast Flexibilität und Erweiterbarkeit auf eine Art und Weise, die den virtuellen Funktionen ähnelt.

Allerdings ist es manchmal unabdingbar, den exakten Typ eines Objekts zu kennen. Wir würden vielleicht gern den Namen der Klasse eines Objekts oder ihr Layout wissen. Der typeid–Operator erfüllt diese Aufgabe, indem er ein Objekt liefert, das den Typ des Operanden repräsentiert. Wäre typeid eine Funktion, würde ihre Deklaration etwa so aussehen:

```
class type_info;
const type_info& typeid(typname) throw();          // Pseudodeklaration
const type_info& typeid(ausdruck) throw(bad_typeid); // Pseudodeklaration
```

Das heißt, typeid liefert eine Referenz auf einen Typ der Standardbibliothek namens type_info, der in <typeinfo> definiert ist. Mit einem *Typnamen* als Operanden liefert typeid eine Referenz auf ein type_info, das den *Typnamen* repräsentiert. Mit einem *Ausdruck* als Operanden liefert typeid eine Referenz auf ein type_info, das den Typ des Objekts, das durch den *Ausdruck* bestimmt wird, repräsentiert. Ein typeid wird am häufigsten zum Ermitteln des Typs eines Objekts, auf das ein Zeiger oder eine Referenz verweist, eingesetzt:

```
void f(Form& r, Form* p)
{
    typeid(r);   // Typ des von r referenzierten Objekts
    typeid(*p);  // Typ des Objekts, auf das p zeigt
    typeid(p);   // Typ des Zeigers, das heißt Form* (unüblich, außer als Fehler)
}
```

Wenn der Wert eines Zeigers oder einer Referenz 0 ist, wirft typeid eine bad_typeid–Ausnahme.

Der implementierungsunabhängige Teil von type_info sieht so aus:

```
class type_info {
public:
    virtual ~type_info();                          // Ist polymorph

    bool operator==(const type_info&) const;       // Kann verglichen werden
    bool operator!=(const type_info&) const;
    bool before(const type_info&) const;           // Sortierung

    const char* name() const;                      // Name des Typs
private:
    type_info(const type_info&);                   // Kopieren verhindern
    type_info& operator=(const type_info&);        // Kopieren verhindern
```

```
    // ...
};
```

Die before()–Funktion erlaubt es, type_infos zu sortieren. Es gibt keinen Zusammenhang zwischen der Ordnung, die durch before() definiert wird, und den Vererbungsbeziehungen.

Es wird *nicht* garantiert, daß es nur ein type_info–Objekt für jeden Typ im System gibt. Tatsächlich kann es für eine Implementierung mit dynamisch gebundenen Bibliotheken schwer sein, Duplikate von type_info–Objekten zu vermeiden. Entsprechend sollten wir == mit type_info–Objekten zur Prüfung auf Gleichheit benutzen anstelle von == mit Zeigern auf diese Objekte.

Manchmal möchten wir den exakten Typ eines Objekts wissen, um beispielsweise einen Standarddienst auf dem gesamten Objekt durchzuführen (und nicht nur auf einer Basisklasse des Objekts). Idealerweise würden solche Dienste als virtuelle Funktionen angeboten werden und damit die Kenntnis des exakten Typs überflüssig machen. In einigen Fällen kann keine gemeinsame Schnittstelle für jedes manipulierte Objekt angenommen werden, und damit wird die Umleitung über den exakten Typ notwendig (§15.4.4.1). Ein weiterer, viel einfacherer Fall ist die Ermittlung des Namens der Klasse für Diagnoseausgaben:

```
#include<typeinfo>

void g(Component* p)
{
    cout << typeid(*p).name();
}
```

Die Zeichendarstellung eines Klassennamens ist implementierungsabhängig. Der C–String liegt im Speicher, der dem System gehört, und darf daher nicht vom Programmierer mit delete[] freigegeben werden.

15.4.4.1 Erweiterte Typinformationen

Üblicherweise ist das Finden des exakten Typs eines Objekts nur der erste Schritt zum Beschaffen und Nutzen von detaillierteren Informationen über diesen Typ.

Betrachten wir, wie eine Implementierung oder ein Werkzeug dem Anwender zur Laufzeit Informationen über Typen verfügbar machen könnte. Nehmen wir an, ich hätte ein Werkzeug, das Beschreibungen des Layouts jeder benutzten Klasse generieren würde. Ich kann diese Beschreibungen in eine Map legen, um es dem Anwendungscode zu ermöglichen, die Layoutinformationen zu finden:

```
map<const char*, Layout> layout_table;

void f(B* p)
{
    Layout& x = layout_table[typeid(*p).name()];
    // Benutze x
}
```

Jemand anders könnte völlig unterschiedliche Informationen anbieten:

```
struct TI_eq {
    bool operator()(const type_info* p, const type_info* q) { return *p==*q; }
};
```

```
struct TI_hash {
    int operator()(const type_info* p); // Berechne Hash-Wert (§17.6.2.2)
};

hash_map<const type_info*,Icon,hash_fct,TI_hash,TI_eq> icon_table;  // §17.6

void g(B* p)
{
    Icon& i = icon_table[&typeid(*p)];
    // Benutze i
}
```

Diese Art, typeids mit Informationen zu verknüpfen, erlaubt es verschiedenen Leuten oder Werkzeugen, völlig unabhängig voneinander unterschiedliche Informationen mit Typen zu verbinden:

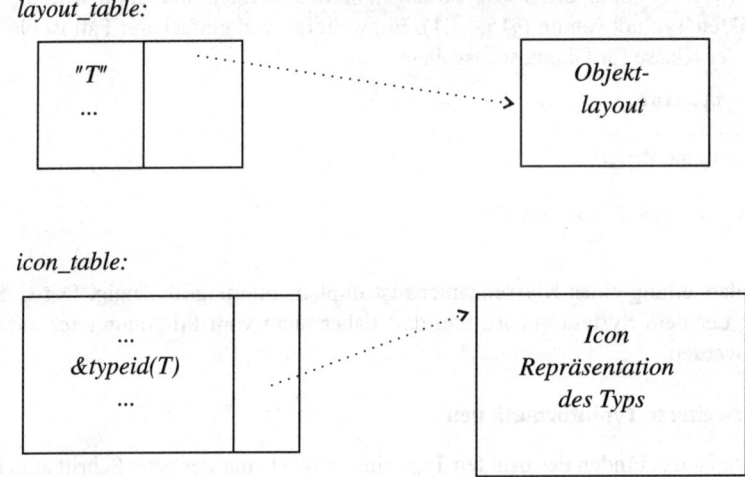

Dies ist besonders wichtig, da die Wahrscheinlichkeit gleich Null ist, daß jemand sich einen einzelnen Satz an Informationen überlegen kann, der alle Anwender zufriedenstellt.

15.4.5 Gebrauch und Mißbrauch von RTTI

Man sollte explizite Laufzeit–Typinformation nur wenn unbedingt nötig benutzen. Die statische Prüfung (bei der Übersetzung) ist sicherer, bedingt weniger Mehraufwand und führt — wenn anwendbar — zu besser strukturierten Programmen. Beispielsweise kann RTTI dazu benutzt werden, dünn übertünchte switch–Anweisungen zu schreiben:

```
// Mißbrauch der Laufzeit-Typinformation

void drehe(const Form& r)
{
    if (typeid(r) == typeid(Kreis)) {
        // Tue nichts
    }
```

```
        else if (typeid(r) == typeid(Dreieck)) {
            // Drehe Dreieck
        }
        else if (typeid(r) == typeid(Quadrat)) {
            // Drehe Quadrat
        }
        // ...
    }
```

Die Benutzung von `dynamic_cast` anstelle von `typeid` würde diesen Code nur unwesentlich verbessern.

Leider ist dies kein akademisches Beispiel; solcher Code wird tatsächlich geschrieben. Viele Programmierer, die in Sprachen wie C, Pascal, Modula–2 oder Ada ausgebildet wurden, unterliegen einem fast unüberwindlichen Zwang, ihre Software als eine Menge von `switch`–Anweisungen zu organisieren. Diesem Zwang sollte man besser widerstehen. Benutzen Sie virtuelle Funktionen (§2.5.5, §12.2.6) anstelle von RTTI, wenn zur Laufzeit auf Typen basierende Unterscheidungen gemacht werden müssen.

Viele Beispiele für die richtige Anwendung von RTTI ergeben sich, wenn Code für einen Dienst in Begriffen einer Klasse ausgedrückt wird und ein Anwender eine Funktionalität durch eine Ableitung hinzufügen möchte. Die Benutzung der `Ival_box` in §15.4 ist dafür ein Beispiel. Wenn der Anwender willens und in der Lage ist, die Definition der Bibliotheksklassen (etwa `BBwindow`) zu ändern, kann die Benutzung von RTTI vermieden werden; andernfalls wird sie gebraucht. Selbst wenn der Anwender gewillt wäre, die Basisklasse zu ändern, können solche Modifikationen zu neuen Problemen führen. Es könnte beispielsweise nötig werden, Dummy–Implementierungen von virtuellen Funktionen in Klassen einzubringen, bei denen diese Funktionen nicht benötigt werden oder nicht sinnvoll sind. Dieses Problem wird etwas detaillierter in §24.4.3 besprochen. Eine Anwendung von RTTI zur Implementierung eines einfachen Objekt–Ein-/Ausgabe–Systems ist in §25.4.1 zu finden.

Für Programmierer, die viel mit Sprachen arbeiten, die stark auf dynamischer Typprüfung basieren, wie etwa Smalltalk oder Lisp, ist es verführerisch, RTTI mit übermäßig allgemeinen Typen zu benutzen. Betrachten wir:

```
// Mißbrauch der Laufzeit-Typinformation

class Object { /* ... */ }; // polymorph

class Container : public Object {
public:
    void put(Object*);
    Object* get();
    // ...
};

class Schiff : public Object { /* ... */ };

Schiff* f(Schiff* ps, Container* c)
{
    c->put(ps);
    // ...
    Object* p = c->get();
```

```
    if (Schiff* q = dynamic_cast<Schiff*>(p)) { // Laufzeitprüfung
        return q;
    }
    else {
        // Tue etwas anderes (normalerweise Fehlerbehandlung)
    }
}
```

Hier ist die Klasse Object ein unnötiges künstliches Teil der Implementierung. Sie ist übermäßig allgemein, weil sie nicht mit einer Abstraktion aus dem Anwendungsbereich korrespondiert und die Anwendungsprogrammierer zwingt, eine Abstraktion des Implementierungslevels zu benutzen. Probleme dieser Art werden oft besser durch die Benutzung von Container–Templates, die nur eine einzige Art von Zeiger speichern, gelöst:

```
Schiff* f(Schiff* ps, list<Schiff*>& c)
{
    c.push_front(ps);
    // ...
    return c.pop_front();
}
```

Kombiniert mit der Anwendung von virtuellen Funktionen handhabt diese Technik fast alle Fälle.

15.5   Zeiger auf Elemente

Viele Klassen bieten einfache, sehr allgemeine Schnittstellen, die dafür gedacht sind, auf mehrere verschiedene Arten angewendet zu werden. Beispielsweise definieren viele »objektorientierte« Bedienoberflächen eine Menge an Anforderungen, auf die jedes auf dem Bildschirm dargestellte Objekt reagieren können muß. Zusätzlich können diese Anforderungen direkt oder indirekt vom Programm präsentiert werden. Betrachten wir eine einfache Variante dieser Idee:

```
class Std_interface {
public:
    virtual void start() = 0;
    virtual void suspend() = 0;
    virtual void resume() = 0;
    virtual void quit() = 0;
    virtual void full_size() = 0;
    virtual void small() = 0;

    virtual ~Std_interface() {}
};
```

Die genaue Bedeutung der einzelnen Operationen wird durch das Objekt definiert, für das sie aufgerufen werden. Oft gibt es eine Softwareschicht zwischen der Person oder dem Programm, das die Anforderung auslöst, und dem Objekt, das sie empfängt.

Idealerweise sollten solche Zwischenschichten nichts über die einzelnen Operationen wie resume() oder full_size() wissen müssen. Falls sie es täten, müßten die Zwischenschichten jedesmal angepaßt werden, wenn sich die Menge der Operationen ändert. Entsprechend übertragen solche Zwischenschichten einfach Daten, die die aufzurufende Operation repräsentieren, von der Quelle der Anforderung zu ihrem Empfänger.

Ein einfacher Weg, dies zu tun, wäre es, einen `string` zu senden, der die aufzurufende Operation repräsentiert. Beispielsweise könnten wir den `string` `"suspend"` schicken, um `suspend()` aufzurufen. Allerdings muß jemand diesen `string` erzeugen, und jemand muß ihn untersuchen, um herauszufinden, welcher Operation er entspricht — wenn es eine solche gibt. Oft erscheint dies abwegig und aufwendig. Statt dessen könnten wir einfach einen `int` als Repräsentation der Operation schicken. Beispielsweise könnte 2 benutzt werden, wenn man `suspend()` meint. Ein `int` ist vielleicht für einen Rechner leicht zu handhaben, er kann jedoch für Menschen schnell undurchsichtig werden. Wir hätten immer noch Code zu schreiben, der ermittelt, daß 2 `suspend()` bedeutet und dann `suspend()` aufruft.

C++ bietet eine Möglichkeit, indirekt auf ein Element einer Klasse zu verweisen. Ein Zeiger auf ein Element ist ein Wert, der ein Element einer Klasse identifiziert. Man kann ihn sich als Position des Elements in einem Objekt der Klasse vorstellen, allerdings berücksichtigt eine Implementierung die Unterschiede zwischen Datenelementen, virtuellen Funktionen, normalen Funktionen usw.

Betrachten wir `Std_interface`. Wenn ich `suspend()` für ein Objekt aufrufen möchte, ohne `suspend()` direkt zu erwähnen, brauche ich einen Zeiger auf ein Element, der dann auf `Std_interface::suspend()` verweist. Ich brauche auch einen Zeiger oder eine Referenz auf das Objekt, für das ich `suspend()` aufrufen will. Betrachten wir ein einfaches Beispiel:

```
typedef void (Std_interface::* Pstd_mem)();  // Typ: Zeiger auf Element

void f(Std_interface* p)
{
    Pstd_mem s = &Std_interface::suspend;

    p->suspend();          // Direkter Aufruf

    (p->*s)();             // Aufruf über Zeiger auf Element
}
```

Ein *Elementzeiger* kann durch Anwendung des Adreßoperators & auf den voll qualifizierten Namen eines Klassenelements gewonnen werden, beispielsweise `&Std_interface::suspend`. Eine Variable des Typs »Zeiger auf Element der Klasse X« wird mit einem Deklarator der Form `X::*` deklariert.

Die Nutzung eines `typedef` zur Kompensation des Mangels an Lesbarkeit der C–Deklaratorsyntax ist typisch. Achten Sie allerdings darauf, daß der `X::*`–Deklarator exakt mit dem traditionellen `*`–Deklarator zusammenpaßt.

Ein Zeiger auf ein Element m kann in Kombination mit einem Objekt benutzt werden. Die Operatoren `->*` und `.*` erlauben es dem Programmierer, solche Kombinationen auszudrücken. Beispielsweise wird m durch `p->*m` an das Objekt, auf das p zeigt, gebunden, und `obj.*m` bindet m an das Objekt `obj`. Das Ergebnis kann in Übereinstimmung mit m's Typ benutzt werden. Es ist nicht möglich, das Ergebnis eines `->*` oder `.*` zur späteren Verwendung zu speichern.

Wenn wir wüßten, welche Elementfunktion wir aufrufen wollten, würden wir sie natürlich direkt aufrufen, anstatt uns mit Elementzeigern abzugeben. Genau wie normale Funktionszeiger werden Zeiger auf Elementfunktionen dann benutzt, wenn wir uns auf eine Funktion beziehen müssen, ohne ihren Namen zu kennen. Allerdings ist ein Elementzeiger kein Zeiger auf ein Stück Speicher, wie es ein Zeiger auf eine Variable oder Funktion ist. Er ist eher wie ein Offset in eine

Struktur oder ein Index in ein Feld. Wenn ein Elementzeiger mit einem Zeiger auf ein Objekt des richtigen Typs kombiniert wird, liefert er etwas, das ein bestimmtes Element eines bestimmten Objekts identifiziert.

Dies kann graphisch so dargestellt werden:

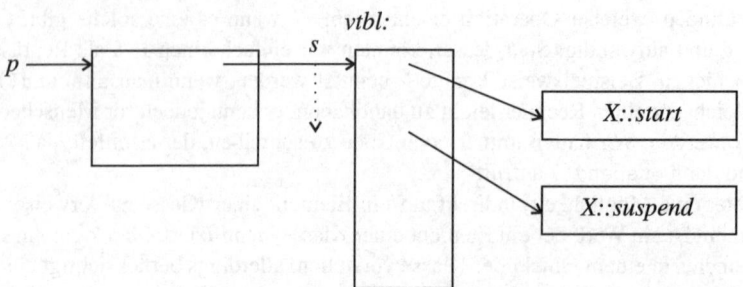

Da ein Zeiger auf ein virtuelles Element (im Beispiel s) eine Art Offset ist, ist er nicht von der Lage des Objekts im Speicher abhängig. Ein Zeiger auf ein virtuelles Element kann daher sicher zwischen verschiedenen Adreßräumen übergeben werden, solange dasselbe Objektlayout in beiden benutzt wird. Wie Zeiger auf normale Funktionen können Zeiger auf nicht virtuelle Elementfunktionen nicht zwischen Adreßräumen ausgetauscht werden.

Man beachte, daß die Funktion, die durch den Funktionszeiger aufgerufen wird, virtuell sein kann. Wenn wir beispielsweise suspend() über einen Funktionszeiger aufrufen, bekommen wir das richtige suspend() für das Objekt, auf das der Funktionszeiger angewendet wird. Dies ist ein wesentlicher Aspekt von Funktionszeigern.

Ein Interpreter könnte Elementzeiger benutzen, um Funktionen aufzurufen, die als string angesprochen werden:

```
map<string,Std_interface*> variable;
map<string,Pstd_mem> operation;

void call_member(string var, string oper)
{
    (variable[var]->*operation[oper])();     // var.oper()
}
```

Eine kritische Anwendung von Elementzeigern findet sich in mem_fun() (§3.8.5, §18.4).

Ein statisches Element ist nicht an ein bestimmtes Objekt gebunden, daher ist ein Zeiger auf ein statisches Element einfach ein normaler Zeiger. Beispiel:

```
class Task {
    // ...
    static void schedule();
};

void (*p)() = &Task::schedule;          // OK
void (Task::* pm)() = &Task::schedule;  // Fehler: normaler Zeiger an
                                        // Elementzeiger zugewiesen
```

Zeiger auf Datenelemente werden in §C.12 beschrieben.

15.5.1 Basis– und abgeleitete Klassen

Eine abgeleitete Klasse hat mindestens ein Element, das sie von ihrer Basisklasse erbt. Oft hat sie mehr. Dies bedingt, daß wir einen Zeiger auf ein Element einer Basisklasse sicher an einen Zeiger auf ein Element einer abgeleiteten Klasse zuweisen können, aber nicht umgekehrt. Diese Eigenschaft wird oft *contravariance*[2] genannt. Beispiel:

```
class text : public Std_interface {
public:
    void start();
    void suspend();
    // ...
    virtual void print();
private:
    vector s;
};


void (Std_interface::* pmi)() = &text::print;      // Fehler
void (text::*pmt)() = &Std_interface::start;        // OK
```

Diese Contravariance–Regel scheint das Gegenteil der Regel zu sein, daß man einen Zeiger auf eine abgeleitete Klasse einem Zeiger auf ihre Basisklasse zuweisen kann. Tatsächlich existieren beide Regeln, um die grundsätzliche Garantie einzuhalten, daß ein Zeiger nie auf ein Objekt zeigt, das nicht mindestens die Eigenschaften hat, die der Zeiger verspricht. In diesem Fall kann `Std_interface::*` auf jedes `Std_interface` angewendet werden, und die meisten dieser Objekte sind wahrscheinlich kein `text`. Entsprechend haben sie kein Element `text::print`, mit dem wir versucht haben, `pmi` zu initialisieren. Durch die Ablehnung der Initialisierung hat der Compiler uns vor einem Laufzeitfehler bewahrt.

15.6 Freispeicher

Es ist möglich, die Speicherverwaltung für eine Klasse durch Definieren von `operator new()` und `operator delete()` zu übernehmen (§6.2.6.2). Allerdings ist das Ersetzen der globalen `operator new()` und `operator delete()` nichts für Nervenschwache. Schließlich könnte jemand anderes sich auf bestimmte Aspekte des Standardverhaltens verlassen oder sogar andere Versionen dieser Funktionen erstellt haben.

Ein selektiverer und oft besserer Ansatz ist es, diese Operationen für eine bestimmte Klasse einzusetzen. Diese Klasse kann die Basis für viele abgeleitete Klassen sein. Wir könnten uns beispielsweise für die `Angestellter`–Klasse aus §12.2.6 einen besonderen Allokator und Deallokator für sich selbst und alle abgeleiteten Klassen wünschen:

```
class Angestellter {
    // ...
public:
    // ...
    void* operator new(size_t);
```

---

[2] A.d.Ü.: Für »contravariance« ist uns kein gängiger deutscher Begriff bekannt.

```
    void operator delete(void*, size_t);
};
```

Die Elementoperatoren new() und delete() sind implizit statisch. Entsprechend haben sie kein
this und modifizieren kein Objekt. Sie verwalten Speicher, den ein Konstruktor initialisieren und
ein Destruktor aufräumen kann.

```
void* Angestellter::operator new(size_t s)
{
```
// Belege »s« Bytes Speicher, und liefere einen Zeiger darauf zurück
```
}
```

```
void Angestellter::operator delete(void* p, size_t s)
{
```
// Nimm an, daß »p« auf »s« Bytes Speicher zeigt, die von Angestellter::operator new()
// angelegt wurden, und gib den Speicher zur weiteren Verwendung frei
```
}
```

Die Benutzung des bisher mysteriösen size_t–Arguments wird nun offensichtlich. Es ist die
Größe des tatsächlich gelöschten Objekts. Das Löschen eines »einfachen« Angestellter gibt
einen Argumentwert von sizeof(Angestellter), das Löschen eines Manager gibt einen Argumentwert von sizeof(Manager). Dies ermöglicht es einem klassenspezifischen Allokator, auf das
Speichern von Größeninformationen bei jeder Anforderung zu verzichten. Natürlich kann ein klas-
senspezifischer Allokator solche Informationen auch speichern (wie es ein generell anwendbarer
Allokator muß) und das size_t–Argument von operator delete() ignorieren. Dies macht es
allerdings schwerer, sich gegenüber der Geschwindigkeit und dem Speicherbedarf eines generell
anwendbaren Allokators zu verbessern.

Wie weiß ein Compiler, wie er die richtige Größe an den operator new() übergibt? Solange
der in der delete–Operation übergebene Typ mit dem tatsächlichen Typ des Objekts übereinstimmt, ist das einfach. Dies ist allerdings nicht immer der Fall:

```
class Manager : public Angestellter {
    int stufe;
    //...
};
```

```
void f()
{
    Angestellter* p = new Manager;   // Problem: (der tatsächliche Typ geht verloren)
    delete p;
}
```

In diesem Fall übergibt der Compiler nicht die richtige Größe. Wie beim Löschen von Feldern
muß der Anwender aushelfen. Dies wird durch das Hinzufügen eines virtuellen Destruktors zur
Basisklasse Angestellter getan:

```
class Angestellter {
public:
    void* operator new(size_t);
    void operator delete(void*, size_t);
    virtual ~Angestellter();
    //...
};
```

Selbst ein leerer Destruktor ist ausreichend:

```
Angestellter::~Angestellter() { }
```

Prinzipiell wird dann die Freigabe von innerhalb des Destruktors (der die Größe kennt) durchgeführt. Außerdem sorgt die Anwesenheit eines Destruktors in Angestellter dafür, daß jede abgeleitete Klasse ebenfalls einen Destruktor bekommt (und damit die richtige Größe benutzt), selbst wenn die abgeleitete Klasse keinen benutzerdefinierten Destruktor hat. Beispiel:

```
void f()
{
    Angestellter* p = new Manager;
    delete p;      // Nun OK (Angestellter ist polymorph)
}
```

Die Belegung erfolgt durch den (compiler–generierten) Aufruf:

```
Angestellter::operator new(sizeof(Manager))
```

Die Freigabe erfolgt dann durch den (compiler–generierten) Aufruf:

```
Angestellter::operator delete(p,sizeof(Manager))
```

Mit anderen Worten: Wenn Sie ein Allokator/Deallokator–Paar schreiben wollen, das korrekt für abgeleitete Klassen arbeitet, müssen Sie entweder einen virtuellen Destruktor in der Basisklasse einführen oder von der Benutzung des size_t–Arguments im Deallokator Abstand nehmen. Natürlich hätte man die Sprache so entwerfen können, daß Sie vor solchen Problemen geschützt wären. Dies könnte allerdings nur getan werden, wenn man Sie gleichzeitig vor den Vorteilen der durch dieses weniger sichere System möglichen Optimierungen »geschützt« hätte.

15.6.1 Felder anlegen

Die operator new()– und operator delete()–Funktionen erlauben es einem Anwender, die Allokation und Deallokation für einzelne Objekte zu übernehmen; operator new[]() und operator delete[]() dienen genau demselben Zweck für die Allokation und Deallokation von Feldern. Beispiel:

```
class Angestellter {
public:
    void* operator new[](size_t);
    void operator delete[](void*);
    // ...
};

void f(int s)
{
    Angestellter* p = new Angestellter[s];
    // ...
    delete[] p;
}
```

Hier wird der erforderliche Speicher durch den folgenden Aufruf erhalten:

```
Angestellter::operator new[](sizeof(Angestellter)*s+delta)
```

Dabei ist delta ein minimaler implementierungsabhängiger Mehrbedarf. Die Freigabe erfolgt durch:

```
Angestellter::operator delete[](p);   // gibt s*sizeof(Angestellter)+delta Bytes frei
```

Die Anzahl der Elemente (s) »merkt« sich das System.

15.6.2 »Virtuelle Konstruktoren«

Nachdem Sie etwas über virtuelle Destruktoren gehört haben, ist die naheliegende Frage: »Können Konstruktoren virtuell sein?«. Die kurze Antwort lautet nein; die etwas längere lautet: nein, aber man kann den gewünschten Effekt leicht erzielen.

Um ein Objekt zu erzeugen, braucht ein Konstruktor den exakten Typ des zu erzeugenden Objekts. Daher kann ein Konstruktor nicht virtuell sein. Weiterhin ist ein Konstruktor keine ganz gewöhnliche Funktion. Insbesondere arbeitet er mit Speicherverwaltungsfunktionen auf eine Weise zusammen, die normale Funktionen nicht benutzen. Daher kann man keinen Zeiger auf einen Konstruktor bekommen.

Beide Restriktionen kann man umgehen, indem man eine Funktion definiert, die einen Konstruktor aufruft und ein erzeugtes Objekt zurückliefert. Dies ist gut so, denn es ist häufig nützlich, ein Objekt zu erzeugen, ohne seinen genauen Typ zu kennen. Die Klasse Ival_maker (§12.4.4) ist ein Beispiel einer speziell dafür entworfenen Klasse. Hier zeige ich eine unterschiedliche Variante dieser Idee, bei der Objekte einer Klasse den Anwender mit einer Kopie ihrer selbst oder einem neuen Objekt ihres Typs versorgen können. Wir betrachten:

```
class Expr {
public:
    Expr();                       // Default-Konstruktor
    Expr(const Expr&);            // Copy-Konstruktor

    virtual Expr* new_expr() { return new Expr(); }
    virtual Expr* klonen() { return new Expr(*this); }
    // ...
};
```

Da Funktionen wie new_expr() und klonen() virtuell sind und sie (indirekt) Objekte konstruieren, werden sie oft »virtuelle Konstruktoren« genannt — durch einen seltsamen Mißbrauch der (englischen) Sprache. Jede benutzt einfach einen Konstruktor, um ein passendes Objekt zu erzeugen.

Eine abgeleitete Klasse kann new_expr() und/oder klonen() überschreiben, um ein Objekt des eigenen Typs zurückzugeben:

```
class Cond : public Expr {
public:
    Cond();
    Cond(const Cond&);

    Cond* new_expr() { return new Cond(); }
    Cond* klonen() { return new Cond(*this); }
    // ...
};
```

Dies bedeutet, daß ein Anwender mit einem Objekt der Klasse Expr ein neues Objekt von genau demselben Typ erzeugen kann. Beispiel:

```
void user(Expr* p)
{
    Expr* p2 = p->new_expr();
    // ...
}
```

Der p2 zugewiesene Zeiger ist von einem passenden, aber unbekannten Typ.

Der Rückgabetyp von Cond::new_expr() und Cond::klonen() war Cond*, nicht Expr*. Dies ermöglicht es, daß ein Cond ohne Verlust der Typinformation geklont werden kann. Beispiel:

```
void user2(Cond* pc, Expr* pe)
{
    Cond* p2 = pc->klonen();
    Cond* p3 = pe->klonen(); // Fehler
    // ...
}
```

Der Typ einer überschreibenden Funktion muß derselbe sein wie der Typ der virtuellen Funktion, die sie überschreibt, nur der Rückgabetyp darf etwas anders sein. Das heißt, wenn der ursprüngliche Rückgabetyp B* war, dann darf der Rückgabetyp der überschreibenden Funktion A* sein, solange B eine öffentliche Basisklasse von A ist. Entsprechend darf ein Rückgabetyp B& durch einen A& ersetzt werden.

Man beachte, daß eine ähnliche Aufweichung der Regeln für Argumenttypen zu Typverletzungen führen würde (siehe §15.8–Ü12).

15.7 Ratschläge

1. Benutzen Sie die gewöhnliche Mehrfachvererbung, um eine Vereinigung von Fähigkeiten auszudrücken; §15.2, §15.2.5.
2. Benutzen Sie die Mehrfachvererbung, um Implementierungsdetails von der Schnittstelle zu trennen; §15.2.5.
3. Benutzen Sie eine virtuelle Basisklasse, um etwas zu repräsentieren, das einigen, aber nicht allen Klassen in der Hierarchie gemeinsam ist; §15.2.5.
4. Vermeiden Sie explizite Typkonvertierungen (Casts); §15.4.5.
5. Benutzen Sie dynamic_cast, wenn eine Navigation in der Klassenhierarchie unvermeidlich ist; §15.4.1.
6. Bevorzugen Sie dynamic_cast vor typeid; §15.4.4.
7. Bevorzugen Sie private vor protected; §15.3.1.1.
8. Deklarieren Sie keine Datenelemente als protected; §15.3.1.1.
9. Wenn eine Klasse operator delete() definiert, sollte sie einen virtuellen Destruktor haben; §15.6.
10. Rufen Sie keine virtuellen Funktionen in einem Konstruktor oder Destruktor auf; §15.4.3.
11. Benutzen Sie die explizite Qualifizierung für die Auflösung von Elementnamen sparsam, und nutzen Sie sie vorzugsweise in überschreibenden Funktionen; §15.2.1.

15.8 Übungen

Ü1 (∗1) Schreiben Sie ein Template `ptr_cast`, das wie `dynamic_cast` arbeitet, nur daß es `bad_cast` wirft, anstatt 0 zurückzuliefern.

Ü2 (∗2) Schreiben Sie ein Programm, das die Abfolge der Konstruktoraufrufe bei der Erzeugung eines Objekts anhand des Zustands des Objekts bezogen auf seine RTTI zeigt. Schreiben Sie dasselbe für die Zerstörung.

Ü3 (∗3,5) Implementieren Sie eine Version eines Reversi/Othello–Brettspiels. Jeder Spieler kann entweder ein Mensch oder der Rechner sein. Konzentrieren Sie sich darauf, das Programm korrekt zu erstellen und (dann) darauf, den Rechner »schlau« genug zu bekommen, daß es sich lohnt, gegen ihn zu spielen.

Ü4 (∗3) Verbessern Sie die Bedienoberfläche des Spiels aus §15.8–Ü3.

Ü5 (∗3) Definieren Sie eine Klasse für ein graphisches Objekt mit einem plausiblen Satz an Operationen, das als gemeinsame Basisklasse für eine Bibliothek an graphischen Objekten dienen soll; schauen Sie sich eine Graphikbibliothek an, um zu sehen, was dort für Operationen geboten werden.
Definieren Sie eine Klasse für ein Datenbankobjekt mit einem plausiblen Satz an Operationen, das als gemeinsame Basisklasse für Objekte dienen soll, die als Folge von Feldern in einer Datenbank gespeichert werden sollen; schauen Sie sich eine Datenbankbibliothek an, um zu sehen, was dort für Operationen geboten werden.
Definieren Sie ein graphisches Datenbankobjekt mit und ohne Benutzung von Mehrfachvererbung, und diskutieren Sie die jeweiligen Vorzüge der beiden Lösungen.

Ü6 (∗2) Schreiben Sie eine Version der `klonen()`–Operation aus §15.6.2, die das kopierte Objekt in einen als Argument übergebenen `Bereich` (siehe §10.4.11) plazieren kann. Implementieren Sie einen einfachen `Bereich` als von `Bereich` abgeleitete Klasse.

Ü7 (∗2) Schreiben Sie, ohne in einem Buch nachzuschauen, so viele C++–Schlüsselwörter nieder, wie Sie können.

Ü8 (∗2) Schreiben Sie ein standardkonformes C++–Programm, das eine Folge von mindestens zehn verschiedenen aufeinanderfolgenden Schlüsselwörtern enthält, die nicht durch Bezeichner, Operatoren, Trennzeichen usw. unterbrochen wird.

Ü9 (∗2,5) Zeichnen Sie ein plausibles Speicherlayout für ein `Radio`, wie es in §15.2.3.1 definiert wurde. Erklären Sie, wie ein virtueller Funktionsaufruf implementiert werden könnte.

Ü10 (∗2) Zeichnen Sie ein plausibles Speicherlayout für ein `Radio`, wie es in §15.2.4 definiert wurde. Erklären Sie, wie ein virtueller Funktionsaufruf implementiert werden könnte.

Ü11 (∗3) Überlegen Sie, wie `dynamic_cast` implementiert sein könnte. Definieren und implementieren Sie ein `dcast`–Template, das sich wie ein `dynamic_cast` verhält, aber nur auf von Ihnen definierten Funktionen und Daten basiert. Stellen Sie sicher, daß Sie neue Klassen zu Ihrem System hinzufügen können, ohne die Definitionen von `dcast` oder schon geschriebenen Klassen ändern zu müssen.

Ü12 (∗2) Nehmen Sie an, daß die Regeln für die Typprüfung für Argumente auf ähnliche Weise gelockert wären wie für Rückgabetypen, so daß eine Funktion, die ein `Abgeleitet*` erhält, eine Funktion mit einem `Basis*` überschreiben könnte. Schreiben Sie dann ein Programm, das ein Objekt der Klasse `Abgeleitet` verfälschen könnte, ohne einen Cast zu benutzen. Beschreiben Sie eine sichere Lockerung der Überschreibungsregeln für Argumenttypen.

Teil III

Die Standardbibliothek

Dieser Teil beschreibt die C++–Standardbibliothek. Er erläutert das Design der Bibliothek und die wichtigsten Techniken, die zu deren Implementierung verwendet werden. Das Ziel ist es, ein Verständnis für die Anwendung der Bibliothek zu schaffen, allgemeine sinnvolle Design– und Programmiertechniken zu erläutern und zu zeigen, wie die Bibliothek an den dafür vorgesehenen Stellen erweitert werden kann.

Kapitel:

Organisation der Bibliothek und Container $\qquad$ 16

It was new. It was singular.
It was simple. It must succeed!
– H. Nelson

16.1 Design der Standardbibliothek

Was sollte in einer C++–Standardbibliothek vorhanden sein? Idealerweise sollte ein Programmierer alle interessanten, wichtigen und vernünftigen allgemeinen Klassen, Funktionen, Templates etc. in einer Bibliothek finden. Die Frage lautet allerdings nicht »Was sollte in *irgendeiner* Bibliothek sein?«, sondern »Was sollte in der *Standard*bibliothek sein?«. Die Antwort »Alles!« ist für die erste Frage vernünftig, nicht aber für die zweite. Eine Standardbibliothek ist etwas, das jede Implementierung anbieten muß, damit jeder Programmierer darauf aufbauen kann.

Die C++–Standardbibliothek

1. bietet Unterstützung für Sprachmittel wie Speicherverwaltung (§6.2.6) und Laufzeit-Typinformationen (§15.4)
2. liefert Informationen über implementierungsspezifische Aspekte der Sprache, wie den größten float–Wert (§22.2)
3. liefert Funktionen, die nicht in jedem System in der Sprache selbst optimal implementiert werden können, wie sqrt() (§22.3) und memmove() (§19.4.6)
4. liefert nichttriviale Hilfsmittel, auf die ein Programmierer bei Portabilität aufbauen kann, wie Listen (§17.2.2), Maps (§17.4.1), Sortierfunktionen (§18.7.1) und I/O-Streams (Kapitel 21)
5. bietet ein Framework zur Erweiterung der angebotenen Hilfsmittel, wie Konventionen und Hilfstechniken, die es einem Anwender ermöglichen, Ein-/Ausgaben für eigene Datentypen im Stil der eingebauten Datentypen anzubieten
6. bietet die allgemeine Basis für andere Bibliotheken

Zusätzlich werden von der Standardbibliothek einige Hilfsmittel, wie Zufallszahlengeneratoren (§22.7) angeboten, weil es einfach üblich und sinnvoll ist.

Das Design der Bibliothek ist in erster Linie durch die letzten drei Punkte bestimmt. Diese Aspekte gehören eng zusammen. Portabilität ist z.B. im allgemeinen ein wichtiges Designkriterium für eine spezielle Bibliothek. Und allgemeine Containertypen, wie Listen und Maps, sind für den bequemen Datenaustausch zwischen Bibliotheken, die getrennt voneinander entwickelt wurden, unabdingbar.

Der letzte Punkt ist vor allem aus der Designperspektive wichtig, denn er hilft, den Umfang der Standardbibliothek einzugrenzen und macht Einschränkungen bei den Hilfsmitteln. In der Standardbibliothek werden z.B. Hilfsmittel für Strings und Listen angeboten. Wäre das nicht der Fall, können getrennt entwickelte Bibliotheken nur über die eingebauten Datentypen kommunizieren. Suchmustererkennung und graphische Hilfsmittel werden dagegen nicht angeboten. Solche Hilfsmittel sind sicherlich in vielen Bereichen nützlich, aber sie werden selten beim direkten Datenaustausch zwischen getrennt entwickelten Bibliotheken verwendet.

Wenn ein Hilfsmittel nicht irgendwie zur Unterstützung der Punkte gebraucht wird, kann es zugunsten einer außerhalb des Standards befindlichen Bibliothek entfallen. Damit ergibt sich als Vor– und Nachteil, daß verschiedene Bibliotheken konkurrierende Lösungen eines Ziels anbieten.

16.1.1   Designeinschränkungen

Die diskutierten Aspekte einer Standardbibliothek führen zu zahlreichen Einschränkungen bei deren Design. Die Hilfsmittel der C++–Standardbibliothek wurden entworfen, um

1. für jeden Anfänger und professionellen Programmierer, einschließlich der Bibliotheksentwickler, unschätzbar und erschwinglich zu sein
2. direkt oder indirekt von jedem Programmierer für alles eingesetzt zu werden, was zum Umfeld der Bibliothek gehört
3. effizient genug zu sein, um als echte Alternative zu handkodierten Funktionen, Klassen und Templates bei der Implementierung weiterer Bibliotheken zu dienen
4. frei von Verfahrensweisen zu sein oder dem Anwender die Gelegenheit zu geben, Verfahrensweisen als Argument übergeben zu können
5. im mathematischen Sinne primitiv zu sein. Damit ist gemeint, daß eine Komponente, die zwei nicht so zusammengehörige Aspekte abdeckt, sicherlich unter Mehraufwand leidet, wenn man sie mit Komponenten vergleicht, die individuell für einzelne Aspekte entworfen werden
6. bequem, effizient und ausreichend sicher für den allgemeinen Anwendungsfall zu sein
7. bei dem, was sie tun, vollständig zu sein. Die Standardbibliothek mag wichtige Funktionen anderen Bibliotheken überlassen, wenn sie aber einen Aspekt behandelt, muß sie dies so tun, daß Anwender und Implementierer sie nicht ersetzen müssen, um Basisfunktionalitäten durchführen zu können
8. eingebaute Datentypen und Operationen erweitern und harmonisch verknüpfen zu können
9. im Normalfall typsicher zu sein
10. allgemein akzeptierte Programmierstile zu unterstützen
11. mit selbstdefinierten Datentypen ähnlich wie mit eingebauten Typen und Typen der Standardbibliothek umgehen zu können

Es ist z.B. nicht akzeptabel, ein Vergleichskriterium in eine Sortierfunktion einzubauen, da Daten nach verschiedenen Kriterien sortiert werden können. Aus diesem Grund bekommt die C–Funktion qsort() eine Vergleichsfunktion als Argument, anstatt auf einen festen Vergleich, wie z.B. mit dem Operator < (§7.7) zu basieren. Auf der anderen Seite gefährdet der Mehraufwand eines Funktionsaufrufs für jeden Vergleich die Verwendung von qsort() in anderen Bibliotheken. Für fast jeden Datentyp kann ein Vergleich ohne Funktionsaufruf durchgeführt werden.

Ist der Mehraufwand schwerwiegend? In den meisten Fällen wahrscheinlich nicht. Der Funktionsaufruf kann allerdings die Ausführungszeit von einigen Algorithmen maßgeblich beeinflussen und damit zur Suche nach Alternativen Anlaß geben. Die in §13.4 beschriebene Technik, Vergleichskriterien als Template–Argument zu behandeln, löst das Problem. Das Beispiel illustriert das gespannte Verhältnis zwischen Effizienz und Allgemeingültigkeit. Eine Standardbibliothek muß nicht nur ihre Aufgaben erfüllen. Sie muß dies außerdem effizient genug machen, damit Anwender davon abgehalten werden, eigene Mechanismen zu implementieren. Ansonsten werden Implementierer höherer Features dazu getrieben, die Standardbibliothek zu umgehen, um wettbewerbsfähig zu bleiben. Dies wäre eine zusätzliche Belastung für den Bibliotheksentwickler und würde das Leben der Anwender, die plattformübergreifend entwickeln oder zahlreiche getrennt entwickelte Bibliotheken einsetzen, ernsthaft verkomplizieren.

Die Anforderungen »Einfachheit« und »Bequemlichkeit bei typischen Anwendungen« scheinen in Konflikt zu stehen. Die erste Forderung schließt aus, daß die Standardbibliothek ausschließlich für allgemeine Fälle optimiert wird. Allerdings können Komponenten, die allgemeine, aber nichttriviale Bedürfnisse abdecken, auch als Ergänzung statt als Ersatz in die Standardbibliothek integriert werden. Der »Kult« um die Orthogonalität muß uns nicht davon abhalten, das Leben für Anfänger und gelegentliche Anwender einfach zu machen. Er sollte auch nicht dazu führen, daß das Default–Verhalten einer Komponente unklar oder gefährlich ist.

16.1.2 Organisation der Standardbibliothek

Die Hilfsmittel der Standardbibliothek werden im Namensbereich `std` definiert und als eine Menge von Headerdateien präsentiert. Diese Headerdateien identifizieren die wichtigsten Teile der Bibliothek. Somit gibt deren Auflistung einen Überblick über die Bibliothek und bereitet deren Beschreibung in diesem und den folgenden Kapiteln vor.

Dieser Unterabschnitt zeigt nachfolgend eine Liste von Headerdateien, gruppiert nach deren Funktionalität, verbunden mit kurzen Erläuterungen und ergänzt um Verweise auf die Stellen, die im Detail darauf eingehen. Die Gruppierung entspricht der Organisation des Standards. Mitunter wird mit einem Verweis in der Form »c++std:§18.1« direkt auf den C++–Standard verwiesen. Dies bedeutet, daß das Hilfsmittel hier nicht weiter diskutiert wird.

Eine Standardheaderdatei, deren Name mit dem Buchstaben c beginnt, ist äquivalent zu einer Headerdatei der Standardbibliothek von C. Zu jeder Headerdatei <c...>, die Namen im Namensbereich `std` definiert, existiert eine Headerdatei <....h>, die dieselben Namen im globalen Namensbereich definiert (siehe §9.2.2).[1]

Container		
`<vector>`	eindimensionales Feld von *T*s	§16.3
`<list>`	doppelt–verkettete Liste von *T*s	§17.2.2
`<deque>`	»double–ended« Queue von *T*s	§17.2.3
`<queue>`	Queue von *T*s	§17.3.2
`<stack>`	Stack von *T*s	§17.3.1
`<map>`	Assoziatives Feld von *T*s	§17.4.1
`<set>`	Menge von *T*s	§17.4.3
`<bitset>`	Feld von Booleschen Werten	§17.5.3

Die assoziativen Container `multimap` und `multiset` können in `<map>` bzw. `<set>` gefunden werden. Die `priority_queue` wird in `<queue>` deklariert.

---

[1] A.d.Ü.: Diese Aussage ist etwas mißverständlich. Es gibt auch reine C++–Headerdateien im Standard, die mit c beginnen. Gemeint ist, daß alle C–Headerdateien in C++ auch als Datei mit c davor und ohne `.h` am Ende existieren.

Allgemeine Utilities		
<utility>	Operatoren und Wertepaare	§17.1.4, §17.4.1.2
<functional>	Funktionsobjekte	§18.4
<memory>	Allokatoren	§19.4
<ctime>	C–Schnittstelle für Datum und Zeit	c++std:§20.5

Die Headerdatei <memory> enthält außerdem das Template auto_ptr, das in erster Linie dazu verwendet wird, die Schnittstelle zwischen Zeigern und Ausnahmen zu vereinfachen (§14.4.2).

Iteratoren		
<iterator>	Iteratoren und deren Unterstützung	Kapitel 19

Durch Iteratoren werden Algorithmen für die Standardcontainer und entsprechende Datentypen (§2.7.2, §19.2.1) generisch.

Algorithmen		
<algorithm>	allgemeine Algorithmen	Kapitel 18
<cstdlib>	bsearch(), qsort()	§18.11

Ein typischer genereller Algorithmus kann mit jeder Sequenz (§3.8, §18.3) von beliebigen Elementtypen angewendet werden. Die Funktionen der C–Standardbibliothek bsearch() und qsort() sind nur für eingebaute Felder mit Elementtypen, die weder Copy–Konstruktor noch Destruktor definiert haben (§7.7), vorgesehen.

Diagnosen		
<stdexcept>	Standardausnahmen	§14.10
<cassert>	Assert–Makro	§24.3.7.2
<cerrno>	Fehlerbehandlung von C	§20.4.1

Assertions, die auf Ausnahmen basieren, werden in §24.3.7.1 behandelt.

Strings		
<string>	String von *T*s	Kapitel 20
<cctype>	Zeichenklassifizierung	§20.4.2
<cwctype>	WideChar–Klassifizierung	§20.4.2
<cstring>	String–Funktionen von C	§20.4.1
<cwchar>	WideChar-String–Funktionen von C	§20.4
<cstdlib>	weitere String–Funktionen von C	§20.4.1

Die Headerdatei <csting> deklariert Funktionen zur Stringbehandlung, wie strlen(), strcpy() und so weiter. Die Headerdatei <cstdlib> deklariert die Funktionen atoi() und atof() zur Umwandlung von C–Strings in numerische Werte,

Ein-/Ausgabe		
`<iosfwd>`	Vorwärtsdeklarationen von Ein-/Ausgabe–Hilfsmitteln	§21.1
`<iostream>`	Standard I/O-Stream–Objekte und –Operatoren	§21.2.1
`<ios>`	I/O-Stream–Basis	§21.2.1
`<streambuf>`	Stream–Puffer	§21.6
`<istream>`	Eingabe–Stream–Template	§21.3.1
`<ostream>`	Ausgabe–Stream–Template	§21.2.1
`<iomanip>`	Manipulatoren	§21.4.6.2
`<sstream>`	Streams für Strings	§21.5.3
`<cstdlib>`	Funktionen für Zeichentypen	§20.4.2
`<fstream>`	Streams für Dateien	§21.5.1
`<cstdio>`	Ein-/Ausgabe–Funktionen wie `printf()`	§21.8
`<cwchar>`	`printf()`–Funktionen für WideChars	§21.8

Manipulatoren sind Objekte, deren Anwendung dazu dient, den Zustand eines Streams zu verändern, indem z.B. das Ausgabeformat für Gleitkommawerte geändert wird (§21.4.6).

Lokalisierung		
`<locale>`	Berücksichtigung kultureller Unterschiede	§21.7
`<clocale>`	Berücksichtigung kultureller Unterschiede in C	§21.7

Ein *Locale* fixiert örtliche Unterschiede, wie das Ausgabeformat für Datumsangaben, das Währungssymbol und Kriterien für String–Vergleiche, die in verschiedenen natürlichen Sprachen und Kulturen variieren.

Sprachunterstützung		
`<limits>`	numerische Limits	§22.2
`<climits>`	Makros für ganzzahlige numerische Limits in C	§22.2.1
`<cfloat>`	Makros für numerische Limits bei Gleitkommawerten in C	§22.2.1
`<new>`	dynamische Speicherverwaltung	§16.1.3
`<typeinfo>`	Unterstützung für Laufzeit–Typinformationen	§15.4.1
`<exception>`	Unterstützung für Ausnahmebehandlung	§14.10
`<cstddef>`	Sprachunterstützung von C	§6.2.1
`<cstdarg>`	Funktionen mit variabler Anzahl von Argumenten	§7.6
`<csetjmp>`	Stack–Unwinding von C	c++std:§18.7
`<cstdlib>`	Beenden von Programmen	§9.4.1.1
`<ctime>`	Systemzeit	c++std:§18.7
`<csignal>`	Signalbehandlung von C	c++std:§18.7

Die Headerdatei `<cstddef>` definiert den Datentyp `size_t`, der von `sizeof()` zurückgeliefert wird, den Datentyp `ptrdiff_t` für das Ergebnis von Zeiger–Differenzen (§6.2.1) und das berüchtigte Makro NULL (§5.1.1).

Numerik		
<complex>	komplexe Zahlen und Operationen	§22.5
<valarray>	numerische Vektoren und Operationen	§22.4
<numeric>	allgemeine numerische Operationen	§22.6
<cmath>	mathematische Standardfunktionen	§22.3
<cstdlib>	Zufallszahlen von C	§22.7

Aus historischen Gründen befinden sich abs(), fabs() und div() in <cstdlib> und nicht in <cmath>, wie der Rest der mathematischen Funktionen.

Weder Anwendern noch den Implementierern von Bibliotheken ist es gestattet, Deklarationen in den Standardheaderdateien zu ergänzen oder zu reduzieren. Genausowenig ist es gestattet, den Inhalt der Headerdateien zu verändern, indem vor dem Einbinden Makros definiert werden oder das Einbinden in verändernden Umgebungen passiert (§9.2.3). Jedes Programm und jede Implementierung, die das versucht, ist nicht mehr standardkonform und damit nicht mehr portabel. Es mag heute gehen, aber schon mit der nächsten Version könnte es nicht mehr funktionieren. Man sollte solche Tricks vermeiden.

Um ein Hilfsmittel der Standardbibliothek zu verwenden muß die entsprechende Headerdatei eingebunden werden. Es ist keine standardkonforme Alternative, die Deklarationen statt dessen selbst zu schreiben. Der Grund dafür liegt in der Möglichkeit, daß einige Implementierungen das Kompilieren auf Basis der Include–Befehle für Headerdateien optimieren können und andere optimierte Implementierungen von Hilfsmitteln der Standardbibliothek über die Headerdateien anbieten. Allgemein formuliert ist die Art und Weise, wie Implementierer Standardheaderdateien verwenden, für Programmierer nicht vorhersagbar und geht diese nichts an.

Ein Programmierer kann allerdings für Hilfs–Templates, wie swap() (§16.3.9), spezielle Versionen für eigene nichtstandardisierte Datentypen realisieren.

16.1.3 Sprachunterstützung

Ein kleiner Teil der Standardbibliothek dient zur Unterstützung der Sprache. Dies sind Hilfsmittel, die für ein laufendes Programm vorhanden sein müssen, da Sprachmittel darauf basieren.

Die Bibliotheksfunktionen zur Unterstützung von new und delete werden in §6.2.6, §10.4.11, §14.4.4 und §15.6 diskutiert, aber in <new> präsentiert.

Laufzeit–Typinformationen basieren auf der Klasse type_info, die in §15.4.4 beschrieben und in <typeinfo> präsentiert wird.

Die Standardklassen zur Ausnahmebehandlung werden in §14.10 besprochen und in <new>, <ios>, <typeinfo>, <stdexcept> und <exception> präsentiert.

Das Starten und Beenden von Programmen wird in §3.2, §9.4 und §10.4.9 erläutert.

16.2   Container–Design

Ein Container ist ein Objekt, das andere Objekte enthält. Beispiele sind Listen, Vektoren und assoziative Felder. Im allgemeinen kann man Objekte in einen Container einfügen und daraus entfernen.

Es liegt in der Natur der Sache, daß Anwendern dieses Ziel auf vielen unterschiedlichen Arten präsentiert werden kann. Die Container der C++–Standardbibliothek wurden entworfen, um zwei Kriterien zu erfüllen: Auf der einen Seite sollte das Design eines individuellen Containers so zufriedenstellend wie möglich sein, während gleichzeitig alle Container eine gemeinsame Schnittstelle zum Anwender besitzen sollen. Dies ermöglicht eine optimale Effizienz bei der Implementierung von Containern und gibt Anwendern die Möglichkeit, Code zu schreiben, der unabhängig davon ist, welcher Container im einzelnen verwendet wird.

Container–Designs erfüllen üblicherweise nur eines der beiden Kriterien. Der für Container und Algorithmen zuständige Teil der Standardbibliothek (oft auch STL[2] genannt) kann als Lösung des Problems betrachtet werden, gleichzeitig Allgemeingültigkeit und Effizienz anzubieten. Die folgenden Unterabschnitte gehen auf die Stärken und Schwächen zweier herkömmlicher Container–Designs ein, um den Entwurf der Standardcontainer zu motivieren.

16.2.1 Spezialisierte Container und Iteratoren

Der naheliegendste Ansatz, einen Vektor und eine Liste anzubieten, besteht darin, beide so zu definieren, daß deren jeweilige Anwendung am sinnvollsten unterstützt wird.

```
template<class T> class Vektor {       // optimal
public:
    explicit Vektor (size_t n);        // initialisiere für n Objekte mit Wert T()

    T& operator[] (size_t);            // Elementzugriff über Index
    // ...
};


template<class T> class Liste {        // optimal
public:
    class Verweis { /* ... */ };

    Liste();                           // leer initialisiert
    void put(T*);                      // vor dem aktuellen Element einfügen
    T* get();                          // aktuelles Element liefern
    // ...
};
```

Jede Klasse bietet Operationen, die deren Anwendung fast ideal machen, und für jede Klasse kann man ohne Rücksicht auf andere Containerarten eine angemessene Datenhaltung wählen. Damit ist eine fast optimale Implementierung der Operationen möglich. Das bedeutet, daß die wichtigsten Operationen, wie put() für eine Liste und operator[] für einen Vektor, kleine einfache Inline–Funktionen sind.

Eine typische Anwendung bei den meisten Containerarten besteht darin, Element für Element durch den Container zu iterieren. Dies wird üblicherweise durch Definition einer zur Containerart passenden Iteratorklasse erreicht (siehe §11.5 und §11.14–Ü7).

Allerdings interessiert einen Anwender, der über einen Container iteriert, häufig nicht, ob sich die Daten in einer Liste oder in einem Vektor befinden. In dem Fall sollte der Code zum Iterieren nicht davon abhängen, ob eine Liste oder ein Vektor verwendet wird. Im Idealfall sollte dasselbe Stück Code in beiden Fällen funktionieren.

---

[2] A.d.Ü.: STL ist eine Abkürzung für »Standard Template Library«.

Eine Lösung ist die Definition einer Iteratorklasse, die eine »liefere-nächstes-Element«–
Operation anbietet, die für jeden Container implementiert werden kann. Beispiel:

```
template<class T> class Itor {   // allg. Schnittstelle (abstrakte Klasse §2.5.4, §12.3)
public:
    // Rückgabewert 0 steht für keine-weiteren-Elemente

    virtual T* first() = 0;        // Zeiger auf erstes Element
    virtual T* next() = 0;         // Zeiger auf nächstes Element
};
```

Dafür können für Vektoren und Listen entsprechende Implementierungen zur Verfügung gestellt
werden:

```
template<class T> class VektorItor : public Itor<T> { // Vektor-Implementierung
    Vektor<T>& v;
    size_t index;        // Index des aktuellen Elements
public:
    VektorItor(Vektor<T>& vv) : v(vv), index(0) {}
    T* first() { return (v.size()) ? &v[index=0] : 0; }
    T* next()  { return (++index<v.size()) ? &v[index] : 0; }
};
```

```
template<class T> class ListeItor : public Itor<T> {   // Listen-Implementierung
    Liste<T>& lst;
    Liste<T>::Verweis p;   // zeigt auf das aktuelle Element
public:
    ListeItor(Liste<T>&);
    T* first();
    T* next();
};
```

Graphisch bestehen folgende Beziehungen (gestrichelte Linien stehen für »Verwendung bei Implementierung«):

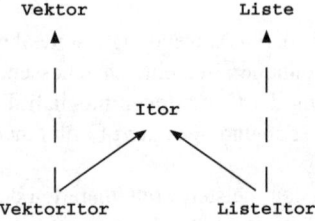

Die interne Struktur der beiden Iteratoren ist ziemlich verschieden, aber das ist für den Anwender
unerheblich. Damit kann nun Code geschrieben werden, der über alles iterieren kann, für das ein
Itor implementiert werden kann. Beispiel:

```
int anzahl (Itor<char>& ii, char zeichen)
{
    int anz = 0;
    for (char* p = ii.first(); p; p=ii.next())
```

```
        if (*p==zeichen)
            anz++;
    return anz;
}
```

Es gibt allerdings einen Haken. Die Operationen eines `Itor`–Iterators sind zwar einfach, sie enthalten aber den Mehraufwand eines (virtuellen) Funktionsaufrufs. In vielen Situationen kann dieser Mehraufwand im Vergleich zu den anderen Dingen, die passieren, vernachlässigt werden. Allerdings ist das Iterieren durch einen einfachen Container in vielen hochperformanten Systemen eine kritische Operation, und ein Funktionsaufruf ist in vielen Fällen teurer als die Integer–Addition oder die Dereferenzierung eines Zeigers, wie sie in `next()` für einen `Vektor` und eine `Liste` implementiert sind. Konsequenterweise ist dieser Ansatz für eine Standardbibliothek unangemessen oder zumindest nicht ideal.

Allerdings wurde dieser Container-und-Iterator–Ansatz in vielen Systemen erfolgreich angewendet. Vor Jahren war er mein Favorit für die meisten Programme. Seine Vor– und Nachteile können wie folgt zusammengefaßt werden (+ kennzeichnet einen Vorteil und – einen Nachteil):

+ Individuelle Container sind einfach und effizient.
+ Container brauchen wenig Gemeinsamkeiten. Mit Hilfe von Iteratoren und Wrapper–Klassen (§25.6.1) können unabhängig entwickelte Container in ein gemeinsames Framework integriert werden.
+ Die Gemeinsamkeiten bei der Anwendung werden durch Iteratoren angeboten (anstatt durch einen allgemeinen Containertyp; §16.2.2).
+ Für unterschiedliche Anforderungen an den gleichen Container können verschiedene Iteratoren definiert werden.
+ Container sind typsicher und homogen (alle Elemente haben denselben Datentyp). Heterogene Container können als homogene Container angeboten werden, deren Elemente Zeiger auf eine Basisklasse sind.
+ Die Container drängen sich nicht auf (ein Element des Containers muß keine spezielle Basisklasse und keine speziellen Elemente besitzen). Solche Container funktionieren auch bei eingebauten Datentypen und extern vorgegebenen Layouts von Strukturen.
– Jeder Iterator leidet unter dem Mehraufwand eines virtuellen Funktionsaufrufs. Der zeitliche Nachteil kann im Vergleich zu Zugriffen über einfache Inline–Funktionen von Bedeutung sein.
– Eine Hierarchie von Iteratorklassen neigt dazu, kompliziert zu werden.
– Es gibt keine Gemeinsamkeiten für jeden Container und für jedes Objekt in jedem Container. Dies verkompliziert das Anbieten allgemeiner Dienste, wie Persistenz und Objekt–Ein-/Ausgaben.

Ich betrachte die von Iteratoren angebotene Flexibilität als besonders wichtig. Eine allgemeine Schnittstelle, wie `Itor`, kann auch noch sehr viel später nach dem Design und der Implementierung von Containern (hier `Vektor` und `Liste`) zur Verfügung gestellt werden. Wenn man entwirft, denkt man sich üblicherweise zuerst etwas ziemlich Konkretes aus. Man entwirft z.B. ein Feld und entwickelt eine Liste. Erst später entdeckt man eine Abstraktion, die sowohl Felder als auch Listen in einen vorgegebenen Kontext packt.

Um genau zu sein, kann diese »späte Abstraktion« mehrfach durchgeführt werden. Angenommen, man will eine Menge repräsentieren. Eine Menge ist eine ziemlich unterschiedliche Abstraktion von `Itor`. Trotzdem kann man auf die gleiche Weise, wie es bei `Itor` geschehen ist, eine Mengenschnittstelle für Vektoren und Listen anbieten:

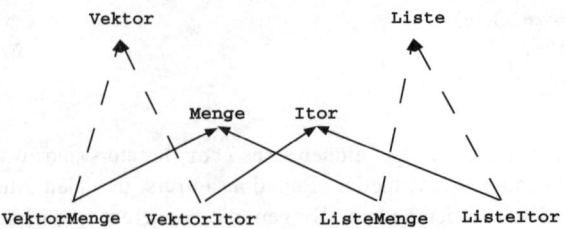

Das bedeutet, daß späte Abstraktionen über abstrakte Klassen es sogar ermöglichen, unterschiedliche Implementierungen eines Konzepts zur Verfügung zu stellen, selbst wenn es zwischen diesen Implementierungen überhaupt keine signifikanten Ähnlichkeiten gibt. Listen und Vektoren haben z.B. offensichtliche Gemeinsamkeiten, aber man könnte einen `Itor` auch mit wenig Aufwand für einen `istream` implementieren.

Logischerweise sind die beiden letzten Punkte der Liste die Hauptnachteile dieses Ansatzes. Das bedeutet, daß dieser Ansatz selbst dann nicht ideal für eine Standardbibliothek wäre, wenn der Mehraufwand für Funktionsaufrufe für Iteratoren und ähnliche Schnittstellen zu Containern eliminiert werden könnte (was unter bestimmten Umständen möglich ist).

Unaufdringliche Container (Container, die an Elemente keine besonderen Anforderungen stellen) haben, verglichen mit aufdringlichen Containern, mitunter einen kleinen Mehraufwand an Zeit und Speicherplatz zur Folge.

16.2.2 Container mit universellen Basisklassen

Man kann einen aufdringlichen (besondere Anforderungen stellenden) Container definieren, ohne auf Templates oder eine andere Möglichkeit der Parametrisierung von Typdeklarationen zurückzugreifen. Beispiel:

```
struct Verweis {
    Verweis* prev;        // Nachfolger
    Verweis* next;        // Vorgänger
    // ...
};

class Liste {
    Verweis* anker;
    Verweis* akt;         // aktuelles Element
public:
    Verweis* get();       // aktuelles Element liefern und entfernen
    void put(Verweis*);   // vor dem aktuellen Element einfügen
    // ...
};
```

Eine `Liste` ist hier nun eine Liste von `Verweisen` und kann Objekte verwalten, die irgendeinen von `Verweis` abgeleiteten Datentyp besitzen. Beispiel:

```
class Schiff : public Verweis { /* ... */ };

void f (Liste* lst)
{
```

```
    while (Verweis* po = lst->get()) {
        // Schiff muß polymorph sein (§15.4.1)
        if (Schiff* ps = dynamic_cast<Schiff*>(po)) {
            // Schiff verwenden
        }
        else {
            // Oh, etwas anderes machen
        }
    }
}
```

Simula definiert seine Standardcontainer auf diese Weise, womit dieser Ansatz als der Ursprung für Sprachen, die die objektorientierte Programmierung unterstützen, betrachtet werden kann. Heutzutage wird eine gemeinsame Klasse für alle Objekte üblicherweise `Object` oder so ähnlich genannt. Ein `Object` stellt dabei üblicherweise zusätzlich zur Verwendung als Verweis in einem Container andere allgemeine Dienste zur Verfügung.

Oft, aber nicht notwendigerweise, wird dieser Ansatz ausgebaut, um einen allgemeinen Containertyp zur Verfügung zu stellen:

```
class Container : public Object {
public:
    virtual Object* get();           // aktuelles Element liefern und entfernen
    virtual void put(Object*);       // vor dem aktuellen Element einfügen
    virtual Object*& operator[](size_t); // Indexzugriff
    // ...
};
```

Man beachte, daß die von `Container` angebotenen Operationen virtuell sind, damit individuelle Container diese entsprechend überladen können:

```
class Liste : public Container {
public:
    Object* get();
    void put(Object*);
    // ...
};
```

```
class Vektor : public Container {
public:
    Object*& operator[](size_t);
    // ...
};
```

Ein Problem taucht sofort auf: Welche Operationen soll `Container` anbieten? Man könnte nur die Operationen zur Verfügung stellen, die jeder Container unterstützt. Die Schnittmenge aller Operationen aller Container ist allerdings eine lächerlich kleine Schnittstelle. Genaugenommen ist diese Schnittmenge in vielen Fällen leer. Realistisch betrachtet muß somit die Vereinigung unabdingbarer Operationen aller möglichen Container, die unterstützt werden sollen, angeboten werden. Solch eine Vereinigung von Schnittstellen zu einer Konzeptmenge nennt man eine *fette Schnittstelle* (englisch: *fat interface*; §24.4.3).

Für die Funktionen in einer fetten Schnittstelle können entweder Default–Implementierungen angeboten werden oder sie können rein virtuell definiert werden, so daß jede abgeleitete Klasse

jede Funktion implementieren muß. Wie auch immer, es führt zu einer Menge von Funktionen, die
einfach nur Laufzeitfehler ausgeben. Beispiel:

```
class Container : public Object {
public:
    struct BadOp {        // Ausnahmeklasse
        const char* p;
        BadOp (const char* pp) : p(pp) { }
    };

    virtual void put(Object*) { throw BadOp("put"); }
    virtual Object* get() { throw BadOp("get"); }
    virtual Object*& operator[](int) { throw BadOp("[]"); }
    // ...
};
```

Um sich vor einem möglichen Container, der nicht get() unterstüzt, zu schützen, muß
Container::BadOp irgendwo abgefangen werden. Das Schiff–Beispiel könnte dazu wie folgt
geschrieben werden:

```
class Schiff : public Object { /* ... */ };

void f1 (Container* pc)
{
    try {
        while (Object* po = pc->get()) {
            // Schiff muß polymorph sein (§15.4.1)
            if (Schiff* ps = dynamic_cast<Schiff*>(po)) {
                // Schiff verwenden
            }
            else {
                // Oh, etwas anderes machen
            }
        }
    }
    catch (Container::BadOp& bad) {
        // Oh, etwas anderes machen
    }
}
```

Das ist langatmig, und insofern wird die Überprüfung auf BadOp üblicherweise woanders stattfinden. Falls man sich darauf verläßt, daß Ausnahmen an anderer Stelle behandelt werden, kann das
Beispiel auf folgendes reduziert werden:

```
void f2 (Container* pc)
{
    while (Object* po = pc->get()) {
        Schiff& s = dynamic_cast<Schiff&>(*po);
        // Schiff verwenden
    }
}
```

Ich betrachte unnötige Abhängigkeiten von Laufzeitprüfungen allerdings als unangenehm und ineffizient. In diesem Fall würde ich die statisch geprüfte Alternative vorziehen:

```
void f3 (Itor<Schiff>* i)
{
    while (Schiff* ps = i->next()) {
        // Schiff verwenden
    }
}
```

Die Vor– und Nachteile des Ansatzes, Container mit Hilfe von speziellen »Basisobjekten« zu entwerfen, kann wie folgt zusammengefaßt werden (siehe auch §16.5–Ü10). Wie zuvor (§16.2.1) kennzeichnet + einen Vorteil und – einen Nachteil:

- Operationen auf individuelle Container haben den Mehraufwand virtueller Funktionen zur Folge.
- Alle Container müssen von Container abgeleitet werden. Dies führt zur Verwendung einer fetten Schnittstelle, erfordert viel Voraussicht und basiert auf Laufzeitüberprüfungen. Die Integration eines unabhängig davon entwickelten Containers in dieses Framework ist zumindest schwierig (siehe §16.5–Ü12).
+ Die gemeinsame Basis Container macht es einfach, Container, die eine ähnliche Menge von Operationen anbieten, austauschbar zu halten.
- Container sind heterogen und nicht typsicher (man kann nur davon ausgehen, daß Elemente vom Typ Object* sind). Man kann typsichere und homogene Container allerdings bei Bedarf mit Hilfe von Templates definieren.
+ Die Container drängen sich auf (jedes Element muß einen Typ besitzen, der von Object abgeleitet st). Objekte eingebauter Datentypen und extern vorgegebener Layouts können nicht direkt in die Container eingefügt werden.
- Ein Element, das aus einem Container genommen wird, muß vor dessen Anwendung explizit in den passenden Datentyp umgewandelt werden.
- Jeder Iterator leidet unter dem Mehraufwand eines virtuellen Funktionsaufrufs. Der zeitliche Nachteil kann im Vergleich zu Zugriffen über einfache Inline–Funktionen von Bedeutung sein.
+ Die Klassen Container und Object dienen als Handle, um Dienste für jedes Objekt oder jeden Container zu implementieren. Dies vereinfacht das Anbieten allgemeiner Dienste, wie Persistenz und Objekt–Ein-/Ausgaben erheblich.

Im Vergleich zum Ansatz mit Iteratoren und Containern, die in keiner Beziehung zueinander stehen, führt der Ansatz mit den Basisobjekten dazu, daß der Anwender mit unnötiger Komplexität konfrontiert wird, daß signifikante Laufzeitnachteile entstehen und daß die Art der Objekte, die in einen Container aufgenommen werden können, eingeschränkt wird. Zusätzlich deckt das Ableiten von Object bei vielen Klassen ein Implementierungsdetail auf. Somit ist dieser Ansatz weit davon entfernt, ideal für eine Standardbibliothek zu sein.

Die Allgemeingültigkeit und Flexibilität dieses Ansatzes sollte allerdings nicht unterschätzt werden. Wie seine Alternativen ist auch dieser Ansatz erfolgreich in vielen Programmen verwendet worden. Seine Stärke liegt auf Gebieten, auf denen die Effizienz weniger wichtig ist als die Einfachheit, die sich durch eine einfache Container–Schnittstelle und Dienste wie Objekt–Ein-/Ausgaben ergibt.

16.2.3   STL–Container

Die Container und Iteratoren der Standardbibliothek (oft als STL–Framework bezeichnet, §3.10) können als Ansatz verstanden werden, die Quintessenz aus den beiden vorher beschriebenen herkömmlichen Modellen zu bilden, obwohl dies nicht der Ansatz ihres Designs war. Die STL war das Ergebnis einer zielbewußten Suche nach generischen Algorithmen, die in bezug auf Effizienz keine Kompromisse eingehen.

Das Streben nach Effizienz schließt virtuelle Funktionen, die nur schwierig inline sein können, für kleine, häufig aufgerufene Zugriffsfunktionen aus. Aus diesem Grund kann keine abstrakte Klasse als Standardschnittstelle zu einem Container oder für Iteratoren zur Verfügung gestellt werden. Statt dessen unterstützt jede Containerart eine Standardmenge von Basisoperationen. Um das Problem fetter Schnittstellen (§16.2.2, §24.4.3) zu vermeiden, gehören zu dieser Menge keine Operationen, die nicht für alle Container effizient implementiert werden können. Der Indexoperator wird z.B. für `vector`, nicht aber für `list` angeboten. Zusätzlich stellt jede Art von Container passende Iteratoren zur Verfügung, die eine Standardmenge von Iteratoroperationen unterstützen.

Die Standardcontainer werden von keiner gemeinsamen Basisklasse abgeleitet. Statt dessen implementiert jeder Container alles, was zur Standardcontainerschnittstelle dazugehört. Entsprechend gibt es auch keine gemeinsame Basisklasse für Iteratoren. Die Verwendung von Standardcontainern und –iteratoren hat weder explizite noch implizite Typprüfungen zur Laufzeit zur Folge.

Der wichtige und schwierige Aspekt, gemeinsame Dienste für alle Container anzubieten, wird anstelle von einer gemeinsamen Basisklasse von »Allokatoren« abgedeckt, die als Template–Argument übergeben werden (§19.4.3).

Bevor Details erläutert werden, können die Vor– und Nachteile des STL–Ansatzes wie folgt zusammengefaßt werden (auch hier kennzeichnet + einen Vorteil und – einen Nachteil):

+   Individuelle Container sind einfach und effizient (nicht so einfach wie völlig unabhängige Container sein könnten, aber genauso effizient).

+   Jeder Container bietet eine Menge von Standardoperationen mit vordefinierten Namen und Verhalten. Zusätzliche Operationen werden für spezielle Containertypen bei Bedarf angeboten. Außerdem können Wrapper–Klassen (§25.6.1) dazu verwendet werden, unabhängig davon entwickelte Container in dieses gemeinsame Framework zu integrieren (§16.5–Ü14).

+   Durch Standarditeratoren werden zusätzliche Gemeinsamkeiten bei der Anwendung geschaffen. Jeder Container stellt Iteratoren zur Verfügung, die wiederum eine Menge von Standardoperationen mit vordefinierten Namen und Verhalten unterstützen. Ein Iteratortyp wird dabei für jeden einzelnen Containertyp definiert, wodurch diese Iteratoren so einfach und effizient wie möglich sind.

+   Um unterschiedliche Anforderungen an Container abzudecken, können zusätzlich zu den Standarditeratoren verschiedene weitere Iteratoren und andere allgemeine Schnittstellen definiert werden.

+   Container sind typsicher und homogen (alle Elemente haben denselben Datentyp). Ein heterogener Container kann als homogener Container für Zeiger auf eine gemeinsame Basisklasse zur Verfügung gestellt werden.

+   Die Container drängen sich nicht auf (ein Element des Containers muß keine spezielle Basisklasse und keine speziellen Elemente besitzen). Solche Container funktionieren auch bei eingebauten Datentypen und extern vorgegebenen Layouts von Strukturen.

+   Sich aufdrängende Container können in das allgemeine Framework integriert werden. Naturgemäß macht ein sich aufdrängender Container dabei Einschränkungen bei den Datentypen der Elemente.

+ Jeder Container bekommt ein Argument, Allokator genannt, das als Handle zur Implementie-
rung verschiedener Dienste für jeden Container verwendet werden kann. Dies vereinfacht das
Anbieten allgemeiner Dienste, wie Persistenz und Objekt–Ein-/Ausgaben erheblich (§19.4.3).
− Es gibt keine standardisierte Laufzeitrepräsentation von Containern oder Iteratoren, die als
Funktionsargument übergeben werden kann (es ist allerdings einfach, für ein Programm bei
Bedarf solche Repräsentationen zu definieren; §19.3).

Mit anderen Worten besitzen Container und Iteratoren keine feste Standardrepräsentation. Statt
dessen stellt jeder Container eine Standardschnittstelle in Form einer Menge von Operationen zur
Verfügung, damit Container austauschbar sind. Für Iteratoren gilt entsprechendes. Dies bedeutet
einen minimalen Mehraufwand in bezug auf Zeitverhalten und Speicherplatz, obwohl Anwender
aus den Gemeinsamkeiten Kapital schlagen können. Dies gilt sowohl für die Ebene der Container
(wie beim Ansatz mit Basisobjekten) als auch bei Iteratoren (wie beim Ansatz mit spezialisierten
Containern).

Der Ansatz der STL setzt stark auf Templates auf. Um eine exzessive Code–Replikation zu vermeiden, wird normalerweise eine partielle Spezialisierung benötigt, um für Container aus Zeigern
gemeinsame Implementierungen anzubieten (§13.5).

16.3 Vektor

Nachfolgend wird als Beispiel für einen kompletten Standardcontainer die Klasse `vector` beschrieben. Sofern nicht anders angegeben, gelten die hier gemachten Aussagen für jeden Standardcontainer. Kapitel 17 erläutert die speziellen Features der Klassen `list`, `set`, `map` und so
weiter. Die von `vector` (und ähnlichen Containern) angebotenen Fähigkeiten werden zum Teil
detailliert beschrieben. Dadurch werden Sie sowohl die möglichen Verwendungen von `vector` als
auch dessen Rolle im gesamten Design der Standardbibliothek verstehen.

Einen Überblick über die Standardcontainer und deren Fähigkeiten finden Sie in §17.1. Nachfolgend wird `vector` in einzelnen Schritten eingeführt: Elementtypen, Iteratoren, Elementzugriff,
Konstruktoren, Stack–Operationen, List–Operationen, Größe und Kapazität, Hilfsfunktionen und
`vector<bool>`.

16.3.1 Datentypen

Der standardisierte `vector` ist ein Template, das innerhalb des Namensbereichs `std` in `<vector>`
definiert wird. Zuerst wird dabei eine Reihe von standardisierten Typnamen definiert:

```
template <class T, class A = allocator<T> > class std::vector {
public:
    // Datentypen:
    typedef T value_type;              // Datentyp der Elemente
    typedef A allocator_type;          // Datentyp zur Speicherverwaltung

    typedef typename A::size_type size_type;
    typedef typename A::difference_type difference_type;

    typedef implementierungsspezifisch iterator;          // T*
    typedef implementierungsspezifisch const_iterator;    // const T*
```

```
    typedef std::reverse_iterator<iterator> reverse_iterator;
    typedef std::reverse_iterator<const_iterator> const_reverse_iterator;

    typedef typename A::pointer pointer;                    // Zeiger auf ein Element
    typedef typename A::const_pointer const_pointer;

    typedef typename A::reference reference;                // Referenz auf ein Element
    typedef typename A::const_reference const_reference;
    // ...
};
```

Jeder Standardcontainer definiert diese Typnamen als Elemente. Jeder definiert sie dabei in der zu seiner Implementierung am besten passenden Weise.

Der Datentyp der Elemente des Containers wird als erstes Template–Argument übergeben und ist als sein `value_type` bekannt. Der `allocator_type`, der optional als zweites Template– Argument übergeben werden kann, definiert, inwiefern der `value_type` mit verschiedenen Mechanismen zur Speicherverwaltung interagiert. Genaugenommen liefert ein Allokator die Funktionen, die ein Container dazu verwendet, Speicherplatz für seine Elemente anzufordern oder freizugeben. Allokatoren werden in §19.4 diskutiert. Generell spezifiziert `size_type` den Datentyp zur Indizierung des Containers, und `difference_type` ist der Datentyp für das Ergebnis, wenn zwei Iteratoren eines Containers subtrahiert werden. Bei den meisten Containern korrespondieren diese Typen mit `size_t` und `ptrdiff_t` (§6.2.1).

Iteratoren wurden in §2.7.2 eingeführt und werden in Kapitel 19 noch im Detail erläutert. Sie können als Zeiger auf die Elemente der Container betrachtet werden. Jeder Container stellt einen entsprechenden Datentyp, `iterator`, zur Verfügung. Er bietet auch einen Datentyp `const_iterator`, der verwendet werden kann, wenn die Elemente nicht modifiziert werden müssen. Wie bei Zeigern sollte man die sicherere `const`–Version verwenden, solange es keinen Grund dafür gibt, dies nicht zu tun. Die aktuellen Datentypen der Iteratoren von `vector` sind implementierungsspezifisch. Die naheliegende Definitionen für einen herkömmlich definierten `vector` sind `T*` bzw. `const T*`.

Die Datentypen für Reverse–Iteratoren von `vector` werden aus dem Standard–Template `reverse_iterator` abgeleitet (§19.2.5). Sie präsentieren die Sequenz in umgekehrter Reihenfolge.

Wie in §3.8.1 bereits gezeigt wurde, ist es einem Anwender mit diesen Typdefinitionen möglich, Code für Container zu schreiben, ohne die tatsächlichen Datentypen, die davon betroffen sind, zu kennen. Genaugenommen können Anwender damit Code schreiben, der mit einem beliebigen Standardcontainer funktioniert. Beispiel:

```
template <class C> typename C::value_type summe (const C& c)
{
    typename C::value_type s = 0;
    typename C::const_iterator p = c.begin();    // am Anfang starten
    while (p != c.end()) {                       // bis zum Ende fortfahren
        s += *p;                     // Elementwert abfragen und aufsummieren
        ++p;                         // p auf das nächste Element zeigen lassen
    }
    return s;
}
```

Die Tatsache, daß vor den Namen der Elementtypen eines Template–Parameters `typename` geschrieben werden muß, ist ein Ärgernis. Ein Compiler kann allerdings nicht mitdenken. Deshalb gibt es für ihn keine allgemeine Möglichkeit herauszubekommen, ob ein Element vom Datentyp eines Template–Parameters wiederum ein Datentyp ist (§C.13.5).

Wie bei Zeigern bedeutet * als Präfix eine Dereferenzierung des Iterators (§2.7.2, §19.2.1), und ++ bedeutet, daß der Iterator inkrementiert wird.

16.3.2 Iteratoren

Wie im vorherigen Unterabschnitt gezeigt, können Iteratoren dazu verwendet werden, durch Container zu navigieren, ohne daß der Programmierer wissen muß, welchen aktuellen Datentyp die Elemente besitzen. Ein paar entscheidende Elementfunktionen ermöglichen es dem Programmierer, Zugriff auf die beiden Enden der Elementsequenz zu bekommen:

```cpp
template <class T, class A = allocator<T> > class vector {
public:
    // ...
    // Iteratoren:

    iterator begin();                    // zeigt auf das erste Element
    const_iterator begin() const;
    iterator end();                      // zeigt hinter das letzte Element
    const_iterator end() const;

    reverse_iterator rbegin();           // zeigt auf das erste Element der umgekehrten Sequenz
    const_reverse_iterator rbegin() const;
    reverse_iterator rend();             // zeigt hinter das letzte Element der umgekehrten Sequenz
    const_reverse_iterator rend() const;
    // ...
};
```

Das Paar `begin()`/`end()` liefert die Elemente des Containers in der herkömmlichen Reihenfolge (also Element 0, gefolgt von Element 1, gefolgt von Element 2 usw.). Das Paar `rbegin()`/`rend()` liefert die Elemente des Containers in umgekehrter Reihenfolge (also Element n-1, gefolgt von Element n-2, gefolgt von Element n-3 usw.). Eine Sequenz, die mit einem `iterator` z.B. wie folgt betrachtet wird:

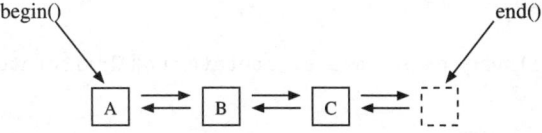

kann über einen `reverse_iterator` (§19.2.5) wie folgt gesehen werden:

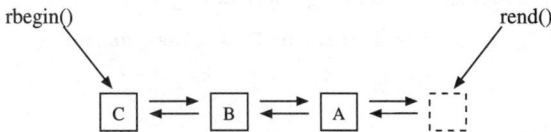

Damit können Algorithmen Sequenzen in umgekehrter Reihenfolge bearbeiten. Beispiel:

```
template <class C>
typename C::iterator find_last (C& c, typename C::value_type wert)
{
    typename C::reverse_iterator ri = find(c.rbegin(),c.rend(),wert);
    if (ri == c.rend())                    // c.end() kennzeichnet »nicht gefunden«
        return c.end();
    typename C::iterator i = ri.base();
    return --i;
}
```

Die Funktion base() liefert zu einem reverse_iterator einen iterator, der allerdings auf die dahinterliegende Position verweist (§19.2.5). Ohne Reverse–Iteratoren müßte man schreiben:

```
template <class C>
typename C::iterator find_last (C& c, typename C::value_type wert)
{
    typename C::iterator p = c.end();      // vom Ende rückwärts suchen
    while (p != c.begin())
        if (*--p == wert) return p;
    return c.end();                        // c.end() kennzeichnet »nicht gefunden«
}
```

Ein Reverse–Iterator ist ein perfekter ganz normaler Iterator. Man könnte also auch schreiben:

```
template <class C>
typename C::iterator find_last (C& c, typename C::value_type wert)
{
    typename C::reverse_iterator p = c.rbegin();    // Sequenz rückwärts betrachten
    while (p != c.rend()) {
        if (*p == wert) {
            typename C::iterator i = p.base();
            return --i;
        }
        ++p;    // beachte: inkrementieren und nicht dekrementieren (--)
    }
    return c.end();                        // c.end() kennzeichnet »nicht gefunden«
}
```

Man beachte, daß die Datentypen C::reverse_iterator und C::iterator nicht gleich sind.

16.3.3   Elementzugriff

Ein im Vergleich zu anderen Containern wichtiger Aspekt von Vektoren ist der leichte und effiziente Zugriff auf einzelne Elemente in beliebiger Reihenfolge:

```
template <class T, class A = allocator<T> > class vector {
public:
    // ...
    // Elementzugriff:
    reference operator[] (size_type n);        // ungeprüfter Zugriff
    const_reference operator[] (size_type n) const;
```

```
        reference at (size_type n);              // geprüfter Zugriff
        const_reference at (size_type n) const;
        reference front ();                       // erstes Element
        const_reference front () const;
        reference back ();                        // letztes Element
        const_reference back () const;
        // ...
    };
```

Der Indexzugriff ist mit `operator[]()` und mit `at()` möglich. Bei `at()` wird im Gegensatz zu `operator[]()` geprüft, ob der Index im erlaubten Bereich liegt, und, falls dies nicht der Fall ist, eine `out_of_range`–Ausnahme ausgelöst. Beispiel:

```
    void f (vector<int>& v, int i1, int i2)
    try {
        for (int i=0; i<v.size(); i++) {
            // Bereich schon geprüft: verwende ungeprüftes v[i]
        }

        v.at(i1) = v.at(i2);        // prüfe Bereich beim Zugriff
        // ...
    }
    catch (out_of_range) {
        // Oh, out-of-range-Fehler
    }
```

Dies verdeutlicht die Absicht der Verwendung: Falls der Bereich bereits geprüft ist, kann der ungeprüfte Operator verwendet werden, ohne die Sicherheit zu gefährden. Ansonsten ist die Verwendung von `at()` zu empfehlen. Diese Unterscheidung ist wichtig, wenn Effizienz im Vordergrund steht. Falls dies allerdings nicht der Fall ist oder nicht klar ist, ob ein Bereich bereits korrekt geprüft worden ist, dann ist es sicherer, einen geprüften Operator `[]` (wie mit der Klasse `Vec` von §3.7.2) oder einen geprüften Iterator (§19.3) zu verwenden.

Der Default ist in Anlehnung an Felder der ungeprüfte Zugriff. Man bedenke dabei, daß ein sichereres (geprüftes) Hilfsmittel auf einem schnellen, nicht aber ein schnelles Hilfsmittel auf einem langsameren basieren kann.

Die Zugriffsoperationen liefern in Abhängigkeit davon, ob sie für konstante oder nichtkonstante Objekte aufgerufen werden, Werte der Typen `const_reference` oder `reference`. Eine Referenz ist der passende Datentyp für den Elementzugriff. Bei einer einfachen und naheliegenden Implementierung von `vector<X>`, sind `reference` und `const_reference` einfach `X&` bzw. `const X&`. Der Versuch, eine Referenz für einen außerhalb des gültigen Bereichs liegenden Wert zu erzeugen, resultiert in einem undefinierten Verhalten. Beispiel:

```
    void f (vector<double>& v)
    {
        double d = v[v.size()];    // undefiniert: fehlerhafter Index

        list<char> lst;
        char c = lst.front();      // undefiniert: Liste ist leer
    }
```

Unter den Standardsequenzen unterstützen nur `vector` und `deque` (§17.2.3) den Indexoperator. Dahinter steht die Absicht, Anwender nicht durch das Vorhandensein fundamentaler ineffizienter Operationen zu verwirren. Der Indexzugriff könnte z.B. auch für Listen (§17.2.2) angeboten werden, was aber gefährlich ineffizient wäre (das Verhalten wäre *O(n)*).

Die Elementfunktionen `front()` und `back()` liefern Referenzen auf das erste bzw. letzte Element. Sie sind vor allem dann sinnvoll, wenn bekannt ist, daß diese Elemente existieren und sie von speziellem Interesse sind. Ein Vektor, der als Stack (§16.3.5) verwendet wird, wäre ein naheliegendes Beispiel dafür. Man beachte, daß `front()` eine Referenz auf das Element liefert, auf das `begin()` einen Iterator liefert. Die Korrespondenz zwischen `back()` und `end()` ist dagegen weniger einfach: `back()` ist das letzte Element, `end()` zeigt dagegen auf die Position hinter dem letzten Element.

16.3.4 Konstruktoren

Naturgemäß bietet `vector` eine vollständige Menge (§11.7) von Konstruktoren, Destruktoren und Kopieroperationen:

```
template <class T, class A=allocator<T> > class vector {
public:
    // ...
    // Konstruktoren etc.:

    explicit vector (const A& = A());
    explicit vector (size_type n, const T& wert=T(),  // n Kopien von wert
                     const A& = A());
    template <class In>
        vector (In anf, In end, const A& = A());          // Kopie von [anf:end[
    vector (const vector& x);


    ~vector();


    vector& operator= (const vector& x);
    template <class In>                          // In muß Input-Iterator (§19.2.1) sein
        void assign (In anf, In end);            // Kopie von [anf:end[
    void assign (size_type n, const T& wert);    // n Kopien von wert
    // ...
};
```

Ein Vektor ermöglicht den schnellen Zugriff auf beliebige Elemente, ein Ändern seiner Größe ist allerdings relativ teuer. Als Konsequenz kann einem Vektor beim Erzeugen eine Startgröße mitgegeben werden. Beispiel:

```
vector<Schallplatte> vs(10000);

void f(int s1, int s2)
{
    vector<int> vi(s1);

    vector<double>* p = new vector<double>(s2);
}
```

Wenn Elemente eines Vektors auf diese Weise angelegt werden, werden sie mit Hilfe des Default–Konstruktors des Elementtyps initialisiert. Das bedeutet, daß jedes der 10.000 Elemente von vs mit `Schallplatte()` und jedes der `s1` Elemente von `vi` mit `int()` initialisiert wird. Man beachte dabei, daß der Default–Konstruktor für eingebaute Datentypen Werte mit 0 initialisiert (§4.9.5, §10.4.2).

Falls ein Datentyp keinen Default–Konstruktor besitzt, ist es nicht möglich, einen Vektor für Elemente dieses Typs anzulegen, ohne für jedes Element einen Wert anzugeben. Beispiel:

```
class Num {        // beliebige Genauigkeit
public:
    Num(long);
    // keinen Default-Konstruktor
    // ...
};
```

```
vector<Num> v1(1000);          // Fehler: kein Default-Num
vector<Num> v2(1000,Num(0));   // OK
```

Da ein Vektor keine negative Anzahl von Elementen besitzen kann, muß seine Größe nicht–negativ sein. Dies deckt sich mit der Anforderung, daß sein Datentyp `size_type` ein unsigned–Datentyp sein muß. Dies ermöglicht bei einigen Architekturen ein größeres Spektrum von Vektorgrößen. Es kann allerdings auch zu Überraschungen führen:

```
void f (int i)
{
    vector<char> vc0(-1);    // Compiler können davor ziemlich einfach warnen
    vector<char> vc1(i);
}
```

```
void g()
{
    f(-1);                   // Trick, um f() eine große positive Nummer zu übergeben!
}
```

Beim Aufruf `f(-1)` wird `-1` in einen (ziemlich großen) positiven Integer umgewandelt (§C.6.3). Falls man Glück hat, findet der Compiler eine Möglichkeit, sich darüber zu beschweren.

Die Größe eines Vektors kann durch die Angabe einer Menge von Elementen zur Initialisierung auch implizit definiert werden. Dies ist möglich, indem dem Konstruktor eine Sequenz von Werten als Parameter übergeben wird. Beispiel:

```
void f(const list<X>& lst)
{
    vector<X> v1(lst.begin(), lst.end()); // Elemente der Liste kopieren

    char p[] = "hoffnungslos";
    vector<char> v2(p,&p[sizeof(p)-1]);   // Zeichen eines C-Strings kopieren
}
```

In beiden Fällen setzt der Konstruktor von `vector` die Größe des Vektors auf den korrekten Wert, wenn die Elemente der Eingabesequenz kopiert werden.

Die Konstruktoren von `vector`, die mit einem Argument aufgerufen werden können, werden mit `explicit` deklariert, um fehlerhaften Konvertierungen vorzubeugen (§11.7.1). Beispiel:

```
vector<int> v1(10);                 // OK: Vektor von 10 ints
vector<int> v2 = vector<int>(10);   // OK: Vektor von 10 ints
```

```
vector<int> v3 = v2;           // OK: v3 ist eine Kopie von v2
vector<int> v4 = 10;           // Fehler: implizite Konvertierung von 10 nach vector<int>
```

Der Copy–Konstruktor und der Zuweisungsoperator kopieren die Elemente eines Vektors. Besitzt ein Vektor viele Elemente, kann dies eine teure Operation sein. Aus diesem Grund werden Vektoren üblicherweise als Referenz übergeben. Beispiel:

```
void f1 (vector<int>&);        // üblicher Stil
void f2 (const vector<int>&);  // üblicher Stil
void f3 (vector<int>);         // seltener Stil


void h()
{
    vector<int> v(10000);
    // ...


    f1(v);    // übergibt eine Referenz
    f2(v);    // übergibt eine Referenz
    f3(v);    // kopiert die 10.000 Elemente für f3() in einen neuen Vektor
}
```

Die `assign()`–Funktionen bilden das Gegenstück zu den Konstruktoren, die für mehrere Argumente aufgerufen werden können. Da der Zuweisungsoperator nur einen Operanden auf der rechten Seite haben kann, wird `assign()` benötigt, wenn eine Anzahl von Default–Werten oder ein Bereich mit Werten zugewiesen werden soll. Beispiel:

```
class Buch { /* ... */ };

void f (vector<Num>& vn, vector<char>& vc, vector<Buch>& vb, list<Buch>& lb)
{
    vn.assign(10,Num(0));        // vn einen Vektor mit zehn Kopien von Num(0) zuweisen


    char s[] = "Literal";
    vc.assign (s, &s[sizeof(s)-1]);   // vc "Literal" zuweisen


    vb.assign (lb.begin(), lb.end()); // vb die Elemente von lb zuweisen


    // ...
}
```

Vektoren kann man also mit einer beliebigen Sequenz seines Elementtyps initialisieren und ihnen eine solche Sequenz zuweisen. Wichtig ist, daß dies ohne Einführung einer großen Anzahl von Konstruktoren und Konvertierungsfunktionen möglich ist. Man beachte, daß eine Zuweisung alle Elemente eines Vektors verändert. Konzeptionell werden alle alten Elemente entfernt und die neuen Elemente eingefügt. Nach der Zuweisung entspricht die Größe eines Vektors (`size()`), also der Anzahl der zugewiesenen Elemente. Beispiel:

```
void f()
{
    vector<char> v(10,'x');    // v.size()==10, jedes Element hat den Wert 'x'
    v.assign(5,'a');           // v.size()==5, jedes Element hat den Wert 'a'
}
```

Naturgemäß kann der Effekt von `assign()` auch indirekt durch Erzeugung und Zuweisung eines entsprechenden Vektors erreicht werden. Beispiel:

```
void f2 (vector<Buch>& vb, list<Buch>& lb)
{
    vector<Buch> vtmp(lb.begin(),lb.end());
    vb = vtmp;
    // ...
}
```

Dies kann allerdings unschön und ineffizient sein.

Beim Konstruktor mit zwei Werten des gleichen Typs droht eine Mehrdeutigkeit:

```
vector<int> v(10,50);     // vector(größe,wert) oder vector(iterator1,iterator2) ?
                          //  => vector(größe,wert) !
```

Ein Integer ist allerdings kein Iterator, und die Implementierung muß sicherstellen, daß

```
vector(vector<int>::size_type, const int&,
        const vector<int>::allocator_type&);
```

und nicht

```
vector(vector<int>::iterator, vector<int>::iterator,
        const vector<int>::allocator_type&);
```

aufgerufen wird. Die Bibliothek macht dies durch passendes Überladen der Konstruktoren. Entsprechende Mehrdeutigkeiten existieren auch bei `assign()` und `insert()` und werden dort genauso behandelt.

16.3.5 Stack–Operationen

Mit Vektoren verbindet man meistens eine kompakte Datenstruktur, bei der man mit einem Index auf Elemente zugreifen kann. Diese konkrete Notation kann allerdings durch eine mehr abstrakte Sicht ergänzt werden, die für Sequenzen im allgemeinen gilt. Unter diesem Aspekt und unter Einhaltung der üblichen Verwendung von Feldern und Vektoren kann man für `vector` offensichtlich auch Stack–Operationen sinnvoll definieren:

```
template <class T, class A=allocator<T> > class vector {
public:
    // ...
    // Stack-Operationen

    void push_back (const T& x);   // am Ende anfügen
    void pop_back();               // letztes Element entfernen
    // ...
};
```

Die Funktionen `push_back()` und `pop_back()` betrachten einen Vektor als Stack, an dessen Ende Elemente eingefügt und entfernt werden können. Beispiel:

```
void f(vector<char>& s)
{
    s.push_back('a');
```

```
    s.push_back('b');
    s.push_back('c');
    s.pop_back();
    if (s[s.size()-1] != 'b')
        fehler("unmoeglich!");
    s.pop_back();
    if (s.back() != 'a')
        fehler("sollte nie passieren!");
}
```

Mit jedem Aufruf von `push_back()` wächst der Vektor um ein Element, und das Element wird am Ende eingefügt. Insofern liefert `s[s.size()-1]` bzw. `s.back()` (§16.3.3) das letzte so in den Vektor eingefügte Element.

Bis auf die Verwendung des Wortes *vector* anstatt *stack* ist daran nichts Ungewöhnliches. Die Endung `_back` hebt dabei hervor, daß die Elemente am Ende und nicht am Anfang eingefügt werden. Das Einfügen eines Elements am Ende eines Vektors kann allerdings eine teure Operation sein, da zusätzlicher Speicherplatz zur Verwaltung des neuen Elements gebraucht wird. Implementierungen müssen allerdings sicherstellen, daß wiederholte Stack–Operationen keinen häufigen »Wachtumsmehraufwand« zur Folge haben.

Man beachte, daß `pop_back()` keinen Wert zurückliefert. Es entfernt nur das oberste Element. Falls man wissen will, was davor ganz oben auf dem Stack war, muß man nachsehen. In dieser Hinsicht handelt es sich nicht um einen Stack, wie ich ihn mir vorstelle (§2.5.3, §2.5.4). Er ist allerdings auf diese Weise effizienter und so standardisiert.

Warum sollte man bei einem Vektor Stack–Operationen durchführen? Ein offensichtlicher Grund wäre die Implementierung eines Stacks (§17.3.1). Ein allgemeinerer Grund wäre aber auch der Bedarf, einen Vektor inkrementell zu erzeugen. Es könnte z.B. die Notwendigkeit bestehen, einen Vektor von Positionen einzulesen, ohne daß man voraussagen kann, wie viele Positionen eingelesen werden. In dem Fall kann deshalb kein ausreichend großer Vektor angelegt werden, in den dann die Werte eingelesen werden. Statt dessen könnte man folgendes schreiben:

```
vector<Position> positionen;

void position_zufuegen (Position trenner)
{
    Position tmp;

    while (cin >> tmp) {
        if (tmp == trenner) return;    // neue Position überprüfen
        positionen.push_back(tmp);
    }
}
```

Hier wird sichergestellt, daß der Vektor so groß wie nötig wird. Falls jede neue Position einfach nur in den Vektor eingefügt werden müßte, könnte man `positionen` in einem Konstruktor auch direkt mit der Eingabe initialisieren (§16.3.4). Da Eingaben aber üblicherweise noch ein wenig bearbeitet werden und Datenstrukturen mit Fortschreiten des Programms nach und nach wachsen, kann `push_back()` sehr hilfreich sein.

In C–Programmen ist dies eine übliche Anwendung der Standardfunktion `realloc()`. Insofern bieten Vektoren und generell alle Standardcontainer eine allgemeinere, elegantere und nicht weniger effiziente Alternative zu `realloc()`.

Die Größe (`size()`) eines Vektors wird mit `push_back()` implizit erhöht. Sofern ausreichend Speicherplatz zur Verfügung steht (siehe §19.4.1), kann es deshalb keinen Überlauf (Overflow–Fehler) geben. Ein Unterlauf (Underflow–Fehler) ist allerdings möglich:

```
void f()
{
    vector<int> v;
    v.pop_back();        // undefiniert: v gerät in einen undefinierten Zustand
    v.push_back(7);      // undefiniert: der Zustand von v ist weiterhin undefiniert
}
```

Der Effekt eines Unterlaufs ist undefiniert. Bei den meisten Implementierungen von `pop_back()` führt dies zu einem unerlaubten Speicherzugriff. Insofern sollten Unter– wie Überläufe vermieden werden.

16.3.6 Listenoperationen

Mit Hilfe von `push_back()`, `pop_back()` und `back()` (§16.3.5) ist es möglich, einen Vektor als Stack zu verwenden. Es ist allerdings manchmal auch notwendig, Elemente in der Mitte eines Vektors einzufügen und zu entfernen:

```
template <class T, class A=allocator<T> > class vector {
public:
    // ...
    // Listenoperationen:

    iterator insert(iterator pos, const T& x);      // x vor pos einfügen
    void insert (iterator pos, size_type n, const T&x);  // n mal x vor pos einfügen
    template <class In>                             // In muß Input-Iterator (§19.2.1) sein
        void insert (iterator pos, In anf, In end); // Elemente einer Sequenz einfügen

    iterator erase (iterator pos);                  // Element bei pos entfernen
    iterator erase (iterator anf, iterator end);    // Sequenz entfernen
    void clear();                                   // alle Elemente entfernen

    // ...
};
```

Um die Arbeitsweise dieser Operationen zu verstehen, werden nachfolgend einige (unsinnige) Manipulationen eines Vektors von Namen für Früchte betrachtet. Zunächst wird der Vektor definiert und mit einigen Namen gefüllt:

```
vector<string> fruechte;

fruechte.push_back("Pfirsich");
fruechte.push_back("Apfel");
fruechte.push_back("Kiwi");
fruechte.push_back("Pflaume");
fruechte.push_back("Weintraube");
fruechte.push_back("Birne");
```

Falls man Früchte, die mit »P« beginnen, nicht mag, kann man diese wie folgt entfernen:

```
sort (fruechte.begin(), fruechte.end());
vector<string>::iterator p1
    = find_if (fruechte.begin(), fruechte.end(), initial('P'));
vector<string>::iterator p2
    = find_if (p1, fruechte.end(), initial_not('P'));
fruechte.erase (p1, p2);
```

Nach der Sortierung des Vektors werden der Anfang und das Ende der Früchte, die mit P beginnen, gesucht und die entsprechenden Elemente entfernt. Wie man Prädikatfunktionen wie `initial(x)` (»ist x der Anfangsbuchstabe?«) und `initial_not(x)` (»ist der Anfangsbuchstabe nicht x?«) schreibt, wird in §18.4.2 erläutert.

Die Operation `erase(p1,p2)` entfernt alle Elemente von einschließlich p1 bis ausschließlich p2. Dies kann graphisch wie folgt illustriert werden:

```
fruechte[]:
                   p1             p2
                   |              |
                   V              V
       Apfel Birne Kiwi Pfirsich Pflaume Weintraube
```

Durch `erase(p1,p2)` werden "Pfirsich" und "Pflaume" entfernt, was folgendes ergibt:

```
fruechte[]:
       Apfel Birne Kiwi Weintraube
```

Wie üblich werden Sequenzen des Anwenders von der Operation so interpretiert, daß sie vom ersten bis eins-hinter-dem-letzten Element reichen.

Es könnte verlockend sein, statt dessen folgendes zu schreiben:

```
vector<string>::iterator p1
    = find_if (fruechte.begin(), fruechte.end(), initial('P'));
vector<string>::reverse_iterator p2
    = find_if (fruechte.rbegin(), fruechte.rend(), initial('P'));
fruechte.erase (p1, p2+1);    // Oh, Typfehler
```

Die Datentypen `vector<string>::iterator` und `vector<string>::reverse_iterator` müssen allerdings nicht denselben Datentyp besitzen, wodurch der Aufruf von `erase()` nicht unbedingt kompilierbar ist. Ein Reverse–Iterator sollte deshalb zur Verwendung mit einem Iterator explizit umgewandelt werden:[3]

```
fruechte.erase(p1,p2.base());    // Iterator aus Reverse-Iterator bilden
```

Das Entfernen eines Elements aus einem Vektor ändert die Größe des Vektors. Die Elemente, die hinter dem entfernten Element liegen, werden entsprechend nach vorn kopiert. Im vorliegenden Beispiel bekommt `fruechte.size()` den Wert 4, und die Weintraube, die `fruechte[5]` war, ist nun `fruechte[3]`.

---

[3] A.d.Ü.: Man beachte, daß die Umwandlung eines Reverse–Iterators in einen Iterator die logische Position des Iterators verschiebt. Eine Dereferenzierung des Iterators liefert den Wert, der hinter dem Wert einer Dereferenzierung eines Reverse–Iterators liegt.

Natürlich ist es auch möglich, nur ein Element zu entfernen. In dem Fall reicht es, wenn (statt zwei Iteratoren) nur ein Iterator für das Element übergeben wird. Mit

```
fruechte.erase (find(fruechte.begin(),fruechte.end(),"Weintraube"));
fruechte.erase (fruechte.begin()+1);
```

werden zum Beispiel die Weintraube und die Birne entfernt, womit `fruechte` nur noch zwei Früchte enthält:

```
fruechte[]:
    Apfel Kiwi
```

Ebenso ist es möglich, Elemente in einen Vektor einzufügen. Beispiel:

```
fruechte.insert (fruechte.begin()+1, "Kirsche");
fruechte.insert (fruechte.end(), "Erdbeere");
```

Die neuen Elemente werden vor der angegebenen Position eingefügt, und die Elemente, die sich vorher an und hinter dieser Position befinden, werden, um Platz zu machen, nach hinten verschoben. Es ergibt sich folgende Situation:

```
fruechte[]:
    Apfel Kirsche Kiwi Erdbeere
```

Man beachte, daß `f.insert(f.end(),x)` äquivalent zu `f.push_back(x)` ist.

Man kann auch ganze Sequenzen einfügen:

```
fruechte.insert (fruechte.begin()+2, zitrus.begin(), zitrus.end());
```

Falls `zitrus` der folgende Container ist:

```
zitrus[]:
    Zitrone Grapefruit Orange Limette
```

ergibt sich folgende Situation:

```
fruechte[]:
    Apfel Kirsche Zitrone Grapefruit Orange Limette Kiwi Erdbeere
```

Die Elemente von `zitrus` werden also mit `insert()` in `fruechte` eingefügt. Die Werte von `zitrus` bleiben dabei unverändert.

Es leuchtet sicher ein, daß `insert()` und `erase()` allgemeiner sind als Operationen, die nur das Ende eines Vektors betreffen (§16.3.5). Im allgemeinen sind sie auch teurer, da sie, sofern das Einfügen oder Entfernen nicht am Ende passiert, Elemente kopieren müssen. Falls das Einfügen und Entfernen übliche Operationen eines Containers sind, sollte man eventuell eher eine Liste anstatt eines Vektors verwenden. Eine Liste ist in bezug auf `insert()` und `erase()` auf Kosten des Indexzugriffs optimiert (§16.3.3).

Beim Einfügen und Löschen werden Elemente in Vektoren (nicht aber in Listen oder assoziativen Containern wie Maps) prinzipiell verschoben. Als Konsequenz kann es passieren, daß ein Iterator danach auf ein anderes oder sogar überhaupt kein Element mehr verweist. Um Platz für ein neues Element zu schaffen, kann `insert()` z.B. verursachen, daß allen Elementen ein neuer Speicherplatz zugewiesen wird. Entsprechend macht `erase()` alle hinter einem Element liegenden Elemente ungültig. Auf Elemente sollte nie mit einem ungültigen Iterator zugegriffen werden; der Effekt ist undefiniert und kann verheerende Folgen haben. Besondere Vorsicht ist bei der Verwendung von Iteratoren geboten, die eine Einfügeposition definieren, denn `insert()` macht sein erstes Argument ungültig. Beispiel:

```
void dupliziere_elemente (vector<string>& vs)
{
    for (vector<string>::iterator p = vs.begin(); p != vs.end(); ++p)
        vs.insert (p, *p);      // NEIN, Fehler!
}
```

Man denke einfach einmal darüber nach (§16.5–Ü15). Eine Implementierung von `vector` würde sämtliche Elemente (oder zumindest alle Elemente hinter p) verschieben, um Platz für das neue Element zu schaffen.

Die Operation `clear()` löscht alle Elemente aus einem Container. Der Aufruf `c.clear()` ist insofern eine Abkürzung für `c.erase(c.begin(),c.end())`. Nach dessen Aufruf ist `c.size()` gleich 0.

16.3.7 Adressierung von Elementen

In den meisten Fällen ist das Ziel von `insert()` und `erase()` ein wohldefinierter Ort (wie `begin()` oder `end()`), das Ergebnis einer Suchoperation (wie `find()`) oder ein Ort, der bei einer Iteration gefunden wurde. In solchen Fällen zeigen Iteratoren auf die relevanten Elemente. Allerdings können Elemente von Vektoren oft auch über den Indexoperator angesprochen werden. Die Frage ist, wie man in solchen Fällen ein passendes Argument für `insert()` oder `erase()` erhält. Wie bekommt man z.B. einen Iterator für das im Container c befindliche Element mit dem Index 7? Da das Element das siebte hinter dem ersten Element ist, ist `c.begin()+7` eine gute Antwort. Andere Alternativen, die analog zu Feldern plausibel erscheinen, sollten dagegen vermieden werden. Man betrachte dazu folgendes Beispiel:

```
template <class C> void f (C& c)
{
    c.erase(c.begin()+7);       // OK
    c.erase(&c[7]);             // ist nicht generell möglich
    c.erase(c+7);               // Fehler: container plus 7 macht keinen Sinn
    c.erase(c.back());          // Fehler: c.back() ist eine Referenz, kein Iterator
    c.erase(c.end()-2);         // OK (vorletztes Element)
    c.erase(c.rbegin()+2);      // Fehler: vector::reverse_iterator und vector::iterator
                                //         sind normalerweise verschiedene Typen
    c.erase((c.rbegin()+2).base()); // obskur, aber OK (siehe §19.2.5)
}
```

Die verlockendste Alternative, `&c[7]`, kann bei üblichen Implementierungen von `vector` funktionieren, da dort `c[7]` direkt ein Element anspricht und dessen Adresse ein gültiger Iterator ist.[4] Dies gilt aber nicht für andere Container. Ein Iterator für die Container `list` und `map` ist z.B. mit ziemlicher Sicherheit kein einfacher Zeiger. Als Konsequenz unterstützen deren Iteratoren keinen Indexzugriff, weshalb `&c[7]` zu einem Compiler–Fehler führt.

Die Alternativen `c+7` und `c.back()` sind einfache Typfehler. Ein Container ist kein numerischer Wert, der die Summe mit 7 bilden kann, und `c.back()` ist ein Element mit einem Wert wie `"Kiwi"`, nicht aber die Position dieses Elements im Container.

---

[4]   A.d.Ü.: Es funktioniert also nicht bei Vektoren, wenn deren Iteratoren nicht als herkömmliche Zeiger implementiert sind, was völlig legitim ist.

16.3.8 Größe und Kapazität

Bisher wurde `vector` mit minimalen Hinweisen auf die Speicherverwaltung beschrieben. Ein Vektor wächst bei Bedarf. Das ist normalerweise alles, was zählt. Es ist allerdings möglich, die Art der Speicherverwaltung eines Vektors direkt zu hinterfragen, und gelegentlich ist es sinnvoll, dort einzugreifen. Die Operationen sind:

```
template <class T, class A=allocator<T> > class vector {
public:
    // ...
    // Kapazität:


    size_type size() const;        // Anzahl der Elemente
    bool empty() const { return size()==0; }
    size_type max_size() const;    // Größe des größtmöglichen Vektors
    void resize (size_type sz, T wert = T());
                                   // hinzugefügte Elemente werden mit wert initialisiert


    size_type capacity() const;    // Größe des Speicherplatzes (in Elementen)
    void reserve (size_type n);    // Speicherplatz für n Elemente schaffen
                                   // (ohne Initialisierung;
                                   // löst length_error aus, falls n > max_size())
    // ...
};
```

Zu jedem Zeitpunkt enthält ein Vektor eine bestimmte Anzahl von Elementen. Diese Anzahl kann mit `size()` abgefragt und mit `resize()` verändert werden. Ein Anwender kann die Größe eines Vektors also abfragen und ändern, wenn diese zu klein oder zu groß ist. Beispiel:

```
class Histogramm {
    vector<int> anzahl;
public:
    Histogramm (int h) : anzahl(max(h,8)) { }
    void registrieren (int i);
    // ...
};


void Histogramm::registrieren (int i)
{
    if (i<0) i = 0;
    if (anzahl.size()<=i) anzahl.resize(i+i);   // viel Platz schaffen
    anzahl[i]++;
}
```

Die Verwendung von `resize()` bei `vector` ähnelt der Verwendung der Standard–C–Funktion `realloc()`, die den Speicherbereich eines Feldes verändert.

Wenn die Größe eines Vektors für mehr (oder weniger) Elemente verändert wird, kann es passieren, daß alle Elemente neue Positionen bekommen. Deshalb ist es keine gute Idee, Zeiger auf Elemente eines Vektors verweisen zu lassen, dessen Größe sich ändern könnte. Nach `resize()` könnten solche Zeiger auf freigegebenen Speicherplatz zeigen. Statt dessen sollten Indizes verwendet werden. Man beachte, daß `push_back()`, `insert()` und `erase()` die Größe eines Vektors implizit verändern.

Zusätzlich zu den verwalteten Elementen kann ein Programm Speicherplatz für mögliche Erweiterungen reservieren. Ein Programmierer, der weiß, daß eine Vergrößerung wahrscheinlich ist, kann der Implementierung von `vector` mit `reserve()` mitteilen, daß sie Speicherplatz für zukünftige Erweiterungen reservieren soll. Beispiel:

```
struct Verweis {
    Verweis* next;
    Verweis (Verweis* n = 0) : next(n) { }
    // ...
};


vector<Verweis> v;

void verketten (size_t n)        // fülle v mit n Verweisen, die jeweils auf ihren Vorgänger zeigen
{
    v.reserve(n);
    v.push_back(Verweis(0));
    for (int i=1; i<n; i++) v.push_back(Verweis(&v[i-1]));
    // ...
}
```

Der Aufruf `v.reserve(n)` stellt sicher, daß kein neuer Speicher angefordert wird, wenn die Größe von v erhöht wird, bis `v.size()` den Wert n übersteigt.

Speicherplatz im voraus zu reservieren hat zwei Vorteile: Zum einen kann sogar eine triviale Implementierung ausreichend Speicherplatz in einer Operation reservieren, anstatt langsam nach und nach genug Speicherplatz anzufordern. In vielen Fällen gibt es aber auch einen logischen Vorteil, der das Potential der Geschwindigkeitssteigerung übertrifft: Die Elemente eines Containers unterliegen normalerweise der potentiellen Gefahr, daß sie beim Wachsen des Vektors eine neue Position erhalten. Die im vorherigen Beispiel aufgebauten Verweise sind nur deshalb garantiert gültig, weil der Aufruf von `reserve()` sicherstellt, daß kein neuer Speicherplatz angefordert wird, während der Vektor aufgebaut wird. Das bedeutet, daß `reserve()` in manchen Fällen neben dem möglichen Vorteil der Effizienz auch Korrektheit garantiert.

Mit der gleichen Garantie kann sichergestellt werden, daß mögliche Speicherplatzüberläufe und mögliche teure Reallokierungen der Elemente nur zu berechenbaren Zeitpunkten stattfinden. Für Programme mit starken Laufzeiteinschränkungen kann dies sehr wichtig werden.

Man beachte, daß `reserve()` die Größe eines Vektors, also `size()`, nicht verändert. Es müssen also keine neuen Elemente initialisiert werden. In diesen beiden Aspekten unterscheidet es sich von `resize()`.

So wie `size()` die aktuelle Anzahl der Elemente liefert, liefert `capacity()` die aktuelle Anzahl der Elemente, für die Speicherplatz bereitsteht. `c.capacity()-c.size()` ist somit die Anzahl der Elemente, die ohne Reallokierung eingefügt werden können.

Eine Verkleinerung der Anzahl der Elemente eines Vektors reduziert nicht dessen Kapazität. Sie hinterläßt lediglich Platz, der später für das Einfügen neuer Elemente verwendet werden kann. Falls wirklich der Speicherplatz eines Vektors reduziert werden soll, muß ein kleiner Trick verwendet werden:

```
vector<int> tmp = v;        // Kopie von v mit der Default-Kapazität
v.swap(tmp);                // damit bekommt v diese Default-Kapazität (siehe §16.3.9)
```

Ein Vektor bekommt den Speicherplatz für die Elemente durch Aufruf seines Allokators (der als Template–Parameter übergeben wird). Der Default–Allokator, `allocator` genannt (§19.4.1), verwendet `new`, um Speicherplatz anzufordern, was bedeutet, daß normalerweise eine `bad_alloc`–Ausnahme ausgelöst wird, wenn kein Speicherplatz mehr zur Verfügung steht. Andere Allokatoren können andere Strategien verfolgen (siehe §19.4.2).

Die Funktionen `reserve()` und `capacity()` gibt es nur bei `vector` und ähnlich kompakten Containern. Container wie z.B. `list` bieten keine entsprechende Funktionalität.

16.3.9 Weitere Elementfunktionen

Viele Algorithmen (einschließlich wichtiger Sortieralgorithmen) veranlassen das Vertauschen von Elementen. Die naheliegende Art des Vertauschens (§13.5.2) kopiert einfach nur die Elemente. Ein Vektor ist allerdings üblicherweise als Struktur implementiert, die als Handle für die Elemente dient (§13.5, §17.1.3). Zwei Vektoren können dann viel effizienter durch Austausch der Handles vertauscht werden; `vector::swap()` macht es dehalb auch so. Der zeitliche Unterschied zwischen diesem Vorgehen und dem Default–`swap()` beträgt in wichtigen Fällen Größenordnungen:

```
template <class T, class A=allocator<T> > class vector {
public:
    // ...
    void swap (vector&);

    allocator_type get_allocator() const;
};
```

Die Funktion `get_allocator()` gibt dem Programmierer eine Chance, auf den Allokator des Vektors zuzugreifen (§16.3.1, §16.3.4). Dies wird üblicherweise verwendet, um sicherzustellen, daß Daten eines Programms, die zu einem Vektor gehören, den gleichen Speicherplatz verwenden können (§19.4.1).

16.3.10 Hilfsfunktionen

Zwei Vektoren können mit `==` und `<` verglichen werden:

```
template <class T, class A>
bool std::operator== (const vector<T,A>& x, const vector<T,A>& y);

template <class T, class A>
bool std::operator< (const vector<T,A>& x, const vector<T,A>& y);
```

Die beiden Vektoren `v1` und `v2` sind dann gleich, wenn die Anzahl der Elemente gleich ist und für jeden gültigen Index `n` gilt: `v1[n]==v2[n]`. Entsprechend ist `<` als lexikographische Sortierung definiert. Das bedeutet, daß `<` für Vektoren wie folgt definiert werden könnte:

```
template <class T, class A>
inline bool std::operator< (const vector<T,A>& x, const vector<T,A>& y)
{
    return lexicographical_compare(x.begin(),x.end(),   // siehe §18.9
                            y.begin(),y.end()));
}
```

Das bedeutet, daß x kleiner als y ist, wenn entweder das erste Element x[i], das ungleich dem korrespondierenden y[i] ist, kleiner als y[i] ist oder wenn jedes x[i] gleich dem korrespondierenden y[i] und die Anzahl der Elemente in x kleiner als die Anzahl in y ist.

Die Standardbibliothek definiert auch die Operatoren !=, <=, > und >= mit korrespondierenden Definitionen zu == und <.

Da swap() eine Elementfunktion ist, wird es mit der Syntax v1.swap(v2) aufgerufen. Allerdings hat nicht jeder Datentyp ein swap()–Element, weshalb die generischen Algorithmen die herkömmliche Syntax swap(a,b) verwenden. Damit dies auch bei Vektoren klappt, stellt die Standardbibliothek folgende Spezialisierung zur Verfügung:

```
template <class T, class A> void std::swap (vector<T,A>& x, vector<T,A>& y)
{
    x.swap(y);
}
```

16.3.11 Vector<bool>

Als kompakter Vektor von Booleschen Werten wird die Spezialisierung (§13.5) vector<bool> zur Verfügung gestellt. Da eine Variable vom Typ bool adressierbar ist, hat sie mindestens ein Byte. Die Klasse vector<bool> kann allerdings ziemlich einfach so implementiert werden, daß jedes Element nur ein Bit braucht.

Die üblichen Vektoroperationen behalten auch bei vector<bool> ihre übliche Bedeutung. Speziell der Indexzugriff und die Iteration funktionieren, wie man es erwartet. Beispiel:

```
void f (vector<bool>& v)
{
    for (int i=0; i<v.size(); ++i)        // Schleife mit Indexzugriff
        cin >> v[i];


    typedef vector<bool>::const_iterator VI;
    for (VI p=v.begin(); p!=v.end(); ++p)    // Schleife mit Iteratoren
        cout << *p;
}
```

Damit dies möglich ist, muß eine Implementierung die Adressierung eines einzelnen Bits simulieren. Da ein Zeiger aber keine Adresse einer Speichereinheit, die kleiner als ein Byte ist, sein kann, kann vector<bool>::iterator kein Zeiger sein. Das bedeutet, daß bool* kein Iterator für vector<bool> sein kann:

```
void f (vector<bool>& v)
{
    bool* p = v.begin();    // Fehler: unterschiedliche Typen
}
```

Eine mögliche Technik zur Adressierung eines einzelnen Bits wird in §17.5.3 skizziert.

Die Bibliothek stellt auch die Klasse bitset zur Verfügung. Diese verwaltet eine Menge von Booleschen Werten mit speziellen Booleschen Operationen (§17.5.3).

16.4 Ratschläge

1. Verwenden Sie die Hilfsmittel der Standardbibliothek, um die Portabilität beizubehalten; §16.1.
2. Versuchen Sie nicht, die Hilfsmittel der Standardbibliothek neu zu definieren; §16.1.2.
3. Glauben Sie nicht, daß die Standardbibliothek immer die beste Lösung bietet.
4. Ziehen Sie beim Erstellen eines neuen Hilfsmittels in Betracht, ob es nicht so entworfen werden kann, daß es in das Framework der Standardbibliothek paßt; §16.3.
5. Bedenken Sie, daß die Hilfsmittel der Standardbibliothek im Namensbereich std definiert werden; §16.1.2.
6. Deklarieren Sie die Hilfsmittel der Standardbibliothek durch Einbinden der entsprechenden Headerdatei mit #include; §16.1.2.
7. Verwenden Sie den Vorteil der »späten Abstraktion«; §16.2.1.
8. Vermeiden Sie fette Schnittstellen; §16.2.2.
9. Verwenden Sie Reverse–Iteratoren, um mit Algorithmen in umgekehrter Reihenfolge zu iterieren; §16.3.2.
10. Verwenden Sie base(), um aus einem Reserve–Iterator einen Iterator zu erhalten; §16.3.2.
11. Übergeben Sie Container als Referenz; §16.3.4.
12. Verwenden Sie Iteratortypen wie list<char>::iterator statt Zeiger auf Elemente eines Containers; §16.3.1.
13. Verwenden Sie konstante Iteratoren, wenn Elemente eines Containers nicht verändert werden müssen; §16.3.1.
14. Verwenden Sie zur Bereichsprüfung at() (direkt oder indirekt); §16.3.3.
15. Verwenden Sie einen Container mit push_back() oder resize(), anstatt ein Feld mit realloc() einzusetzen; §16.3.5.
16. Verwenden Sie bei einem Vektor, dessen Größe verändert wurde, keine Iteratoren; §16.3.8.
17. Verwenden Sie reserve(), um zu vermeiden, daß Iteratoren ungültig werden; §16.3.8.
18. Verwenden Sie, falls nötig, reserve(), um die Performance berechenbar zu machen; §16.3.8.

16.5 Übungen

Zu den nachfolgenden Aufgaben können Sie häufig Lösungen finden, indem Sie sich den Quellcodes einer Implementierung der Standardbibliothek ansehen. Tun Sie sich aber einen Gefallen: Versuchen Sie erst, eine eigene Lösung zu finden, bevor Sie nachsehen, wie eine Implementierung der Bibliothek das Problem gelöst hat.

Ü1 (*1,5) Erzeugen Sie einen vector<char>, der die Buchstaben des Alphabets in der entsprechenden Reihenfolge enthält. Geben Sie die Elemente des Vektors in normaler und umgekehrter Reihenfolge aus.

Ü2 (*1,5) Erzeugen Sie einen vector<string>, und lesen Sie von cin eine Liste von Fruchtnamen darin ein. Sortieren Sie die Liste, und geben Sie sie wieder aus.

Ü3 (*1,5) Verwenden Sie den Vektor aus Ü2, und schreiben Sie eine Schleife, die alle Früchte, die mit dem Buchstaben A beginnen, ausgibt.

Ü4 (*1) Verwenden Sie den Vektor aus Ü2, und schreiben Sie eine Schleife, die alle Früchte entfernt, die mit dem Buchstaben A beginnen.

Ü5 (*1) Verwenden Sie den Vektor aus Ü2, und schreiben Sie eine Schleife, die alle Zitrusfrüchte entfernt.

Ü6 (∗1,5) Verwenden Sie den Vektor aus Ü2, und schreiben Sie eine Schleife, die alle Früchte entfernt, die Sie nicht mögen.

Ü7 (∗2) Vervollständigen Sie die Klassen `Vektor`, `Liste` und `Itor` aus §16.2.1.

Ü8 (∗2,5) Nehmen Sie den Ansatz der Klasse `Itor`, und überlegen Sie, wie man Iteratoren für Vorwärtsiteration, Rückwärtsiteration, Iteration über einen Container, der sich beim Iterieren verändert, und Iteration über einen unveränderbaren Container zur Verfügung stellen könnte. Organisieren Sie diese Containermenge so, daß ein Anwender Iteratoren, die eine ausreichende Funktionalität für Algorithmen anbieten, abwechselnd verwenden kann. Minimieren Sie wiederholende Anstrengungen bei der Implementierung von Containern. Welche anderen Arten von Iteratoren könnte ein Anwender gebrauchen? Listen Sie die Vor– und Nachteile Ihres Ansatzes auf.

Ü9 (∗2) Vervollständigen Sie die Klassen `Container`, `Vektor` und `Liste` aus §16.2.2.

Ü10 (∗2,5) Erzeugen Sie 10.000 gleichverteilte Zufallszahlen im Bereich von 0 bis 1.023, und speichern Sie sie in (a) einem `vector` der Standardbibliothek, (b) einem `Vektor` aus Ü7 und (c) einem `Vektor` aus Ü9. Berechnen Sie in allen Fällen das arithmetische Mittel der Elemente (als wenn Sie es noch nicht wüßten). Messen Sie das Zeitverhalten der entstandenen Schleifen. Raten, messen und vergleichen Sie den Speicherplatzbedarf für diese drei Vektorstile.

Ü11 (∗1,5) Schreiben Sie einen Iterator, mit dem ein Vektor aus §16.2.2 als Container im Stil von §16.2.1 verwendet werden kann.

Ü12 (∗1,5) Schreiben Sie eine Klasse, die von `Container` abgeleitet ist, um einen Vektor aus §16.2.1 als Container im Stil von §16.2.2 verwenden zu können.

Ü13 (∗2) Schreiben Sie Klassen, mit denen ein `Vektor` aus §16.2.1 und ein `Vektor` aus §16.2.2 als Standardcontainer verwendet werden könnten.

Ü14 (∗2) Schreiben Sie ein Template, das für einen vorhandenen (nicht standardisierten und nicht aus einer Übung stammenden) Containertyp einen Container mit denselben Elementen und Typen wie der Standardcontainer `vector` implementiert. Verändern Sie den (vor)definierten Containertyp dabei nicht. Wie würden Sie mit der Funktionalität umgehen, die der nicht standardisierte Vektor anbietet, die Standardklasse `vector` aber nicht anbietet?

Ü15 (∗1,5) Skizzieren Sie das mögliche Verhalten von `dupliziere_element()` aus §16.3.6 für einen `vector<string>` mit den drei Elementen: `mach das nicht`.

Standardcontainer $\qquad$ 17

Now is a good time to put your work
on a firm theoretical foundation.
– Sam Morgan

17.1 Standardcontainer

Die Standardbibliothek definiert zwei Arten von Containern: sequentielle und assoziative Container. Die sequentiellen verhalten sich alle wie vector (§16.3). Sofern nicht anders angegeben, können die für vector erwähnten Typ– und Funktionselemente auch für jeden anderen Container mit dem gleichen Effekt verwendet werden. Assoziative Container bieten zusätzlich Elementzugriff über Schlüssel (§3.7.4).

Eingebaute Felder (§5.2), strings (§20), valarrays (§22.4) und bitsets (§17.5.3) verwalten ebenfalls Elemente und können somit als Container betrachtet werden. Diese Typen sind allerdings keine voll entwickelten Standardcontainer. Falls sie es wären, würde es mit ihrem vorrangigen Zweck kollidieren. Ein eingebautes Feld kann z.B. nicht seine Größe verwalten und dabei gleichzeitig layout–kompatibel zu einem C–Feld sein.

Ein entscheidender Ansatz für die Standardcontainer ist, daß sie, wo immer das sinnvoll ist, logisch austauschbar sind. Der Anwender kann dadurch aufgrund von Effizienz oder des Bedarfs an speziellen Operationen zwischen ihnen wählen. Falls z.B. eine Suche mit einem Schlüssel üblich ist, kann eine map (§17.4.1) verwendet werden. Falls Elemente häufig am Ende eingefügt oder entfernt werden, kann eine deque (double–ended queue; §17.2.3), ein stack (§17.3.1) oder eine queue (§17.3.2) in Betracht gezogen werden. Zusätzlich kann ein Anwender eigene Container entwerfen, die in das von den Standardcontainern angebotene Framework passen (§17.6). Als Default sollte ein vector (§16.3) verwendet werden. Er ist so implementiert, daß er in einem weiten Umfeld von Anwendungen eine gute Performance besitzt.

Der Ansatz, unterschiedliche Container (und allgemeiner sogar alle Arten von Informationsquellen) gleich zu behandeln, gehört zum Gedanken der generischen Programmierung (§2.7.2, §3.8). Die Standardbibliothek stellt zur Unterstützung dieses Ansatzes zahlreiche generische Algorithmen zur Verfügung (Kapitel 18). Solche Algorithmen können einen Programmierer davor bewahren, sich direkt mit den Details eines individuellen Containers befassen zu müssen.

17.1.1 Zusammenfassung der Operationen

Dieser Abschnitt listet die gemeinsamen oder weitverbreiteten Elemente der Standardcontainer auf. Für weitere Details sollten die Standardheaderdateien gelesen werden (`<vector>`, `<list>`, `<map>` etc.; §16.1.2).

Typelemente (§16.3.1)	
`value_type`	Datentyp der Elemente
`allocator_type`	Datentyp zur Speicherverwaltung
`size_type`	Datentyp für Indexzugriff, Elementanzahl etc.
`difference_type`	Datentyp für Iteratorabstände
`iterator`	verhält sich wie `value_type*`
`const_iterator`	verhält sich wie `const value_type*`
`reverse_iterator`	betrachtet Container in umgekehrter Reihenfolge; wie `value_type*`
`const_reverse_iterator`	betrachtet Container in umgekehrter Reihenfolge; wie `const value_type*`
`reference`	verhält sich wie `value_type&`
`const_reference`	verhält sich wie `const value_type&`
`key_type`	Datentyp des Schlüssels (nur für assoziative Container)
`mapped_type`	Datentyp für `mapped_value` (nur für assoz. Container)
`key_compare`	Datentyp des Vergleichskriteriums (nur für assoz. Cont.)

Ein Container kann als Sequenz betrachtet werden, die entweder in der Reihenfolge des vom Container angebotenen Iterators oder umgekehrt durchlaufen werden kann. Bei assoziativen Containern basiert die Reihenfolge auf dem Vergleichskriterium des Containers (als Default <):

Iteratoren (§16.3.2)	
`begin()`	zeigt auf das erste Element
`end()`	zeigt eins hinter das letzte Element
`rbegin()`	zeigt auf das erste Element eines umgekehrten Durchlaufs
`rend()`	zeigt eins hinter das letzte Element eines umgekehrten Durchlaufs

Einige Elemente können direkt angesprochen werden:

Elementzugriff (§16.3.3)	
`front()`	erstes Element
`back()`	letztes Element
`[]`	ungeprüfter Indexzugriff (nicht für Listen)
`at()`	geprüfter Indexzugriff (nicht für Listen)

Die meisten Container bieten effiziente Operationen für das hintere Ende ihrer Elemente. Zusätzlich bieten Listen und Deques entsprechende Operationen für das vordere Ende:

Stack– und Queue–Operationen (§16.3.5, §17.2.2.2)	
push_back()	Element am Ende anfügen
pop_back()	letztes Element entfernen
push_front()	neues erstes Element einfügen (nur list und deque)
pop_front()	erstes Element entfernen (nur list und deque)

Container stellen Listenoperationen zur Verfügung:

Listenoperationen (§16.3.6)	
insert(p,x)	füge x vor p ein
insert(p,n,x)	füge n Kopien von x vor p ein
insert(p,anf,end)	füge Elemente von [anf:end[von p ein
erase(p)	lösche Element bei p
erase(anf,end)	lösche [anf:end[
clear()	lösche alle Elemente

Alle Container bieten Operationen, die Bezug auf die Anzahl der Elemente nehmen, und einige andere Operationen:

Weitere Operationen (§16.3.8, §16.3.9, §16.3.10)	
size()	Anzahl der Elemente
empty()	Ist der Container leer?
max_size()	Größe des größtmöglichen Containers
capacity()	reservierter Speicherplatz (nur für vector)
reserve()	Speicherplatz reservieren (nur für vector)
resize()	Anzahl der Elemente verändern (nur für vector, deque, list)
swap()	Elemente zweier Container vertauschen
get_allocator()	Kopie des Allokators erhalten
==	Haben zwei Container den gleichen Inhalt?
!=	Haben zwei Container unterschiedlichen Inhalt?
<	Liegt ein Container lexikographisch vor einem anderen?

Container besitzen eine Reihe von Konstruktoren und Zuweisungsoperationen:

Konstruktoren etc. (§16.3.4)	
container()	leerer Container
container(n)	Container mit n Default–Elementen (nicht bei assoziativen Containern)
container(n,x)	n Kopien von x (nicht bei assoziativen Containern)
container(anf,end)	mit Elementen aus [anf:end[initialisieren
container(c)	Copy–Konstruktor; kopiert Elemente aus c
~*container*()	Destruktor; zerstört den Container und alle Elemente

Zuweisungen (§16.3.4)	
`operator=(c)`	Kopierzuweisung; weist Elemente aus Container c zu
`assign(n,x)`	weist n Kopien von x zu (nicht für assoziative Container)
`assign(anf,end)`	weist Werte von [anf:end[zu

Assoziative Container stellen Zugriffe über einen Schlüssel zur Vefügung:

Assoziative Operationen (§17.4.1)	
`operator[](k)`	greift auf Element mit Schlüssel k zu (für Container mit eindeutigem Schlüssel)
`find(k)`	suche Element mit Schlüssel k
`lower_bound(k)`	suche das erste Element mit Schlüssel k
`upper_bound(k)`	suche das erste Element einem Schlüssel größer k
`equal_range(k)`	finde `lower_bound()` und `upper_bound()` für k
`key_comp()`	kopiere das Objekt zum Vergleichen der Schlüssel
`value_comp()`	kopiere das Objekt zum Vergleichen von `mapped_value`

Zusätzlich zu diesen allgemeinen Operationen bieten die meisten Container einige spezielle Operationen.

17.1.2   Zusammenfassung der Container

Die Standardcontainer können wie folgt zusammengefaßt werden:

Operationen der Standardcontainer					
	`[]`	Operationen für Listen	Operationen vorne	Operationen hinten	Iteratoren
	§16.3.3 §17.4.1.3	§16.3.6 §20.3.9	§17.2.2.2 §20.3.9	§16.3.5 §20.3.12	§19.2.1
`vector`	konstant	O(n)+		konstant+	Ran
`list`		konstant	konstant	konstant	Bi
`deque`	konstant	O(n)	konstant	konstant	Ran
`stack`				konstant+	
`queue`			konstant	konstant+	
`priority_queue`			O(log(n))	O(log(n))	
`map`	O(log(n))	O(log(n))+			Bi
`multimap`		O(log(n))+			Bi
`set`		O(log(n))+			Bi
`multiset`		O(log(n))+			Bi
`string`	konstant	O(n)+	O(n)+	konstant+	Ran
`Feld`	konstant				Ran
`valarray`	konstant				Ran
`bitset`	konstant				

In der Spalte »Iteratoren« bedeutet Ran Random-Access–Iterator und Bi Bidirectional–Iterator. Die Operationen für Bidirectional–Iteratoren bilden eine Untermenge der Operationen von Random-Access–Iteratoren (§19.2.1). Die anderen Einträge machen Aussagen zur Effizienz der Operationen. »konstant« bedeutet, daß die Dauer der Operation nicht von der Anzahl der Elemente abhängt. Eine andere übliche Notation dafür ist »O(1)«. »O(n)« bedeutet, daß die Dauer proportional zur Anzahl der betroffenen Elemente ist. Ein »+« bedeutet dabei, daß gelegentlich signifikante Zusatzkosten entstehen. Das Einfügen eines Elements in eine Liste kostet z.B. immer das gleiche (weshalb »konstant« angegeben ist). Dieselbe Operation bedeutet dagegen bei einem Vektor, daß die dahinterliegenden Elemente verschoben werden müssen (weshalb »O(n)« angegeben wird). Alle Elemente müssen dabei gelegentlich eine neue Speicherstelle bekommen (weshalb zusätzlich »+« angegeben wird). Die »Groß–O«–Notation ist eine gängige Konvention. Ich habe das Plus–Zeichen für Programmierer hinzugefügt, die neben der durchschnittlichen Performance auch berechenbare Angaben benötigen. Die etablierte Bezeichnung für »O(n)+« ist »amortisiertes lineares Zeitverhalten«.

Falls ein konstantes Zeitverhalten lange dauert, kann dieser Nachteil proportional zur Anzahl der Elemente verblassen. Für große Datenstrukturen tendiert »konstant« zu »billig«, »O(n)« zu »teuer« und »O(log(n))« zu »ziemlich billig«. Sogar für moderat große Werte von n ist »O(log(n))« dichter an konstant als an »O(n)« dran. Wenn Kosten eine Rolle spielen, sollte dies genau betrachtet werden. Man muß dabei vor allem verstehen, welche Elemente für n gezählt werden müssen. Keine der Basisoperationen ist »sehr teuer«, also »O(n∗n)« oder schlechter.

Bis auf string sind die hier angegebenen Kosten standardisiert. Bei string handelt es sich um von mir getroffene Annahmen.

Diese Angaben zur Komplexität sind Höchstgrenzen. Damit erhalten Anwender Hinweise darüber, was sie von Implementierungen erwarten können. Im allgemeinen werden Implementierungen versuchen, in wichtigen Aspekten besser zu sein.

17.1.3 Interne Darstellung

Der Standard schreibt für keinen Container eine spezielle interne Darstellung vor. Statt dessen spezifiziert er die Schnittstellen der Container und einige Anforderungen zur Komplexität. Implementierer werden zur Erfüllung der Anforderungen passende und häufig intelligent optimierte Implementierungen auswählen. Mit ziemlicher Sicherheit wird ein Container durch eine Datenstruktur dargestellt, die den Zugriff auf die Elemente über ein Handle mit Informationen zu Größe und Kapazität durchführt. Für vector ist die Datenstruktur der Elemente einem Feld angenähert:

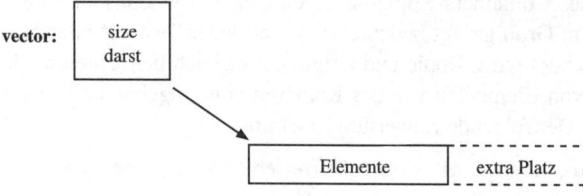

Entsprechend wird list am liebsten durch eine Menge von Elementverweisen dargestellt:

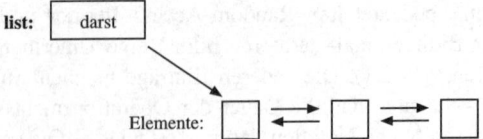

Eine map wird meistens als ein (balancierter) Baum von Knoten implementiert, die jeweils auf Schlüssel/Wert–Paare verweisen.

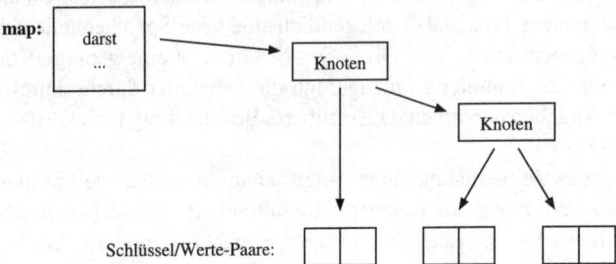

Ein string könnte wie in §11.12 skizziert implementiert werden. Eine andere Möglichkeit wäre ein Feld von Sequenzen, die jeweils einige Zeichen enthalten:

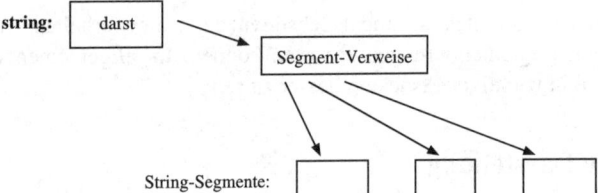

17.1.4   Anforderungen an die Elemente

Elemente, die sich in einem Container befinden, sind Kopien der eingefügten Objekte. Objekte, die Elemente von Containern sein sollen, müssen deshalb einen Datentyp besitzen, mit dem die Implementierung des Containers Kopien anlegen kann. In jedem Fall muß eine Kopie ein äquivalentes Objekt sein. Grob gesagt bedeutet dies, daß jeder Test auf Gleichheit, der auf den Wert der Objekte angewendet wird, Kopie und Original als gleich betrachten muß. Anders gesagt muß sich das Kopieren von Elementen wie das Kopieren von eingebauten Datentypen (einschließlich Zeigern) verhalten. Der folgende Zuweisungsoperator

```
X& X::operator= (const X& a)        // korrekter Zuweisungsoperator
{
    // alle Elemente von a nach *this kopieren
    return *this;
}
```

macht X z.B. zu einem akzeptablen Elementtyp für einen Standardcontainer. Die folgende Definition

```
void Y::operator= (const Y& a)    // unkorrekter Zuweisungsoperator
{
    // alle Elemente von a ignorieren
}
```

ist dagegen unangemessen, da der Zuweisungsoperator von Y weder den üblichen Rückgabetyp noch die konventionelle Semantik besitzt.

Einige Verstöße gegen die Regeln der Standardcontainer können von einem Compiler erkannt werden, andere dagegen nicht, was zu einem unerwarteten Verhalten führen kann. Ein Copy–Konstruktor, der z.B. eine Ausnahme auslöst, könnte ein nur halb kopiertes Objekt zurücklassen. Er könnte sogar dazu führen, daß der Container selbst in einen Zustand kommt, der später Ärger verursacht. Solche Copy–Konstruktoren sind Ausdruck eines schlechten Designs (§14.4.6.1).

17.1.4.1 Vergleiche

Assoziative Container setzen voraus, daß ihre Elemente verglichen werden können. Das gleiche machen viele Operationen, die bei einem Container verwendet werden können (sort() z.B.). Als Default wird der Operator < zur Definition einer Reihenfolge verwendet. Falls < nicht angemessen ist, muß der Programmierer eine Alternative anbieten (§17.4.1.5, §18.4.2). Das Ordnungskriterium muß eine »strikte schwache Ordnung« definieren. Dies bedeutet, daß sowohl Kleiner–als als auch Gleich transitiv sein müssen. Für ein Ordnungskriterium cmp muß gelten:

1. cmp(x,x) ist false.
2. Falls cmp(x,y) und cmp(y,z) gilt, dann gilt auch cmp(x,z).
3. equal(x,y) wird als !(cmp(x,y)||cmp(y,x)) definiert. Falls equal(x,y) und equal(y,z) gilt, dann gilt auch equal(x,z).

Man betrachte folgendes:

```
template <class Ran> void sort (Ran anf, Ran end);
    // verwendet < zum Vergleichen
template <class Ran, class Cmp> void sort (Ran anf, Ran end, Cmp cmp);
    // verwendet cmp
```

Die erste Version verwendet < und die zweite einen vom Anwender definierten Vergleich cmp. Man kann z.B. fruechte mit einem Vergleich sortieren, der nicht zwischen Groß– und Klein-schreibung unterscheidet. Dazu muß ein Funktionsobjekt (§11.9, §18.4) definiert werden, das für zwei strings aufgerufen werden kann:

```
class GrossKleinEgal {       // vergleicht unabhängig von Groß-/Kleinschreibung
public:
    bool operator() (const string&, const string&) const;
};


bool GrossKleinEgal::operator() (const string& x, const string& y) const
{
    string::const_iterator p = x.begin();
    string::const_iterator q = y.begin();

    while (p!=x.end() && q!=y.end() && toupper(*p)==toupper(*q)) {
        ++p;
        ++q;
    }
```

```
        if (p==x.end()) return q!=y.end();
        if (q==y.end()) return false;
        return toupper(*p)<toupper(*q);
}
```

sort() kann man nun mit diesem Vergleichskriterium aufrufen. Wenn z.B. folgende Ausgangssituation besteht:

```
fruechte:
    apfel pfirsich Apfel Pfirsich birne
```

würde sich durch sort(fruechte.begin(),fruechte.end(),GrossKleinEgal()) folgendes ergeben:

```
fruechte:
    Apfel apfel birne Pfirsich pfirsich
```

Mit dem einfachen sort(fruechte.begin(),fruechte.end()) ensteht dagegen folgende Situation (vorausgesetzt, es wird ein Zeichensatz verwendet, bei dem Großbuchstaben vor Kleinbuchstaben stehen):

```
fruechte:
    Apfel Pfirsich apfel birne pfirsich
```

Man beachte, daß < für herkömmliche C–Strings (Datentyp char*) keine lexikographische Ordnung (§13.5.2) definiert. Entgegen den Erwartungen der meisten Menschen, funktionieren assoziative Container deshalb nicht, wenn C–Strings als Schlüssel verwendet werden. Damit sie korrekt funktionieren, muß eine spezielle Kleiner-als–Operation verwendet werden:

```
struct Cstring_kleiner {
    bool operator() (const char* p, const char* q) const
        { return strcmp(p,q)<0; }
};

map<char*,int,Cstring_kleiner> m;    // Map, die strcmp() zum
                                     // Vergleichen von char* verwendet
```

17.1.4.2 Andere relationale Operatoren

Wenn Container und Algorithmen einen Kleiner-als–Vergleich brauchen, verwenden sie als Default <. Falls das nicht richtig ist, können Programmierer ein Vergleichskriterium liefern. Es existiert allerdings kein Mechanismus, um auch einen Test auf Gleichheit zu übergeben. Wenn Programmierer einen Vergleich cmp zur Verfügung stellen, wird durch zwei solche Vergleiche auch Äquivalenz getestet. Beispiel:

```
if (x == y)         // wird nicht verwendet, wenn Anwender Vergleichskriterien liefern
if (!cmp(x,y) && !cmp(y,x))   // Test auf Gleichheit mit Vergleichskriterium vom Anwender
```

Dadurch brauchen alle assoziativen Container und die meisten Algorithmen keinen zusätzlichen Parameter für die Gleichheit zu besitzen. Dies mag teuer erscheinen, aber die Bibliothek prüft nicht oft auf Gleichheit und wenn, dann reicht in 50% der Fälle ein Aufruf von cmp().

Die Verwendung von Kleiner–als (Default <) als Äquivalenz–Beziehung anstatt von Gleich (Default ==) hat auch praktische Vorteile. Assoziative Container (§17.4) vergleichen Schlüssel z.B. durch den Test !(cmp(x,y)||cmp(y,x)). Dies bedeutet, daß äquivalente Schlüssel nicht unbedingt gleich sein müssen. Eine `multimap` (§17.4.2), die als Vergleichskriterium unabhängig von Groß– und Kleinschreibung vergleicht, betrachtet z.B. die Strings Haus, haus, hAus, haUs und hauS sogar dann als äquivalent, wenn == diese Strings als unterschiedlich einstuft. Dies ermöglicht es, Unterschiede, die beim Sortieren unwichtig sind, zu ignorieren.

Mit < und == kann der Rest der üblichen Vergleichsfunktionen einfach erzeugt werden. Die Standardbibliothek definiert diese im Namensbereich `std::rel_ops` und präsentiert sie in `<utility>`:

```
template<class T> bool rel_ops::operator!= (const T&x, const T& y)
    { return !(x==y); }
template<class T> bool rel_ops::operator> (const T&x, const T& y)
    { return y<x; }
template<class T> bool rel_ops::operator<= (const T&x, const T& y)
    { return !(y<x); }
template<class T> bool rel_ops::operator>= (const T&x, const T& y)
    { return !(x<y); }
```

Die Plazierung in `rel_ops` stellt sicher, daß sie bei Bedarf einfach verwendet werden können, ohne aber implizit erzeugt zu werden, solange sie nicht aus diesem Namensbereich extrahiert werden:

```
void f()
{
    using namespace std;
    //  !=, > etc. nicht als Default generiert
}

void g()
{
    using namespace std;
    using namespace std::rel_ops;
    //  !=, > etc. als Default generiert
}
```

Die Operationen `!=` usw. werden nicht direkt in `std` definiert, da sie nicht immer gebraucht werden und unter Umständen mit Anwendercode kollidieren können. Wenn ich z.B. eine verallgemeinerte mathematische Bibliothek schreiben würde, möchte ich *meine* relationalen Operatoren und nicht die Version der Standardbibliothek verwenden.

17.2   Sequenzen

Sequenzen folgen dem Muster, das für `vector` (§16.3) beschrieben wurde. Die fundamentalen Sequenzen der Standardbibliothek sind:

```
vector    list    deque
```

Damit werden

```
stack    queue    priority_queue
```

mit einer passenden Schnittstelle erzeugt. Diese Sequenzen werden *Containeradapter, Sequenzadapter* oder einfach nur *Adapter* genannt (§17.3).

17.2.1   Vektor

Die Standardklasse vector wird im Detail in §16.3 beschrieben. Die Fähigkeiten zum Reservieren von Speicherplatz (§16.3.8) sind einzigartig für Vektoren. Der Indexzugriff wird normalerweise nicht geprüft. Falls eine Prüfung gebraucht wird, kann at() (§16.3.3), ein geprüfter Vektor (§3.7.2) oder ein geprüfter Iterator (§19.3) verwendet werden. Ein Vektor stellt Random-Access–Iteratoren (§19.2.1) zur Verfügung.

17.2.2   Liste

Eine Liste (Objekt der Klasse list) ist eine Sequenz, die für das Einfügen und Löschen von Elementen optimiert ist. Im Vergleich zu vector (und deque; §17.2.3) wäre ein Indexzugriff dermaßen langsam, daß er für Listen nicht angeboten wird. Als Konsequenz stellen Listen Bidirectional–Iteratoren (§19.2.1) statt Random-Access–Iteratoren zur Verfügung. Dies bedeutet, daß eine list üblicherweise durch irgendeine Form einer doppelt verketteten Liste implementiert wird (siehe §17.8–Ü16).

Eine Liste stellt bis auf den Indexzugriff, capacity() und reserve() alle Typelemente und Operationen, die auch von vector (§16.3) angeboten werden, zur Verfügung:

```
template <class T, class A=allocator<T> > class std::list {
public:
    // Typen und Operationen wie vector, außer [], at(), capacity() und reserve()
    // ...
};
```

17.2.2.1   Splicen, Sortieren und Zusammenfassen

Zusätzlich zu den allgemeinen Sequenzoperationen bietet list zahlreiche spezielle Operationen zur Manipulation von Listen:

```
template <class T, class A=allocator<T> > class list {
public:
    // ...
    // Listenspezifische Operationen

    void splice (iterator pos, list& x);              // verschiebe alle Elemente von x in
                                                      // diese Liste vor pos (kein Kopieren)
    void splice (iterator pos, list& x, iterator p);  // verschiebe *p von x in diese
                                                      // Liste vor pos (kein Kopieren)
    void splice (iterator pos, list& x, iterator anf, iterator end);

    void merge (list&);                               // vorsortierte Listen verschmelzen
    template <class Cmp> void merge (list&, Cmp);

    void sort();
    template <class Cmp> void sort (Cmp);

    // ...
};
```

Diese Operationen von `list` sind alle *stabil*. Das bedeutet, sie erhalten die relative Ordnung von äquivalenten Objekten.

Die `fruechte`–Beispiele aus §16.3.6 funktionieren auch, wenn `fruechte` eine Liste ist. Zusätzlich können durch eine einzelne »Splice«–Operation Elemente aus einer Liste extrahiert und in eine andere Liste eingefügt werden. Bei der Ausgangssituation

```
fruechte:
    Apfel Pflaume
zitrus:
    Orange Grapefruit Zitrone
```

kann die Orange von `zitrus` nach `fruechte` wie folgt verschoben werden:

```
list<string>::iterator p
    = find_if (fruechte.begin(), fruechte.end(), initial('P'));
fruechte.splice (p, zitrus, zitrus.begin());
```

Damit wird das erste Element von `zitrus`(`zitrus.begin()`) entfernt und direkt vor das erste Element mit dem Anfangsbuchstaben P in `fruechte` eingefügt:

```
fruechte:
    Apfel Orange Pflaume
zitrus:
    Grapefruit Zitrone
```

Man beachte, daß `splice()` die Elemente nicht wie `insert()` (§16.3.6) kopiert. Es wird einfach die Datenstruktur der Liste, die auf das Element verweist, modifiziert.

Zusätzlich zum Splicen einzelner Elemente und Bereiche können auch alle Elemente einer Liste mit `splice()` bearbeitet werden:

```
fruechte.splice (fruechte.begin(), zitrus);
```

Dies ergibt:

```
fruechte:
    Grapefruit Zitrone Apfel Orange Pflaume
zitrus:
    leer
```

Jede Version von `splice()` verwendet als zweites Argument die Liste, von der die Elemente genommen werden. Damit können Elemente aus deren Originalliste entfernt werden. Die Angabe eines Iterators allein würde nicht ausreichen, da es keine generelle Möglichkeit gibt, von einem Iterator auf ein Element auf den Container, der es enthält, zu schließen (§18.6).

Natürlich muß das Iteratorargument ein gültiger Iterator der Liste sein, in die er zeigt. Das bedeutet, daß er auf ein Element der Liste zeigt oder `end()` der Liste ist. Ist dies nicht der Fall, ist das Ergebnis undefiniert und möglicherweise verheerend. Beispiel:

```
list<string>::iterator p
    = find_if (fruechte.begin(), fruechte.end(), initial('P'));
fruechte.splice(p,zitrus,zitrus.begin());    // OK
fruechte.splice(p,zitrus,fruechte.begin());  // Fehler: fruechte.begin() zeigt nicht in zitrus
zitrus.splice(p,fruechte,fruechte.begin());  // Fehler: p zeigt nicht in zitrus
```

Der erste Aufruf von `splice()` ist auch dann in Ordnung, wenn `zitrus` leer ist.

Mit `merge()` können zwei bereits sortierte Listen zu einer sortierten Liste zusammengefaßt werden. Dabei werden die Elemente einer Liste in die andere übertragen. Beispiel:

```
f1:
    Apfel Pfirsich Birne
f2:
    Zitrone Grapefruit Orange Limette
```

kann wie folgt sortiert und verschmolzen werden:

```
f1.sort();
f2.sort();
f1.merge(f2);
```

Es ergibt sich:

```
f1:
    Apfel Birne Grapefruit Limette Orange Pfirsich Zitrone
f2:
    leer
```

Falls eine der zusammengefaßten Listen nicht vorsortiert ist, produziert `merge()` immer eine Liste mit der Vereinigungsmenge aller Elemente. Es gibt dann allerdings keine Garantie mehr über die Reihenfolge des Resultats. Wie `splice()` kopiert auch `merge()` keine Elemente. Statt dessen entfernt es Elemente der einen Liste und hängt sie in die Zielliste ein. Nach `x.merge(y)` ist die Liste y leer.

17.2.2.2 Front–Operationen

Für `list` werden Operationen angeboten, die sich, analog zu den für alle Sequenzen vorhandenen Operationen für das letzte Element auf das erste Element beziehen (§16.3.6):

```
template <class T, class A=allocator<T> > class list {
public:
    // ...
    // Elementzugriff:

    reference front();              // Referenz auf das erste Element
    const_reference front() const;

    void push_front (const T&);    // neues erstes Element einfügen
    void pop_front();              // erstes Element entfernen

    // ...
};
```

Das erste Element eines Containers wird *Front* genannt. Für Listen sind Front–Operationen genauso effizient und bequem wie Operationen für das letzte Element (§16.3.5). Falls möglich, sollten Operationen für Ende den Operationen für den Anfang vorgezogen werden, da Operationen für das Ende auch bei Vektoren funktionieren. Falls also eine Chance besteht, daß Code, der für eine Liste geschrieben wird, jemals zu einem generischen Algorithmus wird und damit zahlreichen Containern zur Verfügung steht, sollten die weiter verbreiteten Operationen für das Ende bevorzugt werden. Dies ist ein spezielles Beispiel für die Regel, immer die maximale Flexibilität anzustreben. Es ist normalerweise vernünftig, eine Aufgabe mit einer minimalen Menge von Operationen durchzuführen (§17.1.4.1).

17.2.2.3   Weitere Operationen

Das Einfügen und Löschen von Elementen ist bei Listen besonders effizient. Dies führt natürlich dazu, daß Listen bevorzugt werden, wenn solche Operationen häufig auftreten. Das macht es dann auch wertvoll, allgemeine Möglicheiten, Elemente direkt zu entfernen, anzubieten:

```
template <class T, class A=allocator<T> > class list {
public:
    //...

    void remove (const T& wert);
    template <class Pred> void remove_if (Pred p);

    void unique();                              // entfernt Duplikate mit ==
    template <class BinPred> void unique (BinPred b); // entfernt Duplikate mit b

    void reverse();             // Reihenfolge der Elemente umkehren
};
```

Ist z.B. folgendes gegeben:

```
fruechte:
    Apfel Orange Grapefuit Zitrone Orange Pflaume Pfirsich Weintraube
```

können alle Elemente mit dem Wert "Orange" wie folgt entfernt werden:

```
fruechte.remove("Orange");
```

Damit ergibt sich:

```
fruechte:
    Apfel Grapefuit Zitrone Pflaume Pfirsich Weintraube
```

Oft ist es interessanter, alle Elemente zu entfernen, die ein bestimmtes Kriterium erfüllen, anstatt einen bestimmten Wert zu besitzen. Die Operation remove_if() macht dies. Beispiel:

```
fruechte.remove_if(initial('P'));
```

Diese Operation entfernt alle Elemente, die mit einem P beginnen. Es ergibt sich:

```
fruechte:
    Apfel Grapefuit Zitrone Weintraube
```

Ein häufiger Grund, Elemente zu entfernen, ist der Wunsch, Duplikate zu eliminieren. Die Operation unique() bietet dies an. Beispiel:

```
fruechte.sort();
fruechte.unique();
```

Der Aufruf von sort() ist notwendig, da unique() nur direkt aufeinanderfolgende Duplikate entfernt. Hätte fruechte z.B. folgenden Inhalt:

```
fruechte:
    Apfel Pfirsich Apfel Apfel Pfirsich
```

würde ein einfaches `fruechte.unique()` nur folgendes erreichen:

```
fruechte:
    Apfel Pfirsich Apfel Pfirsich
```

Durch vorheriges Sortieren ergibt sich statt dessen:

```
fruechte:
    Apfel Pfirsich
```

Falls nur bestimmte Duplikate eliminiert werden sollen, kann ein Prädikat angegeben werden, das spezifiziert, welche Duplikate entfernt werden sollen. Man könnte z.B. ein binäres Prädikat (§18.4.2) `initial2(x)` definieren, das vergleicht, ob zwei Strings den gleichen Anfangsbuchstaben x besitzen, und, falls das nicht der Fall ist, `false` zurückliefert. Bei

```
fruechte:
    Pfirsich Pfirsich Apfel Apfel
```

können aufeinanderfolgende Duplikate, die mit P beginnen, durch folgenden Aufruf entfernt werden:

```
fruechte.unique(initial2('P'));
```

Damit ergibt sich:

```
fruechte:
    Pfirsich Apfel Apfel
```

Wie in §16.3.2 bereits erwähnt, will man einen Container manchmal in umgekehrter Reihenfolge betrachten. Für eine Liste ist es möglich, die Reihenfolge der Elemente umzukehren (das erste wird das letzte Element usw.), ohne die Elemente zu kopieren. Die Operation `reverse()` macht dies. Aus:

```
fruechte:
    Banane Kirsche Limette Erdbeere
```

macht `fruechte.reverse()`:

```
fruechte:
    Erdbeere Limette Kirsche Banane
```

Ein Element, das aus einer Liste entfernt wird, wird zerstört. Man beachte aber, daß die Zerstörung eines Zeigers nicht automatisch bedeutet, daß auch das Objekt, auf das er zeigt, mit `delete` zerstört wird. Falls ein Container gebraucht wird, der Zeiger verwaltet, die die Elemente, auf die sie zeigen, mit `delete` zerstören, wenn diese Zeiger aus dem Container entfernt oder der Container zerstört wird, muß man diesen selbst schreiben (§17.8–Ü13).

17.2.3 Deque

Eine deque (sie reimt sich auf Scheck) ist eine Queue mit zwei Enden (double-ended queue). Das bedeutet, daß eine deque als Sequenz dahingehend optimiert ist, daß die Operationen an beiden Enden so effizient wie bei Listen sind und der Indexzugriff sich der Effizienz eines Vektors annähert:

```
template <class T, class A=allocator<T> > class std::deque {
    // Typen und Operationen wie vector (§16.3.3, §16.3.5, §16.3.6)
    // plus Front-Operationen wie list (§17.2.2.2)
};
```

Das Einfügen und Löschen von Elementen »in der Mitte« hat die (In-)Effizienz von `vector` und nicht die Effizienz von `list`. Als Konsequenz sollte eine deque dort verwendet werden, wo Elemente an beiden Enden eingefügt und gelöscht werden. Man kann eine deque z.B. verwenden, um einen Abschnitt einer Autobahn zu modellieren oder um einen Kartenstapel in einem Spiel zu repräsentieren:

```
deque<Auto> autobahn7;
deque<Karte> bonus;
```

17.3 Sequenzadapter

Bei den Sequenzen `vector`, `list` und `deque` kann eine Klasse nicht auf Basis einer anderen erzeugt werden, ohne Effizienz zu verlieren. Andererseits können aber Stacks und Queues elegant und effizient mit diesen drei Basissequenzen implementiert werden. Aus diesem Grund sind `stack` und `queue` keine separaten Container, sondern Adapter von Basiscontainern.

Ein Containeradapter stellt zu einem Container eine eingeschränkte Schnittstelle zur Vefügung. Adapter bieten insbesondere keine Iteratoren. Sie sollen nur über ihre speziellen Schnittstellen verwendet werden.

Die Technik, mit der ein Containeradapter aus einem Container erzeugt wird, kann generell nützlich sein, um die Schnittstelle einer Klasse unaufdringlich an die Bedürfnisse ihrer Anwender anzupassen.

17.3.1 Stack

Der Containeradapter `stack` wird in `<stack>` definiert. Er ist so einfach, daß er am besten durch eine Präsentation der Implementierung beschrieben wird:

```
template <class T, class C=deque<T> > class std::stack {
protected:
    C c;
public:
    typedef typename C::value_type value_type;
    typedef typename C::size_type size_type;
    typedef C container_type;

    explicit stack (const C& a = C()) : c(a) { }

    bool empty() const { return c.empty(); }
    size_type size() const { return c.size(); }

    value_type& top() { return c.back(); }
    const value_type& top() const { return c.back(); }
```

```
        void push(const value_type& x) { c.push_back(x); }
        void pop() { c.pop_back(); }
};
```

Ein stack ist also einfach nur eine Schnittstelle zu einem Container des Typs, der als Template–
Parameter übergeben wird. Das einzige, was stack macht, ist, die Operationen, die nicht für Stacks
sind, von der Containerschnittstelle zu entfernen, und back(), push_back() und pop_back() die
üblichen Namen zu geben: top(), push() und pop().

Als Default verwendet stack eine Deque, um die Elemente zu verwalten. Allerdings kann jede
Sequenz, die back(), push_back() und pop_back() anbietet, verwendet werden. Beispiel:

```
    stack<char> s1;                  // verwendet  deque<char>, um char-Elemente zu speichern
    stack<int,vector<int> > s2;    // verwendet  vector<int>, um int-Elemente zu speichern
```

Ein existierender Container kann zur Initialisierung eines Stacks verwendet werden. Beispiel:

```
    void rueckwaertsAusgeben (vector<int>& v)
    {
        stack<int,vector<int> > status(v);      // status wird mit v initialisiert
        while (status.size()) {
            cout << status.top();
            status.pop();
        }
    }
```

Die Elemente des Containers werden dabei allerdings kopiert. Insofern kann die Verwendung eines
existierenden Containers teuer sein.

Elemente, die auf den Stack gelegt werden, werden mit push_back() in den Container, der
die Elemente enthält, eingetragen. Konsequenterweise kann ein Stack nur dann überlaufen, wenn
vom Container (mit dessen Allokatoren; siehe §19.4) kein Speicherplatz mehr angefordert werden
kann.

Dagegen kann ein Stack natürlich in einen Unterlauf (Underflow–Fehler) geraten:

```
    void f()
    {
        stack<int> s;
        s.push(2);
        if (s.empty()) {            // ein Unterlauf ist vermeidbar
            // pop() nicht aufrufen
        }
        else {                       // ... aber nicht unmöglich
            s.pop();  // OK, s.size() wird 0
            s.pop();  // undefiniert, wahrscheinlich schlecht
        }
    }
```

Man beachte, daß man mit pop() kein Element zur weiteren Verwendung erhält. Statt dessen muß
mit top() darauf zugegriffen und dann pop() aufgerufen werden, wenn es nicht länger gebraucht
wird. Dies ist nicht allzu unbequem und effizienter, falls pop() nicht notwendig ist:

```
    void f (stack<char>& s)
    {
        if (s.top()=='c')    // entferne oberstes 'c', falls vorhanden
```

```
        s.pop();
    // ...
}
```

Im Gegensatz zu voll entwickelten Containern hat `stack` (wie auch die anderen Containeradapter) kein Template–Parameter für den Allokator. Statt dessen stützen sich `stack` und dessen Anwender auf den Allokator des Containers, mit dem der Stack implementiert wird.

17.3.2 Queue

Die in `<queue>` definierte Klasse `queue` ist eine Schnittstelle zu einem Container, die es erlaubt, Elemente hinten mit `push_back()` einzufügen und vorne mit `front()` auszulesen:

```
template <class T, class C=deque<T> > class std::queue {
protected:
    C c;
public:
    typedef typename C::value_type value_type;
    typedef typename C::size_type size_type;
    typedef C container_type;

    explicit queue (const C& a = C()) : c(a) { }

    bool empty() const { return c.empty(); }
    size_type size() const { return c.size(); }

    value_type& front() { return c.front(); }
    const value_type& front() const { return c.front(); }

    value_type& back() { return c.back(); }
    const value_type& back() const { return c.back(); }

    void push(const value_type& x) { c.push_back(x); }
    void pop() { c.pop_front(); }
};
```

Als Default verwendet `queue` eine Deque, um die Elemente zu verwalten. Allerdings kann jede Sequenz, die `front()`, `back()`, `push_back()` und `pop_front()` anbietet, verwendet werden. Da `vector` die Operation `pop_front()` nicht anbietet, kann diese Klasse nicht als darunterliegender Container verwendet werden.

Queues scheinen in jedem System irgendwo aufzutauchen. Man könnte einen Server für ein einfaches Nachrichtensystem wie folgt definieren:

```
struct Nachricht {
    // ...
};

void server (queue<Nachricht>& q)
{
    while (!q.empty()) {
        Nachricht& m = q.front();   // Zugriff auf die Nachricht bekommen
```

```
        m.service();                    // Nachricht bearbeiten
        q.pop();                        // Nachricht löschen
    }
}
```

Die Nachrichten könnten mit push() in die Queue eingetragen werden.

Falls Server und Client in unterschiedlichen Prozessen oder Threads laufen, braucht man irgendeine Art Synchronisation der Zugriffe auf die Queue. Beispiel:

```
void server2 (queue<Nachricht>&q, Lock& lck)
{
    while (!q.empty()) {
        Nachricht m;
        {   LockPtr h(lck);             // zum Bearbeiten Lock setzen (siehe §14.4.1)
            if (q.empty()) return;      // jemand anderes hat die Nachricht erhalten
            m = q.front();
            q.pop();
        }
        m.service();                    // Nachricht bearbeiten
    }
}
```

Weder in C++ noch allgemein in der Welt existiert eine Standarddefinition für konkurrierenden Zugriff (concurrency) oder Locking. Man muß deshalb nachschauen, was das jeweilige System anbietet und wie man es von C++ aus ansprechen kann (§17.8–Ü8).

17.3.3   Priority–Queue

Eine priority_queue ist eine Queue, in der die Elemente eine Priorität besitzen, die die Reihenfolge bestimmt, in der auf Elemente zugegriffen werden kann:

```
template <class T, class C=vector<T>, class Cmp=less<typename C::value_type> >
class std::priority_queue {
protected:
    C c;
    Cmp cmp;
public:
    typedef typename C::value_type value_type;
    typedef typename C::size_type size_type;
    typedef C container_type;

    explicit priority_queue (const Cmp& a1 = Cmp(), const C& a2 = C())
        : c(a2), cmp(a1) { make_heap(c.begin(),c.end(),cmp); }   // siehe §18.8
    template <class In>
    priority_queue (In anf, In end, const Cmp& = Cmp(), const C& = C());

    bool empty() const { return c.empty(); }
    size_type size() const { return c.size(); }

    const value_type& top() const { return c.front(); }
```

```
        void push(const value_type&);
        void pop();
};
```

Die Deklaration von `priority_queue` befindet sich in `<queue>`.

Als Default vergleich die Priority–Queue die Elemente einfach mit < und liefert mit `pop()` das jeweils höchste Element:

```
struct Nachricht {
    int priority;
    bool operator< (const Nachricht& x) const
        { return priority < x.priority; }
    // ...
};
```

```
void server (priority_queue<Nachricht>& q, Lock& lck)
{
    while(!q.empty()) {
        Nachricht m;
        {   LockPtr h(lck);          // zum Bearbeiten Lock setzen (siehe §14.4.1)
            if (q.empty()) return;   // jemand anderes hat die Nachricht erhalten
            m = q.top();
            q.pop();
        }
        m.service();                 // Nachricht bearbeiten
    }
}
```

Dieses Beispiel unterscheidet sich vom vorherigen Queue–Beispiel (§17.3.2) dadurch, daß Nachrichten mit höherer Priorität zuerst bearbeitet werden. Die Reihenfolge, in der Elemente mit gleicher Priorität ausgelesen werden, ist nicht definiert. Zwei Elemente werden dann als gleich betrachtet, wenn keines der beiden eine höhere Priorität als das andere besitzt (§17.4.1.5).

Als Alternative zu < kann ein Template–Argument übergeben werden. Strings könnte man z.B. unabhängig von Groß– und Kleinschreibung sortieren, wenn man nach folgender Deklaration

```
priority_queue<string,vector<string>,GrossKleinEgal> pq;
    // verwendet GrossKleinEgal::operator()() zum Vergleichen (§17.1.4.1)
```

die Elemente mit `pq.push()` einfügt und dann mit `pq.top()` und `pq.pop()` wieder ausliest.

Objekte, die durch Templates mit unterschiedlichen Template–Argumenten definiert werden, haben einen unterschiedlichen Datentyp (§13.6.3.1). Beispiel:

```
priority_queue<string>& pq1 = pq;    // Fehler: unterschiedliche Typen
```

Man kann ein Vergleichskriterium aber auch als Konstruktorargument übergeben, ohne den Datentyp der Priority–Queue zu beeinflussen. Beispiel:

```
struct String_vgl {    // Typ, um das Vergleichskriterium zur Laufzeit zu übergeben
    String_vgl (int n = 0);    // Vergleichskriterium n verwenden
    // ...
};
```

```
typedef priority_queue<string,vector<string>,String_vgl> Pqueue;
```

```
void g(Pqueue& pq)      // pq verwendet für Vergleiche String_vgl()
{
    Pqueue pq2(String_vgl(grossKleinEgal));
    pq = pq2;      // OK, pq und pq2 haben den gleichen Typ
                   // pq verwendet danach auch String_vgl(grossKleinEgal)
}
```

Die Elemente in einer bestimmten Reihenfolge zu verwalten hat seinen Presi; aber es muß auch nicht teuer sein. Eine sinnvolle Möglichkeit, eine Priority–Queue zu implementieren, verwendet eine Baumstruktur, um die relative Position der Elemente zu verwalten. Damit kosten sowohl push() als auch pop() »O(log(n))«.

Als Default verwendet priority_queue einen Vektor, um die Elemente zu verwalten. Allerdings kann jede Sequenz, die front(), push_back(), pop_back() und Random-Access–Iteratoren anbietet, verwendet werden. Eine priority_queue wird meistens durch Verwendung eines Heaps (§18.8) implementiert.

17.4   Assoziative Container

Ein *assoziatives Feld* (assoziatives Array) ist eines der sinnvollsten allgemeinen selbstdefinierten Datentypen. Es ist tatsächlich oft ein eingebauter Datentyp in Sprachen, die in erster Linie zur Text– und Symbolverarbeitung dienen. Ein assoziatives Feld wird oft eine *Map* und manchmal auch ein *Dictionary* genannt. Es verwaltet Wertepaare. Unter Angabe eines Wertes, dem Schlüssel, kann auf den anderen Wert, den *mapped value* zugegriffen werden. Man kann sich ein assoziatives Feld auch als Feld vorstellen, bei dem der Index kein Integer sein muß:

```
template <class K, class V> class Asso {
public:
    V& operator[] (const K&);   // Liefert eine Referenz des zu K gehörenden Wertes V
    // ...
};
```

Ein Schlüssel des Typs K kennzeichnet damit einen Wert vom Typ V.

Assoziative Container sind Verallgemeinerungen des Gedankens der assoziativen Felder. Die map ist ein assoziatives Feld, bei dem zu jedem Wert ein eindeutiger Schlüssel gehört. Eine multimap erlaubt zu einem Schlüssel mehrere Werte. Die Container set und multiset können als degenerierte assoziative Felder betrachtet werden, bei denen zum Schlüssel überhaupt kein Wert gehört.

17.4.1   Map

Eine map ist eine Sequenz von Schlüssel/Werte–Paaren, die einen schnellen Zugriff auf Basis des Schlüssels bietet. Zu jedem Schlüssel ist höchstens ein Wert vorhanden. Mit anderen Worten ist jeder Schlüssel in einer map eindeutig. Eine map stellt bidirektionale Iteratoren zur Verfügung (§19.2.1).

Eine map setzt voraus, daß für den Schlüssel der Kleiner–als–Operator existiert (§17.1.4.1), und sortiert die Elemente so, daß eine Iteration alle Elemente aufsteigend durchläuft. Falls Elemente keine offensichtliche Ordnung besitzen oder wenn es für eine Sortierung keinen Bedarf gibt, könnte die Verwendung einer hash_map (§17.6.1) in Betracht gezogen werden.

17.4.1.1 Datentypen

Eine map hat die üblichen Typelemente aller Container (§16.3.1) plus einige für die speziellen Aufgaben:

```
template <class Key, class T, class Cmp = less<Key>,
          class A=allocator<pair<const Key,T> > >
class std::map {
public:
    // Datentypen:
    typedef Key key_type;
    typedef T mapped_type;

    typedef pair<const Key, T> value_type;

    typedef Cmp key_compare;
    typedef A allocator_type;

    typedef typename A::reference reference;
    typedef typename A::const_reference const_reference;

    typedef implementierungsspezifisch1 iterator;
    typedef implementierungsspezifisch2 const_iterator;

    typedef typename A::size_type size_type;
    typedef typename A::difference_type difference_type;

    typedef std::reverse_iterator<iterator> reverse_iterator;
    typedef std::reverse_iterator<const_iterator> const_reverse_iterator;
    // ...
};
```

Man beachte, daß der Datentyp der Elemente, `value_type`, ein Schlüssel/Werte–Paar ist. Der Datentyp der zu den Schlüsseln gehörenden Werte wird als `mapped_type` bezeichnet. Eine map ist somit eine Sequenz von Elementen des Typs `pair<const Key, mapped_type>`.

Die aktuellen Iteratortypen sind wie immer implementierungsspezifisch. Da eine Map meistens als Baum implementiert wird, bieten diese Iteratoren üblicherweise irgendeine Form von Baum–Traversierung.

Die Reverse–Iteratoren werden mit Hilfe der Standard–Templates für Reverse–Iteratoren erzeugt (§19.2.5).

17.4.1.2 Iteratoren und Paare

Eine Map bietet die übliche Menge von Funktionen, die Iteratoren zurückliefern (§16.3.2):

```
template <class Key, class T, class Cmp = less<Key>,
          class A=allocator<pair<const Key,T> > >
class map {
public:
    // ...
    // Iteratoren:
```

```
        iterator begin();
        const_iterator begin() const;
        iterator end();
        const_iterator end() const;

        reverse_iterator rbegin();
        const_reverse_iterator rbegin() const;
        reverse_iterator rend();
        const_reverse_iterator rend() const;
        // ...
    };
```

Das Iterieren über eine Map entspricht dem Iterieren über eine Sequenz, deren Elemente vom Typ pair<const Key, mapped_type> sind. Man kann die Einträge eines Telefonbuchs z.B. wie folgt ausgeben:

```
    void f (map<string,nummer>& telbuch)
    {
        typedef map<string,nummer>::const_iterator CI;
        for (CI p = telbuch.begin(); p!=telbuch.end(); ++p)
            cout << p->first << '\t' << p->second << '\n';
    }
```

Ein Map–Iterator präsentiert die Elemente in aufsteigender Reihenfolge ihrer Schlüssel (§17.4.1.5). Deshalb werden die telbuch–Einträge in lexikographischer Reihenfolge ausgegeben.

Im Datentyp pair wird auf das erste Element immer mit first und auf das zweite Element immer mit second zugegriffen. Dies ist unabhängig vom Datentyp der Elemente:

```
    template <class T1, class T2> struct std::pair {
        typedef T1 first_type;
        typedef T2 second_type;

        T1 first;
        T2 second;

        pair() : first(T1()), second(T2()) { }
        pair (const T1& x, const T2& y) : first(x), second(y) { }
        template <class U, class V>
            pair (const pair<U,V>& p) : first(p.first), second(p.second) { }
    };
```

Der letzte Konstruktor existiert, um bei der Initialisierung Typumwandlungen zu ermöglichen (§13.6.2). Beispiel:

```
    pair<int,double> f(char c, int i)
    {
        pair<char,int> x(c,i);
        // ...
        return x;   // benötigt Typumwandlung von pair<char,int> nach pair<int,double>
    }
```

In einer Map ist first der Schlüssel und second der dazugehörige Wert.

Die Klasse `pair` ist nicht nur bei der Implementierung von `map` hilfreich. Sie ist eine selbständige Klasse der Standardbibliothek. Ihre Definition befindet sich in `<utility>`. Dort wird auch eine Funktion zum bequemen Erzeugen eines `pair`–Objekts zur Verfügung gestellt:

```
template <class T1, class T2>
pair<T1,T2> std::make_pair (const T1& t1, const T2& t2)
{
    return pair<T1,T2>(t1,t2);
}
```

Ein `pair` wird als Default mit den Default–Werten der Elementtypen initialisiert. Konkret bedeutet dies, daß Elemente mit eingebauten Datentypen mit 0 (§5.1.1) und `strings` mit dem Leerstring (§20.3.4) initialisiert werden. Ein Datentyp ohne Default–Konstruktor kann nur dann ein Element von `pair` sein, wenn das `pair`–Objekt explizit initialisiert wird.

17.4.1.3 Indexzugriff

Charakteristisch für eine Map ist der assoziative Zugriff mit dem Indexoperator:

```
template <class Key, class T, class Cmp=less<Key>,
          class A=allocator<pair<const Key,T> > >
class map {
public:
    // ...

    mapped_type& operator[] (const key_type& k);   // Elementzugriff mit Schlüssel k
    // ...
};
```

Der Indexoperator sucht ein Element auf, das zum als Index übergebenen Schlüssel gehört, und liefert den entsprechenden Wert zurück. Falls der Schlüssel nicht gefunden wird, wird ein Element mit dem Schlüssel und dem Default–Wert des dazugehörigen Werttyps in die Map eingefügt. Beispiel:

```
void f()
{
    map<string,int> m;           // leere Map anlegen
    int x = m["Otto"];           // Eintrag für "Otto" anlegen, mit 0 initialisieren und zurückliefern
    m["Harry"] = 7;              // Eintrag für "Harry" anlegen, mit 0 initialisieren und 7 zuweisen
    int y = m["Otto"];           // Wert zum Eintrag "Otto" zurückliefern
    m["Harry"] = 9;              // Wert von "Harry" auf 9 setzen
}
```

Ein etwas realistischeres Beispiel wäre ein Programm, das zu Eingaben der Form »Name Anzahl«, wie

```
Nagel 100 Hammer 2 Feile 3 Hammer 7 Nagel 1000 Feile 4 Nagel 250
```

die Summe der Mengen berechnet. Die wesentliche Arbeit wird schon durch das Einlesen der Daten in eine Map durchgeführt:

```
void readitems (map<string,int>& m)
{
    string wort;
```

```
    int wert=0;
    while (cin >> wort >> wert)
        m[wort] += wert;
}
```

Die Indexoperation m[wort] identifiziert das entsprechende string/int–Paar und liefert eine Referenz auf dessen int–Teil. Dieser Code nutzt aus, daß bei neuen Elementen der int–Wert als Default auf 0 gesetzt wird.

Eine mit readitems() aufgebaute Map kann dann mit einer herkömmlichen Schleife ausgegeben werden:

```
int main()
{
    map<string,int> tbl;
    readitems(tbl);

    int summe = 0;
    typedef map<string,int>::const_iterator CI;

    for (CI p=tbl.begin(); p!=tbl.end(); ++p) {
        summe += p->second;
        cout << p->first << '\t' << p->second << '\n';
    }

    cout << "----------------\n"
         << "Summe:\t" << summe << '\n';

    return !cin;
}
```

Mit der obigen Eingabe lautet die Ausgabe:

```
Feile    7
Hammer   9
Nagel    1350
----------------
Summe:   1366
```

Man beachte, daß die Daten in lexikalischer Reihenfolge ausgegeben werden (§17.4.1, §17.4.1.5).

Der Indexoperator muß den Schlüssel in der Map suchen. Dies ist natürlich nicht so billig, wie der Indexzugriff bei einem Feld mit einem Integer. Die Kosten sind $O(\log(size\_of\_map))$, was für viele Programme akzeptabel ist.

Falls ein Schlüssel nicht gefunden wird, fügt der Indexoperator ein Default–Element in die Map ein. Aus diesem Grund gibt es keine Version von operator[]() für eine const map. Außerdem ist der Indexzugriff nur möglich, wenn mapped_type (der Datentyp des Wertes) einen Default–Wert besitzt. Falls ein Programmierer einfach nur feststellen will, ob ein Schlüssel existiert, kann die Operation find() (§17.4.1.6) verwendet werden, um einen Schlüssel zu finden, ohne die Map zu modifizieren.

17.4.1.4 Konstruktoren

Eine Map stellt die übliche Menge von Konstruktoren und dazugehörigen Funktionen zur
Verfügung (§16.3.4):

```
template <class Key, class T, class Cmp=less<Key>,
         class A=allocator<pair<const Key,T> > >
class map {
public:
    // ...
    // erzeugen / kopieren / zerstören:

    explicit map (const Cmp& = Cmp(), const A& = A());
    template <class In> map (In anf, In end,
                             const Cmp& = Cmp(), const A& = A());
    map (const map&);

    ~map();

    map& operator= (const map&);
    // ...
};
```

Beim Kopieren eines Containers wird der entsprechende Speicherplatz für die Elemente angefordert und jedes einzelne Element kopiert (§16.3.4). Dies kann sehr teuer sein und sollte nur dann
durchgeführt werden, wenn dies notwendig ist. Konsequenterweise sollten Container wie map als
Referenz übergeben werden.

Der Template–Konstruktor verwendet eine durch zwei Iteratoren beschriebene Sequenz von
Elementen des Typs pair<const Key,T> und fügt die Elemente dieser Sequenz wie mit
insert() (§17.4.1.7) in die Map ein.

17.4.1.5 Vergleiche

Um in einer Map mit einem Schlüssel ein Element zu finden, müssen Operationen der Map
Schlüssel vergleichen. Da außerdem Iteratoren eine Map in der Reihenfolge aufsteigender
Schlüsselwerte durchlaufen, werden Schlüssel üblicherweise auch beim Einfügen (beim Plazie-
ren der Elemente in der Baumstruktur der Map) verglichen.

Als Default wird zum Vergleichen von Schlüsseln < (kleiner als) verwendet. Allerdings kann
als Template–Parameter oder Konstruktorargument (§17.3.3) eine Alternative angegeben werden.
Der vordefinierte Vergleich vergleicht Schlüssel, die Elemente sind aber Schlüssel/Werte–Paare.
Deshalb wird zum Vergleichen der Elemente die Klasse value_comp() zur Verfügung gestellt,
die bei solchen Paaren nur den Schlüssel vergleicht:

```
template <class Key, class T, class Cmp=less<Key>,
         class A=allocator<pair<const Key,T> > >
class map {
public:
    // ...
    typedef Cmp key_compare;

    class value_compare : public binary_function<value_type,value_type,bool> {
    friend class map;
```

```
protected:
    Cmp cmp;
    value_compare (Cmp c) : cmp(c) { }
public:
    bool operator() (const value_type& x, const value_type& y) const {
        return cmp(x.first,y.first);
    }
};

    key_compare key_comp() const;
    value_compare value_comp() const;
    // ...
};
```

Beispiel:

```
map<string,int> m1;
map<string,int,GrossKleinEgal> m2;      // spezifiziert Vergleichstyp (§17.1.4.1)
map<string,int,String_vgl> m3;          // spezifiziert Vergleichstyp (§17.1.4.1)
map<string,int,String_vgl> m4(String_vgl(exakt)); // übergibt Vergleichsobjekt
```

Die Elementfunktionen `key_comp()` und `value_cmp()` ermöglichen es, bei Maps die Art der Vergleiche für Schlüssel und Werte abzufragen. Dies wird üblicherweise dazu verwendet, das Vergleichskriterium einem anderen Container oder Algorithmus zu übergeben. Beispiel:

```
void f (map<string,int>& m)
{
    map<string,int> m2;              // vergleicht mit Default <
    map<string,int> m3(m.key_comp()); // vergleicht genauso wie m
    // ...
}
```

In §17.1.4.1 erläutert ein Beispiel, wie ein spezieller Vergleich definiert werden kann. In §18.4 werden Funktionsobjekte allgemein erläutert.

17.4.1.6 Map–Operationen

Die fundamentale Aufgabe von Maps und allen assoziativen Containern ist es, Informationen auf Basis eines Schlüssels zu verwalten. Dazu existieren zahlreiche spezielle Operationen:

```
template <class Key, class T, class Cmp=less<Key>,
          class A=allocator<pair<const Key,T> > >
class map {
public:
    // ...
    // Map-Operationen:
    iterator find (const key_type& k);              // Element mit Schlüssel k finden
    const_iterator find (const key_type& k) const;

    size_type count (const key_type& k) const;      // Anzahl der Elemente mit Schlüssel k

    iterator lower_bound (const key_type& k);        // erstes Element mit Schlüssel k
    const_iterator lower_bound (const key_type& k) const;
```

```
iterator upper_bound (const key_type& k);     // erstes Element mit Schlüssel > k
const_iterator upper_bound (const key_type& k) const;

pair<iterator,iterator> equal_range (const key_type& k);
pair<const_iterator,const_iterator> equal_range (const key_type& k) const;
// ...
};
```

Die Operation m.find(k) liefert einfach einen Iterator, der auf das Element mit dem Schlüssel k zeigt. Falls es kein solches Element gibt, wird m.end() zurückgeliefert. Für Container mit eindeutigen Schlüsseln, wie map und set, zeigt der Iterator auf das entsprechende Element. Für Container mit mehrdeutigen Schlüsseln, wie multimap und multiset, zeigt der Iterator auf das erste Element mit diesem Schlüssel. Beispiel:

```
void f (map<string,int>& m)
{
    map<string,int>::iterator p = m.find("Gold");
    if (p!=m.end()) {                           // falls "Gold" gefunden wurde
        // ...
    }
    else if (m.find("Silber")!=m.end()) {  // suche nach "Silber"
        // ...
    }
    // ...
}
```

Für eine Multimap (§17.4.2) ist es in den meisten Fällen sinnvoller, statt einem Element alle passenden Elemente zu finden. Die Operationen m.lower_bound(k) und m.upper_bound(k) liefern den Anfang und das Ende der Teilsequenz aller Elemente von m, die den Schlüssel k besitzen. Beispiel:

```
void f (multimap<string,int>& m)
{
    multimap<string,int>::iterator lb = m.lower_bound("Gold");
    multimap<string,int>::iterator ub = m.upper_bound("Gold");

    for (multimap<string,int>::iterator p = lb; p != ub; ++p) {
        // ...
    }
}
```

Die Verwendung zweier Operationen ist dabei weder elegant noch effizient. Deshalb gibt es equal_range(), um beides auf einmal zu erhalten. Beispiel:

```
void f (multimap<string,int>& m)
{
    typedef multimap<string,int>::iterator MI;
    pair<MI,MI> g = m.equal_range("Gold");

    for (MI p = g.first; p != g.second; ++p) {
        // ...
    }
}
```

Falls `lower_bound(k)` den Schlüssel k nicht findet, liefert es einen Iterator auf das erste Element, das einen größeren Schlüssel als k besitzt, oder `end()`, falls kein größeres Element existiert. Diese Art der Rückmeldung wird auch von `upper_bound()` und `equal_range()` verwendet.

17.4.1.7 Listenoperationen

Die herkömmliche Art, einen Wert in ein assoziatives Feld einzutragen, ist die Verwendung des Indexoperators. Beispiel:

```
telbuch["Notruf"] = 112;
```

Dies stellt unabhängig davon, ob es schon vorher einen Eintrag gab, sicher, daß es für den Notruf nun einen entsprechenden Eintrag gibt. Man kann Einträge auch direkt mit `insert()` einfügen und mit `erase()` wieder löschen:

```
template <class Key, class T, class Cmp=less<Key>,
        class A=allocator<pair<const Key,T> > >
class map {
public:
    // ...
    // Listenoperationen:

    pair<iterator,bool> insert (const value_type& wert);
        // Schlüssel/Werte-Paar einfügen
    iterator insert (iterator pos, const value_type& wert); // pos dient als Hinweis
    template <class In> void insert (In anf, In end);
        // Elemente einer Sequenz einfügen

    void erase (iterator pos);              // lösche das Element, auf das pos zeigt
    size_type erase (const key_type& k);    // lösche Element mit Schlüssel k (falls vorh.)
    void erase (iterator anf, iterator end); // lösche Bereich
    void clear();

    // ...
};
```

Die Operation `m.insert(wert)` versucht, das Schlüssel/Werte–Paar wert in m einzufügen. Da Maps eindeutige Schlüssel besitzen, klappt dies nur dann, wenn in m noch kein Element mit dem entsprechenden Schlüssel existiert. Der Rückgabewert von `m.insert(wert)` ist ein Paar `pair<iterator,bool>`. Der bool ist true, falls das Einfügen geklappt hat. Der Iterator zeigt danach auf das Element von m, das den Schlüssel von wert (`wert.first`) enthält. Beispiel:

```
void f (map<string,int>& m)
{
    pair<string,int> p99("Lucas",99);

    pair<map<string,int>::iterator,bool> p = m.insert(p99);
    if (p.second) {
        // "Lucas" wurde eingefügt
    }
    else {
        // "Lucas" war schon vorhanden
    }
```

```
        map<string,int>::iterator i = p.first;    // zeigt auf m["Lucas"]
        // ...
    }
```

Normalerweise ist es nicht von Bedeutung, ob ein Schlüssel neu eingefügt wurde oder vor `insert()` schon vorhanden war. Falls es von Interesse ist, dann oft weil man die Tatsache mitbekommen will, daß ein Wert sich bereits woanders in der Map befindet. Die anderen beiden Versionen von `insert()` liefern nicht zurück, ob der Wert wirklich eingetragen wurde.

Die Angabe der Position bei `insert(pos,wert)` ist nur ein Hinweis für die Implementierung, daß die Suche nach dem Schlüssel bei `pos` beginnen soll. Falls der Hinweis gut ist, können damit signifikante Performance–Verbesserungen erzielt werden. Falls der Hinweis schlecht ist, wäre es sowohl für die Notation als auch für die Effizienz besser gewesen, den Hinweis nicht zu geben. Beispiel:

```
void f (map<string,int>& m)
{
    m["Anica"] = 3;        // übersichtlich, möglicherweise weniger effizient
    m.insert(m.begin(),make_pair(const string("Ulli"),99));    // häßlich
}
```

Tatsächlich ist `[ ]` etwas mehr als eine bequeme Notation für `insert()`. Das Ergebnis von `m[k]` ist äquivalent zum Ergebnis von `*(m.insert(make_pair(k,V()).first).second`, wobei `V()` der Default–Wert des Datentyps des zum Schlüssel gehörenden Wertes ist. Wer diese Äquivalenz versteht, hat wohl auch assoziative Container verstanden.

Da `[ ]` immer `V()` verwendet, kann man den Indexzugriff für Wertetypen, die keinen Default–Wert besitzen, nicht verwenden. Dies ist eine unglückliche Einschränkung der standardisierten assoziativen Container. Die Forderung nach einem Default–Wert ist allerdings keine fundamentale Eigenschaft von assoziativen Containern (siehe §17.6.2).

Man kann Elemente durch Angabe des Schlüssels löschen. Beispiel:

```
void f (map<string,int>& m)
{
    int anzahl = m.erase("Frederic");
    // ...
}
```

Der zurückgelieferte Integer ist die Anzahl der gelöschten Elemente. Falls kein Element mit dem Schlüssel `"Meier"` existiert, wird 0 zurückgeliefert. Für Multimaps und Multisets kann der Wert auch größer als 1 sein. Alternativ kann zum Löschen eines Elements auch ein Iterator, der auf das Element zeigt, oder ein Bereich von Elementen als zu löschende Sequenz übergeben werden. Beispiel:

```
void g(map<string,int>& m)
{
    m.erase(m.find("Erwin"));
    m.erase(m.find("Andrea"),m.find("Werner"));
}
```

Es ist selbstverständlich schneller, ein Element zu löschen, auf das bereits ein Iterator zeigt, als das Element aufgrund des Schlüssels erst zu suchen und dann zu löschen. Nach `erase()` kann der Iterator nicht mehr verwendet werden, da das Element, auf das er zeigt, nicht mehr existiert. Ein Aufruf `m.erase(a,e)`, bei dem `e` `m.end()` ist, ist harmlos (vorausgesetzt, daß `a` ein Element von m oder m.end() ist). Ein Aufruf m.erase(p), bei dem p m.end() entspricht, ist dagegen ein Fehler, der den Container korrumpieren kann.

17.4.1.8 Weitere Funktionen

Die Klasse map bietet schließlich noch die üblichen Funktionen zum Umgang mit der Anzahl der Elemente und ein spezialisiertes swap():

```
template <class Key, class T, class Cmp=less<Key>,
          class A=allocator<pair<const Key,T> > >
class map {
public:
    // ...
    // Kapazität:

    size_type size() const;            // Anzahl der Elemente
    size_type max_size() const;        // Größe der größtmöglichen Map
    bool empty() const { return size()==0; }

    void swap(map&);
};
```

Wie üblich ist der Wert, der von size() und max_size() zurückgeliefert wird, eine Elementanzahl.

Zusätzlich stellt map ==, !=, <, >, <=, >= und swap() als globale Funktionen zur Verfügung:

```
template <class Key, class T, class Cmp, class A>
bool operator== (const map<Key,T,Cmp,A>&, const map<Key,T,Cmp,A>&);

// für  !=,  <,  >,  <= und  >= entsprechend

template <class Key, class T, class Cmp, class A>
void swap (map<Key,T,Cmp,A>&, map<Key,T,Cmp,A>&);
```

Warum sollte irgend jemand zwei Maps so vergleichen wollen? Normalerweise will man, wenn man zwei Maps vergleicht, nicht nur wissen, daß sie sich unterscheiden, sondern auch, wodurch sie sich gegebenenfalls unterscheiden. In solchen Fällen verwendet man == oder != wohl eher nicht. Durch die Bereitstellung von ==, < und swap() für jeden Container wird es allerdings möglich, daß Algorithmen auf jeden Container angewendet werden können. Diese Funktionen erlauben es z.B., einen Vektor von Maps oder ein Set von Maps mit sort() zu sortieren.

17.4.2 Multimap

Eine Multimap entspricht einer Map mit dem Unterschied, daß für Schlüssel auch Duplikate erlaubt sind:

```
template <class Key, class T, class Cmp=less<Key>,
          class A=allocator<pair<const Key,T> > >
class std::multimap {
public:
    // wie Maps, außer:
```

```
    iterator insert (const value_type&);   // liefert Iterator statt pair

// kein Indexoperator [ ]
};
```

Beispiel (verwendet zum Vergleichen von C–Strings `Cstring_kleiner` aus §17.1.4.1):

```
void f (map<char*,int,Cstring_kleiner>& m,
        multimap<char*,int,Cstring_kleiner>& mm)
{
    m.insert(make_pair("x",4));
    m.insert(make_pair("x",5));      // kein Effekt: es gibt schon einen Eintrag
    // m enthält nun: m["x"] == 4

    mm.insert(make_pair("x",4));
    mm.insert(make_pair("x",5));
    // mm enthält nun beide: ("x",4) und ("x",5)
}
```

Dies bedeutet, daß `multimap` nicht wie `map` den Indexoperator für Schlüsselwerte unterstützen kann. Die Operationen `equal_range()`, `lower_bound()` und `upper_bound()` (§17.4.1.6) dienen in erster Linie dazu, auf mehrere Werte mit dem gleichen Schlüssel zuzugreifen.

Falls zu einem Schlüssel mehrere Werte existieren, wird normalerweise eine Multimap statt einer Map verwendet. Dies geschieht viel öfter, als man im ersten Augenblick meint. In einiger Hinsicht ist eine Multimap sogar sauberer als eine Map.

Ein Telefonbuch ist z.B. ein gutes Beispiel für eine Multimap, da eine Person leicht mehrere Telefonnummern besitzen kann. Ich könnte meine Telefonnummern z.B. wie folgt ausgeben:

```
void nummernAusgeben (const multimap<string,int>& telbuch)
{
    typedef multimap<string,int>::const_iterator I;
    pair<I,I> b = telbuch.equal_range ("Stroustrup");
    for (I i=b.first; i!=b.second; ++i) cout << i->second << '\n';
}
```

Bei einer Multimap wird das Argument von `insert()` immer eingefügt. Als Konsequenz liefert `mulimap::insert()` nicht wie bei Maps ein `pair<iterator,bool>`, sondern einfach nur einen Iterator zurück. Aus Gründen der Konsistenz hätte man auch bei Multimaps wie bei Maps ein Wertepaar zurückliefern können, selbst wenn der Boolesche Wert unnötig ist. Eine andere Designalternative wäre es gewesen, in beiden Fällen keinen `bool` zurückzuliefern und bei Maps eine andere Möglichkeit anzubieten, um herauszufinden, ob ein Schlüssel neu eingefügt wurde. Dies ist ein typischer Fall für einen Konflikt unterschiedlicher Designziele.

17.4.3 Set

Ein `set` kann als eine `map` (§17.4.1) betrachtet werden, bei der die Werte irrelevant sind, so daß nur die Schlüssel verwaltet werden. Dies bedeutet, daß es nur kleine Unterschiede zur Map–Schnittstelle gibt:

```
template <class Key, class Cmp=less<Key>, class A=allocator<Key> >
class std::set {
public:
```

```
// wie Maps, außer:
typedef Key value_type;      // der Schlüssel selbst ist der Wert der Elemente
typedef Cmp value_compare;

// kein Indexzugriff mit Operator [ ]
};
```

Die Definition von `value_type` als `key_type` ist ein Trick, der Maps und Sets in vielen Fällen identisch macht.

Man beachte, daß Sets auf einer Vergleichsoperation (Default: `<`) und nicht auf Gleichheit (`==`) basieren. Das bedeutet, daß die Äquivalenz von Elementen über Ungleichheit definiert wird (§17.1.4.1) und daß Iterationen über ein Set eine wohldefinierte Reihenfolge besitzen.

Wie Maps besitzen auch Sets `==`, `!=`, `<`, `>`, `<=`, `>=` und `swap()`.

17.4.4 Multiset

Ein `multiset` ist ein Set, in dem Duplikate erlaubt sind:

```
template <class Key, class Cmp=less<Key>, class A=allocator<Key> >
class std::multiset {
public:
    // wie Sets, außer:
    iterator insert (const value_type&);      // liefert Iterator, nicht pair
};
```

Die Operationen `equal_range()`, `lower_bound()` und `upper_bound()` (§17.4.1.6) sind in erster Linie für den Zugriff auf mehrfach vorhandene Werte vorgesehen.

17.5 »Beinahe«–Container

Auch eingebaute Felder (§5.2), Strings (Kapitel 20), Valarrays (§22.4) und Bitsets (§17.5.3) verwalten Elemente und können deshalb in vielerlei Hinsicht als Container betrachtet werden. Jeder von ihnen hat aber die eine oder andere Einschränkung gegenüber den Standardcontainern. Aus diesem Grund sind diese »Beinahe«–Container nicht in jeder Hinsicht mit voll entwickelten Containern wie `vector` oder `list` austauschbar.

17.5.1 String

Ein String (die Klasse `basic_string`) bietet Indexzugriff, Random-Access–Iteratoren und die meisten der Konventionen in der Notation von Containern (Kapitel 20). Die Klasse `basic_string` bietet allerdings keine breite Auswahl von Elementtypen. Sie ist außerdem für die Verwendung eines Strings aus Zeichen optimiert und wird üblicherweise in einer Art verwendet, die sich signifikant von Containern unterscheidet.

17.5.2 Valarray

Ein valarray (§22.4) ist ein Vektor, der für numerische Operationen optimiert ist. Deshalb versucht ein Valarray gar nicht, ein genereller Container zu sein. Ein Valarray bietet viele hilfreiche numerische Operationen. Von den Operationen der Standardcontainer (§17.1.1) bietet es allerdings lediglich size() und den Indexoperator (§22.4.2). Ein Zeiger auf ein Valarray ist ein Random-Access–Iterator (§19.2.1).

17.5.3 Bitset

Aspekte eines Systems, wie der Zustand eines Eingabe–Streams (§21.3.3), werden oft als Menge von Flags verwaltet, die binäre Zustände, wie gut/schlecht, wahr/falsch und an/aus, anzeigen. C++ unterstützt das Konzept von kleinen Flag–Mengen mit den Bit–Operatoren für Integer (§6.2.4) effizient. Dazu gehören die Operatoren & (und), | (oder), ^ (exklusiv–oder), << (links–shift) und >> (rechts–shift). Die Klasse biset<N> verallgemeinert diesen Ansatz und bietet dabei mehr Bequemlichkeit durch das Angebot von Operationen für eine Menge von N Bits mit dem Index von 0 bis N-1, wobei N zur Kompilierzeit bekannt ist. Für Bitmengen, die nicht in einen long int passen, ist ein Bitset viel bequemer als die direkte Verwendung von Integern. Für kleinere Bitmengen mag ein Effizienznachteil entstehen. Falls die Bits Namen erhalten sollen, anstatt durchnummeriert zu werden, wären die Verwendungen von einem Set (§17.4.3), einem Aufzählungtyp (enum; §4.8) oder einem Bitfeld (§C.8.1) mögliche Alternativen.

Ein bitset<N> ist ein Feld von N Bits. Ein Bitset unterscheidet sich von einem vector<bool> (§16.3.11) durch die Tatsache, daß es eine feste Größe besitzt. Im Unterschied zu Sets (§17.4.3) werden die Bits durch ganzzahlige Positionen statt durch assoziative Werte angesprochen. Außerdem werden Operationen zum Manipulieren der Bits angeboten, die sich sowohl von vector<bool> als auch von set unterscheiden.

Bei eingebauten Zeigern ist es nicht möglich, ein einzelnes Bit direkt zu adressieren (§5.1). Als Konsequenz bietet bitset einen Datentyp für eine Referenz auf ein Bit. Dies ist generell eine hilfreiche Technik, um Objekte zu adressieren, bei denen ein eingebauter Zeiger aus welchem Grund auch immer nicht angemessen ist:

```
template <size_t N> class std::bitset {
public:
    class reference {           // Referenz für ein einzelnes Bit
        friend class bitset;
        reference();
    public:                     // b[i] verweist auf das (i+1)te Bit
        ~reference();
        reference& operator= (bool x);          // für b[i] = x;
        reference& operator= (const reference&); // für b[i] = b[j];
        bool operator~ () const;                 // liefert das umgeschaltete Bit
        operator bool() const;                   // für x = b[i];
        reference& flip();                       // schaltet das Bit um
    };

    // ...
};
```

Das Template bitset wird im Namensbereich std definiert und in <biset> präsentiert.

Aus historischen Gründen unterscheidet sich diese Klasse etwas von den anderen Klassen der Standardbibliothek. Falls ein Index (auch als Bit–Position bezeichnet) z.B. außerhalb des erlaubten Bereichs ist, wird eine `out_of_range`–Ausnahme ausgelöst. Es werden keine Iteratoren angeboten. Bit–Positionen werden von rechts nach links durchnumeriert (analog zur Reihenfolge, in der Bits häufig in einem Wort auftreten), wodurch der Wert von `b[i]` gleich `pow(2,i)` ist. Damit kann ein Bitset als eine Binärzahl mit N Bits betrachtet werden:

9	8	7	6	5	4	2	2	1	0
1	1	1	1	0	1	1	1	0	1

17.5.3.1 Konstruktoren

Ein Bitset kann mit einem Default–Wert, den Bits aus einem `unsigned long int` oder aus einem String konstruiert werden:

```
template <size_t N> class bitset {
public:
    // ...
    // Konstruktoren:

    bitset();                        // N 0-Bits
    bitset(unsigned long wert);  // Bits aus wert

    template <class Ch, class Tr, class A>    // Tr sind Zeichenmerkmale (§20.2)
        explicit bitset (const basic_string<Ch,Tr,A>& str,
                         typename basic_string<Ch,Tr,A>::size_type pos=0,
                         typename basic_string<Ch,Tr,A>::size_type n
                             = basic_string<Ch,Tr,A>::npos);

    // ...
};
```

Der Default–Wert eines Bits ist 0. Falls ein `unsigned long int` als Argument übergeben wird, wird jedes Bit des Integers zur Initialisierung des korrespondierenden Bits im Bitset (falls dort vorhanden) verwendet. Ein `basic_string`–Argument (Kapitel 20) macht dasselbe, mit dem Unterschied, daß das Zeichen '0' den Bitwert auf 0 und das Zeichen '1' den Bitwert auf 1 setzt. Andere Zeichen als '0' und '1' lösen eine `invalid_argument`–Ausnahme aus. Normalerweise wird ein kompletter String zur Initialisierung verwendet. Wie bei `basic_string`–Konstruktoren (§20.3.4) kann allerdings auch ein Ausschnitt der Zeichen des Strings von pos bis zum Ende oder bis pos+n verwendet werden. Beispiel:

```
void f()
{
    bitset<10> b1;                              // alles 0

    bitset<16> b2 = 0xaaaa;                     // 1010101010101010
    bitset<32> b3 = 0xaaaa;                     // 00000000000000001010101010101010

    bitset<10> b4("1010101010");                // 1010101010
    bitset<10> b5("10110111011110",4);          // 0111011110
```

```
        bitset<10> b6("10110111011110",2,8);  // 0011011101


        bitset<10> b7("g00d");              // Fehler: invalid_argument-Ausnahme
        bitset<10> b8 = "n0g00d";           // Fehler: keine Umwandlung von char* nach bitset
    }
```

Ein wichtiger Aspekt beim Design von `bitset` war die Absicht, eine optimierte Version für Bitsets anzubieten, die in ein einzelnes Wort passen. Die Schnittstelle spiegelt diese Absicht wider.

17.5.3.2 Operationen zur Bitmanipulation

Ein Bitset bietet Operationen, um auf einzelne Bits zuzugreifen und alle Bits auf einmal zu manipulieren:

```
template <size_t N> class std::bitset {
public:
    // ...
    // Bitset-Operationen

    reference operator[] (size_t pos);      // b[i]

    bitset& operator&= (const bitset& s);   // Und
    bitset& operator|= (const bitset& s);   // Oder
    bitset& operator^= (const bitset& s);   // Exklusiv-Oder

    bitset& operator<<= (size_t n);         // logischer Links-Shift (mit Nullen füllen)
    bitset& operator>>= (size_t n);         // logischer Rechts-Shift (mit Nullen füllen)

    bitset& set();                          // jedes Bit auf 1 setzen
    bitset& set(size_t pos, int wert=1);    // b[pos]=wert

    bitset& reset();                        // jedes Bit auf 0 setzen
    bitset& reset(size_t pos);              // b[pos]=0

    bitset& flip();                         // jedes Bit umschalten
    bitset& flip(size_t pos);               // b[pos] umschalten

    bitset operator~() const                // Komplement-Menge liefern
        { return bitset<N>(*this).flip(); }
    bitset operator<< (size_t n) const      // geshiftete Menge liefern
        { return bitset<N>(*this)<<=n; }
    bitset operator>> (size_t n) const      // geshiftete Menge liefern
        { return bitset<N>(*this)>>=n; }

    // ...
};
```

Falls der Index nicht im erlaubten Bereich liegt, löst der Indexoperator eine `out_of_range`–Ausnahme aus.

Das `bitset&`, das die meisten Operationen zurückliefert, ist `*this`. Ein Operator, der `bitset` (statt `bitset&`) zurückliefert, legt eine Kopie von `*this` an, führt auf der Kopie die entsprechende Operation durch und liefert das Ergebnis zurück. Speziell `<<` und `>>` sind wirklich Shift– und keine

Ein-/Ausgabeoperationen. Der Ausgabeoperator für Bitsets ist ein <<, das einen ostream und ein bitset verwendet (§17.5.3.3).

Wenn Bits geshiftet werden, wird ein logischer (und kein zyklischer) Shift verwendet. Das bedeutet, daß einige Bits »herausfallen« und andere Positionen den Default–Wert 0 erhalten. Man beachte, daß size_t ein vorzeichenfreier Datentyp ist. Insofern ist es nicht möglich, mit einem negativen Wert zu shiften. Wird z.B. b<<-1 aufgerufen, wird statt dessen mit einer ziemlich großen positiven Zahl geshiftet, was bedeutet, daß jedes Bit des Bitsets b den Wert 0 erhält. Compiler sollten davor warnen.

17.5.3.3 Weitere Operationen

Ein Bitset bietet außerdem einige allgemeine Operationen, wie size(), ==, Ein-/Ausgaben und so weiter:

```
template <size_t N> class bitset {
public:
    // ...

    unsigned long to_ulong() const;

    template <class Ch, class Tr, class A>
      basic_string<Ch,Tr,A> to_string() const;

    size_t count() const;               // Anzahl der Bits mit Wert 1
    size_t size() const { return N; }   // Anzahl der Bits

    bool operator== (const bitset& s) const;
    bool operator!= (const bitset& s) const;

    bool test (size_t pos) const;       // true, falls b[pos] gleich 1 ist
    bool any() const;                   // true, falls irgendein Bit 1 ist
    bool none() const;                  // true, falls kein Bit 1 ist
};
```

Die Operationen to_ulong() und to_string() sind inverse Operationen zu den entsprechenden Konstruktoren. Um unbeabsichtigte Konvertierungen zu vermeiden, wurden statt Konvertierungsoperationen Elementfunktionen mit entsprechenden Namen verwendet. Falls der Wert eines Bitsets so viele signifikante Bits hat, daß der Wert nicht in einen unsigned long umgewandelt werden kann, löst to_ulong() eine overflow_error–Ausnahme aus.

Die Operation to_string() generiert einen String des entsprechenden Typs, der nur die Zeichen '0' und '1' enthält (basic_string ist die Template–Klasse für Strings; Kapitel 20). Man kann to_string auch dazu verwenden, einen int binär auszugeben:

```
void binaer (int i)
{
    bitset<8*sizeof(int)> b = i;   // setzt 8 Bit pro Byte voraus (siehe auch §22.2)
    cout << b.template to_string<char,char_traits<char>,
                              allocator<char> >() << '\n';
}
```

Leider erfordert der Aufruf eines explizit qualifizierten Template–Elements eine ziemlich umständliche und seltene Syntax (§C.13.6).

Als Ergänzung der Elementfunktionen bietet `bitset` die binären & (und), | (oder), ˆ (exklusiv-oder) und die üblichen Ein-/Ausgabeoperatoren:

```
template <size_t N>
  bitset<N> std::operator& (const bitset<N>&, const bitset<N>&);
template <size_t N>
  bitset<N> std::operator| (const bitset<N>&, const bitset<N>&);
template <size_t N>
  bitset<N> std::operator^ (const bitset<N>&, const bitset<N>&);

template <class charT, class Tr, size_t N>
  basic_istream<charT,Tr>&
    std::operator>> (basic_istream<charT,Tr>&, bitset<N>&);
template <class charT, class Tr, size_t N>
  basic_ostream<charT,Tr>&
    std::operator<< (basic_ostream<charT,Tr>&, const bitset<N>&);
```

Man kann ein Bitset deshalb auch ohne vorherige Umwandlung in einen String ausgeben. Dies zeigt folgendes Beispiel:

```
void binaer (int i)
{
    bitset<8*sizeof(int)> b = i;    // setzt 8 Bit pro Byte voraus (siehe auch §22.2)
    cout << b << '\n';
}
```

Dies gibt die Bits, dargestellt als Einsen und Nullen von links nach rechts mit dem höchsten Bit ganz links, aus.

17.5.4   Eingebaute Felder

Ein eingebautes Feld bietet Indexzugriff und Random-Access–Iteratoren in Form von herkömmlichen Zeigern (§2.7.2). Ein Feld kennt allerdings nicht seine eigene Größe, weshalb Anwender diese selbst verwalten müssen. Felder bieten generell keine Elemente für Standardtypen und –operationen.

Es ist möglich (und manchmal auch sinnvoll), ein herkömmliches Feld in Gestalt eines Standardcontainers zu betrachten, ohne seine Low-level–Natur zu verändern:

```
template <class T, int max> struct c_array {
    typedef T value_type;

    typedef T* iterator;
    typedef const T* const_iterator;

    typedef T& reference;
    typedef const T& const_reference;

    T v[max];
    operator T*() { return v; }

    reference operator[] (ptrdiff_t i) { return v[i]; }
    const_reference operator[] (ptrdiff_t i) const { return v[i]; }
```

```
    iterator begin() { return v; }
    const_iterator begin() const { return v; }
    iterator end() { return v+max; }
    const_iterator end() const { return v+max; }

    size_t size() const { return max; }
};
```

Aus Gründen der Kompatibilität mit Feldern habe ich für den Indexoperator den vorzeichenbehafteten Typ `ptrdiff_t` und nicht den vorzeichenfreien Typ `size_t` verwendet. Die Verwendung von `size_t` könnte zu subtilen Mehrdeutigkeiten führen, wenn man den Operator `[]` bei einem `c_array` verwendet.

Das Template `c_array` ist nicht Teil der Standardbibliothek. Es wird hier als ein einfaches Beispiel dafür präsentiert, wie man einen »fremden« Container in das Framework des Standards integrieren kann. Es kann mit Standardalgorithmen (Kapitel 18), die `begin()`, `end()` etc. verwenden, genutzt werden. Es kann auf dem Stack angelegt werden, ohne dynamischen Speicherplatz indirekt zu verwenden. Es kann auch einer C–Funktion übergeben werden, die einen Zeiger erwartet. Beispiel:

```
    void f (int* p, int sz);      // C-Stil

    void g()
    {
        c_array<int,10> a;
        f (a,a.size());                          // Verwendung im C-Stil
        c_array<int,10>::iterator p = find(a.begin(),a.end(),777);
                                                 // Verwendung im C++/STL-Stil
        // ...
    }
```

17.6   Definition eines neuen Containers

Die Standardcontainer bilden ein Framework, das durch den Anwender erweitert werden kann. Hier zeige ich, wie man einen Container zur Verfügung stellen kann, der, wo immer es sinnvoll ist, in Austausch mit den Standardcontainern verwendet werden kann. Die Implementierung soll realistisch sein, sie ist aber nicht optimal. Die Schnittstelle wurde so ausgewählt, daß sie sehr dicht an den existierenden, weit verbreiteten und hoch–qualitativen Implementierungen der Klasse `hash_map` heranreicht. Anhand der hier vorgestellten `hash_map` sollen die generellen Aspekte erläutert werden. Zur Verwendung in der Produktion sollten Sie eine unterstützte `hash_map` verwenden.

17.6.1   Hash_map

Eine map ist ein assoziativer Container, der fast jeden Datentyp als Elementtyp akzeptiert. Zum Vergleichen der Elemente baut er dabei auf den Kleiner-als–Operator auf (§17.4.1.5). Falls man aber mehr über den Datentyp des Schlüssels weiß, kann man den Zeitbedarf zum Finden eines Elements häufig dadurch reduzieren, daß eine Hash–Funktion angeboten und der Container als Hash–Tabelle implementiert wird.

Eine Hash–Funktion ist eine Funktion, die einen Wert schnell in einen Index umsetzt, wobei darauf geachtet wird, daß zwei verschiedene Werte selten den gleichen Index erhalten. Im Grunde wird eine Hash–Tabelle so implementiert, daß ein Wert bei seinem Index abgelegt wird, solange sich dort noch kein anderer Wert befindet. Ansonsten wird der Wert »in der Nähe« abgelegt. Das Auffinden eines Elements, das sich bei seinem Index befindet, ist schnell, und das Auffinden eines Elements »in der Nähe« ist nicht langsam, wenn der Test auf Gleichheit ausreichend schnell ist. Deshalb ist es nicht ungewöhnlich, wenn eine Hash–Map bei großen Containern, bei denen die Suchgeschwindigkeit am wichtigsten ist, fünf– bis zehnmal so schnell wie eine Map ist. Auf der anderen Seite kann eine Hash–Map mit einer schlecht gewählten Hash–Funktion erheblich langsamer als eine Map sein.

Es gibt viele Möglichkeiten, eine Hash–Tabelle zu implementieren. Die Schnittstelle von `hash_map` wurde so entworfen, daß sie sich nur an den Stellen von den standardisierten assoziativen Containern unterscheidet, wo dies für das Erreichen der Performance durch Hashing notwendig ist. Der größte Unterschied zwischen einer Map und einer Hash–Map ist der, daß eine Map für die Elementtypen < fordert, während die Hash–Map == und eine Hash–Funktion braucht. Deshalb muß sich eine Hash–Map im Erzeugen von einer Map entsprechend unterscheiden. Beispiel:

```
map<string,int> m1;                    // vergleicht Strings mit <
map<string,int,GrossKleinEgal> m2;     // vergleicht Strings mit GrossKleinEgal (§17.1.4.1)

hash_map<string,int> hm1;              // hasht mit Hash<string> (§17.6.2.3), vergleicht mit  ==
hash_map<string,int,hfct> hm2;         // hasht mit hfct(), vergleicht mit  ==
hash_map<string,int,hfct,eql> hm3;     // hasht mit hfct(), vergleicht mit eql()
```

Ein Container, der durch Hashing sucht, wird unter Verwendung einer oder mehrerer Tabellen implementiert. Zusätzlich muß der Container verwalten, welche Werte zu jedem gehashten Wert (»Index« im vorherigen Beispiel) gehören. Dies wird mit Hilfe einer »Hash–Tabelle« durchgeführt. Die meisten Implementierungen von Hash–Tabellen verlieren erheblich an Performance, wenn sie »zu voll« (sagen wir zu 75% voll) werden. Deshalb wird die nachfolgende definierte `hash_map` automatisch vergrößert, wenn sie zu voll wird. Das Ändern der Größe kann allerdings teuer sein, weshalb es sinnvoll ist, eine Startgröße angeben zu können.

Somit sieht eine erste Näherung einer Hash–Map wie folgt aus:

```
template <class Key, class T, class H=Hash<Key>,
          class EQ=equal_to<Key>, class A=allocator<pair<const Key,T> > >
class hash_map {
    // wie Map, außer:

    typedef H Hasher;
    typedef EQ key_equal;

    hash_map (const T& dv=T(), size_type n = 101,
              const H& hf =H(), const EQ& =EQ());

    template <class In>
      hash_map (In anf, In end, const T& dv=T(),
                size_type n = 101, const H& hf =H(), const EQ& =EQ());
};
```

Dies ist im Prinzip die Map–Schnittstelle (§17.4.1.4), bei der < durch == ersetzt und eine Hash–Funktion hinzugefügt wurde.

Die bisherigen Verwendungen von map in diesem Buch (§3.7.4, §6.1, §17.4.1) können auch für hash_map verwendet werden, indem einfach nur der Name map durch hash_map ersetzt wird. Oft kann der Wechsel einfach durch eine entsprechende Typdefinition vereinfacht werden. Beispiel:

```
typedef hash_map<string,Buch> Map;
Map woerterbuch;
```

Die Typdefinition ist auch sinnvoll, um den aktuellen Datentyp des Wörterbuchs vor den Anwendern zu verstecken.

Es ist zwar nicht ganz korrekt, aber nach meiner Meinung reduziert sich der Unterschied zwischen map und hash_map auf ein Abwägen von Platz– und Zeitbedarf. Falls Effizienz kein Thema ist, lohnt es sich nicht, zwischen beiden zu wählen, beide werden es gleich gut machen. Für große und stark benutzte Tabellen bietet hash_map einen definitiven Geschwindigkeitsvorteil und sollte verwendet werden, sofern Platz nicht wichtiger ist. Sogar wenn Platz wichtiger ist, würde ich versuchen, diesen auf andere Weise einzusparen, bevor ich eine »einfache« Map nehmen würde. Individuelle Messungen sind dabei wesentlich, um zu vermeiden, daß der falsche Code optimiert wird.

Der Knackpunkt in bezug auf die Effizienz des Hashens ist die Qualität der Hash–Funktion. Das Hashen auf Basis eines C–Strings, eines strings oder eines Integers ist im allgemeinen sehr effektiv. Man sollte aber bedenken, daß die Qualität der Hash–Funktion kritisch von den aktuellen Werten, die gehasht werden, abhängig ist (§17.8–Ü35). Eine hash_map muß auch dann verwendet werden, wenn < für den Schlüssel nicht definiert ist oder nicht zur Verfügung gestellt wird. Umgekehrt definiert eine Hash–Map keine auf < basierende Reihenfolge. Insofern muß eine Map verwendet werden, wenn eine Sortierung der Elemente wichtig ist.

Wie map stellt hash_map ebenfalls find() zur Verfügung, um dem Programmierer die Möglichkeit zu geben festzustellen, ob ein bestimmter Schlüssel eingefügt wurde.

17.6.2 Interne Darstellung und Konstruktion

Für Hash–Maps sind viele verschiedene Implementierungen möglich. Ich verwende hier eine, die ziemlich schnell ist und deren wichtigste Operationen ziemlich einfach sind. Die entscheidenden Operationen sind die Konstruktoren, der Elementzugriff (Operator []), die Änderung der Größe (resize()) und die Operation zum Löschen eines Elements (erase()).

Die hier gewählte einfache Implementierung basiert auf einer Hash–Tabelle, die aus einem Vektor von Zeigern auf den Einträgen besteht. Jeder Eintrag enthält einen Schlüssel (key), einen wert, einen Zeiger auf den nächsten Eintrag mit dem gleichen Hash–Wert (falls vorhanden) und ein Bit »gelöscht« (erased):

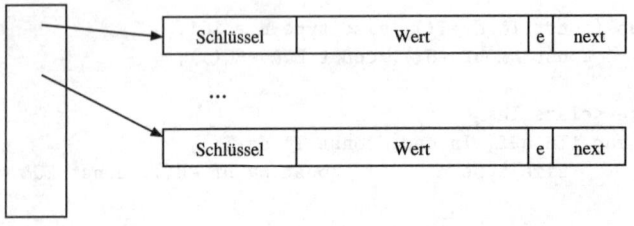

Als Deklaration sieht das wie folgt aus:

```
template <class Key, class T, class H=Hash<Key>,
         class EQ=equal_to<Key>, class A=allocator<pair<const Key,T> > >
class hash_map {
    // ...
    private:              // interne Darstellung
        struct Eintrag {
            key_type key;
            mapped_type wert;
            bool erased;      // gelöscht?
            Eintrag* next;    // Verweis bei Hash-Überlauf
            Eintrag (key_type k, mapped_type v, Eintrag* n)
                : key(k), wert(v), erased(false), next(n) { }
        };

        vector<Eintrag> v;    // aktuelle Einträge
        vector<Eintrag*> ht;  // Hash-Tabelle: Zeiger nach v
    // ...
};
```

Man beachte die Bedeutung des erased–Bits. Die Art und Weise, wie mehrere Werte mit demselben Hash–Wert behandelt werden, macht es schwer, ein Element zu entfernen. Deshalb wird ein Element beim Aufruf von erase() nicht gelöscht, sondern nur als »gelöscht« markiert und so lange ignoriert, bis die Größe der Tabelle verändert wird.

Zusätzlich zu den Hauptdatenstrukturen, braucht eine hash_map ein paar administrative Daten. Naturgemäß setzt jeder Konstruktor diese entsprechend. Beispiel:

```
template <class Key, class T, class H=Hash<Key>,
         class EQ=equal_to<Key>, class A=allocator<pair<const Key,T> > >
class hash_map {
    // ...

    hash_map (const T& dv=T(), size_type n=101,
            const H& h=H(), const EQ& e=EQ())
        : default_wert(dv), ht(n), no_of_erased(0), hash(h), eq(e)
    {
        set_load();               // Default-Größe setzen
        v.reserve (max_load*ht.size()); // Speicherplatz zum Wachsen reservieren
    }

    void set_load (float m=0.7, float g=1.6) { max_load=m; grow=g; }
    // ...

    private:
        float max_load;       // Randbedingung:  v.size()<=ht.size()*max_load
        float grow;           // falls nötig, resize(ht.size()*grow)

        size_type no_of_erased; // Anzahl der gelöschten Einträge in v

        Hasher hash;          // Hash-Funktion
        key_equal eq;         // Gleichheit
```

```
        const T default_wert;    // Default-Wert für []
};
```

Die standardisierten assoziativen Container setzen voraus, daß es für die Datentypen der Werte einen Default–Wert gibt (§17.4.1.7). Diese Einschränkung ist aus logischer Sicht nicht notwendig und kann unbequem sein. Dadurch, daß der Default–Wert zu einem Argument gemacht wurde, kann man folgendes schreiben:

```
    hash_map<string,Nummer> telbuch1;              // Default: Nummer()
    hash_map<string,Nummer> telbuch2(Nummer(411));  // Default: Nummer(411)
```

17.6.2.1   Zugriff

Schließlich werden die entscheidenden Zugriffsoperationen angeboten:

```
    template <class Key, class T, class H=Hash<Key>,
            class EQ=equal_to<Key>, class A=allocator<pair<const Key,T> > >
    class hash_map {
        // ...
        mapped_type& operator[] (const key_type&);

        iterator find (const key_type&);
        const_iterator find (const key_type&) const;
        // ...
    };
```

Um einen Wert zu finden, verwendet operator[]() eine Hash–Funktion, die für den Schlüssel den Index in der Hash–Tabelle liefert. Dann durchsucht er alle Einträge, bis der passende Schlüssel gefunden wird. Der wert dieses Eintrags ist der Wert, den wir suchen. Falls keiner gefunden wird, wird der Default–Wert verwendet:

```
    template <class Key, class T, class H=Hash<Key>,
            class EQ=equal_to<Key>, class A=allocator<pair<const Key,T> > >
    hash_map<Key,T,H,EQ,A>::mapped_type&
    hash_map<Key,T,H,EQ,A>::operator[] (const key_type& k)
    {
        size_type i = hash(k)%ht.size();          // hashen

        for (Eintrag* p=ht[i]; p; p=p->next)  // suche unter den Einträgen mit Hash-Wert i
            if (eq(k,p->key)) {                  // gefunden
                if (p->erased) {                 // neu einfügen
                    p->erased = false;
                    no_of_erased--;
                    return p->wert=default_wert;
                }
                return p->wert;
            }
        // nicht gefunden

        if (size_type(ht.size()*max_load) <= v.size()) {  // falls »zu voll«
            resize(ht.size()*grow);                        // wachsen
            return operator[](k);                          // rehashen
```

```
        }

        v.push_back(Eintrag(k,default_wert,ht[i]));   // Eintrag einfügen
        ht[i] = &v.back();                             // aufs neue Element zeigen

        return ht[i]->wert;
}
```

Im Gegensatz zu map basiert hash_map nicht auf einem Test auf Gleichheit, der aus der Operation Kleiner–als abgeleitet wird (§17.1.4.1). Dies liegt an dem Aufruf von eq() in der Schleife, die die Elemente mit demselben Hash–Wert durchläuft. Diese Schleife ist für die Performance des Zugriffs kritisch. Für übliche und offensichtliche Schlüsseltypen, wie string oder C–Strings, kann der Mehraufwand eines zusätzlichen Vergleichs erheblich sein.

Man könnte für die Werte auch ein set<Eintrag> verwenden, um die Werte mit dem gleichen Hash–Wert zu verwalten. Falls man allerdings eine gute Hash–Funktion (hash()) und eine Hash–Tabelle (ht) mit angemessener Größe besitzt, werden solche Sets nur genau ein Element besitzen. Deshalb habe ich die Elemente statt dessen über die Komponente next von Eintrag miteinander verknüpft (§17.8–Ü27).

Man beachte, daß ht Zeiger auf Elemente von v verwaltet und diese Elemente in v jeweils eingefügt werden. Im allgemeinen kann push_back() eine Reallokierung verursachen und somit die Zeiger ungültig machen (§16.3.5). In diesem Fall reservieren die Konstruktoren (§17.6.2) und resize() aber ausreichend Speicherplatz (mit reserve()), damit keine unerwartete Reallokierung auftritt.

17.6.2.2 Löschen und Rehashen

Wenn die Hash–Tabelle zu voll wird, wird der Hash–Zugriff ineffizient. Um die Wahrscheinlichkeit, daß dies passiert, zu reduzieren, wird die Größe der Tabelle durch den Indexoperator automatisch verändert. Die Operation set_load() (§17.6.2) bietet dabei die Möglichkeit zu kontrollieren, wann und wie das geschieht. Weitere Funktionen erlauben es einem Programmierer, den Zustand einer Hash–Map zu beobachten:

```
template <class Key, class T, class H=Hash<Key>,
          class EQ=equal_to<Key>, class A=allocator<pair<const Key,T> > >
class hash_map {
    // ...
    void resize (size_type n);      // Größe der Hash-Tabelle auf n setzen

    void erase (iterator pos);      // lösche das Element, auf das gezeigt wird

    size_type size() const { return v.size()-no_of_erased; } // Anzahl der Elemente

    size_type bucket_count() const { return ht.size(); } // Größe der Hash-Tabelle

    Hasher hash_fun() const { return hash; }   // verwendete Hash-Funktion
    key_equal key_eq() const { return eq; }    // verwendete Funktion für Gleichheit
    // ...
};
```

Die Operation resize() ist unabdingbar, ziemlich einfach und potentiell teuer:

```
template <class Key, class T, class H=Hash<Key>,
         class EQ=equal_to<Key>, class A=allocator<pair<const Key,T> > >
void hash_map<Key,T,H,EQ,A>::resize (size_type s)
{
    size_type i = v.size();
    while (no_of_erased) {      // gelöschte Elemente wirklich löschen
        if (v[--i].erased) {
            v.erase(&v[i]);
            --no_of_erased;
        }
    }

    if (s<=ht.size()) return;
    ht.resize(s);               // füge s-ht.size() Zeiger hinzu
    fill(ht.begin(),ht.end(),0);    // mit nullen füllen
    v.reserve(s*max_load);      // falls v reallokiert werden muß, geschieht es jetzt

    for (size_type i=0; i<v.size(); i++) {      // rehash:
        size_type ii = hash(v[i].key)%ht.size();    // hashen
        v[i].next = ht[ii];                     // verknüpfen
        ht[ii] = &v[i];
    }
}
```

Falls notwendig, kann ein Anwender resize() von Hand aufrufen, um dafür zu sorgen, daß die Kosten zu einem bestimmten Zeitpunkt auftreten. Ich finde eine solche resize()–Operation in einigen Programmen wichtig. Sie ist für das Konzept einer Hash–Tabelle aber nicht fundamental. Manche Implementierungsstrategien brauchen sie nicht.

Da die eigentliche Arbeit woanders gemacht wird (nämlich nur, wenn hash_map eine neue Größe bekommt), ist erase() trivial:

```
template <class Key, class T, class H=Hash<Key>,
         class EQ=equal_to<Key>, class A=allocator<pair<const Key,T> > >
void hash_map<Key,T,H,EQ,A>::erase (iterator p)  // lösche Element, auf das gezeigt wird
{
    if (p->erased==false) no_of_erased++;
    p->erased=true;
}
```

17.6.2.3 Hashing

Um hash_map::operator[]() zu vervollständigen, müssen hash() und eq() definiert werden. Aus Gründen, die erst in §18.4 klar werden, wird eine Hash–Funktion am besten als operator() eines Funktionsobjekts definiert:

```
template <class T> struct Hash : unary_function<T,size_t> {
    size_t operator() (const T& key) const;
};
```

Eine gute Hash–Funktion liefert zu einem gegebenen Schlüssel einen Integer in der Form, daß zu unterschiedlichen Schlüsseln mit hoher Wahrscheinlichkeit unterschiedliche Integer herauskommen. Die Auswahl einer guten Hash–Funktion ist eine Kunst für sich. Das »exklusive Ver-odern« der Bits der Darstellung des Schlüssels in einen Integer ist allerdings in vielen Fällen akzeptabel:

```
template <class T> size_t Hash<T>::operator() (const T& key) const
{
    size_t res=0;

    size_t len = sizeof(T);
    const char* p = reinterpret_cast<const char*>(&key);

    while (len--)
        res = (res<<1)^*p++;    // verwendet die Bytes der Darstellung des Schlüssels
    return res;
}
```

Die Verwendung von `reinterpret_cast` (§6.2.7) ist ein gutes Anzeichen dafür, daß hier etwas Unsauberes passiert und daß man es besser machen könnte, wenn man mehr über die Objekte, die gehasht werden, wüßte. Speziell wenn ein Objekt Zeiger enthält, falls das Objekt groß ist oder falls die Anforderungen an die Ausrichtung von Elementen nicht–verwendeten Speicherplatz (»Löcher«) hinterlassen, kann man es üblicherweise besser machen (siehe §17.8–Ü29).

Ein C–String ist ein Zeiger (auf die Zeichen), und ein `string` enthält einen Zeiger. Als Konsequenz kann man Spezialisierungen anbieten:

```
typedef char* Pchar;

template<> size_t Hash<Pchar>::operator() (const Pchar& key) const
{
    size_t res=0;
    Pchar p = key;
    while (*p) res = (res<<1)^*p++;    // verwendet int-Wert der Zeichen
    return res;
}

template <class C>
size_t Hash<basic_string<C> >::operator() (const basic_string<C>& key) const
{
    size_t res=0;

    typedef typename basic_string<C>::const_iterator CI;
    CI p = key.begin();
    CI end = key.end();

    while (p!=end) res = (res<<1)^*p++;    // verwendet int-Wert der Zeichen
    return res;
}
```

Eine Implementierung von `hash_map` wird zumindest für Schlüssel, die Integer oder Strings sind, Hash–Funktionen enthalten. Besitzen Schlüssel abenteuerlichere Datentypen, kann der Anwender mit einer passenden Spezialisierung aushelfen. Bei der Auswahl einer guten Hash–Funktion sind Experimente, die durch gute Messungen unterstützt werden, unabdingbar. Intuition führt auf diesem Gebiet dazu, schlechte Lösungen zu finden.

Um `hash_map` zu vervollständigen, braucht man noch die Iteratoren und eine kleine Menge trivialer Funktionen. Dies wird als Übungsaufgabe gestellt (§17.8–Ü29).

17.6.3   Andere gehashte assoziative Container

Aus Gründen der Konsistenz und Vollständigkeit könnte es neben `hash_map` auch die Klassen `hash_set`, `hash_multimap` und `hash_multiset` geben. Deren Definitionen sind nach `hash_map`, `map`, `multimap`, `set` und `multiset` offensichtlich, weshalb ich sie als Übungsaufgabe stelle (§17.8–Ü34). Gute freie und kommerzielle Implementierungen dieser Container stehen zur Verfügung. Für echte Programme sollten diese Implementierungen »ausgeheckten« Versionen wie meiner vorgezogen werden.

17.7   Ratschläge

1. Verwenden Sie `vector` als Default–Container; §17.1.
2. Für jede häufig verwendete Operation sollten Sie die Kosten (Komplexität, Groß–O–Maß) kennen; §17.1.2.
3. Schnittstelle, Implementierung und interne Darstellung von Containern sind verschiedene Konzepte. Bringen Sie sie nicht durcheinander; §17.1.3.
4. Man kann mit vielen verschiedenen Kriterien sortieren und suchen; §17.1.4.1.
5. Verwenden Sie keine C–Strings als Schlüssel, wenn Sie kein passendes Vergleichskriterium zur Verfügung stellen; §17.1.4.1.
6. Man kann Vergleichskriterien so definieren, daß verschiedene Schlüsselwerte äquivalente Schlüssel sind; §17.1.4.1.
7. Bevorzugen Sie beim Einfügen und Löschen von Elementen Operationen, die auf das Ende einer Sequenz zugreifen (`back`–Operationen; §17.1.4.1).
8. Verwenden Sie `list`, wenn häufiges Einfügen und Löschen in der Mitte eines Containers notwendig ist; §17.2.2.[1]
9. Verwenden Sie `map` oder `multimap`, wenn Elemente in erster Linie über einen Schlüssel angesprochen werden sollen; §17.4.1.
10. Verwenden Sie die kleinstmögliche Menge an Operationen, um die größtmögliche Flexibilität zu erhalten; §17.1.1.
11. Ziehen Sie eine `map` einer `hash_map` vor, wenn die Elemente sortiert sein sollen; §17.6.1.
12. Ziehen Sie eine `hash_map` einer `map` vor, wenn die Zugriffsgeschwindigkeit wesentlich ist; §17.6.1.
13. Falls keine Kleiner-als–Operation definiert werden kann, sollte statt einer `map` eine `hash_map` verwendet werden; §17.6.1.
14. Verwenden Sie `find()`, um herauszufinden, ob sich ein Schlüssel in einem assoziativen Container befindet; §17.4.1.6.
15. Verwenden Sie `equal_range()`, um in einem assoziativen Container alle Elemente zu einem Schlüssel zu finden; §17.4.1.6.
16. Verwenden Sie `multimap`, falls zu einem einzelnen Schlüssel mehrere Werte gehören; §17.4.2.

---

[1] A.d.Ü.: Im Original dieses Buches gibt es diese Empfehlung auch für vorne. In dem Fall empfiehlt sich allerdings eher eine deque.

17. Verwenden Sie set oder multiset, wenn der Schlüssel selbst der einzige abzuspeichernde Wert ist; §17.4.3.

17.8 Übungen

Zu den nachfolgenden Aufgaben können zahlreiche Lösungen durch Ansehen des Quellcodes einer Implementierung der Standardbibliothek gefunden werden. Tun Sie sich aber einen Gefallen: Versuchen Sie erst, eine eigene Lösung zu finden, bevor Sie nachsehen, wie eine Implementierung der Bibliothek das Problem gelöst hat. Betrachten Sie danach nochmal Ihre implementierte Version der Container und deren Operationen.

Ü1 (*2,5) Machen Sie sich die O()–Notation klar (§17.1.2). Führen Sie einige Messungen für Operationen der Standardcontainer durch, um deren konstante Faktoren zu ermitteln.

Ü2 (*2) Viele Telefonnummern passen nicht in einen long. Schreiben Sie einen Datentyp telnummer und eine Klasse, die für einen Container von Telefonnummern eine Reihe von sinnvollen Operationen anbietet.

Ü3 (*2) Schreiben Sie ein Programm, das die unterschiedlichen Worte einer Datei in alphabetischer Reihenfolge auflistet. Machen Sie zwei Versionen: eine, bei der die Worte jeweils durch Whitespaces (Leerzeichen, Tabulator–Zeichen und Zeilenumbruch) getrennt werden, und eine, bei der ein Wort nur aus Buchstaben besteht und durch alle Zeichen, die keine Buchstaben sind, abgegrenzt wird.

Ü4 (*2,5) Implementieren Sie ein einfaches Solitaire–Spiel.

Ü5 (*1,5) Implementieren Sie einen einfachen Test, ob ein Wort ein Palindrom ist (das ist ein Wort, das vorwärts und rückwärts den gleichen Sinn ergibt, wie »Otto« oder »Reliefpfeiler«). Implementieren Sie einen einfachen Test, ob ein Integer ein Palindrom ist. Implementieren Sie einen einfachen Test, ob ein Satz ein Palindrom ist. Verallgemeinern Sie das alles.

Ü6 (*1,5) Definieren Sie eine Queue, die (nur) zwei stacks verwendet.

Ü7 (*1,5) Definieren Sie einen Stack ähnlich wie stack (§17.3.1), mit dem Unterschied, daß er seine darunterliegenden Container nicht kopiert und eine Iteration über die Elemente ermöglicht.

Ü8 (*3) Ihr Computer wird konkurrierende Aktivitäten durch die Konzepte der Threads, Tasks oder Prozesse unterstützen. Finden Sie heraus, wie das geschieht. Der entsprechende Mechanismus wird dazu ein Konzept haben, um den gleichzeitigen Zugriff auf den gleichen Speicher durch Locks zu vermeiden. Verwenden Sie diesen Mechanismus, um eine Lock–Klasse zu implementieren.

Ü9 (*2,5) Lesen Sie eine Sequenz von Datumsangaben, wie Dez85, Dez50, Jan76 usw. von der Eingabe, und geben Sie diese so aus, daß das späteste Datum zuerst ausgegeben wird. Das Format des Datums ist eine aus drei Buchstaben bestehende Monatsangabe, gefolgt von einer aus zwei Ziffern bestehenden Jahreszahl. Gehen Sie davon aus, daß alle Jahre aus dem gleichen Jahrhundert kommen.

Ü10 (*2,5) Verallgemeinern Sie das Eingabeformat für Datumsangaben so, daß auch Daten, wie Dez1985, 12.11.19962, (Dez,30,1950), 3/6/2001 usw. erlaubt sind. Modifizieren Sie Ü9 so, daß auch diese neuen Formate korrekt behandelt werden.

Ü11 (*1,5) Verwenden Sie ein bitset, um die Werte einiger Zahlen, wie 0, 1, -1, 18, -18, und den größten positiven int binär auszugeben.

Ü12 (∗1,5) Verwenden Sie ein `bitset`, um zu verwalten, welche Schüler an einem bestimmten Tag in einer Klasse anwesend waren. Lesen Sie die Bitsets für eine Folge von 12 Tagen ein, und stellen Sie fest, wer jeden Tag anwesend war. Stellen Sie fest, welche Schüler mindestens 8 Tage anwesend waren.

Ü13 (∗1,5) Schreiben Sie eine Liste von Zeigern, die die Objekte, auf die die Zeiger verweisen, mit `delete` löscht, wenn das Element aus der Liste entfernt oder der ganze Container selbst gelöscht wird.

Ü14 (∗1,5) Geben Sie die Elemente eines gegebenen `stack`–Objekts in der richtigen Reihenfolge aus (ohne den Wert des Stacks dabei zu verändern).

Ü15 (∗2,5) Vervollständigen Sie `hash_map` (§17.6.1). Dazu gehört die Implementierung von `find()` und `equal_range()` und das Ausdenken einer Möglichkeit, das komplette Template zu testen. Testen Sie `hash_map` mit zumindest einem Schlüsseltyp, für den die Default–Hash– Funktion unangemessen wäre.

Ü16 (∗2,5) Implementieren und testen Sie eine Liste im Stil der Standardklasse `list`.

Ü17 (∗2) Manchmal kann der Mehrbedarf an Platz bei einer Liste zum Problem werden. Schreiben und testen Sie eine einfach verkettete Liste im Stil eines Standardcontainers.

Ü18 (∗2,5) Implementieren Sie eine Liste, die sich wie die Standardklasse `list` verhält, mit dem Unterschied, daß sie den Indexoperator unterstützt. Vergleichen Sie die Kosten eines Indexzu- griffs für verschiedene Listen mit den entsprechenden Kosten bei Vektoren der gleichen Länge.

Ü19 (∗2) Implementieren Sie eine Template–Funktion, die zwei Container zu einem zusammen- faßt.

Ü20 (∗1,5) Finden Sie heraus, ob ein gegebener C–String ein Palindrom ist. Finden Sie heraus, ob eine Startsequenz im String, die mindestens drei Worte umfaßt, ein Palindrom ist.

Ü21 (∗2) Lesen Sie eine Sequenz von *name/wert*–Paaren und produzieren Sie eine sortierte Liste von 4er–Tupeln mit den Daten *name, summe, durchschnitt, mittelwert*. Geben Sie diese Liste aus.

Ü22 (∗2,5) Stellen Sie für jeden Standardcontainer den Mehrbedarf an Speicherplatz Ihrer Imple- mentierung fest.

Ü23 (∗3,5) Überlegen Sie, welche einleuchtende Implementierungsstrategie für eine `hash_map` ein Minimum an Platz bräuchte. Überlegen Sie, welche einleuchtende Implementierungsstra- tegie für eine `hash_map` ein Minimum an Zugriffszeit hätte. Überlegen Sie in beiden Fällen, auf welche Operationen man verzichten könnte, um näher an das Ideal (kein Mehrbedarf an Platz und kein Mehraufwand beim Zugriff) zu kommen. Hinweis: Es gibt eine enorme Menge an Literatur zu Hash–Tabellen.

Ü24 (∗2) Denken Sie sich eine Strategie zum Umgang mit Überläufen (gleicher Hash– Wert zu verschiedenen Ausgangswerten) in Hash–Maps aus, die die Implementierung von `equal_range()` trivial macht.

Ü25 (∗2,5) Machen Sie eine Annahme über den Mehrbedarf an Speicherplatz für eine `hash_map`, und messen Sie diesen dann nach. Vergleichen Sie die Annahme mit dem Ergebnis der Mes- sung. Vergleichen Sie den Mehrbedarf an Speicherplatz von Ihrer `hash_map` mit der Ihnen zur Verfügung stehenden Implementierung von `map`.

Ü26 (∗2,5) Profilen Sie Ihre `hash_map`, um festzustellen, wo die Zeit verbraucht wird. Machen Sie das gleiche für eine `map` und eine weitverbreitete `hash_map`.

Ü27 (∗2,5) Implementieren Sie eine hash_map auf Basis von vector<map<K,V>∗>, so daß jede map alle Schlüssel mit dem gleichen Hash–Wert enthält.

Ü28 (∗3) Implementieren Sie eine Hash–Map mit Splay–Bäumen (siehe D. Sleator und R.E. Tarjan: *Self–Adjusting Binary Search Trees*, JACM, Vol. 32; 1985).

Ü29 (∗2) Es sei folgende Datenstruktur für ein String–artiges Element gegeben:

```
struct St {
    int size;
    char type_indicator;
    char* buf;          // zeigt auf size Zeichen
    St(const char* p);  // allokiert und füllt buf
};
```

Erzeugen Sie 1000 Sts, und verwenden Sie sie als Schlüssel für eine hash_map. Denken Sie sich ein Programm zum Messen der Performance dieser hash_map aus. Schreiben Sie für St eine spezielle Hash–Funktion (eine Hash; §17.6.2.3).

Ü30 (∗2) Geben Sie mindestens vier verschiedene Möglichkeiten an, ein gelöschtes Element aus einer Hash–Map zu entfernen. Zur Vermeidung von Schleifen sollten Sie dabei Standardalgorithmen (§3.8, Kapitel 18) verwenden.

Ü31 (∗3) Implementieren Sie eine Hash–Map, die die Elemente sofort löscht.

Ü32 (∗2) Die in §17.6.2.3 präsentierte Hash–Funktion berücksichtigt nicht immer alle Teile der Darstellung eines Schlüssels. Wann wird ein Teil des Schlüssels ignoriert? Schreiben Sie eine Hash–Funktion, die immer alle Teile der Darstellung eines Schlüssels berücksichtigt. Geben Sie ein Beispiel an, wann es sinnvoller ist, einen Teil eines Schlüssels zu ignorieren, und schreiben Sie eine Hash–Funktion, die nur einen als relevant erachteten Teil eines Schlüssels verwendet.

Ü33 (∗2,5) Der Code einer Hash–Funktion tendiert zu folgender Gemeinsamkeit: Eine Schleife erhält weitere Daten und hasht diese. Definieren Sie eine Hash–Funktion Hash (§17.6.2.3), die ihre Daten durch wiederholten Aufruf einer vom Anwender für einen Datentyp zur Verfügung gestellten Funktion erhält. Beispiel:

```
size_t res=0;
while (size_t v = hash(key)) res = (res<<3)^v;
```

Hier kann ein Anwender für jeden Typ K, der gehasht werden muß, hash(K) definieren.

Ü34 (∗3) Implementieren Sie bei vorhandener Implementierung von hash_map die Klassen hash_multimap, hash_set und hash_multiset.

Ü35 (∗2,5) Schreiben Sie eine Hash–Funktion, die dazu gedacht ist, gleichverteilte int–Werte in Hash–Werte für eine Tabelle mit ungefähr 1024 Einträgen umzusetzen. Denken Sie sich für diese Funktion 1024 Schlüsselwerte aus, die alle in den gleichen Hash–Wert umgesetzt werden.

Algorithmen und Funktionsobjekte **18**

Form is liberating.
– engineers' proverb

18.1 Einführung

Für sich betrachtet ist ein Container nicht besonders interessant. Um wirklich sinnvoll zu sein, muß ein Container Basisoperationen wie das Abfragen der Größe, das Iterieren, Kopieren, Sortieren und Suchen nach Elementen unterstützen. Glücklicherweise bietet die Standardbibliothek Algorithmen, um die fundamentalen und allgemeingültigsten Anforderungen von Anwendern an Container zu erfüllen.

Dieses Kapitel faßt die Standardalgorithmen zusammen und gibt einige Anwendungsbeispiele. Es präsentiert die entscheidenden Prinzipien und Techniken, die in den Algorithmen ihre Anwendung finden, und erläutert die wichtigsten Algorithmen im Detail.

Funktionsobjekte bieten einen Mechanismus, mit dem der Anwender das Verhalten der Standardalgorithmen beeinflussen kann. Sie liefern entscheidende Informationen, die ein Algorithmus braucht, um Daten des Anwenders zu bearbeiten. Deshalb bildet die Definition und Anwendung von Funktionsobjekten einen Schwerpunkt.

18.2 Überblick über Algorithmen der Standardbibliothek

Auf den ersten Blick können die Algorithmen der Standardbibliothek erdrückend sein. Es gibt allerdings nur 60 davon. Ich habe Klassen gesehen, die mehr Elementfunktionen besitzen. Außerdem besitzen viele Algorithmen ein gemeinsames Grundverhalten und einen gemeinsamen Schnittstellenstil, der das Verständnis erleichtert. Wie bei Sprachmitteln sollte der Programmierer auch hier nur die Algorithmen verwenden, die jeweils gebraucht und verstanden werden. Es gibt keine Preise für die höchste Anzahl von verwendeten Standardalgorithmen in einem Programm. Genausowenig gibt es eine Auszeichnung für die schlaueste und unverständlichste Art, Standardalgorithmen zu verwenden. Man sollte immer daran denken, daß Code in erster Linie so zu schreiben ist, daß er für andere nachvollziehbar ist (und sei es, daß man selbst den Code einige Jahre später noch verstehen muß). Andererseits sollte man sich bei der Bearbeitung von Elementen eines Containers fragen, ob eine Aktion nicht auch durch einen Standardalgorithmus durchgeführt werden kann. Falls man dies nicht berücksichtigt, läuft man Gefahr, das Rad erneut zu erfinden.

Jeder Algorithmus wird durch eine Template–Funktion (§13.3) oder eine Reihe von Template–Funktionen ausgedrückt. Dadurch können Algorithmen bei vielen Sequenz–Arten und den unterschiedlichsten Elementtypen angewendet werden. Algorithmen, die als Ergebnis einen Iterator (§19.1) zurückliefern, verwenden das Ende der Eingabesequenz, um ein Fehlverhalten anzuzeigen. Beispiel:

```
void f( list<string>& ls)
{
    list<string>::const_iterator p=find(ls.begin(),ls.end(),"Fred");

    if (p==ls.end()) {
        // "Fred" nicht gefunden
    }
    else {
        // p zeigt jetzt auf "Fred"
    }
}
```

Algorithmen führen weder bei der Eingabe noch bei der Ausgabe Bereichsüberprüfungen durch. Bereichsfehler müssen auf andere Art vermieden werden (§18.3.1, §19.3). Wenn ein Algorithmus einen Iterator zurückliefert, besitzt dieser Iterator den gleichen Datentyp wie einer der übergebenen Iteratoren. Die Argumente der Algorithmen legen insbesondere fest, ob Algorithmen einen nichtkonstanten iterator oder einen const_iterator zurückliefern. Beispiel:

```
void f (list<int>& li, const list<string>& ls)
{
    list<int>::iterator p = find(li.begin(),li.end(),42);
    list<string>::const_iterator q = find(ls.begin(),ls.end(),"Ring");
}
```

Die Algorithmen der Standardbibliothek decken die allgemeinsten Containeroperationen, wie das Durchlaufen, Sortieren, Einfügen und Löschen von Elementen, ab. Sie befinden sich alle im Namensbereich std und werden in <algorithm> deklariert. Interessanterweise sind die meisten wirklich allgemeinen Algorithmen so einfach, daß die Template–Funktionen inline definiert sind. Dies bedeutet, daß in den Algorithmen befindliche Schleifen von aggressiven funktionsspezifischen Optimierungen profitieren.

Die Standardfunktionsobjekte befinden sich ebenfalls im Namensbereich std. Sie werden allerdings in <functional> deklariert. Funktionsobjekte sind so entworfen, daß sie ohne weiteres inline sein können.

Nichtmodifizierende Sequenzoperationen werden verwendet, um aus einer Sequenz Informationen zu bekommen oder die Position eines Elements in einer Sequenz zu ermitteln.

Die meisten Algorithmen erlauben es dem Anwender, die für jedes Element oder Paar von Elementen jeweils durchgeführte Aktion anzugeben. Dies macht die Algorithmen erheblich allgemeingültiger und sinnvoller, als dies auf den ersten Blick erscheint. Ein Anwender kann insbesondere die Kriterien für Gleichheit und Unterschiede übergeben (§18.4.2). Sofern dies sinnvoll ist, wird die allgemeinste und sinnvollste Aktion jeweils als Default angeboten.

Nichtmodifizierene Sequenzoperationen (§18.5) `<algorithm>`	
`for_each()`	für jedes Element eine Operation durchführen
`find()`	erstes Auftreten eines Wertes finden
`find_if()`	erstes Element, das ein Prädikat erfüllt, finden
`find_first_of()`	einen Wert einer Sequenz in einer anderen Sequenz finden
`adjacent_find()`	ein benachbartes Wertepaar finden
`count()`	Anzahl eines Wertes zählen
`count_if()`	Anzahl der Elemente, die ein Prädikat erfüllen, zählen
`mismatch()`	erste unterschiedliche Elemente zweier Sequenzen finden
`equal()`	testen, ob zwei Sequenzen die gleichen Elemente haben
`search()`	erstes Auftreten einer Teilsequenz finden
`find_end()`	letztes Auftreten einer Teilsequenz finden
`search_n()`	erste Teilsequenz mit n gleichen Werten finden

Modifizierende Sequenzoperationen haben bis auf die offensichtliche Tatsache, daß sie alle die Werte der Elemente einer Sequenz ändern können, nicht viel gemeinsam:

Modifizierende Sequenzoperationen (§18.6) `<algorithm>`	
`transform()`	für jedes Element eine Operation durchführen
`copy()`	alle Elemente, beginnend mit dem ersten, kopieren
`copy_backwards()`	alle Elemente, beginnend mit dem letzten, kopieren
`swap()`	zwei Elemente vertauschen
`iter_swap()`	zwei Elemente, auf die Iteratoren zeigen, vertauschen
`swap_ranges()`	alle Elemente zweier Sequenzen vertauschen
`replace()`	Elemente mit einem bestimmten Wert ersetzen
`replace_if()`	Elemente, die ein Prädikat erfüllen, ersetzen
`relace_copy()`	Elemente kopieren und dabei einen bestimmten Wert ersetzen
`replace_copy_if()`	Elemente kopieren und dabei die, die ein Prädikat erfüllen, ersetzen
`fill()`	alle Elemente durch einen Wert ersetzen
`fill_n()`	n Elemente durch einen Wert ersetzen
`generate()`	alle Elemente durch das Ergebnis einer Operation ersetzen
`generate_n()`	n Elemente durch das Ergebnis einer Operation ersetzen
`remove()`	Elemente mit einem bestimmten Wert entfernen
`remove_if()`	Elemente, die ein Prädikat erfüllen, entfernen
`remove_copy()`	Elemente kopieren und dabei einen bestimmten Wert entfernen
`remove_copy_if()`	Elemente kopieren und dabei die, die ein Prädikat erfüllen, entfernen
`unique()`	aufeinanderfolgende Duplikate entfernen
`unique_copy()`	Elemente kopieren und dabei aufeinanderfolgende Duplikate entfernen
`reverse()`	die Reihenfolge der Elemente umkehren
`reverse_copy()`	Elemente kopieren und dabei die Reihenfolge der Elemente umkehren
`rotate()`	Elemente rotieren
`rotate_copy()`	Elemente kopieren und dabei rotieren
`random_shuffle()`	Elemente mischen

Jedes gute Design hinterläßt eine Spur der persönlichen Merkmale und Interessen des Designers. Die Container und Algorithmen der Standardbibliothek spiegeln eine starke Beziehung zu klassischen Datenstrukturen und Algorithmen wider. Die Standardbibliothek enthält nicht nur das Minimum an Containern und Algorithmen, die von jedem Programmierer auf jeden Fall gebraucht werden. Sie enthält viele der Mittel, um solche Algorithmen anzubieten und die Bibliothek über dieses Minimum hinaus zu erweitern.

An dieser Stelle steht nicht das Design der Algorithmen im Vordergrund. Es wird sogar nur auf die Verwendung der einfachsten und offensichtlichsten Algorithmen eingegangen. Informationen zum Design und zur Analyse der Algorithmen können an anderer Stelle gefunden werden (siehe z.B. [Knuth,1968] und [Tarjan,1983]). Statt dessen listet dieses Kapitel die angebotenen Algorithmen auf und erläutert, wie sie in C++ formuliert sind. Diese Betrachtung erlaubt es all denen, die die Algorithmen verstehen, die Bibliothek gut einzusetzen und sie im Sinne ihres Designs zu erweitern.

Die Standardbibliothek bietet zahlreiche Operationen zum Sortieren, Suchen und Manipulieren von vorsortierten Sequenzen:

Sortierte Sequenzen (§18.7) `<algorithm>`	
`sort()`	sortieren (mit guter durchschnittlicher Effizienz)
`stable_sort()`	sortieren (gleiche Elemente behalten ihre Reihenfolge)
`partial_sort()`	den ersten Teil einer Sequenz sortieren
`partial_sort_copy()`	Elemente kopieren und dabei den ersten Teil sortieren
`nth_element()`	das $n$te Element an die richtige Stelle sortieren
`lower_bound()`	das erste Element einer sortierten Sequenz finden
`upper_bound()`	das letzte Element einer sortierten Sequenz finden
`equal_range()`	eine Teilsequenz mit einem bestimmten Wert finden
`binary_search()`	Ist ein Wert in einer sortierten Sequenz enthalten?
`merge()`	zwei sortierte Sequenzen vereinigen
`inplace_merge()`	zwei hintereinanderliegende sortierte Sequenzen vereinigen
`partition()`	Elemente, die ein Prädikat erfüllen, nach vorn plazieren
`stable_partition()`	Elemente, die ein Prädikat erfüllen, unter Beibehaltung der relativen Reihenfolge nach vorn plazieren

Mengenalgorithmen (§18.7.5) `<algorithm>`	
`includes()`	Ist eine Sequenz Teil einer anderen?
`set_union()`	erzeugt eine sortierte Vereinigungsmenge
`set_intersection()`	erzeugt eine sortierte Schnittmenge
`set_difference()`	erzeugt eine sortierte Menge der Elemente, die in einer Sequenz und in einer zweiten nicht vorhanden sind
`set_symmetric_difference()`	erzeugt eine sortierte Menge der Elemente, die in genau einer von zwei Sequenzen vorhanden sind

Heap–Operationen halten eine Sequenz in einem Zustand, der es einfach macht, sie bei Bedarf zu sortieren:

Heap–Operationen (§18.8) `<algorithm>`	
make_heap()	eine Sequenz auf die Verwendung als Heap vorbereiten
push_heap()	ein Element in den Heap einfügen
pop_heap()	ein Element aus dem Heap entfernen
sort_heap()	den Heap sortieren

Die Bibliothek bietet einige Algorithmen, um Elemente auf Basis eines Vergleichs zu selektieren:

Minimum und Maximum (§18.9) `<algorithm>`	
min()	den kleineren von zwei Werten liefern
max()	den größeren von zwei Werten liefern
min_element()	das kleinste Element einer Sequenz liefern
max_element()	das größte Element einer Sequenz liefern
lexicographical_compare()	zwei Sequenzen lexikographisch vergleichen

Schließlich bietet die Bibliothek Möglichkeiten, eine Sequenz zu permutieren:

Permutationen (§18.10) `<algorithm>`	
next_permutation()	nächste Permutation in lexikographischer Reihenfolge
prev_permutation()	vorherige Permutation in lexikographischer Reihenfolge

Zusätzlich werden in `<numeric>` einige verallgemeinerte numerische Algorithmen angeboten (§22.6).

Bei der Beschreibung der Algorithmen sind die Namen der Template–Parameter signifikant. Es gibt folgende Bedeutungen:

In	Input–Iterator (§19.2.1)
Out	Output–Iterator (§19.2.1)
For	Forward–Iterator (§19.2.1)
Bi	Bidirectional–Iterator (§19.2.1)
Ran	Random-Access–Iterator (§19.2.1)
Pred	einstelliges Prädikat (§18.4.2)
BinPred	zweistelliges Prädikat (§18.4.2)
Cmp	Vergleichsfunktion (§17.1.4.1, §18.7.1)
Op	Operation mit einem Parameter (§18.4)
BinOp	Operation mit zwei Parametern (§18.4)

Als Konvention werden für Template–Parameter eigentlich längere Namen verwendet. Nachdem ich die Standardbibliothek kurz kennengelernt habe, bin ich aber der Meinung, daß die langen Namen die Lesbarkeit eher behindern.

Ein Random-Access–Iterator kann als Bidirectional–Iterator, ein Bidirectional–Iterator kann als Forward–Iterator und ein Forward–Iterator kann als Input– oder Output–Iterator verwendet werden (§19.2.1). Falls ein Typ übergeben wird, der die geforderten Operationen nicht anbietet, führt dies zu Fehlern bei der Instanziierung der Templates (§C.13.7). Wird ein Typ verwendet, der die richtigen Operationen mit der falschen Semantik anbietet, hat dies unvorhersagbare Laufzeitfehler zur Folge (§17.1.4).

18.3 Sequenzen und Container

Es ist ein gutes allgemeines Prinzip, daß die häufigste Anwendung auch die kürzeste, einfachste und sicherste sein sollte. Die Standardbibliothek durchbricht dieses Prinzip zugunsten der Allgemeingültigkeit. Für eine Standardbibliothek ist Allgemeingültigkeit unabdingbar. Man kann die ersten beiden Stellen, an denen in einer Liste der Wert 42 auftritt, z.B. wie folgt finden:

```
void f (list<int>& li)
{
    list<int>::iterator p = find(li.begin(),li.end(),42);   // findet erste 42
    if (p!=li.end()) {
        list<int>::iterator q = find(++p,li.end(),42);        // findet zweite 42
        // ...
    }
    // ...
}
```

Würde find() als Operation eines Containers formuliert werden, hätte man einen zusätzlichen Mechanismus gebraucht, um die zweite 42 zu finden. Man kann davon ausgehen, daß die Verallgemeinerung solcher »zusätzlicher Mechanismen« in allen Containern und allen Algorithmen sehr schwierig ist. Deshalb werden Sequenzen statt dessen durch Algorithmen bearbeitet. Der erste Iterator verweist auf das erste Element einer Sequenz und der zweite Iterator zeigt auf die Position hinter dem letzten Element (§3.8, §19.2). Eine solche Sequenz wird »halboffen« genannt, da sie das erste Element, auf das der erste Iterator verweist, enthält und das Element, auf das der zweite Iterator verweist, dagegen nicht enthält. Eine solche halboffene Sequenz ermöglicht es, daß viele Algorithmen auch eine leere Sequenz ohne Sonderbehandlung bearbeiten können.

Eine Sequenz, speziell eine, bei der wahlfreier Zugriff möglich ist, wird oft auch als *Bereich* bezeichnet. Traditionelle mathematische Bezeichnungen für halboffene Bereiche sind [anf,end) und [anf,end[. Wichtig dabei ist, daß eine Sequenz sowohl alle als auch nur einen Teil der Elemente eines Containers umfassen kann. Außerdem gibt es Sequenzen, die keine Container sind (I/O-Streams zum Beispiel). Alles in allem funktionieren Algorithmen, die Sequenzen bearbeiten, einfach gut.

18.3.1 Eingabesequenzen

Wenn man für »alle Elemente von x« x.begin(),x.end() schreiben muß, ist dies zwar üblich, es kann aber auch umständlich und sogar fehlerträchtig sein. Wenn z.B. etliche Iteratoren verwendet werden, kann es leicht passieren, daß einem Algorithmus zwei Argumente übergeben werden, die gar keine Sequenz bilden:

```
void f (list<string>& fruechte, list<string>& zitrus)
{
    typedef list<string>::const_iterator LI;
    LI p1 = find(fruechte.begin(),zitrus.end(),"Apfel");    // falsch!
    LI p2 = find(fruechte.begin(),fruechte.end(),"Apfel");  // OK
    LI p3 = find(zitrus.begin(),zitrus.end(),"Birne");      // OK
    // ...
    LI p4 = find(p2,p3,"Pfirsich");      // falsch! (verschiedene Sequenzen)
    // ...
}
```

In diesem Beispiel befinden sich zwei Fehler: Der erste ist offensichtlich (sofern man einen Fehler vermutet), kann aber von einem Compiler nicht leicht erkannt werden. Der zweite kann sogar von einem erfahrenen Programmierer nur schwer entdeckt werden. Wenn man die Anzahl der expliziten Iteratoren herabsetzt, wird das Problem abgemildert. Ich stelle hier nun einen Ansatz vor, mit diesem Problem dadurch umzugehen, daß man explizit angeben muß, wenn man eine Eingabesequenz meint. Damit die Diskussion der Standardalgorithmen aber nicht die Grenzen der Standardbibliothek überschreitet, werde ich explizite Eingabesequenzen in diesem Kapitel nicht verwenden, wenn die Algorithmen besprochen werden.

Der entscheidende Grundgedanke liegt darin, eine Sequenz explizit als Eingabe angeben zu müssen. Beispiel:

```
template<class In, class T> In find (In anf, In end, const T& v) // Standard
{
    while (anf!=end && *anf!=v) ++anf;
    return anf;
}


template<class In, class T> In find (Iseq<In> r, const T& v)      // Erweiterung
{
    return find(r.first,r.second,v);
}
```

Generell ermöglicht das Überladen (§13.3.2), daß die Version eines Algorithmus mit der Eingabesequenz vorgezogen wird, wenn ein Iseq–Argument verwendet wird.

Naturgemäß wird eine Eingabesequenz als pair (§17.4.1.2) von Iteratoren implementiert:

```
template<class In> struct Iseq : public pair<In,In> {
    Iseq (In i1, In i2) : pair<In,In>(i1,i2) { }
};
```

Man kann die Iseq, die zum Aufruf der zweiten Version von find() gebraucht wird, explizit erzeugen:

```
    LI p = find(Iseq<LI>(fruechte.begin(),fruechte.end()),"Apfel");
```

Das ist allerdings noch umständlicher als der direkte Aufruf vom originalen find(). Eine einfache Hilfsfunktion entfernt die Umständlichkeit. Sie macht eine Iseq eines Containers zu einer Sequenz von dessen begin() bis zu dessen end():

```
template<class C> Iseq<typename C::iterator> iseq(C& c)       // für Container
{
    return Iseq<typename C::iterator>(c.begin(),c.end());
}
```

Damit können Algorithmen für Container kompakt und ohne Wiederholungen verwendet werden. Beispiel:

```
void f (list<string>& ls)
{
    list<string>::iterator p = find(ls.begin(),ls.end(),"Standard");
    list<string>::iterator q = find(iseq(ls),"Erweiterung");
    // ...
}
```

Es ist einfach, Versionen von `iseq()` zu definieren, die eine `Iseq` für Felder, Eingabe–Streams usw. erzeugen (§18.13–Ü6).

Der wichtigste Vorteil von Iseq ist, daß es die Angabe einer Eingabesequenz explizit erzwingt. Der sofortige praktische Nutzen ist, daß die Verwendung von `iseq()` viele der umständlichen und fehlerträchtigen Wiederholungen vermeidet, die bei der Angabe jeder Eingabesequenz durch zwei Iteratoren ansonsten notwendig sind.

Eine entsprechende Angabe einer Ausgabesequenz ist ebenfalls sinnvoll. Sie ist aber nicht so einfach und hat im Gegensatz zu der Eingabesequenz auch keinen sofortigen Nutzen (§18.13–Ü7; siehe auch §19.2.4).

18.4   Funktionsobjekte

Viele Algorithmen bearbeiten Algorithmen nur unter Verwendung von Iteratoren und Werten. Man kann das erste Element mit dem Wert 7 z.B. wie folgt finden:

```
void f (list<int>& c)
{
    list<int>::iterator p = find(c.begin(),c.end(),7);
    //...
}
```

Um interessantere Dinge machen zu können, muß man die Algorithmen dazu bringen, Code zu verwenden, den man selbst dazuliefert (§3.8.4). Man kann das erste Element, das einen Wert kleiner als 7 besitzt, z.B. wie folgt finden:

```
bool kleiner_als_7 (int v)
{
    return v<7;
}

void f (list<int>& c)
{
    list<int>::iterator p = find_if(c.begin(),c.end(),kleiner_als_7);
    //...
}
```

Es gibt viele offensichtliche Möglichkeiten, eine Funktion als Argument zu übergeben: logische Prädikate, arithmetische Operationen, Operationen, um aus den Elementen bestimmte Informationen zu erhalten, und so weiter. Es ist weder bequem noch effizient, dafür jedesmal eine eigene Funktion zu schreiben. Häufig muß eine Funktion, die für jedes Element aufgerufen wird, zwischen den Aufrufen auch Daten aufheben und am Ende ein Ergebnis liefern. Eine Elementfunktion einer Klasse leistet hier bessere Dienste als eine alleinstehende Funktion, da deren Objekte Daten verwalten können. Außerdem kann eine Klasse Operationen anbieten, die solche Daten initialisieren und abfragen.

Man überlege z.B., wie man eine Funktion — oder besser eine funktionsartige Klasse — schreibt, die eine Summe ausrechnet:

```
template<class T> class Summe {
    T res;
public:
```

```
    Summe (T i=0) : res(i) { }          // initialisieren
    void operator() (T x) { res += x; }  // aufsummieren
    T ergebnis() const { return res; }   // Summe liefern
};
```

Es ist klar, daß Summe für arithmetische Datentypen, die mit 0 initialisiert werden können und für die += definiert ist, entworfen wurde. Beispiel:

```
void f (list<double>& ld)
{
    Summe<double> s;
    s = for_each (ld.begin(),ld.end(),s);  // s() für jedes Element von ld aufrufen
    cout << "die Summe ist " << s.ergebnis() << '\n';
}
```

In diesem Fall ruft der Algorithmus for_each() (§18.5.1) für jedes Element der Sequenz ld Summe<double>::operator()(double) auf.

Dies funktioniert vor allem deshalb, weil for_each() nicht unbedingt davon ausgeht, daß das dritte Argument eine Funktion ist. Der Algorithmus geht nur davon aus, daß das dritte Argument etwas ist, das mit einem passenden Argument aufgerufen werden kann. Ein passend definiertes Objekt geht genausogut (oder sogar besser) wie eine Funktion. Es ist z.B. einfacher, einen von der Anwendung zur Verfügung gestellten Operator einer Klasse inline auszuführen, als dies mit einer Funktion, die als Funktionszeiger übergeben wird, zu machen. Ein Objekt einer Klasse mit einem solchen Aufrufoperator (§11.9) wird *funktionsartiges Objekt*, *Funktor* oder einfach *Funktionsobjekt* genannt.

18.4.1 Basisklassen für Funktionsobjekte

Die Standardbibliothek stellt viele sinnvolle Funktionsobjekte zur Verfügung. Um das Schreiben von Funktionsobjekten zu unterstützen, werden von ihr zwei Basisklassen angeboten:

```
template<class Arg, class Res> struct unary_function {
    typedef Arg argument_type;
    typedef Res result_type;
};

template<class Arg, class Arg2, class Res> struct binary_function {
    typedef Arg first_argument_type;
    typedef Arg2 second_argument_type;
    typedef Res  result_type;
};
```

Der Sinn dieser Klassen liegt darin, den Datentypen der Argumente und Rückgabewerte durch Ableiten von unary_function und binary_function standardisierte Namen zu geben. Man muß nicht unbedingt verstehen, warum dies notwendig ist (es ermöglicht die Verwendung von Bindern; §18.4.4.1). Es reicht erstmal, wenn man es konsequent macht.

18.4.2   Prädikate

Ein Prädikat ist ein Funktionsobjekt (oder eine Funktion), das (die) einen `bool` zurückliefert. In `<functional>` wird z.B. folgendes definiert:

```
template<class T> struct logical_not : public unary_function<T,bool> {
    bool operator() (const T& x) const { return !x; }
};


template<class T> struct less : public binary_function<T,T,bool> {
    bool operator() (const T& x, const T& y) const { return x<y; }
};
```

Einstellige und zweistellige Prädikate sind oft in Verbindung mit Algorithmen sinnvoll. Man kann z.B. zwei Sequenzen vergleichen, indem man das erste Element der einen Sequenz sucht, das nicht kleiner als das korrespondierende Element der anderen Sequenz ist:

```
void f (vector<int>& vi, list<int>& li)
{
    typedef list<int>::iterator LI;
    typedef vector<int>::iterator VI;
    pair<VI,LI> p1 = mismatch (vi.begin(),vi.end(),li.begin(),less<int>());
    // ...
}
```

Der Algorithmus `mismatch()` ruft sein zweistelliges Prädikat so lange für jeweils zwei korrespondierende Elemente auf, bis es fehlschlägt (§18.5.4). Er liefert dann die Iteratoren für die Elemente, bei denen der Vergleich `false` lieferte. Da als Prädikat ein Objekt und kein Datentyp gebraucht wird, wird `less<int>()` (mit Klammern) und nicht `less<int>` übergeben.

Anstatt das erste Element zu finden, das *nicht kleiner* als das korrespondierende Element ist, könnte man auch nach dem ersten *kleineren* Element suchen. Man kann dies machen, indem man nach dem ersten Paar sucht, das das komplementäre Prädikat `greater_equal` nicht erfüllt:

```
p1 = mismatch (vi.begin(),vi.end(),li.begin(),greater_equal<int>());
```

Alternativ kann man dies durch den Aufruf von `mismatch()` mit umgekehrter Sequenzreihenfolge erreichen:

```
pair<LI,VI> p2 = mismatch (li.begin(),li.end(),vi.begin(),less_equal<int>());
```

Eine dritte Möglichkeit ist die Formulierung des Prädikats »nicht kleiner«, die in §18.4.4.4 vorgestellt wird.

18.4.2.1   Überblick über die Prädikate

In `<functional>` werden von der Standardbibliothek die folgenden Prädikate angeboten. Die Definitionen von `less` und `logical_not` werden in §18.4.2 erläutert.

Prädikate <functional>		
equal_to	zweistellig	*arg1==arg2*
not_equal_to	zweistellig	*arg1!=arg2*
greater	zweistellig	*arg1>arg2*
less	zweistellig	*arg1<arg2*
greater_equal	zweistellig	*arg1>=arg2*
less_equal	zweistellig	*arg1<=arg2*
logical_and	zweistellig	*arg1&&arg2*
logical_or	zweistellig	*arg1||arg2*
logical_not	einstellig	*!arg*

Anwender können die von der Standardbibliothek angebotenen Prädikate ergänzen. Solche selbstdefinierten Prädikate sind für eine einfache und elegante Verwendung der Standardbibliothek und der Algorithmen unabdingbar. Die Möglichkeit, Prädikate definieren zu können, ist vor allem dann wichtig, wenn man Algorithmen für Klassen verwenden will, bei deren Design nicht an die Standardbibliothek und deren Algorithmen gedacht wurde. Man betrachte z.B. eine Variante der Klasse Verein aus §10.4.6:

```
class Person { /* ... */ };

struct Verein {
    string name;
    list<Person*> mitglieder;
    list<Person*> funktionaere;
    // ...
    Verein (const string& n);
};
```

Es ist sicherlich ganz normal, in einer Vereinsliste (list<Verein>) nach einem Verein mit einem bestimmten Namen zu suchen. Der Standardalgorithmus find_if() weiß aber nichts über Vereine. Die Algorithmen der Bibliothek wissen zwar, wie man auf Gleichheit testet, der Vergleich der kompletten Vereinsdaten führt aber nicht zum Ziel. Statt dessen will man Verein::name als Schlüssel verwenden. Deshalb schreibt man ein entsprechendes Prädikat:

```
class Verein_eq : public unary_function<Verein,bool> {
    string name;
public:
    explicit Verein_eq (const string& s) : name(s) { }
    bool operator() (const Verein& c) const { return c.name==name; }
};
```

Die Definition sinnvoller Prädikate ist einfach. Wenn einmal ein passendes Prädikat für eigene Datentypen definiert ist, ist deren Verwendung mit den Standardalgorithmen genauso einfach und effizient wie bei den Beispielen mit Containern für einfache Datentypen. Beispiel:

```
void f (list<Verein>& lv)
{
    typedef list<Verein>::iterator LKI;
    LKI p = find_if(lv.begin(),lv.end(),Verein_eq("Speisende Philosophen"));
    // ...
}
```

18.4.3   Arithmetische Funktionsobjekte

Beim Umgang mit numerischen Klassen ist es manchmal hilfreich, die standardisierten arithmetischen Funktionen als Funktionsobjekte zur Verfügung zu haben. Konsequenterweise stellt die Standardbibliothek diese in `<functional>` zur Verfügung:

Arithmetische Operationen `<functional>`		
plus	zweistellig	*arg1+arg2*
minus	zweistellig	*arg1-arg2*
multiplies	zweistellig	*arg1*arg2*
divides	zweistellig	*arg1/arg2*
modulus	zweistellig	*arg1%arg2*
negate	einstellig	*-arg*

Man könnte z.B. `multiplies` dazu verwenden, die Elemente zweier Vektoren zu multiplizieren und damit einen dritten zu erzeugen:

```
void produkt (vector<double>& a, vector<double>& b, vector<double>& res)
{
    transform (a.begin(),a.end(), b.begin(),
            back_inserter(res), multiplies<double>());
}
```

Der `back_inserter` wird in §3.8 und §19.2.4 beschrieben. Einige numerische Algorithmen können in §22.6 gefunden werden.

18.4.4   Binder, Adapter und Negierer

Man kann Prädikate und arithmetische Funktionsobjekte verwenden, die man selbst geschrieben hat oder die von der Standardbibliothek angeboten werden. Wenn man ein neues Prädikat braucht, stellt man allerdings oft fest, daß ein solches Prädikat eigentlich nur eine Variante eines existierenden ist. Die Standardbibliothek unterstützt deshalb die Verknüpfung von Funktionsobjekten:

§18.4.4.1   Ein *Binder* ermöglicht es, ein zweistelliges Funktionsobjekt als Funktion mit einem Argument zu verwenden, indem ein Argument an einen bestimmten Wert gebunden wird.

§18.4.4.2   Ein *Elementfunktionsadapter* ermöglicht es, daß eine Elementfunktion als Argument eines Algorithmus verwendet werden kann.

§18.4.4.3   Ein *Funktionszeigeradapter* ermöglicht es, daß eine Funktion als Argument eines Algorithmus verwendet werden kann.

§18.4.4.4   Ein *Negierer* ermöglicht es, das Gegenteil eines Prädikats auszudrücken.

Diese Funktionsobjekte werden gemeinsam als *Adapter* bezeichnet. Sie haben eine gemeinsame Struktur, die auf den Basisfunktionsobjekten `unary_function` und `binary_function` (§18.4.1) basiert. Für jeden dieser Adapter wird eine Hilfsfunktion angeboten, die ein Funktionsobjekt als Argument erhält und ein passendes Funktionsobjekt zurückliefert. Das Funktionsobjekt führt beim Aufruf von `operator()` die passende Aktion durch. Ein Adapter ist damit eine einfache Form einer übergeordneten Funktion: Er erhält ein Funktionsargument und erzeugt daraus eine neue Funktion.

Binder, Adapter und Negierer `<functional>`		
Funktion	Objekt–Typ	Objekt–Aktion (`operator()()`)
`bind2nd(y)`	`binder2nd`	zweistellige Funktion mit y als zweites Argument aufrufen
`bind1st(x)`	`binder1st`	zweistellige Funktion mit x als erstes Argument aufrufen
`mem_fun()`	`mem_fun_t`	Elementfunktion ohne Argument über Zeiger aufrufen
`mem_fun()`	`const_mem_fun_t`	konstante Elementfunktion ohne Argument über Zeiger aufrufen
`mem_fun`	`mem_fun1_t`	einstellige Elementfunktion über Zeiger aufrufen
`mem_fun`	`const_mem_fun1_t`	einstellige konstante Elementfunktion über Zeiger aufrufen
`mem_fun_ref`	`mem_fun_ref_t`	Elementfunktion ohne Argument über Referenz aufrufen
`mem_fun_ref`	`const_mem_fun_ref_t`	konstante Elementfunktion ohne Argument über Referenz aufrufen
`mem_fun_ref`	`mem_fun1_ref_t`	einstellige Elementfunktion über Referenz aufrufen
`mem_fun_ref`	`const_mem_fun1_ref_t`	einstellige konstante Elementfunktion über Referenz aufrufen
`ptr_fun()`	`pointer_to_unary_function`	einstellige Funktion über Funktionszeiger aufrufen
`ptr_fun()`	`pointer_to_binary_function`	zweistellige Funktion über Funktionszeiger aufrufen
`not1()`	`unary_negate`	einstelliges Prädikat negieren
`not2()`	`binary_negate`	zweistelliges Prädikat negieren

18.4.4.1 Binder

Binäre Prädikate wie `less` (§18.4.2) sind sinnvoll und flexibel. Man erkennt aber schnell, daß die sinnvollste Anwendung eines Prädikats darin besteht, ein festes Argument wiederholt mit einem Containerelement zu vergleichen. Die Funktion `kleiner_als_7()` in §18.4 ist ein typisches Beispiel. Die Operation `less` braucht jeweils Argumente, die bei jedem Aufruf explizit übergeben werden. Insofern ist sie dafür nicht ohne weiteres geeignet. Statt dessen könnte man folgendes definieren:

```
template<class T> class less_than : public unary_function<T,bool> {
    T arg2;
public:
    explicit less_than (const T& x) : arg2(x) { }
    bool operator() (const T& x) const { return x<arg2; }
};
```

Damit kann man dann schreiben:

```
void f (list<int>& c)
{
    list<int>::const_iterator p = find_if(c.begin(),c.end(),
                                          less_than<int>(7));
    //...
}
```

Man muß statt `less_than(7)` wirklich `less_than<int>(7)` schreiben, da das Template–
Argument `<int>` nicht aus dem Typ des Konstruktorarguments ermittelt werden kann (§13.3.1).

Ein solches `less_than`–Prädikat ist im allgemeinen sinnvoll. Man beachte, daß es durch Festlegung oder Bindung des zweiten Arguments von `less` definiert wird. Ein solches Binden eines
Arguments ist so allgemeingültig, sinnvoll und mitunter umständlich, daß die Standardbibliothek
dafür eine Standardklasse anbietet:

```
template<class BinOp>
class binder2nd : public unary_function<typename BinOp::first_argument_type,
                                        typename BinOp::result_type> {
protected:
    BinOp op;
    typename BinOp::second_argument_type arg2;
public:
    binder2nd (const BinOp& x, const typename BinOp::second_argument_type& v)
        : op(x), arg2(v) { }
    result_type operator() (const argument_type& x) const {
        return op(x,arg2);
    }
};

template<class BinOp, class T>
binder2nd<BinOp> bind2nd (const BinOp& op, const T& v)
{
    return binder2nd<BinOp>(op,v);
}
```

Man kann `bind2nd()` z.B. verwenden, um aus dem zweistelligen Prädikat »kleiner« und dem
Wert 7 das einstellige Prädikat »kleiner als 7« zu erzeugen:

```
void f (list<int>& c)
{
    list<int>::const_iterator p
        = find_if(c.begin(),c.end(),bind2nd(less<int>(),7));
    //...
}
```

Ist das lesbar? Ist das effizient? Bei einer durchschnittlichen C++–Implementierung ist diese Version jedenfalls sowohl in Hinsicht auf das Zeitverhalten als auch in Hinsicht auf den Speicherplatz
effizienter als die Originalversion mit der Funktion `kleiner_als_7()` aus §18.4! Der Vergleich
wird einfach inline generiert.

Diese Schreibweise ist logisch, aber es dauert einige Zeit, bis man darauf kommt. Oft ist eine
Definition einer entsprechenden Operation mit einem gebundenen Argument trotzdem sinnvoll:

```
template<class T> struct less_than : public binder2nd<less<T> > {
    explicit less_than(const T& x) : binder2nd<less<T> >(less<T>(),x) { }
};


void f (list<int>& c)
{
    list<int>::const_iterator p
        = find_if(c.begin(),c.end(),less_than<int>(7));
    // ...
}
```

Es ist wichtig, `less_than` über `less` und nicht direkt mit < zu definieren. Dadurch profitiert `less_than` von jeder Spezialisierung, die es zu `less` geben mag (§13.5, §19.2.2).

Entsprechend zu `bind2nd()` und `binder2nd` bietet `<functional>` `bind1st()` und `binder1st`, um das erste Argument an eine zweistellige Funktion zu binden.

Durch das Binden eines Arguments liefern `bind1st()` und `bind2nd()` einen Service, der dem sehr ähnlich ist, was allgemein als *Currying* bezeichnet wird.

18.4.4.2 Elementfunktionsadapter

Die meisten Algorithmen rufen eine standardisierte oder eine vom Anwender definierte Funktion auf. Naturgemäß wollen Anwender dabei auch, daß Elementfunktionen aufgerufen werden. Beispiel (§3.8.5):

```
void allesZeichnen (list<Form*>& c)
{
    for_each (c.begin(),c.end(),&Form::zeichne);   // Huch, Fehler!
}
```

Das Problem ist, daß eine Elementfunktion *mf()* für ein Objekt aufgerufen werden muß: p->*mf()*. Algorithmen, wie `for_each()`, rufen ihre Funktionsoperanden dagegen einfach durch `f()` auf. Deshalb braucht man eine bequeme und effiziente Möglichkeit, etwas erzeugen zu können, mit dessen Hilfe ein Algorithmus eine Elementfunktion aufrufen kann. Die Alternative wäre, die Menge der Algorithmen zu duplizieren: je eine Version für herkömmliche Funktionen plus eine Version für Elementfunktionen. Was es noch schlimmer macht, ist die Tatsache, daß man dann auch zusätzliche Versionen von Algorithmen für Container von Objekten (im Gegensatz zu Zeigern auf Objekte) bräuchte. Wie bei den Bindern (§18.4.4.1) wird dieses Problem durch eine Klasse und eine dazugehörige Funktion gelöst. Zunächst sollte man aber den allgemeinen Fall betrachten, bei dem man für die Elemente eines Containers von Zeigern eine Elementfunktion ohne Argumente aufrufen will:

```
template<class R, class T> class mem_fun_t : public unary_function<T*,R> {
    R (T::*pmf)();
public:
    explicit mem_fun_t (R (T::*p)()) : pmf(p) { }
    R operator() (T* p) const { return (p->*pmf)(); }   // über Zeiger aufrufen
};


template<class R, class T> mem_fun_t<R,T> mem_fun (R (T::*f)())
{
    return mem_fun_t<R,T>(f);
}
```

Damit kann das Beispiel Form::zeichne() wie folgt gehandhabt werden:

```
void allesZeichnen (list<Form*>& ls)      // rufe über Objektzeiger eine Elementfunktion
{                                                 // ohne Argument auf
    for_each (ls.begin(),ls.end(),mem_fun(&Form::zeichne));   // alle Formen zeichnen
}
```

Zusätzlich braucht man auch eine Klasse und eine mem_fun()–Funktion, um Elementfunktionen, die mit einem Argument aufgerufen werden können, handhaben zu können. Man braucht außerdem Versionen, um die Operationen direkt für ein Objekt, anstatt über einen Zeiger aufrufen zu können. Letztere werden mem_fun_ref() genannt:

```
template<class R, class T> mem_fun_t<R,T> mem_fun(R (T::*f)());
template<class R, class T, class A> mem_fun1_t<R,T,A> mem_fun(R (T::*f)(A));
template<class R, class T> const_mem_fun_t<R,T> mem_fun(R (T::*f)() const);
template<class R, class T, class A>
    const_mem_fun1_t<R,T,A> mem_fun(R (T::*f)(A) const);

template<class R, class T> mem_fun_ref_t<R,T> mem_fun_ref (R (T::*f)());
// plus einstellige und/oder konstante Varianten
```

Mit diesen Elementfunktionsadaptern aus <functional> ist folgendes möglich:

```
void f (list<string>& ls)    // für ein Objekt eine Elementfunktion ohne Argument aufrufen
{
    typedef list<string>::iterator LSI;
    LSI p = find_if(ls.begin(),ls.end(),
                    mem_fun_ref(&string::empty));   // suche ""
}

void allesDrehen (list<Form*>& ls, int winkel)
                      // über Objektzeiger eine Elementfunktion mit einem Argument aufrufen
{
    for_each (ls.begin(),ls.end(),
              bind2nd(mem_fun(&Form::drehe),winkel));
}
```

Die Standardbibliothek braucht keine Elementfunktionen mit mehr als einem Argument berücksichtigen, da kein Algorithmus der Standardbibliothek eine Funktion mit mehr als zwei Argumenten als Operand verwenden kann.

18.4.4.3 Funktionszeigeradapter

Ein Algorithmus interessiert sich nicht dafür, ob ein »Funktionsargument« eine Funktion, ein Funktionszeiger oder ein Funktionsobjekt ist. Ein Binder (§18.4.4.1) muß dies aber tun, da er für eine spätere Verwendung eine Kopie aufheben muß. Deshalb liefert die Standardbibliothek in <functional> zwei Adapter, die es ermöglichen, daß Funktionszeiger zusammen mit den Standardalgorithmen verwendet werden können. Die Definition umd Implementierung entspricht im wesentlichen den Elementfunktionsadaptern (§18.4.4.2). Auch hier werden wieder zwei Funktionen und zwei Klassen verwendet:

```
template<class A, class R>
pointer_to_unary_function<A,R> ptr_fun (R (*f)(A));
```

```
template<class A, class A2, class R>
    pointer_to_binary_function<A,A2,R> ptr_fun (R (*f)(A,A2));
```

Mit diesen Funktionszeigeradaptern kann man herkömmliche Funktionen mit Bindern verwenden:

```
class Buch { /* ... */ };
```

```
bool titel_eq (const Buch&, const char*);    // in Hinsicht auf den Titel vergleichen
bool isbn_eq (const Buch&, long);            // in Hinsicht auf die ISBN vergleichen
```

```
void f (list<Buch>& lb)    // verwendet Funktionszeiger
{
    typedef list<Buch>::iterator LI;
    LI p = find_if(lb.begin(),lb.end(),
                    bind2nd(ptr_fun(titel_eq),"Das Parfum"));
    LI q = find_if(lb.begin(),lb.end(),
                    bind2nd(ptr_fun(isbn_eq),3257016786));
    // ...
}
```

Damit wird nach den Elementen der Liste lb gesucht, die den Titel "Das Parfum" und die ISBN 3257016786 besitzen.

18.4.4.4 Negierer

Die Negierer sind Prädikate, die zu den Bindern gehören. Sie verwenden eine Operation, um daraus eine dazugehörige andere Operation zu erzeugen. Die Definition und Implementierung der Negierer folgt dem Muster der Elementfunktionsadapter (§18.4.4.2). Ihre Definition ist an sich trivial, sie wird aber durch die Verwendung von langen Standardnamen unübersichtlich:

```
template<class Pred>
class unary_negate
  : public unary_function <typename Pred::argument_type,bool> {
    Pred op;
public:
    explicit unary_negate (const Pred& p) : op(p) { }
    bool operator() (const argument_type& x) const { return !op(x); }
};
```

```
template<class Pred>
class binary_negate
  : public binary_function <typename Pred::first_argument_type,
                            typename Pred::second_argument_type,bool> {
    typedef first_argument_type Arg;
    typedef second_argument_type Arg2;

    Pred op;
public:
    explicit binary_negate (const Pred& p) : op(p) { }
    bool operator() (const Arg& x, const Arg2& y) const { return !op(x,y); }
};
```

```
template<class Pred>
    unary_negate<Pred> not1 (const Pred& p);      // einstelliges Negieren
template<class Pred>
    binary_negate<Pred> not2 (const Pred& p);     // zweistelliges Negieren
```

Diese Klassen und Funktionen werden in `<functional>` deklariert. Die Namen `first_argument_type`, `second_argument_type` usw. stammen von den Standardbasisklassen `unary_function` und `binary_function`.

Wie die Binder werden die Negierer üblicherweise indirekt über deren Hilfsfunktionen aufgerufen. Man kann damit z.B. das binäre Prädikat »nicht weniger als« formulieren und es dazu verwenden, das erste korrespondierende Elementpaar zu finden, bei dem das erste Element größer oder gleich dem zweiten ist:

```
void f (vector<int>& vi, list<int>& li)      // geändertes Beispiel aus §18.4.2
{
    // ...
    p1 = mismatch (vi.begin(),vi.end(),li.begin(),not2(less<int>()));
    // ...
}
```

Das bedeutet, daß p1 das erste Elementepaar identifiziert, bei dem das Prädikat *nicht weniger als* fehlschlägt.

Prädikate sind nur für Boolesche Bedingungen vorgesehen. Es gibt sie nicht äquivalent zu den Bit–Operatoren |, &, ^ und ~.

Naturgemäß sind Binder, Adapter und Negierer auch in Kombinationen sinnvoll. Beispiel:

```
extern "C" int strcmp (const char*, const char*);      // aus <stdlib>
```

```
void f (list<char*>& ls)      // verwendet Funktionszeiger
{
    typedef list<char*>::const_iterator LI;
    LI p = find_if(ls.begin(),ls.end(),
                    not1(bind2nd(ptr_fun(strcmp),"lustig")));
}
```

Damit wird in der Liste ls, die C–Strings enthält, das Element "lustig" gefunden. Die Negation mit not1() ist notwendig, da strcmp() 0 liefert, wenn zwei Strings gleich sind.

18.5   Nichtmodifizierende Sequenzalgorithmen

Nichtmodifizierende Sequenzalgorithmen sind in erster Linie dazu gedacht, etwas in einer Sequenz zu finden, ohne eine Schleife zu schreiben. Zusätzlich kann man damit auch andere Dinge über Elemente herausfinden. Diese Algorithmen können konstante Iteratoren (§19.2.1) verwenden und sollten (mit Ausnahme von for_each()) nicht dazu verwendet werden, Operationen aufzurufen, die die Elemente der Sequenz verändern.

18.5.1 For_each

Um von der Arbeit anderer zu profitieren, verwendet man Bibliotheken. Wenn man aus einer Bibliothek eine Funktion, eine Klasse, einen Algorithmus etc. verwendet, spart man sich die Arbeit, etwas kennenzulernen, entwerfen, schreiben, debuggen und dokumentieren zu müssen. Wenn man die Standardbibliothek verwendet, wird der resultierende Code auch für andere, die die Bibliothek kennen, leichter lesbar. Ansonsten müßten die anderen Zeit und Aufwand investieren, um den selbstgemachten Code zu verstehen.

Ein wichtiger Vorteil der Algorithmen der Standardbibliothek liegt darin, daß den Programmierern das explizite Schreiben von Schleifen erspart wird. Schleifen können umständlich und fehleranfällig sein. Der Algorithmus for_each() ist dabei der einfachste Algorithmus, da er nicht als eine Schleife eliminiert. Er ruft einfach sein Operatorargument für eine Sequenz auf:

```
template<class In, class Op> Op for_each (In anf, In end, Op f)
{
    while (anf != end) f(*anf++);
    return f;
}
```

Welche Funktionen sollten auf diese Art aufgerufen werden? Falls Informationen aufsummiert (akkumuliert) werden sollen, sollte accumulate() (§22.6) in Betracht gezogen werden. Falls in der Sequenz etwas gefunden werden soll, sollten find() und find_if() (§18.5.2) in Betracht gezogen werden. Falls Elemente verändert oder entfernt werden sollen, kann man z.B. replace() (§18.6.4) oder remove() (§18.6.5) verwenden. Allgemein ausgedrückt sollte man also vor der Verwendung von for_each() überlegen, ob es nicht einen spezielleren Algorithmus gibt, der mehr machen würde.

Eine übliche Verwendung von for_each() ist die Abfrage von Informationen von den Elementen einer Sequenz. Nehmen wir z.B. an, wir wollten die Namen aller Funktionäre von einer beliebigen Anzahl von Vereinen sammeln:

```
void extrakt (const list<Verein>& lv, list<Person*>& off)
{                                    // off soll die Funktionäre von lv erhalten
    for_each (lv.begin(),lv.end(), ExtraktFunktionaere(off));
}
```

Parallel zu den Beispielen in §18.4 und §18.4.2 definiert man eine Funktionsklasse, die die entsprechenden Informationen ermittelt. In diesem Fall werden die zu ermittelnden Namen in den jeweils zu der Vereinsliste (list<Verein>) gehörenden Personenlisten (list<Person*>) gefunden. Somit muß ExtraktFunktionaere die Funktionäre eines Vereins jeweils in die übergebene Liste kopieren:

```
class ExtraktFunktionaere {
    list<Person*>& lst;
public:
    explicit ExtraktFunktionaere (list<Person*>& x) : lst(x) { }

    void operator() (const Verein& v) {
        copy(v.funktionaere.begin(),v.funktionaere.end(),
            back_inserter(lst));
    }
};
```

Danach kann man die Namen mit `for_each()` wieder ausgeben:

```
void extrakt_and_print (const list<Verein>& lv)
{
    list<Person*> off;
    extrakt (lv, off);
    for_each (off.begin(),off.end(), Print_name(cout));
}
```

Das Schreiben von `Print_name()` ist eine Übungsaufgabe (§18.13–Ü4).

Der Algorithmus `for_each()` ist als nichtmodifizierend eingestuft, da er eine Sequenz nicht explizit verändert. Falls `for_each()` allerdings auf eine nichtkonstante Sequenz angewendet wird, kann die (als dritter Parameter übergebene) Operation die Elemente der Sequenz auch verändern. Die Verwendung von `negiere()` in §11.9 ist ein Beispiel dafür.

18.5.2   Die Find–Algorithmen

Die `find()`–Algorithmen gehen durch eine oder zwei Sequenzen, um einen Wert oder die Erfüllung eines Prädikats zu finden. Die einfachsten Versionen von `find()` suchen nach einem Wert oder einem Prädikat:

```
template<class In, class T> In find (In anf, In end, const T& wert);

template<class In, class Pred> In find_if (In anf, In end, Pred p);
```

Die Algorithmen `find()` und `find_if()` liefern einen Iterator auf das erste Element, das den passenden Wert besitzt bzw. das Prädikat erfüllt. `find()` kann man dabei als Version von `find_if()` ansehen, bei der das Prädikat == ist. Warum werden nicht beide `find()` genannt? Der Grund dafür ist, daß bei überladenen Funktionen nicht immer zwischen den Aufrufen von zwei verschiedenen Template–Funktionen mit der gleichen Anzahl von Argumenten unterschieden werden kann. Beispiel:

```
bool pred(int);

void f (vector<bool(*f)(int)>& v1, vector<int>& v2)
{
    find (v1.begin(),v1.end(),pred);      // suche "pred"
    find_if (v2.begin(),v2.end(),pred);   // suche int, bei dem pred() true liefert
}
```

Wenn `find()` und `find_if()` den gleichen Namen hätten, könnten überraschende Mehrdeutigkeiten auftreten. Im allgemeinen wird die Endung `_if` verwendet, um anzuzeigen, daß ein Algorithmus ein Prädikat verwendet.

Der Algorithmus `find_first_of()` findet in einer Sequenz das erste Element, das auch in einer zweiten Sequenz enthalten ist:

```
template<class For, class For2>
    For find_first_of (For anf, For end, For2 anf2, For2 end2);

template<class For, class For2, class BinPred>
    For find_first_of (For anf, For end, For2 anf2, For2 end2, BinPred p);
```

Beispiel:

```
int x[] = { 1, 3, 4 };
int y[] = { 0, 2, 3, 4, 5 };

void f()
{
    int* p = find_first_of(x,x+3,y,y+5);     // p = &x[1]
    int* q = find_first_of(p+1,x+3,y,y+5);   // q = &x[2]
}
```

Der Zeiger p zeigt danach auf x[1], da 3 das erste Element in x ist, das auch in y enthalten ist. Entsprechend zeigt q danach auf x[2].

Der Algorithmus adjacent_find() findet zwei benachbarte passende Werte (A.d.Ü.: zwei benachbarte Werte, die den gleichen Wert besitzen bzw. bei denen beide Aufrufe eines Prädikats true ergeben):

```
template<class For> For adjacent_find (For anf, For end);

template<class For, class BinPred>
    For adjacent_find (For anf, For end, BinPred p);
```

Der Rückgabewert ist ein Iterator auf das erste passende Element. Beispiel:

```
void f (vector<string>& text)
{
    vector<string>::iterator p = adjacent_find (text.begin(),text.end());
    if (p != text.end() && *p=="der") {
        // Ich habe schon wieder "der" dupliziert!
        text.erase(p);
        // ...
    }
}
```

18.5.3 Count

Die Algorithmen count() und count_if() zählen, wie oft ein bestimmter Wert in einer Sequenz vorkommt:

```
template<class In, class T>
    typename iterator_traits<In>::difference_type
        count (In anf, In end, const T& wert);

template<class In, class Pred>
    typename iterator_traits<In>::difference_type
        count_if (In anf, In end, Pred p);
```

Der Rückgabetyp von count() ist interessant. Man betrachte eine naheliegende und in gewisser Hinsicht undurchdachte Version von count():

```
template<class In, class T> int count (In anf, In end, const T& wert)
{
    int res = 0;
```

```
        while (anf != end) if (*anf++ == wert) ++res;
        return res;
}
```

Das Problem ist, daß `int` nicht der richtige Datentyp für das Ergebnis sein könnte. Auf Maschinen mit kleinen `int`s könnten zu viele Elemente in der Sequenz vorkommen, um die Anzahl in einen `int` aufzunehmen. Umgekehrt könnte es eine leistungsfähige Implementierung auf einer speziellen Maschine vorziehen, die Anzahl in einen `short` einzutragen.

Es ist klar, daß die Anzahl der Elemente in einer Sequenz nicht größer als die größte Differenz zwischen Iteratoren sein kann (§19.2.1). Deshalb ist es eine erste Lösung des Problems, wenn man den Rückgabetyp wie folgt definiert:

```
    typename In::difference_type
```

Standardalgorithmen sollten allerdings neben Standardcontainern auch für eingebaute Felder geeignet sein. Beispiel:

```
    void f (char* p, int size)
    {
        int n = count(p,p+size,'e');   // zähle die Anzahl des Buchstabens 'e'
        // ...
    }
```

Leider ist `int*::difference_type` kein korrektes C++. Dieses Problem wird durch eine partielle Spezialisierung der `iterator_traits` (§19.2.2) gelöst.

18.5.4   Equal und Mismatch

Die Algorithmen `equal()` und `mismatch()` vergleichen zwei Sequenzen:

```
    template<class In, class In2> bool equal (In anf, In end, In2 anf2);

    template<class In, class In2, class BinPred>
        bool equal (In anf, In end, In2 anf2, BinPred p);

    template<class In, class In2>
        pair<In,In2> mismatch (In anf, In end, In2 anf2);

    template<class In, class In2, class BinPred>
        pair<In,In2> mismatch (In anf, In end, In2 anf2, BinPred p);
```

Der Algorithmus `equal()` gibt Auskunft, ob alle korrespondierenden Elementpaare von zwei Sequenzen gleich sind. `mismatch()` sucht nach dem ersten Elementpaar, das nicht gleich ist, und liefert Iteratoren auf diese Elemente. Für die zweite Sequenz wird jeweils kein Ende angegeben (es gibt keinen Parameter `end2`). Statt dessen wird davon ausgegangen, daß sich in der zweiten Sequenz mindestens genauso viele Elemente befinden wie in der ersten Sequenz. Das bedeutet, daß `anf2(end-anf)+` als `end2` verwendet wird. Diese Technik wird in der ganzen Standardbibliothek verwendet, wenn zwei Sequenzen für Operationen auf Elementpaare verwendet werden.

Wie in §18.5.1 bereits gezeigt wurde, sind diese Algorithmen sinnvoller, als es auf den ersten Blick erscheint, da der Anwender mit Prädikaten definieren kann, wann zwei Elemente gleich sind oder zusammenpassen.

Man beachte, daß die Sequenzen nicht den gleichen Datentyp haben müssen. Beispiel:

```
void f (list<int>& li, vector<double>& vd)
{
    bool b = equal (li.begin(),li.end(), vd.begin());
}
```

Alles, was verlangt wird, ist, daß die Elemente als Operanden des Prädikats akzeptabel sind.

Die beiden Versionen von `mismatch()` unterscheiden sich nur in der Verwendung eines Prädikats. Man könnte sie auch als eine Funktion mit einem Default–Template–Argument implementieren:

```
template<class In, class In2, class BinPred>
pair<In,In2> mismatch(In anf, In end, In2 anf2,
                BinPred p=equal_to<typename In::value_type>())  //§18.4.2.1
{
    while (anf!=end && p(*anf,*anf2)) {
        ++anf;
        ++anf2;
    }
    return pair<In,In2>(anf,anf2);
}
```

Der Unterschied zwischen zwei einzelnen Funktionen und einer Funktion mit einem Default–Argument spielt eine Rolle, wenn man Zeiger auf diese Funktionen verwendet. Wenn man allerdings bei vielen Varianten der Standardalgorithmen einfach an »die Version mit dem Default–Prädikat« denkt, wird die Anzahl der Template–Funktionen, die man sich merken sollte, grob halbiert.

18.5.5 Search

Die Algorithmen `search()`, `find_end()` und `search_n()` suchen eine Sequenz als Teilsequenz in einer anderen:

```
template<class For, class For2>
    For search (For anf, For end, For2 anf2, For2 end2);

template<class For, class For2, class BinPred>
    For search (For anf, For end, For2 anf2, For2 end2, BinPred p);

template<class For, class For2>
    For find_end (For anf, For end, For2 anf2, For2 end2);

template<class For, class For2, class BinPred>
    For find_end (For anf, For end, For2 anf2, For2 end2, BinPred p);

template<class For, class Size, class T>
    For search_n (For anf, For end, Size n, const T& wert);

template<class For, class Size, class T, class BinPred>
    For search_n (For anf, For end, Size n, const T& wert, BinPred p);
```

Der Algorithmus `search()` versucht, die zweite Sequenz als Teil der ersten Sequenz zu finden. Falls das klappt, wird ein Iterator für das erste passende Element in der ersten Sequenz zurückgeliefert. Falls die Teilsequenz nicht gefunden wird, wird das Ende der ersten Sequenz (end) zurückgeliefert. Somit ist der Rückgabewert immer in der Sequenz [anf,end]. Beispiel:

```
string zitat("Why waste time learning, when ignorance is instantaneous?");

bool in_zitat (const string& s)
{
    typedef string::const_iterator SCI;
    SCI p = search (zitat.begin(),zitat.end(),      // finde s in zitat
                    s.begin(),s.end());
    return p!=zitat.end();
}

void g()
{
    bool b1 = in_zitat("learning");      // b1 = true
    bool b2 = in_zitat("lemming");       // b2 = false
}
```

`search()` ist insofern eine für alle Sequenzen verallgemeinerte Suche nach einem Teilstring. Dies bedeutet, daß `search()` ein sehr nützlicher Algorithmus ist.

Der Algorithmus `find_end()` versucht ebenfalls, die zweite Sequenz als Teil der ersten Sequenz zu finden. Falls das klappt, liefert `find_end()` einen Iterator auf die letzte passende Stelle in der ersten Sequenz. Mit anderen Worten sucht `find_end()` »rückwärts«. Während `search()` das erste Vorkommen der zweiten Sequenz findet, findet `find_end()` das letzte Vorkommen der zweiten Sequenz in der ersten Sequenz.

Der Algorithmus `search_n()` findet in einer Sequenz eine Folge von zumindest n passenden Elementen seines wert–Arguments. Er liefert einen Iterator auf das erste der n passenden Elemente.

18.6   Modifizierende Sequenzalgorithmen

Falls man eine Sequenz verändern will, kann man explizit durch sie iterieren. Dabei kann man die Werte verändern. Wo immer es möglich ist, sollte man diese Art der Programmierung zugunsten eines einfacheren und systematischeren Programmierstils vermeiden. Die Alternative sind Algorithmen, die Sequenzen durchlaufen und dabei bearbeiten. Die nichtmodifizierenden Algorithmen (§18.5) bieten diese Möglichkeit, wenn man nur von einer Sequenz lesen will. Die modifizierenden Algorithmen dienen dazu, die verbreitetsten Arten von Updates durchzuführen. Einige verändern dabei die Sequenzen direkt, während andere neue Sequenzen erzeugen, die auf Informationen basieren, die beim Durchlaufen gefunden werden.

Standardalgorithmen bearbeiten Datenstrukturen mit Hilfe von Iteratoren. Dies bedeutet, daß das Einfügen oder Löschen von Elementen nicht einfach ist. Wenn man nur einen Iterator hat, wie kann man dann z.B. den Container herausfinden, aus dem ein Element, auf das der Iterator zeigt, entfernt werden soll? Falls keine speziellen Iteratoren verwendet werden (z.B. Inserter; §3.8, §19.2.4), können mit Iteratoren durchgeführte Operationen die Größe eines Containers nicht verändern. Anstatt Elemente einzufügen oder zu löschen, ändern, vertauschen oder kopieren die Algorithmen deshalb Werte. Sogar `remove()` überschreibt nur die zu entfernenden Elemente (§18.6.5). Im allgemeinen erzeugen die fundamentalen modifizierenden Operationen Ausgaben, die modifizierte Kopien der Eingaben sind. Die Algorithmen, die Sequenzen modifizieren, sind Varianten davon, die innerhalb einer Sequenz kopieren.

18.6.1 Copy

Kopieren ist die einfachste Möglichkeit, aus einer Sequenz eine andere zu erzeugen. Die Definitionen der fundamentalen Kopieroperationen sind trivial:

```
template<class In, class Out> Out copy (In anf, In end, Out res)
{
    while (anf!=end) *res++ = *anf++;
    return res;
}


template<class Bi, class Bi2> Bi2 copy_backward (Bi anf, Bi end, Bi2 res)
{
    while (anf!=end) *--res = *--end;
    return res;
}
```

Das Ziel eines Kopieralgorithmus muß nicht unbedingt ein Container sein. Alles, was durch einen Output–Iterator beschrieben werden kann (§19.2.6), kann verwendet werden. Beispiel:

```
void f (list<Verein>& lv, ostream& os)
{
    copy (lv.begin(),lv.end(), ostream_iterator<Verein>(os));
}
```

Um eine Sequenz zu lesen, braucht man eine Beschreibung, wo man anfangen und wo man aufhören soll. Zum Schreiben braucht man nur einen Iterator, der angibt, wo man hinschreiben soll. Man muß allerdings darauf aufpassen, nicht hinter das Ende des Ziels zu schreiben. Eine Möglichkeit, dies sicherzustellen, besteht darin, einen Inserter (§19.2.4) zu verwenden. Dieser stellt sicher, daß das Ziel entsprechend wächst. Beispiel:

```
void f (const vector<char>& vs, vector<char>& v)
{
    copy (vs.begin(),vs.end(),      // könnte das Ende von v überschreiben
        v.begin());
    copy (vs.begin(),vs.end(),      // Elemente von vs an v hinten anfügen
        back_inserter(v));
}
```

Die Eingabe– und Ausgabesequenzen können sich überlappen. Man sollte `copy()` verwenden, wenn sich die Sequenzen nicht überlappen oder falls das Ende der Ausgabesequenz innerhalb der Eingabesequenz liegt. Man sollte `copy_backward()` verwenden, falls der Anfang der Ausgabesequenz innerhalb der Eingabesequenz liegt. Wenn man so vorgeht, wird kein Element überschrieben, wenn es noch nicht kopiert wurde (siehe auch §18.13–Ü13).

Es liegt in der Natur der Sache, daß man sowohl für die Eingabe als auch für die Ausgabe zum Rückwärtskopieren einen Bidirectional–Iterator braucht. Beispiel:

```
void f (vector<char>& vc)
{
    copy_backward (vc.begin(),vc.end(),ostream_iterator<char>(cout));    // Fehler

    vector<char> v(vc.size());
    copy_backward (vc.begin(),vc.end(),v.end());                         // OK
    copy (v.begin(),v.end(),ostream_iterator<char>(cout));
}
```

Oft will man nur die Elemente kopieren, die ein bestimmtes Kriterium erfüllen. Leider wurde copy_if() von der Menge der von der Standardbibliothek angebotenen Algorithmen entfernt (mea culpa). Andererseits ist es trivial, diesen Algorithmus zu definieren:

```
template<class In, class Out, class Pred>
Out copy_if (In anf, In end, Out res, Pred p)
{
    while (anf!=end) {
        if (p(*anf)) *res++ = *anf;
        ++anf;
    }
    return res;
}
```

Wenn man alle Elemente mit einem Wert größer als n ausgeben will, ist dies damit wie folgt möglich:

```
void f (list<int>& ld, int n, ostream& os)
{
    copy_if(ld.begin(),ld.end(),ostream_iterator<int>(os),
            bind2nd(greater<int>(),n));
}
```

Siehe auch remove_copy_if() (§18.6.5).

18.6.2 Transform

Etwas verwirrend ist die Tatsache, daß transform() nicht unbedingt die Eingabe verändert. Statt dessen erzeugt dieser Algorithmus eine Ausgabe, die eine Transformation der Eingabe auf Basis der vom Anwender definierten Operationen darstellt:

```
template<class In, class Out, class Op>
Out transform (In anf, In end, Out res, Op op)
{
    while (anf!=end)  *res++ = op(*anf++);
    return res;
}

template<class In, class In2, class Out, class BinOp>
Out transform (In anf, In end, In2 anf2, Out res, BinOp op)
{
    while (anf!=end)  *res++ = op(*anf++,*anf2++);
    return res;
}
```

Das erste transform(), das eine einzelne Sequenz liest, um die Ausgabe zu erzeugen, hat eine große Ähnlichkeit zu copy(). Anstatt das Element zu schreiben, wird das Ergebnis der Operation mit dem Element geschrieben. Insofern könnte man copy() als transform() definieren, das eine Operation aufruft, die einfach nur das Argument zurückliefert:

```
template<class T> T identity (const T& x) { return x; }

template<class In, class Out> Out ccopy (In anf, In end, Out res)
{
    return transform(anf,end,res,
                     identity<typename iterator_traits<In>::value_type>);
}
```

Eine andere Betrachtung von transform() ist als Variante von for_each(), die explizit Ausgaben erzeugt. Man kann mit transform() z.B. aus einer Vereinsliste eine Liste der Namen ausgeben:

```
string nameVon (const Verein& v)     // liefert den Namen als String
{
    return v.name;
}

void f (list<Verein>& lv)
{
    transform (lv.begin(),lv.end(), ostream_iterator<string>(cout), nameVon);
}
```

Ein Grund, weshalb transform() »transform« genannt wurde, ist, daß das Ergebnis der Operation oft an die Stelle geschrieben wird, wo das Argument der Operation herstammt. Man betrachte z.B. das Löschen von Objekten auf die in einer Liste von Zeigern verwiesen wird:

```
struct Delete_ptr {     // Funktionsobjekt, damit Inlining moeglich ist
    template<class T> T* operator() (T* p) const { delete p; return 0; }
};

void loeschen (deque<Form*>& s)
{
    transform (s.begin(),s.end(),s.begin(),Delete_ptr());
    // ...
}
```

Der transform()–Algorithmus erzeugt immer eine Ausgabesequenz. Hier wurde das Ergebnis in die Eingabesequenz zurückgelenkt, wodurch Delete_ptr()(p) den Effekt p=Delete_ptr()(p) bekommt. Aus diesem Grund wird von Delete_ptr::operator() 0 zurückgeliefert.[1]

Die zweite Form von transform(), die zwei Eingabesequenzen bearbeitet, ermöglicht es, Informationen aus zwei Quellen zu kombinieren. Eine Animation mag z.B. eine Routine haben, die einer Liste von geometrischen Formen durch eine Umsetzung eine neue Position gibt:

---

[1] A.d.Ü.: Man beachte, daß dieses Beispiel mit assoziativen Containern nicht möglich ist, da die Elemente dort aus Sicht der Iteratoren konstant sind, damit die automatische Sortierung nicht verändert werden kann.

```
Form* form_verschieben (Form* s, Position p)      // *s += p
{
    s->verschieben(s->mitte()+p);
    return s;
}

void update_positionen (list<Form*>& ls, vector<Position>& vp)
{
    // rufe für korrespondierende Objekte form_verschieben() auf
    transform (ls.begin(),ls.end(), vp.begin(),
                    ls.begin(), form_verschieben);
}
```

Eigentlich braucht man hier kein Ergebnis von form_verschieben(). transform() besteht allerdings darauf, das Ergebnis der aufgerufenen Operation irgendwohin zu schreiben. Deshalb liefert form_verschieben() seinen ersten Operanden, damit dieser (aufgrund des vierten Parameters von transform()) dorthin zurückgeschrieben werden kann, wo er herkam.

Manchmal besteht allerdings nicht die Möglichkeit, das Problem auf diese Weise zu lösen. Man will z.B. eine Operation verwenden, die keinen Wert zurückliefert und die man nicht selbst geschrieben hat oder nicht verändern möchte. Manchmal ist die Eingabesequenz auch konstant. In dem Fall kann man analog zum transform() für zwei Sequenzen ein for_each() für zwei Sequenzen schreiben:

```
template<class In, class In2, class BinOp>
BinOp for_each (In anf, In end, In2 anf2, BinOp op)
{
    while (anf!=end) op(*anf++,*anf2++);
    return op;
}

void update_positionen (list<Form*>& ls, vector<Position>& vp)
{
    for_each (ls.begin(),ls.end(), vp.begin(),
                form_verschieben);
}
```

Für solche Fälle kann auch ein Output–Iterator sinnvoll sein, der nichts schreibt (§19.6–Ü2).

Es gibt keine Algorithmen für drei oder mehr Eingabesequenzen. Man kann solche Algorithmen allerdings einfach schreiben. Alternativ kann man transform() auch wiederholt aufrufen.

18.6.3 Unique

Wann immer Informationen gesammelt werden, können Duplikate auftreten. Die Algorithmen unique() und unique_copy() entfernen benachbarte Duplikate:

```
template<class For> For unique (For anf, For end);
template<class For, class BinPred> For unique (For anf, For end, BinPred p);

template<class In, class Out> Out unique_copy (In anf, In end, Out res);
template<class In, class Out, class BinPred>
    Out unique_copy (In anf, In end, Out res, BinPred p);
```

Der Algorithmus `unique()` entfernt benachbarte Duplikate einer Sequenz, `unique_copy()` legt eine Kopie ohne Duplikate an. Beispiel:

```
void f (list<string>& ls, vector<string>& vs)
{
    ls.sort();          // sort() für Listen (§17.2.2.1)
    unique_copy (ls.begin(),ls.end(), back_inserter(vs));
}
```

Damit werden die Elemente von `ls` nach `vs` kopiert, wobei aufeinanderfolgende Duplikate entfernt werden. Der Aufruf von `sort()` dient dazu, Strings mit gleichem Wert vorher zu benachbarten Elementen zu machen.

Wie alle Standardalgorithmen, operiert `unique()` mit Iteratoren. Es gibt keine Möglichkeit, den Typ des Containers, in den die Iteratoren zeigen, herauszubekommen. Somit kann der Container auch nicht modifiziert werden. Das bedeutet, daß `unique()` die Duplikate nicht in der Form entfernt, wie man als unbedarfter Anwender erstmal annehmen würde. Statt dessen werden die Duplikate einer Sequenz durch die nachfolgenden eindeutigen Elemente überschrieben, und es wird ein Iterator für das neue Ende der Sequenz ohne Duplikate zurückgeliefert:

```
template<class For> For unique (For anf, For end)
{
    anf = adjacent_find(anf,end);      // §18.5.2
    return unique_copy(anf,end,anf);
}
```

Die Elemente hinter dem neuen Ende werden unverändert gelassen. Insofern werden im Container keine Duplikate wirklich entfernt:

```
void f (vector<string>& vs)      // Warnung: schlechter Code
{
    sort (vs.begin(), vs.end());      // Vektor sortieren
    unique (vs.begin(), vs.end());    // Duplikate entfernen (nicht wirklich!)
}
```

Tatsächlich kann `unique()` durch Verschieben des letzten Elements nach vorne zum Eliminieren von Duplikaten auch neue Duplikate erzeugen. Beispiel:

```
int main()
{
    char v[] = "abbcccde";

    char* p = unique(v,v+strlen(v));
    cout << v << ' ' << p-v << '\n';
}
```

erzeugt folgende Ausgabe:

```
abcdecde 5
```

Das neue Ende, p, zeigt also auf das zweite c.

Algorithmen, die dazu dienen, Elemente zu entfernen (aber dies nicht wirklich können) treten in zwei Formen auf: die »einfache« Version, die Elemente ähnlich wie `unique()` in eine neue Reihenfolge bringt, und eine Version, die ähnlich wie `unique_copy()` eine neue Sequenz erzeugt. Die Endung `_copy()` dient dabei dazu, diese beiden Arten zu unterscheiden.

Um Duplikate wirklich aus einem Container zu entfernen, muß der Container verkleinert werden:

```
template<class C> void duplikate_entfernen (C& c)
{
    sort (c.begin(),c.end());                        // sortieren
    typename C::iterator p = unique(c.begin(),c.end()); // umordnen
    c.erase (p,c.end());                             // schrumpfen
}
```

Man beachte, daß `duplikate_entfernen()` nicht bei eingebauten Feldern angewendet werden kann, `unique()` damit aber funktioniert.

Ein Anwendungsbeispiel von `unique_copy()` kann in §3.8.3 gefunden werden.

18.6.3.1   Sortierkriterien

Um alle Duplikate zu entfernen, muß die Eingabesequenz sortiert sein (§18.7.1). Sowohl `unique()` als auch `unique_copy()` verwenden `==` als Default–Kriterium für Vergleiche und bieten dem Anwender die Möglichkeit, alternative Kriterien bereitzustellen. Man könnte z.B. das Beispiel aus §18.5.1 modifizieren, um Namensduplikate zu entfernen. Nachdem die Namen der Vereinsfunktionäre in eine `list<Person*>` mit dem Namen `off` eingetragen wurden (§18.5.1), könnte man die Duplikate wie folgt entfernen:

```
duplikate_entfernen (off);
```

In dem Fall werden in `duplikate_entfernen()` allerdings die Zeiger sortiert, und das Entfernen der Duplikate funktioniert nur, wenn für die gleiche Person auch der gleiche Zeiger verwendet wird. Im allgemeinen wäre es besser, die Struktur `Person` auszuwerten, um zu klären, ob zwei Personen gleich sind. Man könnte dann folgendes schreiben:

```
bool operator == (const Person& x, const Person& y)   // gleich für Objekte
{
    // teste x und y auf Gleichheit
}

bool operator < (const Person& x, const Person& y)    // kleiner-als für Objekte
{
    // vergleiche x und y zum Sortieren
}

bool Person_eq (const Person* x, const Person* y)     // gleich für Objektzeiger
{
    return *x == *y;
}

bool Person_lt (const Person* x, const Person* y)     // kleiner-als für Objektzeiger
{
    return *x < *y;
}

void extrakt_and_print (const list<Verein>& lv)
{
```

```
        list<Person*> off;
        extrakt (lv, off);
        sort (off.begin(),off.end(), Person_lt);
        list<Verein>::iterator p = unique(off.begin(),off.end(), Person_eq);
        for_each (off.begin(),p, Print_name(cout));
}
```

Es empfiehlt sich sicherzustellen, daß das Sortierkriterium dem Kriterium zum Entfernen von Duplikaten entspricht. Die Default–Bedeutung von < und == ist bei Zeigern als Vergleichskriterium für die Objekte, auf die verwiesen wird, selten sinnvoll.

18.6.4 Replace

Die replace()–Algorithmen durchlaufen eine Sequenz und ersetzen Werte durch andere Werte, wie angegeben. Sie folgen den Mustern von find()/find_if() und unique()/unique_copy(), was insgesamt vier Varianten ergibt. Auch hier ist der Code einfach genug, um das Verhalten zu erläutern:

```
template<class For, class T>
void replace (For anf, For end, const T& wert, const T& neuerWert)
{
    while (anf!=end) {
        if (*anf == wert) *anf = neuerWert;
        ++anf;
    }
}

template<class For, class Pred, class T>
void replace_if (For anf, For end, Pred p, const T& neuerWert)
{
    while (anf!=end) {
        if (p(*anf)) *anf = neuerWert;
        ++anf;
    }
}

template<class In, class Out, class T>
Out replace_copy (In anf, In end, Out res, const T& wert, const T& neuerWert)
{
    while (anf!=end) {
        *res++ = (*anf == wert) ? neuerWert : *anf;
        ++anf;
    }
    return res;
}

template<class In, class Out, class Pred, class T>
Out replace_copy_if (In anf, In end, Out res, Pred p, const T& neuerWert)
{
    while (anf!=end) {
        *res++ = p(*anf) ? neuerWert : *anf;
```

```
        ++anf;
    }
    return res;
}
```

Man könnte damit eine Liste von `strings` durchlaufen und die übliche englische Übersetzung von meiner Geburtsstadt, Aarhus, durch die korrekte Schreibweise, Århus, ersetzen:

```
void f (list<string>& staedte)
{
    replace (staedte.begin(),staedte.end(), "Aarhus", "Århus");
}
```

Dabei braucht man einen erweiterten Zeichensatz (§C.3.3).

18.6.5 Remove

Die `remove()`–Algorithmen entfernen Elemente aus einer Sequenz aufgrund des Werts oder eines Prädikats:

```
template<class For, class T> For remove (For anf, For end, const T& wert);

template<class For, class Pred> For remove_if (For anf, For end, Pred p);

template<class In, class Out, class T>
    Out remove_copy (In anf, In end, Out res, const T& wert);

template<class In, class Out, class Pred>
    Out remove_copy_if (In anf, In end, Out res, Pred p);
```

Wenn wir davon ausgehen, daß ein `Verein` eine Adresse besitzt, könnten wir eine Liste aller Vereine in Kopenhagen erzeugen:

```
class in_stadt {
    string stadt;
public:
    in_stadt (const string& s) : stadt(s) { }
    bool operator() (const Verein& v) const { return v.stadt == stadt; }
};

void f (list<Verein>& lv)
{
    remove_copy_if (lv.begin(), lv.end(),
                    output_iterator<Verein>(cout),
                    not1(in_stadt("Kopenhagen")));
}
```

Insofern entspricht `remove_copy_if()` dem nicht standardisierten Algorithmus `copy_if()` (§18.6.1) mit der inversen Bedingung. Das bedeutet, daß ein Element von `remove_copy_if()` ausgegeben wird, wenn es ein Prädikat nicht erfüllt.

Das »einfache« remove() faßt nicht passende Elemente (Elemente, die nicht entfernt werden sollen) am Anfang der Sequenz zusammen und liefert einen Iterator für das Ende dieser kompaktifizierten Sequenz (siehe auch §18.6.3).

18.6.6 Fill und Generate

Die Algorithmen fill() und generate() dienen dazu, Sequenzen systematisch Werte zuzuweisen:

```
template<class For, class T> void fill (For anf, For end, const T& wert);

template<class Out, class Size, class T>
    void fill_n (Out res, Size n, const T& wert);

template<class For, class Gen> void generate (For anf, For end, Gen g);

template<class Out, class Size, class Gen>
    void generate_n (Out res, Size n, Gen g);
```

Die fill()–Algorithmen weisen immer den gleichen spezifizierten Wert zu; die generate()–Algorithmen weisen Werte zu, die das Ergebnis eines wiederholten Aufrufs ihres Funktionsarguments sind. Insofern ist fill() nur ein spezieller Fall von generate(), bei dem die aufgerufene Funktion immer wieder den gleichen Wert zurückliefert. Die _n–Versionen weisen die Werte den ersten n Elementen einer Sequenz zu.

Durch Verwendung der Zufallszahlengeneratoren Randint und Urand aus §22.7 ist folgendes möglich:

```
int v1[900];
int v2[900];
vector v3;

void f()
{
    fill(v1,&v1[900],99);              // alle Elemente von v1 auf 99 setzen
    generate(v2,&v2[900],Randint());   // Zufallszahl zuweisen (§22.7)

    // 200 Zufallszahlen im Intervall [0..99] ausgeben:
    generate_n(ostream_iterator<int>(cout),200,Urand(100));

    fill_n(back_inserter(v3),20,99);   // in v3 20 Elemente mit Wert 99 anfügen
}
```

Die Algorithmen fill() und generate() initialisieren nicht, sondern weisen zu. Um nicht initialisierten Speicherplatz zu manipulieren (um z.B. einen Speicherbereich in Objekte mit wohldefiniertem Typ und Zustand umzuwandeln), sollte man statt der Algorithmen von <algorithm> einen Algorithmus wie uninitialized_fill() aus <memory> (§19.4.4) verwenden.

18.6.7 Reverse und Rotate

Gelegentlich müssen die Elemente einer Sequenz eine neue Reihenfolge bekommen:

```
template<class Bi> void reverse (Bi anf, Bi end);
template<class Bi, class Out> Out reverse_copy (Bi anf, Bi end, Out res);

template<class For> void rotate (For anf, For mitte, For end);
template<class For, class Out>
    Out rotate_copy (For anf, For mitte, For end, Out res);

template<class Ran> void random_shuffle (Ran anf, Ran end);
template<class Ran, class Gen> void random_shuffle (Ran anf, Ran end, Gen& g);
```

Der Algorithmus reverse() kehrt die Reihenfolge der Elemente um, so daß das erste Element das letzte wird und so weiter. Der Algorithmus reverse_copy() erzeugt eine Kopie der Eingabe in umgekehrter Reihenfolge.

Der Algorithmus rotate() betrachtet die Sequenz [anf,end[als Kreis und rotiert die Elemente darin, bis das Element mitte am Anfang der Sequenz liegt (die Position von anf eingenommen hat). Formal ausgedrückt wird ein Element, das sich an der Position anf+i befindet, an die Position anf+(i+(end-mitte))%(end-anf) verschoben. Das % (der Modulo–Operator) sorgt dabei dafür, daß statt eines einfachen Links–Shifts eine zyklische Rotation durchgeführt wird. Beispiel:

```
void f()
{
    string v[] = { "Frosch", "und", "Pfirsich" };

    reverse(v,v+3);         // => Pfirsich und Frosch
    rotate(v,v+1,v+3);      // => und Frosch Pfirsich
}
```

Der Algorithmus rotate_copy() erzeugt eine Kopie der Eingabe in rotierter Reihenfolge.

Als Default mischt random_shuffle() seine Sequenz anhand eines gleichverteilenden Zufallszahlengenerators. Das bedeutet, er gibt den Elementen eine Reihenfolge auf eine Art und Weise, die jede Reihenfolge gleich wahrscheinlich macht. Falls man eine andere Verteilung oder einfach nur einen besseren Zufallszahlengenerator haben möchte, kann man einen eigenen Generator übergeben. Mit dem Generator Urand aus §22.7 kann man z.B. einen Kartenstapel wie folgt mischen:

```
void f (deque<Karte>& dk)
{
    Urand r(52);
    random_shuffle (dk.begin(),dk.end(), r);
    //...
}
```

Die Elemente werden bei rotate() etc. mit Hilfe von swap() (§18.6.8) verschoben.

18.6.8 Swap

Um mit Elementen eines Containers irgend etwas Interessantes zu tun, müssen diese verschoben werden. Ein solches Verschieben wird am besten (im Sinne von am einfachsten und effizientesten) durch Vertauschen durchgeführt:

```
template<class T> void swap(T& a, T& b)
{
    T tmp = a;
    a = b;
    b = tmp;
}


template<class For, class For2> void iter_swap (For x, For2 y);

template<class For, class For2> For2 swap_ranges (For anf, For end, For2 anf2)
{
    while (anf!=end) iter_swap(anf++,anf2++);
    return anf2;
}
```

Zum Vertauschen von Elementen braucht man eine temporäre Variable. Es gibt schlaue Tricks, um diese Notwendigkeit in Spezialfällen zu umgehen; solche Tricks sollte man aber zugunsten der einfachen und offensichtlichen Lösung vermeiden. Der Algorithmus[2] swap() wird für wichtige Datentypen, sofern es eine Rolle spielt, spezialisiert (§16.3.9, §13.5.2).

Der Algorithmus[2] iter_swap() vertauscht die Elemente, auf die die übergebenen Iteratoren zeigen.

Der Algorithmus swap_ranges() vertauscht die Elemente in zwei Eingabebereichen.

18.7   Sortierte Sequenzen

Wenn man einmal Daten gesammelt hat, möchte man sie häufig auch sortieren. Wenn eine Sequenz einmal sortiert ist, steigen die Möglichkeiten der bequemen Bearbeitung signifikant an.

Um eine Sequenz zu sortieren, braucht man eine Möglichkeit, Elemente zu vergleichen. Dazu wird ein zweistelliges Prädikat (§18.4.2) verwendet. Als Default–Vergleich dient less (§18.4.2), was wiederum < als Default verwendet.

18.7.1   Sortieren

Die sort()–Algorithmen brauchen Random-Access–Iteratoren (§19.2.1). Das bedeutet, daß sie am besten bei Vektoren und ähnlichen Containern funktionieren:

```
template<class Ran> void sort (Ran anf, Ran end);
template<class Ran, class Cmp> void sort (Ran anf, Ran end, Cmp cmp);
```

---

[2] A.d.Ü.: swap() und iter_swap() sind keine Algorithmen in dem Sinne, daß sie eine Sequenz bearbeiten. Man kann sie deshalb mehr als Hilfsfunktionen betrachten.

```
template<class Ran> void stable_sort (Ran anf, Ran end);
template<class Ran, class Cmp> void stable_sort (Ran anf, Ran end, Cmp cmp);
```

Die Standardklasse `list` (§17.2.2) bietet keine Random-Access–Iteratoren. Statt dessen können Listen mit speziellen listenspezifischen Operationen sortiert werden (§17.2.2.1).

Der Basisalgorithmus `sort()` ist effizient (im Durchschnitt `O(n*log(n))`), kann aber im ungünstigsten Fall sehr schlecht werden (`O(n*n)`). Falls das Verhalten im ungünstigsten Fall garantiert werden muß oder eine stabile Sortierung (Beibehaltung der Reihenfolge gleicher Elemente) erforderlich ist, sollte `stable_sort()` verwendet werden. Der Algorithmus `stable_sort()` hat die Komplexität `O(n*log(n)*log(n))`, die sich, falls das System ausreichend zusätzlichen Speicherplatz besitzt, in Richtung `O(n*log(n))` verbessern läßt. Die relative Reihenfolge von gleichen Elementen bleibt bei `stable_sort()` im Gegensatz zu `sort()` erhalten.

Manchmal werden nur die ersten Elemente einer sortierten Sequenz gebraucht. In dem Fall bietet es sich an, nur so weit zu sortieren, bis der erste Teil die richtige Reihenfolge besitzt. Das ist eine »partielle Sortierung«:

```
template<class Ran> void partial_sort (Ran anf, Ran mitte, Ran end);
template<class Ran, class Cmp>
    void partial_sort (Ran anf, Ran mitte, Ran end, Cmp cmp);

template<class In, class Ran>
    Ran partial_sort_copy (In anf, In end, Ran anf2, Ran end2);
template<class In, class Ran, class Cmp>
    Ran partial_sort_copy (In anf, In end, Ran anf2, Ran end2, Cmp cmp);
```

Das einfache `partial_sort()` bearbeitet die übergebene Sequenz so, daß die Elemente von `anf` bis `mitte` die richtige Reihenfolge besitzen. Der Algorithmus `partial_sort_copy()` erzeugt n Elemente, wobei n das Minimum der Anzahl der Elemente in der Eingabe– und Ausgabesequenz ist. In diesem Fall werden sowohl der Anfang als auch das Ende der Zielsequenz angegeben, da damit angegeben wird, wie viele Elemente sortiert werden sollen. Beispiel:

```
class Vgl_verkaufte_kopien {
public:
    int operator() (const Buch& b1, const Buch& b2) const {
        return b1.verkaufte_kopien() > b2.verkaufte_kopien();
    }
};

void f (const vector<Buch>& buecher)        // finde die zehn bestverkauften Bücher
{
    vector<Buch> bestseller(10);
    partial_sort_copy (buecher.begin(),buecher.end(),
                       bestseller.begin(),bestseller.end(),
                       Vgl_verkaufte_kopien());
    copy (bestseller.begin(),bestseller.end(),
          ostream_iterator<Buch>(cout,"\n"));
}
```

Da das Ziel von `partial_sort_copy()` ein Random-Access–Iterator sein muß, kann nicht direkt nach `cout` sortiert werden.

Schließlich gibt es noch Algorithmen, die nur so weit sortieren, bis das *n*te Element an der richtigen Stelle steht:

```
template<class Ran> void nth_element (Ran anf, Ran nth, Ran end);
template<class Ran, class Cmp>
    void nth_element (Ran anf, Ran nth, Ran end, Cmp cmp);
```

Dieser Algorithmus ist insbesondere hilfreich für Leute, wie Volkswirtschaftler, Soziologen und Lehrer, die an Mittelwerten, prozenturalen Verteilungen usw. interessiert sind.

18.7.2 Binäres Suchen

Eine sequentielle Suche wie mit find() (§18.5.2) ist für große Sequenzen schrecklich ineffizient, aber es ist das beste, was man ohne Sortierung oder Hashing (§17.6) machen kann. Wenn eine Sequenz allerdings sortiert ist, kann man binär suchen, um festzustellen, ob sich ein Wert in einer Sequenz befindet:

```
template<class For, class T>
    bool binary_search (For anf, For end, const T& wert);

template<class For, class T, class Cmp>
    bool binary_search (For anf, For end, const T& wert, Cmp cmp);
```

Beispiel:

```
void f (list<int>& c)
{
    if (binary_search(c.begin(),c.end(),7)) {    // ist 7 in c ?
        // ...
    }
    // ...
}
```

binary_search() liefert einen bool zurück, der angibt, ob der Wert vorhanden ist. Wie bei find() will man aber oft auch wissen, wo sich ein Element in der Sequenz befindet. Es können sich allerdings mehrere Elemente eines Wertes in einer Sequenz befinden und oft braucht man entweder den ersten oder alle diese Elemente. Deshalb gibt es Algorithmen, die einen Bereich gleicher Elemente finden, equal_range(), und Algorithmen für den Anfang (lower_bound()) und das Ende (upper_bound()) dieses Bereichs:

```
template<class For, class T>
    For lower_bound (For anf, For end, const T& wert);
template<class For, class T, class Cmp>
    For lower_bound (For anf, For end, const T& wert, Cmp cmp);

template<class For, class T>
    For upper_bound (For anf, For end, const T& wert);
template<class For, class T, class Cmp>
    For upper_bound (For anf, For end, const T& wert, Cmp cmp);

template<class For, class T>
    pair<For,For> equal_range (For anf, For end, const T& wert);
template<class For, class T, class Cmp>
    pair<For,For> equal_range (For anf, For end, const T& wert, Cmp cmp);
```

Diese Algorithmen korrespondieren mit den Operationen von Multimaps (§17.4.2). Man kann
lower_bound() als schnelles find() bzw. find_if() für sortierte Sequenzen betrachten. Beispiel:

```
void g (vector<int>& c)
{
    typedef vector<int>::iterator VI;

    VI p = find(c.begin(),c.end(),7);        // wahrscheinlich langsam: O(n);
                                             // c braucht nicht sortiert sein
    VI q = lower_bound(c.begin(),c.end(),7); // wahrscheinlich schnell: O(log(n));
                                             // c muß sortiert sein
    // ...
}
```

Falls lower_bound(anf,end,k) k nicht finden kann, wird (im Unterschied zu find()) ein Iterator auf das erste Element, das größer als k ist, oder, falls es das nicht gibt, end zurückgeliefert.
Diese Art der Fehlermeldung wird auch von upper_range() und equal_range() verwendet. Es
bedeutet, daß man diese Algorithmen dazu verwenden kann, die Positionen herauszufinden, wo
ein neues Element eingefügt werden kann, ohne die Sortierung der Elemente zu zerstören.

18.7.3 Merge

Man kann zwei sortierte Sequenzen mit merge() zu einer neuen sortierten Sequenz vereinigen
oder zwei Teilsequenzen mit inplace_merge() vereinigen:

```
template<class In, class In2, class Out>
    Out merge (In anf, In end, In2 anf2, In2 end2, Out res);
template<class In, class In2, class Out, class Cmp>
    Out merge (In anf, In end, In2 anf2, In2 end2, Out res, Cmp cmp);

template<class Bi> void inplace_merge (Bi anf, Bi mitte, Bi end);
template<class Bi, class Cmp>
    void inplace_merge (Bi anf, Bi mitte, Bi end, Cmp cmp);
```

Man beachte, daß dieses merge() sich von dem für Listen (§17.2.2.1) unterscheidet, indem es aus
den Eingabesequenzen *keine* Elemente entfernt. Statt dessen werden aus beiden Eingabesequenzen
Elemente in die Ausgabesequenz kopiert.

Sind Elemente gleich, liegen die Elemente der ersten Sequenz immer vor den Elementen der
zweiten Sequenz.

Der Algorithmus inplace_merge() ist vor allem hilfreich, wenn man eine Sequenz hat, die
mit mehr als einem Kriterium sortiert werden kann. Angenommen, man hat einen Vektor für Fi-
sche, der anhand der Fischarten (z.B. Dorsch, Schellfisch, Hering) sortiert wird. Falls die Elemente
der einzelnen Arten jeweils anhand ihres Gewichts sortiert sind, kann man den gesamten Vektor
durch Anwendung von inplace_merge() anhand des Gewichts sortieren und auf diese Weise die
Elemente der verschiedenen Arten zusammenfassen (§18.13–Ü20).

18.7.4 Partitionieren

Das Partitionieren einer Sequenz dient dazu, alle Elemente, die ein Prädikat erfüllen, vor alle Elemente zu sortieren, die dies nicht tun. Die Standardbibliothek bietet eine »stabile« Variante, stable_partition(), die unter den Elementen, die das Prädikat erfüllen, und denen, die das nicht tun, die relative Reihenfolge beibehält. Zusätzlich gibt es das einfache partition(), das die relative Reihenfolge nicht beibehält, aber etwas schneller ist, insbesondere wenn der Speicherplatz limitiert ist:

```
template<class Bi, class Pred> Bi partition (Bi anf, Bi end, Pred p);
template<class Bi, class Pred> Bi stable_partition (Bi anf, Bi end, Pred p);
```

Man kann es auch als sort() mit einem sehr einfachen Sortierkriterium betrachten. Beispiel:

```
void f (list<Verein>& lv)
{
    list<Verein>::iterator p = partition(lv.begin(),lv.end(),in_stadt("Rom"));
}
```

Damit wird die Liste so »sortiert«, daß alle Vereine in der Stadt Rom am Anfang stehen. Der Rückgabewert (hier p) zeigt entweder auf das erste Element, das das Prädikat nicht erfüllt, oder auf das Ende.

18.7.5 Mengenoperationen auf Sequenzen

Eine Sequenz kann auch als Menge betrachtet werden. Deshalb macht es Sinn, Mengenoperationen, wie das Bilden der Vereinigungs– oder der Schnittmenge, anzubieten. Solche Operationen sind allerdings schrecklich ineffizient, wenn die Sequenzen nicht sortiert sind. Deshalb stellt die Standardbibliothek Mengenoperationen nur für sortierte Sequenzen zur Verfügung. Die Mengenoperationen funktionieren insbesondere mit Sets (§17.4.3) und Multisets (§17.4.4), die ohnehin immer sortiert sind.

Falls die übergebenen Sequenzen nicht sortiert sind, werden die resultierenden Sequenzen nicht konform zu den üblichen mengentheoretischen Regeln aufgebaut sein. Diese Algorithmen verändern die Eingabesequenzen nicht und sortieren ihre Ausgabesequenzen.

Die include()–Algorithmen testen, ob jedes Element der zweiten Sequenz auch Element der ersten Sequenz ist:

```
template<class In, class In2>
    bool includes (In anf, In end, In2 anf2, In2 end2);
template<class In, class In2, class Cmp>
    bool includes (In anf, In end, In2 anf2, In2 end2, Cmp cmp);
```

Die Algorithmen set_union() und set_intersection() produzieren eine sortierte Vereinigungsmenge bzw. Schnittmenge:

```
template<class In, class In2, class Out>
    Out set_union (In anf, In end, In2 anf2, In2 end2, Out res);
template<class In, class In2, class Out, class Cmp>
    Out set_union (In anf, In end, In2 anf2, In2 end2, Out res, Cmp cmp);

template<class In, class In2, class Out>
    Out set_intersection (In anf, In end, In2 anf2, In2 end2, Out res);
```

```
template<class In, class In2, class Out, class Cmp>
    Out set_intersection (In anf, In end, In2 anf2, In2 end2,
                          Out res, Cmp cmp);
```

Der Algorithmus set_difference() erzeugt eine Sequenz von Elementen, die in der ersten, nicht aber in der zweiten Sequenz enthalten sind. Der Algorithmus set_symmetric_difference() erzeugt eine Sequenz von Elementen, die in einer der beiden Sequenzen, nicht aber in beiden, enthalten sind:

```
template<class In, class In2, class Out>
    Out set_difference (In anf, In end, In2 anf2, In2 end2, Out res);
template<class In, class In2, class Out, class Cmp>
    Out set_difference (In anf, In end, In2 anf2, In2 end2, Out res, Cmp cmp);

template<class In, class In2, class Out>
    Out set_symmetric_difference (In anf, In end, In2 anf2, In2 end2,
                                  Out res);
template<class In, class In2, class Out, class Cmp>
    Out set_symmetric_difference (In anf, In end, In2 anf2, In2 end2,
                                  Out res, Cmp cmp);
```

Beispiel:

```
char v1[] = "abcd";
char v2[] = "cdef";

void f (char v3[])
{
    set_difference (v1,v1+4, v2,v2+4, v3);           // v3 = "ab"
    set_symmetric_difference (v1,v1+4, v2,v2+4, v3);  // v3 = "abef"
}
```

18.8   Heaps

Das Wort *Heap* hat in unterschiedlichen Kontexten unterschiedliche Bedeutungen. Bei der Diskussion von Algorithmen bezieht sich »Heap« oft auf die Möglichkeit, eine Sequenz so zu organisieren, daß das erste Element immer das Element mit dem höchsten Wert ist. Das Einfügen (mit push_heap()) und Löschen (mit pop_heap()) geht ziemlich schnell (im schlimmsten Fall mit $O(\log(n))$, wobei n die Anzahl der Elemente in der Sequenz ist). Das Sortieren (mit sort_heap()) hat im schlimmsten Fall eine Performance von $O(n*\log(n))$. Ein Heap wird über eine Reihe von Funktionen implementiert:

```
template<class Ran> void push_heap (Ran anf, Ran end);
template<class Ran, class Cmp> void push_heap (Ran anf, Ran end, Cmp cmp);

template<class Ran> void pop_heap (Ran anf, Ran end);
template<class Ran, class Cmp> void pop_heap (Ran anf, Ran end, Cmp cmp);

template<class Ran> void make_heap (Ran anf, Ran end); // Sequenz in Heap umwandeln
template<class Ran, class Cmp> void make_heap (Ran anf, Ran end, Cmp cmp);
```

```
template<class Ran> void sort_heap (Ran anf, Ran end); // Heap in Sequenz umwandeln
template<class Ran, class Cmp> void sort_heap (Ran anf, Ran end, Cmp cmp);
```

Der Stil der Heap–Algorithmen ist seltsam. Eine natürlichere Möglichkeit, ihre Funktionalität zu präsentieren, wäre es, eine Adapterklasse mit vier Operationen anzubieten. Dies würde in so etwas wie eine priority_queue (§17.3.3) resultieren. Tatsächlich wird eine priority_queue mit ziemlicher Sicherheit als Heap implementiert.

Mit push_heap(anf,end) wird der Wert *(end-1) in den Heap aufgenommen. Dabei geht man davon aus, daß die Elemente [enf,end-1[bereits einen Heap bilden und push_heap() diese Sequenz mit dem nächsten Element auf [anf,end[ausdehnt. Umgekehrt entfernt pop_heap(anf,end) das erste Element des Heaps dadurch, daß es mit dem letzten Element (*(end-1)) vertauscht wird und [anf,end-1[als Heap übrig bleibt.[3]

18.9   Minimum und Maximum

Die Algorithmen, die in diesem Abschnitt beschrieben werden, selektieren einen Wert aufgrund eines Vergleichs. Es ist offensichtlich sinnvoll, das Maximum und das Minimum von zwei Werten bilden zu können:[4]

```
template<class T> const T& max (const T& a, const T& b)
{
    return (a<b) ? b : a;
}

template<class T, class Cmp> const T& max (const T& a, const T& b, Cmp cmp)
{
    return (cmp(a,b)) ? b : a;
}

template<class T> const T& min (const T& a, const T& b);

template<class T, class Cmp> const T& min (const T& a, const T& b, Cmp cmp);
```

Die Operationen max() und min() können verallgemeinert auch auf Sequenzen angewendet werden:

```
template<class For> For max_element (For anf, For end);
template<class For, class Cmp> For max_element (For anf, For end, Cmp cmp);

template<class For> For min_element (For anf, For end);
template<class For, class Cmp> For min_element (For anf, For end, Cmp cmp);
```

---

[3]   A.d.Ü.: Mit make_heap() wird eine Sequenz als Heap initialisiert. sort_heap() macht den Heap zu einer sortierten Sequenz (dies ist dann kein Heap mehr, da das größte Element danach im Gegensatz zu einem Heap ganz hinten liegt).

[4]   A.d.Ü.: min() und max() sind keine Algorithmen in dem Sinne, daß sie eine Sequenz bearbeiten. Man kann sie deshalb mehr als Hilfsfunktionen betrachten.

Schließlich wurde das lexikographische Ordnen von Strings auf Sequenzen aus einem Datentyp, für den der Vergleichsoperator definiert ist, ausgedehnt:

```
template<class In, class In2>
bool lexicographical_compare (In anf, In end, In2 anf2, In2 end2);


template<class In, class In2, class Cmp>
bool lexicographical_compare (In anf, In end, In2 anf2, In2 end2, Cmp cmp)
{
    while (anf!=end && anf2!=end2) {
        if (cmp(*anf,*anf2)) return true;
        if (cmp(*anf2++,*anf++)) return false;
    }
    return anf == end && anf2 != end2;
}
```

Dies hat große Ähnlichkeit zu der Funktion, die für allgemeine Strings präsentiert wurde (§13.4.1). lexicographical_compare() vergleicht allerdings beliebige Sequenzen und nicht nur Strings. Es liefert statt eines nützlicheren int einen Booleschen Wert zurück. Das Ergebnis ist nur dann true, wenn die erste Sequenz kleiner als die zweite ist. Das Ergebnis ist insbesondere dann false, wenn die Sequenzen gleich sind.

C–Strings und strings sind Sequenzen. Somit kann lexicographical_compare() auch zum Vergleichen von Strings verwendet werden. Beispiel:

```
char v1[] = "ja";
char v2[] = "nein";
string s1 = "Ja";
string s2 = "Nein";

void f()
{
    bool b1 = lexicographical_compare (v1,v1+strlen(v1), v2,v2+strlen(v2));
    bool b2 = lexicographical_compare (s1.begin(),s1.end(),
                                       s2.begin(),s2.end());
    bool b3 = lexicographical_compare (v1,v1+strlen(v1), s1.begin(),s1.end());
    bool b4 = lexicographical_compare (s1.begin(),s1.end(), v1,v1+strlen(v1),
                                       GrossKleinEgal());
}
```

Die Sequenzen müssen nicht den gleichen Typ besitzen (man vergleicht nur die Elemente), und das Vergleichskriterium kann übergeben werden. Dies macht lexicographical_compare() allgemeiner und potentiell etwas langsamer als die Vergleichsfunktionen für strings (siehe auch §20.3.8).

18.10   Permutationen

Eine Sequenz mit vier Elementen kann auf 4*3*2 Möglichkeiten angeordnet werden. Jede der möglichen Reihenfolgen wird eine *Permutation* genannt. Aus den vier Zeichen abcd kann man z.B. folgende 24 Permutationen erzeugen:

```
abcd     abdc     acbd     acdb     adbc     adcb     bacd     badc
bcad     bcda     bdac     bdca     cabd     cadb     cbad     cbda
cdab     cdba     dabc     dacb     dbac     dbca     dcab     dcba
```

Die Funktionen `next_permutation()` und `prev_permutation()` liefern solche Permutationen einer Sequenz:

```
template<class Bi> bool next_permutation (Bi anf, Bi end);
template<class Bi, class Cmp> bool next_permutation (Bi anf, Bi end, Cmp cmp);
template<class Bi> bool prev_permutation (Bi anf, Bi end);
template<class Bi, class Cmp> bool prev_permutation (Bi anf, Bi end, Cmp cmp);
```

Die Permutationen von abcd wurden wie folgt erzeugt:

```
int main()
{
    char v[] = "abcd";
    cout << v << '\t';
    while (next_permutation(v,v+4)) cout << v << '\t';
}
```

Die Permutationen werden in lexikographischer Reihenfolge erzeugt (§18.9). Der Rückgabewert von `next_permutation()` zeigt an, ob jeweils noch eine weitere Permutation existiert. Falls nicht, besitzt die Sequenz die Permutation, in der die Elemente lexikographisch sortiert sind, und es wird `false` zurückgeliefert.

18.11 Algorithmen im C–Stil

Von der C–Standardbibliothek hat C++ einige Algorithmen übernommen, die mit C–Strings agieren (§20.4.1), plus einem Quicksort und einer binären Suche für Felder.

Die Funktionen `qsort()` und `bsearch()` werden in `<cstdlib>` und `<stdlib.h>` deklariert. Sie operieren beide auf Feldern von n Elementen, die jeweils die Größe `elem_size` besitzen. Sie verwenden eine Vergleichsfunktion, die jeweils als Funktionszeiger übergeben werden muß. Die Elemente müssen ein Datentyp ohne anwenderdefinierten Copy–Konstruktor, Zuweisungsoperator und Destruktor sein:

```
typedef int (*__cmp)(const void*, const void*); // Typedefinition nur zur Verdeutlichung

void qsort (void* p, size_t n, size_t elem_size, __cmp);   // p sortieren
void* bsearch (const void* key, void* p,
               size_t n, size_t elem_size, __cmp);         // finde key in p
```

Die Verwendung von `qsort()` wird in §7.7 beschrieben.

Diese Algorithmen sind nur zur Kompatibilität zu C vorhanden. Die Algorithmen `sort()` (§18.7.1) und `search()` (§18.5.5) sind allgemeiner und sollten auch effizienter sein.

18.12   Ratschläge

1. Ziehen Sie Algorithmen Schleifen vor; §18.5.1.
2. Denken Sie, wenn Sie eine Schleife schreiben, darüber nach, ob sie als allgemeiner Algorithmus formuliert werden könnte; §18.2.
3. Schauen Sie sich regelmäßig die Menge der Algorithmen an, um festzustellen, ob es eine neue offensichtliche Anwendung dafür gibt; §18.2.
4. Vergewisseren Sie sich, daß ein Iteratorpaar wirklich ein und dieselbe Sequenz spezifiziert; §18.3.1.
5. Entwerfen Sie so, daß die am häufigsten verwendeten Operationen einfach und sicher sind; §18.3, §18.3.1.
6. Formulieren Sie Tests so, daß sie als Prädikat verwendet werden können; §18.4.2.
7. Denken Sie daran, daß Prädikate Funktionen und Objekte, aber keine Typen sind; §18.4.2.
8. Man kann mit Hilfe von Bindern aus zweistelligen Prädikaten einstellige machen; §18.4.4.1.
9. Verwenden Sie mem_fun() und mem_fun_ref(), um Elementfunktionen in Algorithmen aufzurufen; §18.4.4.2.
10. Verwenden Sie ptr_fun(), um ein Argument einer Funktion zu binden; §18.4.4.3.
11. Denken Sie daran, daß strcmp() im Gegensatz zu == 0 für »gleich« zurückliefert; §18.4.4.4.
12. Verwenden Sie for_each() und transform() nur dann, wenn es keinen spezielleren Algorithmus für eine Aufgabe gibt; §18.5.1.
13. Verwenden Sie Prädikate, um alle möglichen Vergleichskriterien zu definieren; §18.4.2.1, §18.6.3.1.
14. Verwenden Sie Prädikate und andere Funktionen, um Standardalgorithmen eine größere Bandbreite zu geben; §18.4.2.
15. Die Default–Operatoren == und < passen bei Standardalgorithmen in der Regel nicht für Zeiger; §18.6.3.1.
16. Algorithmen können in den übergebenen Sequenzen Elemente weder direkt einfügen noch löschen; §18.6.
17. Vergewisseren Sie sich, daß die Prädikate für kleiner–als und gleich zusammenpassen; §18.6.3.1.
18. Manchmal können sortierte Sequenzen verwendet werden, um die Effizienz und Eleganz zu erhöhen; §18.7.
19. Verwenden Sie qsort() und bsearch() nur aus Gründen der Kompatibilität; §18.11.

18.13   Übungen

Zu den nachfolgenden Aufgaben können zahlreiche Lösungen durch Ansehen des Quellcodes einer Implementierung der Standardbibliothek gefunden werden. Tun Sie sich aber einen Gefallen: Versuchen Sie erst, eine eigene Lösung zu finden, bevor Sie nachsehen, wie eine Implementierung der Bibliothek das Problem gelöst hat.

Ü1 (*2) Lernen Sie die O(n)–Notation. Finden Sie ein realistisches Beispiel, bei dem ein O(n*n)–Algorithmus schneller als ein O(n)–Algorithmus ist, auch wenn n größer als 10 ist.

Ü2 (*2) Implementieren und testen Sie die vier mem_fun()– und mem_fun_ref()–Funktionen (§18.4.4.2).

Ü3 (∗1) Schreiben Sie einen Algorithmus `match()`, der sich wie `match()` verhält, mit dem Unterschied, daß ein Iteratorpaar für die ersten korrespondierenden Elemente zurückgeliefert wird, auf die das Prädikat paßt.

Ü4 (∗1,5) Implementieren und testen Sie `Print_name()` aus §18.5.1.

Ü5 (∗1) Sortieren Sie eine `list` nur mit Standardalgorithmen.

Ü6 (∗2,5) Definieren Sie Versionen von `iseq()` (§18.3.1) für eingebaute Felder, `istreams` und Iteratorpaare. Definieren Sie eine passende Menge von überladenen nichtmodifizierenden Standardalgorithmen (§18.5) für `Iseqs`. Diskutieren Sie, wie man Mehrdeutigkeiten und eine Explosion der Anzahl der Template–Funktionen am besten vermeiden kann.

Ü7 (∗2) Definieren Sie `oseq()` als Komplement zu `iseq()`. Die `oseq()` als Argument übergebene Ausgabesequenz sollte durch die Ausgaben des Algorithmus, der sie verwendet, ersetzt werden. Definieren Sie eine passende Menge von mindestens drei überladenen Standardalgorithmen Ihrer Wahl.

Ü8 (∗1,5) Erzeugen Sie einen Vektor mit allen Quadraten von 1 bis 100. Geben Sie die Tabelle der Quadrate aus. Bilden Sie die Qudratwurzel aller Vektorelemente und geben Sie den daraus resultierenden Vektor aus.

Ü9 (∗2) Schreiben Sie eine Menge von Funktionsobjekten, die mit ihren Operanden Bit–Operationen durchführen. Testen Sie diese Objekte mit Vektoren von `char`, `int` und `bitset<67>`.

Ü10 (∗1) Schreiben Sie `binder3()`, womit eine Funktion mit drei Argumenten zu einem einstelligen Prädikat wird, indem ein zweites und drittes Argument fest dazugebunden werden. Geben Sie ein Beispiel, wo `binder3()` eine nützliche Funktion wäre.

Ü11 (∗1,5) Schreiben Sie ein kleines Programm, das das direkt aufeinanderfolgende Wortduplikate aus aus einer Datei Datei entfernt. Hinweis: Das Programm müßte aus dem vorherigen Satz ein *das*, ein *aus* und ein *Datei* entfernen.

Ü12 (∗2,5) Definieren Sie ein Format für Einträge von Verweisen auf Bücher und Artikel, die in einer Datei verwaltet werden. Schreiben Sie ein Programm, das aus dieser Datei die Einträge ausgibt, die durch das Erscheinungsjahr, den Autor, ein Schlüsselwort im Titel oder den Herausgeber identifiziert werden. Der Anwender sollte die Möglichkeit besitzen, daß die Einträge in Hinsicht auf das Suchkriterium sortiert ausgegeben werden.

Ü13 (∗2) Implementieren Sie einen Algorithmus `move()` im Stil von `copy()`, bei dem sich Eingabe– und Ausgabesequenz überlappen können. Seien Sie möglichst effizient, wenn als Argumente Random-Access–Iteratoren übergeben werden.

Ü14 (∗1,5) Erzeugen Sie ein Anagramm des Wortes `raum`. Das sind alle vierbuchstabigen Kombinationen der Buchstaben `r`, `a`, `u`, `m`. Verallgemeinern Sie dieses Programm, so daß ein beliebiges Wort eingelesen und ein Anagramm für dieses Wort ausgegeben werden kann.

Ü15 (∗1,5) Schreiben Sie ein Programm, das ein Anagramm von Sätzen erzeugt. Das bedeutet, daß alle Permutationen der Worte in einem Satz erzeugt werden sollen (im Gegensatz zu Permutationen der Buchstaben in den Worten).

Ü16 (∗1,5) Implementieren Sie `find_if()` (§18.5.2) und dann `find()` unter Verwendung von `find_if()`. Finden Sie eine Möglichkeit, dies so zu tun, daß die beiden Funktionen keine unterschiedlichen Namen brauchen.

Ü17 (∗2) Implementieren Sie `search()` (§18.5.5). Bieten Sie für Random-Access–Iteratoren eine optimierte Version an.

Ü18 (∗2) Nehmen Sie einen Sortieralgorithmus (wie `sort()` aus der Standardbibliothek oder das `sort()` der Shell von §13.5.2), und fügen Sie Code ein, so daß die Sequenz, die sortiert wird, nach jedem Tausch von Elementen ausgegeben wird.

Ü19 (∗2) Es gibt kein `sort()` für Bidirectional–Iteratoren. Es existiert die Vermutung, daß das Kopieren und Sortieren in einem Vektor schneller als das direkte Sortieren mit Bidirectional–Iteratoren ist. Implementieren Sie ein allgemeines `sort()` für Bidirectional–Iteratoren und prüfen Sie, ob die Vermutung stimmt.

Ü20 (∗2,5) Angenommen, Sie verwalten die Daten einer Gruppe von Sportfischern. Speichern Sie für jeden Fang Spezies, Länge, Gewicht, Datum des Fangs, Name des Fischers und so weiter. Sortieren Sie die Daten unter Verwendung zahlreicher Kriterien, und geben Sie sie aus. Hinweis: `inplace_merge()`.

Ü21 (∗2) Erzeugen Sie eine Liste von Schülern, die Mathematik, Englisch, Französisch und Biologie als Fach haben können. Dabei sollen immer etwa 20 von insgesamt 40 Schülern ein Fach besuchen. Listen Sie Schüler auf, die sowohl Mathematik als auch Englisch belegt haben. Listen Sie Schüler auf, die Französisch, aber nicht Biologie oder Mathematik belegt haben. Listen Sie Schüler auf, die kein wissenschaftliches Fach belegt haben. Listen Sie Schüler auf, die Französisch und Mathematik, aber weder Englisch noch Biologie belegt haben.

Ü22 (∗1,5) Schreiben Sie eine Funktion `remove()`, die jeweils Elemente eines Containers entfernt.

Iteratoren und Allokatoren   19

> *The reason that data structures and algorithms*
> *can work together seamlessly is ... that they*
> *do not know anything about each other.*
> *– Alex Stepanov*

19.1 Einführung

Iteratoren sind der Klebstoff, der Container und Algorithmen zusammenhält. Da sie eine abstrakte Sicht auf die Daten bieten, braucht man sich beim Schreiben von Algorithmen nicht mit den konkreten Details einer Unzahl von Datenstrukturen zu beschäftigen. Auf der anderen Seite befreit das Standardmodell des Datenzugriffs mit Iteratoren Container von der Notwendigkeit, eine größere Anzahl von Zugriffsoperationen anzubieten. In ähnlicher Weise dienen Allokatoren dazu, Implementierungen der Container von den Details eines Speicherzugriffs zu trennen.

Iteratoren unterstützen ein abstraktes Datenmodell als Sequenz von Objekten (§19.2). Allokatoren bieten die Umsetzung eines tieferliegenden Datenmodells mit Feldern von Bytes in ein höherliegendes Objektmodell (§19.4). Zusätzlich wird der Zugriff auf das gewöhnliche Low-level–Speichermodell von einigen Standardfunktionen unterstützt (§19.4.4).

Das Konzept der Iteratoren sollte jeder Programmierer kennen. Allokatoren sind dagegen ein Hilfsmechanismus, um den sich ein Programmierer selten Gedanken machen muß. Nur wenige Programmierer werden jemals in die Verlegenheit kommen, einen neuen Allokator schreiben zu müssen.

19.2 Iteratoren und Sequenzen

Ein Iterator ist eine reine Abstraktion. Das bedeutet, daß alles, was sich wie ein Iterator verhält, auch ein Iterator ist (§3.8.2). Ein Iterator ist eine Abstraktion eines Zeigers auf ein Element einer Sequenz. Seine fundamentalen Konzepte sind:

- »das Element liefern, auf das gerade gezeigt wird« (Dereferenzierung, repräsentiert durch die Operatoren * und –>),
- »auf das nächste Element zeigen« (Inkrementierung, repräsentiert durch den Operator ++) und
- auf Gleichheit testen (repräsentiert durch den Operator ==).

Der eingebaute Datentyp `int*` ist z.B. ein Iterator für den Datentyp `int[]`, und die Klasse `list<int>::iterator` ist ein Iterator für die Klasse `list`.

Eine Sequenz ist eine Abstraktion von »etwas, das man mit der Operation nächstes–Element von Anfang bis Ende durchlaufen kann«:

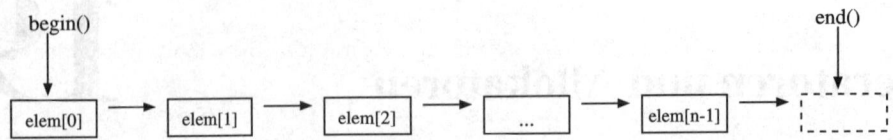

Beispiele für derartige Sequenzen sind Felder (§5.2), Vektoren (§16.3), einfach verkettete Listen (§17.8–Ü17), doppelt verkettete Listen (§17.2.2), Bäume (§17.4.1), Eingaben (§21.3.1) und Ausgaben (§21.2.1). Jede Sequenz hat ihre eigene passende Art von Iterator.

Die Klassen und Funktionen für Iteratoren werden im Namensbereich `std` deklariert und sind in `<iterator>` zu finden.

Ein Iterator ist *kein* allgemeiner Zeiger. Es handelt sich vielmehr um die Abstraktion eines Zeigers, der auf ein Feld zeigt. Es gibt kein Konzept eines »Null–Iterators«. Als Prüfung, ob ein Iterator auf ein Element zeigt, gibt es die Konvention, daß der Iterator mit dem *Ende* seiner Sequenz verglichen wird (anstatt ihn mit einem Null–Element zu vergleichen). Dieser Ansatz vereinfacht viele Algorithmen, da die Notwendigkeit einer speziellen Ende–Behandlung entfällt, und läßt sich gut auf Sequenzen beliebiger Datentypen verallgemeinern.

Zeigt ein Iterator auf ein Element, wird er *gültig* (englisch: *valid*) genannt. In dem Fall kann er dereferenziert werden (durch entsprechende Verwendung von `*`, `[]` oder `->`). Ein Iterator kann ungültig sein, weil er nicht initialisiert wurde, weil er in einen Container zeigt, dessen Größe sich explizit oder implizit verändert hat (§16.3.6, §16.3.8), weil der Container, in den er zeigt, zerstört wurde oder weil er für das Ende einer Sequenz steht (§18.2). Das Ende einer Sequenz kann man so betrachten, daß der Iterator auf ein hypothetisches Element zeigt, das sich eine Position hinter dem letzten Element einer Sequenz befindet.

19.2.1 Iteratoroperationen

Nicht jede Art von Iterator unterstützt die gleiche Menge von Operationen. Zum Lesen braucht man z.B. andere Operationen als zum Schreiben, und ein Vektor ermöglicht bequemen und effizienten wahlfreien Zugriff (englisch: *random access*), der für eine Liste oder einen Eingabe–Stream untragbar teuer wäre. Aus diesem Grund werden Iteratoren anhand der Operationen, die sie effizient (in konstanter Zeit; §17.1) anbieten, in fünf Kategorien unterteilt:

Iteratoroperationen und –kategorien				
Kategorie:	output	input	forward	bidirectional	random-access
Abkürzung:	Out	In	For	Bi	Ran
lesen:		=*p	=*p	=*p	=*p
zugreifen:		->	->	->	-> []
schreiben:	*p=		*p=	*p=	*p=
iterieren:	++	++	++	++ --	++ -- + - += -=
vergleichen:		== !=	== !=	== !=	== != < > <= >=

Sowohl das Lesen als auch das Schreiben wird durch Dereferenzieren des Iterators mit * durchgeführt:

```
*p = x;    // x über p schreiben
x = *p;    // x über p lesen
```

Um ein Iteratortyp zu sein, muß ein Datentyp eine bestimmte Menge an Operationen anbieten. Diese Operationen müssen ihre übliche Bedeutung haben. Das heißt, daß jede Operation sich so wie bei herkömmlichen Zeigern verhält.

Unabhängig von seiner Kategorie kann ein Iterator sowohl konstanten als auch nichtkonstanten Zugriff auf das Objekt, auf das er zeigt, ermöglichen. Mit einem const–Iterator kann man ein Element grundsätzlich nicht verändern. Ein Iterator bietet zwar eine Menge von Operatoren an, letztlich entscheidet aber der Datentyp des Elements, auf das er zeigt, darüber, was mit diesem Element geschehen kann.

Beim Lesen und Schreiben werden Objekte kopiert. Aus diesem Grund müssen Elemente die übliche Kopiersemantik besitzen (§17.1.4).

Nur bei Random-Access–Iteratoren können zur relativen Adressierung Integer addiert oder subtrahiert werden. Der Abstand zweier Iteratoren kann allerdings (außer bei Output–Iteratoren) immer durch Iteration über die Elemente ermittelt werden. Aus diesem Grund wird die Funktion `distance()` angeboten:

```
template <class In>
typename iterator_traits<In>::difference_type distance (In anf, In end)
{
    typename iterator_traits<In>::difference_type d = 0;
    while (anf++!=end) d++;
    return d;
}
```

Ein `iterator_traits<in>::difference_type` wird für jeden Iterator In definiert, um den Abstand zweier Elemente ausdrücken zu können (§19.2.2).

Die Funktion heißt `distance()` und nicht `operator-()`, da sie teuer sein kann, und alle Operatoren, die für Iteratoren angeboten werden, in konstanter Zeit operieren (§17.1). Ein Element nach dem anderen zu zählen, gehört nicht zu den Operationen, die man unbeabsichtigt für eine große Sequenz aufrufen sollte. Für Random-Access–Iteratoren bietet die Bibliothek auch eine erheblich effizientere Implementierung von `distance()` an.

Entsprechend wird `advance()` als ein potentiell langsames += angeboten:

```
template <class In, class Dist> void advance (In& i, Dist n);   // i+=n
```

19.2.2   Iterator–Traits

Iteratoren werden dazu verwendet, Informationen über die Objekte, auf die sie zeigen, und die Sequenzen, in die sie zeigen, zu bekommen. Man kann z.B. einen Iterator dereferenzieren und das resultierende Objekt manipulieren, und man kann über die Iteratoren, die eine Sequenz beschreiben, die Anzahl der darin befindlichen Elemente ermitteln. Um solche Operationen ausdrücken zu können, muß man sich auf Datentypen beziehen können, die zu Iteratoren gehören (z.B. »der Datentyp des Objekts, auf das ein Iterator zeigt« und »der Datentyp des Abstands zwischen zwei Iteratoren«). Die zu einem Iterator gehörenden Datentypen werden durch eine kleine Menge von Deklarationen in der Template–Klasse `iterator_traits` beschrieben:

```
template <class Iter> struct iterator_traits {
    typedef typename Iter::iterator_category iterator_category;  // §19.2.3
    typedef typename Iter::value_type value_type;                // Elementtyp
    typedef typename Iter::difference_type difference_type;       // Abstandstyp
    typedef typename Iter::pointer pointer;                       // Rückgabetyp von op->()
    typedef typename Iter::reference reference;                   // Rückgabetyp von op*()
};
```

Der `difference_type` dient dazu, den Abstand zweier Iteratoren zu beschreiben, und die `iterator_category` gibt an, welche Operationen ein Iterator unterstützt. Für herkömmliche Zeiger gibt es Spezialisierungen (§13.5) der Iterator–Traits für `<T*>` und `<const T*>`. Für `<T*>` sieht das z.B. wir folgt aus:

```
template <class T> struct iterator_traits<T*> {        // Spezialisierung für Zeiger
    typedef random_access_iterator_tag iterator_category;
    typedef T value_type;
    typedef ptrdiff_t difference_type;
    typedef T* pointer;
    typedef T& reference;
};
```

Das bedeutet, daß ein Zeiger wahlfreien Zugriff (§19.2.3) anbietet und für den Abstand zweier Zeiger der in der Standardbibliothek in `<cstddef>` (§6.2.1) definierte Datentyp `ptrdiff_t` verwendet wird. Mit diesen `iterator_traits` kann Code geschrieben werden, der auf die Eigenschaften des Iteratorparameters Rücksicht nimmt. Der Algorithmus `count()` stellt ein klassisches Beispiel dafür dar:

```
template <class In, class T>
typename iterator_traits<In>::difference_type
count (In anf, In end, const T& wert)
{
    typename iterator_traits<In>::difference_type res = 0;
    while (anf != end) if (*anf++ == wert) ++res;
    return res;
}
```

Hier hängt der Datentyp des Ergebnisses von den `iterator_traits` der Eingabe ab. Diese Technik ist notwendig, da die Sprache kein Sprachmittel anbietet, mit dem ein beliebiger Datentyp über einen anderen ausgedrückt werden kann.

Anstatt `iterator_traits` zu verwenden, könnte man für Zeiger ein spezielles `count()` definieren:

```
template <class In, class T>
typename In::difference_type count (In anf, In end, const T& wert);
```

```
template <class In, class T>
ptrdiff_t count<T*,T> (T* anf, T* end, const T& wert);
```

Dies würde allerdings nur das Problem bei `count()` lösen. Hätte man die Technik für ein Dutzend Algorithmen angewendet, müßte man die Information über Distanztypen ein Dutzend Mal replizieren. Generell ist es besser, eine Designentscheidung nur an einer Stelle zu präsentieren (§23.4.2). In dem Fall muß diese Entscheidung, falls notwendig, auch nur an einer Stelle geändert werden.

Da `iterator_traits<Iterator>` für jeden Iterator definiert werden, werden mit jedem neu entworfenen Iteratortyp implizit entsprechende Iterator–Traits definiert. Falls die automatisch generierten Iterator–Traits für einen neuen Iteratortyp nicht in Ordnung sind, sollte eine Spezialisierung angeboten werden. Dies kann in einer ähnlichen Weise geschehen, wie die Standardbibliothek es für Zeiger macht. Die Iterator–Traits, die implizit generiert werden, gehen davon aus, daß der Iterator eine Klasse ist, die als Elemente die Datentypen `difference_type`, `value_type` usw. besitzt. In `<iterator>` stellt die Bibliothek einen Basistyp zur Verfügung, der zur Definition entsprechender Typelemente verwendet werden kann:

```
template <class Cat, class T, class Dist = ptrdiff_t,
          class Ptr = T*, class Ref = T&>
struct iterator {
    typedef Cat iterator_category;    // §19.2.3
    typedef T value_type;             // Elementtyp
    typedef Dist difference_type;     // Abstandstyp
    typedef Ptr pointer;              // Rückgabetyp für ->
    typedef Ref reference;            // Rückgabetyp für *
};
```

Man beachte, daß `reference` und `pointer` selbst keine Iteratoren sind. Sie sind als Rückgabewert von `operator*()` und `operator->()` eines Iterators vorgesehen.

Die Iterator–Traits sind für die Einfachheit vieler Schnittstellen, die auf Iteratoren basieren, und für die effiziente Implementierung vieler Algorithmen unverzichtbar.

19.2.3 Iteratorkategorien

Die unterschiedlichen Iteratorarten, üblicherweise als Iteratorkategorien bezeichnet, bilden eine hierarchische Ordnung:

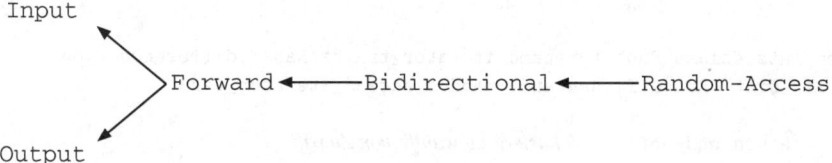

Dies ist kein Diagramm einer Klassenhierarchie. Eine Iteratorkategorie ist eine Klassifizierung eines Datentyps, die auf dessen Operationen basiert. Zu einer Iteratorkategorie können viele Datentypen gehören, die ansonsten in keiner Beziehung zueinander stehen. Sowohl herkömmliche Zeiger (§19.2.2) als auch `CheckedIters` (§19.3) sind z.B. Random-Access–Iteratoren.

Wie in Kapitel 18 erwähnt, brauchen Algorithmen unterschiedliche Iteratorarten als Argumente. Außerdem kann der gleiche Iterator manchmal für verschiedene Iteratorarten mit unterschiedlicher Effizienz implementiert sein. Zur Unterstützung des Überladens aufgrund der Iteratorkategorie bietet die Standardbibliothek fünf Klassen, die die fünf Iteratorkategorien repräsentieren:[1]

---

[1]   A.d.Ü.: Das englische Wort »tag« bedeutet im Deutschen »Kennzeichen«.

```
struct input_iterator_tag { };
struct output_iterator_tag { };
struct forward_iterator_tag : public input_iterator_tag { };
struct bidirectional_iterator_tag : public forward_iterator_tag { };
struct random_access_iterator_tag : public bidirectional_iterator_tag { };
```

Wenn man die Operationen von Input– und Forward–Iteratoren betrachtet (§19.2.1), würde man wohl erwarten, daß `forward_iterator_tag` neben `input_iterator_tag` auch von `output_iterator_tag` abgeleitet wird. Die Gründe dafür, daß dies nicht so ist, sind obskur und wahrscheinlich unerheblich. Ich habe allerdings bisher auch noch kein Beispiel gesehen, bei dem diese Ableitung konkreten Code vereinfacht hätte.

Die Vererbung bei Iterator–Tags ist (nur) sinnvoll, um die Definition unterschiedlicher Versionen einer Funktion zu ersparen, wenn viele, aber nicht alle Iteratorarten den gleichen Algorithmus verwenden können. Man betrachte z.B. die Implementierung von `distance()`:

```
template <class In>
typename iterator_traits<In>::difference_type distance (In anf, In end);
```

Es gibt zwei offensichtliche Alternativen:
1. Falls In ein Random-Access–Iterator ist, kann man anf von end subtrahieren.
2. Ansonsten muß ein Iterator von anf bis end inkrementiert und der Abstand auf diese Weise gezählt werden.

Man kann diese beiden Alternativen über zwei Hilfsfunktionen ausdrücken:

```
template <class In> typename iterator_traits<In>::difference_type
hilfs_dist (In anf, In end, input_iterator_tag)
{
    typename iterator_traits<In>::difference_type d = 0;
    while (anf++ != end) d++;     // nur inkrementieren
    return d;
}

template <class Ran> typename iterator_traits<Ran>::difference_type
hilfs_dist (Ran anf, Ran end, random_access_iterator_tag)
{
    return end-anf;     // basiert auf wahlfreiem Zugriff
}
```

Das Argument, das die Iteratorkategorie kennzeichnet, macht es explizit deutlich, welche Iteratorart vorausgesetzt wird. Das Iteratorkennzeichen dient ausschließlich zur Auflösung der Überladung; für die eigentliche Berechnung wird es nicht gebraucht. Es ist ein Mechanismus, der ausschließlich zur Kompilierzeit die richtige Auswahl trifft. Zusätzlich zur automatischen Auswahl der richtigen Hilfsfunktion bietet diese Technik eine sofortige Typüberprüfung (§13.2.5).

Damit ist es nun einfach, `difference()` zu definieren, indem die Funktion die passende Hilfsfunktion aufruft:

```
template<class In>
typename iterator_traits<In>::difference_type distance (In anf, In end)
{
    return hilfs_dist (anf, end, iterator_traits<In>::iterator_category());
}
```

Damit die passende `hilfs_dist()`–Funktion aufgerufen wird, muß die Iteratorkategorie (`iterator_traits<In>::iterator_category`) entweder `input_iterator_tag` oder `random_access_iterator_tag` sein. Allerdings wird für Forward– und Bidirectional–Iteratoren keine eigene Version benötigt. Aufgrund der Hierarchie der Iterator–Tag–Klassen werden diese Fälle durch die Hilfsfunktion für `input_iterator_tags` abgedeckt. Die Abwesenheit einer Version für `output_iterator_tags` spiegelt die Tatsache wider, daß `distance()` für Output–Iteratoren nicht sinnvoll ist:

```
void f (vector<int>& vi,
        list<double>& ld,
        istream_iterator<string>& is1, istream_iterator<string>& is2,
        ostream_iterator<char>& os1, ostream_iterator<char>& os2)
{
    distance (vi.begin(), vi.end());     // verwendet Subtraktionsalgorithmus
    distance (ld.begin(), ld.end());     // verwendet Inkrementalgorithmus
    distance (is1, is2);                 // verwendet Inkrementalgorithmus
    distance (os1, os2);                 // Fehler: falsche Iteratorkategorie
}
```

Der Aufruf von `distance()` für einen IStream–Iterator macht in wirklichen Programmen allerdings sicherlich wenig Sinn. Der Effekt wäre, die Eingaben einzulesen, wegzuwerfen und die Anzahl weggeworfener Eingaben zurückzuliefern.

Durch die Verwendung von `iterator_traits<T>::iterator_category` kann ein Programmierer alternative Implementierungen zur Verfügung stellen, so daß auch für einen Anwender, der sich nicht für die Implementierung der Algorithmen interessiert, für jede Datenstruktur automatisch die passendste Implementierung verwendet wird. Anders ausgedrückt können damit die Details einer Implementierung hinter einer bequemen Schnittstelle versteckt werden. Geschieht dies inline, ist sichergestellt, daß diese Eleganz nicht auf Kosten der Effizienz zur Laufzeit geht.

19.2.4 Inserter

Wenn mit Hilfe eines Iterators in einen Container geschrieben wird, bedeutet dies, daß die Elemente eines nach dem anderen durch den Iterator überschrieben werden. Das bedeutet, daß die Möglichkeit eines Überlaufs und unerlaubten Speicherzugriffs besteht. Beispiel:

```
void f (vector<int>& vi)
{
    fill_n (vi.begin(), 200, 7);     // vi[0] bis vi[199] den Wert 7 zuweisen
}
```

Falls `vi` weniger als 200 Elemente hat, gibt es Probleme.

In `<iterator>` stellt die Standardbibliothek drei Iterator–Template–Klassen zur Verfügung, um mit diesem Problem umzugehen. Hinzu kommen drei Funktionen, um die Handhabung mit diesen Iteratoren zu vereinfachen:

```
template<class Cont> back_insert_iterator<Cont> back_inserter (Cont& c);
template<class Cont> front_insert_iterator<Cont> front_inserter (Cont& c);
template<class Cont, class Out>
    insert_iterator<Cont> inserter (Cont& c, Out p);
```

Der back_inserter() veranlaßt, daß Elemente an das Ende des Containers angehängt werden, front_inserter() fügen Elemente vorne ein, und »einfache« inserter() veranlassen, daß Elemente vor ihrem Iteratorargument eingefügt werden. Bei inserter(c,p) muß p ein gültiger Iterator für c sein. Naturgemäß wächst ein Container jedesmal, wenn er über einen Insert–Iterator beschrieben wird.

Beim Schreiben mit einem Inserter wird ein neues Element mit push_back(), push_front() oder insert() (§16.3.6) eingefügt, anstatt ein existierendes Element zu überschreiben. Beispiel:

```
void g (vector<int>& vi)
{
    fill_n (back_inserter(vi), 200, 7);    // 200 mal 7 am Ende von vi einfügen
}
```

Inserter sind so einfach und effizient, wie sie nützlich sind. Beispiel:

```
template <class Cont>
class insert_iterator
  : public iterator<output_iterator_tag,void,void,void,void> {
protected:
    Cont& container;                 // Container, in den eingefügt wird
    typename Cont::iterator iter;    // zeigt in den Container
public:
    explicit insert_iterator (Cont& x, typename Cont::iterator i)
        : container(x), iter(i) { }

    insert_iterator& operator= (const typename Cont::value_type& wert)
    {
        iter = container.insert(iter,wert);
        ++iter;
        return *this;
    }
    insert_iterator& operator*() { return *this; }
    insert_iterator& operator++() { return *this; }       // präfix ++
    insert_iterator operator++(int) { return *this; }     // postfix ++
};
```

Wie zu sehen ist, sind Inserter Output–Iteratoren.

Ein insert_iterator ist ein spezieller Fall einer Ausgabesequenz. Parallel zur iseq aus §18.3.1 könnte man definieren:[2]

```
template <class Cont>
insert_iterator<Cont>
oseq (Cont& c, typename Cont::iterator anf, typename Cont::iterator end)
{
    return insert_iterator<Cont>(c,c.erase(anf,end));    // zu erase() siehe §16.3.6
}
```

Anders ausgedrückt entfernt eine Ausgabesequenz ihre alten Elemente und ersetzt diese durch die neu geschriebenen Werte. Beispiel:

---

[2] A.d.Ü.: Man beachte, daß erase() bei assoziativen Containern keinen Wert zurückliefert. Insofern funktioniert diese Implementierung nur bei sequentiellen Containern.

```
    void f (list<int>& li, vector<int>& vi)   // zweite Hälfte von vi durch eine
                                              // Kopie von li ersetzen
    {
        copy (li.begin(),li.end(), oseq(vi,vi.begin()+vi.size()/2,vi.end()));
    }
```

Der Container muß dabei ein Argument einer oseq sein, da es nicht möglich ist, die Anzahl der Elemente eines Containers zu reduzieren, wenn man nur Iteratoren für einen Container zur Verfügung hat (§18.6, §18.6.3).

19.2.5 Reverse–Iteratoren

Die Standardcontainer bieten mit Hilfe von rbegin() und rend() die Möglichkeit, rückwärts durch ihre Elemente zu iterieren (§16.3.2). Diese Elementfunktionen liefern Reverse–Iteratoren zurück:

```
    template <class Iter>
    class reverse_iterator
      : public iterator<typename iterator_traits<Iter>::iterator_category,
                        typename iterator_traits<Iter>::value_type,
                        typename iterator_traits<Iter>::difference_type,
                        typename iterator_traits<Iter>::pointer,
                        typename iterator_traits<Iter>::reference> {
    protected:
        Iter akt;       // akt zeigt auf das Element hinter dem, auf das *this verweist
    public:
        typedef Iter iterator_type;

        reverse_iterator() : akt() { }
        explicit reverse_iterator (Iter x) : akt(x) { }
        template<class U> reverse_iterator(const reverse_iterator<U>& x)
            : akt(x.base()) { }

        Iter base() const { return akt; }      // aktueller Iterator

        reference operator*() const { Iter tmp = akt; return *--tmp; }
        pointer operator->() const;
        reference operator[] (difference_type n) const;

        reverse_iterator& operator++() { --akt; return *this; }  // beachte: nicht ++
        reverse_iterator operator++(int)
            { reverse_iterator t = akt; --akt;  return t; }
        reverse_iterator& operator--() { ++akt; return *this; }  // beachte: nicht --
        reverse_iterator operator--(int)
            { reverse_iterator t = akt; ++akt;  return t; }

        reverse_iterator operator+ (difference_type n) const;
        reverse_iterator& operator+= (difference_type n);
        reverse_iterator operator- (difference_type n) const;
        reverse_iterator& operator-= (difference_type n);
    };
```

Reverse–Iteratoren werden über einen Iterator, der akt genannt wird, implementiert. Dieser Iterator kann (nur) auf die Elemente seiner Sequenz und das Ende (hinter dem letzten Element) zeigen. Das Element hinter dem Ende ist für Reverse–Iteratoren allerdings das in der Originalsequenz nicht zugreifbare Element vor dem ersten Element. Um unerlaubte Zugriffe zu vermeiden, zeigt akt deshalb immer auf das Element hinter dem, zu dem der Reverse–Iterator gehört. Dies bedeutet, daß * den Wert *(akt-1) liefert und daß ++ für akt -- aufruft.

Ein Reverse–Iterator unterstützt (nur) diejenigen Operationen, die sein Initialisierer unterstützt. Beispiel:

```
void f(vector<int>& v, list<char>& lst)
{
    v.rbegin()[3] = 7;                  // OK: Random-Access–Iterator
    lst.rbegin()[3] = '4';              // Fehler: Bidirectional–Iterator kann [] nicht
    *(++++++lst.rbegin()) = '4';        // OK!
}
```

Zusätzlich bietet die Bibliothek für Reverse–Iteratoren die üblichen relationalen Operatoren ==, !=, <, >, <= und >=.

19.2.6   Stream–Iteratoren

Normalerweise werden Ein-/Ausgaben mit Hilfe der Stream–Bibliothek (Kapitel 21), einer graphischen Bedienoberfläche (durch den C++–Standard nicht abgedeckt) oder die Ein-/Ausgabe–Funktionen von C (§21.8) durchgeführt. Diese Ein-/Ausgabe–Schnittstellen sind in erster Linie dazu gedacht, einzelne Werte verschiedener Datentypen zu lesen und zu schreiben. Die Standardbibliothek bietet vier Iteratortypen, um Stream–Ein-/Ausgaben in das generelle Konzept von Containern und Algorithmen zu integrieren:

- ostream_iterator: zum Schreiben in einen ostream (§3.4, §21.2.1)
- istream_iterator: zum Lesen aus einem istream (§3.6, §21.3.1)
- ostreambuf_iterator: zum Schreiben in einen Stream–Puffer (§21.6.1)
- istreambuf_iterator: zum Lesen aus einem Stream–Puffer (§21.6.2)

Das Konzept besteht darin, Ein– und Ausgaben von Mengen als Sequenzen zu betrachten:

```
template <class T, class Ch = char, class Tr = char_traits<Ch> >
class ostream_iterator
  : public iterator<output_iterator_tag,void,void,void,void> {
public:
    typedef Ch char_type;
    typedef Tr traits_type;
    typedef basic_ostream<Ch,Tr> ostream_type;

    ostream_iterator(ostream_type& s);
    ostream_iterator(ostream_type& s, const Ch* trenner);
    ostream_iterator(const ostream_iterator&);
    ~ostream_iterator();

    ostream_iterator& operator= (const T& wert);    // in die Ausgabe schreiben

    ostream_iterator& operator*();
    ostream_iterator& operator++();
```

```
        ostream_iterator& operator++(int);
};
```

Dieser Iterator akzeptiert die üblichen Operationen zum Schreiben und Inkrementieren eines Output–Iterators und setzt sie in Ausgabeoperationen eines `ostream`s um. Beispiel:

```
void f()
{
    ostream_iterator<int> os(cout);   // über os nach cout schreiben
    *os = 7;                          // 7 ausgeben
    ++os;                             // auf die nächste Ausgabe vorbereiten
    *os = 79;                         // 79 ausgeben
}
```

Die Operation ++ mag eine Ausgabeoperation auslösen oder auch keinen Effekt haben. Verschiedene Implementierungen werden unterschiedliche Implementierungsstrategien haben. Konsequenterweise sollte portabler Code zwischen zwei Zuweisungen an einen `ostream_iterator` immer ein ++ durchführen. Jeder Standardalgorithmus arbeitet jedenfalls auf diese Weise (sonst würde er für Vektoren nicht funktionieren). Deshalb sind OStream–Iteratoren auf diese Weise definiert.

Eine Implementierung von `ostream_iterator` ist trivial und einer Übung vorbehalten (§19.6–Ü4). Die Standard–Ein-/Ausgabe unterstützt unterschiedliche Zeichentypen. `char_traits` (§20.2) beschreibt die Aspekte eines Zeichentyps, die für Ein-/Ausgaben und für Strings von Interesse sein können.

Ein Input–Iterator für `istream`s wird analog definiert:

```
template <class T, class Ch = char, class Tr = char_traits<Ch>,
                            class Dist = ptrdiff_t >
class istream_iterator
  : public iterator<input_iterator_tag,T,Dist,const T*,const T&> {
public:
    typedef Ch char_type;
    typedef Tr traits_type;
    typedef basic_istream<Ch,Tr> istream_type;

    istream_iterator();                     // Ende der Eingabe
    istream_iterator(istream_type& s);
    istream_iterator(const istream_iterator&);
    ~istream_iterator();

    const T& operator*() const;
    const T* operator->() const;
    istream_iterator& operator++();
    istream_iterator operator++(int);
};
```

Dieser Iterator ist so spezifiziert, daß der übliche Zugriff auf einen Container eine Eingabe von einem `istream` auslöst. Beispiel:

```
void f()
{
    istream_iterator<int> is(cin);   // ints über is von cin lesen
    int i1 = *is;    // einen int einlesen
```

```
    ++is;              // auf die nächste Eingabe vorbereiten
    int i2 = *is;      // einen int einlesen
}
```

Der Default–`istream_iterator` steht für das Ende der Eingabe, womit eine Eingabesequenz spezifiziert werden kann:

```
void f(vector<int>& v)
{
    copy (istream_iterator<int>(cin),istream_iterator<int>(),
        back_inserter(v));
}
```

Damit dies funktioniert, definiert die Standardbibliothek für `istream_iterator` auch `==` und `!=`.

Eine Implementierung von `istream_iterator` ist nicht so trivial wie eine Implementierung von `ostream_iterator`, aber immer noch einfach. Sie ist deshalb ebenfalls einer Übung (§19.6–Ü5) vorbehalten.

19.2.6.1 Stream–Puffer

Wie in §21.6 beschrieben wird, basieren Ein-/Ausgaben mit Streams auf dem Ansatz, daß `ostream`s und `istream`s Puffer füllen und leeren, mit denen dann wiederum die Low-level–und physikalische Ein-/Ausgabe durchgeführt wird. Es ist möglich, das Formatieren durch Standard–I/O-Streams zu umgehen und direkt auf den Stream–Puffern (§21.6.4) zu operieren. Algorithmen erhalten diese Fähigkeit mit Hilfe der Klassen `istreambuf_iterator` und `ostreambuf_iterator`:

```
template <class Ch, class Tr = char_traits<Ch> >
class istreambuf_iterator
    : public iterator<input_iterator_tag,Ch,typename Tr::off_type, Ch*, Ch&> {
public:
    typedef Ch char_type;
    typedef Tr traits_type;
    typedef typename Tr::int_type int_type;
    typedef basic_streambuf<Ch,Tr> streambuf_type;
    typedef basic_istream<Ch,Tr> istream_type;

    class proxy;                                    // Hilfstyp

    istreambuf_iterator() throw();                  // Ende vom Puffer
    istreambuf_iterator(istream_type& is) throw();  // lies vom streambuf von is
    istreambuf_iterator(streambuf_type*) throw();
    istreambuf_iterator(const proxy& p) throw();    // lies vom streambuf von p

    Ch operator*() const;
    istreambuf_iterator& operator++();              // präfix
    proxy operator++(int);                          // postfix

    bool equal(istreambuf_iterator&);   // beide oder kein streambuf haben EOF
};
```

Zusätzlich werden `==` und `!=` definiert.

Das Lesen von einem streambuf geschieht auf einer tieferen Ebene als das Lesen von einem istream. Aus diesem Grund ist die Schnittstelle von istreambuf_iterator nicht so geordnet wie die von istream_iterator. Wenn ein istreambuf_iterator allerdings einmal korrekt initialisiert ist, haben *, ++ und == die übliche Bedeutung, wenn sie in der üblichen Art und Weise verwendet werden.

Der Datentyp proxy ist ein implementierungsspezifischer Hilfstyp, der es ermöglicht, den Postfix–Inkrementoperator ohne Einschränkung der streambuf–Implementierung zu schreiben. Ein proxy hebt den Ergebniswert auf, während der Iterator inkrementiert wird:

```
template<class Ch, class Tr = char_traits<Ch> >
class istreambuf_iterator<Ch,Tr>::proxy {
    Ch wert;
    basic_streambuf<Ch,Tr>* buf;

    proxy (Ch c, basic_streambuf<Ch,Tr>* b) : wert(c), buf(b) { }
public:
    Ch operator*() { return wert; }
};
```

Ein ostreambuf_iterator wird ähnlich definiert:

```
template <class Ch, class Tr = char_traits<Ch> >
class ostreambuf_iterator
    : public iterator<output_iterator_tag,void,void,void,void> {
public:
    typedef Ch char_type;
    typedef Tr traits_type;
    typedef basic_streambuf<Ch,Tr> streambuf_type;
    typedef basic_ostream<Ch,Tr> ostream_type;

    ostreambuf_iterator(ostream_type& os) throw();
        // auf den streambuf von os schreiben
    ostreambuf_iterator(streambuf_type*) throw();
    ostreambuf_iterator& operator=(Ch);

    ostreambuf_iterator& operator*();
    ostreambuf_iterator& operator++();
    ostreambuf_iterator& operator++(int);

    bool failed() const throw();            // true, falls Tr::eof() gesehen
};
```

19.3 Geprüfte Iteratoren

Ein Programmierer kann zusätzlich zu den Iteratoren, die von der Standardbibliothek angeboten werden, eigene Iteratoren schreiben. Dies ist oft notwendig, wenn eine neue Containerart zur Verfügung gestellt wird. Manchmal bietet eine neue Iteratorart auch eine gute Möglichkeit, existierende Container auf eine andere Art verwenden zu können. Als Beispiel sei hier ein Iterator beschrieben, der beim Zugriff auf den Container eine Bereichsüberprüfung vornimmt.

Die Verwendung von Standardcontainern reduziert den Umfang der expliziten Speicherverwaltung. Die Verwendung von Standardalgorithmen reduziert den Umfang der expliziten Adressierung von Elementen in Containern. Der Einsatz der Bibliothek unter Verwendung von Hilfsmitteln der Sprache, die der Typsicherheit dienen, reduziert Laufzeitfehler im Vergleich zum traditionellen C dramatisch. Allerdings geht die Standardbibliothek weiterhin davon aus, daß der Programmierer Zugriff außerhalb der Grenzen von Containern vermeidet. Falls fälschlicherweise bei einem Container x auf x[x.size()+7] zugegriffen wird, passieren unberechenbare (und üblicherweise fatale) Dinge. Die Verwendung eines Vektors, der eine Bereichsüberprüfung durchführt (siehe die Klasse Vec in §3.7.1) hilft manchmal. Durch Überprüfung eines jeden Iteratorzugriffs kann aber noch mehr überprüft werden.

Um diesen Grad der Überprüfung zu erreichen, ohne daß der Programmierer ernsthafte Nachteile bei der Formulierung bekommt, braucht man geprüfte Iteratoren und eine bequeme Art, diese den Containern zuzuordnen. Um einen CheckedIter zu erzeugen, braucht man einen Container und einen Iterator für diesen Container. Wie für Binder (§18.4.4.1), Inserter (§19.2.4) usw. stellt man Funktionen zum Erzeugen von einem CheckedIter zur Verfügung:

```
template<class Cont,class Iter>
CheckedIter<Cont,Iter> make_checked(Cont& c, Iter i)
{
    return CheckedIter<Cont,Iter>(c,i);
}


template<class Cont>
CheckedIter<Cont,typename Cont::iterator> make_checked(Cont& c)
{
    return CheckedIter<Cont,typename Cont::iterator>(c,c.begin());
}
```

Diese Funktionen bieten die bequeme Möglichkeit, die Datentypen aus den Argumenten zu ermitteln, anstatt sie explizit anzugeben. Beispiel:

```
void f(vector<int>& v, const vector<int>& vc)
{
    typedef CheckedIter<vector<int>,vector<int>::iterator> CI;
    CI p1 = make_checked(v,v.begin()+3);
    CI p2 = make_checked(v);                  // zeigt als Default auf das erste Element

    typedef CheckedIter<const vector<int>,vector<int>::const_iterator> CIC;
    CIC p3 = make_checked(vc,vc.begin()+3);
    CIC p4 = make_checked(vc);

    const vector<int>& vv = v;
    CIC p5 = make_checked(v,vv.begin());
}
```

Es ist vordefiniert, daß const–Container auch const–Iteratoren haben. Deshalb muß deren CheckedIter auch ein konstanter Iterator sein. Der Iterator p5 zeigt eine Möglichkeit, einen const–Iterator aus einem nichtkonstanten Iterator zu bekommen.

Dies zeigt, weshalb CheckedIter zwei Template–Parameter braucht: Einen für den Containertyp und einen, um den Unterschied zwischen const und nicht–const ausdrücken zu können.

Die Namen dieser `CheckedIter`–Datentypen werden sehr lang und umständlich. Dies ist aber kein Problem, wenn Iteratoren generischen Algorithmen als Argumente dienen. Beispiel:

```
template<class Iter> void mysort (Iter anf, Iter end);

void f(vector<int>& c)
{
    try {
            mysort (make_checked(c), make_checked(c,c.end()));
    }
    catch (out_of_bounds) {
        cerr << "Oh: Bug in mysort()\n";
        abort();
    }
}
```

Bei einer ersten Version eines Algorithmus wie `mysort()` würde ich einen Bereichsfehler am ehesten für möglich halten, weshalb die Verwendung eines `CheckedIter` Sinn machen würde.

Die interne Darstellung eines `CheckedIter` ist ein Zeiger auf einen Container plus ein Iterator, der in diesen Container zeigt:

```
template<class Cont, class Iter = typename Cont::iterator>
class CheckedIter : public iterator_traits<Iter> {
    Iter akt;       // Iterator für die aktuelle Position
    Cont* c;        // Zeiger auf aktuellen Container
    // ...
};
```

Das Ableiten von `iterator_traits` ist eine mögliche Technik, um die erforderlichen `typedef`s zu definieren. Die naheliegende Alternative, von `iterator` abzuleiten, wäre wortreicher (wie z.B. bei `reverse_iterator`; §19.2.5). So wie es keine Anforderung gibt, daß Iteratoren eine Klasse sein müssen, so gibt es auch keine Anforderung, daß Iteratoren Klassen sind, die von `iterator` abgeleitet sein müssen.

Die Operationen von `CheckedIter` sind alle ziemlich trivial:

```
template<class Cont, class Iter = typename Cont::iterator>
class CheckedIter : public iterator_traits<Iter> {
    // ...
public:
    void valid(Iter p) const
    {
        if (c->end() == p) return;
        for (Iter pp = c->begin(); pp!=c->end(); ++pp) if (pp == p) return;
        throw out_of_bounds();
    }

    friend bool operator==(const CheckedIter& i, const CheckedIter& j)
        { return i.c==j.c && i.akt==j.akt; }

    // keine Default-Initialisierung

    // verwendet Default-Copy-Konstruktor und -Zuweisung
```

```
CheckedIter(Cont& x, Iter p) : c(&x), akt(p)
{
    valid(p);
}
CheckedIter(Cont& x) : c(&x), akt(x.begin())
{
}

reference operator*() const
{
    if (akt==c->end()) throw out_of_bounds();
    return *akt;
}

pointer operator->() const
{
    if (akt==c->end()) throw out_of_bounds();
    return &*akt;                            // durch * schon geprüft
}

CheckedIter operator+(difference_type d) const   // nur für Random-Access-Iterat.
{
    if (c->end()-akt < d || d < akt-c->begin()) throw out_of_bounds();
    return CheckedIter(c,akt+d);
}

reference operator[](difference_type d) const    // nur für Random-Access-Iterat.
{
    if (c->end()-akt <= d || d < akt-c->begin()) throw out_of_bounds();
    return akt[d];
}

CheckedIter& operator++()                 // präfix ++
{
    if (akt == c->end()) throw out_of_bounds();
    ++akt;
    return *this;
}
CheckedIter operator++(int)               // postfix ++
{
    CheckedIter tmp = *this;
    ++*this;                              // durch präfix ++ geprüft
    return tmp;
}

CheckedIter& operator--()                 // präfix --
{
    if (akt == c->begin()) throw out_of_bounds();
    --akt;
    return *this;
}
```

```
        CheckedIter operator--(int)             // postfix --
        {
            CheckedIter tmp = *this;
            --*this;                            // durch präfix -- geprüft
            return tmp;
        }


        difference_type index() const { return akt-c.begin(); }   // nur für R.A.-Iterat.

        Iter unchecked() const { return akt; }

        //  +,  -,  < etc. (§19.6–Ü6)
    };
```

Ein CheckedIter kann nur für einen bestimmten Iterator, der in einen bestimmten Container zeigt, initialisiert werden. In einer ausgebauten Implementierung sollte eine effizientere Version von valid() für Random-Access–Iteratoren angeboten werden (§19.6–Ü6). Sobald ein CheckedIter initialisiert ist, wird bei jeder Operation, die seine Position verändert, überprüft, ob der Iterator immer noch in den Container zeigt. Der Versuch, den Iterator nach außerhalb des Containers zeigen zu lassen, sorgt dafür, daß die Ausnahme out_of_bounds ausgelöst wird. Beispiel:

```
    void f(list<string>& ls)
    {
        int anzahl = 0;
        try {
            CheckedIter<list<string> > p(ls,ls.begin());
            while (true) {
                ++p;                    // wird früher oder später das Ende erreichen
                ++anzahl;
            }
        }
        catch (out_of_bounds) {
            cout << "Ueberlauf nach " << anzahl << " Versuchen\n";
        }
    }
```

Ein CheckedIter weiß, in welchen Container er zeigt. Dies ermöglicht es, einige, aber nicht alle Fälle, in denen Iteratoren durch eine Operation ungültig geworden sind (§16.3.8), abzufangen. Um sich vor allen möglichen Fällen zu schützen, würde ein anderes und noch ausführlicheres Iterator–Design benötigt werden (siehe §19.6–Ü7).

Man beachte, daß das Post–Inkrement (postfix ++) im Gegensatz zum Prä–Inkrement ein temporäres Objekt anlegt. Aus diesem Grund sollte ++p bei Iteratoren immer den Vorzug vor p++ erhalten.

Da ein CheckedIter einen Zeiger auf den Container verwaltet, kann er nicht für eingebaute Felder direkt verwendet werden. Falls notwendig, kann ein c_array (§17.5.4) verwendet werden.

Um das Konzept von geprüften Iteratoren abzurunden, muß ihre Anwendung trivial sein. Dazu gibt es zwei Ansätze:

1. Man definiert einen geprüften Container, der sich wie andere Container verhält, mit der Ausnahme, daß er eine eingeschränkte Menge von Konstruktoren anbietet und seine Funktionen begin(), end() usw. statt der herkömmlichen Iteratoren CheckedIters zurückliefert.

2. Man definiert ein Handle, das mit einem herkömmlichen Container initialisiert werden kann und geprüfte Zugriffsfunktionen für den Container anbietet (§19.6–Ü8).

Das folgende Template verknüpft geprüfte Iteratoren mit einem Container:

```
template<class C> class Checked : public C {
public:
    explicit Checked(size_t n) : C(n) { }
    Checked() : C() { }

    typedef CheckedIter<C> iterator;
    typedef CheckedIter<C,C::const_iterator> const_iterator;

    iterator begin() { return iterator(*this,C::begin()); }
    iterator end() { return iterator(*this,C::end()); }

    const_iterator begin() const
        { return const_iterator(*this,C::begin()); }
    const_iterator end() const
        { return const_iterator(*this,C::end()); }

    typename C::reference_type operator[](typename C::size_type n)
        { return CheckedIter<C>(*this)[n]; }

    C& base() { return *this; }    // Zugriff auf Basiscontainer
};
```

Damit ist es möglich, folgendes zu schreiben:

```
Checked<vector<int> > vec(10);
Checked<list<double> > lst;

void f()
{
    int i1 = vec[5];      // OK
    int i2 = vec[15];     // löst out_of_bounds aus
    // ...
    mysort(vec.begin(),vec.end());
    copy(vec.begin(),vec.end(),lst.begin());
}
```

Falls die Größe eines Containers verändert wird, können alle Iteratoren (einschließlich CheckedIter) ungültig werden. In dem Fall kann ein CheckedIter wie folgt reinitialisiert werden:

```
void g(vector<int>& vi)
{
    CheckedIter<vector<int> > p(vi);
    // ...
    int i = p.index();        // liefert aktuelle Position
    vi.resize(100);           // p kann ungültig werden
    p = CheckedIter<vector<int> >(vi,vi.begin()+i);   // aktuelle Position restaurieren
}
```

Die alte und ungültige aktuelle Position wurde verloren. Die Elementfunktion index() wurde zur Verfügung gestellt, um einen CheckedIter speichern und wiederherstellen zu können. Falls notwendig, kann mit base() eine Referenz auf den Container, auf dem Checked basiert, abgefragt werden.

19.3.1 Ausnahmen, Container und Algorithmen

Man könnte argumentieren, daß die Verwendung von Standardalgorithmen in Verbindung mit geprüften Iteratoren so ist, als würde man Gürtel und Hosenträger tragen. Die Erfahrung zeigt allerdings, daß für viele Programmierer und für viele Programme eine Dosis Paranoia gerechtfertigt ist, besonders solange ein Programm häufig durch viele Menschen verändert wird.

Eine Möglichkeit, mit Laufzeitüberprüfungen umzugehen, besteht darin, sie nur zum Debuggen im Code zu belassen. Vor dem Ausliefern werden diese Prüfungen dann entfernt. Diese Praxis kann damit vergleichen, beim Paddeln in der Nähe des Ufers eine Schwimmweste zu tragen, und diese auszuziehen, bevor es auf die hohe See geht. Einige Laufzeitüberprüfungen verursachen allerdings signifikanten Mehraufwand in Hinsicht auf Zeitaufwand und Speicherplatz. Insofern ist es nicht realistisch, diese Überprüfungen immer beizubehalten. In jedem Fall ist es nicht klug, ohne Messungen zu optimieren. Bevor Überprüfungen entfernt werden, sollte man deshalb ausprobieren, ob es dadurch Verbesserungen gibt, die es wert sind. Für solch ein Ausprobieren muß es leicht möglich sein, Laufzeitüberprüfungen zu entfernen (siehe §24.3.7.1). Sobald Messungen durchgeführt wurden, kann man Laufzeitüberprüfungen an den Stellen entfernen, die für das Zeitverhalten am kritischsten sind (und die hoffentlich sorgfältig genug überprüft wurden). Der Rest des Codes kann als relativ billige Art einer Absicherung überprüft bleiben.

Durch Verwendung von CheckedIter ist die Erkennung vieler Fehler möglich. Es ist allerdings nicht einfach, auf diese Fehler zu reagieren. Code, der auch bei jedem ++, --, *, [ ], -> und =, das eine Ausnahme auslösen kann, zu 100% robust ist, wird selten geschrieben. Deshalb bleiben zwei offensichtliche Strategien übrig:

1. Man behandelt Ausnahmen möglichst dicht an der Stelle, an der sie verursacht werden, damit man beim Schreiben einer Ausnahmebehandlung eine gute Chance hat herauszubekommen, was schiefgegangen ist, und entsprechend reagieren kann.

2. Man behandelt Ausnahmen auf einer hohen Programmebene, verzichtet auf einen signifikanten Teil der Berechnungen und betrachtet alle Datenstrukturen, die während der fehlerhaften Berechnung geschrieben wurden, als suspekt (es kann sein, daß es keine solche Datenstrukturen gibt oder daß geprüft werden kann, ob sie noch in Ordnung sind).

Es ist unverantwortlich, eine Ausnahme von einem unbekannten Teil eines Programms abzufangen und davon auszugehen, daß keine Datenstruktur in einem unerwünschten Zustand ist, wenn es keine weitere Ebene zur Fehlerbehandlung gibt, um Folgefehler zu behandeln. Ein einfaches Beispiel dafür wäre eine abschließende Überprüfung (durch Computer oder Menschen), bevor die Ergebnisse akzeptiert werden. In solchen Fällen kann es einfacher und billiger sein, ohne Rücksicht auf Verluste fortzufahren, anstatt zu versuchen, jeden Fehler auf unterer Ebene zu behandeln. Dies wäre ein Beispiel für eine mögliche Vereinfachung durch ein Schema zur Fehlerbehandlung auf mehreren Ebenen (§14.9).

19.4   Allokatoren

Ein *Allokator* dient dazu, die Implementierung von Algorithmen und Containern, die Speicherplatz anfordern müssen, von Details der physikalischen Speicherverwaltung zu trennen. Ein Allokator bietet eine standardisierte Möglichkeit, Speicherplatz anzufordern und freizugeben, und definiert standardisierte Typbezeichnungen für Zeiger und Referenzen. Ein Allokator ist wie ein Iterator eine reine Abstraktion. Jeder Datentyp, der sich wie ein Allokator verhält, ist ein Allokator.

Die Standardbibliothek stellt einen Standardallokator bereit, der den Anwendern einer Implementierung ausreichend gut weiterhilft. Zusätzlich können Anwender Allokatoren für alternative Arten der Speicherverwaltung anbieten. Man kann z.B. Allokatoren zur Speicherverwaltung mit Shared–Memory, Garbage–Collection oder einem Pool vorreservierter Objekte (§19.4.2) usw. schreiben.

Die Standardcontainer und –algorithmen verwenden Allokatoren, um Speicherplatz zu bekommen und darauf zuzugreifen. Somit können die Container um eine neue und andersartige Art der Speicherverwaltung erweitert werden, indem ein neuer Allokator angeboten wird.

19.4.1   Der Standardallokator

Das in `<memory>` definierte Standard–Template `allocator` reserviert Speicherplatz über `operator new()` (§6.2.6). Es wird als Default von allen Standardcontainern verwendet:

```
template<class T> class std::allocator {
public:
    typedef T value_type;
    typedef size_t size_type;
    typedef ptrdiff_t difference_type;

    typedef T* pointer;
    typedef const T* const_pointer;

    typedef T& reference;
    typedef const T& const_reference;

    pointer address (reference r ) const  { return &r; }
    const_pointer address (const_reference r) const  { return &r; }

    allocator() throw();
    template <class U> allocator (const allocator<U>&) throw();
    ~allocator() throw();

    // Platz für n Ts anfordern, nicht initialisieren:
    pointer allocate (size_type n, allocator<void>::const_pointer hinweis=0);
    // n Ts freigeben, nicht zerstören:
    void deallocate (pointer p, size_type n);

    // *p mit wert initialisieren
    void construct (pointer p, const T& wert)  { new (p) T(wert); }
    // *p zerstören, aber keinen Speicher freigeben
    void destroy (pointer p) { p->~T(); }
```

```
        size_type max_size() const throw();

        template <class U>
        struct rebind { typedef allocator<U> other; };
        // ermöglicht: typedef allocator<U> other
};

    template<class T>
      bool operator==(const allocator<T>&, const allocator<T>&) throw();
    template<class T>
      bool operator!=(const allocator<T>&, const allocator<T>&) throw();
```

Durch die Operation allocate(n) wird Speicherplatz für n Objekte reserviert, der durch den entsprechenden Aufruf deallocate(p,n) wieder freigegeben werden kann. Man beachte, daß die Anzahl der Elemente auch an deallocate() als Argument übergeben werden muß. Dadurch ist es möglich, Allokatoren fast optimal zu implementieren, da die zu verwaltenden Informationen über den angeforderten Speicherplatz minimiert werden. Auf der anderen Seite bedeutet das, daß der Anwender solchen Allokatoren beim Aufruf von deallocate() immer die richtige Anzahl n übergeben muß.

Der Default–Allokator verwendet operator new(size_t), um den Speicherplatz anzufordern, und operator delete(void*), um ihn wieder freizugeben. Dies bedeutet, daß unter Umständen der new_handler() aufgerufen und die Ausnahme out_of_memory ausgelöst werden kann, falls nicht genug Speicherplatz zur Verfügung steht (§6.2.6.2).

Man beachte, daß allocate() nicht unbedingt eine Low-level–Funktion zur eigentlichen Speicheranforderung aufrufen muß. Für einen Allokator ist es oftmals eine bessere Strategie, eine Liste von vorher freigegebenem Speicherplatz zu verwalten, aus der angeforderter Speicherplatz mit minimalem Zeitverlust zur Verfügung gestellt werden kann (§19.4.2).

Das optionale Argument hinweis von allocate() dient ausschließlich implementierungsabhängigen Zwecken. Es ist als Hilfe für Systeme gedacht, bei denen der genaue Ort des Speicherplatzes von Bedeutung ist. Ein Allokator könnte damit z.B. in einem System mit Seitenverwaltung[3] versuchen, daß ein Objekt auf der gleichen Page (Seite) wie ein anderes Objekt angelegt wird. Der Datentyp des hinweis–Arguments ist der Typ pointer von einer extrem vereinfachten Spezialisierung des Templates für den Datentyp void:

```
    template<> class allocator<void> {
    public:
        typedef void* pointer;
        typedef const void* const_pointer;
        // beachte: keine Referenzen
        typedef void value_type;
        template<class U>
        struct rebind { typedef allocator<U> other; };
    };
```

Der Datentyp allocator<void>::pointer dient als universeller Zeigertyp und ist bei allen Standardallokatoren void*.

Solange eine Dokumentation zu einem Allokator nichts anderes angibt, hat der Anwender von allocate() zwei sinnvolle Möglichkeiten:

---

[3] A.d.Ü.: Hier könnten z.B. Betriebssystemseiten oder Datenbankseiten gemeint sein.

1. Er kann keinen Hinweis geben.
2. Er kann als Hinweis einen Zeiger auf ein Objekt übergeben, das oft mit dem neuen Objekt verwendet wird; z.B. das vorherige Element in einer Sequenz.

Allokatoren dienen dazu, das Implementieren von Containern von der Notwendigkeit zu befreien, mit direkten Speicherzugriffen operieren zu müssen. Als Beispiel sei gezeigt, wie die Speicherverwaltung bei einem vector aussehen kann:

```
template <class T, class A  = allocator<T> > class vector {
public:
    typedef typename A::pointer iterator;
    // ...
private:
    A alloc;            // Allokatorobjekt
    iterator v;         // Zeiger auf die Elemente
    // ...
public:
    explicit vector (size_type n, const T& wert = T(), const A& a = A())
        : alloc(a)
    {
        v = alloc.allocate(n);
        for (iterator p = v; p<v+n; ++p) alloc.construct(p,wert);
        // ...
    }

    void reserve (size_type n)
    {
        if (n<=capacity()) return;

        iterator p = alloc.allocate(n);
        iterator q = v;

        while (q<v+size()) {          // existierende Elemente kopieren
            alloc.construct(p++,*q);
            alloc.destroy(q++);
        }
        alloc.deallocate(v,capacity());  // alten Speicherplatz freigeben
        v = p-size();
        // ...
    }
    // ...
};
```

Die Operationen von Allokatoren werden mit Hilfe von typedefs für pointer und reference formuliert, um dem Anwender die Möglichkeit zu geben, beim Speicherzugriff alternative Datentypen zu verwenden. Es ist sehr schwierig, dies allgemeingültig durchzuführen. Es ist in C++ z.B. nicht möglich, einen perfekten Referenzdatentyp zu definieren. Implementierer der Sprache und der Bibliothek können diese typedefs aber immerhin dazu verwenden, Datentypen zu unterstützen, die von einem gewöhnlichen Anwender gar nicht angeboten werden könnten. Ein Beispiel dafür wäre ein Allokator, der Zugriff auf persistenten Speicher ermöglicht. Ein anderes Beispiel wäre ein »long«–Zeiger zum Zugriff auf Hauptspeicher, der außerhalb des normalerweise adressierbaren Bereichs von Default–Zeigern (mit üblicherweise 32 Bits) liegt.

Der gewöhnliche Anwender kann einen Allokator für spezielle Zwecke mit einem ungewöhnlichen Zeigertyp ausstatten. Für Referenzen ist Entsprechendes nicht möglich. Diese Einschränkung kann für Experimente oder spezielle Systeme aber akzeptabel sein.

Allokatoren wurden entworfen, um den Umgang mit Objekten des Datentyps, der als Template–Parameter übergeben wurde, zu vereinfachen. Die meisten Container brauchen allerdings Objekte zusätzlicher Datentypen. Zur Implementierung einer `list` müssen z.B. Verweis–Objekte angefordert werden. Normalerweise müssen solche `Verweise` mit Hilfe des `list`–Allokators angelegt werden.

Der merkwürdige Datentyp `rebind` dient dazu, daß ein Allokator Speicherplatz für Objekte eines beliebigen Datentyps anfordern kann. Man betrachte z.B. folgende Typdefinition:

```
typedef typename A:: template rebind<Verweis>::other VerweisAlloc;
```

Wenn A ein `allocator` ist, dann gibt es für `rebind<Verweis>::other` eine Typdefinition, mit der `allocator<Verweis>` gemeint ist. Die vorherige Typdefinition ist also eine indirekte Form der Typedefinition:

```
typedef allocator<Verweis> VerweisAlloc;
```

Die Indirektion entbindet uns von der Notwendigkeit, `allocator` direkt zu verwenden. Sie drückt den Datentyp `VerweisAlloc` mit Hilfe des Template–Parameters A aus. Beispiel:

```
template <class T, class A = allocator<T> > class list {
private:
    class Verweis { /* ... */ };

    typedef typename A::rebind<Verweis>::other VerweisAlloc; // allocator<Verweis>

    VerweisAlloc a;     // Verweisallokator
    A alloc;            // list-Allokator
    // ...
public:
    typedef typename A::pointer iterator;
    // ...

    iterator insert (iterator pos, const T& x)
    {
        VerweisAlloc::pointer p = a.allocate(1);    // Verweisspeicherplatz anfordern
        // ...
    }
    // ...
};
```

Da `Verweis` ein Element von `list` ist, ist diese Hilfsklasse ebenfalls durch den Allokator parametrisiert. Als Konsequenz haben `Verweise` von Listen mit unterschiedlichen Allokatoren genauso unterschiedliche Datentypen wie auch die Listen selbst (§17.3.3).

19.4.2   Ein selbstdefinierter Allokator

Containerimplementierungen rufen häufig `allocate()` und `deallocate()` gemeinsam auf. Für naive Implementierungen von `allocate()` führt dies zu zahlreichen Aufrufen vom Operator new, was nicht von allen Implementierungen von new effizient gehandhabt wird. Als Beispiel für einen selbstdefinierten Allokator zeige ich das Schema der Verwendung eines Pools von Speicherstücken fester Größe, bei denen der Allokator effektiver `allocate()` handhaben kann als ein herkömmlicher genereller `operator new()`.

Günstigerweise habe ich bereits einen Pool–Allokator, der in etwa das Richtige macht, aber die falsche Schnittstelle besitzt (er wurde Jahre vor Einführung von Allokatoren entworfen). Diese Klasse `Pool` implementiert das Konzept eines Pools für Elemente fester Größe, bei denen ein Anwender schnell Speicher anfordern und freigeben kann. Es handelt sich um einen Low-level–Datentyp, der direkt auf Speicherplatz zugreift und Rücksicht auf die Speicherausrichtung (das Alignment) nimmt:

```
class Pool {
    struct Verweis { Verweis* next; };

    struct Chunk {
        enum { size = 8*1024-16 };
        char mem[size];
        Chunk* next;
    };
    Chunk* chunks;

    const unsigned int esize;
    Verweis* head;

    Pool(Pool&);                // Kopierschutz
    void operator=(Pool&);      // Kopierschutz
    void grow();                // Pool vergrößern
public:
    Pool(unsigned int n);       // n ist die Größe der Elemente
    ~Pool();

    void* alloc();              // Speicherplatz für ein Element anfordern
    void free(void* b);         // ein Element freigeben (zurück in den Pool)
};

inline void* Pool::alloc()
{
    if (head==0)
        grow();
    Verweis* p = head;          // erstes Element zurückliefern
    head = p->next;
    return p;
}

inline void Pool::free(void* b)
{
    Verweis* p = static_cast<Verweis*>(b);
```

```
        p->next = head;          // b als erstes Element wieder einfügen
        head = p;
}


Pool::Pool(unsigned int sz)
    : esize(sz<sizeof(Verweis)?sizeof(Verweis):sz)
{
    head = 0;
    chunks = 0;
}


Pool::~Pool()                    // alle Speicherbereiche freigeben
{
    Chunk* n = chunks;
    while (n) {
        Chunk* p = n;
        n = n->next;
        delete p;
    }
}


void Pool::grow()                // neuen Speicherbereich anfordern (organisiert)
{                                // als verkettete Liste von Elementen der Größe "esize"
    Chunk* n = new Chunk;
    n->next = chunks;
    chunks = n;

    const int nelem = Chunk::size/esize;
    char* start = n->mem;
    char* last = &start[(nelem-1)*esize];

    for (char* p = start; p<last; p+=esize)    // Vorauss.: sizeof(Verweis)<=esize
        reinterpret_cast<Verweis*>(p)->next
            = reinterpret_cast<Verweis*>(p+esize);
    reinterpret_cast<Verweis*>(last)->next = 0;
    head = reinterpret_cast<Verweis*>(start);
}
```

Um das Ganze etwas realistischer zu gestalten, werde ich Pool unverändert als Teil meiner Allokatorimplementierung übernehmen, anstatt die Klasse für die richtige Schnittstelle zu überarbeiten. Der Pool–Allokator ist für schnelles Anfordern und Freigeben von Speicherplatz für einzelne Elemente gedacht, was genau von meiner Klasse Pool unterstützt wird. Eine Erweiterung dieser Implementierung um die Möglichkeit, Speicherplatz für eine beliebige Anzahl von Objekten und für Objekte beliebiger Größe anzufordern (wie es von rebind gebraucht wird), wird als Übungsaufgabe gestellt (§19.6–Ü9).

Mit der vorgegebenen Klasse Pool ist die Definition der Klasse PoolAlloc einfach:

```
template <class T> class PoolAlloc {
private:
    static Pool mem;    // Pool von Elementen der Größe sizeof(T)
public:
```

```
    // wie der Standardallokator (§19.4.1)
};

template <class T> Pool PoolAlloc<T>::mem(sizeof(T));

template <class T> PoolAlloc<T>::PoolAlloc() { }

template <class T>
T* PoolAlloc<T>::allocate (size_type n, void* = 0)
{
    if (n == 1) return static_cast<T*>(mem.alloc());
    //...
}

template <class T>
void PoolAlloc<T>::deallocate (pointer p, size_type n)
{
    if (n == 1) {
        mem.free(p);
        return;
    }
    //...
}
```

Dieser Allokator kann nun in der naheliegenden Art und Weise verwendet werden:

```
vector<int,PoolAlloc<int> > v;
map<string,nummer,PoolAlloc<pair<const string,nummer> > > m;
```

```
// exakt so wie immer verwenden

vector<int> v2 = v;      // Fehler: unterschiedliche Allokatorparameter
```

Ich habe mich entschlossen, den `Pool` für einen `PoolAlloc` statisch zu machen, da es von der Standardbibliothek für Allokatoren, die von den Standardcontainern verwendet werden, folgende Einschränkung gibt: Bei der Implementierung von Standardcontainern kann davon ausgegangen werden, daß jedes Objekt den gleichen Allokatortyp besitzt. Damit sind erhebliche Vorteile bei der Performance möglich. Aufgrund dieser Einschränkung kann z.B. Speicherplatz auch für `Verweis`–Objekte (die üblicherweise durch den Allokator des Containers, zu dem sie gehören, parametrisiert werden; §19.4.1) weiterverwendet werden, und Operationen, die auf Elemente zweier Sequenzen zugreifen (wie `swap()`) brauchen nicht zu überprüfen, ob alle manipulierten Objekte den gleichen Allokator besitzen. Die Einschränkung bedeutet allerdings, daß solche Allokatoren nicht objektspezifische Daten verwenden können.

Vor einer eigenen Realisierung einer derartigen Optimierung sollte man sich vergewissern, daß sie notwendig ist. Ich gehe davon aus, daß viele Default–Allokatoren genau diese Art von klassischer C++–Optimierung implementieren werden, um einem Anwender diese Mühe zu ersparen.

19.4.3 Verallgemeinerte Allokatoren

Ein `allocator` ist die vereinfachte und optimierte Variante der Absicht, einem Container Informationen über einen Template–Parameter mitzugeben (§13.4.1, §16.2.3). Es macht z.B. Sinn zu fordern, daß jedes Element in einem Container mit dessen Allokator angelegt wurde. Wenn allerdings zwei `listen` desselben Typs zwei verschiedene Allokatoren verwenden dürften, dann könnte `splice()` (§17.2.2.1) nicht so implementiert werden, daß es die Verweise umhängt. Statt dessen müßte `splice()` so definiert werden, daß die Elemente kopiert werden, um auf den seltenen Fall vorbereitet zu sein, daß Elemente einer `list` in eine andere Liste umgehängt werden, die einen anderen Allokator desselben Allokatortyps besitzt. Entsprechend müßte der `rebind`–Mechanismus bei Allokatoren, die alle Möglichkeiten abdecken, komplizierter sein. Als Konsequenz setzt ein Standardallokator voraus, daß keine objektspezifischen Daten verwaltet werden, woraus eine Implementierung des Standards entsprechende Vorteile ziehen kann.

Überraschenderweise ist diese drakonische Einschränkung in bezug auf objektspezifische Informationen nicht ganz ernst gemeint. Die meisten Allokatoren brauchen keine objektspezifischen Daten und können ohne diese Daten schneller gemacht werden. Allokatoren können nämlich immer noch Daten, die auf dem Allokatortyp basieren, verwalten. Falls getrennt zu behandelnde Daten benötigt werden, können separate Allokatortypen verwendet werden. Beispiel:

```
template <class T, class D>
class MeinAlloc {    // Allokator für T, implementiert mit D
    D d;    // Daten, die für MeinAlloc<T,D> gebraucht werden
    // ...
};


typedef MeinAlloc<int,PersistenzInfo> Persistent;
typedef MeinAlloc<int,SharedInfo> Shared;
typedef MeinAlloc<int,DefaultInfo> Default;


list<int,Persistent> lst1;
list<int,Shared> lst2;
list<int,Default> lst3;
```

Die Listen `lst1`, `lst2` und `lst3` haben unterschiedliche Datentypen. Damit müssen bei Operationen mit zwei dieser Listen generelle Algorithmen (Kapitel 18) anstatt spezielle Listenoperationen (§17.2.2.1) verwendet werden. Das führt dann dazu, daß Elemente nicht umgehängt, sondern kopiert werden, womit die Verwendung unterschiedlicher Allokatoren kein Problem mehr ist.

Die Einschränkungen in bezug auf objektspezifische Daten bei Allokatoren wurden aufgrund der strengen Anforderungen der Standardbibliothek an Laufzeit und Effizienz getroffen. Der Mehraufwand an Speicherplatz für Allokatordaten einer Liste würde z.B. wahrscheinlich keine signifikante Rolle spielen. Allerdings könnte er schwerwiegend sein, wenn jeder Verweis einer Liste darunter leiden müßte.

Man bedenke, wie die Allokatortechnik eingesetzt werden könnte, wenn die Effizienzvorgaben der Standardbibliothek keine Anwendung finden würden. Dies wäre bei einer nicht standardisierten Bibliothek, der es nicht um höchste Performance für jede Datenstruktur und jeden Datentyp geht, und bei einer speziellen Zwecken dienenden Implementierung der Standardbibliothek der Fall. In dem Fall kann ein Allokator verwendet werden, um Informationen, die oft in universellen Basisklassen liegen, zu verwalten (§16.2.2). Ein Allokator könnte dann z.B. so entworfen werden, daß er beantworten könnte, wo seine Objekte angelegt wurden, daß er Daten zum Objektlayout liefern könnte und daß er Fragen, wie »Ist dieses Element in diesem Container?« beantworten könnte. Er könnte auch Container, die als Cache für permanenten Speicherplatz dienen, kontrollieren, Beziehungen zwischen einem Container und anderen Objekten anbieten und so weiter.

Auf diese Weise können beliebige Dienste transparent für die herkömmlichen Containeroperationen bereitgestellt werden. Man sollte dabei aber zwischen den Aspekten der Speicherung und der Verwendung von Daten unterscheiden. Letzteres gehört nicht zu einem generellen Allokator, könnte aber durch ein separates Template–Argument abgedeckt werden.

19.4.4   Uninitialisierter Speicherplatz

Zusätzlich zum Standardallokator bietet die Headerdatei <memory> einige Funktionen für den Umgang mit uninitialisiertem Speicher. Ihnen gemeinsam ist die gefährliche und gelegentlich notwendige Eigenschaft, einen Typnamen T dazu zu verwenden, auf Speicher zu verweisen, der groß genug für ein Objekt vom Typ T ist, aber kein korrekt angelegtes Objekt vom Typ T enthält.

Die Bibliothek bietet drei Möglichkeiten, Werte in uninitialisierten Speicher zu kopieren:

```
template <class In, class For>
For uninitialized_copy (In anf, In end, For mem)
{
    // kopiere anf bis end in mem hinein
    typedef typename iterator_traits<For>::value_type V;

    while (anf != end)
        new (static_cast<void*>(&*mem++)) V(*anf++);   // konstruiere in mem (§10.4.11)
    return mem;
}


template <class For, class T>
void uninitialized_fill (For anf, For end, const T& wert)
{
    // kopiere wert in anf bis end hinein
    typedef typename iterator_traits<For>::value_type V;

    while (anf != end)
        new (static_cast<void*>(&*anf++)) V(wert);   // konstruiere in anf
}

template <class For, class Size, class T>
void uninitialized_fill_n (For anf, Size anz, const T& wert)
{
    // kopiere wert in anz Elemente ab anf hinein
    typedef typename iterator_traits<For>::value_type V;

    while (anz--)
        new (static_cast<void*>(&*anf++)) V(wert);   // konstruiere in anf
}
```

Diese Funktionen sind in erster Linie für die Implementierung von Containern und Algorithmen vorgesehen. Die Elementfunktionen reserve() und resize() (§16.3.8) werden z.B. am einfachsten mit Hilfe dieser Funktionen implementiert (§19.6–Ü10). Es wäre natürlich sehr schlecht, wenn ein internes uninitialisiertes Objekt eines Containers in die Hände eines beliebigen Anwenders geraten würde.

Algorithmen brauchen für ein akzeptables Zeitverhalten oft temporären Speicher. Häufig wird derartiger temporärer Speicher am besten von nur einer Operation angefordert, aber so lange nicht initialisiert, bis ein bestimmter Teil daraus wirklich gebraucht wird. Deshalb bietet die Bibliothek ein Paar von Funktionen zum Anfordern und Freigeben von uninitialisiertem Speicher:

```
template <class T>
pair<T*,ptrdiff_t> get_temporary_buffer(ptrdiff_t);   // anfordern, nicht initialisieren

template <class T>
void return_temporary_buffer(T*);                      // freigeben, nicht zerstören
```

Eine Operation `get_temporary_buffer<X>(n)` versucht, Speicherplatz für n oder mehr Objekte vom Typ X zu bekommen. Falls sie dabei Erfolg hat, wird ein Zeiger auf den ersten uninitialisierten Speicherplatz und die Anzahl der Objekte vom Typ X, die dort hineinpassen, zurückgeliefert. Ansonsten ist der Wert `second` des Wertepaares Null. Das Ziel besteht darin, daß ein System eine Anzahl von Puffern fester Größe für schnelle Speicheranforderungen bereitstellen kann, wodurch die Anforderung von n Objekten auch Speicherplatz für mehr als n Objekte liefern kann. Es kann allerdings auch weniger sein. Insofern besteht eine Anwendung von `get_temporary_buffer()` darin, optimistisch einen bestimmten Posten anzufordern und dann das, was verfügbar ist, zu verwenden.

Ein mit `get_temporary_buffer()` angeforderter Speicherplatz muß, damit er anderweitig wieder verwendet werden kann, mit `return_temporary_buffer()` wieder freigegeben werden. Genauso wie `get_temporary_buffer()` Speicher anfordert, ohne Objekte zu konstruieren, gibt `return_temporary_buffer()` den Speicher frei, ohne Objekte zu zerstören. Da `get_temporary_buffer()` eine Low-level–Funktion ist, die zur Verwaltung temporärer Puffer optimiert ist, sollte sie nicht alternativ zu `new` oder `allocator::allocate()` dazu verwendet werden, Speicherplatz für einen längeren Zeitraum zu bekommen.

Die Standardalgorithmen, die in eine Sequenz schreiben, gehen davon aus, daß die Elemente dieser Sequenz vorher initialisiert worden sind. Die Algorithmen verwenden deshalb zum Schreiben Zuweisungen statt Copy–Konstruktoren. Daraus folgt, daß uninitialisierter Speicher nicht als direktes Ziel von Algorithmen dienen kann. Dies kann sich nachteilig auswirken, da Zuweisungen signifikant teurer als Initialisierungen sein können. Außerdem ist man an Werten, die überschrieben werden, nicht interessiert (sonst würde man sie ja nicht überschreiben). Als Lösung kann ein `raw_storage_iterator` aus `<memory>` verwendet werden, der initialisiert statt zuzuweisen:

```
template <class Out, class T>
class raw_storage_iterator
  : public iterator<output_iterator_tag,void,void,void,void> {
    Out p;
public:
    explicit raw_storage_iterator (Out pp) : p(pp) { }

    raw_storage_iterator& operator*() { return *this; }
    raw_storage_iterator& operator=(const T& wert)
    {
        T* pp = &*p;
        new (pp) T(wert);    // plaziere wert in pp (§10.4.11)
```

```
            return *this;
        }
        raw_storage_iterator& operator++() { ++p; return *this; }
        raw_storage_iterator operator++(int) {
            raw_storage_iterator t = *this;
            ++p;
            return t;
        }
    };
```

Man kann z.B. ein Template schreiben, das den Inhalt eines Vektors in einen Puffer kopiert:

```
    template <class T, class A> T* temporary_dup (vector<T,A>& v)
    {
        pair<T*,ptrdiff_t> p = get_temporary_buffer<T>(v.size());
        if (p.second < v.size()) {    // prüfen, ob ausreichend Speicherplatz verfügbar war
            if (p.first != 0) return_temporary_buffer(p.first);
            return 0;
        }
        copy (v.begin(), v.end(), raw_storage_iterator<T*,T>(p.first));
        return p.first;
    }
```

Wenn new statt get_temporary_buffer() verwendet worden wäre, wäre der Speicher im Puffer p initialisiert worden. Da diese Initialisierung vermieden wurde, wird der raw_storage_iterator notwendig, um mit dem uninitialisierten Platz umzugehen. In diesem Beispiel ist der Aufrufer von temporary_dup() dafür verantwortlich, für den zurückgelieferten Zeiger return_temporary_buffer() aufzurufen.

19.4.5 Dynamische Speicherverwaltung

Die notwendigen Funktionen zur Implementierung der Operatoren new und delete werden in <new> zusammen mit einigen dazugehörigen Hilfsmitteln deklariert:

```
    class bad_alloc : public exception { /* ... */ };

    struct nothrow_t {};
    extern const nothrow_t nothrow;      // Indikator für Speicheranf. ohne Ausnahmen

    typedef void (*new_handler) ();
    new_handler set_new_handler (new_handler new_p) throw();

    void* operator new (size_t) throw(bad_alloc);
    void operator delete (void*) throw();

    void* operator new (size_t, const nothrow_t&) throw();
    void operator delete (void*, const nothrow_t&) throw();

    void* operator new[] (size_t) throw(bad_alloc);
    void operator delete[] (void*) throw();
```

```
void* operator new[] (size_t, const nothrow_t&) throw();
void operator delete[] (void*, const nothrow_t&) throw();

// »Plazierungs-new« (§10.4.11):
void* operator new (size_t, void* p) throw() { return p; }
void operator delete (void* p, void*) throw() { }

void* operator new[] (size_t, void* p) throw() { return p; }
void operator delete[] (void* p, void*) throw() { }
```

Die `nothrow`–Versionen von `operator new()` fordern wie üblich Speicher an, liefern aber, falls das nicht klappt, 0 zurück, anstatt die Ausnahme `bad_alloc` auszulösen. Beispiel:

```
void f()
{
    int* p = new int[100000];    // kann bad_alloc auslösen

    if (int* q = new(nothrow) int[100000]) {   // kann keine Ausnahme auslösen
        // Speicheranforderung war erfolgreich
    }
    else {
        // Speicheranforderung war nicht erfolgreich
    }
}
```

Damit ist es möglich, bei der Speicheranforderung eine Fehlerbehandlung ohne Ausnahmebehandlung zu verwenden.

19.4.6   Speicherverwaltung mit C–Mitteln

Von C hat C++ eine Funktionsschnittstelle zur dynamischen Speicherverwaltung übernommen. Sie befindet sich in `<cstdlib>`:

```
void* malloc (size_t s);            // s Bytes anfordern
void* calloc(size_t n, size_t s);   // n mal s Bytes, initialisiert mit 0, anfordern
void  free (void* p);               // Speicherplatz von malloc() oder calloc() freigeben
void* realloc (void* p, size_t s);  // die Größe des Feldes von p auf s Bytes ändern;
                                    //  falls das nicht möglich ist, s Bytes anfordern,
                                    //  das Feld von p dort hineinkopieren
                                    //  und den alten Speicherplatz freigeben
```

Diese Funktionen sollten zugunsten von `new`, `delete` und den Standardcontainern vermieden werden. Sie operieren mit uninitialisiertem Speicherplatz. Konkret ruft `free()` z.B. keine Destruktoren für den freigegebenen Speicherplatz auf. Eine Implementierung von `new` und `delete` mag diese Funktionen verwenden, aber dafür gibt es keine Garantie. Es ist z.B. problematisch, ein Objekt mit `new` anzulegen und mit `free()` freizugeben. Falls das Bedürfnis besteht, `realloc()` zu verwenden, sollte man statt dessen die Verwendung eines Standardcontainers in Betracht ziehen; dies ist normalerweise einfacher und genauso effizient (§16.3.5).

Die Bibliothek bietet daneben einige Funktionen für die effiziente Manipulation von Bytes. Da C Bytes, die nicht typgebunden sind, ursprünglich über `char*`–Zeiger verwaltet hat, sind diese

Funktionen in `<cstring>` zu finden. Die `void*`–Zeiger werden in diesen Funktionen wie `char*`–Zeiger behandelt:

```
// nicht überlappende Bereiche kopieren:
void* memcpy (void* p, const void* q, size_t n);
```

```
// kann auch überlappende Bereiche kopieren:
void* memmove (void* p, const void* q, size_t n);
```

Wie `strcpy()` (§20.4.1) kopieren diese Funktionen n Bytes von q nach p und liefern p zurück. Die kopierten Bereiche können bei `memmove()` überlappen. Die Funktion `memcpy()` geht dagegen davon aus, daß sich die Bereiche nicht überlappen, und ist häufig entsprechend optimiert. Außerdem existieren:

```
// wie strchr() (§20.4.1): finde b in p[0]..p[n-1]:
void* memchr (const void* p, int b, size_t n);
```

```
// wie strcmp(): vergleiche Bytesequenzen:
int memcmp (const void* p, const void* q, size_t n);
```

```
// n Bytes in p den Wert b zuweisen und p zurückliefern:
void* memset (void* p, int b, size_t n);
```

Viele Implementierungen bieten hochoptimierte Versionen dieser Funktionen an.

19.5   Ratschläge

1. Entscheiden Sie beim Schreiben eines Algorithmus, mit welcher Art von Iterator eine akzeptable Effizienz möglich ist, und schreiben Sie den Algorithmus nur mit den Operatoren, die von dieser Art auch unterstützt werden; §19.2.1.
2. Überladen Sie Algorithmen, wenn Iteratoren als Argumente verwendet werden, die mehr als die unbedingt notwendigen Operationen anbieten, und dadurch effizientere Implementierungen möglich sind; §19.2.3.
3. Verwenden Sie `iterator_traits`, um Algorithmen an verschiedene Iteratorkategorien anzupassen; §19.2.2.
4. Rufen Sie zwischen Zugriffen auf einen `istream_iterator` oder `ostream_iterator` ++ auf; §19.2.6.
5. Verwenden Sie Inserter, um Containerüberläufe zu vermeiden; §19.2.4.
6. Verwenden Sie beim Debuggen zusätzliche Sicherheitsabfragen, und entfernen Sie diese später nur, falls dies notwendig ist; §19.3.1.
7. Bevorzugen Sie ++p statt p++; §19.3.
8. Verwenden Sie uninitialisierten Speicherplatz, um die Performance von Algorithmen, die Datenstrukturen erweitern, zu verbessern; §19.4.4.
9. Verwenden Sie temporäre Puffer, um die Performance von Algorithmen, die temporäre Datenstrukturen brauchen, zu verbessern; §19.4.4.
10. Überlegen Sie zweimal, bevor Sie einen eigenen Allokator schreiben; §19.4.
11. Vermeiden Sie `malloc()`, `free()`, `realloc()` usw.; §19.4.6.
12. Man kann ein `typedef` für Templates mit der Technik, die bei `rebind` verwendet wurde, simulieren; §19.4.1.

19.6 Übungen

Ü1 (∗1,5) Implementieren Sie `reverse()` aus §18.6.7. Hinweis: Siehe §19.2.3.

Ü2 (∗1,5) Schreiben Sie einen Output–Iterator `Versenkung`, der seine Ausgaben nirgendwo hinschreibt. Wann kann solch eine `Versenkung` sinnvoll sein?

Ü3 (∗2) Implementieren Sie `reverse_iterator` (§19.2.5).

Ü4 (∗1,5) Implementieren Sie `ostream_iterator` (§19.2.6).

Ü5 (∗2) Implementieren Sie `istream_iterator` (§19.2.6).

Ü6 (∗2,5) Vervollständigen Sie `CheckedIter` (§19.3).

Ü7 (∗2,5) Redesignen Sie `CheckedIter` so, daß auf ungültige Iteratoren geprüft wird.

Ü8 (∗2) Entwickeln und implementieren Sie eine Handle–Klasse, die als Proxy für einen Container dienen kann, indem sie eine komplette Containerschnittstelle anbietet. Ihre Implementierung sollte aus einem Zeiger auf eine Klasse bestehen und zusätzlich für alle Containeroperationen eine Bereichsüberprüfung vornehmen.

Ü9 (∗2,5) Vervollständigen Sie die Klasse `PoolAlloc` (§19.4.2), oder implementieren Sie sie neu, um zu erreichen, daß alle Fähigkeiten von `allocator` der Standardbibliothek (§19.4.1) angeboten werden. Vergleichen Sie das Zeitverhalten von `allocator` und `PoolAlloc`, um festzustellen, ob es einen Grund gibt, `PoolAlloc` auf Ihrem System zu verwenden.

Ü10 (∗2,5) Implementieren Sie `vector` unter Verwendung von Allokatoren statt mit `new` und `delete`.

Strings
20

Prefer the standard to the offbeat.
– Struk & White

20.1   Einführung

Ein String ist eine Sequenz von Zeichen. Ein `string` der Standardbibliothek bietet Operationen zur Bearbeitung von Strings, wie den Indexzugriff (§20.3.3), Zuweisungen (§20.3.6), Vergleiche (§20.3.8), Anfügen von Zeichen (§20.3.9), Hintereinanderhängen von Strings (§20.3.10) und die Suche nach Teilstrings (§20.3.11). Der Standard bietet kein allgemeines Hilfsmittel für Teilstrings, weshalb hier eines als Beispielanwendung des Standard–Strings angeboten wird (§20.3.11). Ein Standard–String kann ein String für eine beliebige Art von Zeichen sein (§20.2).

Experimente zeigen, daß es unmöglich ist, die perfekte String–Klasse zu entwerfen. Geschmack, Erwartungen und Anforderungen sind dafür zu unterschiedlich. Deshalb ist die Standardklasse `string` auch nicht ideal. Ich hätte einige Designentscheidungen anders getroffen, und so hätte es wahrscheinlich auch jeder andere gemacht. Sie erfüllt aber viele Anforderungen gut. Hilfsfunktionen für weitere Anforderungen können leicht angeboten werden, und `std::string` ist allgemein bekannt und verfügbar. In den meisten Fällen sind diese Faktoren wichtiger als jede kleine Verbesserung, die man anbieten könnte. Das Schreiben von String–Klassen stellt einen sehr hilfreichen Lernprozeß dar (§11.12, §13.2), aber für Code, der verbreitet genutzt wird, sollte die Standardklasse `string` verwendet werden.

Von C hat C++ den Ansatz, Strings als Felder von Zeichen, die mit einem Null–Element enden, anzusehen, und eine Reihe von Funktionen, um solche C–Strings zu manipulieren, übernommen (§20.4.1).

20.2   Zeichen

»Zeichen« sind für sich betrachtet ein interessantes Konzept. Man betrachte den Buchstaben *C*. Das *C*, das man hier sehen kann, ist eine kurvige Linie auf Papier (oder auf dem Bildschirm). Ich habe es vor vielen Monaten in meinen Computer eingegeben. Da befindet es sich als der numerische Wert 67 in einem Byte aus 8 Bits. Es ist der dritte Buchstabe des lateinischen Alphabets, die übliche Abkürzung für das sechste Atom (Kohlenstoff) und zufällig der Name einer Programmiersprache (§1.6). Was im Kontext der Programmierung mit Strings eine Rolle spielt, ist, daß es eine Beziehung zwischen Schnörkeln mit herkömmlicher Bedeutung, Zeichen genannt, und Buchstaben gibt. Um die Sache kompliziert zu machen, kann das gleiche Zeichen verschiedene numerische Werte in unterschiedlichen Zeichensätzen haben. Nicht jeder Zeichensatz hat für alle Zeichen Werte, und viele verschiedene Zeichensätze werden allgemein eingesetzt. Ein Zeichensatz ist eine Zuordnung zwischen einem Zeichen (irgendeinem üblichen Symbol) und einem ganzzahligen Wert.

C++–Programmierer gehen üblicherweise davon aus, daß der amerikanische Standardzeichensatz (ASCII) verfügbar ist. C++ erlaubt aber auch die Möglichkeit, daß einige Zeichen in einer Programmierumgebung nicht verfügbar sind. Wenn z.B. Zeichen wie [und { fehlen, können Schlüsselworte und Digraphen verwendet werden (§C.3.1).

Zeichensätze mit Zeichen, die nicht in ASCII enthalten sind, bieten eine große Herausforderung. Sprachen wie Chinesisch, Dänisch, Französisch, Isländisch, Japanisch und natürlich Deutsch können nicht korrekt mit ASCII geschrieben werden. Schlimmer noch, die Zeichensätze für diese Sprachen können wechselseitig inkompatibel sein. Die Zeichen, die in europäischen Sprachen mit lateinischem Alphabet verwendet werden, passen z.B. *fast* alle in einen Zeichensatz mit 256 Zeichen. Leider werden für unterschiedliche Sprachen trotzdem verschiedene Zeichensätze verwendet, und zu manchen Werten gibt es inzwischen verschiedene Zeichen. Französisch (das Latin1 verwendet[1]) harmoniert z.B. nicht gut mit Isländisch (das deshalb Latin2 verwendet[1]). Ehrgeizige Pläne, alle bekannten Zeichen in einem Zeichensatz zusammenzufassen, haben viel geholfen, aber sogar 16-Bit–Zeichensätze, wie Unicode, stellen nicht alle zufrieden. 32-Bit–Zeichensätze, die, so weit ich weiß, jedes Zeichen enthalten könnten, sind nicht sehr verbreitet.

Der C++–Ansatz basiert darauf, daß jeder Programmierer jeden Zeichensatz als Zeichentyp in Strings verwenden kann. Auch ein erweiterter Zeichensatz oder eine portable numerische Kodierung kann verwendet werden (§C.3.3).

20.2.1 Zeichenmerkmale

Wie in §13.2 gezeigt, kann ein String im Prinzip jeden Datentyp mit passenden Kopieroperationen als Zeichentyp besitzen. Falls die Datentypen allerdings keine vom Anwender definierten Kopieroperationen besitzen, kann die Effizienz verbessert und die Implementierung vereinfacht werden. Als Konsequenz setzen Standard–strings voraus, daß der als Zeichentyp verwendete Datentyp keine vom Anwender definierte Kopieroperationen besitzt. Dies hilft auch dabei, die Ein– und Ausgabe von Strings einfach und effizient zu machen.

Die Eigenschaften von Zeichentypen werden durch deren Zeichenmerkmale (englisch: *character traits*) definiert. Eine solche Beschreibung ist eine Spezialisierung des Templates:

```
template<class Ch> struct char_traits { };
```

Alle Zeichenmerkmale werden in std definiert, und die standardisierten werden in <string> präsentiert. Die allgemeine Form von char_traits hat selbst keine Eigenschaften. Nur bei Spezialisierungen von char_traits für einen bestimmten Zeichentyp sind die Eigenschaften definiert. Man betrachte z.B. char_traits<char>:

```
template<> struct char_traits<char> {
    typedef char char_type;        // Datentyp der Zeichen

    static void assign (char_type&, const char_type&);  // = für char_type
```

---

[1] A.d.Ü.: Latin1 und Latin2 sind zwei international standardisierte Zeichensatznamen. Im deutschen Sprachraum wird üblicherweise ISO–Latin1 verwendet.

// Integer-Darstellung von Zeichen:

```
typedef int int_type;          // Datentyp des ganzzahligen Wertes von Zeichen

static char_type to_char_type (const int_type&); // Konvert. von int nach char
static int_type to_int_type (const char_type&);  // Konvert. von char nach int
static bool eq_int_type (const int_type&, const int_type&); // ==
```

// Vergleiche für char_type:

```
static bool eq (const char_type&, const char_type&);       // ==
static bool lt (const char_type&, const char_type&);       // <
```

// Operationen für Felder s[n]:

```
static char_type* move (char_type* s, const char_type* s2, size_t n);
static char_type* copy (char_type* s, const char_type* s2, size_t n);
static char_type* assign (char_type* s, size_t n, char_type a);

static int compare (const char_type* s, const char_type* s2, size_t n);
static size_t length (const char_type*);
static const char_type* find (const char_type* s, int n,
                              const char_type&);
```

// für Ein-/Ausgaben:

```
typedef streamoff off_type;          // Offset in Streams
typedef streampos pos_type;          // Position in Streams
typedef mbstate_t state_type;        // Multi-Byte Stream-Zustand

static int_type eof();               // End-Of-File
static int_type not_eof (const int_type& i); // irgendein Wert falls i==eof(), sonst i
static state_type get_state (pos_type p);    // Zustand der Multi-Byte-Konvert.
                                     //  eines Zeichens in p
};
```

Die Implementierung des Standard–String–Templates `basic_string` (§20.3) basiert auf diesen Typen und Funktionen. Ein Datentyp, der `basic_string` als Zeichentyp dient, muß eine Spezialisierung von `char_traits` besitzen, die all diese Elemente besitzt.

Bei jedem Datentyp, der als `char_type` dienen kann, muß es möglich sein, für jedes Zeichen einen korrespondierenden Integer–Wert zu bekommen. Der Typ dieses Integers ist `int_type`, und die Konvertierung von und nach `char_type` wird mit `to_char_type()` und `to_int_type()` vorgenommen. Für char ist diese Konvertierung trivial.

Sowohl `move(s,s2,n)` als auch `copy(s,s2,n)` kopieren n Zeichen von s2 nach s und verwenden dabei `assign(s[i],s2[i])`. Der Unterschied ist, daß `move()` sogar dann korrekt arbeitet, wenn s2 im Bereich von [s,s+n[liegt. `copy()` kann damit schneller sein. Dies spiegelt die Standard–C–Funktionen `memcpy()` und `memmove()` (§19.4.6) wider. Ein Aufruf von `assign(s,n,x)` weist s n Kopien von x mit `assign(s[i],x)` zu.

Die Funktion `compare()` verwendet `lt()` und `eq()`, um Zeichen zu vergleichen. Sie liefert in Anlehnung zur Standard–C–Funktion `strcmp()` (§20.4.1) einen int mit folgender Bedeutung zurück: 0 bedeutet, daß beide Strings gleich sind. Eine negative Zahl bedeutet, daß das erste Argument lexikographisch vor dem zweiten steht. Eine positive Zahl bedeutet, daß das erste Argument lexikographisch nach dem ersten steht.

Die Ein-/Ausgabe–Funktionen werden von den Implementierungen zur Low-level–Ein-/Ausgabe verwendet (§21.6.4).

Ein WideChar, das ist ein Objekt des Typs `wchar_t` (§4.3), ist mit einem `char` vergleichbar, mit dem Unterschied, daß er zwei oder mehr Bytes verwendet. Die Eigenschaften von `wchar_t` werden durch `char_traits<wchar_t>` beschrieben:

```
template<> struct char_traits<wchar_t> {
        typedef wchar_t char_type;
        typedef wint_t int_type;
        typedef wstreamoff off_type;
        typedef wstreampos pos_type;

        // Rest wie char_traits<char>
};
```

Ein `wchar_t` wird üblicherweise für Zeichen von 16-Bit–Zeichensätzen wie Unicode verwendet.

20.3 Basic_string

Die Fähigkeiten von Strings der Standardbibliothek basieren auf der Template–Klasse `basic_string`, die Elemente für Datentypen und Operationen anbietet, die denen von Standardcontainern (§16.3) ähnlich sind:

```
template<class Ch, class Tr=char_traits<Ch>, class A=allocator<Ch> >
class std::basic_string {
public:
    //...
};
```

Dieses Template und alle dazugehörigen Hilfsmittel werden im Namensbereich `std` definiert und in `<string>` präsentiert.

Zwei Typdefinitionen stellen herkömmliche Namen für übliche String–Typen zur Verfügung:

```
typedef basic_string<char> string;
typedef basic_string<wchar_t> wstring;
```

Die Klasse `basic_string` ähnelt der Klasse `vector` (§16.3), mit dem Unterschied, daß `basic_string` einige typische Stringoperationen, wie das Suchen nach Teilstrings, dafür aber nicht alle Listenoperationen von Vektoren (§16.3.6) besitzt. Ein `string` wird nicht als einfaches Feld oder als `vector` implementiert. Viele übliche Anwendungen von Strings werden besser durch Implementierungen abgedeckt, die das Kopieren minimieren, für kurze Strings keinen Freispeicher verwenden, einfache Änderungen von längeren Strings erlauben und so weiter (siehe §20.6–Ü12). Die Anzahl der String–Funktionen spiegelt die Wichtigkeit von String–Manipulationen und auch die Tatsache wider, daß einige Maschinen spezielle Hardware–Instruktionen für String–Manipulationen anbieten. Solche Funktionen kann der Implementierer einer Bibliothek am einfachsten dann zugänglich machen, wenn es eine Bibliotheksfunktion mit entsprechender Semantik gibt.

Wie andere Datentypen der Standardbibliothek ist `basic_string<T>` ein konkreter Datentyp (§2.5.3, §10.3) ohne virtuelle Funktionen. Er kann bei Klassen für aufwendigere Textmanipulationen als Element dienen, er ist aber nicht als Basis für abgeleitete Klassen vorgesehen (§25.2.1; siehe auch §20.6–Ü10).

20.3.1 Datentypen

Wie `vector` macht auch `basic_string` die dazugehörigen Datentypen über eine Reihe von Typnamen als Elemente nach außen verfügbar:

```
template<class Ch, class Tr=char_traits<Ch>, class A=allocator<Ch> >
class basic_string {
public:
    // Datentypen (analog zu vector, list etc.; §16.3.1):

    typedef Tr traits_type;      // speziell für basic_string

    typedef typename Tr::char_type value_type;
    typedef A allocator_type;
    typedef typename A::size_type size_type;
    typedef typename A::difference_type difference_type;

    typedef typename A::reference reference;
    typedef typename A::const_reference const_reference;
    typedef typename A::pointer pointer;
    typedef typename A::const_pointer const_pointer;

    typedef implementierungsspezifisch iterator;
    typedef implementierungsspezifisch const_iterator;

    typedef std::reverse_iterator<iterator> reverse_iterator;
    typedef std::reverse_iterator<const_iterator> const_reverse_iterator;

    // ...
};
```

Das Konzept von `basic_string` unterstützt zusätzlich zum als `string` bekannten `basic_string<char>` viele andere Arten von Zeichen. Beispiel:

```
typedef basic_string<unsigned char> Ustring;

struct Jchar { /* ... */ };
typedef basic_string<Jchar> Jstring;
```

Strings mit solchen Zeichen können wie `strings` von `char` verwendet werden, solange die Semantik der Zeichen dies erlaubt. Beispiel:

```
Ustring erstes_wort (const Ustring& us)
{
    Ustring::size_type pos = us.find(' ');   // siehe §20.3.11
    return Ustring(us,0,pos);                // siehe §20.3.4
}
```

```
Jstring erstes_wort (const Jstring& js)
{
    Jstring::size_type pos = js.find(' ');      // siehe §20.3.11
    return Jstring(js,0,pos);                   // siehe §20.3.4
}
```

Natürlich kann das auch als Template formuliert werden:

```
template<class S> S erstes_wort (const S& s)
{
    typename S::size_type pos = s.find(' ');    // siehe §20.3.11
    return S(s,0,pos);                          // siehe §20.3.4
}
```

Ein `basic_string<Ch>` kann jedes Zeichen des Zeichensatzes Ch enthalten. Ein String kann insbesondere eine 0 (Null) enthalten. Der Zeichentyp Ch muß sich wie ein Zeichen verhalten. Er darf insbesondere keinen selbstdefinierten Copy–Konstruktor, Destruktor oder kopierenden Zuweisungsoperator enthalten.

20.3.2   Iteratoren

Wie andere Container bietet ein `string` Iteratoren zum normalen und umgekehrten Iterieren:

```
template<class Ch, class Tr=char_traits<Ch>, class A=allocator<Ch> >
class basic_string {
public:
    // ...
    // Iteratoren (wie vector, list etc.; §16.3.2):
    iterator begin();
    const_iterator begin() const;
    iterator end();
    const_iterator end() const;

    reverse_iterator rbegin();
    const_reverse_iterator rbegin() const;
    reverse_iterator rend();
    const_reverse_iterator rend() const;
    // ...
};
```

Da `string` die erforderlichen Typelemente und die Funktionen besitzt, um Iteratoren zu erhalten, können Strings mit Standardalgorithmen (Kapitel 18) verwendet werden. Beispiel:

```
void f (string& s)
{
    string::iterator p = find (s.begin(),s.end(),'a');
}
```

Die üblichsten Stringoperationen werden direkt von `string` angeboten. Diese Versionen sind hoffentlich für Strings stärker optimiert, als dies für allgemeine Algorithmen möglich ist.

Die Standardalgorithmen (Kapitel 18) sind für Strings nicht so sinnvoll, wie man zunächst meint. Allgemeine Algorithmen tendieren dazu anzunehmen, daß die Elemente in Containern eine

Bedeutung haben, wenn sie isoliert betrachtet werden. Dies ist bei Strings üblicherweise nicht der Fall. Somit zerstört das Sortieren eines Strings (das Sortieren der Zeichen in einem String) dessen Bedeutung, während das Sortieren eines allgemeinen Containers diesen üblicherweise hilfreicher macht.

Auch bei String–Iteratoren findet keine Bereichsprüfung statt.

20.3.3 Elementzugriff

Auf einzelne Zeichen eines Strings kann mit dem Indexoperator zugegriffen werden:

```
template<class Ch, class Tr=char_traits<Ch>, class A=allocator<Ch> >
class basic_string {
public:
    // ...
    // Elementzugriff (wie vector; §16.3.3)

    Ch operator[] (size_type n) const;        // ungeprüfter Zugriff
    reference operator[] (size_type n);

    const_reference at (size_type n) const;   // geprüfter Zugriff
    reference at (size_type n);

    // ...
};
```

Ein Zugriff außerhalb des erlaubten Bereichs führt bei at() zu einer out_of_range–Ausnahme.

Im Gegensatz zu vector bietet string weder front() noch back(). Um auf das erste und letzte Element eines Strings zuzugreifen, muß s[0] bzw. s[s.length()-1] verwendet werden. Die Äquivalenz zwischen Zeigern und Feldern gilt nicht für Strings. Falls s ein String ist, ist &s[0] nicht das gleiche wie s.

20.3.4 Konstruktoren

Die Menge der Operationen zur Initialisierung und zum Kopieren von Strings unterscheidet sich in vielen Details von anderen Containern (§16.3.4):

```
template<class Ch, class Tr=char_traits<Ch>, class A=allocator<Ch> >
class basic_string {
public:
    // ...
    // Konstruktoren usw. (ein wenig wie vector und list; §16.3.4):

    explicit basic_string (const A& a=A());
    basic_string (const basic_string& s,
                  size_type pos=0, size_type n=npos, const A& a=A());
    basic_string (const Ch* p, size_type n, const A& a=A());
    basic_string(const Ch* p, const A& a = A());
    basic_string (size_type n, Ch c, const A& a=A());
    template<class In> basic_string (In anf, In end, const A& a=A());
```

```
    ~basic_string();

    static const size_type npos;        // »alle Zeichen«-Markierung

    // ...
};
```

Ein string kann mit einem C–String, einem anderen string, mit einem Teil eines C–Strings, einem Teil eines strings oder durch eine Sequenz von Zeichen initialisiert werden. Eine Initialisierung durch ein Zeichen oder einen Integer ist allerdings nicht möglich:

```
void f (char* p, vector<char>& v)
{
    string s0;                  // der Leerstring
    string s00 = "";            // auch der Leerstring

    string s1 = 'a';            // Fehler: keine Konvertierung von char nach string
    string s2 = 7;              // Fehler: keine Konvertierung von int nach string
    string s3(7);               // Fehler: kein Konstruktor für ein int-Argument

    string s4(7,'a');           // 7 Kopien von 'a'; also "aaaaaaa"

    string s5 = "Frodo";        // Kopie von "Frodo"
    string s6 = s5;             // Kopie von s5

    string s7(s5,3,2);          // s5[3] und s5[4]; also "do"
    string s8(p+7,3);           // p[7], p[8] und p[9]
    string s9(p,7,3);           // string(string(p),7,3), möglicherweise teuer

    string s10(v.begin(),v.end());    // kopiert alle Zeichen aus v
}
```

Zeichen werden durchnumeriert, beginnend mit der Position 0. Damit ist ein String eine Zeichenfolge, numeriert von 0 bis length()-1.

Länge (length()) und Größe (size()) sind Synonyme; beide Funktionen liefern die Anzahl der Zeichen im String. Man beachte, daß dabei kein Null–Endezeichen wie bei C–Strings (§20.4.1) gezählt wird. Eine Implementierung von basic_string speichert seine Größe intern ab, anstatt ein Endezeichen zu verwenden.

Teilstrings werden als Zeichenposition plus eine Anzahl von Zeichen angegeben. Der Default–Wert npos wird mit dem größtmöglichen Wert initialisiert und steht für »alle Zeichen«.

Es gibt keinen Konstruktor, um einen String mit *n* nicht spezifizierten Zeichen zu erzeugen. So etwas macht am ehesten der Konstruktor, der einen String aus n Kopien eines übergebenen Zeichens erzeugt. Die Länge eines Strings ist zu jeder Zeit durch die Anzahl der darin befindlichen Zeichen bestimmt. Damit kann der Compiler Programmierer vor dummen Fehlern, wie der Definition von s2 und s3 im vorherigen Beispiel, bewahren.

Der Copy–Konstruktor ist der Konstruktor, dem vier Argumente übergeben werden können. Drei der vier Argumente besitzen Default–Werte. Aus Effizienzgründen kann der Konstruktor auch mit Hilfe von zwei Funktionen implementiert werden. Der Anwender könnte dies nicht ohne Blick auf den generierten Code erkennen.

Der Konstruktor, der ein Template ist, ist der allgemeinste. Er ermöglicht es, daß ein String mit Werten einer beliebigen Sequenz initialisiert wird. Genaugenommen ermöglicht er die Initialisierung eines Strings mit Elementen eines anderen Zeichentyps, solange eine Konvertierung existiert. Beispiel:

```
void f (string s)
{
    wstring ws(s.begin(),s.end());      // kopiere alle Zeichen von s
    // ...
}
```

Jeder wchar_t in ws wird hier mit einem korrespondierenden char aus s initialisiert.

20.3.5 Fehlerbehandlung

Strings werden oft nur als Ganzes gelesen, geschrieben, ausgegeben, abgespeichert, kopiert und so weiter. Dies gibt keine Probleme oder höchstens nur Performance–Probleme. Sobald man aber anfängt, einzelne Teilstrings und Zeichen so zu manipulieren, daß aus existierenden Strings neue gebildet werden, macht man früher oder später Fehler, die dazu führen können, daß über das Ende eines Strings hinaus geschrieben wird.

Beim expliziten Zugriff auf einzelne Zeichen überprüft at() den Bereich und löst eine out_of_range–Ausnahme aus, wenn man hinter das Ende eines Strings zugreifen will. Der Operator [ ] macht dies nicht.

Die meisten Stringoperationen verwenden eine Zeichenposition plus eine Anzahl von Zeichen. Eine Position, die größer als der String ist, löst eine out_of_range–Ausnahme aus. Eine »zu große« Anzahl von Zeichen wird einfach als »der Rest« der Zeichen interpretiert. Beispiel:

```
void f()
{
    string s = "Snobol4";
    string s2(s,100,2);      // Zeichenposition hinter dem Ende: out_of_range-Ausnahme
    string s3(s,2,100);      // Zeichenanzahl zu groß: entspricht s3(s,2,s.size()-2)
    string s4(s,2,string::npos);   // alle Zeichen beginnend von s[2]
}
```

Somit sollten »zu große« Positionen vermieden werden, eine »zu große« Zeichenanzahl ist dagegen sinnvoll. Tatsächlich ist npos der größtmögliche Wert für size_type.

Man könnte auch versuchen, eine negative Position oder Zeichenanzahl zu übergeben:

```
void g (string& s)
{
    string s5(s,-2,3);      // große Position!: out_of_range-Ausnahme
    string s6(s,3,-2);      // große Zeichenanzahl!: OK
}
```

Der size_type für Positionen und die Anzahl ist allerdings ein unsigned–Datentyp. Damit ist eine negative Nummer einfach eine verwirrende Möglichkeit, eine sehr große positive Nummer anzugeben (§16.3.4).

Man beachte, daß die Funktionen zum Auffinden von Teilstrings (§20.3.11) npos zurückliefern, wenn sie die Teilstrings nicht finden können. Sie lösen somit keine Ausnahmen aus. Wird diese zurückgelieferte »Position« npos aber als Zeichenposition verwendet, wird eine Ausnahme ausgelöst.

Iteratorpaare bieten eine andere Möglichkeit, einen Teilstring zu spezifizieren. Der erste Iterator identifiziert die Position, und die Differenz zwischen beiden Iteratoren liefert die Anzahl der Zeichen. Wie üblich wird der Bereich von Iteratoren nicht geprüft.

Wenn ein C–String verwendet wird, ist eine Bereichsüberprüfung schwerer. Wenn ein C–String (Zeiger auf char) als Argument übergeben wird, gehen `basic_string`–Funktionen davon aus, daß der Zeiger nicht 0 (bzw. `NULL`) ist. Wenn für C–Strings Zeichenpositionen übergeben werden, wird davon ausgegangen, daß der C–String groß genug und die Position somit gültig ist. Seien Sie vorsichtig! Vorsichtig ist in diesem Fall gleichbedeutend mit paranoid, außer wenn String–Literale verwendet werden.

Alle Strings haben eine Länge kleiner als npos. In einigen Fällen, wie beim Einfügen eines Strings in einen anderen (§20.3.9), ist es möglich (aber nicht üblich), einen String zu erzeugen, der zu groß ist, um dargestellt zu werden. In dem Fall wird die Ausnahme `length_error` ausgelöst. Beispiel:

```
string s(string::npos,'a');       // length_error-Ausnahme auslösen
```

20.3.6 Zuweisung

Natürlich können Strings auch zugewiesen werden:

```
template<class Ch, class Tr=char_traits<Ch>, class A=allocator<Ch> >
class basic_string {
public:
    //...
    // Zuweisungen (ein wenig wie vector und list; §16.3.4):

    basic_string& operator= (const basic_string& str);
    basic_string& operator= (const Ch* p);
    basic_string& operator= (Ch c);

    basic_string& assign (const basic_string& str);
    basic_string& assign (const basic_string& str, size_type pos,
                          size_type n);
    basic_string& assign (const Ch* p, size_type n);
    basic_string& assign (const Ch* p);
    basic_string& assign (size_type n, Ch c);
    template<class In> basic_string& assign (In anf, In end);

    //...
};
```

Wie andere Standardcontainer haben auch Strings eine Wertsemantik. Das bedeutet, daß bei einer Zuweisung eines Strings der zugewiesene String kopiert wird und danach zwei getrennte Strings mit demselben Wert existieren. Beispiel:

```
void g()
{
    string s1 = "Sonne";
    string s2 = "Nebel";
```

```
        s1 = s2;        // zwei Kopien von "Nebel"
        s2[1] = 'a';    // s2 ist "Nabel", s1 ist immer noch "Nebel"
}
```

Eine Zuweisung eines einzelnen Zeichens ist möglich, obwohl die Initialisierung mit einem einzelnen Zeichen nicht möglich ist:

```
void f()
{
    string s = 'a';     // Fehler: Inititialisierung mit char
    s = 'a';            // OK: Zuweisung
    s = "a";
    s = s;
}
```

Die Zuweisung eines char an einen string wird nicht häufig gebraucht und könnte sogar als fehlerträchtig betrachtet werden. Das Anfügen eines Zeichens mit += (§20.3.9) ist allerdings manchmal unverzichtbar, und es wäre seltsam, wenn man s+='c', aber nicht s=s+'c' durchführen könnte.

Der Name assign() wird für die Zuweisungen verwendet, die das Gegenstück zu den Konstruktoren mit mehr als einem Argument bilden (§16.3.4, §20.3.4).

Wie in §11.12 erwähnt wurde, ist es möglich, die Klasse string so zu optimieren, daß das Kopieren intern gar nicht stattfindet, solange nicht wirklich zwei Kopien gebraucht werden. Das Design der Standard–Strings ermöglicht solche Optimierungen. Damit werden Anwendungen, die auf Strings nur lesend zugreifen und Strings als Argument übergeben, deutlich billiger, als man als naiver Anwender zunächst glaubt. Es wäre allerdings genauso naiv, wenn Programmierer einfach davon ausgingen, daß das Kopieren von Strings optimiert wird, und dies bei ihren Implementierungen nicht überprüften (§20.6–Ü13).

20.3.7 Konvertierungen in C–Strings

Wie in §20.3.4 gezeigt wurde, kann ein string mit einem C–String initialisiert und ein C–String einem string zugewiesen werden. Umgekehrt ist es möglich, eine Kopie der Zeichen eines strings in ein Feld zu kopieren:

```
template<class Ch, class Tr=char_traits<Ch>, class A=allocator<Ch> >
class basic_string {
public:
    // ...
    // Umwandlung in C-Strings:

    const Ch* c_str() const;
    const Ch* data() const;
    size_type copy (Ch* p, size_type n, size_type pos=0) const;

    // ...
};
```

Die Funktion data() schreibt die Zeichen des Strings in ein Feld und liefert einen Zeiger auf das Feld zurück. Das Feld bleibt im Besitz des Strings, und der Anwender sollte nicht versuchen, es zu zerstören oder freizugeben. Der Anwender kann außerdem keinerlei Annahmen über den Inhalt

des Feldes machen, wenn für den String danach eine nichtkonstante Funktion aufgerufen wird. Die
Funktion c_str() verhält sich wie data() mit dem Unterschied, daß sie an das Ende des Feldes
eine 0 (Null) als C–String–Endekennzeichen anfügt. Beispiel:

```
void f()
{
    string s = "equinox";         // s.length()==7
    const char* p1 = s.data();    // p1 zeigt auf 7 Zeichen
    printf ("p1 = %s\n", p1);      // schlecht: fehlendes String-Endezeichen
    p1[2] = 'a';                   // Fehler: p1 zeigt auf ein konstantes Feld
    s[2] = 'a';
    char c = p1[1];                // schlecht: Zugriff auf s.data() nach Modifikation von s

    const char* p2 = s.c_str();   // p2 zeigt auf 8 Zeichen
    printf ("p2 = %s\n", p2);      // OK: c_str() hängt Endekennzeichn an
}
```

Mit anderen Worten erzeugt data() ein Feld von Zeichen, während c_str() einen C–String
erzeugt. Diese Funktionen dienen in erster Linie dazu, auf einfache Weise Funktionen, die C–
Strings verarbeiten, anzuwenden. Deshalb tendiert c_str() dazu, sinnvoller als data() zu sein.
Beispiel:

```
void f (string s)
{
    int i = atoi(s.c_str());      // liefert int-Wert der Ziffern im String (§20.4.1)
}
```

Üblicherweise ist es das beste, die Zeichen in einem string zu lassen, bis sie gebraucht werden.
Falls man die Zeichen allerdings nicht sofort weiterverwenden kann, kann man sie in ein Feld
kopieren, anstatt sie im von c_str() oder data() reservierten Puffer zu lassen. Die Funktion
copy() dient dazu. Beispiel:

```
char* c_string (const string& s)
{
    char* p = new char[s.length()+1];   // beachte: +1
    s.copy(p,string::npos);
    p[s.length()] = 0;                    // beachte: String-Endezeichen anfügen
    return p;
}
```

Ein Aufruf von s.copy(p,n,m) kopiert bis zu n Zeichen nach p, beginnend mit s[m]. Falls s
weniger als n Zeichen besitzt, werden einfach alle Zeichen von s kopiert.

Man beachte, daß ein string auch mittendrin das Zeichen 0 enthalten kann. Funktionen für
C–Strings werden diese 0 als String–Endekennzeichen interpretieren. Man sollte deshalb darauf
achten, das Zeichen 0 nur dann in einen string einzufügen, wenn man keine Funktionen für C–
Strings aufruft oder bewußt ein String–Endekennzeichen eintragen will.

Zur Konvertierung in einen C–String hätte man statt c_str() auch operator const char*()
verwenden können. Dies hätte eine bequeme automatische Typumwandlung definiert. Dies hätte
allerdings mögliche Überraschungen durch unerwartete Umwandlungen zum Preis.

Falls c_str() in Programmen sehr häufig auftritt, liegt das wahrscheinlich daran, daß viele C–Schnittstellen verwendet werden. Oft gibt es auch eine Schnittstelle für strings, mit der
die Konvertierungen vermieden werden können. Alternativ kann man die meisten expliziten Auf-

rufe von `c_str()` dadurch vermeiden, daß man die entsprechenden C–Funktionen für `strings` überlädt:

```
extern "C" int atoi(const char*);

int atoi (const string& s)
{
    return atoi(s.c_str());
}
```

20.3.8 Vergleiche

Strings können mit Strings des gleichen Typs und mit Feldern von Zeichen des gleichen Zeichentyps verglichen werden:

```
template<class Ch, class Tr=char_traits<Ch>, class A=allocator<Ch> >
class basic_string {
public:
    // ...

    int compare (const basic_string& str) const;    // kombiniert == und <
    int compare (const Ch* p) const;

    int compare (size_type pos, size_type n,
                 const basic_string& str) const;
    int compare (size_type pos, size_type n,
                 const basic_string& str,
                 size_type strpos, size_type n2) const;
    int compare (size_type pos, size_type n,
                 const Ch* p, size_type n2=npos) const;

    // ...
};
```

Wenn das Argument n übergeben wird, werden nur die ersten n Zeichen verglichen. Als Vergleichskriterium wird `compare()` von `char_traits<Ch>` (§20.2.1) verwendet. Damit liefert `s.compare(s2)` 0, falls die Strings den gleichen Wert haben, eine negative Zahl, wenn s lexikographisch vor s2 liegt, und sonst eine positive Zahl.

Ein Anwender kann kein eigenes Vergleichskriterium wie in §13.4 übergeben. Wenn ein solches Maß an Flexibilität gebraucht wird, kann man `lexicographical_compare()` (§18.9) verwenden, eine Funktion wie die in §13.4 definieren oder eine explizite Schleife verwenden. Mit der Funktion `toupper()` (§20.4.2) kann man z.B. Vergleiche unabhängig von der Groß–/Kleinschreibung durchführen:

```
int vgl_grossKleinEgal (const string& s, const string& s2)
{
    string::const_iterator p = s.begin();
    string::const_iterator p2 = s2.begin();

    while (p!=s.end() && p2!=s2.end()) {
        if (toupper(*p)!=toupper(*p2))
```

```
                return (toupper(*p)<toupper(*p2)) ? -1 : 1;
        ++p;
        ++p2;
    }

    return (s2.size()==s.size()) ? 0          // size ist vorzeichenfrei
            : (s.size()<s2.size()) ? -1 : 1;
}

void f (const string& s, const string& s2)
{
    if (s == s2) {                            // Vergleich (Groß/Kleinschreibung relevant)
        // ...
    }

    if (vgl_grossKleinEgal(s,s2)==0) {    // Vergleich (Groß/Kleinschreibung irrelevant)
        // ...
    }

    // ...
}
```

Die üblichen Vergleichsoperatoren ==, !=, <, >, <= und >= werden für `basic_string` ebenfalls zur Verfügung gestellt:

```
template<class Ch, class Tr, class A>
bool operator== (const basic_string<Ch,Tr,A>&, const basic_string<Ch,Tr,A>&);

template<class Ch, class Tr, class A>
bool operator== (const Ch*, const basic_string<Ch,Tr,A>&);

template<class Ch, class Tr, class A>
bool operator== (const basic_string<Ch,Tr,A>&, const Ch*);

// entsprechende Deklarationen für  !=,  <,  >,  <= und  >=
```

Die Vergleichsoperatoren sind keine Elementfunktionen, womit für beide Operanden die gleichen automatischen Typumwandlungen möglich sind (§11.2.3). Die Versionen mit C–Strings dienen dazu, den Vergleich mit String–Literalen zu optimieren. Beispiel:

```
void f (const string& name)
{
    if (name=="Obelix" || "Asterix"==name) {  // verwendet optimiertes ==
        // ...
    }
    // ...
}
```

20.3.9 Einfügen

Einmal erzeugt, kann ein String auf viele Arten manipuliert werden. Dabei ist das Anfügen von Zeichen eine der häufigsten Operationen. Das Einfügen an anderen Stellen kommt seltener vor:

```
template<class Ch, class Tr=char_traits<Ch>, class A=allocator<Ch> >
class basic_string {
public:
    // ...
    // füge Zeichen hinter  (*this)[length()-1] ein:

    basic_string& operator+= (const basic_string& str);
    basic_string& operator+= (const Ch* p);
    basic_string& operator+= (Ch c);
    void push_back(Ch c);

    basic_string& append (const basic_string& str);
    basic_string& append (const basic_string& str,
                                 size_type pos, size_type n);
    basic_string& append (const Ch* p, size_type n);
    basic_string& append (const Ch* p);
    basic_string& append (size_type n, Ch c);
    template<class In> basic_string& append (In anf, In end);

    // Zeichen vor  (*this)[pos] einfügen:

    basic_string& insert (size_type pos, const basic_string& str);
    basic_string& insert (size_type pos, const basic_string& str,
                                 size_type pos2, size_type n);
    basic_string& insert (size_type pos, const Ch* p, size_type n);
    basic_string& insert (size_type pos, const Ch* p);
    basic_string& insert (size_type pos, size_type n, Ch c);

    // Zeichen vor  p einfügen:

    iterator insert (iterator p, Ch c);
    void insert (iterator p, size_type n, Ch c);
    template<class In> void insert (iterator p, In anf, In end);

    // ...
};
```

Grundsätzlich ist die Bandbreite aller Operationen zum Initialisieren und Zuweisen von Strings auch zum Anfügen und Einfügen vor einer Zeichenposition vorhanden.

Der Operator += wird als die übliche Notation für die allgemeinste Form des Anhängens von Zeichen angeboten. Beispiel:

```
string kompletter_name (const string& vorname, const string& nachname)
{
    string s = vorname;
    s += ' ';
    s += nachname;
```

```
    return s;
}
```

Das Anfügen am Ende kann merklich effizienter als das Einfügen an anderen Positionen sein. Beispiel:

```
string kompletter_name2 (const string& vorname, const string& nachname)
{  // schlecht:
    string s = nachname;
    s.insert(s.begin(),' ');
    return s.insert(0,vorname);
}
```

Das Einfügen von Zeichen zwingt Implementierungen üblicherweise dazu, zusätzlichen Speicherplatz anzufordern und Zeichen zu verschieben.

Da `string` eine `push_back()`–Operation besitzt (§16.3.5), kann ein Back–Inserter genauso wie bei generellen Containern angewendet werden.

20.3.10   Hintereinanderhängen

Anhängen ist eine spezielle Form von Hintereinanderhängen. *Konkatenation* — das Erzeugen eines Strings durch Hintereinanderhängen von zwei Strings — wird mit dem Operator + angeboten:

```
template<class Ch, class Tr, class A>
basic_string<Ch,Tr,A>
operator+ (const basic_string<Ch,Tr,A>&, const basic_string<Ch,Tr,A>&);

template<class Ch, class Tr, class A>
basic_string<Ch,Tr,A> operator+ (const Ch*, const basic_string<Ch,Tr,A>&);

template<class Ch, class Tr, class A>
basic_string<Ch,Tr,A> operator+ (Ch, const basic_string<Ch,Tr,A>&);

template<class Ch, class Tr, class A>
basic_string<Ch,Tr,A> operator+ (const basic_string<Ch,Tr,A>&, const Ch*);

template<class Ch, class Tr, class A>
basic_string<Ch,Tr,A> operator+ (const basic_string<Ch,Tr,A>&, Ch);
```

Wie üblich wird der Operator + nicht als Elementfunktion definiert. Für Templates mit vielen Template–Parametern hat das den Nachteil zur Folge, daß die Template–Parameter immer wieder angegeben werden müssen.

Auf der anderen Seite ist die Verwendung der Konkatenation offensichtlich und bequem. Beispiel:

```
string kompletter_name3 (const string& vorname, const string& nachname)
{
    return vorname + ' ' + nachname;
}
```

Diese Bequemlichkeit beim Aufruf ist im Vergleich zu `kompletter_name()` allerdings mit etwas Mehraufwand verbunden. In `kompletter_name3()` wird eine zusätzliche temporäre Variable

(§11.3.2) gebraucht. Nach meiner Erfahrung ist das selten wichtig. Man sollte aber daran denken, wenn man eine innere Schleife eines Programms schreibt, bei dem Performance eine Rolle
spielt. In dem Fall sollte man sogar in Betracht ziehen, den Funktionsaufruf zu vermeiden, indem
kompletter_name() inline deklariert und der resultierende String statt dessen über Low-level–
Operationen erzeugt wird (§20.6–Ü14).

20.3.11   Finden

Es existiert eine verwirrend große Bandbreite von Funktionen, um Teilstrings zu finden:

```
template<class Ch, class Tr=char_traits<Ch>, class A=allocator<Ch> >
class basic_string {
public:
    // ...
    // Teilsequenz finden (wie search(); §18.5.5):

    size_type find (const basic_string& s, size_type i=0) const;
    size_type find (const Ch* p, size_type i, size_type n) const;
    size_type find (const Ch* p, size_type i=0) const;
    size_type find (Ch c, size_type i=0) const;

    // Teilsequenz rückwärts von hinten suchend finden (wie find_end(); §18.5.5):

    size_type rfind (const basic_string& s, size_type i=npos) const;
    size_type rfind (const Ch* p, size_type i, size_type n) const;
    size_type rfind (const Ch* p, size_type i=npos) const;
    size_type rfind (Ch c, size_type i=npos) const;

    // ein Zeichen des Arguments finden (wie find_first_of(); §18.5.2):

    size_type find_first_of (const basic_string& s, size_type i=0) const;
    size_type find_first_of (const Ch* p, size_type i, size_type n) const;
    size_type find_first_of (const Ch* p, size_type i=0) const;
    size_type find_first_of (Ch c, size_type i=0) const;

    // ein Zeichen des Arguments rückwärts von hinten finden:

    size_type find_last_of (const basic_string& s, size_type i=npos) const;
    size_type find_last_of (const Ch* p, size_type i, size_type n) const;
    size_type find_last_of (const Ch* p, size_type i=npos) const;
    size_type find_last_of (Ch c, size_type i=npos) const;

    // ein Zeichen, das nicht im Argument ist, finden:

    size_type find_first_not_of (const basic_string& s, size_type i=0) const;
    size_type find_first_not_of (const Ch* p, size_type i, size_type n) const;
    size_type find_first_not_of (const Ch* p, size_type i=0) const;
    size_type find_first_not_of (Ch c, size_type i=0) const;

    // ein Zeichen, das nicht im Argument ist, rückwärts von hinten finden:
```

```
        size_type find_last_not_of (const basic_string& s,
                                     size_type i=npos) const;
        size_type find_last_not_of (const Ch* p, size_type i, size_type n) const;
        size_type find_last_not_of (const Ch* p, size_type i=npos) const;
        size_type find_last_not_of (Ch c, size_type i=npos) const;
        //...
    };
```

Dies sind alles konstante Elementfunktionen. Das bedeutet, sie lokalisieren einen Teilstring für
irgendeine weitere Verwendung, ändern aber nicht den Wert des Strings, für den sie aufgerufen
werden.

Die Bedeutung dieser Funktionen kann mit Hilfe der äquivalenten allgemeinen Algorithmen
verstanden werden. Man betrachte folgendes Beispiel:

```
void f()
{
    string s = "accdcde";
    typedef string::size_type ST;

    ST i1 = s.find("cd");               // i1==2, denn s[2]=='c' und s[3]=='d'
    ST i2 = s.rfind("cd");              // i2==4, denn s[4]=='c' und s[5]=='d'
    ST i3 = s.find_first_of("cd");      // i3==1, denn s[1]=='c'
    ST i4 = s.find_last_of("cd");       // i4==5, denn s[5]=='d'
    ST i5 = s.find_first_not_of("cd");  // i5==0, denn s[0]!='c' und s[0]!='d'
    ST i6 = s.find_last_not_of("cd");   // i6==6, denn s[6]!='c' und s[6]!='d'
}
```

Falls eine find()–Funktion nichts Passendes finden kann, liefert sie npos zurück, das in diesem
Fall eine illegale Zeichenposition repräsentiert. Falls npos anschließend als Zeichenposition verwendet wird, wird eine out_of_range–Ausnahme ausgelöst. Man beachte, daß der Rückgabewert
einer find()–Funktion ein unsigned Wert ist.

20.3.12 Ersetzen

Falls eine String–Position identifiziert wurde, kann der Wert an einer einzelnen Zeichenposition
mit dem Indexoperator ersetzt werden. Ganze Teilstrings können mit replace() durch neue Zeichen ersetzt werden:

```
template<class Ch, class Tr=char_traits<Ch>, class A=allocator<Ch> >
class basic_string {
public:
    //...
    // ersetze [ (*this)[i],(*this)[i+n][ durch andere Zeichen:

    basic_string& replace (size_type i, size_type n, const basic_string& str);
    basic_string& replace (size_type i, size_type n, const basic_string& str,
                           size_type i2, size_type n2);
    basic_string& replace (size_type i, size_type n,
                           const Ch* p, size_type n2);
    basic_string& replace (size_type i, size_type n, const Ch* p);
    basic_string& replace (size_type i, size_type n, size_type n2, Ch c);
```

```
        basic_string& replace (iterator anf, iterator end,
                               const basic_string& str);
        basic_string& replace (iterator anf, iterator end,
                               const Ch* p, size_type n);
        basic_string& replace (iterator anf, iterator end, const Ch* p);
        basic_string& replace (iterator anf, iterator end, size_type n, Ch c);
        template<class In>
          basic_string& replace (iterator anf, iterator end, In anf2, In end2);

        // entferne Zeichen aus einem String ("ersetze durch nichts"):

        basic_string& erase (size_type i=0, size_type n=npos);
        iterator erase (iterator i);
        iterator erase (iterator anf, iterator end);

        // ...
    };
```

Man beachte, daß die Anzahl der neuen Zeichen nicht gleich der Anzahl der alten Zeichen sein muß. Die Größe des Strings wird entsprechend verändert. Insbesondere `erase()` entfernt einfach einen Teilstring und paßt die Größe entsprechend an. Beispiel:

```
    void f()
    {
        string s = "aber es geht auch dann, wenn Du nicht daran glaubst";
        s.erase(0,5);                    // "aber " am Anfang löschen
        s.replace(s.find("auch"),4,"nur"); // "auch" durch "nur" ersetzen
        s.replace(s.find("nicht"),5,"");   // "nicht" durch Ersatz mit "" löschen
    }
```

Der einfache Aufruf von `erase()` ohne Argumente macht den String zu einem Leerstring. Dies entspricht der Operation `clear()` für allgemeine Container (§16.3.6).

Die Bandbreite der `replace()`–Funktionen entspricht den Zuweisungen. Im Grunde genommen ist `replace()` eine Zuweisung an einen Teilstring.

20.3.13 Teilstrings

Die Funktion `substr()` ermöglicht die Spezifikation eines Teilstrings durch eine Position und eine Länge:

```
    template<class Ch, class Tr=char_traits<Ch>, class A=allocator<Ch> >
    class basic_string {
    public:
        // ...
        // Teilstring ansprechen:

        basic_string substr (size_type i=0, size_type n=npos) const;
        // ...
    };
```

Die Funktion `substr()` stellt eine einfache Möglichkeit dar, einen Teil eines Strings zu lesen. Auf der anderen Seite kann mit `replace()` ein Teilstring geschrieben werden. Beide basieren auf der

Low-level–Notation mit Position und Anzahl von Zeichen. Mit `find()` kann ein Teilstring über dessen Wert gefunden werden. Zusammen ermöglichen es diese Funktionen, einen Teilstring zum Lesen und Schreiben zu definieren:

```
template<class Ch> class Basic_substring {
public:
    typedef typename basic_string<Ch>::size_type size_type;

    Basic_substring (basic_string<Ch>& s,                    // s[i]..s[i+n-1]
                        size_type i, size_type n);
    Basic_substring (basic_string<Ch>& s,                    // s2 in s
                        const basic_string<Ch>& s2);
    Basic_substring (basic_string<Ch>& s, const Ch* p);      // *p in s

    Basic_substring& operator= (const basic_string<Ch>&);    // schreibe in Teilstring
    Basic_substring& operator= (const Basic_substring<Ch>&);
    Basic_substring& operator= (const Ch*);
    Basic_substring& operator= (Ch);

    operator basic_string<Ch> () const;                      // Teilstring lesen
    operator const Ch* () const;
private:
    basic_string<Ch>* ps;
    size_type pos;
    size_type n;
};
```

Die Implementierung ist ziemlich trivial. Beispiel:

```
template<class Ch>
Basic_substring<Ch>::Basic_substring(basic_string<Ch>& s,
                                        const basic_string<Ch>& s2)
    : ps(&s), n(s2.length())
{
    pos = s.find(s2);
}


template<class Ch>
Basic_substring<Ch>&
Basic_substring<Ch>::operator= (const basic_string<Ch>& s)
{
    ps->replace(pos,n,s);              // Teilstring in *ps beschreiben
    return *this;
}


template<class Ch>
Basic_substring<Ch>::operator basic_string<Ch> () const
{
    return basic_string<Ch>(*ps,pos,n);    // Teilstring aus *ps kopieren
}
```

Falls s2 in s nicht gefunden wird, wird pos npos zugewiesen. Der Versuch, diesen »Teilstring« danach zu lesen oder zu schreiben, wird eine out_of_range–Ausnahme auslösen (§20.3.5).

Die Klasse Basic_substring kann wie folgt verwendet werden:

```
typedef Basic_substring<char> Substring;

void f()
{
    string s = "Mary had a little lamb";
    Substring(s,"lamb") = "fun";
    Substring(s,"a little") = "no";
    string s2 = "Joe" + Substring(s,s.find(' '),string::npos);
}
```

Natürlich wäre es viel interessanter, wenn Substring Suchmuster bearbeiten (pattern matching) könnte (§20.6–Ü7).

20.3.14   Größe und Kapazität

Aspekte der Speicherverwaltung werden bei Strings ziemlich genauso wie bei Vektoren gehandhabt:

```
template<class Ch, class Tr=char_traits<Ch>, class A=allocator<Ch> >
class basic_string {
public:
    // ...
    // Größe, Kapazität usw. (wie §16.3.8):

    size_type size() const;                    // Anzahl der Zeichen (§20.3.4)
    size_type max_size() const;                // Größe des größtmöglichen Strings
    size_type length() const { return size(); }
    bool empty() const { return size()==0; }

    void resize (size_type n, Ch c);
    void resize (size_type n) { resize(n,Ch()); }

    size_type capacity() const;                // wie vector: §16.3.8
    void reserve (size_type res_arg=0);        // wie vector: §16.3.8

    allocator_type get_allocator() const;
};
```

20.3.15   Ein-/Ausgabeoperationen

Eine der Hauptanwendungen von Strings besteht darin, sie einzulesen oder auszugeben:

```
template<class Ch, class Tr, class A>
basic_istream<Ch,Tr>& operator>> (basic_istream<Ch,Tr>&,
                                  basic_string<Ch,Tr,A>&);
```

```
template<class Ch, class Tr, class A>
basic_ostream<Ch,Tr>& operator<< (basic_ostream<Ch,Tr>&,
                                  const basic_string<Ch,Tr,A>&);


template<class Ch, class Tr, class A>
basic_istream<Ch,Tr>& getline (basic_istream<Ch,Tr>&,
                               basic_string<Ch,Tr,A>&, Ch eol);


template<class Ch, class Tr, class A>
basic_istream<Ch,Tr>& getline (basic_istream<Ch,Tr>&,
                               basic_string<Ch,Tr,A>&);
```

Der Operator << gibt einen String auf einem `ostream` (§21.2.1) aus. Der Operator >> liest ein durch Whitespaces[2] abgeschlossenes Wort (§3.6, §21.3.1) in den String ein, wobei der String bei Bedarf entsprechend vergrößert wird. Führende Whitespaces[2] werden überlesen, und das abschließende Whitespace–Zeichen wird nicht in den String eingefügt.

Die Funktion `getline()` liest eine Zeile, die durch `eol` abgeschlossen wird, in den String ein, wobei der String ebenfalls gegebenenfalls entsprechend vergrößert wird. Falls kein `eol`–Argument angegeben wird, wird das Zeilenende '\n' als Trennzeichen verwendet. Das Trennzeichen wird zwar eingelesen, nicht aber in den String eingetragen. Da der String so vergrößert wird, daß immer die gesamte Eingabe(zeile) gelesen werden kann, gibt es keinen Grund, das Trennzeichen im Stream zu lassen oder eine Anzahl von zu lesenden Zeichen zu übergeben, wie es `get()` oder `getline()` für Zeichenfelder tun (§21.3.4).

20.3.16 Vertauschen

Wie bei Vektoren (§16.3.9) kann auch eine `swap()`–Funktion für Strings viel effizienter als der allgemeine Algorithmus sein. Deshalb wird eine spezielle Version angeboten:

```
template<class Ch, class Tr, class A>
void swap (basic_string<Ch,Tr,A>&, basic_string<Ch,Tr,A>&);
```

20.4 Die C–Standardbibliothek

Die C++–Standardbibliothek hat die Funktionen der C–Standardbibliothek für C–Strings übernommen. Dieser Abschnitt listet einige der wichtigsten Funktionen für C–Strings auf. Diese Beschreibung erhebt nicht den Anspruch, vollständig zu sein. Weitere Informationen können im Referenzhandbuch gefunden werden. Man sollte vorsichtig sein, denn Implementierer fügen oft ihre eigenen, nicht standardisierten Funktionen in die Headerdateien ein, wodurch man leicht den Überblick darüber verlieren kann, welche Funktionen garantiert bei allen Implementierungen vorhanden sind.

Die Headerdateien, die die Hilfsmittel der C–Bibliothek anbieten, werden in §16.1.2 aufgelistet. Funktionen zur Speicherverwaltung können in §19.4.6, C–Funktionen zur Ein-/Ausgabe in

---

2   A.d.Ü.: Whitespaces sind die Standardtrennzeichen (Leerzeichen, Tabulator, Newline ('\n'), Form–Feed und
    Carriage–Return; siehe §21.3.2).

§21.8 und die mathematische Bibliothek von C in §22.3 gefunden werden. Die Funktionen für den Beginn und das Ende von Programmen werden in §3.2 und §9.4.1.1 beschrieben, und die Hilfsmittel zum Lesen von unspezifizierten Funktionsargumenten werden in §7.6 präsentiert. C–Funktionen für WideChar–C–Strings sind in `<cwchar>` und `<wchar.h>` zu finden.

20.4.1 C–Strings

Funktionen zum Manipulieren von C–Strings sind in `<string.h>` und `<cstring>` zu finden:

```
char* strcpy (char* p, const char* q);          // kopiere q nach p (inkl. '\0')
char* strcat (char* p, const char* q);          // hänge q an q (inkl. '\0')
char* strncpy (char* p, const char* q, int n);  // kopiere n char von q nach p
char* strncat (char* p, const char* q, int n);  // hänge n char von q an p

size_t strlen (const char* p);                  // Länge von p (ohne '\0')

int strcmp (const char* p, const char* q);          // p und q vergleichen
int strncmp (const char* p, const char* q, int n);  // die ersten n char vergleichen

char* strchr (char* p, int c);                  // erstes c in p suchen
const char* strchr (const char* p, int c);

char* strrchr (char* p, int c);                 // letztes c in p suchen
const char* strrchr (const char* p, int c);

char* strstr (char* p, const char* q);          // erstes q in p suchen
const char* strstr (const char* p, const char* q);

char* strpbrk (char* p, const char* q);         // erstes Zeichen von q in p suchen
const char* strpbrk (const char* p, const char* q);

size_t strspn (const char* p, const char* q);   // Anzahl von Zeichen in p
                                                // vor einem Zeichen von q
size_t strcspn (const char* p, const char* q);  // Anzahl von Zeichen in p
                                                // vor einem Zeichen nicht in q
```

Es wird davon ausgegangen, daß ein Zeiger nicht Null ist und das Feld von `char`, auf das er zeigt, durch 0 abgeschlossen wird. Die `strn...`–Funktionen fügen 0 an, falls keine n Zeichen kopiert werden können. String–Vergleiche liefern 0, falls die Strings gleich sind, eine negative Zahl, falls das erste Argument lexikographisch vor dem zweiten liegt, und andernfalls eine positive Zahl.

Natürlich gibt es in C noch nicht die überladenen Versionen der Funktionen. Sie werden allerdings in C++ gebraucht, um nicht Konstantheit außer Kraft setzen zu können. Beispiel:

```
void f (const char* pcc, char* pc)    // C++
{
    *strchr(pcc,'a') = 'b';   // Fehler: Zuweisung an const char nicht erlaubt
    *strchr(pc,'a') = 'b';    // OK, aber nachlässig: es könnte kein 'a' in pc sein
}
```

Die Funktion `strchr()` von C++ ermöglicht es nicht, einem konstanten String etwas zuzuweisen. Ein C–Programm mag allerdings »Vorteile« aus der nicht so genauen Typüberprüfung von `strchr()` in C ziehen:

```
char* strchr (const char* p, int c);     /* C-Standardfunktion, nicht C++ */

void g (const char* pcc, char* pc)        /* C (kompiliert nicht in C++) */
{
    *strchr(pcc,'a') = 'b';      /* konvertiert const in nicht-const: OK in C, Fehler bin C++ */
    *strchr(pc,'a') = 'b';       /* OK in C und C++ */
}
```

Wann immer es möglich ist, sollten C–Strings zugunsten von `strings` vermieden werden. Mit C–Strings und den dazugehörigen Standardfunktionen kann sehr effizienter Code erzeugt werden, aber sogar erfahrene C– und C++–Programmierer neigen dazu, unerkannt »dumme« Fehler bei ihrer Verwendung zu machen. Kein C++–Programmierer kann es allerdings vermeiden, einigen dieser Funktionen in altem Code zu begegnen. Hier ist deshalb ein unsinniges Beispiel, das die Funktionsweise der wichtigsten Funktionen verdeutlicht:

```
void f (char* p, char* q)
{
    if (p==q) return;            // die Zeiger(!) sind gleich
    if (strcmp(p,q)==0) {        // die Zeichenfolgen sind gleich
        int i=strlen(p);         // Anzahl der Zeichen (ohne String-Endezeichen)
        //...
    }
    char buf[200];
    strcpy(buf,p);               // kopiert p nach buf (mit String-Endezeichen)
                                 // nachlässig: wird eines Tages überlaufen
    strncpy(buf,p,200);          // kopiert bis zu 200 Zeichen von p nach buf
                                 // nachlässig: wird eines Tages nicht das Endezeichen kopieren
    //...
}
```

Ein– und Ausgaben von C–Strings erfolgen üblicherweise mit den Funktionen der `printf`–Familie (§21.8).

In `<stdlib.h>` und `<cstdlib>` werden einige nützliche Funktionen zum Konvertieren von Strings, die numerische Werte repräsentieren, in numerische Werte angeboten:

```
double atof (const char* p);     // p in double umwandeln
int atoi (const char* p);        // p in int umwandeln
long atol (const char* p);       // p in long umwandeln
```

Führende Whitespaces werden ignoriert. Falls der String keine passende Zahl repräsentiert, wird Null zurückgeliefert. Der Wert von `atoi("sieben")` ist z.B. 0. Falls der String eine Zahl repräsentiert, die für den Ergebnistyp zu groß ist, wird `errno` (§16.1.2, §22.3) auf `ERANGE` gesetzt und ein entsprechend großer oder kleiner Wert zurückgeliefert.

20.4.2 Klassifizierung von Zeichen

In `<ctype.h>` und `<cctype>` bietet die Standardbibliothek eine Reihe nützlicher Funktionen, um mit Zeichen umzugehen:

```
int isalpha (int);      // Buchstabe in C-Locale (§20.2.1, §21.7)
int isupper (int);      // Großbuchstabe in C-Locale (§20.2.1, §21.7)
int islower (int);      // Kleinbuchstabe in C-Locale (§20.2.1, §21.7)
int isdigit (int);      // Ziffer
int isxdigit (int);     // hexadezimale Ziffer
int isspace (int);      // Trennzeichen/Whitespace: Leerzeichen, '\t', '\v', '\n', Form-Feed
int iscntrl (int);      // Control-Zeichen (ASCII 0..31 und 127)
int ispunct (int);      // alles außer den bisherigen Zeichen
int isalnum (int);      // alphanumerisch (isalpha() oder isdigit())
int isprint (int);      // druckbar (alles außer Control-Zeichen)
int isgraph (int);      // isalnum() oder ispunct()

int toupper (int c);    // Kleinbuchstabe als Großbuchstabe
int tolower (int c);    // Großbuchstabe als Kleinbuchstabe
```

All diese Funktionen sind üblicherweise so implementiert, daß das Zeichen als Index einer Tabelle mit den Zeichenattributen verwendet wird. Das bedeutet, daß Konstrukte wie

```
if (('a'<=c && c<='z') || ('A'<=c && c<='Z')) {   // besser: isalpha(c)
    // ...
}
```

nicht nur umständlich, fehleranfällig und unportabel (auf Maschinen mit dem EBCDIC–Zeichensatz ist die Bedingung auch bei Zeichen erfüllt, die keine Buchstaben sind), sondern auch langsamer sind.

Diese Funktionen verwenden `int`–Argumente, und die übergebenen Integer müssen als `unsigned char` darstellbar oder EOF (was oft -1 ist) sein. Dies kann bei Systemen, auf denen `char` vorzeichenbehaftet ist, Probleme verursachen (siehe §20.6–Ü11).

Äquivalente Funktionen für WideChar–Typen sind in `<cwctype>` und `<wctype.h>` zu finden.

20.5 Ratschläge

1. Verwenden Sie statt C–String–Funktionen besser `string`–Operationen; §20.4.1.
2. Verwenden Sie `string` für Variablen und Elemente, nicht aber als Basisklasse; §20.3, §25.2.1.
3. Man kann `strings` als Wert übergeben oder zurückliefern, womit das System für eine vernünftige Speicherverwaltung sorgen muß; §20.3.6.
4. Verwenden Sie `at()` statt Iteratoren und dem Operator `[]`, wenn eine Bereichsprüfung stattfinden soll; §20.3.2, §20.3.5.
5. Verwenden Sie Iteratoren und `operator[]()` statt `at()`, wenn die Geschwindigkeit optimiert werden soll; §20.3.2, §20.3.5.
6. Verwenden Sie (direkt oder indirekt) `substr()` zum Lesen und `replace()` zum Schreiben von Teilstrings; §20.3.12, §20.3.13.
7. Verwenden Sie `find()`–Operationen (anstatt explizit Schleifen zu schreiben), um Werte in einem String zu lokalisieren; §20.3.11.

8. Ziehen Sie Operationen, die anfügen, Operationen, die einfügen, vor; §20.3.9.

9. Verwenden Sie `strings`, wenn das Einlesen von Zeichen nicht zeitkritisch ist; §20.3.15.

10. Verwenden Sie `string::npos` für »den Rest des Strings«; §20.3.5.

11. Implementieren Sie für stark genutzte Strings Low-level–Operationen, falls notwendig (anstatt überall Low-level–Datenstrukturen zu verwenden); §20.3.10.

12. Fangen Sie bei der Verwendung von `string` irgendwo `length_error`– und `out_of_range`–Ausnahmen ab; §20.3.5.

13. Achten Sie darauf, String–Funktionen keinen Nullzeiger (`char*` mit dem Wert 0) zu übergeben; §20.3.7.

14. Verwenden Sie `c_str()` lieber nur dann, wenn wirklich eine C–String–Darstellung gebraucht wird; §20.3.7.

15. Verwenden Sie `isalpha()`, `isdigit()` usw., wenn die Art eines Zeichens ermittelt werden soll, anstatt eigene Tests für Zeichenwerte zu schreiben; §20.4.2.

20.6   Übungen

Zu den nachfolgenden Aufgaben können zahlreiche Lösungen durch Ansehen des Quellcodes einer Implementierung der Standardbibliothek gefunden werden. Tun Sie sich aber einen Gefallen: Versuchen Sie erst, eine eigene Lösung zu finden, bevor Sie nachsehen, wie eine Implementierung der Bibliothek das Problem gelöst hat.

Ü1 (*2) Schreiben Sie eine Funktion, der als Argument zwei `strings` übergeben werden und die einen String zurückliefert, welcher die Konkatenation der beiden Strings mit einem Punkt dazwischen ist. Werden z.B. `"daten"` und `"txt"` übergeben, liefert die Funktion `"daten.txt"`. Machen Sie die gleiche Übung mit C–Strings nur mit C–Hilfsmitteln, wie `malloc()` und `strlen()`. Vergleichen Sie beide Funktionen. Was sind sinnvolle Kriterien für einen Vergleich?

Ü2 (*2) Erstellen Sie eine Liste der Unterschiede zwischen `vector` und `basic_string`. Welche Unterschiede sind wichtig?

Ü3 (*2) Die String–Hilfsmittel sind nicht ganz symmetrisch. Man kann z.B. ein Zeichen zuweisen, einen String aber nicht mit einem Zeichen initialisieren. Erstellen Sie eine Liste solcher Unregelmäßigkeiten. Welche könnten entfernt werden, ohne die Anwendung von Strings komplizierter zu machen? Welche anderen Unregelmäßigkeiten würden dadurch auftreten?

Ü4 (*1,5) Die Klasse `basic_string` hat eine Reihe von Elementen. Welche könnten außerhalb der Klasse definiert werden, ohne Effizienz oder Bequemlichkeit beim Aufruf einzubüßen?

Ü5 (*1,5) Schreiben Sie eine Version von `back_inserter()` (§19.2.4), die für `basic_string` funktioniert.

Ü6 (*2) Vervollständigen Sie `Basic_substring` aus §20.3.13, und integrieren Sie die Klasse mit einem Datentyp `String`, der den Operator `()` mit der Bedeutung »Teilstring von« überlädt und sich ansonsten wie `string` verhält.

Ü7 (*2,5) Schreiben Sie eine `find()`–Funktion, die in einem String nach dem ersten passenden regulären Ausdruck sucht. Verwenden Sie `?` mit der Bedeutung »beliebiges Zeichen«, `*` für »beliebig viele Zeichen, außer der danach folgenden Angabe« und `[abc]` für die Angabe »eines der zwischen den eckigen Klammern angegebenen Zeichen« (hier also a, b und c). Andere Zeichen stehen für sich selbst. Der Ausdruck `find(s,"name:")` liefert z.B. die Position für das erste Vorkommen von `"name:"` in s. Der Ausdruck `find(s,"[nN]ame:")` liefert z.B. die Position für das erste Vorkommen von `"name:"` oder `"Name:"` in s. Der Ausdruck `find(s,"name(*)")` liefert z.B. die Position für das erste Vorkommen von `"name:"` oder `"Name:"`, gefolgt von einer (möglicherweise leeren) eingeklammerten Zeichenfolge in s.

Ü8 (*2,5) Welche Operationen fehlen Ihnen bei der Funktion für einen einfachen regulären Ausdruck in §20.6–Ü7? Spezifizieren und fügen Sie sie hinzu. Vergleichen Sie die Ausdrucksstärke Ihrer regulären Ausdrücke mit einer weit verbreiteten Suchfunktion. Vergleichen Sie die Performance Ihrer Suchfunktion mit einer weit verbreiteten.

Ü9 (*2,5) Verwenden Sie eine Bibliothek für reguläre Ausdrücke, um Suchoperationen der Klasse `String` und der dazugehörigen Klasse `Substring` zu implementieren.

Ü10 (*2,5) Machen Sie sich Gedanken über das Schreiben einer »idealen« Klasse zur Textverarbeitung. Nennen Sie sie `Text`. Welche Eigenschaften sollte sie haben? Welche Einschränkungen und Mehraufwände ergeben sich durch Ihre Vorstellung von »idealen« Fähigkeiten?

Ü11 (*1,5) Definieren Sie einen Satz von überladenen Funktionen für `isalpha()`, `isdigit()` und so weiter, so daß diese Funktionen für `char`, `unsigned char` und `signed char` korrekt arbeiten.

Ü12 (*2,5) Schreiben Sie eine Klasse `String`, die für Strings, die nicht mehr als acht Zeichen besitzen, optimiert ist. Vergleichen Sie die Performance mit dem `String` aus §11.12 und der bei Ihrer implementierten Version der Standardklasse `string`. Ist es möglich, einen String zu entwerfen, der die Vorteile eines Strings, der für kurze Strings optimiert ist, mit den Vorteilen eines perfekten allgemeinen Strings kombiniert?

Ü13 (*2) Messen Sie die Performance beim Kopieren von `strings`. Optimiert Ihre Implementierung von `string` das Kopieren von Strings ausreichend gut?

Ü14 (*2,5) Vergleichen Sie die Performance der drei `kompletter_name()`–Funktionen aus §20.3.9 und §20.3.10. Versuchen Sie, eine Version von `kompletter_name()` zu schreiben, die so schnell wie möglich läuft. Zeichnen Sie die Fehler auf, die beim Implementieren und Testen dieser Aufgabe aufgetreten sind.

Ü15 (*2,5) Gehen Sie davon aus, daß das Einlesen von mittellangen Strings (die meisten haben 5 bis 25 Zeichen) von `cin` der Flaschenhals Ihres Systems ist. Schreiben Sie eine Funktion, die solche Strings so schnell wie möglich einliest. Sie können die Schnittstelle zu dieser Funktion zum Optimieren von Geschwindigkeit statt Bequemlichkeit wählen. Vergleichen Sie das Ergebnis mit Ihrer Implementierung von `>>` für `strings`.

Ü16 (*1,5) Schreiben Sie eine Funktion `itos(int)`, die zu einem `int`–Argument einen entsprechenden String zurückliefert.

Streams   21

What you see is all you get.
– Brian Kernighan

21.1 Einführung

Design und Implementierung einer allgemeinen Ein-/Ausgabe–Technik für eine Programmiersprache sind notorisch schwierig. Traditionell wurden Ein-/Ausgabe–Techniken nur entworfen, um mit eingebauten Datentypen umzugehen. Ein nicht triviales C++–Programm verwendet allerdings viele eigene Datentypen, und die Ein- und Ausgabe von Werten dieser Typen muß irgendwie gehandhabt werden. Eine Ein-/Ausgabe–Technik sollte einfach, bequem, sicher in der Anwendung, effizient, flexibel und, mehr als alles andere, vollständig sein. Bisher hat noch niemand eine Lösung entwickelt, die alle zufriedenstellt. Deshalb sollte es Anwendern möglich sein, alternative Ein-/Ausgabe–Techniken anzubieten und die Standard–Ein-/Ausgabe–Technik für den Umgang mit speziellen Anwendungen zu erweitern.

C++ wurde entworfen, um einem Anwender die Möglichkeit zu geben, neue Datentypen zu definieren, die genauso effizient und bequem sind wie eingebaute Datentypen. Deshalb stellt es eine vernünftige Anforderung dar, wenn eine Ein-/Ausgabe–Technik in C++ nur Hilfsmittel verwendet, die jedem Programmierer zugänglich sind. Die hier präsentierte Technik der I/O-Streams ist das Ergebnis einer Entwicklung für diese Anforderungen:

§21.2 *Ausgabe:* Was der Applikationsprogrammierer unter Ausgabe versteht, ist in Wirklichkeit die Umwandlung von Objekten verschiedener Datentypen, wie int, char* und AngestelltenDaten, in Folgen von Zeichen. Die Hilfsmittel, mit denen eingebaute und selbstdefinierte Datentypen ausgegeben werden können, werden hier beschrieben.

§21.3 *Eingabe:* Die Hilfsmittel zum Einlesen von Zeichen, Strings und anderen eingebauten oder selbstdefinierten Datentypen werden hier präsentiert.

§21.4 *Formatierung:* Häufig gibt es spezielle Anforderungen an das Format von Ausgaben. Integer sollen dezimal und Zeiger hexadezimal oder Gleitkommawerte müssen mit einer exakt definierten Genauigkeit ausgegeben werden. Das Kontrollieren der Formatierung und die Programmiertechnik, eigene Formate anzubieten, werden hier diskutiert.

§21.5 *Dateien und Streams:* Als Default kann jedes C++–Programm Standard–Streams wie die Standardausgabe (cout), die Standardeingabe (cin) und die Fehlerausgabe (cerr) verwenden. Um andere Dateien oder Devices zu verwenden, muß ein Stream erzeugt und solchen Dateien oder Devices zugeordnet werden. Die Mechanismen, mit denen Dateien geöffnet und geschlossen und Streams Dateien oder Strings zugeordnet werden können, werden hier beschrieben.

§21.6 *Stream–Puffer:* Um Ein-/Ausgaben effizient zu machen, muß eine Strategie zur Datenpufferung verwendet werden, die sowohl für die Daten, die geschrieben (gelesen) werden, als auch für die Objekte, in die sie geschrieben (von denen sie gelesen) werden, angemessen ist. Die Basistechniken für Stream–Puffer werden hier präsentiert.

§21.7 *Locales:* Ein *Locale* ist ein Objekt, das spezifiziert, wie Zahlen ausgegeben werden, welche Zeichen Buchstaben sind und so weiter. Es kapselt viele kulturelle Unterschiede. Locales werden vom Ein-/Ausgabe–System implizit verwendet und werden hier nur kurz beschrieben.

§21.8 *C–Ein-/Ausgabe:* Die Funktion `printf()` der C–Bibliothek `<stdio.h>` und die Beziehung der C–Bibliothek zur I/O-Stream–Bibliothek von C++ werden hier diskutiert.

Zur Anwendung der Stream–Bibliothek muß man kein Wissen über deren Implementierungstechnik besitzen. Außerdem unterscheiden sich die Techniken bei verschiedenen Implementierungen. Die Implementierung der Ein-/Ausgabe ist allerdings eine Herausforderung. Eine derartige Implementierung enthält Beispiele von Techniken, die bei vielen anderen Programmen und Designs angewendet werden können. Aus diesem Grund lohnt es sich, die Techniken zur Implementierung der I/O-Stream–Bibliothek zu studieren.

In diesem Kapitel wird das Ein-/Ausgabe–System bis zu dem Punkt diskutiert, mit dem man dessen Struktur erfassen, es für die meisten Arten von Ein-/Ausgabe einsetzen und es auf selbstdefinierte Datentypen ausdehnen kann. Falls man die Standard–Streams implementieren, eine neue Art von Streams anbieten oder ein neues Locale zur Verfügung stellen will, braucht man eine Kopie des Standards, ein gutes Systemhandbuch und/oder Codebeispiele, die über das hier Präsentierte hinausgehen.

Die entscheidenden Komponenten des Ein-/Ausgabe–Stream–Systems können graphisch wie folgt dargestellt werden:

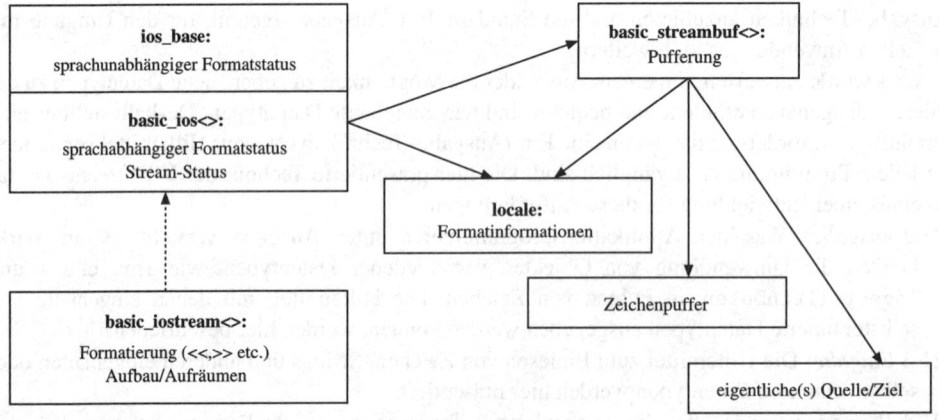

Die gestrichelte Linie von `basic_iostream<>` zeigt an, daß `basic_ios<>` eine virtuelle Basisklasse ist. Die durchgehenden Pfeile stellen Verweise dar. Die mit <> markierten Klassen sind als Templates mit einem Zeichentyp und einem Locale parametrisiert.

Das Stream–Konzept und das dahinterstehende allgemeine Konzept können eine große Menge von Kommunikationsproblemen abdecken. Streams wurden zum Austausch von Objekten zwischen Maschinen (§25.4.1), für den verschlüsselten Datenaustausch (§21.10–Ü22), zur Komprimierung von Daten, zur persistenten Speicherung von Objekten und für vieles mehr verwendet. Ich beschränke mich hier allerdings auf die einfache zeichenorientierte Ein– und Ausgabe.

Die Deklarationen der I/O-Stream–Klassen und –Templates und dazugehörige standardisier-te Typdefinitionen werden in `<iosfwd>` präsentiert (dies ist ausreichend, um darauf Bezug zu nehmen, nicht aber, um Operationen damit durchzuführen). Dieser Header wird gelegentlich ge-braucht, wenn man einige, aber nicht alle Ein-/Ausgabe–Header einbinden will.

21.2 Ausgabe

Durch Verwendung eines einzelnen überladenen Funktionsnamens kann eine Reihe von Ausgabe-funktionen typsicher und gleichartig sowohl für eingebaute als auch für selbstdefinierte Datentypen gehandhabt werden. Beispiel:

```
put(cerr,"x = ");    // cerr ist der Fehlerausgabe-Stream
put(cerr,x);
put(cerr,'\n');
```

Der Datentyp des zweiten Arguments legt fest, welche `put()`–Funktion jeweils aufgerufen wird. Eine derartige Lösung wird in zahlreichen Programmiersprachen verwendet. Sie führt allerdings zu Wiederholungen. Das Überladen des Operators << mit der Bedeutung »gib aus« liefert eine bessere Notation und ermöglicht es dem Programmierer, eine Folge von Objekten in einer einzigen Anweisung auszugeben. Beispiel:

```
cerr << "x = " << x << '\n';
```

Falls x ein `int` mit dem Wert 123 ist, wird damit

```
x = 123
```

gefolgt von einem Zeilenumbruch auf dem Standardfehlerausgabe–Stream, `cerr`, ausgegeben. Falls x den Datentyp `complex` (§22.5) mit dem Wert (1,2.4) besitzt, wird entsprechend

```
x = (1,2.4)
```

auf `cerr` ausgegeben. Dieser Stil kann verwendet werden, solange x einen Datentyp besitzt für den der Operator << definiert ist. Ein Anwender kann den Operator << leicht für einen neuen Datentyp definieren.

Ein Ausgabeoperator wird gebraucht, um eine wortreiche Verwendung einer Ausgabefunktion zu vermeiden. Aber warum << ? Es ist nicht möglich, ein neues lexikalisches Token zu erfin-den (§11.2). Der Zuweisungsoperator war ein Kandidat für Ein– und Ausgaben, aber die meisten Menschen schienen die Verwendung unterschiedlicher Operatoren für die Ein– und Ausgabe zu bevorzugen. Hinzu kommt, daß = falsch bindet, denn cout=a=b wird als cout=(a=b) und nicht als (cout=a)=b interpretiert (§6.2). Ich habe die Operatoren < und > ausprobiert, aber die Bedeu-tungen »kleiner als« und »größer als« waren so fest in den Köpfen der Menschen eingebrannt, daß die neuen Ein-/Ausgabe–Anweisungen dann bei allen praktischen Anwendungen unlesbar wären.

Die Operatoren << und >> werden für eingebaute Datentypen nicht häufig genug verwen-det, um ein derartiges Problem zu verursachen. Sie sind in einer Weise symmetrisch, die als »nach« und »von« gedeutet werden kann. Wenn sie für Ein-/Ausgaben verwendet werden, bezie-he ich mich mit *ausgeben* auf << und mit *einlesen* auf >>. Wer Namen bevorzugt, die technischer klingen, kann sie auch *Einfüger* (*inserters*) oder *Ausleser* (*extractors*) nennen. Die Priorität von << ist niedrig genug, um arithmetische Ausdrücke als Operanden ohne Klammern angeben zu können. Beispiel:

```
cout << "a*b+c=" << a*b+c << '\n';
```

Bei Operatoren, die eine niedrigere Priorität als der Operator << besitzen, müssen Klammern angegeben werden:

```
cout << "a^b|c=" << (a^b|c) << '\n';
```

Der Links–Shift–Operator (§6.2.4) kann in einer Ausgabeanweisung auch angegeben werden. Dazu muß er aber natürlich ebenfalls geklammert werden:

```
cout << "a<<b=" << (a<<b) << '\n';
```

21.2.1   Ausgabe–Streams

Ein ostream ist ein Mechanismus, mit dem Werte beliebiger Datentypen in eine Zeichenfolge umgewandelt werden können. Üblicherweise werden diese Zeichen dann mit Low-level–Ausgabeoperationen ausgegeben. Es gibt viele Zeichenarten (§20.2), die durch char_traits (§20.2.1) charakterisiert werden können. Deshalb ist ein ostream eine Spezialisierung des allgemeinen Templates basic_ostream für einen bestimmten Zeichentyp:

```
template <class Ch, class Tr = char_traits<Ch> >
class std::basic_ostream : virtual public basic_ios<Ch,Tr> {
public:
    virtual ~basic_ostream();
    // ...
};
```

Dieses Template und die dazugehörigen Ausgabeoperationen werden im Namensbereich std definiert und in <ostream>, das die für die Ausgabe relevanten Teile von <iostream> enthält, präsentiert.

Die Parameter des Templates basic_ostream kontrollieren den Datentyp der Zeichen, der von der Implementierung verwendet wird. Sie haben keinen Einfluß auf den Datentyp der Werte, die ausgegeben werden. Streams für herkömmliche Zeichen (Datentyp char) und WideChars (Datentyp wchar_t) werden von jeder Implementierung direkt unterstützt:

```
typedef basic_ostream<char> ostream;
typedef basic_ostream<wchar_t> wostream;
```

Auf vielen Systemen ist es möglich, das Schreiben von WideChars mit wostream auf einen Bereich auszudehnen, der nur schwer von Streams gehandhabt werden kann, die Bytes als Einheit der Ausgabe verwenden.

Es ist möglich, Streams zu definieren, für die die physikalische Ein-/Ausgabe nicht in einzelnen Zeichen durchgeführt wird. Solche Streams bewegen sich allerdings außerhalb der C++–Standards und sprengen den Rahmen dieses Buches (§21.10–Ü15).

Die Basisklasse basic_ios wird in <ios> präsentiert. Sie kontrolliert Formatierungen (§21.4), Locales (§21.7) und den Zugriff auf die Datenpuffer (§21.6). Sie definiert auch einige Datentypen, um eine bequemere Schreibweise zu ermöglichen:

```
template <class Ch, class Tr = char_traits<Ch> >
class std::basic_ios : public ios_base {
public:
    typedef Ch char_type;
```

```
    typedef Tr traits_type;
    typedef typename Tr::int_type int_type;    // Integer-Typ für Zeichen
    typedef typename Tr::pos_type pos_type;    // Position im Puffer
    typedef typename Tr::off_type off_type;    // Offset im Puffer
```

    // ... siehe auch §21.3.3, §21.3.7, §21.4.4, §21.6.3 und §21.7.1 ...
```
};
```

Die Basisklasse `ios_base` enthält Informationen und Operationen, die unabhängig vom verwendeten Zeichentyp sind, wie die Genauigkeit der Ausgabe von Gleitkommawerten. Sie braucht deshalb kein Template zu sein.

Zusätzlich zu den Typdefinitionen in `ios_base` verwendet die I/O-Stream–Bibliothek einen vorzeichenbehafteten ganzzahligen Datentyp `streamsize`. Er wird für die Anzahl der bei einer Ein-/Ausgabeoperation übertragenen Zeichen und die Größe des Ein-/Ausgabe–Puffers verwendet. Entsprechend gibt es für Offsets in Streams und Puffern eine Typdefinition mit Namen `streamoff`.

In `<iostream>` werden zahlreiche Standard–Streams deklariert:

```
ostream cout;        // Standardausgabe-Stream für char
ostream cerr;        // ungepufferter Ausgabe-Stream für Fehler
ostream clog;        // gepufferter Ausgabe-Stream für Fehler

wostream wcout;      // cout für WideChars
wostream wcerr;      // cerr für WideChars
wostream wclog;      // clog für WideChars
```

Die Streams `cerr` und `clog` beziehen sich auf das gleiche Ausgabeziel. Sie unterscheiden sich nur in der gepufferten Übertragung. Mit `cout` wird auf dasselbe Ziel wie mit `stdout` von C (§21.8) geschrieben. `cerr` und `clog` schreiben auf dasselbe Ziel wie `stderr` von C. Ein Programmierer kann bei Bedarf weitere Streams erzeugen (siehe §21.5).

21.2.2 Ausgabe eingebauter Datentypen

Die Klasse `ostream` wird mit dem Operator `<<` (»gib aus«) definiert, um eingebaute Datentypen auszugeben:

```
template <class Ch, class Tr = char_traits<Ch> >
class basic_ostream : virtual public basic_ios<Ch,Tr> {
public:
    // ...

    basic_ostream& operator<<(short n);
    basic_ostream& operator<<(int n);
    basic_ostream& operator<<(long n);

    basic_ostream& operator<<(unsigned short n);
    basic_ostream& operator<<(unsigned int n);
    basic_ostream& operator<<(unsigned long n);

    basic_ostream& operator<<(float f);
    basic_ostream& operator<<(double f);
```

```
        basic_ostream& operator<<(long double f);

        basic_ostream& operator<<(bool n);
        basic_ostream& operator<<(const void* p);        // Zeigerwert ausgeben

        basic_ostream& put(Ch c);                          // c ausgeben
        basic_ostream& write(const Ch* p, streamsize n);   // p[0]...p[n-1]

        // ...
};
```

Die Funktionen put() und write() geben einfach nur Zeichen aus. Aus diesem Grund muß der Operator << zur Ausgabe eines Zeichen keine Elementfunktion sein. Die operator<<()-Funktionen, die für ein Zeichen als zweiten Operanden aufgerufen werden, können mit Hilfe von put() als Nichtelementfunktionen implementiert werden:

```
template<class Ch, class Tr>
    basic_ostream<Ch,Tr>& operator<< (basic_ostream<Ch,Tr>&, Ch);
template<class Ch, class Tr>
    basic_ostream<Ch,Tr>& operator<< (basic_ostream<Ch,Tr>&, char);
template<class Tr>
    basic_ostream<char,Tr>& operator<< (basic_ostream<char,Tr>&, char);
template<class Tr>
    basic_ostream<char,Tr>& operator<< (basic_ostream<char,Tr>&, signed char);
template<class Tr>
    basic_ostream<char,Tr>& operator<< (basic_ostream<char,Tr>&,
                                        unsigned char);
```

Entsprechend wird << zur Ausgabe von Zeichenfolgen, die mit dem String–Endezeichen abgeschlossen sind, wie folgt angeboten:

```
template<class Ch, class Tr>
    basic_ostream<Ch,Tr>& operator<< (basic_ostream<Ch,Tr>&, const Ch*);
template<class Ch, class Tr>
    basic_ostream<Ch,Tr>& operator<< (basic_ostream<Ch,Tr>&, const char*);
template<class Tr>
    basic_ostream<char,Tr>& operator<< (basic_ostream<char,Tr>&, const char*);
template<class Tr>
    basic_ostream<char,Tr>& operator<< (basic_ostream<char,Tr>&,
                                        const signed char*);
template<class Tr>
    basic_ostream<char,Tr>& operator<< (basic_ostream<char,Tr>&,
                                        const unsigned char*);
```

Die Ausgabeoperatoren für strings werden in <string> vorgestellt (siehe §20.3.15).

Der Operator << liefert eine Referenz auf den ostream, für den er aufgerufen wurde, damit ein weiterer Operator << verwendet werden kann. Beispiel:

```
cerr << "x = " << x;
```

Der Ausdruck wird (sofern x ein eingebauter Datentyp wie int ist) wie folgt ausgewertet:

```
operator<<(cerr,"x = ").operator<<(x);
```

Dies bedeutet insbesondere, daß wenn mehrere Objekte mit einer einzigen Ausgabeanweisung ausgegeben werden, diese in der angenommenen Reihenfolge ausgegeben werden: von links nach rechts. Beispiel:

```
void wert(char c)
{
    cout << "int('" << c << "') = " << int(c) << '\n';
}

int main()
{
    wert('A');
    wert('Z');
}
```

Bei Implementierungen mit dem ASCII–Zeichensatz wird damit folgendes ausgegeben:

```
int('A') = 65
int('Z') = 90
```

Man beachte, daß Zeichenliterale den Datentyp char besitzen (§4.3.1), wodurch cout << 'Z' den Buchstaben Z und nicht den ganzzahligen Wert 90 ausgibt.

Die Ausgabe eines bool lautet als Default 0 oder 1. Falls man das nicht mag, kann man das Format–Flag boolalpha aus <iomanip> (§21.4.6.2) verwenden, um true oder false auszugeben. Beispiel:

```
int main()
{
    cout << true << ' ' << false << '\n';
    cout << boolalpha;      // symbolische Darstellung für true und false verwenden
    cout << true << ' ' << false << '\n';
}
```

Die dazugehörige Ausgabe lautet:

```
1 0
true false
```

Genaugenommen stellt boolalpha sicher, daß die von der Sprachumgebung abhängige Darstellung von Booleschen Werten verwendet wird. Durch Verwendung eines deutschen Locales (§21.7) kann man folgende Ausgabe erhalten:

```
1 0
wahr falsch
```

Das Formatieren von Gleitkommawerten, die Basis für ganzzahlige Werte und so weiter werden in §21.4 diskutiert.

Die Funktion ostream::operator<<(const void*) gibt den Wert eines Zeigers in einer für die Architektur des Rechners angemessenen Weise aus. Beispiel:

```
int main()
{
    int* p = new int;
    cout << "lokale Variablen: " << &p << ", Freispeicher: " << p << '\n';
}
```

gibt auf meinem Rechner folgendes aus:

```
lokale Variablen: 0x7fffead0, Freispeicher: 0x500c
```

Andere Systeme haben andere Konventionen, um Adressen auszugeben.

21.2.3   Ausgabe selbstdefinierter Datentypen

Man betrachte einen selbstdefinierten Datentyp `complex` (§11.3):

```
class complex {
public:
    double real() const { return re; }
    double imag() const { return im; }
    // ...
};
```

Der Operator << kann für diesen neuen Typ wie folgt definiert werden:

```
ostream& operator<< (ostream& s, const complex& z)
{
    return s << '(' << z.real() << ',' << z.imag() << ')';
}
```

Das << kann dann dafür genauso wie bei eingebauten Datentypen verwendet werden. Beispiel:

```
int main()
{
    complex x(1,2);
    cout << "x = " << x << '\n';
}
```

Die Ausgabe lautet:

```
x = (1,2)
```

Zur Definition von Ausgabeoperationen für eigene Datentypen muß man die Deklaration der Klasse `ostream` nicht verändern. Dies ist gut so, denn `ostream` wird in `<iostream>` definiert, das Anwender nicht modifizieren können und sollen. Das Verbot, `ostream` zu erweitern, stellt sicher, daß die Datenstruktur von `ostream` nicht unbeabsichtigt verfälscht wird, und ermöglicht es, die Implementierung von `ostream` zu verändern, ohne daß ein Anwendungsprogramm davon betroffen ist.

21.2.3.1   Virtuelle Ausgabefunktionen

Die Elemente von `ostream` sind nicht virtuell. Da die Ausgabeoperationen, die ein Programmierer hinzufügt, keine Elemente sind, können auch sie nicht virtuell sein. Dies ist unter anderem deshalb der Fall, um für einfache Operationen, wie das Schreiben von Zeichen in einen Puffer, eine fast optimale Performance zu erhalten. Dies ist eine Stelle, an der die Effizienz zur Laufzeit kritisch ist und unbedingt Inline–Funktionen verwendet werden sollten. Virtuelle Funktionen werden dazu verwendet, flexibel mit den Operationen für Über– und Unterläufe von Puffern umzugehen (§21.6.4).

Ein Programmierer will allerdings manchmal ein Objekt ausgeben, von dem nur die Basisklasse bekannt ist. Da der exakte Datentyp nicht bekannt ist, kann eine korrekte Ausgabe nicht dadurch erreicht werden, daß für jeden neuen Datentyp einfach << definiert wird. Statt dessen kann in der abstrakten Basisklasse eine virtuelle Ausgabefunktion angeboten werden:

```
class MeineBasis {
public:
    // ...
    virtual ostream& put(ostream& s) const = 0;   // *this auf s ausgeben
};

ostream& operator<<(ostream& s, const MeineBasis& r)
{
    return r.put(s);                               // verwendet das richtige put()
}
```

Die Funktion put() ist eine virtuelle Funktion, die sicherstellt, daß bei jeder Ausgabe mit dem Operator << automatisch die richtige Ausgabeoperation aufgerufen wird.

Damit kann man folgendes schreiben:

```
class EinTyp : public MeineBasis {
public:
    // ...
    ostream& put(ostream& s) const;                // wirkliche Ausgabefunktion,
                                                   // überschreibt MeineBasis::put()
};

void f(const MeineBasis& r, EinTyp& s)    // allgemeingültiges << verwenden
{
    cout << r << s;
}
```

Dies integriert das virtuelle put() in das von ostream und << angebotene Framework. Diese Technik ist generell sinnvoll, um Operationen anzubieten, die sich wie virtuelle Funktionen verhalten, aber zur Laufzeit eine Selektion für das zweite Argument brauchen.

21.3   Eingabe

Eingaben werden entsprechend zu Ausgaben gehandhabt. Es gibt eine Klasse istream, die einen Eingabeoperator >> (»lies ein«) für eine kleine Menge von Standardtypen anbietet. Für weitere Datentypen kann dann eine Funktion operator>>() definiert werden.

21.3.1   Eingabe–Streams

Parallel zu basic_ostream (§21.2.1) wird basic_istream in <istream>, das die für die Eingabe relevanten Teile von <iostream> enthält, wie folgt definiert:

```
template <class Ch, class Tr = char_traits<Ch> >
class std::basic_istream : virtual public basic_ios<Ch,Tr> {
```

```
public:
    virtual ~basic_istream();
    // ...
};
```

Die Basisklasse `basic_ios` wird in §21.2.1 beschrieben.

Zwei Standardeingabe–Streams, `cin` und `wcin`, werden in `<iostream>` angeboten:

```
typedef basic_istream<char> istream;
typedef basic_istream<wchar_t> wistream;


istream cin;      // Standardeingabe-Stream für char
wistream wcin;    // Standardeingabe-Stream für wchar_t
```

Der Stream `cin` liest aus der gleichen Quelle wie `stdin` von C (§21.8).

21.3.2   Eingabe eingebauter Datentypen

Ein `istream` stellt für die eingebauten Datentypen den Operator `>>` zur Verfügung:

```
template <class Ch, class Tr = char_traits<Ch> >
class basic_istream : virtual public basic_ios<Ch,Tr> {
public:
    // ...
    // formatierte Eingabe:

    basic_istream& operator>>(short& n);              // in n einlesen
    basic_istream& operator>>(int& n);
    basic_istream& operator>>(long& n);

    basic_istream& operator>>(unsigned short& u);     // in u einlesen
    basic_istream& operator>>(unsigned int& u);
    basic_istream& operator>>(unsigned long& u);

    basic_istream& operator>>(float& f);              // in f einlesen
    basic_istream& operator>>(double& f);
    basic_istream& operator>>(long double& f);

    basic_istream& operator>>(bool& b);               // in b einlesen
    basic_istream& operator>>(void*& p);              // Zeigerwert in p einlesen
    // ...
};
```

Die Eingabefunktionen für den Operator `>>` werden in folgendem Stil definiert:

```
istream& istream::operator>> (T& twert)    // T ist ein Typ, für den
                                           // istream::operator>>() deklariert ist
{
    // Trennzeichen überlesen und dann irgendwie ein T in twert einlesen
    return *this;
}
```

Da der Operator >> Trennzeichen (Whitspaces) überliest, kann eine durch Trennzeichen getrennte Folge von Integern wie folgt in einen `vector` eingelesen werden:

```
int lies_ints (vector<int>& v)   // v füllen, Anzahl gelesener ints liefern
{
    int i = 0;
    while (i<v.size() && cin>>v[i]) i++;
    return i;
}
```

Befindet sich in der Eingabe kein `int`, schlägt die Eingabeoperation fehl und bricht die Schleife ab. Die folgende Eingabe:

```
1 2 3 4 5.6 7 8.
```

führt z.B. dazu, daß `lies_ints()` die ersten fünf Integer

```
1 2 3 4 5
```

einliest. Der Punkt ist danach das nächste Zeichen, das eingelesen wird. Trennzeichen/Whitespaces sind die Standardtrennzeichen von C (Leerzeichen, Tabulator, Newline (`'\n'`), Form–Feed und Carriage–Return). Sie werden durch die in `<cctype>` definierte Funktion `isspace()` erkannt (§20.4.2).

Der häufigste Fehler bei der Verwendung von `istreams` besteht darin, nicht zu bemerken, daß Eingaben aufgrund eines Formatfehlers nicht erfolgreich durchgeführt wurden. Man sollte deshalb vor der Auswertung der Werte den Zustand des Eingabe–Streams auswerten (§21.3.3) oder Ausnahmen verwenden (§21.3.6).

Das Format der Eingabe wird durch die aktuelle Sprachumgebung festgelegt (§21.7). Als Default werden für `bool` nur 0 und 1 akzeptiert. Integer müssen dezimal und Gleitkommawerte in der Form, in der sie in einem C++–Programm angegeben werden können, vorliegen. Durch Setzen von `basefield` (§21.4.2) ist es möglich, 0123 als oktale Zahl mit dem Dezimalwert 83 und 0xff als hexadezimale Zahl mit dem Dezimalwert 255 einzulesen. Das Format zum Lesen von Zeigern ist vollständig implementierungsspezifisch (man muß nachsehen, was eine Implementierung jeweils macht).

Überraschenderweise gibt es keine Elementfunktion zum Einlesen eines Zeichens. Der Grund liegt einfach darin, daß ein einzelnes Zeichen mit der Operation `get()` (§21.3.4) eingelesen werden kann. Deshalb wird >> nicht als Elementfunktion definiert. Aus einem Stream kann ein Zeichen in den Zeichentyp des Streams eingelesen werden. Falls das Zeichen ein `char` ist, kann man auch ein `signed char` und ein `unsigned char` einlesen:

```
template<class Ch, class Tr>
basic_istream<Ch,Tr>& operator>>(basic_istream<Ch,Tr>&, Ch&);

template<class Tr>
basic_istream<char,Tr>& operator>>(basic_istream<char,Tr>&, unsigned char&);

template<class Tr>
basic_istream<char,Tr>& operator>>(basic_istream<char,Tr>&, signed char&);
```

Aus Sicht des Anwenders ist es unerheblich, ob >> eine Elementfunktion ist.

Wie die anderen >>–Operatoren überliest diese Funktion führende Trennzeichen. Beispiel:

```
void f()
{
```

```
        char c;
        cin >> c;
        // ...
}
```

Diese Funktion liest das erste Zeichen, das kein Trennzeichen ist, in die Variable c ein.

Zusätzlich kann man in ein Feld von Zeichen einlesen:

```
template<class Ch, class Tr>
    basic_istream<Ch,Tr>& operator>> (basic_istream<Ch,Tr>&, Ch*);
template<class Tr>
    basic_istream<char,Tr>& operator>> (basic_istream<char,Tr>&,
                                         unsigned char*);
template<class Tr>
    basic_istream<char,Tr>& operator>> (basic_istream<char,Tr>&,
                                         signed char*);
```

Auch diese Operationen überlesen führende Trennzeichen. Anschließend lesen sie in das übergebene Feld, bis sie auf ein Trennzeichen oder das Ende der Eingabe (EOF) treffen. Am Ende terminieren sie den String mit 0. Es ist klar, daß dies eine große Gelegenheit für Überläufe ist. Deshalb ist das Lesen in einen string (§20.3.15) normalerweise besser. Man kann allerdings eine maximale Anzahl von mit >> einzulesenden Zeichen definieren: Mit is.width(n) wird spezifiziert, daß das nächste für is aufgerufene >> höchstens n-1 Zeichen einliest. Beispiel:

```
void g()
{
        char v[4];
        cin.width(4);
        cin >> v;
        cout << "v = " << v << endl;
}
```

Damit werden höchstens drei Zeichen in v eingelesen und eine terminierende 0 angehängt.

Das Setzen von width() betrifft nur den unmittelbar folgenden Aufruf von >> und hat beim Einlesen in andere Datentypen keine Bedeutung.

21.3.3   Stream–Zustand

Zu jedem Stream (istream oder ostream) gehört ein Zustand. Fehler und unnormale Bedingungen werden durch Setzen und Testen dieses Zustands entsprechend gehandhabt.

Der Stream–Zustand kann in <ios> in der Basisklasse von basic_istream, basic_ios, gefunden werden:

```
template <class Ch, class Tr = char_traits<Ch> >
class basic_ios : public ios_base {
public:
        // ...

        bool good() const;        // nächste Operation könnte klappen
        bool eof() const;         // Ende der Eingabe gefunden
        bool fail() const;        // nächste Operation geht schief
```

```
    bool bad() const;          // Stream ist nicht mehr verwendbar

    iostate rdstate() const;                    // Ein-/Ausgabe-Zustand abfragen
    void clear(iostate f = goodbit);            // Ein-/Ausgabe-Zustand setzen
    void setstate(iostate f)                    // Ein-/Ausgabe-Zustand zusätzlich setzen
        { clear(rdstate()|f); }

    operator void*() const;                     // ==0, falls fail()
    bool operator!() const { return fail(); }
    // ...
};
```

Falls der Zustand good() oder eof() ist, waren die vorherigen Eingabeoperationen erfolgreich.
Falls der Zustand good() ist, kann die nächste Eingabeoperation erfolgreich sein. Ansonsten
schlägt sie mit Sicherheit fehl. Jede Eingabeoperation, die für einen Stream aufgerufen wird, der
sich nicht im Zustand good() befindet, hat in bezug auf die Variable, die gelesen wird, keinen
Effekt. Falls versucht wird, die Variable v einzulesen, und dies nicht erfolgreich ist, sollte die Variable unverändert sein (dies ist für alle eingebauten Datentypen, die von istream und ostream
gehandhabt werden, auch sichergestellt). Der Unterschied zwischen fail() und bad() ist subtil.
Ist der Zustand fail(), aber nicht bad(), kann davon ausgegangen werden, daß der Stream noch
verwendbar ist und keine Zeichen verlorengegangen sind. Ist der Zustand bad(), ist der Zustand
des Streams völlig undefiniert.

Der Zustand eines Streams wird mit einem Satz von Flags repräsentiert. Wie die meisten Konstanten, die den Zustand von Streams ausdrücken, werden diese Flags in der Basisklasse von
basic_ios, ios_base, definiert:

```
class ios_base {
public:
    // ...

    typedef implementierungsspezifisch1 iostate;
    static const iostate badbit,     // Stream ist nicht mehr verwendbar
                         eofbit,     // Ende der Daten (EOF)
                         failbit,    // nächste Operation geht schief
                         goodbit;    // goodbit==0

    // ...
};
```

Die Ein-/Ausgabe–Zustandsflags können direkt manipuliert werden. Beispiel:

```
void f()
{
    ios_base::iostate s = cin.rdstate();   // liefert die aktuellen Zustands-Bits

    if (s & ios_base::badbit) {
        // cin hat möglicherweise Zeichen verloren
    }
    // ...
    cin.setstate(ios_base::failbit);
    // ...
}
```

Wenn ein Stream als Bedingung verwendet wird, wird der Zustand des Streams entweder mit `operator void*()` oder mit `operator!()` geprüft. Bei diesen Tests wird mit `!fail()` bzw. `fail()` festgestellt, ob der Stream in Ordnung ist oder nicht. Eine allgemeine Kopierfunktion kann z.B. wie folgt geschrieben werden:

```
template<class T> void iocopy(istream& is, ostream& os)
{
    T buf;
    while (is>>buf) os << buf << '\n';
}
```

Der Ausdruck `is>>buf` liefert eine Referenz auf den Stream `is`, dessen Zustand mit `is::operator void*()` getestet wird. Beispiel:

```
void f(istream& i1, istream& i2, istream& i3, istream& i4)
{
    iocopy<complex>(i1,cout);    // kopiert komplexe Zahlen
    iocopy<double>(i2,cout);     // kopiert doubles
    iocopy<char>(i3,cout);       // kopiert Zeichen vom Typ char
    iocopy<string>(i4,cout);     // kopiert durch Whitespaces getrennte Wörter
}
```

21.3.4 Eingabe von Zeichen

Der Operator `>>` ist für die formatierte Eingabe vorgesehen. Es werden Objekte eines erwarteten Datentyps und Formats eingelesen. Falls dies nicht erwünscht ist und Zeichen als Zeichen eingelesen und dann ausgewertet werden sollen, kann man die `get()`–Funktionen verwenden:

```
template <class Ch, class Tr = char_traits<Ch> >
class basic_istream : virtual public basic_ios<Ch,Tr> {
public:
    // ...
    // unformatierte Eingabe:

    streamsize gcount() const;       // Anzahl der mit dem letzten get() gelesenen Zeichen

    int_type get();                  // ein Zeichen lesen und zurückliefern

    basic_istream& get(Ch& c);       // ein Zeichen in c einlesen

    basic_istream& get(Ch* p, streamsize n);          // bricht mit Zeilenende ab
    basic_istream& get(Ch* p, streamsize n, Ch ende);

    basic_istream& getline(Ch* p, streamsize n);       // bricht mit Zeilenende ab
    basic_istream& getline(Ch* p, streamsize n, Ch ende);

    basic_istream& ignore(streamsize n = 1, int_type t = Tr::eof());
    basic_istream& read(Ch* p, streamsize n);          // höchstens n Zeichen lesen

    // ...
};
```

Die Funktionen `get()` und `getline()` behandeln Trennzeichen/Whitespaces genau wie alle anderen Zeichen. Sie sind für Eingaben gedacht, bei denen keine Annahmen über die Bedeutung der eingelesenen Zeichen gemacht werden.

Die Funktion `istream::get(char&)` liest ein einzelnes Zeichen in das übergebene Argument. Ein Programm, das zeichenweise kopiert, kann damit wie folgt geschrieben werden:

```
int main()
{
    char c;
    while(cin.get(c)) cout.put(c);
}
```

Mit `s.get(p,n,ende)` (`get()` mit drei Argumenten) werden bis zu n-1 Zeichen in p[0]...p[n-2] eingelesen. Ein Aufruf von `get()` trägt im Puffer hinter den Zeichen (falls es welche gibt) immer 0 ein, so daß p auf ein Feld mit mindestens n Zeichen zeigen muß. Das dritte Argument, ende, definiert, mit welchem Zeichen das Lesen abgebrochen wird. Eine typische Verwendung von `get()` mit drei Argumenten ist das Einlesen einer »Zeile« in einen Puffer mit fester Größe, um die Daten später zu analysieren. Beispiel:

```
void f()
{
    char buf[100];
    cin >> buf;              // verdächtig: kann (und wird) überlaufen
    cin.get(buf,100,'\n');   // sicher
    // ...
}
```

Falls das Endezeichen gefunden wird, verbleibt es als erstes ungelesenes Zeichen im Eingabe–Stream. `get()` sollte nie zweimal aufgerufen werden, ohne zwischendurch das Endezeichen zu entfernen. Beispiel:

```
void subtile_endlosschleife()
{
    char buf[256];

    while (cin) {
        cin.get(buf,256);   // Zeile lesen
        cout << buf;        // Zeile ausgeben. Oh: vergessen, '\n' von cin auszulesen
    }
}
```

Dieses Beispiel liefert einen guten Grund, statt `get()` besser `getline()` zu verwenden. `getline()` verhält sich wie `get()` mit dem Unterschied, daß auch das Endezeichen ausgelesen wird. Beispiel:

```
void f()
{
    char wort[MAX_WORD][MAX_LINE];   // MAX_WORD Felder mit MAX_LINE Zeichen
    int i = 0;
    while(cin.getline(wort[i++],MAX_LINE,'\n') && i<MAX_WORD);
    // ...
}
```

Falls die Performance nicht ausschlaggebend ist, sollte besser in einen string eingelesen werden
(§3.6,§20.3.15). Dadurch können die üblichen Speicherplatz– und Überlaufprobleme nicht mehr
auftreten. Die Funktionen get(), getline() und read() werden allerdings dazu gebraucht, um
solche Funktionen auf höherem Niveau zu implementieren. Die relativ unübersichtliche Schnittstelle ist der Preis, den man für die folgenden Vorteile bezahlt: Geschwindigkeit, das Vermeiden
des Neubetrachtens der Eingabe, um festzustellen, wodurch die Eingabe beendet wurde, die Fähigkeit, die Anzahl der zu lesenden Zeichen zuverlässig einzuschränken, und so weiter.

Ein Aufruf von read(p,n) liest bis zu n Zeichen in p[0]...p[n-1]. Diese Funktion basiert auf
keinem Endezeichen und hängt kein 0 hinter das letzte gelesene Zeichen. Deshalb können damit
n (statt n-1) Zeichen gelesen werden. Anders formuliert liest die Funktion einfach Zeichen und
versucht nicht, diese im Ziel zu einem C–String zu machen.

Die Funktion ignore() liest wie read() n Zeichen, speichert sie aber nirgendwo ab. Wie
read() kann sie wirklich n (statt n-1) Zeichen lesen. Die Default–Anzahl der Zeichen, die von
ignore() gelesen werden, ist 1. Damit bedeutet ein Aufruf von ignore() ohne Argument »wirf
das nächste Zeichen weg«. Wie bei getline() kann optional ein Endezeichen übergeben werden,
das, wenn es gefunden wird, auch ausgelesen wird. Man beachte, daß das Default–Endezeichen
von ignore() end-of-file (EOF) ist.

Für all diese Funktionen ist nicht sofort offensichtlich, was das Lesen beendet hat. Und es
kann sogar schwer sein, sich zu erinnern, welche Funktion welches Endekriterium besitzt. Man
kann allerdings immer herausbekommen, ob das Ende der Daten (EOF) erreicht wurde (§21.3.3).
Außerdem dient gcount() dazu, die Anzahl der eingelesenen Zeichen der letzten unformatierten
Eingabe zu liefern. Beispiel:

```
void eine_zeile_lesen(int max)
{
    // ...
    if (cin.fail()) {              // Oh, falsches Eingabeformat
        cin.clear();               // Eingabe-Flags löschen (§21.3.3)
        cin.ignore(max,';');       // bis zum Semikolon überlesen

        if (!cin) {
            // Oh, Ende der Daten erreicht
        }
        else if (cin.gcount()==max) {
            // Oh, max Zeichen gelesen
        }
        else {
            // Semikolon gefunden und entfernt
        }
    }
    // ...
}
```

Das get(), das ohne Argument aufgerufen wird, ist die <iostream>–Version von getchar() aus
<cstdio> (§21.8). Diese Funktion liest ein Zeichen und liefert dessen numerischen Wert zurück. In
diesem Fall werden Annahmen über den Zeichentyp vermieden. Falls es kein Zeichen zum Zurückliefern gibt, liefert get() die passende EOF–Markierung (das bedeutet traits_type::eof() des
Streams) und setzt den istream in den Zustand eof() (§21.3.3). Beispiel:

```
void f(unsigned char* p)
{
    int i;
    while((i = cin.get()) && i!=EOF) {
        *p++ = i;
        // ...
    }
}
```

EOF ist der Wert von `eof()` der üblichen `char_traits` für den Datentyp `char`. Es wird in `<iostream>` präsentiert. Diese Schleife hätte man auch als `read(p,MAX_INT)` schreiben können, aber hier wurde eine explizite Schleife verwendet, um jedes eingelesene Zeichen noch zu betrachten. Man sagt, daß die größte Stärke von C darin besteht, Zeichen lesen zu können und nichts mit ihnen machen zu müssen und dies schnell zu tun. In der Tat ist das eine wichtige und unterschätzte Stärke und eine, die C++ bewahren sollte.

Der Standardheader `<cctype>` definiert etliche Funktionen, die bei der Bearbeitung von Eingaben nützlich sein können (§20.4.2). Eine Funktion `eatwhite()`, die Whitespaces aus einem Stream liest, könnte z.B. wie folgt definiert werden:

```
istream& eatwhite(istream& is)
{
    char c;
    while (is.get(c)) {
        if (!isspace(c)) {       // ist c kein Whitespace-Zeichen?
            is.putback(c);       // packe c zurück in den Puffer
            break;
        }
    }
    return is;
}
```

Der Aufruf von `is.putback(c)` macht c zum Zeichen, das als nächstes vom Stream is gelesen wird (§21.6.4).

21.3.5 Eingabe selbstdefinierter Datentypen

Für selbstdefinierte Datentypen kann analog zu einer Ausgabeoperation auch eine Eingabeoperation geschrieben werden. Bei einer Eingabeoperation ist das zweite Argument allerdings eine nicht konstante Referenz. Beispiel:

```
istream& operator>>(istream& s, complex& a)
/*
    Eingabeformate für complex (»f« steht für einen Gleitkommawert)
        f
        (f)
        (f,f)
*/
{
    double re = 0, im = 0;
    char c = 0;
```

```
    s >> c;
    if (c == '(') {
        s >> re >> c;
        if (c == ',') s >> im >> c;
        if (c != ')') s.clear(ios_base::badbit);      // Zustand setzen
    }
    else {
        s.putback(c);
        s >> re;
    }

    if (s) a = complex(re,im);
    return s;
}
```

Ungeachtet des Mangels an Code zur Fehlerbehandlung werden damit die meisten Fehlerarten behandelt. Die lokale Variable c wird initialisiert, damit ihr Wert nicht versehentlich '(' ist, wenn der erste Aufruf von >> fehlschlägt. Die Überprüfung am Ende stellt sicher, daß der Wert des Arguments a nur dann verändert wird, wenn alles gutgegangen ist.

Die Operation zum Setzen des Stream–Zustands wird clear() genannt, da sie meistens dazu dient, den Zustand eines Streams auf good() zurückzusetzen; ios_base::goodbit ist das Default–Argument für ios_base::clear() (§21.3.3).

21.3.6   Ausnahmen

Es ist mit Aufwand verbunden, nach jeder Ein-/Ausgabeoperation zu prüfen, ob Fehler aufgetreten sind. Dies nicht zu tun ist deshalb eine verbreitete Ursache für Fehler. Vor allem Ausgabeoperationen werden üblicherweise nicht geprüft, obwohl sie gelegentlich schiefgehen.

Die einzige Funktion, die den Zustand eines Streams direkt verändert, ist clear(). Eine naheliegende Möglichkeit, eine Änderung des Stream–Zustands mitzubekommen, besteht deshalb darin, clear() zu veranlassen, eine Ausnahme auszulösen. Die Elementfunktion exceptions() von ios_base macht genau dies:

```
template <class Ch, class Tr = char_traits<Ch> >
class basic_ios : public ios_base {
public:
    // ...

    class failure;    // Ausnahmeklasse (siehe §14.10)

    iostate exceptions() const;            // Ausnahmezustand abfragen
    void exceptions(iostate except);       // Ausnahmezustand setzen

    // ...
};
```

Die Anweisung

```
cout.exceptions(ios_base::badbit|ios_base::failbit|ios_base::eofbit);
```

sorgt z.B. dafür, daß `clear()` eine `ios_base::failure`–Ausnahme auslösen soll, wenn cout
in den Zustand `bad()`, `fail()` oder `eof()` wechselt. Eine Ausnahme wird mit anderen Worten
ausgelöst, falls eine Ausgabeoperation auf cout nicht ohne Probleme durchgeführt wird. Entsprechend ermöglicht es

```
cin.exceptions(ios_base::badbit|ios_base::failbit);
```

auf den nicht so ungewöhnlichen Fall zu reagieren, bei dem die Eingabe nicht dem erwarteten
Format entspricht und eine Eingabeoperation deshalb keinen entsprechenden Wert einliest.

Mit dem Aufruf von `exceptions()` ohne Argumente wird die Menge der Ein-/Ausgabe–
Zustandsflags zurückgeliefert, die eine Ausnahme auslösen. Beispiel:

```
void print_exceptions(ios_base& ios)
{
    ios_base::iostate s = ios.exceptions();
    if (s&ios_base::badbit) cout << "Ausnahmen bei bad";
    if (s&ios_base::failbit) cout << "Ausnahmen bei fail";
    if (s&ios_base::eofbit) cout << "Ausnahmen bei eof";
    if (s == 0) cout << "keine Ausnahmen";
}
```

Ein-/Ausgabe–Ausnahmen sind in erster Linie dazu gedacht, ziemlich unwahrscheinliche (und
oft vergessene) Fehler abzufangen. Man kann damit aber auch die Ein-/Ausgabe kontrollieren.
Beispiel:

```
void readints(vector<int>& s)                  // kein von mir bevorzugter Stil!
{
    ios_base::iostate old_state = cin.exceptions();   // Ausnahmezustand retten
    cin.exceptions(ios_base::eofbit);          // bei eof() Ausnahme auslösen

    for (;;)
        try {
            int i;
            cin>>i;
            s.push_back(i);
        }
        catch(ios_base::failure) {
            // OK, Ende der Daten erreicht
        }

    cin.exceptions(old_state);                 // Ausnahmezustand restaurieren
}
```

Bei dieser Art von Umgang mit Ausnahmen stellt sich die Frage, ob es sich um einen Fehler
oder wirklich um eine Ausnahme handelt (§14.5). Ich meine, daß die Antwort in beiden Fällen
»nein« lautet, und ziehe es deshalb vor, mit dem Zustand eines Streams direkt zu agieren. Wenn
etwas mit lokalen Kontrollstrukturen innerhalb einer Funktion gehandhabt werden kann, ist es
selten von Vorteil, Ausnahmen zu verwenden.

21.3.7   Verknüpfen von Streams

Die von `basic_ios` angebotene Funktion `tie()` wird für Verknüpfungen zwischen einem `istream` und einem `ostream` verwendet:

```
template <class Ch, class Tr = char_traits<Ch> >
class std::basic_ios : public ios_base {
    // ...

    basic_ostream<Ch,Tr>* tie() const;        // Zeiger zum verknüpften Stream bekommen
    basic_ostream<Ch,Tr>* tie(basic_ostream<Ch,Tr>* s);    // *this mit s verknüpfen

    // ...
};
```

Man betrachte folgendes Beispiel:

```
string lies_passwort ()
{
    string s;
    cout << "Passwort: ";
    cin >> s;
    // ...
}
```

Wie kann man sicherstellen, daß `Passwort:` auf dem Bildschirm erscheint, bevor die Leseoperation durchgeführt wird? Die Ausgaben von `cout` werden gepuffert. Wenn `cin` und `cout` völlig unabhängig voneinander wären, würde `Passwort:` auf dem Bildschirm nicht erscheinen, bis der Puffer voll ist. Die Antwort auf die Frage lautet, daß `cout` durch `cin.tie(&cout)` mit `cin` verknüpft ist.

Wenn ein `ostream` mit einem `istream` verknüpft ist, wird der `ostream` jedesmal geflusht, wenn eine Eingabeoperation beim `istream` einen Unterlauf auslöst. Das ist der Fall, wenn von der letztlich dahinterstehenden Eingabequelle neue Zeichen gebraucht werden, um die Eingabeoperation zu vollenden. Die Anweisungen

```
cout << "Passwort: ";
cin >> s;
```

sind somit äquivalent zu:

```
cout << "Passwort: ";
cout.flush();
cin >> s;
```

Ein Stream kann höchstens mit einem `ostream` verknüpft werden. Durch `s.tie(0)` wird die Verknüpfung des Streams `s`, falls es überhaupt eine gab, aufgehoben. Wie die meisten anderen Funktionen, die einen Wert setzen, liefert `tie(s)` den vorherigen Wert zurück (also den vorher verknüpften Stream oder 0). Ein Aufruf von `tie()` ohne Argument liefert den aktuellen Wert, ohne ihn zu verändern.

Von den Standard–Streams ist `cout` mit `cin` und `wcout` mit `wcin` verknüpft. Die `cerr`–Streams müssen nicht verknüpft werden, da sie ungepuffert operieren. Die `clog`–Streams sind nicht für die Interaktion mit dem Anwender vorgesehen.

21.3.8 Sentries

Als ich für `complex` die Operatoren `<<` und `>>` geschrieben habe, habe ich mir keine Gedanken darüber gemacht, ob die Streams verknüpft sind (§21.3.7) oder ob das Ändern von einem Stream–Zustand eine Ausnahme auslösen würde (§21.3.6). Ich bin – völlig zu recht – davon ausgegangen, daß die von der Bibliothek zur Verfügung gestellten Funktionen dieses für mich übernehmen würden. Aber wie? Es existieren mehrere Dutzend solcher Funktionen. Wenn man verwickelten Code schreiben müßte, der verknüpfte Streams, Locales (§21.7), Ausnahmen und so weiter jedesmal handhaben müßte, könnte der Code schnell unübersichtlich werden.

Es wurde deshalb ein Ansatz gewählt, mit dem der gemeinsame Code durch eine Klasse `sentry` zur Verfügung gestellt wird. Code, der am Anfang ausgeführt werden muß (der »Präfix–Code«), wie das Flushen eines verknüpften Streams, wird durch den Konstruktor von `sentry` angeboten. Code, der am Ende ausgeführt werden muß (der »Postfix–Code«), wie das Auslösen von Ausnahmen aufgrund von Zustandsänderungen, wird durch den Destruktor von `sentry` abgedeckt:

```
template <class Ch, class Tr = char_traits<Ch> >
class basic_ostream : virtual public basic_ios<Ch,Tr> {
    // ...
    class sentry;
    // ...
};


template <class Ch, class Tr = char_traits<Ch> >
class basic_ostream<Ch,Tr>::sentry {
public:
    explicit sentry(basic_ostream<Ch,Tr>& s);
    ~sentry();
    operator bool();
    // ...
};
```

Damit wird der gemeinsame Code ausgelagert, und individuelle Funktionen können wie folgt geschrieben werden:

```
template <class Ch, class Tr = char_traits<Ch> >
basic_ostream<Ch,Tr>& basic_ostream<Ch,Tr>::operator<<(int i)
{
    sentry s(*this);

    if (!s) {        // prüfen, ob alles für die Ausgabe bereit ist
        setstate(failbit);
        return *this;
    }
    // den int ausgeben

    return *this;
}
```

Diese Technik, Konstruktoren und Destruktoren dazu zu verwenden, gemeinsamen Präfix– und Postfix–Code mit Hilfe einer Klasse anzubieten, ist in vielen Kontexten nützlich. Natürlich besitzt `basic_istream` eine entsprechende Elementklasse `sentry`.

21.4   Formatierung

Die Beispiele in §21.2 waren alle von der Art, die man *unformatierte Ausgabe* nennt. Das bedeutet, daß ein Objekt anhand von Default–Regeln in eine Zeichenfolge umgewandelt wurde. Ein Programmierer braucht häufig genauere Kontrolle. Er will z.B. den Platz, der für eine Ausgabeoperation verwendet wird, oder das Format der Ausgabe von Zahlen festlegen. Entsprechend können einige Aspekte der Eingabe explizit festgelegt werden.

Die Kontrolle der Ein-/Ausgabe–Formatierung wird von den Klassen `basic_ios` und `ios_base` übernommen. Die Klasse `basic_ios` verwaltet z.B. die Information über das Zahlensystem (oktal, dezimal oder hexadezimal), mit dem ganze Zahlen geschrieben oder gelesen werden, die Genauigkeit von Gleitkommawerten und so weiter. Sie umfaßt auch Funktionen, mit denen diese stream–spezifischen Kontrollvariablen gesetzt und abgefragt werden können. Da die Klasse `basis_ios` Basisklasse von `basic_istream` und `basic_ostream` ist, wird das Format für jeden Stream individuell kontrolliert.

21.4.1   Formatzustand

```
class ios_base {
public:
    // ...
    // Namen der Format-Flags:

    typedef implementierungsspezifisch2 fmtflags;
    static const fmtflags
        skipws,            // Whitespaces bei der Eingabe überlesen

        left,              // Füllzeichen nach dem Wert
        right,             // Füllzeichen vor dem Wert
        internal,          // Füllzeichen zwischen Vorzeichen und Wert

        boolalpha,         // verwende symbolische Darstellung von true und false

        dec,               // ganzzahliges Zahlensystem: dezimale Ausgabe
        hex,               // hexadezimale Ausgabe
        oct,               // oktale Ausgabe

        scientific,        // Gleitkommawert-Notation: d.ddddddEdd
        fixed,             // dddd.dd

        showbase,          // Präfix 0 für oktale und 0x für hexadezimale Werte
        showpoint,         // Nachkommastellen forcieren
        showpos,           // explizites positives Vorzeichen
        uppercase,         // 'E' und 'X' anstatt 'e' und 'x'

        adjustfield,       // Flags zur Feldausrichtung (§21.4.5)
        basefield,         // Flags für das Integer-Zahlensystem (§21.4.2)
        floatfield,        // Flags für Gleitkommawert-Ausgaben (§21.4.3)

        unitbuf;           // Ausgabepuffer nach jeder Operation leeren
```

```
        fmtflags flags() const;              // Flags lesen
        fmtflags flags(fmtflags f);          // Flags setzen

    fmtflags setf(fmtflags f)                // Flag hinzufügen
        { return flags(flags()|f); }
    fmtflags setf(fmtflags f, fmtflags mask) // Flag hinzufügen
        { return flags((flags()&~mask)|(f&mask)); }
    void unsetf(fmtflags mask)               // Flags löschen
        { flags(flags()&~mask); }
    // ...
};
```

Die Werte der Flags sind implementierungsspezifisch. Man sollte nur die symbolischen und nicht die numerischen Werte verwenden, auch wenn die Werte bei einer bestimmten Implementierung korrekt sind.

Die Definition einer Schnittstelle über eine Menge von Flags und das Anbieten von Operationen, mit denen diese Flags gesetzt und gelöscht werden können, ist in gewisser Weise eine veraltete Technik. Ihr größter Vorteil besteht in der Tatsache, daß man eine Reihe von Optionen kombinieren kann. Beispiel:

```
const ios_base::fmtflags meine_optionen
    = ios_base::left|ios_base::oct|ios_base::fixed;
```

Damit können Optionen übergeben und bei Bedarf installiert werden. Beispiel:

```
void deine_funktion(ios_base::fmtflags opts)
{
    ios_base::fmtflags alte_optionen = cout.flags(opts); // alte Optionen retten
                                                          // und neue setzen
    // ...
    cout.flags(alte_optionen);  // alte Optionen restaurieren
}

void meine_funktion()
{
    deine_funktion(meine_optionen);
    // ...
}
```

Die Funktion `flags()` liefert die vorher gesetzten Optionen.

Durch die Möglichkeit, alle Optionen lesen und setzen zu können, ist es möglich, individuelle Flags zu setzen. Beispiel:

```
meinOStream.flags(meinOStream.flags()|ios_base::showpos);
```

Damit wird dafür gesorgt, daß bei `meinOStream` vor positiven Zahlen ein explizites + ausgegeben wird. Die anderen Optionen sind davon nicht betroffen. Die alten Optionen werden dabei gelesen, und `showpos` wird durch »Verodern« zusätzlich gesetzt. Die Funktion `setf()` macht genau dies, womit das Beispiel auch wie folgt geschrieben werden kann:

```
meinOStream.setf(ios_base::showpos);
```

Ein Flag behält seinen Wert so lange, bis es zurückgesetzt wird.

Das Kontrollieren von Ein-/Ausgabe–Optionen durch das Setzen und Löschen von Flags ist plump und fehleranfällig. In einfachen Fällen bieten Manipulatoren (§21.4.6) eine sauberere Schnittstelle. Die Verwendung von Flags zur Kontrolle eines Stream–Zustands ist jedenfalls eher eine Studie über Implementierungstechniken als über Schnittstellendesign.

21.4.1.1 Kopieren des Formatzustands

Der komplette Formatzustand eines Streams kann mit copyfmt() kopiert werden:

```
template <class Ch, class Tr = char_traits<Ch> >
class basic_ios : public ios_base {
public:
    // ...
    basic_ios& copyfmt(const basic_ios& f);
    // ...
};
```

Der Stream–Puffer §21.6 und der Zustand dieses Puffers wird mit copyfmt() nicht kopiert. Der Rest des Zustands wird inklusive der gewünschten Ausnahmen (§21.3.6) und jeder anwenderspezifischen Ergänzung (§21.7.1) kopiert.

21.4.2 Ganzzahlige Ausgaben

Die Technik, eine neue Option mit flags() und setf() durch »Verodern« zu setzen, funktioniert nur, wenn ein Feature durch ein einzelnes Bit kontrolliert wird. Dies ist bei dem Zahlensystem für ganze Zahlen und dem Stil der Gleitkommawert–Ausgaben nicht der Fall. Bei diesen Optionen wird der Wert, der den Stil festlegt, nicht unbedingt durch ein einzelnes Bit oder eine Reihe unabhängiger Bits dargestellt.

Die in <iostream> vorgesehene Lösung ist eine Version von setf(), bei der neben dem Wert ein zweites »Pseudo–Argument« übergegeben wird, mit dem die Art der Option angezeigt wird. Beispiel:

```
cout.setf(ios_base::oct,ios_base::basefield);     // oktal
cout.setf(ios_base::dec,ios_base::basefield);     // dezimal
cout.setf(ios_base::hex,ios_base::basefield);     // hexadezimal
```

Damit wird das Zahlensystem der ganzen Zahlen ohne Seiteneffekte auf andere Teile des Stream–Zustands gesetzt. Einmal gesetzt, gilt ein Zahlensystem, bis es erneut gesetzt wird. Das folgende Beispiel:

```
cout << 1234 << ' ' << 1234 << ' ';                // Default: dezimal

cout.setf(ios_base::oct,ios_base::basefield);      // oktal
cout << 1234 << ' ' << 1234 << ' ';

cout.setf(ios_base::hex,ios_base::basefield);      // hexadezimal
cout << 1234 << ' ' << 1234 << ' ';
```

liefert die Ausgabe: 1234 1234 2322 2322 4d2 4d2.

Mit `showbase` kann veranlaßt werden, daß für jede Zahl das Zahlensystem, mit dem sie ausgegeben wurde, angezeigt wird. Durch Aufruf von

```
cout.setf(ios_base::showbase);
```

vor den obigen Ausgabefunktionen, wird folgendes ausgegeben:

```
1234 1234 02322 02322 0x4d2 0x4d2
```

Die Standardmanipulatoren (§21.4.6.2) bieten eine elegantere Möglichkeit, das Zahlensystem für die Ausgabe von Integern zu spezifizieren.

21.4.3 Ausgabe von Gleitkommawerten

Die Ausgabe von Gleitkommawerten wird durch ein *Format* und eine *Genauigkeit* kontrolliert:

- Das *allgemeine* Format erlaubt es der Implementierung, einen Wert in einem Stil auszugeben, der diesen am besten im Rahmen des zur Verfügung stehenden Platzes darstellt. Die Genauigkeit spezifiziert die maximale Anzahl von Ziffern. Es korrespondiert mit dem Format `%g` von `printf()` (§21.8).
- Das *wissenschaftliche* Format (`scientific`; Exponentialdarstellung) stellt den Wert durch eine Ziffer, gefolgt von einem Dezimalpunkt und einem Exponenten dar. Die Genauigkeit spezifiziert die maximale Anzahl von Ziffern hinter dem Dezimalpunkt. Es korrespondiert mit dem Format `%e` von `printf()` (§21.8).
- Das *fixe* Format (`fixed`; Dezimaldarstellung) stellt den Wert durch einen ganzzahligen Teil, gefolgt von einem Dezimalpunkt und einem Nachkommateil dar. Die Genauigkeit spezifiziert die maximale Anzahl von Ziffern hinter dem Dezimalpunkt. Es korrespondiert mit dem Format `%f` von `printf()` (§21.8).

Man kontrolliert das Ausgabeformat für Gleitkommawerte durch die Funktionen zum Manipulieren des Formatzustands. Die Notation für das Drucken von Gleitkommawerten kann insbesondere ohne Seiteneffekte auf andere Teile des Stream–Zustands gesetzt werden. Das folgende Beispiel:

```
cout << "default:\t" << 1234.56789 << '\n';

cout.setf(ios_base::scientific,ios_base::floatfield);   // Exponentialdarstellung
cout << "scientific:\t" << 1234.56789 << '\n';

cout.setf(ios_base::fixed,ios_base::floatfield);        // Dezimaldarstellung
cout << "fixed:\t" << 1234.56789 << '\n';

cout.setf(ios_base::fmtflags(0),ios_base::floatfield);  // vordef. allg. Format
cout << "default:\t" << 1234.56789 << '\n';
```

liefert folgende Ausgabe:

```
default:        1234.57
scientific:     1.234568e+03
fixed:  1234.567890
default:        1234.57
```

Die Default–Genauigkeit ist (bei allen Formaten) 6. Die Genauigkeit wird durch eine Elementfunktion von `ios_base` kontrolliert:

```
class ios_base {
public:
    //...
    streamsize precision() const;           // Präzision abfragen
    streamsize precision(streamsize n);      // Präzision setzen (und alte Präzision liefern)
    //...
};
```

Ein Aufruf von precision() betrifft alle Ein-/Ausgabeoperationen für Gleitkommawerte bis zum
nächsten Aufruf von precision(). Somit liefert

```
cout.precision(8);
cout << 1234.56789 << ' ' << 1234.56789 << ' ' << 123456 << '\n';

cout.precision(4);
cout << 1234.56789 << ' ' << 1234.56789 << ' ' << 123456 << '\n';
```

folgende Ausgabe:

```
1234.5679 1234.5679 123456
1235 1235 123456
```

Man beachte, daß Gleitkommawerte gerundet und nicht einfach abgeschnitten werden und daß
precision() auf ganze Zahlen keine Auswirkung hat.

Das Flag uppercase (§21.4.1) legt fest, ob im wissenschaftlichen Format bei der Darstellung
der Exponenten ein e oder ein E verwendet wird.

Manipulatoren bieten eine elegantere Möglichkeit, das Ausgabeformat von Gleitkommawerten
zu spezifizieren (§21.4.6.2).

21.4.4 Feldbreite

Häufig will man bei der Ausgabe einen bestimmten spezifizierten Platz mit Text füllen. Dabei
sollen dann exakt *n* Zeichen und nicht weniger verwendet werden (wenn der Platz nicht reicht,
aber gegebenenfalls mehr). Um dies zu erreichen, muß man eine Feldbreite und ein Zeichen, das
gegebenenfalls als Füllzeichen verwendet wird, angeben:

```
class ios_base {
public:
    //...
    streamsize width() const;                // Feldbreite abfragen
    streamsize width(streamsize wide);       // Feldbreite setzen
    //...
};

template <class Ch, class Tr = char_traits<Ch> >
class basic_ios : public ios_base {
public:
    //...
    Ch fill() const;                         // Füllzeichen abfragen
    Ch fill(Ch ch);                          // Füllzeichen setzen
    //...
};
```

Die Funktion `width()` spezifizierte die minimale Anzahl von Zeichen, die bei der nächsten Ausgabe eines numerischen Wertes, `bools`, C–Strings, Zeichens, Zeigers §21.2.1, `strings` (§20.3.15) und `bitsets` (§17.5.3.3) verwendet wird. So gibt beispielsweise

```
cout.width(4);
cout << 12;
```

in einem Feld von vier Zeichen den Wert 12 mit zwei Leerzeichen davor aus.

Das »Füll«–Zeichen kann mit der Funktion `fill()` spezifiziert werden. Dementsprechend liefert

```
cout.width(4);
cout.fill('#');
cout << "ab";
```

folgende Ausgabe: ##ab.

Das Default–Füllzeichen ist das Leerzeichen, und die Default–Feldbreite ist 0, was »so viele Zeichen wie notwendig« bedeutet. Die Feldbreite kann wie folgt auf ihren Default–Wert zurückgesetzt werden:

```
cout.width(0);      // »so viele Zeichen wie notwendig«
```

Der Aufruf `width(n)` setzt die minimale Anzahl von Zeichen auf n. Falls eine Ausgabe mehr Zeichen umfaßt, werden diese alle ausgegeben. Daher gibt

```
cout.width(4);
cout << "abcdef";
```

abcdef und nicht abcd aus. Üblicherweise ist es besser, eine Ausgabe richtig und unschön, anstatt falsch, aber schön zu tätigen (siehe auch §21.10–Ü21).

Eine `width()` betrifft nur die unmittelbar folgende Ausgabeoperation:

```
cout.width(4);
cout.fill('#');
cout << 12 << ':' << 13;
```

Dies gibt ##12:13 und nicht ##12###:##13 aus (wie es der Fall wäre, wenn width(4) sich auf alle folgenden Ausgaben beziehen würde). Wären alle nachfolgenden Operationen durch `width()` betroffen, müßte man `width()` für so ziemlich alle Werte angeben.

Die Standardmanipulatoren (§21.4.6.2) bieten eine elegantere Möglichkeit, die Breite eines Ausgabefeldes zu spezifizieren.

21.4.5 Feldausrichtung

Innerhalb von Feldern kann die Ausrichtung durch Aufrufe von `setf()` kontrolliert werden:

```
cout.setf(ios_base::left,ios_base::adjustfield);      // linksbündig
cout.setf(ios_base::right,ios_base::adjustfield);     // rechtsbündig
cout.setf(ios_base::internal,ios_base::adjustfield);  // intern
```

Damit wird die Ausrichtung in einem mit `ios_base::width()` definierten Ausgabefeld ohne Seiteneffekte auf andere Teile des Streams gesetzt.

Die Ausrichtung kann wie folgt spezifiziert werden:

```
cout.fill('#');

cout << '(';
cout.width(4);
cout << -12 << "),(";

cout.width(4);
cout.setf(ios_base::left,ios_base::adjustfield);
cout << -12 << "),(";

cout.width(4);
cout.setf(ios_base::internal,ios_base::adjustfield);
cout << -12 << ")";
```

Damit wird (#-12), (-12#) und (-#12) ausgegeben. Die Ausrichtung »intern« plaziert die Füllzeichen zwischen dem Vorzeichen und dem Wert. Wie schon gezeigt wurde, ist die rechtsbündige Ausgabe der Default.

21.4.6 Manipulatoren

Um den Programmierer davor zu bewahren, den Status eines Streams über Flags zu beeinflussen, bietet die Standardbibliothek eine Reihe von Funktionen, mit denen ein Stream manipuliert werden kann. Als Ansatz wird zwischen den Objekten, die gelesen oder geschrieben werden, eine Operation eingefügt, die den Status modifiziert. Man kann z.B. explizit veranlassen, daß ein Ausgabepuffer geflusht wird:

```
cout << x << flush << y << flush;
```

Hiermit wird an den entsprechenden Stellen cout.flush() aufgerufen. Dies wird mit Hilfe einer Version von << erreicht, der als Argument ein Funktionszeiger übergeben wird und die die entsprechende Funktion aufruft:

```
template <class Ch, class Tr = char_traits<Ch> >
class basic_ostream : virtual public basic_ios<Ch,Tr> {
public:
    //...

    basic_ostream& operator<<(basic_ostream& (*f)(basic_ostream&))
        { return f(*this); }
    basic_ostream& operator<<(ios_base& (*f)(ios_base&));
    basic_ostream& operator<<(basic_ios<Ch,Tr>& (*f)(basic_ios<Ch,Tr>&));
    //...
};
```

Damit dies funktioniert, muß die übergebene Funktion eine Nichtelementfunktion oder eine statische Funktion mit dem richtigen Datentyp sein. Speziell flush() wird wie folgt definiert:

```
template <class Ch, class Tr = char_traits<Ch> >
basic_ostream<Ch,Tr>& flush(basic_ostream<Ch,Tr>& s)
{
    return s.flush();      // Elementfunktion flush() für ostream s aufrufen
}
```

Mit diesen Deklarationen wird erreicht, daß

```
cout << flush;
```

als

```
cout.operator<<(flush);
```

aufgelöst wird, das wiederum

```
flush(cout);
```

aufruft, was schließlich

```
cout.flush();
```

aufruft.

Das ganze Brimborium wird (zur Kompilierzeit) aufgerufen, damit mit der Notation cout<<flush der Aufruf basic_ostream::flush() stattfindet.

Es gibt zahlreiche Operationen, die man direkt vor oder nach einer Eingabe– oder Ausgabeoperation durchführen könnte. Beispiel:

```
cout << x;
cout.flush();
cout << y;

cin.noskipws();  // keine Trennzeichen/Whitespaces überlesen
cin >> x;
```

Wenn die Operationen als separate Anweisungen formuliert werden, ist der logische Bezug zwischen ihnen nicht so offensichtlich. In dem Fall wird es schwieriger, den Code zu verstehen. Die Aufrufart der Manipulatoren ermöglicht es, Operationen, wie flush() und noskipws() direkt in der Liste der Ein– oder Ausgabeoperationen unterzubringen. Beispiel:

```
cout << x << flush << y << flush;
cin >> noskipws >> x;
```

Man beachte, daß Manipulatoren im Namensbereich std deklariert werden. Insofern müssen sie explizit qualifiziert werden, wenn std nicht Teil des aktuellen Gültigkeitsbereichs ist:

```
std::cout << endl;        // Fehler: endl nicht bekannt
std::cout << std::endl; // OK
```

Natürlich bietet auch die Klasse basic_istream >>–Operatoren, mit denen Manipulatoren in entsprechender Form zu basic_ostream aufgerufen werden können:

```
template <class Ch, class Tr = char_traits<Ch> >
class basic_istream : virtual public basic_ios<Ch,Tr> {
public:
    // ...
    basic_istream& operator>>(basic_istream& (*pf)(basic_istream&));
```

```
        basic_istream& operator>>(basic_ios<Ch,Tr>& (*pf)(basic_ios<Ch,Tr>&));
        basic_istream& operator>>(ios_base& (*pf)(ios_base&));
        // ...
    };
```

21.4.6.1   Manipulatoren mit Argumenten

Manipulatoren mit Argumenten können ebenfalls sinnvoll sein. Man könnte z.B.

```
    cout << setprecision(4) << winkel;
```

schreiben, um den Wert der Gleitkommavariablen `winkel` mit vier Ziffern auszugeben.

Um dies zu erreichen, muß `setprecision` ein Objekt zurückliefern, das mit 4 initialisiert ist und dann `cout::setprecision(4)` aufruft. Dieser Aufruf wird nicht durch << und nicht durch () ausgelöst. Der genaue Datentyp dieses Funktionsobjekts ist implementierungsspezifisch, aber es könnte wie folgt aussehen:

```
    struct smanip {
        ios_base& (*f)(ios_base&,int);      // aufzurufende Funktion
        int i;

        smanip(ios_base& (*ff)(ios_base&,int), int ii) : f(ff), i(ii) { }
    };

    template<class Ch, class Tr>
    ostream<Ch,Tr>& operator<<(ostream<Ch,Tr>& os, smanip& m)
    {
        return m.f(os,m.i);
    }
```

Der Konstruktor von `smanip` speichert seine Argumente in `f` und `i`, und der Operator << ruft dann `f(i)` auf. Damit kann `setprecision()` wie folgt definiert werden:

```
    ios_base& set_precision(ios_base& s, int n)     // Hilfsfunktion
    {
        return s.precision(n);        // Elementfunktion aufrufen
    }

    inline smanip setprecision(int n)
    {
        return smanip(set_precision,n);     // Funktionsobjekt erzeugen
    }
```

Damit kann man dann schreiben:

```
    cout << setprecision(4) << winkel;
```

Ein Programmierer kann bei Bedarf neue Manipulatoren im Stil von `smanip` definieren (§21.10–Ü22). Dies ist ohne Modifikation der Definitionen der Templates und Klassen der Standardbibliothek, wie `basic_istream`, `basic_ostream`, `basic_ios` und `ios_base`, möglich.

21.4.6.2 Standardmanipulatoren

Die Standardbibliothek stellt zahlreiche Manipulatoren zur Verfügung, die den Möglichkeiten zum Ändern von Formaten und Zuständen entsprechen. Sie werden im Namensbereich std definiert und in <iostream> (Manipulatoren ohne Argumente) bzw. in <iomanip> (Manipulatoren mit Argumenten) präsentiert:

```
ios_base& boolalpha(ios_base&);          // symbolische Darstellung von true und false bei I/O
ios_base& noboolalpha(ios_base& s);      // s.unsetf(ios_base::boolalpha)

ios_base& showbase(ios_base&);           // Ausgabepräfix 0 bei oct und 0x bei hex
ios_base& noshowbase(ios_base& s);       // s.unsetf(ios_base::showbase)

ios_base& showpoint(ios_base&);
ios_base& noshowpoint(ios_base& s);      // s.unsetf(ios_base::showpoint)

ios_base& showpos(ios_base&);
ios_base& noshowpos(ios_base& s);        // s.unsetf(ios_base::showpos)

ios_base& skipws(ios_base&);             // Trennzeichen/Whitespaces überlesen
ios_base& noskipws(ios_base& s);         // s.unsetf(ios_base::skipws)

ios_base& uppercase(ios_base&);          // X und E statt x und e
ios_base& nouppercase(ios_base&);        // x und e statt X und E

ios_base& internal(ios_base&);           // Feldausrichtung (§21.4.5)
ios_base& left(ios_base&);               // nach dem Wert füllen
ios_base& right(ios_base&);              // vor dem Wert füllen

ios_base& dec(ios_base&);                // Integer-Basis ist 10 (§21.4.2)
ios_base& hex(ios_base&);                // Integer-Basis ist 16
ios_base& oct(ios_base&);                // Integer-Basis ist 8

ios_base& fixed(ios_base&);              // Gleitkommaformat dddd.dd (§21.4.3)
ios_base& scientific(ios_base&);         // wissenschaftliches Format d.ddddEdd

template <class Ch, class Tr>
    basic_ostream<Ch,Tr>& endl(basic_ostream<Ch,Tr>&);   // '\n' ausgeben und flush()
template <class Ch, class Tr>
    basic_ostream<Ch,Tr>& ends(basic_ostream<Ch,Tr>&);   // '\0' ausgeben und flush()
template <class Ch, class Tr>
    basic_ostream<Ch,Tr>& flush(basic_ostream<Ch,Tr>&);  // Stream flushen

template <class Ch, class Tr>
    basic_istream<Ch,Tr>& ws(basic_istream<Ch,Tr>&);     // Whitespaces überlesen

smanip resetiosflags(ios_base::fmtflags f);   // Flags löschen (§21.4)
smanip setiosflags(ios_base::fmtflags f);     // Flags setzen (§21.4)
smanip setbase(int b);                        // Integer zur Basis b ausgeben
smanip setfill(int c);                        // c als Füllzeichen definieren
smanip setprecision(int n);                   // n Ziffern nach dem Dezimalpunkt
smanip setw(int n);                           // nächstes Feld hat n Zeichen
```

Das folgende Beispiel:

```
cout << 1234 << ',' << hex << 1234 << ',' << oct << 1234 << endl;
```

erzeugt 1234,4d2,2322, und

```
cout << '(' << setw(4) << setfill('#') << 12 << ") (" << 12 << ")\n";
```

erzeugt: (##12) (12).

Wenn Manipulatoren ohne Argumente verwendet werden, dürfen *keine* Klammern verwendet werden. Bei Manipulatoren mit Argumenten muß daran gedacht werden, <iomanip> mit einzubinden. Beispiel:

```
#include <iostream>
using namespace std;

int main()
{
    cout << setprecision(4)     // Fehler: setprecision() undefiniert
                                // ( <iomanip> vergessen)
         << scientific()        // Fehler: Klammern sind falsch
         << d << endl;
}
```

21.4.6.3 Selbstdefinierte Manipulatoren

Ein Programmierer kann Manipulatoren im Stil der standardisierten Manipulatoren hinzufügen. Ich präsentiere hier einen zusätzlichen Stil, den ich für sinnvoll für das Formatieren von Gleitkommawerten halte.

Die jeweilige Genauigkeit betrifft alle nachfolgenden Ausgabeoperationen. Eine mit width() definierte Feldbreite betrifft dagegen nur die nächste numerische Ausgabe. Ich möchte etwas, das es einfacher macht, eine Gleitkommazahl in einem vordefinierten Format auszugeben, ohne daß nachfolgende Ausgaben davon betroffen sind. Der grundlegende Ansatz besteht darin, eine Klasse für ein Format sowie eine Klasse für ein Format plus auszugebendem Wert und dann einen Operator << zu definieren, der diesen Wert auf einem ostream dem Format entsprechend ausgibt. Beispiel:

```
Format gen4(4);     // allgemeines Format, Genauigkeit 4

void f(double d)
{
    Format sci8 = gen4;
    sci8.scientific().precision(8);   // wissenschaftliches Format, Genauigkeit 8

    cout << d << ' ' << gen4(d) << ' ' << sci8(d) << ' ' << d << '\n';
}
```

Mit f(1234.56789) wird folgendes ausgegeben:

```
1234.57 1235 1.23456789e+03 1234.57
```

Man beachte, daß die Verwendung von Format nicht den Zustand des Streams verändert. Deshalb hat die letzte Ausgabe von d das gleiche Format wie die erste.

Hier ist eine vereinfachte Implementierung:

```
class GebundenesFormat;        // Format plus Wert

class Format {
    friend ostream& operator<<(ostream&, const GebundenesFormat&);

    int prc;        // Genauigkeit
    int wdt;        // Feldbreite (0 bedeutet, so breit wie notwendig)
    int fmt;        // allgemein, scientific oder fixed (§21.4.3)
    // ...
public:
    explicit Format(int p = 6) : prc(p)        // Default-Genauigkeit ist 6
    {
        fmt = 0;    // allgemeines Format (§21.4.3)
        wdt = 0;    // so breit wie notwendig
    }

    GebundenesFormat operator()(double d) const;    // GebundenesFormat für *this
                                                     // und d erzeugen

    Format& scientific() { fmt = ios_base::scientific; return *this; }
    Format& fixed() { fmt = ios_base::fixed; return *this; }
    Format& general() { fmt = 0; return *this; }

    Format& uppercase();
    Format& lowercase();
    Format& precision(int p) { prc = p; return *this; }

    Format& width(int w) { wdt = w; return *this; }    // betrifft alle Typen
    Format& fill(char);

    Format& plus(bool b = true);                    // explizites plus
    Format& trailing_zeros(bool b = true);          // abschließende Nullen
    // ...
};
```

Format dient dazu, alle notwendigen Daten zum Formatieren eines Datums zu verwalten. Die Default–Werte sind so gewählt, daß sie für viele Anwendungen sinnvoll sind. Mit den zahlreichen Funktionen können individuelle Aspekte der Formatierung gesetzt werden. Der Operator () dient dazu, ein Format an einen bestimmten Wert zu binden. Ein GebundenesFormat kann dann mit der passenden <<–Funktion ausgegeben werden:

```
struct GebundenesFormat {
    const Format& f;
    double wert;

    GebundenesFormat(const Format& ff, double v) : f(ff), wert(v) { }
};

GebundenesFormat Format::operator() (double d) const
{
```

```
      return GebundenesFormat(*this,d);
}

ostream& operator<< (ostream& os, const GebundenesFormat& bf)
{
      ostringstream s;       // String-Streams werden in §21.5.3 erläutert
      s.precision(bf.f.prc);
      s.setf(bf.f.fmt,ios_base::floatfield);
      s << bf.wert;          // String in s zusammensetzen
      return os << s.str();  // s auf os ausgeben
}
```

Das Schreiben einer nicht so vereinfachten Implementierung von << bleibt einer Übung vorbehalten (§21.10–Ü21). Die Klassen Format und GebundenesFormat können einfach zum Formatieren von ganzen Zahlen, Strings und so weiter erweitert werden (siehe §21.10–Ü20).

Man beachte, daß mit diesen Deklarationen aus der Kombination von << und () ein dreistelliger Operator erzeugt wird. Mit cout<<sci4(d) werden der ostream, das Format und der Wert in einer einzelnen Funktion gesammelt, bevor eine wirkliche Berechnung stattfindet.

21.5   File–Streams und String–Streams

Wenn ein C++–Programm gestartet wird, stehen cout, cerr, clog und cin und deren WideChar–Äquivalente (§21.2.1) für eine Anwendung zur Verfügung. Diese Streams werden als Default bereitgestellt, und ihre Kopplung mit Ein-/Ausgabe–Geräten oder Dateien wird durch »das System« erledigt. Zusätzlich kann man eigene Streams erzeugen. In dem Fall muß man angeben, wozu der Stream gehören soll. Dabei ist es typisch, daß ein Stream zu einer Datei oder zu einem String gehört, weshalb es dafür eine direkte Unterstützung durch die Standardbibliothek gibt. Dies ist die Hierarchie der Standard–Stream–Klassen:

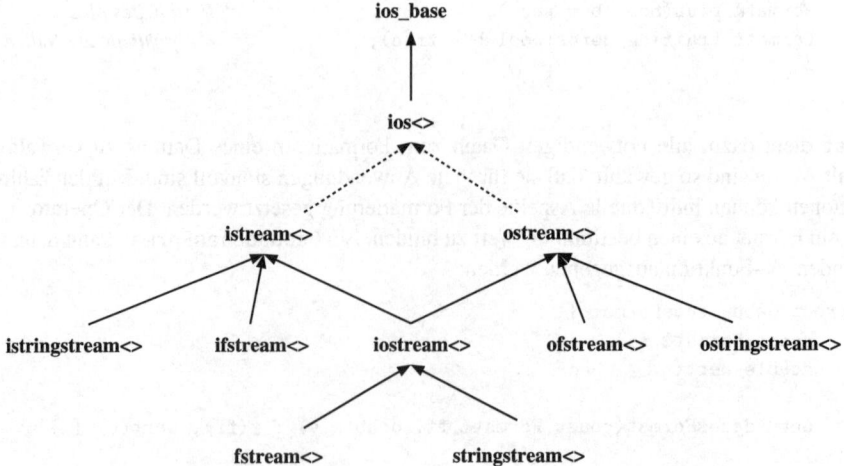

Die Klassen, die mit <> enden, sind als Templates in Hinsicht auf den Zeichentyp parametrisiert. Ihre Namen besitzen deshalb noch das Präfix basic_. Eine gepunktete Linie steht für eine virtuelle Basisklasse (§15.2.4).

Dateien und Strings sind Beispiele für Container, bei denen sowohl gelesen als auch geschrieben werden kann. Als Konsequenz kann man Streams haben, die sowohl << als auch >> unterstützen. Ein solcher Stream wird iostream genannt. Er wird im Namensbereich std definiert und in <iostream> präsentiert:

```
template <class Ch, class Tr = char_traits<Ch> >
class basic_iostream : public basic_istream<Ch,Tr>,
                       public basic_ostream<Ch,Tr> {
public:
    explicit basic_iostream(basic_streambuf<Ch,Tr>* sb);
    virtual ~basic_iostream();
};


typedef basic_iostream<char> iostream;
typedef basic_iostream<wchar_t> wiostream;
```

Das Lesen und Schreiben wird bei einem iostream mit Hilfe der Put-Puffer– und Get-Puffer– Operationen des zum iostream gehörenden Stream–Puffers durchgeführt (§21.6.4).

21.5.1   File–Streams

Im folgenden wird ein komplettes Programm, mit dem eine Datei in eine andere kopiert wird, dargestellt. Die Dateinamen werden der Kommandozeile des Programms entnommen:

```
#include <fstream>
#include <cstdlib>

void fehler(const char* p, const char* p2 = "")
{
    cerr << p << ' ' << p2 << '\n';
    std::exit(1);
}

int main(int argc, char* argv[])
{
    if (argc != 3) fehler("falsche Anzahl von Argumenten");

    std::ifstream von(argv[1]);       // File-Stream für die Eingaben öffnen
    if (!von) fehler("kann folgende Eingabedatei nicht oeffnen:",argv[1]);

    std::ofstream nach(argv[2]);      // File-Stream für die Ausgaben öffnen
    if (!nach) fehler("kann folgende Ausgabedatei nicht oeffnen:",argv[2]);

    char ch;
    while (von.get(ch)) nach.put(ch);

    if (!von.eof() || !nach) fehler("da stimmt etwas nicht");
}
```

Eine Datei wird zum Einlesen durch Erzeugen eines Objekts der Klasse `ifstream` (»input file stream«) geöffnet. Entsprechend wird eine Datei für Ausgaben durch Erzeugen eines Objekts der Klasse `ofstream` (»output file stream«) geöffnet. In beiden Fällen wird der Dateiname als Argument übergeben. Durch Testen des Zustands der erzeugten Objekte wird jeweils geprüft, ob die Dateien erfolgreich geöffnet wurden.

Ein `basic_ofstream` wird in `<fstream>` wie folgt deklariert:

```
template <class Ch, class Tr = char_traits<Ch> >
class basic_ofstream : public basic_ostream<Ch,Tr> {
public:
    basic_ofstream();
    explicit basic_ofstream(const char* p, openmode m = out);

    basic_filebuf<Ch,Tr>* rdbuf() const;

    bool is_open() const;
    void open(const char* p, openmode m = out);
    void close();
};
```

Wie üblich werden für die allgemeingültigsten Datentypen entsprechende Typdefinitionen durchgeführt:

```
typedef basic_ifstream<char> ifstream;
typedef basic_ofstream<char> ofstream;
typedef basic_fstream<char> fstream;

typedef basic_ifstream<wchar_t> wifstream;
typedef basic_ofstream<wchar_t> wofstream;
typedef basic_fstream<wchar_t> wfstream;
```

Ein `ifstream` verhält sich wie ein `ofstream`, mit dem Unterschied, daß er von `istream` abgeleitet und als Default zum Lesen geöffnet wird. Zusätzlich bietet die Standardbibliothek einen `fstream`, der von `iostream` abgeleitet wird und als Default sowohl lesen als auch schreiben kann.

Den Konstruktoren von File–Streams kann als zweites Argument ein alternativer Modus zum Öffnen der Dateien übergeben werden;

```
class ios_base {
public:
    // ...

    typedef  implementierungsspezifisch3 openmode;
    static openmode app,      // anhängen
                    ate,      // gleich ans Ende gehen (»at end«)
                    binary,   // Binärmodus statt Textmodus
                    in,       // zum Lesen öffnen
                    out,      // zum Schreiben öffnen
                    trunc;    // Datei auf Länge 0 kürzen

    // ...
};
```

Die aktuellen Werte von openmode und deren Bedeutung sind implementierungsspezifisch. Man sollte deshalb die System– und Bibliothekshandbücher für Details heranziehen und experimentieren. Die Kommentare sollten einen ersten Eindruck der Bedeutung der Modi geben. Man kann z.B. eine Datei so öffnen, daß alles, was geschrieben wird, an das Ende der Datei angehängt wird:

```
ofstream meinStream(name.c_str(),ios_base::app);
```

Es ist auch möglich, eine Datei zum Lesen und Schreiben zu öffnen:[1]

```
fstream woerterbuch("Konkordanz",ios_base::in|ios_base::out);
```

21.5.2 Schließen eines Streams

Eine Datei kann durch Aufruf von close() für den Stream explizit geschlossen werden:

```
void f(ostream& meinStream)
{
    // ...

    meinStream.close();
}
```

Dies wird allerdings auch implizit durch den Destruktor des Streams durchgeführt. Deshalb ist ein expliziter Aufruf von close() nur dann notwendig, wenn die Datei vor dem Ende des Gültigkeitsbereichs, in dem der Stream deklariert wurde, geschlossen werden muß.

Damit taucht die Frage auf, wie eine Implementierung sicherstellt, daß die vordefinierten Streams cout, cin, cerr und clog vor der ersten Verwendung erzeugt und (erst) nach der letzten Verwendung geschlossen werden. Natürlich können verschiedene Implementierungen der <iostream>–Stream–Bibliothek dafür unterschiedliche Techniken verwenden. Wie dies genau pasiert, ist im Grunde ein Implementierungsdetail, das für den Anwender nicht sichtbar sein sollte. Ich zeige hier eine mögliche Technik, die allgemein genug ist, um die richtige Reihenfolge bei der Konstruktion und Zerstörung von globalen Objekten verschiedener Typen sicherzustellen. Eine Implementierung mag in der Lage sein, es aufgrund spezieller Features von Compiler oder Binder (Linker) besser zu machen.

<iostream> Die fundamentale Absicht besteht dabei darin, eine Hilfsklasse zu definieren, die als Zähler dient, der festhält, wie oft <iostream> in separat kompilierten Quelldateien eingebunden wird:

```
class ios_base::Init {
    static int anzahl;
public:
    Init();
    ~Init();
};

namespace {                        // in <iostream>
                                   // eine Kopie in jeder Datei, die <iostream> einbindet

    ios_base::Init __ioinit;
}
```

---

[1] A.d.Ü.: Die Modi ios_base::in|ios_base::out sind Default und brauchen somit nicht unbedingt übergeben zu werden.

```
int ios_base::Init::anzahl = 0;     // in einer Quelldatei
```

Jede Übersetzungseinheit (§9.1) deklariert ihr eigenes Objekt namens __ioinit. Der Konstruktor
der Objekte __ioinit verwendet ios_base::Init::anzahl, um sicherzustellen, daß die aktuelle Initialisierung der globalen Ein-/Ausgabe–Stream–Objekte beim ersten Mal genau einmal
stattfindet:

```
ios_base::Init::Init()
{
    if (anzahl++ == 0) { /* cout, cerr, cin etc. initialisieren */ }
}
```

Umgekehrt verwendet der Destruktor der __ioinit–Objekte ios_base::Init::anzahl, um sicherzustellen, daß die Streams beim letzten Mal geschlossen werden:

```
ios_base::Init::~Init()
{
    if (--anzahl == 0) { /* cout, cerr, cin, etc. aufräumen (flush() usw.) */ }
}
```

Mit dieser Technik können Bibliotheken generell globale Objekte initialisieren und aufräumen.
In einem System, bei dem der ganze Code bei der Ausführung im Hauptspeicher liegt, ist die
Technik fast umsonst. Falls das nicht der Fall ist, kann der Mehraufwand, der notwendig ist, um
jedes Objektmodul zur Initialisierung in den Hauptspeicher zu bringen, eine Rolle spielen. Wenn
es möglich ist, sollten globale Objekte deshalb vermieden werden. Bei einer Klasse, bei der jede
Operation einen signifikanten Aufwand umfaßt, kann es vernünftig sein, bei jedem Aufruf zunächst
zu testen, ob die Initialisierung stattgefunden hat. Ein solcher Ansatz wäre bei Streams allerdings
viel zu teuer. Der Mehraufwand wäre bei einer Funktion, die nur ein einzelnes Zeichen liest oder
ausgibt, ziemlich erheblich gewesen.

21.5.3 String–Streams

Ein Stream kann einem String zugeordnet werden. Damit kann man unter Verwendung der Forma-
tierungsmöglichkeiten von Streams aus einem String lesen oder in einen String schreiben. Solche
Streams werden String–Streams (Klasse stringstream) genannt. Sie werden in <sstream> definiert:

```
template <class Ch, class Tr=char_traits<Ch>, class A = allocator<Ch> >
class basic_stringstream : public basic_iostream<Ch,Tr> {
public:
    explicit basic_stringstream (ios_base::openmode m = out|in);
    explicit basic_stringstream (const basic_string<Ch,Tr,A>& s,
                                 openmode m = out|in);

    basic_string<Ch,Tr,A> str() const;          // eine Kopie des Strings liefern
    void str(const basic_string<Ch,Tr,A>& s);    // Wert auf eine Kopie von s setzen

    basic_stringbuf<Ch,Tr,A>* rdbuf() const;
};
```

Ein basic_istringstream entspricht einem basic_stringstream, außer daß er von
basic_istream abgeleitet ist und als Default zum Lesen geöffnet wird. Analog entspricht

ein `basic_ostringstream` einem `basic_stringstream`, außer daß er von `basic_ostream` abgeleitet ist und als Default zum Lesen geöffnet wird.

Wie üblich werden für die üblichen Spezialisierungen Typdefinitionen durchgeführt:

```
typedef basic_istringstream<char> istringstream;
typedef basic_ostringstream<char> ostringstream;
typedef basic_stringstream<char> stringstream;

typedef basic_istringstream<wchar_t> wistringstream;
typedef basic_ostringstream<wchar_t> wostringstream;
typedef basic_stringstream<wchar_t> wstringstream;
```

Ein `ostringstream` kann zum Beispiel dazu verwendet werden, String–Nachrichten zu formatieren:

```
string compose(int n, const string& cs)
{
    extern const char* std_message[];
    ostringstream ost;
    ost << "Fehler(" << n << ") " << std_message[n]
        << " (Kommentar: " << cs << ')';
    return ost.str();
}
```

Man braucht nicht zu prüfen, ob ein Überlauf passiert, da ost entsprechend dem Bedarf vergrößert wird. Diese Technik kann vor allem dann sinnvoll sein, wenn eine erforderliche Formatierung komplizierter als bei üblichen zeilenorientierten Ausgabegeräten ist.

Ein `ostringstream` kann mit einem Initialwert versehen werden, der so wie bei File–Streams ausgewertet wird. Insofern könnte man auch schreiben:

```
string compose2(int n, const string& cs)      // äquivalent zu compose()
{
    extern const char* std_message[];
    ostringstream ost("Fehler(",ios_base::ate); // am Ende des Initial-Strings anhängen
    ost << n << ") " << std_message[n] << " (Kommentar: " << cs << ')';
    return ost.str();
}
```

Ein `istringstream` ist ein Eingabe–Stream, der aus einem `string` liest:

```
#include <sstream>

void wort_pro_zeile(const string& s)      // gibt pro Zeile ein Wort aus
{
    istringstream ist(s);
    string w;
    while (ist>>w) cout << w << '\n';
}

int main()
{
    wort_pro_zeile("Falls Du meinst, C++ ist schwer, versuche mal Englisch");
}
```

Der istringstream ist wird mit dem string s initialisiert. Das Ende des Strings beendet die Eingabe.

Es ist auch möglich, Streams zu definieren, die direkt mit Zeichenfeldern lesen und schreiben (§21.10–Ü26). Dies ist oft sinnvoll, wenn man mit älterem Code konfrontiert wird, da die Klassen ostrstream und istrstream, die so etwas machen, Teil der ursprünglichen Stream–Bibliothek waren.

21.6   Pufferung

Konzeptionell schreibt ein Ausgabe–Stream die Zeichen in einen Puffer. Später werden die Zeichen dann dorthin geschrieben, wo sie hinsollen. Ein solcher Puffer wird Stream–Puffer (streambuf; §21.6.4) genannt. Seine Definition befindet sich in <streambuf>. Verschiedene Typen von Stream–Puffern implementieren unterschiedliche Pufferungsstrategien. Üblicherweise speichert ein streambuf Zeichen in einem Feld, bis ein Überlauf das Schreiben der Zeichen auf dem richtigen Ziel forciert. Damit kann ein ostream graphisch wie folgt dargestellt werden:

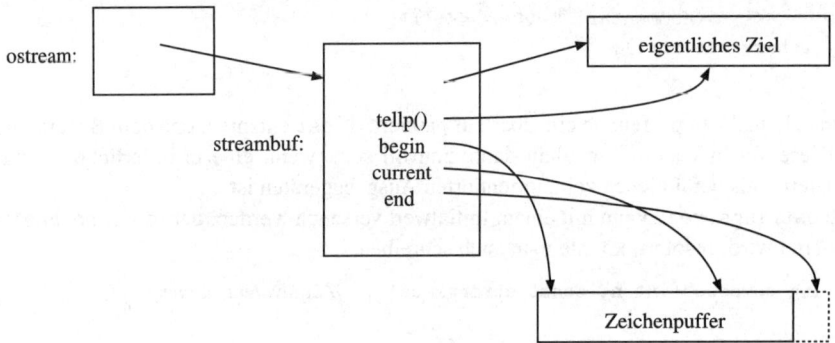

Die Template–Argumente eines ostreams und seines streambufs müssen die gleichen sein und legen auch den Zeichentyp fest, der im Zeichenpuffer verwendet wird.

Für einen istream gilt entsprechendes, außer daß die Zeichen in die andere Richtung fließen.

Bei ungepufferter Ein-/Ausgabe überträgt der Stream–Puffer einfach jedes Zeichen sofort, anstatt die Zeichen für eine effizientere Übertragung erst zu sammeln.

21.6.1   Puffer für Ausgabe–Streams

Ein ostream liefert Operationen, mit denen Werte unterschiedlichster Datentypen entsprechend gängigen Konventionen (§21.2.1) und expliziten Formatangaben (§21.4) in Folgen von Zeichen umgewandelt werden. Zusätzlich bietet ein ostream Operationen zum direkten Umgang mit seinem streambuf:

```
template <class Ch, class Tr = char_traits<Ch> >
class basic_ostream : virtual public basic_ios<Ch,Tr> {
public:
    //...
    explicit basic_ostream(basic_streambuf<Ch,Tr>* b);
```

```
    pos_type tellp();                                    // aktuelle Position abfragen
    basic_ostream& seekp(pos_type);                      // aktuelle Position setzen
    basic_ostream& seekp(off_type, ios_base::seekdir);   // aktuelle Position setzen

    basic_ostream& flush();                              // Puffer leeren (Zeichen übertragen)

    basic_ostream& operator<<(basic_streambuf<Ch,Tr>* b);   // mit b beschreiben
};
```

Ein ostream wird mit einem streambuf–Argument erzeugt, womit festgelegt wird, wie die geschriebenen Zeichen gehandhabt werden und wo sie gegebenenfalls hingehen. Ein ostringstream (§21.5.3) oder ein ofstream (§21.5.1) werden z.B. durch Initialisierung eines ostreams mit einem passenden streambuf (§21.6.4) erzeugt.

Die Funktion seekp() dient dazu, einen ostream beim Schreiben zu positionieren. Die Endung p kennzeichnet dabei, daß es sich um das Setzen der Position zum Schreiben (englisch: *put*) von Zeichen im Stream handelt. Diese Funktionen haben keine Auswirkung, wenn der Stream nicht mit etwas verknüpft ist, bei dem das Positionieren sinnvoll ist (wie eine Datei). Der Datentyp pos_type repräsentiert eine Position in einer Datei, und der Datentyp off_type repräsentiert einen Offset von einem durch ios_base::seekdir angegebenen Punkt:

```
class ios_base {
    // ...
    typedef implementierungsspezifisch4 seekdir;
    static const seekdir beg,    // bezüglich Dateianfang
                         cur,    // bezüglich aktueller Position
                         end;    // bezüglich Dateiende
    // ...
};
```

Stream–Positionen beginnen mit 0. Man kann sie also als Feld von n Zeichen betrachten.[2] Dies zeigt folgendes Beispiel:

```
int f(ofstream& fout)
{
    fout.seekp(10);
    fout << '#';
    fout.seekp(-2,ios_base::cur);
    fout << '*';
}
```

Damit wird das Zeichen # in file[10] und das Zeichen * in file[8] eingetragen. Es gibt keine entsprechende Möglichkeit, solchen wahlfreien Zugriff bei einfachen istreams oder ostreams durchzuführen (siehe §21.10–Ü13).

Die Operation flush() ermöglicht es dem Anwender, den Puffer zu leeren, ohne auf einen Überlauf zu warten.

Man kann mit << auch einen Stream–Puffer direkt in einen Stream schreiben. Dies ist vor allem zur Implementierung von Ein-/Ausgabe–Mechanismen vorgesehen.

---

[2] A.d.Ü.: Auf manchen Systemen (vor allem PCs) kommen hier signifikante Unterschiede durch den Modus binary (siehe §21.5.1) ins Spiel. Der Zeilenumbruch wird mal durch ein Zeichen (Newline) und mal durch zwei Zeichen (CR und LF) dargestellt.

21.6.2   Puffer für Eingabe–Streams

Ein istream bietet Operationen, um Zeichen zu lesen und in zahlreiche Datentypen umzuwandeln (§21.3.1). Zusätzlich bietet ein istream Operationen zum direkten Umgang mit seinem streambuf:

```
template <class Ch, class Tr = char_traits<Ch> >
class basic_istream : virtual public basic_ios<Ch,Tr> {
public:
    //...

    explicit basic_istream(basic_streambuf<Ch,Tr>* b);

    pos_type tellg();                                    // aktuelle Position abfragen
    basic_istream& seekg(pos_type);                      // aktuelle Position setzen
    basic_istream& seekg(off_type, ios_base::seekdir);   // aktuelle Position setzen

    basic_istream& putback(Ch c);      // c in den Puffer zurückstellen
    basic_istream& unget();            // zuletzt gelesenes Zeichen zurückstellen
    int_type peek();                   // nächstes zu lesendes Zeichen ansehen

    int sync();                        // Puffer leeren (Eingabe flushen)

    basic_istream& operator>>(basic_streambuf<Ch,Tr>* b);   // in b lesen
    basic_istream& get(basic_streambuf<Ch,Tr>& b, Ch t = Tr::newline());

    streamsize readsome(Ch* p, streamsize n);               // bis zu n Zeichen lesen
};
```

Die Funktionen zum Positionieren funktionieren wie ihre Gegenstücke von ostream (§21.6.1). Die Endung g zeigt dabei an, daß es um das Einlesen (englisch: *get*) von Zeichen für den Stream geht. Die Endungen p und g werden gebraucht, um bei iostreams, die von istream und ostream abgeleitet werden, sowohl die Lese– als auch die Schreibposition unterscheiden zu können.[3]

Mit der Funktion putback() kann ein Programm ein zuviel gelesenes Zeichen wieder zurückstellen, um es später, wie in §21.3.5 gezeigt, wieder zu lesen.[4] Die Funktion ungetc() stellt das zuletzt gelesene Zeichen zurück. Leider ist das Zurückstellen nicht immer möglich. Wenn man z.B. versucht, hinter das erste gelesene Zeichen zurückzugehen, wird das ios_base::failbit gesetzt. Es wird lediglich garantiert, daß nach einem erfolgreichen Lesen ein Zeichen zurückgestellt werden kann. Mit peek() wird das nächste Zeichen gelesen, aber im streambuf gelassen, so daß es nochmal gelesen werden kann. Damit ist c=peek() äquivalent zu (c=get(),unget(),c) und zu (putback(c=get()),c). Man beachte, daß durch das Setzen des Failbits eine Ausnahme ausgelöst werden kann (§21.3.6).

Ein istream wird durch sync() geflusht. Dies kann nicht immer korrekt durchgeführt werden. Bei manchen Arten von Streams müßten die Zeichen aus der eigentlichen Quelle neu eingelesen werden, was nicht immer möglich oder gewünscht ist. Als Konsequenz liefert sync() 0, wenn es

---

[3]   A.d.Ü.: Man beachte, daß damit nicht gesagt wird, daß diese Lese– und Schreibposition immer unterschieden wird.

[4]   A.d.Ü.: Man beachte, daß man bei putback() als zurückzustellendes Zeichen wirklich das gelesene Zeichen angeben muß und nicht irgendein beliebiges Zeichen nehmen kann. Ansonsten wird das ios_base::failbit gesetzt.

erfolgreich ist. Falls es fehlschlägt, setzt es `ios_base::badbit` (§21.3.3) und liefert -1 zurück. Auch hier kann durch Setzen des Badbits eine Ausnahme ausgelöst werden (§21.3.6).

Die Operationen `>>` und `get()`, die einen `streambuf` zum Ziel haben, sind zur Implementierung von Ein-/Ausgabe–Hilfsmitteln gedacht. Nur dabei sollten `streambuf`s direkt manipuliert werden.

Die Funktion `readsome()` ist eine Low-level–Operation, die es dem Anwender ermöglicht, bei einem Stream festzustellen, ob dort irgendwelche Zeichen zum Lesen vorliegen. Dies ist vor allem dann sinnvoll, wenn es nicht beabsichtigt ist, auf Eingaben, z.B. von einer Tastatur, zu warten (siehe auch `in_avail()` in §21.6.4).

21.6.3 Streams und Pufferung

Die Verbindung zwischen einem Stream und seinem Puffer wird in der Stream–Klasse `basic_ios` verwaltet:

```
template <class Ch, class Tr = char_traits<Ch> >
class basic_ios : public ios_base {
public:
    // ...

    basic_streambuf<Ch,Tr>* rdbuf() const;                      // Puffer liefern
    basic_streambuf<Ch,Tr>* rdbuf(basic_streambuf<Ch,Tr>* b);   // Puffer setzen

    locale imbue(const locale& loc);                  // Locale setzen (und altes zurückliefern)

    char narrow(char_type c, char d) const;    // aus char_type c einen char machen
    char_type widen(char c) const;             // aus char einen char_type machen

    // ...

protected:
    basic_ios();
    void init(basic_streambuf<Ch,Tr>* b);      // Initial-Puffer setzen
};
```

Zusätzlich zum Setzen und Abfragen des `streambuf`s (§21.6.4) wird von `basic_ios` die Funktion `imbue()` zum Setzen und Abfragen des Locales (§21.7) eines Streams zur Verfügung gestellt. Daneben kann auf das Locale mit `pubimbue()` auch direkt beim Puffer zugegriffen werden (§21.6.4).

Die Funktionen `narrow()` und `widen()` dienen dazu, Umwandlungen zwischen dem Zeichentyp des Streams und `char`s vorzunehmen. Das zweite Argument von `narrow()` ist das Zeichen, das zurückgeliefert wird, wenn zum umzuwandelnden Zeichen vom Typ `char_type` kein korrespondierendes Zeichen vom Typ `char` existiert.

21.6.4 Stream–Puffer

Die Ein-/Ausgabeoperationen werden ohne Bezug auf einen bestimmten Dateityp spezifiziert. Allerdings können nicht alle Geräte in Hinsicht auf die Pufferungsstrategie gleich behandelt werden. Ein `ostream`, der an einen `string` gebunden ist (§21.5.3), braucht z.B. eine andere Art von Puffer als ein `ostream`, der an eine Datei gebunden ist (§21.5.1). Diese Probleme werden dadurch behandelt, daß bei der Initialisierung von Streams unterschiedliche Pufferarten zur Verfügung stehen. Diese Pufferarten besitzen allerdings alle die gleiche Menge von Operationen, so daß der Code der ostream–Funktionen nicht unterscheiden muß. Die unterschiedlichen Puffer werden als Datentypen von der Klasse streambuf abgeleitet. Diese bietet virtuelle Funktionen für die Operationen, bei denen sich die Pufferungsstrategien unterscheiden (z.B. Funktionen, die Überläufe und Unterläufe behandeln).

Die Klasse basic_streambuf bietet zwei Schnittstellen. Die öffentliche Schnittstelle dient in erster Linie zur Implementierung von Stream–Klassen, wie istream, ostream, fstream, stringstream und so weiter. Zusätzlich steht zur Implementierung von neuen Pufferungsstrategien sowie für streambufs für neue Eingabequellen und Ausgabeziele eine durch protected geschützte Schnittstelle zur Verfügung.

Um streambuf zu verstehen, ist es sinnvoll, zunächst das dahinterliegende Modell eines gepufferten Bereichs der durch protected geschützten Schnittstelle zu betrachten. Dabei wird davon ausgegangen, daß der streambuf einen *Schreibbereich* (put area), in den << schreibt, und einen *Lesebereich* (get area), aus dem >> liest, besitzt. Jeder Bereich wird durch Zeiger auf den Anfang, die aktuelle Position und auf die Position hinter dem Ende beschrieben. Diese Zeiger stehen mit Hilfe von Funktionen zur Verfügung:

```
template <class Ch, class Tr = char_traits<Ch> >
class basic_streambuf {
protected:
    Ch* eback() const;                          // Start des Lesepuffers
    Ch* gptr() const;                           // nächstes Zeichen darin zum Auslesen
    Ch* egptr() const;                          // Ende des Lesepuffers
    void gbump(int n);                          // gptr() n Zeichen weitersetzen
    void setg(Ch* begin, Ch* next, Ch* end);    // eback(), gptr() und egptr() setzen

    Ch* pbase() const;                          // Start des Schreibpuffers
    Ch* pptr() const;                           // nächste freie Stelle darin zum Eintragen
    Ch* epptr() const;                          // Ende des Schreibpuffers
    void pbump(int n);                          // pptr() n Zeichen weitersetzen
    void setp(Ch* begin, Ch* end);  // pbase() und pptr() auf begin und epptr() auf end setzen
    //...
};
```

In einem Feld von Zeichen werden die Zeiger durch setg() und setp() entsprechend gesetzt. Eine Implementierung könnte auf den Lesebereich wie folgt zugreifen:

```
template <class Ch, class Tr = char_traits<Ch> >
basic_streambuf<Ch,Tr>::int_type basic_streambuf<Ch,Tr>::snextc()
// aktuelles Zeichen überlesen und nächstes Zeichen lesen
{
    if (1 < egptr()-gptr()) {        // falls mindestens zwei Zeichen im Puffer sind
        gbump(1);                         // aktuelles Zeichen überlesen
        return Tr::to_int_type(*gptr());  // naechstes Zeichen liefern
    }
    if (1 == egptr()-gptr()) {       // falls genau ein Zeichen im Puffer ist
        gbump(1);                         // aktuelles Zeichen überlesen
        return underflow();
    }
    // der Puffer ist leer (oder existiert nicht)
```

```
    if (Tr::eq_int_type(uflow(),Tr::eof())) {
        return Tr::eof();
    }
    if (0 < egptr()-gptr()) {
        return Tr::to_int_type(*gptr());    // das neue Zeichen liefern
    }
    return underflow();
}
```

Auf den Puffer wird mit `gptr()` zugegriffen. `egptr()` markiert das Ende des Lesebereichs. Die Zeichen werden mit `uflow()` und `underflow()` gelesen. Die Verwendung von `traits_type::to_int_type()` stellt sicher, daß der Code unabhängig vom aktuellen Zeichentyp ist. Dieser Code dient für eine Reihe von Stream–Puffer–Typen und berücksichtigt die Möglichkeit, daß die virtuellen Funktionen `uflow()` und `underflow()` sich dazu entscheiden könnten, mit Hilfe von `setg()` einen neuen Lesebereich einzuführen.

Die öffentliche Schnittstelle eines `streambuf` sieht wie folgt aus:

```
template <class Ch, class Tr = char_traits<Ch> >
class basic_streambuf {
public:
    // übliche Typdefinitionen (§21.2.1)
    virtual ~basic_streambuf();

    locale pubimbue(const locale &loc);    // Locale setzen und altes zurückliefern
    locale getloc() const;                 // Locale abfragen

    basic_streambuf* pubsetbuf (Ch* p,     // Speicherplatz des Puffers setzen
                                streamsize n);

    // Position (§21.6.1)
    pos_type pubseekoff(off_type off, ios_base::seekdir bezug,
                        ios_base::openmode m = ios_base::in|ios_base::out);
    pos_type pubseekpos(pos_type p,
                        ios_base::openmode m = ios_base::in|ios_base::out);

    int pubsync();                         // sync() für Eingabe (§21.6.2)

    int_type    snextc();                  // nächstes Zeichen liefern
    int_type    sbumpc();                  // gptr 1 weitersetzen
    int_type    sgetc();                   // aktuelles Zeichen liefern
    streamsize  sgetn(Ch* p, streamsize n); // Zeichen in p[0]..p[n-1] bekommen

    int_type    sputbackc(Ch c);           // c in den Puffer zurückstellen (§21.6.2)
    int_type    sungetc();                 // letztes Zeichen zurückstellen

    int_type    sputc(Ch c);                    // c schreiben
    streamsize  sputn(const Ch* p, streamsize n); // p[0]..p[n-1] schreiben

    streamsize  in_avail();                // sind Eingaben verfügbar?
    // ...
};
```

Die öffentliche Schnittstelle umfaßt Funktionen, um Zeichen in den Puffer einzufügen und Zeichen aus dem Puffer zu lesen. Diese Funktionen sind einfach und inline, was für die Effizienz entscheidend ist.

Funktionen, die Teile einer bestimmten Pufferungsstrategie implementieren, rufen die entsprechenden Funktionen der durch `protected` geschützten Schnittstelle auf. Die Funktion `pubsetbuf()` ruft z.B. `setbuf()` auf, die von einer abgeleiteten Klasse überschrieben wird, um deren Konzept zum Erhalt von Speicherplatz für die gepufferten Zeichen implementieren zu können. Die Verwendung von zwei Funktionen, um Operationen wie `setbuf()` zu implementieren, ermöglicht es einer `iostream`–Implementierung, vor oder nach Anwendercode »haushalten« zu können. Eine Implementierung könnte den Aufruf der virtuellen Funktion z.B. in einen try-catch–Block einkleiden, um vom Anwendercode ausgelöste Ausnahmen abzufangen. Eine derartige Verwendung eines Paares von öffentlichen und durch `protected` geschützten Funktionen ist eine weitere allgemeine Technik, die sich auch im Kontext von Ein-/Ausgaben als hilfreich erwiesen hat.

Als Default bedeutet `setbuf(0,0)` »ungepuffert«, und `setbuf(p,n)` bedeutet, daß `p[0]`...`p[n-1]` verwendet werden, um die gepufferten Zeichen zu verwalten.

Ein Aufruf von `in_avail()` dient dazu abzufragen, wie viele Zeichen im Puffer verfügbar sind. Dies kann verwendet werden, um zu vermeiden, daß auf Eingaben gewartet wird. Wenn von einem Stream gelesen wird, der mit einer Tastatur verbunden ist, könnte `cin.get(c)` z.B. blockieren, bis der Anwender vom Mittagessen zurückkommt. Auf einigen Systemen und für einige Programme kann es sich lohnen, dies beim Lesen zu berücksichtigen. Beispiel:

```
if (cin.rdbuf()->in_avail()) {    // get() wird nicht blockieren
    cin.get(c);
    // irgend etwas machen
}
else {                            // get() könnte blockieren
    // irgend etwas anderes machen
}
```

Man beachte, daß es auf manchen Systemen schwierig sein kann herauszufinden, ob noch noch Eingaben verfügbar sind. Aus diesem Grund kann `in_avail()` so implementiert sein, daß es auch in Fällen, in denen die Eingabeoperationen erfolgreich sein würden, 0 zurückliefert.

Zusätzlich zur von `basic_istream` und `basic_ostream` verwendeten öffentlichen Schnittstelle bietet `basic_streambuf` eine durch `protected` geschützte Schnittstelle zur Implementierung von Stream–Puffern an. Dies ist die Stelle, an der die virtuellen Funktionen, die die Pufferungsstrategie festlegen, deklariert werden:

```
template <class Ch, class Tr = char_traits<Ch> >
class basic_streambuf {
protected:
    //...

    basic_streambuf();

    virtual void imbue(const locale &loc);    // Locale setzen

    virtual basic_streambuf* setbuf(Ch* p, streamsize n);

    virtual pos_type
```

```
        seekoff (off_type off, ios_base::seekdir bezug,
                ios_base::openmode m = ios_base::in|ios_base::out);
    virtual pos_type
        seekpos (pos_type p,
                ios_base::openmode m = ios_base::in|ios_base::out);

    virtual int sync();                         // sync() für Eingabe (§21.6.2)

    virtual int showmanyc();
    virtual streamsize xsgetn(Ch* p, streamsize n);    // n Zeichen lesen
    virtual int_type underflow();                      // Bereich leeren
    virtual int_type uflow();

    virtual int_type pbackfail(int_type c = Tr::eof());   // putback() fehlgeschlagen

    virtual streamsize xsputn(const Ch* p, streamsize n);  // n Zeichen schreiben
    virtual int_type overflow(int_type c = Tr::eof());     // Schreibbereich ist voll
};
```

Die Funktionen `underflow()` und `uflow()` werden aufgerufen, um das nächste Zeichen aus der tatsächlichen Eingabequelle zu bekommen, wenn der Puffer leer ist. Falls keine weiteren Eingaben von dieser Quelle verfügbar sind, wird der Stream in den Zustand `eof` gesetzt (§21.3.3). Falls dies keine Ausnahme auslöst, wird `traits_type::eof()` zurückgeliefert. Ungepufferte Eingaben verwenden `uflow()`, gepufferte Eingaben verwenden `underflow()`. Man beachte, daß in einem System üblicherweise nicht nur die Puffer der I/O-Stream–Bibliothek existieren. Somit können auch dann Verzögerungen durch die Pufferung auftreten, wenn ungepufferte Streams verwendet werden.

Die Funktion `overflow()` wird aufgerufen, um die Zeichen zum wirklichen Ausgabeziel zu übertragen, wenn der Puffer voll ist. Der Aufruf `overflow(c)` schreibt den Inhalt des Puffers plus das Zeichen c. Falls keine weiteren Zeichen mehr zum Ziel übertragen werden können, wird der Stream in den Zustand `eof` gesetzt (§21.3.3). Falls dies keine Ausnahme auslöst, wird `Tr::eof()` zurückgeliefert.

Die Funktion `showmanyc()` (»show how many characters«) ist eine merkwürdige Funktion, mit der ein Anwender etwas über den Zustand des Eingabesystems der Maschine erfahren kann. Sie liefert einen Erwartungswert darüber, wie viele Zeichen »bald« gelesen werden können, weil z.B. nur ein Systempuffer geleert und nicht von der Platte gelesen werden muß. Ein Aufruf von `showmanyc()` liefert -1, wenn nicht garantiert werden kann, daß irgendein Zeichen ohne Erreichen des Endes der Daten (EOF) gelesen werden kann. Dies ist (natürlich) eher low-level und sehr implementierungsabhängig. Man sollte `showmanyc()` nicht verwenden, ohne die Systemdokumentation gelesen und einige Experimente durchgeführt zu haben.

Als Default besitzt jeder Stream das globale Locale (§21.7). Mit `pubimbue(loc)` oder `imbue(loc)` verwendet der Stream `loc` als sein Locale.

Ein Stream–Puffer für eine bestimmte Art von Stream wird von `basic_streambuf` abgeleitet. Er bietet die Konstruktoren und Initialisierungsfunktionen, die den Stream–Puffer mit der tatsächlichen Quelle (oder dem Ziel) verbinden, und überschreibt die virtuellen Funktionen, die die Pufferungsstrategie festlegen. Beispiel:

```
template <class Ch, class Tr = char_traits<Ch> >
class basic_filebuf : public basic_streambuf<Ch,Tr> {
public:
```

```
    basic_filebuf();
    virtual ~basic_filebuf();

    bool is_open() const;
    basic_filebuf* open(const char* p, ios_base::openmode mode);
    basic_filebuf* close();

protected:
    virtual int showmanyc();
    virtual int_type underflow();
    virtual int_type uflow();

    virtual int_type pbackfail(int_type c = Tr::eof());
    virtual int_type overflow(int_type c = Tr::eof());

    virtual basic_streambuf<Ch,Tr>* setbuf(Ch* p, streamsize n);
    virtual pos_type
        seekoff (off_type off, ios_base::seekdir bezug,
                 ios_base::openmode m = ios_base::in|ios_base::out);
    virtual pos_type
        seekpos (pos_type p,
                 ios_base::openmode m = ios_base::in|ios_base::out);
    virtual int sync();
    virtual void imbue(const locale& loc);
};
```

Die Funktionen zum Manipulieren des Puffers und so weiter werden unverändert von
basic_streambuf übernommen. Nur Funktionen, die die Initialisierung und die Pufferungsstrategie betreffen, müssen separat angeboten werden.

Wie üblich werden die naheliegenden Typdefinitionen und die Gegenstücke für WideChars
angeboten:

```
    typedef basic_streambuf<char> streambuf;
    typedef basic_stringbuf<char> stringbuf;
    typedef basic_filebuf<char> filebuf;

    typedef basic_streambuf<wchar_t> wstreambuf;
    typedef basic_stringbuf<wchar_t> wstringbuf;
    typedef basic_filebuf<wchar_t> wfilebuf;
```

21.7 Locale

Ein *Locale* ist ein Objekt, das die Einteilung von Zeichen in Buchstaben, Ziffern etc., die Ver-
gleichsreihenfolge von Strings und das Aussehen von numerischen Werten bei der Ein– und Ausgabe kontrolliert. Üblicherweise wird ein Locale implizit von der I/O-Stream–Bibliothek verwendet,
um sicherzustellen, daß die üblichen Konventionen natürlicher Sprachen und Kulturen berücksichtigt werden. In solchen Fällen sieht ein Programmierer ein Locale–Objekt nicht. Durch Änderung
des Locales eines Streams hat der Programmierer allerdings die Möglichkeit, das Verhalten eines
Streams an andere Konventionen anzupassen.

Ein Locale ist ein Objekt der Klasse `locale`, die im Namensbereich `std` definiert und in `<locale>` präsentiert wird (§D.2):

```
class locale {      // vollständige Deklaration in §D.2
public:
    // ...
    locale() throw();                              // Kopie des aktuellen globalen Locales
    explicit locale(const char* name);            // Locale mit Locale-Namen von C erzeugen
    basic_string<char> name() const;              // Namen des Locales liefern

    locale(const locale&) throw();                          // Locale kopieren
    const locale& operator=(const locale& ) throw(); // Locale kopieren

    static locale global(const locale&);          // globales Locale setzen (vorheriges liefern)
    static const locale& classic();               // Locale von C liefern
};
```

Ich habe hier alle interessanten Teile weggelassen und nur das beibehalten, was man braucht, um von einem auf ein anderes Locale zu wechseln. Beispiel:

```
void f()
{
    std::locale loc("POSIX");          // Standard-Locale für POSIX

    cin.imbue(loc);                    // cin soll dieses Locale verwenden
    // ...
    cin.imbue(std::locale());          // cin auf das Default-Locale zurücksetzen
}
```

Die Funktion `imbue()` ist eine Elementfunktion von `basic_ios` (§21.7.1).

Wie gezeigt, tragen einige weitgehend standardisierte Locales String–Namen. Diese tendieren dazu, sich mit denen von C zu decken.

Es ist möglich, ein Locale zu setzen, das von allen neuen Streams als Default verwendet wird:

```
void g(const locale& loc = locale())    // aktuelles globales Locale als Default verwenden
{
    locale old_global = locale::global(loc);    // loc zum Default-Locale machen
    // ...
}
```

Durch Setzen des globalen Locales wird das Verhalten der existierenden Streams, die einen vorherigen Wert des globalen Locales verwenden, nicht verändert. Insbesondere sind `cin`, `cout` und so weiter nicht betroffen. Falls diese geändert werden sollen, muß für sie `imbue()` explizit aufgerufen werden.

Durch Wechsel des Locales ändern Streams Aspekte (sogenannte Facetten) ihres Verhaltens (»imbue« bedeutet »durchdringen«). Man kann auf Elemente eines Locales direkt zugreifen, um neue Locales zu erzeugen und um Locales um neue Facetten zu erweitern. Ein Locale kann z.B. auch explizit dazu verwendet werden, die Darstellung von Währungsangaben oder eines Datums bei der Ein– und Ausgabe (§21.10–Ü25) und Konvertierungen zwischen Zeichensätzen zu kontrollieren. Das Konzept von Locales und Facetten sowie die dazugehörigen Klassen werden in Anhang D beschrieben.

Das Locale im C–Stil wird in `<clocale>` und in `<locale.h>` präsentiert.

21.7.1   Stream–Callbacks

Manchmal will man den Zustand eines Streams ergänzen. Man könnte z.B. wollen, daß ein Stream
»weiß«, ob eine komplexe Zahl in Polar– oder kartesischen Koordinaten ausgegeben werden soll.
Die Klasse `ios_base` bietet eine Funktion `xalloc()`, mit der Speicherplatz für eine solche einfache Zustandsinformation reserviert werden kann. Der von `xalloc()` zurückgelieferte Wert identifiziert den Ort, auf den mit `iword()` und `pword()` zugegriffen werden kann:

```
class ios_base {
public:
    // ...

    ~ios_base();

    locale imbue(const locale& loc);   // Locale setzen und altes zurückliefern
    locale getloc() const;             // Locale liefern

    static int xalloc();               // liefert Integer und Zeiger (beides mit 0 initialisiert)
    long& iword(int i);                // Zugriff auf Integer iword(i)
    void*& pword(int i);               // Zugriff auf Zeiger pword(i)

    // Callbacks:

    enum event { erase_event, imbue_event, copyfmt_event };   // Ereignistyp

    typedef void (*event_callback)(event, ios_base&, int i);
    void register_callback(event_callback f, int i);   // f mit word(i) verknüpfen
};
```

Manchmal muß ein Implementierer oder Anwender über einen Wechsel im Zustand des Streams
informiert werden. Die Funktion `register_callback()` »registriert« eine Funktion, damit diese aufgerufen wird, wenn ihr »Ereignis« eintritt. Ein Aufruf von `imbue()`, `copyfmt()` oder
`~ios_base()` ruft eine für einen `imbue_event`, `copyfmt_event` bzw. `erase_event` »registrier-
te« Funktion auf. Wenn der Zustand wechselt, werden die registrierten Funktionen mit dem
`register_callback()` übergebenen Argument i aufgerufen.

   Dieser Speicher– und Callback–Mechanismus ist ziemlich obskur. Man sollte ihn nur dann
verwenden, wenn man die Low-level–Hilfsmittel zur Formatierung unbedingt erweitern muß.

21.8   Ein-/Ausgabe von C

Da C++– und C–Code oft vermischt werden, werden Ein– und Ausgaben mit C++–Streams manchmal mit der `printf()`–Familie von C gemischt. Die Ein-/Ausgabe–Funktionen von C werden in
`<cstdio>` und `<stdio.h>` präsentiert. Da C–Funktionen auch von C++ aus aufgerufen werden
können, kann es vorkommen, daß Programmierer die bekannteren Ein-/Ausgabe–Funktionen von
C vorziehen. Sogar wenn man Stream–Ein-/Ausgaben bevorzugt, wird man zweifelsfrei irgendwann mit Ein-/Ausgaben im C–Stil konfrontiert.

   C und C++–Ein-/Ausgaben können zeichenweise vermischt werden. Ein Aufruf von
`sync_with_stdio()` vor der ersten Stream–Operation im laufenden Programm sorgt dafür,
daß Ein-/Ausgabeoperationen im C– und C++–Stil gemeinsame Puffer verwenden:

```
class ios_base {
    // ...
    static bool sync_with_stdio(bool sync = true);   // setzen und liefern
};
```

Der generelle Vorteil der Stream–Ausgabefunktionen gegenüber der Funktion `printf()` aus der C–Standardbibliothek besteht darin, daß Stream–Funktionen typsicher sind und einen gemeinsamen Stil für die Ausgabe von eingebauten und selbstdefinierten Datentypen ermöglichen.

Die allgemeinen Ausgabefunktionen von C sind:

```
int printf(const char* format ...);             // nach stdout schreiben
int fprintf(FILE*, const char* format ...);     // in »Datei« (stdout, stderr) schreiben
int sprintf(char* p, const char* format ...);   // nach p[0]... schreiben
```

Sie produzieren für eine beliebige Folge von Argumenten anhand des Format–Strings `format` eine formatierte Ausgabe. Der Format–String enthält zwei Arten von Objekten: einfache Zeichen, die einfach ausgegeben werden, und Konvertierungsangaben, die jeweils eine Konvertierung und Ausgabe des nächsten Arguments zur Folge haben. Jede Konvertierungsangabe beginnt mit dem Zeichen %. Beispiel:

```
printf("Es waren %d Mitglieder anwesend.", anzahl_der_mitglieder);
```

Hier spezifiziert `%d`, daß `anzahl_der_mitglieder` als `int` behandelt wird und dafür die entsprechende Folge von dezimalen Ziffern ausgegeben wird. Mit `anzahl_der_mitglieder==127` lautet die Ausgabe:

```
Es waren 127 Mitglieder anwesend.
```

Die Menge der Konvertierungsangaben ist ziemlich groß und bietet ein großes Maß an Flexibilität. Hinter % kann stehen:

- Ein optionales Minuszeichen, das im entsprechenden Feld eine linksbündige Ausgabe spezifiziert.

+ Ein optionales Pluszeichen, das spezifiziert, daß ein vorzeichenbehafteter Datentyp immer mit einem Plus– oder Minuszeichen beginnt.

\# Ein optionales Doppelkreuz, das eine konvertierungsabhängige »alternative Darstellung« spezifiziert: Gleitkommawerte immer mit einem Dezimalpunkt, immer auffüllenden Nullen, oktale Werte mit führender 0 und hexadezimale Werte beginnend mit 0x (oder 0X).

d Ein optionaler Ziffern–String, der eine Feldbreite spezifiziert. Hat der Wert weniger Zeichen als die Feldbreite, wird mit Leerzeichen links (oder rechts, wenn linksbündig eingeschaltet wurde) gefüllt. Falls die Feldbreite mit 0 beginnt, wird mit Nullen statt mit Leerzeichen aufgefüllt.

. Ein optionaler Punkt dient dazu, die Feldbreite von einem nachfolgenden Ziffern–String zu trennen.

d Ein optionaler Ziffern–String, der die Genauigkeit angibt. Das sind entweder die Anzahl der Ziffern nach dem Dezimalpunkt bei der e– oder f–Konvertierung oder die maximale Anzahl von Zeichen bei der Ausgabe eines Strings.

* Die Feldbreite oder Genauigkeit darf statt einem Ziffern–String auch ein Stern sein. In dem Fall wird das nächste Funktionsargument als Integer für die Feldbreite oder die Genauigkeit verwendet.

h Ein optionales h spezifiziert, daß die folgenden d, o, x oder u mit einem short Integer korrespondieren.

l   Ein optionales l spezifiziert, daß die folgenden d, o, x oder u mit einem long Integer korrespondieren.

%   veranlaßt die Ausgabe von dem Zeichen %. Es wird kein Funktionsargument verwendet.

c   ein Zeichen, das die Art der Konvertierung angibt. Die Bedeutungen sind:

    d   Ein Integer–Argument wird dezimal ausgegeben.

    o   Ein Integer–Argument wird oktal ausgegeben.

    x   Ein Integer–Argument wird hexadezimal (mit Kleinbuchstaben) ausgegeben.

    X   Ein Integer–Argument wird hexadezimal (mit Großbuchstaben) ausgegeben.

    u   Ein vorzeichenfreier Integer wird dezimal ausgegeben.

    f   Ein float– oder double–Argument wird in eine dezimale Notation im Stil $[-]ddd.ddd$ umgewandelt. Die Anzahl der Ziffern nach dem Dezimalpunkt ist gleich der spezifizierten Genauigkeit. Falls notwendig, wird die Zahl gerundet. Falls die Genauigkeit fehlt, werden sechs Ziffern verwendet. Falls als Genauigkeit explizit 0 und nicht # spezifiziert ist, werden weder Dezimalpunkt noch Nachkommastellen ausgegeben.

    e   Ein float– oder double–Argument wird in eine dezimale Notation im wissenschaftlichen Stil $[-]d.ddde+dd$ oder $[-]d.ddde-dd$ umgewandelt. Vor dem Dezimalpunkt befindet sich eine Ziffer. Die Anzahl der Ziffern nach dem Dezimalpunkt ist gleich der spezifizierten Genauigkeit. Falls notwendig, wird die Zahl gerundet. Falls die Genauigkeit fehlt, werden sechs Ziffern verwendet. Falls als Genauigkeit explizit 0 und nicht # spezifiziert ist, werden weder Dezimalpunkt noch Nachkommastellen ausgegeben.

    E   Wie e, aber mit großem E für den Exponenten.

    g   Ein float– oder double–Argument wird im Stil d, f oder e ausgegeben, je nachdem, womit die größte Genauigkeit bei kleinstem Platzbedarf erreicht wird.

    G   Wie g, aber mit großem E für den Exponenten.

    c   Ein Zeichenargument wird ausgegeben. Null–Zeichen werden ignoriert.

    s   Das Argument wird als String (char*) verwendet, und es werden alle Zeichen des Strings bis zum Null–Zeichen oder bis zur Anzahl der Genauigkeit ausgegeben. Falls die Genauigkeit allerdings 0 ist oder fehlt, werden alle Zeichen bis Null ausgegeben.

    p   Das Argument wird als Zeiger verwendet. Die Darstellung ist implementierungsabhängig.

Ohne oder mit zu kleiner Feldbreite werden keine Zeichen abgeschnitten. Füllzeichen werden nur verwendet, wenn die Feldbreite größer als die Anzahl der Zeichen des Wertes ist.

Hier ist ein komplizierteres Beispiel:

```
char* zeilen_format = "#Zeile %d \"%s\"\n";
int zeile = 13;
char* datei_name = "C++/main.c";

printf("int a;\n");
printf(zeilen_format,zeile,datei_name);
printf("int b;\n");
```

Die Ausgabe dazu lautet:

```
int a;
#Zeile 13 "C++/main.c"
int b;
```

Die Verwendung von `printf()` ist in der Hinsicht, daß keine Typüberprüfung stattfindet, unsicher. Hier ist z.B. eine wohlbekannte Art, unberechenbare Ausgaben, einen Core–Dump oder Schlimmeres zu erhalten:

```
char x;
// ...
printf("bad input char: %s",x);        // sollte %c und nicht %s sein
```

`printf()` bietet allerdings eine große Flexibilität in einer Form, die vielen C–Programmierern bekannt ist.

Entsprechend bietet `getchar()` eine bekannte Möglichkeit, Zeichen aus der Eingabe einzulesen:

```
int i;
while ((i=getchar())!=EOF) {    // Zeicheneingabe in C
        // i verwenden
}
```

Man beachte, daß der Wert von `getchar()` einem `int` und keinem `char` zugewiesen werden muß, um den zurückgelieferten Wert für das Ende der Eingabe mit dem `int`–Wert EOF testen zu können.

Für weitere Details der Ein-/Ausgabe in C sei auf ein C–Referenzhandbuch oder folgendes Buch von Kernighan und Ritchie verwiesen: *Die C Programmiersprache* [Kernighan,1988].

21.9   Ratschläge

1. Definieren Sie << und >> für eigene Datentypen mit Werten, für die es eine sinnvolle textliche Darstellung gibt; §21.2.3, §21.3.5.
2. Verwenden Sie Klammern, wenn Ausdrücke ausgegeben werden, die Operatoren mit niedriger Priorität enthalten; §21.2.
3. Man braucht `istream` und `ostream` nicht zu modifizieren, um neue Operatoren << und >> hinzuzufügen; §21.2.3.
4. Man kann eine Funktion so definieren, daß sie sich so verhält, als wären das zweite oder weitere Argumente `virtual`; §21.2.3.1.
5. Verwenden Sie Low-level–Eingabefunktionen wie `get()` und `read()` nur dann, wenn die Effizienz zur Laufzeit vordringlich ist; §21.3.4.
6. Verwenden Sie Low-level–Eingabefunktionen wie `get()` und `read()` in erster Linie zur Implementierung von High-level–Funktionen; §21.3.4.
7. Seien Sie vorsichtig mit Endekriterien bei Verwendung von `get()`, `getline()` und `read()`; §21.3.4.
8. Ziehen Sie Manipulatoren zum Kontrollieren von Ein-/Ausgaben Zustands–Flags vor; §21.3.3, §21.4, §21.4.6.
9. Verwenden Sie Ausnahmen (nur) zum Abfangen seltener Ein-/Ausgabe–Fehler; §21.3.6.
10. Verknüpfen Sie (`tie()`) Streams für interaktive Ein-/Ausgaben; §21.3.7.
11. Verwenden Sie die Technik von `sentry`, um Einstieg und Ausstieg von vielen Funktionen zusammenzufassen; §21.3.8.
12. Verwenden Sie keine Klammern hinter Manipulatoren ohne Argument; §21.4.6.2.
13. Denken Sie daran, `#include <iomanip>` zu verwenden, wenn Standardmanipulatoren mit Argumenten verwendet werden; §21.4.6.2.

14. Man kann den Effekt (und die Effizienz) eines dreistelligen Operators durch Definition eines einfachen Funktionsobjekts erreichen; §21.4.6.3.
15. Bedenken Sie, daß width–Spezifikationen nur die nachfolgende Ein-/Ausgabeoperation betreffen; §21.4.4.
16. Bedenken Sie, daß precision–Spezifikationen alle nachfolgenden Gleitkomma–Ausgabeoperationen betreffen; §21.4.3.
17. Verwenden Sie String–Streams, um im Speicher zu formatieren; §21.5.3.
18. Man kann für einen File–Stream einen Modus angeben; §21.5.1.
19. Trennen Sie scharf zwischen Formatierung (iostreams) und Pufferung (streambufs), wenn das Ein-/Ausgabe–System erweitert wird; §21.1, §21.6.
20. Implementieren Sie nicht standardisierte Arten, Werte zu übertragen, als Stream–Puffer; §21.6.4.
21. Implementieren Sie nichtstandardisierte Arten, Werte zu formatieren, als Stream–Operationen; §21.2.3, §21.3.5.
22. Man kann anwenderspezifischen Code durch ein Funktionspaar isolieren und kapseln; §21.6.4.
23. Man kann vor dem Lesen in_avail() verwenden, um herauszubekommen, ob eine Eingabeoperation blocken wird; §21.6.4.
24. Unterscheiden Sie zwischen einfachen Operationen, die effizient sein sollten, und Operationen, die Strategien implementieren (machen Sie erstere inline und letztere virtual); §21.6.4.
25. Verwenden Sie locale, um »kulturelle Unterschiede« zu behandeln; §21.7.
26. Verwenden Sie sync_with_stdio(), wenn bei Ein-/Ausgaben C– und C++–Stil gemischt wird; §21.8.
27. Hüten Sie sich vor Typfehlern bei Ein-/Ausgaben im C–Stil; §21.8.

21.10 Übungen

Ü1 (∗1,5) Lesen Sie eine Datei von Gleitkommawerten, machen Sie dabei aus jeweils zwei Gleitkommawerten eine komplexe Zahl, und geben Sie diese wieder aus.

Ü2 (∗1,5) Definieren Sie einen Typ Name_und_Adresse. Definieren Sie << und >> für ihn. Kopieren Sie eine Folge von Name_und_Adresse–Objekten.

Ü3 (∗2,5) Kopieren Sie eine Folge von Name_und_Adresse–Objekten, in die Sie so viele Fehler wie möglich eingebaut haben (z.B. Formatfehler und vorzeitiges String–Ende). Behandeln Sie diese Fehler in einer Weise, daß die Kopierfunktion die meisten der Name_und_Adresse–Objekte mit korrektem Format liest, auch wenn die Eingabe völlig durcheinander ist.

Ü4 (∗2,5) Definieren Sie das Ein-/Ausgabe–Format von Name_und_Adresse neu, so daß es beim Auftreten von Formatfehlern robuster ist.

Ü5 (∗2,5) Entwerfen Sie einige Funktionen, um für verschiedene Datentypen Eingaben anzufordern und die Informationen einzulesen. Vorschläge: Integer, Gleitkommawert, Dateiname, Mail–Adresse, Datum, persönliche Informationen und so weiter. Versuchen Sie, sie »idiotensicher« zu machen.

Ü6 (∗1,5) Schreiben Sie ein Programm, das (a) alle Kleinbuchstaben, (b) alle Buchstaben, (c) alle Buchstaben und Ziffern, (d) alle Zeichen, die in einem C++–Bezeichner vorkommen können, (e) alle Zeichen zur Zeichensetzung, (f) den ganzzahligen Wert aller Kontrollzeichen, (g) alle Trennzeichen/Whitespaces, (h) den ganzzahligen Wert aller Trennzeichen und schließlich (i) alle druckbaren Zeichen ausgibt.

Ü7 (∗2) Lesen Sie eine Folge von Textzeilen in einen Zeichenpuffer mit fester Größe ein. Entfernen Sie alle Trennzeichen/Whitespaces und ersetzen Sie jedes alphanumerische Zeichen durch das nächste Zeichen im Alphabet (ersetze z durch a und 9 durch 0). Geben Sie die resultierende Zeile jeweils aus.

Ü8 (∗3) Schreiben Sie ein »Mini«–I/O-Stream–System, das die Klassen `istream`, `ostream`, `ifstream`, `ofstream` mit Operationen wie `operator<<()` und `operator>>()` für Integer und `open()` und `close()` für Dateien anbietet.

Ü9 (∗4) Implementieren Sie die C–Standardbibliothek für Ein– und Ausgaben (`<stdio.h>`) mit Hilfe der I/O-Stream–Bibliothek von C++ (`iostream>`).

Ü10 (∗4) Implementieren Sie die I/O-Stream–Bibliothek von C++ (`iostream>`) mit Hilfe der C–Standardbiblothek für Ein– und Ausgaben (`<stdio.h>`).

Ü11 (∗4) Implementieren Sie die C– und C++–Bibliotheken so, daß sie gleichzeitig verwendet werden können.

Ü12 (∗2) Implementieren Sie eine Klasse, für die `[]` überladen ist, um wahlfreies Lesen von Zeichen aus einer Datei zu implementieren.

Ü13 (∗3) Wiederholen Sie Ü12, aber ermöglichen Sie das Lesen und Schreiben mit `[]`. Hinweis: Lassen Sie `[]` ein Objekt eines »verweisenden Datentyps« zurückliefern, bei dem Zuweisungen als »weise mit Hilfe des Verweises auf die Datei« und Umwandlungen in `char` als »lies aus der Datei mit Hilfe des Verweises« bedeuten.

Ü14 (∗2) Wiederholen Sie Ü13, aber lassen Sie `[]` Objekte beliebigen Typs, nicht nur Zeichen, indizieren.

Ü15 (∗3,5) Implementieren Sie Versionen von `istream` und `ostream`, die Zahlen in deren binärer Darstellung lesen und schreiben, anstatt sie in Zeichenfolgen umzuwandeln. Diskutieren Sie die Vor– und Nachteile dieses Ansatzes verglichen mit dem zeichenbasierten Ansatz.

Ü16 (∗3,5) Entwerfen und implementieren Sie eine Eingabeoperation mit Suchmuster. Verwenden Sie ein Format im `printf`–Stil, um ein Suchmuster anzugeben. Es sollte möglich sein, bei einer Eingabe mehrere Muster anzugeben, um das jeweilige Format zu finden. Man könnte die Eingabeklasse mit Suchmustern von `istream` ableiten.

Ü17 (∗4) Entwickeln und implementieren Sie ein erheblich besseres Format für Suchmuster. Geben Sie an, was dabei besser ist.

Ü18 (∗2) Definieren Sie einen Ausgabemanipulator `basis`, dem zwei Argumente übergeben werden — eine Basis und einen `int`–Wert — und der den Integer in dem von der Basis spezifizierten Zahlensystem darstellt. Mit `basis(2,9)` soll z.B. `1001` ausgegeben werden.

Ü19 (∗2) Schreiben Sie Manipulatoren, die das Echo für Zeichen ein– und ausschalten.

Ü20 (∗2) Implementieren Sie GebundenesFormat aus §21.4.6.3 für die üblichen eingebauten Datentypen.

Ü21 (∗2) Implementieren Sie GebundenesFormat aus §21.4.6.3 neu, so daß bei einer Ausgabeoperation kein Überlauf der `width()` passiert. Es sollte für einen Programmierer möglich sein, sicherzustellen, daß Ausgaben nie einfach jenseits der spezifizierten Genauigkeit abgeschnitten werden.

Ü22 (∗3) Implementieren Sie einen Manipulator `encrypt(k)`, der sicherstellt, daß die Ausgaben auf seinem `ostream` mit dem Schlüssel k verschlüsselt werden. Stellen Sie einen entsprechenden Manipulator `decrypt(k)` zur Verfügung. Bieten Sie Möglichkeiten, die Verschlüsselung auszuschalten, damit nachfolgende Ein-/Ausgaben im Klartext möglich sind.

Ü23 (∗2) Verfolgen Sie den Weg eines Zeichens durch Ihr System von der Tastatur bis auf den Bildschirm für folgenden einfachen Fall:

```
char c;
cin >> c;
cout << c << endl;
```

Ü24 (∗2) Modifizieren Sie readints() aus §21.3.6, um alle Ausnahmen zu behandeln. Hinweis: Ressourcenanforderung ist Initialisierung.

Ü25 (∗2,5) Es gibt eine standardisierte Art, ein Datum in Abhängigkeit von einem Locale zu lesen, zu schreiben und darzustellen. Finden Sie es in der Dokumentation Ihrer Implementierung, und schreiben Sie ein kleines Programm, das Datumsangaben liest und wieder ausgibt. Hinweis: struct tm.

Ü26 (∗2,5) Definieren Sie einen ostream mit Namen ostrstream, der mit einem Feld von Zeichen (ein C–String) in ähnlicher Weise verknüpft werden kann, wie man einen ostringstream an einen string knüpfen kann. Kopieren Sie das Feld allerdings in den ostrstream oder aus ihm heraus. Der ostrstream sollte einfach eine Möglichkeit bieten, in ein Feldargument schreiben zu können. Er könnte zur Formatierung von Speicher wie folgt verwendet werden:

```
char buf[message_size];
ostrstream ost(buf,message_size);
mach_etwas(arguments,ost);          // nach buf mit ost schreiben
cout << buf;
```

Eine Operation, wie mach_etwas(), kann mit den standardisierten Ausgabeoperationen in den Stream ost schreiben, ost an Unteroperationen übergeben und so weiter. Man braucht nicht auf einen Überlauf zu testen, da ost seine Größe kennt und in den Zustand fail() kommt, wenn er voll ist. Schließlich kann eine Operation display() die Nachricht auf einem »wirklichen« Ausgabe–Stream ausgeben. Diese Technik kann vor allem dann sinnvoll sein, wenn abschließende Ausgabeoperationen bei etwas durchgeführt werden, das komplizierter als die üblichen zeilenorientierten Ausgabegeräte ist. Der Text von ost könnte z.B. an eine bestimmte Stelle des Bildschirms plaziert werden. Definieren Sie eine entsprechende Klasse istrstream als Eingabe–String–Stream, die aus einem null–terminierten String von Zeichen liest. Interpretieren Sie die abschließende Null im String als Ende der Daten (EOF). Diese strstreams waren Teil der ursprünglichen Stream–Bibliothek und können oft in <strstream.h> gefunden werden.

Ü27 (∗2,5) Implementieren Sie einen Manipulator allgemein(), der einen Stream auf die gleiche Weise in sein originales (allgemeines) Format setzt, wie scientific() (§21.4.6.2) einen Stream in ein wissenschaftliches Format setzt.

Numerik

22

22.1 Einführung

Es passiert selten, daß in der Praxis Code geschrieben wird, der ohne Berechnungen auskommt. Meistens wird allerdings nur wenig Mathematik gebraucht, die über einfache Arithmetik hinausgeht. Dieses Kapitel präsentiert die Angebote der Standardbibliothek für Personen, die über dieses Maß hinausgehen.

Weder C noch C++ wurden entworfen, um numerische Berechnungen durchzuführen. Numerische Berechnungen treten allerdings üblicherweise im Rahmen anderer Arbeiten auf (Datenbankzugriffe, Netzwerkmanagement, Instrumentenkontrolle, Graphik, Simulationen, Finanzanalysen etc.). Somit wird C++ ein attraktives Ausdrucksmittel für Berechnungen, die Teil eines größeren Systems sind. Außerdem haben sich numerische Methoden zu mehr als einfachen Schleifen über Vektoren aus Gleitkommawerten entwickelt. Wenn komplexere Datenstrukturen Teil einer Berechnung werden, kommen die Stärken von C++ ins Spiel. Dies hat zur Folge, daß C++ zunehmend für wissenschaftliche und technische Berechnungen mit hochentwickelter Numerik verwendet wird. Als Konsequenz tauchen Hilfsmittel und Techniken zur Unterstützung solcher Berechnungen auf. Dieses Kapitel beschreibt die Teile der Standardbibliothek, die Numerik unterstützen, und präsentiert einige Techniken zum Umgang mit Problemen, die auftreten, wenn numerische Berechnungen in C++ durchgeführt werden. Ich mache nicht den Versuch, numerische Methoden zu lehren. Numerische Berechnungen bilden für sich betrachtet ein faszinierendes Gebiet. Um es zu verstehen, braucht man eine gute Schulung in numerischen Methoden oder zumindest ein gutes Buch dazu. Ein Handbuch über und eine Einführung in eine Programmiersprache reichen dazu nicht aus.

22.2 Numerische Limits

Um irgend etwas Interessantes mit Zahlen durchführen zu können, muß man üblicherweise eher etwas über die generellen Eigenschaften der eingebauten numerischen Datentypen als über die dazugehörigen Regeln der Sprache (§4.6) wissen. Welchen Wert hat z.B. der größte int? Welches ist der kleinste float? Wird ein double gerundet oder abgeschnitten, wenn er einem float zugewiesen wird? Wie viele Bits hat ein char?

Die Antworten zu solchen Fragen werden von den Spezialisierungen des Templates numeric_limits in <limits> präsentiert. Beispiel:

```
void f (double d, int i)
{
    if (numeric_limits<unsigned char>::digits != 8) {
        // ungewöhnliche Bytes (keine 8 Bits)
    }

    if (i<numeric_limits<short>::min() || numeric_limits<short>::max()<i) {
        // i kann nicht ohne Wertverlust in einem short gespeichert werden
    }

    if (0 < d && d < numeric_limits<double>::epsilon()) d = 0;

    if (numeric_limits<Quad>::is_specialized) {
        // Informationen zu den Limits sind auch für den Datentyp Quad vorhanden
    }
}
```

Jede Spezialisierung liefert die entsprechenden Informationen für ihren Argumenttyp. Das allgemeine Template numeric_limits ist somit nur ein Gerüst für eine Reihe von Konstanten und Inline–Funktionen:

```
template<class T>
class numeric_limits {
public:
    static const bool is_specialized = false;
        // Informationen für numeric_limits<T> vorhanden?

    // uninteressante Defaults
};
```

Die eigentlichen Informationen kommen von den Spezialisierungen. Jede Implementierung der Standardbibliothek stellt eine Spezialisierung der numeric_limits für jeden fundamentalen Datentyp (Zeichentypen, Integer, Gleitkommatypen und bool), aber nicht für andere plausible Kandidaten wie void, Aufzählungstypen oder Bibliothekstypen (wie complex<double>) zur Verfügung.

Für einen ganzzahligen Datentyp wie char sind nur einige wenige Informationen von Interesse. Hier ist numeric_limits<char> für eine Implementierung, in der char 8 Bit hat und vorzeichenbehaftet ist:

```
class numeric_limits<char> {
public:
    static const bool is_specialized = true;    // Ja, wir haben Informationen

    static const int digits = 7;    // Anzahl der Bits (»binäre Ziffern«) ohne Vorzeichen

    static const bool is_signed = true;    // in dieser Implementierung vorzeichenbehaftet
```

```
          static const bool is_integer = true;   // char ist ein ganzzahliger Datentyp

       static char min() throw() { return -128; }   // kleinster Wert
       static char max() throw() { return 127; }     // größter Wert

          // zahlreiche weitere für char irrelevante Informationen
   };
```

Die meisten Elemente der `numeric_limits` dienen dazu, Gleitkommawerte zu beschreiben. Das nachfolgende ist z.B. eine mögliche Implementierung für `float`:

```
class numeric_limits<float> {
public:
       static const bool is_specialized = true;

       static const int radix = 2;        // Basis des Exponenten (hier binär)
       static const int digits = 24;      // Anzahl der Ziffern in der Mantisse im radix-System
       static const int digits10 = 6;     // Anzahl der Ziffern in der Mantisse im 10er-System

       static const bool is_signed = true;
       static const bool is_integer = false;
       static const bool is_exact = false;

       inline static float min() throw() { return 1.17549435E-38F; }
       inline static float max() throw() { return 3.40282347E+38F; }

       inline static float epsilon() throw() { return 1.19209290E-07F; }
       inline static float round_error() throw() { return 0.5F; }

       inline static float infinity() throw() { return /* ein Wert */; }
       inline static float quiet_NaN() throw() { return /* ein Wert */; }
       inline static float signaling_NaN() throw() { return /* ein Wert */; }
       inline static float denorm_min() throw() { return min(); }

       static const int min_exponent = -125;
       static const int min_exponent10 = -37;
       static const int max_exponent = +128;
       static const int max_exponent10 = +38;

       static const bool has_infinity = true;
       static const bool has_quiet_NaN = true;
       static const bool has_signaling_NaN = true;
       static const float_denorm_style has_denorm = denorm_absent;  // enum in <limits>
       static const bool has_denorm_loss = false;

       static const bool is_iec559 = true;        // konform zu IEC-559
       static const bool is_bounded = true;
       static const bool is_modulo = false;

       static const bool traps = true;
       static const bool tinyness_before = true;
```

```
        static const float_round_style round_style = round_to_nearest;
};
```

Man beachte, daß min() die kleinste *positive* normalisierte Zahl und epsilon die kleinste positive Gleitkommazahl ist, bei der 1+epsilon-1 darstellbar ist.

Wenn man als Ergänzung der eingebauten Datentypen neue skalare Datentypen definiert, ist es eine gute Idee, auch eine entsprechende Spezialisierung der numeric_limits anzubieten. Wenn ich z.B. einen Datentyp Quad mit vierfacher Genauigkeit schreibe oder wenn ein Hersteller einen Integer long long mit erweiterter Genauigkeit anbietet, kann ein Anwender mit gutem Grund davon ausgehen, daß numeric_limits<Quad> und numeric_limits<long long> definiert sind.

Man kann sich sicher Spezialisierungen der numeric_limits zur Beschreibung von Datentypen vorstellen, die mit Gleitkommazahlen wenig gemeinsam haben. In dem Fall ist es normalerweise besser, die allgemeine Technik zum Beschreiben von Eigenschaften eines Datentyps zu verwenden, als numeric_limits mit Eigenschaften zu spezialisieren, die nicht im Standard vorgesehen sind.

Gleitkommawerte werden als Inline–Funktionen dargestellt. Ganzzahlige Werte müssen in den numeric_limits allerdings in einer Form dargestellt werden, die deren Verwendung in konstanten Ausdrücken ermöglicht. Das bedeutet, daß sie in der Klasse Initialisierer haben müssen (§10.4.6.2). Falls man dafür Elemente vom Typ static const statt Aufzählungstypen verwendet, darf man das static nicht vergessen.

22.2.1 Limit–Makros

C++ hat von C Makros übernommen, die die Eigenschaften von Integern beschreiben. Diese können in <climits> und <limits.h> gefunden werden und tragen Namen wie CHAR_BIT und INT_MAX. Entsprechend werden in <cfloat> und <float.h> Makros zur Beschreibung der Eigenschaften von Gleitkommazahlen definiert. Sie tragen Namen wie DBL_MIN_EXP, FLT_RADIX und LDBL_MAX.

Wie immer sollten Makros möglichst vermieden werden.

22.3 Mathematische Standardfunktionen

Die Headerdateien <cmath> und <math.h> stellen etwas zur Verfügung, das im allgemeinen als »die üblichen mathematischen Funktionen« bezeichnet wird:

```
double abs (double);           // Absolutwert; nicht in C, entspr. fabs()
double fabs (double);          // Absolutwert

double ceil (double d);        // kleinster Integer nicht kleiner als d
double floor (double d);       // größter Integer nicht größer als d

double sqrt (double d);        // Quadratwurzel von d, d darf nicht negativ sein

double pow (double d, double e);   // d hoch e; Fehler, falls d==0 und e<=0 oder
                                   // falls d<0 und e nicht ganzzahlig
double pow (double d, int i);      // d hoch i; nicht in C
```

```
double cos (double);                    // Cosinus
double sin (double);                    // Sinus
double tan (double);                    // Tangens

double acos (double);                   // Arcus-Cosinus
double asin (double);                   // Arcus-Sinus
double atan (double);                   // Argus-Tangens
double atan2 (double x, double y);      // atan(x/y)

double sinh (double);                   // Sinus hyperbolicus
double cosh (double);                   // Cosinus hyperbolicus
double tanh (double);                   // Tangens hyperbolicus

double exp (double);                    // Exponentialfunktion zur Basis e
double log (double d);                  // natürlicher Logarithmus (Basis e), d muß > 0 sein
double log10 (double d);                // Logarithmus zur Basis 10, d muß > 0 sein

double modf (double d, double* p);      // fraktalen Teil von d liefern,
                                        // integralen Teil in *p eintragen
double frexp (double d, int* p);        // x in [.5,1) und y so finden, daß d=x*pow(2,y);
                                        // x liefern und y in *p eintragen

double fmod (double d, double m);       // Rest nach Gleitkommadivision,
                                        // gleiches Vorzeichen wie d
double ldexp (double d, int i);         // d*pow(2,i)
```

Diese Funktionen werden in <cmath> und <math.h> auch für die Datentypen float und long double definiert.

Wenn, wie bei asin(), mehrere Ergebniswerte möglich sind, wird der Wert der Hauptfunktion (der Wert, der am dichtesten an 0 liegt) zurückgeliefert. Das Ergebnis von acos() ist nicht negativ.

Fehler werden dadurch gemeldet, daß errno von <cerrno> auf EDOM (wenn ein Argument keinen zulässigen Wert besitzt) oder ERANGE (wenn das Ergebnis zu groß oder zu klein ist) gesetzt wird. Beispiel:

```
void f()
{
    errno = 0;        // alten Fehlerzustand löschen
    sqrt(-1);
    if (errno == EDOM) cerr << "sqrt() nicht für negative Werte definiert";
    pow (numeric_limits<double>::max(),2);
    if (errno == ERANGE) cerr << "Ergebnis von pow() ist zu groß für double";
}
```

Aus historischen Gründen befinden sich einige mathematische Funktionen in <cstdlib> statt in <cmath>:

```
int abs (int);          // Absolutwert
long abs (long);        // Absolutwert; nicht in C
long labs (long);       // Absolutwert

struct div_t { implementierungsspezifisch quot, rem; };
struct ldiv_t { implementierungsspezifisch quot, rem; };
```

```
div_t div (int n, int d);            // n durch d teilen, (Quotient,Rest) liefern
ldiv_t div (long int n, long int d); // n durch d teilen, (Quotient,Rest) liefern; nicht in C
ldiv_t ldiv (long int n, long int d); // n durch d teilen, (Quotient,Rest) liefern
```

22.4   Vektorarithmetik

Viel numerische Arbeit basiert auf relativ einfachen eindimensionalen Vektoren aus Gleitkommawerten. Dies sieht man insbesondere daran, daß Vektoren von hochperformanten Maschinenar-
chitekturen gut unterstützt werden, Bibliotheken für solche Vektoren weit verbreitet sind und auf
vielen Gebieten eine sehr aggressive Optimierung für solchen Code als essentiell betrachtet wird.
Als Konsequenz bietet die Standardbibliothek einen Vektor, *Valarray* genannt, der insbesondere
für die Geschwindigkeit üblicher numerischer Vektoroperationen entworfen wurde.

Wenn man die Valarray–Hilfsmittel betrachtet, sollte man bedenken, daß sie als relativer Low-
level–Baustein für hochperformante Berechnungen gedacht sind. Als Designkriterien standen in
erster Linie nicht die einfache Verwendung, sondern der effektive Einsatz von hochperformanten
Computern auf Basis aggressiver Optimierungen im Vordergrund. Falls Flexibilität und Allgemeingültigkeit wichtiger als Effizienz sind, sollte man besser die Standardcontainer aus Kapitel 16
und Kapitel 17 verwenden, anstatt zu versuchen, das einfache, effiziente und bewußt traditionelle
Framework von `valarray` einzusetzen.

Man könnte argumentieren, daß `valarray` `vector` heißen müßte, da es ein traditioneller mathematischer Vektor ist, und daß `vector` (§16.3) `array` genannt werden müßte. Dies entspricht
allerdings nicht der Entwicklung der Terminologie. Ein `valarray` ist ein für numerische Berechnungen optimierter Vektor, ein `vector` ist ein flexibler Container, der für das Verwalten und Manipulieren von Objekten mit einer großen Bandbreite von Datentypen entworfen wurde, und ein
Array (Feld) ist ein eingebauter Low-level–Datentyp.

Der Datentyp `valarray` wird durch vier Hilfstypen unterstützt, die zur Spezifikation von Teilmengen aus einem Valarray dienen:
1. `slice_array` und `gslice_array` repräsentieren den Gedanken von Slices (§22.4.6, §22.4.8),
2. `mask_array` spezifiziert eine Teilmenge, indem jedes Element als dazugehörig oder nicht dazugehörig markiert wird (§22.4.9) und
3. `indirect_array` listet die Indizes der in Frage kommenden Elemente auf (§22.4.10).

22.4.1   Erzeugen von Valarrays

Der Datentyp `valarray` und die dazugehörigen Hilfsmittel werden im Namensbereich `std` definiert und in `<valarray>` präsentiert:

```
template<class T> class std::valarray {
    // interne Darstellung
public:
    typedef T value_type;

    valarray();                       // valarray mit size()==0
    explicit valarray (size_t n);     // n Elemente mit Wert T()
    valarray (const T& wert, size_t n); // n Elemente mit Wert wert
    valarray (const T* p, size_t n);  // n Elemente mit Werten n[0], n[1], ...
```

```
valarray (const valarray& v);          // Kopie von v

valarray (const slice_array<T>&);      // siehe §22.4.6
valarray (const gslice_array<T>&);     // siehe §22.4.8
valarray (const mask_array<T>&);       // siehe §22.4.9
valarray (const indirect_array<T>&);   // siehe §22.4.10

~valarray();

// ...
};
```

Diese Menge an Konstruktoren ermöglicht unter anderem die Initialisierung von Valarrays durch numerische Hilfstypen und einzelne Werte. Beispiel:

```
valarray<double> v0;                   // Platzhalter, Zuweisungen folgen später
valarray<float> v1(1000);              // 1000 Elemente mit Wert float()==0.0F

valarray<int> v2(-1,2000);             // 2000 Elemente mit Wert -1
valarray<double> v3(100,9.8064);       // Fehler: Gleitkommawert als Größe (wird gerundet)

valarray<double> v4 = v3;              // v4 hat v3.size() Elemente
```

Im Konstruktor mit zwei Argumenten wird der Wert vor der Anzahl der Elemente angegeben. Dies unterscheidet sich von den Konventionen anderer Standardcontainer (§16.3.4).

Wenn ein Valarray einem Copy–Konstruktor als Argument übergeben wird, legt dessen Anzahl von Elementen die Größe des erzeugten Valarrays fest.

Die meisten Programme brauchen Daten aus Tabellen oder der Eingabe. Dies wird durch einen Konstruktor unterstützt, der Elemente aus einem eingebauten Feld kopiert. Beispiel:

```
const double vd[] = { 0, 1, 2, 3, 4 };
const int vi[] = { 0, 1, 2, 3, 4 };

valarray<double> v3(vd,4);             // 4 Elemente: 0,1,2,3
valarray<double> v4(vi,4);             // Typfehler: vi ist kein Zeiger auf double
valarray<double> v5(vd,8);             // undefiniert: zu wenig Elemente zur Initialisierung
```

Diese Form der Initialisierung ist wichtig, da numerische Software Daten üblicherweise in Form von großen Feldern produziert.

Valarrays und die dazugehörigen Hilfsmittel wurden für Berechnungen mit hoher Geschwindigkeit entworfen. Dies spiegelt sich durch einige Einschränkungen für die Anwender und einige Freiheiten für die Implementierer wider. Im Prinzip kann eine Implementierung von valarray so ziemlich jede Optimierungstechnik verwenden, die man sich denken kann. Operationen können z.B. inline sein, und es wird davon ausgegangen, daß die Valarray–Operationen frei von Seiteneffekten sind (außer für die expliziten Argumente natürlich). Es wird außerdem vorausgesetzt, daß Valarrays alias–frei sind, und es ist sowohl die Einführung von Hilfstypen als auch die Eliminierung von temporären Objekten erlaubt, solange die grundlegende Semantik der Operationen beibehalten wird. Die Deklarationen in <valarray> können somit etwas anders als hier (und im Standard) aussehen, sie bieten aber die gleichen Operationen mit der gleichen Bedeutung von Code, solange dieser die Regeln nicht durchbricht. Die Elemente von Valarrays sollten insbesondere die üblichen Kopiersemantiken besitzen (§17.1.4).

22.4.2   Indexzugriff und Zuweisungen für Valarrays

Der Indexoperator wird bei Valarrays sowohl für den Zugriff auf einzelne Elemente verwendet als auch, um Teilmengen zu bekommen:

```
template<class T> class valarray {
public:
    // ...
    valarray& operator= (const valarray& v);        // v kopieren
    valarray& operator= (const T& wert);            // allen Elementen wert zuweisen

    T operator[] (size_t) const;
    T& operator[] (size_t);

    valarray operator[] (slice) const;              // siehe §22.4.6
    slice_array<T> operator[] (slice);

    valarray operator[] (const gslice&) const;      // siehe §22.4.8
    gslice_array<T> operator[] (const gslice&);

    valarray operator[] (const valarray<bool>&) const;    // siehe §22.4.9
    mask_array<T> operator[] (const valarray<bool>&);

    valarray operator[] (const valarray<size_t>&) const;  // siehe §22.4.10
    indirect_array<T> operator[] (const valarray<size_t>&);

    valarray& operator= (const slice_array<T>&);    // siehe §22.4.6
    valarray& operator= (const gslice_array<T>&);   // siehe §22.4.8
    valarray& operator= (const mask_array<T>&);     // siehe §22.4.9
    valarray& operator= (const indirect_array<T>&); // siehe §22.4.10

    // ...
};
```

Ein Valarray kann einem anderen mit der gleichen Größe zugewiesen werden. Wie jedermann erwartet, wird durch v1=v2 jedes Element von v2 an die korrespondierende Stelle von v1 kopiert. Falls Valarrays unterschiedliche Größen haben, ist das Ergebnis der Zuweisung undefiniert. Da Valarrays in bezug auf Geschwindigkeit optimiert wurden, wäre es nicht sinnvoll festzulegen, daß bei Zuweisung eines Valarrays mit der falschen Größe ein leicht verstehbaren Fehler (wie eine Ausnahme) ausgelöst oder auf andere Art »vernünftig« reagiert wird.

Zusätzlich zu den herkömmlichen Zuweisungen kann ein einzelner Wert zugewiesen werden. Mit v=7 wird z.B. jedem Element vom Valarray v der Wert 7 zugewiesen. Dies mag überraschen und wird am besten als gelegentlich nützlicher degenerierter Fall von operierenden Zuweisungen (§22.4.3) verstanden.

Der Indexzugriff mit einem Integer verhält sich wie üblich und führt keine Bereichsprüfung durch.

Zusätzlich zum Selektieren einzelner Elemente gibt es vier Möglichkeiten, Teilmengen aus dem Valarray zu bilden (§22.4.6). Umgekehrt können solche Teilmengen als Operanden bei Zuweisungen (und Initialisierungen, §22.4.1) verwendet werden. Die Zuweisungen stellen sicher, daß ein Hilfstyp von Valarrays, wie slice_array, direkt zugewiesen werden kann und nicht erst in ein Valarray umgewandelt werden muß. Eine Implementierung kann dies aus Effizienzgründen auch für andere Vektoroperationen, wie + oder *, durchführen. Zusätzlich existieren viele mächtige Optimierungstechniken für Vektoren, die `slices` und die anderen Hilfstypen betreffen.

22.4.3 Elementoperationen

Die folgenden offensichtlichen und ein paar nicht ganz so offensichtliche Elementfunktionen werden angeboten:

```
template <class T> class valarray {
public:
    // ...

    valarray& operator*= (const T& wert);    // v[i]*=wert für jedes Element
    // entsprechend: /=, %=, +=, -=, ^=, &=, |=, <<= und >>=

    T sum() const;                           // Summe aller Elemente
    T min() const;                           // Minimum aller Elemente
    T max() const;                           // Maximum aller Elemente

    valarray shift (int i) const;            // log. Shift (links für 0<i, rechts für i<0)
    valarray cshift (int i) const;           // zykl. Shift (links für 0<i, rechts für i<0)

    valarray apply (T f(T)) const;           // [i]=f(v[i]) für jedes Element liefern
    valarray apply (T f(const T&)) const;

    valarray operator-() const;              // [i]=-v[i] für jedes Element liefern
    // entsprechend: +, ~, !

    size_t size() const;                     // Anzahl der Elemente
    void resize (size_t n, const T& wert=T()); // n Elemente mit Wert wert
};
```

Falls v z.B. ein `valarray` ist, kann es mit `v*=.2` und `v/=1.3` skaliert werden. Die Anwendung eines skalaren Werts auf einen Vektor bedeutet, daß der Wert auf jedes Element des Vektors angewendet wird. Wie üblich ist es einfacher, Anwendungen von `*=` als Kombinationen von `*` und `=` zu optimieren (§11.3.1).

Man beachte, daß die Operationen, die keine Zuweisungen sind, ein neues Valarray erzeugen. Beispiel:

```
double inkr (double d) { return d+1; }

void f (valarray<double>& v)
{
    valarray<double> v2 = v.apply(inkr);    // erzeugt inkrementiertes valarray
}
```

Damit wird der Wert von v nicht verändert. Leider akzeptiert `apply()` keine Funktionsobjekte (§18.4) als Argumente (§22.9–Ü1).

Die logische und die zyklische Shift–Funktion, `shift()` und `cshift()`, liefern ein neues Valarray mit den entsprechend geshifteten Elementen und lassen das ursprüngliche Valarray unverändert. Der zyklische Shift `v2=v.cshift(n)` erzeugt z.B. ein `valarray`, in dem

v2[i]==v[(i+n)%v.size()] gilt. Der logische Shift v3=v.shift(n) erzeugt ein valarray,
in dem v3[i]==v[i+n] gilt, falls i+n ein gültiger Index in v ist. Ansonsten ist das Ergebnis der
Default–Wert des Elementtyps. Dies bedeutet, daß sowohl shift() als auch cshift() nach links
shiften, falls das Argument positiv ist, und nach rechts shiften, falls das Argument negativ ist.
Beispiel:

```
void f()
{
    int alpha[] = { 1, 2, 3, 4, 5, 6, 7, 8 };
    valarray<int>v(alpha,8);             // 1 2 3 4 5 6 7 8
    valarray<int>v2 = v.shift(2);        // 3 4 5 6 7 8 0 0
    valarray<int>v3 = v<<2;              // 4 8 12 16 20 24 28 32
    valarray<int>v4 = v.shift(-2);       // 0 0 1 2 3 4 5 6
    valarray<int>v5 = v>>2;              // 0 0 0 1 1 1 1 2
    valarray<int>v6 = v.cshift(2);       // 3 4 5 6 7 8 1 2
    valarray<int>v7 = v.cshift(-2);      // 7 8 1 2 3 4 5 6
}
```

Für Valarrays sind << und >> Shift–Operatoren für Bits in den Elementen und weder Shift–
Operatoren für die Elemente der Menge noch Ein-/Ausgabeoperatoren (§22.4.4). Als Konsequenz
können <<= und >>= dazu verwendet werden, Bits bei ganzzahligen Elementen zu shiften. Beispiel:

```
void f (valarray<int> vi, valarray<double> vd)
{
    vi <<= 2;      // vi[i]<<=2 für alle Elemente von vi
    vd <<= 2;      // Fehler: Shift ist für Gleitkommawerte nicht definiert
}
```

Es ist möglich, die Größe eines Valarrays zu verändern. Die Operation resize() dient allerdings
nicht dazu, aus valarray eine Datenstruktur zu machen, die wie vector und string dynamisch
wachsen kann. Statt dessen ist resize() eine Reinitialisierung, die den bisherigen Inhalt durch
eine Menge von Default–Werten ersetzt. Die alten Werte gehen verloren.

Oft wird resize() für einen Vektor aufgerufen, der zunächst leer erzeugt wurde. Man könnte
ein Valarray z.B. wie folgt mit einer Eingabe initialisieren:

```
void f()
{
    int n = 0;
    cin >> n;                          // Valarray-Größe einlesen
    if (n<=0) fehler("fehlerhafte Elementanzahl");

    valarray<double> v(n);             // Valarray der entsprechenden Größe anlegen
    int i = 0;
    while (i<n && cin>>v[i++]);         // Valarray füllen
    if (i!=n) fehler("zu wenig Elemente in der Eingabe");

    // ...
}
```

Falls man die Eingabe in einer separaten Funktion vornehmen will, kann man das wie folgt tun:

```
void initialisiere_von_cin (valarray<double>& v)
{
    int n = 0;
    cin >> n;                    // Valarray-Größe einlesen
    if (n<=0) fehler("fehlerhafte Elementanzahl");

    v.resize(n);                 // Valarray die richtige Größe geben
    int i = 0;
    while (i<n && cin>>v[i++]);   // Valarray füllen
    if (i!=n) fehler("zu wenig Elemente in der Eingabe");
}


void g()
{
    valarray<double> v;          // Default-Valarray anlegen
    initialisiere_von_cin(v);    // v die richtige Größe geben und mit Elementen füllen
    // ...
}
```

Auf diese Weise wird das Kopieren großer Datenmengen vermieden.

Falls die Daten eines Valarrays beim Wachsen erhalten bleiben müssen, muß eine temporäre Variable verwendet werden:

```
void wachsen (valarray<int>& v, size_t n)
{
    if (n<=v.size()) return;

    valarray<int> tmp(n);        // n Default-Elemente

    copy(&v[0],&v[v.size()],&tmp[0]);  // Kopieralgorithmus von §18.6.1
    v.resize(n);
    copy(&tmp[0],&tmp[v.size()],&v[0]);
}
```

Dies ist *nicht* die Art von Anwendung, wofür `valarray` gedacht ist. Ein Valarray sollte, nachdem es seinen Initialwert erhalten hat, seine Größe nicht mehr verändern.

Die Elemente eines Valarrays bilden eine Sequenz. Das bedeutet, daß `v[0]`...`v[n-1]` hintereinander im Speicher abgelegt werden. Dies bedeutet, daß `T*` ein Random-Access–Iterator (§19.2.1) ist, so daß Standardalgorithmen wie `copy()` verwendet werden können. Es entspricht allerdings mehr dem Geist von `valarray`, wenn mit Hilfe von Zuweisungen und Teilmenge kopiert wird:

```
void wachsen2 (valarray<int>& v, size_t n)
{
    if (n<=v.size()) return;

    valarray<int> tmp = v;
    slice s(0,v.size(),1);       // Teilmenge von v.size() Elementen (siehe §22.4.5)

    v.resize(n);                 // das Ändern der Größe macht Elementwerte ungültig
    v[s] = tmp;                  // Elemenmte in den ersten Teil von v zurückkopieren
}
```

Falls die einzulesenden Daten aus irgendwelchen Gründen so organisiert sind, daß man die Anzahl
der Elemente nicht vorher weiß und erst zählen muß, ist es üblicherweise am besten, die Eingabe
in einen `vector` (§16.3.5) einzulesen und die Elemente dann in ein `valarray` zu kopieren.

22.4.4   Weitere Operationen

Es werden die üblichen zweistelligen Operationen und mathematischen Funktionen angeboten:

```
template<class T> valarray<T> operator* (const valarray<T>&,
                                         const valarray<T>&);
template<class T> valarray<T> operator* (const valarray<T>&, const T&);
template<class T> valarray<T> operator* (const T&, const valarray<T>&);

// entsprechend: /, %, +, -, ^, &, |, <<, >>, &&, ||, ==, !=, <, >, <=, >=,
//               atan2 und pow


template<class T> valarray<T> abs (const valarray<T>&);

// entsprechend: sin, cos, tan, asin, acos, atan, sinh, cosh, tanh, exp, log und log10
```

Die zweistelligen Operationen sind für Valarrays und Kombinationen eines Valarrays mit dessen
skalarem Typ definiert. Beispiel:

```
void f (valarray<double>& v, valarray<double>& v2, double d)
{
    valarray<double> v3 = v*v2;      // v3[i]=v[i]*v2[i] für alle i
    valarray<double> v4 = v*d;       // v4[i]=v[i]*d für alle i
    valarray<double> v5 = d*v2;      // v5[i]=d*v2[i] für alle i

    valarray<double> v6 = cos(v);    // v6[i]=cos(v[i]) für alle i
}
```

Diese Valarray–Operationen wenden ihre Operationen auf jedes Element ihres/ihrer Operanden an,
so wie es die Beispiele * und `cos()` zeigen. Eine Operation kann natürlich nur dann angewendet
werden, wenn sie für die Datentypen der Template–Argumente auch definiert ist. Ansonsten wird
der Compiler einen Fehler melden, wenn er versucht, das Template zu spezialisieren (§13.5).

Wenn das Ergebnis ein Valarray ist, hat es die gleiche Anzahl von Elementen wie die
`valarray`–Operanden. Falls die Anzahl bei zwei Valarrays verschieden ist, ist das Ergebnis der
Operation undefiniert.

Kurioserweise werden für Valarrays keine Ein-/Ausgabeoperatoren angeboten (§22.4.3); <<
und >> dienen nur als Shift–Operatoren. Ein-/Ausgabe–Versionen von << und >> können allerdings
leicht definiert werden (§22.9–Ü5).

Man beachte, daß diese Operationen neue Valarrays liefern und die Operanden nicht verändern.
Dies kann teuer sein, muß es aber nicht, sofern aggressive Optimierungstechniken verwendet werden (siehe z.B. §22.4.7).

All diese Operatoren und mathematischen Funktionen können auch auf `slice_arrays`
(§22.4.6), `gslice_arrays` (§22.4.8), `mask_arrays` (§22.4.9) und `indirect_arrays` (§22.4.10)
angewendet werden. Implementierungen können Operatoren, die keine Valarrays sind, vor
Durchführung der Operation allerdings erst in ein Valarray umwandeln.

22.4.5 Slices

Ein *Slice* ist eine Abstraktion, die es ermöglicht, Vektoren als Matrizen mit beliebig vielen Dimensionen zu betrachten. Dies ist der entscheidende Gedanke von Fortran–Vektoren und bei der BLAS–Bibliothek (Basic Linear Algebra Subprograms), die als Basis vieler numerischer Berechnungen dient. Im Grunde ist ein Slice jedes *n*te Element eines Teils eines Valarrays:

```cpp
class std:: slice {
    // Startindex, Anzahl und Abstand
public:
    slice();
    slice(size_t start, size_t size, size_t stride);

    size_t start() const;        // Index des ersten Elements
    size_t size() const;         // Anzahl der Elemente
    size_t stride() const;       // Abstand; Element n befindet sich bei start()+n*stride()
};
```

`stride()` ist der Abstand (in Anzahl von Elementen) zwischen zwei Elementen des Slices. Damit beschreibt ein Slice eine Sequenz von Integern. Beispiel:

```cpp
size_t slice_index (const slice& s, size_t i)  // i in korrespondierenden Index umsetzen
{
    return s.start()+i*s.stride();
}

void print_seq (const slice& s)                // Elemente von s ausgeben
{
    for (size_t i=0; i<s.size(); i++) cout << slice_index(s,i) << " ";
}

void f()
{
    print_seq (slice(0,3,4));    // erste Zeile (Zeile 0)
    cout << ", ";
    print_seq (slice(1,3,4));    // zweite Zeile (Zeile 1)
    cout << ", ";
    print_seq (slice(0,4,1));    // erste Spalte (Spalte 0)
    cout << ", ";
    print_seq (slice(4,4,1));    // zweite Spalte (Spalte 1)
}
```

Die Ausgabe lautet: 0 4 8, 1 5 9, 0 1 2 3, 4 5 6 7

Anders formuliert beschreibt ein Slice eine Zuordnung zwischen nicht negativen Integern und Indizes. Die Anzahl der Elemente (`size()`) betrifft zwar nicht die Zuordnung (Adressierung), definiert aber das Ende der Sequenz. Diese Zuordnung kann dazu verwendet werden, eindimensionale Felder (wie z.B. Valarrays) effizient, allgemeingültig und ausreichend bequem als zweidimensionale Felder zu betrachten. Man nehme z.B. eine 3x4–Matrix in der Art, wie man sie oft betrachtet (§C.7):

00	01	02
10	11	12
20	21	22
30	31	32

Nach Fortran–Konventionen kann man diese im Speicher wie folgt abbilden:

00	10	20	30	01	11	21	31	02	12	22	23

0   4   8

0   1   2   3

Dies ist *nicht* die Art und Weise, wie Felder in C++ abgelegt werden (siehe §C.7). Man sollte allerdings in der Lage sein, ein Konzept mit einer sauberen und logischen Schnittstelle zu präsentieren und dann eine Darstellung auszuwählen, die den Einschränkungen des Problems angemessen ist. Ich habe mich hier für das Layout von Fortran entschieden, um den Datenaustausch mit numerischer Software, die dieser Konvention folgt, zu vereinfachen. Ich bin allerdings nicht so weit gegangen, als Startindex 1 statt 0 zu verwenden. Dies ist einer Übung vorbehalten (§22.9–Ü9). Viele numerische Berechnungen werden jetzt und auch in Zukunft mit verschiedenen Sprachen und Bibliotheken durchgeführt. Oft ist die Fähigkeit unabdingbar, Daten in allen möglichen Formaten für Bibliotheken und Sprachstandards manipulieren zu können.

Die Zeile x kann als `slice(x,3,4)` beschrieben werden. Das bedeutet, daß das erste Element von Zeile x das »x«te Element des Vektors ist. Das nächste der Zeile ist das »x+4«te Element und so weiter. In jeder Zeile befinden sich drei Elemente. In der Abbildung beschreibt `slice(0,3,4)` die Zeile 00, 01 und 02.

Die Spalte y kann als `slice(4*y,4,1)` beschrieben werden. Das bedeutet, daß das erste Element von Spalte y das »4*y«te Element des Vektors ist. Das nächste der Spalte ist das »4*y+1«te Element und so weiter. In jeder Spalte befinden sich vier Elemente. In der Abbildung beschreibt `slice(0,4,1)` die Spalte 00, 10, 20 und 30.

Neben der Beschreibung von zweidimensionalen Feldern kann ein Slice auch viele andere Sequenzen beschreiben. Es handelt sich um eine ziemlich allgemeine Möglichkeit, sehr einfache Sequenzen zu beschreiben. Dieser Gedanke wird in §22.4.8 weiter verfolgt.

Man kann ein Slice auch als merkwürdige Art von Iterator betrachten, denn ein Slice beschreibt eine Sequenz von Indizes für ein Valarray. Aufgrund dessen könnte man einen wirklichen Iterator definieren:

```
template<class T> class Slice_iter {
    valarray<T>* v;
    slice s;
    size_t akt;          // Index des aktuellen Elements

    T& ref(size_t i) const { return (*v)[s.start()+i*s.stride()]; }
public:
    Slice_iter (valarray<T>* vv, slice ss) : v(vv), s(ss), akt(0) { }

    Slice_iter end() const
    {
        Slice_iter t = *this;
```

```
                t.akt = s.size();    // letztes Element plus eins
                return t;
        }

        Slice_iter& operator++() { akt++; return *this; }
        Slice_iter operator++(int) { Slice_iter t=*this; akt++; return t; }

        T& operator[] (size_t i) { return ref(i); }      // Indexoperator im C-Stil
        T& operator() (size_t i) { return ref(i); }      // Indexoperator im Fortran-Stil
        T& operator*() { return ref(akt); }              // aktuelles Element

        friend bool operator==<>(const Slice_iter& p, const Slice_iter& q);
        friend bool operator!=<>(const Slice_iter& p, const Slice_iter& q);
        friend bool operator< <>(const Slice_iter& p, const Slice_iter& q);
};
```

Da ein Slice eine Größe hat, könnte man sogar eine Bereichsprüfung durchführen. Ich habe hier `slice::size()` dazu verwendet, eine Operation `end()` für die Position hinter dem letzten Element anzubieten.

Da ein Slice entweder eine Zeile oder eine Spalte beschreiben kann, ermöglicht `Slice_iter` das Durchlaufen einer Zeile oder einer Spalte eines Valarrays.

Damit `Slice_iter` nützlich ist, müssen `==`, `!=` und `<` definiert werden:

```
template<class T> bool operator== (const Slice_iter<T>& p,
                                   const Slice_iter<T>& q)
{
    return p.akt==q.akt && p.s.stride()==q.s.stride()
        && p.s.start()==q.s.start();
}

template<class T> bool operator!= (const Slice_iter<T>& p,
                                   const Slice_iter<T>& q)
{
    return !(p==q);
}

template<class T> bool operator< (const Slice_iter<T>& p,
                                  const Slice_iter<T>& q)
{
    return p.akt<q.akt && p.s.stride()==q.s.stride()
        && p.s.start()==q.s.start();
}
```

22.4.6 Slice_array

Aus einem `valarray` und einem `slice` kann etwas erzeugt werden, das zwar wie ein Valarray aussieht und sich wie ein Valarray verhält, in Wirklichkeit aber einfach nur eine Beschreibung einer durch das Slice beschriebenen Teilmenge eines Valarrays darstellt. Ein solches `slice_array` ist wie folgt definiert:

```
template<class T> class std::slice_array {
public:
    typedef T value_type;

    void operator= (const valarray<T>&);
    void operator= (const T& wert);                  // jedem Element wert zuweisen

    void operator*= (const valarray<T>& wert);   // v[i]*=wert[i] für jedes Element
    // entsprechend: /=, %=, +=, -=, ^=, &=, |=, <<= und >>=

    ~slice_array();
private:
    slice_array();                               // vermeidet das Erzeugen
    slice_array(const slice_array&);             // vermeidet das Kopieren
    slice_array& operator=(const slice_array&);  // vermeidet das Kopieren

    valarray<T>* p;     // implementierungsabhängige Darstellung
    slice s;
};
```

Der Anwender kann ein `slice_array` nicht direkt anlegen. Statt dessen verwendet er den Index-operator für ein Valarray, um für ein Slice ein `slice_array` zu erhalten. Wenn das `slice_array` einmal initialisiert ist, gehen alle Verweise darauf indirekt auf das Valarray, für das es erzeugt wurde. Man kann z.B. wie folgt etwas erzeugen, das jedes zweite Element eines Valarrays repräsentiert:

```
void f (valarray<double>& vd)
{
    slice_array<double>& v_gerade = vd[slice(0,vd.size()/2+vd.size()%2,2)];
    slice_array<double>& v_ungerade = vd[slice(1,vd.size()/2,2)];

    v_gerade *= v_ungerade;   // geraden Elementen das Produkt aus Elementpaaren zuweisen
    v_ungerade = 0;           // jedem ungeraden Element von vd 0 zuweisen
}
```

Das Verbot des Kopierens von `slice_arrays` ist notwendig, um Optimierungen zuzulassen, die auf die Abwesenheit von Aliasen setzen. Dies kann eine ziemliche Einschränkung sein. Beispiel:

```
slice_array<double> zeile (valarray<double>& vd, int i)
{
    slice_array<double> sl
        = vd[slice(0,2,vd.size()/2)];          // Fehler: versuchtes Kopieren

    return vd[slice(i%2,i,vd.size()/2)];       // Fehler: versuchtes Kopieren
}
```

Oft ist das Kopieren des Slices eine vernünftige Alternative.

Mit Slices kann eine große Bandbreite von Teilmengen eines Valarrays angesprochen werden. Man kann Slices z.B. dazu verwenden, hintereinanderliegende Teilmengen wie folgt zu manipulieren:

```
inline slice sub_array (size_t anf, size_t anz)    // [anf,anf+anz[
{
```

```
        return slice(anf,anz,1);
}


void f (valarray<double>& vd)
{
    size_t sz = vd.size();
    if (sz<2) return;
    size_t n = sz/2;
    size_t n2 = sz-n;

    valarray<double> haelfte1(n);
    valarray<double> haelfte2(n2);

    haelfte1 = vd[sub_array(0,n)];      // kopiert erste Hälfte von vd
    haelfte2 = vd[sub_array(n,n2)];     // kopiert zweite Hälfte von vd
    // ...
}
```

Die Standardbibliothek bietet keine Matrixklasse. Statt dessen sind valarray und slice als Werkzeug für den Aufbau von Matrizen vorgesehen, die für verschiedene Anwendungsfälle optimiert sind. Man betrachte, wie man mit valarray und slice_array z.B. eine einfache zweidimensionale Matrix implementieren kann:

```
class Matrix {
    valarray<double>* v;
    size_t d1, d2;
public:
    Matrix(size_t x, size_t y);             // Beachte: kein Default-Konstruktor
    Matrix(const Matrix&);
    Matrix& operator=(const Matrix&);
    ~Matrix();

    size_t size() const { return d1*d2; }
    size_t dim1() const { return d1; }
    size_t dim2() const { return d2; }

    Slice_iter<double> zeile (size_t i);
    Cslice_iter<double> zeile (size_t i) const;

    Slice_iter<double> spalte (size_t i);
    Cslice_iter<double> spalte (size_t i) const;

    double& operator() (size_t x, size_t y);        // Indexoperator im Fortran-Stil
    double operator() (size_t x, size_t y) const;

    Slice_iter<double> operator() (size_t i) { return spalte(i); }
    Cslice_iter<double> operator() (size_t i) const { return spalte(i); }

    Slice_iter<double> operator[] (size_t i)        // Indexoperator im C-Stil
        { return spalte(i); }
    Cslice_iter<double> operator[] (size_t i) const { return spalte(i); }
```

```
        Matrix& operator*= (double);

        valarray<double>& array() { return *v; }
    };
```

Die interne Darstellung einer Matrix ist ein valarray. Die Dimensionen erhält das Valarray durch Slicing. Falls notwendig kann man die mit zeile() und spalte() vordefinierte zweidimensionale Darstellung auch für eine, drei oder mehr Dimensionen verwenden. Die Klasse Slice_iter wird dabei dazu verwendet, um die nicht vorhandene Möglichkeit des Kopierens von slice_arrays zu umgehen. Man kann kein slice_array zurückliefern:

```
    slice_array<double> zeile (size_t i) { return (*v)(slice(i,d1,d2)); }
```

Deshalb wird ein Iterator zurückgeliefert, der statt eines slice_arrays einen Zeiger auf das valarray und das slice selbst enthält.

Man braucht zusätzlich eine Klasse »Iterator für Slices von Konstanten«, Cslice_iter, um den Unterschied zwischen Slices einer konstanten und einer nicht konstanten Matrix auszudrücken:

```
    inline Slice_iter<double> Matrix::zeile(size_t i)
    {
        return Slice_iter<double>(v,slice(i,d1,d2));
    }

    inline Cslice_iter<double> Matrix::zeile(size_t i) const
    {
        return Cslice_iter<double>(v,slice(i,d1,d2));
    }

    inline Slice_iter<double> Matrix::spalte(size_t i)
    {
        return Slice_iter<double>(v,slice(i*d2,d2,1));
    }

    inline Cslice_iter<double> Matrix::spalte(size_t i) const
    {
        return Cslice_iter<double>(v,slice(i*d2,d2,1));
    }
```

Die Definition von Cslice_iter ist mit der von Slice_iter identisch, außer daß für die Elemente konstante Referenzen zurückgeliefert werden.

Der Rest der Elementfunktionen ist ziemlich trivial:

```
    Matrix::Matrix(size_t x, size_t y)
    {
        // prüfe, ob x und y sinnvoll sind
        d1 = x;
        d2 = y;
        v = new valarray<double>(x*y);
    }

    double& Matrix::operator()(size_t x, size_t y)
    {
```

```
        return spalte(x)[y];
}


double Matrix::operator()(size_t x, size_t y) const
{
    return spalte(x)[y];
}


double mul(const Cslice_iter<double>& v1, const valarray<double>& v2)
{
    double res = 0;
    for (size_t i = 0; i<v2.size(); i++)
        res+= v1[i]*v2[i];
    return res;
}


valarray<double> operator*(const Matrix& m, const valarray<double>& v)
{
    valarray<double> res(m.dim2());
    for (size_t i = 0; i<m.dim2(); i++)
        res[i] = mul(m.zeile(i),v);
    return res;
}


Matrix& Matrix::operator*=(double d)
{
    (*v) *= d;
    return *this;
}
```

Ich habe auch den direkten Elementzugriff mit (i,j) ermöglicht, da diese Schreibweise in vielen numerischen Bereichen am verbreitetsten ist. Das Konzept einer Zeile (zeile()) dient der (in C und C++) verbreiteten Notation [i][j]:

```
void f(Matrix& m)
{
    m(1,2) = 5;              // Elementzugriff im Fortran-Stil
    m.zeile(1)(2) = 6;
    m.zeile(1)[2] = 7;
    m[1](2) = 8;             // unerwünschter Stilmix (geht aber)
    m[1][2] = 9;             // Elementzugriff im C++-Stil
}
```

Die Verwendung von Slice_arrays zum Elementzugriff setzt einen guten Optimierer voraus.

Eine Verallgemeinerung dieses Ansatzes auf eine *n*–dimensionale Matrix aus beliebigen Elementen und einer vernünftigen Menge von Operationen wird als Übung gestellt (§22.9–Ü7).

Es könnte sein, daß man als ersten Ansatz für ein zweidimensionales Array auf folgendes kommt:

```
class Matrix {
    valarray< valarray<double> > v;
public:
```

```
    // ...
};
```

Dies wäre auch möglich (§22.9–Ü10). Es ist allerdings nicht ganz so einfach, damit die Effizienz und Kompatibilität zu erreichen, die bei hochoptimierten Berechnungen gefordert ist, ohne die von `valarray` und `slices` repräsentierten tieferen und herkömmlicheren Ebenen zu verlieren.

22.4.7 Temporäre Objekte, Kopien und Schleifen

Falls man eine Vektor– oder Matrixklasse entwickelt, stellt man bald fest, daß man drei zusammen-gehörenden Problemen begegnen muß, um die Erwartungen der Anwender an die Performance zu befriedigen:

1. Die Anzahl der temporären Objekte muß minimiert werden.
2. Das Kopieren von Matrizen muß minimiert werden.
3. Bei zusammengesetzten Operationen müssen mehrfache Schleifen über die gleichen Daten minimiert werden.

Diese Aspekte betreffen die Standardbibliothek nicht direkt. Ich kann allerdings eine Technik um-reißen, die für hochoptimierte Implementierungen eingesetzt werden kann.

Man betrachte den Ausdruck `U=M*V+W`, wobei U, V und W Vektoren sind und M eine Matrix ist. Eine naive Implementierung erzeugt für die Teilausdrücke `M*V` und `M*V+W` jeweils temporäre Vektoren und kopiert jeweils deren Ergebnis zur weiteren Verwendung. Eine intelligente Imple-mentierung ruft eine Funktion `mul_add_and_assign(&U,&m,&V,&W)` auf, die keine temporären Objekte erzeugt, keine Vektoren kopiert und auf jedes Element der Matrizen so selten wie möglich zugreift.

Dieser Grad von Optimierung ist selten für mehr als eine Handvoll Ausdrücke not-wendig. Eine einfache Lösung des Effizienzproblems besteht deshalb darin, eine Funktion `mul_add_and_assign()` anzubieten und den Anwender diese bei Bedarf aufrufen zu lassen. Es ist allerdings auch möglich, eine `Matrix` so zu entwerfen, daß derartige Optimierungen automa-tisch für jeden Ausdruck in der richtigen Form durchgeführt werden. Man kann also `U=M*V+W` als einzelnen Operator mit vier Operanden betrachten. Die Basistechnik dazu wurde für `ostream`–Manipulatoren erläutert (§21.4.6.3). Sie kann allgemein dazu verwendet werden, eine Kombinati-on von *n* zweistelligen Operatoren als (*n*+1) stelligen Operator auszuwerten. Zur Behandlung von `U=M*V+W` müssen zwei Hilfsklassen eingeführt werden. Diese Technik kann die Geschwindigkeit aber auf manchen Systemen in Zusammenarbeit mit mächtigeren Optimierungstechniken bemer-kenswert steigern (z.B. 30fach).

Zunächst wird das Ergebnis einer Multiplikation einer `Matrix` mit einem `Vektor` definiert:

```
struct MVmul {
    const Matrix& m;
    const Vektor& v;

    MVmul(const Matrix& mm, const Vektor &vv) :m(mm), v(vv) { }

    operator Vektor();        // auswerten und Ergebnis liefern
};

inline MVmul operator*(const Matrix& mm, const Vektor& vv)
{
```

```
        return MVmul(mm,vv);
}
```

Die »Multiplikation« macht überhaupt nichts, außer Verweise auf die Operanden abzuspeichern.
Die Auswertung von M*V wird verschoben. Das von * erzeugte Objekt ist in etwa das, was man
im technischen Umfeld auch *Abschluß* (englisch: *closure*) nennt. Mit dem Addieren eines Vektors
wird auf die gleiche Weise umgegangen:

```
struct MVmulVadd {
    const Matrix& m;
    const Vektor& v;
    const Vektor& v2;

    MVmulVadd(const MVmul& mv, const Vektor& vv) :m(mv.m), v(mv.v), v2(vv) { }

    operator Vektor();        // auswerten und Ergebnis liefern
};


inline MVmulVadd operator+(const MVmul& mv, const Vektor& vv)
{
    return MVmulVadd(mv,vv);
}
```

Dies verschiebt die Auswertung von M*V+W. Man muß dann sicherstellen, daß alles mit einem
guten Algorithmus ausgewertet wird, wenn es einem Vektor zugewiesen wird:

```
class Vektor {
    // ...
public:
    Vektor(const MVmulVadd& m)                 // mit dem Ergebnis von m initialisieren
    {
        // Elemente allokieren etc.
        mul_add_and_assign(this,&m.m,&m.v,&m.v2);
    }

    Vektor& operator=(const MVmulVadd& m)      // Ergebnis von m an *this zuweisen
    {
        mul_add_and_assign(this,&m.m,&m.v,&m.v2);
        return *this;
    }
    // ...
};
```

Damit wird U=M*V+W automatisch zu

```
    U.operator=(MVmulVadd(MVmul(M,V),W))
```

was durch die Inline–Form zu folgendem beabsichtigten einfachen Aufruf wird:

```
    mul_add_and_assign(&U,&M,&V,&W)
```

Es ist klar, daß damit die Kopien und die temporären Objekte eliminiert werden. Zusätzlich könnte
mul_add_and_assign() in einem optimierten Stil geschrieben werden. Selbst wenn diese Funk-

tion aber in einer ziemlich einfachen und nicht optimierten Form geschrieben würde, wäre es immer noch eine Form, die einem Optimierer alle Möglichkeiten läßt.

Ich habe statt eines valarrays einen neuen Vektor eingeführt, da ich Zuweisungen definieren mußte (und Zuweisungen müssen Elementfunktionen sein; §11.2.2). Ein Valarray ist aber ein heißer Kandidat für die interne Darstellung eines solchen Vektors.

Wichtig an dieser Technik ist, daß die meisten wirklich zeitkritischen Vektor– und Matrixberechnungen mit einigen relativ einfachen syntaktischen Formaten durchgeführt werden. Üblicherweise gewinnt man nichts, wenn man auf diese Art Ausdrücke mit einem halben Dutzend Operatoren optimiert. Dazu dienen herkömmlichere Techniken (§11.6).

Die Technik basiert auf dem Ansatz, Analysen zur Kompilierzeit und »Abschluß«–Objekte zu verwenden, um die Auswertung eines Teilausdrucks in ein Objekt zu verlagern, das eine zusammengesetzte Operation repräsentiert. Die kann bei einer großen Bandbreite von Problemen angewendet werden, wobei immer zahlreiche Einzelinformationen in einer Funktion gesammelt werden, bevor die Auswertung stattfindet. Ich bezeichne Objekte, die zur Verschiebung von Auswertungen erzeugt werden, als *Kompositoren* (englisch: *compositors* oder *composition closure objects*).

22.4.8   Verallgemeinerte Slices

Das Matrix–Beispiel in §22.4.6 hat gezeigt, wie zwei Slices dazu verwendet werden können, Zeilen und Spalten von einem zweidimensionalen Feld zu beschreiben. Allgemein kann ein Slice jede Zeile oder Spalte in einem *n*–dimensionalen Feld beschreiben (§22.9–Ü7). Manchmal muß man allerdings ein Teilarray extrahieren, das keine einzelne Zeile oder Spalte ist. Es könnte z.B. sein, daß man aus der linken oberen Ecke einer 3x4–Matrix eine 2x3–Matrix bilden will:

00	01	02
10	11	12
20	21	22
30	31	32

Leider werden diese Elemente so abgelegt, daß sie nicht durch ein einzelnes Slice beschrieben werden können:

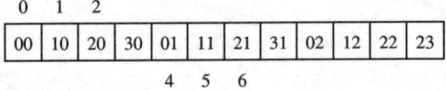

Ein gslice ist ein »verallgemeinertes Slice« (englisch: *generalized slice*), das (fast) die Informationen von *n* Slices enthält:

```
class std::gslice {
    // statt einem Abstand und einer Anzahl wie bei Slice
    // werden n Abstände und n Anzahlen verwaltet
public:
    gslice();
    gslice(size_t s, const valarray<size_t>& l, const valarray<size_t>& d);
```

```
        size_t start() const;          // Index des ersten Elements
        valarray<size_t> size() const;  // Anzahl der Elemente der Dimensionen
        valarray<size_t> stride() const; // Abstand für index[0], index[1], ...
    };
```

Die zusätzlichen Werte erlauben es einem gslice, eine Zuordnung zwischen *n* Integern und einem Index, der die Elemente eines Feldes adressiert, zu spezifizieren. Man kann das Layout der 2x3–Matrix z.B. durch zwei Länge/Abstand–Paare beschreiben. Wie in §22.4.5 beschrieben, spezifizieren eine Länge von 2 und ein Abstand von 4 zwei Elemente einer Zeile der 3x4–Matrix, sofern das Fortran–Layout verwendet wird. Entsprechend beschreiben eine Länge von 3 und ein Abstand von 1 drei Elemente einer Spalte. Zusammen beschreibt dies jedes Element der 2x3–Teilmatrix. Um die Elemente aufzulisten, kann man folgendes schreiben:

```
    size_t gslice_index(const gslice& s, size_t i, size_t j)
    {
        return s.start()+i*s.stride()[0]+j*s.stride()[1];
    }


    size_t laen[] = { 2, 3 };     // (laen[0],abst[0]) beschreibt eine Zeile
    size_t abst[] = { 4, 1 };     // (laen[1],abst[1]) beschreibt eine Spalte

    valarray<size_t> laengen(laen,2);
    valarray<size_t> abstaende(abst,2);

    void f()
    {
        gslice s(0,laengen,abstaende);

        for (int i = 0 ; i<s.size()[0]; i++)    // Zeile
            cout << gslice_index(s,i,0) << " ";
        cout << ", ";
        for (int j = 0 ; j<s.size()[1]; j++)    // Spalte
            cout << gslice_index(s,0,j) << " ";
    }
```

Dies gibt aus: 0 4 , 0 1 2.

Auf diese Art und Weise beschreibt ein gslice mit zwei Länge/Abstand-Paaren ein Teilfeld aus einem zweidimensionalen Feld. Ein gslice mit drei Länge/Abstand-Paaren beschreibt entsprechend ein Teilfeld eines dreidimensionalen Feldes und so weiter. Wird ein gslice als Index eines valarrays verwendet, liefert dies ein gslice_array, das die im gslice spezifizierten Elemente enthält. Beispiel:

```
    void f (valarray<float>& vf)
    {
        gslice m(0,laengen,abstaende);
        vf[m] = 0;       // vf[0],vf[1],vf[2],vf[4],vf[5],vf[6] den Wert 0 zuweisen
    }
```

Mit gslice_arrays sind die gleichen Operationen wie mit slice_arrays möglich. Ein gslice_array kann insbesondere vom Anwender nicht direkt erzeugt oder kopiert werden (§22.4.6). Statt dessen ist ein gslice_array das Ergebnis der Verwendung von einem gslice als Index eines Valarrays (§22.4.2).

22.4.9 Masken

Ein `mask_array` bietet eine weitere Möglichkeit, eine Teilmenge eines Valarrays zu spezifizieren und das Ergebnis wie ein Valarray aussehen zu lassen. Im Kontext von Valarrays ist eine Maske einfach nur ein `valarray<bool>`. Wenn eine solche Maske als Index eines Valarrays verwendet wird, bedeutet `true`, daß das entsprechende Element Teil des Resultats sein soll. Dies ermöglicht auch dann den Umgang mit Teilmengen von Valarrays, wenn es kein einfaches Muster (wie ein Slice) zur Beschreibung der Teilmenge gibt. Beispiel:

```
void f (valarray<double>& v)
{
    bool b[] = { true, false, false, true, false, true };
    valarray<bool> mask(b,6);          // Elemente 0, 3 und 5

    valarray<double>vv = cos(v[mask]);  // vv[0]==cos(v[0]), vv[1]==cos(v[3]),
                                         // vv[2]==cos(v[5])
}
```

Mit `mask_arrays` sind die gleichen Operationen wie mit `slice_arrays` möglich. Ein `mask_array` kann insbesondere vom Anwender nicht direkt erzeugt oder kopiert werden (§22.4.6). Statt dessen ist ein `mask_array` das Ergebnis der Verwendung eines `valarray<bool>` als Index eines Valarrays (§22.4.1). Die Anzahl der Elemente des Valarrays, das als Maske verwendet wird, darf die Anzahl der Elemente in dem Valarray, auf das die Maske angewendet wird, nicht übersteigen.

22.4.10 Indirekte Arrays

Ein `indirect_array` bietet die Möglichkeit einer beliebigen Teilmengenbildung und Umsortierung von Valarrays. Beispiel:

```
void f (valarray<double>& v)
{
    size_t i[] = { 3, 2, 1, 0 };       // die ersten vier Elemente in umgekehrter Reihenfolge
    valarray<size_t> index(i,4);        // Elemente 3, 2, 1, 0 (in dieser Reihenfolge)

    valarray<double> vv = log(v[index]); // vv[0]==log(v[3]), vv[1]==log(v[2]),
                                          // vv[2]==log(v[1]), vv[3]==log(v[0])
}
```

Falls ein Index zweimal spezifiziert wird, wird auf ein Element eines Valarrays in einer Operation zweimal Bezug genommen. Dies ist genau die Art von Aliasing, die bei Valarrays nicht zulässig ist. Aus diesem Grund ist das Verhalten von `indirect_arrays` undefiniert, wenn ein Index wiederholt wird.

Mit `indirect_arrays` sind die gleichen Operationen wie mit `slice_arrays` möglich. Ein `indirect_array` kann insbesondere vom Anwender nicht direkt erzeugt oder kopiert werden (§22.4.6). Statt dessen ist ein `indirect_array` das Ergebnis der Verwendung eines `valarray<size_t>` als Index eines Valarrays (§22.4.1). Die Anzahl der Elemente des Valarrays, das als Index verwendet wird, darf die Anzahl der Elemente in dem Valarray, auf das der Index angewendet wird, nicht übersteigen.

22.5   Arithmetik mit komplexen Zahlen

Die Standardbibliothek bietet ein Template complex, das sich an die Klasse complex, die in §11.3 beschrieben wurde, anlehnt. Die Bibliothek verwendet ein Template, damit die Anforderungen an komplexe Zahlen mit verschiedenen skalaren Datentypen erfüllt werden können. Für float, double und long double werden Spezialisierungen angeboten.

Das Template complex wird im Namensbereich std definiert und in <complex> präsentiert:

```
template<class T> class std::complex {
    T re, im;
public:
    typedef T value_type;

    complex (const T& r=T(), const T& i=T()) : re(r), im(i) { }
    template<class X> complex (const complex<X>& a)
     : re(a.real()), im(a.imag()) { }

    T real() const { return re; }
    T imag() const { return im; }

    complex<T>& operator= (const T& z);        // weise complex(z,0) zu
    template<class X> complex<T>& operator= (const complex<X>&);
    // entsprechend: +=, -=, *=, /=
};
```

Die interne Darstellung und die Inline–Funktionen dienen hier nur zur Verdeutlichung. Es ist kaum vorstellbar, daß die Klasse complex in einer Standardbibliothek eine andere interne Darstellung besitzt. Man beachte die Verwendung der Template–Elementfunktionen, um die Initialisierung und Zuweisung von komplexen Zahlen mit anderen Datentypen zu ermöglichen (§13.6.2).

Bisher habe ich complex in diesem Buch immer als Klasse und nicht als Template verwendet. Dies ist möglich, da man mit ein wenig »Namensbereich–Magie« den complex für double erhalten kann, den ich üblicherweise bevorzuge:

```
typedef std::complex<double> complex;
```

Die üblichen ein– und zweistelligen Operationen werden wie folgt definiert:

```
template<class T> complex<T> operator+ (const complex<T>&, const complex<T>&);
template<class T> complex<T> operator+ (const complex<T>&, const T&);
template<class T> complex<T> operator+ (const T&, const complex<T>&);

// entsprechend: -, *, /, == und !=

template<class T> complex<T> operator+ (const complex<T>&);
template<class T> complex<T> operator- (const complex<T>&);
```

Die folgenden Funktionen für die Koordinaten werden angeboten:

```
template<class T> T real (const complex<T>&);
template<class T> T imag (const complex<T>&);

template<class T> complex<T> conj (const complex<T>&);
```

```
// erzeuge aus Polarkoordinaten (abs(),arg()):
template<class T> complex<T> polar (const T& rho, const T& theta);


template<class T> T abs (const complex<T>&);      // manchmal auch rho genannt
template<class T> T arg (const complex<T>&);      // manchmal auch theta genannt


template<class T> T norm (const complex<T>&);     // Quadrat von abs()
```

Es wird die übliche Menge von mathematischen Funktionen angeboten:

```
template<class T> complex<T> sin (const complex<T>&);
// entsprechend: sinh, sqrt, tan, tanh, cos, cosh, exp, log und log10


template<class T> complex<T> pow (const complex<T>&, int);
template<class T> complex<T> pow (const complex<T>&, const T&);
template<class T> complex<T> pow (const complex<T>&, const complex<T>&);
template<class T> complex<T> pow (const T&, const complex<T>&);
```

Schließlich sind Ein-/Ausgabeoperatoren definiert:

```
template<class T, class Ch, class Tr>
basic_istream<Ch,Tr>& operator>> (basic_istream<Ch,Tr>&, complex<T>&);


template<class T, class Ch, class Tr>
basic_ostream<Ch,Tr>& operator<< (basic_ostream<Ch,Tr>&, const complex<T>&);
```

Eine komplexe Zahl wird im Format (x,y) ausgegeben und kann in den Formaten x, (x) und (x,y) eingelesen werden (§21.2.3, §21.3.5). Die Spezialisierungen complex<float>, complex<double> und complex<long double> werden angeboten, um Konvertierungen einzuschränken (§13.6.2) und um optimierte Implementierungen zu ermöglichen. Beispiel:

```
template<> class complex<double> {
    double re, im;
public:
    typedef double value_type;

    complex (double r=0.0, double i=0.0) : re(r), im(i) { }
    complex (const complex<float>& a) : re(a.real()), im(a.imag()) { }
    explicit complex (const complex<long double>& a)
      : re(a.real()), im(a.imag()) { }

    // ...
};
```

Damit kann ein complex<float> stillschweigend in einen complex<double> umgewandelt werden, während das bei einem complex<long double> nicht geht. Ähnliche Spezialisierungen stellen sicher, daß ein complex<float> und ein complex<double> stillschweigend in einen complex<long double>, aber ein complex<long double> oder ein complex<double> nicht implizit in einen complex<float> umgewandelt werden können. Beispiel:

```
void f (complex<float> cf, complex<double> cd,
        complex<long double> cld, complex<int> ci)
{
    complex<double> c1 = cf;    // OK
```

```
        complex<double> c2 = cd;      // OK
        complex<double> c3 = cld;     // Fehler: möglicher Wertverlust
        complex<double> c4(cld);      // OK: aber möglicher Wertverlust explizit in Kauf genommen
        complex<double> c5 = ci;      // Fehler: keine Konvertierung

        c1 = cld;                     // OK, aber möglicher Wertverlust
        c1 = cf;                      // OK
        c1 = ci;                      // OK
    }
```

22.6   Verallgemeinerte numerische Algorithmen

In <numeric> bietet die Standardbibliothek einige verallgemeinerte numerische Algorithmen im
Stil der nicht numerischen Algorithmen von <algorithm> (Kapitel 18):

Verallgemeinerte numerische Algorithmen <numeric>	
accumulate()	Verknüpfung von Operationen für eine Sequenz
inner_product()	Verknüpfung von Operationen für zwei Sequenzen
partial_sum()	Sequenz aus Operationen mit einer Sequenz erzeugen
adjacent_difference()	Sequenz aus Operationen mit einer Sequenz erzeugen

Diese Algorithmen verallgemeinern allgemeine Operationen wie das Bilden der Summe, indem sie
für alle Sequenzen angewendet werden können und die Operation selbst parametrisiert wird. Für
jeden Algorithmus existiert zu der allgemeinen Version eine Version, die die typische Operation
dieses Algorithmus durchführt.

22.6.1   Akkumulieren

Der Algorithmus accumulate() kann als Verallgemeinerung des Bildens der Summe aller Elemente betrachtet werden. Der Algorithmus accumulate() wird im Namensbereich std definiert
und in <numeric> präsentiert:

```
template<class In, class T> T accumulate (In anf, In end, T init)
{
    while (anf!=end) init = init + *anf++;    // addieren
    return init;
}

template<class In, class T, class BinOp>
T accumulate (In anf, In end, T init, BinOp op)
{
    while (anf!=end) init = op(init,*anf++);  // allgemeine Operation
    return init;
}
```

Die einfache Form von `accumulate()` addiert Elemente einer Sequenz mit deren Operator +.
Beispiel:

```
void f (vector<int>& vi, list<float>& lst)
{
    int i = accumulate (vi.begin(),vi.end(), 0);    // in int aufsummieren

    double d = 0;
    d = accumulate (lst.begin(),lst.end(), d);      // in double aufsummieren
    // ...
}
```

Man beachte, wie der Initialwert dazu verwendet wird, den Rückgabetyp festzulegen.

Nicht alle Objekte, die man addieren will, sind als Elemente einer Sequenz verfügbar. In dem
Fall kann `accumulate()` eine Operation übergeben werden, deren Aufruf das zu addierende Objekt liefert. Die offensichtlichste Operation, die man übergeben kann, ist eine, die auf einen Wert
in einer Datenstruktur zugreift. Beispiel:

```
struct Schallplatte {
    // ...
    int preis;
    int anzahl;
};

long akkpreis (long wert, const Schallplatte& r)
{
    return wert + r.preis * r.anzahl;
}

void f (const vector<Schallplatte>& v)
{
    cout << "Gesamtpreis: "
        << accumulate(v.begin(),v.end(),0,akkpreis) << '\n';
}
```

Operationen, die sich ähnlich wie `accumulate()` verhalten, werden manchmal auch *reduce* oder
reduction genannt.

22.6.2 Inner_product

Das Verknüpfen der Werte einer Sequenz ist üblich. Ebenso ist es nicht unüblich, Werte aus zwei
Sequenzen zu verknüpfen. Der Algorithmus `inner_product()` wird im Namensbereich `std` definiert und in `<numeric>` präsentiert:

```
template<class In, class In2, class T>
T inner_product (In anf, In end, In2 anf2, T init)
{
    while (anf!=end) init = init + *anf++ * *anf2++;
    return init;
}
```

```
template<class In, class In2, class T, class BinOp, class BinOp2>
T inner_product (In anf, In end, In2 anf2, T init, BinOp op, BinOp2 op2)
{
    while (anf!=end) init = op(init,op2(*anf++,*anf2++));
    return init;
}
```

Wie üblich wird nur der Anfang der zweiten Sequenz übergeben. Es wird davon ausgegangen, daß die zweite Sequenz mindestens genauso lang wie die erste ist.

Die entscheidende Operation beim Multiplizieren einer `Matrix` mit einem `valarray` ist ein inneres Produkt:

```
valarray<double> operator* (const Matrix& m, valarray<double>& v)
{
    valarray<double> res(m.dim2());

    for (size_t i=0; i<m.dim2(); i++) {
        const Cslice_iter<double>& ri = m.zeile(i);
        res[i] = inner_product(ri,ri.end(),&v[0],double(0));
    }
    return res;
}

valarray<double> operator* (valarray<double>& v, const Matrix& m)
{
    if (v.size()!=m.dim2())
        cerr << "falsche Anzahl von Elementen in v*m\n";

    valarray<double> res(m.dim1());

    for (size_t i=0; i<m.dim1(); i++) {
        const Cslice_iter<double>& ci = m.spalte(i);
        res[i] = inner_product(ci,ci.end(),&v[0],double(0));
    }
    return res;
}
```

Einige Formen des inneren Produkts werden auch als *Skalarprodukt (dot product)* bezeichnet.

22.6.3 Inkrementelle Änderungen

Die Algorithmen `partial_sum()` und `adjacent_difference()` befassen sich mit dem Ansatz von inkrementellen Änderungen und heben sich gegenseitig auf. Sie sind im Namensbereich `std` definiert und werden in `<numeric>` präsentiert:

```
template<class In, class Out>
    Out adjacent_difference (In anf, In end, Out res);

template<class In, class Out, class BinOp>
    Out adjacent_difference (In anf, In end, Out res, BinOp op);
```

Bei einer Sequenz, die aus den Elementen a, b, c, d usw. besteht, bildet `adjacent_difference()` a, b-a, c-b, d-c und so weiter.

Damit könnte man z.B. einen Vektor aus Temperaturangaben in einen Vektor von Temperaturänderungen umwandeln:

```
vector<double> temps;

void f()
{
    adjacent_difference (temps.begin(),temps.end(), temps.begin());
}
```

Aus 17, 19, 20, 20, 17 wird so z.B. 17, 2, 1, 0, -3.

Umgekehrt ist es mit `partial_sum()` möglich, das Endergebnis einer Reihe von inkrementellen Änderungen zu berechnen:

```
template<class In, class Out, class BinOp>
Out partial_sum (In anf, In end, Out res, BinOp op)
{
    if (anf==end) return res;
    *res = *anf;
    T wert = *anf;
    while (++anf!=end) {
        wert = op(wert,*anf);
        *++res = wert;
    }
    return ++res;
}

template<class In, class Out> Out partial_sum (In anf, In end, Out res)
{
    return partial_sum(anf,end,res,plus);     // §18.4.3
}
```

Bei einer Sequenz, die aus den Elementen a, b, c, d usw. besteht, bildet `partial_sum()` a, a+b, a+b+c, a+b+c+d und so weiter. Beispiel:

```
void f()
{
    partial_sum (temps.begin(),temps.end(),temps.begin());
}
```

Man beachte die Art und Weise, wie `partial_sum()` das Ergebnis inkrementiert, bevor ein neuer Wert zugewiesen wird. Dies ermöglicht, daß res die gleiche Sequenz wie die Eingabe sein kann. Für `adjacent_difference()` gilt das gleiche. Somit wird mit

```
partial_sum(v.begin(),v.end(),v.begin());
```

aus der Sequenz a, b, c, d die Sequenz a, a+b, a+b+c, a+b+c+d, und

```
adjacent_difference(v.begin(),v.end(),v.begin());
```

wandelt die Sequenz wieder in die ursprüngliche Sequenz um. Die Werte 17, 2, 1, 0, -3 werden mit `partial_sum()` also wieder in 17, 19, 20, 20, 17 umgewandelt.

Für Personen, die meinen, daß Temperaturunterschiede ein langweiliges Detail der Meteorologie oder von Laborexperimenten ist, sei gesagt, daß genau die gleichen beiden Algorithmen auch für die Analyse von Warenpreisen benötigt werden.

22.7 Zufallszahlen

Zufallszahlen sind in vielen Simulationen und Spielen unverzichtbar. Die Standardbibliothek stellt in `<cstdlib>` und `<stdlib.h>` eine einfache Basis zur Generierung von Zufallszahlen zur Verfügung:

```
#define RAND_MAX implementierungsspezifisch     /* große ganze Zahl */

int rand();            // Pseudo-Zufallszahl zwischen 0 und RAND_MAX
int srand(int i);      // initialisiert Zufallszahlengenerator mit i
```

Das Erzeugen einer guten Zufallszahl ist nicht einfach, und leider besitzen nicht alle Systeme eine gute Funktion `rand()`. Speziell die niederwertigsten Bits einer Zufallszahl sind oft fragwürdig. Aus diesem Grund ist `rand()%n` keine gute portable Möglichkeit, eine Zufallszahl zwischen 0 und n-1 zu erzeugen. Oft liefert `(double(rand())/RAND_MAX)*n` akzeptable Ergebnisse.

Ein Aufruf von `srand()` startet eine neue Sequenz von Zufallszahlen von dem als »Samen« (englisch: *seed*, deshalb `srand()`) übergebenen Argument. Zum Debuggen ist es oft wichtig, daß eine Sequenz, die mit dem gleichen Wert initialisiert wurde, die gleichen Werte liefert. In wirklichen Anwendungen will man allerdings immer wieder neue Sequenzen durchlaufen. Deshalb wird in der Praxis häufig ein Initialwert aus der Umgebung des Programms verwendet, um Spiele nicht reproduzierbar zu machen. Bei solchen Programmen bieten sich einige Bits der Echtzeit–Uhr an.

Wenn man einen eigenen Zufallszahlengenerator schreibt, sollte man sicherstellen, daß er ausreichend gut getestet wird (§22.9–Ü14).

Ein Zufallszahlengenerator ist häufig nützlicher, wenn er als Klasse repräsentiert wird. In dem Fall kann man eine entsprechende Klasse einfach erstellen:

```
class Randint {     // gleichverteilt im Intervall [0,max]
    unsigned long randx;
public:
    Randint (long s=0) { randx=s; }    // Initialisieren
    void seed (long s) { randx=s; }    // Reinitialisieren

    // Mit »magic numbers« 31 Bits aus 32-Bits long auswählen:

    long abs (long x) { return x & 0x7fffffff; }
    static double max() { return 2147483648.0; }  // beachte: ein double
    long draw() { return randx = randx * 1103515245 + 12345; }

    double fdraw() { return abs(draw())/max(); }

    long operator()() { return abs(draw()); }
};
```

```
class Urand : public Randint {   // gleichverteilt im Intervall [0,n[
    long n;
public:
    Urand (long nn) { n = nn; }

    long operator()() { long r = n*fdraw(); return (r==n) ? n-1 : r; }
};

class Erand : public Randint {   // exponentiell verteilte Zufallszahl
    long mittelwert;
public:
    Erand (long m) { mittelwert = m; }
    long operator()() { return -mittelwert * log((max()-draw())/max()+.5); }
};
```

Hier ist ein einfacher Test:

```
int main()
{
    Urand draw(10);          // draw() liefert Werte im Intervall [0,10[
    map<int,int> eimer;
    for (int i=0; i<1000000; i++) eimer[draw()]++;
    for (int j=0; j<10; j++) cout << eimer[j] << '\n';
}
```

Wenn nicht jeder Eimer einen Wert von ungefähr 100.000 liefert, gibt es irgendwo ein Problem.

Dieser Zufallszahlengenerator ist eine leicht veränderte Version dessen, was ich mit der ersten C++–Bibliothek ausgeliefert habe (es war die erste Bibliothek von »C with Classes«; §1.4).

22.8   Ratschläge

1. Numerische Probleme sind oft subtil. Falls Sie sich über den mathematischen Aspekt eines numerischen Problems nicht hundertprozentig im klaren sind, dann sollten Sie Ratschläge eines Experten einholen oder experimentieren; §22.1.
2. Verwenden Sie `numeric_limits`, um die Eigenschaften der eingebauten Datentypen abzufragen; §22.2.
3. Spezialisieren Sie `numeric_limits` für selbstdefinierte skalare Datentypen; §22.2.
4. Verwenden Sie für numerische Berechnungen `valarray`, falls die Effizienz der Laufzeit wichtiger als die Flexibilität in Hinsicht auf Operationen und Elementtypen ist; §22.4.
5. Drücken Sie Operationen für Teile von Feldern/Arrays durch Slices statt durch Schleifen aus; §22.4.6.
6. Verwenden Sie Kompositoren, um durch Eliminierung von temporären Objekten und bessere Algorithmen Effizienz zu erreichen; §22.4.7.
7. Verwenden Sie `std::complex` für Arithmetik mit komplexen Zahlen; §22.5.
8. Man kann alten Code, der eine Klasse `complex` verwendet, durch eine Typdefinition dazu bringen, das Template `std::complex` zu verwenden; §22.5

9. Ziehen Sie die Algorithmen accumulate(), inner_product(), partial_sum() und adjacent_difference() in Betracht, bevor Sie eine Schleife zur Berechnung von Werten aus einer Liste schreiben; §22.6.

10. Ziehen Sie eine Klasse für gleichverteilte Zufallszahlen dem direkten Aufruf von rand() vor; §22.7.

11. Seien Sie vorsichtig, damit Ihre Zufallszahlen ausreichend zufällig sind; §22.7.

22.9 Übungen

Ü1 (*1,5) Schreiben Sie eine Funktion, die sich wie apply() (§22.4.3) verhält, mit dem Unterschied, daß sie keine Elementfunktion ist und Funktionsobjekte akzeptiert.

Ü2 (*1,5) Schreiben Sie eine Funktion, die sich wie apply() (§22.4.3) verhält, mit dem Unterschied, daß sie keine Elementfunktion ist, Funktionsobjekte akzeptiert und ihr valarray-Argument modifiziert.

Ü3 (*2) Vervollständigen Sie Slice_iter (§22.4.5). Achten Sie besonders auf die Definition des Destruktors.

Ü4 (*1,5) Überarbeiten Sie das Programm aus §17.4.1.3 unter Verwendung von accumulate().

Ü5 (*2) Implementieren Sie für valarray die Ein-/Ausgabeoperatoren << und >>. Implementieren Sie die Funktion get_array(), die ein valarray mit einer Größe erzeugt, die als Teil der Eingabe spezifiziert wird.

Ü6 (*2,5) Definieren und implementieren Sie eine dreidimensionale Matrix mit entsprechenden Operationen.

Ü7 (*2,5) Definieren und implementieren Sie eine n–dimensionale Matrix mit entsprechenden Operationen.

Ü8 (*2,5) Implementieren Sie eine Klasse wie valarray und implementieren Sie + und * für sie. Vergleichen Sie deren Performance mit der Performance Ihrer Implementierung von valarray. Hinweis: Verwenden Sie x=0.5(xy)-z+ als Testfall, und testen Sie diesen mit verschiedenen Größen der Vektoren x, y und z.

Ü9 (*3) Implementieren Sie ein Feld Fort_array im Fortran–Stil, bei dem die Indizes bei 1 statt bei 0 starten.

Ü10 (*3) Implementieren Sie Matrix unter Verwendung von valarray zur internen Darstellung der Elemente (statt eines Zeigers oder einer Referenz auf ein valarray).

Ü11 (*2,5) Verwenden Sie Kompositoren (§22.4.7), um effiziente Indexzugriffe mit der []–Notation zu implementieren. Die Ausdrücke v1[x], v2[x][y], v2[x], v3[x][y][z] und v3[x][y] sollten z.B. die entsprechenden Elemente und Teilarrays mit einer einfachen Berechnung des Index liefern.

Ü12 (*2) Verallgemeinern Sie das Konzept des Programms aus §22.7 zu einer Funktion, der ein Zufallszahlengenerator als Argument übergeben werden kann und bei der eine einfache graphische Darstellung der Verteilung als grobe visuelle Überprüfung der Korrektheit des Generators verwendet werden kann.

Ü13 (*1) Was ist die Verteilung von (double(rand())/RAND_MAX)*n, falls n ein int ist?

Ü14 (*2,5) Plotten Sie Punkte in einem quadratischen Ausgabebereich. Die Koordinatenpaare der Punkte sollen mit Urand(N) (§22.7) erzeugt werden, wobei N die Anzahl der Pixel einer Seite des Ausgabebereichs ist. Was zeigt die Ausgabe in bezug auf die Verteilung der durch Urand erzeugten Zahlen?

Ü15 (∗2) Implementieren Sie einen Generator für normalverteilte Zufallszahlen, Nrand.

Teil IV

Designaspekte

Dieser Teil präsentiert C++ und dessen Programmiertechniken im großen Rahmen der Softwareentwicklung. Der Schwerpunkt liegt auf dem Design und der effektiven Umsetzung des Designs durch Ausdrücke der Sprache.

Kapitel:

Entwicklung und Design   23

> *There is no silver bullet.*
> *– F. Brooks*

23.1 Überblick

Dies ist das erste von drei Kapiteln, die sich mit dem Erstellen von Software unter zunehmender Berücksichtigung von Details beschäftigen. Es beginnt mit einer relativ hohen Designsicht und endet mit C++–spezifischen Konzepten und Programmiertechniken, die ein solches Design direkt unterstützen. Nach der Einführung und einer kurzen Diskussion der Mittel und Ziele von Softwareentwicklung in §23.3 enthält dieses Kapitel zwei Hauptteile:

§23.4   Eine Betrachtung des Softwareentwicklungsprozesses

§23.5   Praktische Beobachtungen zur Organisation der Softwareentwicklung

Kapitel 24 beschreibt die Beziehung zwischen dem Design und der Programmiersprache. Kapitel 25 präsentiert einige Rollen, die Klassen aus der Sicht des Designs bei der Organisation von Software spielen können. Insgesamt überbrücken die drei Kapitel von Teil IV die Lücke zwischen dem Design, das gern sprachunabhängig sein möchte, und der Programmierung, die sich kurzsichtig auf Details konzentriert. Beide Enden dieses Spektrums haben in großen Projekten ihren Platz, aber um ein Desaster und immense Kosten zu vermeiden, müssen sie Teil von kontinuierlicher Beschäftigung und Technik sein.

23.2 Einführung

Das Erstellen jeder nicht trivialen Software ist eine komplexe und oft entmutigende Aufgabe. Sogar für einen einzelnen Programmierer ist das jeweilige Schreiben einer Anweisung nur ein Teil des Prozesses. Üblicherweise wird das Schreiben und Debuggen von einzelnen Programmteilen von Aspekten der Problemanalyse, dem allgemeinen Programmdesign, der Dokumentation, den Tests, der Pflege und dem Management all dieser Dinge in den Schatten gestellt. Man kann all diese Dinge natürlich als »Programmierung« zusammenfassen und danach die logisch damit zusammenhängende Behauptung aufstellen: »Ich designe nicht, ich programmiere nur«. Aber wie immer man auch die Aktivitäten zusammenfaßt, es ist mitunter wichtig, sich auf einzelne Teile dieser Tätigkeit zu konzentrieren – so wie es wichtig ist, gelegentlich den gesamten Prozeß zu berücksichtigen. Weder die Details noch der Gesamtüberblick dürfen unter dem Druck, ein System auszuliefern, verlorengehen – obwohl häufig genug genau dies geschieht.

Dieses Kapitel konzentriert sich auf die Aspekte der Programmentwicklung, die sich nicht mit dem Schreiben und Debuggen von einzelnen Codestücken beschäftigen. Diese Diskussion ist weniger präzise und detailliert als die Diskussion individueller Sprachmittel und spezifischer Programmiertechniken, die ansonsten in diesem Buch präsentiert werden. Dies geht nicht anders, da es keine Kochbuch–Methode für das Erstellen guter Software gibt. Detaillierte Rezepte können für spezielle gut verstandene Programmarten, nicht aber für allgemeinere Programmbereiche existieren. Beim Programmieren gibt es keinen Ersatz für Intelligenz, Erfahrung und Geschmack. Konsequenterweise liefert dieses Kapitel nur allgemeine Ratschläge, alternative Ansätze und warnende Beobachtungen.

Die Diskussion wird durch die abstrakte Natur von Software und die Tatsache erschwert, daß Techniken, die bei kleineren Projekten (10.000 Zeilen Code von ein bis zwei Personen) funktionieren, nicht unbedingt auf mittlere und große Projekte übertragen werden können. Deshalb werden einige Diskussionen als Analogien auf weniger abstrakte technische Disziplinen statt als Codebeispiele formuliert. Man beachte aber, daß ein »Beweis durch Analogie« täuschen kann und Analogien hier somit nur zur Verdeutlichung verwendet werden. Eine Diskussion von Designaspekten, die mehr in der Terminologie von C++ und mit Beispielen formuliert werden, finden Sie in Kapitel 24 und in Kapitel 25. Die in diesem Kapitel dargestellten Konzepte finden sich sowohl in der Sprache C++ als auch bei der Präsentation einzelner Beispiele dieses Buchs wieder.

Man denke bitte auch daran, daß die hier formulierten Beobachtungen nicht unbedingt sofort auf das Problem, an dem man arbeitet, anwendbar sind. Dies liegt an den extrem vielseitigen Anwendungsgebieten, Menschen und Programmierumgebungen. Die Beobachtungen entstammen wirklichen Projekten und betreffen eine große Bandbreite von Situationen, sie können aber nicht als universell betrachtet werden. Man sollte die Beobachtungen deshalb mit einem gesunden Maß an Skepsis betrachten.

Man kann C++ einfach als besseres C verwenden. In dem Fall bleiben die mächtigsten Techniken und Sprachmittel jedoch auf der Strecke, so daß nur ein kleiner Ausschnitt der möglichen Vorteile von C++ genutzt wird. Dieses Kapitel konzentriert sich auf Designansätze, die den effektiven Nutzen von der Datenabstraktion und den objektorientierten Sprachmitteln von C++ ermöglichen. Diese Techniken werden oft als *objektorientiertes Design* bezeichnet.

Dieses Kapitel wird von einigen Hauptaspekten ständig begleitet:

- Der wichtigste Einzelaspekt der Softwareentwicklung ist ein klares Verständnis dessen, was erzeugt werden soll.
- Erfolgreiche Softwareentwicklung ist eine langfristige Tätigkeit.
- Die von uns entwickelten Systeme tendieren zur Grenze dessen, was wir und unsere Werkzeuge an Komplexität handhaben können.
- Es gibt keine »Kochbuch«–Methoden, die Intelligenz, Erfahrung und guten Geschmack beim Design und bei der Programmierung ersetzen können.
- Experimente sind für jede nicht triviale Softwareentwicklung unabdingbar.
- Design und Programmierung sind iterative Aktivitäten.
- Die verschiedenen Phasen eines Softwareprojekts, wie Design, Programmierung und Testphase, können nicht strikt getrennt werden.
- Man kann über Programmierung und Design nicht nachdenken, wenn man sich nicht auch über das Management dieser Aktivitäten Gedanken macht.

Es passiert leicht (und wird üblicherweise teuer), daß einer dieser Punkte unterschätzt wird. Es ist schwierig, die darin ausgedrückten abstrakten Ziele in die Praxis umzusetzen. Es sollte klar sein, daß Erfahrungen notwendig sind. Wie Schiffbau, Radfahren und Programmieren ist auch Design keine Fähigkeit, die nur durch theoretische Studien erworben werden kann.

Viel zu oft werden die menschlichen Aspekte beim Erstellen von Systemen vergessen und der Softwareentwicklungsprozeß einfach als »eine Reihe wohldefinierter Schritte« angesehen, die »jeder auf Grundlage von vordefinierten Regeln spezifische Aktionen für Eingaben durchführen, um die entsprechenden Ausgaben zu erhalten«. Schon die hier verwendete Sprache unterschlägt die Beteiligung von Menschen! Design und Programmierung sind menschliche Aktivitäten. Wer das vergißt, ist verloren.

Dieses Kapitel beschäftigt sich mit dem Design von Systemen, die im Vergleich zur Erfahrung und zu den Mitteln der Personen, die ein solches System erstellen, ziemlich ehrgeizig sind. Es scheint in der Natur von Einzelnen und Organisationen zu liegen, Projekte durchzuführen, die an die Grenzen ihrer Fähigkeiten gehen. Projekte, die keine derartige Herausforderung darstellen, brauchen keine Diskussion über das Design. Zu solchen Projekten gibt es etablierte Frameworks (Rahmenwerke), die einfach übernommen werden können. Nur wenn etwas Ehrgeiziges in Angriff genommen wird, entsteht Bedarf an besseren Werkzeugen und Vorgehensweisen. Es gibt außerdem eine Tendenz, Projekte, von denen »man weiß, wie es gemacht wird«, relativen Anfängern zu überlassen, die das nicht wissen.

Es gibt keinen »einzig richtigen Weg«, um alle Systeme zu designen und zu erstellen. Ich würde den Glauben an den »einzig richtigen Weg« als Kinderkrankheit betrachten, wenn erfahrene Programmierer und Designer an ihm nicht so oft leiden müßten. Man sollte immer folgendes bedenken: Nur weil eine Technik letztes Jahr für ein eigenes Projekt funktionierte, folgt daraus nicht, daß sie unverändert von anderen Personen oder in anderen Projekten übernommen werden kann. Es ist ausgesprochen wichtig, aufgeschlossen zu bleiben.

Es ist klar, daß viele der hier diskutierten Aspekte die Entwicklung von größeren Softwareprojekten betreffen. Leser, die davon nicht betroffen sind, können sich zurücklehnen und den Einblick in die »schrecklichen« Aspekte, denen sie entkommen sind, in Ruhe genießen. Alternativ können sie die Teilaspekte herausgreifen, die sich auf ihre individuelle Arbeit beziehen. Es gibt keine untere Grenze für Programmgrößen, ab denen es sich lohnt, vor dem Kodieren zu designen. Es gibt allerdings eine untere Grenze, für die ein spezieller Design– oder Dokumentationsansatz angemessen ist. Aspekte der Einstufung werden in §23.5.2 diskutiert.

Das fundamentalste Problem bei der Softwareentwicklung ist Komplexität. Es gibt nur eine grundlegende Möglichkeit, mit Komplexität umzugehen: aufteilen und beherrschen. Ein Problem, das in zwei unabhängig handhabbare Teilprobleme unterteilt werden kann, ist dadurch mehr als zur Hälfte gelöst. Für dieses einfache Prinzip gibt es eine erstaunliche Bandbreite von Anwendungsmöglichkeiten. Insbesondere wird ein Programm durch die Verwendung eines Moduls oder einer Klasse in zwei Teile, die Implementierung und die Anwender, unterteilt, die nur durch eine (im Idealfall) wohldefinierte Schnittstelle verbunden sind. Dies ist der fundamentale Ansatz, um die Komplexität von Programmen in den Griff zu bekommen. Entsprechend kann der Prozeß des Programmdesigns in getrennte Aktivitäten mit (im Idealfall) wohldefinierter Interaktion zwischen den beteiligten Personen zerlegt werden. Dies ist der Basisansatz, um die Komplexität des Entwicklungsprozesses und der beteiligten Personen in den Griff zu bekommen.

In beiden Fällen braucht man für die Auswahl der Teile und die Spezifikation der Schnittstelle zwischen den Teilen die meiste Erfahrung und den meisten Geschmack. Eine solche Auswahl ist kein einfacher mechanischer Prozeß, sondern fordert üblicherweise Inneneinsichten, die nur durch ein tieferes Verständnis eines Systems und ein passendes Abstraktionsniveau erlangt werden können (siehe §23.4.2, §24.3.1 und §25.3). Eine kurzsichtige Betrachtung eines Programms oder eines Softwareentwicklungsprozesses führt häufig zu Systemen mit ernsthaften Defekten. Man beachte auch, daß sowohl für Menschen als auch für Programme die *Aufteilung* einfach ist. Der schwierige Teil besteht darin, die *Kommunikation* zwischen den Teilen auf beiden Seiten der Grenze sicherzustellen, ohne die Grenze selbst zu beseitigen oder die für die Kooperation notwendige Kommunikation zu behindern.

Dieses Kapitel präsentiert einen Designansatz, aber keine komplette Designmethode. Eine komplette formelle Designmethode würde die Grenzen dieses Buches sprengen. Der hier präsentierte Ansatz kann in verschiedenen Graden der Formalisierung verwendet werden und unterschiedlichen Formalisierungen als Grundlage dienen. Das Kapitel ist auch keine Literaturbesprechung und erhebt nicht den Anspruch, jeden relevanten Aspekt von Softwareentwicklung zu behandeln oder jeden Gesichtspunkt zu präsentieren. Auch dies sprengt den Rahmen dieses Buches. Eine Literaturübersicht kann in [Booch,1994] gefunden werden. Man beachte, daß Begriffe hier ziemlich allgemein und konventionell verwendet werden. Die »interessantesten« Begriffe, wie *Design*, *Prototyp* und *Programmierer*, haben in der Literatur zahlreiche unterschiedliche und oft widersprüchliche Definitionen. Man sollte vorsichtig sein, damit man in die hier getroffenen Aussagen nichts Unbeabsichtigtes hineininterpretiert, weil man spezielle oder lokal präzisere Begriffsdefinitionen kennt.

23.3   Mittel und Ziele

Das Ziel professioneller Programmierung besteht darin, ein Produkt auszuliefern, das seine Anwender zufriedenstellt. Die wichtigsten Mittel zur Erreichung dieses Ziels sind die Produktion von Software mit klarer interner Struktur und das Schaffen einer Gruppe von Designern und Programmierern, die fähig und motiviert genug sind, um schnell und effektiv auf Veränderungen und günstige Gelegenheiten zu reagieren.

Warum? Die interne Struktur eines Programms und sein Entwicklungsprozeß sind im Idealfall für den Endanwender ohne Bedeutung. Schärfer formuliert: Wenn es für den Endanwender eine Rolle spielt, wie das Programm geschrieben wurde, dann stimmt mit diesem Programm etwas nicht. Welchen Stellenwert haben vor diesem Hintergrund die Struktur des Programms und die an der Erstellung des Programms beteiligten Personen?

Ein Programm benötigt eine klare interne Struktur, um

- das Testen,
- das Portieren,
- die Wartung,
- die Erweiterung,
- die Reorganisation und
- das Verständnis

zu erleichtern. Der wesentliche Punkt ist der, daß jedes erfolgreiche größere Stück Software ein langes Leben besitzt, in dessen Verlauf es von Programmierern und Designern weiterentwickelt, auf neue Hardware portiert, an nicht vorhergesehene Bedürfnisse angepaßt und wiederholt reorganisiert wird. In dieser Lebensspanne müssen neue Versionen mit akzeptablen Fehlerraten rechtzeitig erstellt werden. Wird dies in die Planung nicht mit einbezogen, plant man das Scheitern.

Man beachte, daß ein Endanwender die interne Struktur eines Programms durchaus kennen möchte, obwohl dies im Idealfall nicht notwendig ist. Ein Anwender möchte sich vielleicht mit Details vertraut machen, um deren Verläßlichkeit und Potential für Änderungen und Erweiterungen abschätzen zu können. Falls die in Frage kommende Software eine Reihe von Bibliotheken zum

Entwickeln anderer Software und kein komplettes System darstellt, wird der Anwender mehr über die »Details« wissen wollen, um die Bibliotheken besser einsetzen oder als Ideenquelle von ihr profitieren zu können.

Zwischen dem Fehlen und einer Überbetonung einer allgemeinen für jedes Stück Software vorhandenen Struktur muß eine Balance gefunden werden. Ersteres führt dazu, daß Problemen ständig aus dem Weg gegangen wird (»wir liefern diese Version erstmal aus und lösen das Problem in der nächsten Version«). Letzteres führt zu einem übermäßig ausgearbeiteten Design, dessen Grundstruktur unter Formalismen begraben wird, und zu Situationen, in denen die Implementierung durch Reorganisationen des Programms verzögert wird (»aber diese Struktur ist *viel* besser als die vorherige, und die Leute sind bereit, auf sie zu warten«). Dies führt darüber hinaus oft zu Systemen, die derartig viele Ressourcen erfordern, daß sie für die meisten Anwender unerschwinglich werden. Derartige Balanceakte gehören zu den schwierigsten Aspekten des Designs und bilden das Gebiet, auf dem sich Talent und Erfahrung beweisen müssen. Die hier zu treffenden Entscheidungen sind bereits für einzelne Designer oder Programmierer nicht leicht. Bei größeren Projekten, in denen mehrere Personen mit unterschiedlichen Fähigkeiten zusammenarbeiten, sind sie noch schwieriger.

Ein Programm muß innerhalb einer Organisation entwickelt und gewartet werden, die dies auch angesichts von Veränderung beim Personal, bei den Führungskräften und bei der Managementstruktur leisten kann. Eine populäre Vorgehensweise für das Erreichen dieses Ziels besteht darin, daß man versucht, die Systementwicklung auf einige wenige Aufgaben auf relativ niedrigem Niveau, die in ein festes Framework eingebettet sind, zu reduzieren. Damit ist der Aufbau von einer Klasse einfach anzulernender (billiger) und austauschbarer Low-level–Programmierer (»Kodierer«) und einer Klasse von etwas weniger billigen, aber ebenso austauschbaren (und somit genauso entbehrlichen) Designern gemeint. Von den Kodierern werden keine Designentscheidungen erwartet, und von den Designern wird nicht verlangt, daß sie sich mit den Details der Programmierung beschäftigen. Diese Vorgehensweise schlägt oft fehl. Wo sie funktioniert, entstehen übergroße Systeme mit armseliger Performance.

Die Probleme dieses Ansatzes sind:

- unzureichende Kommunikation zwischen Implementierern und Designern, was zu nicht genutzten Möglichkeiten, Verspätungen, Ineffizienzen und wiederholten Problemen führt, da aus Erfahrung nicht gelernt wird, und
- unzureichende Möglichkeiten für Initiativen seitens der Implementierer, was zu einem Mangel an professioneller Entwicklung, mangelnder Initiative, Nachlässigkeit und hoher Fluktuation führt.

Im wesentlichen fehlen einem solchen System Feedback–Mechanismen, um zu erreichen, daß Menschen von den Erfahrungen anderer profitieren. Es handelt sich um eine Verschwendung raren menschlichen Talents. Die Entwicklung von Bedingungen, unter denen Menschen ihre unterschiedlichen Talente einsetzen, neue Fähigkeiten entwickeln, Ideen einbringen können und Spaß haben, stellt nicht nur eine höfliche Geste dar, sondern ist auch in praktischer und ökonomischer Hinsicht sinnvoll.

Auf der anderen Seite kann ein System nicht ohne irgendeine Art von formalen Strukturen entwickelt, dokumentiert und gewartet werden. Das Finden der besten Leute, die ein Problem auf eine Weise in Angriff nehmen, die ihnen am besten erscheint, ist für ein innovatives Projekt oft der beste Start. In dem Maß, in dem das Projekt fortschreitet, werden aber mehr Planung, Spezialisierung und formalisierte Kommunikation zwischen den beteiligten Personen notwendig. Mit »formalisiert« meine ich keine mathematisch oder mechanisch verifizierbare Notation (auch wenn diese, sofern verfüg– und anwendbar, schön ist), sondern eher eine Reihe von Richtlinien für Schreibweisen, Bezeichnungen, Dokumentationen, Tests und so weiter. Auch hier ist eine Balance und ein Gespür für das Angemessene erforderlich. Ein System, das zu stark einschränkt, kann Wachstum verhindern und Innovation unmöglich machen. In dem Fall muß sich das Talent des Managers beweisen. Für den einzelnen stellt sich das entsprechende Dilemma, zwischen dem Versuch mitzudenken und einem »Dienst nach Vorschrift« zu wählen.

Die Forderung lautet, nicht nur für die nächste Version, sondern auf lange Sicht zu planen. Wer nur für die nächste Version plant, plant das Scheitern. Man muß Organisationen und Softwareentwicklungsstrategien entwickeln, deren Aufgabe es ist, viele Versionen vieler Projekte zu entwickeln und zu warten. Das bedeutet, daß man für eine Serie von Erfolgen planen muß.

Die Aufgabe von »Design« besteht darin, für ein Programm eine klare und relativ einfache interne Struktur, manchmal auch *Architektur* genannt, zu schaffen. Mit anderen Worten: Man muß ein Framework schaffen, in das die einzelnen Teile des Codes eingepaßt werden können und das beim Schreiben dieser Teile als Richtlinie dient.

Ein Design ist das Endprodukt des Entwurfsprozesses (sofern man bei einem iterativen Prozeß überhaupt von einem *End*produkt sprechen kann). Es stellt den Brennpunkt zwischen dem Designer und dem Programmierer sowie zwischen den Programmierern dar. Es ist wichtig, hier einen Sinn für Proportionen zu bewahren. Falls ich als individueller Programmierer ein kleines Programm entwerfe, das ich morgen implementieren möchte, kann eine Kritzelei auf der Rückseite eines Briefumschlags ein ausreichendes Niveau von Genauigkeit und Details bilden. Als anderes Extrem können bei der Entwicklung eines umfangreichen Softwareprojekts, an dem mehrere hundert Designer und Programmierer beteiligt sind, Bücher mit Spezifikationen, die sorgfältig mittels formaler oder semiformaler Notationen geschrieben wurden, angemessen sein. Das Herausfinden eines angemessenen Niveaus eines Designs in Hinsicht auf Detailliertheit, Präzision und Formalismus bildet selbst schon eine technische und organisatorische Herausforderung.

In diesem und den nachfolgenden Kapiteln gehe ich davon aus, daß das Design eines Systems als Menge von Klassendeklarationen (bei denen die privaten Deklarationen als scheinbare Details üblicherweise entfallen) und deren Beziehungen ausgedrückt werden kann. Dies stellt eine Vereinfachung dar. Zu einem spezifischen Design gehören zahlreiche weitere Aspekte, wie konkurrierende Zugriffe (englisch: *concurrency*), Verwaltung von Namensbereichen, Verwendung von Funktionen und Daten, die zu keiner Klasse gehören, Parametrisierung von Klassen und Funktionen, Organisation von Code, um Neu–Übersetzungen zu vermeiden, Persistenz und die Verwendung mehrerer Computer. Für eine Diskussion auf dieser Abstraktionsebene sind allerdings Vereinfachungen notwendig, und Klassen bilden im Rahmen von C++ den angemessenen Blickpunkt für Designaspekte. Einige der anderen Aspekte werden im Rahmen dieses Kapitels erwähnt. Andere, die das Design von C++–Programmen direkt betreffen, werden in Kapitel 24 und Kapitel 25 diskutiert. Für eine detailliertere Diskussion und für Beispiele einer spezifischen objektorientierten Designmethode, sei auf [Booch,1994] verwiesen.

Ich werde auf eine strenge Unterscheidung zwischen Analyse und Design verzichten, da dies den Rahmen dieses Buches sprengen würde und es in den verschiedenen Designmethoden Unterschiede gibt. Im Prinzip geht es darum, zu einer Designmethode die passende Analysemethode sowie zu einem Programmierstil und der verwendeten Sprache die passende Designmethode zu wählen.

23.4 Der Entwicklungsprozeß

Softwareentwicklung ist ein iterativer und wachsender Prozeß. Jedes Stadium dieses Prozesses wird im Verlauf der Entwicklung mehrfach durchlaufen, und jeder Durchlauf verfeinert in seinem Stadium das Endprodukt. Im allgemeinen hat der Prozeß weder einen Anfang noch ein Ende. Beim Design und bei der Implementierung eines Systems setzt man auf Designs, Bibliotheken und Anwendungssoftware anderer Personen auf. Ist das System fertiggestellt, hinterläßt man ein Design und Code, das/den andere verfeinern, überarbeiten, erweitern und portieren können. Natürlich kann ein spezifisches Projekt definitive Anfangs– und Endpunkte besitzen, und es ist wichtig (und oft auch überraschend schwierig), das Projekt klar und präzise auf einen Zeitrahmen und Gültigkeitsbereich zu begrenzen. Es kann allerdings ernsthafte Probleme verursachen, wenn man meint, daß man mit einem klar definierten Anfangszustand beginnt. Auch wenn man meint, daß die Welt mit der »endgültigen Version« endet, kann man ähnlich ernste Probleme für die Nachfolger (oft ist man es selbst in einer anderen Rolle) verursachen.

Eine Folgerung aus diesen Beobachtungen ist, daß man die folgenden Abschnitte in beliebiger Reihenfolge lesen kann, da die Aspekte des Designs und der Implementierung in fast beliebiger Reihenfolge in ein reales Projekt eingefügt werden können. Das bedeutet, daß »Design« fast immer ein Redesign ist, das auf vorherigen Designs und einiger Implementierungserfahrung beruht. Des weiteren wird das Design durch die Planung, die Fähigkeiten der beteiligten Personen, Kompatibilitätsaspekte und so weiter beeinflußt. Eine wesentliche Herausforderung für einen Designer/Manager/Programmierer besteht darin, für den Prozeß eine Reihenfolge festzulegen, ohne Innovationen unmöglich zu machen und Feedback–Kreisläufe zu zerstören, die für eine erfolgreiche Entwicklung notwendig sind.

Der Entwicklungsprozeß hat drei Phasen:
- Analyse: den Bereich des zu lösenden Problems festlegen
- Design: für ein System eine allgemeine Struktur entwerfen
- Implementierung: Code schreiben und testen

Man sollte nicht die iterative Natur dieses Prozesses vergessen. Bezeichnenderweise werden diese Phasen nicht numeriert. Man beachte, daß einige wesentliche Aspekte der Programmentwicklung dabei nicht als separate Phasen auftauchen, da sie den gesamten Prozeß durchdringen sollten:
- Experimentieren
- Testen
- Analyse des Designs und der Implementierung
- Dokumentation
- Management

Die »Wartung« von Software läßt sich in diesem Zusammenhang einfach als weitere Iterationen durch diesen Entwicklungsprozeß ansehen (§23.4.5.1).

Es ist von größter Wichtigkeit, daß Analyse, Design und Implementierung nicht zu sehr voneinander getrennt werden und daß die beteiligten Personen eine gemeinsame Kultur besitzen, mit der sie effektiv kommunizieren können. In großen Projekten ist dies allzuoft nicht der Fall. Im Idealfall wechseln einzelne Personen bei einem Projekt von einer Phase zur anderen; die beste Möglichkeit zum Transport subtiler Informationen bietet der Kopf der Personen. Leider errichten Organisationen gegen einen solchen Transfer oft Barrieren, indem Designern z.B. oft ein höherer Status oder mehr Gehalt als »bloßen Programmierern« gegeben wird. Falls es für Menschen nicht praktikabel ist, zum Lernen und Lehren zu wechseln, dann sollten sie zumindest ermutigt werden, regelmäßig mit einzelnen Personen der »anderen« Phasen der Entwicklung zu kommunizieren.

Bei kleinen und mittleren Projekten wird oft nicht zwischen Analyse und Design unterschieden; die beiden Phasen werden zu einer zusammengefaßt. Entsprechend wird in kleinen Projekten oft kein Unterschied zwischen Design und Programmierung gemacht. Dies löst natürlich das Kommunikationsproblem. Es ist wichtig, auf ein vorgegebenes Projekt einen angemessenen Grad an Formalismen anzuwenden und keine strenge Unterscheidung zwischen den drei Phasen aufrechtzuerhalten (§23.5.2). Hierfür gibt es kein Erfolgsrezept.

Das hier beschriebene Modell der Softwareentwicklung unterscheidet sich radikal vom traditionellen »Wasserfallmodell«. Im Wasserfallmodell läuft der Entwicklungsprozeß in geordneter und linearer Weise durch die Entwicklungsphasen von der Analyse bis zum Testen. Das Wasserfallmodell leidet unter dem elementaren Problem, daß der Kommunikationsfluß tendenziell nur in einer Richtung stattfindet. Sobald »weiter unten« ein Problem auftaucht, entsteht oft ein starker methodologischer und organisatorischer Druck, das Problem lokal zu lösen. Es gibt einen starken Druck, das Problem ohne die vorherigen Phasen des Prozesses zu lösen. Der Mangel an Feedback führt zu Designdefiziten, und die lokalen Problemlösungen führen zu Implementierungen mit zerstörter Struktur. In den unvermeidlichen Fällen, in denen Informationen in umgekehrter Richtung fließen und nachträglich den Entwurf verändern, setzt ein langsamer und schwerfälliger »Riesel–Effekt« durch das System ein, das entworfen wurde, um solche Änderungen zu vermeiden, und deshalb unwillig und langsam reagiert. Das Argument gegen »nachträgliche Änderungen« und für »lokale Lösungen« lautet dann, daß eine Unterorganisation nicht »aus reiner Bequemlichkeit« einer anderen Unterorganisation ihre eigene Arbeit aufbürden darf. Zu dem Zeitpunkt, zu dem im Entwurf ein größerer Bruch entdeckt wird, ist insbesondere oft bereits eine Menge an schriftlichem Material hergestellt worden, das auf den fehlerhaften Teil des Entwurfs Bezug nimmt, so daß der Aufwand für die Änderungen der Dokumentation den Aufwand für die Änderungen im Code bei weitem übersteigt. In dieser Hinsicht kann schriftliches Material zum Hauptproblem der Softwareentwicklung werden. Natürlich können solche Probleme unabhängig von der Organisation der Entwicklung großer Systeme auftreten (und tun es auch). Letztlich ist *etwas* schriftliches Material unabdingbar. Das Vorgeben eines linearen Entwicklungsprozesses (eines Wasserfallmodells) erhöht allerdings in großem Maße die Wahrscheinlichkeit, daß dieses Problem außer Kontrolle gerät.

Das Problem des Wasserfallmodells ist unzureichendes Feedback und die Unfähigkeit, auf Veränderungen zu reagieren. Die Gefahr des hier vorgestellten iterativen Ansatzes ist die Versuchung, echte Gedanken und echten Fortschritt durch eine Serie nicht konvergenter Änderungen zu ersetzen. Beide Probleme können einfacher erkannt als gelöst werden, und wie auch immer eine Aufgabe organisiert wird, verwechselt man Aktivität leicht mit Fortschritt. Die Betonung unterschiedlicher Phasen des Entwicklungsprozesses ändert sich natürlich mit dem Fortschreiten des Projekts. Am Anfang liegt die Betonung auf Analyse und Design, während Programmieraspekte weniger Beachtung finden. Mit fortlaufender Zeit verschieben sich die Schwerpunkte in Richtung Design und Programmierung und befassen sich schließlich vor allem mit Programmierung und Tests. Entscheidend ist aber, daß man sich nie nur auf einen Teil des Spektrums Analyse/Design/Implementierung konzentriert und alle anderen damit außer acht läßt.

Man sollte nicht vergessen, daß keine noch so große Aufmerksamkeit für das Detail, keine noch so angemessene Anwendung von Managementtechniken und keine noch so fortgeschrittene Technologie eine Hilfe sein können, wenn es keine klare Vorstellung davon gibt, was man erreichen will. Es scheitern mehr Projekte aufgrund eines Mangels an wohldefinierten und realistischen Zielen als aus irgendeinem anderen Grund. Was immer man auch macht und wie immer man es anpackt, man sollte sich Klarheit über die Wünsche verschaffen, handfeste Ziele und Meilensteine definieren und für soziologische Probleme keine technischen Lösungen suchen. Auf der anderen

Seite sollte man alles, was an *angemessener* Technologie verfügbar ist, nutzen, auch wenn es eine Investition erfordert. Menschen arbeiten besser mit angemessenen Werkzeugen und in vernünftigen Umgebungen. Glauben Sie nicht, daß es leicht ist, diese Ratschläge zu befolgen.

23.4.1 Der Entwicklungszyklus

Die Entwicklung eines Systems sollte eine iterative Aktivität sein. Die Hauptschleife besteht aus wiederholten Läufen durch folgende Sequenz:

1. Das Problem untersuchen.
2. Ein generelles Design entwerfen.
3. Standardkomponenten finden.
   – Die Komponenten an dieses Design anpassen.
4. Neue Standardkomponenten entwerfen.
   – Die Komponenten an dieses Design anpassen.
5. Das Design zusammenfügen.

Man betrachte als Analogie eine Autofabrik. Am Anfang eines Projekts braucht man ein generelles Design für einen neuen Autotyp. Dieser erste Entwurf wird auf irgendeiner Form von Analyse beruhen und das Auto in allgemeinen Begriffen beschreiben, die im wesentlichen auf die beabsichtigte Verwendung und nicht auf die technischen Details, mit denen die gewünschten Eigenschaften erreicht werden können, zugeschnitten sind. Die Entscheidung zugunsten der gewünschten Eigenschaften (oder besser für ein paar Richtlinien, anhand derer entschieden werden kann, welche Eigenschaften wünschenswert sind) stellt oft den schwierigsten Teil des Projekts dar. Wenn dies gut gemacht wird, handelt es sich üblicherweise um die Arbeit eines einzelnen mit tiefem Einblick und wird oft als *Vision* bezeichnet. Für viele Projekte ist es nicht ungewöhnlich, daß solche klaren Ziele fehlen, weshalb die Projekte ins Wanken geraten oder ganz scheitern.

Angenommen, man möchte ein mittelgroßes Auto mit vier Türen und einem relativ starken Motor entwickeln. Der erste Schritt beim Design besteht mit ziemlicher Sicherheit nicht darin, mit dem Entwurf des Autos (und all seinen Teilen) aus dem Nichts zu beginnen. Ein Software–Designer oder Programmierer wäre in einer ähnlichen Situation ebenfalls schlecht beraten, dies zu tun.

Der erste Schritt besteht darin, in Betracht zu ziehen, welche Komponenten aus dem Inventar der Firma oder von verläßlichen Zulieferern verfügbar sind. Die so gefundenen Komponenten müssen nicht unbedingt exakt für den neuen Wagen passen. Es wird Möglichkeiten geben, die Komponenten anzupassen. Vielleicht kann sogar auf die Spezifikation der »nächsten Version« solcher Komponenten Einfluß genommen werden, damit sie besser auf das neue Projekt passen. Es könnte z.B. ein Motor mit den gewünschten Eigenschaften, bis auf eine etwas zu geringe Leistung, verfügbar sein. Entweder man selbst oder der Hersteller könnte in der Lage sein, eine Turbokomponente hinzuzufügen, die das Leistungsdefizit ausgleicht, ohne den ursprünglichen Entwurf aufzugeben. Man beachte, daß so eine Änderung »ohne Auswirkung auf das grundlegende Design« ziemlich unwahrscheinlich ist, wenn in diesem ursprünglichen Design nicht irgendeine Form von späteren Anpassungen mit eingeplant war. Solche Anpassungen erfordern normalerweise eine Kooperation mit dem Motorenlieferanten. Ein Software–Designer oder Programmierer hat ähnliche Möglichkeiten. Insbesondere polymorphe Klassen und Templates können oft effektiv für Anpassungen verwendet werden. Man sollte jedoch nicht erwarten, daß man beliebige nachträgliche Erweiterungen vornehmen kann, wenn keine Vorsorge oder Kooperation mit dem Designer der Klasse stattgefunden hat.

Wenn keine weiteren passenden Standardkomponenten mehr verfügbar sind, wird der Designer des Wagens jetzt nicht damit beginnen, optimal passende neue Komponenten zu entwerfen. Dies wäre einfach zu kostspielig. Man stelle sich z.B. vor, daß keine passende Einheit für eine Klimaanlage zur Verfügung steht und daß im Motorraum ein passender L–förmiger Raum frei ist. Eine Lösung würde darin bestehen, eine hierzu passende L–förmige Klimaanlageeinheit zu entwerfen. Die Wahrscheinlichkeit, daß dieses Unikat auch in anderen Autotypen Verwendung finden kann, ist jedoch ziemlich gering. Dies würde bedeuten, daß die Kosten für die Herstellung dieser Komponente nicht mit anderen Autoherstellern gemeinsam aufgebracht werden und daß die Zeitspanne, innerhalb der diese Komponente sinnvoll verwendet werden kann, nicht sehr lang sein wird. Es wird sich deshalb als wertvoll erweisen, eine Einheit zu entwerfen, die einen größeren Anklang findet, und somit eine Einheit zu entwickeln, die ein klareres Design besitzt und eher für Anpassungen geeignet ist, als unser hypothetisches L–förmiges Unikat. Dies wird wahrscheinlich mehr Arbeit als die L–förmige Einheit erfordern und könnte sogar dazu führen, daß das generelle Design des Autos modifiziert werden muß, um es mit der allgemeiner verwendbaren Einheit in Einklang zu bringen. Da die neue Einheit entworfen wurde, um eine größere Bandbreite als unser L–förmiges Unikat abzudecken, kann man davon ausgehen, daß man sie etwas anpassen muß, um die revidierten Anforderungen perfekt abzudecken. Auch hier hat der Software–Designer oder der Programmierer eine ähnliche Option: Anstatt projektspezifischen Code zu schreiben, kann der Designer eine neue Komponente entwerfen, die eine Allgemeingültigkeit besitzt, die sie in einem gewissen Umfeld zu einem guten Kandidaten für eine Standardkomponente macht.

Nach der Betrachtung der potentiellen Standardkomponenten wird schließlich das »endgültige« Design zusammengesetzt. Dabei verwendet man so wenig speziell entwickelte Komponenten wie möglich, da man nächstes Jahr eine Variante dieser Aufgabe lösen muß und die speziell entwickelten Komponenten die Elemente sein werden, die man überarbeiten oder wegwerfen muß. Bei traditioneller Software macht man die traurige Erfahrung, daß nur wenige Teile des Systems als unabhängige (diskrete) Komponenten isoliert werden können und nur wenige dieser Elemente außerhalb ihres ursprünglichen Projekts verwendbar sind.

Ich sage nicht, daß alle Auto–Designer so rationell, wie in dieser Analogie beschrieben, vorgehen oder alle Software–Designer die hier beschriebenen Fehler machen. Andererseits kann dieses Modell aber auf Software angewendet werden. Insbesondere dieses und die nachfolgenden Kapitel zeigen Techniken, die die Anwendung in C++ ermöglichen. Ich behaupte allerdings, daß sich aufgrund der größeren Unantastbarkeit von Software die beschriebenen Fehler schwerer vermeiden lassen (§24.3.1, §24.3.4), und in §23.5.3 werde ich argumentieren, daß Unternehmenskulturen Menschen häufig den Mut nehmen, von dem hier umrissenen Modell Gebrauch zu machen.

Man beachte, daß dieses Entwicklungsmodell erst wirklich gut funktioniert, wenn man längere Zeiträume betrachtet. Falls man nur die nächste Version im Blickfeld hat, ist die Entwicklung und Pflege von Standardkomponenten nicht so sinnvoll. Dies wird dann lediglich als falscher Mehraufwand betrachtet. Dieses Modell dient als Vorschlag für eine Organisation, deren Lebensdauer zahlreiche Projekte umfaßt und deren Größe die erforderlichen Zusatzinvestitionen in Werkzeuge (zum Design, zur Programmierung und zum Projektmanagement) und in die Ausbildung (der Designer, Programmierer und Manager) lohnenswert macht. Es ist eine Skizze für eine Art Software–Fabrik. Kurioserweise unterscheidet sich dies nur in der Größenordnung von der praktischen Arbeitsweise der besten individuellen Programmierer, die über die Jahre einen Grundstock von Techniken, Designs, Werkzeugen und Bibliotheken aufbauen, um ihre persönliche Effektivität zu steigern. Es scheint tatsächlich so zu sein, daß es die meisten Organisationen versäumt haben, von den besten persönlichen Praktiken zu profitieren, was auf das Fehlen von Visionen und auf die Unfähigkeit, solche Praktiken in einem größeren Rahmen zu verwalten, zurückzuführen ist.

Man beachte, daß es unvernünftig ist, von »Standardkomponenten« einen universellen Standard zu erwarten. Es werden ein paar internationale Standardbibliotheken existieren. Die meisten Komponenten werden allerdings (nur) innerhalb eines Landes, eines Industriezweiges, einer Firma, einer Produktlinie, einer Abteilung, einem Anwendungsgebiet und so weiter standardisiert. Die Welt ist einfach zu groß, als daß universelle Standards für alle Komponenten und Werkzeuge realistisch oder auch nur wünschenswert wären.

Der im ersten Design vorhandene Wunsch einer universellen Allgemeingültigkeit ist ein Ziel, das für ein Projekt nie erfüllbar ist. Ein Grund, weshalb der Entwicklungszyklus ein Zyklus ist, besteht darin, daß es unabdingbar ist, ein laufendes System zu haben, anhand dessen man Erfahrungen sammeln kann (§23.4.3.6).

23.4.2 Designziele

Was sind die allgemeingültigen Ziele eines Designs? Einfachheit ist natürlich eines, aber Einfachheit in bezug auf welche Kriterien? Wir gehen davon aus, daß ein Design eine Entwicklung durchmacht. Das bedeutet, daß das System in vielerlei Hinsicht erweitert, portiert, verbessert und allgemein verändert werden muß, wobei die Art der Änderungen nicht immer vorhersagbar sind. Deshalb muß man ein Design und ein implementiertes System anstreben, das unter der Bedingung einfach ist, daß es sich in vielerlei Hinsicht verändern kann. Tatsächlich ist es realistisch, davon auszugehen, daß sich die Anforderungen an das System zwischen dem Zeitpunkt des ersten Designs und der ersten Auslieferung des Systems etliche Male ändern.

Daraus folgt, daß das System so entworfen werden muß, daß es nach einer Reihe von Änderungen so einfach wie möglich *bleibt*. Man muß für Veränderungen designen, die Ziele müssen deshalb wie folgt lauten:

- Flexibilität,
- Erweiterbarkeit und
- Portabilität.

Dies läßt sich am besten dadurch erreichen, daß man die Bestandteile des Systems, die sich mit einer gewissen Wahrscheinlichkeit ändern werden, kapselt und spezielle unaufdringliche Möglichkeiten vorsieht, damit ein Designer bzw. Programmierer später das Verhalten des Codes modifizieren kann. Dies geschieht durch Identifizierung der entscheidenden Konzepte einer Anwendung und indem jeder Klasse die exklusive Verantwortlichkeit für die Pflege aller in bezug auf ein einzelnes Konzept vorhandenen Informationen übertragen wird. In dem Fall kann eine Veränderung nur durch Modifikation einer Klasse erreicht werden. Im Idealfall kann ein einzelnes Konzept durch Ableiten einer neuen Klasse (§23.4.3.5) oder, indem einem Template ein anderes Argument übergeben wird, verändert werden. Natürlich ist es erheblich leichter, dieses Ideal zu proklamieren, als es zu befolgen.

Man betrachte ein Beispiel: In einer Simulation für meteorologische Phänomene soll eine Regenwolke graphisch dargestellt werden. Wie kann man das machen? Man kann keine allgemeine Routine zur Ausgabe einer Wolke verwenden, da das Aussehen der Wolke von ihrem internen Zustand abhängt, und dieser Zustand sollte in der ausschließlichen Verantwortung der Wolke stehen.

Eine erste Lösung besteht darin, die Wolke sich selbst ausgeben zu lassen. Dieser Lösungsansatz ist in vielen begrenzten Kontexten akzeptabel. Er ist es aber nicht generell, da es viele Möglichkeiten gibt, eine Wolke zu betrachten. Sie kann auf einer Karte z.B. als detailliertes Bild, als grobe Skizze oder als Icon ausgegeben werden. Dies bedeutet mit anderen Worten, daß das Aussehen einer Wolke sowohl von der Wolke als auch von deren Umgebung abhängt.

Eine zweite Lösung könnte deshalb darin bestehen, daß die Wolke sich selbst unter Berücksichtigung ihrer Umgebung ausgibt. Diese Lösung ist bereits für einen größeren Anwendungsbereich geeignet. Es ist aber immer noch keine allgemeine Lösung. Wenn die Wolke derartige Details ihrer Umgebung kennt, verletzt dies den Anspruch, daß eine Klasse nur für eine Sache verantwortlich ist und daß jede »Sache« nur in der Verantwortung einer Klasse liegt. Möglicherweise kann gar keine klare Beschreibung der »Umgebung einer Wolke« angegeben werden, da das Aussehen einer Wolke im allgemeinen sowohl von der Wolke als auch von dem Betrachter abhängt. Sogar im wirklichen Leben hängt das Aussehen einer Wolke in erheblichem Maße davon ab, wie ich sie betrachte (z.B. mit dem bloßen Auge, durch einen polarisierten Filter oder mit einem Wetter–Radar). Zusätzlich zum Betrachter und der Wolke mag irgendein »allgemeiner Hintergrund« wie die relative Position der Sonne eine Rolle spielen. Bringt man zusätzliche Objekte, wie andere Wolken oder Flugzeuge, ins Spiel, wird die Sache noch komplizierter. Um das Leben für einen Designer wirklich schwer zu machen, könnte man noch die Möglichkeit hinzufügen, daß gleichzeitig mehrere Betrachter möglich sind.

Eine dritte Lösung besteht darin, die Wolke (und andere Objekte, wie ein Flugzeug oder die Sonne) sich selbst dem Betrachter beschreiben zu lassen. Diese Lösung hat ausreichend Allgemeingültigkeit, um die meisten Anforderungen abzudecken.[1] Sie kann allerdings sowohl in Hinblick auf die Komplexität als auch in Hinsicht auf den Mehraufwand bei der Laufzeit signifikante Kosten verursachen. Wie erreicht man etwa, daß der Betrachter die von Wolken und anderen Objekten gelieferten Beschreibungen versteht?

Speziell Regenwolken kommen in Programmen nicht häufig vor (als Beispiel siehe aber §15.2), Objekte, die in einer Reihe von Ein-/Ausgabeoperationen involviert sind, dagegen schon. Dies macht das Beispiel der Regenwolken für Programme im allgemeinen und das Design von Bibliotheken im speziellen relevant. C++–Code für ein aus logischer Sicht ähnliches Beispiel kann bei den für die formatierte Ausgabe in I/O-Stream–Systemen verwendeten Manipulatoren gefunden werden (§21.4.6, §21.4.6.3). Man beachte, daß die dritte Lösung nicht die »richtige Lösung« ist; es handelt sich dabei einfach nur um die allgemeingültigste Lösung. Ein Designer muß die verschiedenen Anforderungen an ein System ausbalancieren, um das für ein gegebenes Problem in einem gegebenen System angemessenste Niveau von Allgemeingültigkeit und Abstraktion zu wählen. Als Faustregel ist die allgemeingültigste Abstraktion, die man verstehen und handhaben kann, und *nicht* die absolut allgemeingültigste Abstraktion angemessen. Verallgemeinerungen, die den Bereich eines gegebenen Projekts und die Erfahrung der an ihm beteiligten Personen überschreiten, können gefährlich sein. Sie können Verspätungen, unakzeptable Ineffizienzen, nicht mehr handhabbare Designs und komplett gescheiterte Projekte zur Folge haben.

Damit solche Techniken verwaltbar und wirtschaftlich sind, muß man das Design und die Organisation außerdem auf Wiederverwendbarkeit (§23.5.1) ausrichten und darf die Effizienz nicht komplett außer acht lassen (§23.4.6).

23.4.3 Designschritte

Normalerweise ist es *keine* gute Idee, das Design einer einzelnen Klasse zu betrachten. Konzepte existieren *nicht* in Isolation, ein Konzept wird vielmehr im Kontext anderer Konzepte definiert. Entsprechend existiert auch keine Klasse in Isolation, sondern sie wird zusammen mit anderen

---

[1]   Auch dieses Modell ist in extremen Fällen, wie bei hochqualifizierter Graphik mit Hilfe von Ray–Tracing, nicht ausreichend. Ich vermute mal, daß man sich, um das zu erreichen, auf ein anderes Abstraktionsniveau begeben muß.

Klassen definiert, die einen logischen Bezug haben. Man arbeitet normalerweise mit einer Menge von zusammengehörenden Klassen. Eine solche Menge wird oft als *Klassenbibliothek* oder *Komponente* bezeichnet. Manchmal bilden alle Klassen einer Komponente eine einzige Klassenhierarchie, manchmal sind sie Elemente von einem einzigen Namensbereich, und manchmal sind sie mehr eine Ad-hoc–Sammlung von Deklarationen (§24.4).

Die Menge der in einer Komponente befindlichen Klassen wird nach einem logischen Kriterium zusammengestellt, hat oft einen gemeinsamen Stil und stützt sich oft auf gemeinsame Dienstleistungen. Eine Komponente ist somit die Einheit von Design, Dokumentation, gemeinsamem Eigentum und oft von Wiederverwendbarkeit. Dies bedeutet nicht, daß man bei Verwendungen einer Klasse einer Komponente, alle Klassen der Komponente verstehen oder verwenden oder den Code jeder in der Komponente befindlichen Klasse in das Programm laden muß. Man wird vielmehr oft danach streben, daß die einzelne Klasse mit möglichst geringem Mehraufwand in Hinsicht auf maschinelle oder menschliche Ressourcen verwendet werden kann. Um irgendeinen Teil einer Komponente verwenden zu können, muß man allerdings das logische Kriterium, das die Komponente definiert (und hoffentlich in der Dokumentation ausreichend erklärt wird), die Konventionen und die Stile, die in das Design der Komponente und ihrer Dokumentation Eingang gefunden haben, sowie die gemeinsamen Dienste (sofern vorhanden) kennen.

Man betrachte somit, wie man sich dem Design einer Komponente annähern könnte. Da dies oft eine Herausforderung darstellt, lohnt es sich, dies in einzelne Schritte aufzuteilen, damit man sich auf die verschiedenen Teilaufgaben in einer logischen und vollständigen Weise konzentrieren kann. Wie üblich gibt es dabei keinen richtigen Weg. Hier folgt jedoch eine Reihe von Schritten, die jedenfalls bei einigen Personen funktioniert haben:

1. Finden Sie die Konzepte/Klassen und deren elementarste Beziehungen.
2. Verfeinern Sie die Klassen durch Spezifikation ihrer Menge von Operationen.
   - Klassifizieren Sie diese Operationen. Berücksichtigen Sie insbesondere die Notwendigkeit des Erzeugens, Kopierens und der Zerstörung.
   - Berücksichtigen Sie Minimalismus, Komplettheit und Bequemlichkeit.
3. Verfeinern Sie die Klassen durch Spezifikation ihrer Abhängigkeiten.
   - Berücksichtigen Sie Parametrisierbarkeit, Vererbung und verwendete Abhängigkeiten.
4. Spezifizieren Sie die Schnittstellen
   - Teilen Sie Funktionen in öffentliche und geschützte Operationen auf.
   - Spezifizieren Sie den exakten Datentyp der Operationen der Klassen.

Man beachte, daß dies Schritte in einem iterativen Prozeß sind. Normalerweise braucht man etliche Schleifen durch diese Sequenz, um ein Design zu erzeugen, das bequem für eine erste oder eine erneute Implementierung verwendet werden kann. Ein Vorteil einer gut durchgeführten Analyse und der hier beschriebenen Datenabstraktion besteht darin, daß es relativ einfach wird, die Beziehungen zwischen den Klassen sogar dann noch umzustellen, nachdem Code geschrieben wurde. Dies ist allerdings nie eine einfache Aufgabe.

Nach all dem implementiert man die Klassen und kehrt an den Anfang zurück, um das Design anhand der bei der Implementierung gemachten Erfahrungen zu überdenken. In den nachfolgenden Unterabschnitten gehe ich auf die Schritte im einzelnen ein.

23.4.3.1   Schritt 1: Klassen finden

Finden Sie die Konzepte/Klassen und deren elementarste Beziehungen. Der Schlüssel für ein gutes Design besteht darin, einige Aspekte der »Realität« direkt zu modellieren — also die Konzepte einer Anwendung als Klasse zu erfassen, die Beziehungen zwischen den Klassen in wohldefinierter

Weise (wie mit Vererbung) darzustellen und diese Vorgehensweise auf unterschiedlichen Abstraktionsebenen zu wiederholen. Aber wie geht man vor, um diese Konzepte zu finden? Mit welchem praktischen Ansatz entscheidet man, welche Klassen man benötigt?

Am besten beginnt man, indem man die Anwendung selbst und nicht den Vorrat von Abstraktionen und Konzepten des Computerspezialisten betrachtet. Man sollte einem Menschen zuhören, der später, wenn das System fertiggestellt ist, ein professioneller Anwender sein wird, und einem Anwender des zu ersetzenden Systems zuhören, der von diesem System irgendwie enttäuscht ist. Man beachte dabei das verwendete Vokabular.

Man sagt oft, daß die Hauptworte mit den Klassen und Objekten korrespondieren, die im Programm benötigt werden; dies trifft in der Tat häufig zu. Das ist allerdings in keinerlei Hinsicht das Ende der Geschichte. Verben können Operationen auf Objekte, herkömmliche (globale) Funktionen, die aufgrund der Werte ihrer Argumente neue Werte erzeugen, und sogar Klassen bezeichnen. Man beachte, daß Funktionsobjekte (§18.4) und Manipulatoren (§21.4.6) ein Beispiel für letzteres darstellen. Verben wie »iterieren« oder »übergeben«/»commit« können durch einen Iterator bzw. durch ein Objekt dargestellt werden, das für die Commit–Operation einer Datenbank steht. Sogar Adjektive können oft sinnvoll durch Klassen dargestellt werden. Man betrachte die Adjektive »speicherbar«, »konkurrierend«, »registriert« und »gebunden«. Diese könnten Klassen bezeichnen, die es Designern oder Programmierern ermöglichen, später entworfenen Klassen entsprechende Attribute zuzuordnen, indem diese Klassen als virtuelle Basisklasse spezifiziert werden (§15.2.4).

Nicht alle Klassen korrespondieren mit Konzepten der Anwendungsebene. Manche repräsentieren z.B. Systemressourcen und Abstraktionen der Implementierungsebene (§24.3.1). Es ist außerdem wichtig zu vermeiden, daß ein altes System zu vollständig modelliert wird. Angenommen, man will ein System zum Speichern und zum Verteilen von Dokumenten durch eine Datenbank ersetzen. Im dem Fall will man sicherlich nicht den genauen Weg replizieren, den die Dokumente des alten Systems von Ort zu Ort genommen haben.

Die Vererbung wird verwendet, um Gemeinsamkeiten zwischen Konzepten darzustellen. Am wichtigsten ist ihr Einsatz, um eine hierarchische Organisation darzustellen, die auf dem Verhalten von Klassen basiert, die individuelle Konzepte darstellen (§1.7, §12.2.6, §24.3.2). Dies wird manchmal als *Klassifizierung* oder *Taxonomie* bezeichnet. Die Allgemeingültigkeit muß dabei erhalten bleiben. Verallgemeinerung und Klassifizierung sind Aktivitäten auf hoher Ebene, die Einsicht und Verständnis voraussetzen, um sinnvolle und dauerhafte Ergebnisse zu liefern. Eine gemeinsame Basisklasse sollte ein allgemeineres Konzept und nicht einfach nur ein ähnliches Konzept, mit dem weniger Daten dargestellt werden, abbilden.

Man beachte, daß die Klassifizierung aus Aspekten der Konzepte bestehen sollte, die man in seinem System modelliert, und nicht aus Aspekten, die in anderen Bereichen gültig sein könnten. In der Mathematik ist ein Kreis z.B. eine Art von Ellipse. In den meisten Programmen sollte aber weder ein Kreis von einer Ellipse noch eine Ellipse von einem Kreis abgeleitet werden. Die oft gehörten Argumente, »daß dies aber in der Mathematik so gehandhabt wird« und »daß die Darstellung eines Kreises eine Untermenge von einer Ellipse darstellt« sind nicht überzeugend und meistens falsch. Dies liegt daran, daß in den meisten Programmen ein Kreis im wesentlichen durch einen Mittelpunkt und einen festen Radius beschrieben wird. Das ganze Verhalten des Kreises (alle Operationen) muß diese Eigenschaft aufrechterhalten (Invariante; §24.3.7.1). Auf der anderen Seite wird eine Ellipse durch zwei Brennpunkte beschrieben, die in vielen Programmen unabhängig voneinander verändert werden können. Falls sich diese beiden Brennpunkte überdecken, sieht die Ellipse wie ein Kreis aus, sie wird damit aber nicht zu einem Kreis, da die Operationen nicht sicherstellen, daß es ein Kreis bleibt. In den meisten Systemen spiegelt sich dieser Unterschied dadurch wider, daß Kreis und Ellipse Operationen anbieten, die gegenseitig keine Teilmengen sind.

Man denkt nicht nur über eine Menge von Klassen und deren Beziehungen nach und verwendet sie im endgültigen System. Statt dessen erzeugt man eine erste Menge von Klassen und Beziehungen. Diese werden dann wiederholt verfeinert (§23.4.3.5), um eine Menge von Beziehungen zwischen Klassen zu erhalten, die ausreichend allgemeingültig, flexibel und stabil sind, um bei der weiteren Entwicklung des Systems eine echte Hilfe zu sein.

Das beste Werkzeug zum Auffinden erster Schlüsselkonzepte und -klassen ist eine Wandtafel (Whiteboard). Die beste Methode für eine erste Verfeinerung sind Gespräche mit Experten aus dem Anwendungsgebiet und ein paar Freunden. Eine Diskussion ist für die Entwicklung eines brauchbaren ersten Vokabulars und konzeptionellen Rahmens unerläßlich. Wenige Personen können dies ohne fremde Hilfe bewältigen. Eine Möglichkeit, aus einer ersten Menge von Kandidaten eine Menge sinnvoller Klassen zu bilden, besteht darin, das System zu simulieren, wobei Designer die Rollen der Klassen übernehmen. Dies bringt die unvermeidlichen Absurditäten erster Ideen zum Vorschein, regt zu Diskussionen über Alternativen an und erzeugt ein gemeinsames Verständnis des entwickelten Designs. Dieser Vorgang kann durch Anmerkungen auf Karteikarten unterstützt und dokumentiert werden. Solche Karten werden aufgrund der dort aufgezeichneten Informationen üblicherweise CRC–Karten genannt (englisch: »Class, Responsibility und Collaborators«, deutsch: »Klasse, Verantwortlichkeit/Rolle und Beziehungen«; [Wirfs–Brock,1990]).

Ein *Anwendungsfall/Use–Case* ist eine Beschreibung einer speziellen Anwendung eines Systems. Hier ist ein einfaches Beispiel eines Anwendungsfalls in einem Telefonsystem: Nimm den Höhrer ab, wähle eine Nummer, das Telefon am anderen Ende klingelt, der Telefonhörer am anderen Ende wird abgenommen. Die Entwicklung einer Reihe solcher Anwendungsfälle kann in allen Phasen der Entwicklung von immensem Wert sein. Am Anfang kann das Finden von Anwendungsfällen helfen, das zu entwickelnde System zu verstehen. Während des Designs können sie dazu verwendet werden, einen Weg durch das System (z.B. mit CRC–Karten) zu verfolgen und zu überprüfen, ob die relativ statische Beschreibung des Systems durch Klassen und Objekte aus Sicht des Anwenders jeweils sinnvoll ist. Während der Programmierung und beim Testen bilden Anwendungsfälle eine Quelle für Testfälle. Insofern bieten Anwendungsfälle eine orthogonale Möglichkeit, das System zu betrachten, und dienen zur Überprüfung für die Wirklichkeit.

Anwendungsfälle betrachten das System als (dynamische) Arbeitseinheit. Sie können einen Designer deshalb dazu veranlassen, in die Falle einer funktionalen Sicht des Systems zu tappen und auf den unverzichtbaren Vorgang des Auffindens sinnvoller Konzepte, die auf Klassen abgebildet werden, zu verzichten. Speziell bei Entwicklern, die aus der strukturierten Analyse kommen und wenig Erfahrung mit objektorientierten Programmen und Designs haben, kann die Betonung der Anwendungsfälle zu einer funktionellen Zerlegung führen. Eine Menge von Anwendungsfällen bildet kein Design. Der Blickwinkel der Anwendung des Systems muß auf den konträren Blickwinkel auf die Struktur des Systems passen.

Ein Team kann auch in die Falle tappen zu versuchen, *alle* Anwendungsfälle zu finden und zu beschreiben. Dies ist ein teurer Fehler. Vor allem, wenn man nach Kandidaten für Klassen eines Systems sucht, kommt der Moment, wo man sagen muß: »Genug ist genug. Die Zeit ist gekommen, das, was wir haben, auszuprobieren und zu sehen, was passiert.« Eine plausible Menge von Klassen und eine plausible Menge von Anwendungsfällen reicht aus, um bei der weiteren Entwicklung ein Feedback zu erhalten, das wesentlich ist, um ein gutes System zu erhalten. Es ist immer schwierig, zu wissen, wann man mit einer sinnvollen Aktivität aufhören muß. Dies ist besonders schwer, wenn man weiß, daß man später zur Vervollständigung des Vorgangs darauf wieder zurückkommen muß.

Wie viele Anwendungsfälle sind ausreichend? Es ist unmöglich, diese Frage allgemeingültig zu beantworten. In einem gegebenen Projekt kommt allerdings ein Moment, in dem es klar wird, daß die meisten normalen Funktionen des Systems abgedeckt werden und einige eher unübliche und die Fehlerbehandlung betreffende Aspekte berücksichtigt wurden. Dann ist es Zeit, mit der nächsten Runde von Design und Programmierung fortzufahren.

Wenn man versucht, den Umfang eines Systems durch eine Reihe von Anwendungsfällen zu beschreiben, kann es sinnvoll sein, die Anwendungsfälle in primäre und sekundäre Anwendungsfälle aufzuteilen. Die primären beschreiben die üblichsten und »normalen« Vorgänge in einem System, die sekundären beschreiben eher die Szenarien, die ungewöhnlich sind, oder Fehlersituationen. Ein Beispiel für einen sekundären Anwendungsfall wäre eine Variante des Falls »mache einen Anruf«, bei dem der Angerufene gerade selbst den Anrufer anruft. Man spricht oft davon, daß es Zeit ist fortzufahren, wenn 80% der primären und einige der sekundären Anwendungsfälle abgedeckt sind. Da man aber nicht im voraus weiß, was alles zu »allen Anwendungsfällen« gehört, sollte man dies nur als Faustregel betrachten. Hier zählen Erfahrung und gutes Gespür.

Die hier beschriebenen Konzepte, Operationen und Beziehungen sind die, die naturgemäß aus dem Verständnis des Anwendungsgebietes stammen oder durch weitere Arbeit an der Klassenstruktur auftreten. Sie stellen das fundamentale Verständnis der Anwendung dar. Sie bilden oft Klassifizierungen des fundamentalen Konzepts. So ist z.B. ein Leiterwagen ein Feuerwehrauto, welches ein Lastwagen ist, was wiederum ein Fahrzeug ist. In den Abschnitten §23.4.3.2 und §23.4.5 werden einige Möglichkeiten erläutert, Klassen und Klassenhierarchien in Hinblick auf mögliche Optimierungen zu betrachten.

Vorsicht vor Entwicklung mit Graphiken! In einer bestimmten Phase wird man gebeten, das Design jemand anderem zu präsentieren, und man erzeugt zahlreiche Diagramme, die die Struktur des entwickelten Systems erläutern. Dies kann eine sehr sinnvolle Übung sein, da sie den Blickwinkel darauf richtet, die wichtigen Teile des Systems herauszustellen und die Konzepte so auszudrücken, daß andere sie verstehen können. Eine Darstellung ist ein unverwundbares Entwicklungswerkzeug. Die Vorbereitung einer Präsentation mit dem Ziel, den Menschen, die interessiert und zu konstruktiver Kritik fähig sind, ein wirkliches Verständnis des Systems zu vermitteln, dient als Herausforderung zur konzeptionellen und klaren Darstellung der Konzepte.

Eine formale Präsentation eines Designs kann allerdings auch sehr gefährlich sein, da es eine große Versuchung darstellt, ein ideales System zu präsentieren (ein System, von dem man selbst wünscht, man könnte es entwickeln, und von dem das führende Management wünscht, es wäre vorhanden), anstatt zu zeigen, was man hat und was man möglicherweise in einem vernünftigen Zeitraum schaffen kann. Falls verschiedene Ansätze im Wettbewerb stehen und die Entscheidungsträger »die Details« nicht richtig verstehen oder sich darum nicht kümmern, können Präsentationen zu verlogenen Wettbewerben verkommen, bei denen das Team, das das großartigste System präsentiert, den Auftrag bekommt. In solchen Fällen wird die klare Darstellung der Konzepte oft durch heftige Fachsprache und Akronyme ersetzt. Falls man einer solchen Präsentation zuhört (und speziell, wenn man die Entscheidung trifft und die Ressourcen kontrolliert) ist es außerordentlich wichtig, daß man Wunschdenken von realistischen Planungen unterscheidet. Präsentationen mit hoher Qualität bilden keine Gewähr für die Qualität des beschriebenen Systems. Tatsächlich habe ich oft die Erfahrung gemacht, daß Organisationen, die ihren Schwerpunkt auf das wirkliche Problem legen, bei der Darstellung ihrer Resultate im Vergleich zu Organisationen, die sich weniger Gedanken um die Entwicklung des wirklichen Systems machen, schlecht aussehen.

Wenn man Konzepte betrachtet, die als Klassen dargestellt werden, sollte man beachten, daß wichtige Eigenschaften eines Systems nicht als Klassen dargestellt werden können. Ausfallsicherheit, Performance und Testbarkeit sind z.B. wichtige meßbare Eigenschaften eines Systems. Aber sogar das gründlichste objektorientierte System wird die Ausfallsicherheit nicht in einem Ausfallsicherheitsobjekt unterbringen. Beherrschende Eigenschaften eines Systems können spezifiziert, beim Design berücksichtigt und eventuell durch Messungen verifiziert werden. Die Sorge um solche Eigenschaften muß durch alle Klassen gehen und mag sich in Regeln für das Design und die Implementierung individueller Klassen und Komponenten widerspiegeln (§23.4.3).

23.4.3.2 Schritt 2: Operationen spezifizieren

Verfeinern Sie die Klassen durch Spezifikation ihrer Menge von Operationen. Natürlich ist es nicht möglich, das Auffinden der Klassen von Überlegungen zu den auf sie anwendbaren Operationen zu trennen. Es besteht allerdings ein praktischer Unterschied, da sich das Auffinden der Klassen auf die entscheidenden Konzepte konzentriert und die Berechnungsaspekte ziemlich unbekümmert beiseite läßt, während sich das Festlegen der Operationen auf das Finden einer vollständigen und verwendbaren Menge von Operationen konzentriert. Oft ist es zu schwer, beides zur gleichen Zeit zu berücksichtigen, insbesondere, da Klassen, die zueinander in Beziehung stehen, zusammen entworfen werden sollten. Wenn der Moment gekommen ist, beides zusammen zu berücksichtigen, erweisen sich CRC–Karten (§23.4.3.1) oft als hilfreich.

Wenn man sich mit der Frage beschäftigt, welche Funktionen zur Verfügung gestellt werden sollten, kann man mehrere Philosophien verfolgen. Ich schlage die folgende Strategie vor:

1. Ziehen Sie in Betracht, wie ein Objekt der Klasse erzeugt, kopiert (falls erforderlich) und zerstört wird.
2. Definieren Sie die *minimale* Menge an Operationen, die durch das Konzept, das die Klasse repräsentiert, erforderlich sind. Diese Operationen werden normalerweise die Elementfunktionen (§10.3).
3. Ziehen Sie in Betracht, welche Operationen hinzugefügt werden könnten, um eine bequemere Notation zu ermöglichen. Man sollte nur einige wirklich wichtige hinzufügen. Diese Operationen werden normalerweise »Hilfsfunktionen«, die keine Elementfunktionen sind (§10.3.2).
4. Ziehen Sie in Betracht, welche Operationen virtuell sein müssen. Dies betrifft Operationen, bei denen die Klasse als Schnittstelle für Implementierungen abgeleiteter Klassen dient.
5. Überlegen Sie, welche Gemeinsamkeiten in der Namensgebung und der Funktionalität über alle Klassen einer Komponente verwirklicht werden können.

Dies ist ein klares Bekenntnis zum Minimalismus. Es ist erheblich einfacher, alle möglicherweise sinnvollen Funktionen hinzuzufügen und alle Operationen virtuell zu machen. Je mehr Funktionen allerdings vorhanden sind, um so wahrscheinlicher werden sie nicht angewendet und noch wahrscheinlicher werden sie die Implementierung und Weiterentwicklung des Systems behindern. Speziell Funktionen, die bestimmte Teile des Zustands eines Objekts einer Klasse lesen oder schreiben, besitzen die Eigenschaft, daß die Klasse auf eine spezielle Implementierungsstrategie festgelegt ist und somit das Potential für Redesign begrenzt wird. Derartige Funktionen verlagern die Ebene der Abstraktion von einem Konzept auf dessen Implementierung. Zusätzliche Funktionen vergrößern zudem die Arbeit des Implementierers und des Designers nachfolgender Versionen. Es ist *viel* einfacher, eine Funktion in eine Schnittstelle aufzunehmen, wenn ihr Nutzen klar erwiesen ist, als sie aus einer Schnittstelle zu entfernen, wenn sie überflüssig geworden ist.

Der Grund dafür, daß die Entscheidung über die Frage, ob eine Funktion virtuell sein soll, explizit getroffen werden muß, anstatt daß virtuelle Funktionen grundsätzlich verwendet werden, liegt an der Tatsache, daß die Anwendung der Klasse und die Beziehungen zwischen der Klasse und anderen Klassen von dieser Frage entscheidend beeinflußt werden. Objekte von Klassen mit nur einer einzigen virtuellen Funktion besitzen, verglichen mit Objekten aus Sprachen wie C oder

Fortran, ein nicht triviales Layout. Eine Klasse mit einer virtuellen Funktion stellt potentiell eine Schnittstelle zu einer noch zu definierenden Klasse dar, und eine virtuelle Funktion impliziert Abhängigkeiten von einer noch zu definierenden Klasse (§24.3.2.1).

Man beachte, daß Minimalismus für den Designer eher mehr als weniger Arbeit bedeutet.

Bei der Auswahl von Operationen sollte man sich darauf konzentrieren, *was* zu tun ist, und nicht darauf, *wie* es zu tun ist. Das bedeutet, daß man sich mehr auf das geplante Verhalten als auf Implementierungsaspekte konzentriert.

Es ist manchmal hilfreich, Operationen für eine Klasse anhand ihrer Verwendung in bezug auf den internen Zustand des Objekts einzuteilen:

- Gundlegende Operatoren (englisch: *foundation operators*): Konstruktoren, Destruktoren und Kopieroperationen
- Inspektoren (englisch: *inspectors*): Operationen, die den Zustand eines Objekts nicht verändern
- Modifizierer (englisch: *modifiers*): Operationen, die den Zustand eines Objekts verändern
- Konvertierungen (englisch: *conversions*): Operationen, die basierend auf den Wert (Zustand) des Objekts, für das sie aufgerufen werden, ein Objekt mit einem anderen Datentyp erzeugen
- Iteratoren (englisch: *iterators*): Operationen, die den Zugriff oder die Verwendung einer Folge von enthaltenen Objekten ermöglichen

Diese Kategorien sind nicht orthogonal. Ein Iterator kann z.B. entweder als Inspektor oder als Modifizierer entworfen werden. Diese Kategorien bilden einfach eine Einteilung, die Menschen geholfen hat, sich dem Design von Klassenschnittstellen zu nähern. Natürlich sind auch andere Einteilungen notwendig. Derartige Einteilungen sind besonders hilfreich, um die Konsistenz quer durch die Menge von Klassen einer Komponente zu pflegen.

C++ unterstützt die Trennung zwischen Inspektoren und Modifizierern durch konstante und nicht konstante Elementfunktionen. Ähnlich werden auch Konstruktoren, Destruktoren, Kopieroperationen und Konvertierungsfunktionen direkt unterstützt.

23.4.3.3   Schritt 3: Abhängigkeiten spezifizieren

Verfeinern Sie die Klassen durch Spezifikation ihrer Abhängigkeiten. Die verschiedenen Formen von Abhängigkeit werden in §24.3 beschrieben. Die wichtigsten von ihnen, die für das Design eine Rolle spielen, sind Parametrisierung, *Vererbungs–* und *Verwendungs*beziehungen. Jede führt zu Betrachtungen bezüglich der Frage, was es für eine Klasse bedeutet, für eine einzelne Eigenschaft eines Systems verantwortlich zu sein. Diese Verantwortlichkeit bedeutet natürlich nicht, daß die Klasse selbst alle Daten verwalten oder ihre Elementfunktionen alle notwendigen Operationen direkt durchführen müssen. Im Gegensatz dazu wird dadurch, daß jede Klasse für einen bestimmten Bereich verantwortlich ist, sichergestellt, daß ein Großteil der Arbeit einer Klasse dadurch erledigt wird, daß die Anfragen »weitergeleitet« werden, indem sie von einigen anderen Klassen bearbeitet werden, die für einen bestimmten Unterbereich verantwortlich sind. Man sei aber davor gewarnt, diese Technik übermäßig zu strapazieren, da sie zu ineffizientem und unverständlichem Design führen kann, indem Klassen und Objekte so weit ausdifferenziert werden, daß abgesehen von Aufforderungskaskaden keine Arbeit mehr geleistet wird. Was hier und jetzt erledigt werden *kann*, sollte auch erledigt werden.

Die Forderung, daß Vererbungs– und Verwendungsbeziehungen schon im Stadium des Designs (und nicht nur während der Implementierung) betrachtet werden, folgt direkt aus der Tatsache, daß Klassen Konzepte repräsentieren. Dies bedeutet auch, daß die Komponente (§23.4.3, §24.4) und nicht die einzelne Klasse die Einheit für das Design darstellt.

Parametrisierung (die oft zur Verwendung von Templates führt) bildet eine Möglichkeit, eine implizite Abhängigkeit explizit zu machen, damit viele Alternativen ohne Hinzufügung eines neuen Kontextes dargestellt werden können. Es gibt oft die Möglichkeit, zwischen den Alternativen zu wählen, etwas als abhängig von einem Kontext, durch Darstellung eines eigenen Zweiges der Klassenhierarchie oder durch Verwendung von Parametern (§24.4.1) zu realisieren.

23.4.3.4 Schritt 4: Schnittstellen spezifizieren

Spezifizieren Sie die Schnittstellen. Private Funktionen müssen normalerweise zum Zeitpunkt des Designs nicht betrachtet werden. Diejenigen Fragen in der Implementierung, die im Stadium des Designs betrachtet werden müssen, lassen sich am besten aus den Überlegungen zu den Abhängigkeiten in Schritt 2 behandeln. Schärfer formuliert: Ich halte mich an die Faustregel, daß mit einer Klasse etwas nicht stimmt, wenn nicht mindestens zwei signifikant verschiedene Implementierungen der Klasse möglich sind. In dem Fall handelt es sich einfach um eine getarnte Implementierung und nicht um eine Darstellung eines angemessenen Konzepts. In vielen Fällen läßt sich die Frage: »Ist die Schnittstelle zur Klasse ausreichend implementierungsunabhängig?« dadurch beantworten, daß man danach fragt, ob die Klasse auf eine nachlässigere Weise implementiert werden kann.

Man beachte, daß die öffentlichen Basisklassen und `friends` einer Klasse Teil der öffentlichen Schnittstelle sind (siehe auch §11.5 und §24.4.2). Es kann sich lohnen, für erbende und allgemeine Anwender der Klasse durch Definition einer getrennten `protected–` und `public–`Schnittstelle eine getrennte Schnittstelle anzubieten.

Dies ist der Schritt, bei dem die exakten Datentypen der Argumente betrachtet und spezifiziert werden. Im Idealfall werden die statischen Datentypen so vieler Schnittstellen wie möglich mit Datentypen der Anwendungsebene festgelegt (siehe §24.2.3 und §24.4.2).

Bei der Spezifikation der Schnittstelle sollte man auf die Klassen achtgeben, die unterschiedliche Abstraktionsniveaus zu unterstützen scheinen. Einige Elementfunktionen einer Klasse `Datei` (File) könnten Argumente des Typs `Datei_deskriptor` (`File_descriptor`) erwarten, während anderen Strings, die für Dateinamen stehen, übergeben werden müssen. Die Operationen mit `Datei_deskriptor` operieren auf einem anderen Abstraktionsniveau als die Operationen mit Dateinamen, weshalb man sich fragen muß, warum sie zur gleichen Klasse gehören. Es könnte sein, daß man besser zwei Dateiklassen hätte, eine zur Unterstützung von Dateideskriptoren und eine für Dateinamen. Normalerweise sollten alle Operationen einer Klasse dasselbe Abstraktionsniveau unterstützen. Wenn dies nicht der Fall ist, sollte eine Reorganisation der Klasse und verwandter Klassen in Betracht gezogen werden.

23.4.3.5 Reorganisation von Klassenhierarchien

In Schritt 1 und auch in Schritt 3 werden Klassen und Klassenhierarchien daraufhin untersucht, ob sie die Anforderungen angemessen unterstützen. Normalerweise ist dies nicht der Fall, und man muß die Struktur oder ein Design und/oder eine Implementierung durch Überarbeitung verbessern.

Die beiden häufigsten Formen der Reorganisation einer Klassenhierarchie sind das »Herausziehen« der Gemeinsamkeiten zweier Klassen zu einer neuen Basisklasse und das Aufteilen einer Klasse in zwei Klassen. In beiden Fällen kommen drei Klassen heraus: eine Basisklasse und zwei abgeleitete Klassen. Wann sollte eine solche Reorganisation stattfinden? Welches sind die üblichen Anzeichen, daß eine solche Reorganisation sinnvoll sein könnte?

Leider gibt es auf derartige Fragen keine einfache allgemeingültige Antwort. Dies ist keine wirkliche Überraschung, da hier nicht von kleineren Implementierungsdetails, sondern von Änderungen am elementaren Konzept eines Systems die Rede ist. Die elementare (und nicht triviale)

Operation ist die Suche nach Gemeinsamkeiten zwischen Klassen und das »Herausziehen« der Gemeinsamkeiten. Die exakten Kriterien für Gemeinsamkeiten sind nicht streng definiert, aber es sollte sich um Gemeinsamkeiten im Gesamtkonzept des Systems und nicht einfach um Bequemlichkeiten bei der Implementierung handeln. Hinweise darauf, daß zwei Klassen etwas gemeinsam haben, das in eine gemeinsame Basisklasse herausgezogen werden kann, geben gemeinsame Muster der Verwendung, Ähnlichkeiten bei der Menge der Operationen, Ähnlichkeiten bei der Implementierung und einfach die Tatsache, daß diese Klassen in Designdiskussionen oft in einem Atemzug genannt werden. Umgekehrt könnte eine Klasse ein guter Kandidat für eine Aufteilung in zwei Klassen sein, falls Teilmengen der Operationen der Klasse verschiedene Muster besitzen, falls diese Teilmengen verschiedene Teilmengen der Darstellung betreffen und falls die Klasse in Designdiskussionen auftaucht, die eher nichts miteinander zu tun haben. Manchmal bietet die Umwandlung einer Gruppe verwandter Klassen zu einem Template eine Möglichkeit, notwendige Alternativen in einer symmetrischen Art und Weise anzubieten (§24.4.1).

Aufgrund der engen Verwandtschaft zwischen Klassen und Konzepten treten Probleme mit der Organisation einer Klassenhierarchie oft als Probleme bei der Namensgebung von Klassen und der Verwendung von Klassennamen in Designdiskussionen in Erscheinung. Falls in einer Designdiskussion Klassennamen und Klassifizierungen durch die Klassenhierarchie seltsam klingen, bietet sich wahrscheinlich die Gelegenheit, die Hierarchie zu verbessern. Man beachte, daß ich davon ausgehe, daß zwei Personen erheblich besser als eine Person zur Analyse einer Klassenhierarchie geeignet sind. Sollte es passieren, daß man ein Design mit niemandem diskutieren kann, kann es eine sinnvolle Alternative darstellen, eine einführende Beschreibung des Systems unter Verwendung der Klassennamen zu schreiben.

Eines der wichtigsten Ziele beim Design besteht darin, Schnittstellen zur Verfügung zu stellen, die angesichts von Veränderungen stabil bleiben (§23.4.2). Dies wird oft am besten dadurch erreicht, daß Klassen, von denen viele andere Klassen und Funktionen abhängen, als abstrakte Klassen entwickelt werden, die sehr allgemeine Operationen präsentieren. Details werden besser auf speziellere[2] abgeleitete Klassen delegiert, von denen weniger Klassen und Funktionen direkt abhängen. Schärfer formuliert: Je mehr Klassen von einer Klasse abhängen, desto allgemeiner sollte diese Klasse sein und desto weniger Details sollten zu sehen sein.

Es gibt eine starke Versuchung, Klassen, die von vielen anderen Klassen verwendet werden, um neue Operationen (und Daten) zu ergänzen. Dies wird oft als Möglichkeit gesehen, eine Klasse sinnvoller zu machen und den Bedarf für (weitere) Änderungen zu reduzieren. Der Effekt einer solchen Einstellung ist eine Klasse mit einer fetten Schnittstelle (§24.4.3) und mit Datenelementen, die zahlreiche nur wenig zusammengehörende Funktionalitäten abdecken. Auch dies bedeutet, daß die Klasse modifiziert werden muß, wenn es eine signifikante Änderung bei einer der Klassen gibt, die dadurch unterstützt werden. Dies bedeutet wiederum Änderungen an Anwenderklassen und abgeleiteten Klassen, die wahrscheinlich in gar keiner Beziehung zur ursprünglichen Klasse stehen. Anstatt eine Klasse, die bei einem System im Zentrum steht, zu verkomplizieren, sollte man sie normalerweise allgemein und abstrakt halten. Falls notwendig, können spezielle Features als abgeleitete Klassen präsentiert werden. In [Martin,1995] finden Sie Beispiele dazu.

Diese Überlegungen führen zu Hierarchien aus abstrakten Klassen, bei denen die Klassen, die sich nah an der Wurzel befinden, die allgemeinsten sind und die meisten anderen Klassen und Funktionen von ihnen abhängen. Die Klassen der Blätter in der Hierarchie sind die spezialisierte-

---

[2]   A.d.Ü.: »Spezieller« sollte man hier im Sinne von »konkreter« verstehen, Vererbung sollte im allgemeinen nicht einschränken.

sten und besitzen nur wenige Codestücke, die direkt davon abhängen. Als Beispiel sollte man die endgültige Version der `Ival_box`–Hierarchie betrachten (§12.4.3, §12.4.4).

23.4.3.6 Verwendung von Modellen

Wenn ich einen Artikel schreibe, suche ich ein geeignetes Modell, dem ich folgen kann. Anstatt also sofort mit dem Schreiben zu beginnen, suche ich nach Artikeln zu ähnlichen Themen, um festzustellen, ob ich einen Artikel finde, der als Ausgangspunkt für mich dienen kann. Wenn das von mir ausgewählte Modell ein Artikel ist, den ich selbst zu einem verwandten Thema geschrieben habe, kann es sogar sein, daß ich einzelne Teile des Textes übernehme, andere Teile wie benötigt anpasse und neue Informationen nur dann hinzufüge, wenn die Logik der Information, die ich vermitteln will, es erfordert. Dieses Buch ist auf diese Weise z.B. auf Grundlage der ersten und der zweiten Auflagen geschrieben worden. Eine extreme Form dieser Schreibtechnik ist der Formbrief. Dort trage ich nur einen Namen ein und füge gegebenenfalls einige Zeilen hinzu, um den Brief »persönlich« zu gestalten. Im wesentlichen schreibe ich solche Briefe, indem ich die Abweichungen von einem Standardmodell spezifiziere.

Eine derartige Verwendung existierender Systeme als Modelle für neue Designs ist bei allen Formen kreativer Arbeit eher die Regel als die Ausnahme. Wann immer es möglich ist, sollten Design und Programmierung auf vorangegangener Arbeit basieren. Dies schränkt die Freiheitsgrade ein, mit denen der Designer konfrontiert wird, und erlaubt es, die Aufmerksamkeit zu einem bestimmten Zeitpunkt auf einige wenige Aspekte zu konzentrieren. Große Projekte »aus dem Nichts« zu beginnen kann erfrischend sein. Oft kann man es aber mehr als »vergiftend« bezeichnen, und das Ergebnis ist ein betrunkenes Torkeln durch Designalternativen. Ein Modell zu haben stellt keine Einschränkung dar und bedeutet nicht, daß dem Modell sklavisch gefolgt werden muß. Es eröffnet dem Designer lediglich die Freiheit, zu einem bestimmten Zeitpunkt nur einen Aspekt zu betrachten.

Man beachte, daß die Verwendung von Modellen unvermeidlich ist, da jedes Design aus den Erfahrungen seiner Designer zusammengestellt wird. Die Verwendung eines expliziten Modells macht die Auswahl eines Modells zu einer bewußten Entscheidung, macht Annahmen explizit, definiert ein gemeinsames Vokabular, bietet ein erstes Framework für das Design und erhöht die Wahrscheinlichkeit, daß die Designer einen gemeinsamen Ansatz verwenden.

Natürlich ist schon die Auswahl eines ersten Modells eine wichtige Designentscheidung und kann oft nur nach einer Suche und sorgfältigen Beurteilung von Alternativen getroffen werden. Darüber hinaus ist ein Modell in vielen Fällen nur dann geeignet, wenn erkannt wird, daß größere Änderungen vorgenommen werden müssen, um es den Konzepten einer speziellen neuen Anwendung anzupassen. Software–Design ist eine schwere Aufgabe, und man braucht alle Hilfe, die man bekommen kann. Man sollte die Verwendung von Modellen nicht aus einer deplazierten Abneigung gegen »Imitationen« ablehnen. Imitation ist die aufrichtigste Form von Schmeichelei, und die Verwendung von Modellen und vorangegangener Arbeit als Inspiration ist auf allen Gebieten eine (im Rahmen von Anstand und Copyright–Aspekten) akzeptable Technik für innovative Arbeit. Was gut genug für Shakespeare war, ist auch gut genug für uns. Einige Leute bezeichnen solche Wiederverwendung von Modellen als »Designwiederverwendung«.

Die Dokumentation allgemeiner Elemente, die in vielen Designs auftauchen, verbunden mit einer Beschreibung des Designproblems, das mit ihnen gelöst wird, und den Bedingungen, unter denen sie angewendet werden können, ist eine naheliegende Idee — zumindest wenn man mal darüber nachdenkt. Das Wort *Muster* (*Entwurfsmuster*, *Pattern*) wird oft verwendet, um ein solches allgemeines und sinnvolles Designelement zu beschreiben, und es existiert Literatur, die Muster und deren Anwendung beschreibt (z.B. [Gamma,1994] und [Coplien,1995]).

Es ist für einen Designer eine gute Idee, mit den bekanntesten Mustern eines gegebenen Anwendungsgebiets vertraut zu sein. Als Programmierer ziehe ich Muster vor, zu denen als konkretes Beispiel etwas Code gehört. Wie die meisten Menschen verstehe ich ein allgemeines Konzept (in diesem Fall ein Muster) am besten, wenn mir ein konkretes Beispiel (in diesem Fall ein Stück Code, das die Anwendung des Musters verdeutlicht) dabei hilft. Menschen, die Muster stark einsetzen, haben ein spezielles Vokabular, um die Kommunikation untereinander zu vereinfachen. Leider kann dies zu einem Fachjargon werden, der dazu führt, daß Außenstehende vom Verständnis ausgeschlossen werden. Es ist wie immer unabdingbar, eine passende Kommunikation zwischen den Personen, die in unterschiedlichen Teilen eines Projekts (§23.3) involviert sind, und auch ganz allgemein mit der Design– und Programmiergemeinschaft sicherzustellen.

Jedes erfolgreiche große System ist ein Redesign eines etwas kleineren funktionierenden Systems. Ich kenne zu dieser Regel keine Ausnahme. Am ehesten kann ich noch an Projekte denken, die schiefgegangen sind, jahrelang mit immensen Kosten herumwurschtelten und dann, Jahre nachdem sie eigentlich fertiggestellt sein sollten, eventuell erfolgreich wurden. Solche Projekte haben unbeabsichtigt (und häufig auch unbemerkt) zuerst einfach ein nicht funktionierendes System entwickelt, dieses dann in ein funktionierendes System transformiert und es schließlich zu einem System redesignt, das sich an die ursprünglichen Ziele angenähert hat. Dies bedeutet, daß es eine Torheit ist, die Devise auszugeben, ein großes System aus dem Nichts und genau richtig für die neuesten Prinzipien zu bauen. Je größer und ambitionierter ein System ist, das man sich vorstellt, um so wichtiger ist es, ein Modell zu haben, auf dem man aufbauen kann. Bei großen Systemen ist als Modell nur ein etwas kleineres verwandtes *funktionierendes* System akzeptabel.

23.4.4   Experiment und Analyse

Zu Beginn eines ambitionierten Entwicklungsprojekts ist die beste Möglichkeit zur Strukturierung des Systems noch nicht bekannt. Oft weiß man noch nicht einmal präzise, was das System leisten soll, da Details erst im Verlauf der Bemühungen, das System zu entwickeln, zu testen und zu benutzen, klar werden. Wie erhält man — solange das komplette System noch nicht vorhanden ist — die notwendigen Informationen, um zu verstehen, welche Designentscheidungen signifikant sind und wie sie sich auswirken?

Man bemüht Experimente. Außerdem analysiert man das Design und die Implementierung, sobald man etwas zu analysieren hat. Am häufigsten und wichtigsten ist die Diskussion von Alternativen des Designs und der Implementierung. In fast allen Fällen ist Design ein sozialer Vorgang, bei dem Entwürfe durch Präsentationen und Diskussionen entwickelt werden. Das wichtigste Designwerkzeug ist oft die Wandtafel (Whiteboard). Ohne sie können die embryonalen Konzepte eines Designs nicht entwickelt und von Designern und Programmierern geteilt werden.

Die populärste Form des Experiments scheint die Entwicklung eines Prototyps zu sein. Dabei handelt es sich um eine verkleinerte Version des Systems oder eines Teils davon. Ein Prototyp hat keine strengen Performance–Kriterien. Ressourcen der Maschinen– und Programmierumgebung werden normalerweise großzügig eingesetzt, und die Designer und Programmierer werden in der Regel außergewöhnlich gut ausgebildet, erfahren und motiviert zu sein. Das Ziel besteht darin, so schnell wie möglich eine laufende Version zu bekommen, um eine Untersuchung von Design– und Implementierungsalternativen vornehmen zu können.

Diese Vorgehensweise kann überaus erfolgreich sein, wenn sie gut durchgeführt wird. Sie kann aber auch zur Entschuldigung für Schlamperei werden. Das Problem besteht darin, daß sich die Betonung bei einem Prototyp schnell vom »Erforschen von Designalternativen« zu »irgendeine Art von System so früh wie möglich zum Laufen bringen« verlagern kann. Dann läßt das Interesse für die interne Struktur des Prototyps schnell nach (»es ist schließlich nur ein Prototyp«), und das Design wird ignoriert, um statt dessen mit der Prototyp–Implementierung herumzuspielen. Der Punkt ist, daß eine solche Implementierung schnell in die schlimmste Art von Ressourcenverschwendung und einen Verwaltungsalptraum degenerieren kann, während die Illusion eines »fast vollständigen« Systems geschaffen wird. Nach seiner Definition hat ein Prototyp nicht die interne Struktur, die Effizienz und die Infrastruktur zur Pflege, um zu einer wirklichen Anwendung skaliert zu werden. Ein »Prototyp«, der ein »Beinahe–Produkt« wird, verbraucht deshalb Zeit und Energie, die besser für das Produkt verwendet werden könnte. Sowohl Entwickler als auch Manager unterliegen der Versuchung, den Prototyp in ein Produkt umzuwandeln und das »Optimieren der Performance« auf die nächste Version zu verschieben. Durch einen solchen Mißbrauch ist ein Prototyp das Gegenteil von allem, wofür Design steht.

Ein verwandtes Problem besteht darin, daß die Entwickler des Prototyps sich in ihre Werkzeuge verlieben können. Sie können vergessen, daß die Kosten ihrer (notwendigerweise) vorhandenen Bequemlichkeit nicht immer vom Produktionssystem bezahlt werden können und daß die Freiheit von Zwängen und Formalismen einer kleinen Forschungsgruppe nicht leicht auf eine größere Gruppe übertragen werden kann, die auf eine Menge sich gegenseitig blockierender Deadlines hinarbeitet.

Auf der anderen Seite können Prototypen ungeheuer wertvoll sein. Man denke etwa an den Entwurf einer Benutzerschnittstelle. In diesem Fall *ist* die interne Struktur des Teils des Systems, der nicht direkt mit dem Anwender in Kontakt steht, oft irrelevant, und es gibt keine andere Möglichkeit, Erfahrungen über die Reaktionen der Anwender auf das Aussehen und Verhalten (look and feel) des Systems zu erhalten. Ein anderes Beispiel ist ein Prototyp, der ausschließlich dazu entworfen wird, um die interne Arbeitsweise eines Systems zu studieren. In diesem Fall kann die Benutzerschnittstelle rudimentär bleiben — möglicherweise mit simulierten Anwendern anstelle von echten.

Prototyping ist eine Art zu experimentieren. Das gewünschte Ergebnis sind die Einsichten, die seine Herstellung mit sich bringt, und nicht der Prototyp selbst. Vielleicht ist das wichtigste Kriterium für einen Prototyp, so unvollständig zu sein, daß er offensichtlich dem Experimentieren dient und ohne größeres Redesign und größere Neu–Implementierung nicht in ein Produkt verwandelt werden kann. Ein »unvollständiger« Prototyp hilft dabei, sich auf das Experiment zu konzentrieren, und vermindert die Gefahr, daß der Prototyp später zum Produkt wird. Er minimiert außerdem die Versuchung, das Design des Produkts zu sehr am Design des Prototyps zu orientieren und somit die inhärenten Grenzen eines Prototyps zu vergessen oder zu ignorieren. Nach seiner Verwendung sollte der Prototyp weggeworfen werden.

Man sollte in Erinnerung behalten, daß es in vielen Fällen experimentelle Techniken gibt, die als Alternative zu einem Prototyp verwendet werden können. Wenn sie verwendet werden können, sind sie aufgrund von mehr Exaktheit und weniger Bedarf an Designer–Zeit und Systemressourcen häufig vorzuziehen. Beispiele sind mathematische Modelle und verschiedene Formen von Simulationen. In der Tat kann man einen kontinuierlichen Prozeß betrachten, der von mathematischen Modellen über immer detailliertere Simulationen, Prototypen und teilweise Implementierungen zu einem kompletten System führt.

Dies führt zu dem Ansatz, ein System vom ersten Entwurf an durch wiederholtes Redesign und Neu–Implementieren wachsen zu lassen. Dies ist die ideale Strategie, aber sie kann sehr hohe Anforderungen an Design– und Implementierungswerkzeuge stellen. Die Vorgehensweise leidet auch unter dem Risiko, daß man mit zu viel Code belastet wird, der die ersten Designentscheidungen widerspiegelt, und ein besseres Design deshalb nicht mehr implementiert werden kann. Zumindest bis heute beschränkt sich diese Strategie wohl auf kleine bis mittelgroße Projekte, bei denen größere Änderungen des allgemeinen Designs unwahrscheinlich sind, und auf Redesigns und Neu–Implementierungen nach der ersten Version eines Systems, wo eine solche Strategie gar nicht zu vermeiden ist.

Zusätzlich zu Experimenten, die entworfen werden, um Einblicke in Designentscheidungen zu geben, sind Analysen eines Designs und/oder einer Implementierung selbst eine Quelle für tiefere Einblicke. Das Studieren der verschiedenen Abhängigkeiten zwischen Klassen (§24.3) kann beispielsweise besonders hilfreich sein und traditionelle Werkzeuge, wie Aufrufgraphen, Performance–Messungen und so weiter dürfen nicht ignoriert werden.

Man beachte, daß Spezifikationen (das, was bei der Analysephase herauskommt) und Designs genauso fehleranfällig wie Implementierungen sind. Tatsächlich können sie sogar anfälliger sein, da sie noch weniger konkret sind, oft weniger präzise spezifiziert werden, nicht ausführbar sind und normalerweise nicht von Werkzeugen unterstützt werden, die in ihrer Qualität mit den Werkzeugen für die Überprüfung und Analyse der Implementierung mithalten können. Eine strengere Formalisierung der Sprache/Notation, mit der das Design beschrieben wird, kann in eine Richtung gehen, die die Anwendung von Werkzeugen zur Unterstützung der Designer erleichtert. Dies darf nicht damit bezahlt werden, daß die für die Implementierung verwendete Programmiersprache verarmt (§24.3.1). Auch eine formale Notation kann selbst eine Quelle für Komplexität und Probleme sein. Dies passiert dann, wenn der Formalismus dem praktischen Problem, auf das er angewendet wird, wenig angemessen ist, wenn seine Strenge den mathematischen Hintergrund und die Reife der Designer und Programmierer übersteigt und wenn die formale Beschreibung eines Systems den Kontakt zu dem System, das es eigentlich beschreiben soll, verliert.

Design an sich ist fehleranfällig und nur schwer mit effektiven Werkzeugen zu unterstützen. Dies macht Erfahrung und Feedback unabdingbar. Deshalb ist es grundsätzlich nicht richtig, den Entwicklungsprozeß als linearen Prozeß zu betrachten, der mit der Analyse beginnt und mit dem Testen endet. Es wird eine Betonung auf iterativem Design und iterativer Implementierung benötigt, um ausreichend Feedback aus den Erfahrungen während der verschiedenen Phasen der Entwicklung zu erhalten.

23.4.5   Testen

Ein Programm, das nicht getestet wurde, läuft nicht. Das Ideal eines Programmdesigns und einer Programmverifikation, die das Programm beim ersten Mal zum Laufen bringt, ist außer bei völlig trivialen Programmen nicht erreichbar. Man sollte dieses Ideal anstreben, sich aber nicht selbst etwas vormachen, indem man meint, daß das Testen eine einfache Sache sei.

»Wie testet man?« ist eine Frage, die nicht allgemeingültig beantwortet werden kann. Auf die Frage »Wann soll man testen?« gibt es allerdings eine allgemeine Antwort: so früh und so oft wie möglich. Teststrategien sollten als Teil des Designs und der Implementierung, oder zumindest parallel dazu, entworfen werden. Sobald ein lauffähiges System vorhanden ist, sollte das Testen beginnen. Das Aufschieben ernsthafter Tests bis »nachdem die Implementierung vollständig ist« entspricht einer Verordnung von aus dem Ruder gelaufenen Zeitplänen und/oder fehlerhaften Versionen.

Wann immer es möglich ist, sollte ein System insbesondere so entworfen werden, daß Tests relativ einfach sind. Insbesondere Testmechanismen können für ein System oft mit entworfen werden. Manchmal wird dies aus der Befürchtung heraus unterlassen, daß kostspielige Laufzeittests erforderlich sind oder daß die für Konsistenzprüfungen unerläßliche Redundanz die Datenstrukturen zu sehr aufbläht. Solche Ängste sind in der Regel unbegründet, da der meiste Testcode und die meisten Redundanzen jeweils, falls notwendig, aus dem Code entfernt werden können, bevor das System ausgeliefert wird. Assertions (§24.3.7.2) können hier manchmal sinnvoll sein.

Wichtiger als einzelne Tests ist der Gedanke, daß die Struktur des Systems so gestaltet sein sollte, daß man eine vernünftige Chance besitzt, sich selbst und seine Anwender/Kunden zu überzeugen, daß man Fehler durch eine Kombination statischer Überprüfungen, statischer Analyse und Tests entfernen kann. Wenn eine Strategie für Fehlertoleranz entworfen wird (§14.9), kann eine Teststrategie normalerweise als komplementärer und eng verbundener Aspekt des gesamten Designs mit entworfen werden.

Wenn Testaspekte in der Designphase völlig vernachlässigt werden, führt dies zu Problemen beim Testen, Terminverzögerungen und Wartungsproblemen. Die Schnittstelle und Abhängigkeiten der Klassen (so wie sie in §24.3 und §24.4.2 beschrieben werden) bilden normalerweise einen geeigneten Ort, um mit der Ausarbeitung einer Teststrategie zu beginnen.

Es ist im allgemeinen nicht leicht, den erforderlichen Umfang für Tests zu bestimmen. Zu wenig Tests sind allerdings ein verbreiteteres Problem als zu viele Tests. Wie viele Ressourcen nun genau für das Testen verwendet werden sollten, hängt natürlich von der Art des Systems und den Methoden, mit denen es entwickelt wird, ab. Als Faustregel schlage ich allerdings vor, daß für das Testen eines Systems genausoviel Zeit, Aufwand und Fähigkeiten verwendet werden sollten wie zum Erzeugen der ersten Implementierung. Tests sollten sich auf die Probleme konzentrieren, die fatale Konsequenzen haben könnten und die häufig auftreten würden.

23.4.5.1 Wartung von Software

Der Begriff »Wartung« ist für Software etwas mißverständlich, da dieses Wort eine falsche Analogie zu Hardware herstellt. Software braucht nicht geölt zu werden, hat keine beweglichen Teile, die sich abnutzen, und keine Stellen, in denen sich Wasser sammeln und Rost verursachen könnte. Software kann *exakt* repliziert und in Minutenschnelle über eine weite Entfernung transportiert werden. Software ist keine Hardware.

Die Aktivitäten, die unter dem Begriff Softwarewartung verstanden werden, sind in Wirklichkeit Redesign und Neu–Implementierung und gehören somit zum üblichen Entwicklungszyklus eines Programms. Wenn Flexibilität, Erweiterbarkeit und Portabilität beim Design betont werden, werden die traditionellen Wartungsprobleme bereits direkt berücksichtigt.

Wie das Testen sollte auch die Wartung nicht nachträglich oder als Aktivität betrachtet werden, die getrennt von der hauptsächlichen Entwicklung stattfindet. Es ist vor allem wichtig, bei der Gruppe der in ein Projekt involvierten Personen etwas Kontinuität zu haben. Es ist nicht einfach, die Pflege einer neuen (und normalerweise weniger erfahrenen) Gruppe von Personen, die keinen Bezug zu den ursprünglichen Designern und Programmierern hat, zu übertragen. Wenn bei den Personen eine große Änderung notwendig wird, muß die Übertragung des Verständnisses der Systemstruktur und der Systemziele im Vordergrund stehen. Falls es einer »Pflege–Crew« überlassen wird, die Architektur eines Systems zu erraten oder den Zweck der Systemkomponenten mit Hilfe der Implementierung zu ermitteln, kann sich die Struktur eines Systems unter dem Einfluß lokaler Patches rapide verschlechtern. Eine Dokumentation ist normalerweise besser dazu geeignet, Details zu erläutern, als neuen Personen die entscheidenden Konzepte und Prinzipien zu vermitteln.

23.4.6 Effizienz

Donald Knuth hat beobachtet, daß »unreife Optimierung die Wurzel alles Bösen ist«. Einige Leute haben diesen Satz zu sehr verinnerlicht und betrachten nunmehr alle Bemühungen um Effizienz als etwas Schlechtes. Im Gegenteil, Effizienz sollte während der gesamten Design– und Implementierungsbemühungen berücksichtigt werden. Das heißt natürlich nicht, daß sich der Designer mit Mikro–Effizienz beschäftigen sollte, aber daß Aspekte der generellen Effizienz betrachtet werden müssen.

Die beste Strategie für Effizienz besteht darin, ein klares und einfaches Design zu erzeugen. Nur ein solches Design kann über die Lebensdauer eines Projekts relativ stabil bleiben und als Basis für Performance–Verbesserungen dienen. Es kommt darauf an, den Gigantismus, der große Projekte plagt, zu vermeiden. Viel zu oft fügen Entwickler etwas »nur für den Fall, daß« hinzu (§23.4.3.2, §23.5.3) und enden durch diesen Firlefanz bei einer Verdoppelung oder Vervierfachung der Größe und der Laufzeit des Systems. Noch schlimmer ist es, daß solche Systeme oft unnötig schwer zu analysieren sind und daß es schwer ist, zwischen vermeidbarem und unvermeidlichem Mehraufwand zu unterscheiden. Dadurch wird selbst die elementarste Analyse und Optimierung unmöglich. Die Optimierung sollte das Ergebnis von Analyse und Performance–Messungen und nicht von zufälligem »Herumpfuschen« am Code sein. Speziell in größeren Systemen ist die »Intuition« eines Designers oder eines Programmierers ein unzuverlässiger Ratgeber für Aspekte der Effizienz.

Es ist wichtig, inhärent ineffiziente Konstrukte und Konstrukte, die viel Zeit und Geschicklichkeit zur Optimierung für ein akzeptables Performance–Niveau kosten, zu vermeiden. Genauso wichtig ist es, die Verwendung inhärenter unportabler Konstrukte und Werkzeuge zu minimieren, da die Verwendung solcher Werkzeuge und Konstrukte das Projekt dazu verurteilen, auf ältern (weniger leistungsfähigen und/oder teureren) Computern zu laufen.

23.5 Management

Solange es zumindest etwas sinnvoll ist, machen die meisten Menschen das, wozu sie aufgefordert werden. Falls insbesondere im Kontext eines Softwareprojekts bestimmte Vorgehensweisen erwartet und andere bestraft werden, werden nur außergewöhnliche Programmierer und Designer ihre Karriere auf Spiel setzen, um das zu tun, was sie angesichts von Konflikten, Gleichgültigkeit und Bürokratismus des Managements als richtig erachten.[3] Daraus folgt, daß eine Organisation eine Struktur haben sollte, die das Einhalten von Design– und Programmierzielen belohnt. Dies ist allerdings viel zu oft nicht der Fall: Eine größere Änderung des Programmierstils kann nur durch eine entsprechende Änderung des Designstils erreicht werden, und beides bedeutet normalerweise, daß sich der Stil des Managements ändern muß, um erfolgreich zu sein. Mentale und organisatorische Unbeweglichkeit führen allzu leicht dazu, daß lokale Veränderungen nicht durch globale Änderungen, die deren Erfolg sicherstellen, unterstützt werden.

Ein ziemlich typisches Beispiel ist ein Wechsel zu einer Programmiersprache, die objektorientierte Programmierung unterstützt (wie C++), ohne einen entsprechenden Wechsel in Designstrategien, um die Vorteile der neuen Sprachmittel ausnutzen zu können (siehe auch §24.2). Ein anderes Beispiel ist ein Wechsel zu »objektorientiertem Design« ohne die Einführung einer Programmiersprache, die dies unterstützt.

---

[3] Eine Organisation, die ihre Programmierer als Idioten behandelt, wird bald nur noch Programmierer haben, die sich wie Idioten verhalten.

23.5.1 Wiederverwendung

Die wachsende Wiederverwendung von Code und Design wird oft als Hauptgrund zitiert, um eine neue Programmiersprache oder Designstrategie zu verwenden. Die meisten Organisationen belohnen allerdings einzelne und Gruppen, die sich dafür entscheiden, das Rad neu zu erfinden. Die Produktivität eines Programmierers wird z.B. in der Anzahl der geschriebenen Zeilen gemessen. Wird dieser auf Kosten seines Einkommens und möglicherweise sogar seines Status ein kleineres Programm schreiben, das auf der Standardbibliothek aufbaut? Eine Managerin könnte irgendwie proportional zur Anzahl der in ihrer Gruppe befindlichen Personen bezahlt werden. Wird sie Software verwenden, die von einer anderen Gruppe produziert wird, wenn sie statt dessen in ihrer Gruppe weitere Programmierer anstellen kann? Eine Firma mag mit der Regierung einen Vertrag geschlossen haben, bei dem der Verdienst einen festen Prozentsatz der Entwicklungskosten beträgt. Wird diese Firma ihren Verdienst minimieren, indem die effektivsten Entwicklungswerkzeuge verwendet werden? Die Belohnung von Wiederverwendung ist schwierig, aber solange das Management keine Möglichkeit findet, sie zu fördern und zu belohnen, wird Wiederverwendung nicht stattfinden.

Wiederverwendung ist in erster Linie ein soziales Phänomen. Ich kann die Software eines anderen verwenden, wenn sie

1. funktioniert: Um wiederverwendbar zu sein, muß Software erstmal verwendbar sein
2. verständlich ist: Programmstruktur, Kommentare, Dokumentation und Lehrmaterial sind wichtig
3. mit Software koexistieren kann, die nicht speziell dafür geschrieben wurde
4. unterstützt wird (oder ich bereit bin, sie zu unterstützen, was ich normalerweise nicht bin)
5. ökonomisch ist (Kann ich die Entwicklungs– und Pflegekosten mit anderen Anwendern teilen?)
6. aufgefunden werden kann

Man könnte noch hinzufügen, daß Software nicht wiederverwendbar ist, solange sie noch nicht »wiederverwendet« wurde. Die Aufgabe, eine Komponente an eine Umgebung anzupassen, führt normalerweise dazu, daß die Operationen verfeinert, das Verhalten verallgemeinert und die Fähigkeit, mit anderer Software zu koexistieren, verbessert wird. Solange dies nicht zumindest einmal durchgeführt wurde, tendieren selbst Komponenten, die mit größter Sorgfalt entworfen und implementiert wurden, dazu, unbeabsichtigte und unerwartete »scharfe Kanten« zu besitzen.

Nach meiner Erfahrung existieren die notwendigen Bedingungen für Wiederverwendung nur dann, wenn irgend jemand dafür zuständig ist, die Arbeiten zur gemeinsamen Verwendung durchzuführen. In einer kleinen Gruppe bedeutet das normalerweise, daß einzelne, geplant oder ungeplant, zu Verwaltern gemeinsamer Bibliotheken und Dokumentationen werden. In einer größeren Organisation bedeutet das, daß eine Gruppe oder Abteilung eingerichtet wird, deren Aufgabe es ist, Software für die Verwendung in mehreren Gruppen zusammenzutragen, zu konstruieren, zu dokumentieren und zu pflegen.

Die Bedeutung einer solchen Gruppe für »Standardkomponenten« kann gar nicht überschätzt werden. Man beachte, daß ein System in erster Näherung die Organisation, die es erzeugt hat, widerspiegelt. Falls eine Organisation keine Mechanismen zum Ausdehnen und Belohnen von Kooperation und gemeinsamer Verwendung hat, wird dies selten passieren. Eine Gruppe für Standardkomponenten muß ihre Komponenten aktiv verbreiten. Dies bedeutet, daß eine gute herkömmliche Dokumentation zwar notwendig, aber nicht ausreichend ist. Die Komponentengruppe muß zusätzlich Schulungen und andere Informationen anbieten, mit denen ein potentieller Anwender in die Lage versetzt wird, eine Komponente zu finden und zu verstehen, warum sie ihm helfen könnte.

Dies bedeutet, daß die Komponentengruppe Aktivitäten durchführen muß, die üblicherweise mit Marketing und Ausbildung verbunden werden.

Wann immer es möglich ist, sollten Mitglieder dieser Gruppe eng mit den Entwicklern einer Anwendung zusammenarbeiten. Nur dann können die Bedürfnisse der Anwender ausreichend berücksichtigt und die Gelegenheiten, Komponenten in unterschiedlichen Anwendungen einzusetzen, erkannt werden. Nach dieser Argumentation gibt es für eine solche Organisation Bedarf an Beratung und internem Informationsaustausch mit der Komponentengruppe.

Der Erfolg einer »Komponentengruppe« muß am Erfolg ihrer Klienten gemessen werden. Falls der Erfolg nur an der Anzahl von Werkzeugen und Diensten, von denen Entwicklungsorganisationen überzeugt werden, gemessen wird, kann eine solche Gruppe zu reinen Hausierern kommerzieller Software und einem Befürworter ständig wechselnder Modeerscheinungen verkommen.

Nicht jeder Code muß wiederverwendbar sein, und Wiederverwendbarkeit ist keine universelle Eigenschaft. Wenn man sagt, daß eine Komponente »wiederverwendbar« ist, bedeutet das, daß ihre Wiederverwendung in einem gewissen Rahmen wenig oder gar keinen Aufwand erfordert. In den meisten Fällen wird die Übertragung auf andere Rahmenbedingungen signifikante Aufwendungen zur Folge haben. In dieser Hinsicht ist die Wiederverwendbarkeit der Portabilität ziemlich ähnlich. Es ist wichtig, sich folgendes klarzumachen: Wiederverwendung resultiert aus einem Design, das sich um Wiederverwendung bemüht, aus der auf Basis von Erfahrungen durchgeführten Verfeinerung von Komponenten und aus einem erheblichen Aufwand bei der Suche nach Komponenten, die (wieder)verwendbar sind. Wiederverwendung folgt nicht magisch aus gedankenloser Verwendung von spezifischen Sprachmitteln oder Kodierungstechniken. C++–Sprachmittel, wie Klassen, virtuelle Funktionen und Templates ermöglichen Entwürfe, mit denen Wiederverwendung erleichtert (und somit wahrscheinlicher) wird, sie führen aber nicht automatisch nur durch ihren Einsatz zur Wiederverwendbarkeit.

23.5.2   Einteilung

Für einen einzelnen oder eine Organisation ist es leicht, sich darüber zu freuen, daß etwas »richtig gemacht« wurde. Im institutionellen Rahmen wird dies oft zu der Vorgabe »eine angemessene Vorgehensweise entwickeln und sie strikt befolgen« übersetzt. In beiden Fällen kann der gesunde Menschenverstand das erste Opfer sein, wenn einem ernsthaften und oft innigen Wunsch gefolgt wird, die Art und Weise, in der etwas gemacht wird, zu verbessern. Leider kann viel Schaden angerichtet werden, wenn der gesunde Menschenverstand erst einmal verlorengegangen ist.

Man betrachte die in §23.4 aufgelisteten Phasen des Entwicklungsprozesses und die Phasen der in §23.4.3 aufgelisteten Designschritte. Es ist relativ einfach, diese Schritte weiter auszuarbeiten und eine Designmethode zu entwickeln, die jeden Schritt präziser definiert, mit wohldefinierten Eingaben und Ausgaben und einer semiformalen Notation zur Beschreibung dieser Ein– und Ausgaben. Es können Checklisten entwickelt werden, um sicherzustellen, daß der Designmethode gefolgt wird, und Werkzeuge entwickelt werden, um eine große Anzahl von prozeduralen und notationellen Konventionen zu forcieren. Bei der Betrachtung der in §24.3 präsentierten Klassifizierung kann man außerdem darauf kommen, bestimmte Abhängigkeiten als gut und andere als schlecht einzustufen und Analysewerkzeuge zur Verfügung zu stellen, die sicherstellen, daß diese Einstufung im gesamten Projekt eingehalten wird. Um dieses »Aufpäppeln« des Softwareentwicklungsprozesses zu vervollständigen, könnte man Standards zur Dokumentation (inklusive Regeln zur Rechtschreibung, Grammatik und Konventionen zum Schriftbild) und für das allgemeine Aussehen des Codes definieren (inklusive Spezifikationen, welche Programmiersprache und welche

Art von Bibliotheken verwendet werden können, sowie Konventionen für das Einrücken und die Namensgebung von Funktionen, Variablen, Datentypen und so weiter).

Vieles von dem kann für den Erfolg eines Projekts hilfreich sein. Zumindest wäre es unklug, ein Design für ein System mit vielleicht zehn Millionen Zeilen Code zu entwerfen, das von Hunderten von Personen entwickelt und über ein Jahrzehnt oder länger von Tausenden von Personen weiterentwickelt und gewartet wird, ohne ein einigermaßen gut definiertes und rigides Framework zu definieren, das sich an den oben beschriebenen Zeilen orientiert.

Glücklicherweise fallen die meisten Systeme nicht in diese Kategorie. Wenn der Ansatz, daß eine solche Designmethode oder die Befolgung einer solchen Menge von Programmier– und Dokumentationsstandards »der richtige Weg« ist, allerdings einmal akzeptiert wird, entsteht Druck, sie unter allen Umständen und in jedem Detail anzuwenden. Dies kann in kleinen Projekten zu lächerlichen Einschränkungen und Mehraufwänden führen. Es kann speziell dazu führen, daß Papierfluten und Formalismen die produktive Arbeit als Maß für Fortschritt und Erfolg ersetzen. Falls das passiert, werden wirkliche Designer und Programmierer das Projekt verlassen und durch Bürokraten ersetzt.

Wenn eine solch lächerliche Fehlanwendung einer (hoffentlich äußerst vernünftigen) Designmethode einmal vorgekommen ist, wird ihr Scheitern zur Entschuldigung dafür, daß im weiteren Verlauf des Entwicklungsprozesses auf fast alle Formalismen verzichtet wird. Dies führt natürlich wiederum zu dem Chaos und den Fehlern, zu deren Vermeidung die Designmethode ursprünglich entworfen wurde.

Das tatsächliche Problem besteht darin, für die Entwicklung eines bestimmten Projekts ein angemessenes Maß an Formalismen zu finden. Man sollte nicht annehmen, daß es für dieses Problem eine einfache Lösung gibt. Für ein kleines Projekt kommt fast jede Herangehensweise in Frage. Fatalerweise scheint es so, als würde im Prinzip jede Herangehensweise — wie schlecht sie auch sein mag und wie grausam sie für die Betroffenen ist — auch bei großen Projekten funktionieren, sofern man nur gewillt ist, unverschämt viel Zeit und Geld für das Problem auszugeben.

Ein entscheidendes Problem bei jedem Softwareprojekt ist die Aufrechterhaltung der Integrität des Designs. Dieses Problem nimmt mit wachsender Größe des Programms zu. Nur ein einzelner oder eine kleine Gruppe von Personen ist in der Lage, die generellen Ziele eines Projekts zu erfassen und im Blick zu behalten. Die meisten Personen müssen so viel Zeit für Unterprojekte, technische Einzelheiten oder alltägliche Verwaltungsaufgaben verwenden, daß die generellen Ziele des Designs leicht vergessen oder begrenzteren und naheliegenderen Zielen untergeordnet werden. Wenn man weder einen einzelnen noch eine Gruppe hat, die die explizite Aufgabe haben, die Integrität des Designs zu bewahren, kommt dies einem verordneten Scheitern gleich. Dies gilt auch dann, wenn eine solche Person oder Personengruppe keinen Einfluß auf das Projekt als Ganzes nehmen kann.

Das Fehlen eines langfristigen Ziels schadet einem Projekt sehr viel mehr als das Fehlen eines einzelnen Merkmals. Es sollte die Aufgabe einer kleinen Gruppe von Personen sein, solche langfristigen Ziele zu formulieren, sie im Kopf zu behalten, die entscheidenden allgemeingültigen Designdokumente zu Papier zu bringen, die Einführung zu den entscheidenden Konzepten zu schreiben und generell anderen zu helfen, die allgemeingültigen Ziele im Gedächtnis zu behalten.

23.5.3 Individuen

Der Einsatz von Design im hier beschriebenen Sinne prämiert fähige Designer und Programmierer. Die Auswahl der Designer und Programmierer wird somit zu einem kritischen Aspekt für den Erfolg einer Organisation.

Manager vergessen oft, daß Organisationen aus Individuen bestehen. Es ist eine weitverbreitete Vorstellung, daß Programmierer gleich und austauschbar sind. Dies ist ein Trugschluß, der eine Organisation zerstören kann, indem viele der effektivsten Einzelpersonen verjagt und die restlichen Mitarbeiter dazu verdammt werden, weit unter ihrem Potential zu arbeiten. Individuen sind nur dann austauschbar, wenn es ihnen nicht gestattet ist, Fähigkeiten einzusetzen, die über das für eine Aufgabe erforderliche absolute Minimum hinausgehen. Insofern ist das Märchen von der Austauschbarkeit inhuman und an sich verschwenderisch.

Die meisten Messungen zur Abschätzung der Produktivität von Programmierern fördern verschwenderische Praktiken und versäumen es, kritische individuelle Beiträge zu betrachten. Das offensichtlichste Beispiel dafür ist die ziemlich weit verbreitete Praxis, Fortschritt anhand der produzierten Anzahl von Codezeilen, Dokumentationsseiten, durchlaufenen Tests und so weiter zu messen. So etwas macht sich in Zwischenberichten ganz gut, hat jedoch nur eine entfernte Beziehung zur Realität. Wenn die Produktivität z.B. in Codezeilen gemessen wird, wird sich eine erfolgreiche Anwendung der Wiederverwendung als negative Produktivität des Programmierers darstellen. Eine erfolgreiche Anwendung der besten Prinzipien des Redesigns auf einen Hauptteil der Software hat normalerweise den gleichen Effekt.

Die Qualität der erzeugten Arbeit ist sehr viel schwerer zu messen als die Quantität dessen, was herauskommt, obschon einzelne und Gruppen auf Grundlage der Qualität ihrer Ergebnisse und nicht durch plumpe Messungen der Quantität belohnt werden müssen. Leider hat, nach allem, was ich weiß, der Entwurf praktischer Meßmethoden zur Qualität kaum begonnen. Zusätzlich tendieren Maßstäbe, die den Stand eines Projekts nicht vollständig beschreiben können, dazu, den Fortschritt des Projekts zu verzerren. Die Menschen passen sich an, um lokale Meilensteine zu erreichen und die durch den Maßstab definierte Produktivität von einzelnen und Gruppen zu optimieren. Als unmittelbare Folge leiden die globale Integrität des Systems und die allgemeine Leistungsfähigkeit. Wenn beispielsweise lokale Entwicklungsziele in Begriffen beseitigter bzw. offener Fehler definiert werden, kann man beobachten, daß dieses Ziel auf Kosten der Laufzeiteffizienz oder der Einsparung von Systemressourcen erzielt wird. Wenn hingegen Laufzeiteffizienz gemessen wird, wird die Fehlerrate mit Sicherheit steigen, wenn die Entwickler sich abmühen, das System für Benchmarks zu optimieren. Der Mangel an guten und verständlichen Qualitätsmaßstäben stellt zwar hohe Anforderungen an das Wissen der Manager, aber die Alternative wäre eine systematische Tendenz zur Förderung von zufälligen Aktivitäten anstelle von echtem Fortschritt. Man sollte nicht vergessen, daß auch Manager Individuen sind. Manager benötigen bei der Einführung neuer Techniken mindestens ebensoviel Fortbildung wie die Menschen, die sie managen.

Wie auf anderen Gebieten der Softwareentwicklung muß man auch hier längerfristig denken. Es ist im Prinzip unmöglich, die Leistungsfähigkeit eines einzelnen auf der Grundlage einer nur einjährigen Arbeit zu beurteilen. Die meisten Personen besitzen allerdings langfristige Aufzeichnungen, die verläßliche Voraussagen über technische Einschätzungen erlauben und dabei helfen, die Leistungsfähigkeit der unmittelbaren Vergangenheit herauszufinden. Werden solche Aufzeichnungen nicht berücksichtigt — was der Fall ist, wenn einzelne als austauschbare Zacken in den Zahnrädern der Organisation betrachtet werden — bleiben die Manager von der Gnade fehlgeleiteter Quantitätsmaßstäbe abhängig.

Wenn man die langfristige Perspektive wählt und die »Management–Schule der austauschbaren Idioten« vermeidet, ergibt sich die Konsequenz, daß einzelne (sowohl Entwickler als auch Manager) länger brauchen, um in die herausfordernderen und interessanteren Positionen aufzusteigen. Dies hält davon ab, häufig den Arbeitsplatz zu wechseln oder aus Karrieregründen zu rotieren. Eine langsame Fluktuation muß sowohl beim entscheidenden technischen Personal als auch bei entscheidenden Managern das Ziel sein. Ein Manager kann nur mit einer guten Beziehung zu den entscheidenden Designern und Programmierern und ein wenig frischem und relevantem technischen Wissen erfolgreich sein. Umgekehrt kann keine Gruppe von Designern und Entwicklern auf lange Sicht ohne die Unterstützung kompetenter Manager und ohne ein minimales Verständnis des nicht–technischen Hintergrundes ihrer Arbeit erfolgreich sein.

Wo Innovation erforderlich ist, spielen älteres technisches Personal, Analytiker, Designer, Programmierer und so weiter bei der Einführung neuer Techniken eine kritische und schwierige Rolle. Dies sind die Personen, die die neuen Techniken lernen und in vielen Fällen die alten Techniken verlernen müssen. Dies ist nicht einfach. Diese Personen haben für die alten Vorgehensweisen normalerweise persönlich viel investiert, und ihre technische Reputation beruht auf Erfolgen, die mit diesen Vorgehensweisen errungen wurden. Dasselbe gilt für viele Manager im technischen Bereich.

Natürlich gibt es unter diesen Personen oft eine gewisse Angst vor Veränderungen. Das kann zu einer Überschätzung der mit einem Wechsel verbundenen Probleme und zu einer Blindheit gegenüber bekannten Problemen mit den herkömmlichen Vorgehensweisen führen. Es kann natürlich genauso passieren, daß Personen, die für einen Wechsel argumentieren, die Vorzüge der neuen Vorgehensweisen über– und die damit verbundenen Probleme unterschätzen. Diese beiden Gruppen *müssen* miteinander kommunizieren, sie *müssen* lernen, die gleiche Sprache zu sprechen und *müssen* einander helfen, das Modell für die Umstellung auszuarbeiten. Die Alternative ist eine organisatorische Paralyse und der Verlust der fähigsten Personen beider Gruppen. Beide Gruppen sollten daran denken, daß die erfolgreichsten Vertreter der »alten Schule« früher oft die »jungen Wilden« waren. Wenn die Umstellung ohne Demütigung vonstatten geht, können mehr erfahrene Programmierer und Designer zu den erfolgreichsten und fähigsten Vertretern der Umstellung werden. Ihre gesunde Skepsis, ihre Kenntnis von Anwendern und ihre Erfahrung mit der Überwindung organisatorischer Hürden kann nicht hoch genug eingeschätzt werden. Vertreter einer sofortigen und radikalen Veränderung müssen sich klarmachen, daß ein Übergang mit einer schrittweisen Übernahme neuer Techniken in vielen Fällen unumgänglich ist. Auf der anderen Seite sollten sich Personen, die kein Bedürfnis nach Veränderung verspüren, Gebiete suchen, wo Änderungen auch nicht erforderlich sind, anstatt auf Gebieten, auf denen neue Anforderungen die Bedingungen für erfolgreiche Arbeit bereits signifikant verändert haben, Rückzugsgefechte zu liefern.

23.5.4 Hybrid–Design

Die Einführung neuer Vorgehensweisen in Organisationen kann schmerzvoll sein. Sie kann zu einer signifikanten Spaltung der Organisation und Zerrissenheit einzelner Personen führen. Ein abrupter Wechsel, der produktive und erfahrene Mitglieder der »alten Schule« zu Anfängern der »neuen Schule« macht, ist normalerweise nicht akzeptabel. Großen Profit kann man allerdings selten ohne Veränderungen machen, und signifikante Änderungen beinhalten normalerweise Risiken.

C++ wurde entworfen, um solche Risiken zu minimieren, indem es möglich ist, Techniken schrittweise zu übernehmen. Wenn es auch klar ist, daß C++ mit Hilfe der Datenabstraktion, der objektorientierten Programmierung und des objektorientierten Designs den größten Nutzen bringt, ist es nicht klar, daß man dies durch einen radikalen Bruch mit der Vergangenheit am schnellsten erreichen kann. Gelegentlich ist ein solcher klarer Bruch angemessen. Der Wunsch nach Verbesserung wird in den meisten Fällen aber durch die Sorge darüber, wie die Umstellung vollzogen werden kann, gemildert (oder sollte dadurch gemildert werden). Man ziehe folgendes in Betracht:

- Designer und Programmierer brauchen Zeit, um neue Fähigkeiten zu erlangen.
- Neuer Code muß mit altem kombinierbar sein.

- Alter Code muß (oft unendlich lange) gepflegt werden.
- Die Arbeit für laufende Designs und Programme muß (rechtzeitig) vollendet werden.
- Werkzeuge, die die neue Technik unterstützen, müssen in die lokale Umgebung eingeführt werden.

Diese Faktoren führen natürlicherweise zu einem hybriden Designstil (selbst wenn das nicht die Absicht einiger Designer ist). Es ist leicht, die ersten beiden Punkte zu unterschätzen.

Durch Unterstützung zahlreicher Programmierparadigmen unterstützt C++ den Gedanken der schrittweisen Einführung in eine Organisation auf verschiedene Arten:

- Programmierer können während des Lernens von C++ produktiv bleiben.
- C++ kann in einer Umgebung, die arm an Werkzeugen ist, signifikante Vorteile besitzen.
- C++–Programmfragmente können gut mit Code, der in C oder einer anderen traditionellen Sprache geschrieben wurde, kooperieren.
- C++ hat eine große zu C kompatible Untermenge.

Der Ansatz ist der, daß Programmierer den Umstieg von einer traditionellen Sprache nach C++ dadurch machen, daß sie erst einmal C++ übernehmen, während sie beim herkömmlichen (prozeduralen) Programmierstil bleiben. Dann verwenden sie Techniken der Datenabstraktion. Schließlich, wenn die Sprache und die dazugehörigen Werkzeuge beherrscht werden, wechseln sie zu objektorientierter und generischer Programmierung. Man beachte, daß es erheblich einfacher ist, eine gut entworfene Bibliothek anzuwenden, als sie zu entwerfen und zu programmieren. Ein Anfänger kann somit sogar in den frühen Stadien dieses Umstiegs von der fortgeschrittenen Verwendung von Abstraktion profitieren.

Der Ansatz, objektorientiertes Design, objektorientierte Programmierung und C++ in Schritten zu lernen, wird durch Sprachmittel zum Mischen von C++–Code und Code, der in Sprachen geschrieben wurde, die nicht die Datenabstraktion und objektorientierte Programmierung von C++ verwenden, unterstützt (§24.2.1). Viele Schnittstellen können einfach prozedural bleiben, da es keine unmittelbaren Vorteile gibt, irgend etwas komplizierter zu machen. Für viele entscheidende Bibliotheken, wird dies bereits vom Anbieter der Bibliothek gemacht, wodurch die jeweilige Implementierungssprache für den C++–Programmierer unerheblich ist. Die Verwendung von Bibliotheken, die in Sprachen wie C geschrieben wurden, ist die erste und zunächst wichtigste Form der Wiederverwendung in C++.

Der nächste Schritt, der nur dann vollzogen werden sollte, wenn jeweils kompliziertere Techniken gebraucht werden, besteht darin, Hilfsmittel, die in Sprachen wie C und Fortran geschrieben wurden, als Klassen zur Verfügung zu stellen, indem Datenstrukturen und Funktionen in Schnittstellenklassen von C++ gekapselt werden. Ein einfaches Beispiel für das Umstellen der Semantik vom Niveau der Prozedur plus Datenstruktur auf das Niveau der Datenabstraktion bietet die String–Klasse in §11.12. Dort wird die Kapselung der C–Darstellung von Zeichenfolgen mit den Standard–String–Funktionen von C dazu verwendet, einen String–Datentyp zu erzeugen, der erheblich einfacher angewendet werden kann.

Mit einer ähnlichen Technik können eingebaute oder für sich stehende Datentypen in eine Klassenhierarchie integriert werden (§23.5.1). Damit ist es möglich, daß sich Designs für C++ so entwickeln, daß sie Datenabstraktion und Klassenhierarchien verwenden, obwohl der Code in Sprachen geschrieben wird, in denen diese Konzepte fehlen. Dies ist sogar mit der Einschränkung möglich, daß der resultierende Code aus einer prozeduralen Sprache heraus aufrufbar sein muß.

23.6 Kommentierte Literaturhinweise

Dieses Kapitel kann sich nur oberflächlich mit den Aspekten des Designs und Managements von Programmierprojekten beschäftigen. Aus diesem Grund habe ich kurze kommentierte Literaturhinweise hinzugefügt. Weitaus umfangreichere Literaturhinweise sind in [Booch,1994] zu finden.

[Anderson,1990]   Bruce Anderson und Sanjiv Gossain: *An Iterative Design Model for Reusable Object-Oriented Software*. Proc. OOPSLA'90. Ottawa, Canada. Eine Beschreibung eines iterativen Modells zum Design und zum Redesign mit einem spezifischen Beispiel und einer Diskussion der gesammelten Erfahrungen.

[Booch,1994]   Grady Booch: *Object-Oriented Analysis and Design with Applications*. Benjamin/Cummings. 1994. ISBN 0-8053-5340-2. Enthält eine detaillierte Beschreibung von Design, eine spezifische Designmethode mit einer graphischen Notation und zahlreiche in C++ formulierte große Beispiele für Designs. Es ist ein exzellentes Buch, dem dieses Kapitel viel verdankt. Es behandelt viele Themen dieses Kapitels in einer ausführlicheren Art und Weise.
Deutsche Übersetzung: *Objektorientierte Analyse und Design*. Addison–Wesley. 1994. ISBN 3-89319-673-0.

[Booch,1996]   Grady Booch: *Object Solutions*. Benjamin/Cummings. 1996. ISBN 0-8053-0594-7. Beschreibt die Entwicklung von objektorientierten Systemen aus Sicht des Managements. Enthält umfassende Beispiele in C++–Code.

[Brooks,1982]   Fred Brooks: *The Mythical Man Month*. Addison-Wesley. 1982. ISBN 1-201-83595-9. Jeder sollte dieses Buch alle paar Jahre einmal lesen: eine Warnung vor Überheblichkeit. In technischer Hinsicht ist es etwas betagt, aber in Hinsicht auf Individuen, Organisationen und Fragen der Einteilung ist es immer noch aktuell. Es wurde 1997 mit Ergänzungen neu herausgebracht.

[Brooks,1987]   Fred Brooks: *No Silver Bullet*. IEEE Computer, Vol. 20, No. 4. April 1987. Eine Zusammenfassung der Ansätze zur Softwareentwicklung im großen Maßstab mit einer dringend notwendigen Warnung vor dem Glauben an Wunderheilung (»silver bullets«).

[Coplien,1995]   James O. Coplien und Douglas C. Schmidt (Herausgeber): *Pattern Languages of Program Design*. Addison-Wesley. 1995. ISBN 1-201-60734-4.

[Gamma,1994]   Eric Gamma et.al.: *Design Patterns*. Addison-Wesley. 1994. ISBN 0-201-63361-2. Ein praktischer Katalog von Techniken zum Erzeugen flexibler und wiederverwendbarer Software mit einem nicht trivialen, gut erklärten Beispiel. Enthält umfassende Beispiele in C++–Code.
Deutsche Übersetzung: *Entwurfsmuster*. Addison–Wesley. 1996. ISBN 3-89319-950-0.

[DeMarco,1987]   T. DeMarco und T. Lister: *Peopleware*. Dorset House Publishing Co. 1987. ISBN 0-932633-43-9. Eines der wenigen Bücher, die sich auf die Rolle der Menschen bei der Produktion von Software konzentrieren. Ein Muß für alle Manager. Als Bettlektüre nicht zu schwer. Ein Gegengift für viele Gedankenlosigkeiten.

[Jacobson,1992]   Ivar Jacobson et.al.: *Object-Oriented Software Engineering*. Addison-Wesley. 1992. ISBN 0-201-54435-0. Eine sorgfältige und praktische Beschreibung der Softwareentwicklung in einem industriellen Umfeld mit dem Schwerpunkt auf Anwendungsfällen (Use–Cases; §23.4.3.1). Wird C++ nicht gerecht, da es sich auf den Stand von vor zehn Jahren bezieht.

[Kerr,1987]   Ron Kerr: *A Materialistic View of the Software "Engineering" Analogy*. In SIGPLAN Notices, March 1987. Die Verwendung von Analogien in diesem und den folgenden Kapiteln verdankt viel den Beobachtungen, die in diesem Text formuliert werden, sowie den Präsentationen und Diskussionen mit Ron, die dem Text vorausgingen.

[Liskov,1987]   Barbara Liskov: *Data Abstraction and Hierarchy*. Proc. OOPSLA'87 (Addendum). Orlando, Florida. Eine Diskussion der Frage, inwieweit Vererbung das Konzept der Datenabstraktion aufs Spiel setzt. Man beachte, daß C++ spezifische Sprachmittel besitzt, mit denen die meisten der erwähnten Probleme vermieden werden können (§24.3.4).

[Martin,1995]   Robert C. Martin: *Designing Object-Oriented C Applications Using the Booch Method*. Prentice-Hall. 1995. ISBN 0-13-203837-4. Zeigt, wie man ausgehend von einem Problem in einer ziemlich systematischen Weise zu C++–Code kommen kann. Präsentiert alternative Entwürfe und Prinzipien, um zwischen ihnen zu entscheiden. Praktischer und konkreter als die meisten Bücher über Design. Enthält umfassende Beispiele in C++–Code.

[Parkinson,1957]   C. N. Parkinson: *Parkinson's Law and other Studies in Administration*. Houghton Mifflin. Boston. 1957. Eine der witzigsten und treffendsten Beschreibungen von Katastrophen, die durch administrative Prozesse verursacht wurden.

[Meyer,1988]   Bertrand Meyer: *Object Oriented Software Construction*. Prentice Hall. 1988. Die Seiten 1–64 und 323–334 geben eine gute Einführung in eine Sichtweise von objektorientierter Programmierung und Design mit vielen praktischen Ratschlägen. Der Rest des Buches beschreibt die Sprache Eiffel. Tendiert dazu, Eiffel mit universellen Prinzipien zu verwechseln.

[Shlaer,1988]   S. Shlaer und S. J. Mellor: *Object-Oriented Systems Analysis* und *Object Lifecycles*. Yourdon Press. ISBN 0-13-629023-X und 0-13-629940-7. Präsentiert eine Sichtweise von Analyse, Design und Programmierung, die sich deutlich von der hier und in C++ dargestellten unterscheidet, und macht dies unter Verwendung eines Vokabulars, das beide sehr ähnlich erscheinen läßt.

[Snyder,1986]   Alan Snyder: *Encapsulation and Inheritance in Object-Oriented Programming Languages*. Proc. OOPSLA'86. Portland, Oregon. Wahrscheinlich die erste gute Beschreibung des Zusammenspiels zwischen Datenkapselung und Vererbung. Enthält außerdem eine gute Diskussion über einige Konzepte von Mehrfachvererbung.

[Wirfs–Brock,1990]   Rebecca Wirfs–Brock, Brian Wilkerson und Lauren Wiener: *Designing Object-Oriented Software*. Prentice Hall. 1990. ISBN 0-13-629825-7. Beschreibt eine anthropomorphe Designmethode, die auf Rollenspiele mit CRC–Karten (englisch: »Class, Responsibility und Collaborators«, deutsch: »Klasse, Verantwortlichkeit/Rolle und Beziehungen«) basiert. Der Text, wenn nicht auch die Methode, ist tendentiös auf Smalltalk zugeschnitten.

23.7 Ratschläge

1. Sie sollten wissen, was Sie erreichen wollen; §23.3.
2. Denken Sie immer daran, daß Softwareentwicklung eine menschliche Aktivität ist; §23.3, §23.5.3.
3. Beweis durch Analogie ist Täuschung; §23.2.
4. Sie sollten spezifische und erreichbare Ziele haben; §23.4.
5. Versuchen Sie nicht, soziologische Probleme mit technischen Mitteln zu lösen; §23.4.
6. Ziehen Sie beim Design und bei der Behandlung von Personen die lange Sicht in Betracht; §23.4.1, §23.5.3.
7. Es gibt keine untere Grenze für Programmgrößen, ab denen es sich lohnt, vor dem Kodieren zu designen; §23.2.
8. Entwerfen Sie Prozesse, um Feedback zu unterstützen; §23.4.
9. Verwechseln Sie Aktivität nicht mit Fortschritt; §23.3, §23.4.
10. Verallgemeinern Sie nicht über das hinaus, was gebraucht wird, womit Sie direkte Erfahrung haben und was getestet werden kann; §23.4.1, §23.4.2.
11. Stellen Sie Konzepte als Klassen dar; §23.4.2, §23.4.3.1.
12. Es gibt Eigenschaften eines Systems, die nicht als Klassen dargestellt werden sollten; §23.4.3.1.
13. Stellen Sie hierarchische Beziehungen zwischen Konzepten als Klassenhierarchien dar; §23.4.3.1.
14. Suchen Sie aktiv nach Gemeinsamkeiten in den Konzepten der Anwendung und der Implementierung, und stellen Sie die resultierenden allgemeineren Konzepte als Basisklassen dar; §23.4.3.1, §23.4.3.5.
15. Klassifizierungen auf anderen Gebieten lassen sich nicht unbedingt auf ein sinnvolles Vererbungsmodell einer Anwendung übertragen; §23.4.3.1.
16. Entwerfen Sie Klassenhierarchien auf Basis des Verhaltens und von Invarianten; §23.4.3.1, §23.4.3.5, §24.3.7.1.
17. Ziehen Sie Anwendungsfälle/Use–Cases in Betracht; §23.4.3.1.
18. Verwenden Sie Anwendungsfälle/Use–Cases nicht zur vollständigen Beschreibung Ihres Systems; §23.4.3.1.
19. Ziehen Sie die Verwendung von CRC–Karten in Betracht; §23.4.3.1.

20. Verwenden Sie existierende Systeme als Modelle, Inspiration und als Ausgangspunkte; §23.4.3.6.

21. Vorsicht vor Entwicklung mit Graphiken; §23.4.3.1.

22. Werfen Sie einen Prototyp weg, bevor er zur Last wird; §23.4.4.

23. Entwerfen Sie für Veränderungen mit einem Schwerpunkt auf Flexibilität, Erweiterbarkeit, Portabilität und Wiederverwendung; §23.4.2.

24. Legen Sie einen Schwerpunkt auf den Entwurf von Komponenten; §23.4.3.

25. Entwerfen Sie für Stabilität angesichts von Veränderungen; §23.4.2.

26. Machen Sie Designs stabil, indem stark verwendete Schnittstellen minimal, allgemein und abstrakt gehalten werden; §23.4.3.2, §23.4.3.5.

27. Halten Sie es klein. Fügen Sie keine Features »nur für den Fall« hinzu; §23.4.3.2.

28. Ziehen Sie immer alternative Darstellungen einer Klasse in Betracht. Falls keine alternative Darstellung plausibel ist, stellt die Klasse wahrscheinlich kein klares Konzept dar; §23.4.3.4.

29. Überprüfen und verfeinern Sie wiederholt sowohl das Design als auch die Implementierung; §23.4, §23.4.3.

30. Verwenden Sie die besten Werkzeuge, die zum Testen und zur Analyse des Problems, des Designs und der Implementierung zur Verfügung stehen; §23.2, §23.4.1, §23.4.4.

31. Experimentieren, analysieren und testen Sie so früh und so oft wie möglich; §23.4.4, §23.4.5.

32. Vergessen Sie nicht die Effizienz; §23.4.6.

33. Verwenden Sie ein Niveau von Formalismen, das der Größenordnung des Projekts angemessen ist; §23.5.2.

34. Stellen Sie sicher, daß irgend jemand für das generelle Design verantwortlich ist; §23.5.2.

35. Dokumentieren, vermarkten und unterstützen Sie wiederverwendbare Komponenten; §23.5.1.

36. Dokumentieren Sie Ziele und Prinzipien genauso wie Details; §23.4.5.1.

37. Stellen Sie für neue Entwickler Schulungen als Teil der Dokumentation zur Verfügung; §23.4.5.1.

38. Belohnen und fördern Sie die Wiederverwendung von Design, Bibliotheken und Klassen; §23.5.1.

Design und Programmierung 24

Keep it simple:
as simple as possible,
but no simpler.
— A. Einstein

24.1 Überblick

Dieses Kapitel betrachtet die Möglichkeiten, mit denen ein Design durch Programmiersprachen im allgemeinen und C++ im speziellen unterstützt werden kann:

§24.2 Die fundamentale Rolle von Klassen, Klassenhierarchien, Typüberprüfung und Programmierung selbst

§24.3 Anwendung von Klassen und Klassenhierarchien mit einem Schwerpunkt auf Abhängigkeiten zwischen unterschiedlichen Programmteilen

§24.4 Der Ansatz der *Komponente*, die die grundlegende Einheit von Design darstellt, und einige praktische Beobachtungen darüber, wie Schnittstellen aussehen sollten

Allgemeinere Designaspekte werden in Kapitel 23 behandelt, und die verschiedenen Verwendungen von Klassen werden detaillierter in Kapitel 25 diskutiert.

24.2 Design und Programmiersprache

Wenn ich eine Brücke bauen müßte, würde ich mir ernsthaft überlegen, aus welchem Material ich sie baue. Das Design der Brücke würde durch die Wahl des Materials stark beeinflußt und umgekehrt. Vernünftige Entwürfe für Brücken aus Stein unterscheiden sich von vernünftigen Entwürfen aus Stahl, von vernünftigen Entwürfen aus Holz und so weiter. Ich würde nicht davon ausgehen, daß ich das passende Material für eine Brücke auswählen könnte, ohne etwas über die verschiedenen Materialien und deren Verwendung zu wissen. Natürlich braucht man kein erfahrener Zimmermann zu sein, um eine Holzbrücke zu bauen, man muß aber die Grundlagen über Holzkonstruktionen wissen, um zwischen Holz und Eisen als Material für eine Brücke wählen zu können. Um eine Holzbrücke zu entwerfen, braucht man außerdem detailliertes Wissen über die Eigenschaften von Holz und die Sitten von Zimmermännern.

Die Analogie soll besagen, daß man zahlreiche Sprachen kennen muß, um eine Sprache für ein Softwareprojekt auszuwählen, und daß man ein ziemlich detailliertes Wissen über die ausgewählte Programmiersprache benötigt, um ein Stück Software erfolgreich zu entwerfen (auch wenn man persönlich nie eine einzige Zeile der Software schreibt). Die guten Brücken–Designer respektieren die Eigenschaften der Materialien und verwenden sie dazu, das Design zu verbessern. Entsprechend entwerfen gute Software–Designer unter Berücksichtigung der Stärken der Programmiersprache und vermeiden, so weit das möglich ist, deren Verwendung auf eine Art und Weise, die dem Implementierer Probleme verursachen könnte.

Man könnte meinen, daß diese Sensibilität in bezug auf die Sprache von selbst kommt, wenn Designer und Programmierer ein und dieselbe Person sind. Aber selbst in solchen Fällen können Programmierer, aufgrund mangelnder Erfahrung oder aus fehlendem Respekt vor den für die sehr verschiedenen Sprachen entwickelten Programmierstile, dazu verführt werden, die Sprache zu mißbrauchen. Wenn sich der Designer vom Programmierer unterscheidet (und speziell wenn sie keine gemeinsame Kultur teilen), ist die Wahrscheinlichkeit groß, daß Fehler, unelegante Lösungen und Ineffizienzen in das resultierende System Eingang finden.

Was kann nun also eine Programmiersprache für einen Designer tun? Sie kann Sprachmittel anbieten, damit die grundlegenden Designansätze in der Programmiersprache direkt dargestellt werden können. Dies vereinfacht die Implementierung, macht es leichter, die Korrespondenz zwischen Design und Implementierung aufrechtzuerhalten, ermöglicht eine bessere Kommunikation zwischen Designer und Implementierer und ermöglicht die Entwicklung besserer Werkzeuge, um sowohl Designer als auch Implementierer zu unterstützen.

Die meisten Designmethoden beschäftigen sich z.B. mit den Beziehungen zwischen verschiedenen Programmteilen (normalerweise, um sie zu minimieren und sicherzustellen, daß sie wohldefiniert und verständlich sind). Eine Sprache, die explizit Schnittstellen zwischen Programmteilen unterstützt, kann diese Designgedanken unterstützen. Sie kann garantieren, daß jeweils nur die erwarteten Abhängigkeiten existieren. Da in einer solchen Sprache viele Abhängigkeiten explizit im Code formuliert werden, können Werkzeuge angeboten werden, die das Programm lesen, um die Abhängigkeiten graphisch darzustellen. Dies vereinfacht die Arbeit des Designers und anderer, die die Struktur des Programms verstehen müssen. Eine Programmiersprache wie C++ kann dazu verwendet werden, den Abstand zwischen Design und Programm zu verringern und somit den Umfang von Durcheinander und Mißverständnissen reduzieren.

Der entscheidende Begriff von C++ ist der der Klasse. Eine C++–Klasse ist ein Datentyp. Zusammen mit Namensbereichen bilden Klassen außerdem den wichtigsten Mechanismus für das Geheimnisprinzip (englisch: *information hiding*).[1] Programme können in Form von selbstdefinierten Typen und Hierarchien eigener Typen spezifiziert werden. Sowohl eingebaute als auch selbstdefinierte Typen unterliegen den Regeln der statischen Typüberprüfung. Virtuelle Funktionen bieten einen Mechanismus, um zur Laufzeit Funktionsaufrufe zu binden, ohne die Regeln der statischen Typüberprüfung zu umgehen. Templates unterstützen den Entwurf parametrisierter Typen. Ausnahmen bieten eine Möglichkeit, die Fehlerbehandlung geregelter durchzuführen. Diese Sprachmittel von C++ können im Vergleich zu C–Programmen ohne Mehraufwand verwendet werden. Es handelt sich um die wichtigsten Eigenschaften von C++, die von einem Designer verstanden und berücksichtigt werden müssen. Zusätzlich können wichtige allgemein verfügbare Bibliotheken, wie Matrixbibliotheken, Datenbankschnittstellen, Bibliotheken für graphische Bedienoberflächen und Bibliotheken zur Unterstützung von konkurrierenden Zugriffen, Designentscheidungen erheblich beeinflussen.

Die Angst vor Neuem führt manchmal zu einer nicht optimalen Verwendung von C++. Dies gilt auch für die Fehlanwendung von Erfahrungen aus anderen Sprachen, Systemen und Anwendungs-

---

[1] A.d.Ü.: In C++ muß man eigentlich mehr von Datenkapselung als vom Geheimnisprinzip sprechen, da durch `private` und `protected` geschützte Elemente zwar vor allgemeinen Zugriffen geschützt, nicht aber geheim sind.

gebieten. Armselige Entwurfswerkzeuge können Entwürfe auch entstellen. Fünf Möglichkeiten, durch die Designer die Vorteile der Sprachmittel nicht nutzen und Einschränkungen der Sprache nicht beachten, sollten hier erwähnt werden:

1. Klassen ignorieren und das Design so formulieren, daß die Implementierung auf die Verwendung der Untermenge C reduziert wird
2. abgeleitete Klassen und virtuelle Funktionen ignorieren und nur die Datenabstraktion verwenden
3. statische Typüberprüfung ignorieren und das Design so formulieren, daß die Implementierung eine dynamische Typüberprüfung simulieren muß
4. Programmierung ignorieren und Systeme so formulieren, daß Programmierer unnötig werden
5. alles außer Klassenhierarchien ignorieren

Diese Varianten sind für Designer mit folgendem Hintergrund typisch:

1. C, traditionelles CASE oder strukturiertes Design
2. Ada83, Visual–Basic oder Datenabstraktion
3. Smalltalk oder Lisp
4. nicht technisch oder sehr spezialisiert
5. starke Betonung auf »reiner« objektorientierter Programmierung

In allen Fällen muß man sich fragen, ob die Implementierungssprache gut gewählt wurde, ob die Designmethode gut gewählt wurde oder ob der Designer das Werkzeug, das er in der Hand hält, richtig angewendet hat.

Wenn so etwas passiert, ist das weder unüblich noch beschämend. Es ist einfach nur ein Problem, das zu nicht so optimalen Designs führt und Programmierern unnötige Last aufbürdet. Das gleiche passiert, wenn das konzeptionelle Framework der Designmethode merklich ärmer als das konzeptionelle Framework von C++ ist. Deshalb sollte immer darauf geachtet werden, daß alles zusammenpaßt.

Die folgende Diskussion wird in Form von Anworten auf Bedenken formuliert, da diese Form dem Umgang mit diesem Thema im wirklichen Leben entspricht.

24.2.1 Klassen ignorieren

Man betrachte ein Design, das Klassen ignoriert. Das resultierende C++–Programm wird im wesentlichen dem C–Programm entsprechen, das aus dem gleichen Designprozeß entstanden wäre. Dieses Programm hätte wiederum ziemlich viel Ähnlichkeiten mit einem Cobol–Programm, das aus dem gleichen Designprozeß entstanden wäre. Das Design wird im Grunde »unabhängig von der Programmiersprache« durchgeführt. Dies geht auf Kosten der Tatsache, daß Programmierer in der gemeinsamen Teilmenge von C und Cobol kodieren. Dieser Ansatz hat Vorteile. Die daraus folgende strikte Trennung zwischen Daten und Code macht es z.B. einfach, herkömmliche Datenbanken, die für solche Programme entworfen wurden, zu verwenden. Aufgrund der verwendeten minimalen Programmiersprache werden vom Programmierer scheinbar weniger oder zumindest andere Kenntnisse verlangt. Für viele Anwendungen, wie ein Programm, das eine herkömmliche sequentielle Datenbank auf den neuesten Stand bringt, ist diese Argumentation durchaus vernünftig, und die über Jahrzehnte hinweg entwickelten Techniken sind für diese Arbeit angemessen.

Sobald sich die Anwendung allerdings ausreichend von der traditionellen sequentiellen Verarbeitung von Strukturen (oder Zeichen) unterscheidet oder ihre Komplexität zunimmt (etwa in einem interaktiven CASE–System), wird die fehlende Sprachunterstützung für Datenabstraktion spürbar, die aus der Entscheidung herrührt, Klassen zu ignorieren. Die vorhandene Komplexität wird sich an anderer Stelle im Programm offenbaren, und der Code wird, falls das System in einer verarmten Sprache implementiert wird, das Design nicht direkt widerspiegeln. Das Programm wird zu viele Codezeilen und zu wenig Typüberprüfung besitzen und generell Werkzeugen keinen Zugriff bieten. Dies stellt eine Verordnung einer alptraumhaften Pflege dar.

Gegen dieses Problem hilft üblicherweise die Entwicklung spezifischer Werkzeuge, die die Konzepte der Designmethode unterstützen. Diese Werkzeuge stellen dann auf höherer Ebene Konstrukte und Überprüfungen zur Verfügung, die die Defizite der (freiwillig reduzierten) Programmiersprache ausgleichen. Damit wird die Designmethode zu einer speziellen und üblicherweise firmenspezifischen Programmiersprache. Derartige Programmiersprachen sind unter den meisten Umständen ein armseliger Ersatz für eine weit verbreitete, allgemein verwendete Programmiersprache, die durch passende Designwerkzeuge unterstützt wird.

Die häufigste Ursache für das Ignorieren von Klassen im Design ist schlicht Unkenntnis. Herkömmliche Programmiersprachen unterstützen das Konzept von Klassen nicht, und herkömmliche Designtechniken spiegeln dieses Defizit wider. Design konzentrierte sich früher üblicherweise auf die Aufteilung eines Problems in eine Reihe von Prozeduren, die benötigte Aktionen durchführen. Dieser Ansatz, der in Kapitel 2 prozedurale Programmierung genannt wird, wird im Zusammenhang mit Design oft als *funktionale Aufteilung* (englisch: *functional decomposition*) bezeichnet. Eine übliche Frage dazu lautet: »Kann man C++ zusammen mit einer Designmethode verwenden, die auf funktionaler Aufteilung basiert?« Man kann; man wird aber mit größter Wahrscheinlichkeit C++ einfach nur als besseres C verwenden und unter den vorher beschriebenen Problemen leiden. Dies mag in einer Übergangsphase, für bereits fertiggestellte Designs oder für Subsysteme, in denen Klassen keine signifikanten Vorteile bieten (unter Berücksichtigung der Erfahrung der jeweiligen Personen), akzeptabel sein. Langfristig und generell sind die aus der funktionalen Aufteilung resultierenden Hindernisse für die Verwendung von Klassen jedoch nicht mit einer effektiven Verwendung von C++ oder anderen Sprachen, die Abstraktion unterstützen, vereinbar.

Die prozedurale und die objektorientierte Betrachtung der Programmierung sind grundlegend verschieden und führen üblicherweise zu völlig unterschiedlichen Lösungen für das gleiche Problem. Diese Beobachtung gilt sowohl für die Design– als auch für die Implementierungsphase. Man kann sich beim Design auf die durchgeführten Aktionen oder die dargestellten Dinge konzentrieren, aber nicht auf beides gleichzeitig.

Warum sollte man nun »objektorientiertes Design« den auf funktionale Aufteilung basierenden herkömmlichen Methoden vorziehen? Eine erste wichtige Antwort lautet, daß eine funktionale Aufteilung zu ungenügender Datenabstraktion führt. Daraus folgt, daß das resultierende Design

- weniger flexibel für Veränderungen,
- weniger zugänglich für Werkzeuge,
- weniger passend für parallele Entwicklungen und
- weniger passend für konkurrierende Ausführungen

ist. Das Problem besteht darin, daß die funktionale Aufteilung dazu führt, daß interessante Daten global werden. Wenn ein System nämlich als Baum von Funktionen strukturiert ist, müssen alle Daten, auf die zwei Funktionen zugreifen, global sein. Dies führt dazu, daß »interessante« Daten in dem Maß zur Wurzel des Baumes aufsteigen, in dem mehr und mehr Funktionen Zugriff darauf benötigen (wie immer in der EDV wachsen Bäume von der Wurzel abwärts). Genau der gleiche Prozeß läßt sich in Klassenhierarchien mit einer gemeinsamen Wurzel beobachten. Auch dort tendieren »interessante« Daten und Funktionen dazu, zur Wurzelklasse aufzusteigen (§24.4). Durch die Konzentration auf die Spezifikation von Klassen und die Kapselung von Daten wird auf dieses Problem reagiert, indem die Abhängigkeiten zwischen verschiedenen Programmteilen explizit und nachvollziehbar gemacht werden. Noch wichtiger ist allerdings, daß die Anzahl der Abhängigkeiten in einem System reduziert wird, indem Verweise auf Daten lokal gehandhabt werden.

Trotzdem lassen sich einige Probleme am besten durch das Schreiben einer Reihe von Prozeduren lösen. Beim »objektorientierten« Designansatz geht es nicht darum, jegliche globale Funktionen zu vermeiden, oder darum, daß grundsätzlich kein Teil eines Systems prozedural sein darf. Der entscheidende Punkt besteht darin, die verschiedenen Programmteile zu entkoppeln, um das Konzept der Anwendung besser widerzuspiegeln. Dies wird üblicherweise am besten dadurch erreicht, daß man sich beim Design in erster Linie auf Klassen und nicht auf Funktionen konzentriert. Die Verwendung eines prozeduralen Stils sollte eine bewußte Entscheidung und nicht einfach das übliche Vorgehen darstellen. Sowohl Klassen als auch Prozeduren sollten in bezug auf die Anwendung angemessen angewendet werden und nicht einfach künstliche Gebilde einer unflexiblen Designmethode darstellen.

24.2.2 Vererbung vermeiden

Man betrachte ein Design, das Vererbung vermeidet. Die resultierenden Programme profitieren damit einfach nicht von einem entscheidenden Sprachmittel von C++, obwohl es trotzdem im Vergleich zu C, Pascal, Fortran und Cobol viele Vorteile gibt. Die üblichen Gründe für ein solches Vorgehen sind, abgesehen von Unkenntnis, Behauptungen, daß »Vererbung ein Implementierungsdetail ist«, »Vererbung das Geheimnisprinzip verletzt« und »Vererbung die Kooperation mit anderer Software erschwert«.

Wenn man Vererbung eher als Implementierungsdetail sieht, ignoriert man die Tatsache, daß Klassenhierarchien elementare Beziehungen zwischen den Konzepten des Anwendungsgebietes direkt modellieren können. Solche Beziehungen sollten im Design explizit ausgedrückt werden, damit die Designer sie erörten können.

Es kann schwerwiegende Gründe dafür geben, Vererbung aus den Teilen eines C++–Programms auszuschließen, die eine direkte Schnittstelle zum Code anderer Sprachen besitzen. Dies ist allerdings *kein* ausreichender Grund dafür, den Einsatz von Vererbung in einem System grundsätzlich zu vermeiden. Es ist nur ein Grund dafür, eine Schnittstelle des Programms für die »Außenwelt« sorgfältig zu spezifizieren und zu kapseln. In ähnlicher Weise sind Befürchtungen, daß die Vererbung das Geheimnisprinzip aufs Spiel setzt (§24.3.2.1), ein Grund dafür, virtuelle Funktionen und durch `protected` geschützte Elemente (§15.3) sorgfältig einzusetzen. Sie stellen aber keinen Grund dafür dar, die Vererbung grundsätzlich zu vermeiden.

In vielen Fällen bringt die Vererbung keinen wirklichen Vorteil mit sich. In einem großen Projekt wird eine Politik unter dem Motto »keine Vererbung« allerdings zu einem weniger verständlichen und weniger flexiblen System führen, in dem eine Vererbungsbeziehung durch herkömmlichere Sprach– und Designkonstrukte »gefälscht« wird. Darüber hinaus vermute ich, daß Vererbung trotz einer solchen Politik gegebenenfalls trotzdem eingesetzt wird, da C++–Programmierer in verschiedenen Teilen des Systems überzeugende Argumente für Designs finden, die auf Vererbung basieren. Eine Politik unter dem Motto »keine Vererbung« wird nur dazu führen, daß eine einheitliche allgemeingültige Architektur fehlt und daß Klassenhierarchien auf spezielle Subsysteme beschränkt werden.

Anders ausgedrückt: Offenheit ist gefragt. Klassenhierarchien sind kein unverzichtbarer Bestandteil eines jeden guten Programms, in vielen Fällen können sie aber dazu beitragen, sowohl das Verständnis der Anwendung als auch die Formulierung einer Lösung zu unterstützen. Diese Tatsache, daß Vererbung falsch und zu häufig eingesetzt werden kann, ist ein Grund zur Vorsicht, nicht aber für ein Verbot.

24.2.3   Statische Typüberprüfung vermeiden

Man betrachte ein Design, das die statische Typüberprüfung ignoriert. Die üblichen Gründe dafür, die statische Typüberprüfung in der Designphase zu ignorieren, bestehen darin, daß »Datentypen künstliche Gebilde der Programmiersprache sind«, es »natürlicher ist, über Objekte nachzudenken, ohne über Datentypen nachzudenken« und daß »statische Typüberprüfung dazu zwingt, zu früh über Implementierungsdetails nachzudenken«. Solange es dabei bleibt, ist diese Haltung harmlos und an ihr nichts auszusetzen. Es ist vernünftig, eine Typprüfung in der Designphase zu ignorieren und häufig nicht unsicher, Datentypaspekte in der Analysephase und in der frühen Designphase fast vollständig zu ignorieren. Klassen und Klassenhierarchien sind im Design allerdings sehr nützlich. Sie ermöglichen es uns insbesondere, Konzepte zu spezifizieren, deren Beziehungen zu präzisieren und helfen beim Argumentieren mit diesen Konzepten. Mit fortschreitendem Design nimmt diese Präzision die Form immer genauerer Aussagen über Klassen und deren Schnittstellen an.

Es ist wichtig, sich klarzumachen, daß präzise definierte und streng typisierte Schnittstellen ein elementares Designmittel darstellen. C++ wurde unter dieser Prämisse entworfen. Eine streng typisierte Schnittstelle stellt (bis zu einem gewissen Punkt) sicher, daß ausschließlich kompatible Codefragmente kompiliert und zusammengebunden werden können und ermöglicht somit, daß diese Codefragmente weitreichende Annahmen über die jeweils anderen Teile machen können. Diese Annahmen werden vom Typsystem garantiert. Dadurch wird die Verwendung von Laufzeitüberprüfungen auf ein Mindestmaß reduziert, womit die Effizienz unterstützt und die Integrationsphase von Projekten mit mehreren Personen signifikant verkürzt wird. In der Tat sind die positiven Erfahrungen mit integrierten Systemen, die streng typisierte Schnittstellen besitzen, der Grund dafür, daß Integration in diesem Kapitel kein wesentliches Thema ist.

Man halte sich die folgende Analogie vor Augen: In der physikalischen Welt stecken wir ständig technische Dinge zusammen, und es existieren unzählige verschiedene Standards für Steckverbindungen. Der naheliegendste Grund dafür ist der, daß sie alle spezifisch entworfen wurden, damit es unmöglich ist, zwei Dinge zu verbinden, wenn dies nicht ausdrücklich vorgesehen ist. Und wenn es möglich ist, kann man sie in der richtigen Art und Weise verbinden. Man kann einen Elektrorasierer nicht an eine Hochspannungsdose anschließen. Wäre dies möglich, würde dies früher oder später zu einem gerösteten Rasierer oder zu einem gerösteten Rasierten führen. Viel Aufmerksamkeit wurde darauf verwendet, das Verbinden inkompatibler Steckverbindungen unmöglich zu machen. Die Alternative zur Verwendung inkompatibler Steckverbindungen besteht darin, daß sich die Geräte selbst gegen falsche Verbindungen absichern. Eine elektrische Sicherung ist ein gutes Beispiel dafür. Da auf der Ebene der Steckverbindungen keine perfekte Kompatibilität gewährleistet werden kann, sind manchmal die teureren elektronischen Sicherungsmechanismen erfoderlich, die sich dynamisch an gewisse Eingangssignale ankoppeln oder gegen gewisse Eingangssignale absichern.

Die Analogie ist fast perfekt: Statische Typüberprüfungen entsprechen der Kompatibilität von Steckverbindungen, und dynamische Überprüfungen korrespondieren mit elektronischen Absicherungen bzw. Anpassungen. Falls beide Überprüfungen fehlschlagen, droht ernsthafte Gefahr (sowohl in der physikalischen als auch in der Software–Welt). In großen Systemen werden beide Arten von Überprüfungen eingesetzt. In der frühen Designphase mag es vernüftig sein zu sagen, daß »zwei Dinge gekoppelt werden sollten«. Es spielt aber bald eine Rolle, wie sie genau gekoppelt werden sollten. Welche Garantien bietet der Stecker über sein Verhalten? Welche Fehlersituationen sind möglich? Welche Kosten sollte man erstmal ansetzen?

Die Verwendung »statischer Typen« ist nicht auf die physikalische Welt begrenzt. Die Verwendung von Einheiten (wie Meter, Kilogramm und Sekunden) ist bei Physikern und Ingenieuren überall verbreitet, um zu verhindern, daß inkompatible Dinge vermischt werden.

Bei der Beschreibung der Designschritte in §23.4.3 kommen Typinformationen in Schritt 2 ins Spiel (nachdem sie wahrscheinlich in Schritt 1 grob berücksichtigt wurden) und werden in Schritt 4 zu einem wesentlichen Aspekt.

Statisch geprüfte Schnittstellen stellen das wichtigste Mittel dar, um die Kooperation zwischen C++–Software, die von verschiedenen Gruppen entwickelt wird, sicherzustellen. Die Dokumentation dieser Schnittstellen (inklusive der exakt verwendeten Datentypen) bildet das primäre Mittel zur Kommunikation zwischen verschiedenen Gruppen von Programmierern. Diese Schnittstellen bilden eines der wichtigsten Ergebnisse des Designprozesses und fördern die Kommunikation zwischen Designern und Programmierern.

Wenn Aspekte der Typüberprüfung bei der Betrachtung von Schnittstellen ignoriert werden, führt dies zu Entwürfen, die die Struktur des Programms verschleiern und die Fehlerfindung auf die Laufzeit verschieben. Eine Schnittstelle kann z.B. so spezifiziert werden, daß Objekte sich selbst identifizieren:

```
// Beispiel für Verwendung dynamischer statt statischer Typprüfung

Stack s;      // Stack kann Objekte beliebigen Typs enthalten

void f()
{
    s.push(new Saab900);
    s.push(new Saab37B);

    s.pop()->abheben();     // OK, ein Saab 37B ist ein Flugzeug
    s.pop()->abheben();     // Laufzeitfehler: ein Auto kann nicht abheben
}
```

Hier wird die Schnittstelle (von `Stack::push()`) in erheblichem Maße zu allgemein spezifiziert, indem eine dynamische statt einer statischen Typüberprüfung verwendet wird. Es ist eigentlich vorgesehen, daß der Stack s nur Flugzeuge enthält. Dies wurde aber nur implizit im Code formuliert, wodurch der Anwender dafür verantwortlich wird sicherzustellen, daß diese Anforderung auch eingehalten wird.

Eine genauere Spezifikation (ein Template plus virtuelle Funktionen statt uneingeschränkter dynamische Typprüfung) verschiebt die Fehlererkennung von der Laufzeit zur Kompilierzeit:

```
Stack<Flugzeug*> s;      // Stack kann Zeiger auf Flugzeuge enthalten

void f()
{
    s.push(new Saab900);     // Fehler: Saab900 ist kein Flugzeug
    s.push(new Saab37B);

    s.pop()->abheben();      // OK, ein Saab 37B ist ein Flugzeug
    s.pop()->abheben();
}
```

Ein ähnlicher Punkt wird in §16.2.2 behandelt. Die Laufzeiten können sich zwischen dynamischer Prüfung und statischer Prüfung erheblich unterscheiden. Der Mehraufwand für dynamische Typüberprüfungen liegt üblicherweise bei einem Faktor zwischen drei und zehn.

Man sollte aber auch nicht zum anderen Extrem übergehen. Es ist nicht möglich, alle Fehler durch statische Überprüfung zu finden. Selbst das am strengsten statisch geprüfte Programm ist z.B. nicht gegen Hardware–Fehler gefeit. In §25.4.1 gibt es ein Beispiel, bei dem eine vollständige Typüberprüfung unangemessen wäre. Das Ideal besteht allerdings weiter darin, daß die allermeisten Schnittstellen statisch mit Datentypen der Anwendung typisiert sind (siehe §24.4.2).

Ein anderes Problem stellt ein Design dar, das im abstrakten Entwurf völlig vernünftig ist, aber ernsthafte Probleme verursachen kann, da die Einschränkungen eines fundamentalen Werkzeugs (in diesem Fall C++) mißachtet wurden. Eine Funktion f(), die für ein Argument eine Operation nach_rechts() durchführen muß, kann dies z.B. nur machen, wenn alle Argumente einen gemeinsamen Datentyp besitzen:

```
class Flugzeug {
    // ...
    void nach_rechts();
};

class Auto {
    // ...
    void nach_rechts();
};

void f(X* p)      // welchen Datentyp sollte X haben?
{
    p->nach_rechts();
    // ...
}
```

Einige Sprachen (etwa Smalltalk und CLOS) ermöglichen es, daß zwei Datentypen wechselseitig verwendet werden können, wenn sie die gleichen Operationen besitzen, indem jeder Datentyp zu einer gemeinsamen Basisklasse gehört und die Bindung zwischen Funktionsaufrufen und Funktionen erst zur Laufzeit anhand des Namens durchgeführt wird. C++ unterstützt diesen Gedanken (konzeptionell) allerdings nur durch Templates und die Zuordnung zur Kompilierzeit. Eine Funktion, die kein Template ist, kann Argumente zweier verschiedener Datentypen nur dann akzeptieren, wenn diese implizit in einen gemeinsamen Datentyp umgewandelt werden können. Im vorliegenden Beispiel muß X somit eine gemeinsame Basisklasse von Flugzeug und Auto (z.B. Transportmittel) sein.

Normalerweise *können* Beispiele, die auf Gedanken basieren, die C++ fremd sind, in C++ umgesetzt werden, indem die Annahmen explizit ausgedrückt werden. Besitzen Flugzeug und Auto z.B. keine gemeinsame Basisklasse, kann man trotzdem noch eine Klassenhierarchie aufbauen, die es ermöglicht, f(X*) ein Objekt zu übergeben, das entweder auf ein Auto oder auf ein Flugzeug verweist (§25.4.1). Dazu ist allerdings häufig ein lästiges Maß an Mechanismen und Cleverneß notwendig. Templates sind für solche konzeptionellen Umsetzungen häufig ein nützliches Werkzeug. Eine Diskrepanz zwischen Designgedanken und C++ führt üblicherweise zu »unnatürlichem Aussehen« und ineffizientem Code. Programmierer, die Software pflegen und warten, tendieren dazu, eine Abneigung gegen den nicht sprachgemäßen Code zu entwickeln, der durch solche Diskrepanzen entsteht.

Eine Diskrepanz zwischen der Designtechnik und der Implementierungssprache kann mit der wörtlichen Übersetzung zwischen natürlichen Sprachen verglichen werden. Englisch mit deutscher Grammatik ist genauso grausam wie Deutsch mit englischer Grammatik, und beides kann für jemanden, der nur eine dieser Sprachen fließend spricht, ziemlich unverständlich sein.

Die Klassen eines Programms bilden die konkrete Darstellung der Konzepte des Designs. Das Verstecken der Beziehungen zwischen den Klassen führt deshalb dazu, daß grundlegende Konzepte des Designs verdeckt werden.

24.2.4 Programmierung vermeiden

Die Programmierung ist im Vergleich zu anderen Aktivitäten kostenintensiv und unberechenbar. Der resultierende Code ist häufig nicht zu 100% zuverlässig. Programmierung ist arbeitsintensiv, und aus einer Reihe von Gründen werden die meisten ernsthaften Projektverzögerungen dadurch verursacht, daß der Code zum geplanten Zeitpunkt der Auslieferung nicht fertig wird. Warum sollte man also nicht die Programmierung als Aktivität generell abschaffen?

Vielen Managern würde der Verlust der Programmierer, die arrogant, undiszipliniert, überbezahlt, technologie–besessen, unpassend gekleidet und so weiter sind,[2] als erhebliche Verbesserung erscheinen. Einem Programmierer mag dieser Vorschlag absurd erscheinen. Es gibt allerdings wichtige Problemgebiete mit realistischen Alternativen zu herkömmlicher Programmierung. Auf speziellen Gebieten ist es möglich, Code direkt aus einer Spezifikation auf hohem Niveau zu generieren. Auf anderen Gebieten kann Code dadurch generiert werden, daß graphische Formen auf dem Bildschirm manipuliert werden. Nützliche Anwenderschnittstellen können z.B. durch direkte Manipulation in einem Bruchteil der Zeit erzeugt werden, das das Erstellen der Schnittstelle durch Schreiben herkömmlichen Codes benötigt. Auf ähnliche Weise können Datenbank–Layouts und der Code zum Zugriff auf die dazu gehörenden Daten von Spezifikationen generiert werden, die erheblich einfacher als der Code sind, der benötigt wird, um solche Operationen direkt in C++ oder in irgendeiner anderen allgemeinen Programmiersprache auszudrücken. Zustandsautomaten, die kleiner, schneller und korrekter als der von den meisten Programmierern produzierte Code sind, können von Spezifikationen oder über eine Schnittstelle zur direkten Manipulation generiert werden.

Diese Techniken funktionieren auf den Gebieten gut, auf denen entweder eine fundierte theoretische Grundlage (wie Mathematik, Zustandsautomaten und relationale Datenbanken) oder ein allgemeines Framework existiert, in das kleine Anwendungsfragmente eingebunden werden können (z.B. graphische Bedienoberflächen, Netzwerksimulationen, und Datenbankschemata). Der offensichtliche Nutzen dieser Techniken auf begrenzten (und üblicherweise kritischen) Gebieten kann dazu verleiten zu meinen, daß die Ersetzung der herkömmlichen Programmierung durch diese Techniken »kurz bevorsteht«. Das ist nicht der Fall. Dies liegt daran, daß die expandierenden Spezifizierungstechniken außerhalb der Gebiete mit fundierten theoretischen Frameworks dazu führen, daß als Spezifikationssprache die Komplexität einer für allgemeine Zwecke entworfenen Programmiersprache gebraucht wird. Dies geht über die Möglichkeiten einer sauberen und wohlfundierten Spezifikationssprache hinaus.

Es wird manchmal vergessen, daß das Framework, das die herkömmliche Programmierung in einem Gebiet ersetzt hat, ein System oder eine Bibliothek darstellt, die selbst auf die herkömmliche Art und Weise entworfen, programmiert und getestet werden muß. In der Tat besteht eine

---

[2] Ja, ich bin ein Programmierer.

verbreitete Anwendung von C++ und den in diesem Buch beschriebenen Techniken darin, solche Systeme zu entwerfen und zu bauen.

Ein Kompromiß, der einen kleinen Teil der Ausdrucksstärke einer allgemeingültigen Sprache anbietet, ist das Schlechteste beider Welten, wenn er außerhalb eines bestimmten Anwendungsgebiets verwendet wird. Designer, die sich auf einem hohen Abstraktionsniveau bewegen, ärgern sich über zusätzliche Komplexität und produzieren Spezifikationen, aus denen schrecklicher Code entsteht. Programmierer, die herkömmliche Programmiertechniken anwenden, werden durch die mangelnde Sprachunterstützung frustriert und generieren besseren Code nur durch besondere Bemühungen und unter Umgehung der Modelle auf höherem Niveau.

Ich sehe keinerlei Anzeichen dafür, daß die Aktivität der Programmierung außerhalb der Gebiete, die entweder eine wohlfundierte theoretische Basis besitzen oder in denen die grundlegende Programmierung durch ein Framework abgedeckt wird, entfallen kann. In beiden Fällen führt das Verlassen des originalen Frameworks und der Versuch allgemeingültigerer Arbeit dazu, daß die Effektivität der Technik erheblich leidet. Etwas anderes zu behaupten ist verführerisch und gefährlich. Umgekehrt wäre das Ignorieren der Techniken von Spezifikationen auf hohem Niveau und zur direkten Manipulierung auf Gebieten, wo dies wohlfundiert und vernünftig stabil ist, eine Torheit.

Entwurfswerkzeuge, Bibliotheken und Frameworks bilden eine der höchsten Formen von Design und Programmierung. Das Erzeugen eines nützlichen mathematisch basierten Modells eines Anwendungsgebiets stellt eine der höchsten Formen von Analyse dar. Das Anbieten von Werkzeugen, Sprachen, Frameworks und so weiter, das die Ergebnisse dieser Arbeit Tausenden zur Verfügung stellt, stellt für Programmierer und Designer eine Möglichkeit dar, der Falle zu entkommen, Könner eines speziellen Gebiets sein zu müssen.

Es ist äußerst wichtig, daß ein Spezifikationssystem oder eine fundamentale Bibliothek dazu in der Lage ist, effektiv mit der Schnittstelle einer allgemeingültigen Programmiersprache zu interagieren. Ansonsten ist das angebotene Framework in sich limitiert. Dies bedeutet, daß Systeme zur Spezifikation und zur direkten Manipulation, die Code einer angemessen hohen Ebene für eine akzeptierte allgemeingültige Programmiersprache erzeugen, einen großen Vorteil haben. Eine proprietäre Sprache ist auf lange Sicht nur für ihre Anbieter von Vorteil. Falls der generierte Code sich auf so niedrigem Niveau befindet, daß generell hinzugefügter Code ohne die Vorteile der Abstraktion geschrieben werden muß, dann gehen Zuverlässigkeit, Wartungsfähigkeit und Wirtschaftlichkeit verloren. Ein generierendes System sollte im wesentlichen entworfen werden, um die Vorteile von Spezifikationen auf höherer Ebene mit höheren Programmiersprachen kombinieren zu können. Wenn man auf eines davon verzichtet, opfert man die Interessen der Systementwickler zugunsten der Werkzeuganbieter. Erfolgreiche große Systeme besitzen viele Ebenen, sind modular und entwickeln sich im Laufe der Zeit weiter. Erfolgreiche Bemühungen, ein solches System zu erzeugen, benötigen deshalb eine entsprechende Bandbreite von Programmiersprachen, Bibliotheken, Werkzeugen und Techniken.

24.2.5 Nur Klassenhierarchien verwenden

Wenn man meint, daß etwas Neues funktioniert, lehnt man sich oft etwas zu weit aus dem Fenster und wird unkritisch. Anders formuliert erscheint eine großartige Lösung für ein bestimmtes Problem oft als *die* Lösung für fast alle Probleme. Klassenhierarchien und polymorphe Operationen bieten für viele Probleme eine großartige Lösung. Nicht jedes Konzept wird allerdings am besten als Teil einer Hierarchie und nicht jede Software–Komponente wird am besten als Klassenhierarchie dargestellt.

Warum nicht? Eine Klassenhierarchie stellt Beziehungen zwischen ihren Klassen und eine Klasse stellt ein Konzept dar. Was ist nun die gemeinsame Beziehung zwischen einem Lächeln, dem Treiber meines CD-ROM–Laufwerks, einer Aufnahme von Richard Strauss' Don Juan, einer Textzeile, einem Satelliten, meiner medizinischen Akte und einer Real-Time–Uhr? Sie alle in einer einzelnen Hierarchie unterzubringen, obwohl ihre einzige gemeinsame Eigenschaft darin besteht, daß sie alle Dinge bei der Programmierung (»Objekte«) darstellen, hat wenig grundlegenden Wert und kann Verwirrung stiften (§15.4.5). Wenn alles dazu gezwungen wird, sich in einer einzelnen Hierarchie zu befinden, können künstliche Ähnlichkeiten eingeführt und tatsächliche Ähnlichkeiten verdeckt werden. Eine Hierarchie sollte nur dann verwendet werden, falls die Analyse konzeptionelle Gemeinsamkeiten offenbart oder falls das Design und die Programmierung nützliche Gemeinsamkeiten in der Struktur entdecken, die bei der Implementierung verwendet werden. Bei letzterem muß man sehr vorsichtig sein, um echte Gemeinsamkeiten (die durch öffentliche Vererbung dargestellt wird) und nützliche Vereinfachungen bei der Implementierung (die durch private Vererbung dargestellt wird; §24.3.2.1) zu unterscheiden.

Dieser Gedankengang führt zu einem Programm, das zahlreiche Klassenhierarchien mit keinen oder wenig Beziehungen untereinander enthält, wobei jede Hierarchie einen Satz eng zusammengehöriger Konzepte darstellt.[3] Dies führt auch zum Gedanken einer konkreten Klasse (§25.2), die nicht Teil einer Hierarchie ist, da das Plazieren einer solchen Klasse in einer Hierarchie ihre Performance und ihre Unabhängigkeit vom Rest des Systems aufs Spiel setzen würde.

Um effektiv zu sein, müssen die meisten kritischen Operationen einer Klasse, die Teil einer Klassenhierarchie ist, virtuelle Funktionen sein. Darüber hinaus müssen die meisten Daten der Klasse protected und nicht private sein. Dies macht sie für Modifikationen von weiter abgeleiteten Klassen verwundbar und kann das Testen ernsthaft verkomplizieren. Wenn eine strikte Kapselung aus Sicht des Designs sinnvoll ist, sollten keine virtuellen Funktionen und nur private Daten verwendet werden (§24.3.2.1).

Wenn ein Argument einer Operation (das als »das Objekt« bezeichnet wird) eine Sonderstellung einnimmt, kann dies zu verdrehten Designs führen. Wenn mehrere Argumente am besten gleich behandelt werden, wird eine Operation am besten als Nichtelementfunktion dargestellt. Dies bedeutet nicht, daß eine derartige Funktion global sein sollte. Tatsächlich sollten fast alle solche freistehenden Funktionen Elemente von Namensbereichen sein (§24.4).

24.3 Klassen

Das fundamentalste Konzept von objektorientiertem Design und objektorientierter Programmierung besteht darin, daß ein Programm ein Modell einiger Aspekte der Realität darstellt. Die Klassen in dem Programm stellen die grundlegenden Konzepte der Anwendung und insbesondere die grundlegenden Konzepte der modellierten »Realität« dar. Objekte aus dem wirklichen Leben und künstliche Gebilde der Implementierung werden durch Objekte dieser Klassen dargestellt.

Die Analyse der Beziehungen zwischen Klassen und den Teilen einer Klasse bilden beim Design eines Systems einen zentralen Punkt:

---

[3] A.d.Ü.: Man programmiert statt eines »Baums« einen ganzen »Wald« von Bäumen.

§24.3.2   Vererbungsbeziehungen (inheritance)
§24.3.3   Enthalten–Beziehungen (containment)
§24.3.5   Verwendungsbeziehungen (use)
§24.3.6   Einprogrammierte Beziehungen
§24.3.7   Beziehungen innerhalb einer Klasse

Da eine C++–Klasse ein Datentyp ist, werden Klassen und die Beziehungen zwischen Klassen durch Compiler erheblich unterstützt und unterliegen der statischen Analyse.

Um in einem Design eine Rolle zu spielen, reicht es nicht aus, daß eine Klasse ein nützliches Konzept repräsentiert. Sie muß darüber hinaus eine passende Schnittstelle anbieten. Grundsätzlich hat die ideale Klasse eine minimale und wohldefinierte Abhängigkeit vom Rest der Welt und bietet eine Schnittstelle an, die dem Rest der Welt ein Mindestmaß an Informationen zur Verfügung stellt (§24.4.2).

24.3.1   Was repräsentieren Klassen?

Es gibt in einem System im wesentlichen zwei Arten von Klassen:

1. Klassen, die die Konzepte des Anwendungsgebietes direkt widerspiegeln, also Konzepte, die vom Endanwender dazu verwendet werden, seine Probleme und Lösungen zu beschreiben, und
2. Klassen, die künstliche Gebilde der Implementierung darstellen, also Konzepte, die von den Designern und Implementierern dazu verwendet werden, ihre Implementierungstechniken auszudrücken.

Einige der Klassen, die künstliche Gebilde der Implementierung sind, können auch Elemente der realen Welt darstellen. So sind zum Beispiel die Hardware– und Software–Ressourcen eines Systems gute Kandidaten für Klassen einer Anwendung. Dies spiegelt die Tatsache wider, daß ein System aus vielen Blickwinkeln betrachtet werden kann. Es bedeutet, daß ein Implementierungsdetail einer Person für eine andere Person eine ganze Anwendung sein kann. Ein gut entworfenes System wird Klassen enthalten, die logisch unterschiedliche Blickwinkel auf ein System unterstützen. Beispiel:

1. Klassen, die die Konzepte der Anwenderebene darstellen (z.B. Autos und Laster)
2. Klassen, die Verallgemeinerungen der Konzepte der Anwenderebene darstellen (z.B. Fahrzeuge)
3. Klassen, die Hardware–Ressourcen darstellen (z.B. eine Klasse zur Speicherverwaltung)
4. Klassen, die Systemressourcen darstellen (z.B. Ausgabe–Streams)
5. Klassen, um andere Klassen zu implementieren (z.B. Listen, Queues, Locks)
6. eingebaute Datentypen und Kontrollstrukturen

In größeren Systemen wird es zur echten Herausforderung, logisch getrennte Typen von Klassen getrennt zu halten und die Trennung zwischen zahlreichen Abstraktionsebenen zu pflegen. Ein einfaches Beispiel kann so betrachtet werden, daß es drei Abstraktionsebenen besitzt:

1.+2.   betrachten das System aus Sicht der Anwendungsebene
3.+4.   repräsentieren die Maschine, auf dem das Modell läuft
5.+6.   repräsentieren die Low-level–Sicht der Implementierung (die Sicht der Programmiersprache)

Je größer das System ist, desto mehr Abstraktionsebenen werden üblicherweise gebraucht, um das System zu beschreiben, und desto schwieriger wird es, die Ebenen zu definieren und zu bewahren. Man beachte, daß derartige Abstraktionsebenen direkte Ebenbilder in der Natur und in anderen

Arten von menschlichen Entwicklungen besitzen. Ein Haus kann z.B. so betrachtet werden, daß es aus folgenden Dingen besteht:

1. Atomen
2. Molekülen
3. Steinen und Mörtel
4. Fußböden, Wänden und Decken
5. Räumen

So lange diese Abstraktionsebenen getrennt gehandhabt werden, kann man eine einheitliche Betrachtung des Hauses aufrechterhalten. Wenn man die Ebenen mischt, können allerdings Absurditäten auftreten. Die Aussage »Mein Haus enthält etliche tausend Kilo Kohlenstoff, einige komplexe Polymere, etwa 5.000 Steine, zwei Badezimmer und 13 Decken« ist Unsinn. Da Software im allgemeinen abstrakter Natur ist, werden entsprechende Aussagen über ein komplexes System oft nicht als solche erkannt.

Im Design ist die Übertragung eines Konzepts des Anwendungsgebiets in eine Klasse kein einfacher mechanischer Vorgang. Sie erfordert häufig einen signifikanten Einblick. Man beachte, daß die Konzepte eines Anwendungsgebiets selbst Abstraktionen darstellen. »Steuerzahler«, »Mönche« oder »Angestellte« existieren in der Natur nicht wirklich. Derartige Konzepte stellen Bezeichnungen dar, die einzelnen als Etikett angeheftet werden, um sie für ein System zu klassifizieren. Die reale und sogar die imaginäre Welt (Literatur, insbesondere Science–Fiction) sind manchmal einfach nur eine Ideenquelle für Konzepte, die sich bei der Umsetzung in Klassen radikal verändern. Der Bildschirm meines PCs hat in Wirklichkeit mit meinem Schreibtisch wenig Ähnlichkeiten, abgesehen davon, daß er entworfen wurde, um die Schreibtisch–Metapher zu unterstützen,[4] und die Fenster auf meinem Bildschirm haben mit den komischen Dingern, die Licht in mein Büro lassen, nicht die geringste Ähnlichkeit. Der Punkt beim Modellieren der Wirklichkeit besteht also nicht darin, sklavisch dem zu folgen, was man sieht, sondern die Wirklichkeit als Startpunkt des Designs, als Quelle von Inspirationen und als Stütze zu betrachten, an der man sich festhalten kann, wenn die vage Natur von Software unsere Fähigkeit, die eigenen Programme zu verstehen, zu übersteigen droht.

Hier ist eine Warnung angebracht: Anfänger haben oft Schwierigkeitenn damit, »die Klassen zu finden«. Dieses Problem wird allerdings schnell ohne langfristige Folgen bewältigt. Danach folgt allerdings häufig eine Phase, in der sich Klassen (und deren Vererbungsbeziehungen) unkontrolliert zu vervielfältigen scheinen. Dies kann auf lange Sicht Probleme mit der Komplexität, Verständlichkeit und Effizienz des resultierenden Programms zur Folge haben. Nicht jedes kleinste Detail muß als eigene Klasse und nicht jede Beziehung zwischen Klassen muß als Vererbungsbeziehung dargestellt werden. Man versuche, sich daran zu erinnern, daß das Ziel des Designs darin besteht, ein Modell mit einem *angemessenen* Detaillierungsgrad und einem *angemessenen* Abstraktionsgrad zu modellieren. Es ist keine leichte Aufgabe, zwischen Einfachheit und Allgemeingültigkeit ein Gleichgewicht zu finden.

24.3.2 Klassenhierarchien

Man betrachte die Simulation von Verkehrsflüssen einer Stadt, um die wahrscheinlichen Wegzeiten zu bestimmen, die ein Rettungsfahrzeug braucht, um ein Ziel zu erreichen. Es ist klar, daß man Autos, Laster, Krankenwagen, Feuerwehrautos verschiedener Art, Polizeiautos, Busse und so weiter

---

[4] Ich würde auf meinem Bildschirm allerdings kein derartiges Durcheinander dulden.

darstellen muß. Da ein Konzept der realen Welt nicht isoliert existiert, kommt Vererbung (englisch: *inheritance*) ins Spiel.[5] Ein Konzept existiert mit zahlreichen Beziehungen zu anderen Konzepten. Ohne Verständnis dieser Beziehungen kann man die Konzepte nicht verstehen. Ein Modell, das solche Beziehungen nicht darstellt, stellt deshalb unser Konzept nicht angemessen dar. Deshalb brauchen wir in unserem Programm zwar Klassen, um Konzepte zu repräsentieren, aber das ist nicht genug. Wir brauchen auch Möglichkeiten, die Beziehungen zwischen Klassen auszudrücken. Vererbung ist eine mächtige Möglichkeit, um hierarchische Beziehungen direkt auszudrücken. In unserem Beispiel würden wir wahrscheinlich Rettungsfahrzeuge speziell betrachten und außerdem zwischen auto–artigen und laster–artigen Fahrzeugen unterscheiden. Dies würde in etwa zu folgender Klassenhierarchie führen:

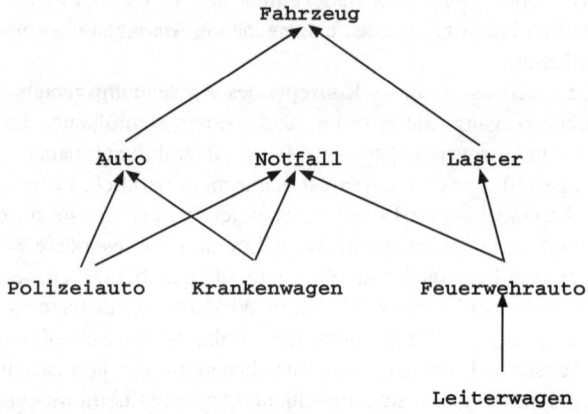

Hier repräsentiert `Notfall` die Aspekte eines Rettungswagens, die für die Simulation relevant sind: Er kann einige Verkehrsregeln brechen, hat bei einem Einsatz auf Kreuzungen Vorfahrt, untersteht einer Einsatzzentrale und so weiter.

Hier ist die C++–Version dieser Hierarchie:

```
class Fahrzeug { /* ... */ };
class Notfall { /* ... */ };
class Auto : public Fahrzeug { /* ... */ };
class Laster : public Fahrzeug { /* ... */ };
class Polizeiauto : public Auto, protected Notfall { /* ... */ };
class Krankenwagen : public Auto, protected Notfall { /* ... */ };
class Feuerwehrauto : public Laster, protected Notfall { /* ... */ };
class Leiterwagen : public Feuerwehrauto { /* ... */ };
```

Vererbung ist das höchste Beziehungsniveau, das direkt in C++ dargestellt werden kann, und nimmt vor allem in der frühen Designphase Gestalt an. Oft gibt es die Möglichkeit, eine Beziehung wahlweise durch Vererbung oder durch eine Verwendungsbeziehung darzustellen. Man betrachte einen alternativen Ansatz dafür, was es bedeutet, ein Rettungswagen zu sein: Ein Fahrzeug ist ein

---

[5] A.d.Ü.: Eine Vererbungsbeziehung nennt man, vor allem im Umfeld objektorientierter Methoden wie UML, auch Generalisierung (englisch: *generalization*).

Rettungswagen, falls er ein Blaulicht hat. Dies würde es ermöglichen, die Klassenhierarchie zu vereinfachen, indem die Klasse Notfall durch ein Element in der Klasse Fahrzeug ersetzt wird:

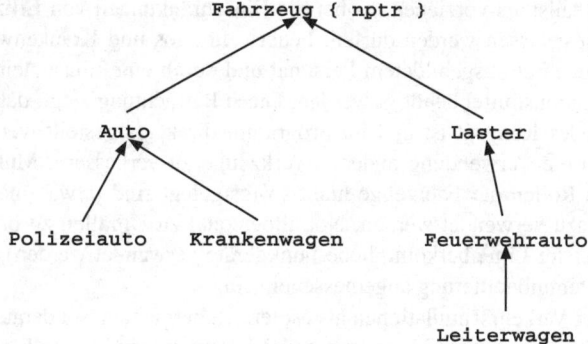

Die Klasse Notfall wird nun einfach als Element in der Klasse verwendet, die gegebenenfalls als Rettungsfahrzeug agieren müßte:

```
class Notfall { /* ... */ };
class Fahrzeug { protected: Notfall* nptr; /* ... */ };
class Auto : public Fahrzeug { /* ... */ };
class Laster : public Fahrzeug { /* ... */ };
class Polizeiauto : public Auto { /* ... */ };
class Krankenwagen : public Auto { /* ... */ };
class Feuerwehrauto : public Laster { /* ... */ };
class Leiterwagen : public Feuerwehrauto { /* ... */ };
```

In diesem Fall ist ein Fahrzeug ein Rettungsfahrzeug, falls Fahrzeug::nptr nicht null ist. Die »normalen« Autos und Laster werden so initialisiert, daß Fahrzeug::nptr null ist. Beispiel:

```
Auto::Auto()          // Auto-Konstruktor
{
    nptr = 0;
}


Polizeiauto::Polizeiauto()      // Polizeiauto-Konstruktor
{
    nptr = new Notfall;
}
```

Mit dieser Definition ist möglich, ein Rettungsfahrzeug durch eine einfache Umwandlung in ein herkömmliches Fahrzeug zu verwandeln und umgekehrt:

```
void f(Fahrzeug* p)
{
    delete p->nptr;
    p->nptr = 0;            // ist kein Rettungsfahrzeug mehr
    // ...

    p->nptr = new Notfall;  // ist wieder ein Rettungsfahrzeug
}
```

Welche Variante der Klassenhierarchie ist nun die beste? Die allgemeine Antwort darauf lautet:
»Das Programm, das die Aspekte des wirklichen Lebens, an denen wir interessiert sind, am di-
rektesten modelliert ist das beste.« Bei der Wahl zwischen verschiedenen Modellen sollten wir
also den größeren Realismus vorziehen, wobei die Einschränkungen von Effizienz und Einfachheit nicht außer acht gelassen werden dürfen. Feuerwehrautos und Krankenwagen sind speziell
ausgerüstete Fahrzeuge mit ausgebildetem Personal und durch eine Einsatzleitung gelenkt, wozu
spezielle Kommunikationsmittel benötigt werden. Diese Betrachtung zeigt, daß ein Rettungsfahrzeug ein grundlegendes Konzept ist und im Programm direkt dargestellt werden sollte, um die
Typüberprüfung und die Verwendung anderer Werkzeuge zu verbessern. Müßten wir einen Ort
modellieren, wo die Rollen der Fahrzeuge nicht so festgelegt sind (etwa einen Bereich, in dem
private Fahrzeuge dazu verwendet werden, Notfallpersonal zu Unfällen zu bringen, und wo zur
Kommunikation in erster Linie herkömmliche Funkgeräte verwendet werden), könnte die andere
Möglichkeit der Systemmodellierung angemessener sein.

Falls einige Leser Verkehrssimulationen als esoterisch betrachten, sei darauf hingewiesen, daß
eine derartige Abwägung zwischen Vererbung und der Beziehung über ein Element in einem Design fast immer auftritt. Das Scrollbar–Beispiel in §24.3.3 stellt ein entsprechendes Beispiel dar.

24.3.2.1 Abhängigkeiten innerhalb einer Klassenhierarchie

Eine abgeleitete Klasse hängt natürlich von ihrer Basisklasse ab. Es wird weniger oft darauf hingewiesen, daß das Umgekehrte auch der Fall sein kann.[6] Falls eine Klasse eine virtuelle Funktion besitzt, hängt das Verhalten der Klasse von den abgeleiteten Klassen ab, die einen Teil der
Funktionalität implementieren, wenn sie die virtuelle Funktion überschreiben. Falls ein Element
der Basisklasse selbst eine der virtuellen Funktionen der Klasse aufruft, dann hängt die eigene
Implementierung der Basisklasse von ihren abgeleiteten Klassen ab. Falls eine Klasse ein durch
protected geschütztes Element verwendet, gilt entsprechend, daß ihre Implementierung von ihren abgeleiteten Klassen abhängt. Man betrachte folgendes Beispiel:

```
class B {
    //...
protected:
    int a;
public:
    virtual int f();
    int g() {
        int x = f();
        return x-a;
    }
};
```

Was macht g()? Die Antwort hängt entscheidend von der Definition von f() in einer abgeleiteten
Klasse ab. Hier ist eine Version, die sicherstellt, daß g() 1 zurückliefert:

```
class D1 : public B {
    int f() { return a+1; }
};
```

---

[6] Diese Beobachtung wird wie folgt zusammengefaßt: »Krankheiten sind erblich. Man bekommt sie von seinen
     Kindern.«

Eine andere Version läßt g() »Hallo, Welt!« ausgeben und liefert 0 zurück:

```
class D2 : public B {
    int f() { cout<<"Hallo, Welt!\n"; return a; }
};
```

Dieses Beispiel verdeutlicht einen der wichtigsten Aspekte virtueller Funktionen. Warum ist es unsinnig? Warum würde ein Programmierer so etwas nie schreiben? Die Antwort lautet, daß eine virtuelle Funktion Teil der Schnittstelle zur Basisklasse ist und daß eine Klasse vermeintlich ohne Wissen der abgeleiteten Klassen angewendet werden kann. Deshalb muß es möglich sein, das erwartete Verhalten eines Objekts der Basisklasse so zu beschreiben, daß ein Programm ohne Kenntnis der abgeleiteten Klassen geschrieben werden kann. Jede Klasse, die eine virtuelle Funktion überschreibt, muß eine Variante von deren Verhalten implementieren. Die virtuelle Funktion drehe() einer Klasse Form dreht eine geometrische Form. Die Funktion drehe() einer abgeleiteten Klasse, wie Kreis und Dreieck, muß die Objekte ihres jeweiligen Typs drehen, ansonsten wird eine fundamentale Annahme der Klasse Form verletzt. Für die Klasse B und deren abgeleitete Klassen D1 und D2 wird keine Annahme über das Verhalten gemacht, weshalb das Beispiel keinen Sinn ergibt. Sogar die Bezeichnungen B, D1, D2, f und g wurden gewählt, um jede mögliche Bedeutung zu verbergen. Die Spezifikation des erwarteten Verhaltens einer virtuellen Funktion ist ein *wesentlicher* Aspekt beim Design einer Klasse. Die Verwendung guter Namen für Klassen und Funktionen ist wichtig und nicht immer einfach.

Ist eine Abhängigkeit von unbekannten (und möglicherweise noch nicht geschriebenen) abgeleiteten Klassen gut oder schlecht? Die Antwort hängt natürlich von der Absicht des Programmierers ab. Falls seine Absicht darin besteht, eine Klasse möglichst von allen externen Einflüssen zu isolieren, so daß ihr Verhalten bewiesen werden kann, dann sollten protected–Elemente und virtuelle Funktionen am besten vermieden werden. Falls aber beabsichtigt ist, ein Framework anzubieten, in das Programmierer (es kann der gleiche oder ein anderer sein) später Code einfügen können, dann bieten virtuelle Funktionen oft einen eleganten Mechanismus, um dies zu erreichen, und protected–Elementfunktionen haben sich zur Unterstützung dieses Ansatzes als bequem erwiesen. Diese Technik wird von der Ein-/Ausgabe–Bibliothek (§21.6) verwendet und wurde in der endgültigen Version der Ival_box–Hierarchie (§12.4.2) erläutert.

Falls eine virtuelle Funktion dazu gedacht ist, nur indirekt von einer abgeleiteten Klasse angewendet zu werden, kann sie privat bleiben. Man betrachte zum Beispiel ein einfaches Puffer–Template:

```
template<class T> class Puffer {
public:
    void put(T);        // falls Puffer voll ist, overflow(T) aufrufen
    T get();            // falls Puffer leer ist, underflow() aufrufen
    // ...
private:
    virtual int overflow(T);
    virtual int underflow();
    // ...
};
```

Die Funktionen put() und get() rufen die virtuellen Funktionen overflow() bzw. underflow() auf. Ein Anwender kann nun völlig unterschiedliche Puffertypen durch Überschreiben von overflow() und underflow() implementieren, um eine große Bandbreite von Anforderungen abzudecken:

```
template<class T> class ZirkulaererPuffer : public Puffer<T> {
    int overflow(T);        // falls voll, von vorn beginnen
    int underflow();
    // ...
};
```

```
template<class T> class WachsenderPuffer : public Puffer<T> {
    int overflow(T);        // falls voll, Puffer vergrößern
    int underflow();
    // ...
};
```

Nur wenn eine abgeleitete Klasse `overflow()` und `underflow()` direkt aufrufen muß, müßten diese Funktionen `protected` statt `private` sein.

24.3.3 Enthalten–Beziehung

Wenn ein Objekt ein anderes enthält, gibt es im wesentlichen zwei Alternativen, ein Objekt der Klasse X darzustellen:

1. Ein Element vom Typ X deklarieren[7]
2. Ein Element vom Typ X* oder X& deklarieren[8]

Falls der Wert des Zeigers nie verändert wird, sind diese Alternativen bis auf die Effizienz und die Art und Weise, wie Konstruktoren und Destruktoren geschrieben werden, äquivalent:

```
class X {
public:
    X(int);
    // ...
};
```

```
class C {
    X a;
    X* p;
    X& r;
public:
    C(int i, int j, int k) : a(i), p(new X(j)), r(*new X(k)) { }
    ~C() { delete p; delete &r; }
};
```

In solchen Fällen ist der Fall C::a, bei dem das »Teil« direkt im Objekt enthalten ist, üblicherweise vorzuziehen, da es in Hinsicht auf Zeit, Speicherplatz und Anzahl der Tastendrücke am effizientesten ist. Es ist außerdem weniger fehleranfällig, da die Verbindung zwischen dem enthaltenen Objekt und dem Objekt, das es enthält, durch die Regeln des Erzeugens und Zerstörens abgedeckt wird (§10.4.1, §12.2.2, §14.4.1). Man siehe aber auch §24.4.2 und §25.7.

---

[7] A.d.Ü.: Eine derartige »Enthalten«–Beziehung, bei der das »Teil« mit dem »Ganzen« erzeugt und zerstört wird, nennt man, vor allem im Umfeld objektorientierter Methoden wie UML, auch Komposition (english: *composition*).

[8] A.d.Ü.: Eine derartige »Enthalten«–Beziehung, bei der das »Teil« üblicherweise unabhängig vom »Ganzen« erzeugt werden kann, nennt man, vor allem im Umfeld objektorientierter Methoden wie UML, auch Aggregation (englisch: *aggregation*).

Die Lösung mit dem Zeiger sollte verwendet werden, wenn die Notwendigkeit besteht, den Verweis auf das »enthaltene« Objekt zu ändern, während das Objekt, das das Objekt »enthält«, existiert. Beispiel:

```
class C2 {
    X* p;
public:
    C2(int i) : p(new X(i)) { }
    ~C2() { delete p; }

    X* change(X* q)
    {
        X* t = p;
        p = q;
        return t;
    }
};
```

Ein anderer Grund, um einen Zeiger oder eine Referenz als Element zu verwenden, besteht darin, es zu ermöglichen, daß das enthaltene Element als Argument übergeben und keine Kopie davon angelegt wird:

```
class C3 {
    X* p;
public:
    C3(X* q) : p(q) { }
    // ...
};
```

Wenn Objekte Verweise auf andere Objekte enthalten, wird etwas aufgebaut, das man *Objekthier-archien* nennt. Diese Technik ist eine alternative und komplementäre Technik zur Verwendung von Klassenhierarchien. Wie im Beispiel mit den Rettungsfahrzeugen in §24.3.2 gezeigt wurde, stellt es häufig eine verzwickte Designfrage dar, zwischen der Darstellung einer Eigenschaft als Basis-klasse und ihrer Darstellung als Element zu wählen.[9] Wenn etwas überschrieben werden muß, ist ersteres meistens vorzuziehen. Besteht umgekehrt der Bedarf, daß die Eigenschaft durch verschie-dene Typen dargestellt wird, ist dies ein Zeichen dafür, daß das zweite die bessere Alternative darstellt. Beispiel:

```
class XX : public X { /* ... */ };

class XXX : public X { /* ... */ };

void f()
{
    C3* p1 = new C3(new X);        // C3 »enthält« ein X
```

---

[9] A.d.Ü.: Diese Aussage findet nur sehr eingeschränkt unsere Zustimmung: Sofern sie sich auf die private Verer-bung bezieht, die eine »getarnte« Verwendungsbeziehung ist, stimmt sie unserer Meinung nach. Ansonsten sind Vererbung und Verwendung zwei völlig verschiedene Aspekte und dienen beim Design völlig unterschiedlichen Zwecken. Falls sich im Design die gleichwertige Alternative zwischen öffentlicher Vererbung und Verwendung stellt, stimmt etwas nicht mit dem Design. Als Faustregel sollte man dann immer die Enthalten–Beziehung vorzie-hen.

```
        C3* p2 = new C3(new XX);      // C3 »enthält« ein XX
        C3* p3 = new C3(new XXX);     // C3 »enthält« ein XXX
        // ...
}
```

Dies kann nicht modelliert werden, indem C3 von X abgeleitet wird oder ein Element vom Typ X enthält, da dann der exakte Datentyp des Elements angegeben werden muß. Dies ist für Klassen mit virtuellen Funktionen, wie Klassen für geometrische Formen (§2.6.2) oder eine abstrakte Mengenklasse (§25.3), wichtig.

Referenzen können dazu verwendet werden, Klassen, die Verweise als Elemente enthalten, zu vereinfachen, wenn für die gesamte Lebensdauer immer auf ein und dasselbe Objekt verwiesen wird. Beispiel:

```
class C4 {
    X& r;
public:
    C4(X& q) : r(q) { }
    // ...
};
```

Zeiger und Referenzen werden auch dann benötigt, wenn ein Objekt in mehreren Objekten »enthalten« ist:

```
X* p = new XX;
C4 obj1(*p);
C4 obj2(*p);        // obj1 und obj2 enthalten nun beide das neue XX
```

Die Verwaltung von gemeinsam verwendeten Objekten erfordert natürlich zusätzliche Sorgfalt, speziell in konkurrierenden Systemen.

24.3.4 Enthalten–Beziehung und Vererbung

Wenn man berücksichtigt, welch wichtige Rolle Vererbungsbeziehungen spielen, ist es nicht verwunderlich, daß sie oft übermäßig verwendet und mißverstanden werden. Wenn eine Klasse D public von einer anderen Klasse B abgeleitet wird, wird oft gesagt: ein D *ist* ein B:

```
class B { /* ... */ };
```

```
class D : public B { /* ... */ };      // D ist eine Art B
```

Man kann auch sagen, daß die Vererbung eine *ist-ein*–Beziehung (englisch: *is-a relationship*) darstellt oder etwas präziser: D *ist eine Art von* B.[10] Im Gegensatz dazu sagt man bei einer Klasse D mit einem Element einer anderen Klasse B häufig: Ein D *hat* ein B, oder ein D *enthält* ein B. Beispiel:

```
class D {
public:
    B b;        // ein D enthält ein B
    // ...
};
```

---

[10] A.d.Ü.: Auch: D *ist eine Konkretisierung von* B.

Alternativ wird dies dadurch ausgedrückt, daß eine *hat-ein*–Beziehung (englisch: *has-a relationship*) vorliegt.

Wie trifft man bei gegebener Klasse B und D die Entscheidung zwischen Vererbung und einer Enthalten–Beziehung? Man betrachte ein Flugzeug und ein Triebwerk. Anfänger fragen sich häufig, ob es keine gute Idee ist, die Klasse Flugzeug von Triebwerk abzuleiten. Dies ist allerdings eine schlechte Idee, denn ein Flugzeug *ist* kein Triebwerk, es *hat* ein Triebwerk. Um sich das klarzumachen, kann man sich vor Augen halten, daß Flugzeuge auch zwei oder mehr Triebwerke haben können. Wenn das plausibel erscheint (auch wenn man ein Programm betrachtet, in dem alle Flugzeuge nur ein Triebwerk besitzen), sollte man die Enthalten–Beziehung statt der Vererbung verwenden. Die Frage »Kann es zwei enthalten?« ist in vielen Fällen, wenn man zweifelt, nützlich. Wie immer liegt es an der vagen Natur von Software, daß diese Diskussion relevant wird. Könnte man sich alle Klassen so einfach wie Flugzeug und Triebwerk vorstellen, wären einfache Fehler, wie das Ableiten eines Flugzeugs von einem Triebwerk, leicht vermeidbar. Solche Fehler treten allerdings ziemlich häufig auf (vorzugsweise bei Entwicklern, die Vererbung einfach nur als einen weiteren Mechanismus betrachten, um Konstrukte auf der Ebene der Programmiersprache zu kombinieren). Trotz der Bequemlichkeiten und der abkürzenden Schreibweise von Vererbung sollte sie fast nur dazu verwendet werden, um Beziehungen, die in einem Design wohldefiniert sind, auszudrücken. Man betrachte folgendes Beispiel:

```
class B {
public:
    virtual void f();
    void g();
};

class D1 {              // ein D1 enthält ein B
public:
    B b;
    void f();           // überschreibt b.f() nicht
};

void h1(D1* pd)
{
    B* pb = pd;         // Fehler: keine Umwandlung von D1* nach B*
    pb = &pd->b;
    pb->g();            // ruft B::g() auf
    pd->g();            // Fehler: D1 hat kein Element g()
    pd->b.g();
    pb->f();            // ruft B::f() (nicht überschrieben von D1::f()) auf
    pd->f();            // ruft D1::f() auf
}
```

Man beachte, daß es keine implizite Typumwandlung von einer Klasse in eines ihrer Elemente gibt und daß ein Element einer anderen Klasse die virtuellen Funktionen dieses Elements nicht überschreibt. Dies ist ein Unterschied zur öffentlichen Vererbung (Vererbung mit public):

```
class D2 : public B {    // ein D2 ist ein B
public:
    void f();            // überschreibt B::f()
};
```

```
void h2(D2* pd)
{
    B* pb = pd;      // OK: implizite Typumwandlung von D2* nach B*
    pb->g();         // ruft B::g() auf
    pd->g();         // ruft B::g() auf
    pb->f();         // virtueller Aufruf: ruft D2::f() auf
    pd->f();         // ruft D2::f() auf
}
```

Die im Vergleich zum vorherigen Beispiel mit D1 bequemere Schreibweise dieses Beispiels mit D2 kann dazu führen, Vererbung zu häufig zu verwenden. Man sollte deshalb daran denken, daß diese Bequemlichkeit in der Schreibweise durch eine erhöhte Abhängigkeit zwischen B und D2 bezahlt wird (siehe §24.3.2.1). Es passiert insbesondere leicht, daß man die implizite Typumwandlung von D2 nach B vergißt. Wenn solche Umwandlungen nicht gerade akzeptable Teile der Semantik der betroffenen Klassen darstellen, sollte die öffentliche Vererbung mit public vermieden werden. Wenn eine Klasse ein Konzept repräsentiert und Vererbung eine *ist-ein*–Beziehung darstellt, sind solche Umwandlungen allerdings oft genau das, was beabsichtigt ist.

Es gibt Fälle, in denen man erben will, aber nicht zulassen kann, daß die Umwandlungen passieren. Man betrachte eine Klasse KFeld (»kontrolliertes Eingabefeld«), die unter anderem zur Laufzeit Zugriffskontrolle auf eine andere Klasse Feld besitzt. Im ersten Ansatz scheint die Definition der Ableitung KFelds von Feld richtig zu sein:

```
class KFeld : public Feld { /* ... */ };
```

Dies drückt den Gedanken aus, daß ein KFeld tatsächlich eine Art Feld ist, ermöglicht eine bequemere Schreibweise, wenn eine Funktion von KFeld geschrieben wird, die ein Element des Feld–Teiles eines KFeldes verwendet, und ermöglicht, was am wichtigsten ist, daß ein KFeld virtuelle Funktionen von Feld überschreiben kann. Der Haken bei der Sache besteht darin, daß die Umwandlung von einem KFeld* in ein Feld* bedeutet, daß alle Ansätze, den Zugriff auf das Feld zu kontrollieren, ausgehebelt werden:

```
void g(KFeld* p)
{
    *p = "asdf";     // der Zugriff auf Feld wird durch KFelds Zuweisungsoperator kontrolliert
                     // p->KFeld::operator=("asdf")

    Feld* q = p;     // implizite Umwandlung von KFeld* nach Feld*
    *q = "asdf";     // Oh! Keine Kontrolle
}
```

Eine Lösung würde darin bestehen, ein Feld als Element der Klasse KFeld zu definieren, aber dies schließt das Überschreiben der virtuellen Funktionen von Feld durch KFeld aus. Eine bessere Lösung wäre deshalb die Verwendung der privaten Vererbung mit private:

```
class KFeld : private Feld { /* ... */ };
```

Aus Sicht des Designs ist die private Vererbung äquivalent zur Enthalten–Beziehung, bis auf die (gelegentlich unverzichtbare) Möglichkeit des Überschreibens. Eine wichtige Anwendung der privaten Vererbung besteht darin, eine Klasse öffentlich von einer abstrakten Klasse, die eine Schnittstelle definiert, abzuleiten und private– oder protected–Vererbung von einer konkreten Klasse zu verwenden, um eine Implementierung anzubieten (§2.5.4, §12.3, §25.3). Da die durch Ableiten mit private oder protected ausgedrückte Vererbung ein Implementierungsdetail ist, das sich im

Datentyp der abgeleiteten Klasse nicht widerspiegelt, wird sie mitunter auch *Implementierungs-vererbung* genannt und von der *öffentlichen Vererbung* abgegrenzt, bei der die Schnittstelle der Basisklasse übernommen wird und eine implizite Typumwandlung zu Basistypen ermöglicht wird. Letzteres wird manchmal auch als *Subtypisierung* (englisch: *subtyping*) oder *Schnittstellenverer-bung* bezeichnet.

Eine andere Möglichkeit, diesen Aspekt auszudrücken, besteht in der Feststellung, daß man ein Objekt einer abgeleiteten Klasse immer dann verwenden können sollte, wenn dies auch für ein Objekt der öffentlichen Basisklasse gilt. Dies wird manchmal das »Liskov substitution principle« genannt (§23.6, [Liskov,1987]). Die Unterscheidung zwischen Vererbung mit public, protected und private unterstützt dies direkt für polymorphe Typen, die über Zeiger und Referenzen manipuliert werden.

24.3.4.1 Element oder Hierarchie?

Um die Designentscheidung zwischen einer Enthalten–Beziehung und der Vererbung weiter zu untersuchen, betrachte man, wie ein Scrollbar (Rollbalken) in einem interaktiven graphischen System dargestellt wird und wie er an ein Fenster angebracht werden kann. Wir brauchen zwei Arten von Scrollbars: horizontale und vertikale. Dies kann entweder durch zwei Datentypen, HorizontalerScrollbar und VertikalerScrollbar, oder einen einzelnen Datentyp, Scrollbar, dargestellt werden, der ein Argument besitzt, das festlegt, ob das Layout horizontal oder vertikal ist. Bei der ersten Variante braucht man einen dritten Datentyp, den einfachen Scrollbar, der den beiden Scrollbar–Typen als Basisklasse dient. Bei der zweiten Variante braucht man ein zusätzliches Argument für den Scrollbar–Typ und die Möglichkeit, zwischen den beiden Darstellungen eines Scrollbars wählen zu können. Beispiel:

```
enum Ausrichtung { horizontal, vertikal };
```

Wenn die Auswahl einmal getroffen ist, bestimmt diese Auswahl die Art der Änderungen, die notwendig sind, um das System zu erweitern. Im Scrollbar–Beispiel könnte es z.B. passieren, daß man einen dritten Scrollbar–Typ einführen will. Ursprünglich könnten wir nur davon ausgegangen sein, daß nur zwei Arten von Scrollbars möglich sind (»schließlich hat ein Fenster nur zwei Dimensionen«). In diesem Fall gibt es allerdings — wie so oft — eine mögliche Erweiterung, die oberflächlich betrachtet ein Redesign bedeutet. Man könnte z.B. einen »Navigationsbutton« statt zwei Scrollbars verwenden. Solch ein Button würde, abhängig davon, wo er aktiviert wird, ein Scrollen in unterschiedliche Richtungen auslösen. Drückt man oben in der Mitte, bedeutet das »nach oben scrollen«, drückt man links in der Mitte, bedeutet das »nach links scrollen«, drückt man die linke obere Ecke, bedeutet das, das »nach links oben scrollen«. Solche Buttons sind nicht unüblich. Sie können als Verfeinerung des Konzepts eines Scrollbars betrachtet werden, die vor allem für Anwendungen angemessen ist, bei denen nicht über einfachen Text, sondern über allgemeinere Arten von Bildern gescrollt wird.

Das Erweitern eines Programms mit einer Klassenhierarchie aus drei Scrollbars um einen Navigationsbutton bedeutet das Hinzufügen einer Klasse, aber keine Änderung des bisherigen Scrollbar–Codes:

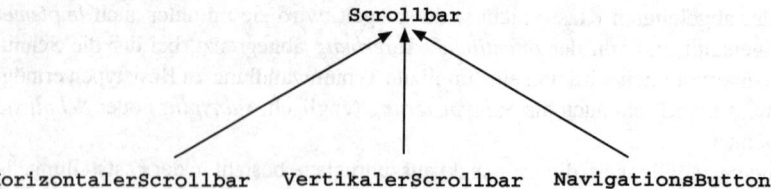

Dies ist ein angenehmer Aspekt der »hierarchischen« Lösung.

Wird die Orientierung des Scrollbars als Argument übergeben, bedeutet dies, daß im Scrollbar ein Element für den Typ des Scrollbars vorhanden sein und im Code der Elementfunktionen eine Switch–Anweisung verwendet werden muß. Es geht also darum, bei diesem Aspekt des Systems zwischen einer Umsetzung in Form von Deklarationen oder einer Umsetzung in Form von Code zu wählen. Ersteres erhöht das Maß der statischen Typprüfung und die Menge an Informationen, mit denen ein Werkzeug umgehen muß. Letzteres verlagert die Entscheidung auf die Laufzeit und ermöglicht es, Änderungen durchzuführen, indem individuelle Funktionen modifiziert werden, ohne die generelle Struktur des Systems anzutasten, wie sie von der Typüberprüfung oder anderen Werkzeugen betrachtet wird. In den meisten Situationen empfehle ich, eine Klassenhierarchie zu verwenden, um die hierarchischen Konzepte des Modells direkt zu modellieren.

Die Lösung mit einem Scrollbar–Typ macht es einfach, Informationen durch Angabe der Art des Scrollbars zu speichern und zu übergeben:

```
void hilfsfunktion(Ausrichtung a)
{
    // ...
    p = new Scrollbar(a);
    // ...
}

void f()
{
    hilfsfunktion(horizontal);
    // ...
}
```

Diese Darstellung würde es auch leicht machen, die Ausrichtung eines Scrollbars zur Laufzeit zu ändern. Es ist ziemlich unwahrscheinlich, daß dies bei Scrollbars ein Vorteil ist, kann aber bei äquivalenten Beispielen wichtig sein. Der Punkt hierbei ist, daß immer Aspekte abzuwägen und diese Entscheidungen oft nicht einfach sind.

24.3.4.2 Enthalten–Beziehung oder Hierarchie?

Man betrachte nun, wie man einen Scrollbar an ein Fenster anbringen kann. Falls man ein FensterMitScrollbar als etwas betrachtet, das sowohl ein Fenster als auch ein Scrollbar ist, ergibt sich in etwa folgendes:

```
class FensterMitScrollbar : public Fenster, public Scrollbar {
    // ...
};
```

Dies bedeutet, daß jedes `FensterMitScrollbar` sich wie ein `Fenster` oder wie ein `Scrollbar` verhalten kann, aber es führt zu der Einschränkung, nur einen Scrollbar besitzen zu können.

Wenn man auf der anderen Seite ein `FensterMitScrollbar` als Fenster betrachtet, das einen Scrollbar *hat*, ergibt sich in etwa folgendes:

```
class FensterMitScrollbar : public Fenster {
    // ...
    Scrollbar* sb;
public:
    FensterMitScrollbar(Scrollbar* p, /* ... */)
        : Fenster(/* ... */), sb(p) { /* ... */ }
    // ...
};
```

Damit ist es möglich, die Lösung mit der Scrollbar–Hierarchie zu verwenden. Die Übergabe des Scrollbars als Argument ermöglicht es dem Fenster, den exakten Datentyp seines Scrollbars nicht zu beachten. Man könnte einen Scrollbar sogar so wie eine Ausrichtung (§24.3.4.1) übergeben. Falls man will, daß sich das `FensterMitScrollbar` wie ein Scrollbar verhält, kann man einen Umwandlungsoperator hinzufügen:

```
FensterMitScrollbar::operator Scrollbar&()
{
    return *sb;
}
```

Ich bevorzuge es, wenn ein Fenster einen Scrollbar enthält. Ich finde es einfacher, ein `FensterMitScrollbar` als Fenster zu betrachten, das einen Scrollbar enthält, und nicht als Fenster zu betrachten, das neben einem Fenster auch noch ein Scrollbar *ist*. Meine bevorzugte Designstrategie würde genaugenommen darin bestehen, einen Scrollbar als spezielle Art von Fenster zu betrachten, die wiederum in einem Fenster, das die Dienstleistung des Scrollens benötigt, enthalten sein kann. Diese Strategie erzwingt die Entscheidung zugunsten der Enthalten–Lösung. Ein alternatives Argument für die Enthalten–Lösung folgt aus der Faustregel mit der Frage »kann ich zwei davon haben?« (§24.3.4). Da es keinen logischen Grund dafür gibt, daß ein Fenster nicht zwei Scrollbars haben sollte (tatsächlich haben viele Fenster sowohl einen horizontalen als auch einen vertikalen Scrollbar), sollte ein `FensterMitScrollbar` nicht von Scrollbar abgeleitet werden.

Man beachte, daß es nicht möglich ist, von einer unbekannten Klasse abzuleiten. Der exakte Datentyp der Basisklasse muß zur Kompilierzeit bekannt sein (§12.2). Falls auf der anderen Seite ein Attribut einer Klasse dem Konstruktor als Argument übergeben werden muß, muß sich in der Klasse ein Element befinden, das es repräsentiert. Falls das Element allerdings ein Zeiger oder eine Referenz ist, kann man ein Objekt einer von der Klasse des Elements abgeleiteten Klasse übergeben. Das Element sb vom Typ `Scrollbar*` im vorherigen Beispiel kann auf einen Scrollbar mit einem Typ wie `NavigationsButton` verweisen, der den Anwendern von `Scrollbar*` unbekannt ist.

24.3.5   Verwendungsbeziehungen

Um ein Design zu formulieren und zu verstehen, ist es oft entscheidend zu wissen, welche anderen Klassen von einer Klasse verwendet werden und wie diese Verwendungen aussehen.[11] Derartige Abhängigkeiten werden von C++ nur implizit unterstützt. Eine Klasse kann nur die Namen verwenden, die (irgendwo) deklariert werden, aber eine Liste der verwendeten Namen wird in den C++–Quellen nicht angeboten. Um solche Informationen zu erhalten, sind Werkzeuge notwendig (ohne passende Werkzeuge hilft nur sorgfältiges Lesen). Die Möglichkeiten, mit denen eine Klasse X eine andere Klasse Y verwenden kann, können auf unterschiedliche Art unterteilt werden. Hier ist eine Möglichkeit:

- X verwendet den Namen Y.
- X verwendet Y.
  - X ruft eine Elementfunktion von Y auf.
  - X liest ein Element von Y.
  - X schreibt ein Element von Y.
- X erzeugt ein Y.
  - X legt eine auto– oder eine static–Variable von Y an.
  - X erzeugt ein Y mit new.
  - X verwendet die Größe von einem Y.

Das Ermitteln der Größe eines Objekts wird hier als Erzeugung eingestuft, da man dazu die vollständige Klassendeklaration kennen muß. Umgekehrt wird die Verwendung des Namens (z.B. durch Deklarieren von Y* oder Erwähnen von Y bei der Deklaration einer externen Funktion) als eigene Abhängigkeit aufgeführt, da man dazu überhaupt keinen Zugriff auf die Deklaration von Y haben muß (§5.7):

```
class Y;         // Y ist der Name einer Klasse
Y* p;
extern Y f(const Y&);
```

Oft ist es wichtig, zwischen den Abhängigkeiten von der Schnittstelle einer Klasse (der Klassendeklaration) und den Abhängigkeiten von der Implementierung der Klasse (der Definition der Klassenelemente) zu unterscheiden. In einem gut entworfenen System haben letztere üblicherweise erheblich mehr Abhängigkeiten und sind für den Anwender erheblich weniger interessant, als Abhängigkeiten von den Klassendeklarationen (§24.4.2). Ein Design hat üblicherweise die Minimierung der Abhängigkeiten von einer Schnittstelle zum Ziel, da dies Abhängigkeiten der Anwender der Klasse werden (§8.2.4.1, §9.3.2, §12.4.1.1, §24.4).

C++ verlangt von dem Implementierer einer Klasse nicht, im Detail zu spezifizieren, welche anderen Klassen verwendet werden und auf welche Weise dies geschieht. Ein Grund dafür ist, daß die meisten signifikanten Klassen von so vielen anderen Klassen abhängen, daß zur Lesbarkeit eine Abkürzung der Liste solcher Klassen, wie z.B. eine #include–Direktive, notwendig werden würde. Ein anderer Grund ist, daß die Einteilung und Granularität solcher Abhängigkeiten nicht ein Aspekt von Programmiersprachen zu sein scheint. Wie *Verwendungs*abhängigkeiten betrachtet werden, hängt vielmehr von der Absicht des Designers, des Programmierers oder des Werkzeugs ab. Welche Abhängigkeiten von Interesse sind, kann schließlich auch von Details der Implementierung der Sprache abhängen.

---

[11] A.d.Ü.: Eine Verwendungsbeziehung nennt man, vor allem im Umfeld objektorientierter Methoden wie UML, auch Assoziation (englisch: *association*).

24.3.6 Einprogrammierte Beziehungen

Eine Programmiersprache kann (und sollte) nicht jedes Konzept jeder Designmethode direkt unterstützen. Entsprechend sollte eine Designsprache auch nicht jedes Sprachmittel jeder Programmiersprache unterstützen. Eine Designsprache sollte reichhaltiger sein und sich weniger um Details kümmern, als dies eine Sprache zur Systemprogrammierung tun muß. Eine Designmethode könnte z.B. den Begriff der »Delegierung« (englisch: *delegation*) verwenden. Das bedeutet, daß das Design festlegen kann, daß jede Operation, die für eine Klasse A nicht definiert ist, von einem Objekt der Klasse B, auf das ein Zeiger p zeigt, durchgeführt wird. In C++ kann dies nicht direkt ausgedrückt werden. Dieses Konzept läßt sich in C++ jedoch so formalisiert ausdrücken, daß man sich leicht ein Programm vorstellen kann, das den Code generiert. Man betrachte folgendes Beispiel:

```
class B {
    // ...
    void f();
    void g();
    void h();
};

class A {
    B* p;
    // ...
    void f();
    void ff();
};
```

Eine Spezifikation, daß A mit Hilfe von A::P an B delegiert wird, würde in etwa zu folgendem Code führen:

```
class A {
    B* p;          // Delegation mit Hilfe von p
    // ...
    void f();
    void ff();
    void g() { p->g(); }    // g() delegiert
    void h() { p->h(); }    // h() delegiert
};
```

Für einen Programmierer ist ziemlich offensichtlich, was hier passiert, aber die Simulation eines Designkonzepts im Code ist sicherlich nicht so schön wie eine 1:1–Korrespondenz. Derartige »einprogrammierte« Beziehungen (englisch: *programmed-in relationships*) werden von der Programmiersprache nicht so gut »verstanden« und sind deshalb von Werkzeugen nicht so einfach zu handhaben. Übliche Werkzeuge würden die »Delegation« von A nach B mit Hilfe von A::p z.B. nicht von irgendeiner anderen Verwendung von einem B* unterscheiden können.

Wann immer es möglich ist, sollte zwischen dem Designkonzept und der Programmiersprache eine 1:1–Umsetzung stattfinden. Sie sorgt für eine einfache Handhabung und garantiert, daß das Design sich auch wirklich im Programm widerspiegelt, so daß Programmierer und Werkzeuge davon profitieren können.

Konvertierungsoperatoren stellen einen Sprachmechanismus dar, mit dem eine bestimmte Art von einprogrammierten Beziehungen formuliert werden kann. Ein Konvertierungsoperator X::operator Y() spezifiziert, daß, wo immer ein Y akzeptiert werden kann, ein X verwendet werden kann (§11.4.1). Ein Konstruktor Y::Y(X) drückt die gleiche Beziehung aus. Man beachte, daß ein Konvertierungsoperator (und ein Konstruktor) ein neues Objekt erzeugt und nicht den Datentyp eines existierenden Objekts verändert. Die Deklaration einer Konvertierungsfunktion nach Y ist einfach nur eine Möglichkeit, um die *implizite* Anwendung einer Funktion, die ein Y zurückliefert, zu ermöglichen. Da die implizite Anwendung der durch Konstruktoren und Konvertierungsoperatoren definierten Umwandlungen ihre Tücken haben kann, ist es manchmal nützlich, sie in einem Design separat zu analysieren.

Es ist wichtig sicherzustellen, daß die Umwandlungsgraphen eines Programms keine Zyklen enthalten. Falls dies der Fall ist, führen die resultierenden Mehrdeutigkeiten dazu, daß die von den Zyklen betroffenen Datentypen nicht kombinierbar sind. Beispiel:

```
class Rational;

class BigInt {
public:
    friend BigInt operator+(BigInt,BigInt);
    operator Rational();
    // ...
};

class Rational {
public:
    friend Rational operator+(Rational,Rational);
    operator BigInt();
    // ...
};
```

Die Datentypen Rational und BigInt werden nicht so reibungslos interagieren, wie man gehofft haben könnte:

```
void f(Rational r, BigInt i)
{
    g(r+i);              // Fehler, mehrdeutig:
                         // operator+(r,Rational(i)) oder operator+(BigInt(r),i) ?
    g(r+Rational(i));    // eine explizite Auflösung
    g(BigInt(r)+i);      // eine andere explizite Auflösung
}
```

Man kann solche »wechselseitigen« Umwandlungen vermeiden, indem man zumindest einige davon explizit macht. Die Umwandlung von BigInt nach Rational könnte man z.B. statt mit einem Konvertierungsoperator als mach_Rational() definieren. Damit würde die Addition zu g(BigInt(r),i) aufgelöst werden. Wenn »wechselseitige« Umwandlungen nicht vermieden werden können, muß man die resultierenden Konflikte entweder wie gezeigt durch explizite Umwandlungen oder durch Definition vieler getrennter Versionen von zweistelligen Operatoren wie + lösen.

24.3.7 Beziehungen innerhalb einer Klasse

Eine Klasse kann fast jedes Implementierungsdetail und fast jede Art von unsauberem Programmieren verbergen (manchmal muß sie dies auch tun). Allerdings haben die Objekte der meisten Klassen selbst eine geregelte Struktur und werden auf eine Art manipuliert, die ziemlich leicht beschrieben werden kann. Ein Objekt einer Klasse ist eine Sammlung von anderen Unterobjekten (häufig Elemente genannt), und viele davon sind Zeiger oder Referenzen auf andere Objekte. Ein Objekt kann man somit als die Wurzel eines Baumes betrachten, und die betroffenen Objekte kann man als Teil einer »Objekthierarchie« ansehen, die, wie in §24.3.2.1 beschrieben, das Gegenstück einer Klassenhierarchie bildet. Man betrachte z.B. einen sehr einfachen String:

```
class String {
    int sz;
    char* p;
public:
    String(const char* q);
    ~String();
    // ...
};
```

Ein Objekt dieser Klasse String kann graphisch wie folgt dargestellt werden:

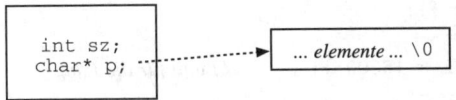

24.3.7.1 Invarianten

Die Werte der Elemente und die Objekte, auf die Elemente verweisen, werden insgesamt als *Zustand* (englisch: *state*) oder einfach als *Wert* eines Objekts bezeichnet. Ein Hauptinteresse beim Entwurf einer Klasse besteht darin, ein Objekt in einem wohldefinierten Zustand zu bekommen (Initialisierung/Konstruktion), einen wohldefinierten Zustand aufrechtzuerhalten, wenn Operationen durchgeführt werden, und das Objekt schließlich auf elegante Weise wieder zu zerstören. Die Eigenschaft, die einen Zustand eines Objekts wohldefiniert macht, wird *Invariante* genannt.

Die Aufgabe der Initialisierung besteht somit darin, ein Objekt in einen Zustand zu bringen, in dem die Invariante gilt. Dies wird üblicherweise von einem Konstruktor durchgeführt. Jede Operation einer Klasse kann davon ausgehen, daß die Invariante zu Beginn des Aufrufs erfüllt ist, und muß sicherstellen, daß sie auch beim Verlassen der Operation gilt. Der Destruktor macht die Invariante schließlich ungültig, indem er das Objekt zerstört. Der Konstruktor String::String(const char*) stellt z.B. sicher, daß p auf ein Feld von mindestens sz+1 Elementen zeigt, wobei sz einen vernünftigen Wert besitzt und p[sz]==0 gilt. Jede Stringoperation muß diese Behauptung aufrechterhalten.

Beim Entwurf einer Klasse braucht man viel Geschick, um sie dermaßen einfach zu machen, daß die Implementierung eine sinnvolle Invariante besitzt, die einfach formuliert werden kann. Es ist sehr einfach festzulegen, daß jede Klasse eine Invariante braucht. Schwer wird die Sache erst, wenn man eine nützliche Invariante finden soll, die einfach zu verstehen ist und zu keinen unakzeptablen Einschränkungen bei der Implementierung oder bei der Effizienz der Operationen führt. Man beachte, daß eine »Invariante« hier als ein Stück Code verstanden wird, das man möglicher-

weise laufen lassen kann, um den Zustand eines Objekts zu überprüfen. Es ist natürlich auch eine
striktere und mathematischere Bedeutung des Begriffs möglich und in einigen Kontexten auch
angemessener. Eine Invariante ist so, wie sie hier diskutiert wird, eine praktische und deshalb üblicherweise ökonomische und logisch unvollständige Überprüfung des Zustands eines Objekts.

Das Konzept von Invarianten hat seinen Ursprung in der Arbeit von Floyd, Naur und Hoare über Vor– und Nachbedingungen (englisch: *preconditions, postconditions*) und findet sich im
Prinzip in jeder Arbeit über abstrakte Datentypen und Programmverifikation der ungefähr letzten
30 Jahre. Es ist auch ein Hauptthema beim Debuggen von C.

Die Invariante wird üblicherweise während der Ausführung einer Elementfunktion nicht einge-
halten. Funktionen, die aufgerufen werden können, während eine Invariante nicht gilt, sollten nicht
Teil der öffentlichen Schnittstelle sein. Dazu dienen durch `private` und `protected` geschützte
Funktionen.

Wie kann man eine Invariante in einem C++–Programm formulieren? Eine einfache Möglichkeit besteht darin, eine Funktion zu definieren, die die Invariante überprüft, und diese in der öffentlichen Schnittstelle aufzurufen. Beispiel:

```
class String {
    int sz;
    char* p;
public:
    class Range {};        // Ausnahmeklassen
    class Invariant {};

    enum { TOO_LARGE = 16000 };     // Limit für die Länge

    void check();                   // Prüfung der Invariante

    String(const char* q);
    String(const String&);
    ~String();

    char& operator[](int i);
    int size() { return sz; }

    //...
};


void String::check()
{
    if (p==0 || sz<0 || TOO_LARGE<=sz || p[sz]) throw Invariant();
}

char& String::operator[](int i)
{
    check();                        // am Anfang prüfen
    if (i<0 || sz<=i) throw Range();  // Operation durchführen
    check();                        // am Ende prüfen
    return p[i];
}
```

Dies funktioniert gut und bedeutet für den Programmierer keine wirkliche Arbeit. Für eine einfache Klasse wie `String` wird die Prüfung der Invariante allerdings die Laufzeit und eventuell sogar den Code dominieren. Deshalb lassen Programmierer die Invariante oft nur beim Debuggen überprüfen:

```
inline void String::check()
{
#ifndef NDEBUG
    if (p==0 || sz<0 || TOO_LARGE<=sz || p[sz]) throw Invariant();
#endif
}
```

Hier wird das Makro `NDEBUG` auf eine ähnliche Weise verwendet, wie dies beim Standard–C–Makro von `assert()` der Fall ist. `NDEBUG` wird üblicherweise gesetzt, um anzuzeigen, daß ein Debugging *nicht* durchgeführt wird. Indem `check()` inline definiert wird, wird sichergestellt, daß kein Code generiert wird, wenn `NDEBUG` definiert ist, um anzuzeigen, daß ein Debugging unnötig ist.

Das einfache Definieren und Anwenden von Invarianten zum Debuggen stellt eine unschätzbare Hilfe bei dem Versuch dar, korrekten Code zu erhalten und, noch wichtiger, die von der Klasse repräsentierten Konzepte wohldefiniert und geregelt abzubilden. Der entscheidende Punkt ist, daß der Entwurf einer Invariante dazu führt, daß man eine Klasse aus einem anderen Blickwinkel betrachtet und der Code Redundanzen enthalten wird. Beides erhöht die Wahrscheinlichkeit, daß Fehler, Inkonsistenzen und Versehen entdeckt werden.

24.3.7.2 Assertions

Eine Invariante ist eine spezielle Form einer Assertion.[12] Eine Assertion ist einfach eine Anweisung, daß eine bestimmte logische Bedingung erfüllt sein muß. Die Frage ist, was passiert, wenn dies nicht der Fall ist.

Die C–Standardbibliothek (und somit auch die C++–Standardbibliothek) stellt das Makro `assert()` in `<cassert>` oder `<assert.h>` zur Verfügung. Das Makro wertet sein Argument aus und ruft, wenn das Ergebnis nicht null ist, `abort()` auf. Beispiel:

```
void f(int* p)
{
    assert(p!=0);    // Behauptung: p!=0; abort() falls p null ist
    //...
}
```

Vor dem Abbruch mit `abort()` gibt `assert()` den Namen der Quelldatei und die aktuelle Zeilennummer aus. Dies macht `assert()` zu einer nützlichen Debugging–Hilfe. `NDEBUG` wird üblicherweise als Compiler–Option für jede Übersetzungseinheit individuell gesetzt. Dies bedeutet, daß `assert()` nicht in Inline–Funktionen verwendet werden sollte, die in zahlreichen Übersetzungseinheiten eingebunden werden, wenn nicht sorgfältig darauf geachtet wird, daß `NDEBUG` konsistent gesetzt ist (§9.2.3). Wie die meiste »Makro–Magie« findet die Verwendung von `NDEBUG` auf zu niedriger Ebene statt und ist somit unsauber und fehleranfällig. Es ist darüber hinaus eine gute Idee, zumindest einige Überprüfungen auch in einem hervorragend überprüften Programm bei-

---

[12] Das englische Wort »assertion« bedeutet »Behauptung«. Man verwendet den angloamerikanischen Begriff aber üblicherweise auch im Deutschen.

zubehalten, wofür NDEBUG ebenfalls nicht so gut geeignet ist. Darüber hinaus ist der Aufruf von
abort() in kommerziellem Code selten akzeptabel.

Die Alternative ist die Verwendung eines Templates Assert(), das eine Ausnahme auslöst,
anstatt das Programm abzubrechen, wodurch Assertions auch in kommerziellem Code erhalten
bleiben können, wenn dies angebracht ist. Leider bietet die Standardbibliothek kein Assert(). Es
kann allerdings einfach definiert werden:

```
template<class X, class A> inline void Assert(A assertion)
{
    if (!assertion) throw X();
}
```

Assert() löst die Ausnahme X() aus, wenn die entsprechende Behauptung nicht erfüllt ist. Beispiel:

```
class Bad_arg { };

void f(int* p)
{
    Assert<Bad_arg>(p!=0);   // Behauptung: p!=0; löse Bad_arg() aus, falls p null ist
    //...
}
```

Dieser Assertion–Stil enthält die Bedingung explizit. Wenn man nur während des Debuggens
prüfen will, muß man das angeben. Beispiel:

```
void f2(int* p)
{
    Assert<Bad_arg>(NDEBUG || p!=0);   // entweder kein Debugging oder p!=0
    //...
}
```

Die Verwendung von || anstatt && mag überraschen. Assert<E>(a||b) testet allerdings
!(a||b), was !a&&!b entspricht.

Eine derartige Verwendung von NDEBUG setzt allerdings voraus, daß für NDEBUG (unabhängig
davon, ob man debuggen will oder nicht) immer ein passender Wert definiert ist. Eine C++–
Implementierung macht dies nicht automatisch, weshalb man besser einen Wert verwendet. Beispiel:

```
#ifdef NDEBUG
const bool ARG_CHECK = false;   // Debugging aus: Prüfung ausschalten
#else
const bool ARG_CHECK = true;    // Debugging an
#endif

void f3(int* p)
{
    Assert<Bad_arg>(!ARG_CHECK || p!=0);   // entweder kein Debugging oder p!=0
    //...
}
```

Falls eine durch eine Assertion ausgelöste Ausnahme nicht abgefangen wird, führt das fehlgeschlagene Assert() dazu, daß terminate() aufgerufen wird, ähnlich wie assert() dann abort()

aufrufen würde. Eine Funktion zur Ausnahmebehandlung bietet allerdings die Möglichkeit, weniger drastisch zu reagieren.

In jedem Programm mit einer realistischen Größe schalte ich Assertions immer wieder gruppenweise an und aus, um den Bedarf an Tests abzudecken. Die Verwendung von NDEBUG ist einfach nur die primitivste Form dieser Technik. In der frühen Phase der Entwicklung sind die meisten Assertions eingeschaltet. Beim Ausliefern des Codes bleiben dagegen nur einige entscheidende Überprüfungen erhalten. Diese Art der Verwendung wird am besten verwaltet, indem sich die jeweilige Assertion in zwei Teilen befindet: Der erste ist eine einschaltbare Bedingung (wie ARG_CHECK) und der zweite ist die eigentliche Assertion.

Falls die Bedingung zum Einschalten ein konstanter Ausdruck ist, wird die ganze Assertion weg–compiliert, wenn sie nicht eingeschaltet ist. Die einzuschaltende Bedingung kann allerdings auch eine Variable sein, so daß sie nach Bedarf zur Laufzeit ein– und ausgeschaltet werden kann. Beispiel:

```
bool string_check = true;

inline void String::check()
{
    Assert<Invariant>(!string_check ||
                      (p && 0<=sz && sz<TOO_LARGE && p[sz]==0));
}

void f()
{
    String s = "wunder";
    // Strings werden hier überprüft

    string_check = false;
    // hier findet keine Überprüfung von Strings statt
}
```

Natürlich wird in solchen Fällen Code generiert, und man muß darauf achten, daß sich der Code nicht zu sehr aufbläht, wenn man Assertions umfassend einsetzt.

Die Anweisung

```
Assert<E>(a);
```

bedeutet nichts anderes als:

```
if (!a) throw E();
```

Warum verwendet man dann Assert(), anstatt die Anweisung direkt hinzuschreiben? Durch Verwendung von Assert() wird die Absicht des Designers explizit verdeutlicht. Es wird ausgesagt, daß dies eine Behauptung ist, bei der man davon ausgeht, daß sie immer erfüllt ist. Dies ist kein herkömmlicher Teil der Logik eines Programms. Es handelt sich vielmehr um wertvolle Information für den Leser des Programms. Ein eher praktischer Vorteil besteht darin, daß es einfach ist, nach so etwas wie assert() oder Assert() zu suchen, während das Suchen nach Anweisungen mit Bedingungen, die Ausnahmen auslösen, nicht einfach ist.

Assert() kann verallgemeinert werden, um Ausnahmen mit Argumenten und variable Ausnahmen auszulösen:

```
template<class A, class E> inline void Assert(A assertion, E except)
{
    if (!assertion) throw except;
}


struct Bad_g_arg {
    int* p;
    Bad_g_arg(int* pp) :p(pp) { }
};


bool g_check = true;
int g_max = 100;

void g(int* p, exception e)
{
    Assert(!g_check || p!=0, e);                        // Zeiger ist gültig
    Assert(!g_check || (0<*p&&*p<=g_max),Bad_g_arg(p)); // Wert ist plausibel
    // ...
}
```

In vielen Programmen ist es entscheidend, daß für ein Assert(), das zur Kompilierzeit ausgewertet werden kann, kein Code generiert wird. Leider sind einige Compiler beim verallgemeinerten Assert() dazu nicht in der Lage. Deshalb sollte das Assert() mit zwei Argumenten nur dann verwendet werden, wenn die Ausnahme nicht die Form E() besitzt und es außerdem akzeptabel ist, daß unabhängig vom Wert der Assertion etwas Code generiert wird.

In §23.4.3.5 wurde erwähnt, daß die beiden üblichsten Formen der Reorganisation einer Klassenhierarchie die Aufteilung einer Klasse in zwei Klassen und das »Herausziehen« der Gemeinsamkeiten von zwei Klassen zu einer neuen Basisklasse sind. In beiden Fällen können wohldefinierte Invarianten einen Anhaltspunkt für eine mögliche Reorganisation liefern. Bei einer Klasse, die reif für eine Aufteilung ist, wird ein Vergleich der Invariante mit dem Code der Operationen ergeben, daß der größte Teil der Überprüfung durch die Invariante redundant ist. In solchen Fällen werden Teilmengen der Operationen nur auf Teilmengen der Objektzustände zugreifen. Umgekehrt besitzen Klassen, die reif für eine Zusammenfassung sind, ähnliche Invarianten, auch wenn sich ihre Implementierungen im Detail unterscheiden.

24.3.7.3   Vor– und Nachbedingungen

Eine verbreitete Anwendung von Assertions ist die Formulierung von Vor– und Nachbedingungen von Funktionen. Damit ist gemeint, daß geprüft wird, ob grundlegende Annahmen über die eingehenden Daten erfüllt sind, und daß sichergestellt wird, daß die Funktion die Welt in einem erwarteten Zustand verläßt. Leider befinden sich die Assertions, die man gern machen würde, oft auf einem höheren Niveau, so daß sie nicht bequem und effizient in der Programmiersprache formuliert werden können. Beispiel:

```
template<class Ran> void sortieren(Ran anf, Ran end)
{
    Assert<Bad_sequence>("[anf,end) ist eine gueltige Sequenz"); // Pseudo-Code

    // ... Sortieralgorithmus ...
```

```
        Assert<Failed_sort>("[anf,end) ist aufsteigend sortiert");    // Pseudo-Code
}
```

Dies ist ein grundsätzliches Problem. Was man *über* ein Programm aussagen will, wird am besten in einer mathematisch basierten höheren Sprache statt in der algorithmischen Programmiersprache formuliert, *in der* das Programm geschrieben wird.

Wie bei Invarianten wird ein gewisses Maß an Cleverneß benötigt, um das, was man gern behaupten würde, in etwas umzusetzen, das algorithmisch geprüft werden kann. Beispiel:

```
template<class Ran> void sortieren(Ran anf, Ran end)
{
        // [anf,end) ist eine gültige Sequenz: prüfe Plausibilität:
        Assert<Bad_sequence>(NDEBUG || anf<=end);

        // ... Sortieralgorithmus ...

        // [anf,end) ist aufsteigend sortiert: Stichprobe:
        Assert<Failed_sort>(NDEBUG ||
                        (end-anf<2 ||
                         (*anf<=end[-1] &&
                          *anf<=anf[(end-anf)/2] &&
                          anf[(end-anf)/2]<=end[-1])));
}
```

Ich finde es häufig einfacher, herkömmliche Argumente und Resultate zur Codeüberprüfung zu schreiben, als Assertions zu formulieren. Es ist allerdings wichtig zu versuchen, die wirklichen (idealen) Vor- und Nachbedingungen zu formulieren und sie zumindest als Kommentare zu dokumentieren, bevor sie zu etwas weniger Abstraktem reduziert werden, das effektiv in einer Programmiersprache formuliert werden kann.

Die Überprüfung von Vorbedingungen kann leicht zu einer einfachen Überprüfung der Argumentwerte verkommen. Da ein Argument oft durch mehrere Funktionen durchgereicht wird, kann sich eine derartige Überprüfung wiederholen und teuer werden. In jeder Funktion zu behaupten, daß jedes Zeigerargument nicht null ist, ist allerdings nicht besonders hilfreich und kann einen falschen Eindruck von Sicherheit vermitteln, besonders wenn die Tests, um Mehraufwand zu vermeiden, nur beim Debuggen durchgeführt werden. Dies ist einer der Hauptgründe, weshalb ich empfehle, sich auf Invarianten zu konzentrieren.

24.3.7.4 Datenkapselung

Man beachte, daß in C++ die Klasse und nicht das einzelne Objekt die Einheit für Datenkapselung ist. Beispiel:

```
class Liste {
        Liste* next;
public:
        bool enthalten(Liste*);
        //...
};

bool Liste::enthalten(Liste* p)
{
        if (p == 0) return false;
```

```
        for(Liste* q = this; q; q=q->next) if (p == q) return true;
        return false;
}
```

Das Durchlaufen des privaten Zeigers Liste::next wird akzeptiert, da Liste::enthalten()
Zugriff auf jedes Objekt der Klasse Liste hat, auf das es irgendwie zugreifen kann. Wo dies
störend ist, kann die Situation vereinfacht werden, indem man auf die Möglichkeit verzichtet, in
einer Elementfunktion auch auf andere Objekte der Klasse zuzugreifen. Beispiel:

```
bool Liste::enthalten(Liste* p)
{
        if (p == 0) return false;
        if (p == this) return true;
        if (next==0) return false;
        return next->enthalten(p);
}
```

Damit wird allerdings die Iteration durch Rekursion ersetzt, was zu erheblichen Performance–
Einbußen führen kann, wenn ein Compiler nicht in der Lage ist, die Rekursion in eine Iteration
zurückzuoptimieren.

24.4   Komponenten

Die Einheit des Designs ist eine Sammlung von Klassen, Funktionen und so weiter, und keine einzelne Klasse. Solch eine Sammlung, häufig *Bibliothek* oder *Framework* (§25.8) genannt, ist auch
eine Einheit zur Wiederverwendung (§23.5.1), Pflege und so weiter. C++ bietet drei Mechanismen, um das Konzept auszudrücken, eine Menge von Hilfsmitteln durch ein logisches Kriterium
zusammenzufassen:

1. Eine Klasse, die eine Sammlung von Daten, Funktionen, Templates und Typelementen enthält.
2. Eine Klassenhierarchie, die eine Sammlung von Klassen enthält.
3. Einen Namensbereich, der eine Sammlung von Daten, Funktionen, Templates und Typelementen enthält.

Eine Klasse bietet viele Hilfsmittel, um Objekte des entsprechenden Typs bequem zu erzeugen.
Viele signifikante Komponenten werden allerdings durch einen Mechanismus zum Erzeugen von
Objekten nur unzureichend beschrieben. Eine Klassenhierarchie drückt den Gedanken einer Reihe
von verwandten Typen aus. Die einzelnen Elemente einer Komponente werden allerdings nicht
immer am besten durch eine Klasse formuliert, und nicht alle Klassen besitzen grundlegende Ähnlichkeiten, um in eine sinnvolle Klassenhierarchie (§24.2.5) eingebunden zu werden. Damit ist ein
Namensbereich die direkteste und allgemeinste Verkörperung des Gedankens einer Komponente
in C++. Eine Komponente wird manchmal als »Klassenkategorie« bezeichnet.[13] Allerdings nicht
jedes Element einer Komponente ist oder sollte eine Klasse sein.

Im Idealfall wird eine Komponente durch eine Reihe von Schnittstellen beschrieben, die zu
deren Implementierung verwendet werden, plus eine Reihe von Schnittstellen, die sie für ihre Anwender anbietet. Alles andere ist »Implementierungsdetail« und wird vor dem Rest des Systems
versteckt. Dies mag in der Tat der Beschreibung einer Komponente durch den Designer entspre-

---

[13]   A.d.Ü.: Andere Bezeichnungen für Komponente sind »Modul« oder »Paket«.

chen. Um sie Wirklichkeit werden zu lassen, muß sie der Programmierer in Deklarationen umsetzen. Klassen und Klassenhierarchien liefern die Schnittstellen, und ein Namensbereich erlaubt es dem Programmierer, die Schnittstellen zu gruppieren und die verwendeten Schnittstellen von den angebotenen Schnittstellen zu trennen. Man betrachte folgendes Beispiel:

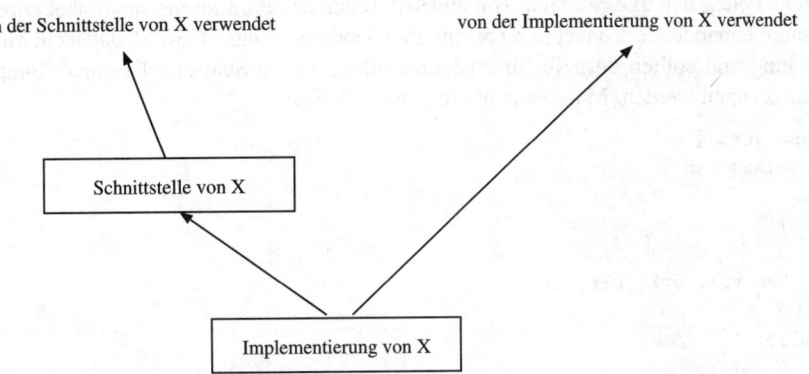

Mit der in §8.2.4.1 beschriebenen Technik wird dies zu folgendem:

```
namespace A {          // einige Hilfsmittel, die von der Schnittstelle von X verwendet werden
    // ...
}

namespace X {          // Schnittstelle der Komponente X
    using namespace A;     // hängt von Deklarationen aus A ab
    // ...
    void f();
}

namespace X_impl {     // Hilfsmittel, die von der Implementierung von X benötigt werden
    using namespace X;
    // ...
}

void X::f()
{
    using namespace X_impl;   // hängt von Deklarationen von X_impl ab
    // ...
}
```

Die allgemeine Schnittstelle von X sollte nicht von der Implementierungsschnittstelle von X abhängen. Eine Komponente kann viele Klassen haben, die nicht zur allgemeinen Verwendung vorgesehen sind. Solche Klassen sollten innerhalb der Implementierung von Klassen oder Namensbereichen »versteckt« werden:

```
namespace X_impl {     // Komponente für Implementierungsdetails von X

    class Widget {
        // ...
```

```
    };

    // ...
}
```

Dies stellt sicher, daß `Widget` nicht von anderen Teilen des Programms verwendet wird. Klassen, die zusammenhängende Konzepte repräsentieren, sind allerdings oft Kandidaten für eine Wiederverwendung und sollten deshalb für eine Einbindung in die Schnittstelle einer Komponente in Betracht gezogen werden. Man betrachte folgendes Beispiel:

```
class Auto {
    class Rad {
        // ...
    };

    Rad vlr, vrr, hlr, hrr;
    // ...
public:
    // ...
};
```

Unter den meisten Umständen sollten die aktuellen Räder versteckt werden, um die Abstraktion eines Autos zu bewahren (wenn man ein Auto verwendet, kann man die Räder nicht unabhängig handhaben). Allerdings scheint die Klasse `Rad` ein guter Kandidat für eine allgemeinere Verwendung zu sein, weshalb es besser sein könnte, sie außerhalb der Klasse `Auto` zu deklarieren:

```
class Rad {
    // ...
};

class Auto {
    Rad vlr, vrr, hlr, hrr;
    // ...
public:
    // ...
};
```

Die Entscheidung, zu schachteln oder nicht zu schachteln, hängt von den Zielen des Designs und der Allgemeingültigkeit der betroffenen Konzepte ab. Sowohl das Schachteln als auch das »Nicht–Schachteln« sind breit anwendbare Techniken, um ein Design zu formulieren. Als Default sollte man eine Klasse so lokal wie möglich machen, bis der Bedarf, sie allgemeiner verfügbar zu haben, verdeutlicht wird.

Es gibt eine gefährliche Tendenz für »interessante« Funktionen und Daten, zum globalen Namensbereich, zu verbreitet eingesetzten Namensbereichen oder zu ultimativen Basisklassen einer Hierarchie »aufzusteigen«. Dies kann leicht zu unbeabsichtigten Offenbarungen von Implementierungsdetails und damit zu den Problemen führen, die von globalen Daten und Funktionen bekannt sind. Dies passiert am leichtesten in einer Hierarchie mit nur einer Wurzel und in Programmen, in denen nur sehr wenige Namensbereiche verwendet werden. Virtuelle Basisklassen (§15.2.4) können dazu verwendet werden, dieses Phänomen bei Klassenhierarchien zu bekämpfen. Kleine »Implementierungsnamensbereiche« sind das beste Mittel, um das Problem bei Namensbereichen zu vermeiden.

Man beachte, daß Headerdateien einen mächtigen Mechanismus darstellen, um unterschiedlichen Anwendern verschiedene Sichten einer Komponente anzubieten und Klassen, die als Teil der Implementierung betrachtet werden, aus dem Blickfeld des Anwenders auszublenden (§9.3.2).

24.4.1 Templates

Aus Sicht des Designs decken Templates zwei lose verwandte Anforderungen ab:

- Generische Programmierung
- Taktische Parametrisierung

Bei den ersten Designbemühungen sind Operationen nicht mehr als Operationen. Später, wenn die Zeit gekommen ist, den Datentyp der Operanden festzulegen, werden Templates in einer Programmiersprache mit statischer Typbindung, wie C++, unverzichtbar. Ohne Templates müßten Funktionsdefinitionen wiederholt oder die Prüfung unnötigerweise auf die Laufzeit verschoben werden (§24.2.3). Eine Operation, die einen Algorithmus für verschiedene Operandentypen implementiert, ist ein Kandidat dafür, als Template implementiert zu werden. Falls alle Operanden zu einer einzigen Klassenhierarchie gehören, und speziell, wenn es einen Bedarf gibt, neue Operandentypen zur Laufzeit hinzuzufügen, wird als Operandentyp am besten eine Klasse, oft eine abstrakte Klasse, verwendet. Falls die Operanden nicht zu einer gemeinsamen Hierarchie gehören, und speziell, wenn die Laufzeit–Performance kritisch ist, wird die Operation am besten als Template implementiert. Die Standardcontainer und deren unterstützende Algorithmen bieten ein Beispiel dafür, wie der Bedarf, Operanden mit zahlreichen nicht verwandten Datentypen zu verwenden, kombiniert mit dem Bedarf an Laufzeit–Performance zu der Verwendung von Templates führt (§16.2).

Um die Abwägung zwischen Template und Hierarchie konkreter zu machen, betrachte man, wie man folgende einfache Iteration verallgemeinern kann:

```
void allesAusgeben(Iter_for_T x)
{
    for (T* p = x.first(); p; p = x.next()) cout << *p;
}
```

Hierbei wird davon ausgegangen, daß `Iter_for_T` Operationen anbietet, die Objekte vom Typ `T*` liefern.

Man kann den Iterator `Iter_for_T` zu einem Template–Parameter machen:

```
template<class Iter_for_T> void allesAusgeben(Iter_for_T x)
{
    for (T* p = x.first(); p; p = x.next()) cout << *p;
}
```

Dies ermöglicht es, verschiedene nicht verwandte Iteratoren zu verwenden, sofern sie alle `first()` und `next()` mit der richtigen Bedeutung anbieten und sofern der Datentyp des Iterators für jeden Aufruf von `allesAusgeben()` zur Kompilierzeit bekannt ist. Die Container und Algorithmen der Standardbibliothek basieren auf diesem Ansatz.

Alternativ kann man die Beobachtung ausnutzen, daß `first()` und `next()` eine Schnittstelle zu Iteratoren bilden. Dazu kann man eine Klasse definieren, die diese Schnittstelle repräsentiert:

```
class Iter {
public:
    virtual T* first() const = 0;
```

```
        virtual T* next() = 0;
};

void allesAusgeben2(Iter& x)
{
    for (T* p = x.first(); p; p = x.next()) cout << *p;
}
```

Man kann nun jeden Iterator verwenden, der von `Iter` abgeleitet ist. Der jeweilige Code hängt nicht davon ab, ob Templates oder eine Hierarchie zur Darstellung der Parametrisierung verwendet wird. Nur die Laufzeit, die Notwendigkeit, neu zu übersetzen, und so weiter unterscheiden sich. Die Klasse `Iter` ist insbesondere ein Kandidat, um beim Template als Argument verwendet werden zu können:

```
void f(Iter& i)
{
    allesAusgeben(i);       // verwendet das Template
    allesAusgeben2(i);
}
```

Deshalb kann man die beiden Ansätze auch so sehen, daß sie sich ergänzen.

Ein Template muß häufig Funktionen und Klassen als Teil seiner Implementierung verwenden. Viele davon müssen selbst Templates sein, um Allgemeingültigkeit und Effizienz zu bewahren. Damit werden Algorithmen für eine Reihe von Typen generisch. Diese Form der Verwendung von Templates wird als *generische Programmierung* (§2.7) bezeichnet. Wenn man für einen `vector` den Algorithmus `std::sort()` aufruft, bilden die Elemente des Vektors die Operanden von `sort()`; `sort()` ist somit für den Datentyp der Elemente generisch. Zusätzlich ist das Standard-`sort()` für die Containertypen generisch, da der Algorithmus für Iteratoren von beliebigen, standardkonformen Containern aufgerufen werden kann (§16.3.1).

Der Algorithmus `sort()` ist außerdem in Hinsicht auf das Vergleichskriterium parametrisiert (§18.7.1). Aus Sicht des Designs ist dies etwas anderes, als eine Operation zu nehmen und sie in Hinsicht auf den Typ der Operanden generisch zu machen. Die Entscheidung, einen Algorithmus in Hinsicht auf ein Objekt (oder eine Operation) so zu parametrisieren, daß davon die Arbeitsweise des Algorithmus beeinflußt wird, ist eine Designentscheidung auf sehr viel höherem Niveau. Es ist eine Entscheidung, die dem Designer/Programmierer die Kontrolle über einen Teil des Verhaltens eines Algorithmus gibt. Aus Sicht der Programmiersprache besteht allerdings kein Unterschied.

24.4.2   Schnittstellen und Implementierungen

Die ideale Schnittstelle
- präsentiert einem Anwender ein komplettes und zusammengehöriges Konzept
- ist über alle Teile einer Komponente konsistent
- enthüllt dem Anwender keine Implementierungsdetails
- kann auf verschiedene Art und Weise implementiert werden
- ist statisch typgebunden
- wird mit Datentypen der Anwendungsebene formuliert
- hängt in begrenzter und wohldefinierter Art von anderen Schnittstellen ab

Wenn man die Notwendigkeit festgestellt hat, unter den Klassen, die die Schnittstelle der Komponente dem Rest der Welt präsentieren, konsistent zu sein (§24.4), kann man die Diskussion durch Betrachtung nur einer einzigen Klasse vereinfachen. Man betrachte folgendes Beispiel:

```
class Y { /* ... */ };      // wird von X benötigt

class Z { /* ... */ };      // wird von X benötigt

class X {                   // Beispiel für einen armseligen Schnittstellenstil
    Y a;
    Z b;
public:
    void f(const char * ...);
    void g(int[],int);
    void set_a(Y&);
    Y& get_a();
};
```

Diese Schnittstelle hat zahlreiche potentielle Probleme:

- Die Schnittstelle verwendet die Typen Y und Z auf eine Art und Weise, die es erfordert, daß die Deklaration von Y und Z bekannt sein muß, um sie zu kompilieren.
- Die Funktion X::f() verwendet eine beliebige Anzahl von Argumenten unbekannten Typs (wahrscheinlich irgendwie von einem als erstes Argument übergebenen »Format–String« kontrolliert; §21.8).
- Die Funktion X::g() verwendet ein int[]–Argument. Dies mag akzeptabel sein, ist aber üblicherweise ein Anzeichen dafür, daß das Niveau der Schnittstelle zu niedrig ist. Ein Feld von Integern ist nicht selbstbeschreibend, weshalb es nicht offensichtlich ist, wie viele Elemente es haben sollte.
- Die Funktionen set_a() und get_a() enthüllen mit ziemlicher Sicherheit die interne Darstellung von Objekten der Klasse X, indem sie direkten Zugriff auf X::a ermöglichen.

Diese Elementfunktionen stellen eine Schnittstelle auf einem sehr niedrigen Abstraktionsniveau zur Verfügung. Klassen mit Schnittstellen auf dieser Ebene gehören grundsätzlich zu den Implementierungsdetails einer größeren Komponente, wenn sie überhaupt zu irgend etwas gehören. Im Idealfall enthält ein Argument einer Schnittstellenfunktion ausreichend Informationen, um sich selbst vollständig zu beschreiben. Als Faustregel sollte es möglich sein, die Anforderung einer Dienstleistung über eine dünne Service–Verbindung an einen externen Server zu übertragen.

C++ ermöglicht es dem Programmierer, die interne Darstellung einer Klasse als Teil der Schnittstelle zu formulieren. Diese Darstellung kann (mit private oder protected) versteckt werden, steht aber dem Compiler zur Verfügung, damit automatische Variablen angelegt werden können, um Inline–Ersetzungen zu ermöglichen und so weiter. Der Nachteil dabei ist, daß die Verwendung von Klassentypen in der Darstellung einer Klasse zu unbeabsichtigten Abhängigkeiten führen kann. Ob die Verwendung von Elementen vom Typ Y und Z ein Problem ist, hängt davon ab, welche Art von Typen Y und Z jeweils sind. Wenn es sich um einfache Typen, wie list, complex und string, handelt, ist deren Verwendung in den meisten Fällen ziemlich angemessen. Falls Y und Z aber selbst Schnittstellen zu signifikanten Komponenten darstellen, etwa zu einem Graphiksystem oder zu einem System zur Verwaltung von Bankkonten, könnte es schlauer sein, nicht direkt von ihnen abzuhängen. In derartigen Fällen ist die Verwendung eines Zeigers oder einer Referenz als Element häufig die bessere Alternative:

```
class Y;
class Z;

class X {        // X greift auf Y und Z nur über Zeiger und Referenzen zu
    Y* a;
    Z& b;
    // ...
};
```

Dies entkoppelt die Definition von X von den Definitionen von Y und Z. Die Definition von Y hängt damit nur noch von den Namen Y und Z ab. Die Implementierung von X wird natürlich immer noch von den Definitionen von Y und Z abhängen, dies wirkt sich auf die Verwendung von X aber nicht nachteilig aus.

Dies verdeutlicht einen wichtigen Punkt: eine Schnittstelle, die ein signifikantes Maß an Informationen versteckt (so wie es nützliche Schnittstellen tun sollten), wird weniger Abhängigkeiten haben, als die Implementierung, die versteckt wird. Die Definition von X kann z.B. ohne Zugriff auf die Definitionen von Y und Z kompiliert werden. Die Definitionen der Elementfunktionen von X, die die Y– und Z–Objekte manipulieren, brauchen allerdings Zugriff auf die Definitionen von Y und Z. Wenn Abhängigkeiten analysiert werden, müssen die Abhängigkeiten der Schnittstelle und die der Implementierung getrennt betrachtet werden. In beiden Fällen ist es für den Abhängigkeitsgraphen eines Systems am idealsten, wenn sie gerichtete Graphen ohne Zyklen darstellen, um das Verständnis und das Testen des Systems zu erleichtern. Dieses Ideal ist für Schnittstellen allerdings erheblich kritischer und häufig leichter erfüllbar als für Implementierungen.

Man beachte, daß eine Klasse drei Schnittstellen definieren kann:

```
class X {
private:
    // nur für Elemente und friends zugreifbar
protected:
    // nur für Elemente und friends und
    // für Elemente und friends von abgeleiteten Klassen zugreifbar
public:
    // für die Allgemeinheit zugreifbar
};
```

Zusätzlich bildet `friend` ein Teil der öffentlichen Schnittstelle (§11.5).

Ein Element sollte möglichst ein Teil der am stärksten einschränkenden Schnittstelle sein. Das bedeutet, daß ein Element `private` sein sollte, sofern es keinen Grund dafür gibt, einen erweiterten Zugriff zu ermöglichen. Falls ein erweiterter Zugriff notwendig ist, sollte es `protected` sein, sofern es keinen Grund dafür gibt, daß es `public` sein muß. Es ist fast immer eine schlechte Idee, ein Datenelement `public` oder `protected` zu machen. Die Funktionen und Klassen, die die öffentliche Schnittstelle bilden, sollten die Sichtweise auf die Klasse präsentieren, die zu ihrer Rolle als Darstellung eines Konzepts paßt.

Man beachte, daß abstrakte Klassen dazu verwendet werden können, eine weitere Ebene des Versteckens der internen Darstellung auszudrücken (§2.5.4, §12.3, §25.3).

24.4.3 Fette Schnittstellen

Im Idealfall sollte eine Schnittstelle nur die Operationen anbieten, die Sinn machen und von einer abgeleiteten Klasse, die die Schnittstelle implementiert, auch gut implementiert werden können. Das ist allerdings nicht immer so einfach. Man betrachte Listen, Felder, assoziative Felder, Bäume und so weiter. Wie in §16.2.2 gezeigt, ist es verführerisch und manchmal auch nützlich, eine Verallgemeinerung all dieser Typen (die üblicherweise *Container* genannt werden) anzubieten, die als Schnittstelle zu jedem Typ verwendet werden kann. Dies befreit den Anwender (wahrscheinlich) von der Notwendigkeit, sich mit den Details all dieser Container zu befassen. Die Definition einer Schnittstelle einer allgemeinen Containerklasse ist allerdings nicht einfach. Angenommen, man will Container als abstrakten Datentyp definieren. Welche Operationen sollte Container anbieten? Man könnte nur die Operationen anbieten, die jeder Container unterstützen kann (die Schnittmenge aller Operationen), aber das wäre eine lächerlich kleine Schnittstelle. Tatsächlich ist diese Schnittmenge in vielen interessanten Fällen leer. Alternativ könnte man die Vereinigungsmenge aller Operationen anbieten und einen Laufzeitfehler melden, wenn über diese Schnittstelle eine »nicht vorhandene« Operation für ein Objekt aufgerufen wird. Eine Schnittstelle, die eine derartige Vereinigungsmenge von Konzepten darstellt, wird eine *fette Schnittstelle* (englisch: *fat interface*) genannt. Man betrachte folgendes Beispiel für einen »allgemeinen Container« aus Objekten vom Typ T:

```cpp
class Container {
public:
    struct Bad_oper {          // Ausnahmeklasse
        const char* p;
        Bad_oper(const char* pp) : p(pp) { }
    };

    virtual void put(const T*) { throw Bad_oper("Container::put()"); }
    virtual T* get() { throw Bad_oper("Container::get()"); }

    virtual T*& operator[](int) { throw Bad_oper("Container::[](int)"); }
    virtual T*& operator[](const char*)
        { throw Bad_oper("Container::[](char*)"); }
    // ...
};
```

Container könnten dann wie folgt deklariert werden:

```cpp
class List_container : public Container, private list {
public:
    void put(const T*);
    T* get();
    // ... kein operator[]() ...
};

class Vector_container : public Container, private vector {
public:
    T*& operator[](int);
    T*& operator[](const char*);
    // ... kein put() oder get() ...
};
```

So lange man vorsichtig ist, ist alles gut:

```
void f()
{
    List_container lc;
    Vector_container vc;
    // ...
    anwendung(lc,vc);
}

void anwendung (Container& c1, Container& c2)
{
    T* p1 = c1.get();
    T* p2 = c2[3];
    // weder c2.get() noch c1[3] aufrufen
    // ...
}
```

Es gibt allerdings nur wenige Datenstrukturen, die sowohl den Indexoperator als auch Operationen im Stile von Listen gut unterstützen. Deshalb ist es wahrscheinlich keine gute Idee, eine Schnittstelle zu spezifizieren, die beides erwartet. Ansonsten führt dies zu Typüberprüfungen zur Laufzeit (§15.4) oder zu Ausnahmebehandlungen (Kapitel 14), um Laufzeitfehler zu vermeiden. Beispiel:

```
void anwendung2 (Container& c1, Container& c2)  // Erkennung ist leicht,
{                                                // Behandlung kann aber schwierig sein
    try {
        T* p1 = c1.get();
        T* p2 = c2[3];
        // ...
    }
    catch(Container::Bad_oper& bad) {
        // Oh!
        // Was nun?
    }
}
```

oder

```
void anwendung3 (Container& c1, Container& c2)  // frühe Erkennung kann umständlich,
{                                                // Behandlung kann immer noch schwierig sein
    if (dynamic_cast<List_container*>(&c1) &&
        dynamic_cast<Vector_container*>(&c2))
    {
        T* p1 = c1.get();
        T* p2 = c2[3];
        // ...
    }
    else {
        // Oh!
        // Was nun?
    }
}
```

In beiden Fällen kann die Laufzeit–Performance leiden und der generierte Code überraschend umfangreich werden. Menschen werden deshalb dazu verleitet, potentielle Fehler zu ignorieren und zu hoffen, daß sie nicht gerade dann auftreten, wenn das Programm sich in den Händen der Anwender befindet. Das Problem bei diesem Ansatz ist, daß ausreichendes Testen ebenfalls schwer und teuer ist.

Fette Schnittstellen sollten deshalb am besten vermieden werden, wenn die Laufzeit–Performance im Vordergrund steht, wenn strenge Garantien bezüglich der Korrektheit des Codes gefordert werden und, generell, wenn es eine gute Alternative gibt. Die Verwendung von fetten Schnittstellen weicht die Korrespondenz zwischen Konzepten und Klassen auf und öffnet somit Tür und Tor für den Einsatz von Vererbung als reine Implementierungsbequemlichkeit.

24.5 Ratschläge

1. Entwickeln Sie in Richtung einer Verwendung von Datenabstraktion und objektorientierter Programmierung; §24.2.
2. Verwenden Sie C++–Sprachmittel und –Techniken nur dann, wenn sie benötigt werden; §24.2.
3. Sorgen Sie dafür, daß der Design– und der Programmierstil zusammenpassen; §24.2.1.
4. Richten Sie beim Design den Schwerpunkt auf Klassen/Konzepte statt auf Funktionen/Vorgehen; §24.2.1.
5. Verwenden Sie Klassen, um Konzepte darzustellen; §24.2.1, §24.3.
6. Verwenden Sie Vererbung (nur), um hierarchische Beziehungen zwischen Konzepten darzustellen; §24.2.2, §24.2.5, §24.3.2.
7. Drücken Sie starke Garantien über Schnittstellen in Form von statischen Typen der Anwendungsebene aus; §24.3.2.
8. Verwenden Sie Programmgeneratoren und Werkzeuge zur direkten Manipulierung, um wohldefinierte Aufgaben zu vereinfachen; §24.2.4.
9. Vermeiden Sie Programmgeneratoren und Werkzeuge zur direkten Manipulierung, die nicht sauber mit einer Programmiersprache für allgemeine Zwecke harmonieren; §24.2.4.
10. Halten Sie getrennte Abstraktionsniveaus getrennt; §24.3.1.
11. Legen Sie einen Schwerpunkt auf den Entwurf von Komponenten; §24.4.
12. Vergewissern Sie sich, daß virtuelle Funktionen eine wohldefinierte Bedeutung haben und jede überschreibende Funktion dieser Bedeutung gerecht wird; §24.3.2.1.
13. Verwenden Sie öffentliche Vererbung, um *ist-ein*–Beziehungen darzustellen; §24.3.4.
14. Verwenden Sie Elemente, um *hat-ein*–Beziehungen darzustellen; §24.3.4.
15. Ziehen Sie bei einfachen Enthalten–Beziehungen direkt enthaltene Elemente Zeigern auf Objekte vor; §24.3.3.
16. Stellen Sie sicher, daß Verwendungsbeziehungen verstanden werden, so weit es geht nicht zyklisch sind und möglichst selten auftreten; §24.3.5.
17. Definieren Sie für alle Klassen Invarianten; §24.3.7.1.
18. Drücken Sie Vor– und Nachbedingungen sowie andere Behauptungen als Assertions aus (möglicherweise mit Hilfe von `Assert()`); §24.3.7.2.
19. Definieren Sie Schnittstellen, um nur ein Mindestmaß an Informationen preiszugeben; §24.4.
20. Minimieren Sie die Abhängigkeiten einer Schnittstelle von anderen Schnittstellen; §24.4.2.
21. Halten Sie die Schnittstellen streng typisiert; §24.4.2.
22. Formulieren Sie Schnittstellen in Form von Datentypen der Anwendungsebene; §24.4.2.

23. Formulieren Sie Schnittstellen so, daß eine Anfrage an einen externen Server übertragen werden könnte; §24.4.2.
24. Vermeiden Sie fette Schnittstellen; §24.4.3.
25. Verwenden Sie, wann immer das möglich ist, `private` Daten und Elementfunktionen; §24.4.2.
26. Verwenden Sie den Unterschied zwischen `public` und `protected`, um zwischen den Anforderungen des Designs einer abgeleiteten Klasse und generellen Anwendungen zu unterscheiden; §24.4.2.
27. Verwenden Sie Templates zur generischen Programmierung; §24.4.1.
28. Verwenden Sie Templates, um das Verhalten eines Algorithmus zu parametrisieren; §24.4.1.
29. Verwenden Sie Templates, wenn die Zuordnung von Datentypen zur Kompilierzeit benötigt wird; §24.4.1.
30. Verwenden Sie Klassenhierarchien, wenn die Zuordnung von Datentypen zur Laufzeit benötigt wird; §24.4.1.

Die Rolle von Klassen $\mathbf{25}$

Some things better change ...
but fundamental themes
should revel in persistence.
— *Stephen J. Gould*

25.1 Klassenarten

Die C++–Klasse ist ein Konstrukt der Programmiersprache, das zahlreiche Designanforderungen abdeckt. Ich habe festgestellt, daß die meisten verzwickten Designprobleme in der Tat durch Einführung einer neuen Klasse, die einen Gedanken repräsentiert, der im vorher entworfenen Design implizit ausgelassen wurde, (und möglicherweise durch Entfernen anderer Klassen) gelöst werden. Die große Bandbreite von Rollen, die eine Klasse spielen kann, führt zu einer großen Bandbreite von Klassen, die spezialisiert sind, um eine spezielle Anforderung gut abzudecken. In diesem Kapitel werden einige fundamentale Klassenarten zusammen mit ihren Vor– und Nachteilen beschrieben:

§25.2 Konkrete Typen
§25.3 Abstrakte Typen
§25.4 Knoten
§25.5 Operationen
§25.6 Schnittstellen
§25.7 Handles
§25.8 Anwendungs–Frameworks

Diese »Klassenarten« bilden Designgedanken und keine Sprachkonstrukte. Das unerreichte und wahrscheinlich auch unerreichbare Ideal besteht darin, eine minimale Menge von einfachen und orthogonalen Klassenarten zu besitzen, aus denen alle sich wohlverhaltenden und nützlichen Klassen erzeugt werden können. Es ist wichtig, zu beachten, daß jede dieser Klassenarten beim Design eine eigene Position einnimmt und keine für alle Anwendungen inhärent besser als die andere ist. Bei Diskussionen über das Design und die Programmierung entsteht viel Durcheinander durch Personen, die versuchen, ausschließlich ein oder zwei Klassenarten zu verwenden. Dies wird normalerweise im Namen der Einfachheit gemacht, führt aber zu verdrehten und unnatürlichen Verwendungen der favorisierten Klassenarten.

   Diese Beschreibung betont die reine Form dieser Klassenarten. Natürlich können auch hybride Formen eingesetzt werden. Hybride Formen sollten jedoch als Ergebnis einer Designentscheidung zustandekommen, die auf einer Beurteilung der technischen Unterschiede und nicht in Folge des fehlgeleiteten Versuchs, eine Entscheidung vermeiden zu wollen, basiert. »Entscheidungen verschieben« ist zu häufig ein beschönigender Ausdruck für »Nachdenken vermeiden«. Neulinge im Bereich des Designs sind wahrscheinlich gut beraten, auf hybride Formen zunächst zu verzichten und sich am Stil einer bestehenden Komponente zu orientieren, deren Eigenschaften mit der neuen Komponente einigermaßen übereinstimmen. Nur erfahrene Programmierer sollten versuchen, eine allgemeingültige Komponente oder Bibliothek zu schreiben, und jeder Bibliotheksimplementierer sollte dazu »verdammt« werden, seine oder ihre Kreation für einige Jahre zu verwenden, zu dokumentieren und zu supporten. Beachten Sie bitte auch §23.5.1.

25.2 Konkrete Typen

Klassen wie vector (§16.3), list (§17.2.2), Datum (§10.3) und complex (§11.3, §22.5) sind in dem Sinn *konkret*, daß jede die Darstellung eines relativ einfachen Konzepts ist, bei dem alle Operationen für die Unterstützung des Konzepts unabdingbar sind. Jede hat außerdem eine 1:1–Beziehung zwischen ihrer Schnittstelle und einer Implementierung, und keine ist als Basisklasse für Vererbung vorgesehen. Konkrete Typen passen üblicherweise nicht in eine Hierarchie verwandter Klassen. Jeder konkrete Typ kann isoliert mit minimalen Verweisen auf andere Klassen verstanden werden. Falls ein konkreter Typ gut implementiert ist, sind Programme, die ihn verwenden, in Hinsicht auf Größe und Geschwindigkeit mit Programmen vergleichbar, die ein Anwender mit handgeschriebenen und spezialisierten Versionen des Konzepts schreiben würde. Falls sich die Implementierung signifikant ändert, wird deshalb normalerweise auch die Schnittstelle entsprechend modifiziert. Ein konkreter Typ ähnelt in dieser Hinsicht einem eingebauten Typ. Die eingebauten Datentypen sind naturgemäß alle konkret. Selbstdefinierte konkrete Typen, wie komplexe Zahlen, Matrizen, Fehlermeldungen und symbolische Verweise dienen Anwendungsgebieten oft als fundamentale Datentypen.

Der genaue Charakter der Schnittstelle einer Klasse bestimmt, welche Änderungen der Implementierung in diesem Zusammenhang signifikant sind. Abstraktere Klassen lassen mehr Raum für Änderungen der Implementierung, können dabei aber die Laufzeit aufs Spiel setzen. Eine gute Implementierung wird darüber hinaus nur von wenigen anderen Klassen abhängen, damit die Klasse ohne Mehraufwand, der beim Kompilieren oder zur Laufzeit durch die Anpassung anderer »ähnlicher« Klassen im Programm verursacht wird, verwendet werden kann.

Zusammengefaßt strebt eine Klasse, die einen konkreten Typ darstellt, danach

1. eine enge Übereinstimmung mit einem speziellen Konzept und einer besonderen Implementierungsstrategie herzustellen,
2. eine Laufzeit– und Speicherplatzeffizienz anzubieten, die mit »handgeschriebenem« Code unter Verwendung von Inline–Funktionen und –Operationen alle Vorteile der Eigenschaften des Konzepts und seiner Implementierung ausnutzt,
3. nur minimal von anderen Klassen abhängig und
4. in Isolation verständlich und einsetzbar zu sein.

Das Ergebnis ist eine enge Bindung zwischen Anwender– und Implementierungscode. Falls die Implementierung irgendwie verändert wird, muß der Anwendungscode nur kompiliert werden, da er fast immer Aufrufe von Inline–Funktionen oder lokale Variablen eines konkreten Typs enthält.

Die Bezeichnung »konkreter Typ« wurde als Kontrast zu der üblichen Bezeichnung »abstrakter Typ« gewählt. Die Beziehung zwischen konkreten und abstrakten Typen wird in §25.3 beschrieben.

Konkrete Typen können Gemeinsamkeiten nicht direkt ausdrücken. Die Klassen list und vector bieten z.B. ähnliche Mengen von Operationen und können austauschbar von einigen Template–Funktionen verwendet werden. Es gibt aber keine Beziehung zwischen den Datentypen list<int> und vector<int> oder zwischen list<Form*> und list<Kreis*> (§13.6.3), auch wenn *wir* die Ähnlichkeiten erkennen können.

Für den naiven Designer konkreter Typen bedeutet dies, daß Code, der sie in ähnlicher Weise verwendet, verschieden aussieht. Das Iterieren durch eine Liste mit next() unterscheidet sich z.B. erheblich vom Iterieren durch einen Vektor mit dem Indexoperator:

```
void mein(Liste& sl)
{
    for (T* p = sl.first(); p; p = sl.next()) {     // »natürliche« Listen-Iteration
        // mein Kram
    }
    // ...
}


void dein(Vektor& v)
{
    for (int i = 0; i<v.size(); i++) {              // »natürliche« Vektor-Iteration
        // dein Kram
    }
    // ...
}
```

Der Unterschied beim Stil des Iterierens ist in dem Sinne natürlich, daß eine Operation »hole-nächstes-Element« (next()) für eine Liste (aber nicht für einen Vektor) und der Indexzugriff für einen Vektor (aber nicht für eine Liste) unabdingbar ist. Die Verfügbarkeit von Operationen, die in Hinsicht einer ausgewählten Implementierungsstrategie »natürlich« sind, ist oft kritisch für die Effizienz und wichtig für die Vereinfachung beim Schreiben von Code.

Der offensichtliche Haken besteht darin, daß der Code für im Prinzip ähnliche Operationen, wie die beiden vorher vorgestellten Schleifen, und Code, der für ähnliche Operationen unterschiedliche konkrete Typen verwendet, nicht ausgetauscht werden kann. In realistischen Beispielen braucht man erhebliches Denkvermögen, um Ähnlichkeiten zu finden, und umfassendes Redesign, um solche Ähnlichkeiten auszunutzen, wenn sie einmal gefunden wurden. Die Standardcontainer und –algorithmen sind ein Beispiel für ein gründliches Überdenken, das dazu verwendet werden kann, Ähnlichkeiten zwischen konkreten Typen auszunutzen, ohne ihre Effizienz und ihre eleganten Vorteile zu verlieren (§16.2).

Um einen konkreten Typs als Argument zu übergeben, muß eine Funktion diesen Typ als exakten Datentyp des Arguments spezifizieren. Es gibt keine Vererbungsbeziehung, die dazu verwendet werden kann, daß die Argumentdeklaration weniger speziell ist. Um Ähnlichkeiten zwischen konkreten Typen auszunutzen, braucht man deshalb Templates und die generische Programmierung (wie in §3.8 beschrieben). Wenn die Standardbibliothek verwendet wird, wird die Iteration zu folgendem:

```
template<class C> void unser(const C& c)
{
    // Iteration der Standardbibliothek:
    for (C::const_iterator p = c.begin(); p!=c.end(); ++p) {
        // ...
    }
}
```

Die fundamentale Ähnlichkeit zwischen den Containern wird ausgedrückt und bietet somit die Möglichkeit, weiter ausgenutzt zu werden, wie dies bei den Standardalgorithmen der Fall ist (Kapitel 18).

Um einen konkreten Typ gut zu verwenden, muß der Anwender dessen spezielle Details kennen. Es gibt (üblicherweise) keine generellen Eigenschaften, die auf alle konkreten Typen einer Bibliothek zutreffen, auf denen aufgebaut werden kann, um den Anwender vor der Mühe zu bewahren, die individuellen Klassen kennen zu müssen. Das ist der Preis für Kompaktheit und Effizienz zur Laufzeit. Manchmal ist dies ein Preis, den zu bezahlen es wert ist, manchmal auch nicht. Es kann außerdem passieren, daß eine einzelne konkrete Klasse einfacher zu verstehen und zu verwenden ist, als dies bei einer allgemeineren (abstrakten) Klasse der Fall ist. Dies ist oft bei Klassen der Fall, die wohlbekannte Datentypen, wie Felder und Listen, repräsentieren.

Man beachte allerdings, daß man immer noch anstreben sollte, von der Implementierung so viel wie möglich zu verstecken, ohne die Performance ernsthaft in Gefahr zu bringen. Inline–Funktionen können in diesem Zusammenhang ein großer Gewinn sein. Es ist dagegen keine gute Idee, Datenelemente öffentlich zu machen oder deren direkte Manipulierung über entsprechende Funktionen zu ermöglichen (§24.4.2). Konkrete Typen sollten immer noch Typen und keine Datenstrukturen sein, denen zur Bequemlichkeit einige Funktionen hinzugefügt wurden.

25.2.1   Wiederverwendung von konkreten Typen

Konkrete Typen sind selten als Basisklasse für weitere Ableitungen nützlich. Jeder konkrete Typ dient zur sauberen und effizienten Darstellung eines einzelnen Konzepts. Eine Klasse, die dies gut macht, ist selten ein guter Kandidat für die Erzeugung von anderen, aber verwandten Klassen durch öffentliche Vererbung. Solche Klassen sind oft als Elemente oder private Basisklassen sinnvoll. Dort können sie effektiv verwendet werden, ohne daß ihre Schnittstelle und ihre Implementierung mit den neuen Klassen vermischt oder von ihnen aufs Spiel gesetzt wird. Man betrachte das Ableiten einer neuen Klasse von Datum:

```
class MeinDatum : public Datum {
    // ...
};
```

Ist es jemals richtig, MeinDatum einfach nur als Datum zu verwenden? Nun, das hängt davon ab, was MeinDatum ist, aber nach meiner Erfahrung passiert es selten, daß man einen konkreten Typ findet, der sich ohne Modifikationen als gute Basisklasse eignet.

Ein konkreter Typ wird genauso wie eingebaute Typen, wie z.B. int, unverändert »wiederverwendet« (§10.3.4). Beispiel:

```
class Datum_und_Zeit {
private:
    Datum d;
```

```
    Zeit t;
public:
    // ...
};
```

Diese Form der Verwendung (Wiederverwendung?) ist normalerweise einfach, wirksam und wirtschaftlich.

War es möglicherweise ein Fehler, Datum nicht so zu entwerfen, daß es einfach ist, es durch Vererbung zu modifizieren? Manchmal wird behauptet, daß *jede* Klasse für Modifikationen durch Überschreiben und durch Zugriff von Elementfunktionen abgeleiteter Klassen offen sein sollte. Dies führt zu einer Variante von Datum nach folgendem Muster:

```
class Datum2 {
public:
    // öffentliche Schnittstelle, enthält in erster Linie virtuelle Funktionen
protected:
    // andere Implementierungsdetails (möglicherweise mit einigen internen Darstellungen)
private:
    // interne Darstellung und andere Implementierungsdetails
};
```

Um das Überschreiben von Funktionen einfach und effizient zu machen, wird die interne Darstellung als protected deklariert. Damit wird das Ziel, Datum2 durch Vererbung ohne Veränderung der Anwenderschnittstelle beliebig verformbar zu machen, erreicht. Es gibt allerdings auch Kosten:

1. *Weniger effiziente Basisoperationen.* Der Aufruf einer virtuellen C++–Funktion ist ein Bruchteil langsamer als ein herkömmlicher Funktionsaufruf. Virtuelle Funktionen können nicht so oft inline sein wie nicht–virtuelle Funktionen, und eine Klasse mit virtuellen Funktionen führt üblicherweise zu einem Mehrbedarf an Speicherplatz für ein Wort.

2. *Die Notwendigkeit, den Freispeicher zu verwenden.* Das Ziel von Datum2 besteht darin, es zu ermöglichen, daß Objekte unterschiedlicher abgeleiteter Klassen wechselseitig verwendet werden können. Da sich die Größe dieser abgeleiteten Klassen unterscheidet, ist es naheliegend, sie im Freispeicher anzulegen und darauf über Zeiger oder Referenzen zuzugreifen. Die Verwendung von echten lokalen Variablen nimmt rapide ab.

3. *Unbequemlichkeit für Anwender.* Um von dem durch die virtuellen Funktionen angebotenen Vorteil zu profitieren, muß auf Objekte der Klasse Datum2 über Zeiger oder Referenzen zugegriffen werden.

4. *Schwächere Datenkapselung.* Die virtuellen Operationen können überschrieben werden, und durch protected geschützte Daten können von einer abgeleiteten Klasse verändert werden (§12.4.1.1).

Diese Kosten spielen natürlich nicht immer eine Rolle, und oft will man exakt das hier beschriebene Verhalten einer Klasse haben (§25.3, §25.4). Für einen einfachen konkreten Typ wie Datum2 sind diese Kosten aber unnötig und können eine Rolle spielen.

Ein gut entworfener konkreter Typ ist schließlich oft die ideale Darstellung für einen verformbaren Typ. Beispiel:

```
class Datum3 {
public:
    // öffentliche Schnittstelle, enthält in erster Linie virtuelle Funktionen
private:
```

```
    Datum d;
};
```

Auf diese Art und Weise kann man einen konkreten Typ (dazu gehören auch eingebaute Datentypen) bei Bedarf in eine Klassenhierarchie integrieren (siehe auch §25.10–Ü1).

25.3 Abstrakte Typen

Die einfachste Möglichkeit, die Bindung zwischen Anwendern einer Klasse und deren Implementierung sowie zwischen Code, der Objekte erzeugt, und Code, der solche Objekte verwendet, zu
lockern, besteht in der Einführung einer abstrakten Klasse, die die Schnittstelle zu einer Reihe von
Implementierungen für ein gemeinsames Konzept repräsentiert. Man betrachte eine naive Menge:

```
template<class T> class Menge {
public:
    virtual void einfuegen(T*) = 0;
    virtual void entfernen(T*) = 0;

    virtual int ist_element(T*) = 0;

    virtual T* first() = 0;
    virtual T* next() = 0;

    virtual ~Menge() { }
};
```

Dies definiert eine Schnittstelle zu einer Menge mit einer eingebauten Möglichkeit, über die Elemente iterieren zu können. Die Abwesenheit eines Konstruktors und die Anwesenheit eines virtuellen Destruktors ist typisch (§12.4.2). Zahlreiche Implementierungen sind möglich (§16.2.1).
Beispiel:

```
template<class T> class ListeMenge : public Menge<T>, private list<T> {
    //...
};

template<class T> class VektorMenge : public Menge<T>, private vector<T> {
    //...
};
```

Die abstrakte Klasse stellt die gemeinsame Schnittstelle der Implementierungen zur Verfügung.
Dies bedeutet, daß man Menge verwenden kann, ohne zu wissen, welche Art von Implementierung
verwendet wird. Beispiel:

```
void f(Menge<Flugzeug*>& m)
{
    for (Flugzeug** p = m.first(); p; p = m.next()) {
        // mein Kram
    }
    //...
}
```

```
ListeMenge<Flugzeug*> lm;
VektorMenge<Flugzeug*> vm(100);

void g()
{
    f(lm);
    f(vm);
}
```

Bei konkreten Typen wurde die Implementierung neu entworfen, um Gemeinsamkeiten auszudrücken, und ein Template verwendet, um sie auszunutzen. Hier muß man eine gemeinsame Schnittstelle (in diesem Fall Menge) entwerfen. Für die Klassen, die zur Implementierung verwendet werden, wird aber bis auf die Forderung, die Schnittstelle zu implementieren, keine weitere Gemeinsamkeit benötigt.

Anwender der Klasse Menge brauchen außerdem nicht die Deklaration von ListeMenge und VektorMenge zu kennen. Anwendungen hängen somit nicht von diesen Deklarationen ab und müssen nicht neu kompiliert oder irgendwie verändert werden, wenn ListeMenge oder VektorMenge verändert werden oder sogar eine neue Implementierung von Menge (z.B. BaumMenge) eingeführt wird. Alle Abhängigkeiten sind in den Funktionen enthalten, die eine von Menge abgeleitete Klasse explizit verwenden. Bei der herkömmlichen Verwendung von Headerdateien muß der Programmierer, der f(Menge&) schreibt, insbesondere nur Menge.h und nicht ListeMenge.h oder VektorMenge.h einbinden. Eine »Implementierungs–Headerdatei« wird nur dort benötigt, wo eine ListeMenge bzw. eine VektorMenge erzeugt wird. Eine Implementierung kann von den jeweiligen Klassen noch weiter isoliert werden, indem eine abstrakte Klasse eingeführt wird, die die Anforderung für das Erzeugen der Objekte handhabt (eine sogenannte »Fabrik«, englisch: *factory*; §12.4.4).

Diese Trennung der Schnittstelle von der Implementierung bedeutet die Abwesenheit des Zugriffs auf Operationen, die für eine bestimmte Implementierung »natürlich«, aber nicht allgemein genug ist, um Teil der Schnittstelle zu werden. Da diese Menge z.B. nicht den Gedanken einer Reihenfolge unterstützt, kann in der Schnittstelle von Menge kein Indexoperator angeboten werden, auch wenn es passiert, daß eine spezielle Menge mit Hilfe eines Feldes implementiert wird. Dies führt zu Laufzeitkosten aufgrund fehlender manueller Optimierungen. Darüber hinaus werden Inline–Funktionen normalerweise unmöglich (außer in einer lokalen Umgebung, in der der Compiler den tatsächlichen Datentyp kennt), und alle interessanten Operationen mit der Schnittstelle werden virtuelle Funktionsaufrufe. Wie bei konkreten Typen sind die Kosten eines abstrakten Typs es manchmal wert, manchmal auch nicht. Zusammengefaßt strebt ein abstrakter Typ danach,

1. ein einzelnes Konzept auf eine Weise zu definieren, die es ermöglicht, daß mehrere Implementierungen nebeneinander koexistieren,
2. durch die Verwendung virtueller Funktionen eine vernünftige Effizienz bei der Laufzeit und beim Speicherplatz anzubieten,
3. dafür zu sorgen, daß jede Implementierung nur minimal von anderen Klassen abhängt, und
4. isoliert verständlich zu sein.

Abstrakte Typen sind nicht besser als konkrete Typen, nur anders. Der Anwender muß schwierige und wichtige Entscheidungen treffen. Der Bibliotheksanbieter kann sich vor diesem Aspekt drücken, indem er beides anbietet und damit dem Anwender die Wahl überläßt. Wichtig ist es, sich klar zu sein, zu welcher Welt eine Klasse gehört. Die Allgemeingültigkeit eines abstrakten Typs zu begrenzen, um in Hinsicht auf die Geschwindigkeit mit einem konkreten Typ mitzuhalten, führt normalerweise nicht zum Erfolg. Es setzt die Fähigkeit aufs Spiel, auswechselbare Implementierungen verwenden zu können, ohne daß nach Änderungen signifikante neue Kompilierungen notwendig sind. Der Versuch, »Allgemeingültigkeit« mit konkreten Typen anzubieten, um mit dem Gedanken des abstrakten Typs mitzuhalten, schlägt normalerweise genauso fehl. Er setzt die Effizienz und Angemessenheit einer einfachen Klasse aufs Spiel. Die beiden Ansätze können nebeneinander existieren (genaugenommen *müssen* sie beide existieren, da konkrete Klassen die Implementierung der abstrakten Klassen darstellen), aber sie dürfen nicht durcheinandergebracht werden.

Abstrakte Typen sind oft nicht für weitere Ableitungen vorgesehen. Vererbung wird oft verwendet, um Implementierungen zu liefern. Von einer abstrakten Klasse kann allerdings durch Ableiten einer umfassenderen abstrakten Klasse eine neue Schnittstelle erzeugt werden. Diese neue abstrakte Klasse muß dann wiederum durch eine nicht abstrakte Klasse abgeleitet werden (§15.2.5).

Warum wurden `list` und `vector` nicht gleich von `Menge` abgeleitet, um sich die Einführung der Klassen `ListeMenge` und `VektorMenge` zu sparen? Warum, mit anderen Worten, sollte man konkrete Typen haben, wenn man abstrakte haben kann?

1. *Effizienz.* Man möchte konkrete Typen wie `vector` und `list` haben, und zwar ohne die Mehraufwände, die durch das Entkoppeln der Implementierungen von der Schnittstelle entstehen (wie dies der abstrakte Stil impliziert).

2. *Wiederverwendung.* Man braucht einen Mechanismus, um Typen, die »sonstwo« entworfen werden (wie `vector` und `list`), in eine neue Bibliothek oder Anwendung durch Ausstattung mit einer neuen Schnittstelle (anstatt sie neu zu schreiben) zu integrieren.

3. *Mehrere Schnittstellen.* Die Verwendung einer einzelnen gemeinsamen Basisklasse für eine große Bandbreite von Klassen führt zu fetten Schnittstellen (§24.4.3). Es ist oft besser, für eine Klasse, die neuen Zwecken dient, eine neue Schnittstelle bereitzustellen (so wie die `Menge`-Schnittstelle für `vector`), anstatt ihre Schnittstelle für mehrere Zwecke zu modifizieren.

Diese Punkte gehören naturgemäß zusammen. Sie werden etwas detaillierter im Beispiel `Ival_box` (§12.4.2, §15.2.5) und im Rahmen des Designs der Container (§16.2) diskutiert. Die Verwendung von `Menge` als Basisklasse hätte dazu geführt, daß der Ansatz mit den universellen Basisklassen und einer Knotenklasse (§25.4) verwendet worden wäre.

Abschnitt §25.7 beschreibt einen flexibleren Iterator, bei dem bei der Initialisierung spezifiziert werden kann, zu welcher Implementierung er gehört. Dies kann zur Laufzeit aber wieder geändert werden.

25.4   Knotenklassen

Beim Aufbau einer Klassenhierarchie wird zu Vererbung eine andere Perspektive eingenommen als die Schnittstelle/Implementierung–Sicht für abstrakte Typen. Eine Klasse wird hier als Grundlage betrachtet, auf die aufgebaut werden kann. Auch wenn sie abstrakt ist, hat sie üblicherweise eine interne Darstellung und stellt den abgeleiteten Klassen einige Dienstleistungen zur Verfügung. Beispiele für eine solche Knotenklasse sind `Polygon` (§12.3), der initiale `Ival_slider` (§12.4.1) und `Satellite` (§15.2).

Eine Klasse einer Klassenhierarchie repräsentiert üblicherweise ein allgemeines Konzept, bei dem die abgeleiteten Klassen als Spezialisierung[1] betrachtet werden können. Die typische Klas-

---

[1]   A.d.Ü.: »Spezialisierung« im Sinne von »Konkretisierung«, da Vererbung im allgemeinen nicht einschränken sollte.

se, die als integraler Bestandteil einer Klasse entworfen wird, eine *Knotenklasse* (englisch: *node class*), basiert auf Dienstleistungen von Basisklassen, um eigene Dienstleistungen anzubieten. Das bedeutet, daß sie Elementfunktionen der Basisklasse aufruft. Eine typische Knotenklasse bietet nicht nur eine Implementierung der von der Basisklasse spezifizierten Schnittstelle (so wie es eine Implementierungsklasse für einen abstrakten Typ tut). Sie fügt auch selbst neue Funktionen hinzu und bietet somit eine umfangreichere Schnittstelle. Man betrachte die Klasse Auto aus dem Beispiel zur Verkehrssimulation in §24.3.2:

```
class Auto : public Fahrzeug {
public:
    Auto(int insassen, GroessenKategorie groesse, int gewicht, int ti)
        : Fahrzeug(insassen,groesse,gewicht), tankinhalt(ti) { /* ... */ }

    // relevante virtuelle Funktionen von Fahrzeug überschreiben

    void abbiegen(Richtung);
    // ...

    // autospezifische Funktionen hinzufügen:

    virtual void tanken(int menge);     // ein Auto braucht Benzin zum Fahren
    // ...
};
```

Wichtig sind die Konstruktoren, mit denen der Programmierer die Basiseigenschaften, die für die Simulation relevant sind, spezifiziert, sowie die (virtuellen) Funktionen, die es den Routinen der Simulation ermöglichen, ein Auto zu manipulieren, ohne dessen exakten Datentyp zu kennen. Ein Auto könnte wie folgt erzeugt und verwendet werden:

```
void anwendung()
{
    // ...
    Auto* p = new Auto(3,sparsam,1500,60);
    fahren(p,bs_home,MH);     // in Verkehrssimulation aufnehmen
    // ...
}
```

Eine Knotenklasse braucht normalerweise Konstruktoren und oft einen nichttrivialen Konstruktor. In dieser Hinsicht unterscheiden sich Knotenklassen von abstrakten Typen, die selten Konstruktoren haben.

Die Operationen von Auto werden in ihrer Implementierung üblicherweise Operationen der Basisklasse Fahrzeug verwenden. Zusätzlich setzt der Anwender von Auto auf Dienstleistungen der Basisklasse. Fahrzeug stellt z.B. die Basisfunktion zum Umgang mit Größe und Gewicht zur Verfügung, damit sie von Auto nicht implementiert werden muß:

```
bool Bruecke::kannUeberqueren(const Fahrzeug& f)
{
    if (hoechstgewicht<f.gewicht()) return false;
    // ...
}
```

Damit haben Programmierer die Möglichkeit, aus der Knotenklasse Fahrzeug neue Klassen wie
Auto und Laster zu erzeugen, indem sie nur das spezifizieren und implementieren, was sich von
Fahrzeug unterscheidet. Dies wird häufig als »Programmierung durch Unterscheidung« (englisch: *programming by difference*) und »Programmierung durch Erweiterung« (englisch: *programming by extension*) bezeichnet.

Wie viele Knotenklassen ist ein Auto selbst wiederum ein guter Kandidat für weitere Ableitungen. Ein Krankenwagen braucht z.B. zusätzliche Daten und Operationen, um mit Notfällen
umzugehen:

```
class Krankenwagen : public Auto, public Notfall {
public:
    Krankenwagen();

    // relevante virtuelle Funktion von Auto überschreiben

    void abbiegen(Richtung);
    // ...

    // relevante virtuelle Funktion von Notfall überschreiben

    virtual void aufnehmenAn(const Ort&);
    // ...

    // krankenwagenspezifische Funktionen hinzufügen

    virtual int patientenKapazitaet();      // Anzahl der Tragen
    // ...
};
```

Zusammengefaßt gilt für eine Knotenklasse, daß sie

1. sowohl in Hinsicht auf die Implementierung als auch in Hinsicht auf die angebotenen Dienstleistungen auf ihre Basisklasse aufsetzt,
2. ihren Anwendern im Vergleich zur Basisklasse eine umfangreichere Schnittstelle (mehr öffentliche Elementfunktionen) anbietet,
3. sich in ihrer öffentlichen Schnittstelle in erster Linie (aber nicht unbedingt nur) auf virtuelle
   Funktionen stützt,
4. von all ihren (direkten oder indirekten) Basisklassen abhängt,
5. nur im Zusammenhang mit ihrer Basisklasse verstanden werden kann,
6. als Basisklasse für weitere Ableitungen dienen kann und
7. verwendet werden kann, um Objekte zu erzeugen.

Nicht jede Kontenklasse mag die Punkte 1, 2, 6 und 7 erfüllen, aber die meisten tun es. Alle Klassen, auf die Punkt 6 nicht zutrifft, ähneln einem konkreten Typ und könnten *konkrete Kontenklasse*
genannt werden. Eine konkrete Kontenklasse könnte z.B. zur Implementierung einer abstrakten
Klasse verwendet werden (§12.4.2) und Variablen dieser Klasse können statisch auf dem Stack angelegt werden. Eine solche Klasse wird manchmal als *Blattklasse* (englisch: *leaf class*) bezeichnet.
Jeder Code, der mit Zeigern oder Referenzen einer Klasse mit virtuellen Funktionen operiert, muß
allerdings die Möglichkeit einer weiter abgeleiteten Klasse berücksichtigen (oder ohne Sprachunterstützung davon ausgehen, daß keine weitere Vererbung stattgefunden hat). Eine Klasse, die
Punkt 7 nicht erfüllt, gleicht einem abstrakten Typ und könnte *abstrakte Kontenklasse* genannt wer-

den. Aufgrund einer unglücklichen Tradition haben viele Kontenklassen zumindest einige durch protected geschützte Elemente, um abgeleiteten Klassen eine weniger restriktive Schnittstelle anzubieten (§12.4.1.1).

Punkt 4 bedeutet, daß ein Programmierer zum Kompilieren einer Kontenklasse die Deklarationen aller direkten und indirekten Basisklassen und alle Deklarationen, von denen diese wiederum abhängen, einbinden muß. Auch in dieser Hinsicht unterscheidet sich eine Kontenklasse von einem abstrakten Typ. Die Anwendung eines abstrakten Typs hängt nicht von der Klasse ab, die den abstrakten Typ implementiert, und muß zum Kompilieren deshalb nicht eingebunden werden.

25.4.1 Schnittstellen verändern

Nach ihrer Definition ist eine Kontenklasse Teil einer Klassenhierarchie. In einer Hierarchie muß nicht jede Klasse die gleiche Schnittstelle anbieten. So kann eine abgeleitete Klasse zusätzliche Elementfunktionen anbieten. Dagegen kann eine Geschwisterklasse eine völlig andere Menge von Funktionen zur Verfügung stellen. Aus Sicht des Designs kann dynamic_cast (§15.4) als Mechanismus betrachtet werden, der ein Objekt fragt, ob es eine bestimmte Schnittstelle anbietet.

Man betrachte beispielsweise ein einfaches Ein-/Ausgabe–System für Objekte. Anwender wollen Objekte aus einem Stream lesen, feststellen, ob sie den erwarteten Typ besitzen, und sie dann verwenden. Beispiel:

```
void anwendung()
{
    // ... Datei öffnen, die Formen enthalten sollte, und fs als IStream dazu verwenden ...

    Io_obj* p = get_obj(fs);     // Objekt vom Stream lesen

    if (Form* sp = dynamic_cast<Form*>(p)) {
        sp->zeichne();           // Form verwenden
        // ...
    }
    else {
        // Oh, keine Form in der Form-Datei
    }
}
```

Die Funktion anwendung() greift auf Formen ausschließlich über die abstrakte Klasse Form zu und kann somit jede beliebige Form verwenden. Die Verwendung von dynamic_cast ist unabdingbar, da das Ein-/Ausgabe–System für Objekte mit vielen anderen Objektarten operieren kann und der Anwender versehentlich eine Datei geöffnet haben könnte, die wunderbare Objekte einer Klasse enthält, von der der Anwender noch nie etwas gehört hat.

Dieses Ein-/Ausgabe–System für Objekte geht davon aus, daß das gelesene oder geschriebene Objekt zu einer Klasse gehört, die von Io_obj abgeleitet wurde. Die Klasse Io_obj muß somit ein polymorpher Datentyp sein, um die Verwendung von dynamic_cast zu ermöglichen. Beispiel:

```
class Io_obj {
public:
    virtual Io_obj* klonen() const =0;    // polymorph
    virtual ~Io_obj() {}
};
```

Die kritische Funktion des Objekt–Ein-/Ausgabe–Systems ist `get_obj()`, die Daten von einem `istream` liest und basierend auf diesen Daten Objekte der Klasse erzeugt. Man gehe davon aus, daß die Daten, die das Objekt in einem Eingabe–Stream repräsentieren, von einem String angeführt werden, der die Klasse des Objekts identifiziert. Die Aufgabe von `get_obj()` besteht darin, diesen führenden String zu lesen und eine Funktion aufzurufen, die in der Lage ist, ein Objekt der richtigen Klasse zu erzeugen und zu initialisieren. Beispiel:

```
typedef Io_obj* (*PF)(istream&);     // Zeiger auf eine Funktion, die ein Io_obj* liefert

map<string,PF> io_map;               // Zuordnung zwischen Strings und Erzeugungsfunktion

bool get_word(istream& is, string& s);   // ein Wort von is in s einlesen

Io_obj* get_obj(istream& s)
{
        string str;
        bool b = get_word(s,str);              // führendes Wort in str einlesen
        if (b == false) throw No_class();      // Problem beim Ein-/Ausgabe-Format

        PF f = io_map[str];                    // Suche Erzeugungsfunktion zu str
        if (f == 0) throw Unknown_class();     // keine passende Funktion gefunden

        return f(s);                           // Objekt aus dem Stream erzeugen
}
```

Die map mit dem Namen `io_map` enthält Paare von Strings und Funktionen, die Objekte der Klasse, deren Name der String enthält, erzeugen können.

Man könnte `Form` in der üblichen Weise definieren, außer daß sie, wie von `anwendung()` verlangt, von `Io_obj` abgeleitet werden muß:

```
class Form : public Io_obj {
    // ...
};
```

Es wäre allerdings interessanter (und in vielen Fällen realistischer) eine definierte `Form` (§2.6.2) unverändert beizubehalten:

```
class Io_kreis : public Kreis, public Io_obj {
public:
    Io_kreis* klonen() const     // Copy-Konstruktor aufrufen
        { return new Io_kreis(*this); }
    Io_kreis(istream&);                  // anhand Eingabe-Stream initialisieren
    static Io_obj* neuer_kreis(istream& s)
        { return new Io_kreis(s); }
    // ...
};
```

Dieses Beispiel zeigt, wie eine Klasse mit Hilfe einer abstrakten Klasse mit weniger Voraussicht in eine Hierarchie eingepaßt werden kann, als erforderlich wäre, um sie gleich als Kontenklasse zu entwickeln (§12.4.2, §25.3).

Der Konstruktor Io_kreis(istream&) initialisiert ein Objekt anhand der Daten des als Argument übergebenen Streams. Die Funktion neuer_kreis() ist diejenige, die in die io_map eingetragen wird, um die Klasse dem Objekt–Ein-/Ausgabe–System bekannt zu machen:

```
io_map["Io_kreis"] = &Io_kreis::neuer_kreis;
```

Andere Formen werden auf die gleiche Art und Weise erzeugt:

```
class Io_dreieck : public Dreieck, public Io_obj {
    // ...
};
```

Falls die Bereitstellung des Gerüsts für die Objekt–Ein-/Ausgabe ermüdend wird, könnte ein Template helfen:

```
template<class T> class Io : public T, public Io_obj {
public:
    Io* klonen() const { return new Io(*this); }    // Io_obj::klonen() überschreiben

    Io(istream&);                    // anhand Eingabe-Stream initialisieren

    static Io* new_io(istream& s) { return new Io(s); }
    // ...
};
```

Damit kann man Io_kreis wie folgt definieren:

```
typedef Io<Kreis> Io_kreis;
```

Man muß Io<Kreis>::Io(istream&) allerdings immer noch explizit definieren, da man dort über die Details von Kreis Bescheid wissen muß.

Das Template Io ist ein Beispiel für eine Möglichkeit, konkrete Typen in eine Klassenhierarchie einzubinden, indem ein Handle zur Verfügung gestellt wird, das in dieser Hierarchie einen Knoten bildet. Es wird von seinem Template–Parameter abgeleitet, um Umwandlungen von Io_obj zu ermöglichen. Leider schließt dies die Verwendung von Io für eingebaute Datentypen aus:

```
typedef Io<Datum> Io_datum;     // verpackt konkreten Typ
typedef Io<int> Io_int;         // Fehler: kann nicht von eingebautem Typ ableiten
```

Dieses Problem wird gelöst, indem ein separates Template für eingebaute Datentypen oder indem eine Klasse verwendet wird, die einen eingebauten Datentyp repräsentiert (§25.10–Ü1).

Dieses einfache Objekt–Ein-/Ausgabe–System mag nicht alles leisten, was man sich nur wünschen kann, es paßt aber fast auf eine einzelne Seite, und die entscheidenden Mechanismen haben viele Anwendungen. Diese Techniken können allgemein dazu verwendet werden, um eine Funktion auf Basis eines Strings, der vom Anwender zur Verfügung gestellt wird, aufzurufen und Objekte unbekannten Typs mit einer Schnittstelle zu manipulieren, die durch Laufzeit–Typinformationen identifiziert werden.

25.5 Aktionen

Die einfachste und naheliegendste Möglichkeit, um in C++ eine Aktion zu spezifizieren, besteht darin, eine Funktion zu schreiben. Falls eine Aktion allerdings verzögert werden muß, vor der Ausführung »irgendwo anders« übertragen werden muß, ihre eigenen Daten braucht, mit anderen Aktionen kombiniert werden muß (§25.10–Ü18, §25.10–Ü19) und so weiter, dann empfiehlt es sich häufig, eine Aktion in der Form einer Klasse anzubieten, die die beabsichtigte Aktion ausführen und auch andere Dienstleistungen anbieten kann. Ein Funktionsobjekt, das mit den Standardalgorithmen verwendet wird, (§18.4) und die mit iostreams verwendeten Manipulatoren (§21.4.6) sind offensichtliche Beispiele dafür. Im ersten Beispiel wird die Aktion durch den Operator der Anwendung aufgerufen, im zweiten Fall geschieht dies durch die Operatoren << und >>. Bei den Beispielen Format (§21.4.6.3) und Matrix (§22.4.7) wurden Kompositorklassen verwendet, um die Ausführung zu verschieben, bis ausreichend Informationen für eine effiziente Ausführung gesammelt wurden.

Eine gemeinsame Form von Aktionsklassen ist eine einfache Klasse, die nur eine virtuelle Funktion enthält, die üblicherweise einen Namen wie »do_it« (»mach_es«) trägt:

```
class Aktion {
public:
    virtual int do_it(int) = 0;
    virtual ~Aktion() { }
};
```

Damit kann man Code schreiben (z.B. für ein Menü), der Aktionen für eine spätere Ausführung speichern kann, indem Funktionszeiger verwendet werden, ohne irgend etwas über die aufgerufenen Objekte zu wissen und sogar ohne den Namen der aufgerufenen Operationen zu kennen. Beispiel:

```
class Write_file : public Aktion {
    File& f;
public:
    int do_it(int) { return f.write().succeed(); }
};

class FehlerAntwort : public Aktion {
    string message;
public:
    FehlerAntwort (const string& s) : message(s) { }
    int do_it(int);
};

int FehlerAntwort::do_it(int)
{
    Response_box db(message.c_str(), "continue","cancel","retry");

    switch (db.get_response()) {
    case 0:
        return 0;
    case 1:
        abort();
    case 2:
```

```
            current_operation.redo();
            return 1;
        }
    }


    Aktion* aktionen[] = {
        new Write_file(f),
        new FehlerAntwort("Du hast es schon wieder vermasselt"),
        // ...
    };
```

Die Verwendung von Aktion kann vollständig von irgendeinem Wissen über die abgeleiteten Klassen, wie Write_file und FehlerAntwort, isoliert werden.

Dies ist eine mächtige Technik, die von Personen mit einem Background mit funktionaler Aufteilung mit Vorsicht verwendet werden sollte. Falls zu viele Klassen anfangen, wie Aktion auszusehen, könnte das generelle Design des Systems zu etwas übertrieben Funktionalem verkommen sein.

Eine Klasse kann schließlich eine Operation zur Ausführung auf einem anderen Rechner oder zur späteren Verwendung speichern (§25.10–Ü18).

25.6   Schnittstellenklassen

Eine der wichtigsten Klassenarten ist die bescheidene und meistens übersehene Schnittstellenklasse (englisch: *interface class*). Eine Schnittstellenklasse macht nicht viel (sonst wäre sie keine Schnittstellenklasse). Sie paßt einfach das Erscheinungsbild einiger Dienstleistungen an lokale Bedürfnisse an. Da es im Prinzip unmöglich ist, alle Bedürfnisse gleichzeitig zu befriedigen, sind Schnittstellenklassen unabdingbar, wenn es darum geht, Code gemeinsam zu verwenden, ohne alle Anwender in eine gemeinsame Zwangsjacke zu stecken.

In der reinsten Form einer Schnittstelle wird noch nicht einmal Code generiert. Man betrachte die Vektor–Spezialisierung aus §13.5:

```
template<class T> class Vektor<T*> : private Vektor<void*> {
public:
    typedef Vektor<void*> Basis;

    Vektor() : Basis() {}
    Vektor(int i) : Basis(i) {}

    T*& operator[](int i) {
        return static_cast<T*&>(Basis::operator[](i));
    }

    // ...
};
```

Diese (partielle) Spezialisierung verwandelt die unsichere Klasse Vektor<void*> in eine sehr viel nützlichere Familie von typsicheren Vektorklassen. Inline–Funktionen sind oft unabdingbar, um Schnittstellenklassen erschwinglich zu machen. In Fällen wie diesem, wenn eine Inline–Funktion lediglich Funktionsaufrufe weiterreicht, gibt es keinen zusätzlichen Mehraufwand in Hinsicht auf Laufzeit und Speicherplatz.

Abstrakte Basisklassen (Klassen, die einen abstrakten Typ repräsentieren, der durch konkrete Typen (§25.2) implementiert wird) und die Handles aus §25.7 bilden naturgemäß eine Art Schnittstellenklasse. Hier geht es allerdings um Klassen, die neben der Anpassung der Schnittstelle keine weiteren spezifischen Funktionen besitzen.

Man betrachte das Problem, zwei Hierarchien mit Hilfe von mehrfacher Vererbung zusammenzufassen. Was kann man machen, wenn es einen Namenskonflikt gibt, weil zwei Klassen für virtuelle Funktionen den gleichen Namen verwendet haben, obwohl völlig verschiedene Operationen durchgeführt werden? Man betrachte z.B. ein Wildwest–Videospiel, in dem die Anwenderinteraktionen über eine allgemeine Fensterklasse gehandhabt werden:[2]

```
class Window {
    // ...
    virtual void draw();      // Fensterinhalt ausgeben
};

class Cowboy {
    // ...
    virtual void draw();      // Pistole aus dem Halfter ziehen
};

class CowboyWindow : public Cowboy, public Window {
    // ...
};
```

Ein CowboyWindow repräsentiert im Spiel die Animation eines Cowboys und handhabt die Anwender/Spieler–Interaktionen mit dem Charakter des Cowboys. Wir würden die Verwendung von mehrfacher Vererbung vorziehen, anstatt entweder Window oder Cowboy als Elemente zu deklarieren, da es sowohl für Window als auch für Cowboy viele Dienstleistungsfunktionen gibt. Wir würden diesen Funktionen gern ein CowboyWindow übergeben, ohne daß für den Programmierer spezielle Aktionen erforderlich sind. Dies führt allerdings zu dem Problem, CowboyWindow–Versionen für Cowboy::draw() und Window::draw() zu definieren.

In CowboyWindow kann nur eine Funktion draw() definiert werden. Schon weil die Dienstleistungsfunktionen Windows und Cowboys manipulieren, ohne CowboyWindows zu kennen, müssen in CowboyWindow beide draw()–Funktionen überschrieben werden. Beide Funktionen durch ein einzelnes draw() zu überschreiben wäre falsch, da die beiden Funktionalitäten außer dem (englischen) Namen nichts gemeinsam haben.

Schließlich wünschen wir uns noch, daß CowboyWindow zwei getrennte, eindeutige Namen für die geerbten Funktionen Cowboy::draw() und Window::draw() besitzt.

Um dieses Problem zu lösen, müssen wir sowohl für Cowboy als auch für Window eine zusätzliche Klasse einführen. Diese Klassen führen die beiden neuen Namen für die draw()–Funktionen ein und stellen sicher, daß ein Aufruf von draw() in Cowboy und Window diese neuen Funktionen aufruft:

```
class CCowboy : public Cowboy {     // Schnittstelle zu Cowboy mit umbenanntem draw()
public:
```

---

[2]   A.d.Ü.: Das englische Wort »draw« steht sowohl für »zeichnen« als auch für »(eine Waffe) ziehen«. Aus diesem Grund wird »draw« in diesem Beispiel nicht übersetzt.

```
        virtual int cow_draw() = 0;
        void draw() { cow_draw(); }        // Cowboy::draw() überschreiben
    };


    class WWindow : public Window {        // Schnittstelle zu Window mit umbenanntem draw()
    public:
        virtual int win_draw() = 0;
        void draw() { win_draw(); }         // Window::draw() überschreiben
    };
```

Damit können wir nun aus den Schnittstellenklassen CCowboy und WWindow eine Klasse
CowboyWindow zusammenstellen und cow_draw() und win_draw() mit den beabsichtigten
Effekten überschreiben:

```
    class CowboyWindow : public CCowboy, public WWindow {
        // ...
        void cow_draw();
        void win_draw();
    };
```

Man beachte, daß dieses Problem nur deshalb aufgetreten ist, weil die beiden draw()-Funktionen
die gleichen Argumente besitzen. Hätten sie unterschiedliche Argumenttypen, würden die üblichen Regeln zum Überladen sicherstellen, daß kein Problem auftritt, trotz der Tatsache, daß zwei
Funktionen, die nichts miteinander zu tun haben, den gleichen Namen besitzen.

Für jeden Einsatz einer Schnittstellenklasse kann man sich spezielle Spracherweiterungen vorstellen, die die gewünschten Anpassungen etwas effizienter oder eleganter durchführen könnten.
Jede Verwendung einer Schnittstellenklassen ist jedoch eher ein Einzelfall, und sie alle mit speziellen Sprachkonstrukten zu unterstützen, hätte zu einer hinderlichen Komplexität geführt. Speziell Namenskonflikte, die durch das Zusammenfassen von Klassenhierarchien auftreten, sind nicht
üblich (verglichen damit, wie oft ein Programmierer eine Klasse schreibt), und wenn sie vorkommen, dann beim Zusammenführen von Hierarchien aus verschiedenen Kulturen, so wie Spiele und
Fenstersysteme. Die Zusammenfassung solch unterschiedlicher Hierarchien ist nicht einfach, und
das Auflösen von Namenskonflikten wird eher ein kleines, wenn nicht das kleinste Problem sein.
Andere Probleme bilden die unterschiedliche Fehlerbehandlung, die unterschiedliche Initialisierung und unterschiedliche Strategien der Speicherverwaltung. Die Auflösung von Namenskonflikten wird hier diskutiert, da die Technik, eine Schnittstellenklasse einzuführen, die Funktionsaufrufe durchreicht, viele andere Anwendungen besitzt. Es kann nicht nur zum Wechseln von Namen,
sondern auch zum Wechseln von Argumenten, Rückgabetypen, zur Einführung von Laufzeitüberprüfungen und so weiter verwendet werden.

25.6.1 Anpassung von Schnittstellen

Eine Hauptverwendung von Schnittstellenfunktionen besteht darin, eine Schnittstelle anzupassen,
um die Erwartungen des Anwenders besser zu erfüllen und somit Code, der über den Anwendercode verteilt ist, in die Schnittstelle zu verschieben. Der Standardvektor beginnt z.B. mit dem
Index 0. Anwender, die andere Bereiche als 0 bis größe-1 wünschen, müssen seine Verwendung
entsprechend anpassen. Beispiel:

```
    void f()
    {
```

```
vector v<int>(10);        // Bereich [0:9]

// so tun, als wäre v im Bereich [1:10]

for (int i = 1; i<=10; i++) {
    v[i-1] = 7;           // nicht vergessen, den Index anzupassen
    // ...
}
}
```

Eine bessere Möglichkeit besteht darin, einen Vektor mit beliebigen Grenzen anzubieten:

```
class Vektor : public vector<int> {
    int lb;
public:
    Vektor(int low, int high) : vector<int>(high-low+1) { lb=low; }

    int& operator[](int i) { return vector<int>::operator[](i-lb); }

    int low() { return lb; }
    int high() { return lb+size()-1; }
};
```

Ein derartiger Vektor kann wie folgt verwendet werden:

```
void g()
{
    Vektor v(1,10);           // Bereich [1:10]

    for (int i = 1; i<=10; i++) {
        v[i] = 7;
        // ...
    }
}
```

Dies führt im Vergleich zum vorherigen Beispiel zu keinem Mehraufwand. Es ist klar, daß diese Vektor-Version einfacher zu lesen und schreiben sowie weniger fehleranfällig ist.

Schnittstellenklassen sind normalerweise eher klein und leisten (per Definition) eher wenig. Sie tauchen allerdings immer dann auf, wenn Software, die verschiedenen Ansätzen folgend geschrieben wurde, kooperieren muß und somit ein Bedarf besteht, zwischen verschiedenen Konventionen zu vermitteln. Schnittstellenklassen werden z.B. häufig verwendet, um C++-Schnittstellen für Nicht–C++–Code bereitzustellen, und um Anwendungscode von den Details von Bibliotheken zu entkoppeln (um sich die Möglichkeit offenzuhalten, die Bibliothek durch eine andere zu ersetzen).

Eine andere wichtige Verwendung von Schnittstellenklassen besteht im Anbieten von geprüften oder eingeschränkten Schnittstellen. Es ist z.B. nicht unüblich, ganzzahlige Variablen zu haben, die nur einen Wert aus einem bestimmten Bereich annehmen können. Dies kann (zur Laufzeit) durch ein einfaches Template erzwungen werden:

```
template<int low, int high> class Bereich {
    int wert;
public:
    class Fehler { };     // Ausnahmeklasse
```

```
        Bereich(int i) { Assert<Fehler>(low<=i&&i<high); wert = i; } // siehe §24.3.7.2
        Bereich operator=(int i) { return *this=Bereich(i); }

        operator int() { return wert; }
        // ...
};

void f(Bereich<2,17>);
void g(Bereich<-10,10>);

void h(int x)
{
        Bereich<0,2001> i = x;          // könnte Bereich::Fehler auslösen
        int i1 = i;

        f(3);
        f(17);                          // löst Bereich::Fehler aus
        g(-7);
        g(100);                         // löst Bereich::Fehler aus
}
```

Das Template `Bereich` kann leicht erweitert werden, um Bereiche verschiedener skalarer Datentypen zu handhaben (§25.10–Ü7).

Eine Schnittstellenklasse, die den Zugriff auf eine andere Klasse kontrolliert oder deren Schnittstelle anpaßt, wird manchmal auch *Wrapper* genannt.

25.7 Handle–Klassen

Ein abstrakter Typ bietet eine effektive Trennung zwischen einer Schnittstelle und deren Implementierung. So wie in §25.3 verwendet, ist die Verbindung zwischen der von einem abstrakten Typ angebotenen Schnittstelle und ihrer von einem konkreten Typ angebotenen Implementierung permanent. Es ist z.B. nicht möglich, einen abstrakten Iterator von einer Quelle (etwa einer Menge) an eine andere (etwa einen Stream) zu binden, wenn die ursprüngliche Quelle einmal aufgebraucht ist.

Außerdem gehen die Vorteile virtueller Funktionen verloren, solange man Objekte abstrakter Typen nicht über Zeiger oder Referenzen manipuliert. Anwendungscode kann von Details der Implementierungsklassen abhängig werden, da Objekte abstrakter Typen nicht statisch auf dem Stack angelegt (und nicht als Wert statt als Referenz übergeben) werden können, ohne daß deren Größe bekannt ist. Durch die Verwendung von Zeigern und Referenzen wird dem Anwender die Last der Speicherverwaltung aufgebürdet.

Eine andere Einschränkung durch den Ansatz mit abstrakten Klassen besteht darin, daß Objekte der Klasse eine feste Größe besitzen. Klassen werden allerdings dazu verwendet, um Konzepte zu repräsentieren, deren Implementierung unterschiedliche Speichermengen benötigt.

Eine populäre Technik zur Bewältigung dieser Probleme besteht darin, ein einzelnes Objekt in zwei Teile aufzuspalten: ein Handle, das die Schnittstelle zur Verfügung stellt, und eine Darstellung, die alle oder die meisten Zustände des Objekts verwaltet. Die Verbindung zwischen Handle und Darstellung ist üblicherweise ein im Handle befindlicher Zeiger. Handles haben häufig etwas mehr Daten als die einfache Zeigerdarstellung, aber nicht viel mehr. Dies bedeutet, daß das Layout eines Handles üblicherweise stabil ist, auch wenn sich die Darstellung ändert, und daß Handles klein genug sind, um relativ günstig verschoben und kopiert werden können, wodurch der Anwender keine Zeiger oder Referenzen verwenden muß.

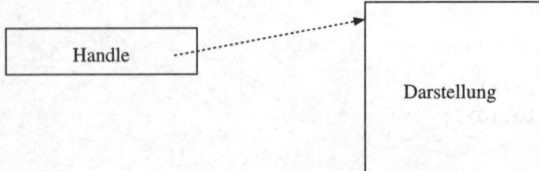

Die Klasse String aus §11.12 ist ein einfaches Beispiel für ein Handle. Das Handle bietet eine Schnittstelle zur Implementierung und kontrolliert deren Zugriff und deren Speicherverwaltung. In diesem Fall sind sowohl das Handle als auch die Darstellung konkrete Typen; die Darstellung ist allerdings oft auch eine abstrakte Klasse.

Man betrachte den abstrakten Typ Menge aus §25.3. Wie könnte man dafür Handles anbieten, und welche Vorteile und Kosten wären damit verbunden? Bei einer gegebenen Mengenklasse könnte man ein Handle einfach durch Überladen des Operators -> definieren:

```
template<class T> class MengenHandle {
    Menge<T>* rep;      // interne Darstellung
public:
    Menge<T>* operator->() { return rep; }

    MengenHandle(Menge<T>* pp) : rep(pp) { }
};
```

Dies verändert die Art und Weise, in der Menge verwendet wird, nicht signifikant. Statt Menge& und Menge* verwendet man nun MengenHandle. Beispiel:

```
void f(MengenHandle<int> s)
{
    for (int* p = s->first(); p; p = s->next())
    {
        //...
    }
}

void anwendung()
{
    MengenHandle<int> sl(new ListeMenge<int>);
    MengenHandle<int> v(new VektorMenge<int>(100));

    f(sl);
    f(v);
}
```

Häufig will man, daß ein Handle mehr macht, als nur einen Zugriff bereitzustellen. Falls die Klasse Menge und die Klasse MengenHandle zusammen entworfen werden, ist es z.B. einfach, *Reference–Counting* zu implementieren, indem in jeder Menge die Anzahl der Verwendungen gezählt wird. Im allgemeinen will man ein Handle nicht immer zusammen mit den verwalteten Daten entwerfen.

Somit muß man jegliche Information, die von Handles verwendet wird, in einem separaten Objekt speichern. Man will mit anderen Worten neben den aufdringlichen auch unaufdringliche Handles haben. Hier ist z.B. ein Handle, das ein Objekt entfernt, wenn es das letzte Handle dafür nicht mehr gibt:

```cpp
template<class X> class Handle {
    X* rep;          // Darstellung
    int* pcount;     // Anzahl der Verweise darauf
public:
    X* operator->() { return rep; }

    Handle(X* pp) : rep(pp), pcount(new int(1)) { }
    Handle(const Handle& r) : rep(r.rep), pcount(r.pcount) { (*pcount)++; }

    Handle& operator=(const Handle& r)
    {
        if (rep == r.rep) return *this;
        if (--(*pcount) == 0) {
            delete rep;
            delete pcount;
        }
        rep = r.rep;
        pcount = r.pcount;
        (*pcount)++;
        return *this;
    }

    ~Handle() {
        if (--(*pcount) == 0) {
            delete rep;
            delete pcount;
        }
    }
    // ...
};
```

Ein solches Handle kann günstig übergeben und kopiert werden. Beispiel:

```cpp
void f1(Handle<Menge>);

Handle<Menge> f2()
{
    Handle<Menge> h(new ListeMenge<int>);
    // ...
    return h;
}

void g()
{
    Handle<Menge> hh = f2();
    f1(hh);
    // ...
}
```

Hier wird die in f2() erzeugte Menge beim Verlassen von g() zerstört, sofern f1() davon keine Kopie angelegt hat, was der Programmierer aber nicht wissen muß.

Diese Bequemlichkeit verursacht natürlich auch Kosten, aber für viele Anwendungen sind die Kosten des Speicherns und Pflegens der Anzahl der Verwendungen akzeptabel.

Manchmal ist es nützlich, den Zeiger auf die Darstellung aus einem Handle zu extrahieren und direkt zu verwenden. Dies bräuchte man z.B. zur Übergabe eines Objekts an eine Funktion, die nichts über Handles weiß. Dies geht so lange gut, wie die aufgerufene Funktion das übergebene Objekt nicht zerstört oder einen Zeiger zur späteren Verwendung auf das Objekt anlegt. Eine Operation, um ein Handle an eine neue Darstellung zu binden, kann auch nützlich sein:

```
template<class X> class Handle {
    //...

    X* get_rep() { return rep; }

    void bind(X* pp)
    {
        if (pp != rep) {
            if (--*pcount == 0) {
                delete rep;
                *pcount = 1;                // pcount reinitialisieren
            }
            else
                pcount = new int(1);        // neuer pcount
            rep = pp;
        }
    }
};
```

Man beachte, daß das Ableiten einer neuen Klasse von Handle nicht besonders nützlich ist. Es handelt sich um einen konkreten Typ ohne virtuelle Funktionen. Der Ansatz besteht darin, eine Handle–Klasse für eine von einer Basisklasse definierte Familie von Klassen zu besitzen. Das Ableiten von dieser Basisklasse kann eine mächtige Technik sein. Dies gilt für Kontenklassen genauso wie für abstrakte Typen.

Wie bereits geschrieben kann Handle nicht mit Vererbung umgehen. Um eine Klasse zu bekommen, die sich wie wirkliche Zeiger verhält, deren Verwendung gezählt wird, muß Handle mit Ptr aus §13.6.3.1 kombiniert werden (siehe §25.10–Ü2).

Ein Handle, das eine Schnittstelle anbietet, ist fast eine Klasse, bei der ein Handle oft als *Proxy* bezeichnet wird. Dies ist insbesondere für Handles üblich, die auf Objekte anderer Rechner verweisen.

25.7.1 Operationen in Handles

Das Überladen von -> ermöglicht es, die Kontrolle zu behalten und bei jedem Zugriff auf ein Objekt etwas zu tun. Man könnte z.B. Statistiken über die Anzahl der Zugriffe auf ein Objekt über ein Handle sammeln:

```
template <class T> class Xhandle {
    T* rep;
    int anzahl_der_zugriffe;
```

```
public:
    T* operator->() { anzahl_der_zugriffe++; return rep; }

    // ...
};
```

Handles, bei denen vor *und* nach einem Zugriff Dinge zu erledigen sind, benötigen eine sorgfältigere Programmierung. Man könnte z.B. eine Menge brauchen, die beim Einfügen oder Entfernen eines Elements blockiert (gelockt) wird. Im Prinzip muß die Schnittstelle der Darstellung in der Handle–Klasse gespiegelt werden:

```
template<class T> class MengenController {
    Menge<T>* rep;
    Lock lock;
    // ...
public:
    void insert(T* p) { Lock_ptr x(lock); rep->insert(p); } // siehe §14.4.1
    void remove(T* p) { Lock_ptr x(lock); rep->remove(p); }

    int is_member(T* p) { return rep->is_member(p); }

    T get_first() { T* p = rep->first(); return p ? *p : T(); }
    T get_next() { T* p = rep->next(); return p ? *p : T(); }

    T first() { Lock_ptr x(lock); T tmp = *rep->first(); return tmp; }
    T next() { Lock_ptr x(lock); T tmp = *rep->next(); return tmp; }
    // ...
};
```

Ein derartiges Durchreichen der Funktionsaufrufe ist ermüdend (und somit etwas fehleranfällig), es ist allerdings weder schwer noch zur Laufzeit teuer.

Man beachte, daß nur einige der Mengenfunktionen blockieren müssen. Nach meiner Erfahrung ist es typisch, daß eine Klasse, die vor– und nachgelagerte Aktionen benötigt, diese nur bei einigen Elementfunktionen braucht. Im Falle von Blockaden führt das Blockieren bei allen Operationen (wie es in einigen Systemen für Monitore gemacht wird) zu übermäßigem Blockieren, was manchmal zu einer merklichen Abnahme von konkurrierenden Zugriffen führen kann.

Durch die sorgfältigere Definition für alle Operationen auf einem Handle statt des Stils mit dem Überladen von -> ergibt sich der Vorteil, daß es möglich ist, von der Klasse `MengenController` abzuleiten. Leider werden einige Vorteile des Handles aufs Spiel gesetzt, wenn in den abgeleiteten Klassen Datenelemente hinzugefügt werden. Insbesondere nimmt die Menge des (in der Handle–Klasse) gemeinsam verwendeten Codes verglichen mit der Menge des in jedem Handle geschriebenen Codes ab.

25.8 Anwendungs–Frameworks

Komponenten, die aus den in §25.2 bis §25.7 beschriebenen Klassenarten erstellt werden, unterstützen das Design und die Wiederverwendung von Code, indem sie Bausteine und Möglichkeiten, diese zu kombinieren, bereitstellen. Der Anwendungsentwickler entwirft ein Framework (Rahmenwerk), in das diese gemeinsamen Bausteine eingepaßt werden. Ein alternativer und manchmal ehrgeiziger Ansatz zur Unterstützung von Design und Wiederverwendung besteht darin, Code zur Verfügung zu stellen, der ein gemeinsames Framework errichtet, in das der Anwendungsentwickler anwendungsspezifischen Code als Bausteine integrieren kann. Ein derartiger Ansatz wird häufig ein *Anwendungs–Framework* genannt. Die Klassen, die ein derartiges Framework errichten, haben oft eine derart fette Schnittstelle, daß sie schwer als Datentypen im herkömmlichen Sinne betrachtet werden können. Sie nähern sich dem Ideal, komplette Anwendungen darzustellen, außer daß sie nichts machen. Die spezifischen Aktionen werden vom Anwendungsprogrammierer bereitgestellt.

Man betrachte als Beispiel einen Filter. Ein Filter ist ein Programm, das aus einem Eingabe–Stream liest, (unter Umständen) auf Basis der Eingaben Aktionen durchführt, (unter Umständen) Ausgaben auf einen Ausgabe–Stream schreibt und (unter Umständen) ein abschließendes Ergebnis produziert. Ein naives Framework für ein solches Programm würde eine Reihe von Operationen anbieten, die ein Anwendungsprogrammierer zur Verfügung stellen könnte:

```
class Filter {
public:
    class Retry {
    public:
        virtual const char* message() { return 0; }
    };

    virtual void start() { }
    virtual int read() = 0;
    virtual void write() { }
    virtual void compute() { }
    virtual int result() = 0;

    virtual int retry(Retry& m) { cerr << m.message() << '\n'; return 2; }

    virtual ~Filter() { }
};
```

Funktionen, die von einer abgeleiteten Klasse zur Verfügung gestellt werden müssen, sind rein virtuell deklariert, andere Funktionen sind einfach so definiert, daß sie nichts tun.

Das Framework stellt außerdem eine Hauptschleife und einen rudimentären Mechanismus zur Fehlerbehandlung zur Verfügung:

```
int hauptschleife(Filter* p)
{
    for(;;) {
        try {
            p->start();
            while (p->read()) {
                p->compute();
                p->write();
            }
            return p->result();
        }
        catch (Filter::Retry& m) {
            if (int i = p->retry(m)) return i;
        }
        catch (...) {
```

```
                    cerr << "fataler Filter-Fehler\n";
                    return 1;
            }
        }
}
```

Damit könnte ich mein Programm schließlich wie folgt schreiben:

```
class MeinFilter : public Filter {
    istream& is;
    ostream& os;
    int nchar;
public:
    int read() { char c; is.get(c); return is.good(); }
    void compute() { nchar++; }
    int result() { os << nchar << " Zeichen gelesen\n"; return 0; }

    MeinFilter(istream& ii, ostream& oo) : is(ii), os(oo), nchar(0) { }
};
```

Es würde wie folgt aktiviert:

```
int main()
{
    MeinFilter f(cin,cout);
    return hauptschleife(&f);
}
```

Damit ein Framework sinnvoll verwendet werden kann, muß es natürlich mehr Struktur und viel mehr Dienstleistungen als dieses einfache Beispiel anbieten. Ein Framework besteht insbesondere üblicherweise aus einer Hierarchie von Kontenklassen. Wenn der Anwendungsprogrammierer die Möglichkeit erhält, Blattklassen in einer tief verzweigten Hierarchie von Kontenklassen einzuhängen, kann das Framework für Gemeinsamkeiten zwischen Anwendungen und für Wiederverwendung der durch die Hierarchie angebotenen Dienstleistungen sorgen. Ein Framework wird auch durch eine Bibliothek unterstützt, die Klassen zur Verfügung stellt, die dem Anwendungsprogrammierer bei der Spezifikation der Aktionsklassen nützlich sind.

25.9 Ratschläge

1. Treffen Sie bewußte Entscheidungen, wie eine Klasse (sowohl als Designer als auch als Anwender) verwendet werden soll; §25.1.
2. Seien Sie vor den Unterschieden der verschiedenen Klassenarten gewarnt; §25.1.
3. Verwenden Sie konkrete Typen, um einfache unabhängige Konzepte darzustellen; §25.2.
4. Verwenden Sie konkrete Typen, um Konzepte darzustellen, bei denen eine fast optimale Effizienz im Vordergrund steht; §25.2.
5. Leiten Sie von einer konkreten Klasse nicht ab; §25.2.
6. Verwenden Sie abstrakte Klassen, um Schnittstellen darzustellen, bei denen sich die interne Darstellung ändern kann; §25.3.

7. Verwenden Sie abstrakte Klassen, um Schnittstellen darzustellen, bei denen verschiedene interne Darstellungen der Objekte parallel existieren müssen; §25.3.

8. Verwenden Sie abstrakte Klassen, um für existierende Klassen neue Schnittstellen für existierende Datentypen anzubieten; §25.3.

9. Verwenden Sie Kontenklassen, wenn ähnliche Konzepte signifikante Implementierungsdetails gemeinsam verwenden; §25.4.

10. Verwenden Sie Kontenklassen, um eine Implementierung nach und nach zu vergrößern; §25.4.

11. Verwenden Sie Laufzeit–Typinformationen, um auf Schnittstellen für ein Objekt zugreifen zu können; §25.4.1.

12. Verwenden Sie Klassen, um Aktionen mit dazugehörigen Zuständen darzustellen; §25.5.

13. Verwenden Sie Klassen, um Aktionen darzustellen, die gespeichert, übertragen oder aufgeschoben werden; §25.5.

14. Verwenden Sie Schnittstellenklassen, um eine Klasse für eine neue Art von Anwendung anzupassen (ohne die Klasse zu modifizieren); §25.6.

15. Verwenden Sie Schnittstellenklassen, um Überprüfungen hinzuzufügen; §25.6.1.

16. Verwenden Sie Handles, um die direkte Verwendung von Zeigern und Referenzen zu vermeiden; §25.7.

17. Verwenden Sie Handles, um gemeinsam verwendete interne Darstellungen zu verwalten; §25.7.

18. Verwenden Sie ein Anwendungs–Framework, wenn es ein Anwendungsgebiet ermöglicht, vordefinierte Kontrollstrukturen anzubieten; §25.8.

25.10 Übungen

Ü1 (*1) Das Template `Io` aus §25.4.1 funktioniert nicht für eingebaute Datentypen. Modifizieren Sie es so, daß dies möglich ist.

Ü2 (*1,5) Das Template `Handle` aus §25.7 spiegelt nicht die Vererbungsbeziehungen der Klassen, für die das Handle steht, wider. Modifizieren sie es, damit dies möglich ist. Das bedeutet, daß man ein `Handle<Kreis*>` einem `Handle<Form*>` zuweisen können sollte, dies aber umgekehrt nicht möglich ist.

Ü3 (*2,5) Definieren Sie zu einer gegebenen Klasse `String` eine andere String–Klasse, die `String` als interne Darstellung verwendet und ihre Operationen als virtuelle Funktionen anbietet. Vergleichen Sie die Performance der beiden Klassen. Versuchen Sie, eine sinnvolle Klasse zu finden, die am besten durch öffentliches Ableiten von der String–Klasse mit virtuellen Funktionen implementiert wird.

Ü4 (*4) Untersuchen Sie zwei weit verbreitete Bibliotheken. Unterteilen Sie die Klassen in konkrete Typen, abstrakte Typen, Kontenklassen, Handle–Klassen und Schnittstellenklassen. Werden abstrakte und konkrete Kontenklassen verwendet? Gibt es in den Bibliotheken eine angemessenere Unterteilung der Klassen? Werden fette Schnittstellen verwendet? Welche Hilfsmittel (wenn überhaupt vorhanden) werden für Laufzeit–Typinformationen angeboten? Was ist die Strategie zur Speicherverwaltung?

Ü5 (*2) Verwenden Sie ein `Filter`–Framework (§25.8), um ein Programm zu implementieren, das benachbarte Duplikate von Worten, die aus einem Eingabe–Stream gelesen werden, entfernt und ansonsten alle Eingaben wieder ausgibt.

Ü6 (∗2) Verwenden Sie ein Filter–Framework, um ein Programm zu implementieren, das die Anzahl der Worte aus einem Eingabe–Stream zählt und eine Liste von Wort/Anzahl–Paaren nach Häufigkeit sortiert ausgibt.

Ü7 (∗1,5) Schreiben Sie ein Template Bereich, das sowohl den Bereich als auch den Datentyp der Elemente als Template–Parameter erhält.

Ü8 (∗1) Schreiben Sie ein Template Bereich, dem der Bereich als Konstruktorargument übergeben werden kann.

Ü9 (∗2) Schreiben Sie eine einfache String–Klasse, die keine Fehlerüberprüfungen durchführt. Schreiben Sie eine andere Klasse, die den Zugriff auf die erste Klasse überprüft. Diskutieren Sie die Vor– und Nachteile der Trennung von Basisfunktionen und Fehlerüberprüfungen.

Ü10 (∗2,5) Implementieren Sie das Objekt–Ein-/Ausgabe–System aus §25.4.1 für einige Datentypen, inklusive Integern, Strings und einer Klassenhierarchie Ihrer Wahl.

Ü11 (∗2,5) Definieren Sie die Klasse Speicherbar als abstrakte Basisklasse mit den virtuellen Funktionen gib_aus() und lies_ein(). Gehen Sie zur Vereinfachung davon aus, daß ein Zeichenstring für eine permanente Speicherung ausreichend ist. Verwenden Sie die Klasse Speicherbar, um ein Hilfsmittel anzubieten, mit dem Objekte einer von Speicherbar abgeleiteten Klasse auf die Platte geschrieben und von dort wieder eingelesen werden können. Testen Sie es mit einigen Klassen Ihrer Wahl.

Ü12 (∗4) Definieren Sie eine Basisklasse Persistent mit den Operationen save() und no_save(), die kontrollieren, ob ein Objekt von einem Destruktor auf einem permanenten Speicherplatz abgespeichert wird. Welche Operationen sollte Persistent neben save() und no_save() sinnvollerweise noch anbieten? Testen Sie die Klasse Persistent mit einigen Klassen Ihrer Wahl. Ist Persistent eine Kontenklasse, ein konkreter Typ oder ein abstrakter Typ? Warum?

Ü13 (∗3) Schreiben Sie eine Klasse Stack, bei der es möglich ist, die Implementierung zur Laufzeit zu wechseln. Hinweis: »Jedes Problem wird durch eine weitere Indirektion gelöst«.

Ü14 (∗3,5) Definieren Sie eine Klasse Oper (für »Operation«), die einen Bezeichner des Typs Id (kann ein string oder ein C–String sein) und eine Operation (ein Funktionszeiger oder ein Funktionsobjekt) enthält. Definieren Sie eine Klasse Katze_objekt, die eine Liste von Opers und einen void∗ enthält. Bieten Sie für Katze_objekt folgende Operationen an: add_oper(Oper), die eine Operation in die Liste einfügt, remove_oper(Id), die die durch Id identifizierte Operation aus der Liste entfernt, und operator()(Id,arg), die die durch Id identifizierte Operation aufruft. Implementieren Sie mit Katze_objekt einen Stack von Katzen. Schreiben Sie ein kleines Programm, um diese Klassen zu testen.

Ü15 (∗3) Definieren Sie auf der Basis von Katze_objekt ein Template Objekt. Verwenden Sie Objekt, um einen Stack von Strings zu implementieren. Schreiben Sie ein kleines Programm, um dieses Template zu testen.

Ü16 (∗2,5) Definieren Sie eine Variante der Klasse Objekt, die Klasse genannt wird und sicherstellt, daß Objekte mit identischen Operationen eine Liste von Operationen gemeinsam verwenden. Schreiben Sie ein kleines Programm, um dieses Template zu testen.

Ü17 (∗2) Definieren Sie ein Template Stack, das eine herkömmliche und typsichere Schnittstelle zu einem mit dem Objekt–Template implementierten Stack anbietet. Vergleichen Sie diesen Stack mit den Stack–Klassen aus den vorherigen Ausgaben. Schreiben Sie ein kleines Programm, um dieses Template zu testen.

Ü18 (∗3) Schreiben Sie eine Klasse, um Operationen darzustellen, die zur Ausführung auf einen anderen Computer übertragen werden. Testen Sie sie entweder durch das jeweilige Senden von

Kommandos an einen anderen Rechner oder, indem Kommandos in eine Datei geschrieben und dann beim Lesen aus der Datei ausgeführt werden.

Ü19 (*2) Schreiben Sie eine Klasse, um Operationen, die durch Funktionsobjekte dargestellt werden, zusammenzusetzen. Aus den gegebenen Funktionen f() und g() sollte Compose(f,g) ein Objekt erzeugen, das mit einem für g passenden Argument x aufgerufen werden kann und f(g(x)) unter der Voraussetzung zurückliefert, daß der Rückgabewert von g() als Argumenttyp für f() akzeptabel ist.

Teil V

Anhang und Index

Dieser Anhang enthält die Grammatik von C++, eine Diskussion von Aspekten der Kompatibilität zwischen C++ und C sowie zwischen Standard–C++ und vorherigen Versionen von C++ und eine Reihe von technischen Details der Sprache. Der Index ist umfangreich und wird als integrierter Bestandteil des Buchs betrachtet.

Kapitel:

Grammatik

> *There is no worse danger for a teacher*
> *than to teach words instead of things.*
> *– Marc Block*

A.1 Einführung

Diese Zusammenfassung der C++–Syntax ist als Hilfe zum Verständnis von C++ gedacht. Sie ist keine exakte Darstellung der Sprache. Die hier beschriebene Grammatik beschreibt insbesondere eine Obermenge gültiger C++–Konstrukte. Zur Unterscheidung zwischen Ausdrücken und Deklarationen fehlen eindeutige Regeln (§A.5, §A.7). Darüber hinaus müssen Regeln zur Zugriffskontrolle, Mehrdeutigkeit und zu Datentypen verwendet werden, um syntaktisch korrekte, aber aussagelose Konstrukte auszusondern.

Die Standardgrammatik von C und C++ drückt kleine Unterschiede eher syntaktisch als durch Einschränkungen aus. Dies führt zu Genauigkeit, erhöht aber nicht immer die Lesbarkeit.

A.2 Schlüsselworte

Neue kontextabhängige Schlüsselworte werden durch `typedef` (§4.9.7), Namensbereiche (§8.2), Klassen (Kapitel 10), Aufzählungen (§4.8) und Templates (Kapitel 13) eingeführt.

typedef-name:
  identifier

namespace-name:
  original-namespace-name
  namespace-alias

original-namespace-name:
  identifier

namespace-alias:
  identifier

class-name:
   identifier
   template-id

enum-name:
   identifier

template-name:
   identifier

Man beachte, daß ein *typedef-name*, der eine Klasse benennt, auch ein *class-name* ist.

Solange ein Identifier nicht explizit als Typname deklariert wird, wird davon ausgegangen, daß er etwas bezeichnet, das kein Typ ist (siehe §C.13.5).

Die Schlüsselworte von C++ sind:

C++–Schlüsselworte					
and	and_eq	asm	auto	bitand	bitor
bool	break	case	catch	char	class
compl	const	const_cast	continue	default	delete
do	double	dynamic_cast	else	enum	explicit
export	extern	false	float	for	friend
goto	if	inline	int	long	mutable
namespace	new	not	not_eq	operator	or
or_eq	private	protected	public	register	reinterpret_cast
return	short	signed	sizeof	static	static_cast
struct	switch	template	this	throw	true
try	typedef	typeid	typename	union	unsigned
using	virtual	void	volatile	wchar_t	while
xor	xor_eq				

A.3 Lexikalische Konventionen

Die Grammatik von Standard–C und Standard–C++ präsentiert lexikalische Konventionen als grammatische Produktionen. Dies führt zu mehr Genauigkeit, macht Grammatiken aber größer und erhöht nicht immer die Lesbarkeit:

hex-quad:
   hexadecimal-digit hexadecimal-digit hexadecimal-digit hexadecimal-digit

universal-character-name:
   \u *hex-quad*
   \U *hex-quad hex-quad*

preprocessing-token:
   header-name
   identifier
   pp-number
   character-literal
   string-literal
   preprocessing-op-or-punc
   jedes Nicht-Whitespace-Zeichen, das nichts von obigem sein kann

token:
   identifier
   keyword
   literal
   operator
   punctuator

header-name:
   <*h-char-sequence*>
   "*q-char-sequence*"

h-char-sequence:
   h-char
   h-char-sequence h-char

h-char:
   jedes Element des Quellzeichensatzes außer *new-line* und >

q-char-sequence:
   q-char
   q-char-sequence q-char

q-char:
   jedes Element des Quellzeichensatzes außer *new-line* und "

pp-number:
   digit
   . *digit*
   pp-number digit
   pp-number nondigit
   pp-number e *sign*
   pp-number E *sign*
   pp-number .

identifier:
   nondigit
   identifier nondigit
   identifier digit

nondigit: eins von
    universal-character-name
    _ a b c d e f g h i j k l m n o p q r s t u v w x y z
    A B C D E F G H I J K L M N O P Q R S T U V W X Y Z

digit: eins von
    0 1 2 3 4 5 6 7 8 9

preprocessing-op-or-punc: eins von

{	}	[	]	#	##	(	)	<:	:>	<%	%>	%:%:
%:	;	:	?	::	.	.*	+	-	*	/	%	^
&	|	~	!	=	<	>	+=	-=	*=	/=	%=	^=
&=	|=	<<=	>>=	<<	>>	==	!=	<=	>=	&&	||	++
--	,	->	->*	...	new	delete	and	and_eq	bitand			
bitor		compl		not	or	not_eq	xor	or_eq		xor_eq		

literal:
    integer-literal
    character-literal
    floating-literal
    string-literal
    boolean-literal

integer-literal:
    decimal-literal integer-suffix$_{opt}$
    octal-literal integer-suffix$_{opt}$
    hexadecimal-literal integer-suffix$_{opt}$

decimal-literal:
    nonzero-digit
    decimal-literal digit

octal-literal:
    0
    octal-literal octal-digit

hexadecimal-literal:
    0x *hexadecimal-digit*
    0X *hexadecimal-digit*
    hexadecimal-literal hexadecimal-digit

nonzero-digit: eins von
    1 2 3 4 5 6 7 8 9

octal-digit: eins von
    0 1 2 3 4 5 6 7

hexadecimal-digit: eins von
    0 1 2 3 4 5 6 7 8 9
    a b c d e f
    A B C D E F

integer-suffix:
    unsigned-suffix long-suffix$_{opt}$
    long-suffix unsigned-suffix$_{opt}$

unsigned-suffix: eins von
    u U

long-suffix: eins von
    l L

character-literal:
    '*c-char-sequence*'
    L'*c-char-sequence*'

c-char-sequence:
    c-char
    c-char-sequence c-char

c-char:
    jedes Element des Quellzeichensatzes außer   ', \ oder *new-line*
    escape-sequence
    universal-character-name

escape-sequence:
    simple-escape-sequence
    octal-escape-sequence
    hexadecimal-escape-sequence

simple-escape-sequence: eins von
    \' \" \? \\ \a \b \f \n \r \t \v

octal-escape-sequence:
    \ *octal-digit*
    \ *octal-digit octal-digit*
    \ *octal-digit octal-digit octal-digit*

hexadecimal-escape-sequence:
    \x *hexadecimal-digit*
    hexadecimal-escape-sequence hexadecimal-digit

floating-literal:
    fractional-constant exponent-part$_{opt}$ floating-suffix$_{opt}$
    digit-sequence exponent-part floating-suffix$_{opt}$

fractional-constant:
    digit-sequence$_{opt}$. *digit-sequence*
    digit-sequence .

exponent-part:
    e *sign$_{opt}$ digit-sequence*
    E *sign$_{opt}$ digit-sequence*

sign: eins von
  +   –

digit-sequence:
  digit
  digit-sequence digit

floating-suffix: eins von
  f   l   F   L

string-literal:
  "*s-char-sequence*$_{opt}$"
  L"*s-char-sequence*$_{opt}$"

s-char-sequence:
  s-char
  s-char-sequence s-char

s-char:
  jedes Element des Quellzeichensatzes außer   ", \ oder *new-line*
  escape-sequence
  universal-character-name

boolean-literal:
  false
  true

A.4   Programme

Ein Programm ist eine Sammlung von Übersetzungseinheiten (*translation-unit*s), die durch Binden (Linken) kombiniert werden (§9.4). Eine Übersetzungseinheit, oft auch *Quelldatei* (*source file*) genannt, ist eine Sequenz von Deklarationen (*declarations*):

translation-unit:
  declaration-seq$_{opt}$

A.5   Ausdrücke

Siehe §6.2.

primary-expression:
  literal
  this
  : : *identifier*
  : : *operator-function-id*
  : : *qualified-id*
  (*expression*)
  id-expression

id-expression:
   unqualified-id
   qualified-id

id-expression:
   unqualified-id
   qualified-id

unqualified-id:
   identifier
   operator-function-id
   conversion-function-id
   ˜ *class-name*
   template-id

qualified-id:
   nested-name-specifier `template`$_{opt}$*unqualified-id*

nested-name-specifier:
   class-or-namespace-name `::` *nested-name-specifier*$_{opt}$
   class-or-namespace-name `::` `template` *nested-name-specifier*

class-or-namespace-name:
   class-name
   namespace-name

postfix-expression:
   primary-expression
   postfix-expression `[` *expression* `]`
   postfix-expression `(` *expression-list*$_{opt}$ `)`
   simple-type-specifier `(` *expression-list*$_{opt}$ `)`
   `typename` `::`$_{opt}$ *nested-name-specifier identifier* `(` *expression-list*$_{opt}$ `)`
   `typename` `::`$_{opt}$ *nested-name-specifier* `template`$_{opt}$ *template-id* `(` *expression-list*$_{opt}$ `)`
   postfix-expression `.` `template`$_{opt}$ `::`$_{opt}$ *id-expression*
   postfix-expression `->` `template`$_{opt}$ `::`$_{opt}$ *id-expression*
   postfix-expression `.` *pseudo-destructor-name*
   postfix-expression `->` *pseudo-destructor-name*
   postfix-expression `++`
   postfix-expression `--`
   `dynamic_cast` `<` *type-id* `>` `(` *expression* `)`
   `static_cast` `<` *type-id* `>` `(` *expression* `)`
   `reinterpret_cast` `<` *type-id* `>` `(` *expression* `)`
   `const_cast` `<` *type-id* `>` `(` *expression* `)`
   `typeid` `(` *expression* `)`
   `typeid` `(` *type-id* `)`

expression-list:
   assignment-expression
   expression-list `,` *assignment-expression*

pseudo-destructor-name:
  :: *opt nested-name-specifier*_{opt} *type-name* :: ~ *type-name*
  :: *opt nested-name-specifier* template *template-id* :: ~ *type-name*
  :: *opt nested-name-specifier*_{opt} ~ *type-name*

unary-expression:
  postfix-expression
  ++ *cast-expression*
  -- *cast-expression*
  unary-operator cast-expression
  sizeof *unary-expression*
  sizeof (*type-id*)
  new-expression
  delete-expression

unary-operator: eins von
  * & + - ! ~

new-expression:
  :: *opt* new *new-placement*_{opt} *new-type-id new-initializer*_{opt}
  :: *opt* new *new-placement*_{opt} (*type-id*) *new-initializer*_{opt}

new-placement:
  (*expression-list*)

new-type-id:
  *type-specifier-seq new-declarator*_{opt}

new-declarator:
  *ptr-operator new-declarator*_{opt}
  direct-new-declarator

direct-new-declarator:
  [*expression*]
  direct-new-declarator [*constant-expression*]

new-initializer:
  (*expression-list*_{opt})

delete-expression:
  :: *opt* delete *cast-expression*
  :: *opt* delete [ ] *cast-expression*

cast-expression:
  unary-expression
  (*type-id*) *cast-expression*

pm-expression:
  cast-expression
  pm-expression .* *cast-expression*
  pm-expression ->* *cast-expression*

```
multiplicative-expression:
    pm-expression
    multiplicative-expression * pm-expression
    multiplicative-expression / pm-expression
    multiplicative-expression % pm-expression

additive-expression:
    multiplicative-expression
    additive-expression + multiplicative-expression
    additive-expression - multiplicative-expression

shift-expression:
    additive-expression
    shift-expression << additive-expression
    shift-expression >> additive-expression

relational-expression:
    shift-expression
    relational-expression < shift-expression
    relational-expression > shift-expression
    relational-expression <= shift-expression
    relational-expression >= shift-expression

equality-expression:
    relational-expression
    equality-expression == relational-expression
    equality-expression != relational-expression

and-expression:
    equality-expression
    and-expression & equality-expression

exclusive-or-expression:
    and-expression
    exclusive-or-expression ^ and-expression

inclusive-or-expression:
    exclusive-or-expression
    inclusive-or-expression | exclusive-or-expression

logical-and-expression:
    inclusive-or-expression
    logical-and-expression && inclusive-or-expression

logical-or-expression:
    logical-and-expression
    logical-or-expression || logical-and-expression

conditional-expression:
    logical-or-expression
    logical-or-expression ? expression : assignment-expression
```

assignment-expression:
    conditional-expression
    logical-or-expression assignment-operator assignment-expression
    throw-expression

assignment-operator: eins von
    = *= /= %= += -= >>= <<= &= ^= |=

expression:
    assignment-expression
    expression , assignment-expression

constant-expression:
    conditional-expression

Durch Ähnlichkeiten zwischen Casts im Funktionsstil und Deklarationen treten Mehrdeutigkeiten in der Grammatik auf. Beispiel:

```
int x;

void f()
{
    char(x);      // Konvertierung von x nach char oder Deklaration eines char namens x?
}
```

Alle diese Mehrdeutigkeiten werden gelöst, indem sie als Deklarationen betrachtet werden. Das bedeutet: »Wenn es als Deklaration interpretiert werden kann, ist es eine Deklaration«. Beispiel:

```
T(a)->m;        // Ausdruck
T(a)++;         // Ausdruck

T(*e)(int(3));  // Deklaration
T(f)[4];        // Deklaration

T(a);           // Deklaration
T(a)=m;         // Deklaration
T(*b)();        // Deklaration
T(x),y,z=7;     // Deklaration
```

Diese Eindeutigkeit ist nur syntaktisch. Die einzige Information, die hier für einen Namen ausgewertet wird, ist, ob es bekannt ist, daß es sich um einen Namen eines Datentyps oder eines Templates handelt. Falls das nicht herausgefunden werden kann, wird davon ausgegangen, daß es sich um etwas handelt, das weder Template noch Datentyp ist.

    Wenn in einem Kontext nicht herausgefunden werden kann, ob *unqualified-id* der Name eines Templates ist, legt das Konstrukt *template unqualified-id* dies fest (siehe §C.13.5).

A.6   Anweisungen

Siehe §6.3.

statement:
    labeled-statement
    expression-statement
    compound-statement

```
        selection-statement
        iteration-statement
        jump-statement
        declaration-statement
        try-block
```

labeled-statement:
```
        identifier : statement
        case constant-expression : statement
        default : statement
```

expression-statement:
```
        expression_opt ;
```

compound-statement:
```
        { statement-seq_opt }
```

statement-seq:
```
        statement
        statement-seq statement
```

selection-statement:
```
        if ( condition ) statement
        if ( condition ) statement else statement
        switch ( condition ) statement
```

condition:
```
        expression
        type-specifier-seq declarator = assignment-expression
```

iteration-statement:
```
        while ( condition ) statement
        do statement  while ( expression ) ;
        for ( for-init-statement condition_opt ; expression_opt ) statement
```

for-init-statement:
```
        expression-statement
        simple-declaration
```

jump-statement:
```
        break ;
        continue ;
        return expression_opt ;
        goto identifier ;
```

declaration-statement:
```
        block-declaration
```

A.7   Deklarationen

Die Struktur von Deklarationen wird in Kapitel 4, Aufzählungen werden in §4.8, Zeiger und Felder in Kapitel 5, Funktionen in Kapitel 7, Namensbereiche in §8.2, Bindeanweisungen (Linkage–Direktiven) in §9.2.4 und Speicherklassen in §10.4 beschrieben.

declaration-seq:
    declaration
    declaration-seq declaration

declaration:
    block-declaration
    function-definition
    template-declaration
    explicit-instantiation
    explicit-specialization
    linkage-specification
    namespace-definition

block-declaration:
    simple-declaration
    asm-definition
    namespace-alias-definition
    using-declaration
    using-directive

simple-declaration:
    decl-specifier-seq$_{opt}$ init-declarator-list$_{opt}$;

decl-specifier:
    storage-class-specifier
    type-specifier
    function-specifier
    `friend`
    `typedef`

decl-specifier-seq:
    decl-specifier-seq$_{opt}$ decl-specifier

storage-class-specifier:
    `auto`
    `register`
    `static`
    `extern`
    `mutable`

function-specifier:
    `inline`
    `virtual`
    `explicit`

typedef-name:
    identifier

type-specifier:
    simple-type-specifier
    class-specifier
    enum-specifier
    elaborated-type-specifier
    cv-qualifier

simple-type-specifier:
    `::`$_{opt}$ *nested-name-specifier*$_{opt}$ *type-name*
    `::`$_{opt}$ *nested-name-specifier* `template` *template-id*
    `char`
    `wchar_t`
    `bool`
    `short`
    `int`
    `long`
    `signed`
    `unsigned`
    `float`
    `double`
    `void`

type-name:
    class-name
    enum-name
    typedef-name

elaborated-type-specifier:
    class-key `::`$_{opt}$ *nested-name-specifier*$_{opt}$ *identifier*
    `enum` `::`$_{opt}$ *nested-name-specifier*$_{opt}$ *identifier*
    `typename` `::`$_{opt}$ *nested-name-specifier identifier*
    `typename` `::`$_{opt}$ *nested-name-specifier* `template`$_{opt}$ *template-id*

enum-name:
    identifier

enum-specifier:
    `enum` *identifier*$_{opt}$ `{` *enumerator-list*$_{opt}$ `}`

enumerator-list:
    enumerator-definition
    enumerator-list `,` *enumerator-definition*

enumerator-definition:
    enumerator
    enumerator `=` *constant-expression*

enumerator:
    identifier

namespace-name:
    original-namespace-name
    namespace-alias

original-namespace-name:
    identifier

namespace-definition:
    named-namespace-definition
    unnamed-namespace-definition

named-namespace-definition:
    original-namespace-definition
    extension-namespace-definition

original-namespace-definition:
    namespace *identifier* { *namespace-body* }

extension-namespace-definition:
    namespace *original-namespace-name* { *namespace-body* }

unnamed-namespace-definition:
    namespace { *namespace-body* }

namespace-body:
    declaration-seq$_{opt}$

namespace-alias:
    identifier

namespace-alias-definition:
    namespace *identifier* = *qualified-namespace-specifier* ;

qualified-namespace-specifier:
    ::$_{opt}$ *nested-name-specifier$_{opt}$ namespace-name*

using-declaration:
    using typename$_{opt}$ ::$_{opt}$ *nested-name-specifier unqualified-id* ;
    using :: *unqualified-id* ;

using-directive:
    using namespace ::$_{opt}$ *nested-name-specifier$_{opt}$ namespace-name* ;

asm-definition:
    asm (*string-literal*) ;

linkage-specification:
    extern *string-literal* { *declaration-seq$_{opt}$* }
    extern *string-literal declaration*

Die Grammatik erlaubt das beliebige Schachteln von Deklarationen. Es gibt allerdings einige semantische Einschränkungen. Geschachtelte Funktionen (Funktionen, die lokal in anderen Funktionen definiert werden) sind z.B. nicht erlaubt.

Die Liste der Spezifizierer (*specifier*), mit denen eine Deklaration beginnt, kann nicht leer sein (es gibt kein »implizites `int`«; §B.2) und setzt sich aus der längstmöglichen Folge von Spezifizierern zusammen. Beispiel:

```
typedef int I;
void f(unsigned I) { /* ... */ }
```

Hier erhält `f()` einen `unsigned int` ohne Namen.

Ein *asm()* ist ein eingefügter Assembler–Code. Seine Bedeutung ist implementierungsspezifisch, aber es ist beabsichtigt, daß der String ein Sück Assembler–Code darstellt, das in den generierten Code an der Stelle, an der er spezifiziert wird, eingefügt wird.

Wird eine Variable mit `register` deklariert, ist dies ein Hinweis an den Compiler, daß die Variable für einen häufigen Zugriff zu optimieren ist. Bei den meisten modernen Compilern ist eine derartige Angabe redundant.

A.7.1 Deklaratoren

Siehe §4.9.1, Kapitel 5 (Zeiger und Felder), §7.7 (Zeiger auf Funktionen) und §15.5 (Zeiger auf Elemente).

> *init-declarator-list:*
> > *init-declarator*
> > *init-declarator-list* , *init-declarator*

> *init-declarator:*
> > *declarator initializer*$_{opt}$

> *declarator:*
> > *direct-declarator*
> > *ptr-operator declarator*

> *direct-declarator:*
> > *declarator-id*
> > *direct-declarator* (*parameter-declaration-clause*) *cv-qualifier-seq*$_{opt}$ *exception-specification*$_{opt}$
> > *direct-declarator* [*constant-expression*$_{opt}$]
> > (*declarator*)

> *ptr-operator:*
> > * *cv-qualifier-seq*$_{opt}$
> > &
> > ::$_{opt}$ *nested-name-specifier* * *cv-qualifier-seq*$_{opt}$

> *cv-qualifier-seq:*
> > *cv-qualifier cv-qualifier-seq*$_{opt}$

> *cv-qualifier:*
> > `const`
> > `volatile`

declarator-id:
  : : $_{opt}$ *id-expression*
  : : $_{opt}$ *nested-name-specifier$_{opt}$ type-name*

type-id:
  type-specifier-seq abstract-declarator$_{opt}$

type-specifier-seq:
  type-specifier type-specifier-seq$_{opt}$

abstract-declarator:
  ptr-operator abstract-declarator$_{opt}$
  direct-abstract-declarator

direct-abstract-declarator:
  direct-abstract-declarator$_{opt}$ (*parameter-declaration-clause*) *cv-qualifier-seq$_{opt}$*
                                                    exception-specification$_{opt}$
  direct-abstract-declarator$_{opt}$ [*constant-expression$_{opt}$*]
  (*abstract-declarator*)

parameter-declaration-clause:
  parameter-declaration-list$_{opt}$ . . . $_{opt}$
  parameter-declaration-list , . . .

parameter-declaration-list:
  parameter-declaration
  parameter-declaration-list , *parameter-declaration*

parameter-declaration:
  decl-specifier-seq declarator
  decl-specifier-seq declarator = *assignment-expression*
  decl-specifier-seq abstract-declarator$_{opt}$
  decl-specifier-seq abstract-declarator$_{opt}$ = *assignment-expression*

function-definition:
  decl-specifier-seq$_{opt}$ declarator ctor-initializer$_{opt}$ function-body
  decl-specifier-seq$_{opt}$ declarator function-try-block

function-body:
  compound-statement

initializer:
  = *initializer-clause*
  (*expression-list*)

initializer-clause:
  assignment-expression
  { *initializer-list* , $_{opt}$ }
  { }

initializer-list:
  initializer-clause
  initializer-list , initializer-clause

Die Angabe `volatile` ist ein Hinweis an den Compiler, daß das Objekt seinen Wert in einer nicht von der Sprache vorgesehenen Art und Weise verändern könnte, so daß aggressive Optimierungen vermieden werden müssen. Eine Echtzeit–Uhr könnte z.B. wie folgt deklariert werden:

```
extern const volatile clock;
```

Zwei aufeinanderfolgende Lesezugriffe auf `clock` könnten unterschiedliche Resultate liefern.

A.8 Klassen

Siehe Kapitel 10.

class-name:
  identifier
  template-id

class-specifier:
  class-head { *member-specification*$_{opt}$ }

class-head:
  class-key identifier$_{opt}$ *base-clause*$_{opt}$
  class-key nested-name-specifier identifier base-clause$_{opt}$
  class-key nested-name-specifier$_{opt}$ *template-id base-clause*$_{opt}$

class-key:
  `class`
  `struct`
  `union`

member-specification:
  member-declaration member-specification$_{opt}$
  access-specifier : *member-specification*$_{opt}$

member-declaration:
  decl-specifier-seq$_{opt}$ *member-declarator-list*$_{opt}$;
  function-definition ;$_{opt}$
  `::`$_{opt}$ *nested-name-specifier* `template`$_{opt}$ *unqualified-id* ;
  using-declaration
  template-declaration

member-declarator-list:
  member-declarator
  member-declarator-list , member-declarator

member-declarator:
  declarator pure-specifier$_{opt}$
  declarator constant-initializer$_{opt}$
  identifier$_{opt}$: *constant-expression*

pure-specifier:
    = 0

constant-initializer:
    = *constant-expression*

Um Kompatibilität zu C zu ermöglichen, können eine Klasse und ein Bezeichner für etwas, das keine Klasse ist, mit dem gleichen Namen im gleichen Gültigkeitsbereich deklariert werden (§5.7). Beispiel:

```
struct stat { /* ... */ };
int stat(char* name, struct stat* buf);
```

In diesem Fall ist der einfache Name (stat) der Name des Bezeichners, der keine Klasse ist. Die Klasse muß mit dem Präfix *class-key* angesprochen werden.

Konstante Ausdrücke werden in §C.5 definiert.

A.8.1   Abgeleitete Klassen

Siehe Kapitel 12 und Kapitel 15.

base-clause:
    : *base-specifier-list*

base-specifier-list:
    base-specifier
    base-specifier-list , *base-specifier*

base-specifier:
    : :$_{opt}$ *nested-name-specifier*$_{opt}$ *class-name*
    virtual *access-specifier*$_{opt}$: :$_{opt}$ *nested-name-specifier*$_{opt}$ *class-name*
    access-specifier virtual$_{opt}$: :$_{opt}$ *nested-name-specifier*$_{opt}$ *class-name*

access-specifier:
    private
    protected
    public

A.8.2   Spezielle Elementfunktionen

Siehe §11.4 (Konvertierungsoperatoren), §10.4.6 (Initialisierung von Klassenelementen) und §12.2.2 (Initialisierung der Basis).

conversion-function-id:
    operator *conversion-type-id*

conversion-type-id:
    type-specifier-seq conversion-declarator$_{opt}$

conversion-declarator:
    ptr-operator conversion-declarator$_{opt}$

ctor-initializer:
    : *mem-initializer-list*

mem-initializer-list:
    mem-initializer
    mem-initializer , *mem-initializer-list*

mem-initializer:
    mem-initializer-id (*expression-list$_{opt}$*)

mem-initializer-id:
    : :$_{opt}$ *nested-name-specifier$_{opt}$ class-name*
    identifier

A.8.3 Überladen

Siehe Kapitel 11.

operator-function-id:
    `operator` *operator*

operator: eins von

```
new   delete    new[]    delete[]
 +    -    *    /    %    ^    &    |    ~    !    =    <    >
+=   -=   *=   /=   %=   ^=   &=   |=   <<   >>   >>=  <<=  ==
!=   <=   >=   &&   ||   ++   --   ,    ->*  ->   ()   []
```

A.9 Templates

Templates werden in Kapitel 13 und §C.13 erläutert.

template-declaration:
    `export`$_{opt}$ `template` < *template-parameter-list* > *declaration*

template-parameter-list:
    template-parameter
    template-parameter-list , *template-parameter*

template-parameter:
    type-parameter
    parameter-declaration

type-parameter:
    `class` *identifier$_{opt}$*
    `class` *identifier$_{opt}$* = *type-id*
    `typename` *identifier$_{opt}$*
    `typename` *identifier$_{opt}$* = *type-id*

```
template < template-parameter-list > class identifier_opt
template < template-parameter-list > class identifier_opt = template-name
```

template-id:
    template-name < template-argument-list_opt >

template-name:
    identifier

template-argument-list:
    template-argument
    template-argument-list , template-argument

template-argument:
    assignment-expression
    type-id
    template-name

explicit-instantiation:
    `template` *declaration*

explicit-specialization:
    `template < >` *declaration*

Die explizite Spezifikation von Template–Argumenten liefert die Möglichkeit einer obskuren syntaktischen Mehrdeutigkeit. Man betrachte folgendes Beispiel:

```
void h()
{
    f<1>(0);      // Mehrdeutigkeit: ((f)<1>)>(0) oder (f<1>)(0) ?
                  // Auflösung: f<1> wird mit Argument 0 aufgerufen
}
```

Die Auflösung ist einfach und effektiv: Falls f ein Template–Name ist, ist f< der Anfang eines qualifizierten Template–Namens, und die nachfolgenden Token müssen dementsprechend interpretiert werden. Ansonsten bedeutet < kleiner-als. Entsprechend beendet das erste nicht geschachtelte > eine Template–Argumentliste. Falls ein größer-als gebraucht wird, müssen Klammern verwendet werden:

```
f< a>b >(0);      // Syntaxfehler
f< (a>b) >(0);    // OK
```

Eine ähnliche lexikalische Mehrdeutigkeit kann auftreten, wenn abschließende > zu dicht folgen. Beispiel:

```
list<vector<int>> lv1;     // Syntaxfehler: unerwartetes >> (Rechts-shift)
list< vector<int> > lv2;   // korrekt: Liste von Vektoren
```

Man beachte, daß sich zwischen den beiden > ein Leerzeichen befindet; >> ist der Rechts-shift–Operator. Dies kann ein echtes Ärgernis sein.

A.10   Ausnahmebehandlung

Siehe §8.3 und Kapitel 14.

> *try-block:*
>   try *compound-statement handler-seq*

> *function-try-block:*
>   try *ctor-initializer$_{opt}$ function-body handler-seq*

> *handler-seq:*
>   *handler handler-seq$_{opt}$*

> *handler:*
>   catch (*exception-declaration*) *compound-statement*

> *exception-declaration:*
>   *type-specifier-seq declarator*
>   *type-specifier-seq abstract-declarator*
>   *type-specifier-seq*
>   . . .

> *throw-expression:*
>   throw *assignment-expression$_{opt}$*

> *exception-specification:*
>   throw (*type-id-list$_{opt}$*)

> *type-id-list:*
>   *type-id*
>   *type-id-list* , *type-id*

A.11   Präprozessor–Direktiven

Der Präprozessor ist ein relativ anspruchsloser Makro–Prozessor, der in erster Linie auf lexikalischen Token statt auf individuellen Zeichen operiert. Neben der Möglichkeit, Makros zu definieren und zu verwenden (§7.8), bietet der Präprozessor Mechanismen zum Einbinden von Textdateien und Standardheadern (§9.2.1) sowie bedingte Kompilierungen auf Basis von Makros (§9.3.3). Beispiel:

```
#if OPT==4
#include "header4.h"
#elif 0<OPT
#include "einheader.h"
#else
#include<cstdlib>
#endif
```

Alle Präprozessor–Direktiven beginnen mit dem Zeichen #, das bis auf führende Trennzeichen (Whitespaces) das erste Zeichen einer Zeile sein muß.

preprocessing-file:
    group$_{opt}$

group:
    group-part
    group group-part

group-part:
    pp-tokens$_{opt}$ *new-line*
    if-section
    control-line

if-section:
    if-group elif-groups$_{opt}$ *else-group*$_{opt}$ *endif-line*

if-group:
    # if *constant-expression new-line group*$_{opt}$
    # ifdef *identifier new-line group*$_{opt}$
    # ifndef *identifier new-line group*$_{opt}$

elif-groups:
    elif-group
    elif-groups elif-group

elif-group:
    # elif *constant-expression new-line group*$_{opt}$

else-group:
    # else *new-line group*$_{opt}$

endif-line:
    # endif   *new-line*

control-line:
    # include *pp-tokens new-line*
    # define *identifier replacement-list new-line*
    # define *identifier lparen identifier-list*$_{opt}$) *replacement-list new-line*
    # undef *identifier new-line*
    # line *pp-tokens new-line*
    # error *pp-tokens*$_{opt}$ *new-line*
    # pragma *pp-tokens*$_{opt}$ *new-line*
    # *new-line*

lparen:
    das linke Klammerzeichen ohne führende Trennzeichen

replacement-list:
    pp-tokens$_{opt}$

pp-tokens:
   preprocessing-token
   pp-tokens preprocessing-token

new-line:
   das Zeilenende

Kompatibilität

B

You go ahead and follow your customs,
and I'll follow mine.
— C. Napier

B.1 Einführung

In diesem Anhang werden die Inkompatibilitäten zwischen C und C++ sowie zwischen Standard–
C++ und früheren Versionen von C++ beschrieben. Er soll die Unterschiede dokumentieren, die
dem Programmierer Probleme bereiten können, und Wege aufzeigen, mit diesen Problemen umzugehen. Die meisten Kompatibilitätsprobleme treten auf, wenn man versucht, ein C–Programm
zu einem C++–Programm zu machen, ein C++–Programm einer C++–Version vor dem Standard
an eine andere C++–Version anzupassen oder ein C++–Programm, das moderne Sprachmittel ausnutzt, mit einem älteren Compiler zu übersetzen. Es ist nicht beabsichtigt, Sie mit den Details
aller Kompatibilitätsprobleme zu überhäufen, die jemals bei einer Implementierung aufgetreten
sind. Es werden vielmehr die am häufigsten auftauchenden Probleme aufgelistet und die üblichen
Lösungen dazu präsentiert.

Wenn man Aspekte der Kompatibilität betrachtet, ist es wichtig herauszubekommen, in welchem Bereich von Implementierungen ein Programm lauffähig sein muß. Um C++ zu lernen, ist
es wenig hilfreich, die kompletteste und hilfreichste Implementierung zu verwenden. Beim Ausliefern von Produkten ist dagegen eine mehr konservative Strategie angebracht, um die Anzahl der
Systeme, auf denen das Programm lauffähig ist, zu maximieren. In der Vergangenheit war dies ein
Grund (und manchmal nur eine Entschuldigung), um neuere Sprachmittel zu vermeiden. Die Implementierungen konvergieren allerdings, und somit bietet die Forderung nach plattformübergrei-
fender Portabilität inzwischen weniger Anlaß, extrem vorsichtig zu sein, als es noch vor einigen
Jahren der Fall war.

B.2 Kompatibilität zwischen C und C++

Mit wenigen Ausnahmen ist C++ eine Obermenge von C. Die meisten Unterschiede entstehen
durch eine stärkere Betonung der Typüberprüfung in C++. Gut geschriebene C–Programme tendieren dazu, auch C++–Programme zu sein. Alle Unterschiede zwischen C++ und C können von
einem Compiler erkannt werden.

B.2.1 »Stillschweigende« Unterschiede

Mit wenigen Ausnahmen haben Programme, die sowohl in C++ als auch in C lauffähig sind, in beiden Sprachen die gleiche Bedeutung. Die »stillschweigenden« Unterschiede sind glücklicherweise ziemlich obskur:

In C ist die Größe einer Zeichenkonstante und eines Aufzählungstyps sizeof(int). In C++ ist sizeof('a') gleich sizeof(char), und eine C++–Implementierung kann für einen Aufzählungstyp eine beliebige am besten passende Größe wählen (§4.8).

C++ bietet die //–Kommentare, C nicht (obwohl viele C–Implementierungen sie als Erweiterung anbieten). Dieser Unterschied kann dazu verwendet werden, Programme zu erzeugen, die sich in beiden Sprachen unterschiedlich verhalten. Beispiel:

```
int f(int a, int b)
{
    return a //* ziemlich unschön */ b
         ;    /* unrealistisch: Semikolon auf eigener Zeile, um Syntaxfehler zu vermeiden */
}
```

ISO–C wurde überarbeitet, um // wie in C++ zu ermöglichen.

Ein Strukturname im inneren Gültigkeitsbereich kann den Namen eines Objekts, einer Funktion, eines Aufzählungstyps oder eines Datentyps in einem äußeren Gültigkeitsbereich überdecken. Beispiel:

```
int x[99];
void f()
{
    struct x { int a; };
    sizeof(x);    /* Größe des Feldes in C; Größe der Struktur in C++ */
}
```

B.2.2 C–Code, der kein C++–Code ist

Die Inkompatibilitäten, die wirkliche Probleme verursachen, sind nicht subtil. Die meisten werden leicht von Compilern erkannt. Dieser Abschnitt gibt Beispiele für C–Code, der kein C++–Code ist. Die meisten werden als schlechter Stil betrachtet oder sind in modernem C sogar überholt.

In C können die meisten Funktionen ohne eine vorherige Deklaration aufgerufen werden. Beispiel:

```
main()          /* schlechter Stil in C; kein C++ */
{
    double sq2 = sqrt(2);                           /* undeklarierte Funktion aufrufen */
    printf("die Wurzel von 2 ist %g\n",sq2);  /* undeklarierte Funktion aufrufen */
}
```

Eine vollständige und konsistente Verwendung von Funktionsdeklarationen (Funktionsprototypen) wird in C allgemein empfohlen. Wenn dieser sinnvolle Ratschlag befolgt wird, und speziell, wenn C–Compiler Optionen anbieten, diesen zu erzwingen, ist C–Code konform zu den Regeln von C++. Wenn undeklarierte Funktionen aufgerufen werden, muß man die Funktionen und die Regeln von C sehr gut kennen, um zu wissen, ob man einen Fehler gemacht oder ein Portabilitätsproblem geschaffen hat. Das vorherige main() z.B. enthält als C–Programm zumindest zwei Fehler.

Einer Funktion, die ohne irgendwelche Argumenttypen deklariert ist, kann in C eine beliebige Anzahl von Argumenten mit beliebigen Datentypen übergeben werden. Eine solche Verwendung wird in Standard–C als veraltet betrachtet, sie ist aber nicht unüblich:

```
void f();      /* Argumenttypen nicht angegeben */

void g()
{
    f(2);      /* schlechter C-Stil; kein C++ */
}
```

Funktionen können in C mit einer Syntax definiert werden, die optional alle Argumenttypen nach der Liste der Argumente spezifiziert:

```
void f(a,p,c) char* p; char c; { /* ... */ }    /* C; kein C++ */
```

Solche Definitionen müssen neu geschrieben werden:

```
void f(int a, char* p, char c) { /* ... */ }
```

Für eine Typangabe gibt es in C und in älteren Versionen von C++ den Default `int`. Beispiel:

```
const a = 7;    /* in C wird Typ int angenommen; kein C++ */
```

ISO–C wurde überarbeitet, um ein »implizites `int`« zu verbieten, wie es in C++ schon der Fall ist.

In C können Strukturen in Rückgabetypen und Argumenttypen deklariert werden. Beispiel:

```
struct S { int x,y; } f();          /* C; kein C++ */
void g(struct S { int x,y; } y);    /* C; kein C++ */
```

Die Regeln von C++ zur Definition von Datentypen machen solche Deklarationen sinnlos, sie sind deshalb nicht erlaubt.

In C können ganze Zahlen an Variablen eines Aufzählungstyps zugewiesen werden:

```
enum Richtung { hoch, runter };
Richtung d = 1;              /* Fehler: int einer Richtung zugewiesen; OK in C */
```

C++ hat viel mehr Schlüsselworte als C. Wenn eins davon als Bezeichner in einem C–Programm verwendet wird, muß dieses Programm modifiziert werden, um es zu einem C++–Programm zu machen:

C++–Schlüsselworte, die in C keine Schlüsselworte sind

and	and_eq	asm	bitand	bitor	bool
catch	class	compl	const_cast	delete	dynamic_cast
explicit	export	false	friend	inline	mutable
namespace	new	not	not_eq	operator	or
or_eq	private	protected	public	reinterpret_cast	static_cast
template	this	throw	true	try	typeid
typename	using	virtual	wchar_t	xor	xor_eq

In C sind einige der C++–Schlüsselworte Makros in den Standardheadern:

C++–Schlüsselworte, die in C Makros sind					
and	and_eq	bitand	bitor	compl	not
not_eq	or	or_eq	wchar_t	xor	xor_eq

Das bedeutet, daß sie in C mit `#ifdef` getestet, umdefiniert usw. werden können.

In C kann ein globales Objekt mehrfach ohne die Angabe `extern` deklariert werden. Solange höchstens eine dieser Deklarationen eine Initialisierung anbietet, wird das Objekt als nur einmal definiert betrachtet. Beispiel:

```
int i; int i;      /* definiert oder deklariert einen einzigen Integer "i"; kein C++ */
```

In C++ muß alles genau einmal definiert werden; §9.2.3.

In C++ darf eine Klasse nicht den gleichen Namen wie eine Typdefinition besitzen, die deklariert ist, um auf einen anderen Datentyp im gleichen Gültigkeitsbereich zu verweisen; §5.7.

Ein `void*` darf in C auf der rechten Seite einer Zuweisung oder Initialisierung einer Variable eines beliebigen Zeiger–Typs verwendet werden; in C++ ist das nicht erlaubt (§5.6). Beispiel:

```
void f(int n)
{
    int* p = malloc(n*sizeof(int));      /* kein C++; in C++ wird mit new allokiert */
}
```

In C ist es möglich, eine Initialisierung zu überspringen; in C++ ist das nicht erlaubt.

Eine globale Konstante hat in C eine externe Bindung; in C++ ist das nicht der Fall, und der Wert muß initialisiert werden, wenn er nicht explizit mit `extern` deklariert wird (§5.4).

Namen von geschachtelten Strukturen gehören in C zum gleichen Gültigkeitsbereich wie die Struktur, in der sie sich befinden. Beispiel:

```
struct S {
    struct T {
        // ...
    };
    // ...
};

struct T x;      /* OK in C, bedeutet: S::T x; kein C++ */
```

In C kann ein Feld mit einem Wert initialisiert werden, der mehr Elemente besitzt, als das Feld benötigt. Beispiel:

```
char v[5] = "Oskar";      /* OK in C, die abschließende 0 wird nicht verwendet; kein C++ */
```

B.2.3   Mißbilligte Sprachmittel

Durch Mißbilligung eines Sprachmittels drückt das Standardisierungskomitee den Wunsch aus, daß dieses Sprachmittel verschwindet. Das Komitee hat allerdings nicht das Recht, ein stark verwendetes Sprachmittel zu entfernen, wie redundant oder gefährlich es auch immer sein mag. Eine Mißbilligung ist somit ein starker Hinweis an den Anwender, dieses Sprachmittel zu vermeiden.

Das Schlüsselwort `static`, das überlicherweise »statisch angelegt« bedeutet, kann dazu verwendet werden festzulegen, daß eine Funktion oder ein Objekt lokal nur im Rahmen einer Übersetzungseinheit gültig ist. Beispiel:

```
// datei1:
    static int global;
```

```
// datei2:
    static int global;
```

Dieses Programm hat damit zwei Integer, die `global` genannt werden. Jedes `global` wird exklusiv von den in dieser Übersetzungseinheit definierten Funktionen verwendet.

Die Verwendung von `static`, um festzulegen, daß etwas »lokal in einer Übersetzungseinheit« ist, wird in C++ mißbilligt. Statt dessen sollten unbenannte Namensbereiche (§8.2.5.1) verwendet werden.

Casts (explizite Typumwandlungen) im C–Stil wurden mißbilligt, als die Casts im neuen Stil eingeführt wurden. Programmierer sollten ernsthaft in Betracht ziehen, Casts im C–Stil aus ihren Programmen zu verbannen. Wenn explizite Typumwandlungen notwendig sind, können `static_cast`, `reinterpret_cast` und `const_cast` oder eine Kombination davon alles machen, was ein Cast im C–Stil kann. Die Casts im neuen Stil sollten bevorzugt werden, da sie expliziter und sichtbarer sind (§6.2.7).

B.2.4   C++–Code, der kein C–Code ist

Dieser Abschnitt listet die Sprachmittel auf, die von C++, nicht aber von C angeboten werden. Die Sprachmittel sind nach deren Zweck sortiert. Es sind allerdings mehrere Einteilungen möglich, und die meisten Sprachmittel dienen mehreren Zwecken. Insofern sollte die Einteilung nicht zu ernst genommen werden.

- Sprachmittel, die in erster Linie die Notation bequemer machen:
  1. `//`–Kommentare (§2.3); wurden mittlerweile auch in C hinzugefügt
  2. Unterstützung für eingeschränkte Zeichensätze (§C.3.1)
  3. Unterstützung für erweiterte Zeichensätze (§C.3.3); wurde mittlerweile auch in C hinzugefügt
  4. Nichtkonstante Initialisierer für Objekte in `static`–Speicherbereichen (§9.4.1)
  5. `const` in konstanten Ausdrücken (§5.4, §C.5)
  6. Deklarationen als Anweisungen (§6.3.1)
  7. Referenzen (§5.5)

- Sprachmittel, die in erster Linie das Typsystem stärken:
  1. Typprüfung für Funktionsargumente (§7.1); wurde später in C hinzugefügt (§B.2.2)
  2. typsicheres Binden (§9.2, §9.2.3)
  3. Freispeicherverwaltung mit `new` und `delete` (§6.2.6, §10.4.5, §15.6)
  4. `const` (§5.4, §5.4.1); wurde später in C hinzugefügt
  5. Der Boolesche Datentyp `bool` (§4.2)
  6. Neue Cast–Syntax (§6.2.7)

- Sprachmittel für selbstdefinierte Datentypen:
  1. Klassen (Kapitel 10)

  2. Elementfunktionen (§10.2.1) und Elementklassen (§11.12)
  3. Konstruktoren und Destruktoren (§10.2.3, §10.4.1)
  4. Abgeleitete Klassen (Kapitel 12, Kapitel 15)
  5. Virtuelle Funktionen und abstrakte Klassen (§12.2.6, §12.3)
  6. Zugriffskontrolle mit `public`/`protected`/`private` (§10.2.2, §15.3, §C.11)
  7. `friends` (§11.5)
  8. Elementzeiger (§15.5, §C.12)
  9. Statische Elemente (§10.2.4)
  10. `mutable`–Elemente (§10.2.7.2)
  11. Überladen von Operatoren (Kapitel 11)

- Sprachmittel, die in erster Linie (zusätzlich zu Klassen) zur Programmorganisation gedacht sind:

  1. Templates (Kapitel 13)
  2. Inline–Funktionen (§7.1.1)
  3. Default–Argumente (§7.5)
  4. Überladen von Funktionen (§7.4)
  5. Namensbereiche (§8.2)
  6. Explizite Bereichsangaben mit Operator `::` (§4.9.4)
  7. Ausnahmebehandlung (§8.3, Kapitel 14)
  8. Laufzeit–Typidentifizierung (§15.4)

Die in C++ hinzugefügten Schlüsselworte (§B.2.2) kennzeichnen die meisten C++–spezifischen Sprachmittel. Einige Sprachmittel, wie Überladen oder `const` in konstanten Ausdrücken, werden allerdings nicht durch ein Schlüsselwort identifiziert. Als Ergänzung der hier aufgeführten Sprachmittel, ist die C++–Bibliothek (§16.1.2) ziemlich C++–spezifisch.

Das Makro `__cplusplus` kann dazu verwendet werden herauszubekommen, ob ein Programm von einem C- oder einem C++–Compiler bearbeitet wird (§9.2.4).

B.3   Umgang mit älteren C++–Implementierungen

C++ wird seit 1983 kontinuierlich verwendet (§1.4). Seit damals wurden zahlreiche Versionen definiert und viele verschiedene Entwicklungsumgebungen ausgeliefert. Ein fundamentales Ziel der Standardisierung bestand darin sicherzustellen, daß Implementierer und Anwender mit einer einzigen Definition von C++ arbeiten können. Bis sich diese Definition im ganzen C++–Umfeld durchgesetzt hat, muß man allerdings noch mit dem Sachverhalt umgehen, daß nicht jede Implementierung jedes in diesem Buch beschriebene Feature anbietet.

Es ist leider nicht unüblich, daß Personen bei ihrer ersten ernsthaften Beschäftigung mit C++ eine fünf Jahre alte Implementierung verwenden. Der typische Grund besteht darin, daß solche Implementierungen sehr verbreitet und kostenlos zu haben sind. Kein gewissenhafter Profi würde derart veraltete Dinge anfassen, wenn sich dies vermeiden läßt. Für einen Anfänger führen ältere Implementierungen zu versteckten ernstzunehmenden Kosten. Durch das Fehlen von Sprachmitteln und der Unterstützung durch die Standardbibliothek muß der Anfänger mit Problemen kämpfen, die in neueren Implementierungen gelöst sind. Durch Verwendung einer älteren Implementierung mit wenigen Sprachmitteln wird auch der Programmierstil von Anfängern und der Eindruck, was C++ ist, entstellt. Die beste Untermenge von C++, um es am Anfang zu lernen, ist *nicht* die Menge der Low-level–Sprachmittel (und nicht die gemeinsame Untermenge von C und C++; §1.2). Ich empfehle insbesondere, sich durch das Aufsetzen auf die Standardbibliothek und Templates das Lernen zu erleichtern und einen guten ersten Eindruck zu erhalten, was C++–Programmierung sein kann.

Die erste kommerzielle Version von C++ gab es Ende 1985. Die Sprache wurde durch die erste Auflage dieses Buchs definiert. Zu der Zeit wurden von C++ keine Mehrfachvererbung, Templates, Laufzeit–Typinformationen, Ausnahmen oder Namensbereiche angeboten. Heutzutage sehe ich keinen Grund, eine Implementierung zu verwenden, die nicht wenigstens einige dieser Sprachmittel anbietet. Ich habe Mehrfachvererbung, Templates und die Ausnahmebehandlung 1989 zu der Definition von C++ hinzugefügt. Die erste Unterstützung für Templates und Ausnahmebehandlung war allerdings uneinheitlich und oft armselig. Falls man Probleme mit Templates oder der Ausnahmebehandlung in einer älteren Implementierung hat, sollte man einen sofortigen Umstieg auf eine neuere Version erwägen.

Generell ist es klug, eine Implementierung zu verwenden, die möglichst konform zum Standard ist und die Abhängigkeit von implementierungsspezifischen und undefinierten Aspekten der Sprache zu minimieren. Man sollte so entwerfen, als stünde die Sprache vollständig zur Verfügung, und dann die Workarounds verwenden, die notwendig sind. Dies führt zu besser organisierten und wartbareren Programmen, als wenn für die kleinste gemeinsame Schnittmenge von C++ entworfen wird. Man sollte außerdem implementierungsspezifische Spracherweiterungen nur dann verwenden, wenn sie absolut notwendig sind.

B.3.1   Headerdateien

Traditionell hatte jede Headerdatei die Endung ».h«. C++–Implementierungen stellten somit Header wie <map.h> und <iostream.h> zur Verfügung. Aus Kompatibilitätsgründen ist dies meistens immer noch der Fall.

Als das Standardisierungskomitee Header für die neudefinierte Version der Standardbibliothek und neu hinzugefügte Hilfsmittel der Bibliothek brauchte, wurden die Namen für diese Header zu einem Problem. Die Verwendung der alten ».h«–Namen hätte Kompatibilitätsprobleme verursacht. Als Lösung wurde deshalb die Endung ».h« in den Standardheaderdateien entfernt. Die Endung ist redundant, da die Schreibweise <...> ohnehin anzeigt, daß ein Standardheader gemeint ist.

Somit bietet die Standardbibliothek Header ohne Endung, wie <iostream> und <map>. Die Deklarationen in diesen Headerdateien werden im Namensbereich std plaziert. Ältere Header plazieren ihre Deklarationen im globalen Namensbereich und verwenden die Endung ».h«. Man betrachte folgendes Beispiel:

```
#include<iostream>

int main()
{
    std::cout << "Hallo, Welt!\n";
}
```

Falls eine Kompilierung auf einer Implementierung fehlschlägt, sollte man die traditionellere Version ausprobieren:

```
#include<iostream.h>
```

B Kompatibilität

```
int main()
{
    cout << "Hallo, Welt!\n";
}
```

Einige der ernsthaftesten Portabilitätsprobleme treten aufgrund von inkompatiblen Headern auf. Die Standardheader sind dafür nur mit einem geringen Anteil verantwortlich. Oft hängt ein Programm von einer großen Anzahl von Headern, die nicht auf allen Systemen vorhanden sind, und von Deklarationen ab, die anscheinend zum Standard gehören (weil sie sich in Headern mit Standardnamen befinden), aber keineswegs Teil eines Standards sind.

Es gibt keinen vollständig zufriedenstellenden Ansatz, in Hinsicht auf inkonsistente Header mit der Portabilität umzugehen. Ein allgemeiner Ansatz besteht darin, direkte Abhängigkeiten von inkonsistenten Headern zu vermeiden und die restlichen Abhängigkeiten lokal zu bündeln. Das bedeutet, daß man versucht, die Portabilität durch Indirektion und Lokalisierung zu erreichen. Falls Deklarationen, die man benötigt, auf verschiedenen Systemen in verschiedenen Headern angeboten werden, kann man z.B. eine programmspezifische Headerdatei einbinden, die wiederum auf jedem System die entsprechenden Header einbindet. Falls eine Funktionalität auf verschiedenen Systemen in leicht unterschiedlicher Form angeboten wird, kann man auf diese Funktionalität entsprechend über programmspezifische Schnittstellenklassen und Funktionen zugreifen.

B.3.2 Die Standardbibliothek

Es ist nicht verwunderlich, wenn Implementierungen aus der Zeit vor dem Standard nicht alle Teile der Standardbibliothek enthalten. Die meisten werden I/O-Streams, eine nicht als Template implementierte Klasse `complex`, eine unterschiedliche String–Klasse und die C–Standardbibliothek umfassen. Bei manchen können aber `map`, `list`, `valarray` und so weiter fehlen. In dem Fall sollte man die (üblicherweise proprietären) verfügbaren Bibliotheken so verwenden, daß man die Implementierung umstellen kann, wenn auf den Standard umgestellt wird. Es ist normalerweise besser, eine nicht standardisierte Klasse `string`, `list` oder `map` zu verwenden, als aufgrund nicht vorhandener Klassen der Standardbibliothek zum alten C–Stil zurückzukehren. Gute Implementierungen des STL–Teils der Standardbibliothek (Kapitel 16 bis Kapitel 19) sind außerdem frei zum Herunterladen verfügbar.

Frühere Implementierungen der Standardbibliothek waren unvollständig. Es gab z.B. Container, die keine Allokatoren unterstützten, und bei anderen mußten Allokatoren explizit für jede Klasse angegeben werden. Ähnliche Probleme gab es bei anderen »Verhaltensargumenten«, wie Vergleichskriterien. Beispiel:

```
list<int> li1;                          // OK, aber einige Implementierungen
                                        // verlangen einen Allokator
list<int,allocator<int> > li2;          // OK, aber einige Implementierungen
                                        // haben Allokatoren nicht implementiert
map<string,Record> m1;                  // OK, aber einige Implementierungen
                                        // verlangen eine Vergleichsoperation
map<string,Record,less<string> > m2;
```

Man sollte die Variante verwenden, die eine Implementierung akzeptiert. Eventuell akzeptieren Implementierungen alle.

Frühere C++-Implementierungen haben statt `istringstream` und `ostringstream` aus `<sstream>` die Klassen `istrstream` und `ostrstream` aus `<strstream.h>` angeboten. Diese `strstream`-Objekte operieren direkt auf Zeichenfeldern (siehe §21.10–Ü26).

Die Streams der Implementierungen vor dem Standard waren nicht parametrisiert. Insbesondere die Templates mit dem Präfix `basic_` sind neu im Standard, und die Klasse `basic_ios` wurde früher `ios` genannt. Kurioserweise wurde `iostate` vorher `io_state` genannt.

B.3.3 Namensbereiche

Falls eine Implementierung keine Namensbereiche anbietet, sollte die logische Struktur der Programme durch Quelldateien ausgedrückt werden (Kapitel 9). Entsprechend sollten Headerdateien verwendet werden, um Schnittstellen für Implementierungen oder zur Verwendung in C anzubieten.

Ohne Namensbereiche sollte für Namensbereiche ohne Namen `static` verwendet werden. Außerdem sollte ein identifizierendes Präfix für globale Namen verwendet werden, um diese Namen von anderen Teilen des Codes unterscheiden zu können. Beispiel:

```
// für Implementierungen ohne Namensbereiche:

class bs_string { /* ... */ };        // Bjarnes String
typedef int bs_bool;                  // Bjarnes Boolescher Typ

class joe_string;                     // Joes String
enum joe_bool { joe_false, joe_true }; // Joes bool
```

Bei der Auswahl von Präfixen sollte man vorsichtig sein. Existierende C– und C++–Bibliotheken sind übersät mit solchen Präfixen.

B.3.4 Fehler bei der Speicheranforderung

In C++-Versionen ohne Ausnahmebehandlung liefert der Operator `new` 0, um Fehler anzuzeigen. Das `new` von Standard–C++ löst als Default die Ausnahme `bad_alloc` aus. Generell ist es das beste, auf den Standard umzusteigen. In diesem Fall muß der Code so modifiziert werden, daß er, anstatt auf 0 zu testen, `bad_alloc` abfängt. In beiden Fällen ist es auf vielen Systemen schwierig, bei zu wenig Speicherplatz mehr als nur eine Fehlermeldung auszugeben.

Wenn der Wechsel vom Test auf 0 zum Abfangen von `bad_alloc` unpraktikabel ist, kann man das Programm manchmal auf das Verhalten ohne Ausnahmebehandlung umstellen. Falls kein New–Handler installiert ist, wird durch Verwendung der `nothrow`-Version für den Fall, daß die Speicheranforderung fehlschlägt, 0 zurückgeliefert:

```
X* p1 = new X;          // löst bei zu wenig Speicher bad_alloc aus
X* p2 = new(nothrow) X; // liefert bei zu wenig Speicher 0 zurück
```

B.3.5 Templates

Der Standard hat für Templates neue Features eingeführt und die Regeln für zahlreiche existierende Features klargestellt.

Falls eine Implementierung keine partielle Spezialisierung unterstützt, sollte man für ein Template, das eigentlich eine partielle Spezialisierung sein soll, einen separaten Namen verwenden. Beispiel:

```
template<class T> class plist
  : private list<void*> {      // sollte eigentlich list<T*> sein
    // ...
};
```

Falls eine Implementierung keine Element–Templates unterstützt, sind einige Techniken nicht durchführbar. Element–Templates ermöglichen dem Programmierer insbesondere das Erzeugen und Umwandeln mit einer Flexibilität, die ohne sie nicht erreicht werden kann (§13.6.2). Manchmal kann alternativ eine Funktion zum Erzeugen eines Objekts angeboten werden, die keine Elementfunktion ist. Man betrachte das folgende Beispiel:

```
template<class T> class X {
    // ...
    template<class A> X(const A& a);
};
```

Ohne Element–Templates muß man sich auf spezifische Datentypen beschränken:

```
template<class T> class X {
    // ...
    X(const A1& a);
    X(const A2& a);
    // ...
};
```

Die meisten früheren Implementierungen generierten für alle Elementfunktionen eines Templates Definitionen, wenn das Template instanziiert wurde. Dies konnte bei nicht verwendeten Elementfunktionen zu Fehlern führen (§C.13.9.1). Als Lösung sollte die Definition der Elementfunktionen hinter der Klassendeklaration plaziert werden. Zum Beispiel sollte man statt

```
template<class T> class Container {
    // ...
public:
    void sort() { /* verwendet < */ }      // Definition innerhalb der Klasse
};

class Glob { /* kein < definiert */ };

Container<Glob> cg;      // einige alte Implementierungen versuchen,
                         // Container<Glob>::sort() zu definieren
```

besser folgendes verwenden:

```
template<class T> class Container {
    // ...
public:
    void sort();
};

template<class T> void Container<T>::sort() { /* verwendet < */ }
```

```
class Glob { /* kein < definiert */ };        // Definition außerhalb der Klasse

Container<Glob> cg;      // keine Probleme, solange cg.sort() nicht aufgerufen wird
```

Frühere Implementierungen von C++ konnten die Verwendung von später in einer Klasse definierten Elementen nicht handhaben. Beispiel:

```
template<class T> class Vektor {
public:
    T& operator[](size_t i) { return v[i]; }      // v später deklariert
    // ...
private:
    T* v;                                         // Oh, nicht gefunden!
    size_t sz;
};
```

In solchen Fällen sollte man zur Vermeidung des Problems entweder die Elementdeklarationen sortieren oder die Definition der Elementfunktionen hinter den Deklarationen plazieren.

Einige Implementierungen von C++ vor dem Standard akzeptieren keine Default-Argumente für Templates (§13.4.1). In dem Fall muß jeder Template-Parameter explizit übergeben werden. Beispiel:

```
template<class Key, class T, class LT = less<T> > class map {
    // ...
};
```

```
map<string,int> m;                        // Oh, Default-Template-Argumente nicht implementiert
map<string,int,less<string> > m2;   // Workaround: explizit übergeben
```

B.3.6   Initialisierungen in der For–Anweisung

Man betrachte folgendes Beispiel:

```
void f(vector<char>& v, int m)
{
    for (int i= 0; i<v.size() && i<=m; ++i) cout << v[i];

    if (i == m) {    // Fehler: verwendet i nach dem Ende der For-Anweisung
        // ...
    }
}
```

Derartiger Code funktionierte mit der ursprünglichen Definition von C++. Der Gültigkeitsbereich der Laufvariablen reichte bis zum Ende des Gültigkeitsbereichs, in dem die For–Anweisung auftrat. Falls man solchen Code findet, muß man einfach nur die Laufvariable vor der For–Anweisung deklarieren:

```
void f2(vector<char>& v, int m)
{
    int i=0;    // i wird nach der Schleife gebraucht
    for ( ; i<v.size() && i<=m; ++i) cout << v[i];
```

```
if (i == m) {
    // ...
}
}
```

B.4 Ratschläge

1. Verwenden Sie die aktuellste und vollständigste Implementierung von Standard–C++, die sie bekommen können, um C++ zu lernen; §B.3.

2. Die gemeinsame Schnittmenge von C und C++ ist nicht die beste Ausgangsbasis, um C++ zu lernen; §1.6, §B.3.

3. Beachten Sie bei der Erstellung von Code, daß nicht alle C++ Implementierungen auf dem neuesten Stand sind. Bevor Sie ein neues Hauptsprachmittel verwenden sollten Sie mit kleinen Programmen testen, ob diese Sprachmittel standardkonform und performant auf den Zielplattformen unterstützt werden; sehen Sie z.B. §8.5–Ü6–7, §16.5–Ü10 und §B.5–Ü5.

4. Vermeiden Sie mißbilligte Sprachmittel (wie ein globales `static`) und Casts im C–Stil; §6.2.7, §B.2.3.

5. Ein implizites `int` wird (auch in C) nicht mehr unterstützt. Spezifizieren Sie deshalb den Typ jeder Funktion, jeder Variable, jeder Konstante und so weiter vollständig; §B.2.2.

6. Wenn Sie ein C–Programm nach C++ umwandeln, dann stellen Sie erst sicher, daß Funktionsdeklarationen (Prototypen) und Standardheader konsistent verwendet werden; §B.2.2.

7. Wenn Sie ein C–Programm nach C++ umwandeln, dann benennen Sie Variablen um, die in C++ Schlüsselworte sind; §B.2.2.

8. Wenn Sie ein C–Programm nach C++ umwandeln, dann wandeln Sie das Ergebnis von `malloc()` in den richtigen Typ um oder ersetzen Sie alle Verwendungen von `malloc()` durch `new`; §B.2.2.

9. Wenn Sie die Verwendung von `malloc()` und `free()` durch `new` und `delete` ersetzen, dann ziehen Sie in Betracht, einen `vector`, `push_back()` und statt `realloc()` `reserve()` zu verwenden; §3.8, §16.3.5.

10. Wenn Sie ein C–Programm nach C++ umwandeln, dann denken Sie daran, daß es in C++ keine impliziten Typumwandlungen von Aufzählungstypen nach `int` gibt. Verwenden Sie bei Bedarf explizite Umwandlungen; §4.8.

11. Ein Hilfsmittel aus dem Namensbereich `std` wird in Headerdateien ohne Endung definiert (`std::cout` wird z.B. in `<iostream>` deklariert). Ältere Implementierungen deklarieren Hilfsmittel der Standardbibliothek im globalen Namensbereich in Headerdateien mit der Endung `.h` (`::cout` wird z.B. in `<iostream.h>` deklariert); §9.2.2, §B.3.1.

12. Falls älterer Code prüft, ob das Ergebnis von `new` 0 ist, muß dieser Code so umgeschrieben werden, daß er `bad_alloc` abfängt oder `new(nothrow)` verwendet; §B.3.4.

13. Falls Ihr System keine Default–Template–Argumente unterstützt, geben Sie die Argumente explizit an. Typdefinitionen können oft dazu verwendet werden, die wiederholte Angabe von Template–Argumenten zu vermeiden (etwa so, wie die Typdefinition von `string` die Angabe von `basic_string<char,char_traits<char>,allocator<char> >` ersetzt); §B.3.5.

14. Verwenden Sie `<string>`, um `std::string` zu deklarieren (`<string.h>` deklariert die Funktionen für C–Strings); §9.2.2, §B.3.1.

15. Für jeden Standardheader von C, <*X*.h>, der Namen im globalen Namensbereich definiert, definiert <c*X*> diese Namen im Namensbereich std; §B.3.1.

16. Viele Systeme besitzen eine Headerdatei "String.h, die einen String–Datentyp definiert. Beachten Sie, daß sich dieser Datentyp von dem Datentyp string der Standardbibliothek unterscheidet.

17. Ziehen Sie standardisierte den nicht standardisierten Hilfsmittel vor; §20.1, §B.3, §C.2.

18. Verwenden Sie extern "C", wenn Sie C–Funktionen deklarieren; §9.2.4.

B.5   Übungen

Ü1 (*2,5) Nehmen Sie sich ein C–Programm und konvertieren Sie es nach C++. Listen Sie die Konstrukte auf, die nicht konform zu Standard–C++ sind und untersuchen Sie, ob sie korrekte ANSI–C–Konstrukte sind. Konvertieren Sie das Programm zunächst nach striktem ANSI–C (Prototypen hinzufügen usw.). Schätzen Sie die Zeitdauer, die es dauern würde, ein C–Programm mit 100.000 Zeilen zu konvertieren.

Ü2 (*2,5) Schreiben Sie ein Programm, das die Umwandlung eines C– in ein C++–Programm unterstützt indem es Variablen, die in C++ Schlüsselworte sind, umbenennt, Aufrufe von malloc() durch new ersetzt und so weiter. Hinweis: Versuchen Sie nicht, dieses Programm perfekt zu machen.

Ü3 (*2) Ersetzen Sie in einem C++–Progamm, das im C–Stil geschrieben wurde, (möglicherweise ein umgewandeltes C–Programm) alle Aufrufe von malloc() durch new. Hinweis: §B.5–Ü8–9.

Ü4 (*2,5) Reduzieren Sie in einem C++–Progamm, das im C–Stil geschrieben wurde, (möglicherweise ein umgewandeltes C–Programm) die Verwendung von Makros, globalen Variablen, uninitialisierten Variablen und explizite Typkonvertierungen.

Ü5 (*3) Nehmen Sie sich ein C++–Programm, das das Ergebnis einer schlechten Konvertierung eines C–programms ist, und kritisieren Sie es aus Sicht von C++ speziell unter den Aspekten Lokalität von Informationen, Abstraktion, Lesbarkeit, Erweiterbarkeit und mögliche Wiederverwendung von einzelnen Teilen. Führen Sie auf Basis diese Kritik eine signifikante Verbesserung durch.

Ü6 (*2) Nehmen Sie sich ein kleines C++–Programm (mit etwa 500 Zeilen) und konvertieren Sie es nach C. Vergleichen Sie Größe und Wartbarkeit zwischen beiden Versionen.

Ü7 (*3) Schreiben Sie ein kleines Testprogramm, mit dem man herausfinden kann, ob eine C++–Implementierung die »neuesten« Standardsprachmittel verwendet. Was ist zum Beispiel der Gültigkeitsbereich einer Variable, die in der Initialisierung einer for–Schleife deklariert wird (§B.3.6)? Werden Default–Template–Argumente unterstützt (§B.3.5)? Werden Element–Templates unterstützt (§13.6.2)? Wird Namensuche auf Argumentenbasis unterstützt (§8.2.6)? Hinweis: §B.2.4.

Ü8 (*2,5) Nehmen Sie ein C++–Programm, das Standardheader der Form <*X*.h> verwendet, und wandeln Sie es so um, daß es Standardheader der Form <*X*> und <c*X*> verwendet. Minimieren Sie die Verwendung von Using–Direktiven.

Technische Aspekte

Deep in the fundamental
heart of mind and Universe,
there is a reason.
– Slartibartfast

C.1   Einführung und Überblick

Dieses Kapitel präsentiert technische Details und Beispiele, die nicht sauber in meine Darstellung der Hauptsprachmittel von C++ und deren Anwendung paßten. Die hier gezeigten Details können beim Schreiben von Programmen wichtig und beim Lesen von Code, der sie verwendet, unabdingbar werden. Ich betrachte sie dennoch als technische Details, die nicht die Möglichkeit haben sollten, von den vorrangigen Zielen von C++ abzulenken. Denn beim Lernen von C++ sollte eine gute Verwendung von C++ im Vordergrund stehen, und beim Programmieren sollten Konzepte klar und so direkt wie in C++ möglich ausgedrückt werden.

C.2   Der Standard

Im Gegensatz zu den üblichen Annahmen garantiert eine strikte Anlehnung an die Sprache C++ und die Standardbibliothek noch keinen guten oder sogar portablen Code. Der Standard sagt nicht, ob ein Stück Code gut oder schlecht ist, er sagt nur aus, auf was ein Programmierer bei einer Implementierung aufsetzen kann. Man kann völlig schreckliche standardkonforme Programme schreiben, und die meisten Programme verwenden in der Praxis Features, die nicht standardisiert sind.

Viele wichtige Dinge werden im Standard als *implemenierungsspezifisch* (*implementation defined*) betrachtet. Das bedeutet, daß jede Implementierung für ein solches Konstrukt ein spezifisches, wohldefiniertes Verhalten anbieten und dieses auch dokumentieren muß. Beispiel:

```
unsigned char c1 = 64;      // wohldefiniert:
                            // ein char hat mindestens 8 Bit und kann immer 64 aufnehmen
unsigned char c2 = 1256;    // implementierungsspezifisch:
                            // wird abgeschnitten, wenn ein char nur 8 Bit hat
```

Die Initialisierung von c1 ist wohldefiniert, da ein char mindestens 8 Bits umfassen muß. Das Verhalten bei der Initialisierung von c2 ist dagegen implementierungsspezifisch, da die Anzahl der Bits in einem char implementierungsspezifisch ist. Falls der char nur 8 Bits hat, wird der Wert

1256 auf 232 abgeschnitten (§C.6.2.1). Die meisten implementierungsspezifischen Sprachmittel beziehen sich auf Unterschiede in der Hardware, die beim Laufen eines Programms auftreten.

Wenn Programme aus dem wirklichen Leben geschrieben werden, ist es normalerweise notwendig, auf implementierungsspezifisches Verhalten aufzubauen. Dieses Verhalten ist der Preis, den man für die Fähigkeit bezahlen muß, effektiv auf einer großen Bandbreite von Systemen operieren zu können. Die Sprache wäre z.B. viel einfacher, wenn alle Zeichen 8 Bits und alle Integer 32 Bits hätten. Zeichensätze mit 16 oder 32 Bits sind allerdings nicht unüblich. Genauso können 32 Bits für Integer nicht ausreichen. Viele Computer haben inzwischen z.B. Platten, die mehr als 32 Gigabytes enthalten können, weshalb Integer mit 48 oder 64 Bits für die Darstellung von Plattenadressen sinnvoll sein können.

Um die Portabilität zu maximieren, ist es klug, die implementierungsspezifischen Sprachmittel, auf die man aufsetzt, explizit anzugeben und die eher subtilen Beispiele dafür in klar markierten Sektionen eines Programms zu isolieren. Ein typisches Beispiel dieser Praxis besteht darin, alle Abhängigkeiten von der Hardware in Form von Konstanten und Typdefinitionen in einer Headerdatei zu präsentieren. Zur Unterstützung dieser Technik bietet die Standardbibliothek `numeric_limits` (§22.2).

Undefiniertes Verhalten (*undefined behavior*) ist schlimmer. Ein Konstrukt wird vom Standard als *undefiniert* betrachtet, falls kein vernünftiges Verhalten von einer Implementierung zwingend erforderlich ist. Einige naheliegende Implementierungstechniken können üblicherweise dazu führen, daß ein Programm, das undefinierte Features verwendet, sich sehr schlecht verhält. Beispiel:

```
const int size = 4*1024;
char page[size];

void f()
{
    page[size+size] = 7;     // undefiniert
}
```

Zu plausiblen Folgen dieses Codefragments gehört das Überschreiben nicht dazugehöriger Daten und das Auslösen eines Fehlers oder einer Ausnahme durch die Hardware. Eine Implementierung muß nicht zwischen plausiblen Folgen auswählen. Wenn mächtige Optimierer verwendet werden, kann der jeweilige Effekt des undefinierten Verhaltens ziemlich unvorhersagbar werden. Falls eine Menge von plausiblen und einfach implementierbaren Alternativen existiert, wird ein Feature normalerweise als implementierungsspezifisch und nicht als undefiniert betrachtet.

Es lohnt sich, mit beträchtlicher Zeit und beträchtlichem Aufwand sicherzustellen, daß ein Programm nichts verwendet, das vom Standard als undefiniert betrachtet wird. In vielen Fällen existieren Tools, um dabei zu helfen.

C.3   Zeichensätze

Die Beispiele in der Originalausgabe dieses Buches wurden mit der US–Variante des internationalen 7-Bit–Zeichensatzes ISO 646–1983, der ASCII (ANSI3.4–1968) genannt wird, geschrieben. Dies kann bei Personen, die C++ in einer Umgebung mit anderen Zeichensätzen verwenden, drei Probleme verursachen:

1. ASCII enthält Zeichen zur Interpunktion und Operatorsymbole, wie], { und !, die in einigen Zeichensätzen nicht vorhanden sind.
2. Man braucht eine Schreibweise für Zeichen, die keine üblichen Zeichendarstellungen besitzen (z.B. das Zeilenende und »das Zeichen mit dem Wert 17«).
3. ASCII enthält keine Zeichen wie Umlaute, Ø und ó, die in anderen Sprachen als Englisch verwendet werden.

C.3.1 Eingeschränkte Zeichensätze

Die ASCII–Zeichen [,], {, } und \ besetzen Positionen in Zeichensätzen, die von der ISO als Alphabet betrachtet werden. In den meisten ISO 646–Zeichensätzen der Nationen in Europa werden diese Positionen von Buchstaben belegt, die im englischen Alphabet nicht enthalten sind. Der nationale Zeichensatz von Dänemark verwendet sie z.B. für die Vokale Æ, æ, Ø, ø, Å und å. Im Dänischen kann ohne sie kein größerer Text geschrieben werden.

Ein Satz von Trigraphen ermöglicht es, nationale Zeichen in einer portablen Form mit einem wirklich standardisierten minimalen Zeichensatz auszudrücken. Dies kann zum Austausch von Programmen hilfreich sein, erleichtert aber nicht ihre Lesbarkeit. Auf lange Sicht besteht die Lösung dieses Problems darin, Equipment zu verwenden, das sowohl die eigene Sprache als auch C++ unterstützt. Leider scheint dies manchmal nicht machbar zu sein, und die Einführung von neuem Equipment kann ein frustrierend langsamer Vorgang sein. Um Programmierern zu helfen, denen unvollständige Zeichensätze zur Verfügung stehen, bietet C++ Alternativen:

Schlüsselwort		Digraph		Trigraph	
and	&&	<%	{	??=	#
and_eq	&=	%>	}	??(	[
bitand	&	<:	[	??<	{
bitor	|	:>	]	??/	\
compl	~	%:	#	??)	]
not	!	%:%:	##	??>	}
or	||			??'	^
or_eq	|=			??!	|
xor	^			??-	~
xor_eq	^=				
not_eq	!=				

Programme, die Schlüsselworte und Digraphen verwenden, sind erheblich lesbarer als äquivalente Programme, die mit Trigraphen geschrieben sind. Wenn Zeichen wie { allerdings nicht verfügbar sind, sind Trigraphen notwendig, um »fehlende« Zeichen in Strings und Zeichenkonstanten einzutragen. Das Zeichen '{' wird zum Beispiel zu '??<'.

Manche Personen ziehen Schlüsselworte wie and ihrer traditionellen Operatorschreibweise vor.

C.3.2   Escape–Zeichen

Einige Zeichen besitzen Standardnamen, die den Rückstrich \ als Escape–Zeichen (Fluchtsymbol)
verwenden:

Bezeichnung	ASCII–Name	C++–Name
Newline (Zeilenende)	NL (LF)	\n
horizontaler Tabulator	HT	\t
vertikaler Tabulator	VT	\v
Backspace / Rückschritt	BS	\b
Carriage–Return / Wagenrücklauf	CR	\r
Form–Feed / Seitenvorschub	FF	\f
Alarm	BEL	\a
Backslash / Rückstrich	\	\\
Fragezeichen	?	\?
einfacher Anführungsstrich	'	\'
doppelter Anführungsstrich	"	\"
oktale Zahl	*ooo*	*ooo*
hexadezimale Zahl	*hhh*	\x*hhh*

Trotz ihrer Schreibweise sind dies alles einzelne Zeichen.

Ein Zeichen kann als Oktalzahl mit ein, zwei oder drei oktalen Ziffern, die einem \ folgen, dargestellt werden. Ein Zeichen kann als Hexadezimalzahl mit hexadezimalen Ziffern, die \x folgen, dargestellt werden. Für die Anzahl hexadezimaler Ziffern gibt es keine Obergrenze. Eine Folge von oktalen oder hexadezimalen Ziffern wird durch das erste Zeichen, das kein oktales bzw. hexadezimales Zeichen ist, abgeschlossen. Beispiel:

oktal	hexadezimal	dezimal	ASCII
'\6'	'\x6'	6	ACK
'\60'	'\x30'	48	'0'
'\137'	'\x05f'	95	'_'

Damit ist es möglich, jedes Zeichen im Zeichensatz des Rechners darzustellen und solche Zeichen insbesondere in Zeichenfolgen einzubetten (siehe §5.2.2). Wenn man irgendeine numerische Notation für Zeichen verwendet, wird ein Programm für Rechner mit unterschiedlichen Zeichensätzen nicht portierbar.

Es ist möglich, in einem Zeichenliteral mehr als ein Zeichen unterzubringen (z.B. 'ab'). Solche Anwendungen sind archaisch, implementierungsspezifisch und sollten am besten vermieden werden.

Wenn man eine numerische Konstante mit der oktalen Schreibweise in einem String einbettet, ist es anzuraten, für die Zahl immer drei Ziffern zu verwenden. Die Schreibweise ist schon schwierig genug, auch ohne sich Gedanken zu machen, ob ein Zeichen hinter einer Konstante eine Ziffer ist. Für hexadezimale Konstanten sollte man zwei Ziffern verwenden. Man betrachte folgende Beispiele:

```
char v1[] = "a\xah\129";    // 6 Zeichen: 'a' '\xa' 'h' '\12' '9' '\0'
char v2[] = "a\xah\127";    // 5 Zeichen: 'a' '\xa' 'h' '\127' '\0'
char v3[] = "a\xad\127";    // 4 Zeichen: 'a' '\xad' '\127' '\0'
char v4[] = "a\xad\0127";   // 5 Zeichen: 'a' '\xad' '\012' '7' '\0'
```

C.3.3 Große Zeichensätze

Ein C++–Programm kann mit Zeichensätzen, die erheblich umfangreicher als die 127 Zeichen des
ASCII–Zeichensatzes sind, geschrieben oder dem Anwender dargestellt werden. Wenn eine Implementierung größere Zeichensätze unterstützt, können Bezeichner, Kommentare, Zeichenkonstanten und Strings Zeichen wie å, ß oder ç enthalten. Damit die Implementierung portabel ist, müssen
diese Zeichen in eine Kodierung umgesetzt werden, deren Zeichen bei jedem C++–Anwender
verfügbar sind. Im Prinzip passiert diese Umsetzung in den Basisquellzeichensatz von C++, bevor
der Compiler irgendeine weitere Bearbeitung vornimmt. Deshalb ist die Semantik des Programms
davon nicht betroffen.

Die Standardzeichenkodierung von großen Zeichensätzen für den kleineren direkt von C++ unterstützten Zeichensatz wird durch eine Folge von vier oder acht hexadezimalen Ziffern dargestellt:

> *universal-character-name:*
>   \U *X X X X X X X X*
>   \u *X X X X*

X steht hier für eine hexadezimale Ziffer. Ein Beispiel wäre \u1e2b. Die kürzere Schreibweise,
\u*XXXX*, ist äquivalent zu \U0000*XXXX*. Werden nicht genau vier oder acht hexadezimale Ziffern
verwendet, ist dies ein lexikalischer Fehler.

Ein Programmierer kann diese Zeichenkodierungen direkt verwenden. Sie sind allerdings in
erster Linie als Möglichkeit für Implementierungen gedacht, die intern einen kleineren Zeichensatz verwenden, um einen für den Programmierer sichtbaren größeren Zeichensatz zu handhaben.
Falls man eine spezielle Umgebung ausnutzt, um einen erweiterten Zeichensatz in Bezeichnern zu
verwenden, wird das Programm weniger portabel. Ein Programm ist schwer zu lesen, wenn die
für Bezeichner und Kommentare verwendete natürliche Sprache nicht verstanden wird. Deshalb
ist es für international verwendete Programme üblicherweise am besten, Englisch und ASCII zu
verwenden.

C.3.4 Vorzeichenbehaftete und vorzeichenfreie Zeichen

Es ist implementierungsspezifisch, ob ein einfacher char als vorzeichenbehaftet oder vorzeichenfrei betrachtet wird. Dies eröffnet die Möglichkeit für einige unschöne Überraschungen und implementierungsspezifisches Verhalten. Beispiel:

```
char c = 255;    // 255 ist »alles Einsen«, hexadezimal 0xFF
int i = c;
```

Was wird der Wert von i sein? Leider ist die Anwort undefiniert. Auf allen Implementierungen,
die ich kenne, hängt die Antwort davon ab, wie das Bitmuster »alles Einsen« bei char interpretiert
wird, wenn es zu einem int wird. Auf einem SGI–Challenge–Rechner ist ein char vorzeichenfrei,
weshalb die Antwort 255 ist. Auf einer SUN Sparc oder einem IBM–PC ist ein char vorzeichenbehaftet, weshalb die Antwort dort −1 lautet. In diesem Fall könnte der Compiler eine Warnung
für die Konvertierung des Literals 255 zum char −1 ausgeben. C++ bietet allerdings keinen generellen Mechanismus, um diese Art von Problemen zu erkennen. Eine Lösung besteht darin, den
einfachen char zu vermeiden, und statt dessen spezifizierte char zu verwenden. Leider verarbeiten
Funktionen der Standardbibliothek, wie strcmp(), nur einfache char (§20.4.1).

Ein char muß sich entweder identisch zu signed char oder identisch zu unsigned char verhalten. Die drei char–Typen sind dennoch verschieden, weshalb man Zeiger auf unterschiedliche char–Typen nicht mischen kann. Beispiel:

```
void f(char c, signed char sc, unsigned char uc)
{
    char* pc = &uc;              // Fehler: keine Zeigerkonvertierung
    signed char* psc = pc;       // Fehler: keine Zeigerkonvertierung
    unsigned char* puc = pc;     // Fehler: keine Zeigerkonvertierung
    psc = puc;                   // Fehler: keine Zeigerkonvertierung
}
```

Variablen der drei char–Typen können beliebig einander zugewiesen werden. Die Zuweisung eines zu großen Wertes an einen vorzeichenbehafteten char (§C.6.2.1) ist immer noch undefiniert. Beispiel:

```
void f(char c, signed char sc, unsigned char uc)
{
    c = 255;      // implementierungsspezifisch, wenn einfache chars vorzeichenbehaftet sind und
                  // 8 Bits haben
    c = sc;       // OK
    c = uc;       // implementierungsspezifisch, wenn einfache chars vorzeichenbehaftet sind und
                  // der Wert von uc zu groß ist
    sc = uc;      // implementierungsspezifisch, wenn der Wert von uc zu groß ist
    uc = sc;      // OK, Umwandlung in unsigned
    sc = c;       // implementierungsspezifisch, wenn einfache chars vorzeichenbehaftet sind und
                  // der Wert von c zu groß ist
    uc = c;       // OK, Umwandlung in unsigned
}
```

Keines dieser potentiellen Probleme tritt auf, wenn man überall einfache char verwendet.

C.4 Datentyp von ganzzahligen Literalen

Der Datentyp eines ganzzahligen Literals hängt von dessen Form, Wert und Endung ab:
- Falls das Literal dezimal ist und keine Endung hat, hat es den ersten der Datentypen int, long int oder unsigned long int, der diesen Wert darstellen kann.
- Falls es oktal oder hexadezimal ist und keine Endung hat, hat es den ersten der Datentypen int, unsigned int, long int oder unsigned long int, der diesen Wert darstellen kann.
- Falls es die Endung u oder U besitzt, hat es den ersten der Datentypen unsigned int oder unsigned long int, der diesen Wert darstellen kann.
- Falls es die Endung l oder L besitzt, hat es den ersten der Datentypen long int oder unsigned long int, der diesen Wert darstellen kann.
- Falls es die Endung ul, lu, Ul, lU, uL, Lu, UL oder LU hat, ist der Datentyp unsigned long int.

100000 hat auf Rechnern mit 32-Bit–ints z.B. den Datentyp int, aber den Datentyp long auf einem Rechner mit 16-Bit–ints und 32-Bit–longs. Entsprechend hat 0XA000 auf einem Rechner mit 32-Bit–ints den Typ int, aber auf einem Rechner mit 16-Bit–ints den Datentyp unsigned int. Diese Implementierungsabhängigkeiten können durch die Endungen vermieden werden: 100000L hat auf allen Rechnern den Datentyp `long int` und `0XA000U` überall den Datentyp `unsigned int`.

C.5 Konstante Ausdrücke

Bei Feldgrenzen (§5.2), Case–Labels (§6.3.2) und Initialisierern für Aufzählungen (§4.8) müssen in C++ *konstante Ausdrücke* verwendet werden. Ein konstanter Ausdruck wird zu einer ganzzahligen oder Aufzählungskonstante ausgewertet. Ein solcher Ausdruck kann aus Literalen (§4.3.1, §4.4.1, §4.5.1), Aufzählungen (§4.8) und Konstanten, die mit konstanten Ausdrücken initialisiert wurden, gebildet werden. In einem Template kann auch ein ganzzahliger Template–Parameter verwendet werden (§C.13.3). Gleitkommaliterale (§4.5.1) können nur verwendet werden, wenn sie explizit in einen ganzzahligen Datentyp umgewandelt werden. Funktionen, Klassenobjekte, Zeiger und Referenzen können nur als Operanden des `sizeof`–Operators (§6.2) verwendet werden.

Intuitiv sind konstante Ausdrücke einfach Ausdrücke, die vom Compiler ausgewertet werden können, bevor ein Programm gebunden (§9.1) und gestartet wird.

C.6 Automatische Typumwandlungen

Datentypen für ganze und für Gleitkommazahlen (§4.1.1) können in Zuweisungen und Ausdrücken beliebig gemischt werden. Wenn immer es möglich ist, werden Werte dabei so umgewandelt, daß sie keine Informationen verlieren. Leider werden aber auch Umwandlungen mit Wertverlust automatisch durchgeführt. Dieser Abschnitt bietet eine Beschreibung der Regeln und Probleme der Typumwandlung sowie deren Lösung.

C.6.1 Promotionen

Die automatischen Umwandlungen, die einen Wert erhalten, werden allgemein als *Promotionen* bezeichnet. Bevor eine arithmetische Operation durchgeführt wird, wird eine *ganzzahlige Promotion* verwendet, um aus kürzeren ganzzahligen Typen `int`s zu erzeugen, und eine *Gleitkomma–Promotion* wird verwendet, um aus `float` Werte vom Typ `double` zu machen. Man beachte, daß diese Promotionen nicht nach `long` (wenn nicht ein Operand ein `wchar_t`, ein Aufzählungstyp oder bereits größer als ein `int` ist) oder `long double` gehen. Dies spiegelt die ursprüngliche Absicht dieser Promotionen in C wider: Operanden sollten in die »natürliche« Größe für arithmetische Operationen gebracht werden.

Die ganzzahligen Promotionen sind:
- Ein `char`, `signed char`, `unsigned char`, `short int` oder `unsigned short int` wird in einen `int` umgewandelt, falls dieser alle Werte des Quelltyps darstellen kann. Ansonsten werden sie in einen `unsigned int` umgewandelt.
- Ein `wchar_t` (§4.3) oder ein Aufzählungstyp (§4.8) wird in den ersten der Typen `int`, `unsigned int`, `long` oder `unsigned long` umgewandelt, der alle Werte des Quelltyps darstellen kann.
- Ein Bitfeld (§C.8.1) wird in einen `int` umgewandelt, wenn ein `int` alle Werte des Bitfeldes darstellen kann. Ansonsten wird es, wenn dies ausreicht, in einen `unsigned int` umgewandelt. Ansonsten findet hier keine ganzzahlige Promotion statt.

- Ein `bool` wird in einen `int` umgewandelt, wobei `false` zu 0 und `true` zu 1 wird.

Promotionen werden als Teil der üblichen arithmetischen Umwandlungen (§C.6.3) verwendet.

C.6.2   Umwandlungen

Die fundamentalen Datentypen können in einer verblüffenden Anzahl von Möglichkeiten ineinander umgewandelt werden. Beispiel:

```
void f(double d)
{
    char c = d;   // Achtung: Umwandlung von Gleitkommazahl doppelter Genauigkeit in Zeichen
}
```

Beim Schreiben von Code sollte man versuchen, undefiniertes Verhalten und Umwandlungen, die ohne Rückmeldung Informationen verlieren, zu vermeiden. Ein Compiler kann zu vielen fragwürdigen Umwandlungen Warnungen ausgeben. Glücklicherweise machen das auch viele Compiler.

C.6.2.1   Ganzzahlige Umwandlungen

Ein ganzzahliger Datentyp kann in einen anderen ganzzahligen Datentyp umgewandelt werden. Ein Aufzählungstyp kann in einen ganzzahligen Datentyp umgewandelt werden.

Falls der Zieltyp `unsigned` ist, hat der resultierende Wert genausoviele Bits aus der Quelle, wie auch in das Ziel passen (höherwertige Bits werden, falls notwendig, ignoriert). Präziser ist das Ergebnis der kleinste vorzeichenfreie Integer, der kongruent zum Quell–Integer modulo 2 hoch n ist, wobei n die Anzahl der Bits zur Darstellung des vorzeichenfreien Typs darstellt. Beispiel:

```
unsigned char uc = 1023;     // binär 1111111111: uc wird binär 11111111; das ist 255
```

Falls das Ziel `signed` ist, bleibt der Wert erhalten, falls er im Zieltyp dargestellt werden kann. Ansonsten ist der Wert implementierungsspezifisch:

```
signed char sc = 1023;     // implementierungsspezifisch
```

Plausible Ergebnisse sind 127 und −1 (§C.3.4).

Ein Boolescher Wert oder Aufzählungswert kann implizit in seinen äquivalenten ganzzahligen Wert umgewandelt werden (§4.2, §4.8).

C.6.2.2   Gleitkomma–Umwandlungen

Ein Gleitkommawert kann in einen anderen Gleitkommawert umgewandelt werden. Falls der Quellwert exakt mit dem Zieltyp dargestellt werden kann, ist das Ergebnis der ursprüngliche Wert. Falls der Quellwert zwischen zwei benachbarten Zielwerten liegt, wird einer der beiden als Ergebnis verwendet. Ansonsten ist das Verhalten undefiniert. Beispiel:

```
float f = FLT_MAX;        // größter float-Wert
double d = f;             // OK: d == f
float f2 = d;             // OK: f2 == f

double d3 = DBL_MAX;      // größter double-Wert
float f3 = d3;            // undefiniert, falls FLT_MAX<DBL_MAX
```

C.6.2.3 Umwandlungen für Zeiger und Referenzen

Jeder Zeiger auf einen Objekttyp kann implizit in `void*` umgewandelt werden (§5.6). Ein Zeiger (eine Referenz) einer abgeleiteten Klasse kann implizit in einen Zeiger (eine Referenz) einer zugreifbaren und eindeutigen Basisklasse umgewandelt werden (§12.2). Man beachte, daß ein Zeiger auf eine Funktion oder ein Element nicht implizit nach `void*` umgewandelt werden kann.

Ein konstanter Ausdruck (§C.5), der zu 0 ausgewertet wird, kann automatisch in einen Zeiger oder einen Elementzeiger umgewandelt werden (§5.1.1). Beispiel:

```
int* p =
            !       ! !     ! !           !
            ! !    ! !     ! !           !
            !   ! ! !     ! !           !
            !       ! !!!!!!  !!!!!  !!!!1;
```

Ein `T*` kann implizit in ein `const T*` umgewandelt werden (§5.4.1). Entsprechend kann ein `T&` implizit nach `const T&` umgewandelt werden.

C.6.2.4 Umwandlungen von Elementzeigern

Zeiger und Referenzen auf Elemente können, wie in §15.5.1 beschrieben, implizit umgewandelt werden.

C.6.2.5 Boolesche Umwandlungen

Zeiger, ganze Zahlen und Gleitkommawerte können implizit in `bool` (§4.2) umgewandelt werden. Ein Wert ungleich Null wird in `true`, der Wert Null in `false` umgewandelt. Beispiel:

```
void f(int* p, int i)
{
    bool is_not_zero = p;   // true, falls p!=0
    bool b2 = i;            // true, falls i!=0
}
```

C.6.2.6 Umwandlungen zwischen Gleitkomma– und ganzen Zahlen

Wenn eine Gleitkommazahl in eine ganze Zahl umgewandelt wird, wird der Teil hinter dem Komma ignoriert. Mit anderen Worten: Eine derartige Umwandlung schneidet ab. Der Wert von `int(1.6)` ist z.B. 1. Falls der abgeschnittene Wert nicht im Zieltyp dargestellt werden kann, ist das Verhalten undefiniert. Beispiel:

```
int i = 2.7;       // i wird 2
char b = 2000.7;   // für 8-Bit-chars undefiniert: 2000 kann als 8-Bit-char nicht dargestellt werden
```

Konvertierungen von ganzen Zahlen in Gleitkommazahlen sind, sofern es die Hardware erlaubt, mathematisch korrekt. Wenn der ganzzahlige Wert nicht exakt als Wert des Gleitkommadatentyps dargestellt werden kann, geht Genauigkeit verloren. Bei folgendem Beispiel:

```
int i = float(1234567890);
```

erhält i den Wert 1234567936, wenn ein Rechner sowohl für `int`s als auch für `float`s 32 Bits verwendet.

Am besten sollte man automatische Umwandlungen, bei denen der Wert verlorengehen kann, natürlich vermeiden. Compiler können gefährliche Umwandlungen, die offensichtlich sind (wie von float nach int oder von long int nach char), allerdings erkennen und entsprechende Warnungen ausgeben. Eine generelle Erkennung zur Kompilierzeit ist dagegen unpraktisch, weshalb der Programmierer vorsichtig sein muß. Falls »vorsichtig sein« nicht ausreicht, kann man explizite Überprüfungen einfügen. Beispiel:

```
class pruef_fehler { };

char geprueft(int i)
{
        char c = i;     // Warnung: nicht portabel (§C.6.2.1)
        if (i != c) throw pruef_fehler();
        return c;
}
void mein_code(int i)
{
        char c = geprueft(i);
        // ...
}
```

Um auf eine garantiert portable Art abzuschneiden, muß man numeric_limits (§22.2) verwenden.

C.6.3   Übliche arithmetische Umwandlungen

Folgende Umwandlungen werden für Operanden eines zweistelligen Operators durchgeführt, um sie auf einen gemeinsamen Typ zu bringen, der dann auch als Ergebnistyp verwendet wird:

1. Falls ein Operand den Typ long double hat, wird auch der andere in long double umgewandelt.
- Ansonsten wird, falls einer der Operanden double ist, auch der andere in double umgewandelt.
- Ansonsten wird, falls einer der Operanden float ist, auch der andere in float umgewandelt.
- Ansonsten wird für beide Operanden eine ganzzahlige Promotion (§C.6.1) durchgeführt.
2. Falls dann ein Operand den Typ unsigned long hat, wird auch der andere in unsigned long umgewandelt.
- Falls ansonsten einer der Operanden long int und der andere unsigned int ist, wird entweder der unsigned int in long int umgewandelt (falls long int alle Werte von unsigned int darstellen kann), oder es werden beide in unsigned long int umgewandelt.
- Ansonsten wird, falls einer der Operanden long ist, auch der andere in long umgewandelt.
- Ansonsten wird, falls einer der Operanden unsigned ist, auch der andere in unsigned umgewandelt.
- Ansonsten sind beide Operanden ints.

C.7   Mehrdimensionale Felder

Es ist nicht ungewöhnlich, daß man einen Vektor von Vektoren, einen Vektor von Vektoren von Vektoren und so weiter braucht. Es stellt sich die Frage, wie diese mehrdimensionalen Vektoren in C++ dargestellt werden. Ich zeige hier zunächst, wie man die Standardklasse vector dazu verwenden kann. Danach präsentiere ich mehrdimensionale Felder, wie sie in C– und C++–Programmen nur mit eingebauten Sprachmitteln auftreten können.

C.7.1   Vektoren

Die Standardklasse vector (§16.3) bietet eine sehr allgemeine Lösung:

```
vector<vector<int> > m(3,vector<int>(5));
```

Damit wird ein Vektor von drei Vektoren mit jeweils fünf Elementen erzeugt. Die fünfzehn Elemente werden alle mit dem Default–Wert 0 initialisiert. Man könnte wie folgt neue Elemente zuweisen:

```
void init_m()
{
    for (int i = 0; i<m.size(); i++)
        for (int j = 0; j<m[i].size(); j++)
            m[i][j] = 10*i+j;
}
```

Dies sieht graphisch wie folgt aus:

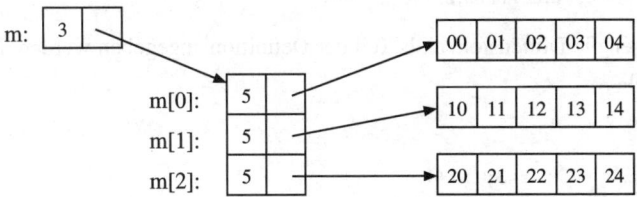

Jede vector–Implementierung verwaltet einen Zeiger auf die Elemente plus die Anzahl der Elemente. Die Elemente werden üblicherweise in Feldern gespeichert. Zur Illustration habe ich jedem int als Initialwert seine Koordinate gegeben.

Die vector<int>s im vector< vector<int> > müssen nicht die gleiche Größe haben.

Der Zugriff auf die Elemente erfolgt durch einen doppelten Aufruf des Indexoperators. Mit m[i][j] wird zum Beispiel das jte Element im iten Vektor angesprochen. Man kann m wie folgt ausgeben:

```
void print_m()
{
    for (int i = 0; i<m.size(); i++) {
        for (int j = 0; j<m[i].size(); j++) cout << m[i][j] << '\t';
        cout << '\n';
    }
}
```

Damit wird folgendes ausgegeben:

```
0         1         2     3     4
10        11        12    13    14
20        21        22    23    24
```

Man beachte, daß m ein Vektor von Vektoren und kein einfaches mehrdimensionales Feld ist. So ist es z.B. möglich, die Größe eines Elements zu verändern:

```
void m_aendern (int ns)
{
    for (int i = 0; i<m.size(); i++)
        m[i].resize(ns);
}
```

Die `vector<int>`s im `vector<vector<int>` > müssen nicht unbedingt die gleiche Größe besitzen.

C.7.2 Felder

Die eingebauten Felder sind eine Hauptquelle für Fehler, insbesondere wenn sie für mehrdimensionale Felder verwendet werden. Für Anfänger bilden sie auch eine Hauptursache für Verwirrung. Wann immer möglich, sollte man deshalb besser `vector`, `list`, `valarray`, `string` und so weiter verwenden.

Mehrdimensionale Felder werden als Felder von Feldern dargestellt. Ein 3x5–Feld wird wie folgt deklariert:

`int ma[3][5];`   *// drei Felder mit je fünf ints*

Bei Feldern müssen die Dimensionen als Teil der Definition angegeben werden. Man kann `ma` wie folgt initialisieren:

```
void init_ma()
{
    for (int i = 0; i<3; i++)
        for (int j = 0; j<5; j++)
            ma[i][j] = 10*i+j;
}
```

Dies sieht graphisch wie folgt aus:

ma: | 00 | 01 | 02 | 03 | 04 | 10 | 11 | 12 | 13 | 14 | 20 | 21 | 22 | 23 | 24 |

Das Feld ma besteht einfach aus 15 `ints`, auf die man zugreift, als wären es drei Felder von fünf `ints`. Genaugenommen gibt es kein einzelnes Objekt im Speicher, das die Matrix ma ist, es werden nur die Elemente abgespeichert. Die Dimensionen 3 und 5 existieren nur in den Quellen für den Compiler. Wenn man Code schreibt, muß man sich selbst an die Dimensionen erinnern und sie gegebenenfalls angeben. Man könnte ma z.B. wie folgt ausgeben:

```
void print_ma()
{
    for (int i = 0; i<3; i++) {
```

```
        for (int j = 0; j<5; j++) cout << ma[i][j] << '\t';
        cout << '\n';
    }
}
```

Die Kommaschreibweise, die in einigen anderen Sprachen für Feldgrenzen verwendet werden
kann, kann in C++ nicht verwendet werden, da das Komma ein Sequenzoperator ist (§6.2.2).
Glücklicherweise werden die meisten Fehler vom Compiler abgefangen. Beispiel:

```
int bad[3,5];            // Fehler: Komma in konstantem Ausdruck nicht erlaubt
int good[3][5];          // drei Felder mit je fünf ints
int ouch = good[1,4];    // Fehler: int mit int* initialisiert
                         //   (good[1,4] bedeutet good[4], was ein int* ist)

int nice = good[1][4];
```

C.7.3 Übergabe mehrdimensionaler Felder

Man betrachte eine Funktion zum Manipulieren einer zweidimensionalen Matrix. Falls die Dimensionen zur Kompilierzeit bekannt sind, gibt es kein Problem:

```
void print_m35(int m[3][5])
{
    for (int i = 0; i<3; i++) {
        for (int j = 0; j<5; j++) cout << m[i][j] << '\t';
        cout << '\n';
    }
}
```

Eine Matrix, die als mehrdimensionales Feld dargestellt wird, wird als Zeiger übergeben (und
nicht kopiert; §5.3). Die erste Dimension des Feldes ist für das Problem, den Ort eines Elements
zu finden, irrelevant. Sie gibt nur an, wie viele Elemente (hier drei) des entsprechenden Datentyps
(hier int[5]) vorhanden sind. Man betrachte z.B. die vorherige Darstellung von ma, und mache
sich klar, daß man nur mit dem Wissen, daß die zweite Dimension 5 ist, für jedes i das Element
ma[i][5] lokalisieren kann. Die erste Dimension kann somit als Argument übergeben werden:

```
void print_mi5(int m[][5], int dim1)
{
    for (int i = 0; i<dim1; i++) {
        for (int j = 0; j<5; j++) cout << m[i][j] << '\t';
        cout << '\n';
    }
}
```

Schwierig wird es, wenn beide Dimensionen übergeben werden müssen. Die »offensichtliche«
Lösung« funktioniert hier einfach nicht:

```
void print_mij(int m[][], int dim1, int dim2)     // verhält sich anders,
                                                  // als man meistens annimmt
{
    for (int i = 0; i<dim1; i++) {
        for (int j = 0; j<dim2; j++) cout << m[i][j] << '\t';     // Überraschung!
        cout << '\n';
```

```
        }
    }
```

Zunächst ist die Deklaration des Arguments m[][] nicht erlaubt, da man die zweite Dimension eines mehrdimensionalen Feldes wissen muß, um die Position eines Elements zu finden. Außerdem wird der Ausdruck m[i][j] (korrekterweise) als *(*(m+i)+j) interpretiert, obwohl dies wohl nicht das ist, was der Programmierer beabsichtigt hat. Die korrekte Lösung ist:

```
void print_mij(int* m, int dim1, int dim2)
{
    for (int i = 0; i<dim1; i++) {
        for (int j = 0; j<dim2; j++) cout << m[i*dim2+j] << '\t';   // obskur
        cout << '\n';
    }
}
```

Der Ausdruck, der zum Zugriff auf die Elemente in print_mij() verwendet wird, ist äquivalent zu dem Ausdruck, den der Compiler generiert, wenn er die zweite Dimension kennt.

Um diese Funktion aufzurufen, übergibt man eine Matrix als herkömmlichen Zeiger:

```
int main()
{
    int v[3][5] = { {0,1,2,3,4}, {10,11,12,13,14}, {20,21,22,23,24} };

    print_m35(v);
    print_mi5(v,3);
    print_mij(&v[0][0],3,5);
}
```

Man beachte die Verwendung von &v[0][0] für den letzten Aufruf. Statt dessen würde auch v[0] gehen, denn das ist äquivalent, nur v wäre dagegen ein Typfehler. Diese Art von subtilem und undurchsichtigem Code wird am besten versteckt. Falls man direkt mit mehrdimensionalen Feldern operieren muß, sollte man den Code, der darauf zugreift, kapseln. Damit kann man den Aufwand des nächsten Programmierers, der auf den Code zugreift, reduzieren. Stellt man ein mehrdimensionales Feld mit einem passenden Indexoperator zur Verfügung, erspart dies den meisten Anwendern, sich über das Layout der Daten im Feld Gedanken zu machen (§22.4.6).

Die Standardklasse vector (§16.3) leidet unter solchen Problemen nicht.

C.8 Platz sparen

Wenn man Programme schreibt, die nicht trivial sind, kommt häufig ein Moment, in dem man mehr Speicherplatz braucht, als verfügbar oder erschwinglich ist. Es gibt zwei Möglichkeiten, um den verfügbaren Platz besser auszunutzen:

1. Man kann in einem Byte mehr als ein kleines Objekt plazieren.
2. Man kann den gleichen Speicherplatz dazu verwenden, verschiedene Objekte zu unterschiedlichen Zeiten dort abzuspeichern.

Das erste kann durch *Bitfelder*, das zweite durch *Varianten* (englisch: *unions*) erreicht werden. Diese beiden Konstrukte werden in den folgenden Abschnitten beschrieben. Viele Anwendungen von Bitfeldern und Varianten sind reine Optimierungen, die oft auf nicht–portablen Annahmen über das Speicherlayout basieren. Ein Programmierer sollte deshalb besser zweimal überlegen, bevor er sie einsetzt. Häufig ist es besser, die Art der Datenverwaltung zu verändern, indem z.B. weniger vorreservierter (statischer) und mehr dynamisch angeforderter Speicherplatz (§6.2.6) verwendet wird.

C.8.1   Bitfelder

Es erscheint verschwenderisch, wenn man ein ganzes Byte (ein char oder ein bool) zur Darstellung einer binären Information, wie einem Ein-/Aus–Schalter, verwendet. Ein char ist aber das kleinste Objekt, das in C++ unabhängig angelegt und adressiert werden kann (§5.1). Es ist allerdings möglich, mehrere solcher winzigen Variablen als Bitfelder in einer Struktur zu bündeln. Ein Element wird als Bitfeld definiert, indem die Anzahl der Bits, die es belegt, spezifiziert wird. Bitfelder ohne Namen sind auch möglich. Sie betreffen nicht die Bedeutung von Bitfeldern mit Namen, sie können aber dazu dienen, das Layout besser an eine maschinenabhängige Situation anzupassen:

```
struct PPN {                  // physikalische Seitennummer einer R6000
        unsigned int PFN : 22;    // Nummer des Seitenrahmens
        int : 3;                  // nicht verwendet
        unsigned int CCA : 3;     // ”Cache-Kohärenz-Algorithmus”
        bool nonreachable : 1;
        bool dirty : 1;
        bool valid : 1;
        bool global : 1;
};
```

Das Beispiel verdeutlicht auch die andere Hauptanwendung von Bitfeldern: Mit ihnen werden Teile eines von außen vorgegebenen Layouts benannt. Ein Bitfeld muß ganzzahlig oder ein Aufzählungstyp sein (§4.1.1). Man kann zu einem Bitfeld keine Adresse erhalten. Abgesehen davon kann man ein Bitfeld aber wie jede andere Variable verwenden. Man beachte, daß ein bool–Bitfeld durch ein einzelnes Bit dargestellt werden kann. Im Kern eines Betriebssystems oder in einem Debugger könnte der Datentyp PPN wie folgt verwendet werden:

```
void part_of_VM_system(PPN* p)
{
    // ...

    if (p->dirty) {    // falls Inhalt verändert
        // auf Platte kopieren
        p->dirty = 0;
    }

    // ...
}
```

Überraschenderweise wird durch das Packen zahlreicher Variablen in ein einzelnes Byte nicht unbedingt Speicherplatz gespart. Der Platz wird zwar weniger, die Größe des Codes, der zum Manipulieren dieser Variablen gebraucht wird, steigt aber auf den meisten Rechnern. Es ist bekannt, daß Programme signifikant kleiner wurden, als binäre Variablen von Bitfeldern auf Zeichen umgestellt wurden! Außerdem ist ein Zugriff auf ein char oder ein int üblicherweise viel schneller als ein Zugriff auf ein Bitfeld. Bitfelder sind einfach nur eine bequeme Abkürzung, um mit bitweise logischen Operatoren (§6.2.4) Informationen aus einem Teil eines Wortes zu lesen oder dorthin zu schreiben.

C.8.2   Varianten

Eine *Variante* (englisch: *union*) ist eine Struktur, in der sich alle Elemente an der gleichen Adresse befinden, wodurch die Variante nur so viel Speicherplatz wie ihr größtes Element belegt. Natürlich kann eine Variante dann auch jeweils nur einen Wert für ein Element enthalten. Man betrachte z.B. den Eintrag einer Symboltabelle, der einen Namen und einen Wert enthält:

```
enum Typ { S, I };

struct Eintrag {
    char* name;
    Typ t;
    char* s;        // s wird verwendet, wenn t==S
    int i;          // i wird verwendet, wenn t==I
};

void f(Eintrag* p)
{
    if (p->t == S) cout << p->s;
    // ...
}
```

Die Elemente s und i können niemals gleichzeitig verwendet werden, wodurch unnötig Platz verschwendet wird. Dies kann einfach dadurch behoben werden, daß beide wie folgt Elemente einer Variante werden:

```
union Wert {
    char* s;
    int i;
};
```

Die Sprache verwaltet nicht, welche Art von Wert sich in einer Variante befindet. Ein Programmierer muß dies deshalb immer noch selbst tun:

```
struct Eintrag {
    char* name;
    Typ t;
    Wert v;         // Verwende v.s, falls t==S, und v.i, falls t==I
};

void f(Eintrag* p)
{
    if (p->t == S) cout << p->v.s;
    // ...
}
```

Leider wird durch die Einführung der Variante eine Überarbeitung des Codes forciert, da statt einfach nur s nun v.s geschrieben werden muß. Dies kann durch eine *anonyme Variante*, eine

Variante ohne Namen und deshalb auch ohne Typ, vermieden werden. Sie stellt einfach nur sicher, daß sich ihre Elemente an der gleichen Adresse befinden:

```
struct Eintrag {
    char* name;
    Typ t;
    union {
        char* s;        // verwende s, falls t==S
        int i;          // verwende i, falls t==I
    };
};

void f(Eintrag* p)
{
    if (p->t == S) cout << p->s;
    // ...
}
```

Damit bleibt der Code, der Eintrag verwendet hat, unverändert.

Wird eine Variante so verwendet, daß ein Wert immer mit dem gleichen Element gelesen wird, mit dem er auch geschrieben wurde, handelt es sich um eine reine Optimierung. Es ist allerdings nicht immer einfach sicherzustellen, daß eine Variante nur auf diese Weise verwendet wird. Eine falsche Anwendung kann zu subtilen Fehlern führen. Um Fehler zu vermeiden, kann man eine Variante so kapseln, daß die Korrespondenz zwischen dem Typfeld und dem Zugriff auf die Elemente garantiert ist (§10.6–Ü20).

Varianten werden manchmal zur »Typumwandlung« mißbraucht. Dieser Mißbrauch wird vor allem von Programmierern praktiziert, die in Sprachen ausgebildet wurden, die über keine Hilfsmittel zur expliziten Typumwandlung verfügen und deshalb solche Mogeleien erzwingen. Nachfolgend wird z.B. ein int in ein int* »umgewandelt«, wobei davon ausgegangen wird, daß die Anzahl der Bits gleich ist:

```
union Pfusch {
    int i;
    int* p;
};

int* mogeln(int i)
{
    Pfusch a;
    a.i = i;
    return a.p;         // schlechte Anwendung
}
```

Dies ist überhaupt keine wirkliche Umwandlung. Auf manchen Rechnern belegen int und int* nicht die gleiche Menge an Speicherplatz, und auf anderen Rechnern darf ein Integer keine ungerade Adresse besitzen. Eine solche Variante ist gefährlich und unportabel. Es gibt eine explizite und portable Art, eine Typumwandlung zu spezifizieren (§6.2.7).

Varianten werden gelegentlich dazu verwendet, Typumwandlungen vorsätzlich zu vermeiden. Man könnte ein Pfusch z.B. verwenden, um die Darstellung des Zeigers 0 zu finden:

```
int main()
{
```

```
     Pfusch foo;
     foo.p = 0;
     cout << "der ganzzahlige Wert des Zeigers 0 ist " << foo.i << '\n';
}
```

C.8.3   Varianten und Klassen

Viele nichttriviale Varianten haben Elemente, die viel größer als die am häufigsten verwendeten
Elemente sind. Da die Größe einer Variante mindestens so groß wie das größte Element ist, wird
Speicherplatz verschwendet. Diese Verschwendung kann häufig vermieden werden, indem statt
einer Variante eine Menge von abgeleiteten Klassen verwendet wird.

Eine Klasse mit Konstruktor, Destruktor oder Kopieroperationen kann nicht Datentyp eines
Elements einer Variante sein (§10.4.12), da der Compiler nicht wissen kann, welche Elemente zu
zerstören wären.

C.9   Speicherplatzverwaltung

Es gibt drei fundamentale Arten, Speicherplatz in C++ zu verwenden:

Statischer Speicherplatz, in dem ein Objekt vom Binder (Linker) für die Dauer des Programms
angelegt wird. Globale Variablen, Variablen von Namensbereichen, statische Klassenelemente
(§10.2.4) und statische Variablen in Funktionen (§7.1.2) werden im statischen Speicherbereich
angelegt. Ein solches Objekt wird einmal erzeugt und bleibt bis zum Ende des Programms
erhalten. Es hat immer die gleiche Adresse. Statische Objekte können in Programmen, die
Threads (konkurrierenden Zugriff auf gemeinsame Speicheradressen) verwenden, zum Problem werden, da sie gemeinsam verwendet werden und für einen korrekten Zugriff Lock–
Mechanismen benötigen.

Automatischer Speicherplatz, in dem Funktionsargumente und lokale Variablen angelegt werden.
Jeder Einstieg in eine Funktion oder einen Block bekommt seine eigene Kopie dieser Daten.
Diese Art von Speicher wird automatisch erzeugt und wieder zerstört (daher der Name »automatischer Speicherplatz«). Man bezeichnet automatischen Speicherplatz auch als »im Stack
sein«. Falls man dies unbedingt explizit angeben will, bietet C++ das überflüssige Schlüsselwort `auto`.

Freispeicher, aus dem Speicherplatz für Objekte explizit (mit `new`) angefordert werden kann und
wo ein Programm diesen Speicherplatz, wenn er nicht mehr gebraucht wird, (mit `delete`) wieder freigeben kann. Wenn ein Programm mehr Freispeicher benötigt, fordert `new` diesen beim
Betriebssystem an. Üblicherweise wächst der Freispeicher (auch *dynamischer Speicher* oder
Heap genannt) während der Laufzeit eines Programms kontinuierlich, da kein Speicherplatz
für die Verwendung durch andere Programme an das Betriebssystem zurückgegeben wird.

So weit es den Programmierer betrifft, wird automatischer und statischer Speicherplatz auf eine
einfache, naheliegende und implizite Art und Weise verwendet. Die interessantere Frage ist die Art
der Freispeicherverwaltung. Anfordern (mit `new`) ist einfach. Aber, sofern man keine konsistente
Politik zur Rückgabe des Speichers an die Freispeicherverwaltung hat, wird der Speicherplatz
immer mehr, speziell bei lang laufenden Programmen.

Die einfachste Strategie besteht darin, automatische Objekte zu verwenden, um Objekte im Freispeicher zu verwalten. Als Konsequenz sind viele Container so implementiert, daß sie Handles auf Elemente, die im Freispeicher liegen, verwalten (§25.7). Ein automatischer `String` (§11.12) verwaltet z.B. eine Zeichenfolge im Freispeicher und gibt diesen Speicherplatz automatisch frei, wenn er selbst den Gültigkeitsbereich verläßt. Alle Standardcontainer (§16.3, Kapitel 17, Kapitel 20, §22.4) können bequem auf diese Weise implementiert werden.

C.9.1 Automatische Garbage–Collection

Falls ein solcher Ansatz nicht reicht, kann der Programmierer eine Speicherverwaltung verwenden, die Objekte, auf die nicht verwiesen wird, findet und deren Speicherplatz zur erneuten Verwendung wieder freigibt. Dies wird üblicherweise als *automatische Garbage–Collection* oder einfach nur *Garbage–Collection* bezeichnet.

Der Grundgedanke der Garbage–Collection besteht darin, daß auf ein Objekt, auf das nicht mehr verwiesen wird, auch nicht mehr zugegriffen wird. Somit kann der Speicherplatz ohne Probleme für neue Objekte verwendet werden. Beispiel:

```
void f()
{
    int* p = new int;
    p = 0;
    char* q = new char;
}
```

Hier gibt es nach der Zuweisung p=0 keinen Verweis auf den angelegten `int` mehr, weshalb der Speicherplatz für andere Objekte verwendet werden kann. Der `char` könnte somit im gleichen Speicherbereich wie der `int` angelegt werden, wodurch q den Wert erhält, den p vorher hatte.

Der Standard setzt nicht voraus, daß eine Implementierung eine Garbage–Collection anbietet. Garbage–Collection wird aber zunehmend in C++ auf Gebieten verwendet, wo die Kosten geringer als eine manuelle Verwaltung des Freispeichers sind. Beim Vergleich der Kosten muß man die Laufzeit, den Speicherbedarf, Zuverlässigkeit, Portabilität, Kosten der Programmierung, Kosten des Garbage–Collectors und die Vorhersagbarkeit der Performance betrachten.

C.9.1.1 »Getarnte« Zeiger

Was bedeutet es für ein Objekt, wenn darauf nicht mehr verwiesen wird? Man betrachte folgendes Beispiel:

```
void f()
{
    int* p = new int;
    long i1 = reinterpret_cast<long>(p)&0xFFFF0000;
    long i2 = reinterpret_cast<long>(p)&0x0000FFFF;
    p = 0;

    // Punkt 1: hier existiert kein Zeiger mehr auf den int

    p = reinterpret_cast<int*>(i1|i2);
    // Hier existiert wieder ein Zeiger auf den int
}
```

Zeiger, die in einem Programm nicht als Zeiger gespeichert werden, werden oft »getarnte Zeiger« (englisch: *disguised pointers*) genannt. Speziell der Zeiger, der sich ursprünglich in p befand, wird in den Integern i1 und i2 getarnt. Ein Garbage–Collector kümmert sich allerdings nicht um getarnte Zeiger. Falls der Garbage–Collector an Punkt 1 läuft, wird der Speicherplatz für den int freigegeben. Tatsächlich sind solche Programme auch dann nicht garantiert lauffähig, wenn keine Garbage–Collection verwendet wird, da die Verwendung von reinterpret_cast zur Umwandlung zwischen Integern und Zeigern im besten Fall implementierungsspezifisch ist.

Eine Variante, die sowohl Zeiger als auch Nicht–Zeiger enthalten kann, stellt einen Garbage–Collector vor ein besonderes Problem. Es ist nicht allgemein möglich herauszubekommen, ob eine solche Variante gerade einen Zeiger enthält. Man betrachte folgendes Beispiel:

```
union U {          // Variante mit Elementen, die Zeiger oder auch keine Zeiger sein können
    int* p;
    int i;
};


void f(U u, U u2, U u3)
{
    u.p = new int;
    u2.i = 999999;
    u.i = 8;
    // ...
}
```

Die sicherste Annahme ist, daß jeder Wert, der sich in einer solchen Variante befindet, ein Zeiger ist. Ein kluger Garbage–Collector kann es noch etwas besser machen. Er kann z.B. berücksichtigen, daß ints (bei einer bestimmten Implementierung) nicht mit ungeraden Adressen und daß keine Objekte mit einer Adresse kleiner gleich 8 angelegt werden können. Damit wird der Garbage–Collector davor bewahrt, anzunehmen, daß sich an den von f() verwendeten Orten 999999 und 8 Objekte befinden.

C.9.1.2 Delete

Bei einer Implementierung mit Garbage–Collection werden die Operatoren delete und delete[] nicht länger zum Freigeben von Speicherplatz für eine spätere Verwendung benötigt. Ein Anwender, der die Garbage–Collection verwendet, könnte deshalb einfach auf diese Operatoren verzichten. Neben der Freigabe von Speicherplatz rufen delete und delete[] allerdings noch Destruktoren auf.

Falls ein Garbage–Collector vorhanden ist, ruft

```
delete p;
```

den Destruktor des Objekts auf, auf das p zeigt (falls ein solches existiert). Die Wiederverwendung des Speicherplatzes kann allerdings bis zum Aufsammeln des Speichers aufgeschoben werden. Das Wiederverwenden von vielen Objekten auf einmal kann helfen, die Fragmentierung zu begrenzen (§C.9.2). Wenn der Destruktor nur Speicherplatz freigibt, erweist sich der ansonsten ernsthafte Fehler, ein Objekt zweimal zu zerstören, außerdem als harmlos.

Wie immer ist ein Zugriff auf ein zerstörtes Objekt undefiniert.

C.9.1.3   Destruktoren

Für den Fall, daß ein Objekt von einem Garbage–Collector wiederverwendet wird, gibt es zwei Alternativen:

1. den Destruktor für das Objekt aufrufen (falls vorhanden)
2. das Objekt als rohen Speicher betrachten (keinen Destruktor aufrufen)

Normalerweise sollte ein Garbage–Collector die zweite Variante verwenden, da Objekte, die mit new erzeugt und nicht mit delete freigegeben wurden, nie zerstört werden. Man kann einen Garbage–Collector somit als einen Mechanismus zum Simulieren einer Endlosschleife betrachten.

Es ist möglich, einen Garbage–Collector zu entwerfen, der den Destruktor für die Objekte aufruft, die vorher speziell »registriert« wurden. Es gibt allerdings keine standardisierte Möglichkeit, Objekte zu »registrieren«. Man beachte, daß es immer wichtig ist, Objekte in einer Reihenfolge zu zerstören, die sicherstellt, daß die Destruktoren eines Objekts nicht auf ein Objekt verweisen, das vorher schon zerstört wurde. Eine solche Reihenfolge kann ohne die Hilfe des Programmierers nicht leicht ermittelt werden.

C.9.2   Speicherfragmentierung

Wenn viele Objekte unterschiedlicher Größe angelegt und freigegeben werden, wird der Speicher *fragmentiert* (es entsteht *Speicherverschnitt*). Das bedeutet, daß der Speicherplatz von Speicherstücken verbraucht wird, die zu klein sind, um effektiv verwendet zu werden. Dies liegt daran, daß man bei der Speicherverwaltung nicht immer ein Stück Speicher finden kann, das genau die richtige Größe für ein Objekt besitzt. Durch Verwendung eines etwas größeren Stücks bleibt ein kleineres Fragment übrig. Wenn ein Programm für eine Weile mit einer naiven Speicherverwaltung läuft, ist es nicht ungewöhnlich, wenn die Hälfte des verfügbaren Speicherplatzes durch Fragmente belegt wird, die zu klein für eine weitere Verwendung sind.

Zum Umgang mit Fragmentierung existieren zahlreiche Techniken. Die einfachste besteht darin, nur größere Abschnitte von Speicher anzufordern und jeden dieser Abschnitte nur für Objekte der gleichen Größe zu verwenden (§15.3, §19.4.2). Da viele Speicheranforderungen kleine Objekte, wie Knoten von Bäumen, verketteten Listen und so weiter betreffen, kann diese Technik sehr effektiv sein. Eine Speicherverwaltung kann manchmal mehrere Techniken gleichzeitig verwenden. In jedem Fall kann die Fragmentierung weiter reduziert werden, wenn alle großen Abschnitte die gleiche Größe (z.B. die Größe einer Seite) besitzen, so daß sie selbst ohne Fragmentierung angelegt und wiederverwendet werden können.

Es existieren zwei Hauptarten von Garbage–Collectors:

1. Ein *kopierender Garbage–Collector* verschiebt Objekte im Speicher, um fragmentierten Speicherplatz zu kompaktifizieren.
2. Ein *konservativer Garbage–Collector* legt Objekte so an, daß eine Fragmentierung vermieden wird.

Aus Sicht von C++ sind konservative Garbage–Collectoren vorzuziehen, da es sehr schwer ist (in richtigen Programmen wohl sogar unmöglich ist), ein Objekt zu verschieben und alle Zeiger korrekt anzupassen. Ein konservativer Garbage–Collector ermöglicht es außerdem, daß C++–Codefragmente mit Code zusammen existieren, der in Sprachen wie C geschrieben wurde. Traditionell wurden kopierende Collectoren von Personen favorisiert, die sich mit Sprachen (wie Lisp und Smalltalk) beschäftigen, die Objekte nur indirekt über eindeutige Zeiger oder Referenzen manipulieren. In größeren Programmen, bei denen das Verhältnis zwischen dem Kopieren und Inter-agieren mit der Speicherverwaltung auf der einen und der Seitenverwaltung (Paging–System) auf der anderen Seite wichtig wird, scheinen moderne konservative Garbage–Collectoren allerdings mindestens so effizient wie kopierende Garbage–Collectoren zu sein. Bei kleineren Programmen ist das Ziel, den Garbage–Collector möglichst nie aufzurufen, oft erreichbar, speziell in C++, wo viele Objekte von Natur aus automatisch (lokal, nicht–statisch) sind.

C.10   Namensbereiche

Dieser Abschnitt präsentiert weniger wichtige technische Aspekte von Namensbereichen, die in Diskussionen und Code bereits oberflächlich betrachtet wurden.

C.10.1   Bequemlichkeit kontra Sicherheit

Eine Using–*Deklaration* macht einen Namen im lokalen Gültigkeitsbereich verfügbar. Eine Using–*Direktive* macht dies nicht, sie ermöglicht den Zugriff auf den Gültigkeitsbereich, in dem sie de-klariert wird. Beispiel:

```
namespace X {
    int i, j, k;
}

int k;

void f1()
{
    int i = 0;
    using namespace X;      // Namen vom Namensbereich X zugreifbar machen
    i++;                    // lokales i
    j++;                    // X::j
    k++;                    // Fehler: X::k oder globales k ?
    ::k++;                  // globales k
    X::k++;                 // das k von X
}

void f2()
{
    int i = 0;
    using X::i;             // Fehler: i in f2() zweimal deklariert
    using X::j;
    using X::k;             // überdeckt globales k

    i++;
    j++;                    // X::j
    k++;                    // X::k
}
```

Ein lokal deklarierter Name (entweder durch eine herkömmliche oder eine Using–Deklaration deklariert) überdeckt eine nicht–lokale Deklaration mit dem gleichen Namen. Bei einer derartigen Deklaration werden alle illegalen Überladungen des Namens erkannt.

Man beachte den Mehrdeutigkeitsfehler für `k++` in `f1()`. Globale Namen werden Namen von Namensbereichen, die im globalen Gültigkeitsbereich verfügbar sind, nicht vorgezogen. Damit gibt es einen signifikanten Schutz vor unbeabsichtigten Namenskonflikten und, was wichtiger ist, es ist sichergestellt, daß es keinen Vorteil durch Verwendung des globalen Namensbereichs gibt.

Wenn es ermöglicht wird, auf Bibliotheken, die *viele* Namen deklarieren, mit einer Using–Direktive zugreifen zu können, ist es ein signifikanter Vorteil, daß Konflikte von nicht verwendeten Namen nicht als Fehler betrachtet werden.

Der globale Gültigkeitsbereich ist ein Namensbereich unter vielen. Die einzige Besonderheit besteht darin, daß man seinen Namen nicht explizit angeben muß. Damit bedeutet `::k` »suche `k` im globalen Namensbereich und in Namensbereichen, die durch Using–Direktiven als zum globalen Namensbereich dazugehörig betrachtet werden«. `X::k` bedeutet dagegen »das `k`, das im Namensbereich `X` und in Namensbereichen, die durch Using–Direktiven als zu `X` dazugehörig betrachtet werden, deklariert ist« (§8.2.8).

Ich hoffe, daß die Verwendung des globalen Namensbereichs im Vergleich zu traditionellen C– und C++–Programmen radikal zurückgehen wird. Die Regeln der Namensbereiche wurden insbesondere so definiert, daß »faule« Anwender des globalen Namensbereichs keinen Vorteil gegenüber den Anwendern besitzen, die darauf achten, den globalen Gültigkeitsbereich nicht zu »verschmutzen«.

C.10.2   Geschachtelte Namensbereiche

Eine naheliegende Anwendung von Namensbereichen besteht darin, alle Deklarationen und Definitionen in einen separaten Namensbereich zu verlagern:

```
namespace X {
    // alle meine Deklarationen
}
```

Die Liste der Deklarationen wird dabei durchaus auch Namensbereiche umfassen. Geschachtelte Namensbereiche sind somit erlaubt. Dies geschieht sowohl aus praktischen Gründen als auch aus dem einfachen Grund, daß Konstrukte geschachtelt werden können sollten, sofern kein wichtiger Grund dagegen spricht. Beispiel:

```
void h();

namespace X {
    void g();
    //...
    namespace Y {
        void f();
        void ff();
        //...
    }
}
```

Es gelten die üblichen Regeln für Gültigkeitsbereiche und qualifizierte Zugriffe:

```
void X::Y::ff()
{
    f(); g(); h();
}

void X::g()
{
    f();            // Fehler: kein f() in X
    Y::f();         // OK
}

void h()
{
    f();            // Fehler: kein globales f()
    Y::f();         // Fehler: kein globales Y
    X::f();         // Fehler: kein f() in X
    X::Y::f();      // OK
}
```

C.10.3 Namensbereiche und Klassen

Ein Namensbereich ist ein Gültigkeitsbereich mit Namen. Eine Klasse ist ein Datentyp, der durch einen Gültigkeitsbereich mit Namen definiert wird, und der beschreibt, wie Objekte dieses Datentyps erzeugt und verwendet werden können. Ein Namensbereich ist somit ein einfacheres Konzept als eine Klasse, und im Idealfall könnte man eine Klasse als Namensbereich mit einigen zusätzlichen Sprachmitteln definieren. Dies ist auch fast der Fall. Ein Namensbereich ist allerdings offen (§8.2.9.3), wohingegen eine Klasse geschlossen ist. Dieser Unterschied resultiert aus der Beobachtung, daß eine Klasse das Layout eines Objekts definiert und daß dies am besten an einer Stelle gemacht wird. Außerdem können Using–Deklarationen und Using–Direktiven bei Klassen nur in sehr eingeschränkter Form angewendet werden (§15.2.2).

Namensbereiche sollten Klassen vorgezogen werden, wenn nur eine Kapselung der Namen benötigt wird. In dem Fall wird der Klassenapparat zur Typüberprüfung und zum Erzeugen von Objekten nicht gebraucht. Das einfachere Konzept der Namensbereiche reicht aus.

C.11 Zugriffskontrolle

Dieser Abschnitt präsentiert und ergänzt die in §15.3 gezeigten technischen Beispiele zur Zugriffskontrolle.

C.11.1 Zugriff auf Elemente

Man betrachte folgendes Beispiel:

```
class X {
// als Default private
        int priv;
protected:
```

```
        int prot;
public:
        int publ;
        void m();
};
```

Das Element `X::m()` besitzt uneingeschränkten Zugriff:

```
void X::m()
{
    priv = 1;    // OK
    prot = 2;    // OK
    publ = 3;    // OK
}
```

Ein Element einer abgeleiteten Klasse hat Zugriff auf öffentliche und mit `protected` geschützte Elemente (§15.3):

```
class Y : public X {
    void mAbgeleitet();
};
```

```
void Y::mAbgeleitet()
{
    priv = 1;    // Fehler: priv ist private
    prot = 2;    // OK: prot ist protected, und mAbgeleitet()
                 //     ist ein Element der abgeleiteten Klasse Y
    publ = 3;    // OK: publ ist öffentlich
}
```

Eine globale Funktion kann nur auf die öffentlichen Elemente zugreifen:

```
void f(Y* p)
{
    p->priv = 1;    // Fehler: priv ist private
    p->prot = 2;    // Fehler: prot ist protected, und f() ist
                    //         weder friend noch Element von X oder Y
    p->publ = 3;    // OK: publ ist öffentlich
}
```

C.11.2   Zugriff auf Basisklassen

Wie ein Element kann auch eine Basisklasse als `private`, `protected` oder `public` deklariert werden. Man betrachte folgendes Beispiel:

```
class X {
public:
    int a;
    //...
};
```

```
class Y1 : public X { };
class Y2 : protected X { };
class Y3 : private X { };
```

Da X eine öffentliche Basisklasse von Y1 ist, kann jede Funktion ein Y1* bei Bedarf (automatisch)
in ein X* umwandeln, so wie sie auf die öffentlichen Elemente von X zugreifen kann. Beispiel:

```
void f(Y1* py1, Y2* py2, Y3* py3)
{
    X* px = py1;    // OK: X ist eine öffentliche Basisklasse von Y1
    py1->a = 7;     // OK

    px = py2;       // Fehler: X ist eine protected Basisklasse von Y2
    py2->a = 7;     // Fehler

    px = py3;       // Fehler: X ist eine private Basisklasse von Y3
    py3->a = 7;     // Fehler
}
```

Man betrachte folgende Ergänzung:

```
class Y2 : protected X { };
class Z2 : public Y2 { void f(Y1*, Y2*, Y3*); };
```

Da X eine durch protected geschützte Basisklasse von Y2 ist, können nur Elemente und friends
der von Y2 abgeleiteten Klassen (z.B. Z2) bei Bedarf (automatisch) ein Y2* in ein X umwandeln,
so wie sie auf die öffentlichen und durch protected geschützten Elemente der Klasse X zugreifen
können. Beispiel:

```
void Z2::f(Y1* py1, Y2* py2, Y3* py3)
{
    X* px = py1;    // OK: X ist eine öffentliche Basisklasse von Y1
    py1->a = 7;     // OK

    px = py2;       // OK: X ist eine protected Basisklasse von Y2, und Z2 ist davon abgeleitet
    py2->a = 7;     // OK

    px = py3;       // Fehler: X ist eine private Basisklasse von Y3
    py3->a = 7;     // Fehler
}
```

Man betrachte schließlich folgendes Beispiel:

```
class Y3 : private X { void f(Y1*, Y2*, Y3*); };
```

Da X eine private Basisklasse von Y3 ist, können nur Elemente und friends von Y3 bei Bedarf
(automatisch) ein Y3* in ein X* umwandeln, so wie sie auf die öffentlichen und durch protected
geschützten Elemente der Klasse X zugreifen können. Beispiel:

```
void Y3::f(Y1* py1, Y2* py2, Y3* py3)
{
    X* px = py1;  // OK: X ist eine öffentliche Basisklasse von Y1
    py1->a = 7;   // OK
```

```
        px = py2;      // Fehler: X ist eine protected Basisklasse von Y2
        py2->a = 7;    // Fehler

        px = py3;      // OK: X ist eine private Basisklasse von Y3 und Y3::f() ist ein Element von Y3
        py3->a = 7;    // OK
}
```

C.11.3   Zugriff auf Elementklassen

Die Elemente einer Elementklasse haben keinen speziellen Zugriff auf die Elemente der umschließenden Klasse. Entsprechend haben Elemente einer umschließenden Klasse keinen speziellen Zugriff auf die Elemente der Elementklasse. Es gelten nach wie vor die üblichen Zugriffsregeln
(§10.2.2). Beispiel:

```
class Aussen {
    typedef int T;
    int i;
public:
    int i2;
    static int s;

    class Innen {
        int x;
        T y;            // Fehler: Aussen::T ist privat
    public:
        void f(Aussen* p, int v);
    };

    int g(Innen* p);
};

void Aussen::Innen::f(Aussen* p, int v)
{
    p->i = v;          // Fehler: Aussen::i ist privat
    p->i2 = v;         // OK: Aussen::i2 ist öffentlich
}

int Aussen::g(Innen* p)
{
    p->f(this,2);      // OK: Innen::f() ist öffentlich
    return p->x;       // Fehler: Innen::x ist privat
}
```

Es ist allerdings oft sinnvoll, einer Elementklasse Zugriff auf die umschließende Klasse zu erlauben. Beispiel:

```
class Aussen {
    typedef int T;
    int i;
public:
    class Innen;            // Vorwärtsdeklaration der Elementklasse
    friend class Innen;     // Klasse Aussen::Innen Zugriff geben
```

```
        class Innen {
            int x;
            T y;                    // OK: Innen ist friend
        public:
            void f(Aussen* p, int v);
        };
    };


    void Aussen::Innen::f(Aussen* p, int v)
    {
        p->i = v;                  // OK: Innen ist friend
    }
```

C.11.4 Zugriff und friend

Freundschaft (friend) wird weder vererbt noch ist sie transitiv. Beispiel:

```
class A {
    friend class B;
    int a;
};


class B {
    friend class C;
};


class C {
    void f(A* p)
    {
        p->a++;   // Fehler: C ist kein Freund von A (obwohl ein Freund eines Freundes)
    }
};


class D : public B {
    void f(A* p)
    {
        p->a++;   // Fehler: D ist kein Freund von A (obwohl von einem Freund abgeleitet)
    }
};
```

C.12 Zeiger auf Datenelemente

Natürlich gilt die Schreibweise von Elementzeigern (§15.5) sowohl für Datenelemente als auch für
Elementfunktionen mit Argumenten und Rückgabetypen. Beispiel:

```
struct C {
    const char* wert;
    int i;
    void ausgeben(int x) { cout << wert << x << '\n'; }
```

```
        int f1(int);
        void f2();
        C(const char* v) { wert = v; }
};

typedef void (C::*PMFI)(int);   // Zeiger auf Elementfunktion von C mit int als Parameter
typedef const char* C::*PM;     // Zeiger auf char* Datenelement von C

void f(C& z1, C& z2)
{
        C* p = &z2;
        PMFI pf = &C::ausgeben;
        PM pm = &C::wert;

        z1.ausgeben(1);
        (z1.*pf)(2);
        z1.*pm = "nv1 ";
        p->*pm = "nv2 ";
        z2.ausgeben(3);
        (p->*pf)(4);

        pf = &C::f1;        // Fehler: falscher Rückgabetyp
        pf = &C::f2;        // Fehler: falscher Argumenttyp
        pm = &C::i;         // Fehler: falscher Typ
        pm = pf;            // Fehler: falscher Typ
}
```

Der Datentyp eines Funktionszeigers wird genau wie jeder andere Datentyp überprüft.

C.13   Templates

Eine Template–Klasse spezifiziert, wie eine Klasse anhand einer passenden Menge von Template–
Argumenten erzeugt werden kann. Entsprechend spezifiziert eine Template–Funktion, wie anhand
einer passenden Menge von Template–Argumenten eine Funktion generiert werden kann. Ein Template kann damit zum Erzeugen von Datentypen und ausführbarem Code verwendet werden. Dieses starke Ausdrucksmittel führt zu etwas Komplexität. Diese entsteht meistens durch die Menge
von Kontexten, die bei der Definition und Anwendung von Templates eine Rolle spielen.

C.13.1   Statische Elemente

Eine Template–Klasse kann statische Elemente besitzen. Jede zum Template generierte Klasse
hat ihre eigene Kopie des statischen Elements. Statische Elemente müssen getrennt definiert und
können spezialisiert werden. Beispiel:

```
template<class T> class X {
        // ...
        static T def_wert;
        static T* new_X(T a = def_wert);
};
```

```
template<class T> T X<T>::def_wert(0,0);
template<class T> T* X<T>::new_X(T a) { /* ... */ }

template<> int X<int>::def_wert<int> = 0;
template<> int* X<int>::new_X<int>(int i) { /* ... */ }
```

Falls man ein Objekt oder eine Funktion von allen Elementen aller von einem Template generierten Klassen gemeinsam verwenden will, kann man sie in einer Basisklasse plazieren, die keine Template–Klasse ist. Beispiel:

```
struct B {
    static B* nil;      // wird als gemeinsamer Null-Zeiger von allen
};                      // abgeleiteten Template-Klassen verwendet

template<class T> class X : public B {
    // ...
};


B* B::nil = 0;
```

C.13.2   Freunde

Wie andere Klassen können auch Template–Klassen Freunde haben. Man betrachte das Matrix– und Vektor–Beispiel aus Abschnitt §11.5. Typischweise werden sowohl Matrix als auch Vektor als Templates implementiert:

```
template<class T> class Matrix;

template<class T> class Vektor {
    T v[4];
  public:
    friend Vektor operator*<> (const Matrix<T>&, const Vektor&);
    // ...
};

template<class T> class Matrix {
    Vektor<T> v[4];
  public:
    friend Vektor<T> operator*<> (const Matrix&, const Vektor<T>&);
    // ...
};
```

Das <> nach dem Namen der Friend–Funktion ist notwendig um klarzumachn, daß es sich um eine Template–Funktion handelt. Ohne <> würde von eine Funktione ausgegangen, die kein Template ist. Der Multiplikationsoperator kann dann so definiert werden, daß er auf Daten von Matrix und Vektor zugreift:

```
template<class T> Vektor<T> operator*(const Matrix<T>& m, const Vektor<T>& v)
{
    // mit m.v[i] und v.v[i] direkt auf die Elemente zugreifen
}
```

Freunde haben weder auf den Gültigkeitsbereich, in dem eine Template–Klasse definiert wird, noch auf den Gültigkeitsbereich, in dem das Template verwendet wird, eine Auswirkung. Statt dessen werden Friend–Funktionen und Operatoren anhand der gleichen Suche basierend auf ihren Argumenttypen gefunden (§11.2.4, §11.5.1). Wie eine Elementfunktion wird auch eine Friend–Funktion nur dann instanziiert (§C.13.9.1), wenn sie aufgerufen wird.

C.13.3 Templates als Template–Parameter

Manchmal ist es sinnvoll, als Template–Parameter keine Objekte oder Klassen, sondern Templates zu übergeben. Beispiel:

```
template<class T, template<class> class C> class Xrefd {
    C<T> mems;
    C<T*> refs;
    // ...
};
```

```
Xrefd<Eintrag,vector> x1;      // Querverweise für Einträge in einem Vektor speichern
```

```
Xrefd<Schallplatte,set> x2;    // Querverweise für eine Schallplatte in einem Set speichern
```

Um ein Template als Template–Parameter zu verwenden, muß man dessen erforderliche Argumente angeben. Die Template–Parameter des Template–Parameters müssen bei seiner Verwendung bekannt sein. Der Punkt, weshalb man ein Template als Template–Parameter verwendet, ist üblicherweise der, daß man es mit einer Reihe von Argumenttypen instanziieren will (wie T und T* im vorherigen Beispiel). Man will also die Elementdeklaration eines Templates über ein anderes Template ausdrücken, aber das andere Template soll ein Parameter sein, das vom Anwender spezifiziert werden kann.

Der übliche Fall, in dem ein Template einen Container braucht, um seine eigenen Elemente zu verwalten, wird oft besser durch Übergabe des Containertyps gehandhabt (§13.6, §17.3.1).

Nur Template–Klassen können Template–Argumente sein.

C.13.4 Funktionen aus Template–Argumenten herleiten

Ein Compiler kann ein Template–Typargument, T oder TT, und ein Template–Argument I, das kein Typ ist, aus einem Template–Funktionsargument über einen Typ, der durch folgende Konstrukte gebildet wird, herleiten:

T	const T	volatile T
T*	T&	T[*constant_expression*]
typ[I]	*class_template_name*<T>	*class_template_name*<I>
T (*)(*args*)	*typ* (*)(*args*_TI)	*typ* T::*
T *typ*::*	*typ* (T::*)(*args*)	T (*typ*::*)(*args*)
typ (*typ*::*)(*args*_TI)	TT<T>	TT<I>
TT<>		

Hier ist *args*_TI eine Parameterliste, aus der ein T oder ein I durch rekursive Anwendung dieser Regeln ermittelt werden kann, während *args* eine Parameterliste ist, bei der keine Herleitungen erlaubt sind. Falls nicht alle Parameter auf diese Weise hergeleitet werden können, ist der Aufruf mehrdeutig. Beispiel:

```
template<class T, class U> void f(const T*, U(*)(U));

int g(int);

void h(const char* p)
{
    f(p,g);    // T ist char, U ist int
    f(p,h);    // Fehler: kann U nicht herleiten
}
```

Betrachtet man die Argumente des ersten Aufrufs von f(), kann man die Template–Argumente leicht herleiten. Beim zweiten Aufruf von f() paßt h() nicht auf das Muster U(*)(U), da sich das Argument und der Rückgabetyp von h() unterscheiden.

Falls ein Template–Parameter von mehr als einem Funktionsargument hergeleitet werden kann, muß aus jeder Herleitung der gleiche Typ resultieren. Ist dies nicht der Fall, ist der Aufruf ein Fehler. Beispiel:

```
template<class T> void f(T i, T* p);

void g(int i)
{
    f(i,&i);         // OK
    f(i,"Merken!");  // Fehler, mehrdeutig: ist T int oder const char ?
}
```

C.13.5   Templates und Typnamen

Um das generische Programmieren zu erleichtern und zu verallgemeinern, bieten die Container der Standardbibliothek eine Reihe von Standardfunktionen und –typen (§16.3.1). Beispiel:

```
template<class T> class vector {
public:
    typedef T* iterator;

    iterator begin();
    iterator end();
    //...
};

template<class T> class list {
    class link {
        //...
    };
public:
    typedef link* iterator;

    iterator begin();
    iterator end();
```

```
    // ...
};
```

Damit scheint man folgendes schreiben zu können:

```
template<class C> void f(C& v)
{
    C::iterator i = v.begin();   // Syntax-Fehler
    // ...
}
```

Leider wird von einem Compiler nicht verlangt, daß er mitdenkt. Deshalb weiß er nicht, daß `C::iterator` der Name eines Datentyps ist. Im Beispiel zuvor konnte der Compiler sich die Deklaration von `vector<>` ansehen, um festzustellen, daß der `iterator` in `vector<T>::iterator` ein Datentyp ist. Das ist allerdings nicht möglich, wenn der qualifizierende Bezeichner selbst ein Typparameter ist. Natürlich könnte ein Compiler alle Überprüfungen bis zum Zeitpunkt der Instanziierung, wenn alle Informationen verfügbar sind, verschieben und solche Beispiele dann akzeptieren. Das wäre allerdings eine Spracherweiterung, die nicht standardisiert ist.

Man betrachte ein Beispiel, bei dem Hinweise auf die Bedeutung entfernt wurden:

```
int y;

template<class T> void g(T& v)
{
    T::x(y);   // Fehler?
}
```

Ist `T::x` eine Funktion, die mit einer nicht–lokalen Variablen y als Argument aufgerufen wird? Oder wird eine Variable y mit dem Datentyp `T::x` deklariert, wobei unnatürlicherweise redundante Klammern verwendet werden? Man könnte sich Bedingungen vorstellen, in denen `X::x(y)` ein Funktionsaufruf und `U::x(y)` eine Deklaration ist.

Die Auflösung dieses Konflikts ist einfach: Sofern nicht anders angegeben, wird bei einem Bezeichner davon ausgegangen, daß er sich auf etwas bezieht, das kein Datentyp oder Template ist. Falls man festlegen will, daß etwas als Datentyp betrachtet wird, kann man dies mit dem Schlüsselwort typename erreichen:

```
template<class C> void h(C& v)
{
    typename C::iterator i = v.begin();
    // ...
}
```

Das Schlüsselwort typename kann vor einem qualifizierten Namen plaziert werden, um festzulegen, daß der gesamte Name ein Typ ist. Darin ist es ähnlich zu `struct` oder `class`. typename muß verwendet werden, wenn der Typname von einem Template–Parameter abhängt. Beispiel:

```
template <class T>
void k(vector<T>& v)
{
    vector<T>::iterator i = v.begin();            // Syntax-Fehler: typename fehlt
    typename vector<T>::iterator i = v.begin();   // OK
    // ...
}
```

In diesem Fall mag der Compiler in der Lage sein zu erkennen, daß `iterator` bei jeder Instanziierung von `vector` der Name eines Typs war; er muß diese Fähigkeit aber nicht besitzen. Dies zu erwarten wäre eine nichtstandardisierte und unportable Spracherweiterung. Der einzige Kontext, in dem ein Compiler davon ausgeht, daß ein von einem Template–Argument abhängiger Name ein Datentyp ist, ist in einigen wenigen Fällen, wo die Grammatik nur Typnamen zuläßt. Etwa bei Angabe einer Basisklasse.

Das Schlüsselwort `typename` kann aber auch alternativ zu `class` in einer Template–Deklaration verwendet werden. Beispiel:

```
template<typename T> void f(T);
```

Als unparteiischer Schreiber und jemand, für den der Platz auf dem Bildschirm immer zu klein ist, ziehe ich die kürzere Schreibweise vor:

```
template<class T> void f(T);
```

C.13.6   Templates als Qualifizierer

Der Qualifizierer `typename` ist notwendig, weil man sowohl auf Elemente, die Typen sind, als auch auf Elemente, die keine Typen sind, Bezug nehmen kann. Man kann auch Elemente haben, die Templates sind. In seltenen Fällen kann es notwendig werden, den Namen eines Template–Elements von einem anderen Elementnamen zu unterscheiden. Man betrachte eine mögliche Schnittstelle zu einer allgemeinen Speicherverwaltung:

```
class Memory {   // Ein Allokator
public:
    template<class T> T* get_new();
    template<class T> void release(T&);
    // ...
};

template<class Allokator> void f(Allokator& m)
{
    int* p1 = m.get_new<int>();           // Syntaxfehler: int nach Operator kleiner-als
    int* p2 = m.template get_new<int>();  // explizite Qualifizierung
    // ...
    m.release(p1);   // Template-Argument hergeleitet: keine explizite Qualifizierung notwendig
    m.release(p2);
}
```

Die explizite Qualifizierung von `get_new()` ist notwendig, da der Template–Parameter nicht hergeleitet werden kann. In dem Fall muß das Präfix `template` verwendet werden, um den Compiler (und den menschlichen Leser) zu informieren, daß `get_new` ein Element–Template und eine explizite Qualifizierung mit dem gewünschten Datentyp des Elements möglich ist. Ohne die Qualifizierung mit `template` würde man einen Syntaxfehler erhalten, da < als Kleiner-als–Operator betrachtet wird. Der Bedarf für eine Qualifizierung mit `template` ist selten, da die meisten Template–Parameter hergeleitet werden.

C.13.7 Instanziierung

Mit einer vorgegebenen Template–Definition und der Verwendung des Templates ist es die Aufgabe der Implementierung, korrekten Code zu generieren. Der Compiler muß aus der Template–Klasse und der Menge von Template–Argumenten die Definition der Klasse und der verwendeten Elementfunktionen erzeugen. Aus einer Template–Funktion muß eine Funktion erzeugt werden. Dieser Vorgang wird im allgemeinen als *Template–Instanziierung* bezeichnet.

Die erzeugten Klassen und Funktionen werden *Spezialisierungen* genannt. Falls die Notwendigkeit besteht, zwischen erzeugten und vom Programmierer explizit geschriebenen Spezialisierungen (§13.5) zu unterscheiden, spricht man von *generierten Spezialisierungen* bzw. *expliziten Spezialisierungen*. Eine explizite Spezialisierung wird auch manchmal als *selbstdefinierte* (*user-defined*) *Spezialisierung* oder einfach *Anwenderspezialisierung* bezeichnet.

Um ein Template in nichttrivialen Programmen zu verwenden, muß der Programmierer verstehen, wie in einer Template–Definition verwendete Namen an Deklarationen gebunden werden und wie Quellcode organisiert werden kann (§13.7).

Als Default erzeugt der Compiler aus den Templates Klassen und Funktionen anhand der Regeln zur Namensbindung (§C.13.8). Ein Programmierer muß deshalb nicht explizit angeben, welche Version von welchem Template generiert werden muß. Dies ist wichtig, da es für einen Programmierer nicht leicht ist, exakt zu wissen, welche Version eines Templates benötigt wird. Oft werden bei der Implementierung von Bibliotheken Templates verwendet, von denen der Programmierer noch nicht einmal etwas gehört hat. Und manchmal werden Templates, die der Programmierer kennt, mit unbekannten Template–Argumenttypen verwendet. Allgemein kann die Menge der erzeugten Funktionen, die gebraucht werden, nur durch eine rekursive Untersuchung der Templates der zum Anwendungscode gehörenden Bibliotheken ermittelt werden. Computer sind bei derartigen Analysen besser als Menschen.

Es ist für einen Programmierer allerdings wichtig, angeben zu können, wo Code aus einem Template generiert werden sollte (§C.13.10). Damit erhält der Programmierer eine detaillierte Kontrolle über den Kontext der Instanziierung. In den meisten Compiler–Umgebungen bedeutet dies auch eine exakte Kontrolle über den Moment, in dem Instanziierung stattfindet. Eine explizite Instanziierung kann insbesondere dazu verwendet werden, Compiler–Fehler zu einem bestimmten Zeitpunkt zu forcieren, anstatt darauf zu warten, daß sie irgendwann auftauchen, wenn eine Implementierung Bedarf an einer Spezialisierung hat. Ein vollständig berechenbarer Entwicklungsprozeß ist für einige Anwender unabdingbar.

C.13.8 Namensbindung

Es ist wichtig, Template–Funktionen so zu definieren, daß sie möglichst wenig Abhängigkeiten zu nicht–lokalen Informationen besitzen. Dies liegt daran, daß Templates dazu verwendet werden, Funktionen und Klassen zu generieren, von denen der Datentyp oder der Kontext vorher nicht bekannt ist. Jede subtile Kontextabhängigkeit kann bei manchen Programmierern zu einem Debugging–Problem führen, und ein Programmierer will sich nicht mit den Implementierungsdetails eines Templates auseinandersetzen. Die allgemeine Regel, globale Namen so weit es geht zu vermeiden, sollte in Template–Code besonders ernstgenommen werden. Man sollte also versuchen, Template–Definitionen so unabhängig wie möglich zu machen und alles, was ansonsten zum globalen Kontext gehört, in Form von Template–Parametern zur Verfügung zu stellen (z.B. Traits; §13.4, §20.2.1).

Manche nicht–lokalen Namen müssen allerdings verwendet werden. Genaugenommen ist es üblicher, eine Reihe von kooperierenden Template–Funktionen statt nur eine unabhängige Funktion zu schreiben. Manchmal können solche Funktionen Klassenelemente sein; dies gilt allerdings nicht immer. Manchmal sind nicht–lokale Funktionen die beste Wahl. Typische Beispiele dazu sind der Aufruf von swap() und less() von sort() (§13.5.2). Die Algorithmen der Standardbibliothek bieten ein umfangreiches Beispiel dazu (Kapitel 18).

Operationen mit üblicher Bezeichnung und Semantik, wie +, *, [] und sort(), bilden eine andere Quelle nicht–lokaler Namen in Template–Definitionen. Man betrachte folgendes Beispiel:

```
#include<vector>

bool tracing;
// ...

template<class T> T summe(std::vector<T>& v)
{
    T t = 0;
    if (tracing) cerr << "summe(" << &v << ")\n";
    for (int i = 0; i<v.size(); i++) t = t + v[i];
    return t;
}

// ...


#include<quad.h>

void f(std::vector<Quad>& v)
{
    Quad c = summe(v);
}
```

Die unschuldig aussehende Template–Funktion summe() hängt vom Operator + ab. In diesem Beispiel wird + in <quad.h> definiert:

```
Quad operator+(Quad,Quad);
```

Wichtig ist, daß es bei der Definition von summe() im Gültigkeitsbereich keinen Bezug auf komplexe Zahlen gibt und der Schreiber von summe() nichts über Quad wissen kann. Das + kann im Programmtext insbesondere hinter summe() oder sogar zu einem späteren Zeitpunkt definiert werden.

Der Prozeß, durch den für jeden Namen, der explizit oder implizit in einem Template verwendet wird, die Deklaration gefunden wird, wird als *Namensbindung* bezeichnet. Das allgemeine Problem bei der Namensbindung von Templates besteht darin, daß drei Kontexte in die Template–Instanziierung involviert sind und diese nicht sauber voneinander getrennt werden können:

1. Der Kontext der Template–Definition
2. Der Kontext der Deklaration der Argumenttypen
3. Der Kontext der Anwendung des Templates

C.13.8.1 Abhängige Namen

Wenn ein Funktions–Template definiert wird, will man sicherstellen, daß für die Template–
Definition ausreichend Kontext verfügbar ist, damit dies im Rahmen der aktuellen Argumente Sinn
macht, ohne am Punkt der Verwendung »versehentlich« etwas aus der Umgebung zu verwenden.
Um dabei zu helfen, unterteilt die Sprache Namen, die in Template–Definitionen verwendet werden, in zwei Kategorien:

1. Namen, die von Template–Argumenten abhängen. Diese Namen werden in irgendeinem Moment der Instanziierung gebunden (§C.13.8.3). Im Beispiel `summe()` kann die Definition von
   + im Kontext der Instanziierung gefunden werden, da sie Operanden des Template–Argumenttyps verwendet.
2. Namen, die nicht von Template–Argumenten abhängen. Diese Namen werden im Moment
   der Definition des Templates gebunden (§C.13.8.2). Im Beispiel `summe()` wird das Template
   `vector` im Standardheader `<vector>` definiert, und der Boolesche Wert `tracing` befindet sich
   im Gültigkeitsbereich, wenn die Definition von `summe()` vom Compiler erreicht wird.

Die einfachste Definition von »N hängt vom Template–Parameter T ab« wäre: »N ist ein Element
von T«. Dies reicht leider nicht aus. Die Addition von `Quad` (§C.13.8) ist ein Gegenbeispiel. Deshalb betrachtet man einen Funktionsaufruf als von einem Template–Argument *abhängig* dann und
nur dann, wenn eine der folgenden Bedingungen erfüllt ist:

1. Der Datentyp des jeweiligen Arguments hängt von einem Template–Parameter T entsprechend den Regeln zur Herleitung der Datentypen ab (§13.3.1). Beispiele sind `f(T(1))`, `f(t)`,
   `f(g(t))` und `f(&t)` unter der Voraussetzung, daß t ein T ist.
2. Die aufgerufene Funktion besitzt einen formalen Parameter, der von T entsprechend den Regeln zur Herleitung der Datentypen abhängt (§13.3.1). Beispiele sind `f(T)`, `f(list<T>&)` und
   `f(const T*)`.

Im Grunde ist der Name einer aufgerufenen Funktion dann abhängig, wenn die Abhängigkeit bei
der Betrachtung seiner Argumente oder seiner formalen Parameter offensichtlich ist.

Ein Aufruf, bei dem ein Argument zufällig auf einen jeweiligen Template–Parameter paßt, ist
nicht abhängig. Beispiel:

```
template<class T> T f(T a)
{
    return g(1);    // Fehler: kein g() im Gültigkeitsbereich, und g(1) hängt nicht von T ab
}

int g(int);

int z = f(2);
```

Es spielt keine Rolle, daß beim Aufruf `f(2)` T und das Argument von `g()` ein `int` ist. Hätte
man `g(1)` als abhängig betrachtet, wäre seine Bedeutung für den Leser der Template–Definition
erheblich subtiler und unverständlich. Falls ein Programmierer will, daß `g(int)` aufgerufen wird,
sollte die Definition von `g(int)` vor der Definition von `f()` plaziert werden, damit `g(int)` sich im
Gültigkeitsbereich befindet, wenn `f()` analysiert wird. Dies ist exakt die gleiche Regel, die auch
für Funktionsdefinitionen gilt, die keine Templates sind.

Zusätzlich zu Funktionsnamen können Namen von Variablen, Klassenelementen, Datentypen, Konstanten und so weiter abhängig sein, wenn ihre Typen von einem Template–Parameter
abhängen. Beispiel:

```
template<class T> void f(const T& a)
{
    typename T::ElemTyp p = a.p;      // p und ElemTyp hängen von T ab
    cout << a.i << ' ' << p->j;       // i und j hängen von T ab
}
```

C.13.8.2 Namensbindung bei Definition

Wenn der Compiler auf eine Template–Definition trifft, prüft er, welche Namen abhängig sind
(§C.13.8.1). Falls ein Name abhängig ist, muß die Betrachtung seiner Deklaration bis zum Zeitpunkt der Instanziierung aufgeschoben werden (§C.13.8.3).

Namen, die nicht von einem Template–Argument abhängen, müssen sich zum Zeitpunkt der
Definition im Gültigkeitsbereich (§4.9.4) befinden. Beispiel:

```
int x;

template<class T> T f(T a)
{
    x++;          // OK
    y++;          // Fehler: kein y im Gültigkeitsbereich, und y hängt nicht von T ab
    return a;
}

int y;

int z = f(2);
```

Falls eine Deklaration gefunden wird, wird diese Deklaration auch dann verwendet, wenn später
eine »bessere« Deklaration gefunden werden könnte. Beispiel:

```
void g(double);

template<class T> class X : public T {
public:
    void f() { g(2); }      // ruft g(double) auf
    // ...
};

void g(int);

class Z { };

void h(X<Z> x)
{
    x.f();
}
```

Wenn für X<Z>::f() eine Definition generiert wird, wird g(int) nicht berücksichtigt, da es nach
X deklariert wird. Es spielt keine Rolle, daß X bis zur Deklaration von g(int) nicht verwendet
wird. Ein Aufruf, der nicht abhängig ist, kann auch nicht in einer Basisklasse »gekidnappt« werden:

```
class Y { public: void g(int); };

void h(X<Y> x)
{
    x.f();
}
```

Auch hier wird X<Y>::f() wieder g(double) aufrufen. Falls ein Programmierer gewollt hätte, daß das g() der Basisklasse aufgerufen wird, hätte die Definition von f() wie folgt aussehen müssen:

```
template<class T> class XX : public T {
    void f() { T::g(2); }    // ruft T::g() auf
    // ...
};
```

Dies ist natürlich eine Anwendung der Faustregel, daß eine Template–Definition so unabhängig wie möglich sein sollte.

C.13.8.3 Namensbindung bei Instanziierung

Jede Verwendung eines Templates für eine gegebene Menge von Template–Argumenten definiert den Punkt der Instanziierung. Dieser Punkt liegt im nächsten globalen oder durch einen Namensbereich definierten Gültigkeitsbereich, der die Verwendung umschließt, und zwar direkt vor der Deklaration, die diese Verwendung enthält. Beispiel:

```
template<class T> void f(T a) { g(a); }

void g(int);

void h()
{
    extern g(double);
    f(2);
}
```

Hier liegt der Punkt der Instanziierung von f<int>() direkt vor h(), wodurch das g(), das in f() aufgerufen wird, das globale g(int) und nicht das lokale g(double) ist. Die Definition des »Instanziierungspunktes« läuft darauf hinaus, daß Template–Parameter nie an einen lokalen Namen oder ein Klassenelement gebunden werden können. Beispiel:

```
void f()
{
    struct X { /* ... */ };  // lokale Struktur
    vector<X> v;             // Fehler, kann lokale Strukturen nicht als Template-Parameter verwenden
    // ...
}
```

Genauso kann kein unqualifizierter Name, der in einem Template verwendet wird, je an einen lokalen Namen gebunden werden. Schließlich werden unqualifizierte Namen, die im Template verwendet werden, selbst dann nicht an Elemente einer Klasse gebunden, wenn ein Template zum ersten Mal innerhalb dieser Klasse verwendet wird. Das Ignorieren von lokalen Namen ist unabdingbar, um viele unsaubere makro–artige Verhaltensweisen zu vermeiden. Beispiel:

```
template<class T> void sort(vector<T>& v)
{
    sort(v.begin(),v.end());      // verwendet sort() der Standardbibliothek
}

class Container {
    vector<int> v;  // Elemente
    // ...
public:
    void sort()     // Elemente sortieren
    {
        ::sort(v);  // ruft sort(vector<int>&) und nicht Container::sort() auf
    }
    // ...
};
```

Falls der Punkt der Instanziierung für ein Template, das in einem Namensbereich definiert wird, in einem anderen Namensbereich liegt, sind die Namen aus beiden Namensbereichen für die Namensbindung verfügbar. Wie immer wird die Auflösung des Überladens dazu verwendet, zwischen Namen von unterschiedlichen Namensbereichen zu unterscheiden (§8.2.9.2).

Man beachte, daß ein Template, das mehrfach mit der gleichen Menge von Template–Argumenten verwendet wird, entsprechend viele Instanziierungspunkte hat. Falls sich die Bindungen von unabhängigen Namen unterscheiden, ist das Programm illegal. Es ist für eine Implementierung allerdings schwierig, diesen Fehler zu erkennen, insbesondere wenn die Instanziierungspunkte in unterschiedlichen Übersetzungseinheiten liegen. Die subtilen Aspekte der Namensbindung werden am besten dadurch vermieden, indem die Verwendung von lokalen Namen in Templates minimiert wird und Headerdateien verwendet werden, damit Kontexte konsistent gehalten werden.

C.13.8.4 Templates und Namensbereiche

Wenn eine Funktion aufgerufen wird, kann deren Deklaration auch dann gefunden werden, wenn sie sich nicht im Gültigkeitsbereich befindet, vorausgesetzt sie wird im gleichen Namensbereich wie eines der Argumente deklariert (§8.2.6). Dies ist für Funktionen, die in einer Template–Definition aufgerufen werden, sehr wichtig, da mit diesem Mechanismus abhängige Funktionen während der Instanziierung gefunden werden.

Eine Template–Spezialisierung kann an jedem Punkt der Instanziierung (§C.13.8.3), jedem Punkt, der danach in der Übersetzungseinheit folgt, oder in einer Übersetzungseinheit, die speziell zum Generieren von Spezialisierungen erzeugt wurde, generiert werden. Dies spiegelt drei offensichtliche Strategien einer Implementierung bei der Generierung von Spezialisierungen wider:

1. Generiere eine Spezialisierung beim ersten gefundenen Aufruf.
2. Generiere alle Spezialisierungen, die für eine Übersetzungseinheit gebraucht werden, am Ende der Übersetzungseinheit.
3. Generiere alle Spezialisierungen für ein Programm, nachdem jede Übersetzungseinheit des Programms durchlaufen wurde.

Alle drei Strategien haben Vor– und Nachteile, und Kombinationen dieser Strategien sind ebenso möglich.

In jedem Fall findet die Bindung der unabhängigen Namen am Punkt der Template–Definition statt. Die Bindung der abhängigen Namen erfolgt durch Betrachtung

1. der Namen im Gültigkeitsbereich an dem Punkt, an dem das Template definiert wird, plus
2. der Namen des Namensbereichs eines Arguments eines abhängigen Aufrufs (globale Funktionen werden dem Namensbereich der eingebauten Datentypen zugerechnet).

Beispiel:

```
namespace N {
    class A { /* ... */ };

    char f(A);
}

char f(int);

template<class T> char g(T t) { return f(t); }

char c = g(N::A());;     // führt zum Aufruf von N::f(N::A)
```

Hier ist klar, daß f(t) abhängig ist, weshalb man f am Punkt der Definition nicht an f(N::A) oder f(int) binden kann. Um eine Spezialisierung von g<N::A>(N::A) zu erhalten, sucht die Implementierung im Namensbereich N nach Funktionen, die f() heißen, und findet N::f(N::A).

Ein Programm ist illegal, falls es durch die Wahl unterschiedlicher Instanziierungspunkte oder unterschiedlicher Namensbereiche möglich ist, in verschiedenen Kontexten zwei unterschiedliche Bedeutungen für die Generierung einer Spezialisierung zu erzeugen. Beispiel:

```
namespace N {
    class A { /* ... */ };

    char f(A,int);
}

template<class T, class T2> char g(T t, T2 t2) { return f(t,t2); }

char c = g(N::A(),'a');   // Fehler: alternative Auflösung von f(t) möglich

namespace N {             // zum Namensbereich N hinzufügen (§8.2.9.3)
    void f(A,char);
}
```

Man könnte die Spezialisierung am Punkt der Instanziierung erzeugen und damit f(N::A,int) aufrufen. Alternativ könnte man warten und die Spezialisierung am Ende der Übersetzungseinheit generieren und damit f(N::A,char) aufrufen. Als Konsequenz ist der Aufruf von g(N::A(),'a') ein Fehler.

Der Aufruf einer überladenen Funktion zwischen zwei ihrer Deklarationen ist nachlässige Programmierung. Bei großen Programmen hätte ein Programmierer keinen Grund, ein Problem zu vermuten. In diesem speziellen Fall könnte ein Compiler diese Mehrdeutigkeit erkennen. Ähnliche Probleme können allerdings auch in unterschiedlichen Übersetzungseinheiten auftreten, wodurch die Erkennung erheblich schwieriger wird. Eine Implementierung ist nicht verpflichtet, Probleme dieser Art abzufangen.

Die meisten Probleme mit alternativen Auflösungen von Funktionsaufrufen betreffen eingebaute Datentypen. Um diesen Problemem zu begegnen, sollten Argumente mit eingebauten Datentypen mit mehr Vorsicht verwendet werden.

Wie immer kann die Verwendung von globalen Funktionen die Sache verschlimmern. Der globale Namensbereich wird als der Namensbereich betrachtet, zu dem die eingebauten Datentypen
gehören. Insofern können globale Funktionen dazu verwendet werden, abhängige Aufrufe, denen
eingebaute Datentypen übergeben werden, aufzulösen. Beispiel:

```
int f(int);

template<class T> T g(T t) { return f(t); }

char c = g('a');            // Fehler: alternative Auflösungen von f(t) sind möglich

char f(char);
```

Man könnte die Spezialisierung g<char>(char) am Punkt der Instanziierung erzeugen, wodurch
f(int) aufgerufen wird. Alternativ könnte man warten und die Spezialisierung am Ende der Übersetzungseinheit generieren, wodurch f(char) aufgerufen wird. Als Konsequenz ist der Aufruf von
g('a') ein Fehler.

C.13.9   Wann wird eine Spezialisierung gebraucht?

Eine Spezialisierung einer Template–Klasse muß nur dann generiert werden, wenn die Definition
der Klasse gebraucht wird. Die jeweilige Definition einer Klasse wird insbesondere zum Deklarieren eines Zeigers auf diese Klasse nicht benötigt. Beispiel:

```
class X;
X* p;     // OK: keine Definition von X notwendig
X a;      // Fehler: Definition von X notwendig
```

Bei der Definition von Template–Klassen kann dieser Unterschied eine entscheidende Rolle spielen. Eine Template–Klasse wird *nicht* instanziiert, solange ihre Definition nicht gebraucht wird.
Beispiel:

```
template<class T> class Verweis {
    Verweis* suc;  // OK, (noch) wird keine Definition von Verweis gebraucht
    // ...
};

Verweis<int>* pl;    // keine Instanziierung von Verweis<int> notwendig

Verweis<int> lnk;    // jetzt wird eine Instanziierung von Verweis<int> notwendig
```

Der Punkt der Instanziierung ist dort, wo eine Definition zum erstenmal gebraucht wird.

C.13.9.1   Instanziierung von Template–Funktionen

Eine Implementierung instanziiert eine Template–Funktion nur dann, wenn sie verwendet wird.
Das Instanziieren einer Template–Klasse bedeutet insbesondere nicht, daß alle Elemente oder alle
Elemente, die in der Deklaration der Template–Klasse definiert werden, instanziiert werden. Dies

ermöglicht dem Programmierer bei der Definition einer Template–Klasse ein gehöriges Maß an Flexibilität. Man betrachte folgendes Beispiel:

```
template<class T> class Liste {
    // ...
    void sort();
};


class Glob { /* kein Vergleichsoperator */ };

void f(Liste<Glob>& lb, Liste<string>& ls)
{
    ls.sort();
    // Operationen mit lb, nicht aber lb.sort() verwenden
}
```

Hier wird `Liste<string>::sort()` instanziiert, `Liste<Glob>::sort()` dagegen nicht. Dieses reduziert die Menge an generiertem Code und befreit von der Notwendigkeit, das Programm neu zu entwerfen. Wäre `Liste<Glob>::sort()` generiert worden, hätte man entweder die Operationen, die von `Liste::sort()` für `Glob` gebraucht werden, hinzufügen oder `sort()` umdefinieren müssen, damit es kein Element von `Liste` ist, oder für `Glob` einen anderen Container verwenden müssen.

C.13.10 Explizite Instanziierung

Eine Aufforderung zu einer expliziter Instanziierung erfolgt durch eine Deklaration einer Spezialisierung, bei der das Schlüsselwort `template` (ohne <) voransteht:

```
template class vector<int>;                      // Klasse
template int& vector<int>::operator[](int);      // Element
template int convert<int,double>(double);        // Funktion
```

Eine Template–Deklaration beginnt mit `template<`, während ein einfaches `template` eine Instanziierung erzwingt. Man beachte, daß `template` vor einer kompletten Deklaration stehen muß; nur die Angabe eines Namens ist nicht ausreichend:

```
template vector<int>::operator[];     // Syntaxfehler
template convert<int,double>;         // Syntaxfehler
```

Wie bei Aufrufen von Template–Funktionen können Template–Argumente, die aus den Funktionsargumenten abgeleitet werden können, entfallen (§13.3.1). Beispiel:

```
template int convert<int,double>(double);    // OK (redundant)
template int convert<int>(double);           // OK
```

Wenn eine Klasse explizit instanziiert wird, wird auch jede Elementfunktion instanziiert.

Man beachte, daß eine explizite Instanziierung als Überprüfung der Einschränkungen verwendet werden kann (§13.6.2). Beispiel:

```
template<class T> class Calls_foo {
    void constraints(T t) { foo(t); }    // Aufruf von jedem Konstruktor
    // ...
};
```

```
template class Calls_foo<int>;          // Fehler: foo(int) undefiniert
template Calls_foo<Form*>::constraints();  // Fehler: foo(Form*) undefiniert
```

Der Einfluß von expliziten Instanziierungen auf die Link–Zeiten und die Effizienz von Neuübersetzungen kann signifikant sein. Ich habe Beispiele gesehen, bei denen durch Zusammenlegung der meisten Template–Instanziierungen in eine einzelne Übersetzungseinheit die Kompilierzeit von mehreren Stunden auf die gleiche Anzahl von Minuten reduziert wurde.

Es ist ein Fehler, wenn man zwei Definitionen der gleichen Spezialisierung hat. Es spielt dabei keine Rolle, ob diese mehrfachen Spezialisierungen selbst definiert (§13.5), implizit erzeugt (§C.13.7) oder explizit gefordert wurden. Ein Compiler ist aber nicht verpflichtet, mehrfache Instanziierungen in unterschiedlichen Übersetzungseinheiten zu melden. Damit können kluge Implementierungen redundante Instanziierungen ignorieren und somit Probleme vermeiden, die durch die Erstellung von Programmen mit Bibliotheken, die explizite Instanziierungen verwenden, verursacht werden (§C.13.7). Implementierungen müssen aber nicht so klug sein. Anwender von »weniger klugen« Implementierungen müssen mehrfache Instanziierungen vermeiden. Das schlimmste, was passieren kann, ist allerdings, daß das Programmm nicht geladen wird. Eine stillschweigende Änderung der Bedeutung ist nicht möglich.

Die Sprache verlangt nicht, daß ein Anwender explizite Instanziierungen vornimmt. Explizite Instanziierungen sind ein optionaler Mechanismus zur Optimierung und manuellen Kontrolle des Prozesses beim Kompilieren und Linken (§C.13.7).

C.14   Ratschläge

1. Man sollte sich auf die Softwareentwicklung und nicht auf technische Details konzentrieren; §C.1.
2. Die Einhaltung des Standards garantiert keine Portabilität; §C.2.
3. Vermeiden Sie undefiniertes Verhalten (inklusive proprietäre Erweiterungen); §C.2.
4. Lokalisieren Sie implementierungsspezifisches Verhalten; §C.2.
5. Verwenden Sie Schlüsselworte und Digraphen zur Darstellung von Programmen auf Systemen, auf denen { } [ ] | ! fehlen, und Trigraphen, falls \ fehlt; §C.3.1.
6. Zur Erleichterung der Kommunikation sollte man zur Darstellung von Programmen ANSI–Zeichen verwenden; §C.3.3.
7. Ziehen Sie symbolische Escape–Zeichen der numerischen Darstellung von Zeichen vor; §C.3.2.
8. Bauen Sie nicht darauf, daß char vorzeichenfrei bzw. vorzeichenbehaftet ist; §C.3.4.
9. Verwenden Sie Suffixe, falls Zweifel am Datentyp eines ganzzahligen Literals bestehen; §C.4.
10. Vermeiden Sie implizite Umwandlungen, die den Wert zerstören; §C.6.
11. Ziehen Sie vector Feldern vor; §C.7.
12. Vermeiden Sie Varianten (unions); §C.8.2.
13. Verwenden Sie Bitfelder zur Darstellung von außen vorgegebenen Layouts; §C.8.1.
14. Beachten Sie die Nachteile unterschiedlicher Stile der Speicherverwaltung; §C.9.
15. »Verschmutzen« Sie nicht den globalen Namensbereich; §C.10.1.
16. Ziehen Sie Namensbereiche Klassen vor, wenn ein Gültigkeitsbereich (Modul) und kein Datentyp benötigt wird; §C.10.3.
17. Denken Sie daran, statische Elemente von Template-Klassen auch zu definieren; §C.13.1.

18. Verwenden Sie `typename`, um Typelemente eines Template–Parameters eindeutig zu kennzeichnen; §C.13.5.

19. Verwenden Sie `template`, um Elemente von Template–Klassen eindeutig zu kennzeichnen, wenn eine explizite Qualifizierung eines Template–Arguments notwendig ist; §C.13.6.

20. Schreiben Sie Template–Definitionen mit möglichst wenig Abhängigkeiten von der Umgebung der Instanziierung; §C.13.8.

21. Ziehen Sie explizite Template–Instanziierungen in Betracht, falls Instanziierungen zu lange dauern; §C.13.10.

22. Ziehen Sie explizite Template–Instanziierungen in Betracht, falls die Reihenfolge der Kompilierungen perfekt vorhersagbar sein soll; §C.13.10.

Locales

D

When in Rome,
do as the Romans do.
– Sprichwort

D.1 Die Behandlung kultureller Unterschiede

Ein *Locale* ist ein Objekt, das eine Menge kulturabhängiger Eigenheiten darstellt. Es legt fest, wie z.B. Strings verglichen werden, in welcher Form Zahlen als lesbare Ausgabe erscheinen und wie Buchstaben im externen Speicher dargestellt werden. Der Begriff Locale ist erweiterbar, so daß ein Programmierer neue *Facetten* zu einem locale hinzufügen kann, um locale–spezifische Entitäten darzustellen, die nicht direkt von der Standardbibliothek unterstützt werden, z.B. Postleitzahlen und Telefonnummern. In der Standardbibliothek werden locales hauptsächlich benutzt, um die Erscheinungsform von Informationen zu kontrollieren, die an einen ostream gegeben werden, oder um das Format zu beeinflussen, das ein istream akzeptiert.

In Abschnitt §21.7 wird beschrieben, wie ein locale für einen Stream geändert werden kann. Dieser Anhang hier beschreibt, wie ein locale aus facets konstruiert wird, und erklärt den Mechanismus, mit dem ein Locale seinen Stream beeinflußt. Er beschreibt außerdem, wie facets definiert werden, listet die Standard–facets auf, die spezifische Stream–Eigenschaften definieren, und präsentiert Techniken zum Implementieren und Benutzen von locales und facets. Die Möglichkeiten der Standardbibliothek zur Darstellung von Datum und Uhrzeit werden als Teil der Darstellung der Datumsein-/ausgabe behandelt.

Die Beschreibung von Locales und Facetten ist wie folgt organisiert:

§D.1 führt die grundlegenden Konzepte zur Darstellung kultureller Unterschiede mittels Locales ein.

§D.2 beschreibt die Klasse locale.

§D.3 beschreibt die Klasse facet.

§D.4 gibt einen Überblick über die Standard–facets und beschreibt die jeweiligen Details:

  §D.4.1 String–Vergleich

  §D.4.2 Ein- und Ausgabe von numerischen Werten

  §D.4.3 Ein- und Ausgabe von Währungsbeträgen

  §D.4.4 Ein- und Ausgabe von Datums- und Zeitangaben

  §D.4.5 Zeichenklassifizierung

  §D.4.6 Zeichencodeumwandlung

  §D.4.7 Meldungen

Das Konzept eines Locales stammt nicht ursprünglich aus C++. Fast alle Betriebssysteme und Anwendungsumgebungen benutzen in irgendeiner Form Locales. Solch ein Konzept wird im Grunde von allen Programmen eines Systems benutzt, unabhängig davon, in welcher Programmiersprache sie geschrieben wurden. Daher kann der Begriff Locale aus der C++–Standardbibliothek als ein standardisierter und portabler Weg für C++–Programme angesehen werden, um auf Informationen zuzugreifen, die auf verschiedenen Systemen sehr unterschiedlich repräsentiert werden. Unter anderem ist ein C++–`locale` eine allgemeine Schnittstelle zu Systeminformationen, die auf verschiedenen Systemen auf inkompatible Weise repräsentiert werden.

D.1.1   Die Programmierung kultureller Unterschiede

Betrachten wir das Schreiben eines Programms, das in verschiedenen Ländern genutzt werden soll. Man bezeichnet den Programmierstil, der das erlaubt, oft auch als »Internationalisierung« (um die Nutzungsmöglichkeit des Programms in vielen Ländern zu betonen) oder als »Lokalisierung« (um die Anpassungsmöglichkeit des Programms an lokale Eigenheiten zu betonen). Viele der Entitäten, mit denen das Programm arbeitet, werden üblicherweise in den Ländern unterschiedlich dargestellt. Wir können diese Darstellung erreichen, indem wir Ein-/Ausgabefunktionen schreiben, die diese Eigenheiten berücksichtigen. Beispiel:

```
void datumAusgeben(const Datum& d)      // Im passenden Format ausgeben
{
    switch(woBinIch) {      // Benutzerdefinierter Stil-Indikator
    case DK:                // z.B. 7. marts 1999
        cout << d.tag() << ". " << dk_monat[d.monat()] << " " << d.jahr();
        break;
    case UK:                // z.B. 7 / 3 / 1999
        cout << d.tag() << " / " << d.monat() << " / " << d.jahr();
        break;
    case US:                // z.B. 3/7/1999
        cout << d.monat() << "/" << d.tag() << "/" << d.jahr();
        break;
    // ...
    }
}
```

Diese Art von Programm tut das Gewünschte. Allerdings ist es äußerst häßlich, und wir müssen diesen Stil konsequent durchhalten, um sicherzustellen, daß alle Ausgaben an die lokalen Konventionen richtig angepaßt sind. Schlecht an dieser Lösung ist die Tatsache, daß wir den Programmcode anpassen müssen, falls wir eine weitere Form der Datumsausgabe hinzufügen wollen. Zur Lösung dieses Problems könnte man eine Klassenhierarchie (§12.2.4) bilden. Jedoch ist die Information in einem `Datum` unabhängig davon, auf welche Art und Weise wir sie betrachten wollen. Folgerichtig wollen wir keine Hierarchie von `Datum`–Typen, wie z.B. `US_datum`, `UK_datum` und `JP_datum`. Statt dessen möchten wir eine Menge von unterschiedlichen Darstellungsformen für `Datum` haben, z.B. US–Ausgabestil, UK–Ausgabestil und Japan–Ausgabestil; siehe §D.4.4.5.

Der Ansatz »Überlasse dem Programmierer das Schreiben der Ausgabefunktionen, die die kulturellen Unterschiede berücksichtigen« birgt noch weitere Probleme:

1. Ein Anwendungsprogrammierer kann nicht ohne Hilfe der Standardbibliothek einfach, portabel und effizient das Erscheinungsbild von eingebauten Typen ändern.

2. Das Auffinden aller Ein-/Ausgabeoperationen (und aller Operationen, die Daten für eine Ein-/Ausgabe lokalisierungsspezifisch aufbereiten) ist in großen Programmen nicht immer durchführbar.

3. Manchmal können wir ein Programm nicht umschreiben, um eine neue Konvention zu berücksichtigen — und auch, wenn wir es könnten, zögen wir eine Lösung vor, die ein Neuschreiben nicht nötig macht.

4. Es ist verschwenderisch, wenn man jeden Programmierer eine eigene Lösung für die Probleme mit den unterschiedlichen kulturellen Konventionen entwerfen und implementieren läßt.

5. Verschiedene Programmierer behandeln einfache kulturelle Vorlieben auf unterschiedliche Weise, so daß Programme, die die gleichen Informationen bearbeiten, sich aus nicht-fundamentalen Gründen unterscheiden. So müssen Programmierer, die Code aus vielen verschiedenen Quellen warten, eine Vielzahl an Programmierkonventionen lernen. Das ist lästig und fehleranfällig.

Deshalb bietet die Standardbibliothek eine erweiterbare Lösung, um kulturelle Konventionen zu behandeln. Die `iostreams`–Bibliothek (§21.7) baut hierauf auf, um sowohl eingebaute als auch benutzerdefinierte Typen zu behandeln. Als Beispiel betrachten wir eine einfache Schleife, die Paare der Form (`Datum`, `double`) kopiert, welche eine Folge von Meßwerten oder eine Menge von Transaktionen darstellen könnten:

```
void kopiere(istream& is, ostream& os)   // Kopiere den Stream (Datum, double)
{
    Datum d;
    double menge;

    while (is >> d >> menge) os << d << ' '<< menge << ';
}
```

Natürlich würde ein richtiges Programm irgend etwas mit den Daten machen und idealerweise ein bißchen vorsichtiger hinsichtlich der Fehlerbehandlung sein.

Wie können wir dieses Programm dazu bringen, eine Datei zu lesen, die sich an die französischen Konventionen hält (wobei ein Komma als Zeichen zur Darstellung des Dezimalpunkts in Gleitkommazahlen benutzt wird, z.B. bedeutet 12,5 zwölf und einhalb), und eine Datei nach amerikanischer Konvention zu schreiben? Wir können `locales` und Ein-/Ausgabeoperationen schreiben, so daß `kopiere()` für die Konvertierung zwischen den Konventionen benutzt werden kann:

```
void f(istream& fin, ostream& fout, istream& fin2, ostream& fout2)
{
    fin.imbue(locale("en_US"));     // Amerikanisches Englisch
    fout.imbue(locale("fr"));       // Französisch
    kopiere(fin,fout);              // Lies amerikanisches Englisch, schreibe Französisch

    fin2.imbue(locale("fr"));       // Französisch
    fout2.imbue(locale("en_US"));   // Amerikanisches Englisch
    kopiere(fin2,fout2);            // Lies französisch, schreibe amerikanisches Englisch
}
```

Aus den folgenden Streams

```
Apr 12, 1999    1000.3
Apr 13, 1999    345.45
Apr 14, 1999    9688.321
```

```
    ...
    3 juillet 1950   10,3
    3 juillet 1951   134,45
    3 juillet 1952   67,9
    ...
```

erzeugt das Programm folgende Ausgabe:

```
    12 avril 1999 1000,3
    13 avril 1999 345,45
    14 avril 1999 9688,321
    ...

    July 3, 1950 10.3
    July 3, 1951 134.45
    July 3, 1952 67.9
    ...
```

Ein Großteil des Rests dieses Anhangs befaßt sich mit der Beschreibung der Mechanismen, die dieses ermöglichen, und mit der Erläuterung, wie sie benutzt werden. Die meisten Programmierer haben wenig Anlaß, sich mit den Details von locales zu befassen. Viele Programmierer werden niemals explizit ein locale manipulieren, und diejenigen, die es doch tun, werden meist ein Standard–locale wiederverwenden und einen Stream mittels imbue() damit verändern (§21.7). Gleichwohl bilden die zur Verfügung gestellten Mechanismen, um solche locales aufzubauen und einfach benutzen zu können, eine kleine Programmiersprache für sich.

Wenn ein Programm oder System erfolgreich ist, wird es von Anwendern benutzt, deren Anforderungen und Vorlieben die ursprünglichen Designer und Programmierer nicht vorhersehen konnten. Die meisten erfolgreichen Programme laufen in Ländern, wo die (natürlichen) Sprachen und die Zeichensätze sich von denen unterscheiden, mit denen die ursprünglichen Designer und Programmierer vertraut sind.

Der breite Einsatz eines Programms ist ein Erfolgskennzeichen. Somit besteht die beste Vorbereitung auf Erfolg darin, das Design und die Programmierung auf Portabilität über sprachliche und kulturelle Grenzen hinweg auszurichten.

Das Konzept der Lokalisierung (Internationalisierung) ist einfach. Jedoch machen die praktischen Zwänge das Design und die Implementierung eines locales durchaus knifflig:

1. Ein locale kapselt die kulturellen Konventionen wie z.B. die Darstellungsform eines Datums. Solche Konventionen variieren vielfältig auf spitzfindige und unsystematische Art und Weise. Diese Konventionen haben nichts mit Programmiersprachen zu tun, deshalb kann eine Programmiersprache sie nicht standardisieren.

2. Das Konzept eines locales muß erweiterbar sein, weil es nicht möglich ist, jede kulturelle Konvention zu spezifizieren, die für alle C++–Programmierer wichtig ist.

3. Ein locale wird in Ein-/Ausgabeoperationen benutzt, von denen Laufzeiteffizienz gefordert wird.

4. Ein locale muß für die Mehrheit der Programmierer unsichtbar sein. Sie wollen davon profitieren, daß die Ein-/Ausgabe mittels Streams »schon das richtige macht«, ohne genau zu wissen, was das ist und wie es erreicht wird.

5. Ein locale muß für Designer zugänglich sein, die Dienste zur Bearbeitung kulturabhängiger Informationen entwickeln, die über den Bereich der I/O-Stream–Bibliothek hinausgehen.

Beim Design eines Programms, das Ein-/Ausgabeoperationen durchführt, muß man sich entscheiden, ob die Formatierung durch »gewöhnlichen Code« oder durch die Nutzung von locales gesteuert wird. Der vorhergehende (traditionelle) Ansatz ist dort durchführbar, wo wir sicherstellen können, daß jede Eingabeoperation einfach von einer Konvention auf die andere umgestellt werden kann. Wenn jedoch die Erscheinungsform von eingebauten Typen variieren muß, wenn verschiedene Zeichensätze benötigt werden oder wenn wir aus einer erweiterbaren Menge von Ein-/Ausgabekonventionen auswählen müssen, dann wird der locale–Mechanismus allmählich attraktiv.

Ein locale wird aus facets zusammengesetzt, die individuelle Aspekte kontrollieren, wie z.B. welches Zeichen als Punkt in der Ausgabe eines Gleitkommawertes (decimal_point(); §D.4.2) oder welches Format zum Lesen eines Geldbetrags (moneypunct(); §D.4.3) benutzt wird. Ein facet ist ein Objekt einer Klasse, die von der Klasse locale::facet (§D.3) abgeleitet ist. Man kann sich ein locale als einen Container für facets vorstellen (§D.2, §D.3.1).

D.2 Die Klasse locale

Die Klasse locale und die dazugehörenden Möglichkeiten werden in <locale> präsentiert:

```
class std::locale {
public:
    class facet;            // Typ, um Aspekte eines Locales zu repräsentieren; §D.3
    class id;               // Typ, um ein Locale zu identifizieren; §D.3
    typedef int category;  // Typ, um Facetten zu gruppieren/kategorisieren

    static const category  // Die aktuellen Werte sind implementierungsabhängig
        none = 0,
        collate = 1,
        ctype = 1<<1,
        monetary = 1<<2,
        numeric = 1<<3,
        time = 1<<4,
        messages = 1<<5,
        all = collate | ctype | monetary | numeric | time | messages;

    locale() throw();               // Kopie des globalen Locales (§D.2.1)
    locale(const locale& x) throw(); // Kopie von x
    explicit locale(const char* p);  // Kopie des Locales mit dem Namen p (§D.2.1)

    ~locale() throw();

    locale(const locale& x, const char* p, category c);
                        // Kopie von x plus die Facetten aus der Kategorie c von p
    locale(const locale& x, const locale& y, category c);
                        // Kopie von x plus die Facetten aus der Kategorie c von y

    template <class Facet> locale(const locale& x, Facet* f);
                        // Kopie von x plus die Facette f
    template <class Facet> locale combine(const locale& x);
                        // Kopie von *this plus Facet von x
```

```
    const locale& operator=(const locale& x) throw();

    bool operator==(const locale&) const;    // Vergleicht Locales
    bool operator!=(const locale&) const;

    string name() const;                     // Name dieses Locales (§D.2.1)

    template <class Ch, class Tr, class A>   // Vergleicht Strings mit Hilfe dieses Locales
    bool operator()(const basic_string<Ch,Tr,A>&,
                    const basic_string<Ch,Tr,A>&) const;

    static locale global(const locale&);     // Setzt das globale Locale und liefert
                                             // das alte globale Locale
    static const locale& classic();          // Liefert das »klassische« C-Locale
private:
    // Repräsentation
};
```

Ein `locale` kann man sich als eine Schnittstelle zu einer `map<id, facet*>` vorstellen. Damit können wir ein `locale::id` benutzen, um ein entsprechendes Objekt einer von `locale::facet` abgeleiteten Klasse zu finden. Die tatsächliche Implementierung von `locale` ist eine effiziente Variante dieser Idee. Der Entwurf könnte ungefähr wie folgt aussehen:

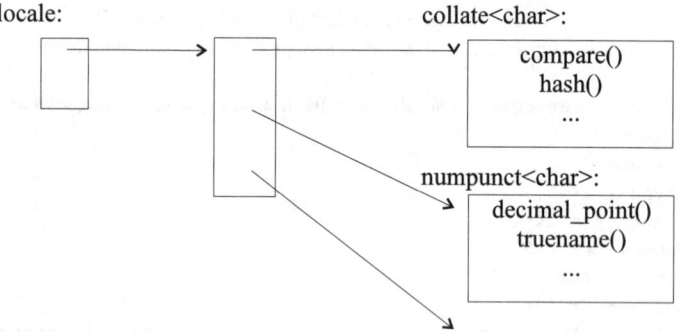

Hier sind `collate<char>` und `numpunct<char>` Facetten aus der Standardbibliothek (§D.4). Wie alle Facetten sind sie von `locale::facet` abgeleitet.

Ein `locale` soll uneingeschränkt und ohne Aufwand zu kopieren sein. Deshalb wird ein `locale` fast immer als ein Handle auf eine spezialisierte `map<id, facet*>` implementiert, die den Hauptteil seiner Implementierung bildet. Auf die `facets` in einem `locale` muß man schnell zugreifen können. Deshalb wird die spezialisierte `map<id, facet*>` so optimiert, daß sie einen ähnlich schnellen Zugriff wie auf ein Feld bietet. Auf die `facets` eines `locales` wird mittels `use_facet<Facet>(loc)` zugegriffen; siehe §D.3.1.

Die Standardbibliothek stellt eine große Menge an `facets` bereit. Um dem Programmierer zu helfen, `facets` in logischen Gruppen zu behandeln, sind die Standard-`facets` in Kategorien angeordnet, wie z.B. `numeric` und `collate` (§D.4).

Ein Programmierer kann `facets` aus existierenden Kategorien ersetzen (§D.4, §D.4.2.1). Jedoch ist es nicht möglich, neue Kategorien hinzuzufügen; es gibt für einen Programmierer keine Möglichkeit, eine neue Kategorie zu definieren. Der Begriff »Kategorie« bezieht sich nur auf Facetten der Standardbibliothek und ist nicht ausdehnbar. Daher muß eine Facette nicht unbedingt zu einer Kategorie gehören, und viele benutzerdefinierte Facetten tun es auch nicht.

Das Hauptanwendungsgebiet von `locales` ist implizit die Stream–Ein-/Ausgabe. Jeder `istream` und `ostream` hat sein eigenes `locale`. Das `locale` eines Streams ist per Default das globale `locale` (§D.2.1) zum Zeitpunkt der Stream–Erzeugung. Das `locale` eines Streams kann durch die `imbue()`–Operation gesetzt werden. Mittels `getloc()` (§21.6.3) kann man eine Kopie vom `locale` eines Streams bekommen.

D.2.1 Benannte Locales

Ein `locale` wird aus einem anderen `locale` und aus `facets` konstruiert. Die einfachste Art, ein `locale` zu erstellen, besteht darin, ein bestehendes `locale` zu kopieren. Beispiel:

```
locale loc0;                        // Kopie des aktuellen globalen Locales (§D.2.3)

locale loc1 = locale();             // Kopie des aktuellen globalen Locales (§D.2.3)
locale loc2("");                    // Kopie des »vom Benutzer bevorzugten Locales«

locale loc3("C");                   // Kopie des C-Locales
locale loc4 = locale::classic();    // Kopie des C-Locales

locale loc5("POSIX");      // Kopie des durch die Implementierung definierten POSIX-Locales
```

Der Standard definiert die Bedeutung von `locale("C")` als die des »klassischen« C–Locales; dieses Locale wurde in diesem ganzen Buch verwendet. Andere `locale`–Namen sind implementierungsabhängig.

`locale("")` wird als das »vom Benutzer bevorzugte Locale« angesehen. Dieses Locale wird durch außersprachliche Mittel in der Laufzeitumgebung des Programms gesetzt.

Die meisten Betriebssysteme haben die Möglichkeit, ein Locale für ein Programm zu setzen. Häufig wird ein passendes Locale für eine bestimmte Person, die ein System benutzt, dann gewählt, wenn sie das erste Mal mit dem System zu tun hat. Beispielsweise würde ich erwarten, daß eine Person, die ein System konfiguriert, um argentinisches Spanisch zu benutzen, als Default–Einstellung für `locale("")` die Bedeutung von `locale("es_AR")` vorfindet. Eine schnelle Überprüfung auf einem meiner Systeme ergab 51 Locales mit Namen wie z.B. POSIX, de, en_UK, en_US, es, es_AR, fr, sv, da, pl und iso_8859_1. POSIX empfiehlt ein Format, das aus einem Sprachnamen in Kleinbuchstaben besteht, optional gefolgt von einem Ländernamen in Großbuchstaben, optional gefolgt von einer Codierungsangabe, z.B. `jp_JP.jit`. Jedoch sind solche Namen nicht über Plattformgrenzen hinweg standardisiert. Auf anderen Systemen fand ich neben vielen anderen Locale–Namen g, uk, us, s, fr, sw und da. Der C++–Standard definiert nicht die Bedeutung eines `locales` für ein bestimmtes Land oder eine bestimmte Sprache; es kann aber plattformspezifische Standards geben. Deshalb muß ein Programmierer die Systemdokumentation heranziehen und experimentieren, wenn er benannte `locales` in einem System benutzen will.

Allgemein ist es besser, wenn man auf die explizite Angabe von `locale`–Namen im Programmtext verzichtet. Die Erwähnung eines Dateinamens oder einer Systemkonstante im Programmtext begrenzt die Portabilität eines Programms. Programmierer, die ein Programm an eine neue Umgebung anpassen wollen, sind deshalb oft dazu gezwungen, solche Werte zu finden und anzupassen. Die Erwähnung eines `locale`–Namens hat ähnlich unschöne Auswirkungen. Statt dessen kann das Locale aus der Laufzeitumgebung des Programms geholt werden (z.B. mittels `locale("")`), oder das Programm erfragt von einem erfahrenen Benutzer alternative Locals durch Stringeingabe. Beispiel:

```
void benutzerSetztLocale(const string& anfrageString)
{
    cout << anfrageString;
        // z.B. »Wenn sie ein anderes Locale benutzen wollen, geben Sie bitte den Namen ein: «
    string s;
    cin >> s;
    locale::global(locale(s.c_str()));
        // Setzt das globale Locale gemäß der Angabe des Benutzers
}
```

Einen unerfahrenen Benutzer sollte man besser die Alternativen aus einer Liste auswählen lassen. Eine Prozedur dafür müßte allerdings wissen, wo und wie ein System seine Locales speichert.

Wenn das String–Argument nicht auf ein definiertes `locale` verweist, wirft der Konstruktor die `runtime_error`–Ausnahme (§14.10). Beispiel:

```
void setzeLocale(locale& loc, const char* name)
try
{
    loc = locale(name);
}
catch (runtime_error) {
    cerr << "locale \"" << name << "\" ist nicht definiert\n";
    // ...
}
```

Wenn ein `locale` einen Namen–String besitzt, wird er von `name()` geliefert. Wenn nicht, gibt `name()` `string("*")` zurück. Ein Namen–String wird in erster Linie dazu benutzt, um auf ein `locale` aus der Laufzeitumgebung zu verweisen. In zweiter Linie kann der Namen–String als Debug–Hilfe eingesetzt werden. Beispiel:

```
void localenamenAusgeben(const locale& meinLocale)
{
    cout << "Name des aktuellen globalen Locales: "
                            << locale().name() << "\n";
    cout << "Name des klassischen C-Locales: "
                            << locale::classic().name() << "\n";
    cout << "Name des >vom Benutzer bevorzugten< Locales: "
                            << locale("").name() << "\n";
    cout << "Name meines Locales: " << meinLocale.name() << "\n";
}
```

Der Vergleich von Locales mit identischen Namen–Strings, wobei es sich nicht um den Default `string("*")` handelt, ergibt Gleichheit. Jedoch bieten `==` und `!=` direktere Wege zum Vergleich von Locales.

Die Kopie eines `locales` mit einem Namen–String erhält den gleichen Namen wie das ursprüngliche `locale` (falls es einen Namen hat), so daß viele `locales` den gleichen Namen–String haben können. Das ist logisch, da `locales` nicht verändert werden können und somit alle diese Objekte dieselbe Menge an kulturellen Konventionen definieren.

Der Aufruf `locale(loc, "Foo", cat)` erzeugt ein Locale, das mit `loc` bis auf die Facetten gleich ist. Als Facetten bekommt es die aus der Kategorie `cat` von `locale("Foo")`. Das resultierende Locale besitzt einen Namen–String nur dann, wenn auch `loc` einen hat. Der Standard legt nicht genau fest, welchen Namen–String das neue Locale bekommt, aber er soll ein anderer sein als der von `loc`. Eine einleuchtende Implementierung könnte sein, den neuen String aus dem Namen–String von `loc` und `"Foo"` zusammenzusetzen. Ist z.B. der Namen–String von `loc` en_UK, könnte der Namen–String des neuen Locales `"en_UK:Foo"` lauten.

Die Namen–Strings für ein neu erzeugtes `locale` kann man wie folgt zusammenfassen:

Locale	Namen–String
`locale("Foo")`	`"Foo"`
`locale(loc)`	`loc.name()`
`locale(loc,"Foo",cat)`	Neuer Namen–String, falls `loc` einen Namen–String hat, sonst `string("*")`.
`locale(loc,loc2,cat)`	Neuer Namen–String, falls `loc` und `loc2` Namen–Strings haben, sonst `string("*")`.
`locale(loc,Facet)`	`string("*")`
`loc.combine(loc2)`	`string("*")`

Für einen Programmierer gibt es keine Möglichkeiten, einen C–String als Namen für ein neu erzeugtes `locale` in einem Programm anzugeben. Namen–Strings werden entweder in der Laufzeitumgebung eines Programms definiert oder aber durch Konstruktoren von `locales` als Kombinationen solcher Namen erzeugt.

D.2.1.1 Die Konstruktion neuer Locales

Ein neues Locale wird erstellt, indem man ein existierendes `locale` nimmt und dann `facets` hinzufügt oder ersetzt. Üblicherweise ist ein neues `locale` eine kleine Abwandlung eines existierenden. Beispiel:

```
void f(const locale& loc, const MeinGeldIO* mio)
                                            // MeinGeldIO wird in §D.4.3.1 definiert
{
    locale loc1(locale("POSIX"),loc,locale::monetary);
                                            // Benutze die Währungsfacetten von loc
    locale loc2 = locale(locale::classic(), mio);   // Das klassische Locale plus mio
    // ...
}
```

In diesem Beispiel ist `loc1` eine Kopie des POSIX–Locales mit der Änderung, daß die Währungsfacetten von `loc` benutzt werden (§D.4.3). In gleicher Weise ist `loc2` eine Kopie des C–Locales mit der Änderung, MeinGeldIO (§D.4.3.1) zu benutzen. Wenn ein `Facet*`–Argument (in diesem Falle MeinGeldIO) 0 ist, ist das resultierende `locale` einfach eine Kopie des `locale`–Arguments.

Beim Benutzen von

```
locale(const locale& x, Facet* f);
```

muß das Argument `f` einen speziellen Facettentyp haben. Ein einfaches `facet*` ist nicht ausreichend. Beispiel:

```
    void g(const locale::facet* mio1, const MeinGeldIO* mio2)
    {
        locale loc3 = locale(locale::classic(), mio1);
```
                                            // Fehler: Der Typ von facet ist unbekannt
```
        locale loc4 = locale(locale::classic(), mio2);
```
                                              // Ok: Der Typ von facet ist bekannt
```
        // ...
    }
```

Der Grund dafür ist, daß das `locale` den Typ des `Facet*`–Arguments benutzt, um den Typ der Facette zur Übersetzungszeit zu bestimmen. Insbesondere benutzt die Implementierung von `locale` einen Facettenidentifizierungstyp `facet::id` (§D.3), um die Facette im Locale zu finden (§D.3.1).

Man beachte, daß der Konstruktor

```
        template <class Facet> locale(const locale& x, Facet* f);
```

der einzige Mechanismus ist, den die Sprache dem Programmierer bietet, um ein `facet` einem `locale` zur Benutzung zu übergeben. Andere `locales` werden von Implementierungen als benannte Locales §D.2.1 zur Verfügung gestellt. Diese benannten Locales können aus der Laufzeitumgebung des Programms geholt werden. Ein Programmierer, der die dafür vorgesehenen implementierungsspezifischen Mechanismen versteht, könnte auf diesem Wege neue `locales` hinzufügen (§D.6–Ü11,12).

Die Menge der Konstruktoren für `locale` ist so entworfen, daß der Typ jedes `facets` bekannt ist. Das geschieht entweder durch die Typermittlung (des Template–Parameters `Facet`) oder weil es von einem anderen `locale` kommt (das seinen Typ kennt). Die Angabe eines `category`–Arguments spezifiziert den Typ der `facets` indirekt, weil das `locale` den Typ der `facets` in den Kategorien kennt. Das bedeutet auch, daß die Klasse `locale` die Typen der `facet`–Typen verfolgen kann (und es auch tut), so daß sie diese mit minimalem Aufwand handhaben kann.

Der Elementtyp `locale::id` wird von `locale` benutzt, um `facet`–Typen zu identifizieren (§D.3).

Manchmal ist es nützlich, ein `locale` zu konstruieren, das bis auf ein `facet` eine Kopie eines anderen `locales` ist. Dieses eine `facet` kann man von einem weiteren `locale` als Kopie bekommen. Die Template–Elementfunktion `combine()` erledigt das. Beispiel:

```
    void f(const locale& loc, const locale& loc2)
    {
        locale loc3 = loc.combine< MeinGeldIO >(loc2);
        // ...
    }
```

Das resultierende `loc3` verhält sich wie `loc`, bis auf die Formatierung der Währungsein-/ausgabe; dafür benutzt `loc3` eine Kopie des `MeinGeldIO` (§D.4.3.1) von `loc2`. Falls `loc2` kein `MeinGeldIO` zur Weitergabe an das neue `locale` besitzt, wirft `combine()` die Ausnahme `runtime_error` (§14.10). Das Ergebnis von `combine()` hat keinen Namen–String.

D.2.2   Das Kopieren und das Vergleichen von Locales

Ein `locale` kann durch Initialisierung und durch Zuweisung kopiert werden. Beispiel:

```
    void swap(locale& x, locale& y) // Genau wie std::swap()
    {
```

```
        locale temp = x;
        x = y;
        y = temp;
    }
```

Der Vergleich einer Kopie eines locales und seines Originals ergibt Gleichheit. Die Kopie ist jedoch ein unabhängiges und eigenständiges Objekt. Beispiel:

```
void f(locale* meinLocale)
{
    locale loc = locale::classic();  // "C"-Locale

    if (loc != locale::classic()) {
        cerr << "Implementierungsfehler: Sende Fehlermeldung an Hersteller\n";
        exit(1);
    }

    if (&loc != &locale::classic())
        cout << "Keine Überraschung: die Adressen sind unterschiedlich\n";

    locale loc2 = locale(loc,meinLocale,locale::numeric);

    if (loc == loc2) {
        cout << "Meine numeric-facets sind die gleichen wie bei classic().\n";
        // ...
    }

    // ...
}
```

Falls meinLocale eine Facette zur numerischen Interpunktion namens meinNumpunct<char> besitzt, die sich von classics standardmäßigem numpunct<char> unterscheidet, kann man die sich ergebenden locales wie folgt graphisch darstellen:

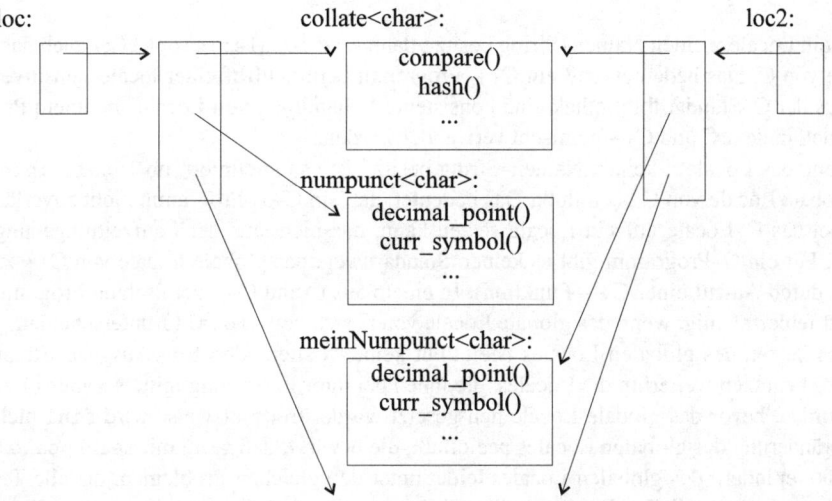

Es gibt keine Möglichkeit, ein `locale` zu verändern. Statt dessen bieten die `locale`–Operationen nur Wege, neue `locales` aus existierenden zu erstellen. Daß ein `locale` nach seiner Erzeugung nicht mehr verändert werden kann, ist eine unentbehrliche Tatsache im Hinblick auf die Laufzeiteffizienz. Damit kann ein Benutzer eines `locales` die Rückgabewerte virtueller `locale`–Funktionen in einem Cache zwischenspeichern. Beispielsweise kann ein `istream` wissen, mit welchen Zeichen ein Dezimalpunkt oder `true` dargestellt werden, ohne jedesmal beim Lesen einer Zahl `decimal_point()` oder beim Lesen eines `bool` (§D.4.2) `truename()` aufzurufen. Daß solche Aufrufe einen anderen als den zwischengespeicherten Wert zurückgeben, ist nur möglich, wenn `imbue()` für diesen Stream (§21.6.3) aufgerufen wird.

D.2.3 Die Locales `global()` und `classic()`

Der Begriff des gerade für ein Programm aktuellen Locales wird durch `locale` verwirklicht, das eine Kopie des aktuellen Locales liefert, und durch `locale::global(x)`, das das aktuelle Locale auf x setzt. Das aktuelle Locale wird allgemein als das »globale Locale« bezeichnet, um seine wahrscheinliche Implementierung als ein globales (oder `static`) Objekt zu unterstreichen.

Das globale Locale wird implizit benutzt, wenn ein Stream initialisiert wird. Das heißt, jeder neue Stream erhält mittels `imbue()` (§21.1, §21.6.3) eine Kopie von `locale()`. Zu Anfang ist das globale Locale das Standard–C–Locale `locale::classic()`.

Die statische Elementfunktion `locale::global()` erlaubt einem Programmierer die Angabe eines Locales, das als das globale Locale benutzt werden soll. Eine Kopie des vorherigen globalen Locales wird von `global()` zurückgegeben. Damit kann der Benutzer das alte globale Locale wieder herstellen. Beispiel:

```
void f(const locale& meinLocale)
{
    ifstream fin1(einName);          // fin1 arbeitet mit dem globalen Locale
    locale& altesGlobal = locale::global(meinLocale); // Setze neues globales Locale
    ifstream fin2(einAndererName);   // fin2 arbeitet mit meinLocale
    // ...
    locale::global(altesGlobal);     // Das alte globale Locale wird wieder hergestellt
}
```

Wenn ein Locale x einen Namen–String besitzt, dann setzt `locale::global(x)` auch das globale Locale von C. Das bedeutet, daß ein C++–Programm beim Aufruf einer locale–sensitiven Funktion aus der C–Standardbibliothek eine konsistente Behandlung von Locales in einem Programm vorfindet, in dem C und C++ gemischt verwendet werden.

Wenn das Locale x keinen Namen–String besitzt, ist es undefiniert, ob `locale::global(x)` das globale Locale von C beeinflußt. Das bedeutet, daß ein C++–Programm nicht zuverlässig und portabel das C–Locale auf ein Locale setzen kann, das nicht aus der Laufzeitumgebung geholt wurde. Für ein C–Programm gibt es keinen Standardweg, das globale Locale von C++ zu setzen (außer durch Aufruf einer C++–Funktion). In einem aus C und C++ gemischten Programm ist es äußerst fehlerträchtig, wenn das globale Locale von C sich von `global()` unterscheidet.

Das Setzen des globalen Locales beeinflußt keine existierenden Ein-/Ausgabe–Streams. Die Streams benutzen weiterhin die Locales, die ihnen bei ihrer Erzeugung mittels `imbue()` zugewiesen wurden, bevor das globale Locale neu gesetzt wurde. Beispielsweise wird `fin1` nicht durch die Veränderung des globalen Locales beeinflußt, die bewirkt, daß `fin2` mit `meinLocale` arbeitet.

Das Verändern des globalen Locales leidet unter den gleichen Problemen, die alle Techniken aufweisen, die mit globalen Daten arbeiten: Es ist nahezu unmöglich zu wissen, was die Änderung alles bewirkt. Deshalb ist es das Beste, die Benutzung von `global()` auf ein Minimum zu reduzieren und diese Änderungen auf ein paar Programmabschnitte zu beschränken, die eine einfache Änderungsstrategie befolgen. Die Fähigkeit, individuelle Streams mittels `imbue()` (§21.6.3) und spezieller Locales zu erzeugen, macht dies leichter. Zu viele explizite Benutzungen von `locales` und `facets`, die überall im Programm verstreut auftreten, können jedoch ebenfalls zu einem Wartungsproblem werden.

D.2.4 Das Vergleichen von Strings

Der Vergleich zweier Strings gemäß eines `locales` ist möglicherweise die am häufigsten vorkommende explizite Benutzung eines `locales`. Deshalb wird diese Operation direkt vom `locale` gestellt, so daß die Benutzer nicht ihre eigene Vergleichsfunktion mit Hilfe der `collate`–Facette erstellen müssen (§D.4.1). Um sie direkt als Prädikat nutzen zu können (§18.4.2), wird die Vergleichsfunktion als `operator() ()` von `locale` definiert. Beispiel:

```
void f(vector<string>& v, const locale& meinLocale)
{
    sort(v.begin(),v.end());                // Sortiert gemäß des globalen Locales
    //...
    sort(v.begin(),v.end(),meinLocale);     // Sortiert gemäß der Regeln von meinLocale
    //...
}
```

Als Default benutzt `sort()` aus der Standardbibliothek den Operator `<`, um für die numerischen Werte des Zeichensatzes der Implementierung die Sortierreihenfolge zu bestimmen (§18.7, §18.6.3.1).

Man beachte, daß `locales` `basic_strings` und nicht C–Strings vergleichen.

D.3 Facetten

Ein `facet` (eine Facette) ist ein Objekt einer Klasse, die von der Elementklasse `facet` von `locale` abgeleitet ist:

```
class std::locale::facet {
protected:
    explicit facet(size_t r = 0);    // "r==0": Das Locale kontrolliert die Lebensdauer
                                     // dieser Facette
    virtual ~facet();                // Beachte: Der Destruktor ist protected
private:
    facet(const facet&);             // Nicht definiert
    void operator=(const facet&);    // Nicht definiert

    // Repräsentation
};
```

Die Kopieroperationen sind `private` und werden undefiniert gelassen, um ein Kopieren zu verhindern (§11.2.2).

Die Klasse `facet` ist als Basisklasse entworfen worden und hat keine `public`–Funktionen. Ihr Konstruktor ist `protected`, um die Erzeugung von »einfachen« `facet`–Objekten zu verhindern.

Ihr Destruktor ist `virtual`, um sicherzustellen, daß Objekte abgeleiteter Klassen sauber zerstört werden.

Ein `facet` soll mittels Zeiger von `locales` gehandhabt werden. Das Argument 0 beim `facet`–Konstruktor bedeutet, daß das `locale` das `facet` löschen soll, wenn dessen letzte Referenz verschwunden ist. Umgekehrt stellt ein Konstruktorargument ungleich 0 sicher, daß das `locale` niemals das `facet` löscht. Das Argument ungleich 0 ist für den seltenen Fall vorgesehen, in dem die Lebensdauer eines `facets` direkt vom Programmierer und nicht indirekt durch ein Locale bestimmt wird. Beispielsweise könnten wir versuchen, wie folgt Objekte vom Standardfacettentyp `collate_byname<char>` (§D.4.1.1) zu erzeugen:

```
void f(const string& s1, const string& s2)
{
    // Der Normalfall: Das (Default-) Argument 0 bedeutet,
    // daß das Locale für das Löschen verantwortlich ist:
    collate<char>* p = new collate_byname<char>("pl");
    locale loc(locale(),p);

    // Der Ausnahmefall: Das Argument 1 bedeutet,
    // daß der Benutzer für das Löschen verantwortlich ist:
    collate<char>* q = new collate_byname<char>("ge",1);

    collate_byname<char> bug1("sw");     // Fehler: Kann die lokale Variable nicht zerstören
    collate_byname<char> bug2("no",1);   // Fehler: Kann die lokale Variable nicht zerstören

    // ...

    // q kann nicht gelöscht werden: Der Destruktor von collate_byname<char> ist protected
    // p nicht löschen; das Locale regelt das Löschen von *p
}
```

Das heißt: Standardfacetten sind nützlich, wenn sie von Locales gehandhabt werden, und als Basisklassen, aber nur selten auf andere Art und Weise.

Eine `_byname()`–Facette ist eine Facette von einem benannten Locale in der Laufzeitumgebung (§D.2.1).

Bei einem `facet`, das in einem `locale` mittels `has_facet()` und `use_facet()` (§D.3.1) gefunden werden soll, muß jede Art von Facette eine `id` haben:

```
class std::locale::id {
public:
    id();
private:
    id(const id&);              // Nicht definiert
    void operator=(const id&);  // Nicht definiert

    // Repräsentation
};
```

Die Kopieroperationen sind `private` deklariert und werden undefiniert gelassen, um das Kopieren zu verhindern (§11.2.2).

Der beabsichtigte Einsatz für `id` besteht darin, daß der Benutzer für jede Klasse, die eine neue `facet`–Schnittstelle bereitstellt, ein `static`–Element vom Typ `id` definiert (als Beispiel siehe

§D.4.1). Der locale–Mechanismus benutzt ids, um Facetten zu identifizieren (§D.2, §D.3.1). In der naheliegenden Implementierung eines locales wird id als Index in einen Vektor, der aus Zeigern auf Facetten besteht, benutzt, was gleichzeitig eine effiziente map<id,facet*>–Implementierung darstellt.

Daten, die gebraucht werden, um ein (abgeleitetes) facet zu definieren, werden in der abgeleiteten Klasse und nicht in der Basisklasse facet selbst definiert. Dadurch hat ein Programmierer, der ein facet definiert, die vollständige Kontrolle über die Daten und kann eine unumschränkte Menge an Daten benutzen, um das Konzept, das durch das facet repräsentiert wird, zu implementieren.

Man beachte, daß alle Elementfunktionen eines benutzerdefinierten facets const–Elemente sein sollten. Allgemein ist eine Facette als unveränderbar (§D.2.2) gedacht.

D.3.1 Der Zugriff auf Facetten in einem Locale

Auf Facetten in einem locale wird mit der Template–Funktion use_facet zugegriffen. Mit Hilfe der Template–Funktion has_facet läßt sich erfragen, ob ein locale über ein spezielles facet verfügt:

```
template <class Facet> bool has_facet(const locale&) throw();
template <class Facet> const Facet& use_facet(const locale&);
                                        // Kann bad_cast werfen
```

Man kann sich das so vorstellen, daß diese Template–Funktionen in ihrem locale–Argument nach ihrem Template–Parameter Facet suchen. Im Gegensatz dazu kann man sich use_facet als eine Art von expliziter Typkonvertierung (cast) von einem locale zu einem speziellen facet vorstellen. Dieses ist möglich, da ein locale immer nur ein facet von einem bestimmten Typ besitzen kann. Beispiel:

```
void f(const locale& meinLocale)
{
    char c = use_facet< numpunct<char> >(meinLocale).decimal_point()
                                        // Benutze die Standardfacette
    // ...

    if (has_facet<Encrypt>(meinLocale)) {    // Hat meinLocale eine Encrypt-Facette?
        const Encrypt& f = use_facet<Encrypt>(meinLocale);
                                        // Hole die Encrypt-Facette
        const Crypto c = f.get_crypto();     // Benutze die Encrypt-Facette
        // ...
    }
    // ...
}
```

Man beachte, daß use_facet eine Referenz auf eine const–Facette liefert, so daß wir das Ergebnis von use_facet nicht an ein Nicht–const zuweisen können. Das macht Sinn, da eine Facette nicht änderbar und ihre Elemente alle const sein sollen.

Wenn wir den Aufruf use_facet<X>(loc) versuchen und loc keine X–Facette besitzt, wirft use_facet() die Ausnahme bad_cast (§14.10). Für die Standard–facets ist es garantiert, daß sie in allen Locales vorhanden sind (§D.4), so daß wir has_facet nicht für Standardfacetten zu benutzen brauchen. Für Standardfacetten wird use_facet kein bad_cast werfen.

Wie könnten use_facet und has_facet implementiert sein? Wie Sie sich erinnern, kann man sich ein locale als eine map<id,facet*> vorstellen (§D.2). Mit einem facet–Typ als Facet–Template–Argument kann sich die Implementierung von has_facet und use_facet auf Facet::id beziehen und es benutzen, um die dazugehörende Facette zu finden. Eine sehr naive Implementierung von has_facet und use_facet könnte wie folgt aussehen:

```
// Pseudoimplementierung: Vorausgesetzt wird, daß ein locale eine map<id,facet*>
// mit dem Namen facet_map besitzt

template <class Facet> bool has_facet(const locale& loc) throw()
{
    const locale::facet* f = loc.facet_map[Facet::id];
    return f ? true : false;
}

template <class Facet> const Facet& use_facet(const locale& loc)
{
    const locale::facet* f = loc.facet_map[Facet::id];
    if (f) return static_cast<const Facet&>(*f);
    throw bad_cast();
}
```

Eine andere Möglichkeit, den facet::id–Mechanismus umzusetzen, besteht darin, ihn mittels Übersetzungszeit–Polymorphismus zu implementieren. Man kann einen dynamic_cast benutzen, um sehr ähnliche Ergebnisse zu bekommen, wie sie use_facet liefert. Jedoch kann das spezialisierte use_facet weit effizienter implementiert werden als das allgemeinere dynamic_cast.

Eine id identifiziert tatsächlich eine Schnittstelle und ein Verhalten und nicht nur eine Klasse. Das heißt: Wenn zwei Facettenklassen genau gleiche Schnittstellen besitzen und auch die gleiche Semantik implementieren (soweit es ein locale betrifft), sollten sie auch durch die gleiche id identifiziert werden. Beispielsweise sind collate<char> und collate_byname<char> in einem locale untereinander austauschbar, so daß beide durch collate<char>::id identifiziert werden (§D.4.1).

Wenn wir ein facet mit einer neuen Schnittstelle definieren — so wie Encrypt in f —, müssen wir zur Identifizierung auch eine entsprechende id definieren (siehe §D.3.2 und §D.4.1).

D.3.2   Eine einfache benutzerdefinierte Facette

Die Standardbibliothek stellt Standardfacetten bereit, um die kritischsten Bereiche der kulturellen Unterschiede, wie Zeichensätze und die Ein-/Ausgabe von Zahlen, abzudecken. Um den Facetten-mechanismus isoliert von verbreitet eingesetzten Typen mit ihrer Komplexität und den mit ihnen verbundenen Effizienzbelangen untersuchen zu können, möchte ich zuerst ein facet für einen einfachen benutzerdefinierten Typ vorstellen:

```
enum Jahreszeit{ fruehling, sommer, herbst, winter };
```

Dieses war so fast der einfachste benutzerdefinierte Typ, den ich mir ausdenken konnte. Der hier ausgeführte Ein-/Ausgabestil kann mit kleinen Veränderungen für die meisten einfachen benutzer-definierten Typen benutzt werden.

```
class JahreszeitIO : public locale::facet {
public:
```

```
    JahreszeitIO(int i = 0) : locale::facet(i) { }

    ~JahreszeitIO() { }          // Um JahreszeitIO-Objekte zerstören zu können (§D.3)

    virtual const string& to_str(Jahreszeit jz) const = 0;
                                 // Die Stringrepräsentation von jz

    // Schreibe die s entsprechende Jahreszeit in jz:
    virtual bool from_str(const string& s, Jahreszeit& jz) const = 0;

    static locale::id id;        // Facettenidentifizierungsobjekt (§D.2, §D.3, §D.3.1)
};


locale::id JahreszeitIO::id;     // Definiert das Identifizierungsobjekt
```

Zur Vereinfachung ist dieses facet darauf beschränkt, bei der Repräsentation char zu benutzen.

Die Klasse JahreszeitIO stellt eine allgemeine und abstrakte Schnittstelle für alle JahreszeitIO–Facetten dar. Um die Ein-/Ausgaberepräsentation einer Jahreszeit für ein besonderes Locale zu definieren, leiten wir eine Klasse von JahreszeitIO ab und definieren to_str() und from_str() entsprechend.

Die Ausgabe einer Jahreszeit ist einfach. Wenn der Stream eine JahreszeitIO–Facette besitzt, können wir sie benutzen, um den Wert in einen String zu konvertieren. Wenn nicht, können wir den int–Wert der Jahreszeit ausgeben:

```
ostream& operator<<(ostream& s, Jahreszeit x)
{
    const locale& loc = s.getloc();        // Hole Locale des Streams (§21.7.1)
    if (has_facet<JahreszeitIO>(loc))
        return s << use_facet<JahreszeitIO>(loc).to_str(x);
    return s << int(x);
}
```

Man beachte, daß dieser <<–Operator implementiert wird, indem << für andere Typen aufgerufen wird. Auf diese Art profitieren wir von der Einfachheit der Nutzung von << im Vergleich zum direkten Zugriff auf die Stream–Puffer von ostream, von der »Locale–Sensibilität« der <<–Operatoren und von ihrer vorhandenen Fehlerbehandlung. Standard–facets neigen dazu, direkt auf den Stream–Puffern zu operieren (§D.4.2.2, §D.4.2.3), um ein Maximum an Effizienz und Flexibilität zu erreichen. Für viele einfache benutzerdefinierte Typen besteht jedoch keine Notwendigkeit, auf die Abstraktionsstufe von streambuf hinabzusteigen.

Wie immer ist die Eingabe etwas komplizierter als die Ausgabe:

```
istream& operator>>(istream& s, Jahreszeit& x)
{
    const locale& loc = s.getloc();        // Hole Locale des Streams (§21.7.1)

    if (has_facet<JahreszeitIO>(loc)) {    // Lies die Textrepräsentation
        const JahreszeitIO& f = use_facet<JahreszeitIO>(loc);
        string buf;
        if (!(s>>buf && f.from_str(buf,x))) s.setstate(ios_base::failbit);
        return s;
    }
```

```
        int i;                  // Lies die numerische Repräsentation
        s >> i;
        x = Jahreszeit(i);
        return s;
    }
```

Die Fehlerbehandlung ist einfach und folgt dem Fehlerbehandlungsstil für eingebaute Typen. Das
heißt: Wenn der Eingabe–String keine Jahreszeit in Form des gewählten Locales repräsentiert,
wird der Stream in den failure–Zustand gesetzt. Wenn Ausnahmen zugelassen sind, hat dies zur
Folge, daß eine ios_bas::failure–Ausnahme geworfen wird (§21.3.6).

Hier folgt ein einfaches Testprogramm:

```
    int main()          // einfacher Test
    {
        Jahreszeit x;

        // Die Benutzung des Default-Locales (keine JahreszeitIO-Facette) impliziert
        // Integer-Ein-/Ausgabe:
        cin >> x;
        cout << x << endl;

        locale loc(locale(), new US_JahreszeitIO);
        cout.imbue(loc);        // Benutze Locale mit JahreszeitIO-Facette
        cin.imbue(loc);         // Benutze Locale mit JahreszeitIO-Facette

        cin >> x;
        cout << x << endl;
    }
```

Mit der Eingabe

```
    2
    summer
```

erzeugt das Programm folgende Ausgabe:

```
    2
    summer
```

Um das zu erreichen, müssen wir US_JahreszeitIO so definieren, daß es die Stringrepräsentationen der Jahreszeiten definiert und die JahreszeitIO–Funktionen überschreibt, die zwischen den
Stringrepräsentationen und den Enumeratoren konvertieren:

```
    class US_JahreszeitIO : public JahreszeitIO {
        static const string jahreszeiten[];
    public:
        const string& to_str(Jahreszeit) const;
        bool from_str(const string&, Jahreszeit&) const;

        // Beachte: Keine US_JahreszeitIO::id
    };

    const string US_JahreszeitIO::jahreszeiten[] =
                        { "spring", "summer", "fall", "winter" };
```

```
const string& US_JahreszeitIO::to_str(Jahreszeit jz) const
{
    if (jz<fruehling || winter<jz) {
        static const string ss = "no-such-season";
        return ss;
    }
    return jahreszeiten[jz];
}


bool US_JahreszeitIO::from_str(const string& s, Jahreszeit& jz) const
{
    const string* beg = &jahreszeiten[fruehling];
    const string* end = &jahreszeiten[winter]+1;
    const string* p = find(beg,end,s);        // §3.8.1, §18.5.2
    if (p==end) return false;
    jz = Jahreszeit(p-beg);
    return true;
}
```

Man beachte: US_JahreszeitIO ist einfach eine Implementierung der JahreszeitIO–Schnittstelle; deshalb habe ich keine id für US_JahreszeitIO definiert. Wenn wir wirklich ein US_JahreszeitIO wie ein JahreszeitIO benutzen wollen, dürfen wir US_JahreszeitIO keine eigene id geben. Operationen auf Locales wie has_facet (§D.3.1) bauen darauf auf, daß Facetten, die die gleichen Konzepte implementieren, auch durch die gleiche id identifiziert werden (§D.3).

Die einzige interessante Frage bei dieser Implementierung war, was zu tun ist, wenn eine ungültige Jahreszeit ausgegeben werden soll. Normalerweise sollte das nicht vorkommen. Jedoch ist es nicht ungewöhnlich, bei einem einfachen benutzerdefinierten Typ einen ungültigen Wert vorzufinden, so daß es realistisch ist, diese Möglichkeit zu berücksichtigen. Ich hätte eine Ausnahme werfen können, aber beim Umgang mit einfacher Ausgabe, die für menschliche Leser gedacht ist, ist es häufig nützlicher, eine »Ungültiger Wert«–Repräsentation für einen Wert zu erzeugen, der außerhalb des Wertebereichs liegt. Man beachte, daß bei der Eingabe die Fehlerbehandlungspolitik dem >>–Operator überlassen wird, wohingegen bei der Ausgabe die Facettenfunktion to_str() die Fehlerbehandlungspolitik implementiert. Dies wurde absichtlich gemacht, um die Entwurfsalternativen darzustellen. In einem »echten« Entwurf würden entweder die facet–Funktionen die Fehlerbehandlung sowohl für die Ein- als auch für die Ausgabe implementieren oder aber die Fehler an >> und << zur Behandlung melden.

Dieser Entwurf von JahreszeitIO beruht auf abgeleiteten Klassen, um die locale–spezifischen Strings zu unterstützen. Ein alternativer Entwurf könnte JahreszeitIO selbst diese Strings von einem locale–spezifischen Repository holen lassen (siehe §D.4.7). Die Möglichkeit, eine einzige JahreszeitIO–Klasse zu haben, an die die Jahreszeitenstrings als Konstruktorargumente übergeben werden, ist als Übung vorgesehen (§D.6–Ü2).

D.3.3 Die Einsatzgebiete von Locales und Facetten

Das Haupteinsatzgebiet von Locales sind innerhalb der Standardbibliothek die Ein-/Ausgabe–Streams. Jedoch ist der locale–Mechanismus ein allgemeiner und erweiterbarer Mechanismus, um kulturabhängige Informationen zu repräsentieren. Die messages–Facette (§D.4.7) ist ein Beispiel für eine Facette, die gar nichts mit Ein-/Ausgabe–Streams zu tun hat. Erweiterungen der `iostreams`–Bibliothek und sogar Ein-/Ausgabemöglichkeiten, die nicht auf Streams basieren, können Vorteile aus Locales ziehen. Auch ein Benutzer könnte Locales als einen geeigneten Weg benutzen, um unumschränkte kulturabhängige Informationen zu organisieren.

Wegen der Allgemeinheit des `locale/facet`–Mechanismus sind die Möglichkeiten für benutzerdefinierte `facets` unbegrenzt. Naheliegende Kandidaten für die Repräsentation als `facet` sind Datumsangaben, Zeitzonen, Telefonnummern, Sozialversicherungsnummern, Produktnummern, Temperaturen, allgemeine (Einheit/Wert)-Paare, Postleitzahlen, Kleidungsgrößen und ISBN–Nummern.

Wie jeden mächtigen Mechanismus sollte man auch `facets` nur mit Sorgfalt einsetzen. Daß etwas als ein `facet` repräsentiert werden kann, besagt noch nicht, daß das auch die beste Art der Repräsentation ist. Die Schlüsselfragen, die zu erwägen sind, wenn man eine Repräsentation für kulturelle Abhängigkeiten auswählt, lauten — wie immer —: Wie beeinflussen die verschiedenen Entscheidungen die Schwierigkeiten beim Schreiben des Codes, die Leichtigkeit beim Lesen des sich ergebenden Codes, die Wartbarkeit des resultierenden Programms und die Laufzeit- und Speicherplatzeffizienz der resultierenden Ein-/Ausgabeoperationen.

D.4   Standardfacetten

In `<locale>` stellt die Standardbibliothek die folgenden `facets` für das `classic()`–Locale bereit:

Standardfacetten (im `classic()`–Locale)			
	Kategorie	**Zweck**	**Facetten**
§D.4.1	`collate`	String–Vergleich	`collate<Ch>`
§D.4.2	`numeric`	numerische Ein-/Ausgabe	`numpunct<Ch>`
			`num_get<Ch>`
			`num_put<Ch>`
§D.4.3	`monetary`	Währungsein-/ausgabe	`moneypunct<Ch>`
			`moneypunct<Ch,true>`
			`money_get<Ch>`
			`money_put<Ch>`
§D.4.4	`time`	Zeitein-/ausgabe	`time_get<Ch>`
			`time_put<Ch>`
§D.4.5	`ctype`	Zeichenklassifizierung	`ctype<Ch>`
			`codecvt<Ch,char,mbstate_t>`
§D.4.7	`messages`	Meldungen	`messages<Ch>`

In dieser Tabelle wird Ch als Abkürzung für `char` oder `wchar_t` benutzt. Ein Benutzer, der die Standardein-/ausgabe mit einem anderen Zeichentyp X benötigt, muß geeignete Facettenversionen für X zur Verfügung stellen. Beispielsweise könnte `codecvt<X,char,mbstate_t>` (§D.4.6) benötigt werden, um die Konvertierungen zwischen X und `char` zu steuern. Der `mbstate_t`–Typ wird benutzt, um die Shift–Zustände einer Multibyte–Zeichen–Repräsentation zu repräsentieren (§D.4.6); `mbstate_t` wird in `<cwchar>` und in `<wchar.h>` definiert. Das Äquivalent zu `mbstate_t` für einen unumschränkten Zeichentyp X ist `char_traits<X>::state_type`.

Zusätzlich stellt die Standardbibliothek die folgenden `facets` in `<locale>` zur Verfügung:

Standardfacetten

	Kategorie	Zweck	Facetten
§D.4.1	collate	String–Vergleich	collate_byname<Ch>
§D.4.2	numeric	numerische Ein-/Ausgabe	numpunct_byname<Ch> num_get<C,In> num_put<C,Out>
§D.4.3	monetary	Währungsein-/ausgabe	moneypunct_byname<Ch,International> money_get<C,In> money_put<C,Out>
§D.4.4	time	Zeitein-/ausgabe	time_put_byname<Ch,Out>
§D.4.5	ctype	Zeichenklassifizierung	ctype_byname<Ch>
§D.4.7	messages	Meldungen	messages_byname<Ch>

Wenn eine Facette aus dieser Tabelle instanziiert wird, kann Ch char oder wchar_t sein; C kann irgendein Zeichentyp sein (§20.1). International kann true oder false sein; true bedeutet, daß eine vier Zeichen lange »internationale« Repräsentation eines Währungssymbols benutzt wird (§D.4.3.1). Der mbstate_t–Typ wird benutzt, um die Shift–Zustände einer Multibyte–Zeichen–Repräsentation darzustellen (§D.4.6); mbstate_t wird definiert in <cwchar> und in <wchar.h>.

In und Out sind Eingabe- bzw. Ausgabe–Iteratoren (§19.1, §19.2.1). Die Bereitstellung von _put- und _get–Facetten mit diesen Template–Argumenten ermöglicht es einem Programmierer, Facetten zu erstellen, die auf nicht standardmäßige Puffer zugreifen (§D.4.2.2). Puffer, die mit Ein-/Ausgabe–Streams verknüpft sind, sind Stream–Puffer, somit sind die dafür bereitgestellten Iteratoren ostreambuf_iterators (§19.2.6.1, §D.4.2.2). Folglich ist die Funktion failed() (§19.2.6.1) für die Fehlerbehandlung verfügbar.

Eine F_byname–Facette ist von der Facette F abgeleitet. F_byname verfügt über die identische Schnittstelle wie F, außer daß ein Konstruktor hinzugefügt wurde, der ein String–Argument besitzt, um ein locale zu benennen (siehe §D.4.1). Ein F_byname(name) stellt die gleiche Semantik bereit, wie sie für F in locale(name) definiert ist. Dahinter steht die Absicht, eine Version einer Standardfacette eines benannten locales (§D.2.1) aus der Laufzeitumgebung des Programms zu holen. Beispiel:

```
void f(vector<string>& v, const locale& loc)
{
    locale d1(loc,new collate_byname<char>("da"));
                    // Benutze dänischen String-Vergleich
    locale dk(d1,new ctype_byname<char>("da"));
                    // Benutze dänische Zeichenklassifizierung
    sort(v.begin(),v.end(),dk);
    //...
}
```

Dieses neue dk–Locale benutzt dänische Strings, behält jedoch die Default–Konventionen für Zahlen bei. Man beachte: Weil das zweite Argument des facets per Default 0 ist, verwaltet locale die Lebenszeit eines facets, das durch den Operator new (§D.3) erzeugt wurde.

Wie ein locale–Konstruktor, der String–Argumente verwendet, greifen die _byname–Konstruktoren auf die Laufzeitumgebung des Programms zu. Dadurch sind sie sehr langsam im Vergleich zu Konstruktoren, die nicht auf die Laufzeitumgebung zugreifen müssen. Es ist fast im-

mer schneller, ein Locale zu konstruieren und dann auf dessen Facetten zuzugreifen, als _byname–
Facetten an vielen Stellen im Programm zu benutzen. Somit ist es gewöhnlich ein gute Idee, eine
Facette einmal aus der Laufzeitumgebung zu lesen und dann ihre Kopie im Hauptspeicher wieder-
holt zu benutzen. Beispiel:

```
locale dk("da");  // Lies das dänische Locale (inkl. aller seiner Facetten) einmal,
                  // dann benutze, wo benötigt, das dk-Locale und seine Facetten

void f(vector<string>& v, const locale& loc)
{
    const collate<char>& col = use_facet< collate<char> >(dk);
    const collate<char>& ctyp = use_facet< ctype<char> >(dk);


    locale d1(loc,col);  // Benutze den dänischen String-Vergleich
    locale d2(d1,ctyp);  // Benutze die dänische Zeichenklassifizierung
                         // und den dänischen String-Vergleich


    sort(v.begin(),v.end(),d2);
    // ...
}
```

Das Konzept der Kategorien bietet einen einfacheren Weg, um Standardfacetten in Locales zu
handhaben. Beispielsweise können wir mit vorgegebenem dk–Locale ein Locale konstruieren, das
Strings gemäß den dänischen Regeln (Dänisch enthält im Vergleich zu Englisch drei Vokale mehr)
liest und vergleicht, aber die Syntax der Zahlen wie in C++ beibehält:

```
locale dk_us(locale::classic(),dk,collate|ctype);
                             // Dänische Buchstaben, amerikanische Zahlen
```

Die Vorstellung der einzelnen Standard–facets beeinhaltet weitere Beispiele für die facet–
Benutzung. Insbesondere zeigt Erörterung von collate (§D.4.1) viele der gemeinsamen struk-
turellen Aspekte von facets auf.

Man beachte, daß die Standard–facets häufig voneinander abhängen. Beispielsweise ist
num_put von numpunct abhängig. Nur wer detaillierte Kenntnisse über die einzelnen facets hat,
kann erfolgreich Facetten mischen und zusammenpassen oder neue Versionen zu den Standardfacetten hinzufügen. Mit anderen Worten: Über die einfachen Operationen hinaus, die in §21.7
erwähnt wurden, ist der locale–Mechanismus nicht dafür gedacht, direkt von Anfängern benutzt
zu werden.

Der Entwurf einer einzelnen Facette ist häufig unordentlich. Der Grund besteht teilweise darin, daß Facetten unordentliche kulturelle Konventionen widerspiegeln müssen, die außerhalb der
Kontrolle eines Bibliothekentwicklers liegen, und teilweise darin, daß die C++–Standardbibliothekseigenschaften weitgehendst kompatibel mit dem bleiben müssen, was die C–Standardbibliothek und die verschiedenen plattformspezifischen Standards bieten. Beispielsweise bietet POSIX
Locale–Eigenschaften, die zu ignorieren für einen Programmierer äußerst unklug wäre.

Andererseits ist das Gerüst, das Locales und Facetten bieten, sehr allgemein und flexibel. Ei-
ne Facette kann so entworfen werden, daß sie jegliche Form von Daten enthalten kann, und die
Facettenoperationen können jede gewünschte Operation auf diesen Daten bereitstellen. Wenn das
Verhalten einer neuen Facette durch Konventionen nicht übermäßig eingeschränkt ist, kann ihr
Entwurf einfach und sauber sein (§D.3.2).

D.4.1 Der String–Vergleich

Die Standard–collate–Facette ermöglicht es, Felder von Zeichen des Typs Ch zu vergleichen:

```
template <class Ch>
class std::collate : public locale::facet {
public:
    typedef Ch char_type;
    typedef basic_string<Ch> string_type;

    explicit collate(size_t r = 0);

    int compare(const Ch* b, const Ch* e, const Ch* b2, const Ch* e2) const
        { return do_compare(b,e,b2,e2); }

    long hash(const Ch* b, const Ch* e) const { return do_hash(b,e); }
    string_type transform(const Ch* b, const Ch* e) const
        { return do_transform(b,e); }

    static locale::id id;      // Facettenidentifizierungsobjekt (§D.2, §D.3, §D.3.1)

protected:
    ~collate();                 // Beachte: Der Destruktor ist protected

    virtual int do_compare(const Ch* b, const Ch* e,
                        const Ch* b2, const Ch* e2) const;
    virtual string_type do_transform(const Ch* b, const Ch* e) const;
    virtual long do_hash(const Ch* b, const Ch* e) const;
};
```

Wie alle Facetten ist collate öffentlich von facet abgeleitet und bietet einen Konstruktor, der ein Argument hat, mit dem gesteuert wird, ob die Klasse locale die Lebensdauer dieser Facette kontrolliert (§D.3). Man beachte, daß der Destruktor protected ist. Die collate–Facette ist nicht dafür gedacht, direkt benutzt zu werden. Vielmehr ist beabsichtigt, sie als Basisklasse für alle (abgeleiteten) collate–Klassen und für locale zur Handhabung (§D.3) einzusetzen. Anwendungsprogrammierer und Anbieter von Implementierungen und Bibliotheken werden ihre Facetten zum String–Vergleich so schreiben, daß sie zur Benutzung die Schnittstelle verwenden, die durch collate festgelegt wurde.

Die Funktion compare() erledigt den grundlegenden String–Vergleich gemäß den Regeln, die durch ein bestimmtes collate definiert wurden; sie liefert 1, wenn der erste String lexikographisch größer als der zweite ist, 0, wenn die Strings gleich sind, und -1, wenn der zweite String größer als der erste ist. Beispiel:

```
void f(const string& s1, const string& s2, collate<char>& cmp)
{
    const char* cs1 = s1.data();      // Weil compare() auf char[]s arbeitet
    const char* cs2 = s2.data();
    switch (cmp.compare(cs1,cs1+s1.size(),cs2,cs2+s2.size())) {
    case 0:         // Gleiche Strings gemäß cmp
        // ...
        break;
    case -1:        // s1 < s2
```

```
      // ...
      break;
   case 1:          // s1 > s2
      // ...
      break;
   }
}
```

Man beachte, daß die `collate`–Elementfunktionen Felder von `Chs` vergleichen und nicht `basic_strings` oder null–terminierte C–Strings. Insbesondere wird ein `Ch` mit dem numerischen Wert 0 wie ein gewöhnliches Zeichen und nicht wie ein Endekennzeichen behandelt. Außerdem unterscheidet sich `compare()` von `strcmp()` dadurch, daß es exakt die Werte –1, 0 und 1 zurückliefert statt einfach 0 und (willkürliche) negative oder positive Werte (§20.4.1).

`string` aus der Standardbibliothek ist nicht `locale`–sensitiv. Das heißt: Es vergleicht Strings gemäß den Regeln, die für den Zeichensatz der Implementation gelten (§C.2). Weiterhin bietet der Standard–`string` keine direkte Möglichkeit, Vergleichskriterien anzugeben (Kapitel 20). Um einen `locale`–sensitiven Vergleich durchzuführen, kann man das `compare()` von einem `collate` benutzen. Was die Notation betrifft, kann es günstiger sein, das `compare()` eines `collates` indirekt durch `operator()` von einem `locale` zu benutzen (§D.2.4). Beispiel:

```
void f(const string& s1, const string& s2, const char* n)
{
    bool b = s1 == s2;   // Vergleich, der die Zeichensatzwerte der Implementierung benutzt

    const char* cs1 = s1.data();                      // Weil compare() auf char[]s arbeitet
    const char* cs2 = s2.data();

    typedef collate<char> Col;

    const Col& glob = use_facet<Col>(locale());   // Aus dem aktuellen globalen Locale
    int i0 = glob.compare(cs1,cs1+s1.size(),cs2,cs2+s2.size());

    const Col& meinColl = use_facet<Col>(locale(""));
                                        // Aus dem von mir bevorzugtem Locale
    int i1 = meinColl.compare(cs1,cs1+s1.size(),cs2,cs2+s2.size());

    const Col& coll = use_facet<Col>(locale(n));   // Aus dem Locale mit Namen n
    int i2 = coll.compare(cs1,cs1+s1.size(),cs2,cs2+s2.size());

    int i3 = locale()(s1,s2);     // Vergleich mittels des aktuellen globalen Locales
    int i4 = locale("")(s1,s2);   // Vergleich mittels des von mir bevorzugten Locales
    int i5 = locale(n)(s1,s2);    // Vergleich mittels des Locales mit Namen n

    // ...
}
```

In diesem Fall gilt: `i0==i3`, `i1==i4` und `i2==i5`. Es ist nicht schwierig, sich Fälle vorzustellen, in denen `i2`, `i3` und `i4` unterschiedliche Werte haben. Man betrachte folgende Reihe von Wörtern aus einem deutschen Wörterbuch:

```
Dialekt, Diät, dich, dichten, Dichtung
```

Gemäß der Konvention werden (nur) Substantive mit großem Anfangsbuchstaben geschrieben, für die Sortierreihenfolge spielt die Groß-/Kleinschreibung jedoch keine Rolle.

Eine deutsche Sortierung, die auf Groß-/Kleinschreibung achtet, würde alle Wörter, die mit D anfangen, vor jenen mit d anordnen:

```
Dialekt, Diät, Dichtung, dich, dichten
```

Das ä (der Umlaut a) wird wie »eine Art a« behandelt, deshalb kommt es vor c. In den meisten allgemein gebräuchlichen Zeichensätzen ist jedoch der numerische Wert von ä größer als der numerische Wert von c. Folglich gilt int('c')<int('ä') und die einfache Default–Sortierung, die auf numerischen Werten basiert, liefert:

```
Dialekt, Dichtung, Diät, dich, dichten
```

Das Schreiben einer Vergleichsfunktion, die diese Reihe korrekt gemäß dem Wörterbuch sortiert, ist eine interessante Übung (§D.6–Ü3).

Die Funktion hash() berechnet einen Hash–Wert (§17.6.2.3). Offensichtlich kann dies nützlich sein, um eine Hash–Tabelle zu erstellen.

Die Funktion transform() liefert einen String, der, wenn er mit einem anderen String verglichen wird, das gleiche Ergebnis ergibt wie der Vergleich direkt mit dem Argument–String. Der Zweck von transform() besteht darin, Codeoptimierungen zu ermöglichen, wenn ein String mit vielen anderen verglichen werden muß. Das ist sinnvoll, wenn eine Suche von einem oder mehreren Strings in einer Menge von Strings implementiert werden soll.

Die öffentlichen Funktionen compare(), hash() und transform() werden durch Aufrufe der entsprechenden protected virtuellen Funktionen do_compare(), do_hash() und do_transform() implementiert. Diese »do_–Funktionen« können in abgeleiteten Klassen überschrieben werden. Diese Zwei-Funktionen-Strategie erlaubt es der Bibliotheksimplementierung, die die nicht-virtuellen Funktionen enthält, einiges an gemeinsamer Funktionalität für alle Aufrufe unabhängig davon bereitzustellen, was die vom Benutzer erstellten do_–Funktionen machen.

Die Benutzung von virtuellen Funktionen bewahrt das polymorphe Wesen des facets; sie kann jedoch kostenintensiv sein. Um übermäßige Funktionsaufrufe zu vermeiden, kann ein locale genau bestimmen, welches facet benutzt wird, und alle Werte, die es für eine effiziente Ausführung benötigen könnte, in einem Cache zwischenspeichern (§D.2.2).

Das statische Element id vom Typ locale::id wird benutzt, um ein facet zu identifizieren (§D.3). Die Standardfunktionen has_facet und use_facet beruhen auf der Entsprechung von ids und facets (§D.3.1). Zwei facets, die genau die gleiche Schnittstelle und die gleiche Semantik bereitstellen, sollten auch die gleiche id haben. Beispielsweise haben collate<char> und collate_byname<char> (§D.4.1.1) die gleiche id. Im Gegensatz dazu müssen zwei facets, die unterschiedliche Funktionen erledigen (soweit ein locale betroffen ist), auch unterschiedliche ids haben. Beispielsweise haben numpunct<char> und num_put<char> unterschiedliche ids (§D.4.2).

D.4.1.1 Collate mit Namen

Ein collate_byname ist eine Facette, die eine Version eines collates aus dem Locale bereitstellt, dessen Name als String–Argument dem Konstruktor übergeben wird.

```
template <class Ch>
class std::collate_byname : public collate<Ch> {
public:
    typedef basic_string<Ch> string_type;
```

```
      explicit collate_byname(const char*, size_t r = 0);
                                              // Erzeuge aus dem benannten Locale

      // Beachte: Keine id und keine neuen Funktionen

protected:
      ~collate_byname();                      // Beachte: Der Destruktor ist protected

      // Überschreiben der virtuellen Funktionen von collate<Ch>:

      int do_compare(const Ch* b, const Ch* e, const Ch* b2, const Ch* e2) const;
      string_type do_transform(const Ch* b, const Ch* e) const;
      long do_hash(const Ch* b, const Ch* e) const;
};
```

Folglich kann ein `collate_byname` benutzt werden, um ein `collate` aus einem Locale, das in der Laufzeitumgebung des Programms benannt ist, auszuwählen (§D.4). Ein offensichtlicher Weg, um Facetten in einer Laufzeitumgebung zu speichern, besteht darin, sie als Daten in einer Datei zu halten. Eine weniger flexible Alternative wäre es, eine Facette als Programmtext und Daten in einer _byname–Facette zu repräsentieren.

Die Klasse `collate_byname<char>` ist ein Beispiel für ein `facet`, das keine eigene `id` besitzt (D.3). In einem `locale` sind `collate_byname<Ch>` und `collate<Ch>` untereinander austauschbar. Ein `collate` und ein `collate_byname` für das gleiche Locale unterscheiden sich nur durch den zusätzlichen Konstruktor, der von `collate_byname` geboten wird, und durch die Semantik, die `collate_byname` dazu bietet.

Man beachte, daß der Destruktor von _byname `protected` ist. Dies hat zur Folge, daß ein _byname–Locale nicht als lokale Variable eingesetzt werden kann. Beispiel:

```
void f()
{
      collate_byname<char> meinColl("");  // Fehler: meinColl kann nicht zerstört werden
      // ...
}
```

Dies spiegelt die Ansicht wider, daß die Benutzung von Locales und Facetten etwas ist, daß auf einem ziemlich hohen Level in einem Programm geschehen sollte, um eine große Menge des Codes zu beeinflussen. Ein Beispiel ist das Setzen des globalen Locales (§D.2.3) oder das Beeinflussen eines Streams mittels `imbue()` (§21.6.3, §D.1). Wir können, wenn es nötig ist, eine Klasse mit einem öffentlichen Destruktor von einer _byname–Klasse ableiten und lokale Variablen von dieser Klasse erzeugen.

D.4.2 Die numerische Eingabe und Ausgabe

Die numerische Ausgabe wird von einer `num_put`–Facette erledigt, die in einen Stream–Puffer schreibt (§21.6.4). Umgekehrt wird die numerische Eingabe von einer `num_get`–Facette erledigt, die von einem Stream–Puffer liest. Das von `num_put` und `num_get` benutzte Format wird von einer »numerischen Interpunktions«–Facette namens `numpunct` definiert.

D.4.2.1 Die numerische Interpunktion

Die numpunct–Facette definiert das Ein-/Ausgabeformat für eingebaute Typen wie `bool`, `int` und `double`:

```
template <class Ch>
class std::numpunct : public locale::facet {
public:
    typedef Ch char_type;
    typedef basic_string<Ch> string_type;

    explicit numpunct(size_t r = 0);

    Ch decimal_point() const;      // '.' in classic()
    Ch thousands_sep() const;      // ',' in classic()
    string grouping() const;       // "" in classic(), bedeutet keine Gruppierung

    string_type truename() const;  // "true" in classic()
    string_type falsename() const; // "false" in classic()

    static locale::id id; // Facettenidentifizierungsobjekt (§D.2, §D.3, §D.3.1)

protected:
    ~numpunct();

    // Virtuelle »do_«-Funktionen für öffentliche Funktionen (siehe §D.4.1)
};
```

Die Zeichen des Strings, der von `grouping()` zurückgegeben wird, werden als eine Folge von kleinen Integer–Werten gedeutet. Jede dieser Zahlen gibt die Anzahl von Ziffern einer Gruppe an. Das Zeichen 0 spezifiziert die Anzahl der am weitesten rechts stehenden Gruppe (der niederwertigsten Ziffern); das Zeichen 1 spezifiziert die Anzahl für die Gruppe direkt links daneben usw. Folglich beschreibt `"\004\002\003"` eine Zahl wie z.B. 123-45-6789 (vorausgesetzt, '-' wurde als Trennzeichen benutzt). Wenn nötig wird die letzte Zahl in einem Gruppierungsmuster wiederholt benutzt, so daß `"\003"` äquivalent zu `"\003\003\003"` ist. Wie schon der Name für das Trennzeichen, nämlich `thousands_sep()`, zu erkennen gibt, besteht der Hauptnutzen des Gruppierens darin, große Integer besser lesbar zu gestalten. Die Funktionen `grouping()` und `thousands_sep()` definieren ein Format sowohl für die Eingabe als auch für die Ausgabe von Integern. Sie werden nicht für die Ein-/Ausgabe von Standardgleitkommazahlen benutzt. Folglich können wir nicht durch einfaches Definieren von `grouping()` und `thousands_sep()` erreichen, daß 1234567.89 als 1,234,567.89 ausgegeben wird.

Wir können durch Ableitung von `numpunct` einen neuen Interpunktionsstil definieren. Ich könnte beispielsweise die Facette `MeinPunct` definieren, um Integer–Werte zu schreiben, die Leerzeichen zum Gruppieren in Dreiergruppen benutzen, und um Gleitkommawerte auszugeben, die nach europäischem Stil ein Komma als »Dezimalpunkt« benutzen.

```
class MeinPunct : public std::numpunct<char> {
public:
    typedef char char_type;
    typedef string string_type;
```

```
    explicit MeinPunct(size_t r = 0) : numpunct<char>(r) { }

protected:
    char do_decimal_point() const { return ','; }   // Komma
    char do_thousands_sep() const { return ' '; }   // Leerzeichen
    string do_grouping() const { return "\003"; }   // 3er-Zifferngruppen
};

void f()
{
    cout << "Stil A: " << 12345678 << " *** "<< 1234567.8 << '\n';

    locale loc(locale(), new MeinPunct);
    cout.imbue(loc);
    cout << "Stil B: " << 12345678 << " *** "<< 1234567.8 << '\n';
}
```

Damit erhält man:

```
Stil A: 12345678 *** 1234567.8
Stil B: 12 345 678 *** 1234567,8
```

Man beachte, daß imbue() eine Kopie seines Arguments in seinem Stream speichert. Folglich kann sich ein Stream auch dann noch auf ein mittels imbue() erhaltenes Locale beziehen, nachdem die Originalkopie dieses Locales zerstört wurde. Wenn ein Ein-/Ausgabe–Stream sein Flag boolalpha gesetzt hat (§21.2.2, §21.4.1), werden die Strings, die von truename() und falsename() zurückgegeben werden, benutzt, um true bzw. false zu repräsentieren; ansonsten werden 1 bzw. 0 benutzt. Eine _byname–Version (§D.4, §D.4.1) von numpunct wird bereitgestellt:

```
template <class Ch>
class std::numpunct_byname : public numpunct<Ch> {/* ... */};
```

D.4.2.2 Die numerische Ausgabe

Beim Schreiben auf einen Stream–Puffer (§21.6.4) baut der ostream auf der Facette num_put auf:

```
template <class Ch, class Out = ostreambuf_iterator<Ch> >
class std::num_put : public locale::facet {
public:
    typedef Ch char_type;
    typedef Out iter_type;

    explicit num_put(size_t r = 0);

    // Setze den Wert »v« an die Pufferposition »b« im Stream »s«:
    Out put(Out b, ios_base& s, Ch fill, bool v) const;
    Out put(Out b, ios_base& s, Ch fill, long v) const;
    Out put(Out b, ios_base& s, Ch fill, unsigned long v) const;
    Out put(Out b, ios_base& s, Ch fill, double v) const;
    Out put(Out b, ios_base& s, Ch fill, long double v) const;
    Out put(Out b, ios_base& s, Ch fill, const void* v) const;
```

```
    static locale::id id;  // Facettenidentifizierungsobjekt (§D.2, §D.3, §D.3.1)

protected:
    ~num_put();

    // Virtuelle »do_«-Funktionen für öffentliche Funktionen (siehe §D.4.1)
};
```

Das Argument Out des Ausgabe–Iterators (§19.1, §19.2.1) gibt an, wo put() innerhalb des Stream–Puffers von ostream (§21.6.4) die Zeichen hinsetzen soll, die den numerischen Wert der Ausgabe repräsentieren. Der von put() zurückgelieferte Wert ist dieser Iterator, der auf den Platz direkt hinter dem zuletzt geschriebenen Zeichen positioniert ist.

Man beachte, daß die Default–Spezialisierung von num_put (diejenige, wo der für den Zeichenzugriff benutzte Iterator vom Typ ostreambuf_iterator<Ch> ist) Teil des Standard–Locales (§D.4) ist. Wer eine andere Spezialisierung benutzen möchte, muß sie selbst erstellen. Beispiel:

```
template<class Ch>
class String_numput : public
std::num_put<Ch,typename basic_string<Ch>::iterator> {
public:
    String_numput() : num_put<Ch,typename basic_string<Ch>::iterator>(1) { }
};

void f(int i, string& s, int pos)   // Formatiere i in s hinein, beginnend bei pos
{
    String_numput<char> f;
    ios_base& xxx = cout;           // Benutze die Formatierungsregeln von cout
    f.put(&s[pos],xxx,' ',i);       // Formatiere i in s hinein
}
```

Das Argument ios_base wird benutzt, um Informationen über den Formatierungszustand und das Locale zu bekommen. Wenn z.B. Auffüllen gewünscht ist, wird das fill–Zeichen benutzt, das vom Argument ios_base festgelegt ist. Normalerweise ist der Stream–Puffer, auf den mittels b geschrieben wird, der Puffer, der mit einem ostream verknüpft ist, für den s die Basis ist. Man beachte, daß ein ios_base kein einfach zu konstruierendes Objekt ist. Insbesondere kontrolliert es viele Aspekte des Formatierens, die konsistent sein müssen, um eine akzeptable Ausgabe zu erreichen. Folglich hat ios_base keinen öffentlichen Konstruktor (§21.3.3).

Eine put()–Funktion benutzt ebenso ihr Argument ios_base, um das locale() des Streams zu erhalten. Dieses locale wird benutzt, um die Interpunktion (§D.4.2.1), die alphabetische Repräsentation von Booleschen Werten und die Konvertierung zu Ch zu bestimmen. Unter der Annahme, daß s das ios_base–Argument von put() ist, könnten wir z.B. folgenden Code in einer put()–Funktion vorfinden:

```
const locale& loc = s.getloc();
//...
wchar_t w = use_facet< ctype<char> >(loc).widen(c); // Konvertierung von char in Ch
//...
string punkt = use_facet< numpunct<char> >(loc).decimal_point(); // Default: '.'
//...
string falsch = use_facet< numpunct<char> >(loc).falsename(); // Default: "false"
```

Eine Standardfacette wie `num_put<char>` wird normalerweise implizit durch eine Standardein-/ausgabe–Stream–Funktion benutzt. Folglich braucht ein Programmierer keine Kenntnisse darüber zu haben. Andererseits ist die Benutzung solcher Facetten durch Standardbibliotheksfunktionen interessant, weil dies zeigt, wie Ein-/Ausgabe–Streams funktionieren und wie Facetten benutzt werden können. Wie immer liefert die Standardbibliothek Beispiele für interessante Programmiertechniken.

Eine Implementierung von `ostream` könnte, indem sie `num_put` benutzt, folgendermaßen aussehen:

```
template<class Ch, class Tr>
ostream& std::basic_ostream<Ch,Tr>::operator<<(double d)
{
    sentry guard(*this);              // siehe §21.3.8
    if (!guard) return *this;

    try {
        if (use_facet< num_put<Ch> >(getloc()).
            put(*this,*this,fill(),d).failed())
                setstate(badbit);
    }
    catch (...) {
        handle_ioexception(*this);
    }
    return *this;
}
```

Hier passiert eine ganze Menge. Das `sentry` stellt sicher, daß alle Präfix- und Postfix-Operationen ausgeführt werden (§21.3.8). Wir erhalten das `locale` des `ostream`s, indem wir seine Elementfunktion `getloc()` aufrufen (§21.7). Mittels `use_facet` (§D.3.1) gewinnen wir `num_put` aus dem `locale`. Damit rufen wir die passende `put()`–Funktion auf, die die eigentliche Arbeit ausführt. Ein `ostreambuf_iterator` kann mit einem `ostream` konstruiert werden (§19.2.6), und ein `ostream` kann implizit in seine Basisklasse `ios_base` konvertiert werden (§21.2.1), so daß die ersten zwei Argumente von `put()` leicht bereitgestellt werden können.

Ein Aufruf der Funktion `put()` liefert ihr Ausgabe–Iterator–Argument zurück. Diesen Ausgabe–Iterator bekommt man von einem `basic_ostream`, somit ist er ein `ostreambuf_iterator`. Folglich ist `failed()` (§19.2.6.1) verfügbar, um auf Fehler zu prüfen und uns die Möglichkeit zu geben, den Stream–Zustand entsprechend zu setzen.

Ich habe `has_facet` nicht benutzt, weil für die Standardfacetten (§D.4) garantiert ist, daß sie in jedem Locale vorhanden sind. Falls gegen diese Garantie verstoßen wird, wird die Ausnahme `bad_cast` geworfen (§D.3.1).

Die Funktion `put()` ruft die virtuelle Funktion `do_put()` auf. Folglich kann benutzerdefinierter Code ausgeführt werden, und `operator<<()` muß darauf vorbereitet sein, Ausnahmen zu behandeln, die durch die überschriebene Funktion `do_put()` geworfen werden könnten. Außerdem könnte `num_put` für einige Zeichentypen nicht existieren, so daß `use_facet` die Ausnahme `std::bad_cast` (§D.3.1) werfen könnte. Das Verhalten eines `<<` ist für einen eingebauten Typ wie `double` durch den C++–Standard definiert. Folglich lautet die Frage nicht, was `handle_ioexception()` tun soll, sondern wie es die Vorgaben des Standards erfüllen kann. Wenn `badbit` im Ausnahmezustand dieses `ostream`s gesetzt ist (§21.3.6), wird die Ausnahme einfach weitergeworfen. Ansonsten wird eine Ausnahme durch Setzen des Stream–Zustandes und Weitermachen behandelt. In beiden Fällen muß `badbit` im Stream–Zustand gesetzt werden (§21.3.3):

```
template<class Ch, class Tr>
void handle_ioexception(std::basic_ostream<Ch,Tr>& s)
                                        // Aufgerufen vom Ausnahme-Handler
{
    if (s.exceptions()&ios_base::badbit) {
        try { s.setstate(ios_base::badbit); } catch(...) { }
        throw;                          // Weiterwerfen
    }
    s.setstate(ios_base::badbit);       // Könnte basic_ios::failure werfen
}
```

Der try–Block wird benötigt, weil `setstate()` die Ausnahme `basic_ios::failure` werfen könnte (§21.3.3, §21.3.6). Wenn jedoch `badbit` im Ausnahmezustand gesetzt ist, muß `operator<<()` die Ausnahme weiterwerfen, die den Aufruf von `handle_ioexception()` verursacht hat (und nicht einfach `basic_ios::failure` werfen).

`<<` für einen eingebauten Typ wie `double` muß durch direktes Schreiben auf einen Stream–Puffer implementiert werden. Wenn man `<<` für einen benutzerdefinierten Typ schreibt, kann man die sich ergebende Komplexität vermeiden, indem man die Ausgabe des benutzerdefinierten Typs mit Mitteln zur Ausgabe schon existierender Typen beschreibt (§D.3.2).

D.4.2.3 Die numerische Eingabe

Beim Lesen von einem Stream–Puffer (§21.6.4) baut der `istream` auf der Facette `num_get` auf:

```
template <class Ch, class In = istreambuf_iterator<Ch> >
class std::num_get : public locale::facet {
public:
    typedef Ch char_type;
    typedef In iter_type;

    explicit num_get(size_t r = 0);

    // Lies [b:e) nach v unter Benutzung der Formatierungsregeln in s,
    // Fehlermeldung durch Setzen von r:
    In get(In b, In e, ios_base& s, ios_base::iostate& r, bool& v) const;
    In get(In b, In e, ios_base& s, ios_base::iostate& r, long& v) const;
    In get(In b, In e, ios_base& s, ios_base::iostate& r,
                                        unsigned short& v) const;
    In get(In b, In e, ios_base& s, ios_base::iostate& r,
                                        unsigned int& v) const;
    In get(In b, In e, ios_base& s, ios_base::iostate& r,
                                        unsigned long& v) const;
    In get(In b, In e, ios_base& s, ios_base::iostate& r, float& v) const;
    In get(In b, In e, ios_base& s, ios_base::iostate& r, double& v) const;
    In get(In b, In e, ios_base& s, ios_base::iostate& r,
                                        long double& v) const;
    In get(In b, In e, ios_base& s, ios_base::iostate& r, void*& v) const;

    static locale::id id; // Facettenidentifizierungsobjekt (§D.2, §D.3, §D.3.1)


protected:
```

```
~num_get();
```

// Virtuelle »do_«-Funktionen für öffentliche Funktionen (siehe §D.4.1)
```
};
```

Im Grunde ist `num_get` genauso aufgebaut wie `num_put` (§D.4.2.2). Da es allerdings liest und nicht schreibt, benötigt `get()` ein Paar von Eingabe–Iteratoren, und das Argument, das das Ziel des Lesevorgangs bestimmt, ist eine Referenz. Die `iostate`–Variable r wird gesetzt, um den Zustand des Streams widerzuspiegeln. Wenn ein Wert des gewünschten Typs nicht gelesen werden kann, wird `failbit` in r gesetzt; ist das Ende der Eingabe erreicht, wird `eofbit` in r gesetzt. Ein Eingabeoperator wird r benutzen, um zu bestimmen, wie der Zustand seines Streams zu setzen ist. Wenn kein Fehler festgestellt wurde, wird der gelesene Wert an v zugewiesen; ansonsten bleibt v unverändert.

Eine Implementierung von `istream` könnte folgendermaßen aussehen:

```
template<class Ch, class Tr>
istream& std::basic_istream<Ch,Tr>::operator>>(double& d)
{
    sentry guard(*this);                      // siehe §21.3.8
    if (!guard) {
        setstate(failbit);
        return *this;
    }

    iostate state = 0;                        // good
    istreambuf_iterator<Ch> eos;
    double dd;

    try {
        use_facet< num_get<Ch> >(getloc()).get(*this,eos,state,dd);
    }
    catch (...) {
        handle_ioexception(*this);            // Siehe §D.4.2.2
        return *this;
    }
    if (state==0 || state==eofbit) d = dd; // Setze Wert nur, wenn get() erfolgreich war
    setstate(state);
    return *this;
}
```

Die für den `istream` zugelassenen Ausnahmen werden im Fehlerfall von `setstate()` geworfen (§21.3.6).

Indem wir ein `numpunct` wie `MeinPunct` aus §D.4.2 definieren, können wir beim Lesen eine nicht standardgemäße Interpunktion benutzen. Beispiel:

```
void f()
{
    cout << "Stil A: "
    int i1;
    double d1;
    cin >> i1 >> d1;    // Lies und benutze dabei das Standardformat »12345678«
```

```
        locale loc(locale::classic(),new MeinPunct);
        cin.imbue(loc);
        cout << "Stil B: "
        int i2;
        double d2;
        cin >> i1 >> d2;        // Lies und benutze dabei das Format »12 345 678«
}
```

Wenn man äußerst ungewöhnliche numerische Formate einlesen möchte, muß man do_get()
überschreiben. Beispielsweise könnte man ein num_get definieren wollen, das römische Zahlen
wie XXI oder MM liest (§D.6–Ü15).

D.4.3 Die Ein- und Ausgabe von Währungswerten

Die Formatierung von Geldbeträgen ist technisch gesehen der Formatierung von »einfachen« Zahlen ähnlich (§D.4.2). Die Darstellung von Geldbeträgen ist jedoch weit stärker von kulturellen
Unterschieden abhängig. So sollte ein negativer Betrag (ein Verlust, eine Schuld) wie -1.25 in
einigen Kontexten als eine (positive) Zahl in Klammern dargestellt werden: (1.25). Ähnlich wird
in einigen Kontexten Farbe eingesetzt, um das Erkennen von negativen Beträgen zu erleichtern.

Es gibt keinen standardmäßigen »Geldtyp«. Statt dessen ist vorgesehen, die Währungsfacetten
explizit für numerische Werte zu benutzen, von denen der Programmierer weiß, daß sie Geldbeträge repräsentieren. Beispiel:

```
class Geld {           // Einfacher Typ, um Geldbeträge zu verwalten
        long int betrag;
public:
        Geld(long int i) : betrag(i) { }
        operator long int() const { return betrag; }
};

// ...

void f(long int i)
{
        cout << "Wert= " << i << " Betrag= " << Geld(i) << endl;
}
```

Die Aufgabe der Währungsfacette besteht darin, das Schreiben eines Ausgabeoperators für Geld
ziemlich einfach zu machen, so daß der Betrag gemäß der lokalen Konventionen ausgegeben wird
(siehe §D.4.3.2). Die Ausgabe variiert in Abhängigkeit vom Locale von cout. Mögliche Ausgaben
sind:

```
Wert= 1234567 Betrag= $12345.67
Wert= 1234567 Betrag= 12345,67 DKr
Wert= -1234567 Betrag= $-12345.67
Wert= -1234567 Betrag= -$12345.67
Wert= -1234567 Betrag= (CHF12345,67)
```

Bei Geld wird die Genauigkeit bis zur kleinsten Währungseinheit gewöhnlich als unentbehr-
lich erachtet. Folglich habe ich die allgemeine Konvention übernommen, daß der Integer–
Wert die Anzahl an Cents (Pence, Øre, Fils, Cents usw.) und nicht die Anzahl an Dollars

(Pounds, Kroner, Dinar, Euro usw.) darstellt. Diese Konvention wird von `money_puncts` Funktion `frac_digits()` unterstützt (§D.4.3.1). Ähnlich wird die Erscheinungsform des »Dezimalpunkts« durch `decimal_point()` definiert.

Die Facetten `money_get` und `money_put` stellen Funktionen bereit, die Ein-/Ausgabe basierend auf dem Format ausführen, das durch die Facette `money_base` definiert wird.

Ein einfacher Geld–Typ kann benutzt werden, um einfach Ein-/Ausgabeformate zu kontrollieren oder aber Währungswerte zu speichern. Im vorliegenden Fall haben wir Werte von (anderen) Typen, die zum Speichern von Geldbeträgen benutzt wurden, vor der Ausgabe in Geld konvertiert, und wir lesen in Geld–Variablen ein, die anschließend in andere Typen konvertiert werden. Es ist weniger fehleranfällig, wenn Geldbeträge konsistent in einem Geld–Typ gehalten werden; auf diese Weise können wir nicht vergessen, vor der Ausgabe einen Wert in Geld zu konvertieren, und wir vermeiden die Eingabefehler, die bei dem Versuch entstehen, Währungswerte ohne Berücksichtigung eines Locales einzulesen. Jedoch kann es undurchführbar sein, einen Geld–Typ in ein System einzuführen, das nicht dafür entworfen wurde. In solchen Fällen ist es notwendig, bei den Lese- und Schreiboperationen die Konvertierungen (Casts) nach Geld vorzunehmen.

D.4.3.1 Die Interpunktion bei Währungswerten

Die Facette moneypunct, die die Darstellung von Geldbeträgen steuert, ähnelt natürlicherweise der Facette numpunct (§D.4.2.1), die einfache Zahlen kontrolliert:

```
class std::money_base {
public:
    enum part { none, space, symbol, sign, value }; // Layout-Bestandteile eines Wertes
    struct pattern { char field[4]; };              // Layout-Spezifikation
};

template <class Ch, bool International = false>
class std::moneypunct : public locale::facet, public money_base {
public:
    typedef Ch char_type;
    typedef basic_string<Ch> string_type;

    explicit moneypunct(size_t r = 0);

    Ch decimal_point() const;        // '.' in classic()
    Ch thousands_sep() const;        // ',' in classic()
    string grouping() const;         // "" in classic(), bedeutet »keine Gruppenbildung«

    string_type curr_symbol() const;     // "$" in classic()
    string_type positive_sign() const;   // "" in classic()
    string_type negative_sign() const;   // "-" in classic()

    int frac_digits() const;              // Anzahl von Ziffern hinter dem »Dezimalpunkt«;
                                          // 2 in classic()
    pattern pos_format() const;           // symbol, sign, none, value in classic()
    pattern neg_format() const;           // symbol, sign, none, value in classic()

    static const bool intl = International; // Benutze internationale Währungsformate

    static locale::id id;  // Facettenidentifizierungsobjekt (§D.2, §D.3, §D.3.1)
```

```
protected:
    ~moneypunct();
```

 // Virtuelle »do_«-Funktionen für öffentliche Funktionen (siehe §D.4.1)
};

Die Möglichkeiten, die `moneypunct` bietet, sind hauptsächlich für Programmierer bestimmt, die die Facetten `money_put` und `money_get` entwickeln (§D.4.3.2, §D.4.3.3).

Die Elementfunktionen `decimal_point()`, `thousands_sep()` und `grouping()` verhalten sich wie ihre Entsprechungen in `numpunct`.

Die Elementfunktionen `curr_symbol()`, `positive_sign()` und `negative_sign()` liefern den String, der benutzt wird, um das Währungssymbol darzustellen (z.B. $, £, FrF, DKr), das Pluszeichen bzw. das Minuszeichen. Wenn das Template–Argument `International` true war, dann ist auch das Element `intl` true, und die »internationale« Repräsentation der Währungssymbole wird benutzt. Das ist ein vier Zeichen langer String. Beispiel:

```
"USD "
"DKr "
"EUR "
```

In der Regel ist das letzte Zeichen ein Leerzeichen. Die drei Zeichen langen Währungsbezeichnungen sind durch den ISO-4217–Standard definiert. Wenn `International false` ist, kann ein »lokales« Währungssymbol wie z.B. $ oder £ benutzt werden.

Ein Muster (`pattern`), das von `pos_format()` oder `neg_format()` geliefert wird, besteht aus vier Teilen (`parts`), die die Reihenfolge definieren, in der der numerische Wert, das Währungssymbol, das Vorzeichen und Whitespaces auftreten. Ein Großteil der üblichen Formate wird mittels dieser einfachen Notation eines Musters repräsentiert. Beispiel:

```
+$ 123.45    // sign, symbol, space, value, wobei positive_sign() "+" liefert
$+123.45     // symbol, sign, value, none, wobei positive_sign() "+" liefert
$123.45      // symbol, sign, value, none, wobei positive_sign() "" liefert
$123.45-     // symbol, value, sign, none
-123.45 DKr  // sign, value, space, symbol
($123.45)    // sign, symbol, value, none, wobei negative_sign() "()" liefert
(123.45DKr)  // sign, value, symbol, none, wobei negative_sign() "()" liefert
```

Die Darstellung einer negativen Zahl mittels runder Klammern wird erreicht, indem `negative_sign()` einen String zurückliefert, der die beiden Zeichen () enthält. Das erste Zeichen eines Vorzeichenstrings wird dort hingesetzt, wo `sign` im Muster gefunden wird; der Rest des Vorzeichenstrings wird hinter alle anderen Teile des Musters gesetzt. Das Haupteinsatzgebiet dieser Vorgehensweise ist die Benutzung runder Klammern gemäß der üblichen Konventionen im kaufmännischen Bereich, um negative Beträge darzustellen. Aber auch andere Nutzungen sind möglich. Beispiel:

```
-$123.45          // sign, symbol, value, none, wobei negative_sign() "-" liefert
*$123.45 albern  // sign, symbol, value, none, wobei negative_sign() "* albern" liefert
```

Jeder der Werte `sign`, `value` und `symbol` muß innerhalb eines Musters genau einmal vorkommen. Der verbleibende Wert kann entweder `none` oder `space` sein. Bei `space` erscheinen mindestens ein, möglicherweise auch mehr Whitespaces in der Darstellung. Bei `none` erscheinen außer am Ende des Musters kein oder mehrere Whitespaces in der Darstellung.

Man beachte, daß diese strengen Regeln einige zweifellos vernünftige Muster verbieten:

```
    pattern pat = { sign, value, none, none };  // Fehler: Kein »symbol«
```

Die Funktion `frac_digits()` gibt an, wo der `decimal_point()` hinzusetzen ist. Häufig werden Geldbeträge in der kleinsten Währungseinheit dargestellt (§D.4.3). Diese Einheit ist gewöhnlich ein Hundertstel der Haupteinheit (z.B. ist ein Pfennig ein Hundertstel einer DM), so daß `frac_digits()` häufig 2 ist.

Im folgenden wird ein einfaches Format als Facette definiert:

```
    class MeinGeldIO : public moneypunct<char,true> {
    public:
        explicit MeinGeldIO(size_t r = 0) :moneypunct<char,true>(r) { }

        Ch do_decimal_point() const { return "."; }
        Ch do_thousands_sep() const { return ","; }
        string do_grouping() const { return "\003\003\003"; }

        string_type do_curr_symbol() const { return "USD "; }
        string_type do_positive_sign() const { return ""; }
        string_type do_negative_sign() const { return "()"; }

        int do_frac_digits() const { return 2; } // Zwei Ziffern hinter dem Dezimalpunkt

        pattern do_pos_format() const
        {
            static pattern muster = { sign, symbol, value, none };
            return muster;
        }

        pattern do_neg_format() const
        {
            static pattern muster = { sign, symbol, value, none };
            return muster;
        }

    };
```

Diese Facette wird von den Ein– und Ausgabeoperationen von Geld benutzt, die in §D.4.3.2 und §D.4.3.3 definiert werden.

Eine _byname–Version (§D.4, §D.4.1) von moneypunct wird auch bereitgestellt:

```
    template <class Ch, bool Intl = false>
    class std::moneypunct_byname : public moneypunct<Ch, Intl> { /* ... */ };
```

D.4.3.2   Die Ausgabe von Geld

Die Facette `money_put` schreibt Geldbeträge gemäß dem Format, das durch `moneypunct` spezifiziert ist. Insbesondere stellt `money_put` put–Funktionen bereit, die eine passend formatierte Zeichenrepräsentation in den Stream–Puffer eines Streams schreiben:

```
    template <class Ch, class Out = ostreambuf_iterator<Ch> >
    class std::money_put : public std::locale::facet {
```

```
public:
    typedef Ch char_type;
    typedef Out iter_type;
    typedef basic_string<Ch> string_type;

    explicit money_put(size_t r = 0);

    // Schreibe den Wert »v« an die Pufferposition »b«:
    Out put(Out b, bool intl, ios_base& s, Ch fill, long double v) const;
    Out put(Out b, bool intl, ios_base& s, Ch fill,

    static locale::id id;   // Facettenidentifizierungsobjekt (§D.2, §D.3, §D.3.1)%
protected:
    ~money_put();

    // Virtuelle »do_«-Funktionen für öffentliche Funktionen (siehe §D.4.1)
};
```

Die Argumente b, s, fill und v werden genauso benutzt wie in den put()-Funktionen von num_put (§D.4.2.2). Das Argument intl bestimmt, ob ein dem Standard entsprechendes vier Zeichen langes »internationales« Währungssymbol oder ein »lokales« Währungssymbol benutzt wird (§D.4.3.1).

Mit Hilfe von money_put kann man einen Ausgabeoperator für Geld (§D.4.3) definieren:

```
ostream& operator<<(ostream& s, Geld g)
{
    ostream::sentry guard(s);          // siehe §21.3.8
    if (!guard) return s;

    try {
        const money_put<char>& f = use_facet< money_put<char> >(s.getloc());
        if (g==static_cast<long double>(g)) {
                                    // g kann als long double repräsentiert werden
            if (f.put(s,true,s,s.fill(),g).failed())
                s.setstate(ios_base::badbit);
        }
        else {
            ostringstream v;
            v << g;                    // Konvertiere in die Stringrepräsentation
            if (f.put(s,true,s,s.fill(),v.str()).failed())
                s.setstate(ios_base::badbit);
        }
    }
    catch (...) {
        handle_ioexception(s);         // siehe §D.4.2.2
    }
    return s;
}
```

Wenn ein long double nicht die genügende Genauigkeit aufweist, um den Geldbetrag exakt zu repräsentieren, konvertiere ich den Wert in seine Stringrepräsentation und gebe ihn dann aus, indem ich die put()-Funktion benutze, die einen string als Argument hat.

D.4.3.3 Die Eingabe von Geld

Die Facette `money_get` liest Geldbeträge gemäß dem Format, das durch `moneypunct` spezifiziert ist. Insbesondere stellt `money_put` put–Funktionen bereit, die eine passend formatierte Zeichenrepräsentation aus dem Stream–Puffer eines Streams lesen:

```
template <class Ch, class In = istreambuf_iterator<Ch> >
class std::money_get : public std::locale::facet {
public:
    typedef Ch char_type;
    typedef In iter_type;
    typedef basic_string<Ch> string_type;

    explicit money_get(size_t r = 0);

    // Lies [b:e) nach v unter Benutzung der Formatierungsregeln in s,
    // Fehlermeldung durch Setzen von r:
    In get(In b, In e, bool intl, ios_base& s, ios_base::iostate& r,
                                                long double& v) const;
    In get(In b, In e, bool intl, ios_base& s, ios_base::iostate& r,
                                                string_type& v) const;

    static locale::id id;  // Facettenidentifizierungsobjekt (§D.2, §D.3, §D.3.1)

protected:
    ~money_get();

    // Virtuelle »do_«-Funktionen für öffentliche Funktionen (siehe §D.4.1)
};
```

Die Argumente b, e, s, r und v werden genauso benutzt wie in den `get()`–Funktionen von `num_get` (§D.4.2.3). Das Argument `intl` bestimmt, ob ein dem Standard entsprechendes vier Zeichen langes »internationales« Währungssymbol oder ein »lokales« Währungssymbol benutzt wird (§D.4.3.1).

Ein gut definiertes Paar von `money_put`– und `money_get`–Facetten liefert Ausgaben in einer Form, die ohne Fehler oder Informationsverlust wieder eingelesen werden können.

```
int main()
{
    Geld g;
    while (cin>>g) cout << g << "\n";
}
```

Die Ausgabe dieses einfachen Programms sollte auch wieder als Eingabe von ihm akzeptiert werden. Weiterhin sollte die Ausgabe, die durch einen zweiten Durchlauf mit der Ausgabe des ersten Durchlaufs als Eingabe erzeugt wurde, mit seiner Eingabe identisch sein.

Das folgende könnte eine naheliegende Implementierung eines Eingabeoperators für Geld sein:

```
istream& operator>>(istream& s, Geld& g)
{
    istream::sentry guard(s);      // siehe §21.3.8
    if (!guard) {
```

```
            s.setstate(ios_base::failbit);
            return s;
    }

    ios_base::iostate state = 0;      // good
    istreambuf_iterator<char> eos;
    double dd;
    try {
        const money_get<char> &f = use_facet< money_get<char> >(s.getloc());
        f.get(s,eos,true,state,dd);
    }
    catch (...) {
        handle_ioexception(s);        // siehe §D.4.2.2
        return s;
    }
    if (state==0 || state==ios_base::eofbit) g = dd;
                            // Setze Wert nur, wenn get() erfolgreich war
    s.setstate(state);
    return s;
}
```

D.4.4 Die Ein- und Ausgabe von Datums- und Zeitangaben

Leider stellt die C++–Standardbibliothek keinen geeigneten Datumstyp zur Verfügung. Aus der C–Standardbibliothek erbt sie jedoch Low-level–Möglichkeiten, um mit Datumsangaben und Zeitintervallen umgehen zu können. Diese C–Möglichkeiten sind die Grundlage für die C++–Möglichkeiten, Zeitangaben systemunabhängig zu handhaben.

Die folgenden Abschnitte zeigen, wie die Darstellung von Datums- und Uhrzeitinformationen locale–abhängig gemacht werden kann. Zusätzlich bieten sie ein Beispiel, wie ein benutzerdefinierter Typ (Datum) in das Umfeld von iostream (Kapitel 20) und locale (§D.2) eingepaßt werden kann. Die Implementierung von Datum zeigt Techniken, die nützlich sind, um mit Zeitangaben zu arbeiten, wenn kein Datumstyp verfügbar ist.

D.4.4.1 Uhren und Timer

Auf der untersten Stufe besitzen die meisten Systeme einen hochauflösenden Timer. Die Standardbibliothek stellt die Funktion clock() bereit, die den implementierungsabhängigen arithmetischen Typ clock_t zurückliefert. Das Ergebnis von clock() kann mit dem Makros CLOCKS_PER_SEC kalibriert werden. Falls Sie keinen Zugriff auf eine zuverlässige Zeitmessungsmethode haben, könnten Sie eine Schleife wie folgt messen:

```
int main(int argc, char* argv[])    // §6.1.7
{
    int n = atoi(argv[1]);          // §20.4.1

    clock_t t1 = clock();
    if (t1 == clock_t(-1)) {        // clock_t(-1) bedeutet »clock() funktioniert nicht«
        cerr << "Leider keine Zeitmessung moeglich\n";
        exit(1);
    }
```

```
    for (int i = 0; i<n; i++) tue_etwas();   // Meßschleife


    clock_t t2 = clock();
    if (t2 == clock_t(-1)) {
        cerr << "Leider ist das Messintervall zu lang\n";
        exit(2);
    }
    cout << n << " mal tue_etwas() benoetigt "
            << double(t2-t1)/CLOCKS_PER_SEC << " Sekunden"
            << " (Messgenauigkeit: 1/" << CLOCKS_PER_SEC << " Sekunde)\n";
}
```

Die explizite Konvertierung double(t2-t1) vor der Division ist notwendig, weil clock_t
ein Integer sein könnte. Der genaue Beginn der Zeitmessung mittels clock() ist implementierungsabhängig; clock() soll dafür benutzt werden, Zeitintervalle innerhalb eines einzelnen Programmlaufs zu messen. Für die von clock() gelieferten Werte t1 und t2 ist
double(t2-t1)/CLOCKS_PER_SEC der beste Näherungswert des Systems für die Zeitdauer in Sekunden zwischen den beiden Aufrufen.

Wenn clock() für einen Prozessor nicht verfügbar ist oder aber ein Zeitintervall für die Mes-
sung zu lang war, liefert clock() clock_t(-1).

Die Funktion clock() ist dazu da, Zeitintervalle von Bruchteilen einer Sekunde bis zu
mehreren Sekunden Länge zu messen. Wenn z.B. clock_t ein 32 Bit langer signed int und
CLOCKS_PER_SEC 1.000.000 ist, dann können wir clock() benutzen, um von 0 bis etwas über
2.000 Sekunden (eine gute halbe Stunde) in Mikrosekunden zu messen.

Man beachte jedoch, daß es sehr schwierig sein kann, aussagekräftige Meßwerte über ein Programm zu erhalten. Andere Programme, die auf dem gleichen Rechner laufen, können die Zeitdauer eines Programmlaufs stark beeinflussen, Cache– und Pipelining–Effekte sind schwierig vorherzusagen, und Algorithmen können überraschende Abhängigkeiten von Daten aufweisen. Beim
Versuch, etwas zeitlich zu messen, sollten Sie mehrere Meßläufe durchführen. Verwerfen Sie die
Ergebnisse als fehlerhaft, falls signifikante Laufzeitunterschiede auftreten.

Für den Umgang mit längeren Zeitintervallen und mit Datumsangaben stellt die Standardbibliothek time_t zur Verfügung, um einen Zeitpunkt darzustellen, und die Struktur tm, um einen
Zeitpunkt in seine üblichen Teile aufzuspalten:

```
typedef implementation_defined time_t;
                    // Implementierungsabhängiger arithmetischer Typ (§4.1.1),
                    // geeignet, um eine Zeitdauer darzustellen,
                    // meist ein 32-Bit-Integer


struct tm {
    int tm_sec;    // Sekunde in der Minute [0,61]; 60 und 61 für Schaltsekunden
    int tm_min;    // Minute in der Stunde [0,59]
    int tm_hour;   // Stunde am Tag [0,23]
    int tm_mday;   // Tag im Monat [1,31]
    int tm_mon;    // Monat im Jahr [0,11]; 0 bedeutet Januar (man beachte: nicht [1:12])
    int tm_year;   // Jahre seit 1900; 0 bedeutet das Jahr 1900; 102 bedeutet 2002
    int tm_wday;   // Tage seit Sonntag [0,6]; 0 bedeutet Sonntag
    int tm_yday;   // Tage seit dem 1. Januar [0,365]; 0 bedeutet 1. Januar
    int tm_isdst;  // Stunden der Sommerzeit
};
```

Man beachte, daß der Standard nur garantiert, daß tm die hier erwähnten int–Elemente besitzt. Der Standard garantiert nicht, daß die Elemente in dieser Reihenfolge erscheinen oder daß es keine weiteren Elemente gibt.

Die Typen time_t und tm und die grundlegenden Möglichkeiten, sie zu benutzen, werden in <ctime> und <time.h> dargestellt. Beispiel:

```
clock_t clock();                          // Anzahl an Zeiteinheiten seit Programmstart


time_t time(time_t* pt);                  // Aktuelle Kalenderzeit
double difftime(time_t t2, time_t t1);    // t2-t1 in Sekunden


tm* localtime(const time_t* pt);          // Die lokale Zeit für *pt
tm* gmtime(const time_t* pt);             // Grenwich Mean Time (GMT) tm für *pt, oder 0
                                          // (offizielle Bezeichnung:
                                          // Coordinated Universal Time, UTC)


time_t mktime(tm* ptm);                   // time_t für *ptm, oder time_t(-1)


char* asctime(const tm* ptm);             // Die C-String-Repräsentation für *ptm
                                          // z.B. "Sun Sep 16 01:03:52 1973\n"
char* ctime(const time_t* t) { return asctime(localtime(t)); }
```

Man beachte besonders, daß localtime() und gmtime() ein tm* auf ein statisch angelegtes Objekt zurückliefern; ein weiterer Aufruf der Funktion verändert den Wert dieses Objekts. Entweder benutzen Sie solch einen Rückgabewert sofort oder Sie kopieren ihn in Speicher, den Sie selbst kontrollieren. In ähnlicher Weise liefert asctime() einen Zeiger auf ein statisch angelegtes Zeichenfeld.

Ein tm kann Datumsangaben in einem Bereich von mehreren zehntausend Jahren darstellen (ungefähr [-32000,32000] mit einem sehr kleinen int). time_t ist jedoch meistens ein 32 Bit langer (signed) long int. Da time_t Sekunden zählt, kann es einen Bereich von etwas mehr als 68 Jahren beiderseits eines Basisjahres abdecken. Dieses Basisjahr ist im allgemeinen 1970, wobei der exakte Basiszeitpunkt 0:00 Uhr GMT (UTC) am 1. Januar ist. Wenn time_t ein 32 Bit langer signed Integer ist, wird uns im Jahr 2038 die »Zeit ausgehen«, falls wir nicht time_t zu einem größeren Integertyp aufstocken, wie es schon in einigen Systemen gemacht wurde.

Der time_t–Mechanismus ist hauptsächlich für die Zeitbehandlung »nahe der aktuellen Zeit« vorgesehen. Somit sollten wir nicht erwarten, mit Hilfe von time_t Datumsangaben außerhalb des Bereichs [1902,2038] darstellen zu können. Schlimmer noch ist, daß nicht alle Implementierungen dieser Zeitfunktionen negative Werte gleichartig behandeln. Aus Portabilitätsgründen sollte ein Wert, der sowohl als tm als auch als time_t dargestellt werden muß, in dem Bereich [1970,2038] liegen. Jemand, der Datumsangaben außerhalb des Zeitrahmens von 1970 bis 2038 darstellen möchte, muß dafür einige zusätzliche Mechanismen erfinden.

Eine Konsequenz hieraus ist, daß mktime() fehlschlagen kann. Wenn das Argument von mktime() nicht als time_t dargestellt werden kann, wird als Fehleranzeige time_t(-1) zurückgeliefert.

Wenn wir ein sehr lange laufendes Programm haben, könnten wir seine Zeit wie folgt messen:

```
int main(int argc, char* argv[])    // §6.1.7
{
    time_t t1 = time(0);
    tue_viel(argc,argv);
```

```
    time_t t2 = time(0);
    double d = difftime(t2,t1);
    cout << "tue_viel() benötigte" << d << " Sekunden\n";
}
```

Wenn das Argument von `time()` nicht 0 ist, wird die zurückgelieferte Zeit auch dem `time_t` zugewiesen, auf das das Argument zeigt. Wenn kein Kalender verfügbar ist (z.B. auf einem spezialisierten Prozessor), wird der Wert `time_t(-1)` zurückgeliefert. Ein vorsichtiger Versuch, das heutige Datum zu finden, könnte folgendermaßen aussehen:

```
int main()
{
    time_t t;

    if (time(&t) == time_t(-1)) {      // time_t(-1) bedeutet »time() funktioniert nicht«
        cerr << "Ungültige Zeit\n";
        exit(1);
    }

    tm* gt = gmtime(&t);
    cout << gt->tm_mday << '. ' << gt->tm_mon+1 << '. '
         << 1900+gt->tm_year << endl;
}
```

D.4.4.2   Eine Datumsklasse

Wie schon in §10.3 erwähnt, ist es unmöglich, daß ein einzelner Datumstyp alle Anwendungsfälle abdecken kann. Die unterschiedlichen Nutzungen von Datumsangaben erfordern eine große Bandbreite an Darstellungen, und Zeitangaben vor dem 19. Jahrhundert hängen sehr stark von historischen Gegebenheiten ab. Als Beispiel können wir jedoch, angelehnt an den Entwurf in §10.3, einen Datumstyp definieren, der `time_t` in seiner Implementierung benutzt:

```
class Datum {
public:
    enum Monat { jan=1, feb, mrz, apr, mai, jun,
                 jul, aug, sep, okt, nov, dez };

    class FalschesDatum {};

    Datum(int tt, Monat mm, int jj);
    Datum();

    friend ostream& operator<<(ostream& s, const Datum& d);

    // ...
private:
    time_t d;                          // Standarddatums- und -zeitdarstellung
};


Datum::Datum(int tt, Monat mm, int jj)
{
```

```
        tm x = { 0 };
        if (tt<0 || 31<tt) throw FalschesDatum();  // Zu sehr vereinfacht: siehe §10.3.1
        x.tm_mday = tt;
        if (mm<jan || dez<mm) throw FalschesDatum();
        x.tm_mon = mm-1;                            // Basis von tm_mon ist 0
        x.tm_year = jj-1900;                        // Basis von tm_year ist 1900
        d = mktime(&x);
}


Datum::Datum()
{
        d = time(0);                                // Defaultdatum: heute
        if (d == time_t(-1)) throw FalschesDatum();
}
```

Die Aufgabe hier besteht nun darin, locale–abhängige Implementierungen für die Operatoren <<
und >> von Datum zu definieren.

D.4.4.3 Die Ausgabe von Datums- und Zeitangaben

Wie num_put (§D.4.2) stellt time_put put()–Funktionen bereit, die mittels Iteratoren auf Puffer
schreiben:

```
template <class Ch, class Out = ostreambuf_iterator<Ch> >
class std::time_put : public locale::facet {
public:
        typedef Ch char_type;
        typedef Out iter_type;

        explicit time_put(size_t r = 0);

        // Schreibe t in den Stream-Puffer von s mittels b, unter Benutzung des Formats fmt:
        Out put(Out b, ios_base& s, Ch fill, const tm* t,
                                const Ch* fmt_b, const Ch* fmt_e) const;

        Out put(Out b, ios_base& s, Ch fill, const tm* t,
                                char fmt, char mod = 0) const
                { return do_put(b,s,fill,t,fmt,mod); }

        static locale::id id; // Facettenidentifizierungsobjekt (§D.2, §D.3, §D.3.1)
protected:
        ~time_put();

        virtual Out do_put(Out, ios_base&, Ch, const tm*, char, char) const;
};
```

Der Aufruf put(b, s, fill, t, fmt_b, fmt_e) schreibt mittels b die Datumsinformationen
von t in den Stream–Puffer von s. Das Zeichen fill wird, wenn nötig, zum Auffüllen benutzt.
Das Ausgabeformat wird durch einen Formatstring [fmt_b, fmt_e) ähnlich dem von printf()
angegeben. Das printf()–ähnliche Format (§21.8) wird benutzt, um eine tatsächliche Ausgabe zu erzeugen, und kann die folgenden für diesen Zweck vorgesehenen Formatierungsangaben
beinhalten:

%a   abgekürzter Name des Wochentags (z.B. Sa)

%A   vollständiger Name des Wochentags (z.B. Samstag)

%b   abgekürzter Monatsname (z.B. Feb)

%B   vollständiger Monatsname (z.B. Februar)

%c   Datum und Uhrzeit (z.B. Sa 06 Feb 1999 21:46:05)

%d   Tag im Monat [01,31] (z.B. 06)

%H   Uhrzeit mit 24 Stunden [00,23] (z.B. 21)

%I   Uhrzeit mit 12 Stunden [01,12] (z.B. 09)

%j   Tag im Jahr [001,366] (z.B. 037)

%m   Monat im Jahr [01,12] (z.B. 02)

%M   Minute in der Stunde [00,59] (z.B. 46)

%p   Vor-/Nachmittagsindikator für Uhrzeit mit 12 Stunden (z.B. PM)

%S   Sekunden in der Minute [00,61] (z.B. 05)

%U   Woche im Jahr [00,53], beginnend mit Sonntag (z.B. 05);
     Woche 1 beginnt mit dem ersten Sonntag.

%w   Wochentag [0,6]; 0 bedeutet Sonntag (z.B. 6).

%W   Woche im Jahr [00,53], beginnend mit Montag (z.B. 05);
     Woche 1 beginnt mit dem ersten Montag.

%x   Datum (z.B. 06.02.99)

%X   Uhrzeit (z.B. 21:46:05)

%y   Jahr ohne Jahrhundert [00,99] (z.B. 99)

%Y   Jahr (z.B. 1999)

%Z   abgekürzter Zeitzonenname (z.B. EST), falls die Zeitzone bekannt ist.

Diese lange Liste mit ihren sehr spezialisierten Formatierungsregeln könnte als Argument für den Einsatz erweiterbarer Ein-/Ausgabesysteme benutzt werden. Jedoch ist sie wie viele spezialisierte Schreibweisen für ihre Aufgabe angemessen und häufig sogar bequem.

Zusätzlich zu diesen Formatierungsanweisungen unterstützen viele Implementierungen »Modifizierer« wie z.B. in %10X, wobei die Zahl die Breite der Darstellung bestimmt (§21.8). Modifizierer für Uhrzeit- und Datumsformate sind nicht Bestandteil des C++–Standards, aber einige Plattformstandards wie z.B. POSIX fordern sie. Folglich lassen sich Modifizierer nur sehr schwer vermeiden, obwohl ihr Einsatz nicht vollkommen portabel ist.

Die sprintf()–ähnliche (§21.8) Funktion strftime() aus <ctime> oder <time.h> erzeugt Ausgaben mit den Uhrzeit- und Datumsformatanweisungen:

```
size_t strftime(char* s, size_t max, const char* format, const tm* tmp);
```

Diese Funktion schreibt maximal max Zeichen gemäß der Vorgabe von *tmp und *format in *s. Beispiel:

```
int main()
{
    char buf[20];          // Unsauber: Kein Schutz gegen Pufferüberlauf
    time_t t = time(0);
    strftime(buf,20,"%A\n",localtime(&t));
    cout << buf;
}
```

An einem Mittwoch würde dieses Programm mit dem Default–Locale classic() (§D.2.3) Wednesday ausgeben und mit einem dänischen Locale onsdag.

Zeichen, die nicht Teil des angegebenen Formats sind, wie Newline in diesem Beispiel, werden einfach in das erste Argument (s) hineinkopiert.

Wenn put() ein Formatierungszeichen f (und ein optionales Modifizierungszeichen m) erkennt, ruft es die virtuelle Funktion do_put() auf, um die aktuelle Formatierung ausführen zu lassen: do_put(b,s,fill,t,f,m).

Der Aufruf put(b,s,fill,t,f,m) ist eine vereinfachte Form von put(), wobei ein Formatierungszeichen (f) und ein Modifizierungszeichen (m) explizit bereitgestellt werden. Somit kann

```
const char fmt[] = "%10X";
put(b,s,fill,t,fmt,fmt+sizeof(fmt));
```

abgekürzt werden zu:

```
put(b,s,fill,t,'X',10);
```

Wenn ein Format Multibyte–Zeichen enthält, muß es sowohl im Defaultzustand beginnen als auch enden (§D.4.6).

Wir können put() benutzen, um einen locale–abhängigen Ausgabeoperator für Datum zu implementieren:

```
ostream& operator<<(ostream& s, const Datum& d)
{
    ostream::sentry guard(s);    // siehe §21.3.8
    if (!guard) return s;

    tm* tmp = localtime(&d.d);
    try {
        if (use_facet< time_put<char> >
                (s.getloc()).put(s,s,s.fill(),tmp,'x').failed())
            s.setstate(ios_base::failbit);
    }
    catch (...) {
        handle_ioexception(s);    // siehe §D.4.2.2
    }
    return s;
}
```

Da es ja keinen Standard–Datumstyp gibt, existiert auch kein Standardentwurf für die Ein-/Ausgabe von Datumsangaben. In diesem Fall habe ich durch Angabe von 'x' als Formatierungszeichen das Format %x festgelegt. Weil das Format %x die Defaulteinstellung für get_time() (§D.4.4.4) ist, ist diese Vorgehensweise wahrscheinlich so dicht wie möglich an einem Standard. In §D.4.4.5 wird in einem Beispiel gezeigt, wie man alternative Formate benutzen kann.

D.4.4.4   Die Eingabe von Datums- und Zeitangaben

Wie immer ist die Eingabe schwieriger als die Ausgabe. Beim Schreiben von Code zur Ausgabe eines Wertes hat man häufig die Wahl zwischen verschiedenen Formaten. Beim Schreiben des Eingabecodes muß man zusätzlich die Fehler behandeln und manchmal die Möglichkeit verschiedener alternativer Formate berücksichtigen.

Die Facette `time_get` implementiert die Eingabe von Uhrzeit und Datum. Die Absicht ist, daß das `time_get` eines `locales` die Zeit- und Datumsangaben lesen kann, die das zum gleichen `locale` gehörende `time_put` geschrieben hat. Es gibt jedoch keine Standard–Datum– und Zeit–Klasse; somit kann ein Programmierer ein Locale benutzen, um gemäß einer Menge von Formaten Ausgaben zu erzeugen. Beispielsweise können die folgenden Darstellungen mittels einer einzigen Ausgabeanweisung erzeugt werden, indem das `time_put` (§D.4.4.5) von verschiedenen Locales benutzt wird:

```
January 15th 1999
Thursday 15th January 1999
15 Jan 1999AD
Thurs 15/1/99
```

Der C++–Standard bestärkt Implementierer von `time_get` darin, Datums- und Zeitformate zu akzeptieren, die durch POSIX und andere Standards festgelegt wurden. Das Problem besteht darin, einen Standard für die Absicht zu entwickeln, Datums- und Zeitangaben in jedem möglichen Format zu lesen, das für eine vorgegebene Kultur üblich ist. Schlauerweise sollte man experimentieren, um herauszufinden, was ein vorgegebenes Locale bereitstellt (§D.6–Ü8). Wenn ein Format nicht akzeptiert wird, kann ein Programmierer eine geeignete alternative `time_get`–Facette erstellen.

Das Standard–Zeiteingabe–`facet` `time_get` ist von `time_base` abgeleitet:

```
class std::time_base {
public:
    enum dateorder {
        no_order,   // Keine Reihenfolge, möglicherweise mehr Elemente (wie z.B. Wochentag)
        dmy,        // Tag vor Monat vor Jahr
        mdy,        // Monat vor Tag vor Jahr
        ymd,        // Jahr vor Monat vor Tag
        ydm         // Jahr vor Tag vor Monat
    };
};
```

Eine Implementierung kann diese Aufzählung benutzen, um das Analysieren von Datumsformaten zu vereinfachen.

Wie `num_get` greift `time_get` auf seine Puffer über ein Paar von Eingabe–Iteratoren zu:

```
template <class Ch, class In = istreambuf_iterator<Ch> >
class time_get : public locale::facet, public time_base {
public:
    typedef Ch char_type;
    typedef In iter_type;

    explicit time_get(size_t r = 0);

    dateorder date_order() const { return do_date_order(); }

    // Lies [b:e) nach d unter Benutzung der Formatierungsregeln in s,
    // Fehlermeldung durch Setzen von r:
    In get_time(In b, In e, ios_base& s, ios_base::iostate& r, tm* d) const;
    In get_date(In b, In e, ios_base& s, ios_base::iostate& r, tm* d) const;
```

```
        In get_year(In b, In e, ios_base& s, ios_base::iostate& r, tm* d) const;
        In get_weekday(In b, In e, ios_base& s,
                       ios_base::iostate& r, tm* d) const;
        In get_monthname(In b, In e, ios_base& s,
                         ios_base::iostate& r, tm* d) const;

        static locale::id id;    // Facettenidentifizierungsobjekt (§D.2, §D.3, §D.3.1)

protected:
        ~time_get();

        // Virtuelle »do_«-Funktionen für öffentliche Funktionen (siehe §D.4.1)
};
```

Die Funktion get_time() ruft do_get_time() auf. Das Standard–get_time() liest eine Uhrzeit so, wie sie das time_put des gleichen locales unter Benutzung des Formats %X (§D.4.4.3) geschrieben hat. Analog hierzu ruft die Funktion get_date() do_get_date() auf. Normalerweise wird die Zeit so eingelesen, wie sie das time_put des gleichen locales unter Benutzung des Formats %x (§D.4.4.3) geschrieben hat.

Somit sieht der einfachste Eingabeoperator für Datum ungefähr wie folgt aus:

```
    istream& operator>>(istream& s, Datum& d)
    {
        istream::sentry guard(s);    // siehe §21.3.8
        if (!guard) return s;

        ios_base::iostate res = 0;
        tm x = { 0 };
        istreambuf_iterator<char,char_traits<char> > end;
        try {
            use_facet< time_get<char> >(s.getloc()).get_date(s,end,s,res,&x);
        }
        catch (...) {
            handle_ioexception(s);    // siehe §D.4.2.2
            return s;
        }
        d = Datum(x.tm_mday,Datum::Monat(x.tm_mon)+1,x.tm_year+1900);
        return s;
    }
```

Der Aufruf get_date(s,end,s,res,&x) verläßt sich auf zwei implizite Konvertierungen von istream: Als erstes Argument wird s benutzt, um einen istreambuf_iterator zu erzeugen, als drittes Argument wird s in die Basisklasse ios_base von istream konvertiert.

Dieser Eingabeoperator arbeitet korrekt für Datumsangaben aus dem Zeitintervall, das time_t abdeckt.

Ein einfacher Test kann wie folgt aussehen:

```
    int main()
    try {
        Datum heute;
        cout << heute << endl;    // Schreibt mittels des Formats %x
```

```
        Datum d(12, Datum::mai, 1998);
        cout << d << endl;


        Datum dd;
        while (cin >> dd) cout << dd << endl;
                        // Liest Datumsangaben, die mit dem Format %x erzeugt wurden
    }
    catch (Datum::FalschesDatum) {
        cout << "Programmende: Ungültiges Datum!\n";
    }
```

Eine _byname–Version (§D.4, §D.4.1) von time_put wird auch bereitgestellt:

```
    template <class Ch, class Out = ostreambuf_iterator<Ch> >
    class std::time_put_byname : public time_put<Ch,Out> { /* ... */ };
```

D.4.4.5 Eine flexiblere Datumsklasse

Wenn man die Klasse Datum aus §D.4.4.2 mit der Ein-/Ausgabe aus §D.4.4.3 und §D.4.4.4 benutzt, stößt man bald auf einige Einschränkungen:

1. Es können nur Datumsangaben behandelt werden, die sich durch ein time_t darstellen lassen; das bedeutet in der Regel das Zeitintervall [1970,2038].
2. Ein Datum wird nur in seinem Standardformat akzeptiert — was auch immer das sein mag.
3. Die Meldung von Eingabefehlern ist unakzeptabel.
4. Es werden nur char–Streams unterstützt und keine mit beliebigen Zeichentypen.

Ein interessanterer und nützlicherer Eingabeoperator müßte ein größeres Zeitintervall akzeptieren, mehrere übliche Formate erkennen und zuverlässig und aussagekräftig Fehler melden. Um das zu erreichen, müssen wir uns von der Darstellung mittels time_t trennen:

```
    class Datum {
    public:
        enum Monat { jan=1, feb, mrz, apr, mai, jun,
                        jul, aug, sep, okt, nov, dez };

        struct FalschesDatum {
            const char* warum;
            FalschesDatum(const char* p) : warum(p) { }
        };

        Datum(int tt, Monat mm, int jj, int wochentag = 0);
        Datum();

        void erzeuge_tm(tm* t) const;     // Schreibt die tm-Repräsentation von Datum in *t
        time_t erzeuge_time_t() const;    // Liefert die time_t-Repräsentation von Datum

        int jahr() const { return j; }
        Monat monat() const { return m; }
        int tag() const { return t; }

        // ...
    private:
```

```
        char t;
        Monat m;
        int j;
};
```

Der Einfachheit halber greife ich auf die (t, m, j)–Darstellung (§10.2) zurück.

Der Konstruktor könnte wie folgt definiert werden:

```
Datum::Datum(int tt, Monat mm, int jj, int wochentag)
    :t(tt), m(mm), j(jj)
{
    if (t==0 && m==Monat(0) && j==0) return;     // Datum(0,0,0) ist das »Null-Datum«
    if (mm<jan || dez<mm) throw FalschesDatum("Ungültiger Monat");
    if (tt<1 || 31<tt)                           // Zu sehr vereinfacht: siehe §10.3.1
        throw FalschesDatum("Ungültiger Tag im Monat");
    if (wochentag && tagInnerhalbWoche(jj,mm,tt)!=wochentag)
        throw FalschesDatum("Ungültiger Wochentag");
}


Datum::Datum() :t(0), m(0), j(0) { }            // ein »Null-Datum«
```

Die Berechnung von tagInnerhalbWoche() ist nicht einfach und für den locale–Mechanismus nebensächlich, deshalb habe ich sie ausgelassen. Wenn Sie diese Funktionalität benötigen, werden Sie sie irgendwo auf Ihrem System finden.

Für Typen wie Datum sind auch Vergleichsfunktionen immer nützlich:

```
bool operator==(const Datum& x, const Datum& y)
{
    return x.jahr()==y.jahr() && x.monat()==y.monat() && x.tag()==y.tag();
}


bool operator!=(const Datum& x, const Datum& y)
{
    return !(x==y);
}
```

Durch die Trennung von den Standardtypen tm und time_t benötigen wir Konvertierungsfunktionen, um mit Software zusammenarbeiten zu können, die diese Typen erwartet:

```
void Datum::erzeuge_tm(tm* p) const   // Schreibe Datum in *p
{
    tm x = { 0 };
    *p = x;
    p->tm_year = j-1900;
    p->tm_mday = t;
    p->tm_mon = m-1;
}


time_t Datum::erzeuge_time_t() const
{
    if (j<1970 || 2038<j)                 // Zu sehr vereinfacht
        throw FalschesDatum("Datum außerhalb des Zeitintervalls für time_t");
```

```
        tm x;
        erzeuge_tm(&x);
        return mktime(&x);
}
```

D.4.4.6 Die Festlegung eines Datumsformats

C++ definiert kein Standardausgabeformat für Datumsangaben (%x ist die beste zu erreichen-
de Näherung; §D.4.4.3). Selbst wenn ein Standardformat existierten würde, wäre es wünschenswert, Alternativen nutzen zu können. Dies ist zu erreichen, indem ein »Defaultformat« und eine
Möglichkeit, es zu ändern, bereitgestellt werden. Beispiel:

```
class DatumFormat {
    static char fmt[];        // Defaultformat
    const char* akt;          // Aktuelles Format
    const char* aktEnde;
public:
    DatumFormat() :akt(fmt), aktEnde(fmt+strlen(fmt)) { }

    const char* anfang() const { return akt; }
    const char* ende() const { return aktEnde; }

    void setzen(const char* p, const char* q) { akt=p; aktEnde=q; }
    void setzen(const char* p) { akt=p; aktEnde=akt+strlen(p); }

    static const char* defaultFmt() { return fmt; }
};

const char DatumFormat<char>::fmt[] = "%A, %d. %B %Y";  // z.B. Freitag, 5. Februar 1999

DatumFormat datumFmt;
```

Um das Format von strftime() (§D.4.4.3) benutzen zu können, habe ich davon Abstand genommen, die Klasse DatumFormat mit dem zu nutzenden Zeichentyp zu parametrisieren. Damit
ist diese Lösung auf Datumsangaben beschränkt, deren Format mittels eines char[] ausgedrückt
werden kann. Außerdem benutze ich ein globales Formatobjekt (datumFmt), um ein Defaultformat
für Datum bereitzustellen. Da der Wert von datumFmt geändert werden kann, ist dies eine grobe Methode, um die Formatierung von Datum zu steuern, ähnlich der Benutzung von global()
(§D.2.3) zur Formatierungssteuerung.

Eine allgemeinere Lösung besteht darin, DatumEin- und DatumAus-Facetten hinzuzufügen,
um das Lesen von und das Schreiben auf einen Stream zu steuern. Dieser Ansatz wird in §D.4.4.7
vorgestellt.

Mit der Vorgabe von DatumFormat kann Datum::operator<<() wie folgt geschrieben werden:

```
template<class Ch, class Tr>
basic_ostream<Ch,Tr>& operator<<(basic_ostream<Ch,Tr>& s, const Datum& d)
// Schreibe gemäß des benutzerspezifizierten Formats
{
    typename basic_ostream<Ch,Tr>::sentry guard(s);  // siehe §21.3.8
    if (!guard) return s;
```

```
        tm t;
        d.erzeuge_tm(&t);
        try {
            const time_put<Ch>& f = use_facet< time_put<Ch> >(s.getloc());
            if (f.put(s,s,s.fill(),&t,datumFmt.anfang(),datumFmt.ende())).failed)
                s.setstate(ios_base::failbit);
        }
        catch (...) {
            handle_ioexception(s);                    // siehe §D.4.2.2
        }
        return s;
    }
```

Ich hätte `has_facet` benutzen können, um festzustellen, ob das Locale von s die Facette `time_put<Ch>` besitzt. Als Lösung dieses Problems schien es hier jedoch einfacher zu sein, alle Ausnahmen zu fangen, die von `use_facet` geworfen werden.

Hier folgt ein einfaches Testprogramm, das das Ausgabeformat mittels `datumFmt` steuert:

```
int main()
try {
    Datum dd;

    while (cin >> dd && dd != Datum()) cout << dd << endl;
                                // Schreiben mittels des Default-datumFmt

    datumFmt.setzen("%Y/%m/%d");
    while (cin >> dd && dd != Datum()) cout << dd << endl;
                                // Schreiben mittels "%Y/%m/%d"
}
catch (Datum::FalschesDatum e) {
    cout << "Falsches Datum gefangen: " << e.warum << endl;
}
```

D.4.4.7 Eine Facette für die Datumseingabe

Wie immer ist die Eingabe ein bißchen schwieriger als die Ausgabe. Weil jedoch die Schnittstelle zur Low-level–Eingabe durch `get_date()` festgelegt ist und der für `Datum` in §D.4.4.4 definierte `operator>>()` nicht direkt auf die Repräsentation von `Datum` zugreift, können wir diesen `operator>>()` unverändert benutzen. Das folgende zeigt eine Template–Version, die zum `operator<<()` paßt:

```
template<class Ch, class Tr>
istream<Ch,Tr>& operator>>(istream<Ch,Tr>& s, Datum& d)
{
    typename istream<Ch,Tr>::sentry guard(s);
    if (!guard) return s;

    ios_base::iostate res = 0;
    tm x = { 0 };
    istreambuf_iterator<Ch,Tr> end;
    try {
```

```
           use_facet< time_get<Ch> >(s.getloc()).get_date(s,end,s,res,&x);
      }
      catch (...) {
           handle_ioexception(s);    // siehe §D.4.2.2
           return s;
      }
      d = Datum(x.tm_mday,Datum::Monat(x.tm_mon)+1,x.tm_year+1900,x.tm_wday);
      if (res == ios_base::badbit) s.setstate(res);
      return s;
}
```

Dieser Eingabeoperator für `Datum` ruft `get_date()` aus der `time_get`–Facette des `istreams` auf. Folglich können wir eine andere und flexiblere Form von Eingabe bereitstellen, indem wir eine neue von `time_get` abgeleitete Facette definieren:

```
template<class Ch, class In = istreambuf_iterator<Ch> >
class DatumEin : public std::time_get<Ch> {
public:
      DatumEin(size_t r = 0) : std::time_get<Ch>(r) { }

protected:
      In do_get_date(In b, In e, ios_base& s,
                      ios_base::iostate& r, tm* tmp) const;

private:
      enum WertTyp { keinWert, unbekannt, wochentag, monat };
      In holeWert(In b, In e, ios_base& s,
                   ios_base::iostate& r, int* v, WertTyp* res) const;
};
```

Die Funktion `holeWert()` muß das Jahr, den Monat, den Tag innerhalb des Monats und optional den Wochentag lesen und daraus das Ergebnis als `tm` zusammensetzen.

Die Monatsnamen und die Bezeichnungen der Wochentage sind locale–abhängig. Folglich können wir sie nicht direkt in unserer Eingabefunktion erwähnen. Statt dessen können wir Monatsnamen und Wochentage erkennen, indem wir die Funktionen aufrufen, die `time_get` dafür bereitstellt: `get_monthname()` und `get_weekday()` (§D.4.4.4).

Das Jahr, der Tag im Monat und möglicherweise auch der Monat selbst werden als Integer dargestellt. Leider kann eine Zahl nicht anzeigen, ob sie nun einen Tag im Monat, ein Jahr oder was auch immer darstellt. Beispielsweise kann 7 den Monat Juli darstellen, den siebten Tag in einem Monat oder auch das Jahr 2007. Der wahre Zweck der Funktion `date_order()` von `time_get` ist die Lösung solcher Mehrdeutigkeiten.

Die Strategie von `DatumEin` besteht darin, Werte zu lesen, sie zu klassifizieren und dann mittels `date_order()` herauszufinden, ob (und wie) die eingegebenen Werte einen Sinn ergeben. Die private Funktion `holeWert()` übernimmt das aktuelle Lesen aus dem Stream–Puffer und die anfängliche Klassifizierung:

```
template<class Ch, class In = istreambuf_iterator<Ch> >
In DatumEin::holeWert(In b, In e, ios_base& s,
                        ios_base::iostate& r, int* v, WertTyp* res) const
// Lies Teil eines Datums: Zahl, Wochentag oder Monat. Überspringe Whitespaces
{
```

```
ctype<Ch> const& ct = use_facet< ctype<Ch> >(s.getloc());

Ch c = *b;

if (r.skipws) {
    while (ct.isspace(c) || ct.ispunct(c)) {
                                // Überspringe Whitespaces und Interpunktionszeichen
        if (++b==e) {
            *res = keinWert; // Kein Wert gefunden
            return e;
        }
        c = *b;
    }
}

if (ct.isdigit(c)) {            // Lies Integer ohne Rücksicht auf numpunct
    int i = 0;
    do {                       // Wandle Ziffer eines beliebigen Zeichensatzes in einen Dezimalwert:
        static char const digits[] = "0123456789";
        i = i*10 + find(digits,digits+10,ct.narrow(c,' '))-digits;
        c = *++b;
    } while (ct.isdigit(c));

    *v = i;
    *res = unbekannt;          // Ein Integer, aber wir kennen seine Bedeutung nicht
    return b;
}

if (ct.isalpha(c)) {           // Suche nach einem Monatsnamen oder Wochentag
    basic_string<Ch> str;
    while (ct.isalpha(c)) {    // Lies Zeichen in einen String
        str += c;
        if (++b == e) break;
        c = *b;
    }

    tm t;
    basic_stringstream<Ch> ss(str);
    get_monthname(ss.rdbuf(),In(),s,r,&t); // Lies vom Stream-Puffer im Speicher
    if ((r&(ios_base::badbit|ios_base::failbit))==0) {
        *v= t.tm_mon;
        *res = monat;
        r = 0;
        return b;
    }

    r = 0;                     // Lösche Zustand vor dem zweiten Leseversuch
    get_weekday(ss.rdbuf(),In(),s,r,&t);   // Lies vom Stream-Puffer im Speicher
    if ((r&ios_base::badbit)==0) {
        *v = t.tm_wday;
        *res = wochentag;
```

```
                r = 0;
                return b;
            }
        }
        r |= ios_base::failbit;
        return b;
    }
```

Der spannende Teil besteht darin, Monate und Wochentage voneinander zu unterscheiden. Wir lesen mittels Eingabeoperatoren, so daß wir [b, e) nicht zweimal lesen können, um erst nach einem Monat und dann nach einem Wochentag zu suchen. Andererseits können wir nicht Zeichen für Zeichen vorgehen und eine Entscheidung treffen, da nur die Funktionen get_monthname() und get_weekday() wissen, welche Zeichenfolgen den Namen eines Monats oder eines Wochentags in einem vorgegebenen Locale bilden. Die von mir gewählte Lösung liest eine Folge von Buchstaben in einen string, macht daraus einen stringstream und liest dann wiederholt aus dem streambuf dieses Streams.

Die Fehlermeldung erfolgt direkt über die Zustands–Flags wie z.B. ios_base::badbit. Dies ist notwendig, weil die bequemeren Funktionen zur Beeinflussung des Stream–Zustands wie clear() und setstate() in basic_ios und nicht in seiner Basisklasse ios_base definiert werden (§21.3.3). Falls notwendig, benutzt der Operator >> die von get_date() zurückgelieferten Fehlerergebnisse, um damit den Zustand des Eingabe–Streams zu setzen.

Mit der vorliegenden Funktion holeWert() können wir die Werte erst einmal lesen und danach versuchen herauszufinden, ob sie einen Sinn ergeben. Die Funktion dateorder() kann dann entscheidend sein:

```
template<class Ch, class In = istreambuf_iterator<Ch> >
In DatumEin::do_get_date(In b, In e, ios_base& s,
                         ios_base::iostate& r, tm* tmp) const
// Optionaler Wochentag, gefolgt von Tag, Monat oder Jahr
// in einer der Reihenfolgen ymd, dmy, mdy, oder ydm
{
    int wert[3];           // Für Tag-, Monat- und Jahrwerte in beliebiger Reihenfolge
    WertTyp res[3] = { keinWert };    // Zur Klassifizierung der Werte

    for (int i=0; b!=e && i<3; ++i) { // Lies Tag, Monat und Jahr
        b = holeWert(b,e,s,r,&wert[i],&res[i]);
        if (r) return b;                // Oje! Fehler
        if (res[i]==keinWert) {         // Kann Datum nicht vervollständigen
            r |= ios_base::badbit;
            return b;
        }
        if (res[i]==wochentag) {
            tmp->tm_wday = wert[i];
            --i;                        // Oje! Kein Tag, Monat oder Jahr
        }
    }

    time_base::dateorder reihenfolge = dateorder();
                        // Nun versuche, in die gelesenen Werte Sinn hineinzubringen

    if (res[0] == monat) {              // mdy oder Fehler
```

```
        // ...
    }
    else if (res[1] == monat) {        // dmy oder ymd oder Fehler
        tmp->tm_mon = wert[1];
        switch (reihenfolge) {
        case dmy:
            tmp->tm_mday = wert[0];
            tmp->tm_year = wert[2];
            break;
        case ymd:
            tmp->tm_year = wert[0];
            tmp->tm_mday = wert[2];
            break;
        default:
            r |= ios_base::badbit;
            return b;
        }
    }
    else if (res[2] == monat) {        // ydm oder Fehler
        // ...
    }
    else {                             // Vertraue auf dateorder oder Fehler
        // ...
    }

    tmp->tm_year -= 1900;     // Passe das Basisjahr an, um der tm-Konvention zu genügen
    return b;
}
```

Ich habe die Teile des Codes weggelassen, die zum Verständnis von Locales, Datumsangaben und des Umgangs mit Eingaben nichts beitragen. Das Schreiben von besseren und allgemeineren Datumseingabefunktionen überlasse ich Ihnen als Übungsaufgaben (§D.6–Ü9, §D.6–Ü10).

Es folgt ein einfaches Testprogramm:

```
int main()
try {
    cin.imbue(loc(locale(),new DatumEin)); // Liest Datum mittels DatumEin

    Datum dd;

    while (cin >> dd && dd != Datum()) cout << dd << endl;
}
catch (Datum::FalschesDatum e) {
    cout << "FalschesDatum gefangen: " << e.warum << endl;
}
```

Man beachte, daß do_get_date() sinnlose Datumsangaben akzeptiert, wie z.B.

```
Donnerstag, 7. Oktober 1998
```

und

```
1999/Feb/31
```

Die Konsistenzprüfungen für das Jahr, den Monat, den Tag und optional den Wochentag werden im Konstruktor von `Datum` vorgenommen. Es ist die Aufgabe der `Datums`klasse zu wissen, was ein korrektes Datum bildet; und für `DatumEin` ist es nicht notwendig, an diesem Wissen teilzuhaben.

Man könnte `holeWert()` oder `do_get_date()` die Bedeutung numerischer Werte raten lassen. Beispielsweise ist

```
12 May 1922
```

offensichtlich nicht der Tag 1922 des Monats Mai im Jahre 12. Das bedeutet, wir könnten »raten«, daß ein numerischer Wert, der kein Tag des angegebenen Monats sein kann, ein Jahr sein muß. Solches »Raten« kann in spezifisch eingeschränkten Kontexten nützlich sein. In allgemeiner gehaltenen Kontexten ist diese Vorgehensweise jedoch keine gute Idee. So könnte

```
12 May 15
```

ein Datum im Jahre 12, 15, 1912, 1915, 2012 oder 2015 sein. Manchmal ist es ein besserer Annäherungsversuch, die Schreibweise für Datumsangaben mit Hinweisen zu versehen, die die Unterscheidung von Jahren und Tagen eindeutig macht. So sind im englischen Sprachgebrauch `1st` und `15th` offensichtlich Tage eines Monats. Ähnlich können `751BC` und `1453AD` explizit als Jahre erkannt werden.

D.4.5   Die Zeichenklassifizierung

Beim Lesen von Zeichen aus der Eingabe ist es häufig notwendig, diese Zeichen zu klassifizieren, um in das Gelesene einen Sinn hineinzubringen. Beispielsweise muß eine Eingabeprozedur zum Lesen einer Zahl wissen, welche Zeichen Ziffern sind. In ähnlicher Weise zeigt §6.1.2 den Einsatz von Standard-Zeichenklassifizierungsfunktionen zur Analyse der Eingabe.

Selbstverständlich hängt die Klassifizierung der Zeichen vom benutzten Alphabet ab. Folglich wird die Facette `ctype` bereitgestellt, um die Zeichenklassifizierung in einem Locale zu repräsentieren.

Die Zeichenklassen werden durch eine Aufzählung namens `mask` beschrieben:

```
class std::ctype_base {
public:
    enum mask {              // Die aktuellen Werte sind implementierungsabhängig
        space = 1,           // Whitespace (im »C«-Locale: ' ', '\n', '\t', ...)
        print = 1<<1,        // Druckbare Zeichen
        cntrl = 1<<2,        // Control-Zeichen
        upper = 1<<3,        // Großbuchstaben
        lower = 1<<4,        // Kleinbuchstaben
        alpha = 1<<5,        // Buchstaben
        digit = 1<<6,        // Dezimalziffern
        punct = 1<<7,        // Interpunktionszeichen
        xdigit = 1<<8,       // Hexadezimalziffern
        alnum=alpha|digit,   // Alphanumerische Zeichen
        graph=alnum|punct
    };
};
```

Diese Maske (`mask`) ist unabhängig von irgendeinem Zeichentyp. Folglich wird diese Aufzählung in eine Basisklasse geschrieben (die kein Template ist). Zweifellos spiegelt `mask` die traditionelle

C– und C++–Klassifizierung wider (§20.4.1). Jedoch können bei unterschiedlichen Zeichensätzen gleiche Zeichenwerte in unterschiedliche Klassen fallen. Beispielsweise repräsentiert der Integer–Wert 125 im ASCII–Zeichensatz das Zeichen ’}’, klassifiziert als Interpunktionszeichen (punct). Im dänischen nationalen Zeichensatz repräsentiert 125 jedoch den Vokal ’å’, der in einem dänischen Locale als alpha klassifiziert sein muß.

Die Klassifizierung wird als »Maske« bezeichnet, weil die traditionelle effiziente Implementierung der Zeichenklassifizierung für kleine Zeichensätze aus einer Tabelle besteht, in der jeder Eintrag die Bits enthält, die seine Klassifizierung darstellen. Beispiel:

```
tabelle['a'] == lower|alpha|xdigit
tabelle['1'] == digit
tabelle[' '] == space
```

Mit dieser Implementierung ist tabelle[c] & m ungleich Null, falls das Zeichen c ein m ist, und in allen anderen Fällen gleich Null.

Die Facette ctype ist wie folgt definiert:

```
template <class Ch>
class std::ctype : public locale::facet, public ctype_base {
public:
        typedef Ch char_type;
        explicit ctype(size_t r = 0);

        bool is(mask m, Ch c) const;                          // Ist »c« ein »m«?

        // Schreibe die Klassifizierung für jeden Ch in [b:e) nach v:
        const Ch* is(const Ch* b, const Ch* e, mask* v) const;

        const Ch* scan_is(mask m, const Ch* b, const Ch* e) const;  // Finde ein m
        const Ch* scan_not(mask m, const Ch* b, const Ch* e) const; // Finde ein Nicht-m

        Ch toupper(Ch c) const;
        const Ch* toupper(Ch* b, const Ch* e) const;          // Konvertiere [b:e)
        Ch tolower(Ch c) const;
        const Ch* tolower(Ch* b, const Ch* e) const;

        Ch widen(char c) const;
        const char* widen(const char* b, const char* e, Ch* b2) const;
        char narrow(Ch c, char def) const;
        const Ch* narrow(const Ch* b, const Ch* e, char def, char* b2) const;

        static locale::id id;       // Facettenidentifizierungsobjekt (§D.2, §D.3, §D.3.1)

protected:
        ~ctype();

        // Virtuelle »do_«-Funktionen für öffentliche Funktionen (siehe §D.4.1)
};
```

Der Aufruf is(m,c) testet, ob das Zeichen c zu der Klassifizierung m gehört. Beispiel:

```
int zaehleSpaces(const string& s, const locale& loc)
{
    int i = 0;
    char ch;
    for(string::const_iterator p = s.begin(); p != s.end(); ++p)
        if (loc.is(space,ch)) ++i;    // Whitespace, wie durch loc definiert
    return i;
}
```

Man beachte, daß man is() auch benutzen kann, um zu testen, ob ein Zeichen zu einer von
mehreren angegebenen Klassifizierungen gehört. Beispiel:

```
loc.is(space|punct,c);   // Ist c ein Whitespace oder eine Interpunktion in loc?
```

Der Aufruf is(b, e, v) bestimmt die Klassifizierung eines jeden Zeichens in [b, e) und schreibt
sie an die entsprechende Position im Feld v.

Der Aufruf scan_is(m, b, e) liefert einen Zeiger auf das erste Zeichen in [b, e), das ein m
ist. Ist kein Zeichen als m klassifiziert, wird e zurückgeliefert. Wie immer bei Standardfacetten wird
eine öffentliche Elementfunktion durch einen Aufruf ihrer virtuellen do_-Funktion implementiert.
Eine einfache Implementierung könnte wie folgt aussehen:

```
template <class Ch>
const Ch* std::ctype::do_scan_is(mask m, const Ch* b, const Ch* e) const
{
    while (b!=e && !is(m,*b)) ++b;
    return b;
}
```

Der Aufruf scan_not(m, b, e) liefert einen Zeiger auf das erste Zeichen in [b, e), das kein m
ist. Sind alle Zeichen als m klassifiziert, wird e zurückgeliefert.

Der Aufruf toupper(c) liefert die Großschreibung von c, falls sie im benutzten Zeichensatz
existiert, sonst c selbst.

Der Aufruf toupper(b, e) wandelt jeden Buchstaben in dem Bereich [b, e) in Großbuchstaben um und liefert. Eine einfache Implementierung könnte wie folgt aussehen:

```
template <class Ch>
const Ch* std::ctype::to_upper(Ch* b, const Ch* e)
{
    for (; b!=e; ++b) *b = toupper(*b);
    return e;
}
```

Die tolower()-Funktionen sind ähnlich aufgebaut wie die toupper()-Funktionen, nur daß sie
natürlich in Kleinbuchstaben umwandeln.

Der Aufruf widen(c) wandelt das Zeichen c vom Typ char in seinen entsprechenden Ch-Wert
um. Wenn der Zeichensatz von Ch mehrere Zeichen bereitstellt, die c entsprechen, dann schreibt
der Standard vor, daß die »einfachste annehmbare Umwandlung« zu benutzen ist. Beispielsweise
wird

```
wcout << use_facet< ctype<wchar_t> >(wcout.getloc()).widen('e');
```

ein annehmbares Äquivalent des Zeichens e im Locale von wcout ausgeben.

Die Umwandlung zwischen nicht verwandten Zeichendarstellungen, so wie ASCII und EB-CDIC, kann ebenfalls mittels widen() erfolgen. Unter der Annahme, daß ein ebcdic–Locale existiert, könnte man schreiben:

```
char EBCDIC_e = use_facet< ctype<char> >(ebcdic).widen('e');
```

Der Aufruf widen(b, e, v) setzt für jedes Zeichen im Bereich [b, e) eine umgewandelte Version an die entsprechende Position im Feld v.

Der Aufruf narrow(ch, def) erzeugt einen char–Wert entsprechend dem Zeichen ch vom Typ Ch. Wieder wird die »einfachste annehmbare Umwandlung« benutzt. Wenn kein entsprechendes Zeichen existiert, wird def zurückgeliefert.

Der Aufruf narrow(b, e, def, v) setzt für jedes Zeichen im Bereich [b, e) eine umgewandelte Version an die entsprechende Position im Feld v.

Das allgemeine Konzept besteht darin, daß narrow() von einem größeren Zeichensatz in einen kleineren umwandelt und widen() die inverse Operation ausführt. Für ein Zeichen c eines kleineren Zeichensatzes würden wir erwarten, daß folgendes gilt:

```
c == narrow(widen(c),0)     // Ist nicht garantiert
```

Dies gilt unter der Voraussetzung, daß das Zeichen, das durch c dargestellt wird, in dem »kleineren Zeichensatz« nur eine einzige Repräsentation besitzt. Das ist jedoch nicht garantiert.

Wenn die Zeichen, die durch char dargestellt werden, nicht eine Untermenge derjenigen sind, die durch den größeren Zeichensatz (Ch) dargestellt werden, sollten wir bei der Benutzung von Code, der Zeichen generisch behandelt, mit Ungereimtheiten und möglichen Problemen rechnen.

Ähnlich könnten wir für ein Zeichen ch aus dem größeren Zeichensatz erwarten, daß folgendes gilt:

```
widen(narrow(ch,def)) == ch || widen(narrow(ch,def)) == widen(def)
                                                   // Ist nicht garantiert
```

Auch wenn dies oft der Fall ist, kann es jedoch nicht für ein Zeichen garantiert werden, das in dem größeren Zeichensatz durch mehrere Werte, im kleineren Zeichensatz jedoch nur durch einen einzigen Wert dargestellt wird. So hat eine Ziffer wie 7 häufig mehrere verschiedene Darstellungen in einem großen Zeichensatz. Der Grund dafür ist, daß ein großer Zeichensatz üblicherweise mehrere konventionelle Zeichensätze als Untermengen besitzt und daß die Zeichen aus den kleineren Zeichensätzen vervielfältigt werden, um die Umwandlung einfacher zu halten.

Für jedes Zeichen aus dem Basis-Quellzeichensatz (§C.3.3) ist garantiert, daß gilt:

```
widen(narrow(ch_lit,0)) == ch_lit
```

Beispiel:

```
widen(narrow('x')) == 'x'
```

Wo immer möglich, respektieren die Funktionen narrow() und widen() die Zeichenklassifizierung. Wenn z.B. is(alpha,c) gilt, dann gilt auch is(alpha,narrow(c,'a')) und is(alpha,widen(c)) überall, wo alpha eine gültige Maske für das benutzte Locale ist.

Ein Hauptgrund, im allgemeinen eine ctype–Facette zu benutzen und im besonderen die Funktionen narrow() und widen(), besteht darin, damit Code schreiben zu können, der Ein-/Ausgabe und String–Manipulationen für jeden Zeichensatz ausführt; das heißt, solchen Code bezüglich Zeichensätzen generisch zu gestalten. Das bedeutet auch, daß Implementierungen von iostreams auf diese Möglichkeiten entscheidend angewiesen sind. Wer sich auf `<iostream>` und `<string>` verläßt, kann die direkte Benutzung der Facette `ctype` meistens vermeiden.

Eine `_byname`–Version (§D.4, §D.4.1) der Facette `ctype` wird bereitgestellt:

```
template <class Ch> class std::ctype_byname : public ctype<Ch> { /* ... */ };
```

D.4.5.1   Die bequemeren Schnittstellen

Die Hauptaufgabe des `ctype`–Locales besteht darin zu erfragen, ob ein Zeichen zu einer vorgegebenen Klassifizierung gehört. Folglich wird dafür eine Menge an Funktionen bereitgestellt:

```
template <class Ch> bool isspace(Ch c, const locale& loc);
template <class Ch> bool isprint(Ch c, const locale& loc);
template <class Ch> bool iscntrl(Ch c, const locale& loc);
template <class Ch> bool isupper(Ch c, const locale& loc);
template <class Ch> bool islower(Ch c, const locale& loc);
template <class Ch> bool isalpha(Ch c, const locale& loc);
template <class Ch> bool isdigit(Ch c, const locale& loc);
template <class Ch> bool ispunct(Ch c, const locale& loc);
template <class Ch> bool isxdigit(Ch c, const locale& loc);
template <class Ch> bool isalnum(Ch c, const locale& loc);
template <class Ch> bool isgraph(Ch c, const locale& loc);
```

Diese Funktionen lassen sich einfach mittels `use_facet` implementieren. Beispiel:

```
template <class Ch>
inline bool isspace(Ch c, const locale& loc)
{
    return use_facet< ctype<Ch> >(loc).is(space,c);
}
```

Die Ein-Argument-Versionen dieser Funktionen, die in §20.4.2 vorgestellt werden, sind einfach diese Funktionen für das aktuelle globale C–Locale (nicht für das globale C++–Locale `locale()`). Außer in den seltenen Fällen, in denen sich das globale C–Locale und das globale C++–Locale unterscheiden (§D.2.3), kann man sich die Ein-Argument-Versionen als die Zwei-Argument-Versionen, angewandt auf `locale()`, vorstellen. Beispiel:

```
inline int isspace(int i)
{
    return isspace(i,locale()); // fast richtig
}
```

D.4.6   Die Zeichencodeumwandlung

Manchmal unterscheidet sich die Repräsentation von Zeichen, die in einer Datei gespeichert werden, von der gewünschten Repräsentation derselben Zeichen im Hauptspeicher. Beispielsweise werden japanische Zeichen häufig in Dateien gespeichert, in denen sogenannte Indikatoren (»shifts«) angeben, zu welchem der vier üblichen Zeichensätze (Kanji, Katakana, Hiragana oder Romaji) eine vorgegebene Folge von Zeichen gehört. Diese Vorgehensweise ist ein bißchen schwer zu handhaben, weil die Bedeutung eines jeden Bytes von seinem »Shift–Zustand« abhängt, aber sie kann Speicherplatz sparen, weil nur die Kanji–Zeichen mehr als ein Byte für ihre Repräsentation benötigen. Im Hauptspeicher lassen sich diese Zeichen einfacher handhaben, wenn sie mittels eines Multibyte–Zeichensatzes dargestellt werden, wo jedes Zeichen die gleiche Größe hat. Solche Zeichen (z.B. Unicode–Zeichen) werden üblicherweise mittels WideChars (wchar_t; §4.3) gespeichert. Folgerichtig stellt die Facette codecvt Mechanismen bereit, die Zeichen von einer Darstellungsform in eine andere umwandeln, wenn sie gelesen oder geschrieben werden. Beispiel:

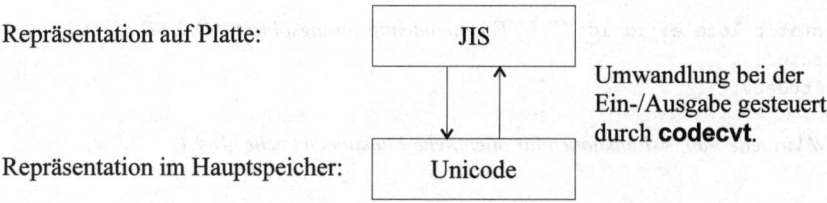

Repräsentation auf Platte: JIS

Umwandlung bei der Ein-/Ausgabe gesteuert durch **codecvt**.

Repräsentation im Hauptspeicher: Unicode

Dieser Codeumwandlungsmechanismus ist allgemein genug, um beliebige Umwandlungen von Zeichenrepräsentationen durchzuführen. Er erlaubt uns das Schreiben eines Programms, das eine geeignete interne Zeichenrepräsentation benutzt (gespeichert in char, wchar_t oder wie auch immer) und das dann eine Vielzahl von Eingabezeichen–Stream–Repräsentationen durch das Einstellen des von den Eingabe–Streams benutzten Locales akzeptiert. Die Alternative dazu bestünde in der Modifikation des Programms selbst oder aber in der Umwandlung der Ein- und Ausgabedateien aus/in eine Vielzahl von Formaten.

Die Facette codecvt ermöglicht Umwandlungen zwischen verschiedenen Zeichensätzen, wenn ein Zeichen zwischen einem Stream–Puffer und dem externen Speicher bewegt wird:

```
class std::codecvt_base {
public:
    enum result { ok, partial, error, noconv };      // Ergebnisindikatoren
};

template <class I, class E, class State>
class std::codecvt : public locale::facet, public codecvt_base {
public:
    typedef I intern_type;
    typedef E extern_type;
    typedef State state_type;

    explicit codecvt(size_t r = 0);

    result in(State&, const E* from, const E* from_end, const E*& from_next,
                      I* to, I* to_end, I*& to_next) const;   // Lesen

    result out(State&, const I* from, const I* from_end, const I*& from_next,
                       E* to, E* to_end, E*& to_next) const;  // Schreiben

    result unshift(State&, E* to, E* to_end, E*& to_next) const;
                              // Beende die Zeichenfolge

    int encoding() const throw();        // Charakterisiere die Basiscodierungs-
```

998

D Locales

```
                                    // eigenschaften
    bool always_noconv() const throw();  // Kann die Ein-/Ausgabe ohne Codeumwandlung
                                    // ausgeführt werden?

    int length(const State&, const E* from, const E* from_end,
                                              size_t max) const;
    int max_length() const throw();      // Maximal mögliche Länge (length())

    static locale::id id;     // Facettenidentifizierungsobjekt (§D.2, §D.3, §D.3.1)
protected:
    ~codecvt();

    // Virtuelle »do_«-Funktionen für öffentliche Funktionen (siehe §D.4.1)
};
```

Die Facette `codecvt` wird von `basic_filebuf` (§21.5) benutzt, um Zeichen zu lesen oder zu schreiben. Ein `basic_filebuf` erhält diese Facette vom Locale des Streams (§21.7.1).

Das Template–Argument `State` ist der Typ, der benutzt wird, um den Shift–Zustand des umzuwandelnden Streams zu speichern. `State` kann auch dazu benutzt werden, durch Angabe einer Spezialisierung verschiedene Umwandlungen zu bezeichnen. Das letztere ist nützlich, weil Zeichen aus einer Vielzahl von Zeichencodierungen (Zeichensätzen) in Objekten gleichen Typs gespeichert werden können. Beispiel:

```
    class JISstate { /* .. */ };

    p = new codecvt<wchar_t,char,mbstate_t>; // Umwandlung von Standard-char in WideChar
    q = new codecvt<wchar_t,char,JISstate>;  // Umwandlung von JIS in WideChar
```

Ohne die unterschiedlichen `State`–Argumente gäbe es keine Möglichkeit für die Facette herauszufinden, welche Codierung sie für den `char`–Stream voraussetzen soll. Der Typ `mbstate_t` aus `<cwchar>` oder `<wchar.h>` bezeichnet die Standardumwandlung des Systems von `char` in `wchar_t`.

Ein neues `codecvt` kann auch als abgeleitete Klasse erzeugt und mit einem Namen bezeichnet werden. Beispiel:

```
    class JIScvt : public codecvt<wchar_t,char,mbstate_t> { /* ... */ };
```

Der Aufruf `in(s, from, from_end, from_next, to, to_end, to_next)` liest jedes Zeichen im Bereich [`from`, `from_end`) und versucht, es umzuwandeln. Wurde ein Zeichen umgewandelt, schreibt `in()` die umgewandelte Form an die entsprechende Position im Bereich [`to`, `to_end`); wenn nicht, stoppt `in()` an der Stelle. Bei der Rückkehr speichert `in()` die Position »genau ein Zeichen hinter dem zuletzt gelesenen Zeichen« in `from_next` und die Position »genau ein Zeichen hinter dem zuletzt geschriebenen Zeichen« in `to_next`. Der von `in()` als `result` zurückgelieferte Wert gibt an, wie weit die Arbeit erledigt wurde:

ok: Alle Zeichen im Bereich [`from`, `from_end`) wurden umgewandelt.
partial: Nicht alle Zeichen im Bereich [`from`, `from_end`) wurden umgewandelt.
error: `in()` stieß auf ein Zeichen, das es nicht umwandeln konnte.
noconv: Es wurde keine Umwandlung benötigt.

Man beachte, daß eine nur teilweise (`partial`) ausgeführte Umwandlung nicht notwendigerweise ein Fehler ist. Möglicherweise müssen nur ein paar weitere Zeichen gelesen werden, bevor ein Multibyte–Zeichen vollständig ist und geschrieben werden kann; vielleicht muß auch der Ausgabepuffer geleert werden, um Platz für weitere Zeichen zu schaffen.

Das Argument s vom Typ `State` gibt den Zustand der Eingabezeichenfolge zu Beginn des Aufrufs von `in()` an. Dies ist wichtig, wenn die externe Zeichenrepräsentation Shift–Zustände benutzt. Man beachte, daß s ein (Nicht–`const`) Referenzargument ist: Am Ende des Aufrufs enthält s den Shift–Zustand der Eingabefolge. Damit kann ein Programmierer mit nur teilweise (`partial`) ausgeführten Umwandlungen umgehen und lange Folgen durch mehrere Aufrufe von `in()` umwandeln.

Der Aufruf `out(s, from, from_end, from_next, to, to_end, to_next)` wandelt den Bereich [`from`, `from_end`) von der internen in die externe Darstellung auf die gleiche Weise um, wie `in()` von der externen in die interne Darstellung umwandelt.

Ein Zeichen–Stream muß in einem »neutralen« (unshifted) Zustand beginnen und enden. Üblicherweise ist dieser Zustand `State()`. Der Aufruf `unshift(s, to, to_end, to_next)` schaut auf s und schreibt, wenn nötig, Zeichen in [`to`, `to_end`), um die Folge von Zeichen wieder zurück in diesen neutralen (unshifted) Zustand zu bringen. Das zurückgelieferte Ergebnis von `unshift()` und die Benutzung von `to_next` sind genauso wie bei `out()`.

Der Aufruf `length(s, from, from_end, max)` liefert die Anzahl an Zeichen, die `in()` im Bereich [`from`, `from_end`) umwandeln könnte.

Der Aufruf `encoding()` liefert

- `-1` wenn die Codierung des externen Zeichensatzes Zustände benutzt (z.B. »shift«– und »unshift«–Zeichenfolgen),
- `0` wenn die Codierung unterschiedlich lange Bytefolgen benutzt, um die einzelnen Zeichen darzustellen (z.B. könnte eine Zeichendarstellung ein bestimmtes Bit in einem Byte benutzen, um zu kennzeichnen, ob ein oder zwei Bytes benutzt werden, um das Zeichen darzustellen),
- `n` wenn jedes Zeichen des externen Zeichensatzes durch n Bytes dargestellt wird.

Der Aufruf `always_noconv()` liefert `true`, wenn keine Umwandlung zwischen dem internen und dem externen Zeichensatz erforderlich ist, und sonst `false`. Offensichtlich eröffnet `always_noconv()==true` die Möglichkeit, eine äußerst effiziente Implementierung einzusetzen, die einfach die Umwandlungsfunktionen nicht aufruft.

Der Aufruf `max_length()` liefert den größten Wert, den `length()` für einen gültigen Satz an Argumenten liefern kann.

Die einfachste Codeumwandlung, die ich mir vorstellen kann, besteht in der Umwandlung der Eingabe in Großbuchstaben. Folglich ist dies die einfachste vorstellbare Form eines `codecvt`, die immer noch einen Nutzen hat:

```
class Cvt_to_upper : public codecvt<char,char,mbstate_t> {
    // Wandle in Großbuchstaben um

    explicit Cvt_to_upper(size_t r = 0) : codecvt(r) { }

protected:
    // Lies externe Darstellung, schreibe interne Darstellung:
    result do_in(State& s, const char* from, const char* from_end,
              const char*& from_next,
```

```
                    char* to, char* to_end, char*& to_next) const;
```

```
    // Lies interne Darstellung, schreibe externe Darstellung:
    result do_out(State& s, const char* from, const char* from_end,
                  const char*& from_next,
                  char* to, char* to_end, char*& to_next) const
    {
        return codecvt<char,char,mbstate_t>::do_out
            (s,from,from_end,from_next,to,to_end,to_next);
    }

    result do_unshift(State&, E* to, E* to_end, E*& to_next) const
        { return ok; }

    int do_encoding() const throw() { return 1; }
    bool do_always_noconv() const throw() { return false; }

    int do_length(const State&, const E* from, const E* from_end,
                                            size_t max) const;
    int do_max_length() const throw();        // Maximal mögliche Länge (length())
};
```

```
codecvt<char,char,mbstate_t>::result
Cvt_to_upper::do_in(State& s, const char* from, const char* from_end,
                    const char*& from_next,
                    char* to, char* to_end, char*& to_next) const
{
    //... §D.6--Ü16
}
```

```
int main()                                    // Einfacher Test
{
    locale ulocale(locale(), new Cvt_to_upper);

    cin.imbue(ulocale);

    while (cin>>ch) cout << ch;
}
```

Eine _byname–Version (§D.4, §D.4.1) der Facette codecvt wird bereitgestellt:

```
template <class I, class E, class State>
class std::codecvt_byname : public codecvt<I,E,State> { /* ... */ };
```

D.4.7 Die Meldungen

Selbstverständlich bevorzugen die meisten Endanwender die Benutzung ihrer eigenen Muttersprache, wenn sie mit einem Programm interagieren sollen. Wir können jedoch keinen Standardmechanismus bereitstellen, um allgemeine, locale–abhängige Interaktionen auszudrücken. Statt dessen bietet die Bibliothek einen einfachen Mechanismus, um eine `locale`–abhängige Menge von Strings zu halten, aus denen ein Programmierer einfache Meldungen zusammensetzen kann. Im wesentlichen implementiert `messages` eine einfache, nur zum Lesen zugelassene Datenbank:

```
class std::messages_base {
public:
    typedef int catalog;    // Katalogidentifizierungstyp
};


template <class Ch>
class std::messages : public locale::facet, public messages_base {
public:
    typedef Ch char_type;
    typedef basic_string<Ch> string_type;

    explicit messages(size_t r = 0);

    catalog open(const basic_string<char>& fn, const locale&) const;
    string_type get(catalog c, int set, int msgid, const string_type& d) const;
    void close(catalog c) const;

    static locale::id id;     // Facettenidentifizierungsobjekt (§D.2, §D.3, §D.3.1)

protected:
    ~messages();

    // Virtuelle »do_«-Funktionen für öffentliche Funktionen (siehe §D.4.1)
};
```

Der Aufruf `open(s, loc)` öffnet einen »Katalog« an Meldungen namens s für das Locale `loc`. Ein Katalog ist eine Menge von Strings, die auf eine implementierungsabhängige Weise organisiert sind und auf die mit der Funktion `messages::get()` zugegriffen wird. Ein negativer Wert wird zurückgeliefert, wenn kein Katalog mit dem Namen s geöffnet werden kann. Vor der ersten Benutzung von `get()` muß ein Katalog geöffnet werden.

Der Aufruf `close(cat)` schließt den durch `cat` bezeichneten Katalog und gibt alle mit ihm verbundenen Ressourcen frei.

Der Aufruf `get(cat, set, id, "foo")` sucht nach einer Meldung in dem Katalog `cat`, die durch `(set, id)` identifiziert wird. Wird ein String gefunden, liefert ihn `get()`; andernfalls liefert `get()` den Defaultstring (in diesem Falle wäre das `string("foo")`).

Hier folgt als Beispiel eine `messages`–Facette mit einer Implementierung, in der ein Meldungskatalog ein Vektor von Mengen von »Meldungen« ist und eine »Meldung« ein String:

```
struct Set {
    vector<string> msgs;
};


struct Cat {
    vector<Set> sets;
};


class MeineMessages : public messages<char> {
```

```
    vector<Cat>& catalogs;
public:
    explicit MeineMessages(size_t = 0) :catalogs(*new vector<Cat>) { }

    catalog do_open(const string& s, const locale& loc) const;
                                                          // Öffne Katalog s
    string do_get(catalog c, int s, int m, const string&) const;
                                                          // Hole Meldung (s,m) aus c
    void do_close(catalog c) const
    {
        if (catalogs.size()<=c) catalogs.erase(catalogs.begin()+c);
    }


    ~MeineMessages() { delete &catalogs; }
};
```

Alle Elementfunktionen von messages sind konstant (const), somit wird die Katalogdatenstruktur (der vector<Set>) außerhalb der Facette gespeichert.

Eine Meldung wird ausgewählt, indem ein Katalog, eine Menge innerhalb des Katalogs und eine Kennung innerhalb dieser Menge angegeben wird. Ein String wird als Argument übergeben, um zurückgeliefert zu werden, falls keine Meldung im Katalog gefunden wird:

```
string MeineMessages::do_get(catalog cat, int set, int msg,
                             const string& def) const
{
    if (catalogs.size()<=cat) return def;
    Cat& c = catalogs[cat];
    if (c.sets.size()<=set) return def;
    Set& s = c.sets[set];
    if (s.msgs.size()<=msg) return def;
    return s.msgs[msg];
}
```

Das Öffnen eines Katalogs hat das Lesen der Textdarstellung von der Platte in die Struktur Cat zur Folge. In diesem Fall habe ich eine Darstellung gewählt, die sich sehr einfach einlesen läßt. Eine Menge wird durch <<< und >>> begrenzt, und jede Meldung besteht aus genau einer Textzeile:

```
messages<char>::catalog MeineMessages::do_open(const string& n,
                                               const locale& loc) const
{
    string nn = n + locale().name();
    ifstream f(nn.c_str());
    if (!f) return -1;

    catalogs.push_back(Cat());       // Erzeuge einen Katalog im Hauptspeicher
    Cat& c = catalogs.back();
    string s;
    while (f>>s && s=="<<<") {        // Lies die Menge
        c.sets.push_back(Set());
        Set& ss = c.sets.back();
        while (getline(f,s) && s != ">>>") ss.msgs.push_back(s);
                                     // Lies die Meldung
```

```
        }
        return catalogs.size()-1;
    }
```

Hier folgt eine einfache Anwendung:

```
int main()
{
    if (!has_facet< MeineMessages >(locale())) {
        cerr << "Keine Meldungen in" << locale().name() << " gefunden\n";
        exit(1);
    }

    const messages<char>& m = use_facet< MeineMessages >(locale());
    extern string message_directory;     // in dem ich meine Meldungen speichere
    int cat = m.open(message_directory,locale());
    if (cat<0) {
        cerr << "Kein Katalog gefunden.\n";
        exit(1);
    }

    cout << m.get(cat,0,0,"Nicht vorhanden!") << endl;
    cout << m.get(cat,1,2,"Nicht vorhanden!") << endl;
    cout << m.get(cat,1,3,"Nicht vorhanden!") << endl;
    cout << m.get(cat,3,0,"Nicht vorhanden!") << endl;
}
```

Mit dem folgenden Katalog

```
<<<
Hallo
Auf Wiedersehen
>>>
<<<
Ja
Nein
Vielleicht
>>>
```

gibt das Programm folgendes aus:

```
Hallo
Vielleicht
Nicht vorhanden!
Nicht vorhanden!
```

D.4.7.1 Die Benutzung von Meldungen durch andere Facetten

Außer als Repository für locale–abhängige Strings zur Kommunikation mit dem Benutzer kann man Meldungen auch benutzen, um Strings für andere Facetten zu halten. Beispielsweise hätte das Locale JahreszeitIO (§D.3.2) wie folgt geschrieben werden können:

```
class JahreszeitIO: public locale::facet {
    const messages<char>& m;        // Meldungs(message)-Directory
    int cat;                        // Meldungs(message)-Katalog
public:
    class FehlendeMessages { };

    JahreszeitIO(int i = 0)
        : locale::facet(i),
          m(use_facet<Season_messages>(locale())),
          cat(m.open(message_directory,locale()))
    { if (cat<0) throw FehlendeMessages(); }

    ~JahreszeitIO() { }             // Um JahreszeitIO-Objekte zerstören zu können (§D.3)

    const string& to_str(Jahreszeit jz) const;
                                    // Die Stringrepräsentation von jz

    bool from_str(const string& s, Jahreszeit& jz) const;
                                    // Schreibe die s entsprechende Jahreszeit in jz

    static locale::id id;           // Facettenidentifizierungsobjekt (§D.2, §D.3, §D.3.1)
};

locale::id JahreszeitIO::id;        // Definiert das Identifizierungsobjekt

const string& JahreszeitIO::to_str(Jahreszeit jz) const
{
    return m->get(cat,jz,"Keine solche Jahreszeit vorhanden");
}

bool JahreszeitIO::from_str(const string& s, Jahreszeit& jz) const
{
    for (int i = Jahreszeit::fruehling; i<=Jahreszeit::winter; i++)
        if (m->get(cat,i,"Keine solche Jahreszeit vorhanden") == s) {
            jz = Jahreszeit(i);
            return true;
        }
    return false;
}
```

Diese auf Meldungen (messages) aufgebaute Lösung unterscheidet sich von der ursprünglichen Lösung (§D.3.2) darin, daß der Implementierer einer Menge von Jahreszeit–Strings für ein neues Locale in der Lage sein muß, sie einem messages–Directory hinzuzufügen. Das ist einfach für jemanden, der ein neues Locale zu einer Laufzeitumgebung hinzufügt. Weil jedoch messages nur eine Schnittstelle mit Lesezugriff bietet, könnte das Hinzufügen einer neuen Menge von Jahreszeitennamen außerhalb des Bereichs eines Anwendungsprogrammierers liegen.

Eine _byname–Version (§D.4, §D.4.1) der Facette messages wird bereitgestellt:

```
template <class Ch>
class std::messages_byname : public messages<Ch> { /* ... */ };
```

D.5 Ratschläge

1. Rechnen Sie damit, daß jedes nichttriviale Programm oder System, das direkt mit Menschen interagiert, in mehreren unterschiedlichen Ländern zum Einsatz kommt; §D.1.
2. Gehen Sie nicht von der Annahme aus, daß jeder denselben Zeichensatz wie Sie benutzt; §D.4.1.
3. Geben Sie der Benutzung von `locales` den Vorzug vor dem Schreiben von »ad hoc«-Code für kulturabhängige Ein-/Ausgabe; §D.1.
4. Vermeiden Sie das Angeben von Locale–Namen–Strings im Programmtext; §D.2.1.
5. Benutzen Sie globale Formatinformationen nur äußerst eingeschränkt; §D.2.3, §D.4.4.7.
6. Geben Sie locale–abhängigen Stringvergleichen und Sortierungen den Vorzug; §D.2.4, §D.4.1.
7. Machen Sie `facets` unveränderbar; §D.2.2, §D.3.
8. Beschränken Sie Änderungen von `locale` auf wenige Stellen im Programm; §D.2.3.
9. Überlassen Sie `locale` die Regelung der Lebenszeit von `facets`; §D.3.
10. Denken Sie beim Schreiben locale–abhängiger Ein-/Ausgabefunktionen an die Behandlung von Ausnahmen aus von Benutzern bereitgestellten (überschriebenen) Funktionen; §D.4.2.2.
11. Benutzen Sie einen einfachen `Geld`–Typ, um Währungswerte zu handhaben; §D.4.3.
12. Benutzen Sie einfache benutzerdefinierte Typen, um Werte zu handhaben, die eine locale–abhängige Ein-/Ausgabe erfordern (und keine Casts auf Werte oder von Werten mit eingebautem Typ); §D.4.3.
13. Glauben Sie keinen Zeitmessungen, bevor Sie nicht eine gute Vorstellung von allen beteiligten Faktoren haben; §D.4.4.1.
14. Beachten Sie die Einschränkungen von `time_t`; §D.4.4.1, §D.4.4.5.
15. Benutzen Sie für Datumsangaben eine Eingaberoutine, die eine Menge von Eingabeformaten akzeptiert; §D.4.4.5.
16. Geben Sie den Zeichenklassifizierungsfunktionen den Vorzug, in denen das Locale explizit benutzt wird; §D.4.5, §D.4.5.1.

D.6 Übungen

Ü1 (∗2,5) Definieren Sie ein `JahreszeitIO` (§D.3.2) für eine andere Sprache als Ihre eigene.

Ü2 (∗2) Definieren Sie eine `JahreszeitIO`–Klasse (§D.3.2), die eine Menge von Namen–Strings als Konstruktorargument übernimmt, so daß die `Jahreszeit`namen für unterschiedliche Locales als Objekte dieser Klasse dargestellt werden können.

Ü3 (∗3) Schreiben Sie eine Funktion `collate<char>::compare()`, die die Reihenfolge wie im Wörterbuch ergibt. Am besten tun Sie dies für eine Sprache wie Deutsch oder Französisch, die mehr Zeichen im Alphabet als Englisch hat.

Ü4 (∗2) Schreiben Sie ein Programm, das `bools` als Zahlen, als englische Wörter und als Wörter in einer Sprache Ihrer Wahl liest und schreibt.

Ü5 (∗2,5) Definieren Sie einen Typ `Tageszeit`, um die Tageszeit darzustellen. Definieren Sie einen Typ `DatumUndTageszeit`, indem Sie `Tageszeit` und einen `Datum`styp benutzen. Beschreiben Sie die Vor- und Nachteile dieses Ansatzes im Vergleich zum Typ `Datum` aus §D.4.4. Implementieren Sie eine locale–abhängige Ein-/Ausgabe für `Tageszeit` und `DatumUndTageszeit`.

Ü6 (∗2,5) Entwerfen und implementieren Sie eine Facette für Postleitzahlen. Implementieren Sie sie für mindestens zwei Länder mit unterschiedlichen Konventionen zum Schreiben von Adressen; z.B.: NJ 07932 und CB21QA.

Ü7 (∗2,5) Entwerfen und implementieren Sie eine Facette für Telefonnummern. Implementieren Sie sie für mindestens zwei Länder mit unterschiedlichen Konventionen zum Schreiben von Telefonnummern; z.B.: (973) 360-8000 und 1223 343000.

Ü8 (∗2,5) Machen Sie Experimente, um herauszufinden, welche Ein-/Ausgabeformate Ihre Implementation für Dateninformationen benutzt.

Ü9 (∗2,5) Definieren Sie eine Funktion get_time(), die versucht, den Sinn mehrdeutiger Datumsangaben zu »erraten«, wie z.B. 12 May 1995, aber trotzdem alle oder zumindest fast alle Fehler zurückweist. Geben Sie gewissenhaft an, welche »Rateversuche« akzeptiert werden, und diskutieren Sie die Wahrscheinlichkeit eines Fehlers.

Ü10 (∗2) Definieren Sie eine Funktion get_time(), die eine größere Bandbreite an Eingabeformaten akzeptiert als die in §D.4.4.5.

Ü11 (∗2) Erstellen Sie eine Liste der Locales, die von Ihrem System unterstützt werden.

Ü12 (∗2,5) Finden Sie heraus, wo benannte Locales auf Ihrem System gespeichert werden. Falls Sie auf diesen Teil Ihres Systems Zugriff haben, erstellen Sie ein neues benanntes Locale. Seien Sie dabei sehr vorsichtig, um keine existierenden Locales zu beschädigen.

Ü13 (∗2) Vergleichen Sie die beiden JahreszeitIO–Implementierungen (§D.3.2 und §D.4.7.1).

Ü14 (∗2) Schreiben und testen Sie eine DatumAus–Facette, die Datumsangaben mittels eines Formats schreibt, das als Konstruktorargument übergeben wurde. Erläutern Sie die Vor– und Nachteile dieses Ansatzes im Vergleich zu dem globalen Datumsformat, das durch datumFmt bereitgestellt wird (§D.4.4.6).

Ü15 (∗2,5) Implementieren Sie die Ein-/Ausgabe von römischen Zahlen (wie z.B. XI und MDCLII).

Ü16 (∗2,5) Implementieren und testen Sie Cvt_to_upper (§D.4.6).

Ü17 (∗2,5) Benutzen Sie clock(), um die durchschnittlichen Kosten für (1) einen Funktionsaufruf, (2) einen virtuellen Funktionsaufruf, (3) das Lesen eines chars, (4) das Lesen eines einziffrigen ints, (5) das Lesen eines fünfziffrigen ints, (6) das Lesen eines fünfziffrigen doubles, (7) das Lesen eines ein Zeichen langen strings, (8) das Lesen eines fünf Zeichen langen strings und (9) das Lesen eines vierzig Zeichen langen strings zu ermitteln.

Ü18 (∗6,5) Lernen Sie eine andere natürliche Sprache.

Ausnahmefestigkeit der Standardbibliothek

Everything will work just as you expect it to,
unless your expectations are incorrect.
– Hyman Rosen

E.1 Einführung

Funktionen der Standardbibliothek rufen oft Operationen auf, die vom Entwickler als Funktions–
oder Template–Argument übergeben werden. Natürlich werden einige dieser benutzerdefinierten
Operationen hin und wieder eine Ausnahme werfen. Andere Funktionen wie z.B. Allokatoren
können ebenfalls Ausnahmen auslösen. Man betrachte folgendes Beispiel:

```
void f(vector<X>& v, const X& g)
{
    v[2] = g;                    // Zuweisungsoperator von X könnte Ausnahme werfen
    v.push_back(g);              // der Allokator von vector<X> könnte Ausnahme werfen
    sort(v.begin(),v.end());     // Vergleichsoperator von X könnte Ausnahme werfen
    vector<X> u = v;             // Copy-Konstruktor von X könnte Ausnahme werfen
    // ...

    // u wird hier zerstört: sicherstellen, daß der Destruktor von X korrekt arbeiten kann
}
```

Was passiert, wenn die Zuweisung eine Ausnahme während des Kopierens von g wirft? Enthält
v dann ein ungültiges Element? Was geschieht, wenn der Konstruktor, der von v.push_back()
zum Kopieren von g benutzt wird, ein std::bad_alloc wirft? Hat sich die Anzahl der Elemente verändert? Wurde dem Container ein ungültiges Element hinzugefügt? Was passiert, wenn der
Vergleichsoperator (<) von X während des Sortierens eine Ausnahme wirft? Wurden die Elemente dann teilweise sortiert? Könnte ein Element durch den Sortieralgorithmus aus dem Container
entfernt und nicht wieder zurückgetan worden sein?

Das Auffinden aller möglichen Ausnahmen im obigen Beispiel bleibt als Übung für den Leser (§E.8–Ü1). Zu erklären, daß dieses Beispiel für jeden wohldefinierten Typ X, selbst wenn X
Ausnahmen wirft, korrekt funktioniert, ist unter anderem Ziel dieses Anhangs. Natürlich ist ein
wesentlicher Teil dieser Erklärung die Definition der Bedeutung und Terminologie von »korrekt
funktionieren« und »wohldefiniert« im Zusammenhang mit Ausnahmen.

Das Ziel dieses Anhang ist es,

1. herauszufinden, wie ein Anwender Typen entwerfen kann, die den Anforderungen der Standardbibliothek standhalten,
2. die Zusicherungen der Standardbibliothek klarzustellen,
3. die Anforderungen der Standardbibliothek an den benutzerdefinierten Code festzustellen,
4. effektive Techniken für den Entwurf von ausnahmefesten und effizienten Containern zu zeigen,
5. einige allgemeinen Regeln zum Erstellen ausnahmefester Programme vorzustellen.

Die Diskussion von Ausnahmefestigkeit konzentriert sich notwendigerweise auf das jeweils schlimmste Verhalten. Das heißt, in welchem Fall würde eine Ausnahme die größten Probleme hervorrufen? Wie schützt die Standardbibliothek sich selbst und ihre Anwender vor potentiellen Problemen? Und wie kann der Anwender helfen, Probleme zu vermeiden? Lassen Sie sich bitte durch diese Diskussion von Techniken zur Ausnahmebehandlung nicht von der wichtigen Tatsache ablenken, daß Ausnahmen der beste Mechanismus zum Melden von Fehlern sind (§14.1, §14.9). Die Vorstellung von Konzepten, Techniken und Zusicherungen der Standardbibliothek teilt sich folgendermaßen auf:

- §E.2 stellt den Begriff der Ausnahmefestigkeit vor.
- §E.3 zeigt Techniken zur Implementierung von effizienten ausnahmefesten Containern und Funktionen.
- §E.4 skizziert die Zusicherungen der Standardbibliotheks–Container und ihrer Funktionen.
- §E.5 erläutert Ausnahmefestigkeit für die Nicht–Container der Standardbibliothek.
- §E.6 betrachtet Ausnahmefestigkeit vom Standpunkt eines Nutzers der Standardbibliothek.

Wie immer bietet die Standardbibliothek Beispiele für die Art von Vorsorge, die von anspruchsvollen Anwendungen berücksichtigt werden muß. Die Techniken, die in der Standardbibliothek zur Ausnahmefestigkeit führen, sind auf ein weites Spektrum von Problemen anwendbar.

E.2   Ausnahmefestigkeit

Eine Operation auf einem Objekt heißt *ausnahmefest*, wenn das Objekt in einem gültigen Zustand bleibt, obwohl die Operation durch eine Ausnahme abgebrochen wurde. Dieser gültige Zustand kann auch ein Fehlerzustand sein, der bereinigt werden muß. Er muß aber wohldefiniert sein, damit eine sinnvolle Fehlerbehandlung für das Objekt geschrieben werden kann. Eine Ausnahmebehandlung könnte z.B. das Objekt zerstören oder reparieren, eine Variante der Operation versuchen oder einfach weiter machen usw.

Anders ausgedrückt heißt dies, daß ein Objekt eine Invariante besitzt (§24.3.7.1), die durch ihren Konstruktur etabliert wird, über alle Operationen trotz möglicher Ausnahmen sichergestellt und schließlich durch den Destruktor aufgehoben wird. Eine Operation sollte dafür sorgen, daß diese Invariante eingehalten wird, bevor sie eine Ausnahme wirft, damit das Objekt in einem gültigen Zustand bleibt. Es ist jedoch möglich, daß dieser gültige Zustand für die Anwendung unbrauchbar ist. Bespielsweise könnte eine Zeichenkette als leer gesetzt worden sein oder ein Container könnte unsortiert geblieben sein. Daher heißt »reparieren«, daß einem Objekt ein für die Anwendung wünschenswerterer oder passenderer Wert gesetzt wird als der, der nach der abgebrochenen Operation zurückgeblieben ist. Im Umfeld der Standardbibliothek sind Container die interessantesten Objekte.

Betrachten wir nun, unter welchen Bedingungen Operationen auf Standardbibliotheks–Containern als ausnahmefest gelten können. Es kann nur zwei konzeptionell wirlich einfache Strategien geben:

1. »Keine Zusicherungen«: Falls eine Ausnahme geworfen wurde, gilt jeder manipulierte Container als potentiell beschädigt.

2. »Strenge Zusicherung«: Falls eine Ausnahme geworfen wurde, bleibt jeder manipulierte Container in dem Zustand, in dem er vor dem Beginn der Standardbibliotheksoperation war.

Leider sind beide Ansätze für den tatsächlichen Gebrauch zu einfach. Die erste Alternative ist nicht akzeptabel, da sie impliziert, daß nach einer Ausnahme in einer Container–Operation dieser Container nicht mehr benutzt werden darf; er kann noch nicht einmal zerstört werden, ohne Laufzeitfehler befürchten zu müssen. Die zweite Alternative ist nicht akzeptabel, weil sie die Aufwände einer Rollback–Semantik jeder einzelnen Standardbibliotheksoperation aufbürdet.

Um dieses Dilemma zu beheben, bietet die C++–Standardbibliothek eine Reihe von ausnahmefesten Zusicherungen, welche die Last der Realisierung korrekter Programme auf die Implementierer der Standardbibliothek und deren Anwender verteilen:

3a. »*Grundlegende Zusicherung* für alle Operationen«: Die grundlegenden Invarianten der Standardbibliothek werden eingehalten, und keine Ressourcen wie z.B. Speicher gehen verloren.

3b. »*Strenge Zusicherung* für wichtige Operationen«: Zusätzlich zur grundlegenden Zusicherung wird entweder die Operation erfolgreich ausgeführt, oder sie hat keinen Effekt. Diese Zusicherung wird für wichtige Operationen wie push_back, insert() für einzelne Elemente in eine list und uninitialized_copy() gegeben (§E.3.1, §E.4.1).

3c. »*Keine-Ausnahme-Zusicherung* für einige Operationen«: Zusätzlich zur grundlegenden Zusicherung sichern einige Operationen zu, daß sie keine Ausnahmen werfen. Diese Zusicherung bieten einige simple Operationen wie swap() und pop_back() (§E.4.1).

Sowohl die grundlegende als auch die strenge Zusicherung setzen voraus, daß die benutzerdefinierten Operationen (wie Zuweisungen oder swap()–Funktionen) Container–Elemente nicht in einem ungültigen Zustand zurücklassen, daß sie keine Ressourcen verlieren und daß Destruktoren keine Ausnahmen werfen. Betrachten wir beispielsweise diese »Handle«–Klassen (§25.7):

```
template<class T> class Sicher {
    T* p;    // p zeigt auf ein durch new allokiertes T
public:
    Sicher() :p(new T) { }
    ~Sicher() { delete p; }
    Sicher& operator=(const Sicher& a) { *p = *a.p; return *this; }
    // ...
};


template<class T> class Unsicher {    // Schludriger und gefährlicher Code
    T* p;    // p zeigt auf ein T
public:
    Unsicher(T* pp) :p(pp) { }
    ~Unsicher() { if (!p->zerstoerbar()) throw E(); delete p; }
    Unsicher& operator=(const Unsicher& a)
    {
        p->~T();           // zerstöre alten Wert §10.4.11
        new(p) T(a.p);     // bringe Kopie von a.p nach *p §10.4.11
        return *this;
```

```
    }

    // ...
};


void f(vector< Sicher<Ein_typ> >&vg, vector< Unsicher<Ein_typ> >&vb)
{
    vg.at(1) = Sicher<Ein_typ>();
    vb.at(1) = Unsicher<Ein_typ>(new Ein_typ);
    // ...
}
```

In diesem Beispiel ist die Konstruktion von Safe nur dann erfolgreich, wenn auch T erfolgreich erzeugt wurde. Die Konstruktion eines T könnte scheitern, weil die Speicheranforderung fehlschlagen (und ein std::bad_alloc werfen) kann oder weil Ts Konstruktor eine Ausnahme werfen könnte. Trotzdem wird in jedem erfolgreich erzeugten Safe p auf einen erfolgreich konstruierten T zeigen; falls ein Konstruktor fehlschlägt, wurde kein T– oder Safe–Objekt erzeugt. Entsprechend kann Ts Zuweisungsoperator eine Ausnahme werfen, was dazu führt, daß der Zuweisungsoperator von Safe implizit diese Ausnahme weiterwirft. Dies ist jedoch kein Problem, solange der Zuweisungsoperator von T seine Operanden in einem vernünftigen Zustand zurückläßt. Daher funktioniert Safe korrekt, und folglich wird jede Standardbibliotheksoperation ein sinnvolles und wohldefiniertes Ergebnis haben.

Andererseits ist Unsafe sorglos geschrieben worden (oder genaugenommen sorgfältig geschrieben worden, um ein unerwünschtes Verhalten zu zeigen). Die Konstruktion eines Unsafe kann nicht fehlschlagen. Statt dessen entstehen für die Operationen von Unsafe wie Zuweisung und Zerstörung verschiedene potentielle Probleme. Der Zuweisungsoperator kann durch das Werfen einer Ausnahme aus Ts Copy–Konstruktor fehlschlagen. Dies würde T in einem undefinierten Zustand zurücklassen, da der alte Wert von *p zerstört wäre und kein neuer Wert ihn ersetzt hätte. Allgemein sind dann die Ergebnisse nicht vorhersagbar. Der Destruktor von Unsafe enthält einen schlecht durchdachten Versuch, T gegen unerwünschtes Zerstören zu schützen. Allerdings führt ein Werfen einer Ausnahme während einer Ausnahmebehandlung zu einem Aufruf von terminate() (§14.7), und die Standardbibliothek fordert, daß ein Destruktor nach dem Zerstören des Objekts normal zurückkehrt. Die Standardbibliothek macht keine Zusicherungen — und kann auch keine machen — über ihr Verhalten, wenn ein Anwender derart schlecht funktionierende Objekte übergibt.

Aus der Sicht der Ausnahmebehandlung unterscheiden sich Safe und Unsafe darin, daß Safe den Konstruktor benutzt, um eine Invariante (§24.3.7.1) zu etablieren, die es ermöglicht, ihre Operationen einfach und sicher zu implementieren. Falls diese Invariante nicht erreicht werden kann, wird eine Ausnahme geworfen, bevor ein ungültiges Objekt erzeugt werden konnte. Andererseits wurstelt sich Unsafe ohne eine sinnvolle Invariante durch, und die einzelnen Operationen werfen Ausnahmen ohne eine generelle Strategie zur Fehlerbehandlung. Dies führt natürlich zu Konflikten mit den (nachvollziehbaren) Annahmen der Standardbibliothek über das Verhalten von Typen. Beispielsweise kann Unsafe nach dem Werfen einer Ausnahme in T::operator=() ungültige Elemente in einem Container zurücklassen oder eine Ausnahme aus ihrem Destruktor werfen.

Man beachte, daß die Zusicherung der Standardbibliothek bezüglich schlecht funktionierender, durch den Anwender definierter Operationen analog zu den Zusicherungen der Sprache bezüglich Verstößen gegen das grundlegende Typsystem sind. Falls eine grundlegende Operation nicht entsprechend ihrer Spezifikation benutzt wird, ist das Ergebnis undefiniert. Man hat etwa genau so viel Aussicht, daß eine aus einem Destruktor eines vector–Elements geworfene Ausnahme zu einem sinnvollen Ergebnis führt, wie beim Versuch, einen mit einer Zufallszahl initialisierten Zeiger zu derefenzieren:

```
class Bombe {
public:
    // ...
    ~Bombe() { throw Aerger(); };
};


vector<Bombe> b(10); // führt zu undefiniertem Verhalten


void f()
{
    int* p = reinterpret_cast<int*> rand(); // führt zu undefiniertem Verhalten
    *p = 7;
}
```

Positiv formuliert: Wenn man sich an die grundlegenden Regeln der Sprache und der Standard-bibliothek hält, wird die Standardbibliothek korrekt funktionieren, selbst wenn man Ausnahmen wirft.

Zusätzlich zur reinen Ausnahmefestigkeit sollen nach Möglichkeit keine Ressourcen verloren gehen. Das bedeutet, daß eine Operation, die eine Ausnahme wirft, nicht nur ihre Operanden in einem wohldefinierten Zustand zurücklassen soll, sondern zusätzlich sicherstellen muß, daß jede von ihr angeforderte Ressource schließlich wieder freigegeben wird. So muß beispielsweise zum Zeitpunkt einer Ausnahme aller angeforderter Speicher entweder freigegeben oder einem Objekt zugeordnet worden sein. Dieses Objekt ist dann dafür verantwortlich, den Speicher richtig freizu-geben.

Die Standardbibliothek garantiert, daß keine Ressourcen verlorengehen, solange die durch den Anwender zur Verfügung gestellten Operationen, die von der Standardbibliothek aufgerufen wer-den, ebenfalls keine Ressourcen verlieren. Man betrachte

```
void leck(bool abbruch)
{
    vector<int> v(10);                              // kein Verlust
    vector<int>* p = new vector<int>(10);           // potentieller Speicherverlust
    auto_ptr< vector<int> > q(new vector<int>(10)); // kein Verlust (§14.4.2)

    if (abbruch) throw E();
    // ...
    delete p;
}
```

Beim Werfen der Ausnahme werden der vector namens v und der durch q referenzierte vector korrekt zerstört und damit ihre Ressourcen freigegeben. Der vector, auf den p zeigt, ist nicht gegen Ausnahmen abgesichert und wird daher nicht zerstört. Um dieses Codestück sicher zu ma-chen, muß entweder p explizit vor der Ausnahme gelöscht werden, oder es muß einem Objekt zugeordnet werden — wie etwa einem auto_ptr (§14.4.2) —, das es im Falle einer Ausnahme zerstört.

Man beachte, daß die Sprachregeln zur teilweisen Konstruktion und Destruktion sicherstel-len, daß während der Konstruktion von Subobjekten und Elementen geworfene Ausnahmen ohne besondere Behandlung durch die Standardbibliothek korrekt gehandhabt werden (§14.4.1). Diese Regel ist ein essentieller Unterbau für alle Techniken, die Ausnahmen betreffen.

Zusätzlich sollte man bedenken, daß Speicher nicht die einzige Ressource ist, die verlorengehen kann. Geöffnete Dateien, Locks, Netzwerkverbindungen und Threads sind Beispiele für Systemressourcen, die eine Funktion freigeben oder einem Objekt übergeben muß, bevor sie eine Ausnahme wirft.

E.3 Ausnahmefeste Implementierungstechniken

Wie immer enthält die Standardbibliothek Beispiele für Probleme, die auch in vielen anderen Kontexten auftauchen, sowie für Lösungen, die breit einsetzbar sind. Die grundlegenden Werkzeuge zum Schreiben von ausnahmefestem Code sind:

1. der try–Block (§8.3.1) und
2. die Unterstützung für die »Ressourcenbelegung ist Initialisierung«-Technik (§14.4)

Die Prinzipien, denen man folgen muß, lauten:

3. Gib niemals ein Stück Information aus der Hand, bevor Du den Ersatz speichern kannst, und
4. bringe ein Objekt immer in einen gültigen Zustand, bevor Du eine Ausnahme wirfst oder weiterwirfst.

Auf diese Weise kommt man immer aus einer Fehlersituation heraus. Das Einhalten dieser Prinzipien ist in der Praxis schwierig, da harmlos aussehende Operationen wie <, = oder sort() Ausnahmen werfen können. Dies in einer Anwendung zu erkennen, erfordert Erfahrung.

Wenn man eine Bibliothek schreibt, ist das Ideal, die Zusicherung der strengen Ausnahmefestigkeit (§E.2) anzustreben und die grundlegende Zusicherung immer zu geben. Wenn man ein bestimmtes Programm schreibt, mag es weniger Anlaß für Ausnahmefestigkeit geben. Wenn ich beispielsweise ein einfaches Datenanalyseprogramm für meinen eigenen Gebrauch schreibe, ist es mir gewöhnlich egal, wenn das Programm im unwahrscheinlichen Fall, daß der virtuelle Speicher erschöpft ist, einfach abbricht. Andererseits hängen Korrektheit und grundlegende Ausnahmefestigkeit eng zusammen.

Die Techniken für grundlegende Ausnahmefestigkeit, wie das Definieren und Testen von Invarianten (§24.3.7.1), ähneln den Techniken, die zu kleinen und korrekten Programmen führen. Daraus folgt, daß der Mehraufwand für die grundlegende Ausnahmefestigkeit (die grundlegende Zusicherung; §E.2) — oder sogar für die strengen Zusicherung — minimal oder unerheblich sein kann, siehe §E.8–Ü17.

Im folgenden werde ich eine Implementierung des Standard–Containers vector (§16.3) betrachten, um zu erklären, was notwendig ist, um unser Ideal zu erreichen, und wo man eventuell nur bedingte Sicherheit bevorzugt.

E.3.1 Ein einfacher Vektor

Eine typische Implementierung von vector (§16.3) wird aus einem Handle bestehen, das Zeiger auf das erste Element, eins-hinter-das-letzte-Element und eins-hinter-den-letzten-allokierten-Speicherplatz enthält (§17.1.3) (oder die entsprechende Information als Zeiger und Offsets):

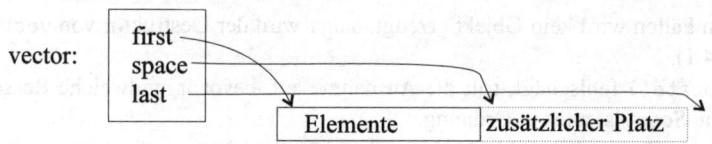

Es folgt eine Deklaration von `vector`, die auf das reduziert wurde, was zur Diskussion von Ausnahmefestigkeit und Vermeidung von Ressourcenverlust nötig ist:[1]

```
template<class T, class A = allocator<T> > class vector {
public:
    T* v;       // Anfang des allokierten Bereichs
    T* space;   // Ende der Elemente, Anfang des Platzes für Vergrößerung
    T* last;    // Ende des allokierten Bereichs
    A alloc;    // Allocator

    explicit vector(size_type n, const T& val = T(), const A& = A());

    vector(const vector& a);                  // Copy-Konstruktor
    vector& operator=(const vector& a);       // Zuweisung

    ~vector();

    size_type size() const { return space-v; }
    size_type capacity() const { return last-v; }

    void push_back(const T&);

    // ...
};
```

Betrachten wir zuerst eine naive Implementierung eines Konstruktors:

```
template<class T, class A>
vector<T,A>::vector(size_type n, const T& val, const A& a)   // Achtung: naiv
    :alloc(a)                         // Kopiere den Allocator
{
    v = alloc.allocate(n);            // Hole Speicher für Elemente (§19.4.1)
    space = last = v+n;
    for (T* p = v; p!=last; ++p)
        a.construct(p,val);           // Konstruiere Kopie von val in *p (§19.4.1)
}
```

Hier gibt es drei Quellen für Ausnahmen:

1. `allocate()` wirft eine Ausnahme, falls kein Speicher verfügbar ist.
2. Der Copy–Konstruktor des Allocators wirft eine Ausnahme.
3. Der Copy–Konstruktor des Elementtyps T wirft eine Ausnahme, wenn er `val` nicht kopieren kann.

---

[1] A.d.Ü.: Da sich die folgenden Beispiele an die Implementierung von `vector` in der Standardbibliothek anlehnen, wurde auf eine Übersetzung der Namen von Klassen, Elementen und Funktionen weitestgehend verzichtet.

In allen diesen Fällen wird kein Objekt erzeugt, daher wird der Destruktor von `vector` nicht aufgerufen (§14.4.1).

Falls `allocate()` fehlschägt, tritt die Ausnahme auf, bevor irgendwelche Ressourcen angefordert wurden. Somit ist alles in Ordnung.

Falls Ts Copy–Konstruktor fehlschägt, wurde schon Speicher angefordert, der zum Vermeiden von Speicherlecks freigegeben werden muß. Ein schwierigeres Problem besteht darin, daß der Copy–Konstruktor von T eine Ausnahme werfen kann, nachdem ein paar, aber nicht alle Elemente erzeugt wurden.

Um dieses Problem zu lösen, könnte man vermerken, welche Elemente schon erzeugt worden sind, und (nur) diese im Fehlerfall freigeben:

```
template<class T, class A>
vector<T,A>::vector(size_type n, const T& val, const A& a)  // verbesserte Version
    :alloc(a)                       // Kopiere den Allocator
{
    v = alloc.allocate(n);   // Hole Speicher für Elemente

    iterator p;

    try {
        iterator end = v+n;
        for (p=v; p!=end; ++p)
            alloc.construct(p,val);  // Konstruiere Element (§19.4.1)
        last = space = p;
    }
    catch (...) {
        for (iterator q = v; q!=p; ++q)
            alloc.destroy(q);        // Zerstöre erzeugte Elemente
        alloc.deallocate(v,n);       // Gib Speicher frei
        throw;                       // weiterwerfen
    }
}
```

Der Mehraufwand steckt hier im `try`–Block. Bei einer guten C++–Implementierung ist dieser Mehraufwand verglichen mit den Kosten für Speicheranforderung und Elementinitialisierung vernachlässigbar. Falls bei einer Implementierung das Betreten eines `try`–Blocks Kosten verursacht, könnte es sinnvoll sein, eine Prüfung `if (n)` vor dem `try` einzufügen und einen leeren Vektor gesondert zu behandeln.

Der Hauptteil dieses Konstruktors ist eine ausnahmefeste Implementierung von `uninitialized_fill()`:

```
template<class For, class T>
void uninitialized_fill(For beg, For end, const T& x)
{
    For p;
    try {
        for (p=beg; p!=end; ++p)
            new(static_cast<void*>(&*p)) T(x);// Konstruiere Kopie von x in *p (§10.4.11)
    }
    catch (...) {  // Erzeugte Elemente zerstören und weiterwerfen
        for (For q = beg; q!=p; ++q) (&*q)->~T();  // §10.4.11
        throw;
```

```
        }
    }
```

Das merkwürdige Konstrukt &*p berücksichtigt Iteratoren, die keine Zeiger sind. In dem Fall muß die Adresse des durch Dereferenzieren erhaltenen Objekts ermittelt werden, um einen Zeiger zu bekommen. Der explizite Cast auf void* stellt sicher, daß die Placement–Funktion der Standardbibliothek benutzt wird (§19.4.5) und nicht ein durch den Anwender definierter operator new für T*. Dieser Code arbeitet auf einer ziemlich niedrigen Ebene, auf der das Schreiben von wirklich allgemeingültigem Code schwierig sein kann.

Glücklicherweise müssen wir uninitialized_fill() nicht reimplementieren, da die Standardbibliothek die gewünschte strenge Zusicherung (§E.2) bietet. Es ist häufig essentiell, daß eine Initialisierung entweder vollständig funktioniert und dabei alle Elemente initialisiert oder fehlschlägt und keine erzeugten Elemente zurückläßt. Entsprechend wird für die Standardbibliotheksfunktionen uninitialized_fill(), uninitialized_fill_n() und uninitialized_copy() (§19.4.4) diese strenge Ausnahmefestigkeit zugesichert (§E.4.4).

Man beachte, daß der uninitialized_fill()–Algorithmus nicht gegen Ausnahmen schützt, die von Elementdestruktoren oder Iteratoroperationen geworfen werden (§E.4.4). Das wäre unakzeptabel aufwendig (siehe §E.8–Ü16–17).

Der uninitialized_fill–Algorithmus kann auf eine Vielzahl von Sequenzarten angewendet werden. Entsprechend benötigt er einen Vorwärts–Iterator (§19.2.1) und kann daher nicht garantieren, daß er Elemente in der umgekehrten Reihenfolge ihrer Erzeugung zerstört.

Wenn wir uninitialized_fill nutzen, können wir folgendes schreiben:

```
template<class T, class A>
vector<T,A>::vector(size_type n, const T& val, const A& a)   // Unordentlich!
    :alloc(a)                          // Kopiere den Allocator
{
    v = alloc.allocate(n);             // Hole Speicher für Elemente
    try {
        uninitialized_fill(v,v+n,val); // Kopiere Elemente
        space = last = v+n;
    }
    catch (...) {
        alloc.deallocate(v,n);         // Speicher freigeben
        throw;                         // weiterwerfen
    }
}
```

Dies würde ich allerdings nicht als gelungenen Code bezeichnen. Der nächste Abschnitt zeigt, wie man das sehr viel einfacher erledigen kann.

Man beachte, daß der Konstruktor eine gefangene Ausnahme weiterwirft. Dies geschieht, um vector bezüglich Ausnahmen transparent erscheinen zu lassen, damit der Anwender den exakten Grund des Problems ermitteln kann. Alle Standardbibliotheks–Container haben diese Eigenschaft. Transparenz bezüglich Ausnahmen ist häufig die beste Politik für Templates und andere »dünne« Softwareschichten. Dies ist ein Gegensatz zu Hauptteilen eines Systems (»Modulen«), die generell die Verantwortung für alle geworfenen Ausnahmen tragen müssen. Das heißt, der Implementierer eines solchen Moduls muß in der Lage sein, alle von seinem Modul geworfenen Ausnahmen aufzuzählen. Um dies zu erreichen, müssen unter Umständen Ausnahmen gruppiert (§14.2), Ausnahmen von unterlagerten Routinen auf die moduleigenen Ausnahmen abgebildet (§14.6.3) oder Ausnahmespezifikationen (§14.6) angegeben werden.

E.3.2   Speicher explizit repräsentieren

Die Erfahrung zeigt, daß das Schreiben von ausnahmefestem Code mit expliziten try–Blöcken
schwieriger ist, als die meisten Leute annehmen. Tatsächlich ist es unnötig schwierig, da es eine Alternative gibt: Die »Ressourcenbelegung ist Initialisierung«-Technik (§14.4) kann benutzt
werden, um die Menge des zu erstellenden Codes zu verringern und den Code einheitlicher zu
gestalten. In unserem Fall ist die Hauptressource des vectors der Speicher, um seine Elemente
abzulegen. Indem man eine zusätzliche Klasse bereitstellt, die das Konzept des von einem vector
benutzten Speichers darstellt, kann der Code vereinfacht und die Chance verringert werden, daß
der Speicher versehentlich nicht wieder freigegeben wird:

```
template<class T, class A = allocator<T> >
struct vector_base {
    A alloc;   // Allocator
    T* v;      // Anfang des allokierten Bereichs
    T* space;  // Ende der Elemente, Anfang des Platzes für Vergrößerung
    T* last;   // Ende des allokierten Bereichs

    vector_base(const A& a, typename A::size_type n)
        : alloc(a), v(a.allocate(n)), space(v+n), last(v+n) { }
    ~vector_base() { alloc.deallocate(v,last-v); }
};
```

Solange v und last korrekt sind, kann vector_base zerstört werden. Die Klasse vector_base
behandelt Speicher für einen Typ T und nicht Objekte vom Typ T. Entspechend muß ein Anwender
von vector_base alle erzeugten Objekte in einem vector_base zerstören, bevor er das entsprechende vector_base selbst zerstört.

Natürlich ist vector_base selbst so geschrieben, daß im Falle einer Ausnahme (durch den
Copy–Konstruktor des Allokators oder die allocate()–Funktion) kein vector_base–Objekt erzeugt wird und kein Speicher verlorengeht.

Mit Hilfe von vector_base kann vector wie folgt definiert werden:

```
template<class T, class A = allocator<T> >
class vector : private vector_base<T,A> {
    void destroy_elements() { for (T* p = v; p!=space; ++p) p->~T(); } // §10.4.11
public:
    explicit vector(size_type n, const T& val = T(), const A& = A());

    vector(const vector& a);            // Copy-Konstruktur
    vector& operator=(const vector& a); // Zuweisung

    ~vector() { destroy_elements(); }

    size_type size() const { return space-v; }
    size_type capacity() const { return last-v; }

    void push_back(const T&);

    // ...
};
```

Der Destruktor von `vector` ruft den Destruktor von `T` explizit für jedes Element auf. Das bedeutet, daß durch eine Ausnahme aus einem Destruktor eines Elements die Zerstörung von `vector` fehlschlägt. Dies kann katastrophal sein, falls es während einer durch eine Ausnahme ausgelösten Stack–Abwicklung passiert und somit `terminate()` aufgerufen wird (§14.7). Im Falle einer normalen Zerstörung führt eine Ausnahme aus einem Destruktor üblicherweise zu einem Ressourcenverlust und zu undefiniertem Verhalten von Code, der auf einem vernünftigen Verhalten von Objekten basiert. Es gibt keinen wirklich sinnvollen Weg, sich gegen Ausnahmen aus einem Destruktor zu schützen. Daher macht die Standardbibliothek keine Zusicherungen für den Fall, daß ein Elementdestruktor eine Ausnahme wirft (§E.4).

Nun kann der Konstruktor einfach definiert werden:

```
template<class T, class A>
vector<T,A>::vector(size_type n, const T& val, const A& a)
    :vector_base(a,n)          // Allokiere Platz für n Elemente
{
    uninitialized_fill(v,v+n,val); // Kopiere Elemente
}
```

Der Copy–Konstruktor unterscheidet sich dadurch, daß `uninitialized_copy()` statt `uninitialized_fill()` benutzt wird:

```
template<class T, class A>
vector<T,A>::vector(const vector<T,A>& a)
    :vector_base(a,a.size())
{
    uninitialized_copy(a.begin(),a.end(),v);
}
```

Man beachte, das diese Art von Konstruktoren auf der grundlegenden Sprachregel basiert, daß beim Werfen einer Ausnahme aus einem Konstruktor die schon komplett erzeugten Subobjekte (wie Basisklassen) wieder zerstört werden (§14.4.1). Der `uninitialized_fill()`–Algorithmus und seine Cousins (§E.4.4) bieten eine äquivalente Zusicherung für teilweise erzeugte Sequenzen.

E.3.3   Zuweisung

Wie üblich unterscheidet sich die Zuweisung von der Konstruktion dadurch, daß man sich um den alten Wert kümmern muß. Betrachten wir eine geradlinige Implementierung:

```
template<class T, class A>
vector<T,A>&
vector<T,A>::operator=(const vector& a) // bietet strenge Zusicherung (§E.2)
{
    vector_base<T,A> b(alloc,a.size());        // Hole Speicher
    uninitialized_copy(a.begin(),a.end(),b.v); // Kopiere Elemente
    destroy_elements();
    alloc.deallocate(v,last-v);         // Alten Speicher freigeben
    vector_base::operator=(b);          // Neue Repräsentation einsetzen
    b.v = 0;                            // Deallokieren verhinden
    return *this;
}
```

Diese Zuweisung ist in Ordnung und ausnahmefest. Sie wiederholt allerdings eine Menge Code aus Konstruktoren und Destruktoren. Dies könnte man wie folgt vermeiden:

```
template<class T, class A>
vector<T,A>&
vector<T,A>::operator=(const vector& a)  // bietet strenge Zusicherung (§E.2)
{
    vector temp(a);                           // Kopiere a
    swap< vector_base<T,A> >(*this,temp);  // Vertausche Repräsentationen
    return *this;
}
```

Die alten Elemente werden durch den Destruktor von `temp` zerstört, und der zu ihrer Speicherung benutzte Speicher wird vom Destruktor von `temps vector_base` freigegeben.

Die Performance der beiden Versionen sollte identisch sein. Prinzipiell sind sie nur zwei verschiedene Wege, um dieselbe Menge an Operationen zu spezifizieren. Allerdings ist die zweite Implementierung kürzer und wiederholt keinen Code aus entspechenden `vector`–Funktionen. Daher sollte die Zuweisung auf diese Art weniger fehleranfällig und einfacher zu warten sein.

Man beachte das Fehlen des traditionellen Tests auf Zuweisung an sich selbst (§10.4.4):

```
        if (this == &a) return *this;
```

Diese beiden Implementierungen der Zuweisung funktionieren durch das Erzeugen einer Kopie und das folgende Vertauschen der Repräsentationen. Damit ist offensichtlich auch der Fall der Zuweisung an sich selbst mit enthalten. Ich habe entschieden, daß die Effizienzsteigerung im Falle einer seltenen Zuweisung an sich selbst durch die Kosten für den Vergleich im normalen Fall der Zuweisung eines anderen `vector`s mehr als aufgewogen wird.

Auf alle Fälle fehlen zwei potentiell signifikante Optimierungen:
1. Falls die Kapazität des Vektors, an den zugewiesen wird, groß genug ist, um den zugewiesenen Vektor aufzunehmen, braucht kein neuer Speicher allokiert zu werden.
2. Die Zuweisung eines Elements könnte effizienter sein als die Zerstörung eines Elements gefolgt von der Erzeugung eines Elements.

Durch die Implementierung dieser Optimierungen erhalten wir:

```
template<class T, class A>
vector<T,A>&
vector<T,A>::operator=(const vector& a)  // optimiert, grundlegende Zusicherung
{
    if (capacity() < a.size()) {            // neue vector-Repräsentation allokieren:
        vector temp(a);                          // kopiere a
        swap< vector_base<T,A> >(*this,temp);  // vertausche Repräsentationen
        return *this;
    }

    if (this == &a) return *this;  // Schutz gegen Zuweisung an sich selbst (§10.4.4)

                                    // Zuweisen an alte Elemente:
    size_type sz = size();
    size_type asz = a.size();
    alloc = a.get_allocator();                        // Kopieren des Allokators
    if (asz<=sz) {
```

```
        copy(a.begin(),a.begin()+asz,v);
        for (T* p = v+asz; p!=space; ++p) p->~T();   // Überzählige Elemente
                                                      // entfernen (§10.4.11)
    }
    else {
        copy(a.begin(),a.begin()+sz,v);
        uninitialized_copy(a.begin()+sz,a.end(),      // Zusätzliche Elemente erzeugen
                           space);
    }
    space = v+asz;
    return *this;
}
```

Diese Optimierungen erhält man nicht umsonst. Der copy()–Algorithmus bietet **nicht** die strenge Zusicherung der Ausnahmefestigkeit. Er sichert nicht zu, daß er das Ziel unverändert läßt, wenn während des Kopierens eine Ausnahme geworfen wird. Falls daher T::operator =() während des Aufrufs on copy() eine Ausnahme wirft, braucht der vector, dem zugewiesen wird, weder eine Kopie des zugewiesenen vectors noch unverändert zu sein. Es könnten beispielsweise die ersten fünf Elemente Kopien der Elemente des zugewiesenen Vektors sein, und der Rest bliebe unverändert. Es ist plausibel, daß ein spezielles Element — bei dessen Kopieren T::operator =() die Ausnahme geworfen hat — mit einem Wert endet, der weder sein alter Wert noch eine Kopie des korrespondierenden Elements aus dem zugewiesenen Vektor ist. Wenn allerdings T::operator =() beim Werfen einer Ausnahme seine Operanden in einem gültigen Zustand zurückläßt, so ist vector trotzdem in einem gültigen Zustand — selbst wenn es nicht der gewünschte Zustand ist.

Der Allokator wurde per Zuweisung kopiert. Es ist allerdings nicht vorgeschrieben, daß jeder Allokator die Zuweisung unterstützt (§19.4.3); siehe auch §E.8–Ü9.

Die Zuweisung des vector in der Standardbibliothek bietet die schwächere Ausnahmesicherheit der letzten Implementierung — und ihre potentiellen Performancevorteile. Das bedeutet, daß die Zuweisung bei vector die grundlegende Zusicherung bietet und damit die Vorstellung der meisten Leute von Ausnahmefestigkeit trifft. Sie bietet jedoch nicht die strenge Zusicherung (§E.2). Falls Sie eine Zuweisung benötigen, die den vector unverändert läßt, falls eine Ausnahme geworfen wurde, müssen Sie entweder eine Implementierung der Standardbibliothek wählen, die eine strenge Zusicherung bietet, oder eine eigene Zuweisungsoperation schreiben. Beispiel:

```
template<class T, class A>
void safe_assign(vector<T,A>& a, const vector<T,A>& b) // »offensichtlich« a = b
{
    vector<T,A> temp(a.get_allocator());
    temp.reserve(b.size());
    for (typename vector<T,A>::iterator p = b.begin(); p!=b.end(); ++p)
        temp.push_back(*p);
    swap(a,temp);
}
```

Falls nicht genügend Speicher vorhanden ist, um temp mit genügend Platz für b.size() Elemente zu erzeugen, wird std::bad_alloc geworfen, bevor irgend etwas an a geändert wurde. Entsprechend bleibt a unverändert, falls push_back() aus irgendeinem Grund fehlschlägt, da wir push_back() bei temp und nicht bei a benutzen. In diesem Fall würden alle durch push_back()

in temp erzeugten Elemente zerstört werden, bevor die Ausnahme, die den Fehler ausgelöst hat, weitergeworfen würde.

swap() kopiert keine Elemente von vector. Es vertauscht einfach die Datenelemente eines vector; das heißt, es vertauscht die vector_bases. Daher wirft es auch keine Ausnahmen selbst wenn die Operationen auf den Elementen welche werfen könnten (§E.4.3). Entsprechend kopiert safe_assign nicht im Verborgenen Elemente und ist hinreichend effizient.

Wie so oft, gibt es Alternativen zur offensichtlichen Implementierung. Wir können die Standardbibliothek das Kopieren in den Zwischenspeicher für uns durchführen lassen:

```
template<class T, class A>
void safe_assign(vector<T,A>& a, const vector<T,A>& b)   // einfaches a = b
{
    vector<T,A> temp(b); // Kopiere die Elemente von b in den Zwischenspeicher
    swap(a,temp);
}
```

Wir könnten sogar einen simplen Aufruf mit Wertparametern (§7.2) benutzen:

```
template<class T, class A>
void safe_assign(vector<T,A>& a, vector<T,A> b) // einfaches a = b
                                                // b wird als Wert übergeben
{
    swap(a,b);
}
```

Die beiden letzten Varianten von safe_assign() kopieren den Allokator des vectors nicht mit. Dies ist eine erlaubte Optimierung; siehe §19.4.3.

E.3.4 push_back()

Aus der Sicht der Ausnahmefestigkeit ist push_back() einer Zuweisung vergleichbar, da wir bei beiden sicherstellen müssen, daß der vector unverändert bleibt, falls das neue Element nicht hinzugefügt werden konnte:

```
template< class T, class A>
void vector<T,A>::push_back(const T& x)
{
    if (space == last) {      // Kein Platz mehr frei, umspeichern:
        vector_base b(alloc,size()?2*size():2); // Speicher verdoppeln
        uninitialized_copy(v,space,b.v);
        new(b.space) T(x);                      // Plaziere Kopie von x in *b.space (§10.4.11)
        ++b.space;
        destroy_elements();
        swap<vector_base<T,A> >(b,*this); // Vertausche Repräsentationen
        return;
    }
    new(space) T(x);                            // Plaziere Kopie von x in *space (§10.4.11)
    ++space;
}
```

Natürlich kann der Copy–Konstruktor bei der Initialisierung von *space eine Ausnahme werfen. Falls dies geschieht, bleibt der Wert von vector unverändert, und space wird nicht inkrementiert. In dem Fall werden die `vector`–Elemente nicht umgespeichert. Daher bleiben entsprechende Iteratoren weiterhin gültig. Somit bietet diese Implementierung die strenge Zusicherung, daß eine von einem Allokator oder sogar von einem benutzerdefinierten Copy–Konstruktor geworfene Ausnahme den `vector` unverändert läßt. Die Standardbibliothek bietet diese Zusicherung für `push_back()` (§E.4.1).

Man beachte das Fehlen eines `try`–Blocks (mit Ausnahme des in `uninitialized_copy()` verborgenen). Für die Modifikation wurden die Operationen sorgfältig so angeordnet, daß beim Auftreten einer Ausnahme der `vector` unverändert bleibt.

Der Ansatz, Ausnahmefestigkeit durch Anordnung und die »Ressourcenbelegung ist Initialisierung«–Technik (§14.4) zu erreichen, tendiert zu eleganteren und effizienteren Programmen als die explizite Fehlerbehandlung mit `try`–Blocks. Probleme mit der Ausnahmefestigkeit ergeben sich häufiger durch unglücklich angeordnete Codeteile als durch das Fehlen von Ausnahmebehandlungen. Die grundlegende Regel zum Anordnen von Operationen lautet: Information darf nicht zerstört werden, bevor ihre Ersetzung erzeugt wurde und diese Ersetzung ohne die Möglichkeit einer auftretenden Ausnahme zugewiesen werden kann.

Ausnahmen ermöglichen unter Umständen Überraschungen in Form von unerwartetem Kontrollfluß. In einem Codeteil mit einem einfachen lokalen Kontrollfluß (wie etwa `operator =()`, `safe_assign()` und `push_back()`) sind die Chancen für eine Überraschung begrenzt. Es ist relativ einfach, sich ein solches Codestück anzuschauen und sich zu fragen: »Kann diese Zeile eine Ausnahme werfen, und was passiert dann?«. Bei großen Funktionen mit komplizierten Kontrollstrukturen wie aufwendigen Bedingungen und verschachtelten Schleifen kann dies schwer sein. Durch Hinzufügen von `try`–Blöcken erhöht man die Komplexität der lokalen Kontrollstrukturen und erhält dadurch zusätzliche Quellen für Verwirrung oder Fehler (§14.4). Ich vermute, daß die Effektivität des Anordnungs- und »Ressourcenbelegung ist Initialisierung«-Ansatzes im Vergleich zur extensiven Nutzung von `try`–Blöcken aus der Vereinfachung des lokalen Kontrollflusses stammt. Einfacher und einheitlicher Code ist einfacher zu verstehen und einfacher zum Funktionieren zu bringen.

Man beachte, daß die `vector`–Implementierung als Beispiel für die Probleme benutzt wurde, die durch Ausnahmen auftreten können, und um Techniken zu zeigen, die diese Probleme lösen können. Der Standard schreibt keine Implementierung genau wie die hier beschriebene vor. Die Zusicherungen des Standards werden in §E.4 besprochen.

E.3.5 Konstruktoren und Invarianten

Aus der Sicht der Ausnahmefestigkeit sind die anderen `vector`–Operationen entweder äquivalent zu den bereits untersuchten (da sie Ressourcen auf ähnliche Weise belegen und freigeben) oder trivial (da sie keine Operationen ausführen, bei denen Überlegung nötig wäre, um einen gültigen Zustand beizubehalten). Allerdings bestehen die meisten Klassen zum überwiegenden Teil aus solchen »trivialen« Funktionen. Die Schwierigkeit, solche Funktionen zu schreiben, hängt erheblich von der Umgebung ab, die ein Konstruktor für sie eingerichtet hat. Anders ausgedrückt bedeutet dies, daß die Komplexität von »gewöhnlichen Elementfunktionen« erheblich davon abhängt, eine gute Klasseninvariante zu wählen (§24.3.7.1). Durch Betrachten der »trivialen« `vector`–Funktionen ist es möglich, Einblick in die interessante Frage zu erlangen, was eine gute Klasseninvariante ausmacht und wie Konstruktoren geschrieben werden sollten, um eine solche Invariante einzurichten.

Operationen wie Indexzugriffe auf `vector` (§16.3.3) sind leicht zu schreiben, da sie auf der vom Konstruktor eingeführten und von allen Funktionen, die Ressourcen belegen und freigeben, eingehaltenen Invariante aufsetzen können. Insbesondere kann ein Indexoperator darauf vertrauen, daß v sich auf ein Feld von Element bezieht:

```
template< class T, class A>
T& vector<T,A>::operator[](size_type i)
{
    return v[i];
}
```

Es ist wichtig und notwendig, daß Konstruktoren Ressourcen belegen und eine einfache Invariante etablieren. Um dies zu erkennen, betrachten wir eine alternative Definition von vector_base:

```
template<class T, class A = allocator<T> >    // Schlechte Nutzung des Konstruktors
class vector_base {
public:
    A alloc;    // Allocator
    T* v;        // Anfang des allokierten Bereichs
    T* space;   // Ende der Elemente, Anfang des Platzes für Vergrößerung
    T* last;    // Ende des allokierten Bereichs

    vector_base(const A& a, typename A::size_type n)
        : alloc(a), v(0), space(0), last(0)
    {
        v = alloc.allocate(n);
        space = last = v+n;
    }

    ~vector_base() { if (v) alloc.deallocate(v,last-v); }
};
```

Hier habe ich eine vector_base in zwei Schritten erzeugt: Zuerst habe ich einen »sicheren Zustand« erzeugt, in dem v, space und last auf 0 gesetzt werden. Erst danach versuche ich, Speicher anzufordern. Dies geschieht in der unbegründeten Angst, daß bei einer Ausnahme während der Element-Allokierung ein teilweise erzeugtes Objekt zurückbleiben könnte. Dies Angst ist unbegründet, weil ein teilweise erzeugtes Objekt nicht »zurückgelassen« und später benutzt werden kann. Die Regeln für statische, automatische und eingebettete Objekte sowie für Elemente der Standardbibliothek verhindern dies. Es kann kann jedoch in (vor dem Standard erstellten) Bibliotheken passieren, in denen die Plazierungssyntax (§10.4.11) zum Erzeugen von Objekten in Containern benutzt wird, die ohne Berücksichtigung von Ausnahmefestigkeit entworfen wurden. Alte Gewohnheiten gibt man schwer auf.

Man beachte, daß dieser Versuch, sichereren Code zu schreiben, die Invariante der Klasse verkompliziert: Es wird nicht mehr garantiert, daß v auf allokierten Speicher zeigt. v kann nun 0 sein. Dies hat eine unmittelbare Konsequenz. Die Anforderungen der Standardbibliothek für Allokatoren sichern nicht zu, daß ein Zeiger mit dem Wert 0 vernünftig freigegeben wird (§19.4.1). Darin unterscheiden sich Allokatoren von delete (§6.2.6). Entsprechend mußte ich eine Überprüfung in den Destruktor einfügen. Weiter wird jedes Element vor der Zuweisung initialisiert. Die Kosten dafür können für Typen wie string oder list, bei denen eine Zuweisung kompliziert ist, erheblich sein.

Diese Erzeugung in zwei Schritten ist kein seltener Stil. Manchmal wird dies sogar hervorgehoben, indem der Konstruktor nur einige »simple und sichere« Zuweisungen durchführt, um das Objekt in einen zerstörbaren Zustand zu bringen. Die eigentliche Erzeugung wird durch eine init()–Funktion durchgeführt, die der Anwender explizit aufrufen muß. Beispiel:

```
template<class T>    // Archaischer (Vor-Standard-, Vor-Ausnahmen-) Stil
class vector_base {
public:
    T* v;       // Anfang des allokierten Bereichs
    T* space;   // Ende der Elemente, Anfang des Platzes für Vergrößerung
    T* last;    // Ende des allokierten Bereichs

    vector_base() : v(0), space(0), last(0) { }
    ~vector_base() { free(v); }

    bool init(size_t n) // Liefere true, falls Initialisierung erfolgreich
    {
        if (v = (T*)malloc(sizeof(T)*n)) {
            uninitialized_fill(v,v+n,T());
            space = last = v+n;
            return true;
        }
        return false;
    }
};
```

Der erkennbare Vorteil dieses Stils ist:

1. Der Konstruktor kann keine Ausnahme werfen, und der Erfolg einer Initialisierung durch init() kann durch »normale« (das heißt Nicht-Ausnahme-) Verfahren überprüft werden.
2. Es gibt einen trivialen gültigen Zustand. Im Falle eines ernsthaften Problems kann eine Operation dem Objekt diesen Zustand geben.
3. Die Belegung von Ressourcen wird verzögert, bis ein voll initialisiertes Objekt tatsächlich benötigt wird.

Die folgenden Abschnitte beleuchten diese Punkte und zeigen, warum der zweistufige Ansatz nicht die erwarteten Vorteile bringt. Er kann vielmehr eine Ursache von Problemen sein.

E.3.5.1 Nutzung von init()–Funktionen

Der erste Punkt (Nutzung einer init()–Funktion anstelle eines Konstruktors) ist unsinnig. Die Nutzung von Konstruktoren und Ausnahmen ist ein allgemeinerer und systematischerer Weg, um mit der Ressourcenbelegung und Initialisierungsfehlern umzugehen (§14.1, §14.4). Dieser Stil ist ein Relikt aus der Zeit, als es noch keine Ausnahmen in C++ gab.

Sorgfältig erstellter Code ist in beiden Stilen ungefähr äquivalent. Man betrachte:

```
int f1(int n)
{
    vector<X> v;
    // ...
    if (v.init(n)) {
        // Benutze v als Vektor mit n Elementen
    }
    else {
        // Behandle das Problem
```

```
        }
    }
```

und

```
int f2(int n)
try {
    vector v<X> v(n);
    //...
    // Benutze v als Vektor mit n Elementen
}
catch (...) {
    // Behandle das Problem
}
```

Allerdings schafft eine separate `init()`–Funktion die Möglichkeiten,

1. den Aufruf von `init()` zu vergessen (§10.2.3),
2. die Überprüfung des Ergebnisses von `init()` zu vergessen,
3. zu vergessen, daß `init()` eine Ausnahme werfen könnte,
4. das Objekt zu benutzen, bevor `init()` aufgerufen wurde.

Die Definition von `vector<T>::init()` illustriert den Punkt 3.

In einer guten C++–Implementierung sollte `f2()` minimal schneller als `f1()` sein, da hier im normalen Fall der Test nicht ausgeführt werden muß.

E.3.5.2 Vertrauen auf einen standardmäßigen gültigen Zustand

Der zweite Punkt (es gibt einen einfach zu erstellenden »standardmäßigen« gültigen Zustand) ist allgemein korrekt, wird im Falle von `vector` aber zu teuer erkauft. Es ist nun möglich, ein `vector_base` mit `v==0` zu haben, daher muß sich die `vector`–Implementierung dagegen absichern. Beispiel:

```
template< class T>
T& vector<T>::operator[](size_t i)
{
    if (v) return v[i];
    // Behandle Fehler
}
```

Wenn man the Möglichkeit von `v==0` erlaubt, sind die Kosten für eine nicht wertebereichsüberprüfte Indexoperation äquivalent zu einer mit Wertebereichsprüfung:

```
template< class T>
T& vector<T>::at(size_t i)
{
    if (i<v.size()) return v[i];
    throw out_of_range("vector index");
}
```

Grundsätzlich passierte hier folgendes: Durch die Einführung eines möglichen `v==0` habe ich die grundlegende Invariante von `basic_vector` verkompliziert. Als Konsequenz hat sich die Invariante für `vector` ähnlich verkompliziert. Als Schlußresultat muß aller Code in `vector` und `vector_base` komplizierter sein, um damit klarzukommen. Dies ist eine Quelle potentieller Fehler, von Wartungsproblemen und Mehrverbrauch bei der Laufzeit. Man beachte, daß Bedingungen auf modernen Hardware–Architekturen überraschend teuer sein können. Wenn es auf Effizienz ankommt, kann es entscheidend sein, eine wesentliche Operation wie z.B. einen Vektorindex ohne Abfragen zu implementieren.

Interessanterweise hat die Originaldefinition von `vector_base` einen leicht zu erzeugenden gültigen Zustand. Es kann kein `vector_base`–Objekt existieren, falls die initiale Allokierung nicht funktioniert hat. Entsprechend könnte der Implementierer von `vector` eine »Notausgangs«-Funktion wie folgt schreiben:

```
template< class T, class A>
T& vector<T,A>::emergency_exit()
{
    space = v;              // Setze die Größe von *this auf 0
    throw Total_failure();
}
```

Das ist etwas drastisch, da die Elementdestruktoren nicht aufgerufen werden und der Speicher für Elemente von `vector_base` nicht freigegeben wird. Das heißt, die grundlegende Zusicherung (§E.2) wird nicht erfüllt. Falls wir bereit sind, den Werten von v und space sowie den Elementdestruktoren zu vertrauen, können wir potentiellen Ressourcenverlusten entgehen:

```
template< class T, class A>
T& vector<T,A>::emergency_exit()
{
    destroy_elements();     // Aufräumen
    throw Total_failure();
}
```

Man beachte, daß der Standard–vector ein so sauberes Design hat, daß die Probleme der zweistufigen Erzeugung minimiert werden. Die `init()`–Funktion ist in etwa äquivalent zu `resize()`, und in den meisten Fällen wird die Möglichkeit von v==0 bereits durch die Prüfung auf `size()==0` abgedeckt. Die negativen Effekte der zweistufigen Erzeugung treten stärker hervor, wenn wir Anwendungsklassen mit signifikantem Ressourcenbedarf wie etwa Netzwerkverbindungen oder Dateien betrachten. Solche Klassen sind selten Teil eines Frameworks, das ihre Benutzung und Implementierung ähnlich vorgibt, wie die Erfordernisse der Standardbibliothek die Definition und Nutzung von `vector` vorgeben. Das Problem wird tendenziell größer, wenn die Abbildung von Anwendungskonzepten auf bei der Implementierung nötige Ressourcen komplizierter wird. Wenige Klassen lassen sich so einfach auf Systemressourcen abbilden wie `vector`.

Das Konzept eines »sicheren Zustands« ist prinzipiell gut. Wenn wir ein Objekt nicht in einen gültigen Zustand bringen können, ohne eine Ausnahme während dieser Operation befürchten zu müssen, haben wir tatsächlich ein Problem. Allerdings sollte dieser »sichere Zustand« ein natürlicher Teil der Semantik der Klasse sein und kein Implementierungsartefakt, das die Klasseninvariante verkompliziert.

E.3.5.3 Verzögern der Ressourcenbelegung

Wie beim zweiten Punkt (§E.3.5.2) wendet auch der dritte (die Belegung der Ressource erst bei Bedarf durchführen) eine gute Idee so an, daß sie etwas kostet, ohne Gewinn zu bringen. In vielen Fällen, besonders bei Containern wie `vector`, besteht das beste Verfahren, die Ressourcenbelegung zu verzögern, darin, die Erzeugung von Objekten (durch den Programmierer) zu verschieben, bis sie tatsächlich benötigt werden. Betrachten wir eine naive Anwendung von `vector`:

```
void f(int n)
{
    vector<X> v(n); // Erzeuge n Standardobjekte vom Typ X
    // ...

    v[3] = X(99);    // wirkliche »Initialisierung« von v[3]
    // ...
}
```

Das Erzeugen eines X, nur um ihm später einen neuen Wert zuzuweisen, ist Verschwendung —
insbesondere, falls die Zuweisung eines X teuer ist. Daher scheint eine zweistufige Erzeugung
von X attraktiv zu sein. Beispielsweise könnte der Typ X selbst wieder ein vector sein, und wir
könnten eine zweistufige Erzeugung von vector erwägen, um die Erzeugung von leeren vectoren
zu optimieren. Allerdings ist das Anlegen von Standardvektoren (das heißt von leeren Vektoren)
bereits effizient, daher erscheint das Verkomplizieren der Implementierung durch einen Sonderfall
für leere Vektoren unnütz. Verallgemeinert gilt, daß zur Beseitigung solcher Probleme selten daß
Entfernen komplizierter Initialisierungen aus den Elementkonstruktoren hilft. Statt dessen sollte
ein Anwender Elemente nur bei Bedarf erzeugen. Beispiel:

```
void f2(int n)
{
    vector<X> v;        // Leeren Vektor erzeugen
    // ...

    v.push_back(X(99)); // Element bei Bedarf erzeugen
    // ...
}
```

Zusammenfassend läßt sich sagen, daß die zweistufige Erzeugung zu komplizierteren Invarianten
und weniger elegantem, fehlerträchtigerem und schwerer zu wartendem Code führt. Daher sollte der von der Sprache unterstützte »Konstruktor–Ansatz« gegenüber dem »init()–Funktions-
Ansatz« wenn immer möglich bevorzugt werden. Das heißt, daß Ressourcen in Konstruktoren
belegt werden sollten, falls nicht eine verzögerte Ressourcenbelegung durch die inhärente Semantik der Klasse vorgegeben wird.

E.4 Zusicherungen der Standard–Container

Falls eine Bibliotheksfunktion selbst eine Ausnahme wirft, kann — und wird — sie sicherstellen, daß die Objekte, auf denen sie operiert, in einem wohldefinierten Zustand zurückbleiben. Beispielsweise ist es kein Problem für die Ausnahmefestigkeit eines vector, wenn at ein
out_of_range wirft (§16.3.3). Der Schreiber von at() hat keine Probleme, dafür zu sorgen, daß
sich ein vector in einem wohldefinierten Zustand befindet, bevor er die Ausnahme wirft. Die
Probleme — für Bibliotheksimplementierer und -anwender sowie Leute, die den Code verstehen
wollen — fangen dann an, wenn eine benutzerdefinierte Funktion eine Ausnahme wirft.

Die Container der Standardbibliothek bieten die grundlegende Garantie (§E.2): Die grundlegenden Invarianten der Bibliothek werden gewährleistet, und es gehen keine Ressourcen verloren,
solange sich der Anwender–Code wie erwartet verhält. Das heißt, daß benutzerdefinierte Operationen Container–Elemente nicht in einem ungültigen Zustand zurücklassen dürfen und daß von

Destruktoren keine Ausnahmen geworfen werden dürfen. Unter »Operationen« verstehe ich Operationen, die von der Implementierung der Standardbibliothek benutzt werden, wie etwa Konstruktoren, Zuweisungen, Destruktoren und Operationen auf Iteratoren (§E.4.4).

Es ist für einen Porgrammierer relativ einfach, mit seinen Operationen die Anforderungen der Bibliothek zu erfüllen. Tatsächlich erfüllt ohne Nachdenken geschriebener Code häufig die Anforderungen der Bibliothek. Die folgenden Typen erfüllen auf alle Fälle die Anforderungen der Standardbibliothek an Container–Elemente:

1. Fundamentale Typen einschließlich Zeigern
2. Typen ohne benutzerdefinierte Operationen
3. Klassen mit Operationen, die weder Ausnahmen werfen noch Operanden in einem ungültigen Zustand lassen
4. Klassen, deren Destruktor keine Ausnahme wirft und bei denen es einfach zu überprüfen ist, daß von der Standardbibliothek benutzte Operationen (wie Konstruktoren, Zuweisungen, <, == und `swap()`) ihre Operanden nicht in einem ungültigen Zustand zurücklassen

In jedem Fall muß auch sichergestellt sein, daß keine Ressoucen verlorengehen. Beispiel:

```
void f(Kreis* pc, Dreieck* pt, vector<Form*>& v2)
{
    vector<Form*> v(10);       // entweder vector erzeugen oder bad_alloc werfen
    v[3] = pc;                 // keine Ausnahme werfen
    v.insert(v.begin()+4,pt);  // entweder pt einfügen oder keine Wirkung auf v
    v2.erase(v2.begin()+3);    // entweder v[2] löschen oder keine Wirkung auf v2
    v2 = v;                    // v kopieren oder keine Wirkung auf v2
    // ...
}
```

Am Ende von `f()` wird v korrekt zerstört und v2 ist in einem gültigen Zustand. Aus dem Code–Fragment ist nicht ersichtlich, wer für das Zerstören von pc und pt verantwortlich ist. Falls `f()` diese Aufgabe zukommt, kann die Funktion entweder Ausnahmen fangen und das gewünschte Löschen durchführen oder die Zeiger lokalen `auto_ptrn` zuweisen.

Die interessantere Frage lautet: Wann bieten die Bibliotheksoperationen die strenge Zusicherung, daß eine Operation entweder erfolgreich ist oder keinen Effekt auf ihre Operanden hat? Beispiel:

```
void f(vector<X>& vx)
{
    vx.insert(vx.begin()+4,X(7)); // Element hinzufügen
}
```

Generell können die Operationen von X und der Allokator von `vector<X>` Ausnahmen werfen. Was können wir über die Elemente von vx aussagen, falls `f()` durch eine Ausnahme beendet wurde? Die grundlegende Zusicherung stellt sicher, daß keine Ressourcen verlorengingen und daß vx nur gültige Elemente enthält. Welche Elemente sind dies genau? Ist vx unverändert? Könnte ein Standard–X hinzugefügt worden sein? Könnte ein Element entfernt worden sein, weil dies für `insert()` die einzige Möglichkeit war, bei einem Problem die grundlegende Zusicherung einzuhalten? Manchmal reicht es nicht aus zu wissen, daß ein Container in einem gültigen Zustand ist; wir möchten seinen exakten Zustand wissen. Nach dem Fangen einer Ausnahme möchten wir üblicherweise davon ausgehen können, daß die Elemente genau wie von uns gewünscht sind, da wir ansonsten eine Fehlerbehandlung durchführen müssen.

E.4.1   Einfügen und Entfernen von Elementen

Das Einfügen oder Entfernen eines Elements ist ein offensichtliches Beispiel für Operationen eines Containers, die ihn in einem nicht vorhersagbaren Zustand zurücklassen können, falls eine Ausnahme geworfen wurde. Dies liegt daran, daß beim Einfügen und Entfernen viele Operationen ausgeführt werden, die Ausnahmen werfen können:

1. Ein neuer Wert wird in einen Container kopiert.
2. Ein aus dem Container entferntes Element muß zerstört werden.
3. Manchmal muß Speicher angefordert werden, um ein neues Element abzulegen.
4. Manchmal müssen Elemente von `vector` oder deque an neue Speicherplätze kopiert werden.
5. Assoziative Container rufen Vergleichsfunktionen für ihre Elemente auf.
6. Viele Einfüge- und Löschfunktionen benötigen Iteratoroperationen.

Bei jeder dieser Aktionen kann eine Ausnahme geworfen werden.

Falls ein Destruktor eine Ausnahme wirft, werden keine Zusicherungen gemacht (§E.2). Dies wäre untragbar aufwendig. Die Bibliothek schützt sich — und ihre Anwender — allerdings gegen Ausnahmen aus benutzerdefinierten Operationen.

Wenn man eine verkettete Datenstruktur wie eine `list` oder map bearbeitet, können Elemente eingefügt und entfernt werden, ohne andere Elemente im Container zu beeinflussen. Dies ist bei Containern wie `vector` oder deque, die mit einer kontinuierlichen Anordnung von Elementen implementiert wurden, nicht möglich. Hier müssen Elemente ab und zu an eine andere Position bewegt werden.

Zusätzlich zur grundlegenden Zusicherung bietet die Standardbibliothek für einige Einfüge- und Entfernenoperationen die strenge Zusicherung. Da mit verketteten Datenstrukturen implementierte Container sich anders als mit kontinuierlicher Anordnung von Elementen realisierte Container verhalten, bietet der Standard etwas unterschiedliche Zusicherungen für die verschiedenen Arten von Containern:

1. Zusicherungen für `vector` (§16.3) und deque (§17.2.3):
   - Falls eine Ausnahme von `push_back()` oder `push_front()` geworfen wurde, hat diese Funktion keine Auswirkungen.
   - Falls eine Ausnahme nicht von einem Copy–Konstruktor oder einem Zuweisungsoperator des Elementtyps geworfen wurde, führt eine Ausnahme in `insert()` dazu, daß die Funktion keine Auswirkungen hat.
   - Falls keine Ausnahme von einem Copy–Konstruktor oder einem Zuweisungsoperator des Elementtyps geworfen wird, wirft `erase()` keine Ausnahme.
   - `pop_back()` und `pop_front()` werfen keine Ausnahmen.
2. Zusicherungen für `list` (§17.2.2):
   - Falls eine Ausnahme von `push_back()` oder `push_front()` geworfen wurde, hat diese Funktion keine Auswirkungen.
   - Falls eine Ausnahme von `insert()` geworfen wurde, hat diese Funktion keine Auswirkungen.
   - `erase()`, `pop_back()`, `pop_front()`, `splice()` und `reverse()` werfen keine Ausnahmen.
   - Falls sie nicht aus Prädikats– oder Vergleichsfunktionen stammen, werfen `remove()`, `remove_if`, `uniqe()`, `sort()` und `merge()` keine Ausnahmen.

3. Zusicherungen für assoziative Container (§17.4):
   – Falls eine Ausnahme während eines `insert()` eines einzelnen Elements geworfen wird, hat die Funktion keine Auswirkungen.
   – `erase()` wirft keine Ausnahmen.

Man beachte, daß für alle Operationen auf Container, für die die strenge Zusicherung gegeben wird, im Falle einer Ausnahme alle Iteratoren sowie Zeiger und Referenzen auf Elemente gültig bleiben.

Die Regeln können in einer Tabelle zusammengefaßt werden:

Zusicherung von Container–Operationen			
	Vektor	**Deque**	**Liste**	**Map**
`clear()`	keine (copy)	keine (copy)	keine	keine
`erase()`	keine (copy)	keine (copy)	keine	keine
ein Element einfügen	streng (copy)	streng (copy)	streng	streng
n Elemente einfügen	streng (copy)	streng (copy)	streng	grundlegend
`merge()`	—	—	keine (Vergleich)	—
`push_back()`	streng	streng	streng	—
`push_front()`	—	streng	streng	—
`pop_back()`	keine	keine	keine	—
`pop_front()`	—	keine	keine	—
`remove()`	—	—	keine (Vergleich)	—
`remove_if()`	—	—	keine (Prädikat)	—
`reverse()`	—	—	keine	—
`splice()`	—	—	keine	—
`swap()`	keine	keine	keine	keine (Kopie des Vergleichsobjekts)
`unique()`	—	—	keine (Vergleich)	—

In dieser Tabelle bedeutet:

grundlegend   Die Operation bietet nur die grundlegende Zusicherung (§E.2).
streng   Die Operation bietet die strenge Zusicherung (§E.2).
keine   Die Operation wirft keine Ausnahme (§E.2).
—   Diese Operation ist für diesen Container nicht vorhanden.

Wenn eine Zusicherung darauf basiert, daß eine benutzerdefinierte Operation keine Ausnahme wirft, sind diese Operationen in Klammern unterhalb der Zusicherung aufgezählt. Diese Anforderungen sind im Text vor der Tabelle präzise genannt.

Die swap()–Funktion unterscheidet sich von den anderen dadurch, daß sie keine Elementfunktion ist. Die Zusicherung für clear() ist aus der für erase() abgeleitet (§16.3.6). Die Tabelle enthält Zusicherungen, die über die grundlegende Zusicherung hinausgehen. Entsprechend enthält die Tabelle keine Operationen wie reverse() oder unique() für vector, die als Algorithmen für alle Sequenzen vorhanden sind, ohne eine zusätzliche Zusicherung zu machen.

Der »Beinahe–Container« basic_string (§17.5, §20.3) bietet die grundlegende Zusicherung für alle Operationen (§E.5.1). Der Standard sichert weiter zu, daß erase() und swap() von basic_string keine Ausnahmen werfen, und bietet die strenge Zusicherung für insert() und push_back().

Zusätzlich dazu, daß ein Container unverändert bleibt, gewährleistet eine Operation, die eine strenge Zusicherung bietet, auch die Gültigkeit aller Iteratoren, Zeiger und Referenzen. Beispiel:

```
void update(map<string,X>& m, map<string,X>::iterator aktuell)
{
    X x;
    string s;
    while (cin>>s>>x)
    try {
        aktuell = m.insert(aktuell,make_pair(s,x));
    }
    catch(...) {
        // aktuell bezieht sich immer noch auf das aktuelle Element
    }
}
```

E.4.2   Abwägungen bei Zusicherungen

Der Flickenteppich von zusätzlichen Zusicherungen spiegelt die Realitäten bei der Implementierung wider. Progammierer bevorzugen die strenge Zusicherung mit möglichst wenigen Bedingungen. Sie bestehen aber auch darauf, daß jede einzelne Operation der Standardbibliothek optimale Effizienz bietet. Beide Wünsche sind vernünftig, sie können aber bei vielen Operationen nicht gleichzeitig erfüllt werden. Um eine bessere Vorstellung des Für und Wider zu bekommen, werde ich verschiedene Möglichkeiten untersuchen, wie man einzelne oder mehrere Elemente zu einer list, einem vector oder einer map hinzufügen kann.

Nehmen wir an, wir wollten ein einzelnes Element zu einer list oder einem vector hinzufügen. Wie immer bietet push_back() den einfachsten Weg:

```
void f(list<X>& lst, vector<X>& vec, const X& x)
{
    try {
```

```
            lst.push_back(x);      // Zu list hinzufügen
    }
    catch (...) {
        // lst ist unverändert
        return;
    }

    try {
        vec.push_back(x);          // Zu vector hinzufügen
    }
    catch (...) {
        // vec ist unverändert
        return;
    }

    // lst und vec haben jeweils ein neues Element mit dem Wert x
}
```

Die strenge Zusicherung ist in diesem Fall einfach und billig zu erhalten. Sie ist außerdem sehr nützlich, da sie eine völlig ausnahmefeste Möglichkeit darstellt, Elemente hinzuzufügen. Allerdings ist push_back() nicht für assoziative Container definiert — eine map hat kein back(). Schließlich wird das letzte Element eines assoziativen Containers durch die Ordnungsrelation vorgegeben und nicht durch die Position.

Die Zusicherungen für insert() sind etwas komplizierter. Dies liegt daran, daß insert() ab und zu ein Element in »die Mitte« eines Containers plazieren muß. Dies ist bei einer verketteten Datenstruktur wie list oder map kein Problem. Falls es aber freien reservierten Speicher in einem vector gibt, dann kopiert die naheliegende Implementierung von vector<X>::insert() die Elemente hinter der Einfügeposition, um Platz zu schaffen. Damit ist die Effizienz optimal. Es gibt jedoch keine einfache Möglichkeit, einen vector wiederherzustellen, falls die Zuweisung oder der Copy–Konstruktor von X eine Ausnahme wirft (§E.8–Ü10–11). Daher bietet vector nur eine Zusicherung, die darauf basiert, daß Kopieroperationen für Elemente keine Ausnahmen werfen. list und map brauchen solche Einschränkungen nicht; sie können neue Elemente einfach einketten, nachdem sie die notwendigen Kopien erzeugt haben.

Nehmen wir beispielsweise an, daß die Zuweisung bzw. der Copy–Konstruktor von X eine Ausnahme X::cannot_copy werfen, falls sie keine Kopie anlegen können:

```
void f(list<X>& lst, vector<X>& vec, map<string,X>& m,
       const X& x, const string& s)
{
    try {
        lst.insert(lst.begin(),x);        // Zu list hinzufügen
    }
    catch (...) {
        // lst ist unverändert
        return;
    }

    try {
        vec.insert(vec.begin(),x);  // Zu vector hinzufügen
    }
    catch (X::cannot_copy) {
```

```
        // vec kann ein neues Element haben oder auch nicht
        return;
}
catch ( ... ) {
        // vec ist unverändert
        return;
}


try {
        m.insert(make_pair(s,x));        // Zu map hinzufügen
}
catch ( ... ) {
        // m ist unverändert
        return;
}


        // lst und vec haben jeweils ein neues Element mit dem Wert x
        // m hat ein Element mit dem Wert (s,x)
}
```

Falls X::cannot_copy gefangen wird, kann ein neues Element zu vec hinzugefügt worden sein oder auch nicht. Falls ein Element hinzugefügt wurde, ist es in einem gültigen Zustand, aber es ist nicht festgelegt, was es für einen Wert hat. Es ist möglich, daß nach einem X::cannot_copy einige Elemente auf »mysteriöse« Weise dupliziert wurden (siehe §E.8–Ü11). Alternativ könnte insert() so implementiert sein, daß es einige »führende« Elemente löscht, um sicherzustellen, daß keine ungültigen Elemente im Container sind.

Leider kann die strenge Zusicherung für das insert() von vector nicht ohne die Einschränkung bezüglich des Werfens von Ausnahmen bei Kopieroperationen gegeben werden. Die Kosten, um sich vollständig gegen Ausnahmen während des Bewegens von Elementen zu schützen, sind in diesem Fall erheblich, verglichen mit den Kosten für die grundlegende Zusicherung.

Elementtypen mit Kopieroperationen, die Ausnahmen werfen können, sind nicht selten. Beispiele aus der Standardbibliothek selbst sind vector<string>, vector< vector<double> > und map<string,int>.

Die list– und vector–Container bieten dieselbe Zusicherung für das Einfügen von einzelnen oder mehreren Elementen. Dies liegt einfach daran, daß für vector und list dieselbe Implementierungsstrategie für insert() sowohl für das Einfügen einzelner als auch mehrerer Elemente zutrifft. Abweichend bietet map die strenge Zusicherung nur für das Einfügen eines einzelnen Elements. Ein insert() für mehrere Elemente hat nur die grundlegende Zusicherung. Ein insert() für einzelne Elemente, das die strenge Zusicherung einhält, läßt sich leicht implementieren. Allerdings besteht die naheliegende Strategie zur Implementierung von insert() mehrerer Elemente darin, die Elemente eines nach dem anderen einzufügen, und dafür ist es schwierig, die strenge Zusicherung zu geben. Die Schwierigkeit besteht darin, daß es keine einfache Möglichkeit gibt, vorherige erfolgreiche Einfügungen rückgängig zu machen, falls das Einfügen eines Elements fehlschlägt.

Falls wir eine Einfügefunktion brauchen, die die strenge Zusicherung bietet, daß entweder jedes Element erfolgreich hinzugefügt wird oder die gesamte Operation keine Auswirkung hat, können wir diese erschaffen, indem wir einen neuen Container erzeugen und dann mittels swap() tauschen:

```
template<class C, class Iter>
void safe_insert(C& c, typename C::const_iterator i, Iter begin, Iter end)
{
    C tmp(c.begin(),i);                        // Kopiere vordere Elemente nach tmp
    copy(begin,end,inserter(tmp,tmp.end()));   // Kopiere neue Elemente
    copy(i,c.end(),inserter(tmp,tmp.end()));   // Kopiere hintere Elemente
    swap(c,tmp);
}
```

Wie immer kann dieser Code fehlschlagen, falls ein Elementdestruktor eine Ausnahme wirft. Falls jedoch eine Kopieroperation eines Elements eine Ausnahme wirft, bleibt der übergebene Container unverändert.

E.4.3 Vertauschen

Wie Copy–Konstruktoren und Zuweisungen sind Vertauschoperationen (swap()) wesentlich für viele Standardalgorithmen. Sie werden häufig durch den Anwender bereitgestellt. Beispielsweise verschieben sort() und stable_sort() ihre Elemente normalerweise mittels swap(). Daher kann ein Container mit unveränderten oder duplizierten statt vertauschten Elementen zurückbleiben, falls eine swap()–Funktion während des Vertauschens der Elemente eine Ausnahme geworfen hat.

Betrachten wir die naheliegende Definition der swap()–Funktion der Standardbibliothek (§18.6.8):

```
template<class T> void swap(T& a, T& b)
{
    T tmp = a;
    a = b;
    b = tmp;
}
```

Offensichtlich wirft swap() keine Ausnahme, wenn der Copy–Konstruktor oder die Zuweisung dies nicht tun.

Mit der kleinen Ausnahme von assoziativen Containern ist für swap()–Funktionen der Standard–Container garantiert, daß sie keine Ausnahmen werfen. Grundsätzlich werden Container vertauscht, indem die Datenstrukturen, die als Handle für die Elemente dienen, ausgetauscht werden (§13.5, §17.1.3). Da die Elemente selbst nicht bewegt werden, sind Elementkonstruktoren und –zuweisungen nicht involviert und können daher keine Ausnahme werfen. Zusätzlich garantiert der Standard, daß keine swap()–Funktion der Standardbibliothek Referenzen, Zeiger oder Iteratoren auf Elemente der zu vertauschenden Container ungültig werden läßt. Dies läßt nur noch eine potentielle Quelle von Ausnahmen übrig: das Vergleichsobjekt in einem assoziativen Container wird als Teil des Handles mitkopiert. Die einzig mögliche Ausnahme aus einem swap() von Standard–Containern kann aus dem Copy–Konstruktor oder der Zuweisung des Vergleichsobjekts (§17.1.4.1) des Containers geworfen werden. Glücklicherweise haben Vergleichsobjekte normalerweise simple Kopieroperationen, die keine Gelegenheit zum Werfen von Ausnahmen haben.

Eine benutzerdefinierte swap()–Funktion sollte so geschrieben werden, daß sie dieselbe Zusicherung macht. Dies ist relativ einfach, solange man daran denkt, daß man Typen, die durch Handles repräsentiert werden, dadurch vertauscht, daß man ihre Handles tauscht, und nicht langwierig und umständlich die durch die Handles referenzierten Informationen kopiert (§13.5, §16.3.9, §17.1.3).

E.4.4 Initialisierung und Iteratoren

Das Allokieren von Speicher für Elemente und die Initialisierung dieses Speichers sind fundamentale Teile jeder Container–Implementierung (§E.3). Entsprechend wird für die Standardalgorithmen zum Erzeugen von Objekten in uninitialisiertem Speicher — `uninitialized_fill()`, `uninitialized_fill_n()` und `uninitialized_copy()` (§19.4.4) — zugesichert, daß sie keine erzeugten Objekte zurücklassen, falls sie eine Ausnahme werfen. Sie bieten die strenge Zusicherung (§E.2). Dies bedingt manchmal, daß Elemente zerstört werden müssen. Daher ist die Anforderung, daß Destruktoren keine Ausnahmen werfen dürfen, essentiell für diese Algorithmen (siehe §E.8–Ü14). Zusätzlich müssen die Iteratoren, die diesen Algorithmen als Parameter übergeben werden, vernünftig arbeiten. Das heißt, es müssen gültige Iteratoren sein, sie müssen gültige Sequenzen referenzieren und Iteratoroperationen (wie ++, != oder *) dürfen für gültige Iteratoren keine Ausnahmen werfen.

Iteratoren sind Beispiele für Objekte, die regelmäßig von Standardalgorithmen und Operationen auf Standard–Containern kopiert werden. Daher sollten Copy–Konstruktoren und Zuweisungen von Iteratoren keine Ausnahmen werfen. Insbesondere garantiert der Standard, daß kein Copy–Konstruktor und keine Zuweisungen für einen Iterator, den ein Standard–Container liefert, eine Ausnahme wirft. Beispielsweise kann ein Iterator, der von `vector<T>::begin()` geliefert wurde, kopiert werden, ohne eine Ausnahme befürchten zu müssen.

Man beachte, daß ++ und -- für einen Iterator eine Ausnahme werfen können. Beispielsweise kann ein `istreambuf_iterator` (§19.2.6) verständlicherweise eine Ausnahme werfen, wenn ein Eingabefehler vorliegt. Ein bereichsüberprüfender Iterator könnte eine Ausnahme werfen, um zu melden, daß versucht wurde, ihn aus seinem erlaubten Bereich zu bewegen (§19.3). Sie können allerdings keine Ausnahme werfen, wenn der Iterator von einem Element einer Sequenz zu einem anderen bewegt wird, ohne die Definition von ++ und -- für Iteratoren zu verletzen. Daher gehen `uninitialized_fill()`, `uninitialized_fill_n()` und `uninitialized_copy()` davon aus, daß ++ und -- auf ihren Iteratorparametern keine Ausnahmen werfen; andernfalls wären diese »Iteratoren« keine standardkonformen Iteratoren oder die von ihnen spezifizierte »Sequenz« wäre keine. Wieder schützt die Standardbibliothek den Anwender nicht vor seinem eigenen undefinierten Verhalten (§E.2).

E.4.5 Referenzen auf Elemente

Wenn eine Referenz, ein Zeiger oder ein Iterator auf ein Element eines Containers benutzt wird, kann dadurch der Container beschädigt werden, weil das Element beschädigt wurde. Beispiel:

```
void f(const X& x)
{
    list<X> lst;
    lst.push_back(x);
    list<X>::iterator i = lst.begin();
    *i = x; // Kopiere x in list
    // ...
}
```

Falls x beschädigt wird, könnte der Destruktor von list nicht mehr in der Lage sein, 1st korrekt
zu zerstören. Beispiel:

```
struct X {
    int* p;

    X() { p = new int; }
    ~X() { delete p; }
    // ...
};

void boesartig()
{
    X x;
    x.p = reinterpret_cast<int*>(7);  // Beschädige x
    f(x);                             // Zeitbombe
}
```

Sobald die Programmausführung das Ende von f() erreicht, wird der Destruktor von list<X>
aufgerufen, der seinerseits den Destruktor von X für den beschädigten Wert aufruft. Der Effekt eines Aufrufs von delete für ein p, das nicht 0 ist oder auf ein X zeigt, ist undefiniert und könnte ein
unmittelbarer Programmabbruch sein. Alternativ könnte der Freispeicher so beschädigt werden,
daß viel später schwer nachvollziehbare Probleme in anscheinend völlig unbeteiligten Teilen des
Programms auftreten.

Die Möglichkeit einer Beschädigung sollte nicht davon abhalten, Container–Elemente durch
Referenzen oder Iteratoren zu bearbeiten; es ist oft die einfachste und effizienteste Möglichkeit.
Es ist allerdings klug, besonders sorgsam mit Referenzen umzugehen, die in Container verweisen.
Wenn die Integrität eines Containers kritisch ist, könnte es sinnvoll sein, weniger riskante Alternativen für unerfahrenere Anwender bereitzustellen. Man könnte beispielsweise eine Operation
bereitstellen, die die Gültigkeit eines neuen Elements prüft, bevor sie es in einen wichtigen Container kopiert. Natürlich kann ein solcher Test nur mit Kenntnissen über die beteiligten Datentypen
erfolgen.

Falls ein Element eines Containers beschädigt ist, können generell alle folgenden Operationen mit diesem Container auf unangenehmste Weise fehlschlagen. Dies ist nicht auf Container
beschränkt. Jedes Objekt in einem ungültigen Zustand kann Fehler nach sich ziehen.

E.4.6 Prädikate

Viele Standardalgorithmen und viele Operationen auf Standard–Containern basieren auf Prädikaten, die durch den Anwender zur Verfügung gestellt werden können. Insbesondere sind alle
assoziativen Container sowohl beim Suchen als auch beim Einfügen von Prädikaten abhängig.

Ein von einer Standard–Containern–Operation benutztes Prädikat kann eine Ausnahme werfen.
In diesem Fall bietet jede Standardbibliotheks–Operation die grundlegende Zusicherung und einige Operationen wie insert() für ein einzelnes Element die strenge Zusicherung (§E.4.1). Falls
ein Prädikat während einer Operation auf einem Container eine Ausnahme wirft, kann die resultierende Menge von Elementen im Container anders sein, als der Anwender gewollt hat; es ist aber
eine Menge von gültigen Elementen. Falls beispielsweise == beim Aufruf aus list::unique()
(§17.2.2.3) eine Ausnahme wirft, kann der Anwender nicht davon ausgehen, daß die Liste keine

Duplikate mehr enthält. Die einzige sichere Annahme ist die, daß jedes Element der Liste gültig ist (siehe §E.5.3).

Glücklicherweise führen Prädikate selten etwas durch, das eine Ausnahme werfen könnte. Dennoch müssen benutzerdefinierte Prädikate wie <, == oder != berücksichtigt werden, wenn man die Ausnahmefestigkeit betrachtet.

Das Vergleichsobjekt eines assoziativen Containers wird bei einem swap() mitkopiert (§E.4.3). Daher ist es eine gute Idee, bei Kopieroperationen von Prädikaten, die als Vergleichsobjekt benutzt werden könnten, sicherzustellen, daß sie keine Ausnahmen werfen.

E.5   Der Rest der Standardbibliothek

Der entscheidende Punkt bei der Ausnahmefestigkeit ist die Erhaltung der Objektkonsistenz; das heißt, wir müssen die grundlegenden Invarianten für individuelle Objekte und die Konsistenz von Objektkollektionen erhalten. Im Kontext der Standardbibliothek sind Container die Objekte, für die das Einhalten von Ausnahmefestigkeit am schwierigsten ist. Aus der Sicht der Ausnahmefestigkeit ist der Rest der Standardbibliothek weniger interessant. Man beachte allerdings, daß aus der Blickrichtung der Ausnahmefestigkeit ein normales Feld ein Container ist, der durch eine unsichere Operation beschädigt werden könnte.

Generell werfen Standardbibliotheksfunktionen nur die Ausnahmen, die für sie spezifiziert worden sind, plus die Ausnahmen, die durch aufgerufene benutzerdefinierte Operation geworfen werden. Zusätzlich kann jede Funktion, die (direkt oder indirekt) Speicher anfordert, eine Ausnahme werfen, um Speicherknappheit zu melden (üblicherweise std::bad_alloc).

E.5.1   Strings

Die Operationen für strings können eine Vielzahl von Ausnahmen werfen. Allerdings bearbeitet basic_string seine Zeichen durch die von char_traits (§20.2) bereitgestellten Funktionen, und diese Funktionen dürfen keine Ausnahmen werfen. Das heißt, die von der Standardbibliothek gestellten char_traits werfen keine Ausnahmen, und es werden keine Aussagen gemacht, was passiert, wenn ein benutzerdefiniertes char_traits eine Ausnahme wirft. Insbesondere muß man beachten, daß ein als Element- (Zeichen-) -Typ in einem basic_string benutzter Typ keinen benutzerdefinierten Copy–Konstruktor und keine benutzerdefinierte Zuweisung haben darf. Dies beseitigt eine signifikante potentielle Quelle von Ausnahmen.

Ein basic_string ist einem Standard–Container sehr ähnlich (§17.5, §20.3). Tatsächlich bilden seine Elemente eine Sequenz, auf die durch basic_string<Ch,Tr,A>::iterator oder basic_string<Ch,Tr,A>::const_iterator zugegriffen werden kann. Entsprechend bietet eine string–Implementierung die grundlegende Zusicherung (§E.2), und die Zusicherungen für erase(); insert(), push_back() und swap() (§E.4.1) sind auch für basic_string gültig. basic_string<Ch,Tr,A>::push_back() bietet beispielsweise die strenge Zusicherung.

E.5.2   Streams

Falls gewünscht, können iostream–Funktionen Ausnahmen werfen, um Zustandsänderungen zu signalisieren (§21.3.6). Die zugehörige Semantik ist wohldefiniert und führt nicht zu Problemen mit der Ausnahmefestigkeit. Falls ein benutzerdefinierter operator<<() oder operator>>() eine

Ausnahme wirft, mag es dem Anwender vorkommen, als hätte die `iostream`–Bibliothek eine Ausnahme geworfen. Eine solche Ausnahme beeinflußt den Zustand des Streams jedoch nicht (§21.3.3). Nachfolgende Operationen auf diesem Stream mögen nicht die erwarteten Daten finden — weil die vorhergehende Operation eine Ausnahme geworfen hat, anstatt normal zu Ende zu laufen —, der Stream selbst ist jedoch unbeschädigt. Wie nach jedem Ein-/Ausgabeproblem kann ein `clear()` notwendig sein, bevor weitere Schreib–/Leseoperationen erfolgen können (§21.3.3, §21.3.5).

Wie `basic_string` basieren `iostreams` auf `char_traits`, um ihre Zeichen zu bearbeiten (§20.2.1, §E.5.1). Daher kann eine Implementierung darauf vertrauen, daß Operationen auf Zeichen keine Ausnahmen werfen, und es wird nichts zugesichert, falls ein Anwender diese Anneahmen verletzt.

Um kritische Optimierungen zu ermöglichen, wird bei `locales` (§D.2) und `facets` davon ausgegangen, daß sie keine Ausnahmen werfen. Falls sie es doch tun, könnte ein Stream, der sie benutzt, beschädigt werden. Allerdings kann die wahrscheinlichste Ausnahme, ein `std::bad_cast` aus einem `use_facet` (§D.3.1), nur in benutzerdefiniertem Code außerhalb der Standard–Stream–Implementierung auftreten. Schlimmstenfalls führt dies zu einer unvollständigen Ausgabe oder einem Lesefehler, ohne den `ostream` (bzw. `istream`) selbst zu beschädigen.

E.5.3 Algorithmen

Außer für `uninitialized_fill()`, `uninitialized_fill_n()` und `uninitialized_copy()` (§E.4.4) bietet der Standard nur die grundlegende Zusicherung (§E.2) für Algorithmen. Das heißt, solange benutzerdefinierte Objekte vernünftig arbeiten, erfüllen die Algorithmen alle Invarianten der Standardbibliothek und verlieren keine Ressourcen. Um undefiniertes Verhalten auszuschließen, sollten benutzerdefinierte Operationen ihre Operanden immer in einem gültigen Zustand zurücklassen und keine Ausnahmen aus Destruktoren werfen.

Die Algorithmen selbst werfen keine Ausnahmen. Sie melden Fehler und Probleme durch ihre Rückgabewerte. Beispielsweise liefern Suchalgorithmen das Sequenzende, um ein »nicht gefunden« anzuzeigen (§18.2). Daher muß eine aus einem Standardalgorithmus geworfene Ausnahme ursprünglich aus einer benutzerdefinierten Operation stammen. Das heißt, die Ausnahme muß aus einer Operation auf einem Element — wie ein Prädikat (§18.4), eine Zuweisung oder `swap()` — oder von einem Allokator (§19.4) stammen.

Falls solch eine Operation eine Ausnahme wirft, endet der Algorithmus sofort, und es obliegt der Funktion, die den Algorithmus aufgerufen hat, die Ausnahme zu behandeln. Bei einigen Algorithmen ist es möglich, daß eine Ausnahme zu einem Zeitpunkt auftritt, an dem der Container sich nicht in einem Zustand befindet, den der Anwender als korrekt bezeichnen würde. Beispielsweise kopieren einige Sortieralgorithmen Elemente zwischenzeitlich in einen Puffer, um sie später in den Container zurückzutun. Ein solches `sort()` könnte Elemente aus dem Container herauskopieren (mit der Vorgabe, sie später in der richtigen Reihenfolge zurückzuschreiben), sie überschreiben und dann eine Ausnahme werfen. Aus Sicht des Anwenders wurde der Container beschädigt. Es sind jedoch alle Elemente in einem gültigen Zustand, daher sollte die Problembehebung hinreichend klar sein.

Man beachte, daß die Standardalgorithmen über Iteratoren auf Sequenzen zugreifen. Das heißt, daß Standardalgorithmen nie direkt auf Containern arbeiten, sondern auf den Elementen in einem Container. Die Tatsache, daß ein Algorithmus niemals direkt Elemente einem Container hinzufügt oder Elemente aus einem entfernt, vereinfacht die Analyse der Auswirkungen von Ausnahmen. Wenn auf eine Datenstruktur nur über Iteratoren, Zeiger und Referenzen auf konstante Elemente (beispielsweise durch `const Rec*`) zugegriffen wird, ist es normalerweise ebenfalls einfach festzustellen, daß eine Ausnahme keine unerwünschten Auswirkungen hat.

E.5.4 Valarrays und komplexe Zahlen

Die numerischen Funktionen werfen nicht explizit Ausnahmen (Kapitel 22). Allerdings muß `valarray` Speicher allokieren und kann daher ein `std::bad_alloc` werfen. Weiter können `valarray` oder `complex` mit einem Elementtyp (einem skalaren Typ) benutzt werden, der Ausnahmen wirft. Wie immer bietet die Standardbibliothek die grundlegende Zusicherung (§E.2). Es gibt aber keine spezifischen Zusagen, was passiert, wenn eine Berechnung durch eine Ausnahmen abgebrochen wird.

Wie `basic_string` (§E.5.1) dürfen `valarray` und `complex` annehmen, daß ihre Template–Argumenttypen keine selbstdefinierten Copy–Operationen haben, sondern bitweise kopiert werden können. Üblicherweise sind diese numerischen Typen der Standardbibliothek auf Geschwindigkeit optimiert. Sie nehmen dabei an, daß ihre Elementtypen (skalare Typen) keine Ausnahmen werfen.

E.5.5 Die Standard–C–Bibliothek

Eine Standardbibliotheksoperation ohne eine Ausnahmespezifikation kann implementierungs-abhängig Ausnahmen werfen. Funktionen der Standard–C–Bibliothek werfen jedoch keine Ausnahmen, solange sie kein Funktionsargument erhalten, das Ausnahmen wirft. Schließlich werden diese Funktionen auch in C benutzt, und C kennt keine Ausnahmen. Eine Implementierung kann eine Standard–C–Funktion mit einer leeren Ausnahmespezifikation `throw()` deklarieren, um dem Compiler bei der Codegenerierung behilflich zu sein.

Funktionen wie `qsort()` und `bsearch()` (§18.11) bekommen einen Funktionszeiger als Argument. Sie können daher Ausnahmen werfen, falls ihre Argumente dies können. Die grundlegende Zusicherung (§E.2) deckt diese Funktionen ab.

E.6 Konsequenzen für den Anwender der Bibliothek

Man kann Ausnahmefestigkeit im Kontext der Standardbibliothek so sehen, daß es keine Probleme gibt, solange wir sie nicht selbst schaffen: Die Bibliothek wird korrekt arbeiten, solange die benutzerdefinierten Operationen den grundlegenden Anforderungen der Standardbibliothek (§E.2) genügen. Insbesondere wird keine von einer Standard–Container–Operation geworfene Ausnahme dazu führen, daß Speicher verlorengeht oder ein Container einen ungültigen Zustand annimmt. Daher verändert sich das Problem für den Anwender der Bibliothek: Wie kann ich meine Typen so definieren, daß sie kein undefiniertes Verhalten hervorrufen oder Ressourcen verlieren?

Die grundlegenden Regeln sind:

1. Beim Ändern eines Objekts darf die alte Repräsentation nicht zerstört werden, bevor die neue vollständig erzeugt wurde und die alte ohne die Gefahr von Ausnahmen ersetzen kann. Als Beispiele dienen die Implementierungen von `vector::operator=()`, `safe_assign` und `vector::push_back()` in §E.3.
2. Vor dem Werfen einer Ausnahme muß jede angeforderte Ressource, die nicht einem (anderen) Objekt gehört, freigegeben werden.

(a) Die »Ressourcenbelegung ist Initialisierung«-Technik (§14.4) und die Sprachregel, daß teilweise erzeugte Objekte wieder genausoweit zerstört werden (§14.4.1), kann hier sehr helfen. Siehe beispielsweise `leck()` in §E.2.

(b) Der `uninitialized_copy()`–Algorithmus und seine Cousins bieten die automatische Rückgabe von Ressourcen, falls die vollständige Erzeugung einer Menge von Objekten fehlschlägt (§E.4.4).

3. Stellen Sie vor dem Werfen einer Ausnahme sicher, daß sich jeder Operand in einem gültigen Zustand befindet. Das heißt, jedes Objekt soll sich in einem Zustand befinden, der Zugriff auf das Objekt erlaubt und seine Zerstörung ermöglicht, ohne undefiniertes Verhalten oder eine aus dem Destruktor geworfene Ausnahme zu provozieren. Als Beispiel kann man sich die Zuweisung von `vector` in §E.3.2 ansehen.

(a) Man betrachte, daß Konstruktoren in Bezug auf Ausnahmen etwas Besonderes sind: Nach einer Ausnahme bleibt kein Objekt zurück, das später zerstört werden müßte. Dies bedingt, daß wir keine Invariante etablieren müssen und daß wir alle Ressourcen, die während der fehlgeschlagenen Erzeugung belegt wurden, zurückgeben müssen, bevor eine Ausnahme geworfen werden darf.

(b) Man beachte, daß auch Ausnahmen aus Destruktoren etwas Besonderes sind: Sie führen fast zwangsläufig zur Verletzung von Invarianten und/oder zum Aufruf von `terminate()`.

In der Praxis kann es erstaunlich schwierig sein, diese Regeln einzuhalten. Der Hauptgrund liegt darin, daß Ausnahmen von unerwarteten Stellen aus geworfen werden. Ein gutes Beispiel dafür ist `std::bad_alloc`. Jede Funktion, die direkt oder indirekt `new` oder einen Allokator benutzt, um Speicher zu belegen, kann ein `bad_alloc` werfen. In einigen Programmen kann man dieses Problem lösen, indem man nicht allen Speicher verbraucht. Bei Programmen, die entweder lange laufen oder eine beliebige Menge an Eingaben verarbeiten können müssen, müssen wir allerdings darauf eingerichtet sein, verschiedene Probleme bei der Belegung von Ressourcen zu behandeln. Daher müssen wir für jede Funktion annehmen, daß sie eine Ausnahme werfen könnte, bis wir das Gegenteil bewiesen haben.

Eine einfache Methode, um Überraschungen zu vermeiden, besteht darin, Container mit Elementen zu benutzen, die keine Ausnahmen werfen (etwa Container für Zeiger oder einfache Grundtypen) oder Container (wie `list`), die eine strenge Zusicherung (§E.4) bieten. Ein anderer ergänzender Ansatz besteht darin, hauptsächlich Operation wie `push_back()` zu benutzen, die die strenge Zusicherung machen, daß die Operation entweder komplett funktioniert oder keine Auswirkung hat (§E.2). Diese Ansätze sind allerdings allein unzureichend, um Ressourcenverluste zu vermeiden, und können zu einem spontanen, übermäßig restriktiven und pessimistischen Ansatz zur Fehlerbehandlung und -behebung führen. Beispielsweise ist `vector<T*>` trivialerweise ausnahmefest, falls die Operation auf T keine Ausnahmen wirft. Wenn allerdings die referenzierten Objekte nicht irgendwo anders gelöscht werden, führt eine Ausnahme aus dem `vector` zu einem Ressourcenverlust. Entsprechend würde die Einführung einer Handle–Klasse, die sich mit der Freigabe beschäftigt (§25.7), und die Nutzung eines `vector<Handle<T>>` anstelle des einfachen `vector<T*>` wahrscheinlich die Stabilität des Codes erhöhen.

Falls man neuen Code schreibt, ist ein systematischerer Ansatz möglich, der es erlaubt, daß jede Ressource durch eine Klasse mit einer Invariante repräsentiert wird, die die grundlegende Zusicherung bietet (§E.2). Damit wird es möglich, die kritischen Objekte einer Anwendung zu identifizieren und für Operationen auf diesen Objekten eine Rollback–Semantik (das heißt die strenge Zusicherung — eventuell mit ein paar Einschränkungen) zu bieten.

Die meisten Anwendungen enthalten Datenstrukturen und Code, die nicht unter Berücksichtigung von Ausnahmefestigkeit erstellt wurden. Wenn nötig, kann solcher Code in eine ausnahmefeste Umgebung eingepaßt werden, indem entweder festgestellt wird, daß keine Ausnahmen geworfen werden (wie im Fall der Standard–C–Bibliothek; §E.5.5), oder durch die Nutzung von Schnittstellenklassen, für die das Verhalten bei Ausnahmen und die Ressourcenverwaltung präzise spezifiziert werden können.

Beim Entwerfen von Typen, die in einer ausnahmefesten Umgebung benutzt werden sollen, muß besondere Aufmerksamkeit auf die von der Standardbibliothek benutzten Operationen gerichtet werden: Konstruktoren, Destruktoren, Zuweisungen, Vergleiche, swap–Funktionen, Prädikate und Operationen auf Iteratoren. Dies geschieht am einfachsten durch eine Klasseninvariante, die von allen Konstruktoren einfach etabliert werden kann. Manchmal muß die Klasseninvariante so definiert werden, daß ein Objekt in einen Zustand gebracht werden kann, in dem es zerstört werden kann, selbst wenn eine Operation zu einem »unpassenden« Zeitpunkt einen Fehler erleidet. Idealerweise wäre dieser Zustand kein künstliches Gebilde, das nur zur Unterstützung der Ausnahmebehandlung definiert wurde, sondern ein Zustand, der sich natürlich aus der Semantik des Typs ergibt (§E.3.5).

Bei der Betrachtung von Ausnahmefestigkeit sollte der Schwerpunkt auf der Definition von gültigen Zuständen für Objekte (Invarianten) und auf der korrekten Freigabe von Ressourcen liegen. Es ist somit wichtig, Ressourcen direkt als Klassen abzubilden. vector_base ist ein einfaches Beispiel dafür. Die Konstruktoren solcher Ressourcenklassen belegen einfache Ressourcen (wie den nackten Speicher für vector_base) und etablieren Invarianten (wie die korrekte Initialisierung der Zeiger einer vector_base). Die Destruktoren solcher Klassen geben die einfachen Ressourcen implizit wieder frei. Die Regeln für teilweise Erzeugung (§14.4.1) und die »Ressourcenbelegung ist Initialisierung«–Technik (§14.4) unterstützen diese Methode der Ressourcenverwaltung.

Ein gut geschriebener Konstruktor etabliert die Klasseninvariante für ein Objekt (§24.3.7.1). Das heißt, der Konstruktor gibt dem Objekt einen Wert, der es erlaubt, alle weiteren Operationen einfach zu erstellen und diese Operationen erfolgreich durchzuführen. Dies bedingt, daß ein Konstruktor häufig Ressourcen belegen muß. Falls dies nicht durchführbar ist, kann eine Ausnahme geworfen werden, und das Problem kann behandelt werden, bevor ein Objekt erzeugt wurde. Dieser Ansatz wird von der Sprache und der Standardbibliothek direkt unterstützt (§E.3.5).

Die Anforderung, Ressourcen freizugeben und Operanden in einen gültigen Zustand zu bringen, bevor eine Ausnahme geworfen wird, bedeutet, daß die Last der Ausnahmebehandlung zwischen der werfenden Funktion, den Funktionen in der Aufrufhierarchie zum Handler und dem Handler selbst aufgeteilt wird. Das Werfen einer Ausnahme macht die Fehlerbehandlung nicht »zum Problem eines anderen«. Es ist die Verpflichtung von Funktionen, die eine Ausnahme werfen oder weiterreichen, ihre Ressourcen freizugeben und ihre Operanden in einen konsistenten Zustand zu bringen. Solange dies nicht geschieht, kann ein Handler nicht viel mehr tun, als das Programm geordnet abzubrechen.

E.7   Ratschläge

1. Seien Sie sich darüber klar, welchen Grad von Ausnahmefestigkeit Sie wollen; §E.2.
2. Ausnahmefestigkeit sollte Teil einer übergreifenden Strategie zur Fehlertoleranz sein; §E.2.
3. Bieten Sie die grundlegende Zusicherung für alle Klassen. Das heißt, benutzen Sie eine Invariante, und verlieren Sie keine Ressourcen; §E.2, §E.3.2, §E.4.
4. Wo möglich und durchführbar, bieten Sie die strenge Zusicherung, daß eine Operation entweder erfolgreich ist oder alle Operanden unverändert läßt; §E.2, §E.3.

5. Werfen Sie nie eine Ausnahmen aus einem Destruktor; §E.2, §E.3.2, §E.4.
6. Werfen Sie nie eine Ausnahme aus einem Iterator, der über eine gültige Sequenz läuft; §E.4.1, §E.4.4.
7. Ausnahmefestigkeit beinhaltet die sorgfältige Untersuchung einzelner Operationen; §E.3.
8. Entwerfen Sie Templates so, daß sie für Ausnahmen transparent sind; §E.3.1.
9. Bevorzugen Sie den Konstruktoransatz bei der Ressourcenbelegung gegenüber den `init()`–Funktionen; §E.3.5.
10. Definieren Sie eine Klasseninvariante, durch die klar wird, was ein gültiger Zustand ist; §E.2, §E.6.
11. Stellen Sie sicher, daß ein Objekt jederzeit in einen gültigen Zustand gebracht werden kann, ohne Ausnahmen befürchten zu müssen; §E.3.2, §E.6.
12. Halten Sie Invarianten einfach; §E.3.5.
13. Bringen Sie alle Operanden in einen gültigen Zustand, bevor Sie eine Ausnahme werfen; §E.2, §E.6.
14. Vermeiden Sie Ressourcenverluste; §E.2, §E.3.1, §E.6.
15. Bilden Sie Ressourcen direkt ab; §E.3.2, §E.6.
16. Denken Sie daran, daß `swap()` manchmal eine Alternative zum Kopieren von Elementen sein kann; §E.3.3.
17. Wenn möglich, stützen Sie sich auf die Reihenfolge von Operationen und nicht auf die explizite Nutzung von `try`–Blöcken; §E.3.4.
18. Zerstören Sie keine »alten« Informationen, bevor der Ersatz erzeugt werden konnte; §E.3.3, §E.6.
19. Benutzen Sie die »Ressourcenbelegung ist Initialisierung«-Technik; §E.3, §E.3.2, §E.6.
20. Stellen Sie sicher, daß Vergleichsoperationen für assoziative Container kopiert werden können; §E.3.3.
21. Identifizieren Sie kritische Datenstrukturen, und bestücken Sie sie mit Operationen, die die strenge Zusicherung machen; §E.6.

E.8 Übungen

Ü1 (∗1) Zählen Sie alle Ausnahmen auf, die von `f()` in §E.1 geworfen werden könnten.

Ü2 (∗1) Beantworten Sie die Fragen hinter dem Beispiel in §E.1.

Ü3 (∗1) Definieren Sie eine Klasse `Tester`, die ab und zu aus den Basisoperationen (wie etwa ein Copy–Konstruktor) eine Ausnahme wirft. Benutzen Sie `Tester`, um ihre Standardbibliotheks–Container zu testen.

Ü4 (∗1) Finden Sie den Fehler in der »unordentlichen« Version des Konstruktors von `vector` (§E.3.1), und schreiben Sie ein Programm, das zum Absturz führt. Hinweis: Implementieren Sie zuerst den Destruktor von `vector`.

Ü5 (∗2) Implementieren Sie eine einfache Liste, die die grundlegende Zusicherung gibt. Seien Sie sehr genau darin, was von der Liste vom Anwender gefordert wird, um diese Zusicherung einzuhalten.

Ü6 (∗3) Implementieren Sie eine einfache Liste, die die strenge Zusicherung gibt. Testen Sie diese Liste sorgfältig. Warum sollten andere Leute davon überzeugt sein, daß Ihre Liste sicher ist?

Ü7 (∗2,5) Reimplementieren Sie String aus §11.12 so, daß die Klasse so sicher wie ein Standard–Container ist.

Ü8 (∗2) Vergleichen Sie die Laufzeit der verschiedenen Versionen von vectors Zuweisung und von safe_assign() (§E.3.3).

Ü9 (∗1,5) Kopieren Sie einen Allokator, ohne einen Zuweisungsoperator zu benutzen (wie zur Verbesserung von operator=() in §E.3.3 benötigt).

Ü10 (∗2) Implementieren Sie erase() und insert() für einzelne und mehrere Elemente für vector (§E.3.2) mit der grundlegenden Zusicherung.

Ü11 (∗2) Implementieren Sie erase() und insert() für einzelne und mehrere Elemente für vector (§E.3.2) mit der strengen Zusicherung. Vergleichen Sie die (Laufzeit-)Kosten und die Komplexität dieser Lösungen mit denen von Aufgabe 10.

Ü12 (∗2) Schreiben Sie ein safe_insert() (§E.4.2), das Elemente in den existierenden vector einfügt (anstatt sie in einen Zwischenspeicher zu kopieren). Welche Einschränkungen müssen bei den Operationen festgelegt werden?

Ü13 (∗2) Schreiben Sie ein safe_insert() (§E.4.2), das Elemente in die existierende map einfügt (anstatt sie in einen Zwischenspeicher zu kopieren). Welche Einschränkungen müssen bei den Operationen festgelegt werden?

Ü14 (∗2,5) Vergleichen Sie die Größe, Komplexität und Performance der safe_insert()– Funktionen aus den Übungen 12 und 13 mit dem safe_insert() aus §E.4.2.

Ü15 (∗2,5) Schreiben Sie ein besseres (einfacheres und schnelleres) safe_insert() nur für assoziative Container. Benutzen Sie Traits, um ein safe_insert() zu schreiben, das automatisch das optimale safe_insert() für einen Container auswählt. Hinweis: §19.2.3.

Ü16 (∗2,5) Versuchen Sie, uninitialized_fill() (§19.4.4, §E.3.1) so umzuschreiben, daß es mit Ausnahmen aus Destruktoren umgehen kann. Ist dies möglich? Falls ja, zu welchen Kosten? Falls nein, warum nicht?

Ü17 (∗2,5) Versuchen Sie, uninitialized_fill() (§19.4.4, §E.3.1) so umzuschreiben, daß es mit Ausnahmen aus den Iteratoren ++ und −− umgehen kann. Ist dies möglich? Falls ja, zu welchen Kosten? Falls nein, warum nicht?

Ü18 (∗3) Nehmen Sie einen Container aus einer anderen als der Standardbibliothek. Untersuchen Sie seine Dokumentation, um herauszufinden, welche Zusicherungen bezüglich Ausnahmefestigkeit gemacht werden. Führen Sie einige Tests durch, um zu bewerten, wie stabil er gegenüber Ausnahmen aus Speicheranforderungen und benutzerdefinierten Funktionen ist. Vergleichen Sie ihn mit dem entsprechenden Container der Standardbibliothek.

Ü19 (∗3) Versuchen Sie, den vector aus §E.3 zu optimieren, indem Sie das mögliche Auftreten von Ausnahmen ignorieren. Entfernen Sie beispielsweise alle try–Blöcke. Vergleichen Sie die Performance mit der Version aus §E.3.3 und mit der Standardbibliotheksimplementierung von vector. Vergleichen Sie außerdem die Größe und Komplexität des Quellcodes dieser unterschiedlichen vectoren.

Ü20 (∗1) Definieren Sie Invarianten für vector (§E.3) mit und ohne die Möglichkeit von v==0 (§E.3.5).

Ü21 (∗2,5) Lesen Sie die Quelle einer Implementierung von vector. Welche Zusicherungen wurden für Zuweisung, insert() von mehreren Elementen und resize() implementiert?

Ü22 (∗3) Schreiben Sie eine Version von hash_map (§17.6), die so sicher wie ein Standard– Container ist.

Index

Is there another word for synonym?
– anonym

~ **129**
- 26, **129**, **130**
-- **129**, **308**
-= **118**, **130**
-> **129**, **306**
->* **129**, 446, 918
, **130**
:: 29, 89, **129**
::* 446
! 123, **129**, 144
  für Streams **660**
!= 26, **130**
  für Container 487, 493
  für Strings 633
?: **130**, 144
/ 26, **129**
// 25
/* 41
/= **130**
. **129**
.* **129**, 446, 918
^ **130**
^= **130**
[] 28, **129**, **303**
  für Container 474, 492, 494
  für Maps **513**
  für Strings 627
  für Valarrays 712
* 26, 28, 46, **129**
*/ 41
*= **130**
& 28, **129**, **130**
&& **130**, 144
&= **130**

172
% 26, **129**
%= **130**
+ 26, **129**, **130**
  für Strings 636
++ 46, **129**, **308**
+= **118**, **130**
  für Strings 635
< 26, **130**
  für Container 487, 493
  für Strings 633
<< 27, 50, 51, **130**, **653**
  für complex 656
  für Strings 641
<<= **130**
<= 26, **130**
= 26, 121, **130**
  für Container 476
  für Strings 630
== 26, **130**
  für Container 487, 493
  für Strings 633
> 26, **130**
  und >> 872
>= 26, **130**
>> 27, 54, **130**, **658**
  für complex 665
  für Strings 641
  und > 872
>>= **130**
| **130**
|= **130**
|| **130**, 144

C++

André Willms

Möchten Sie Ihre C++-Kenntnisse weiter aus-
bauen? Sie erhalten eine Fülle von Tipps zu
fortgeschrittenen C++-Themen wie Ver- und
Bearbeitung von Strings, Strukturen und
Klassen, Überladen von Funktionen und Operatoren, Objektorientierte Programmierung,
Rekursion und Backtraining und erhalten
einen Einblick in die Programmierung grösse-
rer Projekte. Vertiefen Sie durch praktische
Anwendung Ihr C++-Wissen und stellen Sie
es im Online-Test auf CD unter Beweis.

workshop

336 Seiten, 1 CD-ROM
€ 24,95 [D] / € 25,70 [A]
ISBN 3-8273-1662-6